南宁年鉴

2022 NANNING YEARBOOK

南宁市地方志编纂委员会 编

方志出版社
Publishing House of Local Records

图书在版编目（CIP）数据

南宁年鉴．2022／南宁市地方志编纂委员会编．—北京：方志出版社，2022.11

ISBN 978-7-5144-5456-7

Ⅰ．①南… Ⅱ．①南… Ⅲ．①南宁—2022—年鉴 Ⅳ．①Z526.71

中国版本图书馆CIP数据核字（2022）第247035号

责任编辑：李志瑜

责任校对：刘玉霞

责任印制：梅中英

出 版 者：方志出版社

地　　址：北京市朝阳区潘家园东里9号（国家方志馆4层）

邮　　编：100021

网　　址：http://www.zgfzcb.cn

发　　行：方志出版社图书营销中心（010-67110500）

印　　刷：广西鹏程印务有限公司

开　　本：889mm×1194mm　1/16

印　　张：35

字　　数：1706千字

版　　次：2022年11月第1版

印　　次：2022年11月第1次印刷

定　　价：268.00元

编 辑 说 明

一、《南宁年鉴》是南宁市人民政府组织编纂的地方综合年鉴，是以马克思列宁主义、毛泽东思想、邓小平理论、“三个代表”重要思想、科学发展观、习近平新时代中国特色社会主义思想为指导，坚持辩证唯物主义和历史唯物主义的立场、观点和方法，系统记述南宁市自然、政治、经济、文化、社会等方面情况的年度资料性文献。

二、《南宁年鉴》1996年出版首卷，每年出版一卷。本年鉴着重记载2021年南宁市的基本情况，由南宁市地方志编纂委员会主持编纂，编辑部（设在南宁市人民政府地方志编纂办公室）负责编纂。载录内容主要由南宁市相关部门、县（市、区）、开发区及驻市有关单位供稿并审核。

三、本年鉴内容分综合情况、动态信息、辅助资料三大部分。综合情况设特载、专记、大事记、南宁概貌4个专栏。动态信息设中国—东盟博览会·商务与投资峰会、南宁与东盟、投资促进与经济合作、公有制与非公有制经济、农业 水利、工业、建筑业 房地产业、商贸服务业、交通运输 邮政、会展业、旅游业、信息化、金融业、经济管理与监督、新区 开发区、中国共产党南宁市委员会、南宁市人民代表大会、南宁市人民政府、中国人民政治协商会议南宁市委员会、中国共产党南宁市纪律检查委员会 南宁市监察委员会、民主党派 工商联、群众团体、法治、军事、教育、科学、文化、体育、卫生健康、社会民生、城市建设与管理、乡村振兴、生态文明建设、县（市、区）概览、人物35个类目。辅助资料设图片专辑、附录2个部分。正文中穿插图表、彩色照片等；图片专辑以彩色照片集中反映全市物质文明、政治文明、精神文明、社会文明、生态文明建设重大成就。内容层次设置，利于读者分类系统阅读和检索，并表示类目与条目之间的层次关系，不反映严格的科学分类体系，机构、企事业单位等排序和层次一般不反映其地位和规模。

四、本年鉴收录本年度获省部级及以上单位表彰的模范（先进）人物，影响较大的新闻人物，市级组织机构负责人，副厅级、享受副厅以上待遇逝世人物资料。

五、本年鉴采用分类编辑法，按类目、分目、条目3个层次的体例编辑，部分分目下设次分目。以不同字体、字号及版式设计区分不同层次，条目标题均加【 】表示。

六、本年鉴所记述的自治区、市两级行政区划名及机构名前冠以的行政区划名，凡未有行政区划专名、只有行政区划通名的“自治区”“市”，分别指代“广西壮族自治区”“南宁市”，如“自治区党委”指“中国共产党广西壮族自治区委员会”，“自治区政府”指“广西壮族自治区人民政府”，“市委”指“中国共产党南宁市委员会”，“市政府”指“南宁市人民政府”，“市市场监督管理局”指“南宁市市场监督管理局”；其他各级行政区划名称通名前一律冠以行政区划专名，如“广东省”“新疆维吾尔自治区”“桂林市”“凌云县”“西安市妇女联合会”等。“邕”指南宁市；“12个县（市、区）”指兴宁区、江南区、青秀区、西乡塘区、邕宁区、良庆区、武鸣区、横州市、宾阳县、上林县、马山县、隆安县；相关单位名称在主要类目首次出现时用全称，以后均用简称。

七、本年鉴涉及历史纪年，清及清以前使用历史纪年，括注公元纪年；民国纪年使用阿拉伯数字，括注公元纪年。数字用法、标点符号用法分别采用国家标准《出版物上数字用法》（GB/T 15835—2011）、《标点符号用法》（GB/T 15834—2011），计量单位采用国家技术监督局1993年12月发布的《量和单位》系列国家标准。

八、本年鉴主要数据以市统计局编印的《南宁统计年鉴》《南宁市情统计手册》所公布的数据为准；其他数据以供稿部门提供的为准；少数数据由于部门之间统计口径不尽一致，数值也不尽相同。

九、本年鉴图片专辑、特载、专记、附录所记述的内容不受年度限制；为保持年鉴内容的连贯性、完整性，个别条目记述时间适当上溯或下延。

十、本年鉴配备双重检索系统：书前刊有中英文目录，书后备有索引。索引为主题索引，款目按汉语拼音字母顺序（同音字按声调）排列，范围详及条目、文献、图片、表格等。使用方法详见索引说明。

城市荣誉
CHENGSHI RONGYU

2020 年度全国“平安农机”示范市
（农业农村部、应急管理部，2021 年 3 月）

2021 年全国城市体检样本城市
（住房和城乡建设部，2021 年 4 月）

2020 年度中国最具竞争力会展城市
（中国会展经济研究会，2021 年 10 月）

全国民族团结进步示范市
（国家民族事务委员会，2021 年 12 月）

土地面积 22102 平方千米
年末户籍人口 800.94 万人，增长 1.2%
地区生产总值 5120.94 亿元，增长 6.1%
　第一产业增加值 606.76 亿元，增长 7.9%
　第二产业增加值 1198.76 亿元，增长 4.3%
　第三产业增加值 3315.42 亿元，增长 6.3%
三次产业比重为 11.9：23.4：64.7
人均地区生产总值 58241 元，增长 4.3%
万元地区生产总值能耗 0.27 吨标准煤/万元
固定资产投资增长 3.1%
社会消费品零售总额 2364.17 亿元，增长 8.4%
外贸进出口总额 1231.92 亿元，增长 24.9%
招商引资实际到位资金 881.07 亿元，下降 24.2%
　实际利用外资 5.78 亿美元，增长 31.3%
财政收入 828.84 亿元，增长 4.1%
　一般公共预算收入 391.77 亿元，增长 5.2%
全体居民人均可支配收入 32679 元，增长 8.5%
城镇居民人均可支配收入 41394 元，增长 7.4%
农村居民人均可支配收入 17808 元，增长 10.4%
每万人口发明专利拥有量 14 件，增长 16.23%
接待旅游总人数 1.37 亿人次，增长 18.56%
旅游总消费 1529.25 亿元，增长 25.71%
城镇化率（按常住人口）69.79%
森林覆盖率 48.86%
建成区绿化覆盖率 35.26%
城市环境空气质量指数（AQI）优良率 97%
金融机构存款余额 11996.48 亿元，增长 4.3%
　住户存款余额 4878.80 亿元，增长 10.5%
金融机构贷款余额 17660.59 亿元，增长 11.3%
　住户贷款余额 5441.26 亿元，增长 6.6%

图片专辑
TUPIAN ZHUANJI

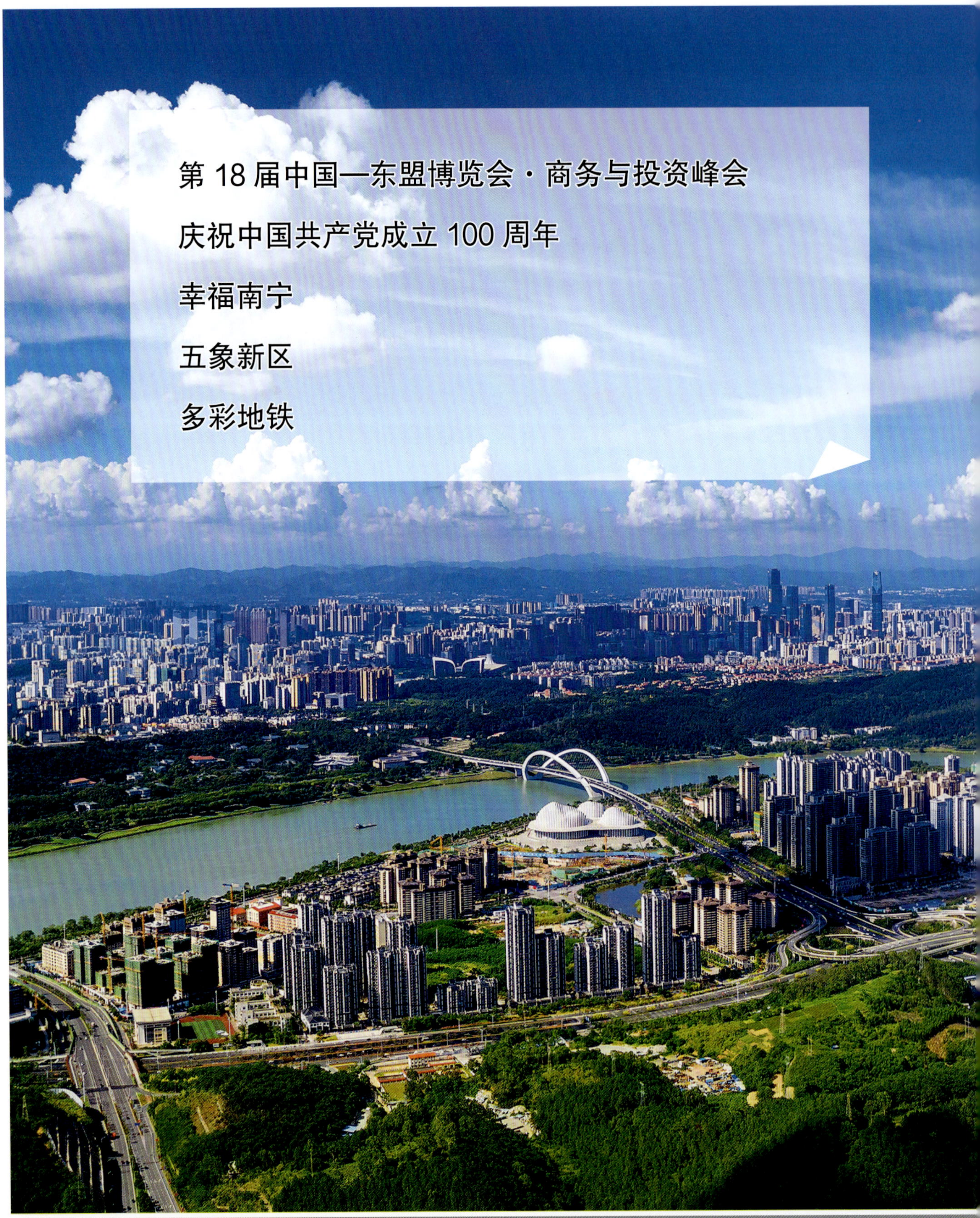

第 18 届中国—东盟博览会·商务与投资峰会

庆祝中国共产党成立 100 周年

幸福南宁

五象新区

多彩地铁

2021 年 9 月 10 日至 13 日，第 18 届中国—东盟博览会、第 18 届中国—东盟商务与投资峰会在南宁举办，主题为“共享陆海新通道新机遇，共建中国—东盟命运共同体”，采取“实体展 + 云上东博会”的线上线下办展形式。中外国家领导人通过视频发表致辞，中国及东盟 10 国代表、巴基斯坦驻华大使、其他“一带一路”沿线国家驻华使馆的商务参赞、知名企业家等人士出席，40 多个国家和地区的 1502 家企业参展参会，入场参观 8.9 万人，“云上东博会”站内访问量超 2156 万人次。

2021 年 9 月 10 日，第 18 届中国—东盟博览会、第 18 届中国—东盟商务与投资峰会在南宁国际会展中心开幕　　黄维业　摄

2021 年 9 月 10 日，第 18 届中国—东盟博览会签约仪式在南宁举行，组织签订国际、国内合作项目 179 个，总投资额超 3000 亿元

广西国际博览事务局提供

2021 年 9 月 11 日，中国—东盟建立对话关系 30 周年经贸合作论坛在南宁召开，首次正式发布中国—东盟贸易指数报告

广西国际博览事务局提供

2021 年 9 月 11 日，第 13 届中国—东盟金融合作与发展领袖论坛在南宁召开，共商中国—东盟金融合作

广西国际博览事务局提供

2021 年 9 月 10 日，第 18 届中国—东盟博览会升级信息技术展区，首次参加东博会的广州展团展览面积超过 400 平方米，展出智能取餐柜、无人自助书吧等智能产品　　潘浩　摄

2021 年 9 月 10 日，第 18 届中国—东盟博览会先进技术展厅展出多种智能机器人产品　　潘浩　摄

2021 年 9 月 10 日，第 18 届中国—东盟博览会西部陆海新通道展区借助声光和模型技术展示北部湾国际门户港建设发展历程　　赖有光　摄

2021 年 9 月 10 日，第 18 届中国—东盟博览会东盟 10 国展区展示印度尼西亚传统民族舞蹈和音乐演奏

叶子榕　摄

2021 年 9 月 10 日，第 18 届中国—东盟博览会“一带一路”国际展区巴基斯坦展位展示地毯等手工艺品

赖有光　摄

2021 年 9 月 10 日，第 18 届中国—东盟博览会户外展区展示“中国造”魅力　　赖有光　摄

2021 年 9 月 13 日，第 18 届中国—东盟博览会公众开放日，游客逛展购物，满载而归　　黄维业　摄

2021 年是中国共产党成立 100 周年。百年征程波澜壮阔，百年初心历久弥坚。为更好传承红色基因，发扬红色精神，南宁市各族人民群众通过多种鲜活且接地气的方式，开展一系列精彩纷呈活动，庆祝中国共产党百年华诞。

2021 年 3 月 21 日，为庆祝中国共产党成立 100 周年，南宁市“百年党旗红　启航新征程”邕江红色主题游船正式启航，成为百里秀美邕江上的“流动党史馆”　　潘浩　摄

2021 年 6 月 18 日，“永远跟党走”南宁市庆祝中国共产党成立 100 周年大型交响合唱音乐会在广西文化艺术中心音乐厅举行　　潘浩　摄

2021 年 6 月 25 日，首府南宁职工群众庆祝中国共产党成立 100 周年永远跟党走——“我为党来唱支歌”歌唱比赛决赛在南宁广播电视台演播厅举行。图为决赛现场　　曾浩轩　摄

2021 年 6 月 28 日，“感党恩　跟党走　强首府”南宁市直机关庆祝中国共产党成立 100 周年文艺汇演在南宁人民会堂举行。图为舞蹈表演《没有共产党就没有新中国》　　翟晓娟　摄

2021 年 6 月 29 日，位于老南宁 · 三街两巷历史文化街区的“复兴大道 100 号”建党百年 · 广西红馆开馆。图为市民通过图片、视频等感受新中国翻天覆地的变化　　黄维业　摄

2021 年 6 月 29 日，“民族团结一家亲　共庆百年感党恩”南宁市各族群众庆祝中国共产党成立 100 周年暨民族团结主题文艺展演在南宁民生码头举行。图为各族人民群众快闪合唱《唱支山歌给党听》　农荟颖　摄

2021年6月30日，“永远跟党走”首府南宁庆祝中国共产党成立 100 周年群众歌咏活动在南宁民歌湖大舞台举行　　彭知之　摄

2021 年 7 月 1 日，南宁市社会各界党员群众收听收看庆祝中国共产党成立 100 周年大会直播。图为西乡塘区衡阳街道中华中路社区各族党员群众集中收看庆祝大会　　宋延康　摄

2021 年 7 月 29 日至 8 月 29 日，“不忘初心、牢记使命”南宁市庆祝中国共产党成立 100 周年美术书法作品展在南宁书画院举办。图为市民欣赏国画长卷　　潘浩　摄

2021 年 4 月 22 日，在国家统计局与中央电视台联合主办的《中国经济生活大调查（2020—2021）》评选中，南宁市上榜 2020 年十大“中国最具幸福感城市”。南宁市积极践行绿水青山就是金山银山理念，突出“形、实、魂”，坚持治水、建城、为民，生态宜居城市魅力彰显，百姓在绿色发展中共享绿色福祉，全市呈现出“民族团结一家亲，石榴花开美邕城”的崭新面貌。

2021 年，南宁市环境空气质量优良率 97%，主要流域地表水水质优良比例保持 100%，良好生态环境成为南宁人民生活质量增长点。图为 8 月 25 日，蓝天白云下的邕江河畔　　黄维业　摄

2021 年，南宁市高度重视城镇保障性住房建设，构建多层次住房保障体系。图为 10 月投入使用的昊壮 · 上贤湾公租房

市住建局提供

2021 年，南宁市 12345 政务服务便民热线接听群众来电 87.35 万通，工单办理满意率 97.4%。图为 7 月 22 日，12345 政务服务便民热线办公现场　　叶子榕　摄

2021 年秋季学期，南宁市第三十六中学江南校区投入使用　　潘浩　摄

2021年，南宁市公交采用“固定线路＋灵活线路”的组合模式，为市民出行提供更多便利。图为8月1日，运营中的南宁市快速公交1号线

黄维业　摄

2021年，南宁市大力提升城市公共交通出行服务水平。图为12月12日，护学公交提供点对点接送服务，保障学生从家门口直达校门口

市交通运输局提供

2021 年 8 月 26 日，南宁宜家家居商场开业迎宾，为市民带来一站式家居购物体验。图为市民在商场购物

叶子榕　摄

2021 年，南宁市推出投影秀、户外市集、主题演出等夜间文娱方式，丰富群众夜生活。图为 10 月 7 日，老南宁 · 三街两巷历史文化街区夜间文娱活动现场

黄红锦　摄

2021 年 4 月 14 日，“壮族三月三 · 八桂嘉年华”主会场活动在南宁青秀山风景区举行，各族人民群众欢歌乐舞，共

2021 年，南宁市用心打造“书香南宁”。图为 11 月 21 日，市民在南宁市图书馆里阅读学习 叶子榕　摄

2021 年，南宁市持续打造良好的生活常态。图为 8 月 8 日，市民在邕江

2021 年 12 月 8 日，南宁市数字文化馆体验中心在市群众艺术馆揭牌，市民在中心体验智慧钢琴、数字唱吧等数字化设备终端　　宋延康　摄

2021 年 10 月 13 日，南宁市第九届老年人体育健身大会在南宁市体育场开幕。图为老年健身爱好者表演太极功夫扇　　韦峭　摄

2021年，南宁五象新区推进产城深度融合发展，新增7.01平方千米，建成面积62.01平方千米；重点项目完成投资651.11亿元，比上年增长12%。中国（广西）自由贸易试验区南宁片区实施范围46.80平方千米，新设立企业突破2万家，实际利用外资接近6亿美元。中国—东盟金融城新增金融机构（企业）123家，累计入驻285家。

2021年，五象新区俯瞰　　黄维业　摄

2021年，中国（广西）自由贸易试验区南宁片区新设立企业2.06万家，中国—东盟金融城新增金融机构（企业）123家。图为五象新区中国—东盟金融城一带　　黄红锦　摄

2021 年 10 月 12 日，五象湖公园入选国家 AAAA 级旅游景区。图为五象湖公园风光　　黄红锦　摄

2021 年，五象新区推进园林绿化建设，打造“口袋公园”，新增休闲、健身便民设施。图为 8 月 10 日，平乐大道沿线核心游园绿地建成开放　　黄红锦　摄

2021年5月17日，“感党恩 跟党走”流动党史馆南宁地铁主题专列发车　　潘浩　摄

2021年7月30日，“2020年度广西科学技术奖”地铁科普专列发车　　南宁轨道交通集团提供

2021年6月27日，“感党恩 跟党走”南宁地铁文化角“唱支山歌给党听”主题情景快闪活动在地铁3号线青秀山站举行　　叶子榕　摄

2021年，南宁地铁开展中国—东盟博览会、中国—东盟商务与投资峰会系列服务保障　　苏有腾　摄

目　录

特　载

专　记

大事记

南宁概貌

中国—东盟博览会·商务与投资峰会

南宁与东盟

投资促进与经济合作

公有制与非公有制经济

农业 水利

工　业

建筑业 房地产业

商贸服务业

交通运输　邮政

会展业

旅游业

信息化

金融业

经济管理与监督

新区 开发区

中国共产党南宁市委员会

南宁市人民代表大会

南宁市人民政府

中国人民政治协商会议南宁市委员会

中国共产党南宁市纪律检查委员会 南宁市监察委员会

民主党派　工商联

群众团体

法 治

军 事

教 育

科　学

文　化

体　育

卫生健康

社会民生

城市建设与管理

乡村振兴

生态文明建设

县(市、区)概览

人　物

附　录

索　引

CONTENTS

Feature

Special Records

Chronicle of Events

Introduction of Nanning

China—ASEAN Expo & Business and Investment Summit

Nanning and ASEAN

Investment Promotion and Economic Cooperation

Public and Non-public Sectors of Economy

Agriculture and Water Conservancy

Industry

Construction Industry and Real Estate Industry

Commercial Service Industry

Transportation and Postal Industry

Exhibition Industry

Tourism

Informationization

Financial Sector

Economic Management and Supervision

New Districts and Development Zones

Nanning Committee of the Communist Party of China

People's Congress of Nanning

Municipal Government of Nanning

Nanning Committee of the Chinese People's Consultative Committee

Nanning Commission for Discipline Inspection of the CPC and Commission of Supervision

Democratic Parties & Federation of Industry and Commerce of Nanning

Mass Organizations

Rule of Law

Military Affairs

Education

Science

Culture

Sports

Hygiene and Health

People's Livelihood

Urban Construction and Administration

Rural Revitalization

Ecological Construction

Districts and Counties

Figures

Appendices

Index

特载

政府工作报告

——2022年1月25日在南宁市第十五届人民代表大会第二次会议上

各位代表：

现在，我代表南宁市人民政府，向大会报告政府工作，请予审议，并请各位政协委员和列席会议的同志提出意见。

一、2021年工作回顾

2021年是党和国家历史上具有里程碑意义的一年，是我市改革发展进程中极其重要的一年。这一年，习近平总书记再次视察广西、莅临南宁，向第18届中国—东盟博览会和中国—东盟商务与投资峰会致贺信。领袖的殷殷嘱托和殷切期望，让全市广大干部群众倍感温暖、倍受鼓舞。这一年，我们庆祝中国共产党百年华诞，开展党史学习教育，深入学习贯彻党的十九届六中全会精神，在赓续红色血脉中汲取奋进新征程的伟大力量。这一年，我市脱贫攻坚成果进一步巩固拓展，与全国同步全面建成小康社会，为实现第一个百年奋斗目标做出了南宁贡献。一年来，全市上下坚持以习近平新时代中国特色社会主义思想为指导，深入学习贯彻习近平总书记对广西工作系列重要指示精神特别是视察广西“4·27”重要讲话精神，牢记嘱托、感恩奋进，统筹疫情防控和经济社会发展，全面落实强首府战略，稳住了经济基本盘，保持了社会大局和谐稳定，“十四五”开局良好。

——经济总量再上台阶。全年地区生产总值同比增长6.1%，经济总量迈上5000亿元台阶，达5120.94亿元。其中，第一产业增加值606.76亿元，增长7.9%；第二产业增加值1198.76亿元，增长4.3%；第三产业增加值3315.42亿元，增长6.3%。规模以上工业增加值增长7.5%。社会消费品零售总额2364.17亿元，增长8.4%。一般公共预算收入391.77亿元，增长5.24%。

——项目建设取得突破。工业投资增长21.2%。区市层面统筹推进重大项目893个，完成投资1094.3亿元，增长20.2%。重大交通基础设施项目完成投资502.8亿元，增长49.1%。华南地区首条无人驾驶地铁线路5号线开通运营，广西首条智慧公路沙井至吴圩高速公路建成通车。

——开放合作成效明显。外贸进出口总额1231.9亿元，增长24.9%。中越跨境班列开行数量、吴圩国际机场国际货邮吞吐量增速均超100%。招商引资签约区内外项目270个，总投资额1808.3亿元，预计到位资金881.08亿元；实际利用外资5.78亿美元，增长31.3%。新设外资企业291家，增长95.3%。我市获批国家加工贸易产业园。

——市场主体活力增强。营商环境持续优化，登记财产、政务服务两项指标获评“全国标杆”，“多测合一”“豁免清单”等建设项目审批制度改革在全国复制推广。落实减税降费政策，帮助市场主体增强信心、激发活力，“桂惠贷”投放金额541.6亿元、惠及市场主体13954户。新登记各类市场主体16.1万户，增长20.7%。

——生态优势巩固提升。市区环境空气质量优良率达97%。水环境质量创历史最好成绩，地表水水质排名全国地级及以上城市第25名、省会城市第2名，境内主要流域地表水水质优良比例保持100%，黑臭水体治理经验入选生态环境部通报表扬典型案例。环境信访投诉总量、建筑施工噪声投诉量实现“双降”。国家卫生城市通过复审考核。

——民生保障更加有力。居民人均可支配收入32679元，名义增长8.5%。居民消费价格指数上涨1.4%。城镇新增就业7.7万人，城镇登记失业率2.8%。新开办公办幼儿园26所、新增学位8640个。新建成投入使用公办中小学校22所、新增学位4.04万个，接收进城务工人员随迁子女读书人数17.4万人。基本养老保险、基本医疗保险制度实现全覆盖。建成保障性租赁住房4092套（间），公租房工作经验在全国推广。

一年来，我们主要抓实抓好以下几项工作。

（一）调整优化产业结构，经济发展稳中提质。工业振兴扎实起步。出台工业振兴工作成效考核办法，强化运行调度和电力保供。培育壮大工业企业，新增规模以上工业企业235家，培育国家级专精特新"小巨人"企业15家,净增亿元企业55家。推行新兴及优势产业链链长制,引进产业链补链强链项目178个,总投资额797.1亿元。列入自治区"双百双新"在库项目61个,数量居全区第一。东部产业新城启动建设,南宁临空经济示范区建设提速。服务业提质增效。人民币存贷款余额增长8.5%,保费收入增长9.2%,新增上市(挂牌)公司2家,中国—东盟金融城新增入驻金融机构(企业)123家。新增AAA级以上物流企业10家,公路、水路客货运周转量增速超20%。京东线下城市旗舰店、宜家家居、首创奥特莱斯等开业运营,"三街两巷"和邕江南岸片区入选首批国家夜间文化和旅游消费集聚区,全市接待国内旅游总人数、旅游总消费分别增长18.6%、25.8%。数字经济加快发展,组建数丝科技公司,中国—东盟信息港南宁核心基地引进数字经济及其核心产业类项目23项,全市规模以上互联网和软件信息技术服务业营业收入增长50.7%。总部经济加快培育,成功引进smart高端智能电动车全球销售中心,腾讯、康恒环境等知名企业区域总部落户南宁。五象新区特色平台经济营业收入超200亿元。

(二)全面提高开放水平,"南宁渠道"越走越畅。开放通道持续拓宽,西部陆海新通道(平陆)运河列入国家"十四五"规划,中越跨境班列开行346列、增长108%,新开行中越老农资产品跨境多式联运班列,首趟"公铁海"多式联运班列"南宁—钦州—唐山"顺利开行,吴圩国际机场国际货邮吞吐量2.38万吨、增长119%。开放平台持续做实,临空经济示范区吴圩国际机场口岸获批设立进境水果指定监管场地,自贸试验区南宁片区新设立企业20649家、增长215%,实际利用外资4.47亿美元。金融开放门户南宁核心区中国—东盟黄金产业园运营中心揭牌,浙商银行南宁分行等开业运营,跨境人民币结算量增长39%。跨境电商综试区完成跨境电商进出口额增长259%。

(三)深化改革推动创新,发展动力不断增强。创新平台增量扩面,新增国家级创新平台3家、自治区重点实验室9家、自治区级双创示范基地3家、广西工程技术研究中心14家、广西新型研发机构11家、自治区级科技成果转化中试基地5家。创新主体增量提质,1011家企业获评国家科技型中小企业,拥有广西瞪羚企业37家,新增备案高新技术企业357家、占全区比重44.13%,新增中国专利优秀奖1个。重点领域改革实现突破,完成7家市属集团公司主业调整、处置"僵尸企业"7家,国资监管企业实现利润总额25.45亿元、增长17%。探索"长期租赁""弹性年期"供应工业用地,新建商品房实现"交房即交证",实现全市户籍业务"全城通办"。建立全国首个灵活就业人员合法权益保障中心,打造全国首个"智慧人才"一体化服务平台,"免申即办"服务模式等创新成果向全国推广。

(四)大力推进乡村振兴,农业农村现代化加快。脱贫攻坚成果持续巩固,筹措各级财政衔接推进乡村振兴补助资金22.5亿元,严格落实"四个不摘"要求,发放防贫基金435.2万元,组织脱贫劳动力外出务工27.1万人,帮扶产品销售45.8亿元,守住了不发生规模性返贫的底线。现代特色农业加快发展,守住耕地保护红线,粮食生产保持稳定,总产量达211.55万吨。生猪出栏量增长35.3%。新增隆安香蕉、良庆百香果2个地理标志商标,有效期内"三品一标"产品193个,3个产品通过"圳品"认定,南宁火龙果远销荷兰,武鸣沃柑出口加拿大等国家。2家农业企业获评首批全国生态农场。全市林下经济产值78.7亿元。乡村建设取得新进展,荣获全国首批"四好农村路"市域示范创建突出单位,完成农村饮水安全维修养护项目441个,15个农村区域集中连片供水项目已完工10个,1018户农村危房改造项目全部竣工。

(五)提升城市功能品质,"中国绿城"成色更足。市级国土空间总体规划编制取得阶段性成果。五象新区产城融合加快,建成区面积达62平方公里。南宁至大王滩二级公路、城市主要出入口整治提升一期工程等一批道路交通项目建成通车。横县获批撤县设立横州市。完善网格化管理,全国文明城市创建工作常态长效。开展治堵、排涝、拆违、改旧专项行动,打通6条"断头路",建成运行排水地理信息系统,完成77处城市内涝点整治,清理拆除"两违"面积900.2万平方米,基本完成127个老旧小区改造。生活垃圾分类实现常态化,回收利用率达36.5%。碳达峰行动有序推进,8家企业进入自治区绿色制造体系名单,建成充电桩3982个,获列为广西新能源汽车推广应用示范市。第二轮中央生态环境保护督察反馈指出问题整改取得阶段性成效。

(六)持续增进民生福祉,生活品质稳步提高。扎实做好常态化疫情防控,两次调整充实疫情防控前线指挥部工作人员,集中办公,牢牢盯住"外防输入、内防反弹",严格"人、物、环境"同防,不断提高流调能力、核酸检测能力、集中隔离能力、应急处置能力,累计接种新冠病毒疫苗1756.5万剂次,截至2021年底连续351天无新增本土病例。社会保障体系不断完善,稳步实施国家扩大长期护理保险制度试点工作,3个医养结合案例获评全国医养结合典型经验,4个社区入选广西老年人宜居社区,累计发放低保金9.4亿元、特困人员供养补助2.3亿元。教育事业高质量发展,全面落实"双减"政策,集团化办学深入推进,成立天桃实验学校、南宁二中、三中、十四中、沛鸿民族中学为龙头学校的教育集团;南宁教育园区初步成型,入园院校实现招生办学10所,在校学生规模达7.8万人。健康南宁加快建设,组建市一、市二医院医疗集团,获自治区"公立医院综合改革成效明显的城市",新改扩建社区卫生服务中心5个,前海人寿广西医院和南宁医院先后投入使用,医保基金监管信用体系建设试点通过国家医保局终期验收。文体事业繁荣发展,舞剧《刘三姐》获第十三届全国舞蹈展演优秀剧目,广播剧《少年黄大年》等42件作品获国家级、自治区级荣誉(奖项);全面实现全民健身和全面健康深度融合发展,南宁籍运动员在第十四届全运会中获2金1银3铜的优异成绩。社会治理能力全面提升,推进扫黑除恶常态化,加强矛盾纠纷多元预防化解,打击传销、打击电信网络诈骗、禁毒等工作成效显著。再次荣获全国民族团结进步示范市荣誉称号。安全生产、食品药品安全形势总体稳定。

一年来,民族、宗教、保密、档案、退役军人、审计、统计、林业、人防、粮食和储备、机关事务管理、地方志、公共资源交易、供销、海关、海事、出入境边防检查、侨务、台湾事务、贸促、税务、气象、调查、水文、文史、决策咨询、哲学和社会科学等工作扎实推进,妇女、儿童、老龄、残疾人、公益慈善、红十字等事业健康发展。

一年来,我们坚持把党的政治建设摆在首位,坚决落实全面从严治党要求,毫不动摇坚持和捍卫"两个确立",不断增强"四个意识"、坚定"四个自信"、坚决做到"两个维护"。巩固提升法治政府建设成果,出台政府规章3件,修改、废止规章4件,依法接受人大及其常委会的监督,自觉接受人民政协的民主监督,办理市人大代表议案建议192件、政协提案669件,办结率均达100%。巩固拓展落实中央八项规定及其实施细则精神成果,坚决整治形式主义、官僚主义,持续为基层松绑减负,政府自身建设持续加强。

各位代表!过去一年的成绩来之不易,这是习近平新时代中国特色社会主义思想科学引领的结果,是自治区党委、政府和市委正确领导的结果,是市人大、市政协监督支持的结果,是各级各部门担当履职的结果,是全市各族人民团结奋进的结果。在此,我代表市人民政府,向全市各族人民,向人大代表、政协委员,向各民主党派、工商联、无党派人士和人民团体,向驻邕部队、武警官兵、政法干警、消防救援队伍,以及所有参与、关心和支持南宁发展的各界人士，表示衷心感谢并致以崇高敬意！

在看到成绩的同时，我们也清醒地认识到经济社会发展面临的困难和问题。主要表现在：工业对经济增长的贡献偏小，农业产业链较短，县域经济发展滞后；开放优势发挥不充分，投资结构不优、产业投资偏弱，创新驱动发展的动能不强；民生保障仍然存在短板弱项，营商环境有待提升等。对于这些问题，我们将采取更加有力的措施，切实加以解决。

二、2022年工作总体要求和主要任务

2022年是党的二十大召开之年，做好各项工作，具有特别重要的意义。我们要紧跟总书记，奋进新征程，勇于求变、敢于求新、善于求质，以"跳起来摸高、跑起来赶超"的奋斗姿态，坚定信心、勇毅前行，在建设新时代中国特色社会主义壮美广西中彰显首府担当。

今年政府工作的总体要求是：坚持以习近平新时代中国特色社会主义思想为指导，全面贯彻党的十九大和十九届历次全会精神，全面贯彻中央经济工作会议精神尤其是习近平总书记重要讲话精神，全面贯彻习近平总书记对广西工作系列重要指示精神特别是视察广西"4·27"重要讲话精神，紧紧围绕自治区第十二次党代会提出的建设壮美广西"1+1+4+3+N"目标任务体系，按照自治区党委十二届二次全体会议暨经济工作会议和市委十三届三次全体会议暨经济工作会议的安排部署，弘扬伟大建党精神，坚持稳中求进工作总基调，完整、准确、全面贯彻新发展理念，服务和融入新发展格局，全面深化改革开放，坚持创新驱动发展，坚持以供给侧结构性改革为主线，统筹疫情防控和经济社会发展，统筹发展和安全，继续做好"六稳""六保"工作，坚持政策为大、项目为王、环境为本、创新为要，全面落实强首府战略，举全市智慧和力量做好"1+3"重点工作，坚定不移推进高质量发展，坚持强开放、强产业、强市场、强投资、强治理"五强"工作要求，抓好防疫稳定安全"三件大事"，奋力建设新时代中国特色社会主义壮美广西首善之地，以优异成绩迎接党的二十大胜利召开。

今年全市发展的主要预期目标是：地区生产总值增长7%以上，工作目标力争增长8%左右。一般公共预算收入增长3.5%，规模以上工业增加值增长11%，固定资产投资增长10%，工业投资增长30%以上，社会消费品零售总额增长10%，外贸进出口总额增长11%，居民人均可支配收入增长与经济增长基本同步，居民消费价格指数涨幅控制在3%左右，城镇调查（登记）失业率低于全区平均水平。

面对当前形势，要实现上述目标，我们必须转变观念，创新思路，在实际工作中，强化"五种思维"：

——强化首府都市圈思维。实施强首府战略，建设南宁都市圈，是落实国家"十四五"城市群和都市圈战略的重大举措，也是广西实施区域协调发展战略的重大行动。强首府，南宁当自强。我们要自我加压、招大引强，提升经济首位度，加快建设特大城市，构建南宁大都市圈，加速形成极化效应、虹吸效应，发挥中心城市的辐射带动作用，为建设壮美广西多作贡献。

——强化"双链"融合思维。围绕产业链部署创新链，围绕创新链布局产业链。抓住全球产业链价值链重构的机遇，聚焦全产业链和产业生命周期，打通产业链上下游，吸引跨境产业链关键环节留在南宁，积极服务中国产业走向东盟及RCEP成员国，并向"一带一路"国家和地区拓展。组织产业关键核心技术和共性技术攻关，以一个领域或一项科技创新，培育一个细分产业，盘活一个产业集群。

——强化枢纽经济思维。枢纽经济背后是流量，实质是市场。南宁深耕东盟多年，要充分发挥南宁作为离东盟最近首府城市、西部陆海新通道重要节点、我国连接"一带"和"一路"重要枢纽的优势，积极服务建设中国—东盟命运共同体，畅通中越物流通道，以东博会吸引商品、服务和要素聚集，大力培育国际大市场，破解"过而不驻、流而不聚"难题，推动"通道经济"向"枢纽经济"转变。

——强化"项目为王"思维。今天的项目就是明天的产业，要把项目建设作为促进发展的第一支撑，谁英雄谁好汉，项目面前比比看。要超前谋划项目，争取各类资金支持，按照市场化、项目化、责任化、节点化"四化"和资金、政策、要素"三下沉"工作法，大抓项目、抓大项目，保持投资对经济增长的强力拉动。

——强化市场主体思维。市场主体是经济的力量载体，保市场主体就是保社会生产力。要换位思考、主动作为，想企业之所想、急企业之所急，积极帮助企业解决难题，提供有温度的服务。要坚持公平参与、平等竞争的原则，持续优化市场化法治化国际化的营商环境，让各类市场主体活力充分释放，经济发展内生动力更加强劲。

今年，我们将着力做好以下十个方面工作。

（一）拓宽"南宁渠道"强开放。

主动服务和融入国家开放战略，发挥"南宁渠道"作用，做实做强开放平台，以深化改革促进高水平开放。

服务推动东博会、峰会升级发展。促进东博会功能从服务"10+1"向服务RCEP和"一带一路"拓展，高质量办好RCEP展区，推动东博会、峰会转型升级为RCEP博览会、峰会。大力发展会展会议经济，实施"会展+"战略，推动建立中国—东盟博览会全球采购中心，常态化运行"云上东博会"，吸引新产品发布会、订货会等更多国际性、全国性展会在邕举办，培育一批高质量龙头展会和专业品牌展，打造会展名城，建设国际会展城市。强化东博会和峰会的政治、外交、经贸、人文等功能，以文化艺术、旅游、教育等为纽带，促进民心相通，结对更多国际友城，打造"一带一路"人文交流的重要支点城市。

高标准建设自贸试验区南宁片区。大力推进制度创新，形成一批制度创新成果，复制推广更多试点经验。加快推进惠企政策"免申即享"平台建设，设立RCEP政务中心，鼓励有条件的律师事务所开展国际化业务合作。深化"三合一"集约式监管，实现易腐货物、快运货物无布控查验6小时通关。建立加工贸易货物担保机制，参与海关事务担保，降低企业贸易成本。推动片区内综保区、跨境电商综试区、加贸产业园等国家级开放平台融合发展，强化自贸区协同发展区建设，最大程度发挥政策叠加和溢出效应。

加快建设中国—东盟信息港南宁核心基地。突出抓好基础设施建设、产业发展壮大、对外合作交流等重点工作，年内力争新增投资超30亿元、竣工项目累计超45个。优化升级南宁国际互联网专用通道，启动建设中国—东盟人工智能计算中心，加快推进中国电信东盟国际信息园、中国移动（广西）数据中心等超大规模数据中心建设。培育壮大一批数字企业，加快打造人工智能、空间信息、信息技术应用创新等数字经济产业链。发挥华为—南宁数字经济产业创新中心等平台作用，拓展数字应用场景，培育平台经济、跨境电商、智慧旅游等新产业新业态。加强与东盟的数字经济合作交流，积极服务和办好中国—东盟信息港论坛、数字丝绸之路峰会等活动，加强与东盟国家在数字经济标准制定、技术创新、市场共享等领域的合作。

加快建设金融开放门户南宁核心区。扩大跨境人民币结算，推动中银香港面向东盟的人民币结算清算业务落地，支持驻邕金融机构与更多RCEP成员国商业银行建立人民币结算关系，推动非银行支付机构开立跨境人民币备付金账户。促进跨境

投融资，推动中国—东盟跨境金融服务中心运营，制定跨境金融产品和服务清单；开展跨境人民币同业融资、跨境人民币双向流动便利化、人民币信贷资产转让、境外项目人民币贷款等试点。扩大人民币与东盟国家货币直接交易，引入更多东盟国家商业银行参与广西银行间市场区域交易，促进与东盟国家双边本币结算。

高质量实施 RCEP。学好用活 RCEP 规则，大力优服务、扩贸易、促投资。积极参与建设中国—东盟经贸中心、RCEP 中小企业服务中心，推动 AEO 企业获批经核准出口商资质，全力服务企业搭乘 RCEP 快车。用好关税减让规则，扩大机械设备、建材等传统行业产品的出口，拓展茉莉花茶、沃柑、火龙果等优势农产品出口，扩大日韩澳新先进装备和技术、矿产品及农产品、美妆和日用品等高端消费品进口。用好用足原产地累积规则，为企业制定针对性享惠方案，推进原产地证书的认证；依法落实外商投资国民待遇，加快构建连接日韩澳新等发达国家和东盟国家之间跨国产业链供应链，引导和鼓励电子信息、新能源汽车等企业在 RCEP 成员国内开辟产品原料和零部件采购渠道，开展出境加工业务。

加快建设南宁临空经济示范区。做大南宁国际航空枢纽，建设航空之都。配合自治区开展示范区系列规划编制工作。年内南宁国际空港综合交通枢纽工程投入使用，6 月底前开工建设吴圩国际机场第二跑道，争取 12 月底开工建设 T3 航站楼，加快建设南宁零公里空港产业园、临港大道、友谊路延长线改扩建（平丹村—群益村）等重大项目，开展轨道交通机场线等项目前期工作。迅速开展 24 平方公里启动区产业链招商，力争年内引进机电、服装、医药、海鲜、水果等一批贸易头部企业和电子信息、先进装备制造、新能源、新材料等制造企业，引进航空物流、临空商务、港航服务等产业项目 30 个。依托吴圩国际机场航空口岸，打造中国—东盟生鲜交易中心、南宁空港国际跨境电商中心等商品贸易集散基地。

大力发展向海经济。平陆运河开工建设将重塑南宁的城市形态和产业布局，南宁通江达海的区位优势更加突出。要全方位实施向海发展战略，加大力度建设向海交通体系、发展向海产业体系、强化向海创新体系，进一步做足边的文章、释放海的潜力、激发江的活力，积极构建南宁内外畅通、陆海联动的向海发展新格局。加快改造提升南宁港六景、牛湾港区，提升南宁内河航道通航等级，优化港口功能，打通江海联运物流通道，吸引沿海临港产业向内河延伸拓展，大力发展临港工业，把东部产业新城打造成为向海经济发展示范园区，推进“港产城海”融合发展。

持续推进改革攻坚。落实减税降费政策，继续清理规范市级涉企行政事业性收费事项。深化财税体制改革，加强财政资源资产资金统筹，防范化解政府债务风险。深化投融资体制改革，积极构建多元化投融资体制和资本运作机制。优化国有资本布局，推动国有资本投向民生领域、优势产业和战略性新兴产业；推动市属集团的战略性重组和市场化整合，稳妥推进国有企业混合所有制改革。构建亲清政商关系，关心支持帮助民营企业健康发展。

南宁开放无止境，越开放越向上。我们要坚持东西协作、南北互济，向海而兴，向海图强！

（二）主攻实体经济强产业。

把做强实体经济作为主攻方向，全力推进工业振兴，促进生产性服务业和先进制造业深度融合，大力发展新经济新业态新产业，加快建设现代化经济体系。

尽锐出战振兴工业。实施新兴产业产业链再造工程，着力提升南宁在跨境产业链供应链价值链中的地位和竞争力，推进新兴产业快成长上规模，全力建设南宁中越（中国—东盟）跨境产业链关键环节生产总部集聚区。电子信息产业，重点发展计算机和网络通信设备、智能终端、新型显示、集成电路四条产业链，打通中国南宁至越南北宁、北江跨境公路铁路电子信息产品快速通道，做大瑞声科技等重点企业，力争引进一批行业内龙头企业，着力构建“大湾区—南宁—东盟”电子信息产业链供应链。先进装备制造产业，重点打造新能源汽车、物料处理装备、环卫环保装备三条产业链，支持新能源汽车整车企业实现合规化生产，引进电池、电机、电控及其他配套零部件企业，推动合众新能源汽车项目年内投产，积极引进吉利汽车项目，推动美斯达、博世科等企业发展壮大。其中，驱动电机方面，重点引进永磁体、定子、转子、电机控制器等零部件生产企业。动力及储能电池产业，着力发展电芯制造，力争引进光伏电池及组件、电芯制造龙头企业，发展电解液、隔膜、铜箔、极耳、电池管理系统等上游产业链高附加值产品，推动电芯、电池等产业链一体化发展。生物医药产业，按照“研发 + 临床 + 制造 + 应用”全产业链发展思路，吸引国内外重点科研院所、医学院校和知名企业在我市设立实验室和运营平台，引进专业团队建设运营生物医药产业园区，加快建设“葫芦娃”品牌系列药品南宁生产基地、江苏吉锐生物新药研发生产基地等项目，打造海城医疗器械产业园、凤巢湖生物医药港产业园。实施传统产业改造提升行动，紧扣数字化绿色化高端化，推动传统产业提层次强实力，重振传统产业雄风。铝精深加工产业，发挥南南铝加工和南南铝业等龙头企业的技术辐射和带动效应，培育和引进一批铝材压延加工企业，重点拓展航空航天、轨道交通、船舶用高端铝合金材料，以及新能源汽车轻量化车身、铝合金零部件、动力电池用铝箔、光伏组件等产业链下游应用领域，推动铝加工产品向建筑模板、铝制家具、家电等终端产品延伸，深化与中车集团更紧密的合作，努力将铝精深加工打造成南宁的工业名片。食品产业，发展肉制品加工、休闲健康食品、调味制品、乳制品、饮料和精制茶加工等产业链；延伸拓展蔗糖精深加工产业链，推动环保纸模等产业链下游项目的实施建设。造纸产业，发展高端纸制品，配套发展产业链上游的造纸助剂及下游的包装、印刷等环节，建设横州市高端纸制品产业园。绿色家居产业，重点补足产业链配套产品，发展高端多功能板材、中高端家居，配套发展五金等产品。精细化工产业，建设专业化工园区，重点发展为电子信息、新能源汽车和生物医药等产业配套的精细化工新材料产业，积极发展芳纶纤维、电子级树脂、碳纤维等高端化工产业。绿色建材产业，积极培育硅基新材料、先进陶瓷材料、纤维复合材料等关键战略材料产业，发展壮大深加工玻璃、化学建材等绿建协同材料产业，优化提升水泥、预拌混凝土等基础支撑材料产业。

尽锐出战做大园区。按照临港城市谋划布局工业发展，推动重点工业园区拓展发展空间，提高园区投资和产出强度，积极培育 500 亿元、1000 亿元产业园区。东部产业新城要进一步理顺管理体制机制，突出工业发展导向，加快编制国土空间规划、产业发展规划，加快基础设施和配套设施建设，规划建设临港工业园区，大力发展造纸、新能源汽车、电池、铝精深加工、汽车零部件、化工等临港工业。高新区要重点发展电子信息、节能环保、生命健康等高新技术产业，推进智慧显示园区等项目建设。经开区要加大电子信息、生物医药等高新技术产业招商引资力度，推进电子信息千亿产业园、临空生物医药产业园建设。东盟经开区要建设特色食品产业园，集聚食品企业和上下游配套企业，推进卤制肉制品及副产品加工、餐饮果浆配料生产基地等重点项目。年内三大国家级开发区规模以上工业增加值均要增长 20% 以上。各县（市、区）要推动本地园区产业特色化、差异化发展，打造 1—2 个成长性好、优势突出、带动力强的主导产业，大力培育经济强县（市、区）。

尽锐出战强化保障。健全领导干部联系重大项目服务重点企业、工业振兴特派员等工作机制，推动生产要素向工业集聚，着力解决企业生产经营面临的困难问题。加大资金投入，市本级财政筹措100亿元资金支持工业发展，引导信贷资金向工业企业倾斜。强化用地保障，提高工业用地比重，东部产业新城工业用地储备不少于4000亩，高新区、经开区（南宁临空经济示范区）、东盟经开区、黎塘工业园、现代工业产业园工业用地储备均不少于2000亩，其他县（市、区）工业用地储备均不少于500亩。重视解决城乡接合部、城中村小微企业用地问题，推动小微企业入园集聚发展。强化用电保障，加强用电调度和科学预警，完善市、县两级保供电协同机制，指导和协调企业加强燃料储备，全力保障重点企业正常用电。强化用工保障，增加就业补助资金，加强公共就业服务，适时启动应急用工机制，满足企业用工需求。

着力发展大金融。大力“引金入邕”，力争中国—东盟金融城新增入驻金融机构（企业）100家。加大金融服务实体经济力度，加强财金联动、“政金企”对接，扩大工业企业贷款、小微企业贷款、涉农贷款、政府性融资担保等规模，力争全市人民币存贷款余额突破3万亿元，工业企业贷款增速高于各项贷款增速，“桂惠贷”投放达550亿元。支持企业扩大资本市场融资，精准培育一批上市（挂牌）后备企业，重点推动森合高科、广西东呈、汉和生物等企业上市（挂牌）；扩大信用债券入邕渠道，加大“绿色债”“科技创新债”等创新债券发行，推动私募基金集聚发展。加快发展金融示范区，建设绿色金融改革创新和保险创新综合示范区，推动“惠邕保”等落地见效，力争保费收入达到300亿元，全力创建供应链金融示范区。防范化解重点领域金融风险。

加快发展大物流。着力畅通通道，完善衔接越南的跨境物流体系，以电子信息产品为重点，公路争取12小时厂对厂通达，铁路实现24小时通达；加密南宁至“一带一路”国家和地区的铁路货运班次和航空货运航线，力争吴圩国际机场新开通2条国际货运航线，国际货邮吞吐量确保4万吨、力争达到6万吨；推动恢复南宁港内河口岸。着力完善枢纽，推动物流园区均衡布局，完善物流节点衔接，加快南宁国际铁路港、中新南宁国际物流园等物流枢纽建设，完善货物转运、冷链物流、邮政快递等相关功能配套，健全港区、园区的集疏运体系，使货物快进快出。着力提升服务，完善保税物流、展示交易、跨境结算等服务功能，提高通关时效。着力降低费用，落实国家、自治区降低物流成本有关政策，进一步降低物流制度、要素、税费、信息、联运、综合等6方面成本。

推动房地产业良性循环和健康发展。科学合理规划，完善住宅用地市政配套，促进土地成交，提升土地保障能力。加大医养地产和文化体育旅游地产等综合房地产业供地，优化房地产用地结构。支持房地产项目合法合规开发贷款，保障房地产开发企业的正常融资需求。加快拟出让地块的前期工作，大力推行“拿地即开工”、预售许可“线上全办理”，提高楼盘上市效率。加快推进旧城改造，释放新的购房需求。优化公积金贷款发放流程，提高公积金贷款额度。推动优化差别化信贷政策和适当降低二套房贷款首付比例，推介“绿城”宜居宜业品牌，吸引更多外地人来邕养老、度假、置业，提高区外购房群体比例。开展房地产市场秩序专项整治，防范市场风险。

推动新经济蓬勃发展。高质量打造五象新区新经济新产业高地。大力发展总部经济，完善总部经济发展支持政策，建立总部企业招商项目库，盘活总部基地存量楼宇，大力引进一批国际总部、区域总部和功能型总部，力争培育税收亿元以上楼宇超10栋。培育发展平台经济，加快建设电商平台载体，推动京东营销推广平台、吉利大宗商品智慧供应链平台等项目落地，支持云宝宝公司等企业打造数字化应用平台。积极发展网红经济、IP经济。

工业兴则产业旺、首府强。我们有信心、有决心挺起首府工业的脊梁，坚决打赢产业振兴这场硬仗！

（三）畅通内外循环强市场

发展大贸易，促进消费持续恢复，保持外贸快速增长势头，深度融入国内大循环和国内国际双循环。

建设国际消费中心城市。推动商文旅融合。推动文化旅游融入商圈，埌东—凤岭片区建设一批特色商业街区，打造“旅游+会展+住宿”商圈；朝阳片区提质建设“老南宁·三街两巷”、中山路等一批特色商业街区和夜间经济集聚区，推动国有文艺院团驻演“三街两巷”人民剧场，形成“夜游”“夜购”“夜食”“夜娱”集聚区；五象片区发展首店经济、首发经济、品牌经济，建设具有国际影响力的新型消费商圈。推动商业融入文化旅游，优化“两圈一轴”布局，加快发展高端文旅产业，培育和打造时尚产业，紧盯“90后”“00后”消费群体，围绕旅游精品路线建设集“吃住行游购娱”一体的消费商圈。加快推进2023年广西文旅大会项目。大力发展专业市场，立足“买东盟满足国内，买国内服务东盟”，着力筹建中国—东盟药品市场、黄金珠宝市场、海鲜贸易加工市场、食品水果市场、艺术品交易市场等专业市场，扩大华南城、大嘉汇东盟国际建材家居城等专业市场影响力。推进消费便民惠民。完善社区、乡村商业服务功能，建设改造乡镇农贸市场。举办大型消费类展会，办好南宁消费购物节和南宁欢乐消费季，开展家电“以旧换新”等惠民利企活动。

扩大进出口贸易。加大出口增量奖励力度，壮大优势产品出口规模，培育金融、大数据、文化创意等领域服务贸易。支持企业建设跨境电商枢纽仓、在东盟布局海外仓，发展跨境电商零售出口、B2B出口业务，力争跨境电商出口交易额达80亿元。加快南宁国家加工贸易产业园建设，推动中韩（广西—江原道）产业园、赢衍光电、利远电子等项目建设投产，力争加工贸易进出口额突破1000亿元。推动境外采购和进口商品分销，扩大大宗商品进口。提升进境食用水生动物指定口岸和进境水果指定监管场地等功能，扩大东盟国家优质农产品、水海产品和中药材进口，力争新增进口200亿元。

（四）突出“项目为王”强投资

把扩大招商引资摆在突出位置，狠抓重点领域重大项目建设，保持投资强度，发挥投资对稳增长的关键性作用。

推行“全员招商”引投资。狠抓工业招商，力争全年签约总投资额5000万元以上工业项目超150个。大力开展领导干部带头招商，成立市级招商领导小组，组建16个产业链招商工作队，由市领导任工作队队长，市领导、国家级开发区领导每人每年签约落地总投资额5000万元以上的工业项目不少于2个，县（市、区）、市直部门主要领导每人每年不少于1个。大力实施专业招商，市投促部门和各县（市、区）、开发区要组织招商小分队，开展常态化驻点招商。大力推进平台招商，支持国有平台通过股权投资、基金投资等多种方式招大引强。大力推行以商招商，通过瑞声、合众等龙头企业带动、吸引更多上下游企业落户，借助行业商会协会推介会员单位来邕投资发展。强化招商考核，考核结果与绩效考评、奖惩挂钩。

坚持“项目为王”扩投资。建立完善储备项目库长制、要素保障制、督战考评制等工作机制和“赛马”机制，做好“两榜、两挂钩、一问责”工作，力争区市层面统筹推进重大项目完成投资1200亿元以上。超前谋划投资项目，建立总投资1万亿元以上的投资项目总库，加强工业、现代服务业、商贸流通等8类项目分库的策划和包装，争取项目转化投资3500亿元。拓宽投融资渠道，按照财政聚资、贷款借资、平台扩资、市场融资、社会引资的思路，建立多元筹融资机制，用好用足PPP额度空间，推出一批有吸引力的PPP项目。抓好重大项目建设，依托强首府重大项目库指挥调度系统，对重大项目实行智慧化、精细化管理和指挥调度，强化全流程跟踪、全过程管理，加快形成更多投资工作量。

优化营商环境聚投资。开展营商环境重点指标创新突破行动，争取更多指标入选"全国标杆"。推进"跨省通办""证照分离"改革全覆盖，推动招标投标全流程电子化。推进政务服务"简易办"改革和便民利民"微改革"，加快"邕易办"系统平台建设，完善惠企惠民一站通平台功能，实现行政许可及相关服务事项100%可网上办理。探索建立企业容错机制，试行包容审慎监管。建立营商环境诉求直通快办机制，及时协调解决市场主体诉求，为企业发展保驾护航。争创全国社会信用体系建设示范区。

（五）深化建管融合强治理。

坚持以人为本，强化城市规划建设管理，促进城乡融合发展，推进城市治理能力和治理体系现代化。

高质量推进城市建设。编好国土空间规划，注重"多规合一"，形成覆盖全市的国土空间规划"一张图"。实施城市更新行动。推进以老旧街区、厂区、小区和城中村改造为主的城市更新，加快推进109个项目改造，做好46个项目前期工作，重点推进火车站、中尧路、五一中路片区3个TOD项目。加强城市交通建设。强化主城与副城新城的交通联系，推进绕城高速与城市主干道互通节点建设，解决进出城交通拥堵问题。加强五象、埌东—凤岭、朝阳三大片区互联互通，完善五象新区与江北跨江通道建设，缓解南宁大桥等重点区域高峰期拥堵问题。加快打通"断头路"、拓宽"瓶颈路"、建设"连接路"，畅通道路微循环。加快轨道交通第三轮建设规划申报，开展六号线等前期工作。提升"生态园林城市"品质。打造"百里秀美邕江"升级版，分批推进沿岸城市更新改造，整体提升沿岸城市风貌，推进水面和两岸"商文旅"业态融合发展，塑造城市人文客厅。加快建设翠湖、松柏湖、天潭湖、新坡湖、楞塘中湖，改造提升明月湖、相思湖、金沙湖等城市内湖，建设青秀、邕宁、良庆等体育公园，规划建设青秀山南部片区和五象岭森林公园。加快环湖、沿江、绕山、穿城绿廊建设，完善一体化城市生态景观。

高效能提升城市管理。完善"美丽南宁·整洁畅通有序大行动"工作机制，推进城市管理科学化、精细化、智能化。优化城市交通秩序，强化机场、高铁、地铁、公交等运输方式的有效衔接，优化调整公交线路，推行以轨道交通为节点的微循环，努力实现"零距离换乘"；推进非机动车、机动车停车泊位设置标准化建设和车辆有序停放，加强对电动自行车、共享自行车规范化管理，加大对地铁出入口、火车站、大型商业街区等区域周边车辆乱停放现象的整治力度，加强智能交通系统建设，实施道路及路口改造，年内重点治理30个交通拥堵点段，在主干道新增10条绿波带，力争在全国50个大中城市中交通健康指数保持前10位。加强无物业小区管理，落实各城区、街道、社区无物业小区管理属地责任，加强排查摸底、分类施策，对条件成熟、群众支持的小区，鼓励引进物业公司或成立物业管理机构进行统一管理；对条件尚未成熟的小区，根据实际情况由城区兜底统筹，落实保安、保洁等服务，加强有效管理，切实解决环境差、安保缺、停车难、设施差问题。强化市容市貌整治，抓好"五乱"治理，重点开展城市管理薄弱区域专项整治，防止乱象反弹回潮。突出做到地面干净，深入开展爱国卫生运动，提高环卫保洁频次、标准，加强摊点管理，确保无路面垃圾、无乱堆乱放、无占道经营。突出做到墙面美观，推进墙面的门牌、招牌规范化设置，确保整齐统一，无违规广告牌匾、无贴墙小广告。突出做到空中整齐，开展线缆乱拉乱挂专项整治，实施管线改造，规范架空管线，清除废弃管线，杜绝飞线充电，推进空中线缆入地或者捆绑贴墙，消除"空中蜘蛛网"。加强智慧城管建设，以数字城管系统为基础，逐步构建全市城市运行管理服务平台，推进扬尘治理综合管理系统及视频智能监控等技术应用。强化违法用地、违法建设治理。

高水平推进新型城镇化。推动城市基础设施向乡村延伸，推进城乡水、电、气等设施一体化建设，统筹城乡文化、教育、卫生、社保等民生事业发展。做好青秀区、横州市城乡融合发展改革集成试点。深化户籍制度改革，推进居住证制度全覆盖，逐步将持有居住证人口纳入基本公共服务保障范围。调整公租房准入政策，让新市民进得来、有得住、住得好。保障进城落户农民的农村土地承包权、宅基地使用权、集体收益分配权，提高农业转移人口市民化质量。

我们要"一张蓝图绘到底"，下足"绣花"功夫，建好管好我们的家园，让首府颜值更高、品质更优！

（六）大力推进乡村振兴。

坚持以乡村振兴统揽新时代"三农"工作，守住粮食安全和不发生规模性返贫两条底线，促进农业高质高效、乡村宜居宜业、农民富裕富足。

坚决巩固脱贫攻坚成果。严格落实"四个不摘"要求，筑牢脱贫群众返贫防线。落实对脱贫不稳定户、边缘易致贫户、突发严重困难户的动态监测帮扶机制，确保应纳尽纳并给予精准帮扶，及时消除返贫致贫风险。落实乡村振兴重点帮扶县、乡(镇)、村的扶持政策，发展一批能带动更多群众就业的特色优势富民产业。深化粤桂协作，抓好"圳品"认证、"供深基地"建设，在上林、马山和隆安三县分别发展1—2个特色产业园区。加快农村集中供水工程建设。做好易地搬迁后续扶持工作，抓好"十个强化"，加强产业培育和就业帮扶，确保搬迁群众"稳得住、有就业、逐步能致富"。

加快发展现代特色农业。坚决扛稳粮食安全政治责任，落实最严格的耕地保护制度，坚决遏制耕地"非农化"和防止耕地"非粮化"，新开工建设26.1万亩高标准农田，推动粮食稳面积提产能。做优特色产业，打造乡村振兴"6+6"全产业链，加快建设中林·南宁、牧原、益豚、双汇等一批重大项目，实施"三品一标"提升行动，加快形成一批产值超百亿元的产业集群。抓紧抓实农业园区发展，年内新创建6个自治区级现代特色农业示范区、2个自治区级现代农业产业园。加快发展设施农业，因地制宜发展设施大棚、日光温室等设施设备，鼓励发展智慧养殖场等新型设施，推动储运保鲜冷库等设施装备应用。推进农村一二三产融合发展，推动"农业+深加工"，加快兴宁富凤、江南立腾等项目建设，打造宾阳古辣香米、武鸣林木等一批农产品加工集聚区；推动"农业+旅游"，建设一批城郊休闲农业与乡村旅游示范点、美丽休闲乡村；推动"农业+物流"，加快建设一批农产品专业市场，新布局建设一批农产品集散市场，大力发展冷链物流、农村电商。支持马山等有条件的县(市、区)大力发展现代种业。

改善农村人居环境。强化乡村振兴规划引领，推动县级国土空间总体规划同村庄规划编制系统衔接。实施村庄清洁行动和绿化美化行动，全面清理私搭乱建、乱堆乱放。抓好农村改厕整改巩固，年内完成22个整村推进示范项目，农村卫生厕所普及率达97%以上。分类分批推进农村生活污水治理，实施农村小流域治理，年内全面消除农村黑臭水体。完善"村收、镇运、县(片区)处理”的生活垃圾治理体系,年内全面完成行政村、自然屯落后垃圾收集池改造、镇村垃圾中转站建设。

加强农村社会治理。持续推进农村“雪亮工程”,全面实施网格化服务管理。加强农村警务工作,持续打击“村霸”,整顿农村治安乱点。有效化解农村各类矛盾纠纷。扎实推进农村精神文明建设,拓展建设新时代文明实践中心(所、站),丰富农民精神文化生活,推进农村移风易俗,推动形成文明乡风、良好家风、淳朴民风。

推进农村改革开放。稳慎推进农村宅基地制度改革,探索农村宅基地有偿使用和自愿退出机制。完善盘活农村存量建设用地政策,推进横州市、宾阳县、青秀区等农村集体经营性建设用地入市取得重大进展。深化农村集体产权制度改革,不断壮大村级集体经济。完善农村产权交易服务体系,重点做好市县农村产权流转交易市场建设。深化农村金融改革,促进农业保险扩面、增品、提标。扩大农业对外合作,支持企业在境外建设生产基地和加工、仓储物流设施,积极创建供应粤港澳大湾区的农产品示范基地。引进和推广国内外新品种、新技术和先进设备。

(七)大力推进科教振兴。

坚持教育为本,发展大科技,推进科技创新,把首府科教优势转化为发展优势。

推进创新链与产业链深度融合。主动对接国家级实验室,加强与国家实验室、全国重点实验室以及行业大企业深度合作,加快与中南大学协同建立储能电池研究中心,推动南宁市武汉理工大学先进技术产业研究院联合企业成立北部湾港装备技术联合创新中心,与中车集团戚墅堰研究所合作,建立铝合金材料应用研究中心;加强与中国电子科技集团的合作,积极引进网络通信设备等项目。抓好创新平台建设,加快建设中国—东盟区域科技创新合作区,提升建设南宁·中关村创新示范基地,推动广西南宁五象科技企业孵化器建设国家级综合型科技企业孵化器,抓好深圳、上海两地“飞地科技企业孵化器”建设运营,推进南宁国家农业科技园区建设,规划建设南部科创新城,全市力争引进新型产业技术研究机构5家,新增各类自治区级以上创新创业平台30个。强化企业创新主体作用,推动建立企业牵头、高校和科研院所协同的创新联合体,推行“揭榜挂帅”等制度,实施10个以上重大科研攻关项目,实施重大科技成果转化项目110项。力争高新技术企业达1500家,新增培育瞪羚企业30家。推动人才快速集聚,重点引育“高精尖缺特”人才和青年人才,加快建设中国—东盟人才城,集聚事业急需、爱国奉献的各类优秀人才。

支持驻邕高校做大做强。加快南宁教育园区建设,完善基础设施和公共服务配套,发展生活性服务业态,推进产教城融合。推动相思湖、五合等大学城提升发展。加大地方特色高校建设力度,积极培育南宁工科院校,推动南宁职业技术学院升格本科院校、南宁学院创建为南宁大学。加强职业教育专业集团建设,探索中职学校与重点行业龙头企业共建共管产业学院。积极引进外地高校到南宁办学。建立校地合作机制,形成高校集聚区,力争年内驻邕高校在校生达60万人。

提升基础教育质量。坚持五育并举、立德树人,推广“品质教育、学在南宁”品牌,建设高质量的首府教育体系。扩大教育资源供给。编制完善学校布局与人口规模相适应的教育设施专项规划,盘活老城区教育资源用地,优先留足教育用地,年内建成14所中小学校,新建、改扩建幼儿园20所。鼓励社会力量举办幼儿园。加快教育优质发展。打造5个全区领先的优质教育集团,提升新建学校(校区)及乡村薄弱学校的办学品质。发展“互联网+教育”,推动优质教育资源共享。实施中小学教师支教走教计划,开展义务教育阶段校长教师交流轮岗。加强教师队伍建设,深入实施“名师、名班主任、名校长”培养工程。支持马山县、兴宁区率先开展县域义务教育优质均衡达标创建工作。深化教育综合改革。全面落实“双减”政策,统筹抓好减负提质和学科类校外培训清理整治等工作。深入推进高考综合改革和普通高中新课程新教材实施国家级示范区建设。

(八)以加强生态文明建设推动绿色发展。

坚持“绿水青山就是金山银山”的理念,以生态优先、绿色发展为导向,加强生态环境保护,持续抓好污染防治,推动经济社会绿色低碳发展。

坚决打好污染防治攻坚战。打好蓝天保卫战。加强部门联防联控、源头专项整治,深入开展扬尘、臭氧污染、餐饮油烟治理专项行动,加强烟花爆竹禁燃限放管控,提高秸秆综合利用,严控露天焚烧,巩固提升空气质量。打好碧水保卫战。以右江及其支流等流域为重点,深化流域生态环境综合整治,开展生活污水、农业面源污染、工业污染整治。抓好内河治理,建成西明江、心圩江等20.8公里示范河段,加快建设良庆河、楞塘冲、二坑溪龙腾湖等水环境综合治理项目。加快建成仙葫、武鸣城南水质净化厂,启动沙井、五象湖、马巢河等一批水质净化厂建设,巩固提升黑臭水体治理成效,力争城市污水集中收集率达到65%、集中处理率达到100%。打好净土保卫战。加强土壤污染综合防治,实施化肥、农药使用减量化,推进土壤污染治理修复。全面推行垃圾分类,完善生活垃圾分类处理系统,推动双定循环经济产业园生活垃圾焚烧发电厂、有机垃圾处理厂等垃圾处理项目加快竣工运营。切实抓好中央生态环境保护督察反馈问题整改。

推进绿色低碳转型。落实河湖林长制,统筹山水林田湖草系统治理。主动适应国家能耗“双控”向碳排放总量和强度“双控”转变的新要求,实施碳达峰碳中和行动。大力发展绿色能源,重点发展光伏、风能、生物质等新能源发电,推进抽水蓄能、化学储能等储能项目建设,引导热电联产项目建设,加快实施宾阳县新能源双碳示范产业园、马山县农业光伏等可再生能源项目,推进横州市六景风光储氢一体化等多能互补项目建设,推动鑫凯隆年产30万吨生物柴油项目建设。大力推行绿色生产方式,推动高耗能行业节能改造,支持万元工业增加值能耗低于符合控制目标的产业项目加快上马,发展废旧汽车回收拆解资源化利用等循环经济。大力倡导绿色生活方式,深入开展绿色家庭、学校、建筑、社区等绿色生活创建行动,积极创建国家绿色出行示范市。

(九)以增进民生福祉推动共享发展。

始终践行以人民为中心的发展思想,加快补齐民生领域和社会事业短板,在高质量发展中促进共同富裕。

促进重点群体就业。认真落实退役军人安置任务,支持退役军人自主就业创业。推进农村劳动力就地就近就业,加大农村富余劳动力外出就业服务力度。加强城镇就业困难人员帮扶,做好零就业家庭动态清零。做好来邕留邕应届高校毕业生的就业服务,今后凡有就业意愿的,确保“人人有岗位、个个能就业”,实现100%就业。

推进健康南宁建设。加快推动优质医疗资源下沉,完善覆盖市、县、乡、村四级医疗卫生服务体系。统筹推进“三医联动”改革,推动医疗服务均质化、医保支付方式多元化、药品耗材价格“平民化”。完善疾病预防控制体系,提升早期监测预警、风险评估研判、应急处置等能力。探索公立医院“大专科小综合”模式,加强专科学科建设。发展中医药事业,促进中医药壮瑶医药传承创新发展。积极应对人口老龄化，创新居家养老、社区服务模式，提升医养结合服务能力。落实三孩生育政策及配套支持措施，年内3岁以下婴幼儿托位增加到22650个。广泛开展全民健身运动，完善全民健身公共服务体系，积极发展竞技体育，做好第一届全国学生(青年)运动会南宁赛区赛事活动筹办工作。

强化社会保障。深入实施全民参保计划，进一步扩大社会保险覆盖面。按政策规定提高参保人员基本养老保险待遇，强化基本医疗保险、大病保险、医疗救助三重保障功能，建立健全职工基本医疗保险门诊共济保障机制，持续推动长期护理保险制度试点工作。加强社保基金监管和风险防控。完善社会救助制度，加强对特殊困难群体的关爱服务，提高低保、临时救助等兜底保障能力。保障妇女、未成年人、残疾人、退役军人合法权益。

推动文化蓬勃发展。践行社会主义核心价值观，深入实施首府文化品质提升工程，持续争创全国文明典范城市。加强文艺队伍建设，引进一批优秀的艺术创作表演人才，培养一批在全国具有一定影响力的本土文化名家。大力创作精品力作，创作排演邕剧《梁小霞》及歌舞剧实景旅游演艺等精品剧目，持续办好南宁国际民歌艺术节、"壮族三月三"、中国—东盟(南宁)戏剧周等文化活动。深入实施文化惠民工程，大力推进基本公共文化服务标准化、均等化建设，广泛开展群众性文化活动，扶持发展乡村社区业余文艺队，坚持开展送戏下基层进校园等活动。持续加大对文物保护和非物质文化遗产的保护传承力度。

落实为民办实事项目。围绕社会保障、医疗卫生、文化教育等民生领域，实施十大为民办实事工程共30个项目，全力解决群众关注度高、社会覆盖面广、民生关联度大的"急难愁盼"问题，让群众得到更多实惠。

(十)抓好防疫稳定安全"三件大事"。

统筹发展和安全，切实抓好疫情防控、社会稳定、城市安全"三件大事"，守牢安全稳定底线，建设更高水平的平安南宁。

抓好疫情防控。坚持"外防输入、内防反弹"总策略、"动态清零"总方针，压实"四方责任"，加强常态化疫情防控。强化外防输入，市县两级指挥部要针对国内中高风险地区的人员建立自动启动应对机制，强化对"三非"人员、走私人员排查打击，加强重点人群排查管控，加强对冷链物品的监测检验，坚决从源头阻断疫情传播渠道。强化内防反弹，加强社会面管理，做好公共区域、重点场所的出入管理和健康监测，安全有序推进疫苗接种工作，健全应对突发疫情应急响应机制，织密织牢防控网络。强化防疫基础工作，提高大规模核酸检测能力，确保开展全员核酸检测时能够在2天内完成。配强基层疫情防控队伍，做好防疫物资储备，完善隔离场所管理服务，做到"宁可备而不用、不可用而无备"。加强信息系统建设，提升疫情管理信息化水平。

抓好社会稳定。深入开展市域社会治理现代化试点工作。落实意识形态工作责任制，加强意识形态阵地管理。全面推进依法治市，深入推进"八五"普法，建设更高水平的法治南宁。深化平安南宁建设，深入开展重点地区集中整治行动，常态化机制化开展扫黑除恶斗争，深入开展打击整治突出违法犯罪专项行动，严厉打击电信网络诈骗、传销、"黄赌毒"等违法犯罪。精准排查精细化解矛盾纠纷，妥善解决重点群体的合法利益诉求。强化基层自治组织建设。全面提升新时代双拥工作水平。铸牢中华民族共同体意识，在开展铸牢中华民族共同体意识示范创建工作中走在前作表率。

抓好城市安全。加强安全生产工作，严格落实安全生产责任制，深入推进交通运输、建筑施工、消防领域、食品药品等重点行业领域安全整治，及时发现和消除各类风险隐患。抓实城市基础设施安全管理，加强城市公共设施建设与维护，实施公共基础设施安全加固工程，对市政设施开展周期性安全检测。加强城市供水安全保障，加快实施邕江取水口上移工程和石埠水厂建设，实施大王滩等水库除险加固、饮用水源地综合治理，规划建设五象水厂，积极构建第二水源。推动危房排查整治，落实动态监管，防范化解危房安全事故。完善邕江防洪体系、推进石埠堤等堤防建设。提升城市内涝防治能力，重点推进朝阳溪、心圩江、五象新区全流域内涝系统化治理，加强排水防涝基础设施建设，大力推进城市易涝积水点改造；健全城市防洪排涝设施与城市生命线工程应急保障联动机制，提升轨道交通、地下车库等城市地下空间应对能力。全面提升自然灾害综合防范能力，加强寒潮、台风等自然灾害监测预警，强化宣传教育和应急演练、物资储备，切实保障人民群众生命财产安全。

生命至高无上，稳定压倒一切，安全重于泰山，我们要牢牢抓好这"三件大事"，守护好首府各族人民的幸福安康！

三、全面加强政府自身建设

坚决落实全面从严治党要求，把党的领导贯穿政府工作全过程各领域，以严实过硬的作风狠抓工作落实。

旗帜鲜明讲政治。增强忠诚核心、拥护核心的政治自觉、思想自觉、行动自觉，巩固拓展党史学习教育成果，毫不动摇坚持和捍卫"两个确立"，增强"四个意识"、坚定"四个自信"、坚决做到"两个维护"，始终在政治上思想上行动上同以习近平同志为核心的党中央保持高度一致。把握新发展阶段、贯彻新发展理念、构建新发展格局、推动高质量发展，引导督促党员、干部真正悟透党中央大政方针，时时处处向党中央看齐，扎扎实实贯彻党中央决策部署，不打折扣、不做表面文章，坚决确保执行不偏向、不变通、不走样。

提升政府执行力。着力健全各项政策传导机制，把政策、要素保障传导到一线，传导到各类市场主体，打通政策落实的"最后一公里"。健全经济工作与绩效考评全过程管理机制。提高领导干部驾驭经济社会发展的专业化能力。坚持实字当头、干字当先，带头抓落实，善于抓落实，层层抓落实。大力发扬斗争精神，把忠诚履职、主动担责落实到推动高质量发展的具体工作中，体现到为党分忧、为国尽责、为民奉献的实际行动上。

严格依法行政。贯彻落实习近平法治思想，忠诚履行宪法和法律赋予的职责，把政府工作全面纳入法治轨道。深化全国法治政府建设示范市建设，依法接受人大及其常委会的监督，自觉接受人民政协的民主监督，主动接受社会和舆论监督。加强审计监督。

推进自我革命。深入学习贯彻习近平总书记在十九届中央纪委六次全会上的重要讲话精神，坚持严的主基调不动摇，始终保持全面从严治党、推进自我革命的政治定力，把党风廉政建设与中心工作同谋划、同部署、同落实、同考核，全面构建政府系统自我净化、自我完善、自我革新、自我提高的制度规范体系。严格落实中央八项规定及其实施细则精神，锲而不舍纠"四风"树新风。加强对重大工程、重点领域、关键岗位的监督制约，持续整治群众身边腐败和不正之风，一体推进不敢腐、不能腐、不想腐，努力实现政治清明、政府清廉、干部清正、社会清朗。

各位代表，战鼓催征强首府，感恩奋进新时代。让我们更加紧密地团结在以习近平同志为核心的党中央周围，坚持以习近平新时代中国特色社会主义思想为指导，牢记领袖嘱托，勇担历史使命，踔厉奋发、笃行不怠，全面落实强首府战略，奋力建设新时代中国特色社会主义壮美广西首善之地，以优异成绩迎接党的二十大胜利召开！

(市政府办公室)

编辑　梁富鑫

南宁市优化营商环境三年行动成果综述

2021 年 5 月 25 日，南宁市举行优化营商环境三年行动成果新闻发布会，南宁市优化营商环境举措在全国全自治区实现多个创新。2018 年至 2020 年，市委、市政府认真贯彻落实上级有关优化营商环境的决策部署，按照“一年重点突破、两年全面提升、三年争创一流”的总体目标，围绕优化政务、投资、生产经营、人力资源、贸易、信用、社会、法治等八大环境，深入推进优化营商环境三年行动。三年来，南宁市坚持问题导向、对标对表，积极探索实践，出台一批惠企利民的创新举措，首府营商环境整体跃升，市场化、法治化、国际化的营商环境加速形成，赋能全市经济社会持续健康发展。2020 年，南宁市在国家发展改革委组织的中国营商环境评价中被评为“优秀”等次，其中登记财产、政务服务 2 项指标获评“全国标杆”；在全国 80 个参评城市中，南宁市是营商环境改善幅度最大的 14 个城市之一。

政务环境更加高效优质

政务服务便民利民。126 个政务套餐服务实现“一套材料、一表登记、一次采集”，市本级政务服务事项网上可办率 99.7%，“最多跑一次”事项 1316 个，205 项政务服务事项实现承诺审批，人社、住房公积金、公安等业务实现“同城通办”。

开办企业更加快速便捷。开办企业压缩至 0.5 个工作日办结，中国（广西）自由贸易试验区南宁片区提速至 2 小时内完成，实现“电子营业执照 + 电子印章”同步发放。为新开办企业免费赠送印章和税控设备，实现开办企业零成本。三年来，全市新登记市场主体 42.87 万户，年均增速 11.95%。

工程建设项目审批制度改革持续深化。实现工程建设项目审批管理系统全覆盖，出台全国首个省会城市“拿地即开工”政策，在自治区创新“多图联审”“多测合一”等审批模式，建成“多规合一”“一张蓝图”业务协同系统，推动建设项目审批提速 80% 以上。

“互联网 + 不动产登记”提质增效。在全国首创不动产登记“24 小时不打烊”网上全自助登记办证模式，首推不动产登记电子证照。96% 的业务全自助网上办结，实现“一次都不用跑”；4% 的业务线下办理，零材料、1 个环节、1 小时办结，实现“最多跑一次”。创新“互联网 + 不动产登记”改革构建智能服务新体系的做法获国务院办公厅通报表扬，入选《中国营商环境报告 2020》登记财产指标优化实践案例及典型经验，供各地学习借鉴。

人力资源服务更贴心暖心。创新高校毕业生就业、劳动维权、参保、档案等服务事项“打包一件事”获人社部肯定。在全国上线首个“区块链 + 人社”综合应用平台，推出区块链电子劳动合同、区块链人社信用授权、区块链民生档案袋等 5 项应用。在全国首创“政策找人、补贴找企”免申即办服务，主动筛选合规对象、推送服务信息、兑现政策红利，实现 23 项“免申即办”服务，25 个高频事项提速 50% 以上，为企业群众“打包办”“提速办”近 70 万人次，全程“零填表”“零材料”“零跑腿”“零见面”发放惠企惠民补贴 10 多亿元。

经营环境更加趋稳向好

办税更加高效惠民。南宁市在自治区率先推行企业所得税、城镇土地使用税、房产税、土地增值税、印花税等“五税合一”综合申报，实现纳税次数减少至 3 次；网上可办理涉税事项 297 项，非申报业务“非接触式”办理率为自治区第一。三年来，全市税收和非税收入累计新增减税降费 168 亿元，减轻企业负担。

电、水、气供给服务优化。三年来，南宁市“获得电力”逐渐形成“邕电速办　多快好省”服务品牌，通过推广低压客户、小微企业用电报装“零上门、零审批、零投资”三零服务、高压客户用电报装“省力、省时、省钱”三省服务，提升用户办电体验感和获得感。至 2020 年，全市 10 千伏高压单电源平均接电时间压缩至 23 天，比 2018 年减少 57 天，为一般工商业和大工业企业减免电费超过 16 亿元。“获得用水”压缩至 2 个环节，办结时限不超过 6 个工作日，较 2018 年提速 64.7%；获得用气压缩至 2 个环节，办结时限不超过 10 个工作日，较 2018 年提速 67.7%。临时优惠期内累计减免水费、气费 7309 万元。

融资难融资贵问题得到缓解。南宁市在自治区率先设立民营小微企业首贷续贷中心。2020 年新发放的普惠型小微企业贷款利率 5.46%，较 2019 年下降 69 个基点，较自治区平均利率低10个基点;普惠型小微企业贷款余额691亿元,较年初增长34.38%,高于各项贷款增速21.76个百分点。企业融资成本逐渐降低至合理区间下限。

通关更加便利顺畅。与2018年相比,2020年验核监管证件从102种减至46种。通过国际贸易“单一窗口”“互联网+海关”等平台线上无纸化申报通关,申报率100%。2020年,南宁口岸进口整体通关时间37.15小时,比上年压缩35.06%;出口整体通关时间0.49小时,压缩25.29%。

开放程度不断提高。2020年,南宁市克服新冠肺炎疫情影响,营造开放的市场环境,经济呈现逆势高质量发展。全市外贸进出口总值986亿元,比上年增长31.8%,增速高于全国29.9个百分点,高于全区28.3个百分点;全市招商引资实际到位资金1162.81亿元,增长13.33%;全市实际利用外资4.4亿美元,增长41.9%。

高新企业数量稳步增长。南宁·中关村创新示范基地科技企业孵化器成功申报为2020年度国家级科技企业孵化器,新增梦工谷众创空间为国家级众创空间;2020年,全市375家企业通过高新技术企业认定备案,占自治区比重38.07%,全市高新技术企业保有量1151家,比上年增长16.26%,占自治区高新技术企业总数41.06%。

法治环境更加公平公正

法治建设取得新成效。清理不符合优化营商环境要求的政策文件,修订地方政府规章及政府规范性文件6件,废止地方政府规章及政府规范性文件17件。2020年,南宁市被中央全面依法治国委员会办公室表彰为第一批全国法治政府建设示范市,法治政府建设迈入全国前列。

监管执法效能更高。“一网联动、随机抽查、综合执法、联合监管”的新型监管模式进一步完善,双随机抽查覆盖率、监管执法信息公示率均为100%。

商事纠纷解决效率逐步提升。挂牌成立南宁国际仲裁院,打造“南宁仲裁”城市品牌。建立“府院联动机制”,组建破产事务管理人协会,完善企业退出市场机制。加强智慧法院建设,全市法院推行网上立案、微信立案、二维码缴费、诉讼指引清单,12368诉讼服务热线等信息化立案方式,民商事案件当天立案率95.1%。推行“简案快审、难案精审”繁简分流改革,推行先行示范性诉讼、小额诉讼程序,减少综合诉讼和执行成本,解决商业纠纷时间压缩至220天。推进一站式多元解纷和诉讼服务体系建设,把“1+6解纷体系”“壮语调解”等非诉机制挺在前,降低纠纷进入诉讼程序的概率。

信用环境巩固优化。南宁市信用信息归集量位居全国前列,获评2020年全国信用信息共享平台和信用门户网站一体化建设“标准化平台网站”。加大守信激励力度,在全国首创电子诚信卡,强化失信惩戒和约束限制,累计发布失信被执行人1.63万人次,限制高消费3.55万人次。城市综合信用指数不断提高,在36个省会及副省级以上城市综合信用排名跻身全国前十。

生活环境更加秀美宜居

基本公共服务供给更加有保障。三年来,南宁市新建村级公共服务中心468个;市群众艺术馆新馆、市图书馆新馆、顶蛳山遗址博物馆等一批重大公共文化设施投入使用;举办线上线下文化活动2681场次,惠及群众539万人次,丰富群众精神文化生活。71所公办义务教育学校建成投入使用,补充中小学教师1.04万人,新增学位11.09万个,义务教育均衡发展。全市每千常住人口医疗卫生机构床位数7.64张,新增执业(助理)医师人数5469人;新增养老机构55家,增加床位8786张,医疗、养老有效保障。

综合立体交通系统趋于完善。三年来,南宁市新增高速公路200千米以上,相继开工建设贵(阳)南(宁)高铁、南(宁)崇(左)城际铁路、南(宁)玉(林)城际铁路,以南宁为中心的综合交通运输枢纽骨架已初步形成。至2021年,南宁市有轨道交通运营线路5条(1号线、2号线、3号线、4号线、5号线),线路总长128.2千米,形成“跨江连城、贯穿城市东西南北”的线网新格局。

生态环境持续改善。全市城市环境空气质量优良天气天数比例97.5%,空气质量达到2013年实施新标准以来的最好水平,在全国省会城市中排名前列。生活垃圾无害化处理率、城市污水处理率、地表水水质优良率均为100%,森林覆盖率48.78%,城市建成区绿地率35.74%,南宁“绿城”名片更加响亮。

(市行政审批局)

南宁地铁发展综述

地铁是城市综合立体交通体系的重要组成部分,也是城市现代化水平的重要标志。2012年起,南宁轨道交通1号线、2号线、3号线、4号线、2号线东延线、5号线逐年开工建设,广大地铁建设者们担当实干、攻坚克难,用智慧和汗水攻克最深基坑、穿越最薄洞顶、鏖战最大风险源、穿过岩溶区、横渡邕江、下穿建筑……为地铁通车打下坚实基础。2021年,南宁轨道交通1号线、2号线、3号线、4号线、5号线及2号线东延线均建成投入运营,5线齐发四通八达,运营总长128.2千米,客运总量近2.89亿人次,日均客运量79.11万人次。从无到有,从单一线路发展到线网运营,南宁地铁已成为南宁市公共交通的主力军,有力支撑产城融合创新发展,优化城市空间布局,全面提升城市功能、品质和形象,持续增进民生福祉。

增强组织规划引领　描绘地铁发展蓝图

城市发展,交通先行。2002年,市委、市政府提出轨道交通线网规划的设想,开始城市轨道交通项目前期研究和准备工作,组织编制《南宁市城市综合交通规划》,明确提出建设运量大、安全、舒适、环保、节能、高效的城市轨道交通规划方案。同年,自治区发展计划委员会(2004年5月,更名为自治区发展和改革委员会)安排专项经费委托铁道部第二勘察设计院编制《南宁市轨道交通线网规划研究报告》,提出初步线网方案;南宁市规划管理局委托上海市综合交通规划研究所编制《南宁市公共交通发展规划》,推荐2个更为具体的轨道交通线网方案。2005年8月,市委、市政府印发《关于成立南宁市轨道交通项目工作领导小组的通知》,成立由市委书记、市长担任组长的南宁市轨道交通项目工作领导小组,统筹协调轨道交通项目的全面工作。同年,南宁市城市轨道交通线网规划、南宁市城市轨道交通建设规划编制工作正式启动。2006年7月,《关于南宁市轨道交通公司组建方案的意见》获市长批示,同意由南宁市投资开发有限公司承担城市轨道交通项目的建设、维护和经营管理。2008年1月,南宁市城市轨道交通建设指挥部成立,加强城市轨道交通项目的组织协调工作；10月，《南宁轨道交通有限责任公司组建方案》印发；12月，南宁轨道交通有限责任公司注册成立(2014年1月20日组建更名为“南宁轨道交通集团有限责任公司”)，成为南宁市轨道交通项目的投融资和建设管理主体，加快轨道交通项目建设的进度。

城市轨道交通线网规划调整、完善和提升。2006年，南宁市通过政府采购招标确定广州市地下铁道设计研究院(现广州地铁设计研究院股份有限公司)为南宁市城市轨道交通线网规划、南宁市城市轨道交通建设规划编制单位。2007年2月，南宁市城市轨道交通线网规划成果通过市政府、中国国际工程咨询有限公司共同组织的专家评审会评审，线网方案基本确定。2008年5月15日，市政府批复《南宁市城市轨道交通线网规划》，线网规划为6条线路组成的放射形环状结构，包括骨干线2条、辅助线4条，线路全长173.5千米。2012年1月22日，市政府批复《南宁市城市轨道交通线网规划修编(2012)》，线网规划呈网格放射线状结构，中心城线路整体形态由“四横四纵、四主四辅”8条线(1号线—8号线)构成，线路全长254.2千米。2018年6月28日，市政府批复《南宁市城市轨道交通线网规划修编(2020)》，在2020年线网方案中增加3号线南延线、4号线北延线、5号线南延线和北延线、机场线、武鸣线；规划远景线网仍为网格放射线状结构，中心城线路整体形态由“四横四纵、四主四辅”8条线构成，线路全长377.1千米。2021年6月24日，市政府批复《南宁市城市轨道交通线网规划(2020—2035)》，线网规划由13条线路组成，包括轨道普线8条、轨道快线5条，规模592.6千米(主城区规模429.4千米)，设站307座(换乘站147座)，构建“环线+放射线”“快线+普线”多层次的网络体系。线网规划结合主城区规划空间结构及对外铁路、公路枢纽布局，构建环线及8条轨道普线，支持城市主、副中心的规划发展；结合空港新城、武鸣副城区、伶俐六景新城、那马与大塘组团等4个城市指状拓展方向构建轨道快线4条进行服务覆盖，拉近外围新城与主城区的时空距离，支持南宁大都市区规划发展。

城市轨道交通建设规划获批实施。2010年7月2日，经国务院批准，国家发展改革委批复《南宁市城市轨道交通近期建设规划(2009—2015年)》，标志着南宁城市轨道交通建设项目正式获国家立项，开始进入实质性建设阶段。规划期内建设轨道交通1号线一期工程和2号线，设计线路全长53.1千米，设计概算总投资354.35亿元。2015年1月21日，经国务院批准，国家发展改革委批复《南宁市城市轨道交通近期建设规划(2015—2021年)》，规划期内建设轨道交通2号线东延线、3号线一期、4号线一期、5号线一期工程，设计线路全长79.1千米，设计概算总投资594.86亿元。2021年，南宁市已建成运营城市轨道交通线5条，加快推进南宁城市轨道交通第三轮建设规划报批工作。

一路全力攻坚克难　勇将难点变成亮点

地铁建设多在地下施工，周期长、投资大、施工技术复杂，受不可预见的地质水文条件、施工技术可靠度、社会环境、经济发展等诸多因素影响，是一项高风险的建设工程。南宁地铁建设始终以党建为引领，充分发挥基层党支部战斗堡垒作用、党员先锋模范作用，带领广大地铁建设者从前期的征地拆迁、交通疏解，到中期的车站土建、隧道挖掘，再到之后的隧道铺轨、机电装修等，一路全力攻坚克难，用智慧和汗水把一个个项目建设难点变成工程亮点，探索出具有南宁特色的地铁建设经验，推动南宁地铁“又好又快”建成开通。

南宁轨道交通1号线建设的难点在于地质条件复杂、建筑密集、施工区域狭窄等，以盾构机穿越南湖湖底风险最大、最具代表性。中铁四局五公司机械化工程分公司南宁地铁盾构队承担起重任，历经半年完成1号线13标施工，左右线盾构施工均成功穿越东西宽约260米的南湖，为全线贯通奠定基础。1号线还采用多项国内外先进施工工艺，如小半径曲线盾构法、盾构长距离穿越复杂地层更换刀具、双线隧道重叠施工、四线隧道重叠施工、联络通道“冷冻法”施工、钢套筒盾构始发到达接收工艺等。

南宁轨道交通2号线建设过程中，地铁建设者们克服长距离江底掘进中刀盘刀具磨损、重叠隧道掘进等一系列施工技术难题，成功让“邕江第一隧”(南宁剧场站—朝阳广场站盾构区间，也称南朝区间)实现贯通。南宁地铁首条延长线——2号线东延线建设中，采用南宁制造的“神龙五号”盾构机施工，顺利贯通2号线东延工程最难的“双极限”(最小转弯半径、最大盾构坡度)盾构区间隧道，为后续延长线路的建设积累宝贵经验。

南宁轨道交通3号线青秀山站为地下五层明暗挖相结合车站，是南宁地铁埋深最深的车站，因水文地质复杂、结构设计超规、施工条件苛刻，曾经被业内人士称为国内地铁建设施工难度最大的车站之一。地铁建设者们突破技术关隘，首次采用通道换乘，首次下穿运营地铁线路，建设南宁地铁最深、最长盾构隧道，安装超大提升高度自动扶梯等，历时三年论证、三年建设，青秀山站实现暗挖隧道贯通，3号线洞通、轨通等关键节点目标。3号线一期工程获2020—2021年度第一批中国建设工程鲁班奖(国家优质工程)，成为全国少数民族自治区首个获“鲁班奖”的地铁工程；获广西建筑工程“真武阁杯”奖(广西最高质量奖)、广西建设工程施工科技进步奖。

南宁轨道交通4号线建设过程中，大部分车站及区间隧道穿过岩溶强发育区，累计长16.2千米，占比64%，是南宁在建线路中岩溶区最长、岩溶最为发育的地铁线路。地铁建设者们采用跨孔CT、地质雷达、高密度电法、钻孔取芯等物探结合的方法摸查地质情况，克服复合地层盾构掘进控制、溶洞发育地区带压(常压)换刀等施工难点，成功防控盾构机在岩溶地区可能出现的“栽头”“陷落”及地表沉降过大等风险，完成岩溶强发育区盾构施工，实现地铁周边建(构)筑物零风险、施工过程安全质量可控等目标，穿越主要桥梁6座(壮锦—那洪立交桥、友谊—那洪立交桥、银象立交桥、五象大桥引桥、五象—平乐立交桥、良庆大桥引桥)、河流3条(良凤江、良庆河、楞塘冲)。

南宁轨道交通5号线主要线路集中在老旧城区，周边管线复杂密集，施工场地狭窄，下穿老旧建筑群、邕江、地铁1号线和2号线、南环铁路、南防铁路。地铁建设者们使用南宁轨道交通集团有限责任公司参与设计研制的国内首台气垫式双模盾构机施工，可以在泥水模式和土压模式间切换，提高掘进效率，属于新工艺新技术，无先例和经验可循，创造南宁地铁44天穿越454米江面的新纪录。采取偏压隧道施工技术，解决超深素填土、紧邻河流及偏压开挖条件下基坑稳定和泥浆污染等施工难题。在金桥客运站创新设计南宁轨道交通线网首座无柱大跨地铁车站，提高车站通透性、客流通行率。5号线是全国首条信号与综合监控深度集成的地铁线路、首台气垫式直排双模盾构机建设的地铁线路，采用全自动运行线路设计与建设，列车运用国际最高等级(GOA4)的全自动运行技术，车辆从库内唤醒、出库、正线运营、洗车入库、休眠全过程无需人工干预，实现全过程全自动化。

南宁地铁建设技术在攻坚克难中实现质的飞跃，推动南宁市工程建设领域的科学技术发展，为南宁、广西乃至全国城市轨道交通建设提供丰富的技术储备和经验支持。2015年至2021年，“盾构隧道近距离穿越微沉降控制智能预警方法与技术”获高等学校科学研究优秀成果(科学技术)科学技术进步奖，“轨道交通用6005A铝合金大规格铸锭的开发”“基于云平台的城市轨道交通列车智能化运维系统关键技术及应用”“南宁强透水复杂地层地铁深大基坑设计施工关键技术创新与应用”“轨道交通列车远程故障诊断系统关键技术研究与应用”获广西科学技术进步奖，“城市轨道交通列车节能优化控制与多车协同调度技术及应用”获广西科学技术发明奖；“城市轨道交通地下工程声纳渗流检测技术”在2021年中国城市轨道交通关键技术论坛暨第30届地铁学术交流会上获评“城市轨道交通技术创新推广项目(技术类)”，被编入住房和城乡建设部《城市轨道交通工程创新技术指南》《城市轨道交通工程建设安全生产标准化管理技术指南》。

多彩地铁织密线网　南宁步入“地铁时代”

南宁轨道交通1号线一期工程(石埠站—火车东站)全长32.1千米，设车站25座，标志色为“青秀绿”，展现南宁“青山环城、绿树融城”的城市风格。2012年12月项目开工建设，2016年6月28日1号线东段(南湖站—火车东站)开通试运营，12月28日西段(石埠站—南湖站)暨全线开通试运营。这是广西首条建成通车的地铁线路，也是全国5个少数民族自治区首条开通的地铁，标志着南宁正式迈入地铁时代，南宁成为国内第27个开通地铁的城市。1号线是南宁城市轨道交通东西向骨干线路，衔接南宁东站、埌东客运站、南宁站、西乡塘客运站等主要客流集散点，加强南宁城市东西方向联系，成为城市发展新引擎。

南宁轨道交通2号线工程(玉洞站—西津站)全长21千米，设车站18座，标志色为“朱槿红”，展现南宁人民的热情好客。2013年12月项目开工建设，2017年12月28日全线开通试运营。2号线东延线(玉洞站—坛泽站)全长6.3千米，设车站5座，2017年5月项目开工建设，2020年11月23日开通初期运营。2号线的开通运营标志着南宁市轨道交通已形成“十”字形线网骨架，步入地铁换乘时代。2号线是贯通南宁市区南北向的骨干线，与3号线、4号线在江南区、五象新区形成闭合环路，加强五象新区与旧城区的联系。

南宁轨道交通3号线一期工程(科园大道站—平良立交站)全长27.9千米，设车站23座，标志色为“锦绣紫”，寓意“锦绣南宁砥砺前行”，展现东盟门户特色的国际文化线，体现南宁与东盟各国的友好关系。2015年7月项目开工建设，2019年6月6日全线开通试运营，标志着南宁轨道交通从双线换乘时代升级为三线网络运营时代。3号线是联系江北与江南五象新区之间的骨干线，与1号线、2号线的换乘扩大轨道交通线网规模，增强公共交通吸引力。

南宁轨道交通4号线一期工程(洪运路站—龙岗站)全长24.6千米，设车站19座，标志色为“八桂黄”，象征秀美壮锦，展示日新月异的城市精气神。2016年6月项目开工建设。4号线一期工程首通段(洪运路站—楞塘村站)线路长20.7千米，设车站16座，2020年11月23日开通初期运营。4号线与1号线、2号线、3号线构成“井”字形骨架线网，形成“四线齐发、八方通达”的新格局。4号线是贯穿五象新区东西向骨干线，横穿中国(广西)自由贸易试验区南宁片区，满足南宁市邕江南岸东西向公共交通需求，加强邕江南岸城市组团联系，助推五象新区高质量发展。

南宁轨道交通5号线一期工程(国凯大道站—金桥客运站)全长20.2千米，设车站17座，标志色为“邕水蓝”，以“邕江之水”为文化元素，展现南宁生态宜居的城市特色。2017年9月项目开工建设，2021年12月16日全线开通初期运营。5号线是华南地区首条全自动运行的地铁线路，与1号线、2号线、3号线、4号线形成“跨江连城、贯穿城市东西南北”的线网新格局。南宁市由此成为全国第7个开通全自动运行地铁的城市，开启“智慧城轨”新篇章。

2021年12月28日，南宁地铁迎来开通五周年。五年来，南宁轨道交通累计完成投资768.78亿元，运营总长128.2千米，线网总运营里程4133.67万列千米，线网运营车站104座(换乘站11座)，进行列车运行图调整提速15次。全线网累计安全运营2055天，列车运营正点率99.99%，运行图兑现率99.99%，列车服务可靠度229.65万车千米/件，客运总量逾10.87亿人次；单日最高客运量143.26万人次(2021年1月1日)，当日客流强度1.33万人次/千米，在全国排名第六。

地铁引擎释放动能　城市发展能级跃升

南宁地铁的建设发展不仅有效缓解城市交通拥堵压力，为市民提供安全、舒适、便捷、绿色的出行环境，更促进城市商圈繁荣，带动经济发展，提升关联产业集聚的社会效益，优化城市空间布局，为城市发展注入新活力。

构建以轨道交通为骨干，常规交通为补充的交通体系。2021年，南宁轨道交通运营线路5条，线网骨架完成构建，推动城市形成以轨道交通为骨干的公共交通体系。南宁轨道交通线网配属车辆146列876辆，比上年增加25.86%。其中，1号线配属41列246辆，2号线配属28列168辆，3号线配属28列168辆，4号线配属25列150辆，5号线配属24列144辆。全年开行48.30万列次，客运总量近2.89亿人次，比上年增长38.55%；线网日均客运量79.11万人次，换乘量8685.96万人次。轨道交通客运量占公共交通客运总量56.48%，地铁成为市民高品质出行的首选方式。南宁地铁不断优化、提升客运综合服务能力，改善车站出入口环境，升级改造1号线至5号线的母婴室68个，设置便民雨伞架、爱心药箱，推广“互联网+”支付方式，提供特殊乘客乘车“私人定制服务”，简化乘客事务处理流程，上线“全态识别过闸功能”系统；组织开展“地铁开放日”“站长接待日”等交流活动，“地铁党建联盟”志愿服务活动，“爱心服务中高考”“服务中国—东盟博览会·商务与投资峰会”等地铁服务品牌活动，“民族文化角”“922世界无车日”等公益宣传活动，不断提升乘客乘车舒适感、幸福感。2021年乘客满意度98.3%。

串联与衔接综合交通枢纽，提升南宁城市交通枢纽地位。南宁轨道交通项目与城市铁路客运站、公路主要客运站均形成良好的衔接和换乘。1号线有换乘站4座，衔接南宁火车站、南宁火车东站、南宁旅游集散中心、西乡塘客运站、埌东客运站、凤岭客运站；2号线有换乘站6座，衔接南宁火车站、南宁旅游集散中心、江南客运站、安吉客运站；3号线有换乘站5座，衔接安吉客运站；4号线有换乘站3座，衔接五象火车站、五象客运站；5号线有换乘站4座，衔接金桥客运站。轨道交通接驳公交率100%，基本实现“轨道+公交+出租汽车+非机动车+共享单车”便捷换乘。南宁地铁发挥公共交通的骨干作用，推动构建功能齐全、布局合理的综合交通枢纽体系，助力南宁国际枢纽地位提升。

促进南宁市固定资产投资，助推产业转型升级发展。南宁轨道交通项目作为南宁市重大交通基础设施项目，是推进经济社会高质量发展的重要抓手。2015年至2019年，南宁轨道交通项目年度投资连续5年突破100亿元；2021年南宁轨道交通工程完成投资48.48亿元，占全年城建计划投资目标(41.4亿元)117.1%，成为南宁市固定资产投资的主要贡献力量。2011年12月，中国中车股份有限公司与南宁市政府签署战略合作框架协议，确定在轨道交通、铝材深加工、新能源客车及关键零部件配套产业等项目的合作。中国中车旗下核心子公司中车株洲电力机车有限公司分别与广西南南铝加工有限公司、南宁轨道交通集团有限责任公司合资成立南宁中车铝材精密加工有限责任公司、南宁中车轨道交通装备有限公司。2015年12月27日,"南宁地铁南宁造"首列本地化地铁列车(南宁地铁1号线列车)在南宁中车轨道交通装备基地成功下线,填补南宁乃至广西轨道交通装备制造业的空白。2016年11月18日,南宁中车轨道交通装备有限公司通过法国贝尔国际验证机构审核,获颁国际铁路行业标准(IRIS)认证证书,成为广西乃至西南地区首家具备轨道交通装备整车制造资质的企业,为"南宁制造"走向国际市场打下坚实基础。随着地铁2号线、3号线、4号线、5号线交付使用,越来越多"南宁制造"地铁列车进入市民生活。2021年,南宁市具备行业先进水平的铝合金精深加工生产线,集车体零部件制造、总焊、总装、调试为一体的轨道交通装备现代化生产线,南宁地铁列车生产的各个环节实现本地采购、本地加工、本地组装生产,形成完整的闭环产业链;创新升级的智能化无人驾驶地铁有力推动南宁高端装备制造业迈上新台阶。

拥抱地铁时代新经济,打造时尚品质生活圈。南宁地铁开通后,与地面传统百货业不同的"点式"消费——地铁商业街开始涌现。开通地铁商业街的站点有1号线朝阳广场站(柠檬町地铁商业街)、广西大学站(More Fun 126地铁商业街)、火车站(缤果天地地铁商业街)、西乡塘客运站(西乡塘客运站地铁商业街)、万象城站(Binggo126地铁商业街),2号线福建园站(麦田里地铁商业街)、安吉客运站(新南仓地铁商业街),3号线金湖广场站(新南仓地铁商业街)、埌西站(新南仓地铁商业街)等,经营类别涉及休闲娱乐、快捷餐饮、特色餐饮、年轻潮牌、儿童乐园、精品特色零售等等。朝阳广场站地铁商业街区是南宁城市中心黄金道上的前卫商业街区,是微缩版本的百货商超;广西大学站地铁商业街区为南宁首个具有集装箱风格的地下商业创意空间,迎合年轻化的消费群体;万象城站地铁商业街区是为城市白领群体打造的休闲格调街廊,设有国内首条地铁"星光音乐走廊"。地铁商业街为市民生活带来便利的同时,也为各大商圈带来更多客流和新的消费互动。地铁1号线串起朝阳商圈、大学路商圈、金湖商圈、会展航洋城商圈、万象城商圈,地铁2号线加速安吉商圈、北湖商圈、亭洪路商圈、大沙田商圈的形成与繁荣,地铁3号线、4号线直接带动五象新区的万达茂、威宁蟠龙西邻家广场、宜家家居、华润万象汇、祖龙ACMALL、五象航洋城等新兴商业综合体的建设和运营,地铁5号线串起兴宁区、江南区、西乡塘区,将昆仑大道、明秀路、壮锦大道等"老郊偏"片区拉进城市中心半小时生活圈。5条地铁线路带动沿线商业经济发展,带动新老城区商圈经济的开发和发掘,驱动城市经济活力,引领、加速区域多元化商业格局形成。

构建南宁市基本骨架线网,优化城市空间结构布局。南宁地铁的建设发展潜移默化影响着城市发展的脉络,带动城市开发和空间拓展。南宁地铁1号线、2号线构成"十"字形骨架线网,为城市线网的形成打下基础,符合城市主导发展方向;1号线、2号线、3号线、4号线在主城区形成"井"字形骨架线网,将城市三大中心(朝阳、埌东—凤岭、五象新区)与邕江南、北的两大发展带紧密联系在一起,线网形态基本符合《南宁市城市总体规划(2011—2020)》提出的"一轴两带多中心"(以邕江为发展轴线,建设邕江北边、南边发展带,构建城市中心、片区中心、组团中心、社区中心等多层次、网络型的城市公共中心体系)城市布局;2号线、3号线、5号线构建3条过江通道,增强江南与江北之间的联系;3号线、4号线、2号线东延线引入南宁重点发展的五象新区,在新区内形成"井"字形骨干网络,满足江南片区交通需求的同时,支撑五象新区发展建设,加强五象新区和朝阳中心、埌东—凤岭中心的联系。2021年,在全面落实强首府战略驱动下,南宁市引入、践行TOD理念(Transit Oriented Development,以公共交通为导向的综合发展模式),探索打造站城一体、产城融合的轨道上的城市。推动出台轨道交通可持续发展的顶层设计和相关政策措施,引导各类产业要素按"轨道+"模式聚合。推动土地开发、站城一体化建设、轨道小镇(新城)建设,实现土地新注入42.46公顷,新开工面积61.7万平方米;开展轨道科技创新产业园项目可行性研究、轨道科技产业规划布局研究,五一中路片区站城一体化综合改造项目完成规划研究评审并获取熟化人资格,屯里轨道小镇产业导入方案通过审批,完成金沙湖轨道小镇项目策划方案,调整完善新营房轨道小镇、2号线东延小镇概念性规划方案。南宁轨道地产集团有限责任公司依托地铁沿线资源优势,东进布局轨道御珑壹号城,地铁直达社区;南下在江南区布局"南宁首个公交首末站零换乘项目"——轨道御水系项目御水元筑;在五象新区打造"江山湖岛-城市综合体"轨道御玺君临湾、"TOD潮文化势力"轨道御澜上城,推进城市从平面到立体化发展。传统的轨道交通发展模式正在以创新开放的思维向"轨道+"生态圈发展模式转变,"轨道+"产业布局赋能城市界面更新,为城市搭建起"轨道上的一带一路"、"轨道交通经济带"发展态势初步呈现。

2021年是"十四五"开局之年,随着《南宁市国民经济和社会发展第十四个五年规划和2035年远景目标纲要》深入实施,南宁市持续推进轨道交通建设,构建更加完善的轨道交通线网;推进轨道交通科技创新,打造智慧轨道交通科技创新发展高地,促进轨道交通创新经济集聚发展;加快建立都市圈一体化轨道交通体系,不断优化城市形态和空间布局,以轨道交通引领城市发展新格局。　　（南宁轨道交通集团有限责任公司）

编辑　覃涓伲

大事记

1月

6日　南宁市首批出口的火龙果经海关检疫合格后启运出口荷兰，是南宁市火龙果首次以“广西火龙果”的名称走出国门、迈向国际市场。

16日　南宁市在“中国信息化iTECH2020年会暨中国智能制造百人会2021年会”线上大会中，获年度创新政府奖，并在《中国信息化》杂志刊登南宁市数字政府建设经验。

19日　《人民日报》刊发《南宁多措并举促就业》，报道南宁市2020年稳定和扩大就业工作成效。

20日　国家组织冠脉支架集中带量采购“百元级心脏支架”在南宁市落地，10种冠脉支架均价从1.3万元下降至700元，平均降幅93%。

22日　南宁市举行南宁市五象投资创新型信息产业基地三期、五象投资大数据产业园、绿港·金阳产业城、广西桂台现代农机产业服务园、广西正邦广联农牧有限公司良庆区南晓镇生态养殖项目、南宁市文骅小学等重大项目开（竣）工现场会。至年底，组织重大项目集中开（竣）工5次，涉及项目268个，总投资827.27亿元，涵盖基础设施、产业、社会民生等领域。

25日　《推动“水清岸绿，鱼翔浅底”由蓝图蜕变成实景——广西壮族自治区南宁市黑臭水体治理典型案例》获生态环境部网站“中央生态环境保护督察专栏”推介。

29日　南宁市武鸣沃柑首次出口文莱，走向东盟市场。

2月

3日　经国务院批准，民政部批复同意广西壮族自治区撤销横县，设立县级横州市，由广西壮族自治区直辖，南宁市代管，横州市以原横县的行政区域为界线，横州市人民政府驻横州镇江滨西路9号；7月29日，横县撤县设横州市正式揭牌。

10日　《春天的旋律·2021》跨国春节晚会全球同播。晚会设中国广西南宁主会场，印度尼西亚、马来西亚、菲律宾、泰国4个分会场，采用“云上”“线下”结合方式播出。

22日　南宁市与日本秋田县秋田市建立友好城市关系。11月22日，南宁市与秋田市举行缔结友好城市视频签约仪式，两市友好交往正式进入“友城时代”，填补南宁市在日本友城渠道的空白。

23日　南宁市在生态环境部通报的2021年1月国家地表水考核断面水环境质量状况中，首次进入全国“水质最好30强”。

24日　南宁市人民政府批准成立的第一个教育集团——南宁市天桃实验学校教育集团在天桃实验学校天桃校区挂牌。办学模式由天桃实验学校与若干所相对薄弱学校、新建学校组成教育集团，统筹使用集团学校场馆、实验室及设施设备。

25日　南宁市隆安县扶贫开发办公室、上林县西燕镇岜独村党支部、马山县金钗镇龙印村党支部在全国脱贫攻坚总结表彰大会上获“全国脱贫攻坚先进集体”称号，9人获“全国脱贫攻坚先进个人”称号。

3月

13日　南宁国际铁路港出发的首趟重型机械中欧班列——21028次重型机械中欧班列开往哈萨克斯坦努尔苏丹，开辟“南宁—西安（新筑）—努尔苏丹”的新线路。

19日　南宁市人民政府与越南、柬埔寨、泰国、老挝、缅甸、马来西亚6国驻南宁总领事馆在领馆区开展共植友谊树活动。

24日　南宁市实施《保障农民工工资支付条例》以来，开出首张维护农民工工资权益的项目停工罚单，责令“万隆爱琴湾”项目停工整改并罚款5万元。

28日　2021年第一期《向人民承诺——电视问政》在南宁电视台开播。至年末，播出8期，涉及住房、教育、医疗等领域。

4月

1日　南宁市医保业务全面实施同城通办，包含职工参保登记、异地安置退休人员备案、住院费用报销等33项业务，南宁市内参保群众可就近选择医保经办机构办理。

2日　市十四届人大常委会第三十四次会议举行，表决通过任命孙大光为南宁市副市长、关于接受周红波辞去南宁市市长职务请求的决定、关于孙大光为南宁市代理市长的决定。13日，南宁市十四届人大六次会议举行第三次全体会议，孙大光当选南宁市人民政府市长。

10日至11日　中国人民政治协商

会议第十一届南宁市委员会第六次会议在南宁人民会堂举行。

11日至13日　南宁市第十四届人民代表大会第六次会议在南宁人民会堂举行。

12日　南宁市纳入全国第三批社会信用体系建设示范城市创建名单。

27日　中共中央总书记、国家主席、中央军委主席习近平到广西民族博物馆参观壮族文化展。

5月

20日　南宁交通投资集团有限责任公司在香港联交所发行境外债券，规模3亿美元，期限3年，票面利率3.50%，国际信用评级为惠誉“BBB-”，是南宁市企业发行的首单境外债券。

20日至21日　2021（第十一届）中国—东盟矿业合作论坛暨推介展示会在南宁国际会展中心举行。主题为“共建‘一带一路’，共兴绿色矿业”，首次采用线上线下相结合方式举办，线下参会人数约400人。同期举办中国—东盟地调局长论坛、地学高校校长论坛及黄金产业发展、矿业转型升级绿色发展政策与实践、绿色矿山企业发展、卫星遥感、矿山生态修复技术、东盟国家矿业法律政策、岩溶地质对比研究与编图、地学科普合作研讨会，以及马来西亚、老挝矿业专场推介会。

21日　广西“太和·自在城”智慧康养服务标准化项目、广西国际壮医医院壮瑶医诊疗服务标准化项目入选2021年度国家级服务业标准化试点项目。

26日　南宁市驾驶员从业资格智能审批系统上线试运行，在全国率先推行“网络预约出租汽车驾驶员从业资格证核发（新发）”“巡游出租汽车驾驶员从业资格证核发（新发）”2个政务服务事项“扫脸即办”。

28日　“隆安香蕉”获国家知识产权局批准注册为地理标志商标。

31日　中国证监会同意华蓝集团股份公司（简称“华蓝集团”）创业板首次公开发行股票注册申请，华蓝集团成为创业板改革试点注册制后广西首家上市企业。

6月

1日　南宁“纳税信用健康码”上线，提供自主税务体检新渠道。

3日　全国科技馆行业第一个“燎原计划”科创研学基地在南宁市科技馆揭牌。

10日　“粤赣湘贵黔”五省十三市政务服务“跨省通办”签约仪式在南宁市民中心举行。市行政审批局通过网络在线“云签约”，与广东省中山市，江西省九江市，湖南省邵阳市、怀化市，贵州省贵阳市、六盘水市、铜仁市、黔东南州等城市的政务服务管理机构签订《“五省十三市”政务服务“跨省通办”合作协议》。

18日　南宁市内地居民内地婚姻登记实施全市通办，为广西第一个跨区县办理内地婚姻登记试点城市，有效期2年。

19日　昆仑关抗日战役纪念地被中共中央宣传部新命名为全国爱国主义教育示范基地，是南宁市创建的首个全国爱国主义教育示范基地。

21日　“良庆百香果”获国家知识产权局批准注册为地理标志商标。

27日　南宁市新建商品房“即核即办　交房即交证”首发仪式举行，购房者在合同约定的交房时间登录南宁市不动产登记综合服务平台（“邕e登”App）可自助办理不动产权证书，实现交房即交证。

7月

1日　南宁市成为广西首批闽粤桂琼4省户口迁移“跨省通办”业务试点城市。

2日　南宁市教育局在南宁·中关村创新示范基地会议中心举办南宁市职业教育专业集团、“校校企合作”（中职学校、高职院校、企业）示范点和产业学院揭牌仪式，宣布成立南宁市中等职业教育商贸旅游专业集团、南宁市中等职业教育电气技术专业集团等7个职业教育集团。

9日至11日　第25届南宁国际学生用品交易会暨2021中国—东盟（南宁）国际教育展览会、第10届广西教育装备展示会在南宁市举行。同期举办第十届广西教育装备展示会优秀产品推荐、2021广西北部湾创客教育大赛、广西教育装备推荐采购目录评选、第四届北部湾幼教论坛、2021阅读大会等活动。

12日　南宁市调整2021年度住房公积金缴存基数上限、下限，上限24270元，下限1810元。

15日　南宁市恢复全国文明城市资格。

16日　南宁高新区所属企业广西博世科环保科技股份有限公司入选国家产教融合型企业名单。

18日　2021年南宁龙舟公开赛在南宁邕江大桥畅游阁附近水域举行，30支队伍、近600名运动员参赛。

19日　在国家发展改革委公布的全国80个城市营商环境评价结果中，南宁市登记财产指标、政务服务指标获评全国标杆。

22日　南宁壮族末伦作品《何时再相见》在第四届中国西部优秀曲艺节目展演评选活动中获优秀节目奖。

27日　搭载12台“南宁制造”塔式起重机设备的中欧班列从南宁国际铁路港发往哈萨克斯坦，为广西首趟直达哈萨克斯坦的重型机械中欧班列。

28日　南宁住房公积金管理中心开通住房公积金单位缴存登记开户、住房公积金单位及个人信息变更、购房提取住房公积金等第二批住房公积金“跨省通办”服务事项。

同日　南宁市“智慧人才”一体化服务平台上线，是全国首个多部门、多渠道、多功能集成服务的城市人才服务平台。

8月

1日　新修订《南宁市城市轨道交通乘客守则》正式实施。

3日至5日　南宁—吉隆坡、南宁—马尼拉、南宁—胡志明3条全货机航线开通首航。

4日　南宁中车轨道交通装备有限公司、南宁中车铝材精密加工有限公司等15家企业获工业和信息化部授予专精特新“小巨人”企业称号，有效期3年。

10日　在广西实施城市更新行动发布会上，公布南宁市被列入2021年全国城市体检样本城市名单。

27日　“文明南宁”形象标识、南宁市新时代文明实践中心形象标识发布。

29日至31日　中国共产党南宁市第十三次代表大会在南宁人民会堂举行。

9月

1日　南宁市推广应用机动车驾驶证电子化，是全国第一批推广应用驾驶证电子化城市之一，首日申请电子驾驶证人数突破10万人。

同日　南宁市“老友南宁”文旅品牌整体形象宣传推广案例入选2020年全国国内旅游宣传推广典型案例名单。

10日　市委、市政府举行2021南宁投资贸易洽谈会暨重大项目签约活动，现场签约项目19个，总投资额216.85亿元，涵盖新能源汽车及配套、电子信息、生物医药、轻工食品、现代物流、金融等产业。

10日至13日　第18届中国—东盟

博览会和中国—东盟商务与投资峰会在南宁市举行。主题为“共享陆海新通道新机遇,共建中国—东盟命运共同体”,采取“实体展+云上东博会”的办展形式。实体展参展企业1502家,其中外国参展企业397家(东盟238家),举办线上线下经贸活动48场,“云上东博会”全网曝光量超11.4亿次,站内访问量超2156万次,签约国际、国内合作项目179个,总投资额超3000亿元。该届东博会框架下举办高层论坛26个,围绕RCEP(《区域全面经济伙伴关系协定》)、科技、产能合作、统计、金融、电力等领域的热点问题开展交流。

10日至13日　南宁高新区初级中学学生张桢睿、南宁二中新民校区学生杨濮诚组成的“强国有我队”获2021世界机器人大赛(WRC)“RA极限冰壶赛项”初中组亚军。

13日　南宁市国家加工贸易产业园入选中国首批13家国家加工贸易产业园名单。

14日　中共南宁市委宣传部、南宁广播电视台选送的《守护吴哥的微笑》获第三届“第三只眼看中国”国际短视频大赛最佳摄影奖。

15日　《人民日报》刊发《“直播+快递”农货进城链条变短了》,报道南宁农产品销售的新尝试。

17日　中共中央政治局常委、国务院总理李克强到南宁市中新南宁国际物流园、瑞声科技控股有限公司、仙葫苑公租房小区视察。

24日　广西首条智慧高速路——南宁沙井至吴圩高速公路开展无人驾驶车辆测试。

27日　第十四届全国运动会落幕,南宁籍运动员获2金1银3铜,其中韦筱圆获女子体操个人全能金牌、黄明淇获男子跳马项目金牌,玉玲珑获女子55公斤级举重银牌,黄小惠获女子单人3米板铜牌、刘宇嘉获女子67公斤级跆拳道铜牌、韦筱圆获女子体操高低杠决赛铜牌。

同日　南宁市农业农村局召开2021年“平安农机”创建工作新闻发布会,公布南宁市获评为2020年全国“平安农机”示范市。

28日　南宁市、桂林市、玉林市、百色市、崇左市5市12345热线主管部门在南宁市民中心举行12345政务服务便民热线跨市服务启动仪式。

10月

8日　全国首个灵活就业人员合法权益保障联动化解中心在南宁市揭牌。

同日　南宁市入选全国首批30家城市一刻钟便民生活圈试点地区名单。

17日　南宁企业广西泛糖科技有限公司“广西糖业工业互联网平台”项目获第三届中国工业互联网大赛二等奖,实现广西在国家级工业互联网比赛中获奖零突破。

19日　南宁市的“三街两巷”、邕江南岸片区2个项目入选第一批国家级夜间文化和旅游消费集聚区名单。

19日至21日　政协第十二届南宁市委员会第一次会议在南宁人民会堂举行。

20日至22日　南宁市第十五届人民代表大会第一次会议在南宁人民会堂举行。

21日　南宁市获“中国最具竞争力会展城市”称号。

23日　南宁籍运动员韦筱圆获第50届世界体操锦标赛女子高低杠冠军。

27日　中国—东盟优秀视听节目展播在南宁市启动。展播专题片有电视剧《三十而立》,纪录片《一个医院的战疫》《乐活广西》《暹罗追鸟》等,展播平台有广西卫视、南宁广播电视台公共频道、老挝国家电视台、印度尼西亚国家电视台等。

28日　南宁市试行开展收养登记“全城通办”。

29日　广西自贸试验区南宁片区推出国内首个集“企业身份码”、企业开办事项“17合一”、登记智能审批、电子档案上链管理、惠企惠民“掌上办”等功能于一体的“一站通”系统。

11月

3日　南宁市获评全国信用信息共享平台和信用门户网站建设“示范平台网站”。

9日　第五届“一带一路”青少年创客营与教师研讨活动在南宁开幕。由中国科学技术协会、科技部、重庆市人民政府、广西壮族自治区人民政府共同主办,来自53个国家、地区和国际组织的百万余师生通过线上线下的方式参加活动。

16日　南宁市城市静态交通管理系统项目平台上线运行,实现社会资源共享共通,破解城市“停车难”问题。

18日　南宁高新区所属企业广西博世科环保科技股份有限公司创始人王双飞当选中国工程院环境与轻纺工程学部院士。

19日　南宁市建设项目“多测合一”改革成果获自然资源部向全国推广。

23日　南宁市6所中小学校入选第三批全国中小学中华优秀传统文化传承学校名单。分别为上林县城关中学(传承项目为三人板鞋、抛绣球、打陀螺),南宁市第十九中学(传承项目为跳绳),马山县白山镇大同小学(传承项目为壮鼓),南宁市第二中学(传承项目为书法),南宁市沛鸿小学(传承项目为书法),南宁市江南小学(传承项目为南宁制陶技艺)。

24日　中国(广西)自由贸易试验区南宁片区的援企惠企补贴“免申即办”兑现服务模式,企业融资、股权融资、民营小微企业首贷续贷“三合一”服务中心,“信用+智慧”电子诚信卡场景应用3项制度创新成果入选商务部国际贸易经济合作研究院发布的自贸片区2020年制度创新典型案例和创新案例研究报告。

26日　一架由吉尔吉斯斯坦天空航空公司执飞的B747-400客改货航班,在南宁起飞前往秘鲁首都利马,标志着广西首条洲际货运航线开通。

29日　南宁市召开领导干部会议,宣布自治区党委关于南宁市委主要负责人职务调整的决定:徐海荣任中共南宁市委委员、常委、书记,王小东不再担任中共南宁市委书记、常委、委员。

同日　南宁青秀山风景区入选第一批国家级文明旅游示范单位名单,是广西唯一入选的AAAAA级旅游景区。

30日　南宁市12315、12328、12333等热线整合为12345政务服务便民热线,实现一个号码服务企业和市民。

12月

3日　第十四届西江经济带合作与发展论坛在梧州市举行,南宁市、广州市、佛山市、柳州市等粤桂16市签署《激发江的活力共谋合作发展深化珠江—西江经济带城市合作倡议》。

6日　南宁市老旧小区改造融资的经验做法在国家发展改革委网站“城镇老旧小区改造资金保障典型经验做法”专栏中推广。

8日　南宁市获2021国际花园城市竞赛城市类最高级别E类金奖,同时获“艺术、文化和遗产管理”“可持续规划和管理政策”2个单项奖。

10日　南宁市的广西联讯投资有限公司(联讯U谷国家级科技企业孵化器)连续两年获国家级科技孵化器2020年度

评价优秀(A类)。

11日　“好日子　歌里过”南宁市庆祝中国共产党成立100周年群众文化活动暨第23届南宁国际民歌艺术节“大地飞歌·2021”在南宁园博园录制。20日，在广西文艺广播(FM950)、南宁广播电视台等媒体播出。

14日　南宁市通过“十三五”水污染防治终期考核，获“水环境质量”“水污染防治重点工作任务”双冠军。

同日　南宁交投集团负责建设的邕江两岸综合整治工程(北岸：清川大桥—五象大桥段)获国内建筑工程质量最高规格奖——鲁班奖。

16日　华南地区首条全自动运行线路——南宁市轨道交通5号线开通运营。南宁市为全国第7个开通全自动运行地铁的城市。

同日　南宁市被国家民委命名为第九批全国民族团结进步示范区示范单位。有效期5年。

22日　中国自由贸易协定推广实施国际合作论坛在南宁举行，主题为“携手推进FTA合作，共绘区域发展蓝图”，采用线上线下结合方式举行，中国国际贸易促进委员会、中国—东盟中心、大韩贸易投资振兴公社等单位代表参加。其间发布《中国自由贸易协定推广实施国际合作南宁倡议》《自由贸易协定商务应用指南》等。

23日　南宁市出台首部保护地理标志产品地方性法规——《南宁横州市茉莉花保护发展条例》，2022年1月1日起施行。

28日　南宁中心血站率先在全国上线启用RFID(射频识别)血液全流程信息管理系统。

29日　南宁市4家企业获第十届中国创新创业大赛优秀企业奖，分别为联科华技术有限公司(新材料全国赛)、广西桂华智能制造有限公司(高端装备制造全国赛)、广西东信易联科技有限公司和南宁清智电子科技有限公司(新一代信息技术全国赛)。

编辑　李　康

南宁概貌

自然地理

【地理位置】 南宁市位于广西南部，北纬22°12′～24°02′、东经107°19′～109°38′，面向东南亚、背靠大西南，东邻粤港澳、南临北部湾，具有沿江（邕江穿城而过，是珠江干流西江的上游段），近海（距钦州市110千米、防城港市170千米、北海市200千米），近边（距中越边境的东兴市200千米、凭祥市230千米），沿线（湘桂、黎湛、南昆、南广、南防、黎钦、邕北、云桂、柳南客专9条铁路在南宁交会）地缘优势，是面向东盟开放合作的区域性国际城市，衔接"一带一路"的重要门户城市，以及联动珠三角、沟通中南西南地区、引领北部湾城市群的区域性综合交通枢纽城市。2021年，南宁市总面积22102平方千米。

【土地资源】 2021年，南宁市耕地48万公顷。其中，水田20.92万公顷，占全市耕地的43.58%；水浇地0.16万公顷，占0.34%；旱地26.92万公顷，占56.08%。武鸣区、横州市、宾阳县3个县（市、区）耕地面积较大，占45.74%。位于2度以下坡度（含2度）的耕地30.29万公顷，占63.10%；位于2度～6度坡度（含6度）的耕地9.44万公顷，占19.67%；位于6度～15度坡度（含15度）的耕地6.52万公顷，占13.58%；位于15度～25度坡度（含25度）的耕地1.17万公顷，占2.44%；位于25度以上坡度的耕地0.58万公顷，占1.21%。园地14.91万公顷。其中，果园12.76万公顷，占全市园地85.58%；茶园0.05万公顷，占0.34%；橡胶园不足0.01万公顷，占比不足0.01%；其他园地2.10万公顷，占14.08%。武鸣区、隆安县园地面积较大，占51.49%。林地124.15万公顷。其中，乔木林地86.82万公顷，占全市林地69.93%；竹林地2.14万公顷，占1.72%；灌木林地29.51万公顷，占23.77%；其他林地5.68万公顷，占4.58%。武鸣区、横州市、马山县3个县（市、区）林地面积较大，占43.09%。草地1.71万公顷。其中，天然牧草地0.01万公顷，占全市草地的0.58%；人工牧草地0.01万公顷，占0.59%；其他草地1.69万公顷，占98.83%。草地主要分布在武鸣区、邕宁区、马山县、上林县4个区（县），占46.34%。湿地是第三次国土调查新增的一级地类，包括7个二级地类，南宁市涉及4个二级地类。湿地0.03万公顷。其中，灌丛沼泽不足0.01万公顷，占全市湿地1.64%；沼泽草地不足0.01万公顷，占0.30%；内陆滩涂0.03万公顷，占88.78%；沼泽地不足0.01万公顷，占9.28%。湿地主要分布在横州市、上林县、隆安县3个县（市），占72.23%。城镇村及工矿用地13.75万公顷。其中，城市用地3.61万公顷，占全市城镇村及工矿用地的26.25%；建制镇用地1.68万公顷，占12.22%；村庄用地7.88万公顷，占57.31%；采矿用地0.44万公顷，占3.20%；风景名胜及特殊用地0.14万公顷，占1.02%。交通运输用地4.69万公顷。其中，铁路用地0.37万公顷，占全市交通运输用地的7.89%；轨道交通用地0.03万公顷，占0.64%；公路用地1.72万公顷，占36.67%；农村道路2.49万公顷，占53.09%；机场用地0.07万公顷，占1.49%；港口码头用地0.01万公顷，占0.21%；管道运输用地不足0.01万公顷，占0.01%。水域及水利设施用地10.98万公顷。其中，河流水面2.84万公顷，占全市水域及水利设施用地的25.86%；湖泊水面不足0.01万公顷，占0.01%；水库水面3.16万公顷，占28.78%；坑塘水面4.10万公顷，占37.34%；沟渠0.76万公顷，占6.92%；水工建筑用地0.12万公顷，占1.09%。

表1　　2021年南宁市县（市、区）地类面积结构统计表　　单位：公顷

地类名称／行政区	耕　地	园　地	林　地	草　地	湿　地	城镇村及工矿用地	交通运输用地	水利及水域设施用地
兴宁区	10610.76	1676.28	45069.06	1043.53	8.04	7517.80	1859.65	3581.36
江南区	30633.68	4879.17	55382.78	1259.52	3.16	13212.80	4571.31	7280.10
青秀区	17780.97	2651.60	44919.47	1028.62	1.23	10968.71	2390.90	4893.16
西乡塘区	30087.30	11969.68	36376.75	963.30	2.47	14298.26	2937.22	7788.92

续表 1

行政区 \ 地类名称	耕地	园地	林地	草地	湿地	城镇村及工矿用地	交通运输用地	水利及水域设施用地
邕宁区	32915.14	5826.12	64876.20	1791.36	0.37	6932.64	2423.35	4987.82
良庆区	20905.28	7709.92	84913.25	896.36	3.29	9039.22	2998.37	8659.53
武鸣区	63400.12	53471.23	181761.67	1867.12	31.37	16963.64	6344.81	12190.05
横州市	83594.35	17651.61	181564.86	1604.77	81.81	21718.88	6735.40	27574.29
宾阳县	72539.47	6629.24	114160.93	1192.56	31.28	15484.59	5259.66	12691.54
上林县	35603.89	9709.52	120583.16	1879.31	65.05	7000.83	2605.93	8344.96
马山县	36714.69	3646.72	171633.84	2384.31	14.79	7969.28	4018.78	4945.22
隆安县	45186.58	23317.60	140287.47	1185.24	102.88	6352.02	4803.76	6852.51

说明：以上数据均来自各县（市、区）已发布的第三次国土调查数据统计公报

【矿产资源】 2021 年，南宁市已勘查发现矿产资源 63 种。主要有能源矿产褐煤、无烟煤、石煤、地热(热矿水)；黑色金属矿产铁、锰、钒、钛；有色金属矿产铜、铅、锌、铝土矿、镍、钴、钨、铋、钼、锑，贵金属矿产金、银；化工原料非金属矿产磷、硫铁矿、芒硝、砷、泥炭、重晶石；冶金辅助原料非金属矿产萤石、耐火黏土；建材和其他非金属矿产压电水晶、熔炼水晶、滑石、叶蜡石、石膏、水泥用石灰岩、建筑石料用灰岩、高岭土、膨润土、陶粒用黏土、砖瓦用黏土、玻璃用砂、玻璃用砂岩、水泥配料用砂岩、粉石英、水泥配料用黏土、砖瓦用页岩、水泥配料用页岩、饰面用花岗岩、建筑用花岗岩、方解石、硅灰岩、建筑用砂(河沙)；水气矿产矿泉水等。已开发利用铁、锰、石灰岩、花岗岩等 32 种，探明储量矿床 133 处(大型 4 处、中型 30 处、小型 99 处)。相对优势的矿产以水泥用石灰岩、建筑石料用灰岩、砖瓦用页岩等砂石土资源为主，铁、锰等金属矿产及煤炭等能源矿产较为匮乏。 （韦欣辰）

【植物资源】 2021 年，南宁市分布有野生维管束植物 248 科、1254 属、3988 种。9 月 7 日，经国务院批准，国家林业和草原局、农业农村部向社会公布调整后的《国家重点保护野生植物名录》(以下简称《植物名录》)。部分野生植物因生态环境破坏、过度利用等原因，濒危程度加剧，原属于广西重点保护野生植物的兰科、山茶科植物，有部分属或种被列入国家一级或二级重点保护范围。分布在南宁的原广西重点保护野生植物小叶红豆被列入国家一级重点保护野生植物，原国家一级重点保护野生植物伯乐树(钟萼木)调降为国家二级重点保护野生植物。因分布广、数量多、居群稳定、分类地位改变等原因，分布在南宁的粗齿桫椤、任豆、半枫荷、樟树、蛇根木等原国家二级重点保护野生植物从《植物名录》中删除，不再按照国家重点保护野生植物进行管理。按照调整后的《植物名录》，南宁市有石山苏铁、望天树、水松、小叶红豆等国家一级重点保护野生植物，伯乐树(钟萼木)、亨利原始观音座莲、苏铁蕨、大桫椤、黑桫椤、桫椤、金毛狗、七指蕨、水蕨、福建柏、白豆杉、香木莲、地枫皮、闽楠、土沉香、蚬木、海南椴、格木、蒜头果、红椿、紫荆木、普通野生稻等国家二级重点保护野生植物，主要分布在广西大明山国家级自然保护区、广西上林龙山自治区级自然保护区、广西龙虎山自治区级自然保护区、广西三十六弄—陇均自治区级自然保护区、广西弄拉自治区级自然保护区、广西西大明山自治区级自然保护区。

【动物资源】 2021 年，南宁市有野生脊椎动物 5 纲、41 目、135 科、408 属、727 种。2 月 1 日，经国务院批准，国家林业和草原局、农业农村部向社会公布调整后的《国家重点保护野生动物名录》(以下简称《动物名录》)。分布在南宁的原广西重点保护野生动物画眉、鹩哥、红嘴相思鸟、银耳相思鸟、黑喉噪鹛、豹猫、貉、眼镜王蛇等调整为国家二级保护野生动物。按照调整后的《动物名录》，南宁市有穿山甲、黑叶猴、林麝、豹、大灵猫、小灵猫、冠斑犀鸟、凹甲陆龟等国家一级保护野生动物，熊猴、猕猴、斑林狸、豹猫、黑熊、貉、白鹇、褐翅鸦鹃、小鸦鹃、黑翅鸢、灰背隼、红隼、猛隼、燕隼、游隼、斑头鸺鹠、领鸺鹠、雀鹰、苍鹰、凤头蜂鹰、赤腹鹰、日本松雀鹰、松雀鹰、草原鹞、鹰雕、蛇雕、鹊鹞、草鸮、领角鸮、黄嘴角鸮、褐渔鸮、雕鸮、长耳鸮、长尾阔嘴鸟、画眉、鹩哥、红嘴相思鸟、银耳相思鸟、黑喉噪鹛、蟒蛇、眼镜王蛇、大壁虎等国家二级保护野生动物。主要分布在广西大明山国家级自然保护区、广西上林龙山自治区级自然保护区、广西龙虎山自治区级自然保护区、广西三十六弄—陇均自治区级自然保护区、广西弄拉自治区级自然保护区、广西西大明山自治区级自然保护区、南宁那兰鹭鸟市级自然保护区、西津水库库区。为衔接《动物名录》，自治区林业局、自治区农业农村厅共同编制《广西重点保护野生动物名录(征求意见稿)》，向社会公众征求意见，待科学评估后，调整并公布。 （张佩华）

【水资源】 2021 年，南宁市水资源总量 97.64 亿立方米，比上年减少 17.8%，比多年平均值偏少 30.3%。总供水量 41.90 亿立方米，比上年增加 3.95 亿立方米。其中，地表水供水量 38.05 亿立方米，地下水供水量 1.34 亿立方米，其他供水量 2.51 亿立方米。总用水量 41.90 亿立方米(按照 2021 年实行最严格水资源管理制度考核口径统计，总用水量为 33.30 亿立方米)，比上年增加 3.95 亿立方米。其中，农业用水 23.88 亿立方米，工业用水 6.88 亿立方米，生活用水 8.11 亿立方米，人工生态环境补水 3.03 亿立方米。用水消耗总量 16.49 亿立方米，耗水率 39.4%。南宁市人均综合用水量 477 立方米，万元地区生产总值(当年价)用水量 81.8 立方米。耕地实际灌溉亩均用水量 697 立方米，农田灌溉水有效利用系数 0.511，万元工业增加值(当年价)用水量[不含火(核)电直流冷却用水量]18.3 立方米。城镇人均生活用水量(含公共用水)312 升/日，城镇居民人均生活用水量 205 升/日，农村居民人均生活用水量 119 升/日。市境内主要河流有郁江(含邕江段)、右江、左江、八尺江、武鸣河、渌水江、清水河、西江干流红水河段 8 条，主要饮用水水源地有邕江三津、邕江陈村、邕江西郊、邕江中

尧、邕江河南、那马泉、大王滩水库、西云江水库、天雹水库、龙潭水库、峙村河水库、老虎岭水库、东山水库13个。主要江河湖泊水功能区考核断面的水质达标率100%,跨市河流交界断面水质水量达标率100%。主要流域二类以上水质占比100%,地表水水质优良比例100%,地表水水质达标率100%。

(卢明发　曾　宇　张　心)

【气　候】2021年,南宁市年平均气温22.4℃,比常年偏高0.7℃,气温偏高程度为1960年以来第2位。年平均降水量1178.6毫米,比常年偏少16.9%,偏少程度为1960年以来第5位。年日照时数1768小时,比常年偏多16.2%。汛期(4月至9月)平均降雨量911毫米,比常年偏少17.2%,属偏旱年景;降雨时空分布不均,各季节内均出现不同程度旱情。出现暴雨、台风、干旱、高温、雷暴、大风、冰雹、大雾、寒露风、霜(冰)冻、寒潮等灾害性天气。第4号台风"小熊"、第7号台风"查帕卡"、第9号台风"卢碧"、第15号台风"电母"、第17号台风"狮子山"、第18号台风"圆规"等6个台风影响南宁市,较常年偏多,时间偏早,总体影响偏轻。主要灾害性气候事件有暴雨过程14次、台风过程6次,出现严重的、反复的气象干旱和少见的汛期干旱。2021年南宁市气候对农业的影响属于"正常稍差"年景。

(谭容梅)

【水　文】2021年1月至3月,南宁市辖区降水量比历年均值偏少38.9%。4月至9月汛期,各县(市、区)降水量781.1毫米～1181.7毫米,与历年同期相比偏少2.1%～25.3%,与历年均值相比偏少14.2%,属正常偏枯年景。10月至12月,降水量比历年均值偏多39.7%。年内各江河洪水场次少,时空分布不均匀。10月中旬,受第17号台风"狮子山"影响,过境主干流郁江发生最大洪水,郁江控制站南宁水文站于10月9日11时起涨水位66.83米,起涨流量526立方米/秒,10月13日11时出现洪峰水位67.31米,洪峰流量3780立方米/秒,为常遇洪水。受强降雨影响,辖区内中小河流涨幅最大河段为武鸣区香山河城厢镇定珠大桥河段,6月2日3时起涨水位96.72米,6月3日8时40分洪峰水位102.79米,涨幅6.07米,6小时最大涨幅2.22米,相当于5年一遇洪水。

(李必元)

【自然灾害】2021年,南宁市遭受台风、暴雨、干旱、森林病虫害等自然灾害。全市受灾人口17.71万人,紧急避险转移1725人,紧急转移安置33人,紧急生活救助1573人,因旱饮水困难救助2.29万人;农作物受灾面积7101.13公顷,成灾面积2653.74公顷,绝收647.07公顷;居民住房倒塌10户、14间,严重损坏6户、16间,一般损坏88户、117间;直接经济损失8868.14万元。林业有害生物发生面积5950.33公顷,成灾面积186.61公顷(不含驻邕自治区直属国有林场内发生面积),成灾率0.17‰,成灾种类为松材线虫病、八角叶甲。

(李松民　张佩华)

历史人文

【历史变迁】南宁历史悠久,1万多年前的旧石器时代,先民已在这块土地上活动,之后逐步从栖息山洞转移到依山傍水的江河台地定居开拓、繁衍生息,从事渔猎和原始农业生产,逐步形成母系氏族部落组织;新石器时代,随着原始农业发展和社会生产力提高,先民活动空间逐步向远离江河的丘陵地区拓展,生产方式由原先的采集、渔猎为主,兼营农业,向以农业为主,兼营采集、渔猎转变,原始先民开始进入父系氏族社会,形成原始村落,留下牛栏石遗址、灰窑田贝丘遗址、豹子头贝丘遗址、隆安娅怀洞遗址、顶蛳山贝丘遗址等史前文化遗存。商晚期至春秋时期,南宁先民已用翠羽、珠玑、玳瑁等土特产与中原商贾交换商品,掌握青铜冶铸技术并开始铸造青铜器,创造出干栏文化、铜鼓文化、龙母文化和反映宗教、表达情感的祭祀、巫卜、神话、山歌、舞蹈等,留下元龙坡古墓群、安等秧坡古墓群等文化遗存。南宁古属百越之地,秦隶属桂林郡。汉王刘邦元年至西汉元鼎元年(前206年至前116年),今南宁市境域为南越国地;元鼎六年(前111年),析置领方、安广、增食3个县,隶属郁林郡,辖域相当于今宾阳县、横州市、隆安县、武鸣区、南宁(含原邕宁县域)、马山县、上思县、扶绥县等地。秦汉时期,铁制农具、牛耕、灌溉、施肥等农作技术的推广和中原先进手工业制造技术传入,推动土地开垦,带动南宁手工业发展。三国为吴辖地,隶属郁林郡临浦县(临浦县为领方县改称),一直延续至西晋。东晋大兴元年(318年),郁林郡分立晋兴郡,隶属广州,治所晋兴(今南宁),晋兴县成为南宁的第一个地名,晋城为南宁最早的古城。南朝梁、陈时代,今南宁仍称晋兴郡。隋开皇十八年(598年)撤晋兴郡,改设宣化县,治宣化城(今南宁)。唐武德四年(621年)以宣化县地置立南晋州;贞观六年(632年),南晋州因州西南有邕溪水而更名邕州,设邕州都督府,是南宁成为桂西南地区行政中心的开始,也是南宁简称"邕"之始。宋朝初,继袭邕州之称。唐宋两代,以水运和驿道为主的邕州水陆交通网络基本形成,成为岭南地区交通枢纽之一;金、银、铜、锡、铅、锌等矿藏丰富和采矿业兴旺,邕州一度成为唐宋两代朝廷指定的"贡金、贡银州";商业活动得到发展,唐景云年间(710年至712年),设置的逢卯圩农贸(杂货)市场(今桃源路尾至教育路一带)盛行200余年,宋代邕州僚市(今西乡塘区石埠街道)远近闻名,邕城和邕州横山寨为全国重要马市场之一。元至元十六年(1279年),改邕州为邕州路;泰定元年(1324年),改邕州路为南宁路(取南疆安宁之意),为南宁得名之始。明代,南宁已经发展成左、右江商品集散中心,有"小南京"之称。明洪武元年(1368年),南宁路改南宁府,治所在今南宁城。清朝承袭明朝建置,光绪三十二年十一月十七日(1907年1月1日),南宁开埠,允许外国商船进出、外国人到邕经商,订立《南宁开埠章程》;光绪三十三年二月初四(1907年3月17日),南宁关正式成立,由此翻开南宁对外开放的第一页。南宁开埠后,外国工业品不断经此销往内地,内地农副产品、土特产品也经此销往国外。城市商业迅速发展,商铺林立,商贾云集,呈现百业兴隆的景象,行业涉及银行业、私营银钱业、金铺、经纪行、百货业、绸布业、五金建材业、医药业、香烟行、旅栈业、照相业、钟表业、爆竹业、典当业、外商和代理商等,五湖四海的外地人在南宁先后成立同乡会,建立粤东会馆、新会会馆(又称新会书院)、江西会馆、豫章会馆、福建会馆、玉林五属会馆等,南宁因此有"天南一大都会"之称。电信、公路、电力、航运和工矿企业等代表先进生产力的要素相继出现,科技文化教育卫生事业得到发展。民国元年(1912年)10月至民国25年(1936年)10月,南宁为广西省会,是广西政治、军事、经济、文化中心。抗日战争时期,日本侵略者在民国28年(1939年)、民国33年(1944年)占领南宁,南宁被破坏殆尽。抗日战争胜利后,内战又起,国民党政府滥发钞票,造成南宁金融市场动荡,工商业难以经营,市场萧条,农业停滞不前。

1949年10月1日,中华人民共和国成立;12月4日南宁解放,筹建南宁市,属省辖市,为广西省会。1958年3月,广西僮族自治区成立(1965年,经国务院批准,广西僮族自治区改称广西壮族自治区),南宁为自治区首府。1978年12月中共十一届三中全会后,南宁经济进入改革开放新时期。1992年6月15日,国务院批准南宁市进一步对外开放、实行沿海开放城市政策。2000年,国务院把广西列入国家实施西部大开发的重点区域,南宁成为享受中西部地区优惠政策的城市。2001 年，国家“十五”计划纲要首次提出重点开发“南(宁)贵(阳)昆(明)经济区”，南宁成为国家发展的重中之重。2004 年 11 月，首届中国—东盟博览会在南宁举办，南宁成为中国—东盟博览会永久举办地。2008 年《广西北部湾经济区发展规划》实施，南宁被定位为广西北部湾经济区核心城市。2017 年 1 月 20 日，国务院批复《北部湾城市群发展规划》，推动构建以南宁为核心的北部湾城市群。2019 年，南宁市被国家发展改革委纳入西部陆海新通道核心覆盖区，列为陆港型国家物流枢纽，作为重要节点之一参与西部陆海新通道建设；承担中国(广西)自由贸易试验区南宁片区建设、面向东盟的金融开放门户南宁核心区建设；全面落实强首府战略，加快打造引领自治区高质量发展的核心增长极。2020 年，南宁市脱贫攻坚战取得全面胜利，“十三五”规划胜利收官，南宁市进入全国经济 50 强城市行列，经济发展呈现体量、质量双提升。2021 年，南宁市统筹新冠肺炎疫情防控和经济社会发展，经济总量迈上 5000 亿元台阶，项目建设、开放合作取得新突破，市场主体活力、生态优势、群众获得感增强，“十四五”开局良好。（全　尼）

【历史文化遗存】 2021 年，南宁市分布不可移动文物 592 处，可移动文物 32 万件；有全国重点文物保护单位 6 处，自治区级文物保护单位 42 处，市、县级文物保护单位 242 处、文物点 302 处。主要有古建筑、古遗址、古墓葬、近现代重要史迹及代表性建筑、石窟寺、石刻等。南宁市有自治区级不可移动革命文物 35 处，自治区级可移动革命文物 1925 件，市本级历史建筑 110 处；有“老南宁·三街两巷”、中山路、蒲庙老街、陈东村、宾州古城、雁江古镇 6 个自治区级历史文化街区，其中“老南宁·三街两巷”历史文化街区是南宁市最大的历史文化街区，片区内汇聚南宁市近 60% 的自治区级、市级文物保护单位和历史建筑。（房诗琪）

【人　口】 2021 年年末，南宁市户籍人口 800.94 万人，比上年增加 9.56 万人，增长 1.2%，其中市区人口 419.98 万人，增加 10.66 万人，增长 2.6%。全市人口出生率 7.9‰，下降 3.0 个千分点；人口死亡率 3.0‰，提高 0.4 个千分点；人口自然增长率 4.97‰，下降 2.6 个千分点。常住人口 883.28 万人，增加 8.03 万人，增长 0.9%，其中城镇常住人口 616.40 万人，城镇化率 69.8%，提高 0.88 个百分点。常住人口出生率 9.8‰，回落 1.4 个千分点；常住人口死亡率 6.0‰，与上年持平；常住人口自然增长率 3.8‰，回落 1.4 个千分点。（市统计局）

【民　族】 南宁市是壮族、汉族、瑶族、苗族、仫佬族、侗族等多民族聚居的首府城市。居住着壮、汉、瑶、苗、仫佬、侗、回、满、毛南、土家、布依、水、黎、京、彝、蒙古、白、朝鲜、傈僳、畲、仡佬、傣、哈尼、鄂温克、高山、藏、土、锡伯、纳西、拉祜、羌、维吾尔、达斡尔、景颇、佤、普米、布朗、基诺、东乡、裕固、哈萨克、保安、柯尔克孜、赫哲、俄罗斯、怒、塔塔尔、鄂伦春、德昂、塔吉克、独龙 51 个民族，其中人口总数超过 1000 人的民族依次为壮、汉、瑶、苗、仫佬、侗、回、满、毛南、土家、布依、水、黎、京、彝、蒙古 16 个民族。2021 年，全市少数民族户籍人口 461.88 万人，占总人口 57.63%；壮族人口 441.38 万人，占 55.07%；瑶族人口 14.38 万人，占 1.73%。少数民族人口总数居全国 5 个少数民族自治区首府城市之首。7 个城区少数民族人口 259.44 万人，占城区总人口 61.67%；城区少数民族人口占城区总人口比重排序：邕宁区 90.53%、武鸣区 85.94%、良庆区 78.20%、兴宁区 60.05%、江南区 51.29%、青秀区 45.41%、西乡塘区 44.49%。县(市)少数民族人口 202.44 万人，占县(市)总人口 53.15%；县(市)少数民族人口占县(市)总人口比重排序：隆安县 96.19%、上林县 83.95%、马山县 81.54%、横州市 39.83%、宾阳县 21.96%。汉族在各县(市、区)均有分布，以宾阳县、横州市和除邕宁区、良庆区以外的城区较为集中；瑶族主要聚居在马山县(瑶族人口 4.82 万人)、上林县(瑶族人口 3.53 万人)；苗族在各县(市、区)均有分布，以城区较为集中；回族、满族、侗族等其他少数民族主要居住在城区。全市有民族乡 3 个，分别为马山县古寨瑶族乡、里当瑶族乡，上林县镇圩瑶族乡。

【语言文字】 2021 年，居住在南宁市的 51 个民族中，除回族、满族全部转用汉语外，其他民族保留自己的语言，部分民族保留自己的传统文字。普通话、规范汉字为公务用语用字，国家机关工作人员、教师从业人员实施普通话水平测试。全市推广普通话、推行规范汉字，公共服务行业基本以普通话为服务用语。

汉语方言　主要有白话(粤语)、平话、桂柳话(西南官话)、普通话 4 种。南宁市近郊农村汉族普遍使用平话，城区内汉族多使用普通话、白话，部分使用桂柳话。中心城区贸易及社会交往的汉语方言以南宁白话、普通话为主。

壮　语　是壮族主要的语言交际工具，使用较为广泛的区域为横州市、上林县、马山县、隆安县、邕宁区、良庆区、武鸣区，以及兴宁区、江南区、青秀区、西乡塘区的边远乡镇。南宁壮语分为南部方言区、北部方言区，大致以邕江为界，并向西北伸展连接右江，邕江的南部地区属南部方言区，邕江的北部地区属北部方言区，俗称“南壮”“北壮”。北部方言区的壮话与武鸣壮话大同小异；南部方言区的壮话与邕宁壮话基本相同。壮语南部方言和北部方言语法结构、基本词汇大致相同，语音差异比较明显。如南部方言有一套送气的清音声母 ph、th、kh 等，北部方言一般无送气声母；此外，北部方言有独立的 r 声类(有多种方音变体，多数地方读 ɣ)，南部方言多无此独立声类。词汇方面，南部方言区的壮语与北部方言区的壮语有 30%～40% 的词汇不相同，在语法上也存在一些差异。南宁市壮族聚居的村庄、圩镇，日常交际用语为当地壮语方言，壮族聚居的县城及乡镇行政驻地集市贸易的主要用语为当地壮语方言，其周边及杂居的汉族居民多数兼通壮语。壮、汉民族长期和睦相处，普通话的推广使用，以及广播、电视的普及和覆盖面的扩大，南宁市城乡壮族兼通普通话或白话的现象也较为普遍。

壮　文　古壮字、壮语拼音文字的简称。古壮字也叫土俗字，壮语称为 Sawndip，萌芽于秦汉时期，产生于唐代，是由壮族一些受汉文化教育的文人(包括巫师)借助汉字或汉字偏旁部首创造的，其构字方式大体有形声字(利用汉字的偏旁部首和意符组合成的字)、会意字(利用汉字本体的意义，加上一些特殊符号，或是以两个以上的汉字合并而成的字)、借汉字(直接借用汉字音或义，借音是借用汉字的正音或谐音记录壮语字，一经借用，其原来汉语语义不复存在，表示壮语语义；另一种是既借音又借义的字)、象形字(依物赋形，依事描样，以简单而富有概括力的笔画，勾画出物体基本形象的字)。古壮字盛于明清，民间普遍用于记录或书写神话、故事、传说、歌谣、谚语、剧本、楹联、碑刻、药方、家谱、族谱、契约、诉讼、经文、记账等。南宁市县(市、区)壮族地区民间仍流传有使用古壮字记录、抄录的山歌唱本、师公唱本，大部分民间老艺人、师公(师公戏)传承人在抄录、创作唱本时仍然在使用古壮字和沿用古壮字的创字方法。壮文拼音文字是 1952 年至 1955 年国家少数民族语言调查工作队到广西，根据壮族地区 47 个县 52 个点的壮语方言材料，以拉丁字母为基础，以武鸣双桥音为标准音，创制的拼音壮文，1957 年经国务院批准并公布实施，有字母 32 个(非拉丁字母 11 个)，并以 z、j、x、q、h 等字母分别作第二、第三、第四、第五、第六调的调号标注于字尾，20 世纪 50 年代中后期开始在壮族地区推行使用。受“文化大革命”冲击,壮文推行中断10余年。1980年5月,中共广西壮族自治区委员会、自治区政府决定在壮族地区恢复使用壮文。1981年9月起,壮文开始陆续进入壮族地区的部分小学进行壮汉双语教学试点实验。由于原壮文方案夹杂有非拉丁字母11个,影响整个文字形体的一致性,造成壮文在学习、运用等方面的困难。1982年在中国社会科学院、中央民族学院配合下,部分修改原壮文方案,同年2月2日获国家民委批准颁布。壮文方案从原来的32个字母减至26个,全部为拉丁字母。2004年,市政府颁布实施《南宁市社会用字管理暂行规定》,明确壮文的使用纳入社会用字管理范畴,党政机关、社会团体、企事业单位名称牌匾、公章大都使用壮、汉两种文字,公共场所设置的部分挂牌、路牌、标志牌按规定同时标注壮文拼音文字。2013年5月15日,《南宁市壮文社会使用管理办法》颁布,明确同时使用壮、汉两种文字的场合、设施。2014年4月16日,南宁市印发《南宁市贯彻〈国家中长期语言文化事业改革和发展规划纲要(2012—2020年)〉实施方案》,要求“科学保护少数民族语言文字及汉语方言文化、启动对南宁世居少数民族语言少数民族濒危语言的调查抢救和保护工作”。2016年,将《南宁市壮文社会使用管理办法》贯彻落实工作纳入全市年度绩效考评体系。2017年11月30日,《南宁市壮文社会使用管理条例》作为历史文化保护方面项目列入《南宁市第十四届人大常委会五年立法规划》。2018年,将《广西壮族自治区少数民族语言文字工作条例》纳入新任公务员培训内容;青秀区把“按规定同时使用壮文、汉文两种文字”纳入青秀区绩效考评指标,城区104个社区(村)的牌匾,37个建制村、291个坡(街)的地名标志按规定使用壮、汉两种文字;良庆区完成城区内建制村、自然村的壮文翻译,乡镇、街道标识牌均含壮、汉两种文字。2019年,将贯彻落实《广西壮族自治区少数民族语言文字工作条例》工作列入全市普法依法治理工作要点、全市绩效考评体系、市委党校主体班教学计划和全市新录用公务员培训内容;市、区、县涉及机构改革的机关和企事业单位的牌匾、公章、政务网站名称等规范使用壮文比例近95%;全市64个政务网站名称(含市政府政务网站和11个壮族聚居区县、1个非壮族聚居县的政府政务网站)全部使用壮、汉两种文字。2020年,南宁市投入运营的4条轨道交通线路、2条快速公交线路、5个大型客运站标识牌,市区400多条主要街道路牌,90%以上区(县)、村(屯)名称标识牌,南宁园博园、人民公园等公园景区标识牌均使用壮、汉两种文字。2021年,南宁市完成横县撤县设横州市的牌匾、公章等壮汉双语翻译工作,翻译市、乡(镇)级机关单位名称380个,市、乡(镇)级事业单位名称680个,村委、社区名称1610个。推进地铁4号线、5号线的导向标识、站牌使用壮、汉两种文字。南宁新闻综合频道《新闻夜班》栏目播出“学习民族语言文化促进民族团结和谐”语言文化系列节目10期,以壮汉双语互学互鉴视角展现南宁壮族优秀传统文化。

瑶　语　主要属汉藏语系苗瑶语族苗语支或瑶语支,也有一些属壮侗语族(瑶族居地广阔,支系繁多,各语支差异大,不同语支的瑶族之间语言不通)。由于瑶族长期与壮族、汉族杂居,共同相处,交往密切,故受壮语、汉语影响较深。瑶语中借入大量汉语、壮语词。居住在马山县、上林县一带的瑶族和宾阳县、隆安县的瑶族大都兼通壮语,他们以瑶语、壮语为日常语言交际工具。居住在城区的瑶族兼通汉语,也有部分使用瑶语作为日常语言交际工具。

【宗　教】 2021年,南宁市有佛教、伊斯兰教、天主教、基督教,经批准登记开放的宗教活动场所42处,其中佛教活动场所15处(南宁市佛教观音禅寺、水月庵,横州市宝华山应天寿佛寺、横州佛教活动点,宾阳县黎塘镇龙岩寺、莲华寺,上林县三教寺、莲音寺、法性寺、三里镇观音阁,马山县古零镇灵阳寺、圆觉寺、弄拉金刚山普陀寺、佛教居士林,广西佛教协会天宁寺),伊斯兰教活动场所1处(南宁市清真寺),天主教活动场所4处(天主教广西教区主教府、青秀区康乐路天主堂、武鸣区罗波镇联新村六塘屯天主教堂、宾阳县天主堂),基督教活动场所22处(南宁市基督教共和路教堂、中山路教堂,广西基督教以马内利礼拜堂,南宁市苏圩基督教堂,西乡塘区坛洛镇下楞村基督教堂,邕宁区蒲庙基督教堂,良庆区那陈六眼基督教聚会点,武鸣区城厢基督教堂,横州市横州基督教堂、百合基督教堂,宾阳县基督教堂、黎塘基督教聚会点、新桥基督教聚会点、古辣基督教聚会点、大桥基督教聚会点,上林县县城基督教堂、白圩镇基督教堂、巷贤镇基督教堂、三里镇基督教堂、乔贤镇基督教堂、乔贤镇良才基督教堂,马山县白山镇基督教堂)。全市登记备案宗教教职人员85人。有南宁市佛教协会、南宁市伊斯兰教协会、南宁市天主教爱国会、南宁市基督教“三自”(自治、自养、自办)爱国运动委员会、南宁市基督教协会5个全市性爱国宗教团体,马山县佛教协会、上林县佛教协会、宾阳县基督教“三自”爱国运动委员会、宾阳县天主教爱国会4个全县性爱国宗教团体。宗教团体坚持中国共产党的领导,坚持独立自主自办原则,坚持宗教中国化方向,践行社会主义核心价值观;配合做好宗教活动场所新冠肺炎疫情防控,有序恢复开放,严格控制活动规模;引导教职人员、信教群众依法有序开展慈善捐助活动,为留守妇女、儿童、老人、残疾人等特殊群体募集善款、慰问品;开展宗教政策法规学习月活动,团结广大信教群众,爱国爱教,遵守国家有关法律法规及教义教规,进行正常宗教生活。　(刘建安)

建置区划

【建置沿革】 南宁古属百越之地。秦始皇三十三年(前214年),秦统一岭南地区,设南海郡、桂林郡、象郡,今南宁市境域秦属桂林郡(今南宁市辖域大部分区县)、象郡(今南宁市城区一部分,即原武鸣县、邕宁县一部分,横州市中南部,隆安县)。

汉王刘邦元年至西汉元鼎元年(前206年至前116年),今南宁市境域为南越国地;元鼎六年(前111年),析置领方、安广、增食3个县,隶属郁林郡,辖域相当于今宾阳县、横州市、隆安县、武鸣区、南宁(含原邕宁县域)、马山县、上思县、扶绥县等地。领方县治今宾阳县宾州镇古城村,安广县治今横州市境西南与原邕宁县(今为南宁市城区一部分)毗邻交界一带,增食县治于今隆安县东。

三国吴黄武五年(226年),领方、安广两县依旧隶吴国广州郁林郡。后于今横州市地置平山、连道、昌平3个县,隶合浦(珠官)郡。吴元兴元年(264年),领方县更名临浦县,依旧隶郁林郡。

西晋初,临浦县复更名领方县,隶郁林郡。西晋太康元年(280年),合浦北部都尉增置辖吴安县,连道县更名兴道县,昌平县更名宁浦县。太康七年(286年),合浦北部都尉改宁浦郡,并增置润阳县。东晋大兴元年(318年),析郁林、合浦等郡部分县地置晋兴郡及晋兴等县,隶属广州。晋兴郡领晋兴、熙注、广郁、桂林、增翊、安广、晋城、晋阳等县,辖及今南宁市、崇左市、百色市、河池市、柳州市等部分县地。晋兴县与郡同置,为郡治,治所在今南宁市邕江南岸。晋兴县成为南宁第一个地名。东晋年间(317年至420年),宁浦郡亦移治润阳县(治今横州市新福镇江口村古城)。

南朝齐移宁浦郡治安广县。南朝梁置简阳郡,治辖简阳县(治今横州市新福镇江口村古城);置岭山郡,治辖领岭山县(治今横州市西部郁江南岸);置乐阳郡,治辖乐山县(治今横州市东北郁江北岸)。以上3个郡均隶龙州(治今柳城县)。梁还置领方郡,治辖领方县(郡县同治今宾阳县宾州镇古城村);置安城郡,治辖安城县(天监二年由绥宁县改名,治今宾阳县东)。两郡均隶始置于天监二年(503年)之桂州。梁、陈晋兴郡改隶桂州,简阳、岭山、乐阳3个郡改隶兴州。

隋开皇八年(588年),领方、安城两郡废,领方、安城两县改属南定州。次年,两县改隶尹州。开皇十年(590年),乐阳郡改乐阳县,岭山郡改岭县。次年,废宁浦、简阳两郡改置简州。开皇十四年(594年),晋兴郡及其晋兴县废。另在今南宁市江南区雷村(白沙)置晋兴县,隶尹州。开皇十八年(598年),简州更名缘州,乐阳县更名乐山县,岭县更名岭山县,晋兴县更名宣化县。大业二年(606年),废缘州,岭山、乐山、宁浦、宣化、领方、安城等县均改隶郁州;次年,岭山等6个县改隶郁林郡。

唐武德四年(621年),以原郁林郡之宣化县置南晋州,辖宣化1个县(治今南宁市青秀区中山街道一带)。置南方州,州治今上林县澄泰镇古城村。置南尹州,治安城县。复置简州,治宁浦县。置淳州,治永定县(今横州市峦城镇北邕江东岸)。武德五年(622年),南晋州析置横山县于今兴宁区五塘镇,置朗宁县于今西乡塘区金陵镇那龙,置晋兴县于今武鸣区南,并复置武缘县于今青秀区伶俐镇;于今江南区苏圩镇置如和县,隶钦州。武德六年(623年),简州更名南简州。贞观五年(631年),析南方州之岭方、琅琊、思干和南尹州之安城等县置宾州,以州内有宾水而名,治今宾阳县境。贞观六年(632年),南晋州因其州西南有邕溪水而更名邕州,设邕州都督府,是南宁成为桂西南地区行政中心的开始,也是南宁简称"邕"之始("邕"字来自唐《元和郡县图志》"因州西南邕溪水为名"的记述)。贞观八年(634年),以横槎江为名,改南简州为横州;南方州更名澄州。景云二年(711年),邕州增划辖原属钦州之如和县。天宝元年(742年),邕州、澄州、宾州、横州、淳州分别改朗宁郡、贺水郡、安城郡、宁浦郡、永定郡。乾元元年(758年),上述5个郡又分别复名邕州、澄州、宾州、横州、淳州,由州领县,隶属同年由监察区演变成政区的岭南道(治今广州市)。永贞元年(805年),为避朝讳,以州内多山峦,将淳州更名峦州。咸通三年(862年),分岭南为两道节度,以广州为岭南东道,邕州为岭南西道,邕州、澄州、宾州、横州、峦州均隶岭南西道;岭南西道,治邕州,旧址在今南宁市城区,是南宁相当于今省级政权治所开始。唐末,邕州领宣化、武缘、晋兴、朗宁、思笼、如和、封陵7个县,辖今南宁市各区(含武鸣区)及隆安等县地;横州领宁浦、从化、乐山3个县,辖今横州市等地;峦州领永定、武罗、灵竹3个县,辖今宾阳、横州市部分县、市地;宾州领岭方、琅琊、保城3个县,辖今宾阳等县地;澄州领上林、无虞、止戈、贺水4个县,辖今上林、忻城、武鸣等县部分属地。

五代晋天福七年(942年),邕州因避讳改名诚州,仍设建武军节度。后汉(947年至950年),复名邕州。

北宋开宝五年(972年),峦州废入横州;澄州及其止戈、无虞、贺水等县俱省入上林县,上林县改隶邕州;宾州省废,岭方县改隶邕州;晋兴县更名乐昌县。次年,复置宾州,领岭方县。端拱元年(988年),邕州、横州、宾州属广南西路;上林县改隶宾州。天禧四年(1020年),宾州增划辖由思刚羁縻州改置的迁江县。熙宁四年(1071年),横州废永定县入宁浦县。元丰三年(1080年),邕州迁治今南宁市兴宁路西二里。元祐三年(1088年),复置永定县并更名永淳县。故宋末,邕州领宣化、武缘两县和48个羁縻州及其8个羁縻县,大致辖及今南宁市、崇左市及其辖县和百色市部分市县;宾州领岭方、上林、迁江3个县;横州领宁浦、永淳2个县。

元至元十三年(1276年),邕州改置邕州安抚司,隶广南西道宣抚司(旧治今桂林市);次年,横州改设横州安抚司,与宾州同隶广南西道宣慰司。至元十六年(1279年),邕州安抚司改邕州路,横州安抚司改横州路,宾州改宾州路。元贞元年(1295年),邕州、横州、宾州三路改属广西两江道宣慰司。元贞初,横州路复改横州。大德五年(1301年),宾州路复改宾州。泰定元年(1324年),邕州路改称南宁路(取南疆安宁之意),宣化县隶属南宁路,南宁得名于此。至正九年(1349年),南宁路和横州、宾州改属广西行中书省。元末,南宁路领辖宣化、武缘2个县;横州领宁浦、永淳2个县;宾州领岭方、上林、迁江3个县。

明洪武元年(1368年),南宁路改南宁府,治所在今南宁城;横州改隶浔州路;次年,岭方县省入宾州,宾州改隶柳州府,横州改隶浔州府。洪武十年(1377年)五月,横州降改横县,改隶南宁府。洪武十三年(1380年),横县复改横州。嘉靖七年(1528年),原治今马山县乔利圩的思恩府迁治今武鸣区府城镇,始开今南宁属地同时置有相当于今两个地级行政建制之先河,置领都阳、安定、白山、古零、兴隆、那马、定罗、旧城、下旺等土司和奉议州、上林土县等(这些土司和州县分别治今马山、大化、都安、田阳等县地)。隆庆六年(1572年)二月,南宁府析宣化等县地置新宁州(治今崇左市扶绥县),将武缘县划新宁州领辖。万历七年(1579年),思恩府划辖武缘县。万历三十二年(1604年),思恩府置辖上映土州。明南宁府治今朝阳路19号。明末,南宁府领宣化、永淳、隆安3个县,横、上思、新宁3个州和归德、果化、忠、下雷4个土州及迁隆峒土巡检司;思恩府领武缘县、奉议州和都阳、安定、白山、古零、兴隆、那马、定罗、旧城、下旺9个土司及上林土县、上映土州。

清朝承袭明朝建置。至清末,南宁府治宣化,辖宣化、隆安、永淳3个县,新宁、横州2个州及忠、归德、果化3个土州;思恩府辖领武缘、上林、迁江3个县和那马厅、宾州及白山、兴隆、定罗、旧城、都阳、古零、安定7个土司。

民国元年(1912年),宣化县省入南宁府,武缘县废入思恩府,并将思恩府改武鸣府;横州、宾州分别改横县、宾阳县;10月,广西军政府自桂林迁治南宁府,省府治今南宁民族大道西头与兴宁路南段西侧(时属中山路),南宁成为广西省会。民国2年(1913年)6月,置邕南道,治南宁县(南宁府废改县),隶广西省,领南宁、武鸣(武鸣府废改县)、新宁(今属扶绥县)、那马(今属马山县)、上思、横县、宾阳、永淳(今分属横州市、宾阳县和青秀区、邕宁区)、上林、隆安10个县,归德(今属柳江县)、果化(今属平果县)、忠州(今属扶绥县)3个土州,都阳(今属大化瑶族自治县)、安定(今属都安瑶族自治县)、白山(今属马山县)、古零(今属马山县)、兴隆(今属东兰县)、旧城(今属平果县)、定罗(今属马山县)、迁隆峒(今属宁明县)8个土司。民国3年(1914年)1月,南宁县为避云南省南宁县同名而易名邕宁县(时根据全国同名县份保留最先署名者其他一律避改的规定);6月,邕南道易名南宁道。民国4年(1915年)8月,南宁道新置隆山(今属马山县)、都安、果德(今属平果县)3个县;9月,南宁道新置绥渌县(今属扶绥县)。民国15年(1926年),南宁道废,所领14个县改隶广西省政府。民国18年(1929年)7月,设南宁市政府,与邕宁县政府合署办公;11月,撤市建制。民国19年(1930年),置邕宁民团区,驻邕宁县,辖扶南(今属扶绥县)、上思、邕宁、绥渌、左县(今属崇左市江州区)、同正(今属扶绥县)、永淳、横县8个县;置宾阳民团区,驻宾阳县,辖宾阳、武鸣、隆山、果德、隆安、那马、上林、都安、迁江(今属来宾市兴宾区)9个县。民国21年(1932年)4月,邕宁、宾阳2个民团区合并置南宁民团区,治武鸣,并将邕宁民团区的左县划归龙州民团区,原属宾阳民团区的果德县划归百色民团区;不久,增划辖百色民团区之果德县。民国23年(1934年)1月,广西省政府迁至南宁河堤路新址(今青秀区中山街道植物路广西军区处);3月,南宁民团区改南宁行政监督区,仍治武鸣,辖武鸣、邕宁、扶南、上思、绥渌、永淳、同正、横县、隆安、宾阳、迁江、那马、隆山、上林、都安、果德16个县;11月,南宁行政监督区划辖原属柳州行政监督区来宾县。民国25年(1936年)10月,南宁行政监督区划辖原属百色行政监督区平治县;广西省政府由南宁迁至桂林。民国26年(1937年),南宁行政监督区析出同正县改属龙州行政监督区;10月,南宁行政监督区又划辖同正县,并析出来宾、迁江两县改属浔州行政监督区。民国28年(1939年)2月,南宁行政监督区析出都安、平治、果德、那马、隆山、上林、武鸣、宾阳8个县,另置武鸣行政监督区,治武鸣县。南宁行政监督区改驻南宁。民国29年(1940年)4月17日,武鸣、南宁2个行政监督区分别改第八、第九行政督察区,辖县依旧。民国31年(1942年)3月,第八区、第九区合并为第四区,治南宁。民国37年(1948年)10月,第四区析出武鸣、上林、隆山、那马、果德、平治、都安、隆安8个县,另置第十一区,治武鸣县。民国末年(1949年1月1日至9月30日止)8月,广西省政府由桂林迁至南宁;9月,第四区辖邕宁、永淳、横县、宾阳、上思、同正、扶南、绥渌8个县,第十一区辖县不变。1949年10月1日,中华人民共和国成立。同年12月11日,广西全境解放,国民党在广西的统治全部被推翻。

1949年10月下旬,设立武鸣专区,治武鸣,辖武鸣、平治(今属平果县)、果德、那马、隆山、都安6个县;12月4日,南宁(邕宁县治)、邕宁、武鸣解放,邕宁县人民政府驻今南宁市江南区亭子路;12月28日,中共广西省委批准成立南宁市人民政府。1950年1月,南宁行政区专员公署成立,辖邕宁、绥渌、横县、同正、上思、永淳、扶南、宾阳8个县;2月8日,广西省人民政府正式成立,确定南宁为省会(1958年3月,广西僮族自治区成立,南宁市为自治区首府;1965年,经国务院批准,广西僮族自治区改称广西壮族自治区);同月,析邕宁县城(今南宁旧城区部分)及附近的21个自然村(街)新置南宁市,直隶广西省;8月,邕宁县治迁至今南宁市邕宁区蒲庙镇。1951年1月25日,撤销武鸣专区,所属武鸣、都安、隆山、上林、迁江5个县划归南宁专区管辖,隆安、镇结2个县划归龙州专区(10月改称崇左专区)管辖,平治、果德、那马3个县划归百色专区管辖,忻城县划归宜山专区管辖;7月9日,南宁专区又划辖原系郁林专区的贵县(今属贵港市);8月10日,南宁专区改名宾阳专区,治宾阳县新宾,辖邕宁、横县、宾阳、上林、武鸣、隆山、贵县、永淳(1952年7月撤销,其行政区域分别并入横县、邕宁、宾阳3个县)、迁江、都安10个县。1952年7月,宾阳专区、崇左专区合并改称邕宁专区,专署机关于11月从宾阳县新宾镇搬迁到南宁市白苍岭,辖邕宁、宾阳、横县、武鸣、上林、隆山、崇左、隆安、龙津(今龙州县)、大新、镇都(今天等县)、扶绥、上思、宁明14个县;12月9日,设置桂西僮(壮)族自治区(行政公署级,1956年3月2日更名桂西僮族自治州),区治南宁(今南宁市西乡塘区明秀东路238号),辖宜山专区、邕宁专区、柳州专区、百色专区及所属辖县和钦州专区所属的上思等34个县或县级自治区。是年,南宁市设立第一、第二、第三、第四、第五区和郊区。1953年,邕宁专区撤销,所属的邕宁、宾阳、横县、武鸣、上林、马山(1952年8月,由那马、隆山两县合并成立)、崇左、隆安、龙津(今龙州县)、大新、镇都、扶绥、上思、宁明14个县改由桂西僮族自治区直接管辖。1957年12月20日,国务院批准撤销桂西僮族自治州,设立邕宁专区,次年1月正式实施,原桂西僮族自治州直辖县市改属复置的邕宁专区,专区驻南宁(今南宁市西乡塘区明秀东路238号),辖原直隶桂西僮族自治州的14个县和凭祥市、都安瑶族自治县。1958年7月28日,南宁市区分设江宁、兴宁、永宁3个区;9月,南宁市委与邕宁地委实行统一领导,邕宁地委更名南宁地委;11月14日,南宁地委复称南宁专区。1959年2月6日,南宁市改由南宁专区代管。1961年12月23日,南宁市复改由自治区直辖。1965年5月18日,南宁专区析出都安瑶族自治县,划归河池专区;6月26日,南宁专区析出上思县,划归钦州专区。1968年3月,成立南宁市郊区革命委员会。1971年11月,南宁专区更名南宁地区。1978年2月,撤销南宁市郊区。1979年2月26日,南宁市设立新城、永新、江南、朝阳、衡阳5个市辖区(县级);次年4月5日,朝阳区更名兴宁区,衡阳区更名城北区。1983年10月8日,南宁地区析出邕宁、武鸣两县划入南宁市,次年1月26日正式移交南宁市。1984年6月23日,南宁市设立郊区(县级)。2001年12月5日,南宁市郊区撤销。2002年12月23日,国务院批准撤销南宁地区,原属南宁地区的横县、宾阳县、上林县、马山县、隆安县划入南宁市,次年6月27日五县正式划归南宁市。2004年9月15日,国务院批准南宁市部分行政区划调整,撤销城北区、永新区和邕宁县,设立西乡塘区、邕宁区、良庆区,新城区更名青秀区,次年3月18日正式调整。2015年2月16日,国务院批准南宁市部分行政区划调整,撤销武鸣县,设立武鸣区,次年5月27日武鸣县正式撤县设区。2020年,南宁市辖兴宁、江南、青秀、西乡塘、邕宁、良庆、武鸣7个区,横县、宾阳、上林、马山、隆安5个县。2021年2月3日,经国务院批准、民政部批复同意广西壮族自治区撤销横县,设立县级横州市,由自治区直辖,南宁市代管,以原横县的行政区域为横州市的行政区域;7月29日,横县撤县设横州市正式揭牌。2021年,南宁市辖兴宁、江南、青秀、西乡塘、邕宁、良庆、武鸣7个区,宾阳、上林、马山、隆安4个县及横州市。 (书 弄)

【行政区划】 2021年,南宁市行政区划为兴宁区、江南区、青秀区、西乡塘区、邕宁区、良庆区、武鸣区、横州市、宾阳县、上林县、马山县、隆安县12个县(市、区),89个镇、10个乡、3个民族乡、25个街道。

(彭佳富)

表2 2021年南宁市县(市、区)、乡镇(街道)、村(社区)情况一览表 单位:个

县(市、区)	乡镇(街道)				村	社区	乡镇	街道
	镇	乡	民族乡	街道				
兴宁区	3			3	37	38	三塘镇、五塘镇、昆仑镇	民生、朝阳、兴东
江南区	4			5	68	48	吴圩镇、苏圩镇、延安镇、江西镇	福建园、江南、沙井、那洪、金凯
青秀区	4			5	47	71	刘圩镇、南阳镇、伶俐镇、长塘镇	新竹、中山、建政、南湖、津头
西乡塘区	3			10	79	74	金陵镇、双定镇、坛洛镇	衡阳、北湖、西乡塘、安吉、华强、新阳、上尧、安宁、石埠、心圩

续表 2

县(市、区)	乡镇(街道)				村	社 区	乡 镇	街 道
	镇	乡	民族乡	街 道				
邕宁区	5				65	16	蒲庙镇、那楼镇、新江镇、百济镇、中和镇	
良庆区	5			2	57	28	良庆镇、那马镇、那陈镇、大塘镇、南晓镇	大沙田、玉洞
武鸣区	13				198	27	城厢镇、太平镇、双桥镇、宁武镇、锣圩镇、仙湖镇、府城镇、陆斡镇、两江镇、罗波镇、灵马镇、甘圩镇、马头镇	
横州市	16	1			276	32	横州镇、百合镇、那阳镇、南乡镇、新福镇、莲塘镇、平马镇、峦城镇、六景镇、石塘镇、陶圩镇、校椅镇、云表镇、马岭镇、马山镇、平朗镇、镇龙乡	
宾阳县	16				192	45	宾州镇、黎塘镇、甘棠镇、思陇镇、新桥镇、新圩镇、邹圩镇、大桥镇、武陵镇、中华镇、古辣镇、露圩镇、王灵镇、和吉镇、洋桥镇、陈平镇	
上林县	7	3	1		115	19	大丰镇、明亮镇、巷贤镇、白圩镇、三里镇、乔贤镇、西燕镇、澄泰乡、木山乡、塘红乡、镇圩瑶族乡	
马山县	7	2	2		134	22	白山镇、百龙滩镇、林圩镇、古零镇、金钗镇、周鹿镇、永州镇、乔利乡、加方乡、古寨瑶族乡、里当瑶族乡	
隆安县	6	4			118	14	城厢镇、南圩镇、雁江镇、那桐镇、乔建镇、丁当镇、古潭乡、都结乡、布泉乡、屏山乡	

说明：江南区含南宁经开区，西乡塘区含南宁高新区，武鸣区含广西—东盟经开区

物产　风俗

【物　产】南宁市物产丰富，以特色农产品、主要工业产品、传统手工艺品、地方传统食品著称。

特色农产品　有稻谷(优质稻)、糖料蔗、黑皮果蔗、西瓜、甜瓜、香蕉、火龙果、沃柑、杧果、龙眼、荔枝、百香果、杨梅、菠萝、波罗蜜、扁桃、茉莉花、甜玉米、木薯、板栗、茶叶、中药材、食用菌、桑蚕茧、黑山羊、叮当鸡等。2021 年，南宁市柑橘产量 250 万吨、西甜瓜产量 112.86 万吨、香蕉产量 112.7 万吨、玉米产量 56.23 万吨、火龙果产量 36.6 万吨、龙眼产量 7.64 万吨、百香果产量 5.19 万吨、杧果产量 3.09 万吨、荔枝产量 3.05 万吨，主要分布于江南区、青秀区、西乡塘区、邕宁区、良庆区、武鸣区、横州市、宾阳县、上林县、马山县、隆安县。南宁市是全国最大的火龙果产区，是全国西瓜主产区之一。茉莉花种植面积 8000 公顷，产茉莉鲜花 10.2 万吨；横州市茉莉花(茶)综合品牌价值 215.3 亿元。食用菌主要品种有双孢蘑菇、杏鲍菇、秀珍菇、凤尾菇、香菇、木耳、茶新菇等，产量 13.75 万吨，其中横州市食用菌产量 11.94 万吨，占全市食用菌总产量 86.84%。中药材主要品种有铁皮石斛、八角、佛手、莪术、郁金、牛大力、金银花、吴茱萸、鸡血藤等，种植面积 1.65 万公顷，产量 3.70 万吨。有横县茉莉花、横县大头菜、南山白毛茶、横县茉莉花茶、黎塘莲藕、古辣香米、上林大米、上林八角、马山黑山羊 9 个国家地理标志保护产品，有横县茉莉花茶、上林八角、上林大米、南宁香蕉(2 件)、马山黑山羊、武鸣沃柑、隆安香蕉、良庆百香果 9 个地理标志商标，有武鸣砂糖橘、刘圩香芋、那楼淮山、南宁香蕉、南宁火龙果、横县甜玉米 6 个国家农产品地理标志产品。横县茉莉花茶入选首批中欧地理标志协定保护名录。

主要工业产品　有白砂糖、红糖、赤砂糖、乳制品、卷烟、酒精、蔗渣浆、纸制品、茉莉花茶、复合肥、塑料制品、水泥、水泥制品、平板玻璃、铝型材、钢材、石材、黏土矿、商品混凝土、建筑陶瓷、防水卷材、矿山机械、建筑机械、水泥生产设备、发电机组、电缆线缆、搅拌机、电器设备、压缩式垃圾专用运输车、新能源乘用车等。2021 年，南宁市生产成品糖 86.94 万吨、乳制品 13.08 万吨、啤酒 26.96 万千升、卷烟 358.29 亿支、纸浆 30.37 万吨、水泥 1555.11 万吨、铝材 26 万吨、电力电缆 30.66 万千米、平板玻璃 1268.65 万重量箱。拥有纯电动城市客车、纯电动厢式运输车、插电式混合动力城市客车、塔式起重机、施工升降机、履带移动圆锥式破碎站、全钢型附着式升降脚手架、电线电缆、大型二氧化氯制备系统、上流式多级厌氧反应器、高压/低压预装式变电站、汽车用铝型材(QC 系列)、建筑铝型材(90A 系列)、双膜内循环生物反应器、普罗施旺普滋钙(中量元素水溶肥)、欧神菌加富(微生物菌剂)、富马酸亚铁、“活力高”有机水溶肥料、华宏牌 42.5 普通硅酸盐水泥、可饰面定向刨花板、桂华蚕丝被、生丝(白厂丝)、维 C 银翘片、摩拉菲尔醇养酸牛奶、爱克酸奶、轩妈蛋黄酥、华兴牌肉鸭等广西名优工业产品 66 个。

传统手工艺品　有壮锦(包括壮锦被面、床单、坐垫、披巾、壁挂、挂包等)、壮族服饰、壮族刺绣、渡河公吉祥物、竹木根雕、石雕、红陶、油纸伞、牛角工艺品、竹编产品、桂作家具、壮刀、茶具等。2021 年，南宁市选送的民间工艺刺绣《灼灼其华》、美术瓷《福运连年》、陶瓷《祥和 · 新时代八桂新貌》、金属工艺《累蛙兆丰年》、皮雕《日月同辉》、银饰品《蝶恋花》等 14 个工艺作品获第 56 届全国工艺品交易会“2021 中国工艺美术‘金凤凰’创新产品设计大奖赛”金奖；在 2021 广西艺术作品展览工艺美术作品暨广西工艺美术作品“八桂天工奖”评比中，雕塑《为革命

牺牲一切的农民领袖韦拔群》获大师组金奖，木根雕《命运与共》、印染《扶贫道路宽又阔》等15个作品获非大师组金奖，漆器《百鸟朝阳·各族人民心向党》、陶器《“印象壮乡”茶具——献党100年作品》等5个作品获广西工艺美术大师精品创作工程“精品奖”金奖。2021年“南宁礼物”征集大赛中评出特色旅游服饰品及日用品类礼物有“锦衣仪人礼服系列”“看见南宁乐游生活”“南宁及南宁下辖县隆安标志服饰系列”“LED铜鼓纹美妆镜风扇系列产品”“手工皮雕皮具”等，特色旅游工艺品及纪念品类礼物有“广西规划馆南宁文创系列产品”“南宁十景剪纸”“‘壮乡歌海’茶具套装”等。

地方传统食品　有南宁老友面(粉)、生榨米粉、干捞粉、卷筒粉、炖粉糕、宾阳酸粉、凉粉、粉虫、粉饺、粉利、油炸粽、蕉叶糍、艾糍、凉粽、猪肉绿豆粽、五色糯米饭、黄花饭、豆蓉糯米饭、瓦煲饭、八仙粉、八宝饭、酿苦瓜、炒田螺、粥品、汤品、鱼扣、脆皮扣、柠檬鸭、鱼生、酸肉、羊酱、羊红、清水羊肉汤、牛杂、腊肉、糯米血肠、土制红糖、米酒、腌菜、酸料等。2021年7月11日，“广西有味·百县千菜”2021广西非遗特色美食大赛评选结果公布，广西余师傅餐饮有限公司的横县鱼生、南宁肥仔饭店的金汤滑鱼角、南宁甘家界柠檬鸭的甘家柠檬鸭获特色菜肴类金奖；广西南宁乐儿家文旅发展有限公司的马山黑山羊腊肠、南宁古源香天天餐饮投资管理有限责任公司的古源香大满足生榨米粉、赖憨憨血肠品牌的血肠、南宁市越美粽子店的特色五色饭、广西壮乡民俗文化有限公司的壮族五色糯米饭获特色小吃类金奖。10月29日，南宁市青秀区举办创意生活节分会场活动“2021天下米粉邀请大会”，设“说粉会场”“嗦粉会场”“宠粉会场”，开展米粉盲品大赛、现场DIY米粉、米粉非遗技艺传承人教学等体验活动，推广米粉文化。

【风　俗】南宁市地方风俗以民俗节庆、民俗仪式、民俗艺术、民间传统体育、饮食习俗为主要表现形式。

民俗节庆　南宁市在沿袭中国传统节日过程中，形成富有地方特色的节日风俗。春节是全年最重要的节日，壮族民众焚香点烛，供奉猪肉、整鸡、粽子、年糕、米酒等，烧纸钱、放鞭炮，祭拜祖先诸神灵；正月初二，开始走亲访友，举行舞狮、舞龙、舞春牛等传统文娱活动。宾阳县每年农历正月十一举办炮龙节，人们通过点睛仪式、游彩架、吃灯酒、舞炮龙、炸炮龙、钻龙肚、抢龙珠等活动祈求风调雨顺、添丁增财。农历正月十一，宾阳县、上林县、马山县等地仍有灯酒节习俗，在村内社坛祭祀祖先，公布新生婴儿名字，意为“报新丁”，全族人晚间就地会餐，祝贺添丁的主家。农历二月初二又称“春耕节”“农事节”，预示新一年农事活动的开始；上林县木山乡每年在“二月二”举行卢於春社活动，民众聚集于新甫庄卢於寺开展春耕开犁、斗牛、斗狗、斗鸡、山歌对唱、打陀螺等民俗活动。2021年，南宁市结合线上线下形式开展春节惠民演出、园博园欢乐迎春文艺演出、线上剧院、春节年味·年俗线上展之“宾阳炮龙节”、县(市、区)新春民俗文化旅游活动等。“壮族三月三”既是壮族传统歌节，也是壮族祭祖扫墓节，每年农历三月初三前后，南宁各地举办山歌会、山歌擂台赛、千人竹竿舞、抛绣球、抢糍粑、龙狮表演、民族服饰展、壮家美食展、土特产商品交易会等活动；壮族民众返回家乡祭祖扫墓，以除草添土、修整墓地、上坟烧香、供上祭品、跪拜敬茶酒、焚烧冥钱冥物、插标挂钱、燃放鞭炮等方式祭奠祖先，祈求家人幸福安康。“壮族三月三”是南宁民族特色文化品牌。2021年“壮族三月三”期间，南宁市在华南城开展“壮族三月三·八桂嘉年华”南宁会场活动，开展“壮族三月三·永远跟党走·颂党恩”各族群众大联欢活动、桂黔滇湘四省区山歌擂台赛、文化旅游消费品牌线上活动等，县(市、区)组织开展民俗文化旅游节、歌圩活动；武鸣区(“壮族三月三”民俗)入选2021—2023年度“中国民间文化艺术之乡”。农历四月初八是壮族牛魂节、农具节，人放犁、牛脱轭，主人家清扫牛栏，给牛沐浴，举行敬牛仪式，演社戏、唱山歌，办百家宴，以示对牛的祝福。宾阳县露圩镇圩逢节、隆安县那桐镇“四月八”农具节延续壮族敬牛传统习俗。农历五月初五端午节前后，南宁市在邕江大桥畅游阁附近水域举行2021年南宁龙舟公开赛，并为市民提供“云观战”平台；举办青秀山灯展、南宁园博园2021年广西幻光潮园会、南宁方特东盟神画端午趣玩节等活动；上林县三里镇2021年“渡河公”民俗文化旅游节举行文艺演出，居民在汇水桥河畔举行祭祀、祈福、渡厄、消灾等纪念仪式；邕宁区那楼镇那良村开展“2021年中国传统村落那蒙坡雷婆岭端午民俗文化节”活动，在雷婆岭摩崖石刻举行祈福仪式。瑶族达努节是瑶族人民不忘母恩的纪念日，每年农历五月二十九，瑶族人民着盛装、杀猪宰羊、杀鸡染蛋、宴请宾客、大摆歌台，表演铜鼓舞、舂米舞、雷公舞等，举办赛马、斗鸡、赛弓箭、“上刀山下火海”、踩花灯等活动，借此告诫后代慈孝为先、不忘母恩，宣扬瑶乡尊老爱幼、勤俭持家的传统美德。南宁市瑶族达努节活动主要集中在上林县镇圩瑶族乡、马山县里当瑶族乡。7月8日，上林县镇圩瑶族乡达努节暨“感党恩跟党走”系列活动在镇圩瑶族乡排岜庄举行，以竹竿酒、竹竿舞迎宾，举行“瑶寨迎亲”“上刀山”等民俗表演，开展山歌对唱、瑶乡民族舞蹈晚会、篝火晚会等民俗活动。农历六月初六是壮族稻神节(芒那节)，壮族民众到田间用牲肉祭祀稻神，以求村寨平安，五谷丰收，盛行于隆安县、武鸣区等壮族农村，并逐步发展为隆安“那”文化旅游节等节庆活动。5月17日，2021年中国·隆安“那”文化旅游节启动仪式暨“感党恩跟党走”文艺演出在隆安县蝶城文化广场举行。农历七月十四是壮族的祭祖魂节，俗称“鬼节”，相传为壮族始祖布洛陀逝世的日子，人们置办鸡鸭、祭品，举行祭拜仪式、聚餐，入夜时，各家在门口燃香点烛、洒水饭等。农历八月十五，群众普遍到圩市、商店购买月饼，杀鸡备肉、购置果品等，入夜供奉月神，阖家

2021年4月14日，中国壮乡·武鸣“壮族三月三”歌圩暨骆越文化旅游节开幕式在武鸣体育馆广场举行　梁挺　摄

欢聚。2021年中秋节期间，南宁市在青秀山、南宁极地海洋世界、百益·上河城、高峰森林公园、大庙江生态旅游景区等景区景点开展中秋游园、露营、特色壮乡民俗活动，县（市、区）、开发区联动商贸企业开展乡村游、夜经济、购物节等线上线下“迎中秋”系列活动，累计接待旅游人数184.6万人次，旅游消费22.52亿元。庙会是中国民间宗教及岁时风俗，武鸣区有祭祀骆越始祖的罗波庙会，横州市有祭拜马援将军的伏波庙会、祭神祈福的南山应天寺庙会、纪念三国历史英雄的三相庙庙会，上林县有祭祀万寿公韦厥的万寿节庙会，隆安县有布泉天王庙会等。

民俗仪式　古代傩仪式、师公舞发展而成的师公戏仍流传于江南区、西乡塘区、邕宁区、武鸣区、横州市、宾阳县、上林县、马山县等地，在节庆、庙会时举行师公傩祭仪式，通过唱、念、做、舞等表演形式驱邪逐恶、祈求吉祥；西乡塘区上尧街道陈东村仍保留师公“大酬雷”祭祀仪式，每逢农历正月至二月初二，当地农民用傩祭形式表演水稻生产、酬雷求雨。农历二月初二，上林县木山乡举行春耕开犁仪式，祈求耕牛健壮、风调雨顺、五谷丰登。农历三月初三，上林县塘红乡举行“三月三·龙母”祭祀大典，“九龙祭母”仪式演绎龙母龙子慈孝故事，弘扬母慈子孝美德；武鸣区罗波镇罗波社区举行骆越祖母王祭祀大典，以骆越祖母王神像巡游、公祭骆越祖母王仪式纪念祖先，追根溯源不忘本。农历四月初八春耕结束，宾阳县露圩镇举行神牛祭祀仪式，感念牛给予农民的恩惠，祈求消灾免疫、六畜兴旺；隆安县那桐镇举行向天、地、水三界神求雨祭祀仪式，祈求风调雨顺。农历六月初六，隆安县乔建镇举办稻神祭（芒那祭），祭祀人员在娅王庙举行求雨、祭农具、招稻魂、驱田鬼、请稻神仪式，沿田埂、城镇道路开展稻神巡游仪式，感恩稻神“娅王”庇佑，祈愿稻神赐福于民。达努节期间，瑶族群众举行“上刀山下火海”仪式，以赤足爬刀梯、过火炭、走灯排、踏火犁头的方式祭祀刀神、火神，祈福消灾，显示所向无敌的气概。随着社会的进步，南宁各地民俗仪式增加现实内容，逐步发展成各类民俗节庆、重大活动上的技艺展示、文化表演。

民俗艺术　南宁市在文学、音乐、舞蹈、戏剧、手工技艺方面形成独特的民俗艺术。文学方面有壮族创世神话史诗《布洛陀》，反映壮族英雄事迹的诗歌《莫一大王》，壮族民间伦理道德长诗《传扬歌》，兴宁区三塘镇葫芦山传说《葫芦山》，反映南宁人民劳动、生活、习俗、时政和思想感情的南宁民谣、白话童谣，起源于古代南宁驯象养象时期的五象传说，口头交流与古壮字结合的歌体书信壮族信歌，反映农村生活的宾阳“老窍”故事，流传于横州市的壮族民间故事《百鸟衣》，发源于邕江、左江、右江和红水河流域的传说妈勒访天边等；马山县壮族人民在节日、婚嫁、丧葬、劝和、集会上不同程度沿用《传扬歌》，并随时代更新、充实传唱内容；南宁现代城市建设融入五象传说元素，建成五象喷泉雕塑等地标和城市雕塑；大型壮族歌舞剧《百鸟衣》《妈勒访天边》成为每年展演、巡演的精品。音乐方面有南宁平话民歌、隆安县壮话排歌、上林县镇圩瑶族乡瑶山歌、壮族哭嫁歌、多声部民歌（兴宁区松柏汉族二声部平话山歌、邕宁区和良庆区嘹啰山歌、武鸣区二声部民歌、上林县四六联民歌、马山县壮族三声部民歌）、壮族高腔民歌（马山县永州镇高腔、武鸣区二声部高腔、隆安县高腔、上林县西燕镇高腔、西乡塘区坛洛镇高腔），壮族八音（流传于邕宁区、宾阳县、上林县的吹打音乐）、马山县壮族会鼓等。南宁市庆祝中国共产党成立100周年群众文化活动暨第23届南宁国际民歌艺术节“大地飞歌·2021”晚会采取录制播出、线上参与的方式继续传承、创新南宁民歌传统，节目在广播电视、网络和新媒体播出（点击）量1480多万次。马山县（壮族会鼓习俗）入选2021—2023年度“中国民间文化艺术之乡”。舞蹈方面有青秀区长塘镇芭蕉香火龙舞、麒麟舞，江南区苏圩镇、邕宁区蒲庙镇的春牛舞，横州市百合镇茅山舞，上林县瑶族猴鼓舞、蚩尤舞，隆安县雁江镇“九莲灯”花手舞，武鸣区锣圩镇骆垌舞，江南区苏圩镇、吴圩镇及武鸣区乡镇的道公舞，南宁傩舞、壮族师公舞、狮子舞等；社会进步和现代文化艺术使民间舞蹈的艺术性、表演性更加突出，南宁各地民间舞蹈表演者组成职业、半职业的演出团体，在节庆、旅游活动中演出传统舞蹈。戏剧方面有邕剧、南派粤剧、平话师公戏、壮族师公戏、丝弦戏、傩戏、壮族采茶戏、横州市校椅镇临江壮歌剧等；民间在丧葬习俗、拜祖先、祭祀上依然盛行师公戏，加入更多现代内容。2021年，南宁市在邕州剧场、新会书院开展地方戏曲月月演活动12场、“邕州神韵”地方戏曲周周演活动20场，策划推出邕剧《梁小霞》《南国赤子》《浴血千秋》，粤剧《茉莉天香》等精品剧目，组织复排话剧《大山壮歌》，邕剧《顶蛳山人》等大型剧目。手工技艺方面有壮族刺绣、壮族织锦、壮族服饰制作、壮族拼布、竹编、藤编、木器、雕刻、宾阳县大罗毛笔制作、宾阳县油纸伞制作、隆安县构树手工造纸、隆安县雁江镇红良打铁、邕州陶制作等。2021年，“横州铜器制作技艺”“宾阳瓷器制作技艺”“南宁古建筑营造技艺”入选南宁市第九批市级非物质文化遗产代表性项目名录。市二轻联社协调扶持经费5万元，组织举办传统工艺美术技艺传承传授培训班3期，培训80人；设立南宁工艺美术发展扶持项目，确立《南宁红陶制作技术规程》团体标准制定项目、宾阳县湘光织锦坊展厅升级改造项目2个资金扶持项目。

民间传统体育　南宁市民众在世代生产生活中形成划龙舟、打扁担、跳竹竿、打鸡毛球、打陀螺、壮族迪尺、斗竹马、投绣球、斗牛、斗鸡、抢花炮、香火球、打磨秋、壮拳、射弩、板鞋竞速等民间传统体育形式，随社会发展形成固定体育赛事或体育表演，进一步融入当地教育、体育事业和旅游、经济开发中。每年农历二月初二，邕宁区中和、百济、那楼、新江、蒲庙等镇举行抢花炮活动，中和镇孙头坡的活动规模最大、历史最悠久（600多年），活动包括“还炮”“抢炮”“送炮”3个环节，抢花炮是整个活动的高潮。斗竹马是踩在竹竿上比赛的竞技活动，意在斗智、斗勇、斗强、斗胆，主要流传于青秀区长塘镇及邕宁区、良庆区等地；板鞋竞速起源于壮族土司的三人木枷练兵法，若干人为一队，同穿一对长板鞋赛跑，参加者须步调一致、同心全力；壮族迪尺又名“打鸡头”“打勒则”，源于壮族人狩猎的投掷练习，2人为对手，打尺数多者赢；投绣球源于古时作战、狩猎的甩投飞砣练习，后演变为传情表意、娱乐身心、竞技强身的抛接绣球活动，纳入南宁市中小学体育课程；香火球起源于良庆区南晓镇古元村，由农民保护庄稼的措施发展为类似羽毛球的体育活动，流传于良庆区南晓镇、大塘镇一带，与其他传统体育活动发展为旅游、节庆和运动会的娱乐表演、竞赛项目。4月13日至15日，2021年“壮族三月三·民族体育炫”南宁主会场活动在武鸣区举行，开展武术散打擂台赛、抢花炮比赛及武术展演、竹竿舞展演、民族体育趣味活动。县（市、区）分会场组织开展抢花炮、板鞋竞速、打陀螺、珍珠球、毽球、龙舟、舞龙、舞狮、抛绣球、斗牛、斗马、斗鸡等民族体育活动。

饮食习俗　南宁市民众主食以稻米为主，以玉米、薯芋、麦类和其他杂粮为辅；稻米大多加工成饭、粥、米粉、粉利供日常食用，通过煮、蒸、焖、炒及添加其他原料等方式制成南瓜饭、竹筒饭、黄花饭、豆饭、八宝饭、肉末粥、菜粥、瓜粥、艾草粥、汤粉、炒粉等；糯米多制成节日食用或祭祀用的五色饭、糍粑、粽子、米糕、汤圆、油团和其他小吃；利用薯芋、豆类加工成粉丝、粉条、豆腐等副食品。壮族人多喜食腌、生、酸、辣之物，在副食品加工制作上形成腌菜、生食生拌的特殊技法，常用白菜、芥菜、萝卜、黄瓜、豆角、木瓜、辣椒、姜、笋等以清水浸泡，或辅以盐、醋、酱制成腌菜;以辛香料、盐、醋等拌食生鱼片,以猪、鸭等动物生血拌以盐、醋、辣椒和姜末制成蘸酱,或拌和炒制的动物内脏、蔬菜食用。壮族人有饮酒、饮茶习惯,多以糯米、玉米、薯类等原料酿酒,用中药材泡制药酒。形成特有的大粽、沙糕、黄皮酱料、豆豉、鱼生、南山白毛茶、茉莉花茶等传统制作技艺,以及南宁老友粉(面)、生榨米粉、卷筒粉、柠檬鸭、横县鱼生、横县芝麻饼、宾阳酸粉、扬美沙糕、炒田螺等特色菜品和小吃,直接影响南宁餐饮业发展,饮食文化的挖掘、特色旅游餐饮的开发成为南宁旅游经营效益中新的增长点。2021年,南宁市餐饮业经营的桂菜系列主要由桂北风味菜、桂东南风味菜、桂西风味菜、滨海风味菜和少数民族风味菜,以及风味小吃组成,形成以明园新都大酒店、荔园山庄、南宁饭店、甘家界牌柠檬鸭、南宁肥仔饭店、瑶王府、小南国、老友王、邕城小福楼、桂小厨等为代表的桂菜经营饭店、酒店。（全 尼）

经济建设

【概 况】2021年,南宁市将强工业作为全面落实强首府战略的首要任务,推进工业振兴三年行动,工业经济实现稳中提速、稳中提质,迈向高质量发展。出台《南宁市推进工业振兴三年行动方案(2021—2023年)》《南宁市推进工业振兴若干政策》等文件。全年地区生产总值5120.94亿元,增长6.1%。第一产业增加值606.76亿元,增长7.9%;第二产业增加值1198.76亿元,增长4.3%;第三产业增加值3315.42亿元,增长6.3%;三次产业比重为11.9∶23.4∶64.7。固定资产投资比上年增长3.1%。社会消费品零售总额2364.17亿元,增长8.4%。外贸进出口总值1231.92亿元,增长24.9%。出口总值581.95亿元,增长23.6%;进口总值649.97亿元,增长26.0%。财政收入828.84亿元,增长4.1%,其中一般公共预算收入391.77亿元,增长5.2%。一般公共预算收入中税收收入277.95亿元,下降5.4%。一般公共预算支出775.4亿元,下降5.8%。财政支出中商务服务业、卫生健康、科学技术支出增长较快。商务服务业等支出7.18亿元,增长23.8%;卫生健康支出91.02亿元,增长6.72%;科学技术支出13.65亿元,增长3.41%。全市居民人均可支配收入32679元,增长8.5%。其中,城镇居民人均可支配收入41394元,增长7.4%;农村居民人均可支配收入17808元,增长10.4%。金融机构人民币存款余额11996.48亿元,增长4.3%,其中住户存款余额4878.80亿元,增长10.5%。金融机构人民币贷款余额17660.59亿元,增长11.3%。居民消费价格指数(CPI)上涨1.4%,涨幅降低0.9个百分点,比全国指数高0.5个百分点,比自治区指数高0.5个百分点。（市统计局）

【工业平稳增长】2021年,南宁市新增规上工业企业235家,其中新建投产125家,成为全市工业增长主要动力。产值超亿元企业447家,比上年多55家,拉动全市增长11.4个百分点。新签约工业项目178个,总投资额797.15亿元。列入自治区"双百双新"(投资超过百亿元、产值超过百亿元,新产业、新技术)在库项目61个,其中开工16项、竣工投产11项。全市工业园区规上工业产值增长9.1%、占全市比重77.2%。其中,南宁高新区、南宁经开区、广西—东盟经开区3个国家级开发区规模以上工业产值增长16.6%,占全市规模以上工业产值34.3%,比上年提高2.3个百分点。规模以上工业企业1274家,主营业务收入2684.1亿元,增长9.5%;规模以上工业企业从业人员平均人数17.74万人。规模以上工业总产值增长9.5%;规模以上工业增加值增长7.5%,两年平均增长5.2%,高于自治区0.4个百分点;工业投资增长21.2%,增速为2013年以来最高,高于全市固定资产投资增速18.1个百分点。规模以上高技术制造业增加值增长10.4%,高于全市规上工业增加值增速2.9个百分点。电子信息产业增长10.1%,占全市规模以上工业产值26.6%,连续4年成为全市产值最大的工业产业,占自治区规模以上电子信息产业产值50%以上。实施工业振兴工作成效考核办法,安排专项资金23.4亿元、重大工业项目及重点园区配套基础设施建设资金50亿元支持工业发展,在自治区率先实施工业振兴特派员服务企业制度。亿元企业对全市工业增长贡献率120.1%,瑞声科技、南南铝加工、世纪创新等企业加快成长为工业增长的重要推动力。新培育国家级、自治区级和市级专精特新"小巨人"企业("专精特新"中小企业中的佼佼者,是专注于细分市场、创新能力强、市场占有率高、掌握关键核心技术、质量效益优的排头兵企业)分别有15家、35家、90家。重大工业项目建设提速,海天调味品、东盟—李宁中心开工建设,产投汽车青秀产业园生产配套园区、产投创新产业园二期项目实现开工,申龙汽车项目获新能源货车产品整车生产资质,东创精密、日行科技、赢拓终端等项目投产。引进金泰克半导体存储产业研发制造基地、赢拓AI智能创新终端生产、阳光通信移动智能终端制造等项目,推动以瑞声科技为龙头的电子信息产业加快集聚;引进多氟多20GWh锂电池、玉柴芯蓝新能源动力、金固轮毂等新能源汽车关键配套项目,以合众等企业为龙头的新能源汽车产业集群初具规模;引进吉锐生物新药研发生产基地项目,填补南宁市在生物技术药物研发领域的空白;引进海天、农夫山泉等产业项目,推动传统优势产业加快转型升级。推进工业园区建设,启动南宁东部产业新城规划建设,安排10.81亿元支持新城基础设施项目建设。开工建设经开海城,五象振邦,产投创新产业园二、三期,汽车青秀产业园配套园区等园区基础设施项目。（市工信局 市发展改革委）

2021年,南宁市专精特新"小巨人"企业之一——广西南宝特电气制造有限公司新建厂房、扩大生产　　广西南宝特电气制造有限公司提供

【服务业稳步复苏】2021年,南宁市社会消费品零售总额2364.17亿元,比上年增长8.4%。市批发业实现销售额6334.07亿元,增长14.8%。零售业实现

销售额 1687.69 亿元，增长 15.5%。住宿业实现销售额 47.26 亿元，增长 13.2%。餐饮业实现销售额 203.26 亿元，增长 24.8%。广西首家特斯拉中心、综合开发模式宜家家居商场、欧式首创奥特莱斯、京东华南地区首家城市旗舰店在南宁开业，满足群众消费升级新需求。市电子商务交易额保持快速增长，全市限额以上企业实物商品网上零售额 131.62 亿元，增长 55.8%，跨境电商进出口业务量超 1 亿单，交易额突破 77.69 亿元。全市农村电商交易额超 40 亿元，其中农产品网络零售额超 10 亿元。推进物流集聚区和重大项目建设，培育现代化物流龙头企业。全市物流总量稳中有升，货运总量 4.29 亿吨，增长 16.76%；新增 AAA 以上物流企业 10 家，全市 AAA 以上物流企业 46 家。中国—东盟金融城新增入驻金融机构（企业）123 家，累计 285 家。光大永明人寿保险广西分公司、财达证券广西分公司正式开业运营。设立绿色金融专营机构 78 家，全市绿色贷款余额占自治区比重 53.8%；设立智能城市风险研究院等保险创新孵化平台，形成以中国人寿、太平保险等 28 家保险机构集聚的保险创新产业园，推出 34 项保险创新清单。实施企业上市（挂牌）攻坚工程，新增上市（挂牌）企业 2 家、港交所上市报审企业 1 家、纳入广西重点拟上市企业名单 6 家。现代物流业蓬勃发展。依托建设国家物流枢纽，推进物流枢纽、通道、网络建设，发展跨境铁路班运、国际货运航线、跨境公路班车，全市出海出边通道通畅，公路、水路客货运周转量分别增长 25.84%、20.04%，邮政业务总量增长 19.3%。京东南宁电子商务产业园及运营结算中心项目（一期）、顺丰创新产业基地等项目建成并投入运营。美宜佳（广西总部）产业园项目、南宁临空冷链医药跨境电商基地项目等物流项目签约落地；南宁国际铁路港、中新南宁国际物流园加快建设。总部经济、平台经济发展，浪潮、绿地、桂民投等总部项目加快建设，引进 smart 高端智能电动汽车全球销售中心、金光集团 App（中国）林务总部，全国连锁酒店城市便捷（东呈）总部迁入南宁，腾讯、康恒环境等知名企业区域总部落户南宁。在自治区率先打造南宁市灵活用工监管平台，五象新区特色平台经济发展营业收入超 200 亿元。会展业加快复苏，全年举办各类展览活动 68 场，累计面积 81 万平方米，其中超过 1 万平方米展会 29 场，承接各类会议 452 场。全市接待旅游总人数 1.37 亿人次，增长 18.56%；旅游总消费 1529.25 亿元，增长 25.71%。

（市商务局　市发展改革委）

【现代特色农业发展】 2021 年，南宁市第一产业增加值 606.76 亿元，比上年增长 7.9%，粮食面积 42.55 万公顷，增长 0.26%，粮食生产超额完成全年任务，产量 211.55 万吨，增长 1.08%。全市累计建成高标准农田 15.96 万公顷。全年蔬菜（含食用菌）种植面积 27.76 万公顷，产量 697.44 万吨，增长 3.6%；水果种植面积 15.12 万公顷，产量 453.91 万吨，增长 13.1%；甘蔗种植面积 12.44 万公顷，产量 1049.62 万吨；西甜瓜种植面积 4.27 万公顷，产量 112.86 万吨，增长 1.1%。生猪生产超额完成自治区下达任务（428 万头），全年生猪出栏 432.41 万头，增长 35.35%；家禽出栏 1.72 亿羽；水产品产量 23.42 万吨，增长 4.14%。富硒农产品生产面积累计 2640 公顷，建设富硒农产品生产基地 49 个，获认证富硒农产品累计 60 个（新增 2 个）。推进现代特色农业示范区创建，新增认定自治区级现代特色农业示范区 16 个，全市获认定自治区级核心示范区累计 61 个，市级示范区 61 个，县级示范区 109 个，乡级示范园 346 个，村级示范点 1479 个。有市级以上农业产业化重点龙头企业 224 家（其中国家级 17 家、自治区级 57 家），登记注册的农民专业合作社 5785 户，家庭农场 1591 家。新增入选广西农业品牌目录 15 个，新增绿色食品认证产品 15 个，全市入选广西农产品品牌目录67个，有效期内“三品一标”（无公害农产品、绿色食品、有机产品、农产品地理标志）产品 193 个。新增农业产业化重点龙头企业 36 家，其中国家级 2 家、自治区级 10 家、市级 24 家，新增注册登记农民专业合作社 327 家、家庭农场 263 家，新增农业产业化联合体 15 个。新增自治区级特色农业现代化示范区 16 家（五星级 4 家、四星级 12 家）；13 个自治区级现代特色农业核心示范区全部通过到期监测，其中 8 个获提升星级。“上林小龙虾”品牌持续打响，“伊蜜红心火龙果”“华兴鲜鸭”“华兴冻鸭”3 个产品通过“圳品”认证。武鸣现代农业产业园新获批创建自治区级现代农业产业园。新增良庆区“嘹啰歌乡”、隆安县“那乡果海”入选自治区级田园综合体试点项目。上林县获评全国首批国家级水产健康养殖和生态养殖示范区（以县级人民政府为主体）。宾阳县古辣镇马界村获评 2021 年“中国美丽休闲乡村”，广西—东盟经开区祈福康养小镇休闲农业核心示范区、江南区邕博山康养旅游景区获 2021 年度“广西休闲农业与乡村旅游示范点”称号。广西四野牧业有限公司、广西金福农业有限公司获评首批全国生态农场。南宁火龙果地理标志保护工程项目通过自治区验收；南宁市实施 2020 年广西地理标志农产品保护工程——南宁火龙果项目在全国地理标志农产品保护工程培训班作交流发言。新增隆安县那桐镇入选国家农业产业强镇创建名单，宾阳县古辣镇入选第十一批全国“一村一品”示范村镇。横州市茉莉花和茉莉花茶蝉联广西最具价值农业品牌，茉莉花茶企业在第四届中国国际茶博会现场签约总额 16.02 亿元，横州市茉莉花和茉莉花茶综合品牌价值 215.30 亿元。武鸣区沃柑、南宁市火龙果等远销加拿大、荷兰、文莱等国家，广西农垦永新畜牧集团有限公司永新猪肉产品长期供应香港、澳门地区。

（陈晓琳　苏洁霞）

【县域经济建设】 2021 年，南宁市推进县域经济高质量发展。横州市地区生产总值 354.43 亿元，比上年增长 5.4%，第一产业增加值 98.97 亿元，第二产业增加值 107.02 亿元，第三产业增加值 148.43 亿元；宾阳县地区生产总值 315.54 亿元，增长 7.9%，第一产业增加值 70.95 亿元，第二产业增加值 94.35 亿元，第三产业增加值 150.23 亿元；上林县地区生产总值 101.99 亿元，比上年增长 7.60%，第一产业增加值 31.95 亿元，第二产业增加值 18.57 亿元，第三产业增加值 51.48 亿元；马山县地区生产总值 95.17 亿元，增长 7.40%，第一产业增加值 29.85 亿元，第二产业增加值 16.20 亿元，第三产业增加值 49.12 亿元；隆安县地区生产总值 112.12 亿元，增长 7.9%，第一产业增加值 48.87 亿元，第二产业增加值 24.71 亿元，第三产业增加值 38.53 亿元。“隆安香蕉”“良庆百香果”新获注册为国家地理标志商标，宾阳县获批创建国家首批农业现代化示范区，横州市农村产业融合发展示范园入选第三批国家农村产业融合发展示范园创建名单，武鸣区双桥镇、横州市校椅镇石井村分别入选 2021 年全国乡村特色产业十亿元镇和亿元村名单，马山县古零镇入选首批全国乡村旅游重点镇。编制印发《南宁市新型城镇化规划（2021—2035 年）》，青秀区、良庆区、武鸣区获评 2020 年度广西高质量发展先进县（城区），西乡塘区获评 2020 年度广西高质量发展进步县（城区）。顶蛳山田园风光区、五象湖公园、会展·东博文化旅游区获国家 AAAA 级旅游景区认定。武鸣区获批广西全域旅游示范区，西乡塘区、良庆区创建广西全域旅游示范区。完善县域交通网络，市县一小时交通圈加快构建，柳州经合山至南宁、吴圩机场至隆安、沙井至吴圩等高速公路项目建成通车，加快推进六景至宾阳、上林经宾阳至横州高速公路建设。（市委农办　市发展改革委）

政治建设

【概 况】 2021年,南宁市坚持把党的政治建设摆在首位,扎实开展党史学习教育,持续深化"书记引航担使命"主题活动,压紧压实全面从严治党政治责任,牢牢掌握意识形态工作主动权,坚持重实干重实绩的选人用人导向,从"四个一线"(项目建设一线、改革创新一线、脱贫攻坚一线、维护稳定一线)提拔县处级领导干部占总数89.7%。推动党风廉政建设和反腐败斗争向纵深发展,立案1772件,党纪政务处分1862人。加强地方立法,通过地方性法规5件、颁布实施7件。巩固提升法治政府建设成果,南宁市社会安全稳定动态考评十项工作排名自治区第一,群众安全感98.29%,执法满意度91.81%。聚焦经济社会高质量发展、贴近民生热点难点开展协商议政,收集提案997件,立案提案按期办复率100%。

【全面从严治党】 2021年,中共南宁市委全面贯彻落实新时代党的建设总要求,坚持把政治建设摆在首位,扎实开展党史学习教育,做好习近平总书记视察广西、庆祝中国共产党成立100周年、自治区第十二次党代会、市第十三次党代会等重点宣传报道。贯彻落实党中央关于严肃换届纪律加强换届风气监督的有关要求,派出换届风气巡回督导组8个,全覆盖督导12个县(市、区),完成市县乡领导班子及村(社区)"两委"换届工作。深入实施"先锋引领+"系列行动,推动各领域基层党组织建设,全市党支部标准化规范化建设达标率100%。坚持重实干重实绩的选人用人导向,从"四个一线"提拔县处级干部174人,占提拔总数89.7%。组织开展激励干部担当作为及时奖励、"最美公务员"评选推荐等,获自治区激励干部担当作为奖励131人,南宁市城市管理监督评价中心(南宁市城市管理指挥中心)副主任杨冰、青秀区人民法院执行局局长赵会获自治区"最美公务员"称号。持续深化"书记引航担使命"主题活动,压紧压实全面从严治党政治责任,抓紧抓实党中央和自治区党委巡视、审计、督察等反馈问题整改,推动党风廉政建设和反腐败斗争向纵深发展,立案查处违纪违法案件1772件,党纪政务处分1862人。

(市委办公室)

【人大监督与立法】 2021年,南宁市人大及其常委会召开代表大会2次、常委会会议11次。听取市政府、市监察委员会、市中级人民法院、市检察院专项工作报告28项,依法作出决议决定和处理意见37项。推进"全口径、全过程、全方位"预算审查监督,完成财经联网监督系统二期建设,在自治区率先实现人大财经联网监督延伸到计划、预算、国有资产、审计4个领域。连续3年审议国有资产管理综合报告,听取审议国有自然资源资产管理情况专项报告。开展执法检查3项,检查南宁市贯彻实施《中华人民共和国非物质文化遗产法》《广西壮族自治区柑橘黄龙病防控规定》《南宁市电动自行车管理条例》情况。开展电动自行车管理工作、大健康和文旅产业融合发展情况专题询问2次,开展"十三五"期间南宁市居家养老服务、南宁市黑臭水体治理专项评议2次,开展法院知识产权审判、民族乡经济社会发展、粮食安全保障、推动工业高质量发展、推进乡村振兴等方面专题调研10次,开展高新技术企业培育、民族优秀文化保护传承发展、自然保护地体系建设情况等重点专题调研6项。拓宽开门立法渠道,通过基层立法联系点、问卷调查、视频连线、网络留言等形式收集意见建议500多条,采纳20多条,首次通过设立二维码征集法规草案修改意见。启动市十五届人大常委会五年立法规划编制,提出专项调研一类项目30个、二类项目26个。开展奖励和保护见义勇为人员条例(修改)、消防条例(修改)、违法建设查处条例(修改)、农贸市场管理等立法调研10项。审议《南宁市全域旅游促进条例(草案)》《南宁市城市绿化条例(修订草案)》《南宁市邕江两岸滨水区域条例(草案)》等地方性法规8件,通过《南宁市扬美古镇保护管理条例》《南宁市扬尘污染防治条例》《南宁市城镇排水与污水处理条例》等5件,颁布施行《南宁市停车场管理条例》《南宁市水土保持若干规定》《南宁市献血条例》《南宁横州市茉莉花保护发展条例》等7件。参与备案审查规范性文件43件,修改地方性法规16件,废止5件。首次开展市地方性法规配套文件备案审查,健全衔接联动机制,增强审查科学性。

(梁新莲)

【法治政府建设】 2021年,南宁市把法治政府建设作为全面依法治市的重点任务和主体工程,全面提升法治服务保障能力。市政府提请市人大常委会审议地方性法规草案3件,出台政府规章3件;完成涉及行政处罚法、野生动物保护、长江流域保护、民族工作、外商投资、人口与计划生育管理等内容的地方性法规、规章和规范性文件专项清理,以及政府规章中设立不合理罚款专项清理,"打包"废止政府规章2件、修改政府规章2件,完成规章立法后评估11件。加强行政规范性文件监督管理,市政府出台行政规范性文件19件,备案审查行政规范性文件177件。强化重大行政决策的法律审核,市司法局对重大行政决策、重大合同等出具合法性审查意见248件次。加强党政机关法律顾问配备和管理,全市各级党政机关聘任法律顾问1156人。建立健全行政裁量权基准制度,形成规范裁量权基准文件29件。成立自治区第一个行政争议调解中心,设置行政复议代办点130个。办理行政复议案件960件,审结432件,行政复议综合纠错率26.38%。办理法律援助5932件、公证3.57万件、仲裁2303件、司法鉴定3.05万件。推进市域社会治理现代化试点,成立南宁铁路运输法院行政争议调解中心、中国(广西)自由贸易试验区南宁片区矛盾纠纷调解中心,南宁国际仲裁院入驻中国(广西)自由贸易试验区公共法律服务中心,构建"法院+工会"劳动争议化解联动机制、灵活就业人员劳务报酬纠纷快速调处合作机制。为1820个村(社区)聘请法律顾问636人,办理法律事务1.89万件,提供法律服务10.10万小时。实施"八五"普法规划,开展法治宣传活动3700余次,组织15.45万人参加国家工作人员学法用法考试,是自治区唯一参考率、合格率均100%的地级市。整改中央依法治国办督察反馈问题37个。南宁市社会安全稳定动态考评十项工作排名自治区第一,群众安全感98.29%,执法满意度91.81%。 (袁姝涵 胡淑媛)

【政治协商】 2021年,南宁市政协把助推首府经济社会高质量发展作为履职主线,聚焦全面落实强首府战略、乡村振兴等重大部署和民生热点,召开全体会议2次、专题议政性常委会议2次、专题协商会3次、双月协商座谈会5次、提案办理协商会9次。有8篇材料在全国政协、自治区政协作为经验交流和大会发言,连续3年获评自治区政协最佳大会发言。重点打造"双月协商座谈会"履职品牌,邀请民主党派、政协委员、专家学者和有关人士围绕"加快创建国家历史文化名城""保护利用革命文物传承首府红色基因"等议题,与市领导、有关部门负责人互动协商、建言献策。探索"互联网+政协"履职新途径,利用"南宁市政协"App组织港澳委员远程协商、网络议政、云端参会等。全年收集提案997件,其中涉及保障和改善民生、城市更新、新型智慧城市、"住有所居"、"互联网+医疗健康"、新冠疫情防控等民生提案占60%以上。立案提案全部交由96个单位办理,立案提案按期办复率100%。收集社情民意信息496条,获自治区政协采用12条,编发《社情民意信息》24期。围绕农村水环境综合治理、城市二次供水管理、医保定点民营医疗机构监督管理、河长制落实情况等问题开展专项民主监督，提出意见建议35条，整改落实21条。围绕“挖掘边疆少数民族文化资源助推民族文化与旅游融合发展”“加快推进我市城中村改造提升”“推进体校发展建设体育强市”等议题开展重点课题调研9项、视察活动16次。全年形成调研报告54份，提出意见建议269条。（市政协办公室）

文化建设

【概　况】2021年，南宁市培育和践行社会主义核心价值观，持续深化文明创建、文明实践、文明培育，实施文明城市创建“十大提升行动”。举办线上线下群众文化活动7600多场次；加强网络文明建设，实施争做中国好网民工程，打造“邕有爱E起来”网络公益活动品牌。市税务局、邕州海关等全国文明单位建立文明实践站，面向社会提供服务。《15分钟社区文明实践服务圈》《新时代文明实践大篷车》《“两中心”三融合》入选自治区文明办征集的文明实践创新案例。全市开展新时代文明实践活动1.15万场次，惠及群众125.63万人。南宁市综合信用指数为87.99，在36个省会及副省级以上城市信用监测排名稳定在第13名。南宁市以总分第三名获全国信用信息共享平台和信用门户网站建设“示范平台网站”称号。推进文化事业建设，举办“好日子　歌里过”南宁市庆祝中国共产党成立100周年群众文化活动暨第23届南宁国际民歌艺术节“大地飞歌·2021”晚会，举办南宁市庆祝中国共产党成立100周年美术书法作品展、主题摄影作品展、主题电影展映；开展“我们的中国梦”——文化进万家、南宁民歌湖大舞台周周演、戏曲进乡村进校园；举办南宁市第十二届乡村社区和谐文艺大展演；组织拍摄《邕江组曲》系列音乐电视作品，组织创作微电影《梁小霞》和广播剧《生如“霞”花》。原创舞剧《刘三姐》被文化和旅游部评为“第十三届全国舞蹈展演优秀剧目”。广播剧《少年黄大年》、歌曲《阿秀》、篆刻《姜轶朱迹》、电视动画片《海豚帮帮号》4部作品获第十届广西文艺创作铜鼓奖。

【培育践行社会主义核心价值观】2021年3月17日，市委办公室、市政府办公室印发《关于深化创建全国文明城市“十大提升行动”提高城市文明程度的意见》及配套方案，将文明城市创建作为强首府“强治理”的重要举措，推进全国文明典范城市创建。开展创城宣传、文明实践志愿服务活动2000多场次，惠及群众20多万人。8月27日，市委宣传部、市文明办在南宁市民中心新时代文明实践站举办“文明南宁”形象标识(logo)发布会，发布南宁市新时代文明实践中心标识(logo)。全市中小学校公告栏、宣传栏、电子显示屏、教学楼道及教室设置社会主义核心价值观公益广告。设计制作与城市景观相融合、与市民接受方式和欣赏习惯相契合的公益广告，在公共场所、公共交通工具、建筑工地围挡等显著位置刊播；结合独具特色的南宁市新时代文明实践中心形象标识(logo)制作安装11组城市景观小品，在市区内显著位置摆放。开展南宁市创建全国文明典范城市寻“美”之约摄影作品征集活动，用镜头讲好南宁故事，助力全国文明城市创建。全市选树宣传“身边好人”，推荐61人参评“身边好人”，其中8人入选中国文明网“我推荐我评议身边好人”投票活动，6人(黎长才、黎少华、韦彩云、苏秀清、何光民、吕鹏)当选“中国好人”。印发《南宁市道德建设先进人物推选管理礼遇帮扶实施办法(暂行)》，建立健全道德模范、身边好人等先进模范推选、帮扶、礼遇、管理制度。全市推动“互联网+”文明创建工作，开设“网络中国节”网络专题、专栏71个，发布、转载稿件2660多篇，设计制作网络文化作品34个。组织文明单位、网络文明传播志愿者参与中国文明网、南宁文明网开展网上重大传播活动，投稿193篇；获中国文明网采用重要信息稿、评论员文章22篇。组织开展“感党恩　跟党走·党史知识大家答”线上知识答题，全市超626万人次参与答题。继续实施争做中国好网民工程、网络公益工程，开展“邕有爱E起来”南宁市互联网行业网络公益活动、“点亮微心愿　情暖千万家”、无偿献血网络微心愿等网络公益活动。开展2021年度南宁市优秀网络辟谣作品征集活动，举办“清朗网络空间　共建网络文明”南宁市互联网举报·辟谣系列宣传活动。洪量、石唯颂当选2021年度广西“新时代好少年”，石唯颂当选2021年度全国“新时代好少年”。组织全市中小学校观看2021年广西“新时代好少年”先进事迹发布会，制作“新时代好少年”先进事迹展板在全市1400多所中小学展示。调整文明实践志愿服务总队领导机构，市新时代文明实践中心专业志愿服务队增设至15支。组织开展新时代文明实践志愿服务优秀项目征集活动，推动实施90个市直机关党员志愿服务队与社区新时代文明实践站结对共建，累计开展文明实践志愿服务活动680次，8700多名机关党员志愿者参加活动。举办第五届志愿服务项目交流洽谈会，深入开展“学雷锋”志愿服务月、“我为群众办实事·共建共享文明城市”、“抗疫爱卫　有你有我”、“公共文明引导”等志愿服务活动，持续打造“礼让斑马线”“文化志愿春风行”“壮乡巧娘”等重点志愿服务项目品牌。南宁市青年志愿者协会获2021年全国“最佳志愿服务组织”称号，“壮乡巧娘”公益帮扶志愿服务项目获评2021年广西“最佳志愿服务项目”，兴宁区民生街道水宁社区获评2021年广西“最美志愿服务社区”。持续开展“文明健康　绿色环保”主题宣传教育，全市各单位宣传栏、办证大厅、餐厅等公共位置设立文明服务、文明礼仪、文明用餐等宣传牌；倡导主动养成公筷公勺的用餐新礼仪，持续开展“光盘行动”；自觉践行绿色消费理念，养成简约适度的消费习惯，推动全社会向文明健康绿色环保的生活方式转变，提升市民文明素质和社会文明程度。（严　劲）

【信用体系建设】2021年，南宁市推进国家信用体系建设示范区创建，成立创建

2021年8月27日，南宁市新时代文明实践中心形象标识发布　罗竹君　摄

信用示范区工作专班。坚持以信立市，建立健全信用制度体系，完善信用信息共享平台功能，重点推进政务诚信、商务诚信、社会诚信、司法公信四大领域诚信建设，加快构建以信用为基础的新型监管机制，推进信用产品应用，优化营商环境。南宁市入驻全国中小企业融资综合信用服务平台企业2074家，授信147.8亿元。市信用办受理企业信用修复申请1515件次，帮助企业完成行政处罚信用修复897件次。出具个人信用记录纸质查询结果报告单9665份，企业信用查询结果纸质报告单3966份，通过线上查询企业信用记录23.02万人次。推行在行政管理事项中使用信用记录报告，累计出具信用报告17.1万份。推广电子诚信卡，给予首批诚信卡获得者在交通、医疗、旅游、健身、图书借阅、审批、金融贷款等领域享受激励措施累计超9.7万人次。升级南宁市公共信用信息共享平台，新增归集信用信息1.2亿条，累计归集信用信息18.18亿条，数据量位居自治区第一。在食品安全、建筑施工、交通运输、中小企业、税务、司法等31个领域实施信用评价管理，采取差异化监管措施。依法依规实施失信约束措施，重点在失信被执行人、重大税收违法领域、招投标活动等领域实施联合惩戒。将2.28万名被执行人列入失信被执行人"黑名单"，其中失信法人4481个、失信个人1.83万人。全市650家企业获2020年度广西"守合同重信用"企业公示；315家企业获2020年度南宁市"守合同重信用"企业公示。入驻"信易贷"平台金融机构47家，发布金融产品91个；入驻企业2061家，累计授信约150亿元。2月28日，南宁市"信用＋智慧"电子诚信卡场景应用获广西自贸试验区首批自治区级制度创新成果最佳实践案例。3月，南宁市首次被列入全国创建社会信用体系建设示范区名单。5月21日，《南宁市社会信用条例》被列入2021年立法调研项目。6月7日，"全国首创电子诚信卡　打造守信激励新模式"获2020年南宁市优秀改革创新项目。6月11日，南宁市出租汽车行业开展"党旗领航·诚信经营"先锋示范车评选活动，评选出先锋示范车60辆。7月15日，南宁市在自治区率先推出"一键式查询、一键打印"信用自助查询机20台，主要投放在各县(市、区)、开发区，五象新区管委会等地，以及市行政审批局、市公共资源交易中心等政务大厅。7月19日，印发实施《南宁市建筑垃圾运输企业信用评价分级分类管理办法(试行)》，有效期2年。7月29日，"南宁市信用信息共享平台"项目获评2021年广西信息化优秀案例征集评价活动公共服务类优秀奖案例。8月1日，正式启用南宁市事前信用承诺监管平台，承诺事项239个，实现五种承诺(容缺受理型、审批替代型、证明替代型、信用修复型、行业自律型)类型全覆盖，在线签署信用承诺书1.07万份，全市签署信用承诺书257.3万份。8月10日至11月23日，市发展改革委联合市住建局、市交通运输局、市工信局、市城管综合执法局、市金融办、市税务局、市商务局、市卫健委、南宁经开区、隆安县陆续举办信用修复接力培训10期，服务企业5506家，帮助企业完成行政处罚信用修复1886件次。10月18日，印发实施《信用南宁建设三年攻坚行动方案(2021—2023年)》。11月3日，国家发展改革委在北京召开2021年全国信用信息共享平台、信用门户网站和全国中微企业融资综合信用服务平台建设观摩视频会，南宁市以总分第三名获全国信用信息共享平台和信用门户网站建设"示范平台网站"称号。12月13日至17日，举办南宁市2021年"信用南宁　美好生活"主题宣传活动周，推动全社会共同参与信用南宁建设。（市发展改革委）

【文化产业】2021年7月，"壮族五色糯米饭制作技艺"传承基地获评2021年自治区级文化产业示范基地，南宁嘉丰文化创意产业园获评2021年自治区级文化产业示范园区创建单位，广西文化艺术中心、非遗生活馆获评2021年自治区级文化产业示范基地创建单位。全市有各级文化产业示范园区130家。其中，国家级文化产业示范基地2家；自治区级文化产业示范园区6家、文化产业示范基地40家、文化创意产品开发示范基地4家；市级文化创意和设计服务业集聚区3家、文化产业示范园区2家、文化产业示范基地73家。（黄小芸）

【文化活动】2021年，市属文艺院团围绕庆祝中国共产党成立100周年等主题，融汇歌舞、器乐、戏曲、小品、曲艺、魔术等艺术种类，创作歌曲《壮乡儿女跟党走》、舞蹈《中国红》、情景诗朗诵《革命英烈的家书》等节目；演出粤剧《江姐》、舞剧《刘三姐》、话剧《大山壮歌》，举办红色歌曲专场交响音乐会及专场音乐会，将传承革命精神等文艺作品呈现给广大群众。12月2日至6日，"携手奋进新征程·合作共赢谱新篇"2021年桂—粤港澳群众文化活动周在南宁举办，包括粤语金曲音乐会、群众文艺精品展演、艺术鉴赏沙龙、乡村社区和谐文艺展演、舞蹈大赛、"绿城歌台"视频集锦线上展播6大板块活动。12月15日至31日，南宁市人民政府、自治区文化和旅游厅主办第九届中国—东盟(南宁)戏剧周活动，以线下录播、线上展播方式，会聚新加坡、越南等5个东盟国家，北京、浙江等19个省(自治区、直辖市)的38个艺术团体，约1300名艺术家和演职人员参演39场戏剧活动，线上平台点击量670多万人次。征集2021年度"港澳青少年内地游学推荐产品"，推选昆仑关、青秀山优秀游学课程；组织申报文化和旅游部2022年度内地与港澳文化和旅游交流重点项目。12月20日，南宁市庆祝中国共产党成立100周年群众文化活动暨第23届南宁国际民歌艺术节"大地飞歌·2021"晚会通过电视、广播、网络等平台播出。"相约民歌湖畔·共眷天下民歌"2021大型民歌专场开展演出4场。民歌湖大舞台周周演群众文化活动累计50多场，参与群众近8万人次；通过南宁广播电视台录播和网络直播，覆盖群众近50万人次。"老南宁·三街两巷"周周演音乐角开展活动50多场，平均每场参与群众超1000人次，全年覆盖游客5万人次；"老南宁·三街两巷"公益演艺活动获评2021年"春雨工程"全国示范性志愿服务项目。开展2021年南宁市"文化志愿春风行"培训服务活动，市群众艺术馆和隆安县文化馆的文化志愿者在乡(镇)、村(屯)、学校建立13个培训服务点，组建舞蹈、合唱、曲艺、服饰秀等艺术表演队15支，培训800多人次。"与明星同唱"南宁百姓歌圩活动举办10场，培训1.50万人次。2021年南宁市"5·23全民艺术普及日"系列活动开展群众性文化活动近100场，参与活动20万人次。开展舞剧《刘三姐》、话剧《大山壮歌》、邕剧《顶蛳山人》的修改提升及复排。邕州剧场开展地方戏曲月月演12场，新会书院开展"邕州神韵"地方戏曲周周演活动20场。全市各类文艺作品、项目、活动参加国家、自治区级艺术赛事和展演、艺术项目申报获各类奖项82个。（黄红婷　吴小雪）

社会建设

【概　况】2021年，南宁市民生支出604.38亿元，占一般公共预算支出的77.94%，比上年提高0.05个百分点。承办自治区为民办实事工程项目10项30个子项，办理市级为民办实事工程10项30个子项，完成率均100%。创新开展市级乡村振兴重点帮扶乡镇和重点帮扶村工作，确定市级重点帮扶乡镇25个、重点帮扶村129个，动员182家企业(社会团体)结对帮扶129个重点帮扶村。1011家企业获评国家科技型中小企业。全市有全国文明校园5所。"南宁教育云平台"获教育部2020年度网络学习空间应用普及活动“优秀区域”奖。南宁市第二中学等6所学校获评为“全国中小学中华优秀文化艺术传承学校”。青秀区教育局“‘和谐之家’家长学校”、江南区江南街道新锦社区“七彩学堂”2个活动项目获评全国“终身学习品牌项目”。收治的新冠阳性病例均得到有效治疗，专业救治医院医务人员“零感染”。全年累计接种新冠病毒疫苗1756.5万剂次，其中12岁及以上人群全程接种681.6万人，加强免疫接种119万剂次，60岁及以上人群接种覆盖率80.72%。横州市被评为全国基层中医药工作先进单位。横州市、上林县、隆安县入选全国基层名老中医药专家传承工作室建设项目。实施民生、健康城市“细胞”和水环境综合治理等工程，南宁市通过国家卫生城市复审，实现国家卫生城市“四连冠”。全国城市健康环境指数评比中，南宁市获评“优秀”等级。

（韦懿芳　黄　坚　叶　康　龚可奉）

【脱贫成果巩固拓展】2021年12月底，全国防返贫监测信息系统中南宁市有未消除风险监测对象7995户2.58万人，均按照规定安排帮扶责任人、落实帮扶措施。创新开展市级乡村振兴重点帮扶乡镇和重点帮扶村工作，创新确定25个市级重点帮扶乡镇、129个重点帮扶村，动员182家企业结对帮扶129个重点帮扶村，落实2.54亿元衔接资金切块下达县（市、区），支持部分重点帮扶乡镇和重点帮扶村。全市投入义务教育阶段学生资助资金1.66亿元，受惠学生35.73万人，其中资助脱贫户和易致贫返贫家庭学生17.52万人次、6973.96万元。中央和自治区下达南宁市的支持学前教育专项新建迁建及改扩建幼儿园奖补资金土建项目资金1.02亿元，开工率98.7%；自治区教育厅下达南宁市第一批义务教育薄弱环节改善与能力提升补助资金、农村义务教育学校校舍安全保障长效机制资金土建项目资金4.44亿元，开工率98.5%。全市享受乡村教师生活补助的教师2.9万余人，发放补助资金9852.51万元。全市应参加城乡居民基本医疗保险脱贫人口58.84万人，实际参保58.84万人，参保率100%，且同步参加城乡居民大病保险。年内，基本医疗保险、大病保险、医疗救助三重保障待遇“一站式”即时结算平台为全市脱贫人口即时结算医疗费用（含普通门诊、门诊特殊慢性病、住院）75.99万人次，涉及医疗费用7.99亿元。全市救治患大病脱贫人口1.79万人，救治率99.53%；符合家庭医生签约条件的常住脱贫人口签约60.13万人。自治区下达南宁市农村危房改造任务1018户全部竣工。建成农村区域集中连片供水项目10个。建立项目管护长效机制，投入农村饮水安全工程维修养护资金3576.23万元，完成农村饮水安全维修养护项目441个。

【乡村实施振兴】2021年，国家确定马山县为国家乡村振兴重点帮扶县，自治区确定隆安县为自治区乡村振兴重点帮扶县，南宁市确定25个市级乡村振兴重点帮扶乡镇、129个乡村振兴重点帮扶村。由县（市、区）整合资源、统筹推进、优先支持，夯实重点帮扶乡镇、村发展基础，推动全市乡村振兴步伐。市乡村振兴局、市委统战部、市住建局、市自然资源局、市工信局、市农业农村局、市商务局、市金融办、市国资委、市工商联动员182家全市（含驻邕）各级各类国有或国有控股企业、民营企业、社会团体，结对帮扶129个市级乡村振兴重点帮扶村。南宁市保持衔接资金投入总体稳定，根据绩效评价口径全市筹措财政衔接推进乡村振兴补助资金19.63亿元，其中中央资金7.92亿元、自治区资金4.81亿元、市本级资金6.90亿元。市本级财政衔接推进乡村振兴补助资金分配继续向脱贫摘帽区县倾斜，安排的市本级资金6.90亿元中下拨至邕宁区、上林县、马山县、隆安县4个脱贫摘帽区县3.89亿元，占比56.37%。

（韦懿芳　黄　坚）

【平安南宁建设】2021年，南宁市25个街道、102个乡镇综治中心分别整合警务室、司法所等与综治中心合署办公，协调、处理辖区内社会治理问题。安装摄像探头5.12万个，覆盖12个县（市、区）、3个国家级开发区，127个乡镇（街道、镇级开发区）及其下辖近1300个村（坡、屯、组、队）、社区、居民小区以及校园周边，实现全市联网互通。政府出资，并与电信、移动及通信营商部门联合，发动村民自建完成3.30万个“平安乡村”智能监控探头联网整合的任务。挂牌整治27个农村治安重点地区，限期整改。打掉涉及侵蚀农村基层政权黑恶势力犯罪团伙9个，刑拘214人。全市乡村达到“一村一警务助理”，1477个建制村均配置警务助理。警务助理结合全市公安派出所开展的“百万警进千万家”活动，协助配合派出所民警深入村屯开展工作，走访乡村6778个，家庭2.51万户3.92万人次，登记流动人口3624人，走访校园2280次。警务助理协助公安部门采集社会信息7.77万条，收集治安信息2332条，排查矛盾纠纷1042条，化解矛盾纠纷946起。信息员提供各类案件信息615条，协助破案201起、抓获犯罪嫌疑人197人、缴获管制刀具41把。全市开展各类排查整治活动408次、抓获犯罪嫌疑人72人。全市社会安全稳定动态十项工作考评排名全自治区第一，群众安全感98.29%，执法满意度91.81%。推进扫黑除恶斗争，打掉涉恶团伙7个，刑拘31人，破获案件28起，组织开展涉黑涉恶案件（线索）倒查225件。严厉打击各类邪教违法活动，破获各类邪教案件35起，查获嫌疑人70名，捣毁资料制作窝点4个。市委政法委制定《社会维稳组关于开展新冠肺炎疫情防控期间维护社会稳定督导调研工作方案》，组成4个督导工作组，赴疫情严峻的区域督导调研，督导调研和整改排查涉及疫情矛盾纠纷和不稳定因素及重点封控区域等19个方面，发现体温监测点设置不规范问题1780个，现场整改1577个，限期整改203个，制定整改措施130项，全市严格落实中高风险地区重点人员协查、排查，精准核查涉疫重点人员数据。

（胡淑媛）

【科技事业】2021年，南宁·中关村入驻创新主体490家。广西首家“飞地孵化器”南宁市—中关村深圳协同创新中心正式启用。市第二家飞地孵化器“南宁—宝地”双园项目签约。全市有各类创新型企业2434家，数量居自治区第一。1011家企业获评为国家科技型中小企业，占自治区31.52%。完成自治区重大科技成果转化项目224项，超额完成年度任务。南宁市“人才飞地”深圳人才工作站、广州人才工作站正式运营，2021年第四届中国·南宁海（境）外人才创新创业大赛成功举办。广西南宁国家农业科技园区建设完成1.3亿元投资，实现全年目标任务130%。新增自治区级农业科技园区3家。1149家企业获2020年激励企业研发投入财政奖补金额8980.31万元。市级规上企业研发投入20.37亿元，比上年增长1.67亿元，增长8.93%。全市新增649家企业通过高新技术企业认定，高新技术企业保有量1378家，比上年净增236家，增长20.67%。落实2020年度高新技术企业认定后补助奖励1880万元，惠及376家认定企业。全市新增广西瞪羚企业14家，瞪羚企业保有量45家，累计64家（次）企业获批为广西瞪羚企业，另有16家企业进入南宁瞪羚企业培育库、74家企业进入广西瞪羚企业培育库。全市新增自治区级科技企业孵化器3家、市级3家，新增自治区级众创空间3家、市级2家。南宁市通过认定科技企业孵化器31家，其中国家级7家、自治区级11家、市级13家；众创空间34家，其中国家级5家、自治区级25家、市级4家。全年投入1020万元补助奖励孵化平台。引进建设广西智能驾驶研究院等5家新型产业技术研究机构,累计引进17家新型产业技术研究机构,完成拨付2020年度新组建的4家机构首批支持建设经费1100万元。依托研究机构在本地组建高水平研发团队,引进13名国家级人才,搭建团队近250人,其中研发人员超160人,15人获南宁市高层次人才认定,获各类技术成果40多项,转化成果24项,实现营收超过1.8亿元。全市实施本级科学研究与技术开发计划项目66项,总投资2.26亿元,下达财政科技经费3715万元。其中,全年组织实施科技重大专项24项,总投资1.62亿元,下达科技经费2560万元;实施重点研发计划33项,总投资5628万元,下达科技经费955万元;实施科技基地专项9项,总投资745万元,下达科技经费200万元。围绕企业研发经费投入奖补等10个方向实施技术创新引导专项,下达科技经费1.24亿元。累计引进院士等国家级人才14人。引育高层次科技人才和团队75人(个)。南宁市通过双向供需对接方式,分两批选派乡村科技特派员669名。

(董玉洁)

【教育事业】 2021年,南宁市一般公共预算安排教育支出135.57亿元,比上年年初预算增长12.83%。全市建成并投入使用公办中小学校22所,新增学位4.04万个,新开办公办幼儿园26所,新增学位8640个。全市有幼儿园、普通中小学、特殊教育学校3119所,在校学生171.72万人,专任教师10.3万人。驻邕高校37所,在校生65.9万人;区直中职学校29所,在校生7.8万人。全市有多元普惠幼儿园528所,普惠性幼儿园覆盖率90.87%,其中市级和自治区级示范性幼儿园188所。全市义务教育阶段学校实现课后服务100%全覆盖,学生参与率88.52%,压减学科类校外教育培训机构641家,压减率84.45%。南宁市第四中学获认定为自治区示范性普通高中,南宁市横州中学获认定为自治区特色普通高中,南宁市第十中学获批自治区示范性普通高中立项建设学校,全市有自治区示范性普通高中26所、自治区特色高中3所。完成164名卓越校长培养对象、163名“扬帆计划”培养对象轮训。全市学校创建文明校园参与率100%,新增南宁市文明校园191所,全市累计有全国文明校园5所、自治区文明校园59所、市文明校园543所。南宁市域范围内有国家级研学基(营)地5个、自治区级46个、市级36个。使用中央和自治区支持学前教育专项新建迁建及改扩建幼儿园奖补资金土建项目资金1.02亿元,使用自治区义务教育薄弱环节改善与能力提升补助资金、农村义务教育学校校舍安全保障长效机制资金土建项目资金4.44亿元,用于农村幼儿园及义务教育学校建设。全市累计下达中央、自治区和市本级农村义务教育学生营养改善计划补助资金3.55亿元,受益学生超45万人。开展粤桂教育协作工作,广东省深圳市福田区选派33名教师赴南宁市上林县、马山县和隆安县支教帮扶,南宁市选派88名骨干教师、学校领导赴深圳市福田区学校跟岗学习交流。利用2021年广东帮扶广西财政协作资金举办南宁市粤桂教育协作县区骨干教师能力提升高级研修班,投入资金57.75万元,培训各县(市、区)教师207人。全年发放学生资助项目资金10.30亿元,首次超过10亿元;受惠学生83.26万人次,首次超过80万人次,逾45万名学生享受营养膳食补助。资助建档立卡脱贫户学生31.62万人次,发放和拨付建档立卡脱贫户学生免、助、奖学金2.53亿元。组织国家教育考试11次,考生约83万人次。其中,研究生考试4689人,普通高考10.23万人,普通高考外语口试1.40万人,成人高考2.67万人,两场高中学业水平考试54.89万科次,中考9.35万人,两场自学考试4.69万人,两场教师资格笔试考试3.15万人次。7所职校联合企业共建7个产业学院,建立新型产教结合纽带,推进“引企入教”。年内,南宁市在基础教育各类教学评比、比赛中,获全国一等奖6个、二等奖10个、三等奖4个,获自治区级一等奖148个、二等奖135个、三等奖132个。在16所基地校开展国家级优秀教学成果推广应用工作。南宁市获2021年广西基础教育自治区级教学成果等次特等等次4项、一等等次14项、二等等次34项,获2021年广西职业教育教学成果等次评定一等等次4项、二等等次7项。

(叶　康)

【卫生医疗】 2021年,南宁市辖区有医疗卫生机构4895个,其中医院159家、基层医疗卫生机构4662家、专业公共卫生机构51个、其他卫生机构23个。市属医疗卫生机构4861家,其中医院140家、乡镇卫生院120家、疾病预防控制机构16个、卫生监督所15个、妇幼保健机构8个、社区卫生服务中心(站)130个、专科疾病防治所1个、急救中心1个、采供血机构5个,门诊部、诊所、卫生所、医务室2987个,村卫生室1425个、计划生育技术服务机构1个、其他卫生机构12个。市辖区有医疗卫生人员10.31万人,卫生技术人员8.55万人,执业医师和执业助理医师3.10万人。全科医生2054人,注册护士4万人。市属医疗卫生机构有卫生人员7.23万人,卫生技术人员5.98万人,其中执业(助理)医师2.19万人、注册护士2.71万人;卫生人员、卫生技术人员、执业(助理)医师、注册护士分别增加6.93%、7.02%、6.52%、9.29%。新冠病毒核酸检测能力基本满足2天可完成主城区近600万人口的核酸检测任务。主城区设采样点位6238个,采样通道数1.21万条,需采样人员1.3万余人,储备具备上岗资质采样人员3.3万余人。全市有核酸检测机构61家,最大日检测能力28.25万管。设立新冠救治定点医院4家,并指定市级三级传染病专科医院南宁市第四人民医院收治新冠肺炎病毒阳性患者,总床位700张,可收治床位597张。年内,累计收治新冠肺炎确诊病例6例(本土1例、境外5例),境外无症状感染者19例。全年累计接种新冠病毒疫苗1756.5万剂次,其中12岁及以上人群全程接种681.6万人,加强免疫接种119万剂次,60岁及以上人群接种覆盖率80.72%。单日接种量、总接种剂次居全自治区第一。加快推进城区级二级公立医院建设,投入2700万元新建1个、改扩建4个社区卫生服务中心。支持和推动社会办医,前海人寿广西医院和南宁医院先后投入使用。推进智慧医疗建设,电子健康卡使用覆盖市县两级33家二级以上公立医院,一卡通发卡量超过415万人。试点开展“互联网+护理服务”工作,累计为有需求的老弱群体提供上门护理服务2000多人次。南宁市获评为“公立医院综合改革成效明显的城市”,医疗集团改革举措入选自治区党委改革办优秀改革案例,医改项目被评为市委、市政府2020年度优秀改革创新项目。建立自治区中药材产业示范基地3个。广西大明山风景区、九曲湾温泉度假村获命名为自治区第二批中医药健康旅游示范基地,市中医医院新华国医堂获“广西中医药文化宣传教育基地”称号,广西医大仁爱养老服务中心、南宁市家丽怡康馨园获广西第二批“中医药特色医养结合示范基地”称号。推进国家级医养结合试点城市建设工作,医养结合机构突破60家,6个社区获评首批示范性全国老年友好型社区,2个医养结合经验入选国家卫健委《卫生健康工作交流简报》。统筹推进市级层面重大项目和强首府战略重点项目19个,重点推进南宁市第二人民医院急诊内科综合楼、南宁市第四人民医院传染病门诊住院综合楼、南宁市中西医结合医院项目等项目建设。全面实现全民健身和全面健康深度融合发展,居民健康素养水平位居全自治区首位;构建健康南宁行动“1+19”政策框架体系;实施民生、健康城市“细胞”和水环境综合治理等工程,实现国家卫生城市“四连冠”;在全国城市健康环境指数评比中,

2021 年 7 月 17 日，第六届南宁市社区全民健身运动会曳步舞表演　　市体育局提供

南宁市获评“优秀”等级，在西部城市中排名第一。（龚可奉）

【体育事业】 2021 年，南宁市有各级社会体育指导员 2.60 万人，超额完成每千人拥有 2 名社会体育指导员的目标要求。市级单项体育协会 51 个，单项俱乐部 208 个。全市人均体育场地面积 2.02 平方米，逐步建成城市社区“10 分钟健身圈”。承办自治区级为民办实事全民健身工程项目，新建标准或非标准篮球场 3 个、门球场 1 个，配建体育健身器材 2 套；做好市本级体育为民办实事工程项目，为各县（市、区）、开发区的公园、街道、社区、街头绿地、行政村新增或更换户外全民健身路径器材 40 套（一代健身路径器材 30 套、二代健身路径器材 10 套）。全市举办线上线下各类体育赛事活动约 500 项次，经常参加体育锻炼的人数比例保持在 46% 以上。南宁市获评为自治区级全民健身和全民健康深度融合示范市，是自治区唯一获此殊荣的地级市。竞技体育综合实力增强，培养输送的 50 名南宁市籍运动员代表广西参加第十四届全国运动会获得 2 金 1 银 3 铜的优异成绩。城市围棋联赛入选“2021 中国体育旅游精品项目”，马山县乔老河片区休闲体育旅游线路获评为广西体育旅游精品线路，2021 年“奔跑吧广西”生态马拉松系列赛暨广西启迪 · 南宁生态半程马拉松比赛、城市围棋联赛 2021 赛季获评为广西体育旅游精品赛事。全市体育产业获国家级荣誉 15 个、自治区级荣誉 43 个，打造自治区星级体育综合体 12 家。（张宗千）

【社会保障】 2021 年，南宁市发放基本养老保险、失业保险、工伤保险待遇 188.62 亿元（基本养老保险 181.89 亿元、失业保险 4.27 亿元、工伤保险 2.46 亿元），惠及群众 114.81 万人。全市有 7.90 万家参保单位和 1656.27 万人参保（参加基本养老保险 521.71 万人、基本医疗保险 744.75 万人、生育保险 156.12 万人、失业保险 111.31 万人、工伤保险 122.38 万人）。全年为全市企业降低职工失业保险、工伤保险 2 项社会保险费人工成本 8.33 亿元。城乡居民医保就医结算 768.05 万人次，涉及医疗费用 82.97 亿元，统筹基金支出 47.29 亿元，大病保险支出 6.10 亿元。职工医保就医结算 364.03 万人次，涉及医疗费用 39.34 亿元，其中统筹基金支出 22.10 亿元，职工大额医疗费用统筹支出 1.47 亿元。全市发放低保、特困人员供养资金 165.12 万户次、362.45 万人次、11.67 亿元，发放临时救助资金 6.78 万人次、2055.91 万元。医疗救助 66.79 万人次，救助资金支出 2.81 亿元。救助流浪乞讨人员 7148 人次。新开工建设市本级公共租赁住房（简称“公租房”）2275 套，市本级公租房新增申请家庭 2.63 万户，新增分配 1.39 万套，累计市本级政府管理的公租房分配入住 4.88 万套。开工建设筹集保障性租赁住房项目 28 个、1.35 万套（间）。

（廖书恒　磨　嘉　梁　敏　潘　欣）

生态文明建设

【概　况】 2021 年，南宁市区环境空气质量优良率 97%，优良天数 354 天，南宁市区环境空气质量在全国 168 个重点城市中排名第二十二，省会城市排名第六。南宁市地表水水质首次上榜全国前三十，年度全国排名第二十四，省会城市排名第二，水质改善幅度排名全国第二十二；主要流域地表水水质优良比例保持 100%，市、县两级饮用水水源水质达标率继续实现“双 100%”。4 月，那考河 PPP 项目入选国家发展和改革委员会在官方网站发布绿色政府和社会资本合作（PPP）项目典型案例，为全国水环境治理 PPP 项目工作提供“南宁经验”。南宁市黑臭水体治理经验入选生态环境部通报表扬典型案例。全市完成增加海绵城市目标达标面积 7.03 平方千米，实现海绵城市目标达标面积 74.51 平方千米，占建成区面积 23.36%。污染地块安全利用率持续保持 100%，全市农整项目大数据智能化管理模式成全区创新典型。新增环境保护挂牌重点服务企业 128 家。全市有市级以上生态环境宣传教育实践基地 38 个，其中 4 个单位获命名国家级生态环境宣传教育实践基地，31 个单位获命名自治区级生态环境宣传教育实践基地。2 月 20 日，邕宁区绿水青山就是金山银山宣传教育基地、横县西津国家湿地公园科普教育基地入选第二批南宁市生态环保科普教育实践基地名单。10 月 12 日，隆安县七一公园（点灯山）获命名第二批广西生态环境宣传教育实践基地。12 月 3 日，南宁青秀山风景名胜旅游区、广西壮族自治区药用植物园获国家生态环境科普基地综合评估结果为“优秀”，美丽南方综合评估结果为“合格”。良庆区获“第五批国家生态文明建设示范区”称号，成为南宁市首个获该荣誉的城区。（张心　曾宇）

【生态保护与建设】 2021 年，南宁市有自然保护区 8 个，总面积 6.26 万公顷，其中森林和野生动物类型自然保护区 7 个（广西大明山国家级自然保护区、广西龙虎山自治区级自然保护区、广西龙山自治区级自然保护区、广西三十六弄—陇均自治区级自然保护区、广西弄拉自治区级自然保护区、广西西大明山自治区级自然保护区、南宁市良庆区那兰鹭鸟市级自然保护区）；地质遗迹自然保护区 1 个（横县六景泥盆系地层标准剖面自治区级自然保护区），面积 20.99 公顷。有国家湿地公园 2 个。其中，横县西津国家湿地公园，面积 1855.69 公顷（湿地面积 1619.93 公顷）；广西南宁大王滩国家湿地公园，面积 5520 公顷（湿地面积 3800 公顷）。有森林公园 8 个。其中，国家级森林公园 2 个，分别为广西九龙瀑布群国家森林公园（面积 1639.9 公顷）、良凤江国家森林公园（面积 1321.3 公顷）；自治区级森林公园 6 个，分别为五象岭森林公园（面积 561.8 公顷）、广西朝燕自治区级森林公园（面积 340 公顷）、广西老虎岭森林公园（面积 306.67 公顷）、金鸡山自治区级森林公园（面积 610.53 公顷）、广西七坡自治区级森林公园（面积 495.2

公顷)、广西高峰自治区级森林公园(面积1237.07公顷)。有石漠公园1个:广西宾阳八仙岩国家石漠公园,面积620公顷。有风景名胜区2个。其中,南宁青秀山自治区级风景名胜区,面积1354公顷;广西龙虎山自治区级风景名胜区,面积839公顷(与广西龙虎山自治区级自然保护区面积重叠)。南宁市区环境空气质量优良率97%,PM2.5平均浓度28微克/立方米,超额完成自治区年度考核目标,全年未发生重度及以上污染天气。兴宁区、江南区、青秀区、西乡塘区、邕宁区、良庆区、高新区、经开区、五象新区空气质量AQI优良率93.2%~97.8%,空气综合指数3.09~3.47。武鸣区、横州市、宾阳县、上林县、马山县、隆安县、东盟经开区AQI优良率93%~99.2%,空气质量综合指数在2.48~3.19。全市主要流域地表水水质优良比例保持100%,市、县两级饮用水水源水质达标率继续实现双"100%"。各断面均达国家考核目标,其中5个优于考核目标。原有38段黑臭水体水质达标率趋于稳定,南宁市黑臭水体治理经验入选生态环境部通报表扬典型案例。南宁市国家级、自治区级水功能区达标率100%,均为达标水功能区。市级在用饮用水水源水质实现常年稳定达标,县级饮用水水源水质达标率连续5年100%。植树造林1.86万公顷,森林抚育4.27万公顷,全民义务植树951.2万株。全市森林覆盖率48.86%。全市23个左右江流域山水林田湖草生态保护修复工程项目全部完工,其中完成验收22个,实际完成投资34.61亿元,完成中央奖补资金支出3.53亿元,中央奖补资金执行率100%。全市畜禽粪污综合利用率87.48%。畜禽规模养殖场粪污处理设施装备配套率99.08%,其中大型规模养殖场粪污处理设施装备配套率100%。全市城市昼间区域声环境质量平均值为56.1分贝,比上年上升2.8分贝。昼间城市区域声环境质量为三级。市城市道路交通噪声昼间平均等效声级68.0分贝,下降0.5分贝。昼间道路交通噪声环境质量为一级,总体属好水平。市区辐射环境质量安全。市区环境电磁辐射年平均值:电场强度1.03伏/米,功率密度0.004瓦/平方米。市区10个监测点位的环境电磁辐射综合场强监测值均低于《电磁环境控制限值》(GB8702—2014)30兆赫兹~3000兆赫兹频率范围的公众暴露控制限值。

(张佩华　张　心　曾　宇)

【"南宁蓝"打造】 2021年,南宁市印发《南宁市2021年度大气污染防治攻坚实施计划》《南宁市2021年夏季臭氧污染防治攻坚行动方案》《南宁市2021—2022年秋冬季大气污染防治攻坚行动方案》。市生态环境局出动检查人员1.1万人次检查企业落实大气污染防治措施的情况,检查企业4700余家次,发出整改通知书170余份。开展市区主要道路积尘负荷走航监测3100千米,洒水降尘用水约773万吨;市、城区两级交警、城管等部门组成联合执法组,通过不定期设点检查、设置联合执法卡点等方式开展工程运输车辆联合执法行动,查处违法违规车辆4万余辆;检查机制砂场886家次,拆除非法砂场77家;用好扬尘"慧眼"监控系统,系统推送案件2564起,利用系统开展"非接触式"执法491起。推进重点行业烟气深度治理,争取中央资金1000万元鼓励华润水泥(南宁)有限公司实施烟气脱硝工程升级改造。制定印发《南宁市挥发性有机物企业排查整治工作方案(2021—2022年)》,全市环保系统相关工作人员和涉VOCs(挥发性有机物)排放企业参加VOCs治理培训班2期,开展涉VOCs排放企业排查整治,治理企业69家。市生态环境局联合市公安局交警支队发布公告启用机动车排气污染遥感监测系统,全年全市遥感监测过往机动车209万辆,移交330辆抓拍黑烟超标车证据材料至交警部门进行后续处罚。落实执行国三及以下柴油货车禁行区通告,交警部门停止受理国三及以下柴油货车办理"市内道路通行证"。全市新建2个机动车排气污染遥感监测点,在自治区率先建设柴油车远程在线监控项目、非道路移动机械实时监控项目,其中柴油车远程在线监控项目建成并验收。全市新能源汽车增量3万辆,完成年度任务279.93%;新能源汽车充电桩建成3982个,完成年度任务130%,新能源汽车增量及充电桩完成量均排在自治区前列。严控秸秆露天焚烧,落实网格员1.12万人。开展人工常态化巡查,出动巡查人员16.40万人,发现并处置火点6200余处,处罚违法禁烧行为277起,处罚金额13.75万元,取消耕地地力补贴0.87万元。加强卫星遥感监控系统、铁塔视频监控系统的应用,将火点数量及处理情况纳入生态环境"一岗双责"考核体系,全市禁烧智能化监控系统火点处理率82.2%。推进秸秆禁烧智能化视频监控点建设,全市累计建成186个监控点,监控点数量和监控面积均居自治区第一。市区空气质量优200天、良154天、轻度污染11天,市区空气质量达标天数比例(AQI优良率)97%,比上年降低0.5个百分点。市区环境空气中二氧化硫、二氧化氮、一氧化碳达一级标准,可吸入颗粒物、臭氧、细颗粒物达二级标准。六项污染物浓度中,二氧化硫、一氧化碳持平,二氧化氮、可吸入颗粒物、臭氧、细颗粒物分别上升4.2%、2.2%、9.3%、7.7%。

(张心　曾宇)

【河湖长制】 2021年,南宁市持续推进河湖长制"有名""有责""有为""有效"。全市各级河湖长履行巡河、管河、护河职责,开展巡河(湖)14.89万人次、帮扶指导116次,发出督办函6次。完成左江(南宁段)、清水河、武鸣河、八尺江、罗兴江、南江和南湖的河湖划界及岸线保护与利用规划编制并获批复,完成编制1400条流域面积50平方千米以下的河湖管理范围划定任务,划定成果电子标绘上图入库。"互联网+河长制"促进河湖长制工作管理智慧化,完成广西河道采砂"互联网+"监管系统平台信息录入,严查严打河道非法采砂行为。创新河湖监管模式,新建水质自动化监测站点27个,提升重要江河湖库水质监控的时效性和精准度。深化"河长+检察长"协作机制,联合开展"河长+检察长"巡河检查。出台《南宁市畜禽养殖禁养区排查整治工作方案》。制定《八尺江"流域共治"长效机制实施方案》,精细化治理八尺江流域水葫芦泛滥等突出问题。将防洪保安澜与提升生态、景观、休闲、文化、产业等社会功能结合,打造竹排江(南湖街道段)、沙江河(竹排江A段)、大王滩水库等12条(段、个)美丽幸福河湖,其中马山县乔老河成为自治区、南宁市新农村"乡村振兴+治水"的优秀样板,中央广播电视总台、新华网、人民网等媒体宣传治理成效。修复河湖水生态,9月28日,南宁市举办大王滩水库水生态修复净水渔业科研试点活动,向大王滩水库投放45万尾鳙鱼、鲢鱼等鱼种,保护和恢复水库水生生物资源,实现"以鱼养水,以鱼净水"的生态目标。创建节水护水新模式,隆安县在自治区率先采用"服务总承包"的模式开展县域节水型社会达标建设,由中标单位提供方案设计、建设、节水宣传、验收等全过程服务。"河长通"手机App平台接收各级河长、河长办、巡河员及社会公众发送的河道漂浮垃圾、水体颜色异常、污水排放等问题1076个,发出处置指令94次,处理群众投诉47起。开展河湖"清四乱"(清理"乱占、乱采、乱堆、乱建"等危害水生态环境的行为)专项行动,每月联合市河长会议成员单位开展帮扶指导,整治市域流域突出问题,基本实现问题动态清零,销号率100%,水环境质量上升,推进百里秀美邕江开发治理和综合利用。南宁市主要流域二类以上水质占比100%,地表水水质优良比例100%,地表水水质达标率实现100%。市境内主要流域保持"二类水入境、二类水出境";连续12个月跻身全

国水质考核“红榜”，全年排名保持省会城市前 2 名。（卢明发）

【水环境综合治理】2021 年，南宁市开展黑臭水体治理示范市建设，38 段黑臭水体全面消除，收集率显著提升。南宁高新区污水管网空白区、心圩江污水管网空白区和五象新区污水管网空白区消除，青秀区 4 片污水管网空白区基本消除。排查污水处理(水质净化)厂 14 座，存在外水入渗情况 5 座，整改完成外水量 10.32 万立方米/日。落实“一厂一策”整治方案，强化污水处理厂、泵站、管网运行调度。建设“厂—网—河(湖)”一体化管理机制，2 月，管网“一张图”信息化管控平台上线运行，实现建成区内排水管网实时更新维护、动态可视、监测预警、联合调度等功能。9 月 30 日，市第十四届人大常委会第三十九次会议通过《南宁市城镇排水与污水处理条例》，报自治区人大常务委员会批准施行。新建污水管网 171.74 千米，清淤修复雨污管网 45.81 千米，打通市政道路雨污水断头管 50 处。全市增加海绵城市目标达标面积 7.03 平方千米，实现海绵城市目标达标面积 74.51 平方千米，占建成区面积 23.36%。全市试点区外海绵城市建设项目 1097 个，涉及试点区外 95 个排水分区，项目类型涵盖小区、公共建筑、道路广场、公园绿地、流域综合治理、管网综合治理等。市住建局日常检查河道岸线卫生清理、排口溢流情况，派出 537 人次巡查管辖的 18 条内河 38 个河段，与河长办联合巡查 6 次，防汛节点排查 5 次。市区污水处理能力 188 万吨/日，总体满足城市生活污水处理需求。市区投入运营的水质净化厂 15 座。其中，建成区范围内有 14 座，污水处理能力 183 万吨/日；武鸣区有 1 座，污水处理能力 5 万吨/日。市区在建的水质净化厂 2 座，分别为仙葫水质净化厂(一期设计规模 5 万吨/日)、武鸣城南水质净化厂(一期设计规模 5 万吨/日)。市区污水处理率 99.6%。建成区内一体化污水处理设施 25 座，主要分布在可利江、凤凰江、仙葫半岛等污水集中处理能力有短板的区域，总设计规模 7.5 万吨/日。污水处理厂平均进水 BOD 浓度 70.2 毫克/升，城市污水集中收集率 62.5%。

（潘　欣）

2021 年，南宁市加快建设城乡公共充电基础设施，助推新能源汽车推广应用。图为西乡塘区新阳站蔚来充换电站　　南宁蔚来汽车销售服务有限公司提供

【节能降碳】2021 年，南宁市规模以上工业企业综合能源消费量 482.99 万吨标准煤，比上年上升 6.45%，规模以上万元工业增加值能耗下降 0.98%。7 家企业进入国家级绿色工厂名单，8 家企业进入自治区级绿色工厂名单。广西隆安南华糖业有限公司南圩糖厂被认定为 2021 年度南宁市级节水型企业。城市规划区内新建民用建筑项目在设计阶段全面执行绿色建筑标准，竣工验收阶段绿色建筑占比 87%，超自治区目标任务 27 个百分点；全面落实建筑节能强制性标准，完成建筑节能 24.03 万吨标准煤，完成自治区目标任务 109.23%。交通运输行业节能减排年度目标 3 万吨标准煤，全年累计完成 3.1 万吨标准煤，完成年度目标任务。全市新建新能源汽车充电桩 3982 个，累计建成新能源汽车充电桩 1.11 万个。全市公共交通机动化出行分担率 50.09%。市区有常规公交线路 197 条，累计拥有 3781 辆在营公交车，其中新能源和清洁能源公交车 3581 辆，占市区在营公交车辆总数 94.71%。有巡游出租车 7050 辆，其中新能源车辆 435 辆，其余为清洁能源车辆，全部实现 100% 清洁化。完成 425 辆新能源公交车采购并交付，完成率 100%。新增建设公交充电桩 206 个，累计有公交充电桩 1072 个(只含兴宁区、江南区、青秀区、西乡塘区、邕宁区、良庆区)。11 月 2 日，《南宁市绿色出行创建行动年度报告(2020 年)》通过成果评审。引导淘汰老旧柴油货车。南宁港安装岸电设施 49 套，船舶进港装卸全部使用岸电，实现低碳作业。全市港口企业全部配套建设生活垃圾、生活污水和含油污水接收设施。全市创建节约型机关 345 家，比自治区目标任务多创建 175 家；重点在机关、医院、学校等不同类型公共机构中遴选建设第一批公共机构生活垃圾分类示范单位 11 个。以机关、学校、医院的节电、节水为重点，投入 1355 万元，综合节能改造市司法局、市第五中学等 7 家公共机构，改造面积 26.11 万平方米，超额完成自治区节能目标。

（戴晓敏　潘　欣　赵国军　黄培伟）

编辑　覃涓铌　钟婉悦

中国—东盟博览会·商务与投资峰会

中国—东盟博览会·商务与投资峰会概览

【总体情况】 2021年9月10日至13日，第18届中国—东盟博览会、中国—东盟商务与投资峰会（分别简称“东博会”“商务与投资峰会”，合并简称“两会”）在世界新冠肺炎疫情起伏反复、世界经济脆弱复苏和中国—东盟建立对话关系30周年背景下于南宁举办。中华人民共和国主席习近平向第18届“两会”致贺信，国家副主席王岐山出席开幕大会宣读贺信并致辞，老挝总理潘坎、文莱苏丹哈桑纳尔、柬埔寨首相洪森、马来西亚总理伊斯迈尔、泰国总理巴育、巴基斯坦总统阿尔维、新加坡副总理王瑞杰、越南副总理黎文成及缅甸商务部长本山、东盟秘书长林玉辉分别在“两会”开幕大会上视频致辞；老挝、文莱、马来西亚、缅甸、新加坡、泰国、越南、巴基斯坦、东帝汶9国驻华大使，16个外国政府代表团，94名国内部长级贵宾，36个省区市代表团参会。此届“两会”主题为“共享陆海新通道新机遇，共建中国—东盟命运共同体”。东博会主题国老挝，特邀合作伙伴巴基斯坦；设置商品贸易、投资合作、服务贸易、先进技术、魅力之城五大专题展区，采取“实体展+云上东博会”的线上线下办展形式；实体展总面积10.2万平方米，展位总数5400个，其中外国展位数905个，比上届增长13.4%，线上参展企业1517家；41个国家和地区的1502家企业参展参会，展出商品约10万件，会期入场参观人数8.9万人；举办26个高层论坛（会期举办17个）。商务与投资峰会举办老挝国家领导人与中国企业CEO圆桌对话会等系列活动。“两会”展示经贸和各领域合作新成果新商机，展览会议及各项活动平安、顺利、圆满，办出特色、水平和实效。

【开幕大会】 2021年9月10日上午，第18届中国—东盟博览会、中国—东盟商务与投资峰会开幕大会在南宁国际会展中心举行。中华人民共和国副主席王岐山，东盟和其他国家驻华使节，中国国家部委有关领导、各省区市有关负责人、广西壮族自治区有关领导，金融机构负责人、商协会会长、有关国际组织负责人、企业家、专家学者、各界人士代表等出席。中华人民共和国主席习近平向第18届“两会”致贺信，高度评价中国与东盟建立对话关系30年取得的成就，展现持续推进“4点倡议”有关领域合作的坚定信心，表达对加强中国—东盟合作的良好期待，擘画中国—东盟关系的新蓝图，为建设更为紧密的中国—东盟命运共同体指明方向、提供根本遵循。王岐山在致辞中表示，中方视东盟为周边外交优先方向和高质量共建“一带一路”重点地区，表达中方愿与东盟一道，对接发展战略，拓展经贸合作，深化抗疫合作，培育发展新动能，扩大社会人文交流的愿望，将推动双方关系在下一个30年更加繁荣美好。潘坎、哈桑纳尔、洪森、伊斯迈尔、巴育、阿尔维、王瑞杰、黎文成、本山、林玉辉分别通过视频发表致辞时表示，当前各国正处在经济恢复的关键期，中国—东盟博览会为各方加强贸易和投资合作提供重要平台，期待各方通过更多具体、务实和有意义的合作，继续推动对话关系的发展，有力促进区域共同繁荣发展。开幕大会由广西壮族自治区主席蓝天立主持。广西壮族自治区党委书记鹿心社、中国商务部国际贸易谈判代表兼副部长俞建华、中国贸促会会长高燕分别致辞。王岐山宣布：第18届中国—东盟博览会、中国—东盟商务与投资峰会开幕！王岐山等15位嘉宾共同为“两会”启幕。

【主要成果】

“两会”影响力极大提升　习近平主席向“两会”致贺信引发热烈反响。参会的各国驻华使节盛赞贺信，认为中国—东盟合作充满活力且根深蒂固；中央和国家部委领导认为贺信为中国与东盟各领域深化合作指明方向；各省区市领导认为贺信极大鼓舞地方服务国家周边外交战略，积极融入新发展格局；参展参会企业普遍认为贺信为其拓展东盟市场，参与“一带一路”建设注入强心剂；各界人士表示贺信提出的理念深刻阐述中国与东盟合作发展的新趋势。王岐山副主席在致辞时表达中方愿与东盟一道，对接发展战略，拓展经贸合作，深化抗疫合作，培育发展新动能，扩大社会人文交流的愿望。东盟国家领导人在视频致辞中高度认同中国—东盟关系发展成就，表达建设更为紧密的中国—东盟命运共同体的信心和决心。

政治外交功能增强　此届“两会”期间，举办中国共产党同东南亚、南亚国家政党对话会，印度尼西亚、老挝、尼泊尔3个国家的政党政要在会上视频致辞，40多个国家的政党领导人、青年组织负责人及政府代表团300多人通过视频连线参会，30多位东南亚、南亚国家驻华使节现场出席，发布《中国共产党同东南亚、南亚国家政党对话会共同倡议》。举办中国—老挝建交60周年、中国—文莱建交30周年、中国—巴基斯坦建交70周年3场纪念建交活动，深化双边战略互信，凝聚新共识，推动中老经济走廊、广西—文莱经济走廊、中巴经济走廊等重点项目深入实施。举办广西向越南捐赠新冠病毒疫苗和抗疫医疗物资捐赠仪式，物资总价值约 6255 万元，进一步深化与越南抗疫合作。

经贸合作不断拓展 此届东博会举办 148 场线上线下经贸活动，80 个中外采购团组线上线下参会，各场对接会为国内外客商促成 3200 对精确配对。签订合作项目 179 个，总投资额超 3000 亿元，较上届增长 13.7%，创历届新高；10 亿元以上项目占比超 70%，其中 50 亿元以上项目 7 个；签约项目聚焦实体经济、"四新经济"（新技术、新产业、新业态、新模式）；电子信息、绿色化工新材料和节能环保、轻工纺织、高端家具家居材料、汽车等工业及战略性新兴产业项目占比近 50%。举办中石化"易享节"，创新零售连锁店进入展会新模式。云上东博会全年在线运营，会期效应达到高峰。注册用户 6 万多人，比上年增加 5 万人；全网曝光量超过 11.4 亿次，站内访问量超过 2156 万次；举办优选好物节等直播活动。举办中国—东盟建立对话关系 30 周年合作成果展、中国—东盟建立对话关系 30 周年经贸合作论坛，推动双边经贸合作向更高层次、更宽领域迈进。首次在广西举办 RCEP（区域全面经济伙伴关系协定）经贸合作工商高峰论坛、RCEP 全国中小企业专题培训班；首次设置 RCEP 展区，日本、韩国、澳大利亚、新西兰企业参展；举办日本企业广西行交流活动；大韩贸易投资振兴公社成为东博会首个 RCEP 国别的特别合作机构。

深化工商界合作取得新成果 此届商务与投资峰会举办老挝国家领导人与中国企业 CEO 圆桌对话会、中国—东盟商界领袖论坛暨中国—东盟建立对话关系 30 周年特别会议、中国—东盟商事法律合作研讨会等系列活动。东盟 10 国国家工商会由历届峰会的协办单位提升为共同主办单位。活动主题实现创新，邀请域内工商界领袖与政府高官交流，对 RCEP 生效后的商机、前景进行探讨和展望，发布《中国—东盟国家工商会关于加强共商共建共享陆海新通道合作倡议》。

"南宁渠道"进一步畅通 此届东博会框架下举办的高层论坛，涵盖 RCEP、产业链、产能、海关、卫生等领域，取得丰硕成果。RCEP 经贸合作工商高峰论坛发布《关于共同促进 RCEP 加快生效实施的南宁倡议》，中国—东盟建立对话关系 30 周年经贸合作论坛发布"中国—东盟贸易指数"，中国—东盟农业合作论坛发布《中国—东盟农业合作纪念画册》，中国—东盟动植物检疫和食品安全合作（SPS）部长级会议通过《联合新闻声明》《中国—东盟动植物检疫和食品安全合作 2022—2023 年度行动计划》，中国气象局发布《2021 中国—东盟气象发展指数报告（老挝篇）》。"一带一路"国际产业合作论坛暨中国—东盟产业链供应链价值链融合论坛成立"一带一路"工业通信业国际合作智库联盟、中国—东盟跨区域跨境产业链供应链合作平台，中国—东盟技术转移与创新合作大会启动中国—东盟技术交易平台、中国—东盟科技人才创新驿站，金融论坛揭牌中国—东盟大宗商品期现货结合服务基地、中国—东盟跨境金融服务中心，中国—东盟丝路电子商务论坛促成谷歌、阿里巴巴、敦煌网等 30 多个电商科技项目在广西落地发展，中国—东盟国际标准化论坛成立中国—东盟国际标准化人才培训基地、上线中国—东盟标准云平台，中国—东盟妇女论坛建立中国—东盟妇女培训中心教学实践基地集群，中国—东盟会展业合作发展论坛揭牌南宁国际会展服务业集聚区。海关总署分别与老挝、泰国农业主管部门签署双边协定书，国家统计局与广西壮族自治区人民政府签署合作协议，并在广西设立中国—东盟统计学院，澜湄跨境传染病联防联控广西中越边境地区艾滋病项目工作会签署《关于卫生合作的备忘录》。

新闻宣传增效添彩 此届"两会"有 117 家媒体、1196 名记者到会报道。《人民日报》《光明日报》《经济日报》头版头条、中央广播电视总台《新闻联播》报提要重要位置刊播习近平主席向"两会"致贺信的消息。此届"两会"宣传通过报台网端微屏多点发力、协同传播，创新推出"云观'两会'"96 小时慢直播，形成全媒体、多角度、高密度、深层次的宣传报道，及时将"两会"盛况及成果在国内外媒体同步发布、广泛传播。国内外各媒体平台累计刊播"两会"相关稿件超 1.3 万篇，"两会"相关新媒体内容及话题阅读量累计超 5.6 亿次。

服务广西开放发展取得成效 此届"两会"，推动西部陆海新通道、广西面向东盟金融开放门户、中国（广西）自由贸易试验区的建设迈出新步伐。广西壮族自治区人民政府主办北部湾国际门户港合作峰会暨中国—东盟港口城市合作网络论坛，发起成立中国—东盟多式联运联盟倡议暨中国—东盟多式联运服务中心揭牌；广西壮族自治区人民政府与中国远洋海运集团签署《"十四五"战略合作协议》；中国民用航空局主办首届中国—东盟民航合作论坛，探讨后疫情时代中国和东盟的民航合作与发展，推动南宁临空经济示范区加快建设。广西、重庆等 11 个省区市签订面向东盟物流金融联盟倡议；广西壮族自治区人民政府与国家开发银行等 6 家单位代表签订《战略合作协议》。举办中国（广西）自由贸易试验区推介会，签署《沿边自由贸易试验区协同制度创新框架协议》；推动文莱广西总商会等多家机构入驻中国—东盟经贸中心；中国—东盟特色商品汇聚中心吸引巴基斯坦展示馆正式入驻。广西组织企业和 2.7 万名专业观众参展参会，招商引资成果丰硕。

【闭幕新闻发布会】 2021 年 9 月 13 日下午，中国—东盟博览会组委会、中国—东盟商务与投资峰会组委会在南宁国际会展中心新闻发布厅举行第 18 届中国—东盟博览会、中国—东盟商务与投资峰会闭幕新闻发布会。中国—东盟博览会秘书处秘书长王雷、中国—东盟商务与投资峰会秘书处秘书长魏然，以及媒体记者等出席。发布会由中国商务部外贸发展局副局长陈华明主持；王雷代表"两会"组委会发布新闻，介绍此届"两会"情况和下届安排；王雷、魏然回答记者提问。经与东博会各共办方沟通，达成共识：第 19 届中国—东盟博览会初步定于 2022 年 9 月 16 日至 19 日在南宁举办；主题国为马来西亚；中国"魅力之城"为重庆；继续同期举办第 19 届中国—东盟商务与投资峰会。第 18 届中国—东盟博览会、中国—东盟商务与投资峰会闭幕。

服务保障

【概　况】 2021 年，南宁市坚持问题导向、目标导向、效果导向，按照"办出特色、办出实效、更好服务和融入新发展格局"的要求，精益求精、从严从实做好筹备工作，出色地完成"两会"各项服务保障任务。成立以市委书记、市长为组长，市相关领导为副组长的领导小组，制定全市服务"两会"总体方案和实施细案，并开展全程监督检查，统筹推进各项工作任务的落实。组织参展参会，经贸活动成果丰硕，对外交流成绩斐然。同时，高标准、高质量地做好社会氛围营造、新冠肺炎疫情防控、市容环境综合整治、安保维稳、综合服务保障等工作。

【经贸活动】 2021 年"两会"期间，南宁市邀请株洲中车时代电气股份有限公司、多氟多新材料、玉柴机器集团、泰国正大集团等多家世界 500 强、中国 500 强、行业龙头知名企业参会，组织 1.2 万名专业观众参展参会。参加第 18 届东博会项目集中签约仪式，签约项目 2 个，均为大健康文旅产业，总投资额 345 亿元。利用"两会"平台，举办 2021 南宁投资贸易洽谈会暨重大项目签约活动，现场签约项目 19 个，总投资额 216.85 亿元，比上年增长 139.65%。会期签约项目主要呈现出新能源汽车产业集群进一步壮大、工业制造业项目占据主导加速提质、现代服务业项目向价值链高端延伸等特点。

【对外交流】 2021年,南宁市继续办好"南宁国际友城进东博"品牌活动,抓好面向东盟为重点的开放合作,服务"南宁渠道"全面提质。邀请东盟、"一带一路"沿线国家、RCEP成员国的12个友城参展,原产地的商品种类超30种,在"一带一路"展区核心位置打造特装展区,会期吸引超5万人参观。通过媒体全方位传递南宁友城之声,活动影响力进一步扩大。以展促贸,南宁友城资源借助"南宁渠道"取得成果和经贸实效,南宁市与美国普罗沃市就在青秀山开展青少年研学、在南宁设立北美推广中心,与犹他州高校合作等方面达成合作意向。南宁市外事部门与南宁广播电视台在会期共办"南宁朋友圈·跨国云访谈"特别节目,讲好南宁的"友城故事",对外经贸人文交流进一步加强。

【宣传服务】 2021年,南宁市统筹资源,做好"两会"宣传和社会氛围营造工作。把"两会"宣传画面与庆祝中国共产党成立100周年、"文明南宁"的宣传结合。"两会"期间,各类电子屏全天候、高密度播放"两会"宣传片、宣传标语;23条主干道设置POP旗3500杆;设置"两会"专题喷绘画面8800平方米,宣传画面11.2万平方米;种植鲜花35.9万盆,设置花卉绿植景观造型7座;景观亮化全面启动。组织市属媒体开设"两会"专栏专题,刊播相关报道2300余篇(条),推出系列直播活动10余场,制作短视频等融媒体产品60余个,点击量超1390万次;利用中央主要媒体的平台资源,发稿200多篇,宣传"南宁渠道"全面提质的举措成效;利用中央媒体海外资源及自治区主要媒体的外宣平台,在印度尼西亚《国家日报》、老挝国家电台等东盟国家主流媒体宣传南宁市对外开放的显著成就,提升"南宁渠道"国际影响力;组织协调人民网、广西新闻网、新浪网等新闻网站及商业网络平台发布和推送"两会"重点稿件1700多篇,开设网络专题7个、制作视频73个,点击量超1800万次。

【疫情防控与医疗保障】 2021年,南宁市按照全面部署、全力保障的总体要求,启动应急机制,以最严最高最细的措施构筑严密防控链条,确保"两会"期间新冠肺炎疫情"零发生"。落实"外防输入、内防反弹"策略,健全"及时发现、快速处置、精准管控、有效救治"机制,做好定点医院、隔离场所、医疗物资等应急准备工作。抓好国内中高风险地区到邕返邕人员的排查和管控,严防"三非"(非法入境、非法居留、非法就业)人员和走私货物的输入风险,加强冷链食品新冠病毒风险排查,落实机场、车站、酒店、商场等日常疫情防控工作。截至"两会"开幕前,全市累计接种疫苗13461562剂次,提升社会面疫情防控能力。组织人员对"两会"重点场所的环境、饮用水、高危食品及餐具等进行采样检测;组织安保人员、医务人员、酒店餐饮行业相关人员进行疫情防控培训和应急演练;制定印发"两会"定点接待酒店疫情防控管理办法;做好"两会"工作人员和专业观众核酸检测工作;组织209名专业志愿者,担负相关场所现场疫情防控工作。同时,安排26个医疗保障组、12辆救护车,对17家定点接待酒店及南宁国际会展中心外围点实行驻点疫情防控和医疗保障。

【市容环境综合整治】 2021年,南宁市结合争创全国文明典范城市和国家卫生城市复审的工作要求,全面加强服务"两会"市容环境综合整治工作,以整洁齐美的城市环境迎接"两会"召开。加大清扫保洁力度,抓好城市"净化";做好照明保障及市政设施维修和巡查工作,抓好城市"亮化";通过精细管理,抓好城市"绿化""美化"和"花化"。利用"慧眼"系统应用,强化土方建设工地、消纳场、搅拌站、采石场和道路"四点一线"扬尘源头治理,严格查处整治露天烧烤、餐饮油烟污染及露天焚烧违法行为,有效遏止源头污染;加强围挡管理,组织开展工程运输车辆集中整治行动;切实做好"两会"期间建筑工地文明施工管控,以及东博会公众开放日的市容环境保障工作。同时,组织17个行业督导组和各属地督导组实地进行检查,对未按要求落实的属地及相关责任单位,通过约谈、通报、转交督查问责方式处理;"两会"期间,督办各类市容案件1072件。

【社会维稳】 2021年,南宁市按照有关部署要求,采取强有力的措施,确保"两会"期间社会大局总体稳定。持续对暴力恐怖犯罪活动严打高压态势,守住暴恐事件"零发生"底线。落实各项管控措施,做好动态列控、在管在控等工作。推进重大涉稳问题化解攻坚,成功化解重大涉稳问题一批;对可能影响社会安全稳定矛盾纠纷开展"控网式"大排查,针对排查出的问题做好源头稳控工作。组织开展社会治安综合整治统一行动,全面落实治安重点要素管控;"两会"期间,组织社会治安巡防志愿者开展群防群治,加强维护社会安全稳定力量。

【安全保卫】 2021年,南宁市公安部门设置23个职能组,制定88个各类方案,根据实际需要出动警力,高质量完成保卫任务24项93场次,全面保障"两会"安全。通过构建防控圈,提高预警处置速度和跟踪管控能力,严密"内圈"防控。在重点区域实现全封闭严密管控,并实行疫情防控、证件核验、安全检查三融合措施,对进场人员和车辆进行安检。启动公安检查站和治安卡点,依托安检机器人等设备实现受检车辆最快10秒通行,严密"外围"防控。强化低慢小航空器监管,及时消除空中安全隐患,严密"空中"防控。精准做好"两会"交通路线的安全保障,采取滚动控制措施,全线不封路、不断流,实现参展参会人员安全抵离,社会交通畅通平稳有序。同时,加强网络舆情管控、综合治理和安全防护,确保会期网络运行安全。

【综合应急救援】 2021年,南宁市有关部门优化"一馆一档一团队""一活动一方案""一路线一方案"制度,组织对相关场所进行排查检查,全天候火灾风险预警管控。组建"两会"活动现场有关管理团队和网格执勤团队,开展巡查、检测、整治等工作,并组织相关人员进行消防培训,确保消防安全隐患及时清零。会期开展巡查182次,发现并整改火灾隐患161处,搭建安全保障展位905个,检测进场材料4301批次,向参展商发放消防须知单2万余份。依托科技手段,实现精准化接警调度、全过程指挥支持和智能化辅助决策,构建前后方多维度信息共享,织密火情动态监控网。组织全市消防安全重点单位进行动员部署,签订消防安全承诺书,督促落实相关措施。组织开展全市消防监督检查排查工作,完成相关场所火灾风险要素普查,督促整改隐患4447处。同时,在高风险区域前置执勤点30个,建立"见勤街面,快速处置"的应急响应机制,切实加强社会面消防安全管控。

【安全生产监督管理】 2021年,南宁市围绕矿山、危险化学品、烟花爆竹、道路交通、建筑施工、水上交通、轨道交通、特种设备、旅游、油气输送管道、燃气、民爆物品等领域,切实加强安全生产监督管理。对"两会"重要活动场所严格落实安全防范措施,持续开展安全检查。"两会"开幕前,组建5个联合检查组,对全市重点领域进行安全生产联合检查;成立专项工作组,对南宁国际会展中心展位规划的平面布置和安全疏散及消防设计、256个特装展位的装修材料及配电系统、展馆的临时搭建设施质量安全和消防设计等进行审查,同时,派驻专人值守,对现场施工进行全程监督,确保安全。

【市场监督管理】 2021年,南宁市采取全链条监管、全方位安全会战、规范市场价格秩序、加强广告监管、强化值守制度措施,做好"两会"食品安全、特种设备安全、市场价格和广告监管等工作。出动执法检查人员,检查"两会"接待单位、重点活动场所,对于发现的问题,督促责任单位于会前整改完成,确保会期使用安全。组织开展食品安全检测等工作,对不合乎要求的餐食作销毁处理，切实保障“两会”接待酒店、活动场所人员就餐和供餐安全。

【交通服务】 2021年“两会”期间，南宁市采取灵活调度公交车辆、调整线路发班密度、组建保障车队、调整轨道运营时间等措施调配交通运力，满足“两会”需求。会期，全市日均投放公交车3635辆，日均开行3.18万班次，完成客运量累计198.93万人次；日均投放巡游出租汽车6170辆，网约车10200辆，完成客运量111.36万人次；轨道交通运营开行列车5364列次，客运量338.7万人次。同时，根据需求，调整轨道交通1号线运营时间，组织400辆出租汽车在南宁国际会展中心指定停车区开展客商乘运服务工作。

【通信保障】 2021年“两会”前及举办期间，南宁市组织协调参与“两会”通信保障的各成员单位编制保障工作方案和应急预案，结合实际，做好相关工作，确保“两会”通信保障任务完成。抓好通信线路和管道巡检、派驻通信保障车、应急通信抢修队伍全天待命等措施的落实，保障会期网络通信畅通、安全。切实做好基站设备检修、800M无线集群系统设备和外围基站的全面巡检、对讲机终端发放等工作，保障会期应急通信系统安全、高效、稳定运行。

【供电与供水保障】 2021年，南宁市供电部门早谋划、早部署，根据实际情况编制印发“两会”保供电工作方案，做到心中有底、手中有策。会前，组织对保供电设备进行“地毯式”隐患排查，完成变电站、开闭所及相关线路精益化排查工作，确保设备安全可靠运行。同时，对“两会”保供电场所进行全面管控，签订责任状，开展用电安全隐患排查，督促落实整改，切实防范客户端供电隐患可能造成的事故风险。会期，安排值班人员、应急人员和发电车值守，保持全接线全保护运行，全力保障“两会”供电万无一失。供水部门成立安全供水保障领导小组和供水突发事件应急工作领导小组，制定安全供水保障工作方案及应急工作预案，明确职责，落实责任。组织对各水厂、“两会”活动场所和接待酒店及周边地段的供水设施、设备进行检查维护，做好水质检测、相关材料和物资储备等前期准备保障工作。“两会”期间，科学合理调度全市用水，安排应急抢修队伍，配备应急装备，实行24小时值班制，并对重要活动场所的安全供水进行定人定点、全方位的巡查，增加水质检测频次，对供水问题投诉作快速反应和处理，确保安全正常优质供水。

【气象服务】 2021年“两会”举办前，南宁市气象部门按照“监测精密、预报精准、服务精细”的要求，制定“两会”气象保障服务工作方案，成立预报服务、应急现场服务、人工影响天气服务等5个工作组，为有序开展相关工作奠定基础。“两会”期间，市气象部门全天候应急值守，并加强与相关部门的天气会商及监测联防，全力以赴做好“两会”气象服务保障工作。8月11日始，发布专项服务专报，至“两会”结束，发送专项服务材料19期。9月7日至13日，每天上午、下午滚动提供逐小时精细化预报；9月8日至13日，逐3小时滚动提供未来3小时天气预报。“两会”期间，发送气象服务短信38条，近7万人次接收。精准预报开幕式等关键时间节点天气，有效保障“两会”各项重要活动。同时，依托“智慧气象数据共享平台”和“南宁气象”官方微信公众号等新媒体平台，特别增设“东博会、峰会场馆天气”栏目，受众可随时查询“两会”重点场所、相关旅游景区及南宁东站和南宁吴圩国际机场的天气情况，近可知晓未来2小时有无降水，远可了解未来7天的天气趋势。

【志愿服务】 2021年，“两会”前后及举办期间，南宁市招募2592名志愿者，高质量完成“两会”专业、安保、城市、窗口文明单位岗位志愿服务工作。9月10日至13日，组织1792名专业志愿者，在南宁国际会展中心等场所提供安保、外语翻译、活动执行、文明引导和秩序维护等志愿服务。“两会”前后，在机场、火车站、地铁站等人流密集场所，设立城市志愿服务站8个，提供信息咨询、导游导购、义务宣传、应急服务、饮用水等便民利民志愿服务；设立交通劝导路口16个，开展文明交通劝导服务。（南　亚）

编辑　李志楠

第18届中国—东盟博览会、中国—东盟商务与投资峰会举办期间，交警指挥和引导车辆通行　　广西国际博览事务局提供

第18届中国—东盟博览会、中国—东盟商务与投资峰会举办期间，志愿者提供专业志愿服务　　广西国际博览事务局提供

南宁与东盟

综　述

【南宁与东盟交往概览】 2021年，南宁市与东盟进出口额229.67亿元，比上年增长26.80%，占全市进出口18.60%。10家企业在东盟6个国家进行非金融类投资，中方协议总投资1.08亿美元。东盟国家在南宁新设外商投资企业25家，总投资1.18亿美元。中国（南宁）跨境电子商务综合试验区跨境电商进出口额增长259%。中国—东盟金融城新增入驻金融机构（企业）123家。中国—东盟信息港南宁核心基地引进数字经济及其核心产业类项目23项。建成中国—东盟（南宁）跨境电子商务产业园等一批电子商务重点项目。中国—东盟经贸中心、中国—东盟黄金产业园揭牌。南宁吴圩国际机场国际（含地区）货邮吞吐量2.40万吨，比上年同期增长119%，在飞货运航线数量11条。中越跨境集装箱班列全年开行346列，增长108%。新开行“中越老”农资产品跨境多式联运班列。服务第18届中国—东盟博览会、第18届中国—东盟商务与投资峰会，举办第九届中国—东盟（南宁）戏剧周等品牌活动。

【南宁与东盟开放合作】 2021年，南宁市开放通道持续拓宽，“南宁渠道”越走越畅。西部陆海新通道（平陆）运河建设列入国家“十四五”规划。南宁临空经济示范区吴圩国际机场口岸获批设立进境水果指定监管场地，中国（广西）自由贸易试验区南宁片区新设立企业2.06万家、增长215%，实际利用外资4.47亿美元。中国—东盟经贸中心，金融开放门户南宁核心区——中国—东盟黄金产业园运营中心相继在中国（广西）自由贸易试验区南宁片区揭牌运营，跨境人民币结算量增长39%。推进中国（南宁）跨境电子商务综合试验区建设，建成跨境电商保税仓储、东盟跨境电商孵化中心、Lazada跨境电商创新中心等重点项目，培育面向东盟的跨境电商产业链改革经验获自治区复制推广。年内，跨境电商综试区完成跨境电商进出口额增长259%。（市商务局）

2021年12月，中国—东盟经贸中心外景　　程露瑶　摄

经贸往来

【概　况】 2021年，东盟仍为南宁市第二大贸易伙伴。南宁市对东盟进出口额229.67亿元，比上年增长26.80%，占全市进出口18.60%。其中，出口141.52亿元，增长30.20%；进口88.15亿元，增长21.70%。10家企业在东盟6个国家进行非金融类投资，中方协议总投资1.08亿美元。东盟国家在南宁新设外商投资企业25家，总投资1.18亿美元，注册资本8392.71万美元，合同外资额6620.9万美元；累计在南宁投资企业210家，总投资50.06亿美元。

【进出口贸易】 2021年，南宁市与东盟进出口额229.67亿元（出口141.52亿元、进口88.15亿元），比上年增长26.80%。其中，对马来西亚进出口增长明显，与马来西亚进出口额74.83亿元，增长61.90%，占南宁市与东盟贸易的32.60%。

（市商务局）

【东盟企业在邕投资】 2021年，东盟国家在南宁新设外商投资企业25家，总投资1.18亿美元，注册资本8392.71万美元，合同外资额6620.9万美元，实际利用外资355万美元、比上年下降71.60%。其中，新加坡9家，总投资额4682.24万美元，合同外资额2473.98万美元，实际利用外资额零；泰国7家，总投资4489.68

万美元，合同外资额 2445.71 万美元，实际利用外资额 54 万美元；马来西亚 6 家，投资总额 1839.17 万美元，合同外资额 1370.02 万美元，实际利用外资额 301 万美元；越南 2 家，投资总额 39.03 万美元，合同外资额 17.12 万美元，实际利用外资额零；菲律宾 1 家，投资总额 785.15 万美元，合同外资额 314.06 万美元，实际利用外资额零。投资行业主要涉及批发和零售业、租赁和商务服务业、交通运输业、仓储和邮政业、科学研究和技术服务业。

（李秋锰）

【跨境电商】 2021 年，南宁市加快推进中国（南宁）跨境电子商务综合试验区建设，实现跨境电商进出口交易额 77.69 亿元、比上年增长 259%，培育面向东盟的跨境电商产业链改革经验获自治区复制推广。建成跨境电商保税仓储、东盟跨境电商孵化中心、Lazada 跨境电商创新中心等重点项目，以及面向东盟的跨境电商直播基地，开展直播活动超 5000 场次。打造东盟跨境电商供应链体系，部分企业在泰国、越南、马来西亚等东盟国家布局跨境电商海外仓。搭建本土产品跨境电商出口渠道，跨境电商 B2B（企业与企业之间通过互联网进行产品、服务及信息的交换）业务出口额超 20 亿元。

【南宁企业在东盟国家投资】 2021 年，10 家企业在东盟 6 个国家进行非金融类投资，协议投资总额 1.08 亿美元，中方协议投资额 1 亿美元。其中，新加坡 2 家，协议投资总额 7997.5 万美元，中方协议投资额 7997.5 万美元；印度尼西亚 2 家，协议投资总额 217 万美元，中方协议投资额 217 万美元；越南 1 家，协议投资总额 343 万美元，中方协议投资额 343 万美元；马来西亚 3 家，协议投资总额 786.59 万美元，中方协议投资额 444.36 万美元；柬埔寨 1 家，协议投资总额 463 万美元，中方协议投资额 324 万美元；老挝 1 家，协议投资总额 960 万美元，中方协议投资额 720 万美元。主要涉及服务业、生态环保业、批发和零售业、采矿业、农林牧渔业、物流仓储业等。

（市商务局）

【“中越老”农资产品跨境多式联运班列开行】 2021 年 5 月 13 日，首趟中国—越南—老挝农资产品跨境多式联运班列从南宁国际铁路港出发，由国铁凭祥口岸物流中心出境，由铁路运往越南再转公路运抵老挝。班列由中外运广西有限公司、中国铁路南宁局集团有限公司共同打造，采用铁路和公路联运的分段运输模式，开辟途经东盟两国“铁路—公路”长距离运输新路线。首趟 X9101 次集装箱班列，搭载 13 车复合肥料，运行 4 天，节省运输时间 10 天以上，批量运能提高 50%。

【东盟国家全货机航线开通】 2021 年 8 月 3 日、4 日、5 日，南宁—吉隆坡、南宁—马尼拉、南宁—胡志明全货机航线航班分别开通。南宁—吉隆坡、南宁—马尼拉航线出港货物均为电商货物及一般贸易货物，进港货物均为一般贸易货物，南宁—吉隆坡班期每周 5 班、南宁—马尼拉班期每周 4 班，2 条货运航线均由杭州圆通货运航空有限公司 B757-200F 全货机执飞，是南宁吴圩国际机场第二架驻场货机。南宁—胡志明航线出港货物主要是生产原材料和辅料、半成品、电子成品，进港货物主要是海鲜，班期每周 3 班，由天津货运航空有限公司驻场 B737-800F 全货机执飞。

【中国—东盟经贸中心揭牌】 2021 年 4 月 24 日，中国—东盟经贸中心在中国（广西）自由贸易试验区南宁片区揭牌运营。老挝、马来西亚、泰国、柬埔寨、越南和缅甸等东盟国家驻南宁总领事及商务参赞，中国—东盟中心、香港贸易发展局、马来西亚对外贸易发展局代表，市政府、中国（广西）自由贸易试验区建设指挥部成员单位，以及东盟国家商务代表处、商协会、企业代表约 100 人参加。中国—东盟经贸中心总建筑面积 2.20 万平方米，主要功能分为商贸投资、法务服务、金融、物流、数字信息、科创孵化、农经合作、文旅合作、人才服务、跨国组织十大板块，已入驻中国—东盟中小企业服务中心、中国贸促会（广西）自由贸易试验区综合服务中心以及法务服务等板块，加快建设中国—东盟跨境金融服务中心、跨境物流综合促进中心、平台经济及科技创新孵化基地、小语种跨境服务基地、国际标准化合作与交流中心等，吸引约 30 家中国与东盟国家商协会、知名企业以及国际机构等入驻。

【中国—东盟黄金产业园揭牌】 2021 年 12 月 21 日，中国—东盟黄金产业园运营中心在中国（广西）自由贸易试验区南宁片区揭牌运营。运营中心位于中国—东盟金融城金融人才公寓 B 座商业裙楼，建筑面积 9837.64 平方米，重点打造总部经济中心和电商孵化平台，建设黄金珠宝展示交易中心、电商直播基地、总部企业集聚区和金融、检测配套服务区等功能区。项目发展集贵金属精深加工、设计研发、检验检测、集散配送、跨境电商、展会展示、金融交易、文旅推广等为一体的黄金珠宝产业集聚区，打造贵金属高新技术研发基地、面向东盟的精深加工基地和辐射全国及东南亚的黄金珠宝集散基地。

（梁佳和）

文化交流

【2021 年南宁·东盟人才交流活动月】 2021 年 9 月 24 日，2021 年南宁·东盟人才交流活动月启动仪式在南宁举行，公布 2021 年第四届中国·南宁海（境）外人才创新创业大赛获奖项目、2020 年度“邕江计划”创新创业人才（团队）资助名单，并为获得 100 万元以上资助的人才（团队）代表颁发项目资助资金。海（境）外人才创新创业大赛参赛项目 55 个，其中获一等奖 5 个、二等奖 7 个、三等奖 12 个、优胜奖 31 个。实施“邕江计划”，引进培育高层次创新创业人才团队，对入选团队给予 50 万元至 1000 万元资助。经评选，给予 2020 年度 24 个人才团队项目资助 2600 万元。

【第九届中国—东盟（南宁）戏剧周】 2021 年 12 月 15 日至 31 日，第九届中国—东盟（南宁）戏剧周活动以线下录播、线上展播相结合的方式举办，市政府、自治区文化和旅游厅主办，由新加坡、越南等 5 个东盟国家和北京、浙江等 19 个省（自治区、直辖市）的 38 个艺术团体参加，参演艺术家、演职人员约 1300 名，举办活动 39 场，线上平台点击量 670 多万次。线上展演交流活动包括戏剧周开幕剧目线上展播、中国—东盟优秀剧目线上展演、“金色殿堂”中国—东盟优秀艺术家线上个人艺术专场、中国—东盟艺术线上展览、中国—东盟线上艺术大赛五大板块。新加坡、越南、泰国、老挝等东盟国家艺术团体参演剧目视频有越南丛剧、改良剧、水上木偶剧，泰国歌剧，新加坡潮剧，老挝木偶戏，柬埔寨舞剧等。国内有北京、上海、山东、浙江、云南、内蒙古等地艺术团体演出 32 场，涵盖京剧、越剧、婺剧、豫剧、白剧、布袋木偶戏等 29 个剧种。6 月，中国—东盟（南宁）戏剧周入选文化和旅游部 2021 年“文化和旅游科研院所优秀实践案例”。

【第三届中国—东盟电视周】 2021 年 10 月 27 日，第三届中国—东盟电视周开幕式暨中国—东盟青年主播创造营结营盛典在南宁举办。国家广播电视总局、老挝新闻文化旅游部、自治区人民政府主办。第三届中国—东盟电视周以“守望相助 融合创新”为主题，举办中国—东盟青年主播创造营、中国—东盟电视周视听传播峰会暨视听（科创）产品展示交易会、中国—东盟电视周拍摄译制展播和中国—东盟友好合作主题短视频大赛等活动。首次与老挝、印度尼西亚签订合作协议，举办中国—东盟优秀视听节目展播周，在老挝、印度尼西亚主流媒体和网络视听平台展播本土化语言译制电视剧《山海情》、纪录片《秘境广西》、动画片《海豚帮帮号》等中国优秀视听作品。

【《春天的旋律·2021》跨国春节晚会】 2021年2月10日，由市政府新闻办公室主办，联合13个国家和地区29家媒体、机构共同制作的《春天的旋律·2021》跨国春节晚会在全球同时播出。晚会采用“云上”和“线下”结合方式开展，展现与东盟国家多元文化与友好情谊，凸显“年味、中国味、东盟味”。晚会以南宁为主会场，首次同时设立印度尼西亚、马来西亚、菲律宾、泰国4个分会场，有中国广西青年歌唱家韦誉、侗笛演奏家与印度尼西亚演员合作的节目《黄昏放牛》，各国歌手、中国—东盟“快乐童伴”少儿合唱团、菲律宾罗布克童声合唱团共同演唱《春天的旋律》《命运与共》等歌曲，中国香港地区、中国澳门地区民俗节目，以及新西兰、澳大利亚、乌克兰等国家歌舞表演等。

【第四届中国—东盟新型智慧城市协同创新大赛】 2021年9月23日至24日，第四届中国—东盟新型智慧城市协同创新大赛决赛在南宁举办，主题为“数联东盟 智创未来”。市发展改革委联合新加坡国家青年发展中心、新加坡新跃社科大学、泰国朱拉隆功大学、市大数据发展局、市外事办公室、中国移动广西南宁分公司、华为—南宁数字经济产业创新中心举办，云宝宝大数据产业发展有限责任公司承办。大赛通过线上线下相结合模式举行，吸引来自中国、新加坡、马来西亚、泰国、印度尼西亚、菲律宾、柬埔寨、缅甸、越南、老挝10个国家502支队伍报名参赛，其中境外参赛队伍145支。参赛项目聚焦互联网、大数据、云计算、气象、卫星、导航等科技领域，充分考虑广西战略地位、资源优势以及东盟元素。大赛分为南宁主赛、东盟分赛、动漫分赛，历时3个多月，分别决出一等奖、二等奖、三等奖和优秀奖40个奖项。

【第16届中国—东盟文化论坛】 2021年7月23日，第16届中国—东盟文化论坛在南宁举办，主题为“文化产业高质量发展与国际合作”，旨在交流推广中国与东盟各国文化产业发展的实践经验，探讨新时期文化产业高质量发展的趋势及路径。文化和旅游部、自治区政府主办，来自中国及东盟各国文化和旅游部门，中国—东盟中心，东盟各国驻华使领馆以及中国、东盟文化旅游界专家学者等约300人通过线上线下相结合的形式参加。10名国内外专家学者及政府官员作主旨发言，并举办专题对话2场，议题为“共享与共赢：中国—东盟文化产业合作与高质量发展之路”和“‘一带一路’背景下的文旅产业融合发展”。

【中国—东盟青少年民族歌会】 2021年4月16日，“山水之声·壮美之约”中国—东盟青少年民族歌会在南宁举行。自治区党委宣传部、自治区文化和旅游厅主办，中国—东盟青少年文化艺术中心、中华儿童文化艺术促进会东盟工作交流委员会、广西中华文化促进会青少年艺术教育委员会承办。歌会分为“山间初啼”“水面潮生”“家国之梦”“八方新声”4个章节，呈现《幸福嘹嘹啰》《山歌好比春江水》《大梦想家》《带我到山顶》《少年中国说》《十送红军》《我和我的祖国》《唱支山歌给党听》《莫斯科郊外的晚上》《相思河畔》《红河谷》等节目。启动2021“山水音乐奖”中国—东盟青少年声乐大赛，通过赛事活动选拔方式，寻找小小民歌传承人，打造民歌传唱、展示的新平台。

【海南自贸港三亚经贸合作交流大会】 2021年9月10日，海南自贸港三亚经贸合作交流大会在南宁举行，主题为“共享新机遇·共谋新发展”。海南省三亚市政府主办，来自广西、海南等地政府部门、参展企业代表及海南自贸港建设领域专家，共同探讨海南自贸港与中国—东盟自贸区的联动机制，深化三亚与南宁及东盟各国间的合作交流。大会介绍海南自贸港、三亚市(园区)发展情况、产业规划及产业政策，围绕如何抢抓自贸港政策早期红利、共建琼桂两地合作机制、融入中国—东盟自贸区发展等深入讨论，推动招商引资走深走实。邀请商务部国际贸易经济合作研究院专家以“海南自贸港与东盟合作新机遇”为题进行主题演讲。会上，三亚中央商务区分别与南宁五象新区、中国—马来西亚钦州产业园签署合作备忘录，与泰晖通印度尼西亚项目、新加坡MAP集团、广西宝塔投资集团有限公司举行合作签约仪式。 （梁佳和）

编辑 梁富鑫

2021年4月16日，“山水之声·壮美之约”中国—东盟青少年民族歌会在南宁举行

梁枫 摄

投资促进与经济合作

综　述

【概　况】 2021年，在新冠肺炎疫情反复和国内外形势严峻复杂的背景下，南宁市招商引资工作坚持“政策为大、项目为王、环境为本、创新为要”，按照参会规模小、推介领域专、参会嘉宾精、产业契合准、招落服务实的“小、专、精、准、实”工作方法，全力实施“三企入桂项目落实、行企助力转型升级”（“三企”即央企、民企、大湾区企业，“行企”即行业商协会及其会员企业的统称）行动，聚焦重点产业链发展，整合行企资源，实施精准招商，持续攻坚“三企入桂”协议履约率、资金到位率、项目开工率、竣工投产率。全市固定资产投资比上年增长3.1%，招商引资到位资金881.08亿元，实际利用外资5.78亿美元、增长31.3%。“三企入桂”项目协议履约新增21个，增量10.88%。

（王晶晶）

【投资促进】 2021年，南宁市固定资产投资比上年增长3.1%，其中第一产业投资下降26%、第二产业投资增长20.2%、第三产业投资增长1.5%。持续强化党政领导协调推进招商引资重点项目制度，招商引资到位资金881.08亿元，实际利用外资5.78亿美元、增长31.3%；统筹推进“三企入桂”协议履约率、资金到位率、项目开工率、竣工投产率，项目协议履约新增21个、增量10.88%，资金到位新增415.83亿元、增量12.27%，开工项目新增36个、增量18.65%，竣工项目新增49个、增量25.39%；利用行业协会资源推进以商招商、政企协作招商，开展招商推介活动573批次、对接行企2213家，签约投资额5亿元以上“行企”项目54个、总投资额1510.02亿元；投资服务持续优化，创新研发项目投资惠企政策查询微信小程序，帮助重点企业用足用活“桂惠贷”金融优惠政策，全市“桂惠贷”投放金额及笔数均位居自治区第一。

（陈明海　王晶晶）

【经济合作】 2021年，南宁市融入以国内大循环为主体，国内国际双循环相互促进的新发展格局，深度融入“一带一路”建设，推进西部陆海新通道高质量建设，充分发挥珠江—西江经济带作为粤港澳大湾区经济腹地作用，全面落实强首府战略，推动北部湾经济区与粤港澳大湾区“两湾联动”，加快“东融”步伐，推动“南宁渠道”加快升级。赴粤港澳大湾区、长江经济带、京津冀等重点区域开展驻点招商，签约金泰克半导体、赢拓AI、金石3D打印制造等电子信息产业链项目，吉利汽车、多氟多(多氟多新能源科技有限公司)电池、南南铝汽车铝合金零组件、骏东新能源、博致新能源、新松机器人、中韩(广西—江原道)产业园等新能源汽车及智能制造产业链项目，以及白云山盈康药业、吉锐生物、百合口腔等生物医药产业重点项目。以全方位、多领域、深层次的开放合作，不断提升区域经济发展动力和活力。

（张　霞）

固定资产投资

【概　况】 2021年，南宁市固定资产投资比上年增长3.1%，其中工业投资增长21.2%，房地产开发投资下降1.3%。固定资产投资项目4080个、增长3.9%，其中5000万元及以上项目1638个、增长8%(亿元及以上项目1179个、增长10.4%)，500万元～5000万元项目1619个、下降0.6%，房地产开发项目823个、增长5.2%。新开工项目1089个、下降15.5%，其中5000万元及以上项目346个、下降12.4%(亿元及以上项目231个、下降5.7%)，500万元～5000万元项目743个、下降6.5%。新开工房地产开发项目63个、下降35.7%。民间投资比上年下降2.8%。受政府债务率、还本付息压力大等因素影响，部分城建在建项目因资金不到位进展缓慢或停工，新的投资增长点无法形成。

【投资结构】 2021年，南宁市固定资产投资比上年增长3.1%，其中第一产业下降26%，第二产业增长20.2%(工业增长21.2%)，第三产业增长1.5%(房地产开发投资下降1.3%，其中住宅投资975.17亿元、下降1.4%)。按投资构成划分：建筑安装工程下降1.1%，其他费用下降0.1%，设备、工具、器具购置下降19.1%。按社会行业划分：农林牧渔业下降25.1%，采矿业下降27.4%，制造业增长30.0%，电力、燃气及水的生产和供应业增长1.3%，建筑业增长5.8%，批发和零售业增长2.8%，交通运输、仓储及邮政业增长47.1%，住宿和餐饮业下降45.5%，信息传输、计算机服务和软件业下降36.7%，金融业下降18.6%，房地产业下降0.7%，租赁和商务服务业下降22.5%，科学研究和技术服务业投资下降25.9%，水利、环境和公共设施管理业下降32.1%，居民服务、修理和其他服务业增长196.7%，教育投资增长15.7%，卫生和社会工作下降28.5%，文化、体育和娱乐业下降10.2%，公共管理、社会保障和社会组织下降20.6%。

【投资来源】 2021年，南宁市固定资产投资资金来源总计3699.17亿元，其中上年末结余资金 807.86 亿元、比上年增长 10.7%,本年资金来源 2891.3 亿元、下降 2.8%。本年资金来源:国家预算内资金 111.96 亿元、下降 0.4%,国内贷款 566.62 亿元、增长 10%,债券 5.54 亿元、增长 5.6%,利用外资 8.62 亿元、增长 550%,自筹资金 1111.05 亿元、增长 13.1%,其他资金来源 1087.52 亿元、下降 20%。

(陈明海)

【重点领域项目投资】 2021 年,南宁市 893 个自治区、市层面统筹推进重大项目完成投资 1094.32 亿元,完成计划 114.99%。其中,产业项目完成投资 390.67 亿元,完成计划 122.72%;基础设施项目完成投资 511.58 亿元,完成计划 110.88%;社会民生项目完成投资 161.58 亿元,完成计划 110.43%;生态环保项目完成投资 30.49 亿元,完成计划 119.05%。

(裴春香)

【县(市、区)与开发区投资】 2021 年,南宁市固定资产投资比上年增长 3.1%,其中兴宁区下降 13.5%、江南区(不含南宁经开区)下降 0.3%、青秀区增长 0.8%、西乡塘区(不含南宁高新区)下降 17%、邕宁区增长 24.7%、良庆区增长 0.4%、武鸣区(不含广西—东盟经开区)下降 3.7%、横州市增长 63.8%、宾阳县增长 8.7%、上林县下降 3.9%、马山县增长 14.4%、隆安县下降 9.6%,南宁高新区增长 19.6%、南宁经开区增长 15.7%、广西—东盟经开区增长 18%。

【"五网"大会战】 2021 年,南宁市纳入自治区"五网"(交通网、能源网、信息网、物流网、地下管网)大会战项目库实施项目完成投资 278.46 亿元、完成计划 134.25%。市级"五网"大会战实施项目完成投资 806.63 亿元,其中交通网完成投资 502.82 亿元、能源网完成投资 65.11 亿元、信息网完成投资 56.13 亿元、物流网完成投资 105.19 亿元、地下管网完成投资 48.36 亿元、标准厂房网完成投资 29.02 亿元。 (陈明海)

招商引资

【概　况】 2021 年,南宁市坚持高位推动大招商格局,持续强化党政领导协调推进招商引资重点项目制度。开展招商引资"提速争先开新局"行动、"三企入桂"项目服务月活动、"驻点招商百日攻坚"行动、外资企业百日精准服务行动,将"三企入桂"协议履约率、资金到位率、开工率、竣工投产率纳入招商引资绩效考评。优化提升外资服务,创新打造"五外融合促开放"工作机制,合力推进广西首家外资股权投资企业(QFLP)落地。全市招商引资到位资金 881.08 亿元,实际利用外资 5.78 亿美元、比上年增长 31.3%。签约自治区内外项目 270 个、总投资额 1808.32 亿元,其中自治区外项目 106 个、总投资额 1366.1 亿元,5 亿元以上项目 54 个、总投资额 1510.02 亿元。受新冠肺炎疫情影响,出国(境)开展外资招商活动基本停止,部分在谈外资项目落地时间推延,已落地项目外资到位减少,外资到位缺乏有力支撑。 (王晶晶　黄嘉莹)

【国内招商引资】 2021 年,南宁市投资促进局(简称"市投促局")组织招商小分队赴深圳、武汉、重庆、许昌、广州等地开展招商活动。举办 2021 年南宁(武汉)医疗器械产业项目洽谈会、2021 年南宁(深圳)向海经济产业招商推介会、2021 年南宁市驻长江经济带投资项目对接座谈会等宣传推介活动,参加第三届中国西部国际投资贸易洽谈会、第二十二届中国&青海绿色发展投资贸易洽谈会暨 2021 西宁城市发展投资洽谈会、2021 中国西部(重庆)国际物流博览会等招商洽谈活动,拜访深圳市工商联、武汉亚格光电技术有限公司、河南瑞尔电气股份有限公司、广东省电子信息协会、上海交大深圳研究院等机构、企业高层,考察深圳市同益实业股份有限公司、京东"亚洲一号"项目、普洛斯杭州临江南物流园等企业项目,与深圳中小企业联盟、江苏诺贝容器制造有限公司、英特尔 FPGA 中国创新中心等组织企业对接合作事宜,邀请深圳上市公司协会、常州建富光电仪器有限公司、杭州布平生物医药科技有限公司等组织企业到南宁考察,推进宾阳县"王灵镇 220MW 风电场项目""2GW 光伏组件及配套产业基地项目"等项目进程。接待瀚科医疗(深圳)有限公司、新加坡丰树集团、正大集团地产企业、中国亚洲经济发展协会、中国交通运输协会等知名商协会、行业龙头企业代表到南宁市考察投资环境,洽谈投资事宜。签约投资吉利智慧新能源整车工厂、多氟多 20GWh 锂电池生产基地、农夫山泉上林生产基地等重大项目。

(张　剑　曹家群　左明聪　黄嘉莹)

【国(境)外及中国港澳台地区招商引资】 2021 年,南宁市受新冠肺炎疫情影响,未到国(境)外及中国港澳台地区开展招商引资活动。市投促局组织成立工作组到重庆、郑州、杭州、上海等地开展外资专题招商推介活动;接待日本伊纳宝食品集团及其旗下全资子公司青岛稻进食品有限公司到南宁考察选址;推进丰树集团、阳光新能源、可口可乐、国家电投广西公司等企业项目在中国(广西)自由贸易试验区南宁片区设立云广、云壮、云族三家外资合伙人企业。在自治区组织的世界 500 强招商活动中,邕宁区政府与丰树集团签订合作协议。 (李秋锰)

【招商引资服务】 2021 年,南宁市持续优化营商环境,构建亲商安商的新型政商关系,完善"政企沟通、投资项目代办服务、投资投诉举报"三大平台服务机制,吸引外来投资。持续强化党政领导协调推进招商引资重点项目制度,成立"三企入桂项目落实"3 个专班、"行企助力转型升级"12 个产业招商专班;市委主要领导服务华润、中关村信息谷等重点企业,市政府主要领导服务吉利汽车、中林集团等重大项目,分管市领导加大重点指标督查督办工作力度,带头上门服务企业、洽谈

2021 年 10 月 26 日,市投促局组织招商小分队到上海市开展驻点招商活动,其间举办 2021 年南宁市(上海)现代服务业专题投资推介会　　市投促局提供

推动项目。紧抓挖存量扩增量，加大市、县（市、区）及开发区上下联动，定期督办重点项目协议履约率、资金到位率、开工率、竣工投产率，召开项目协调会议418次，涉及项目350个，协调解决问题829个；市、县（市、区）与开发区均建立项目代办服务机制，落实专门人员，为外来投资者提供投资项目行政审批的法律法规、政策和办事程序等咨询，对符合产业导向的重大项目，除按有关规定必须由投资者交纳的费用外，实行免费代办服务，各级受理代办服务事项223个，涉及企业开办工商登记注册、项目备案、“桂惠贷”、招商引资奖励申报等。兑现政策提振信心，对华润、绿地国际、中通吉供应链、瑞声科技等贡献突出的外资企业给予奖励1792.79万元。建立市、县（市、区）及开发区两级外商投资企业“一站式”服务工作机制，开展外资企业百日精准服务行动，推进新加坡丰树、百胜智慧冷链、沃尔玛山姆店等重点项目建设。健全“统一受理、按责承办、强化监督、限时办结”的投资投诉处理机制，探索建立市场主体营商环境诉求直通快办机制，各级受理各类投诉案件7起、办结7起。（王晶晶　程曼婷）

【招商方式】2021年，市投促局利用行业企业、政企协作、专业化、市场化等资源，拓展招商信息渠道。借力多氟多新材料供应商大会在南宁召开、多氟多龙头企业南宁项目落地，召开南宁市新能源汽车产业招商推介会，实施“请进来”新能源产业链以商招商，瞄准上下游产业链目标企业组织专题推介，集中对接产业链上下游供应商143家（超千亿市值企业2家、超百亿市值企业8家），洽谈延链补链关联项目。推动相关县（市、区）、开发区、重点园区与中国汽车工业协会、深圳市平板显示行业协会、中国食品工业协会等8个行业知名商协会签订结对共建合作协议；南宁经开区通过深圳平板显示协会，邕宁区通过全国工商联汽摩配商会，广西—东盟经开区通过中国食品工业协会等专业商协会搭桥，加快对接电子信息、汽车装配制造、食品加工产业链上下游企业。南宁高新区、南宁经开区、广西—东盟经开区、五象新区、江南区等成立专门招商公司，围绕市重点产业、战略性新兴产业，对应设立专业部门进行对接；南宁高新区招商公司签约引进工业项目14个，总投资额21.5亿元；南宁经开区招商公司签约引进“行企”招商引资项目25个，总投资额384.911亿元；广西—东盟经开区招商公司签约引进工业项目16个，总投资额27.28亿元；江南区招商公司签约引进项目14个，总投资额27.716亿元。金融城运营公司专门负责五象新区金融产业招商服务，新增金融机构（企业）123家，累计285家。（王晶晶）

【“三企入桂项目落实”行动】2021年，南宁市实施“三企入桂项目落实”行动，围绕项目协议履约、资金到位、项目开工、竣工投产4个方面，按照“一个项目、一名领导、一个班子、一个方案”，统筹推进“三企入桂”签约重点项目，定期开展专题会商、一线调研、督办服务。“三企入桂”项目履约率增量10.88%、资金到位率增量12.27%、项目开工率增量18.65%、竣工投产率增量25.39%，分别完成目标任务108.8%、207.25%、282.1%、102.25%。推动瑞声科技、广西天然气基础设施建设及运营一体化、天际新能源汽车、南宁“零公里”空港产业园、海天调味品生产基地、南宁国际名品小镇、联纲光电、中国智能骨干网、东南现代电商物流园等项目开工建设，世纪创新智慧显示园区、深圳卓能锂离子电池生产基地、抚州中恒高性能复合桩及装配式建筑生产、东创精密模具制造等项目竣工投产。（程曼婷）

【“行企助力转型升级”行动】2021年，南宁市实施“行企助力转型升级”行动，聚焦重点产业链发展，整合行企资源，实施精准招商，持续攻坚重点项目。全市12个招商专班和各县（市、区）、开发区紧扣重点产业需求，开展行企精准对接。加强工业延链补链精准招商，举办2021南宁（昆山）电子信息产业项目洽谈会、2021南宁（武汉）医疗器械产业项目洽谈会等电子信息、医疗器械专题洽谈推介，推动金泰克半导体、赢拓AI等电子信息产业链项目，吉利汽车、多氟多锂电池、南南铝汽车铝合金零组件、骏东新能源、新松机器人、中韩（广西—江原道）产业园等新能源汽车及智能制造产业链项目，吉锐生物、百合口腔、瑞恩医疗等生物医药产业重点项目签约。加强现代服务业专题招商，围绕康养文旅、现代物流、商贸金融产业招大引强，举办2021南宁（上海）现代服务业专题投资推介会等现代服务业、建筑业专题投资推介活动，推动南宁牛湾文化旅游岛、南宁七彩世界森林旅游度假区、五象博盟中心等标志性项目签约。全年组织开展招商推介活动573批次，对接行企2213家，其中“走出去”招商194批次、对接行企611家，“请进来”招商379批次、对接行企1602家。举办推介会29场次，签约自治区内外项目270个、总投资额1808.32亿元（投资额5亿元以上项目54个、总投资额1515.02亿元），其中签约自治区外项目106个、总投资额1366.10亿元。签约一产项目23个、总投资额83.86亿元，二产项目178个、总投资额797.15亿元（制造业项目148个、投资额514.12亿元），三产项目69个、总投资额927.31亿元；三次产业签约项目个数占比分别为8.52%、65.92%、25.56%。（张　霞）

【驻点招商百日攻坚行动】2021年9月下旬至12月底，南宁市开展“驻点招商百日攻坚”行动，结合市三大重点产业定位、产业链延链补链需求，以精心策划一批招商项目、有效对接一批目标企业、洽谈达成一批意向项目、组织签订一批产业项目、储备招引一批准签项目“五个一批”目标，组建驻点招商小分队17支，瞄准长江经济带及京津冀大企强企、粤港澳大湾区制造业产业链上下游企业进行集中招商。按区域、产业在北京、上海、广州、深圳等重点城市搭建市级合作平台，组织专题推介活动18场；利用结对共建商协会、驻外办事处、招商顾问、已落地龙头企业等资源，建立长效合作机制，推进新能源汽车等产业链招商、以商招商、市场化招商，签订产业项目总投资额420.1亿元，达成意向项目738个，对接目标企业2299家，策划招商项目239个，签约普洛斯（隐山）东盟供应链基地项目、吉利—广西大宗商品智慧供应链平台项目、龙源茉莉风光储一体化项目、浙商银行南宁分行项目等世界500强、中国500强、中国民营500强及行业龙头企业投资项目21个，总投资额297.13亿元。（王晶晶）

区域经济合作

【概　况】2021年，南宁市持续拓宽开放通道，做实开放平台。西部陆海新通道（平陆）运河列入国家“十四五”规划，中越跨境班列开行346列、比上年增长108%，新开行“中国—越南—老挝”农资产品跨境多式联运班列，首趟“公铁海”多式联运班列“南宁—钦州—唐山”开行，吴圩国际机场国际货邮吞吐量2.38万吨、增长119%。临空经济示范区吴圩国际机场口岸获批设立进境水果指定监管场地；自贸试验区南宁片区新设立企业2.06万家、增长215%，实际利用外资4.47亿美元。金融开放门户南宁核心区中国—东盟黄金产业园运营中心揭牌，浙商银行南宁分行等开业运营，跨境人民币结算量增长39%。跨境电商综试区完成跨境电商进出口额增长259%。南宁国际铁路港完成投资9.42亿元、占计划134.64%，南宁国际铁路港海关监管场所封关运营，电商物流区开工建设，东盟生鲜食品智慧港完成主体工程建设,中新南宁国际物流园完成投资5.91亿元、完成任务131.33%。9月17日,中共中央政治局常委、国务院总理李克强到中新南宁国际物流园调研,听取推进RCEP(《区域全面经济伙伴关系协定》)落地及扩大开放等情况汇报。

（市政府办公室　市北部湾办）

【面向东盟开放合作】 2021年,南宁市扩大对东盟的进出口贸易与投资,加快推进中国(南宁)跨境电子商务综合试验区建设,培育面向东盟的跨境电商产业链改革经验获自治区转发推广,开放合作平台建设取得新突破。实现对东盟进出口229.67亿元,比上年增长26.8%,占全市进出口18.6%。出口141.52亿元,增长30.2%;进口88.15亿元,增长21.7%。8家企业在新加坡、印度尼西亚等6个国家进行非金融类投资,中方协议投资额1.08亿美元,涉及服务业、生态环保业、批发和零售业、采矿业、农林牧渔业、物流仓储业等。建成跨境电商保税仓储、东盟跨境电商孵化中心、Lazada跨境电商创新中心等重点项目;建立“跨境电商+国际联运”通道机制,拓宽跨境电商“南宁通道”;建成面向东盟的跨境电商直播基地,开展直播活动超5000场次;建设东盟海外仓,打造东盟跨境电商供应链体系,相关企业陆续在泰国、越南、马来西亚等东盟国家布局跨境电商海外仓。南宁国际铁路港海关监管作业场所封关运营,运行时间缩减30小时以上,完成约2000个TEU(国际标准箱单位)报关、查验;中越(南宁—河内)跨境集装箱班列开行346列、增长108%,开行“中国—越南—老挝”农资产品跨境多式联运班列,开辟途经两国的“铁路—公路”长距离运输新路线,开行覆盖哈萨克斯坦、乌兹别克斯坦等国的中欧(亚)班列6列。南宁临空经济示范区规模以上工业总产值297.15亿元,增长21.61%;规模以上工业增加值60.25亿元,增长16.2%;固定资产投资190.61亿元,增长15.73%;进驻企业累计2.03万家,从业人员约15万人,规模以上工业企业152家,产值超亿元企业60家,亿元企业实现工业总产值259.91亿元,增长25.29%;引进吉利智慧新能源整车工厂、赢拓AI智能创新终端生产项目等项目30个,总投资386.55亿元。南宁吴圩国际机场飞行航线185条,通航城市112个,旅客吞吐量1085.1万人次、增长2.52%,货邮吞吐量12.4万吨、增长15.94%,其中国际货邮吞吐量2.38万吨,实现第一个“翻一番”目标,南宁吴圩国际机场航空口岸获批设立进境水果指定监管场地。举办第十二届中国临空经济论坛,参加第18届中国—东盟博览会专题展,通过示范区规划展望、产业发展布局、南宁吴圩国际机场规划等情况介绍,加强示范区推介。

（市发展改革委　市商务局）

【广西北部湾经济区区域经济合作】 2021年,南宁市推进北部湾经济区医疗保障服务一体化,优化异地就医流程及服务,拓宽异地就医备案渠道。开通窗口受理、“南宁医保”微信公众号、“爱南宁APP”、广西壮族自治区医保网上服务大厅等异地就医备案办理渠道,实现异地就医备案“零跑腿”。将南宁市医疗保障信息管理系统从南宁“智慧人社”系统剥离,切换为广西壮族自治区医疗保障信息系统,自治区内基本医疗保险关系转移接续实现跨城通办、全程网办。推动定点医疗机构开通自治区内异地就医直接结算功能。

（陆晓微）

2021年5月30日,位于江南区货运东路的南宁国际铁路港海关监管作业场所投入运营

市北部湾办提供

【粤港澳大湾区经济合作】 2021年,南宁市聚焦基础设施互联互通、产业转移承接、公共服务合作等关键领域,以“三企入桂项目落实、行企助力转型升级”行动为契机,综合施策、持续发力,推进全面对接粤港澳大湾区建设。南(宁)玉(林)城际铁路、南(宁)崇(左)城际铁路(南宁段)、南宁至湛江高速公路、西津水利枢纽二线船闸工程等互联互通基础设施完成投资均超全年任务目标。中国—东盟信息港南宁核心基地累计竣工项目40个,入驻华为、浪潮、科大讯飞、世环科技(新加坡)等国内及东盟知名龙头企业、科研院所。开通5G基站7918个,已建、在建互联网数据中心20个。推进“行企助力转型升级”行动新签约大湾区产业类项目37个,总投资额533.83亿元,“湾企入桂”项目协议履约新增7个,增长10%,完成目标任务100%,开工项目新增12个,增量17.12%,完成目标任务190%,竣工项目新增18个,增量25.71%,完成目标任务286%,资金到位新增142.14亿元,增量13.67%,完成目标任务105%;累计履约68个,履约率97.14%,累计到位资金220亿、资金到位率21.15%,累计开工56个,开工率80%,累计竣工31个,竣工率44.29%。通过CEPA(《内地与香港关于建立更紧密经贸关系的安排》)项目绿色通道新设中国港澳地区企业153家,比上年增长118.57%;成立南宁东部产业新城开发建设工作领导小组和南宁东部产业新城筹建办公室,完成《东部产业新城产业发展规划》起草等前期工作,高水平规划建设以伶俐、六景、峦城为中心的东部产业新城,打造首府产业“东融承载区、先进制造业阵地、产港城融合示范区”。构建“两湾”(粤港澳大湾区、广西北部湾经济区)协同创新体系,广西首家粤港澳大湾区“飞地孵化器”南宁市—中关村深圳协同创新中心正式运营,累计入孵企业27家,落地南宁企业10家;南宁市“人才飞地”深圳人才工作站与广州人才工作站正式投入运营;南宁市基本医疗保险参保人到粤港澳大湾区就医门诊和住院医疗费用实现直接结算;会同自治区文化和旅游厅、粤桂协作工作队在深圳举办“秀甲天下　壮美广西”广西文化旅游推介会,参加2021广东国际旅游产业博览会、第九届澳门国际旅游产业博览会等旅游博览会。

（市北部湾办　市发展改革委）

【中德工业城市联盟合作】 2021年,受新冠肺炎疫情影响,中德工业城市联盟继续收紧线下活动安排,主要采用线上形式组织中德会员城市开展工作。5月,中德工业城市联盟创办的中德文专刊《城市+》登载南宁五象新区形象和招商宣传。

南宁市配合联盟秘书处开展《中德企业合作中的品牌形象：现状与发展》专题问卷调查，组织南宁高新区、南宁经开区、广西—东盟经开区等重点工业园区企业参与问卷调查。（张　霞）

【西部陆海新通道建设】2021年，南宁市落实《西部陆海新通道总体规划》《广西建设西部陆海新通道实施方案》，交通网项目完成投资502.82亿元，完成率126.48%，比上年增长49.05%。公路项目完成投资314.74亿元，完成率123.83%。六景至兴业路面改造工程完成，柳州经合山至南宁高速、沙井至吴圩高速公路、吴圩机场至隆安高速公路建成通车。西津水利枢纽二线船闸工程完成投资6.05亿元、占投资任务124.54%，完成总体形象进度100.8%。南宁至贵阳客运专线（广西段）、南崇城际铁路、南玉城际铁路等3个项目完成投资114.55亿元、占投资任务111.3%。南宁国际空港综合交通枢纽项目完成投资25.33亿元、完成投资目标101.32%，南宁吴圩机场改扩建工程（第二跑道）项目可行性研究报告、初步设计及概算获批，南宁吴圩国际机场T3航站楼概念性建筑方案及航站区规划完成征集。南宁零公里空港产业园西区2号库投入使用，南宁机场国际货站搬迁项目建成启用。南宁沙井至吴圩高速公路建成通车。推动西桂微电子、一力制药、顺丰等项目竣工投产；龙光东盟生鲜食品智慧港、葫芦娃二期开工建设。南宁国际铁路港项目完成投资9.42亿元，占投资计划134.64%。海关监管作业场所封关运营，办理约2000个TEU报关、查验业务；项目配套道路同兴路（国凯大道—海城路）、洪运路（海城路—国凯大道）建成通车。中新南宁国际物流园完成投资5.91亿元，完成投资任务131.33%，货运中转总量超130万吨。南宁保税智慧园、科创苑一期建成投入使用。南宁市物流网建设项目完成投资105亿元，完成投资任务132.88%。京东南宁电子商务产业园及运营结算中心项目（一期）、顺丰创新产业基地等项目建成并投入运营，中国智能骨干网申通南宁智慧物流产业园等项目开工建设。中越（南宁—河内）跨境集装箱班列开行346列，增长108%；在飞国际货运航线11条，增长300%，开通飞往东南亚、南亚国家的货运航线；南宁吴圩机场国际货邮吞吐量2.4万吨，增长119%。印发实施《南宁市大力推进多式联运发展若干政策》，南宁国际铁路港首趟“南宁—钦州—唐山”班列（“公铁海”多式联运班列）开行。（陆晓徽）

利用外资及中国港澳台地区资金

【概　况】2021年，南宁市新设外商投资企业291家、比上年增长95.3%，投资总额117.81亿美元、增长480.92%，合同外资额42.23亿美元、增长513.19%，其中中国（广西）自由贸易试验区南宁片区新设外商投资企业123家。实际利用外资5.78亿美元，增长31.3%。房地产业首次大幅增长成为利用外资主要来源行业，制造业利用外资比重下降，与交通运输、新能源相关行业投资趋势上升。主要存在新设外资企业资金到位率较低，各县（市、区）、开发区实际利用外资工作差距较大等问题。

【利用外资及中国港澳台地区资金特点】2021年，南宁市实际利用外资及中国港澳台地区资金来源地前三位是中国香港、中国澳门、马来西亚，实际利用外资额分别为5.66亿美元、777万美元、301万美元，分别占97.99%、1.34%、0.52%。实际利用外资500万美元以上项目19个，占总数46.34%，到位外资5.48亿美元，占全部实际利用外资94.84%，其中实际利用外资超1亿美元项目1个、超1000万美元项目13个。实际利用外资行业涉及交通运输和仓储、制造业、租赁和商务服务业、电力、热力、燃气及水生产和供应业、房地产业、科学研究和技术服务业、批发和零售业等；房地产业实际利用外资3.46亿美元、占59.86%，科学研究和技术服务业9194万美元、占15.9%，农林牧渔业3140万美元、占5.43%，电力、热力、燃气及水生产和供应业3086万美元、占5.34%，交通运输、仓储和邮政业3049万美元、占5.27%。中国港澳台地区新设投资企业192家、占65.98%，投资总额113.73亿美元、占96.54%，合同外资额40.69亿美元、占96.35%，实际利用外资5.74亿美元、占99.35%。其中，中国香港地区新设投资企业145家、占49.83%，投资总额86.97亿美元、占73.82%，合同外资额30.65亿美元、占72.42%，实际利用外资5.66亿美元、占97.99%；中国台湾地区新设投资企业39家、占13.4%，实际利用外资6万美元；中国澳门地区新设投资企业8家、占2.75%，实际利用外资777万美元。中国港澳台地区主要投资行业为房地产业，科学研究和技术服务业，农林牧渔业，电力、热力、燃气及水生产和供应业，交通运输、仓储和邮政业，租赁和商务服务业，实际利用外资分别为3.46亿美元、9194万美元、3140万美元、3086万美元、3.05亿美元、2983万美元。

【外资及中国港澳台地区企业管理与服务】2021年，市投促局依托市、县两级外商投资企业“一站式”服务机制，实施“一专员两清单”（设立外资企业服务专员，建立进展清单、问题清单）制度，落实外商投资企业“直通车”服务机制，联合有关市直部门，发挥联席协调机制作用，走访服务江南区商品通、青秀区沃尔玛山姆会员店等外资重点项目。继续坚持“盘活存量、复活变量、激活增量、整合力量”的工作思路，联合市发展改革委、市商务局、市工信局、市市场监管局、市税务局开展2021年外商投资企业百日精准服务活动，集中走访服务在邕重点外商投资企业超90家，跟踪服务“三企入桂”外资签约项目18个，其中中国（广西）自由贸易试验区南宁片区签约项目3个，组织服务融瑞地产、鑫玖林业、新加坡丰树集团、百胜智慧冷链、沃尔玛山姆店、唯品会、宜家家居、绿地集团等外商投资企业，协调市疾控中心帮助外商投资企业外籍人员完成新冠病毒疫苗接种。组织落实《南宁市兑现落实利用外资有关政策措施实施细则》，兑现2020年度实际利用外资奖励；奖励瑞声科技（南宁）有限公司、南宁宇培仓储有限公司等14家外资企业1792.79万元，其中市本级奖励744.28万元，有关城区、开发区奖励1048.51万元。开展2021年外商投资信息报告监督检查，随机抽检外资企业30家，其中实地核查9家、书面检查13家、未能开展监督检查8家（注销1家、转内资企业1家、办理注销程序2家、无法联系4家），未发现不履行外商投资信息报告义务情况，未发现有违反《外商投资信息报告办法》行为。（李秋锰）

编辑　李　康

公有制与非公有制经济

综　述

【概　况】2021年，南宁市新登记市场主体16.15万家，比上年增长30.66%。其中，内资非私营公司企业(含国有企业、登记为企业的家庭农场等)4862家，增长58.11%；私营企业6.25万家，增长33.83%；个体工商户9.34万家，增长26.73%；外商与中国港澳台地区投资企业387家，增长99.48%；农民专业合作社327家，下降38.3%。累计市场主体84.93万家，增长6.03%。其中，内资非私营公司企业(含国有企业、登记为企业的家庭农场等)2.47万家，增长13.82%；私营企业32.11万家，增长6.21%；个体工商户49.54万家，增长4.36%；外商与中国港澳台地区投资企业2227家，增长1.88%；农民专业合作社5785家，增长0.49%。（市市场监管局）

【市场主体活力保护与激发】2021年，南宁市通过国有企业改革举措激发国有企业活力。实施国有企业改革三年行动，完成改革任务98项，完成率73.68%。市属国有企业全部制定董事会授权制度，90%符合条件的二级、三级子企业实现外部董事占多数。9月，出台《南宁市国资委履行出资人职责企业年度目标责任综合考核实施办法(试行)》《南宁市国资委履行出资人职责企业负责人经营业绩考核办法》及其配套实施细则，完善考核体系；12月，出台《南宁市市属国有企业董事会及董事评价暂行办法》《南宁市市属国有企业外部董事管理暂行办法》，规范国有企业董事会运行。完成经理层成员任期制和契约化管理的各级子企业112户，涉及经理层成员279人。处置“僵尸企业”7家，完成企业清产核资立项26家，核实企业国有资本金5家。明确转企事业单位分类处理产权关系路径11家，推动其整合进国资系统2家。成立数丝科技有限责任公司，南宁城投集团改组为国有资本投资公司。（市国资委）

国有经济

【概　况】2021年，南宁市有市属国有企业9家，分别为南宁城市建设投资集团有限责任公司、南宁交通投资集团有限责任公司、南宁威宁投资集团有限责任公司、南宁建宁水务投资集团有限责任公司、南宁轨道交通集团有限责任公司、南宁产业投资集团有限责任公司、南宁农工商集团有限责任公司、南宁金融投资集团有限责任公司(市财政局履行出资人职责企业)、南宁五象新区建设投资有限责任公司(五象新区管委会履行出资人职责企业)，国有资产总额4173.85亿元，比上年增长7.7%；净资产1708.22亿元，增长11.48%；利润26.92亿元，增长16.84%；国有资产保值增值率101.39%。

（市国资委）

【南宁城市建设投资集团有限责任公司】市属国有企业。2021年，注册资本106亿元，资产总额1224.18亿元，净资产659.04亿元，国有资产保值增值率100.3%，员工2388人。子公司有南宁市城市建设投资发展有限责任公司、南宁纵横时代建设投资有限公司、南宁城市路桥投资管理有限责任公司、南宁城建管廊建设投资有限公司、南宁市富申建设投资有限责任公司、南宁市万町工程项目管理有限责任公司、南宁市西部时代房地产开发有限责任公司、南宁城投小额贷款有限责任公司、南宁富航资产管理有限责任公司、广西华宏建材有限公司、南宁城投现代园区开发有限责任公司、南宁城市建设晟湾银投资有限公司、南宁城市建设集友智投资有限公司13家，受市政府委托管理南宁市基础工程总公司。完成固定资产投资63.81亿元，占年度计划的113.99%；营业收入21.35亿元，比上年增长0.93%；利润2.74亿元，增长15.75%；缴税2.44亿元，增长60%；融资50.45亿元，占年度计划的212%。推进国有资本投资公司改组(南宁市首家国有资本投资公司改革试点企业，改组方案经12月13日市政府常务会议审议通过)，整合业务资源，争取优质可经营性资产注入，开展投资融资、产业培育、资本运作等，打造“国有资本投资平台、城市建设运营平台、国资国企改革创新平台”。建设城建项目442个，完成投资57.9亿元，完成年度任务的113.58%；开工建设南宁市核心城区缆线管廊工程、庆华路延长线工程(英岭路—新扶一级公路)、燕敦路(友谊路—星光大道)、衡阳东路延长线(松柏路—规划5路)等项目39个；建成翠竹路、洪运路(海城路—国凯大道)、快环综合整治项目(邕宾立交)改造工程等43个；获2020—2021年度第二批国家优质工程奖等国家级集体荣誉8项、广西建设工程“真武阁杯”奖等自治区级荣誉19项、市级荣誉47项。投融资40.54亿元，其中公租房经营权项目贷款24.4亿元、中期票据5亿元、理财直接融资7.49亿元、富康园二期公租房贷款1.1亿元、棚户区改造贷款0.5亿元、流动资金贷款2.05亿元；发放小额贷款1.64亿元、增长78.75%。接收直管公房58万平方米，累计国有产权房运营管理规模超350万平方米；创新投资方式建设东风北苑等公共租赁住房项目3个，总投资11.76亿元；加快国有产权房智慧

2021 年 2 月 7 日，邕宾立交快环主线通车　　　　南宁城投集团提供

管理信息系统建设。接收综合管廊 11.6 千米，管养维护市管市政设施道路 295 条、桥梁 327 座、通道 81 座、隧道 9 座，实现综合管廊监控中心“成网成片”联动管理片区 5 个，管廊有偿使用收费 1100 万元；接收户外广告牌 36 块，广告收入增长 151.45%；管养的照明设施完好率 95% 以上，照明设施亮灯率 99% 以上，数字城管案件和市长热线案件处置完成率 100%。建设施工管理完成施工产值 2.32 亿元，中标金额 4.71 亿元；美林湾、龙庭水岸、八桂绿城等房地产项目实现销售额 1.45 亿元；投入运营高峰加油站、伊岭加油站，与路邦公司合资经营加油站网点 6 座，销售收入超 1.1 亿元。开展“我为群众办实事”实践活动及成果转化 101 次，实施项目 199 个、落实资金 4.1 亿元。深化智慧城市、BIM（建筑信息模型）、装配式建筑、地下综合管廊信息管理等创新技术、创新工艺方面的合作研究，研究成果“地下管廊安全监控系统”“基于高分辨率 PS-InSAR（永久散射体合成孔径雷达干涉测量）的城市基础设施形变监测及安全评估研究”“市政混凝土快速修复材料及成套关键技术研究”获专利认证；自主研发的“云城建”项目全过程管理系统获国家版权专利 6 项，与 10 多家企业签署合作协议。履行社会责任投入乡村振兴帮扶资金 79.48 万元，帮助帮扶村引进社会资金 34 万元。　　　（南宁城投集团）

【南宁威宁投资集团有限责任公司】 市属国有企业。2021 年，注册资本 86.33 亿元，资产总额 445.3 亿元，净资产总额 175.4 亿元，国有资产保值增值率 101.94%，员工 4223 人。一级监管企业有南宁大地飞歌文化产业集团有限责任公司、南宁百货大楼股份有限公司、南宁学院、南宁威宁资产经营有限责任公司、南宁威宁市场发展有限责任公司、南宁威宁房地产开发有限公司、南宁威宁文化体育发展有限公司、南宁威宁酒店投资股份有限公司、南宁市融达小额贷款有限责任公司、广西粮食物流产业园区有限公司、南宁威耀集采集配供应链管理有限公司、南宁威凯智慧物业服务有限公司、南宁融聚融资租赁有限公司 13 家。完成固定资产投资 35.64 亿元；融资 129.04 亿元，比上年增长 76.4%；上缴税费 4.86 亿元，增长 42.9%；营业收入 87.06 亿元，增长 33.16%；利润 1.86 亿元，增长 39.26%；入围中国服务业企业 500 强（第 443 位）、2021 广西企业 100 强（第 48 名）、广西服务业企业 50 强（第 20 名）。获评“全区脱贫攻坚先进集体”；定点帮扶的隆安县南圩镇联伍村获评 2019—2020 年度“全区脱贫攻坚先进集体”。优化集团法人治理和资产结构，建立“一企一策”（一个企业一个帮扶政策）渐进式授权经营机制；新增南宁市融达小额贷款有限责任公司为授权试点单位，动态调整授权边界和管控深度；全面落实对国企改革重点量化指标采集范围内的 25 家监管企业 44 名经理层成员推行任期制和契约化管理，完成纳入国家和自治区调度的全民所有制企业改革 2 户（南宁市百通业沃商贸公司、南宁地区信息中心服务部）；推进市民政企业总公司等 9 户国有“僵尸企业”处理，加快市南地电影有限公司等全民所有制企业公司制改革，推动广西赖氨酸厂破产重组，界定市政源印刷厂产权，退出普惠性幼儿园业务。开（竣）工重大建设项目 9 个，其中自治区与南宁市统筹推进重大项目“老南宁·三街两巷”二期已交付部分 12 月 30 日通过竣工验收，威宁青运村项目全盘 30 栋住宅楼封顶，南宁学院第 11 栋、第 12 栋学生宿舍完工并投入使用，威宁·世纪花城经济适用住房项目完成主体封顶。中央预算内资金项目：2019 年 18 个城镇老旧小区改造项目全部完工，2020 年第一批、第二批 96 个小区全部完工，第三批 108 个小区完成工程量 80%，B 片区 46 个小区完成工程量 35%。威宁首府·德逸园项目竣工并交付，威宁首府二期取得施工许可证，11 月开盘销售，新民路 65 号危旧房改住房项目、东盟·威宁文创中心项目完成主体封顶。与工商银行广西区分行签订融资战略合作协议，融资总额 100 亿元；新增授信 48.88 亿元，授信总额 298.58 亿元；通过建信保险 10 亿元债权投资备案，运用险资实现零突破；租赁业务融资完成 28 亿元；申报注册中期票据 20 亿元、私募公司债 15 亿元、PPN（非公开定向债务融资）10 亿元，PPN 全部发行融资到位；贷款流动资金 36 亿元；为威宁青运村、东盟·威宁文创中心等重点项目融资 61.74 亿元。着力构建“3+1”（农商供应链、城市开发运营、文教旅游，产业金融资本）产业格局。农商供应链方面：推动南宁百货大楼朝阳店、新世界店转型等门店优化调整，实现线上线下销售联动互促；拓展白糖等大宗农产品贸易业务，合作打造“广西威链云智慧供应链项目”，完成年度储备粮轮换任务和应急成品粮增储任务；学校食材配送业务范围拓展至青秀区等江北主城区以及横州市、隆安县等县（市、区），配送学校（含教学点）905 所，服务师生 47 万人，通过国家 ISO 三大体系认证，威耀供应链公司是广西唯一一家国家级服务业标准化（商贸流通专项）试点企业。城市开发运营方面：盘活大宗资产 10 余宗，开展危旧改项目 11 个；第一次以市场化方式摘牌兴宁区 8.33 公顷地块，完成各类物业销售面积约 27 万平方米，增长 137%；签约金额 20.57 亿元，增长 141%；“老南宁·三街两巷”一期招商率近 90%，获评首批国家级夜间文化和旅游消费聚集区、国家级旅游休闲街区。文教旅游方面：在南宁园博园实景打造南宁市庆祝中国共产党成立 100 周年群众文化活动暨第 23 届南宁国际民歌艺术节，网络点击量近 1500 万人次，拓展绿地中央广场店和绿港·欢乐里 2 家影院；南宁学院获批广西新增硕士学位授予单位立项建设对象，获批自治区一流本科课程 3 个，中国—东盟综合交通国际联合实验室获批 2021 年第二批自治区重点实验室；广西体育中心威拓普高端智能化健身中心开业运营；完成新华照相院回迁新华街，推动“宁家”快捷酒店共和店装修升级改造，推出高端婚庆场所等新品，营收实现逆势增长。产业金融资本方面：成立融聚融资租赁公司，南宁市融达小额贷

2021年12月30日,老南宁·三街两巷历史文化街区仓西门通过竣工验收

南宁威宁集团提供

款有限责任公司累计发放贷款95笔,实现贷款余额2.25亿元,不良贷款率控制在1.87%。履行国企社会责任,3月至8月,广西体育中心作为新冠病毒疫苗大型临时接种点,投入现场参与服务管理人员和保洁、安保人员1600人次,保障疫苗接种60万人次;投入资金2050.46万元,人员1.4万人次,到商铺、小区宣传创城,制作并发放创城宣传资料3.01万份,张贴创城宣传海报1.01万张,利用LED屏、电视广告墙、广播等媒介宣传创城15.38万次。定点帮扶"十三五"脱贫村6个,选派6人驻村工作;投入62.1万元用于产业发展、危房改造、捐资助学、基础设施建设等项目,组织各级工会、员工购买脱贫地区农特产品,消费帮扶128.4万元,通过"威耀食材"信息系统平台帮助销售脱贫地区农特产品1872.67吨,销售金额3282.82万元。

(南宁威宁集团)

【南宁建宁水务投资集团有限责任公司】 市属国有企业。2021年,注册资金20.52亿元,总资产421.99亿元,净资产88.59亿元,国有资产保值增值率105.42%,职工2445人。全资子公司有广西万丰房地产开发有限公司、南宁市排水有限责任公司、南宁市流量仪表检测有限责任公司3家,控股子公司有广西绿城水务股份有限公司、广西金水建设开发有限公司、南宁建宁康恒环保科技有限责任公司、南宁建宁中环洁城市服务有限责任公司4家,参股公司有南宁开通塑管有限公司、南宁市华信小额贷款有限公司、南宁市区农村信用合作联社、广西南宁化学制药有限责任公司、南宁联培人才教育科技有限公司、南宁北排水环境发展有限公司、南宁北排水环境科技有限公司、南宁博湾水生态科技有限公司、光大水务(南宁)有限公司、南宁市国冶基础设施建设投资有限公司、广西棕榈生态城镇环境发展有限公司、广西南宁北投心圩江环境治理有限公司12家。完成固定资产投资41.44亿元;融资84.82亿元,比上年增长18.07%;营业收入35.22亿元,增长23.5%;利润5.48亿元,增长102.78%;缴税2.28亿元。入围2021广西企业100强(第87名)、2021广西服务业企业50强(第34名)、2021南宁市企业50强(第22名),获"全区脱贫攻坚先进集体""2020年度南宁市脱贫攻坚先进集体"等称号。保障城市供水安全,石埠水厂一期(70万立方米/日)工程、三津水厂扩建(10万立方米/日)工程、河南水厂挖潜改造(10万立方米/日)工程开工,敷设供水管网66千米,实现售水(不含南湖补水)5.08亿立方米,增长6.3%。综合整治城市黑臭水体,改造雨污错混接点1871个,整治断头管37处,处理污水4.95亿立方米,增长12.72%;完善朝阳溪河道综合整治、那平江流域治理等工程收尾工作,朝阳溪流域治理工程入选住建部城市建设司指导编写的《城市黑臭水体治理案例集》。提升城市排水防涝能力,累计接收、管理、运营雨、污水管网4470千米,排水泵站、闸坝32座、污水泵站5座;出动6612人次巡查排水管网,启动防内涝应急响应67次,加快建设解决"城市看海"问题内涝积水项目,改造积水点58处,被评为广西应对突发事件突出贡献先进集体;开发完善南宁市"厂网河(湖)一体化管控"城市排水设施地理信息系统,获第十五届中国智慧城市大会2021智慧城市先锋榜优秀应用案例一等奖、广西信息化优秀案例智慧城市类"最佳案例"。推动固废处置产业化发展,打造固废处置全市全域全覆盖全产业链一体化投资、建设、运营的"建宁模式",双定循环经济产业园一期3个项目累计完成投资19亿元,实现投产试运行,生活垃圾清洁焚烧发电厂日处理规模2250吨,有机垃圾处理厂日处理规模600吨,污泥处置厂日处理规模500吨。设立南宁建宁中环洁城市服务有限责任公司,推进南宁市环卫一体化(良庆区、邕宁区、南宁综合保税区)特许经营项目,获横州市、宾阳县垃圾处理业务特许经营权。开展跨境融资,办理跨境直贷2.6亿元,年化综合成本3.78%;发行2021年度第一期超短期融资券5亿元,票面利率3%,利率为广西AA+企业发行最低。绿城水务公司发行2021年第一期公司债券9.4亿元,票面利率3.7%,

2021年,南宁市朝阳溪河道综合整治工程(秀厢大道—罗伞岭水库)入选住建部城市建设司指导编写的《城市黑臭水体治理案例集》。图为整治后1号调蓄池周边河道水清岸绿

梁志史　摄

利率为近五年广西同评级同期限产品最低。履行社会责任，定点帮扶村 8 个，捐资 126.18 万元，建设肉牛养殖、澳洲坚果种植、香米加工扶贫车间、乡村风貌提升等项目 10 个，采购农副产品价值 204.63 万元。（覃日兰）

【南宁交通投资集团有限责任公司】 市属国有企业。2021 年，注册资金 15.86 亿元，资产总额 490.27 亿元，净资产 146.22 亿元，国有资产保值增值率 101.47%；境内主体信用评级“AA+”，国际信用主体评级“BBB-”；员工 5020 人。全资子公司有南宁公共交通集团有限公司、南宁交投能源发展有限责任公司、南宁高速公路建设发展有限公司、南宁交投凯通实业有限责任公司、南宁旅游发展有限公司、南宁交投物流投资有限公司（原南宁交投置业投资有限公司）6 家，控股子公司有南宁交通资产管理有限责任公司、南宁交投六景园区开发有限责任公司、南宁市市民卡信息服务有限责任公司、广西赛扬文化传媒有限公司、广西交创科技有限公司、南宁交投桂隆建设工程有限责任公司、南宁交投桂晟建设工程有限责任公司、南宁交投桂祥建设工程有限责任公司、南宁交投桂昶建设工程有限责任公司、南宁交投桂弘建设工程有限责任公司、南宁交投桂乾建设工程有限责任公司 11 家，参股公司有南宁国际铁路港开发运营有限公司、广西白马文化传媒有限公司 2 家。完成固定资产投资 86.8 亿元；营业收入 19.56 亿元，增长 20.55%；利润 1.73 亿元，增长 20.55%；融资 76.99 亿元，完成年度融资目标 150.47%。主要新建项目：邕武路改扩建工程（高峰收费站—高峰森林公园北门），6 月 30 日开工，完成投资 1662 万元；巧红路（邑平路—新巧路），7 月 12 日开工，完成投资 2052 万元；新巧路（巧红路—新福路），7 月 15 日开工，完成投资 2063 万元；南宁交投创新产业园，10 月 1 日开工，完成投资 5067 万元；心圩江移动式和半移动式泵站扩建工程，12 月 15 日开工，完成投资 2509 万元；南宁二环（南段及吴隆路延伸段）高速公路，12 月 26 日开工，完成投资 5370 万元。主要续建项目：张村至六景公路（一期）工程，完成投资 1.78 亿元，道路主线全线贯通，征地拆迁完成 97%；桂林至钦州港公路（南宁六景至宾阳段），完成投资 26.74 亿元，主线路基、桥梁完工 99%；南宁至宾阳至黎塘公路（G322/358），完成投资 7.29 亿元，征地拆迁完成 92.62%；上林至横县高速公路一期工程，完成投资 27.16 亿元，征地拆迁完成 85.6%。主要建成项目：那平江堤工程，4 月 30 日完工；南宁国际铁路港海关监管作业场所，5 月 30 日封关运营；南宁市翠竹实验学校小学部，7 月 30 日完工；完成南宁市“高改快”项目立交桥及城市桥梁桥下空间综合开发利用项目、南宁市常规公交专用道工程（二期）。主要运营项目：新增扶贫加油站 8 座，累计运营加油加气站 31 座，在建五塘、苏圩等扶贫加油站等 5 座；营运水利（航运）枢纽发电 7.01 亿千瓦时，其中牛湾电厂售电 2.76 亿千瓦时、宋村电厂售电 4.25 亿千瓦时；邕江夜游项目出航 1630 次，接待旅客 9.81 万人次，营业收入 1068.93 万元；老口研学项目接待游客 2681 人次，营业收入 16.1 万元；开行邕江红色主题游船，3 月 21 日投入运营，全年接待游客 1.75 万人次，营业收入 378.1 万元；开展城市配送业务，12 月 31 日运营；成立南宁公交再生资源有限公司，12 月 31 日投产；新建扩建充电站点 13 座、充电桩 180 个，经营管理充电站点 78 座、充电桩 1075 个，充电网络总功率 6.6 万千瓦；承接道路路内机动车泊位 3.26 万个，停车带 2.45 万米；投放共享电车 5000 辆，“出行南宁”App 注册用户 345.5 万人次；组建“交投社区团购群”10 个，覆盖 2000 人。第一期住房租赁市场试点茅桥、望州岭项目，完成投资 3778 万元，凤岭南项目完成投资 2204 万元。（谢弘晖）

2021 年 5 月 30 日，南宁国际铁路港海关监管作业场所封关运营　　南宁交投集团提供

【南宁产业投资集团有限责任公司】 市属国有企业。2021 年，注册资本 80.73 亿元，资产总额 208.28 亿元，净资产 88.03 亿元，国有资产保值增值率 104.03%。员工 3075 人。全资子公司有南宁壮宁资产经营有限责任公司、南宁振宁资产经营有限责任公司、南宁广发重工集团有限公司、南宁统一资产管理有限责任公司、南宁产投工业园区开发有限责任公司、南宁产投通用航空有限责任公司、广西南宁创侨建设投资开发有限责任公司、南宁产投新能源汽车投资有限责任公司、南宁产投科技创新投资有限责任公司、广西南宁金宁（实业发展）有限责任公司、南宁产投智创五象投资开发有限责任公司、南宁产投智创经开投资开发有限责任公司、南宁产投智创江南投资开发有限责任公司、南宁产投智创科电投资开发有限责任公司 14 家，控股子公司有广西南宁凤凰纸业有限公司、南宁五菱桂花车辆有限公司、南宁产投华创发展有限责任公司、数丝科技有限责任公司、南宁同达盛混凝土有限公司 5 家，参股公司有广西南南铝加工有限公司、南宁五丰联合食品有限公司、南南铝业股份有限公司、斐讯通信南宁有限公司、广西南宁化学制药有限责任公司、南宁联培人才教育科技有限公司、南宁化工股份有限公司 7 家，授权管理企业有广西壮族自治区南宁筑路机械厂、南宁市中捷思威特制鞋机械技术培训中心、南宁市伞厂、南宁市第一轻工业局供销公司、南宁市包装装潢设计研究所、南宁市化学医药工业供销公司、南宁市矿务局砖厂、南宁手扶拖拉机厂、南宁壮宁木材公司、南宁市自行车总厂、南宁市机械厂 11 家。完成投资总额 49.17 亿元，比上年增长 74.25%；工业总产值 13.55 亿元，增长 25.07%；营业收入 27.25 亿元，增长 33.48%；利润 8.5 亿元，增长 6.7%；缴税 1.48 亿元；融资到位 28.65 亿元；获授信额度 78.82 亿元。获评“全国纺织劳动关系和谐企业”“2020 年度广西物流企业 50 强”“2020 年度广西冷链管理创新奖”“2020 年度广西冷链企业 10 佳”“2020 年度南宁市抗击新冠肺炎疫情先进集体”。完成市国资委下达的国企改革分项工作任务 43 项，清理退出不具备优势的非主业和低效无效资产；完成“一企一策”企业改革方案审批 24 家，其中工商登记注销 6 家，进入破产

2021 年 1 月 5 日，南宁市公安机关租赁新能源勤务用车集中发放仪式在南宁会展中心举行，南宁产投集团向市公安机关基层单位交付新能源汽车　　　　南宁产投集团提供

清算程序 8 家。筹措资金 5.88 亿元，妥善处理南宁五菱桂花车辆有限公司、南宁市自行车总厂有限责任公司、南宁广发重工集团有限公司 1433 名职工安置、1654 名退休人员移交社区管理问题。盘活南宁五菱桂花车辆有限公司、南宁市自行车总厂有限责任公司、南宁广发重工集团有限公司等老旧企业工业用地 50.67 公顷，获土地收储预付款 13.6 亿元。筹措资金 1.52 亿元，推进国有企业、破产企业职工家属区“三供一业”（供水、供电、供热和物业管理）移交改造，涉及企业 14 家、生活区 35 个，惠及住户 1.6 万户。研究制定“十四五”规划，确立“1233”发展战略及“3256”发展目标。“1233”发展战略：一条主线，即强产业、强工业；两项使命，即南宁市创新投资的引领者、南宁市工业高质量发展的主力军；三项任务，即强管理、提规模、增效益；三大主业，即产业投资与工业运营、园区开发和产城融合、资产运营管理。“3256”发展目标：累计投资总额达到 300 亿元，其中工业项目投资达到 200 亿元以上，总资产规模达到 500 亿元，累计利润总额达到 60 亿元。编成《南宁市新能源汽车产业链发展研究白皮书》《南宁市新能源汽车(2021—2025)产业发展行动指南》；提出南宁市新能源汽车产业“1+N+5”总体发展战略：围绕 1 个整车制造体系核心，布局上下游产业链多个细分领域，合力构建“发展服务、科技研发、产业投资、金融服务、专业园区”5 大赋能平台。拓展“基金 + 基地 + 产业”投资模式，累计设立基金 13 支，撬动社会资本 350.34 亿元，放大倍数 2.44 倍；参与设立华鼎、德载厚、蜂巢、多氟多等个产业发展基金，实现蜂巢电池项目（德载厚启荣基金项目）、多氟多锂电池项目、南南电子汽车新材料精深加工项目（天恒汽车）、“阿凡达”轻量化轮毂产业项目落地南宁。并购南南铝业股份有限公司汽车组件事业部设立天恒公司，投资入股南南铝箔产业；增资 7 亿元，重组广西申龙新能源客车，收购白马新能源汽车股权，引进动力电池、车用铝材、轮毂等新能源汽车产业链的上下游企业，形成以合众、申龙等为龙头的新能源汽车产业引领工业高质量发展新格局；合众新能源汽车南宁工厂投入使用，通过委托代工生产合众新能源“哪吒 V”品牌汽车累计销售 4.96 万台；6 月 17 日通过京东平台正式对外发售新能源“天际 ME5”品牌汽车。开展产业项目谈判超 180 个，完成尽职调查 47 次，实现项目签约落地 17 个，完成南宁产投新兴一号投资基金项目、收购南南铝箔股权及增资项目、增资广西玉柴专用汽车有限公司项目。集中对半导体、芯片储存和通信设备制造方向进行招商，引进金泰克芯片存储项目，组建数字科技集团，完成金泰克项目、智芯一期基金项目落地，建成深圳国人科技有限公司投资的南宁国人通信产业园；布局生物医药产业，完成广西达安创谷健康产业投资基金项目落地南宁。完成 13 个园区项目的固定资产投资 13.81 亿元，建筑面积 50.28 万平方米，其中南宁产投汽车青秀产业园生产配套园区、南宁产投创新产业园二期、南宁产投创新产业园三期等项目开工，产投创新产业园一期、产投汽车青秀产业园等项目竣工；南宁产投江南企业公园累计入驻企业超 40 家，获评 2021 年度自治区小型微型企业创业创新示范基地。参与创建全国文明城市“十大提升行动”，投入资金 670 万元，参与创建 4.5 万人次，惠及老旧生活小区、建筑工地和生产厂区 157 个。助力乡村振兴，选派驻村第一书记 5 人，投入帮扶资金 62.11 万元；中华慈善日捐款 10 万元。　　（阳劲松）

【南宁轨道交通集团有限责任公司】 市属国有企业。2021 年，注册资金 133 亿元，资产总额 1063.09 亿元，净资产 409.46 亿元，国有资产保值增值率 101.25%。职工 8682 人。分公司有南宁轨道交通集团有限责任公司建设分公司、南宁轨道交通集团有限责任公司运营分公司、南宁轨道交通集团有限责任公司资源开发分公司 3 家，全资子公司有南宁轨道地产集团有限责任公司、南宁轨道城市发展有限责任公司、南宁铁路枢纽投资有限公司、南宁轨道交通二号线建设有限公司、南宁轨道交通五号线建设有限公司、南宁轨道交通二号线东延工程建设有限公司 6 家，控股公司有南宁轨道江南混凝土有限公司、南宁

2021 年 12 月 16 日，南宁轨道交通 5 号线一期（国凯大道站—金桥客运站）开通初期运营　　潘浩　摄

轨道交通四号线建设有限公司2家，参股公司有南宁轨道交通三号线建设有限公司、南宁中车轨道交通装备有限公司、南宁中铁广发轨道装备有限公司、南宁市市民卡信息服务有限责任公司、广西南宁机场综合交通枢纽建设有限公司、广州轨道教育科技股份有限公司、云宝宝大数据产业发展有限责任公司、广西交控智维科技发展有限公司、宝信软件(广西)有限公司、南宁联培人才教育科技有限公司10家。完成固定资产投资54.51亿元，融资36.7亿元；营业收入33.66亿元，比上年增长75.8%；利润5.12亿元，增长28.2%；净利润3.66亿元，增长24.3%；上缴税费5.95亿元，增长14.4%。国内主体信用评级AA+级。获评“广西企业文化建设示范基地”“全国质量信得过班组”“2021年全国优秀质量管理小组”；轨道交通3号线一期工程入选2020—2021年度第一批中国建设工程鲁班奖(国家优质工程)；科研项目网络化客流车流高适配驱动的城轨列车运行图智能编制关键技术研究与示范应用、城市轨道交通隧道智能线路巡检机器人、城市轨道交通隧道智能综合检测车项目列入自治区2021年度交通运输行业重点科技项目，并推荐至交通运输部交通运输行业重点科技项目清单；轨道交通智慧运维试点(信号智能运维、机电智能运维及智慧车站)被列入自治区交通强区试点实施方案。南宁轨道交通5号线一期工程(国凯大道站—金桥客运站)，2017年9月7日开工建设，2021年12月16日开通初期运营。运营线路有南宁轨道交通1号线、2号线、3号线、4号线、5号线，运营总长128.2千米，线网总运营里程1288.81万列千米；列车正点率99.98%，运行图兑现率99.99%，列车服务可靠度143.2万车千米/件；客运总量近2.89亿人次，轨道交通客运量占公共交通客运总量56.48%；日均客运量79.11万人次，单日客运量突破百万30次，单日最高客运量143.26万人次。6月24日，市政府批复《南宁市城市轨道交通线网规划(2020—2035)》，规划期南宁轨道交通线路13条(轨道普线8条、轨道快线5条)，规模592.6千米(主城区429.4千米)，设站307座(换乘站147座)，构建多层次网络体系。 (徐燕莲)

【南宁金融投资集团有限责任公司】 市属国有企业。2021年，注册资金15.93亿元，资产总额37.01亿元，净资产18.93亿元，国有资产保值增值率103.88%。员工299人。全资子公司有南宁金控大数据服务有限公司、南宁市恒富小额贷款有限责任公司、南宁金融资产交易中心有限责任公司、南宁投资引导基金有限责任公司、南宁金控融资租赁有限责任公司、南宁金控资产管理有限责任公司、广西南宁北部湾经济区基础设施投资引导基金管理有限公司、南宁金控财富管理有限责任公司、南宁市金控商业保理有限公司、南宁金控协同发展有限责任公司10家，控股子公司有广西联合产权交易所有限责任公司、南宁市南方融资担保有限公司、南宁金融城投资运营有限公司、南宁市华信小额贷款有限公司、广西联合股权托管中心有限责任公司、广西融通拍卖有限责任公司6家，参股公司有广西黄金投资有限责任公司、南宁市爱森恩投资管理有限责任公司、广西北部湾股权交易所股份有限公司、广西北部湾银行股份有限公司、交通银行股份有限公司、广西文投文化产权交易中心有限责任公司、广西交易场所登记结算有限公司、北京金马甲产权网络交易有限公司、广西信金服科技有限公司、南宁优易大数据有限责任公司、南宁联培人才教育科技有限公司、北京中关村协同创新投资基金、南宁市华盛新材料产业投资基金、南宁交轨投资合伙企业、南宁慧科嘉投资中心(有限合伙)、南宁红土邕深创业投资有限公司、广西横县新威林板业有限公司、广西北部湾厚润德基金管理中心(有限合伙)、南宁市良庆区云创投资基金中心(有限合伙)、南宁北投创新产业投资中心(有限合伙)、南宁青蓝晟禾投资管理中心(有限合伙)、南宁久仁建新生物科技有限公司22家，受托管理政府引导基金有南宁市创业投资引导基金、南宁产业发展基金、南宁城市发展基金、广西北部湾经济区产业基础设施投资(南宁)引导基金、南宁市天使投资基金5支，受托管理国有企业南宁市小微企业融资担保有限公司(12月20日解除委托管理关系)。完成固定资产投资25万元，融资3亿元，实现营业收入2.1亿元，比上年增长21.61%；利润8735.41万元，增长10.34%；缴税3349.44万元，增长12.94%。开展担保小贷保理业务。担保板块业务实现在保余额79.65亿元，其中南宁市小微企业融资担保有限公司担保业务在保1226户、在保余额29.65亿元，南宁市南方融资担保有限公司在保329户、在保余额50亿元。小额信贷业务发放贷款158笔、贷款金额1.79亿元，其中南宁市华信小额贷款有限公司发放贷款32笔、贷款金额5936万元，南宁市恒富小额贷款有限责任公司发放贷款126笔、贷款金额1.2亿元。应急转贷资金业务47笔，贷款3.1亿元。开展南宁市外向型企业扶持资金池垫税业务7笔，金额342.94万元，资金使用费3.04万元。组建南宁金控财富管理有限责任公司、南宁金控协同发展有限责任公司、南宁市金控商业保理有限公司，扩展和延伸集团金融服务链，实现地方金融“全牌照”。南宁市金控商业保理有限公司完成保理融资业务7笔，授信金额2700万元。开展要素交易业务。广西联合产权交易所有限责任公司挂牌项目856宗、103.31亿元，成交623宗、70.87亿元(挂牌金额67.77亿元)，竞价率32.91%，增值率4.57%；获评中国企业国有产权交易机构协会“AAA信用企业”产权交易机构。广西联合产权交易所房产交易中心实现交易22.14亿元，其中大宗商业、写字楼、酒店、厂房18.15亿元，住宅3.99亿元；为广西南南铝箔有限责任公司、南宁广发重工集团等工业企业盘活股权、债权等资产，实现融资11.14亿元。南宁金融资产交易中心有限责任公司推进一般债权资产转让挂牌、产权交易类挂牌业务，挂牌金额4.58亿元，落地不良资产项目0.35亿元；创新推出“南宁金交利率宝”南宁

2021年7月16日，邕城基金业强首府联盟启动仪式在南宁金融集团举行 麦根 摄

市中小企业融资利率竞价业务，帮助企业融资 8085 万元。开展投资基金业务。南宁投资引导基金有限责任公司推动合众汽车项目完成 360 集团战略性入股 9 亿元，配合推进天际集团境外上市，督促南宁国人通信产业园项目完成返投资金 2.44 亿元；推动完成南宁交轨投资合伙企业（有限合伙）、南宁桂耀城投资合伙企业（有限合伙）、南宁市海绵城市基金清算退出，实现南宁城市发展基金母基金退出 2245 万元；设立南宁市创业投资引导基金参股子基金 1 支，新增投资项目 10 个，新增出资 9005 万元，其中投资的华蓝集团股份公司于 7 月 15 日在深圳证券交易所创业板上市，是创业板注册制改革后广西首家上市企业。南宁市天使投资基金新增直接股权投资项目 1 个、投资金额 500 万元，累计投资项目 2 个、投资金额 1000 万元；完成五象新区智能医疗工程、浙江中电新能源汽车等项目尽职调查工作 8 个、顾问咨询项目 2 个、行业研究项目 1 个。开展大数据业务，实现产品代理和供货合作业务销售 1307 万元。南宁金控大数据服务有限公司承接绿色金融综合服务平台、农业综合信息管理与服务平台，其中绿色金融综合服务平台 4 月启动、10 月 26 日通过初步验收，农业综合信息管理与服务平台项目 11 月 22 日竣工；南宁农业大数据基地累计入驻企业 16 家，签订战略合作协议的合作伙伴 19 家；承建南宁金融集团综合管理平台，完成上线试运行子系统 7 个。开展资产管理、融资租赁业务。南宁金控资产管理有限责任公司中标南宁市全航工贸有限公司、广西青年文化传播中心破产管理人，实现破产管理业务新突破；南宁金控融资租赁有限责任公司落地汽车经营性租赁业务 2 笔，为广西百色兴和铝业有限公司、南南铝箔公司等提供售后回租业务，金额 4500 万元。缓解小微企业融资难题，搭建金融服务平台。南宁金融集团落实“桂惠贷”政策，运作广西（南宁）民营小微企业首贷续贷中心（含南宁市企业融资服务中心、南宁股权融资服务中心），开展“融资服务直通车”活动，举办政金企对接活动 31 场，帮助企业融资 6446 万元；引入“信易贷·南宁站”、微众银行等信贷类平台，受理融资申请企业 1675 家，帮助 1441 家企业融资 61.15 亿元，融资额增长 37.23%；组建邕城基金业强首府联盟，发展基金管理机构为成员单位 18 个；协调推荐深圳曦华科技有限公司、杭州靡特洛新材料科技有限公司等到南宁投资项目 20 个，落地项目 2 个。南宁金融城投资运营有限公司到陕西、广州等地开展精准招商 10 场，举办“行企助力转型升级”专题招商推介会、首场面向东盟国家的云上境外专场招商推介会等 3 场；中国—东盟金融城入驻金融机构（企业）123 家，累计 285 家；签约行企项目 9 个，“行企助力转型升级”签约项目任务完成率 180%；服务绿色金融改革创新示范区和保险创新综合示范区建设，引进入驻保险机构 28 家。10 月 12 日，“中国—东盟金融城线上服务平台”上线，服务企业 337 家；协助 29 家企业完成 43 项政策申报，涉及申报奖励金额 3628.99 万元，获批 1831.65 万元。（黄思谕）

【南宁农工商集团有限责任公司】 市属国有企业。2021 年，注册资本 10.02 亿元，资产总额 55.77 亿元，净资产 22.80 亿元，国有资产保值增值率 101.49%；有农用地 866.67 公顷，建设用地 93.93 公顷（工业用地 33.67 公顷），产业用地 8.47 公顷，经营性物业 85 万平方米；职工 709 人。全资子公司有南宁市崇善颐养服务有限公司、广西南宁华顺房地产有限责任公司、南宁市红星鲜活禽市场有限责任公司、南宁市罗文实业有限责任公司、南宁市秀和物业服务有限责任公司、南宁市金谷隆粮油购销有限责任公司、广西新农商贸易有限公司、南宁农业投资集团有限公司、南宁市柳沙企业有限责任公司、广西秀宁房地产有限公司、南宁共圆房地产开发有限责任公司 11 家，控股子公司有南宁农产品交易中心有限责任公司、南宁市农村产权运营管理有限公司 2 家，授权管理企业有南宁市名优水果业发展中心、南宁市扶贫开发中心 2 家。完成固定资产投资 4.77 亿元；营业收入 6.8 亿元，增长 21.58%；利润 4243.27 万元，增长 154.62%；缴税 5292.99 万元，下降 63.75%。持续推进国企改革三年行动实施方案，出清“僵尸企业”25 家，其中兼并重组 18 家、破产 7 家；开展全民所有制企业改革 7 家，全部开展清产核资，进入企业注销工作程序。推进南宁农产品交易中心建设。引进臻品国际家居建材博览中心、南宁国际商品展贸城 2 个重大项目；南宁农产品交易中心一期项目预售商业物业 6.38 亿元；出租面积 20.67 万平方米，年租金收入 4474 万元；引入水产业态，中国—东盟水产批发市场 3 月 31 日开业，日均交易量 200 吨，交易额占全市水产批发交易量三分之二，纳入《南宁市专业市场攻坚行动方案（2022—2025）》，列入南宁市拟建的五大专业市场之一；加快南宁农产品交易中心—陆港型国家物流枢纽项目建设，项目用地 200 公顷，纳入《南宁市国土空间总体规划（2020—2035 年）》方案。推进南宁农产品交易中心二期一区项目前期工作，竞得 12.1 公顷土地使用权；“青湖苑”项目完成主体桩基施工。推进养殖产业发展。与正邦集团合作，在良庆区南晓镇建设标准化生态繁育基地 3 个，项目规划用地 106.67 公顷，总投资 5.76 亿元，其中陵桂村 3 万头母猪繁殖基地（规划用地 54 公顷）3 月 15 日开工，团城村、新民村 10 万头育肥猪养殖基地（规划用地 52.67 公顷）开展前期工作；与武汉华牧科技集团合作（农工商集团占股 49%）在马山县建设现代特色禽业养殖项目，规划面积 80 公顷（一期 6 公顷），总投资 9500 万元，1 月 31 日试运营，蛋鸡存栏量 53 万羽，日均产蛋 40 万枚；在南宁市红星鲜活禽市场建设机械化屠宰项目，实现日均屠宰活禽 8 万羽，推动全市家禽集中屠宰、冷链配送、“白条上市”（对活禽进行宰杀脱毛处理后再进入市场交易的供应形式）；与中投沃牛公司合作建设肉牛生态养殖项目（分三期实施），规划用地 666.67 公顷，其中第一期项目

2021 年 3 月 31 日，中国—东盟水产批发市场在南宁农产品交易中心开业

何兴武提供

投资1亿元，建设肉牛养殖区，规划面积66.67公顷，采购1781头牛犊并寄养在来宾市忻城县南方牛都养殖场。建立农村产权流转交易市场体系。与土流集团有限公司成立合作公司，开拓南宁市农村产权流转交易业务，提供发布流转交易信息、协助产权查询、组织流转交易、出具产权流转交易鉴证证书等服务；完成南宁市级交易中心、横州市、马山县、隆安县、上林县、武鸣区、兴宁区产权流转交易运营协议签订；完成农村土地承包经营权、"四荒"（荒山、荒沟、荒丘、荒滩）使用权、农村集体经营性资产等挂牌项目48宗，涉及面积1158.56公顷，金额2.55亿元，发布需求信息24条，完成交易鉴证73宗，面积409.96公顷，金额2.9亿元。盘活土地资源和物业资产，协调评估公司出具首批评估报告26宗，面积406.87公顷，评估总价7.28亿元；集团物业出租率97%以上，其中云景路酒店4月21日招租成功，年租金2400多万元；拓展外接物业管理业务，承接中国安能第一工程局四个职工小区"三供一业"工程及物业服务项目。塑造大健康全产业链品牌。推进青龙岗长安园园区开发建设及改造提升，培育全国百强公墓品牌；洽谈布局自治区内殡葬项目16个；安吉康养服务中心、青山康养服务中心及百色市西林县康养服务中心3个项目投入运营；对接马山县承接公建民营敬老院托管服务项目。（陆锡健）

【南宁五象新区建设投资有限责任公司】 市属国有企业。2021年，注册资本12.1亿元，资产总额201.47亿元，净资产87.88亿元，资产增长率7.55%，资产负债率56.38%，国有资产保值增值率103.79%。员工146人。全资子公司有南宁欣鑫产城投资有限责任公司、南宁锦象文化传播有限责任公司、南宁云象智城投资管理有限公司、广西自贸区南宁片区五象招商服务有限责任公司、北海市迈拓大数据服务有限公司、钦州市盈飞商务服务有限公司、南宁五象金众投资有限责任公司、南宁五象象湾投资有限责任公司、南宁象荣文化旅游开发有限责任公司、南宁兴象开银实业有限公司10家，控股子公司有南宁象腾投资有限公司、南宁五象新城文化旅游发展有限公司、南宁五象湾银建设发展有限公司、南宁凯象工程管理有限责任公司4家，参股公司及合伙企业有南宁金融城投资运营有限公司、广西中节能建筑能源有限公司、广西华工大科技发展有限公司、中国—东盟信息港股份有限公司、南宁桂象投资发展合伙企业（有限合伙）、南宁五象桂银投资发展有限公司、南宁中建空间建设投资管理有限公司、云宝宝大数据产业发展有限责任公司、广西云宝资源科技有限责任公司、广西北部湾银行股份有限公司10家。营业收入4.5亿元，比上年增长47.01%；利润4800.61万元，增长20.58%；缴税5087.19万元。新增融资21.64亿元，融资余额109.98亿元；获广西北部湾银行融资授信10亿元，累计29.67亿元。被东方金诚国际信用评估有限公司评定主体信用AA+等级。贯彻落实"提速争先开新局"工作部署，推进项目建设。完成固定资产投资26.66亿元，建成并交付使用标准厂房26.34万平方米；承建南宁轨道交通4号线沿线道路维修整治工程，基本完成东段工程，累计投资4.84亿元；加快推进万有（南宁）国际旅游度假区项目一期配套路网工程（纬三路、南北向支路1）项目，完成土石方工程，排水工程完成75%，累计完成产值1.82亿元；落实"我为群众办实事"实践活动，推进为民办实事工程，完工凤凰路人行天桥，实现渌仙路、庆安街、稔水路（玉洞大道至良玉大道段）通车。抓好招商引资，引进外资企业175家，完成年度任务218.75%。其中，通过中国—东盟数字经济生态创新中心为外资企业提供注册服务79家，引进南宁泰克半导体有限公司、广西云康达安医学检验有限公司等投资3000万元以上项目7个，引进产业项目固定资产投资总额9亿元，标准厂房租售3.11万平方米。完成国企改革三年行动任务32项，建立健全董事会、内部控制制度、投资项目负面清单，推行经理层成员任期制和契约化管理。盘活公司现有资产，落实2021年生态中心运营费250万元；参与南宁中建空间建设投资管理有限公司经营管理地下空间车行系统和人行系统，地下空间人行系统商业运营期延长至15年；南宁五象象湾投资有限责任公司竞拍获得广西北部湾银行中菲路地块土地使用权，完成不动产转移预告登记及南宁五象象湾投资有限公司股权转让方案预告；完成2020年创新二期、智能呼叫中心、创新一期700套租赁住房补助资金线上申请及资料报审，资金总额3707万元；公司物业出租面积17.8万平方米，其中五象总部大厦3.46万平方米、休闲公园配套用房7335.63平方米、荣华科技产业园3.31万平方米、前门街及前门街停车场10.2万平方米、创新二期1400平方米，租赁收入2075.44万元。推进项目征地拆迁，完成征地141.58公顷，房屋征收6.27万平方米。落实市审计局关于公司承办政府投资项目工程结算情况专项审计整改。（刘朝东）

2021年8月25日，稔水路（玉洞大道至良玉大道段）项目施工现场　　刘朝东提供

混合所有制经济

【概　况】 2021年，南宁市新增内资非私营企业4862家，占全市新增市场主体3.01%；累计内资非私营企业2.47万家，占全市市场主体总数2.91%。

【行业分布】 2021年，南宁市内资非私营企业按行业分布：农、林、牧、渔业新增88家，占本行业新增市场主体1.46%，占新增内资非私营企业1.81%；累计475家，占本行业市场主体总数1.42%，占内资非私营企业总数1.92%。采矿业新增17家，占本行业新增市场主体12.59%，占新增内资非私营企业0.35%；累计65家，占本行业市场主体总数9.3%，占内资非私营企业总数0.26%。制造业新增

南宁年鉴

179 家，占本行业新增市场主体 2.02%，占新增内资非私营企业 3.68%；累计 1201 家，占本行业市场主体总数 3.39%，占内资非私营企业总数 4.86%。电力、热力、燃气及水生产和供应业新增 78 家，占本行业新增市场主体 22.94%，占新增内资非私营企业 1.6%；累计 347 家，占本行业市场主体总数 26.37%，占内资非私营企业总数 1.4%。建筑业新增 156 家，占本行业新增市场主体 2.9%，占新增内资非私营企业 3.21%；累计 1200 家，占本行业市场主体总数 4.36%，占内资非私营企业总数 4.85%。批发和零售业新增 856 家，占本行业新增市场主体 1.52%，占新增内资非私营企业 17.61%；累计 5591 家，占本行业市场主体总数 1.43%，占内资非私营企业总数 22.61%。交通运输、仓储和邮政业新增 105 家，占本行业新增市场主体 2.14%，占新增内资非私营企业 2.16%；累计 911 家，占本行业市场主体总数 3.68%，占内资非私营企业总数 3.68%。住宿和餐饮业新增 148 家，占本行业新增市场主体 0.64%，占新增内资非私营企业 3.04%；累计 566 家，占本行业市场主体总数 0.7%，占内资非私营企业总数 2.29%。信息传输、软件和信息技术服务业新增 118 家，占本行业新增市场主体 8.77%，占新增内资非私营企业 2.43%；累计 772 家，占本行业市场主体总数 6.84%，占内资非私营企业总数 3.12%。金融业新增 101 家，占本行业新增市场主体 43.35%，占新增内资非私营企业 2.08%；累计 1703 家，占本行业市场主体总数 58.02%，占内资非私营企业总数 6.89%。房地产业新增 219 家，占本行业新增市场主体 10.64%，占新增内资非私营企业 4.5%；累计 1362 家，占本行业市场主体总数 11.85%，占内资非私营企业总数 5.51%。租赁和商务服务业新增 1201 家，占本行业新增市场主体 6.64%，占新增内资非私营企业 24.7%；累计 4922 家，占本行业市场主体总数 5.64%，占内资非私营企业总数 19.9%。科学研究和技术服务业新增 1155 家，占本行业新增市场主体 8.26%，占新增内资非私营企业总数 23.76%；累计 3425 家，占本行业市场主体总数 6.52%，占内资非私营企业总数 13.85%。水利、环境和公共设施管理业新增 27 家，占本行业新增市场主体 8.77%，占新增内资非私营企业 0.56%；累计 192 家，占本行业市场主体总数 6.68%，占内资非私营企业总数 0.78%。居民服务、修理和其他服务业新增 133 家，占本行业新增市场主体 0.92%，占新增内资非私营企业 2.74%；累计 469 家，占本行业市场主体总数 0.72%，占内资非私营企业总数 1.9%。教育新增 62 家，占本行业新增市场主体 7.48%，占新增内资非私营企业 1.28%；累计 194 家，占本行业市场主体总数 9.83%，占内资非私营企业总数 0.78%。卫生和社会工作新增 79 家，占本行业新增市场主体 8.03%，占新增内资非私营企业 1.62%；累计 216 家，占本行业市场主体总数 5.47%，占内资非私营企业总数 0.87%。文化、体育和娱乐业新增 140 家，占本行业新增市场主体 3.31%，占新增内资非私营企业 2.88%；累计 473 家，占本行业市场主体总数 3.65%，占内资非私营企业总数 1.91%。其他行业无新增；累计 645 家，占本行业市场主体 85.43%，占内资非私营企业总数 2.61%。

私营经济

【概　况】 2021 年，南宁市新增私营企业 6.25 万家，占全市新增市场主体 38.7%；累计私营企业 32.11 万家，占全市市场主体总数 37.81%。

【行业分布】 2021 年，南宁市私营企业按行业分布：农、林、牧、渔业新增 1213 家，占本行业新增市场主体 20.19%，占新增私营企业 1.94%；累计 9363 家，占本行业市场主体总数 28%，占私营企业总数 2.92%。采矿业新增 109 家，占本行业新增市场主体 80.74%，占新增私营企业 0.17%；累计 585 家，占本行业市场主体总数 83.69%，占私营企业总数 0.18%。制造业新增 3394 家，占本行业新增市场主体 38.23%，占新增私营企业 5.43%；累计 1.35 万家，占本行业市场主体总数 38.07%，占私营企业总数 4.19%。电力、热力、燃气及水生产和供应业新增 250 家，占本行业新增市场主体 73.53%，占新增私营企业 0.40%；累计 903 家，占本行业市场主体总数 68.62%，占私营企业总数 0.28%。建筑业新增 4977 家，占本行业新增市场主体 92.51%，占新增私营企业 7.96%；累计 2.49 万家，占本行业市场主体总数 90.35%，占私营企业总数 7.75%。批发和零售业新增 1.58 万家，占本行业新增市场主体 28.04%，占新增私营企业 25.24%；累计 10.13 万家，占本行业市场主体总数 25.85%，占私营企业总数 31.55%。交通运输、仓储和邮政业新增 1228 家，占本行业新增市场主体 25.01%，占新增私营企业 1.96%；累计 6266 家，占本行业市场主体总数 25.3%，占私营企业总数 1.95%。住宿和餐饮业新增 1152 家，占本行业新增市场主体 5%，占新增私营企业 1.84%；累计 5099 家，占本行业市场主体总数 6.33%，占私营企业总数 1.59%。信息传输、软件和信息技术服务业新增 881 家，占本行业新增市场主体 65.5%，占新增私营企业 1.41%；累计 9305 家，占本行业市场主体总数 82.43%，占私营企业总数 2.9%。金融业新增 127 家，占本行业新增市场主体 54.51%，占新增私营企业 0.2%；累计 1149 家，占本行业市场主体总数 39.15%，占私营企业总数 0.36%。房地产业新增 1701 家，占本行业新增市场主体 82.65%，占新增私营企业 2.72%；累计 9774 家，占本行业市场主体总数 85.04%，占私营企业总数 3.04%。租赁和商务服务业新增 1.29 万家，占本行业新增市场主体 71.28%，占新增私营企业 20.64%；累计 6.72 万家，占本行业市场主体总数 77.08%，占私营企业总数 20.94%。科学研究和技术服务业新增 1.19 万家，占本行业新增市场主体 85.19%，占新增私营企业 19.06%；累计 4.67 万家，占本行业市场主体总数 88.87%，占私营企业总数 14.55%。水利、环境和公共设施管理业新增 243 家，占本行业新增市场主体 78.9%，占新增私营企业 0.39%；累计 2085 家，占本行业市场主体总数 72.55%，占私营企业总数 0.65%。居民服务、修理和其他服务业新增 2817 家，占本行业新增市场主体 19.48%，占新增私营企业总数 4.51%；累计 1.13 万家，占本行业市场主体总数 17.38%，占私营企业总数 3.51%。教育新增 763 家，占本行业新增市场主体 92.04%，占新增私营企业 1.22%；累计 1757 家，占本行业市场主体总数 89.05%，占私营企业总数 0.55%。卫生和社会工作新增 530 家，占本行业新增市场主体 53.86%，占新增私营企业 0.85%；累计 1227 家，占本行业市场主体总数 31.06%，占私营企业总数 0.38%。文化、体育和娱乐业新增 2520 家，占本行业新增市场主体 59.56%，占新增私营企业总数 4.03%；累计 8585 家，占本行业市场主体总数 66.21%，占私营企业总数 2.67%。其他行业新增 5 家，占本行业新增市场主体 55.56%，占新增私营企业总数 0.01%；累计 108 家，占本行业市场主体 14.3%，占私营企业总数 0.03%。

个体经济

【概　况】 2021 年，南宁市新增个体工商户 9.34 万家，占全市新增市场主体 57.85%；累计个体工商户 49.54 万家，占全市经济主体总数 58.33%。

【行业分布】 2021年，南宁市个体工商户按行业分布：农、林、牧、渔业新增4394家，占本行业新增市场主体73.15%，占新增个体工商户4.7%；累计1.79万家，占本行业市场主体总数53.66%，占个体工商户总数3.62%。采矿业新增7家，占本行业新增市场主体5.19%，占新增个体工商户0.01%；累计44家，占本行业市场主体总数6.29%，占个体工商户总数0.01%。制造业新增5292家，占本行业新增市场主体59.61%，占新增个体工商户5.66%；累计2.05万家，占本行业市场主体总数57.94%，占个体工商户总数4.14%。电力、热力、燃气及水生产和供应业新增4家，占本行业新增市场主体1.18%，占新增个体工商户0.04‰；累计46家，占本行业市场主体总数3.5%，占个体工商户总数0.01%。建筑业新增239家，占本行业新增市场主体4.44%，占新增个体工商户0.26%；累计1426家，占本行业市场主体总数5.18%，占个体工商户总数0.29%。批发和零售业新增3.95万家，占本行业新增市场主体70.2%，占新增个体工商户42.28%；累计28.42万家，占本行业市场主体总数72.51%，占个体工商户总数57.37%。交通运输、仓储和邮政业新增3568家，占本行业新增市场主体72.68%，占新增个体工商户3.82%；累计1.75万家，占本行业市场主体总数70.83%，占个体工商户总数3.54%。住宿和餐饮业新增2.17万家，占本行业新增市场主体94.17%，占新增个体工商户23.24%；累计7.47万家，占本行业市场主体总数92.72%，占个体工商户总数15.08%。信息传输、软件和信息技术服务业新增335家，占本行业新增市场主体24.91%，占新增个体工商户0.36%；累计1084家，占本行业市场主体总数9.6%，占个体工商户总数0.22%。金融业新增3家，占本行业新增市场主体1.29%，占新增个体工商户0.03‰；累计26家，占本行业市场主体总数0.89%，占个体工商户总数0.01%。房地产业新增132家，占本行业新增市场主体6.41%，占新增个体工商户0.14%；累计257家，占本行业市场主体总数2.24%，占个体工商户总数0.05%。租赁和商务服务业新增3918家，占本行业新增市场主体21.65%，占新增个体工商户4.19%；累计1.47万家，占本行业市场主体总数16.88%，占个体工商户总数2.97%。科学研究和技术服务业新增856家，占本行业新增市场主体6.12%，占新增个体工商户0.92%；累计2177家，占本行业市场主体总数4.14%，占个体工商户总数0.44%。水利、环境和公共设施管理业新增36家，占本行业新增市场主体11.69%，占新增个体工商户0.04%；累计583家，占本行业市场主体总数20.29%，占个体工商户总数0.12%。居民服务、修理和其他服务业新增1.15万家，占本行业新增市场主体79.55%，占新增个体工商户12.31%；累计5.31万家，占本行业市场主体总数81.8%，占个体工商户总数10.72%。教育新增1家，占本行业新增市场主体0.12%，占新增个体工商户总数0.01‰；累计19家，占本行业市场主体总数0.96%，占个体工商户总数0.04‰。卫生和社会工作新增372家，占本行业新增市场主体37.8%，占新增个体工商户总数0.4%；累计2499家，占本行业市场主体总数63.25%，占个体工商户总数0.5%。文化、体育和娱乐业新增1561家，占本行业新增市场主体36.89%，占新增个体工商户总数1.67%；累计3864家，占本行业市场主体总数29.8%，占个体工商户总数0.78%。其他行业新增4家，占本行业新增市场主体44.44%，占新增个体工商户总数0.04‰；累计641家，占本行业市场主体总数45.88%，占个体工商户总数0.13%。

外商与中国港澳台地区投资企业

【概　况】 2021年，南宁市新增外商与中国港澳台地区投资企业387家，占全市新增市场主体0.24%；累计外商与中国港澳台地区投资企业2227家，占全市经济主体总数0.26%。

【行业分布】 2021年，南宁市外商与中国港澳台地区投资企业按行业分布：农、林、牧、渔业新增2家，占本行业新增市场主体0.03%，占新增外商与中国港澳台地区投资企业0.52%；累计32家，占本行业市场主体总数0.1%，占外商与中国港澳台地区投资企业总数1.44%。采矿业新增2家，占本行业新增市场主体1.48%，占新增外商与中国港澳台地区投资企业0.52%；累计5家，占本行业市场主体总数0.72%，占外商与中国港澳台地区投资企业总数0.22%。制造业新增12家，占本行业新增市场主体0.14%，占新增外商与中国港澳台地区投资企业3.1%；累计195家，占本行业市场主体总数0.55%，占外商与中国港澳台地区投资企业总数8.76%。电力、热力、燃气及水生产和供应业新增8家，占本行业新增市场主体2.35%，占新增外商与中国港澳台地区投资企业2.07%；累计20家，占本行业市场主体总数1.52%，占外商与中国港澳台地区投资企业总数0.9%。建筑业新增8家，占本行业新增市场主体0.15%，占新增外商与中国港澳台地区投资企业2.07%；累计33家，占本行业市场主体总数0.12%，占外商与中国港澳台地区投资企业总数1.48%。批发和零售业新增132家，占本行业新增市场主体0.23%，占新增外商与中国港澳台地区投资企业34.11%；累计760家，占本行业市场主体总数0.19%，占外商与中国港澳台地区投资企业总数34.13%。交通运输、仓储和邮政业新增8家，占本行业新增市场主体0.16%，占新增外商与中国港澳台地区投资企业2.07%；累计45家，占本行业市场主体总数0.18%，占外商与中国港澳台地区投资企业总数2.02%。住宿和餐饮业新增43家，占本行业新增市场主体0.19%，占新增外商与中国港澳台地区投资企业11.11%；累计198家，占本行业市场主体总数0.25%，占外商与中国港澳台地区投资企业总数8.89%。信息传输、软件和信息技术服务业新增11家，占本行业新增市场主体0.82%，占新增外商与中国港澳台地区投资企业总数2.84%；累计127家，占本行业市场主体总数1.12%，占外商与中国港澳台地区投资企业总数5.7%。金融业新增2家，占本行业新增市场主体0.86%，占新增外商与中国港澳台地区投资企业0.52%；累计57家，占本行业市场主体总数1.94%，占外商与中国港澳台地区投资企业总数2.56%。房地产业新增6家，占本行业新增市场主体0.29%，占新增外商与中国港澳台地区投资企业1.55%；累计101家，占本行业市场主体总数0.88%，占外商与中国港澳台地区投资企业总数4.54%。租赁和商务服务业新增77家，占本行业新增市场主体0.43%，占新增外商与中国港澳台地区投资企业总数19.9%；累计330家，占本行业市场主体总数0.38%，占外商与中国港澳台地区投资企业总数14.82%。科学研究和技术服务业新增55家，占本行业新增市场主体0.39%，占新增外商与中国港澳台地区投资企业14.21%；累计222家，占本行业市场主体总数0.42%，占外商与中国港澳台地区投资企业总数9.97%。水利、环境和公共设施管理业新增2家，占本行业新增市场主体0.65%，占新增外商与中国港澳台地区投资企业0.52%；累计14家，占本行业市场主体总数0.49%，占外商与中国港澳台地区投资企业总数0.63%。居民服务、修理和其他服务业新增4家，占本行业新增市场主体0.03%，占新增外商与中国港澳台地区投资企业1.03%；累计33家，占本行业市场主体总数0.49%，占外商与中国港澳台地区投资企业总数0.63%。教育新增3家,占本行业新增市场主体0.36%,占新增外商与中国港澳台地区投资企业0.78%;累计3家,占本行业市场主体总数0.15%,占外商与中国港澳台地区投资企业总数0.13%。卫生和社会工作新增3家,占本行业新增市场主体0.3%,占新增外商与中国港澳台地区投资企业0.78%;累计9家,占本行业市场主体总数0.23%,占外商与中国港澳台地区投资企业总数0.4%。文化、体育和娱乐业新增9家,占本行业新增市场主体0.21%,占新增外商与中国港澳台地区投资企业2.33%;累计41家,占本行业市场主体总数0.32%,占外商与中国港澳台地区投资企业总数1.84%。其他行业无新增;累计2家,占本行业市场主体0.14%,占外商与中国港澳台地区投资企业总数0.09%。(市市场监管局)

农民专业合作社与家庭农场

【农民专业合作社】 2021年,南宁市新增农民专业合作社327家,占全市新增市场主体0.2%;累计5785家,占全市市场主体总数0.68%。其中,兴宁区7家,累计130家;江南区9家,累计173家;青秀区9家,累计246家;西乡塘区23家,累计241家;邕宁区24家,累计393家;良庆区8家,累计212家;武鸣区72家,累计643家;横州市31家,累计651家;宾阳县45家,累计936家;上林县24家,累计770家;马山县43家,累计998家;隆安县28家,累计315家;南宁高新区无新增,累计17家;南宁经开区3家,累计42家;广西—东盟经开区1家,累计18家。制定实施《南宁市农民合作社示范社评定及监测办法》《2021年南宁市农民专业合作社和家庭农场能力建设补助资金项目实施方案》,完成农民合作社示范社的乡村振兴实绩考核,确定农民合作社示范社666家。(苏洁霞)

【家庭农场】 2021年,南宁市在市市场监管部门注册登记的家庭农场1591家、比上年增加263家;在国家家庭农场名录系统录入1.97万家,数量位居自治区第一。认定自治区级示范家庭农场7家、市级21家,累计创建各级示范家庭农场816家,其中自治区级28家、市级37家、县及乡镇级751家。组织开展新型农业经营主体培训示范班,培训村集体经济组织、农民专业合作社、家庭农场、农业服务组织160余人。(钟志诚)

编辑 李 康

农业　水利

综　述

【概　况】 2021年，南宁市坚持农业农村优先发展总方针，以实施乡村振兴战略为总抓手，全面落实强首府战略，推进现代特色农业建设，推动产业融合发展，深化农村改革，促进农业农村各项事业稳健发展，实现第一产业增加值606.76亿元，比上年增长7.9%，总量在11个西部省会城市、5个自治区首府城市、自治区14个地级市中均排位第一，增速高于全国0.8个百分点；农民人均可支配收入17808元，名义增长10.4%。守住全市粮食安全底线。粮食种植面积42.55万公顷、增长0.26%，总产量211.55万吨、增长1.08%，粮食种植面积、总产量连续两年正增长；推进高标准农田建设，建成高标准农田15.96万公顷，粮食综合生产基础巩固向好。提升农业综合生产能力和产业强镇兴村水平，沃柑、茉莉花、火龙果、香蕉等特色农业产业规模全国第一，粮食、蔬菜、淡水产品总产量位居自治区14个地级市第一，水果、猪肉、禽肉、蚕茧产量位居自治区14个地级市第二；隆安县那桐镇入选国家农业产业强镇创建名单，宾阳县古辣镇入选第十一批全国“一村一品”示范村镇，武鸣区双桥镇、横州市校椅镇石井村分别入选2021年全国乡村特色产业十亿元镇、全国乡村特色产业亿元村名单。打造“邕”系品牌农产品，“隆安香蕉”“良庆百香果”注册为国家地理标志商标，“伊蜜红心火龙果”“华兴鲜鸭”“华兴冻鸭”通过“圳品”认证（广东深圳对标国际先进标准构建的从农田到餐桌全链条供深食品标准体系），新入选广西农业品牌目录15个、绿色食品认证产品15个、广西农产品品牌目录67个，有效期内“三品一标”（无公害农产品、绿色食品、有机食品、农产品地理标志）产品193个；“中国沃柑看武鸣”品牌影响力持续扩大，横州市茉莉花和茉莉花茶蝉联广西最具价值农业品牌。农产品销售走上快车道。南宁火龙果进入国际农产品交易市场，远销荷兰；武鸣沃柑继续出口加拿大，首次进军东盟市场，出口文莱；举办“南宁火龙果”国家地理标志农产品推介会、“2021年南宁柑橘网上展销节”等展会；茉莉花茶企业在第四届中国国际茶博会现场签约总金额16.02亿元；进入《全国扶贫产品目录》农产品1427个，销售额45.82亿元；广东直接采购、帮助销售农畜牧产品和特色手工艺产品3.56亿元。主要存在农业生产受耕地减少制约日趋严重，优质农产品供给、农业质量效益有待提高，农产品全产业链延伸打造不足等问题。

【深化农业农村改革】 2021年，南宁市加强农业经营体系建设，新增农业产业化重点龙头企业36家（国家级2家、自治区级10家、市级24家），农业产业化联合体15个；推进家庭农场倍增计划，录入国家家庭农场名录系统的家庭农场1.97万家，排名自治区第一；组织宾阳县、良庆区申报全国农民专业合作社整县推进试点，指导横州市创建自治区家庭农场示范县。加快政策性农业信贷担保体系建设，广西农业信贷融资担保公司涉农贷款担保7.5亿元，受益农户1069户；创新推出政策性蛋鸡养殖保险、商业性沃柑收入保险、上林糖料蔗“保险＋期货”模式，其中政策性蛋鸡养殖保险、商业性沃柑收入保险为自治区首单。继续深化农村集体产权制度改革，核实农村集体资产211.86亿元（经营性资产总额70.58亿元、非经营性资产总额141.28亿元）；成立村级集体经济组织1509个，村民小组级集体经济组织28245个，完成集体经济组织赋码登记发证，确认村级集体经济组织成员476.89万人；村集体经济总收入4.65亿元，村均收入29.82万元，1560个村（含农村社区，下同）集体经济收入均超5万元，村集体经济收入超10万元、20万元、50万元的村（社区）分别有770个、332个、126个；在自治区率先基本完成村、组两级集体经济组织股份合作制改革，32个村（社区）、325个村民小组实现股金分红，分红总额4.85亿元。完善农村土地承包经营权确权登记，完成农村承包地确权面积43.69万公顷，颁证率98.13%；农户承包地流转总面积12.72万公顷；完成农村集体三资管理服务平台系统开发并上线运行，市级农村产权交易中心完成交易鉴证73宗，涉及面积409.96公顷，金额2.9亿元。加强农村宅基地审批管理，105个乡镇（街道）全部成立乡村建设综合服务中心。

（颜海宁）

【农业农村基本建设投资】 2021年，南宁市实施脱贫成果巩固、粮食安全保障、特色产业增效、现代农业园区升级、现代农业支撑、产品出村进城、乡村旅游融合、农村环境改善、基础设施提升、公共服务覆盖等十大工程，完成农业农村有效投资583.58亿元。下达年度市本级财政投资乡村振兴农业全产业链提升项目33个，总投资6.72亿元，年度计划投资1.63亿元（市本级财政5195万元、业主自筹1.11亿元），重点支持粮食全产业链、蔬菜全产业链、特色经济作物全产业链、茉莉花（茶）全产业链、畜禽全产业链、畜禽屠宰加工能力标准化提升示范、畜禽运输车辆清洗消毒中心建设、渔业绿色发展示范、现代种业提升工程等9类项目。安排市本级财政支持脱贫县（区）开展农业产业项目，切块资金5786万元，巩固扶贫产业基础。持续推进农业高质量发展平台项目，开展上林县国家级水产健康养殖示范和生态养殖示范区、横州市良圻现代农业产业园、良庆区“嘹啰歌乡”、隆安县“那乡果海”、宾阳县“岭南梅乡”等田园综合体项目建设；创建宾阳县洋桥种猪产业示范区等自治区级现代特色农业示范区12个，上林县兴鸿泽鳗鱼生态养殖产业示范区等市级现代特色农业示范区10个；继续实施南宁市广西三黄鸡优势特色产业集群项目；开展高标准农田项目建设，建成高标准农田15.96万公顷。

（李亦菁）

【农业产业化发展】 2021年，南宁市持续优化农产品生产结构，提升农产品精深加工水平，发展壮大农业产业融合主体，新增国家农业产业化重点龙头企业2家、自治区农业产业化重点龙头企业10家、南宁市农业产业化重点龙头企业24家，累计发展农业产业化重点龙头企业224家（国家级17家、自治区级57家、市级150家）。新增自治区级农业龙头23家，累计104家。新增创建农业产业化联合体15个，累计32个。新增发展农民专业合作社327家，累计5785家。新增发展家庭农场263家，累计1591家。

（黄运灵）

【农村产业融合发展】 2021年，南宁市新增认定自治区级现代特色农业示范区16个，累计有自治区级核心示范区61个（含辖区农垦示范区）、市级示范区61个、县级示范区109个、乡级示范园346个、村级示范点1479个；宾阳县获批创建国家首批农业现代化示范区，上林县被评为全国首批国家级水产健康养殖示范和生态养殖示范区（县级示范区），横州市农村产业融合发展示范园入选第三批国家农村产业融合发展示范园创建名单，武鸣现代农业产业园新获批创建自治区级现代农业产业园，良庆区“嘹啰歌乡”、隆安县“那乡果海”入选自治区级田园综合体试点项目。发展农产品加工业，各县（市、区）、开发区创建农产品加工集聚区1个，合计15个（自治区级2个、市级8个、县级5个）。加强农产品仓储保鲜冷链物流建设，申报农产品冷藏设施建设项目33个，建设冷藏设施132座（年内建成124座），新增库容8.94万立方米，累计建成地头冷库300座，库容60万立方米。构建农旅融合格局，有全国休闲农业和乡村旅游示范县1个、全国休闲农业与乡村旅游示范点3个、中国美丽休闲乡村6个、广西休闲农业与乡村旅游示范点37个，休闲农业经营主体465个，从业人员1.41万人，年营业收入13亿元，利润2.78亿元，游客突破1400万人次；宾阳县古辣镇马界村获评2021年“中国美丽休闲乡村”，广西—东盟经开区祈福康养小镇休闲农业核心示范区获评2021年度广西休闲农业与乡村旅游示范点。

（颜海宁）

【农业科技与农业现代化】 2021年，南宁市加快种业创新，建设现代种业提升工程项目6个，成为自治区最大种子和种苗生产经营集散地；参加自治区农业农村厅在南宁市举办的中国（广西）—东盟现代种业发展大会，参展企业98家。完成畜禽遗传资源和水产养殖种质资源普查。加快农业机械化和农机装备产业转型升级，农机总动力557.04万千瓦，农业生产进入机械化主导阶段，主要农作物耕种收综合机械化率71.75%（水稻87.66%、甘蔗67.74%）。推进农业绿色发展，全面推广清洁生产技术，实施测土配方施肥技术57.45万公顷次，完成秸秆还田46.32万公顷次，推广节水农业技术35.77万公顷次，秸秆综合利用率超87%、离田率超35%；农作物病虫防治面积237.8万公顷次，总体危害损失率5%以下。发展畜禽现代生态养殖，指导畜禽规模养殖场通过自治区畜禽现代生态养殖场认证475家，累计928家，规模养殖场生态养殖认证通过率90%以上，广西四野牧业有限公司、广西金福农业有限公司获评首批全国生态农场。开展“治违禁控药残促提升”三年行动，抽检蔬菜水果、畜禽、水产品10.92万批次，合格率99.91%。完成益农信息社市级运营中心和县（市、区）、开发区益农信息社村级站点建设，覆盖建制村1307个。

（颜海宁）

【农村能源建设】 2021年，南宁市建成农村户用沼气池50.7万座，适宜建池农户入户率71.3%。户用沼气池年产沼气2.03亿立方米，户均400立方米，解决农村沼气用户生活用能问题。综合利用“养殖—沼气—种植”三位一体循环模式，增收节支12.68亿元，户均2500元；保护森林资源和农村节能减排，节约薪柴101.4万吨，保护林地10.14万公顷，处理人畜粪便507万吨，减少二氧化碳排放101.4万吨，减少二氧化硫排放7500吨。建成大中小型沼气工程146处，总池容8.61万立方米，供气农户3500户，处理人畜粪便污水65.23万吨。建成太阳能公共照明项目60个2000余盏，节省电量29万千瓦时。自治区下达南宁市2021年自治区级财政投资农村能源项目22个，补助资金392万元。其中，沼气安全生产管理项目13个，补助资金202万元；粪污集中处理项目5个，补助资金150万元；太阳能路灯项目4个，补助资金40万元。

（王建北）

【农业交流合作】 2021年，广西瀚林农业科技有限公司申报农业对外与行业产业宣传项目——马来西亚农作物优良品种广西试验站建设项目，在武鸣区建设实施；项目建成玉米隔离繁种温室、水稻隔离网室等设施，引进马来西亚优良常规水稻育种材料示范试种，年选育改良新品1个～2个，适合马来西亚种植，助推广西农业走出国门。广西永江食品工业有限公司与广西方寸间农业科技发展有限公司申报桂台农业合作示范基地建设项目，在隆安县建设实施；广西永江食品工业有限公司建成生姜制品深加工生产线，满足订单需求；广西方寸间农业科技发展有限公司建成释迦水果产业园丁当基地精准喷灌系统。98家企业参加自治区农业农村厅举办的中国（广西）—东盟现代种业发展大会，促进中外农业、种业交流与合作。

（方　薇）

种植业

【概　况】 2021年，南宁市贯彻落实粮食安全党政同责要求，巩固粮食综合生产基础，种植粮食42.55万公顷，比上年增长0.26%，产量211.55万吨，增长1.08%，粮食产量居自治区地级市第一位，粮食种植面积和总产量连续两年正增长。种植水稻26.76万公顷，减少0.72%；种植玉米11.45万公顷，增长3.9%；种植豆类2.16万公顷，增长0.17%；种植薯类2.14万公顷，减少5.72%；种植油料作物5.04万公顷，与上年持平。宾阳县获评“全国粮食生产先进集体”。发展特色种植业。种植蔬菜27.76万公顷，增长1.69%；出产食用菌13.75万吨，减少14.22%；种植糖料蔗12.44万公顷，产量1049.62万吨；茶叶产量5300吨，增长32.5%；茉莉花茶产量8万吨，产值91亿元；种植果用瓜4.33万公顷，减少4.84%，产量112.86万吨，增长1.02%；中药材种植（养殖）1.66万公顷，增长22.96%；种植水果15.12万公顷，产量453.9万吨。沃柑、茉莉花、火龙果、香蕉产业规模全国第一，蔬菜产量、水果产量分别位居自治区地级市第一、第二。打造特色农业品牌，拓展国内国外市场，举办“南宁火龙果”国家地理标志农产品推介会、“2021年南宁柑橘网上展销节”等展会。推出商业性沃柑收入保险（自治区首单）、上林糖料蔗“保险＋期货”模式。“隆安香蕉”“良庆百香果”获国家地理标志

2021 年 3 月 18 日，宾阳县中华镇宾阳联丰农机服务农民合作社水稻生产基地机耕、机插现场　　李思瑶提供

商标，“伊蜜红心火龙果”通过“圳品”认证。“中国沃柑看武鸣”品牌影响力持续扩大，登陆中央电视台进行品牌宣传；横州市茉莉花和茉莉花茶蝉联广西最具价值农业品牌，茉莉花茶企业在第四届中国国际茶博会现场签约 16.02 亿元。南宁火龙果进入国际农产品交易市场，远销荷兰。武鸣沃柑继续出口加拿大，首次进入东盟市场，出口文莱。主要存在农业生产受耕地减少制约日趋严重等问题。

【稻谷生产】 2021 年，南宁市实施农药化肥减量增效行动，发展绿色生态农业、富硒农业，通过优化品种结构、统防统治、绿色生态种养样板示范带动，推动稻谷绿色高质量发展。在宾阳县、横州市、上林县、马山县、隆安县、武鸣区、邕宁区 7 个主产区发展优质稻，在横州市、宾阳县、隆安县 3 个优势区发展绿色稻、富硒稻，在宾阳县、青秀区、邕宁区发展有机稻。全市稻谷种植面积 26.76 万公顷，比上年减少 0.72%，其中优质稻 23.3 万公顷，占 87.07%；水稻公顷产 5521.04 千克，增长 0.75%；总产量 147.75 万吨，增长 0.03%。主要品种有广粮香 2 号、粮发香丝、桂野香占、珍桂矮、佛山油粘、丝香一号等，杂交稻品种有野香优莉丝、特优 7571、特优 831、野香优 2 号、野香优 9 号、中浙优 8 号等。

【玉米生产】 2021 年，南宁市玉米播种面积 11.45 万公顷，比上年增长 3.9%；公顷产 4909.75 千克，增长 0.2%；总产量 56.23 万吨，增长 4.11%。主要分布在武鸣区、马山县、隆安县、横州市。推进玉米绿色、高质、高效创建，扩大种植优质杂交玉米，适度发展鲜食甜玉米、功能玉米、青贮玉米等。主要品种有正大 719、正大 808、桂单 0810、桂单 166、桂单 662、桂单 162、迪卡 008、迪卡 007、青青 500、青青 700 等品种。

【豆类生产】 2021 年，南宁市豆类作物播种面积 2.16 万公顷，比上年增长 0.17%；公顷产 1530.38 千克，减少 1.84%；总产量 3.31 万吨，减少 1.78%。主要分布在武鸣区、隆安县、马山县、宾阳县。主要品种有桂春 6 号、桂春 8 号、桂夏 3 号等。

【薯类生产】 2021 年，南宁市薯类播种面积 2.14 万公顷，比上年减少 5.72%；公顷产 1958.73 千克，增长 7.77%；总产量折合粮食 4.2 万吨，增长 2.15%。马铃薯播种 5775.61 公顷，减少 1.71%；总产量折合粮食 1.2 万吨，增长 1.6%；主要品种有费乌瑞它、桂农薯 1 号、兴佳 2 号、雪川 3 号等脱毒良种，试种试销青薯 9 号、雪川红等特色品种。甘薯播种 1.57 万公顷，减少 6.6%；总产量折合粮食 3 万吨，增长 2.04%。

【油料生产】 2021 年，南宁市油料作物播种面积 5.04 万公顷，与上年持平；总产量 15.02 万吨，比上年减少 1.8%。发展高产优质油料新品种，推广桂花 36、桂花 1026、桂花 99 等桂花系列优良品种。

（李思瑶）

【蔬菜生产】 2021 年，南宁市蔬菜播种面积 27.76 万公顷，比上年增加 4606.67 公顷，增长 1.69%；总产量 683.69 万吨，增加 26.67 万吨，增长 4.06%。主要品种有大白菜、芥菜、蕹菜、菜心、韭菜等叶菜类，南瓜、冬瓜、黄瓜、苦瓜等瓜类，辣椒、茄子等茄果类，以及甜玉米、豆角等。武鸣区、横州市、宾阳县蔬菜产量超 80 万吨。继续推进蔬菜规模化、标准化生产，在武鸣区宁武镇梁新村、良庆区那马镇新村坡分别建设大棚蔬菜基地 3.33 公顷(50 亩)；在宾阳县甘棠镇五合村、高棠村等地建设露地水肥一体化蔬菜基地 20 公顷(300 亩)等蔬菜全产业链项目 3 个。加强种植结构调整，一季度、三季度蔬菜产量增多。

【食用菌生产】 2021 年，受新冠肺炎疫情影响，以及原料、人工成本上涨等原因，南宁市食用菌总产量下降幅度较大。总产量 13.75 万吨(横州市 11.94 万吨，占 86.84%)，比上年减少 14.22%。主要品种有双孢蘑菇、杏鲍菇、秀珍菇、凤尾菇、香菇、木耳、茶新菇等。双孢蘑菇主产地在横州市，种植面积 1200 公顷以上；杏鲍菇主产地在广西—东盟经开区绿霖食用菌厂；秀珍菇主产地在横州市、上林县、宾阳县、隆安县、兴宁区、邕宁区；木耳主产地在武鸣区、兴宁区、邕宁区；草菇、猪肚菇主产地在横州市、隆安县。推广新型本土基质利用，横州市、宾阳县、上林县、兴宁区等县(市、区)建立桑枝种植食用菌示范基地，生产原料成本比常规成本降低 10%～15%。推进食用菌工厂化生产，示范建设兴宁区广西鲜沥沥农业投资有限公司、南宁市宇辉食用菌种植场等生产基地，通过温控技术、喷淋循环降温技术、高低温菇循环种植等，实现食用菌工厂化生产。引导企业延伸产品加工产业链，发展食用菌干制、盐渍、冷冻、制作罐头等深加工产品。引进推广黄金菇、桑黄、草菇等高价值品种。培育食用菌名优品牌，广西仁泰生物有限公司(市级农业产业化龙头企业)注册“万意牌”商标，广西南宁北部湾现代农业有限公司注册“御尚菇”商标，广西绿霖食用菌有限公司注册“小帽山”商标。

（黄兰芳）

【糖料蔗生产】 2021 年，南宁市糖料蔗种植面积 12.21 万公顷，比上年减少 4.46%；总产量 1022.42 万吨，减少 3.58%。改良、选育甘蔗新品种，推广粤糖 93/159、新台糖 22 号、新台糖 16 号、桂柳 05136、桂糖 42 号等品种，良种率 90% 以上。完成糖料蔗脱毒健康种苗推广，核定糖料蔗脱毒健康种苗补贴面积 3.97 万公顷，拨付配套资金 2.09 亿元。推进糖料蔗生产全程机械化，建设机械化种子配送中心 3 个，有甘蔗联合收获机 1080 台、植保飞机 176 台、甘蔗种植机 455 台、甘蔗田间运转车 226 辆、北斗远程监控系统 543 台(套)。甘蔗生产耕种收综合机械化率 67.74%、机耕率 98.86%、机收率 23.49%，分别增长 1.23%、0.35%、7.67%。

【茶叶生产】 2021 年，南宁市茶园总面积 2133.33 公顷，比上年减少 20%；总产量 5340 吨,增长 33.5%;采摘面积 2426.67 公顷,与上年持平。主要分布在武鸣区、横州市、上林县。主要品种有南山白毛茶、福云六号、福鼎大白、瑞灵 1 号、云南大叶茶、铁观音、大明山红茶、绿茶等,品牌或品牌茶产品有“金花”、“周顺来”、“圣种”牌南山白毛茶、“圣种”牌六堡茶、圣山茶、六凤茶等品牌。涉茶经营主体 490 家,其中生产加工主体 130 家、茶叶销售主体 360 家。横州市西南茶城位列国内四大茶城之一;横州市获中国茶叶流通协会授予“2021 年度茶业百强县”“2021 年度茶旅融合特色县域”称号。（谭雅中）

【茉莉花(茶)生产】 2021 年,南宁市茉莉花种植面积 8000 公顷,与上年持平;出产茉莉鲜花 10.2 万吨,比上年增长 7.37%,产值 24.5 亿元;出产茉莉花茶 8 万吨,产值 91 亿元;全市茉莉花(茶)产业综合年产值 143.8 亿元,横州市茉莉花综合品牌价值 57.73 亿元,横州市茉莉花茶综合品牌价值 157.57 亿元。有涉茶经营主体 490 家(生产加工主体 130 家、茶叶销售主体 360 家),其中规模以上企业 29 家,茶叶专业合作社 19 家;自治区级龙头企业有广西南山白毛茶茶业有限公司、横州市南方茶厂,市级龙头企业有广西金花茶业有限公司、横州市桔扬茶业有限公司、广西顺来茶业有限公司、广西春之森茶业有限责任公司、广西茉莉芬芳茶业股份有限公司、横州市长海茶厂、横州市华成茶厂、广西妙莲茶业有限公司等。

（黄运灵）

【果用瓜种植】 2021 年,南宁市果用瓜种植面积 4.33 万公顷,比上年减少 4.84%;总产量 112.86 万吨,增长 1.02%。是全国西瓜主产区之一,主要分布在江南区、南宁经开区、西乡塘区、良庆区、武鸣区、横州市;主要品种有小麒麟、黑美人、小富、花无籽等。甜瓜主要分布在西乡塘区、武鸣区、青秀区、广西—东盟经开区等;主要品种有广蜜 1 号、丰甜 1 号、珍珠香瓜等薄皮甜瓜、北海 1 号厚皮甜瓜。西甜瓜种植推广膜下滴灌等技术和间套种栽培模式,厚皮甜瓜主要采用大棚栽培模式。

【中药材生产】 2021 年 9 月,南宁市中药材种植(养殖)面积 1.66 万公顷,比上年增长 22.96%;总产量 3.70 万吨、销售总额 3.40 亿元;种植(养殖)面积、产量位居自治区地级市第五。主要分布在邕宁区、宾阳县、上林县、隆安县、马山县、良庆区、兴宁区、横州市、武鸣区、青秀区、江南区、西乡塘区、广西—东盟经开区;主要品种有铁皮石斛、八角、佛手、莪术、郁金、牛大力、金银花、吴茱萸、鸡血藤等;有中药种植(养殖)企业 32 家。出台《南宁市人民政府办公室关于印发南宁市中药材产业高质量发展实施方案的通知》,加快构建生产、加工、贸易一体化产业体系,推动全市中药材产业高质量发展。江南区弄峰山铁皮石斛中药材示范基地建设项目、西乡塘区道地中药材示范基地建设项目、南宁经开区茶柳坡南药种植基地建设项目列入自治区级项目库,隆安县砂仁种植示范基地、南宁经开区七坡林场鸡血藤种植示范基地入选自治区第二批中药材种植示范基地,隆安县砂仁种植示范基地和培力药业入选定制药园。（谭雅中）

【桑蚕生产】 2021 年,南宁市桑园总面积 3.02 万公顷,比上年减少 8.76%;主产区在横州市、宾阳县、上林县、马山县、隆安县、武鸣区、青秀区、邕宁区、良庆区,覆盖乡镇 84 个;发种量 179.65 万张,增长 5.61%;鲜茧产量 7.11 万吨,减少 9.05%;有缫丝加工企业 20 家,缫丝机组 6.66 万绪,减少 4.58%;生丝产量 3951 吨,增加 0.82%,生丝质量 AAAA～AAAAAA 级;缫丝企业产值 15.99 亿元、减少 4.77%;养蚕农户 13.85 万户,卖茧收入 36 亿元,增长 41.18%。加强全产业链示范基地建设,隆安县都结镇、那桐镇建设“种养加”全产业链经营模式示范基地并投产运营,邕宁那楼镇优质小蚕共育基地生产优质小蚕 2.33 万张,桂蚕 8 号张种产量超 46 千克;推广应用新蚕品种桂蚕 8 号近 3 万张,研制成功自治区首张黄金色丝绵被,售价高出普通丝绵被 80%。引导产业转型升级,在宾阳县、马山县、武鸣区建设丝绵加工厂 10 家;与广西电视购物“乐思购”、南宁电视台精品部合作拓展蚕丝被销售渠道。（宋桂荣）

【水果生产】 2021 年,南宁市水果种植面积 15.12 万公顷,比上年增长 1.91%;总产量 453.9 万吨、增长 13.1%。主要水果品种有柑橘、香蕉、火龙果、龙眼、荔枝、百香果、杧果等。柑橘种植面积 7.31 万公顷,总产量 250 万吨,主要分布在武鸣区、上林县、隆安县、西乡塘区、横州市、宾阳县、邕宁区;香蕉种植面积 2.8 万公顷,总产量 112.7 万吨,主要分布在武鸣区、西乡塘区、隆安县;火龙果种植面积 1.2 万公顷,总产量 36.6 万吨(南宁市是全国最大的火龙果产区),主要分布在隆安县、武鸣区、良庆区、邕宁区、宾阳县;荔枝种植面积 7100 公顷,产量 3.05 万吨,主要分布在良庆区、邕宁区、横州市;龙眼种植面积 7300 公顷,总产量 7.64 万吨,主要分布在武鸣区、邕宁区、良庆区、横州市;百香果种植面积 3000 公顷,总产量 5.19 万吨;杧果种植面积 2600 公顷,总产量 3.09 万吨;菠萝种植面积 146 公顷,总产量 1900 吨;梨种植面积 694.9 公顷,总产量 1.24 万吨;枣种植面积 497 公顷,总产量 800 吨;柿子种植面积 440.9 公顷,总产量 8400 吨;李种植面积 720.9 公顷,总产量 5500 吨;桃种植面积 395.8 公顷,总产量 2400 吨;葡萄种植面积 1745.8 公顷,总产量 2.15 万吨。培育推广新品种,广西南宁金之都农业发展有限公司培育“金都 3 号”百香果获农业农村部颁发植物新品种权证书,邕宁区、横州市、隆安县、良庆区、武鸣区、广西—东盟经开区推广引种热带水果释迦。百香果新品种“钦蜜 9 号”市场热销,广西金福农业公司生产的火龙果出口荷兰,武鸣沃柑继进入欧洲市场后,进入文莱等国市场。（陆　丹）

林　业

【概　况】 2021 年,南宁市有林地面积 110.39 万公顷,森林覆盖率 48.86%,林业产业总产值 934.69 亿元,其中第一产业产值 268.84 亿元,第二产业产值 551.25 亿元,第三产业产值 114.61 亿元。人造板产量 1042.99 万立方米,花卉及其他观赏植物种植产值 57.81 亿元;林业旅游与休闲服务产值 91.73 亿元,林下经济产值 78.63 亿元。完成植树造林 1.86 万公顷,森林抚育 4.27 万公顷,全民义务植树 951.2 万株。推行林长制,继续推进集体林权制度改革,林权抵押贷款余额 9 亿元。发展林业经济,林下经济产值 78.63 亿元,惠及农民 49.35 万人。主要存在林业产业园区及部分重点林业项目建设用地指标难落实等问题。

【林长制】 2021 年,南宁市全面推行林长制,设市级林长 7 名,县级林长 107 名,乡级林长 1107 名,村级林长 1374 名,其他国有涉林涉草单位林长 120 名。市级林长带头巡林护林,市、县、乡、村级林长巡林 1109 人次,协调解决松材线虫病防治、森林防火普查、山林纠纷调处等涉林问题 438 起。

【集体林权制度改革】 2021 年,南宁市政策性森林保险(含自治区直林场)投保面积 36.87 万公顷,其中公益林投保 29.09 万公顷,商品林投保 7.78 万公顷。市林业局、市自然资源局、市金融办联合印发《关于完善林权抵押贷款工作机制的通知》,建立林业、自然资源、金融部门三方沟通协调机制。全市林权抵押贷款余额 9 亿元。

【森林资源】 2021 年，南宁市林地面积 110.39 万公顷，其中自治区级以上生态公益林 32.52 万公顷，森林覆盖率 48.86%。有野生维管束植物 248 科 1254 属 3988 种，野生脊椎动物 5 纲 41 目 135 科 408 属 727 种。

【造林育林】 2021 年，南宁市完成植树造林 1.86 万公顷，完成年度任务 118%。人工造林 526.67 公顷，完成年度任务 132.5%；其他造林 1.65 万公顷（迹地人工更新 2553.33 公顷、萌芽更新 1.39 万公顷），完成年度任务 119%。石漠化治理封山育林 1586.67 公顷，完成率 100%。完成 2020 年下达 2021 年实施的中央预算内项目珠江防护林工程 66.67 公顷，完成率 100%。优化树种结构调整桉树更新改造 593.33 公顷，完成年度任务 148%。森林抚育 4.27 万公顷，完成年度任务 106.8%。全民义务植树 951.2 万株，完成年度任务 101.2%。

【林业种苗】 2021 年，南宁市生产苗木 6209 万株，比上年增长 50.05%，其中桉杉松 758 万株、珍贵阔叶树种苗木 70 万株、经济林苗木 3409 万株。用苗 3623 万株，增长 82.06%，其中桉杉松 545 万株、经济林苗木 2361 万株、珍贵树种苗木 24 万株，完成2022年造林绿化种苗需求保障任务。南宁市林业局（简称“市林业局”）采用林木种苗质量检查、执法专项检查、林业“双随机”检查等方式，检查和督促整改林木种苗生产企业 59 家。开展打击假冒伪劣林木种苗和植物新品种权保护专项行动；开展市林木种苗“十四五”规划编制。

【花卉产业】 2021 年，南宁市花卉苗木产业产值 57.81 亿元，居自治区各地市首位。市林业局组织广西农科院花卉所、广西亿成花王生物科技有限公司、广西八桂林木花卉种苗股份有限公司、广西福人湖休闲农业集团有限公司等 8 家重点花卉产业单位和企业，参加第二届广西花卉苗木交易会参展，展品 400 余种，获金奖 11 个、银奖 15 个、铜奖 23 个，并获优秀组织奖。

【国有林场】 2021 年，南宁市有国有林场 10 个，其中市属 1 个（南宁市丁当林场），县（市、区）辖 9 个（横州市石塘林场、镇龙林场，宾阳县黎塘林场，马山县光明山林场、永州林场，隆安县礼智林场，邕宁区八里亭林场，良庆区南州林场，武鸣区朝燕林场）。林场职工（含离退休）1839 人。林场经营总面积 3.98 万公顷，活立木蓄积量 285 万立方米（天然林蓄积量 12.11 万立方米），商品林面积 2.7 万公顷，公益林面积 1.01 万公顷。完成森林抚育 6400 公顷，造林面积 690 公顷，人工更新面积 600 公顷，木材产量 17.5 万立方米。武鸣区朝燕林场、横州市镇龙林场分别管理广西朝燕自治区级森林公园、广西九龙瀑布群国家森林公园。

【林下经济】 2021 年，南宁市持续推广“龙头企业 + 专业合作社 + 基地 + 农户”运作模式，形成龙头企业和专业合作组织带动、农民共同参与的林下经济发展格局。林下经济发展面积 19.47 万公顷，林下经济产值 78.63 亿元，从事林下经济农户 11.97 万户，惠及农民 49.35 万人。

【木材加工】 2021 年，南宁市锯材产量 392.54 万立方米，人造板产量 1042.99 万立方米（胶合板 730.68 万立方米、纤维板 209.98 万立方米、刨花板 73.99 万立方米、其他人造板 28.34 万立方米），木竹地板产量 689.22 万平方米（实木地板 7.51 万平方米、实木复合木地板 621.47 万平方米、强化木地板 0.22 万平方米、竹地板 24.12 万平方米、其他木地板 35.9 万平方米），木材加工产值 522.02 亿元。

2021 年 10 月 23 日，南宁市参加在桂林市举办的第二届广西花卉苗木交易会。图为南宁林业展区　　张佩华提供

【森林公园与森林旅游】 2021 年，南宁市有森林公园 8 处，其中国家级森林公园 2 处（广西九龙瀑布群国家森林公园、良凤江国家森林公园），自治区级森林公园 6 处（南宁市五象岭自治区级森林公园、广西朝燕自治区级森林公园、南宁老虎岭自治区级森林公园、金鸡山自治区级森林公园、广西七坡自治区级森林公园、广西高峰自治区级森林公园）。获广西森林旅游资源开发利用与服务质量评定专家委员会评定“广西森林体验基地”1 个（广西高峰森林公园森林体验基地），“广西花卉苗木观光基地”2 个（广西高峰森林公园花卉苗木观光基地、广西绿基园林花卉苗木观光基地）。累计获评国家 A 级森林旅游景区 10 家，其中国家 AAAAA 级旅游景区 1 家（南宁青秀山风景旅游区），国家 AAAA 级景区 8 家（南宁大明山风景旅游区、南宁市良凤江森林旅游区、隆安县龙虎山旅游景区、九龙瀑布景区、广西高峰森林公园、南宁花雨湖生态休闲旅游区、水锦·顺庄旅游景区、龙门水都景区），国家 AAA 级景区 1 家（南宁市凤凰谷景区）。林业旅游与休闲服务产值 91.73 亿元，接待游客 1750.75 万人次。南宁市五象岭森林公园、广西老虎岭森林公园、广西九龙瀑布群国家森林公园、广西七坡森林公园的范围、界线获自治区林业局批准。

【林业招商与林业产业龙头企业】 2021 年，南宁市林业项目纳入市投资项目信息库项目 2 个。南宁七彩世界森林旅游度假区项目，计划投资 119 亿元，建设目标为“环绿城南宁森林旅游圈”的地区标杆性项目和国家 AAAAA 级旅游景区；中国林业集团计划开发建设中林生态城·南宁项目及中林·南宁现代林业科技产业园项目（9 月签订战略合作框架协议），计划投资 155 亿元，其中中林生态城·南宁项目计划投资 105 亿元，打造涵盖森林旅游、森林休闲、森林康养、森林教育和康养社区产业的全国首个森林综合体，中林·南宁现代林业科技产业园计划投资 50 亿元，打造园区综合产业服务平台。新增认定自治区级林业龙头企业 2 家（广西壮族自治区林业勘测设计院、广西垂青生物科技有限公司），有自治区级以上现代林业龙头企业 31 家。

【林政管理】 2021 年，南宁市许可采伐林木蓄积量 620 万立方米、比上年增长 15.03%,出材量 494.5 万立方米、增长 14.6%,采伐蓄积量、出材量居自治区首位。196 个建设项目获许可长期使用林地 1866.22 公顷。制定《南宁市天然林保护修复制度实施方案》,摸清天然林资源底数,落实管护责任,严格用途管制。兑付森林生态效益补偿项目公益林管护补助资金 7312.47 万元,兑付率 92.85%,超额完成资金兑付率 90% 以上的目标任务。选聘、续聘生态护林员 2929 人,发放生态护林员补助金 2246.84 万元,受益覆盖 7 个县(市、区)59 个乡镇。严厉打击破坏森林资源违法行为,森林督查发现刑事案件移交率 100%,行政案件结案率 97.4%;统计年度(2020 年 10 月 1 日至 2021 年 9 月 31 日)林业行政案件立案 881 起,结案 833 起,行政处罚 918 人次,罚款 2561.72 万元。

【森林防火】 2021 年,南宁市通过专项检查指导林业部门春、秋冬季森林防火,开展森林防火宣传教育、野外用火审批及森林火灾风险隐患排查、风险普查。发生森林火灾 6 起(一般森林火灾 1 起、较大森林火灾 5 起),过火面积 97.47 公顷,受害森林 27.75 公顷,无重、特大森林火灾发生及人员伤亡事故发生,森林火灾受害率控制在 0.0251‰以内,低于自治区规定 0.08‰上限。

【林业有害生物发生与防治】 2021 年,南宁市有市级森林病虫害防治机构 1 个,县级森林病虫害防治机构 7 个(横州市、宾阳县、上林县、马山县、隆安县、邕宁区、武鸣区),设武鸣区、宾阳县、马山县、横州市、隆安县 5 个国家级中心测报点。全市林业有害生物监测任务 931.44 万公顷次,实际监测调查 944.33 万公顷次。全市林业有害生物发生面积 5950.33 公顷,成灾面积 186.61 公顷(不含驻邕自治区直属国有林场),成灾种类有松材线虫病、八角叶甲,成灾率 0.17‰。林业有害生物发生种类主要有松材线虫病、薇甘菊、桉树青枯病、桉树叶斑病、八角炭疽病、松墨天牛、八角叶甲、桉蝙蛾、桉袋蛾、油桐尺蛾、八角尺蠖、马尾松毛虫等。其中,松材线虫病发生面积 178.61 公顷(不含驻邕自治区直属国有林场),发生区域为兴宁区、西乡塘区(含高新区)、江南区(含经开区)、青秀区、横州市、武鸣区(含东盟经开区);薇甘菊发生面积 288.73 公顷(含非林地上发生面积),发生区域为上林县、马山县、江南区(含经开区)、青秀区、武鸣区、良庆区;桉树青枯病发生面积 22.2 公顷,发生地在马山县;桉树叶斑病发生面积 423.73 公顷,发生区域为武鸣区、马山县;松墨天牛发生面积 111.13 公顷,发生地在武鸣区;八角叶甲发生面积 2256.67 公顷,发生地在上林县;桉蝙蛾发生面积 810.07 公顷,发生区域有横州市、宾阳县、马山县、隆安县、江南区、武鸣区;桉袋蛾(桉蓑蛾)发生面积 30.27 公顷,发生区域有江南区、武鸣区;油桐尺蛾发生面积 602.6 公顷,发生区域有武鸣区、上林县、宾阳县、马山县、江南区;八角尺蠖发生面积 167.33 公顷,发生地在上林县;马尾松毛虫发生面积 859.47 公顷,发生区域有马山县、江南区、青秀区、武鸣区。开展松材线虫病春、秋季专项普查和每月巡查、监测普查 29.74 万公顷次,全年新增疫情小班 24 个,新增疫情发生面积 31.13 公顷。开展薇甘菊春、秋季专项普查,普查林地面积 208.32 万公顷次,发生面积比上年增加 100 公顷。防治面积(未含预防面积)4311.13 公顷,应用无公害农药防治面积(未含预防面积)4294.13 公顷,无公害防治率 99.61%。实施种苗产地检疫面积 1573.2 公顷,种苗产地检疫率 100%。实施木材调运检疫 98.03 万立方米。

(张佩华)

【山林纠纷调处】 2021 年,南宁市制定《市级土地山林权属纠纷调处工作流程》,细化和改进土地山林权属纠纷调处受理、调查取证、证据认定、现场勘界注意事项、询问笔录制作等环节,应用地理信息技术优势科学调处山林纠纷。接收跨市山林权属纠纷案件卷宗 41 宗,跨县(市、区)案件卷宗 66 宗。12 月,市自然资源局山林权属纠纷调处办公室完成邕宁区百济镇华灵村坛位坡坛位村民小组与良庆区大塘镇南荣村那忍坡第一、二、三、四村民小组“文笔、坛础、那埋”一带山林权属争议调查取证,并提出处理意见。

(市自然资源局)

【林业科技与推广】 2021 年,南宁市林业科技项目获资金 362.71 万元(中央财政 123 万元、自治区财政 136 万元、市科技局 103.71 万元),实施林业科技项目 16 项。市林业局利用全国科技活动周、科技下乡、林业系统科普大行动等开展林业科普宣传活动、林业科技下乡,林业科技下乡培训 30 次、自治区内林业科技交流 8 次。通过自治区林业局、市林业局主持验收项目 4 项(中央财政 1 项、自治区财政 3 项)。南宁市林业科学研究所申报的“一种香椿采穗圃营建的方法”获专利授权。

(张佩华)

畜牧业

【概　况】 2021 年,南宁市加快畜禽全产业链建设步伐,主抓生猪生产恢复,推进三黄鸡优势产业集群建设,落实牛羊生态养殖等各项政策,通过“公司+规模场/合作社/家庭农场”等产业经营和利益联结机制模式,推动全市畜牧产业高质量发展。有畜牧类市级以上农业产业化重点龙头企业 66 家,新增 16 家;有县级以上现代特色农业示范区 58 个,新增自治区级 5 个。指导 475 家畜禽规模养殖场开展生态养殖并通过自治区生态养殖认证,畜禽现代生态养殖场总数增至 928 家,认证比例 90% 以上。畜禽粪污综合利用率 87.48%,大型规模养殖场粪污处理设施装备配套率 100%。生猪出栏 432.41 万头,比上年增长 35.35%;家禽出栏 1.72 亿羽,减少 5.86%;牛出栏 14.8 万头,增长 1.08%;羊出栏 16.96 万只,减少 0.12%。肉类总产量 64.73 万吨,增长 13.53%;禽蛋产量 2.98 万吨,增长 6.34%;奶产量 1.3 万吨,下降 10.69%。牧业产值 208.41 亿元,增长 8.91%,占农林牧渔业比重 23%。实施强制免疫“先打后补”规模养殖场 147 家,使用疫苗量 2.42 亿毫升(亿头份),发放补助 1831.93 万元。动物疫情平稳,未发生重大动物疫情。125 个动物产地检疫申报点和 19 个畜禽屠宰场屠宰检疫电子出证实施率均为 100%。高致病性禽流感、新城疫、口蹄疫、猪瘟、小反刍兽疫应免畜禽群体免疫密度均为 100%。兽药生产、经营企业均实现 GSP 平台 100% 追溯管理。主要存在畜禽产业链信息化、智能化建设滞后等问题。

【畜禽养殖】 2021 年,南宁市畜禽养殖围绕“服务精准靠前,产业做大做全”,统筹各级财政扶持资金 9470 万元,推进各项支持政策落地,稳步落实畜禽产业高质量发展,重点推进牧原食品股份有限公司、新希望六和股份有限公司、广东海大集团股份有限公司、南宁市广东温氏畜禽有限公司、南宁农利来种禽科技有限公司等 29 个自治区、市层面重大项目,建设集饲料加工、种苗繁育、生态养殖、屠宰加工、品牌培育等一条龙畜禽全产业链。新增畜牧类市级以上农业产业化重点龙头企业 16 家,其中国家级 2 家、自治区级 3 家、市级 11 家。至年末,有畜牧类市级以上农业产业化重点龙头企业 66 家,其中国家级 9 家、自治区级 13 家、市级 44 家;新增自治区级现代特色农业示范区 5 个。有县级以上现代特色农业示范区 58 个,其中自治区级以上的 11 个、市级 21 个、县级 26 个。广西一遍天原种猪有限责任公司获得首批广西供应深圳农产品示范基地认定,广西农垦永新畜牧集团有限公司良圻原种猪场获得广西首家供港澳活猪自营出口经营权和出口配额双资质养殖企业认定。拥有国家生猪核心育种场4家、国家肉牛核心育种场1家、国家肉鸡核心育种场1家、国家地方鸡种基因库(广西)1个、农业部畜禽标准化示范场5家,金陵麻乌鸡配套系通过国家畜禽新品种配套系审定,全市获认定的鸡配套系增至6个,分别为良凤花鸡、金陵麻鸡、金陵黄鸡、金陵花鸡、金陵黑凤鸡、金陵麻乌鸡。广西武鸣绿世界生态农业投资有限公司和广西南宁金桂源牧业有限公司连续5年入选广西良种种羊供应基地。

【生态养殖】 2021年,南宁市继续推行畜禽现代生态养殖,建立畜牧业可持续发展新前景。指导475家畜禽规模养殖场开展生态养殖并通过自治区生态养殖认证,畜禽现代生态养殖场总数增至928家,其中五星20家、四星109家、三星799家,认证比例保持在90%以上。指导建设22家高架网床环保猪舍和3家牛羊生态养殖示范场。稳步推进宾阳实施中央财政畜禽粪污资源化利用整县推进项目,打造南宁市武鸣区锣圩镇众悦综合种养专业合作社、南宁市港越养殖有限责任公司、南宁精菲生态农业有限公司、横县牧原农牧有限公司等一批种养结合生态循环示范点。指导规模养殖场建立粪肥还田计划和畜禽粪污处理利用台账,跟踪落实畜禽粪肥去向,科学指导畜禽粪肥还田利用。畜禽粪污综合利用率87.48%,畜禽规模养殖场粪污处理设施装备配套率99.08%,其中大型规模养殖场粪污处理设施装备配套率100%。

【生鲜乳生产与管理】 2021年,南宁市奶牛存栏0.5万头,有存栏100头以上奶牛规模养殖场12家,生鲜乳产量1.3万吨。设立生鲜乳收购站10个,其中奶企奶站4个、养殖场奶站5个、合作社奶站1个,配套生鲜乳运输车9辆。完成生鲜乳抽样送检任务40批次,现场快速检测390批次,检查生鲜乳收购站10个,生鲜乳运输车7辆,奶牛养殖场13户,检测项目涵盖三聚氰胺、β－内酰胺酶、皮革水解蛋白、碱类物质、青霉素残留、四环素残留等,检测合格率100%。 (黄立春)

【重大动物疫病强制免疫】 2021年,市农业农村局实施强制免疫"先打后补"规模养殖场147家,使用疫苗量2.42亿毫升(亿头份),发放补助1831.93万元。免疫生猪、牛、羊牲畜口蹄疫分别为783.23万头、46.77万头(含A型)、19.42万只,免疫鸡鸭鹅高致病性禽流感分别为1.20亿羽、4197.76万羽、68.11万羽,免疫生猪猪瘟803.06万头次、高致病性猪蓝耳病404.31万头,免疫家禽鸡新城疫1.21亿羽,免疫羊小反刍兽疫18.39万只,免疫犬狂犬病27.28万只,免疫牛结节性皮肤病31.57万头。动物疫情平稳,未发生重大动物疫情。

【动物检疫】 2021年,南宁市加强上市畜禽及其产品的产地检疫、屠宰检疫,125个动物产地检疫申报点电子出证实施率100%,19个畜禽屠宰场屠宰检疫电子出证实施率100%。加强县(市、区)产地检疫、屠宰检疫监督管理,督促各县(市、区)动物卫生监督机构加强辖区官方兽医动物检疫监管,全市动物产地检疫申报受理率、到场实施检疫率均100%;产地检疫生猪650.48万头(商品猪337.06万头、仔猪299.79万头、种猪13.63万头),检疫牛6.66万头、羊2936只、家禽2.79亿羽。有屠宰场25家(定点生猪屠宰厂19家、家禽屠宰企业6家),动物卫生监督机构入驻检疫100%,屠宰场(点)受检率100%;屠宰检疫生猪316.05万头,检出病猪833头,屠宰检疫合格牛3.33万头、家禽4361.35吨。

2021年7月20日,南宁市西乡塘牧原农牧有限公司西乡塘一场的高架网床环保猪舍竣工
黄立春提供

【动物疫病监测】 2021年,南宁市高致病性禽流感、新城疫、口蹄疫、猪瘟、小反刍兽疫应免畜禽群体免疫密度均为100%。完成血清免疫抗体检测6.49万份、合格6.22万份、合格率95.81%;病原学检测6982份,检出阳性11份。

【非洲猪瘟防控】 2021年,南宁市加强生猪养殖场网格化管理,落实日排查、日报告制度,开展生猪调运消毒灭源行动,细化非洲猪瘟疫病监测,严厉打击私屠滥宰。有生猪养殖场(户)1.03万家,全部列入分片包干范畴。排查养猪场8.09万家次、散养户109.83万户次、屠宰场3873个次、无害化处理场点5163个次,排查生猪1.02亿头次,自检猪场16个、抽样24.68万头份,无检出阳性样品;19个屠宰场自检猪只样本75.26万头份,无检出阳性样品。开展对养殖场(户)、屠宰场、生猪无害化处理厂、生猪交易市场、农贸市场、省外入市生猪产品及备案生猪运输车辆的非洲猪瘟监测,检测猪样品1.09万份,环境样棉拭子6069份,无检出阳性样品。开展定点屠宰场检查和生猪私宰窝点排查打击行动426次,出动执法人员1837人次,查处案件22起,打击取缔生猪私宰窝点33个,没收私宰猪74头,没收私宰肉21.53吨,罚没款29.06万元。未发生非洲猪瘟疫情。

【病死动物监管】 2021年,南宁市落实专人负责养殖环节病死猪无害化处理报表统计上报、补助申报核实管理等工作。养殖环节统计上报无害化处理病死猪40.33万头,发放2020年3月至12月养殖环节无害化处理病死猪各级补助1391.10万元。县(市、区)按要求公示通过"一卡通"形式发放养殖环节病死猪无害化处理补助经费。

【人畜共患病监测】 2021年,南宁市开展奶牛布鲁氏菌病和结核病集中监测。检测家畜布病血清1.17万头次,检出布病阳性16例,阳性率0.14%;检测奶牛结核病4275份,检出牛结核阳性奶牛37头(阳性率0.87%);均按规定无害化处理。开展宠物犬狂犬病抗体检测961份次,抗体阳性率98.4%。

【兽药安全监管】 2021年,南宁市有兽药生产企业8家、经营企业535家,兽药生产、经营企业均实现 GSP 平台 100% 追溯管理。完成兽药质量抽检 44 批，合格率 100%；兽药残留抽样 40 批，合格率 100%；协助农业农村部风险监测抽样 39 批次，合格率 100%；结合非洲猪瘟防控，强化养殖投入品监管，加强对兽药经营企业执行兽药 GSP 情况、兽药经营出入库台账监管，加强养殖场落实动物产品质量主体责任和兽药采购及使用等记录情况监管。全市办结兽药违法案件 24 起。（许丽丹）

渔 业

【概 况】2021 年，南宁市水产品产量 23.42 万吨，比上年增长 4.14%，其中淡水养殖产量 22.45 万吨，淡水捕捞产量 9700 吨；水产养殖面积 2.03 万公顷，其中池塘养殖面积 9591 公顷，水库养殖面积 9626 公顷，河沟养殖面积 828 公顷，其他养殖面积 230 公顷。上林县成为全国首批国家级水产健康养殖和生态养殖示范区。广西南宁宝泓黄沙鳖良种场被评为自治区级水产良种场。主要存在水产品深加工能力不足，全产业链建设基础薄弱等问题。

【水产养殖】2021 年，南宁市支持、引导工厂化养殖和高密度设施渔业发展，在西乡塘区、横州市、宾阳县、隆安县、上林县等地指导建设高密度循环水槽(池)养殖基地和工厂化鳗鱼养殖基地，投产循环水槽(池)超 600 条(个)。创新推出渔业健康生态养殖模式，实现养殖规模化、规范化、生态化模式良性发展。武鸣区、上林县、隆安县、西乡塘区扶持扩建鳗鱼工厂化养殖示范基地 7 家，成为广西鳗鱼产业发展核心区。上林县打造“渔耕新韵”高值渔产业园等核心示范区 281.87 公顷，完成养殖池塘标准化改造，机械化普及率超 65%；12 月 29 日，被农业农村部确定为全国首批国家级水产健康养殖和生态养殖示范区。

【渔政执法】2021 年，南宁市组织渔政执法巡查检查 758 次，出动执法人员 3791 人次，检查渔船 981 艘次，检查网具经营商户 85 个。发放宣传材料 1.43 万份，宣传短信(微信)1.32 万条。组织签订安全生产责任书 1546 份，签订率 100%；渔业船员 2400 人，持证上岗率 100%；取缔、拆除违法网具 982 件(套)；查获非法捕捞“三无”(无船名、船号，无船舶证书，无船籍港)船只 28 艘；查办违规违法捕捞案件 21 起，没收涉案渔获物 346.86 千克，行政处罚金额 3.82 万元，依法移送公安机关追究刑事责任 10 人。3 月 1 日至 6 月 30 日禁渔期间，渔政部门组织执法巡查检查 341 次，出动执法人员 2831 人次，检查渔船 341 艘次，检查网具经营商户 2 个；发放宣传材料 6628 份，清理整治违规网具 732 件(套)；查获违反禁渔期规定“三无”船只 17 艘；查办违规违法捕捞案件 12 起，没收涉案渔获物 233.45 千克，行政处罚金额 3.11 万元，移送司法案件 3 起、涉案 5 人。（何姝祯）

农村经济管理

【概 况】2021 年，南宁市坚持农业农村优先发展总方针，推进农村集体产权制度改革，在自治区率先基本完成村、组两级集体经济组织股份合作制改革，核实农村集体资产 211.86 亿元，1509 个村级集体经济组织、28245 个村民小组级集体经济组织完成赋码登记发证，村级集体经济组织赋码登记发证完成率 96.73%。完善农村土地承包经营权确权，农村土地承包经营权确权登记颁证率 98.13%；构建农村产权流转交易市场体系，建成农村产权流转交易中心 13 个(市级 1 个、县级 12 个)，上线运行南宁市农村集体“三资”(资金、资产、资源)管理服务平台；家庭承包耕地流转总面积 12.72 万公顷。完成 2020 年中央和自治区农村集体经济扶持项目建设验收 157 个，向中央和自治区申报实施村集体经济发展项目 153 个，获上级财政扶持资金 7650 万元(50 万元/个)。实现村集体经济总收入 4.65 亿元，村均 29.82 万元；村集体经济超 50 万元 126 个、超 20 万元 332 个、超 10 万元 770 个、超 5 万元 1560 个(占 100%)。申报全国乡村治理示范村镇，宾阳县古辣镇入选全国第二批乡村治理示范乡镇，马山县古零镇乔老村、西乡塘区石埠街道忠良村、良庆区那陈镇邕乐村等入选全国第二批乡村治理示范村，累计获认定全国乡村治理示范村镇 1 个、示范村 6 个。宾阳县入选国家农业社会化服务创新试点县。市农业综合行政执法支队办理的保护野生动物案获农业农村部渔业渔政管理局通报表扬，主办的农作物品种案获自治区农业厅评为“2021 年全区农业行政处罚优秀案卷”。（苏洁霞）

【农村综合改革】2021 年，南宁市继续推进农村集体产权制度改革，核实农村集体资产 211.86 亿元(经营性资产 70.58 亿元、非经营性资产 141.28 亿元)；赋码登记发证村级集体经济组织 1509 个，确认成员 476.89 万人；赋码登记村民小组级集体经济组织 28245 个；在自治区率先基本完成村、组两级集体经济组织股份合作制改革，实现 32 个村(社区)、325 个村民小组股金分红，总额 4.85 亿元。继续推进农村承包地确权登记颁证，实测集体所有耕地面积 49.66 万公顷(农户承包经营 43.69 万公顷)，完成承包确权登记面积 42.15 万公顷；颁证 103.7 万户，重新签订(完善)合同 105.68 万份，颁证率 98.13%，合同签订率 98.88%。家庭承包耕地流转总面积 12.72 万公顷，占承包总数 29.1%。连片流转土地 3.33 公顷(50 亩)以上的经营主体 4031 家，流转面积 8.94 万公顷；连片流转土地 133.33 公顷(2000 亩)以上的经营主体 55 家，流转面积 1.77 万公顷。加快农村产权交易市场建设，出台《南宁市农业农村局关于农村集体资产资源流转全部进场交易的通知》《南宁市农村集体经济组织股权管理和流转交易指导办法(试行)》，建立市级统一运营县级平台工作机制；完善“1+N”南宁市农村产权流转交易市场体系，建成农村产权流转交易中心 13 个(市级 1 个、县级 12 个)；上线运行南宁市农村集体“三资”管理服务平台，促进农村集体资产资源入市公开、规范流转；完成农村土地挂牌项目 56 宗，面积 1170 公顷左右，完成交易鉴证 90 宗，涉面积 460 余公顷，成交 189 笔，金额 9.10 亿元。（钟志诚）

【高标准农田建设】2021 年，南宁市加大土地平整、土壤改良、灌溉排水、田间道路、农田防护等措施建设高标准农田，建成高标准农田项目面积 15.96 万公顷(农业农村部认定数)，在建高标准农田面积 2.13 万公顷，达到“田成方、渠相连、路相通、桥涵闸配套齐全，排灌自如”标准，提升土地利用率、水资源利用效率、供水保证率及抵御自然灾害的能力。（李琪琳）

【农产品质量安全】2021 年，南宁市印发《2021 年南宁市食用农产品达标合格证示范市创建方案》，开展食用农产品达标合格证示范市县创建、追溯示范点和查验点创建，开具合格证 1.64 万张，附带合格证上市农产品 184.36 万吨。开展农产品质量安全追溯体系和信用体系建设，建立全市主要农产品和农资生产经营主体的主体名录 3073 家。建成上林县国家级水产健康养殖和生态养殖示范区 1 个，横州市峦城镇、校椅镇，隆安县南圩镇等自治区农产品(种植业)质量安全示范乡镇 3 个，累计农产品质量安全示范乡镇 10 个。加强农产品检测，完成蔬菜水果、畜禽产品、瘦肉精、水产品等抽检 14.09 万批次，合格 14.08 万批次，合格率99.88%；实施南宁市为民办实事食用农产品配套抽检定量监测1.40万批次，不合格132批次，合格率99.05%，完成每千人1.5批次监测任务，食用农产品定量检测数占自治区18.67%，不合格产品全部按相关规定处理；检查水产品299次、养殖场598家次，完成淡水养殖鱼类产地检疫3387.10万尾，水产品抽检1091批次，不合格3批次，合格率99.73%。开展“治违禁 控药残 促提升”三年行动，由市农业农村局、市市场监管局等8个部门联合印发《南宁市食用农产品“治违禁 控药残 促提升”三年行动方案》，聚焦问题突出的11种农产品，出动执法人员5286人次，检查农产品生产经营主体3548家次，抽检韭菜、豇豆787批次，开展牛羊瘦肉精专项监测843批次。开展南宁市2021年春季种子市场、农药生产企业安全生产等领域专项执法检查，出动执法人员1.21万人次，检查农资生产经营主体7509家，立案131件，结案126件，案件信息公开率100%。立案查处农产品质量安全案件13件，办结案件8件，移送司法机关2件。（周 琼）

【农业执法】 2021年，市农业综合行政执法支队依法规范文明执法，加强案件查办、日常监管、专项整治、联合执法、监督抽检等工作，维护农业市场秩序、保护农民合法权益、保障涉农产品质量安全。市本级农业综合行政执法立案214起，结案217起，总罚没款207.16万元，比上年增长76.7%。出动执法人员5553人次，车辆(船)1346辆(船)次，检查动物产品冷藏库、动物交易市场、动物诊疗机构，检查农药、种子、肥料生产经营单位，检查兽药、饲料生产经营单位、养殖企业、生鲜乳收购站、农业机械等统计单位2216个，查获不合格畜禽产品162千克，查获农药、兽药、饲料、种子等假冒伪劣产品2728.5千克。开展非洲猪瘟防控专项执法行动，动物卫生领域、农作物种子及农药领域“雷霆”联合执法行动，食用农产品“治违禁 控药残 促提升”，动物及动物产品集贸市场动物防疫等9个专项行动，与公安、市场监督、城区农业主管部门等开展联合执法85次；开展打击私屠滥宰行动39次，查处生猪私宰窝点18个，查获生猪23头，现场收缴生猪产品15.65吨。（颜海宁）

农业科技

【概 况】 2021年，南宁市以农业科技与教育发展深度融合为主线，加大强农惠农政策扶持和财政资金支持。投入600万元促进科技创新与服务主体发展，培育新型农业经营主体7600个。以建设现代农业示范区为载体，推进科技创新与服务，累计获认定自治区级示范区56个，其中国家级农业科技园1个、自治区级农业科技园区7个。引导、激励农业科技人才与高等院校开展产学研合作，构建产学研合作新机制，创新推出“兆和模式”（政科企合作+产学研合作）在全国推广。加速引进推广新品种新技术，引进推广主要农作物新品种125个，培育重大产业新品种2个，其中马铃薯“桂农薯1号”突破栽培种不抗霜冻屏障，填补广西无本地马铃薯品种空白。培养农村实用人才，推广农业实用技术，引导农业专业技术人才深入农村一线。发挥科技创新作用，推动茉莉花茶、三黄鸡、沃柑等农业优势特色产业做优做强；建设农产品特优区，获认定中国特色农产品优势区1个（武鸣沃柑中国特色农产品优势区），自治区特色农产品优势区4个（隆安火龙果特优区、横州市甜玉米特优区、马山黑山羊特优区、武鸣沃柑特优区）。

【农业科技服务】 2021年，南宁市加强春季生产农业科技服务，组织开展技术指导服务和春耕生产农业科技服务三下乡活动；加强重大动物疫病防控，严把禽流感、非洲猪瘟等疫情常态化监测预警及防控关，提升应急预案处置水平；引导推进绿色防控和统防统治技术普遍应用，优化种植方式，因地制宜推进粮经轮作、稻虾共育等绿色高效技术。服务指导冬春作物栽培27.63万公顷、生猪生产68.63万头、家禽养殖3472.88万羽、农民培训3.4万人次。继续组织武鸣区、宾阳县、马山县、上林县、隆安县实施基层农技改革与建设项目，获中央下达基层农技推广体系改革与建设补助项目经费500万元（种植业340万元、养殖业160万元）；建成基层农技推广农业示范站4个，建设稳定农业科技示范基地34个，培育农业科技示范主体435户，示范推广技术35项，推广农业绿色高效技术模式18项；组织基层农技人员参加5天以上脱产业务培训259人（部级培训25人、省级培训223人、省级种植业骨干培训11人）；组织农技人员在中国农技推广信息平台（中国农技推广App）登记、注册、使用，参加率86%。继续开展高素质农民培育，举办高素质农民培育班次54期，培育高素质农民2706人（经营管理型2093人、专业生产型418人、技能服务型195人）；参加测评年度高素质农民培育2644人，评价率97.71%，培训效果满意度99.8%、组织管理满意度99.8%、师资课程满意度100%、培训基地满意度99.8%；继续建设分类分层建设培训师资库，入库优秀教师402人。开展农村骨干人才培训，培训农村“两委”干部404人，其中横州市100人、邕宁区104人、宾阳县100人、上林县100人。

【新技术新品种引进与推广】 2021年，南宁市引进推广主要农作物新品种125个（水稻新品种80个、蔬菜新品种23个、果树新品种22个）。引导支持广西农科院等科研院所和企业开展课题研究，抗（耐）香蕉枯萎病新品种选育及枯萎病综合防控研究取得阶段性技术突破，选育出广西首个抗（耐）枯萎病香蕉新品种“桂蕉9号”，选育“桂农薯1号”突破马铃薯栽培种不抗霜冻屏障，填补广西无本地马铃薯品种空白。支持在隆安县注册的广西金陵农牧集团有限公司申报国家级畜禽遗传资源基因库，3月30日通过现场审验，入选国家首批畜禽遗传资源基因库（全国8个）。引导支持广西兆和种业公司与广西农科院玉米研究所等开展农业科研，创新推出“兆和模式”在全国推广。加强推广农业适用技术，建设农用地安全利用“村级服务站”37个。开展秸秆综合利用，秸秆还田46.27万公顷。实施主要粮食作物统防统治18.2万公顷、覆盖率45.1%；实施绿色防控41.2万公顷，主要农作物病虫害覆盖率44.08%。发展生态养殖，推广循环利用技术，畜禽粪污综合利用率87.48%。广西—东盟经开区特色农业核心示范区与广西农科院联合开展农作物新品种选育研究，育成农作物新品种400余个，其中野香优系列优质水稻新品种是“中国优质稻”标杆品种，在自治区和华南地区推广面积名列前茅；与中国热带农业科学院农业机械研究所、广西大学等科研院校合作实施“机械化收割对甘蔗农艺性状影响的研究示范”项目，形成一套适合机械化收割的甘蔗高产栽培技术，填补行业空白。（梁克非）

【现代特色农业示范区建设】 2021年，南宁市持续打造现代特色农业示范区，通过自治区验收认定自治区级特色农业现代化示范区16个（五星级4个、四星级12个），累计61个（五星级18个、四星级28个、三星级15个）；到期监测的自治区级现代特色农业核心示范区13个，通过监测13个，获星级提升8个。提升现代特色农业示范区为现代农业产业园、科技园、特色农产品优势区和田园综

2021年5月18日,宾阳县联丰农机服务农民合作社应用无人机在古辣镇开展飞防作业
蔡珏提供

合体,累计打造国家级现代农业产业园1个(横州市国家现代农业产业园)、自治区级现代农业产业园3个(上林县现代农业产业园、隆安县现代农业产业园、武鸣区现代农业产业园),国家农业科技园1个(广西南宁国家农业科技园区)、自治区级农业科技园区7个,获认定中国特色农产品优势区1个(武鸣沃柑中国特色农产品优势区)、自治区特色农产品优势区4个(隆安火龙果特优区、横州市甜玉米特优区、马山黑山羊特优区、武鸣沃柑特优区)。建设田园综合体试点7个,其中创建国家级田园综合体1个(西乡塘区"美丽南方"田园综合体),创建自治区级田园综合体2个(青秀区"田园青秀"田园综合体、宾阳县"稻花乡里"田园综合体)。 (苏洁霞)

【农作物种子生产与管理】 2021年,南宁市实施现代种业提升工程,投入财政扶持资金665万元,培育发展广西金陵农牧集团有限公司、广西富凤农牧集团有限公司、广西立腾农牧发展有限公司、广西一遍天原种猪有限责任公司、广西农垦永新畜牧集团有限公司、广西恒茂种业有限公司、广西兆和种业有限公司、广西绿海种业有限公司等种业龙头企业8家,扶持建设种子、种苗生产繁殖基地6个。开展第三次全国畜禽遗传资源普查、第一次全国水产养殖种质资源普查,安排工作经费100万元,落实种质资源普查员1885人(乡镇、村级普查员1815人),完成普查任务。继续开展种业信息统计调查,掌握农作物种子品种推广情况、种子供需情况、农资企业(门店)经营情况、地方特色优良农作物品种资源、畜禽种业企业信息、农业种质资源保护与利用等,排查农业用种质量、数量风险。开展农业种业侵权假冒案件及打假情况月度统计,处理种子质量投诉10起。开展种业监管执法年活动,实施春季农作物种子市场监管专项行动,检查企业和门店100家次,抽样40份,合格率100%;开展水产苗种质量安全监督抽查,抽查水产苗种16批次,合格率100%;开展全市蚕种和商品小蚕生产经营质量监督检查;开展农作物种子秋季执法检查,抽取蔬菜种子样品8份,合格率100%。 (梁克非)

【植物检疫】 2021年,南宁市植物疫情主要有香蕉枯萎病、柑橘黄龙病和红火蚁。市农业农村局加强疫情调查、普查与监测,针对重大疫病专门设立固定监测点、阻截带23个。编印疫病识别防控技术资料18万份,举办培训班250期,培训5万人次。加强产地检疫及检疫执法力度,出动执法人员5553人次、车辆(船)1346辆(船)次,结合例行监测、监督抽检、"双随机"监管及执法检查等,开展打击植物种苗无证调苗、无序调运专项整治行动,加大抽检跨区域种苗运输力度和频率,保障农业生产安全,依法依规查处违反《植物检疫条例》的经营门店、生产企业。

【农作物病虫鼠草害防治】 2021年,南宁市农作物重大病虫总体发生程度为中等局部中等偏重,与上年基本持平。病虫鼠害发生总面积185.1万公顷次,其中水稻病虫害发生面积43.37万公顷次,玉米病虫害发生面积10.64万公顷次,甘蔗病虫害发生面积15.55万公顷次,果树病虫害发生面积74.50万公顷次,蔬菜病虫害发生面积21.40万公顷次,农田鼠害发生面积12.74万公顷次。发布病虫情报173期,涉及水稻、玉米、大豆、花生、蔬菜、甘蔗、果树、桑树等作物,乡镇覆盖率100%,平均测报准确率87.5%。实施防治总面积237.8万公顷次,处置率128.49%,挽回农作物经济损失175.69万吨,总体防效89.34%,总体危害损失率5%以内。建设统防统治与绿色防控相融合示范区26个,示范面积4000余公顷,辐射带动示范区面积1.67万公顷。推进农药减量控害、绿色防控、专业化统防统治技术应用,主要粮食作物实施统防统治面积17.02万公顷,覆盖率44.50%;主要农作物实施绿色防控面积39.66万公顷,覆盖率44.52%。 (农珍玉)

【土壤肥力改造】 2021年,南宁市有耕地质量监测点98个(国家级5个、自治区级3个、县级90个)。投入土壤肥力改良资金145.28万元,主要用于种植绿肥改良与培肥耕地土壤。采集土壤样品1070个,分析化验7592项次,完成土壤肥料田间试验63个。实施测土配方施肥57.51万公顷(水稻23.93万公顷,玉米9.69万公顷,甘蔗10.45万公顷,水果、蔬菜等其他作物13.44万公顷),完成自治区农业厅下达任务108.5%,主要农作物测土配方施肥覆盖率92.6%。种植绿肥1.88万公顷(专用绿肥0.77万公顷、兼用绿肥1.11万公顷),完成秸秆还田46.43万公顷(水稻22.78万公顷、玉米5.92万公顷、甘蔗8.37万公顷、其他作物9.36万公顷)。施用有机肥330.94万吨,施用面积28.31万公顷,建设宾阳县国家级化肥减量增效示范点。推广节水技术36.34万公顷,其中水肥一体化技术9.11万公顷。开发富硒农产品,参与开发企业46家、生产基地49个,富硒农产品生产面积2642公顷;上林县祥发米业有限公司壮依禾香大米、广西名都生态科技发展有限公司桂雅香大米获自治区富硒农产品认证,累计有自治区富硒农产品认证产品60个。 (何明菊)

【绿色食品(生产资料)产品】 2021年,南宁市有效期内绿色食品(生产资料)产品有6类88个,主要有大米(香丝苗大米、一品象州金油黏米、正庄上林金油黏米、紫砂香黏米、长粒香米、壮香米、红谷香米、国色天香米),水果(沃柑、茂谷柑、红肉脐橙、香蕉、番石榴、火龙果、杧果、凤梨释迦、金菠萝),蔬菜(莜麦菜、红薯、横县甜玉米),糖类(白砂糖、红糖、黑糖),饮用天然矿泉水,肥料(含腐殖酸水溶肥料、生物有机肥料、含氨基酸水溶肥料、微量元素水溶肥料、有机水溶肥料、微生物菌剂),生产企业68家。 (韦悦妮)

表 3 2021 年南宁市绿色食品(生产资料)企业名录一览表(69 家)

获证企业	产品名称	产品编号	证书有效期
广西佳年农业有限公司	南宁火龙果	LB-18-1601200277A	2019 年 1 月 13 日至 2022 年 1 月 12 日
广西广美农业有限公司	沃柑	LB-18-19022001389A	2019 年 2 月 28 日至 2022 年 2 月 27 日
广西南宁桂柑果业科技发展有限公司	沃柑	LB-18-19042003282A	2019 年 4 月 22 日至 2022 年 4 月 21 日
广西农垦糖业集团金光制糖有限公司	白砂糖	LB-12-19052005328A	2019 年 5 月 21 日至 2022 年 5 月 20 日
广西金穗农业集团有限责任公司	香蕉	LB-18-19062008509A	2019 年 6 月 29 日至 2022 年 6 月 28 日
	南宁火龙果	LB-18-19062008508A	2019 年 6 月 29 日至 2022 年 6 月 28 日
广西力拓米业集团有限公司	香丝苗大米	LB-03-19071005748A	2019 年 7 月 1 日至 2022 年 6 月 30 日
	一品象州金油黏米	LB-03-19072005749A	2019 年 7 月 1 日至 2022 年 6 月 30 日
	正庄上林金油黏米	LB-03-19072005750A	2019 年 7 月 1 日至 2022 年 6 月 30 日
	紫砂香黏米	LB-03-19072005751A	2019 年 7 月 1 日至 2022 年 6 月 30 日
南宁糖业股份有限公司	白砂糖	LB-12-19072007543A	2019 年 7 月 13 日至 2022 年 7 月 12 日
	白砂糖	LB-12-19072007544A	2019 年 7 月 13 日至 2022 年 7 月 12 日
	白砂糖	LB-12-19072007545A	2019 年 7 月 13 日至 2022 年 7 月 12 日
	白砂糖	LB-12-19072007546A	2019 年 7 月 13 日至 2022 年 7 月 12 日
横县峦城镇方村淳茹红薯种植专业合作社	方村淳茹红薯	LB-13-19082007710A	2019 年 8 月 21 日至 2022 年 8 月 20 日
广西龙穗农业有限公司	南宁火龙果	LB-18-19082007814A	2019 年 8 月 23 日至 2022 年 8 月 22 日
广西垂青生物科技有限公司(生产资料)	含氨基酸水溶肥料	LSSZ-01-1910200117	2019 年 11 月 19 日至 2022 年 11 月 18 日
	有机水溶肥料	LSSZ-01-1910200116	2019 年 11 月 19 日至 2022 年 11 月 18 日
南宁市亿豪种养农民专业合作社	沃柑	LB-18-19112010945A	2019 年 11 月 21 日至 2022 年 11 月 20 日
南宁市横县铭通现代农业技术有限公司	横县甜玉米	LB-18-19122013264A	2019 年 12 月 25 日至 2022 年 12 月 24 日
广西横县万源农业有限公司	横县甜玉米	LB-18-19122013262A	2019 年 12 月 25 日至 2022 年 12 月 24 日
横县校椅现代农业果蔬种植专业合作社	横县甜玉米	LB-18-19122013250A	2019 年 12 月 25 日至 2022 年 12 月 24 日
横县鑫源果蔬种植专业合作社	横县甜玉米	LB-18-19122013261A	2019 年 12 月 25 日至 2022 年 12 月 24 日
广西横县汇佳农业科技发展有限公司	横县甜玉米	LB-18-19122013249A	2019 年 12 月 25 日至 2022 年 12 月 24 日
横县校椅镇红桥农产品种植专业合作社	横县甜玉米	LB-18-19122013263A	2019 年 12 月 25 日至 2022 年 12 月 24 日
横县石塘镇旺壮甜玉米种植专业合作社	横县甜玉米	LB-18-19122013275A	2019 年 12 月 25 日至 2022 年 12 月 24 日
横县百合镇基旋养殖家庭农场	横县甜玉米	LB-18-19122013266A	2019 年 12 月 25 日至 2022 年 12 月 24 日
横县校椅镇桂果果蔬种植家庭农场	横县甜玉米	LB-18-19122013222A	2019 年 12 月 25 日至 2022 年 12 月 24 日
广西金沃田生态农业有限公司	金沃田沃柑	LB-18-19122013252A	2019 年 12 月 25 日至 2022 年 12 月 24 日
南宁市杏花香芒种植专业合作社	杧果	LB-18-19122013248A	2019 年 12 月 25 日至 2022 年 12 月 24 日

续表 3

获证企业	产品名称	产品编号	证书有效期
广西铭和农业科技发展有限公司	南宁火龙果	LB-18-19122013181A	2019 年 12 月 26 日至 2022 年 12 月 25 日
	沃柑	LB-18-19122013180A	2019 年 12 月 26 日至 2022 年 12 月 25 日
	茂谷柑	LB-18-19122013179A	2019 年 12 月 26 日至 2022 年 12 月 25 日
广西铭康名优农业有限公司	南宁火龙果	LB-18-19122013225A	2019 年 12 月 25 日至 2022 年 12 月 24 日
广西南宁市宾阳县聚丰米业有限公司	国色天香米	LB-03-20012000241A	2020 年 1 月 16 日至 2023 年 1 月 15 日
广西横县西津矿泉水有限公司	饮用天然矿泉水	LB-38-20032006473A	2020 年 3 月 11 日至 2023 年 3 月 10 日
	饮用天然矿泉水	LB-38-20032006472A	2020 年 3 月 11 日至 2023 年 3 月 10 日
广西南宁市绿滋宝农业科技公司	南宁火龙果	LB-18-20052005911 A	2020 年 5 月 8 日至 2023 年 5 月 7 日
广西福兴农业发展有限公司	横县甜玉米	LB-05-20052002390A	2020 年 5 月 18 日至 2023 年 5 月 17 日
广西马山南华糖业股份有限责任公司	红糖	LB-12-20062003372A	2020 年 6 月 8 日至 2023 年 6 月 7 日
	黑糖	LB-12-20062003373A	2020 年 6 月 8 日至 2023 年 6 月 7 日
广西隆安昌隆农业科技有限公司	雁江香米	LB-04-20072006501 A	2020 年 7 月 31 日至 2023 年 7 月 30 日
上林县鸿栖高森农业开发有限公司	南宁火龙果	LB-18-20082007079A	2020 年 8 月 11 日至 2023 年 8 月 10 日
广西鑫湖农业科技有限公司	南宁火龙果	LB-18-20082007189 A	2020 年 8 月 14 日至 2023 年 8 月 13 日
广西智红农业有限公司	南宁火龙果	LB-18-20082007201A	2020 年 8 月 14 日至 2023 年 8 月 13 日
广西金穗生态科技股份有限公司	生物有机肥	LSSZ-01-1706200019	2020 年 8 月 24 日至 2023 年 8 月 23 日
南宁振企农业科技有限公司	南宁火龙果	LB-18-17122010191A	2020 年 12 月 23 日至 2023 年 12 月 22 日
广西垂青生物科技有限公司(生产资料)	含腐殖酸水溶肥料(大量元素型)	LSSZ-01-1709200023	2020 年 9 月 21 日至 2023 年 9 月 20 日
广西金福农业有限公司	南宁火龙果	LB-18-20052008766A	2020 年 5 月 2 日至 2023 年 5 月 1 日
广西硕果农业开发有限公司	凤梨释迦	LB-18-20092009092A	2020 年 9 月 22 日至 2023 年 9 月 21 日
	南宁火龙果	LB-18-20092009091A	2020 年 9 月 22 日至 2023 年 9 月 21 日
广西慧毅农业有限公司	南宁火龙果	LB-18-20092009496A	2020 年 9 月 27 日至 2023 年 9 月 26 日
广西智诚农业有限公司	南宁火龙果	LB-18-20092009508A	2020 年 9 月 28 日至 2023 年 9 月 27 日
广西隆香火龙果专业合作社	南宁火龙果	LB-18-20102009691A	2020 年 10 月 9 日至 2023 年 10 月 8 日
广西力拓米业集团有限公司	长粒香米	LB-03-20102009782A	2020 年 10 月 12 日至 2023 年 10 月 11 日
	壮香米	LB-03-20102009781A	2020 年 10 月 12 日至 2023 年 10 月 11 日
广西起凤橘州生态农业有限公司	沃柑	LB-18-20102010430A	2020 年 10 月 22 日至 2023 年 10 月 21 日
隆安县隆达农业投资有限公司	南宁火龙果	LB-18-20102010514A	2020 年 10 月 23 日至 2023 年 10 月 22 日
广西金泽农业有限公司	南宁火龙果	LB-18-20112010953A	2020 年 11 月 9 日至 2023 年 11 月 8 日
广西鸣谷农业有限公司	沃柑	LB-18-20112010953A	2020 年 11 月 24 日至 2023 年 11 月 23 日

续表 3

获证企业	产品名称	产品编号	证书有效期
广西南宁碧湾园生态农业开发有限公司	莜麦菜	LB-15-20122017412A	2020 年 12 月 2 日至 2023 年 12 月 1 日
横县六斩番石榴种植专业合作社	番石榴	LB-18-20122013474A	2020 年 12 月 20 日至 2023 年 12 月 19 日
广西隆安县鑫禾农业投资有限公司	南宁火龙果	LB-18-21042004252A	2021 年 4 月 23 日至 2024 年 4 月 22 日
广西首丰农业投资有限公司	南宁火龙果	LB-18-21042004652A	2021 年 4 月 28 日至 2024 年 4 月 27 日
广西振龙农业发展有限公司	南宁火龙果	LB-18-201042004617A	2021 年 4 月 28 日至 2024 年 4 月 27 日
广西福美乐农业投资有限公司	南宁火龙果	LB-18-201052005983A	2021 年 5 月 25 日至 2024 年 5 月 24 日
广西彩港农业有限公司	南宁火龙果	LB-18-21052006126A	2021 年 5 月 26 日至 2021 年 5 月 25 日
广西权沣盈农业有限公司	南宁火龙果	LB-18-21052006181A	2021 年 5 月 27 日至 2024 年 5 月 26 日
广西银穗农业投资有限公司	南宁火龙果	LB-18-21062006685A	2021 年 6 月 24 日至 2024 年 6 月 23 日
广西隆安县那金田农业投资有限公司	南宁火龙果	LB-18-21052006183A	2021 年 5 月 27 日至 2024 年 5 月 26 日
广西华鑫鑫生态农业有限公司	南宁火龙果	LB-18-21062007220A	2021 年 6 月 15 日至 2024 年 6 月 14 日
广西惠旺尔农业科技有限公司（生产资料）	多砘、图形牌　微量元素水溶肥料	LSSZ-01-1808200089	2021 年 8 月 31 日至 2024 年 8 月 30 日
	甜家、图形牌　含腐植酸水溶肥料	LSSZ-01-1808200090	2021 年 8 月 31 日至 2024 年 8 月 30 日
广西海泉农业有限公司	南宁火龙果	LB-18-21022008160A	2021 年 2 月 2 日至 2024 年 2 月 1 日
广西糖业集团良圻制糖有限公司	白砂糖（一级）	LB-12-21032003113A	2021 年 3 月 6 日至 2024 年 3 月 5 日
广西绿园农庄农业科技有限公司	金菠萝	LB-18-21062006464A	2021 年 6 月 1 日至 2024 年 5 月 31 日
广西南宁万锦农业有限公司	沃柑	LB-18-21062007742A	2021 年 6 月 24 日至 2024 年 6 月 23 日
广西桂洁农业开发有限公司	沃柑	LB-18-21072010584A	2021 年 7 月 3 日至 2024 年 7 月 2 日
	茂谷柑	LB-18-21072010583A	2021 年 7 月 3 日至 2024 年 7 月 2 日
	红肉脐橙	LB-18-21072010582A	2021 年 7 月 3 日至 2024 年 7 月 2 日
宾阳县佳年农业有限公司	南宁火龙果	LB-03-21072008837A	2021 年 7 月 13 日至 2024 年 7 月 12 日
宾阳县小满村红谷生态种植农民专业合作社	红谷香米	LB-03-21072008837A	2021 年 7 月 13 日至 2024 年 7 月 12 日
隆安县茂源农业科技有限公司	火龙果	LB-18-21072009084A	2021 年 7 月 21 日至 2024 年 7 月 20 日
广西联翔农业投资有限责任公司	沃柑	LB-18-21082010642A	2021 年 8 月 27 日至 2024 年 8 月 26 日
广西香源农业投资有限公司	火龙果	LB-18-21092011866A	2021 年 9 月 27 日至 2024 年 9 月 26 日
南宁汉和生物科技股份有限公司	微生物菌剂	LSSZ-02-2111200192	2021 年 11 月 14 日至 2024 年 11 月 13 日
南宁市德融农民专业合作社	沃柑	LB-18-21112014316A	2021 年 11 月 17 日至 2024 年 11 月 16 日
隆安县高明农业水果种植专业合作社	沃柑	LB-18-21122016843A	2021 年 12 月 7 日至 2024 年 12 月 6 日

农业机械化

【概　况】2021年，南宁市有农机具118.56万台(套)，其中拖拉机8.66万台、耕整地机械18.5万台、种植机械0.55万台、农业动力机械28.99万台、排灌机械14.1万台、田间管理机械1.38万台、收获机械1.57万台、收获后处理机械13万台、农产品初加工机械10.3万台(套)、畜牧机械2.18万台、水产机械0.41万台、农田基本建设机械0.14万台、农用航空机械420台；农机总动力460万千瓦；有水稻机械化育秧中心13个。主要农作物耕种收综合机械化水平71.75%，其中水稻耕种收综合机械化水平87.66%、甘蔗耕种收综合机械化水平67.74%。完成机耕80.78万公顷，其中机械深耕4.31万公顷、机播(插)34.36万公顷、机械灌溉作业4.78万公顷、农用航空器作业面积4.87万公顷。推广应用水稻、甘蔗、玉米、马铃薯、沃柑等主要作物生产全程机械化技术，检修农机具98.33万台(套)。在自治区召开的糖料蔗生产全程机械化会议上作典型发言3次，武鸣区被评为全国第六批率先基本实现主要农作物(甘蔗)生产全程机械化示范县区。获农机购置补贴1.67亿元，获甘蔗生产全程机械化补贴6615万元。未发生重大、特大农机事故，农机道路交通安全态势稳定。主要存在农机化发展受丘陵山地地形制约，适用中小型机具匮乏等问题。

【农业机械化技术推广应用】2021年，南宁市继续推广水稻、甘蔗、玉米、马铃薯、沃柑等主要作物生产全程机械化技术，重点推广果园多功能机械、水肥一体化(喷淋)设施、烘干机械、单(双)轨运输机、农用无人机等机械设备、撒肥机、甘蔗培土施肥机、甘蔗田间剥叶机、割铺机等甘蔗生产机械化及丘陵山区优势特色农作物生产急需机械装备。完成自治区下达高效机收糖料蔗生产全程机械化示范基地建设后补助项目2个，项目资金各200万元，由武鸣区农业农村局承担，南宁市桂民农机专业合作社、南宁市武鸣区惠丰农机专业合作社实施；项目均通过自治区验收。安排专项资金50万元，开展甘蔗健康种茎工厂项目和甘蔗宽行距套种项目并通过验收。市农机技术推广站集中打造特色优势农产品生产机械化样板，推动“农业+农机+科研院所+企业+合作社+行业协会”多方合作共建，解决优势特色作物(产品)全程机械化技术难题，在宾阳县甘棠镇建立甘蔗生产全程机械化示范基地33.33公顷，其中实施甘蔗深耕、深松、种植、中耕、植保、收获等全程机械化作业示范核心区3.33公顷；在武鸣区城厢镇建立沃柑生产机械化技术示范区33.33公顷，其中实施沃柑机械化中耕施肥、植保、节水滴灌、除草、加工、冷藏保鲜等环节核心作业示范区3.33公顷；在宾阳县古辣镇建立水稻秸秆机械化离田技术示范基地33.33公顷，实施水稻机械化收获、秸秆收集、打捆、转运等作业示范；在西乡塘区坛洛镇建立红薯、玉米、花生生产机械化技术示范基地13.33公顷，实施机械化种植、无人机植保、水肥一体化灌溉、机械化收获等作业示范；在横州市校椅镇建立农作物秸秆综合机械化利用示范基地13.33公顷，其中全部实施牧草(玉米秆)机械化收获、粉碎、压块、包装等秸秆综合利用机械化加工作业示范3.33公顷；在宾阳县古辣镇建立面积2200平方米、菌棒5万个、产量125吨食用菌(凤尾菇)生产示范大棚2个，实施机械化桑枝粉碎、装载转运、菌棒制作、高温消毒、喷淋等食用菌生产机械化技术作业示范。南宁市在自治区召开的糖料蔗生产全程机械化会议作典型发言3次，武鸣区获评全国第六批率先基本实现主要农作物(甘蔗)生产全程机械化示范县区。

2021年12月13日，广西高丰农业有限公司在横州市校椅镇茶村糖料蔗种植基地进行联合机收作业　　蔡珏提供

【农业机械化补贴】2021年，南宁市有农业机械化补贴基层受理点83个，发放农机购置补贴2722份，受益农户2089户，补贴机具3520台，拉动社会资金6.5亿元，财政资金引导效果1:3.74。获农机购置补贴资金1.67亿元(中央资金9120万元、自治区资金7606.43万元)，使用补贴资金1.74亿元，完成绩效目标任务151.17%；结算资金1.21亿元，完成105.54%。获甘蔗生产全程机械化作业补贴资金6615万元(中央资金5961万元、自治区资金654万元)，甘蔗作业补贴项目覆盖14个县(市、区)、开发区(不含高新区)，有基层受理点83处；至年末，使用补贴资金2894.32万元，结算补贴资金409.92万元，已申报甘蔗作业补贴面积2.73万公顷；备案甘蔗生产高效机收基地18个，备案面积约1940公顷。

【农业机械社会化服务】2021年，南宁市继续以甘蔗、水稻等主要优势特色农作物为重点推进农机社会化服务，鼓励和引导农机服务组织、农机跨区作业服务队开展跨区作业，办理农机跨区作业证263份，跨区作业面积6.94万公顷，作业收入超2.4亿元。通过重点补助农机社会化服务主体，为小农户开展育秧、插秧、烘干等机械化作业提供服务。宾阳县实施自治区下达的水稻生产农机社会化服务项目，项目资金500万元，参与项目实施作业服务主体68个(水稻机械化育秧3个、机械化插秧52个、机械化烘干13个)，服务农户562户，其中小农户382户(占67.97%)，机械化插秧作业面积申报494.87公顷，机械化育秧543.47公顷，机械化烘干2.04万吨。

【农业机械质量投诉监管】2021年，南宁市采取线上线下相结合方式，开展农机“3·15”消费者权益日活动。在12个县(市、区)、3个国家级开发区农业农村局网站开设专栏宣传，在年检场所设置宣传板报21个；组织人员驻点经销商34家，发放宣传材料8370份，张贴条幅33条；举办现场咨询19场次，接待群众1010人次。受理农机质量投诉并成功调解1起；向群众宣传讲解农机安全使用方法、农机质量投诉政策、农机排查识假辨假及农机具购买使用维修常识等农机知识，签订承诺书10份，现场解答咨询100人次，发放农机质量安全手袋、宣传手册等600余份。

【农业机械安全监管】 2021年，南宁市拖拉机和联合收割机新机注册登记1051台（轮式拖拉机446台、履带式拖拉机8台、手扶拖拉机运输机组310台、轮式联合收割机109台、履带式联合收割机178台）。完成拖拉机年检3316台；核发农业机械驾驶证965本，其中G1证182人、G2证671人、K2证65人、R证16人、S证31人。开展农机安全生产执法检查980次，出动执法人员3816人次，检查农业机械5059台，查处违章行为714起，立案310起，处罚金额7.31万元。未发生重大、特大农机事故，农机道路交通安全态势稳定。

（蔡　珏）

表4　　2021年南宁市主要农业机械拥有量情况统计表

农机总功率（万千瓦）	大型及以上拖拉机		中型拖拉机		小型拖拉机		耕整机及微耕机		种植机械				收获机械						谷物烘干机		排灌机械	
									水稻插秧机		甘蔗种植机械		谷物联合收割机		甘蔗联合收割机		其他收获机械					
	数量（台）	功率（万千瓦）	数量（台）	功率（万千瓦）	数量（万台）	功率（万千瓦）	数量（万台）	功率（万千瓦）	数量（台）	功率（万千瓦）	数量（台）	功率（千瓦）	数量（台）	功率（万千瓦）	数量（台）	功率（万千瓦）	数量（万台）	功率（万千瓦）	数量（台）	功率（千瓦）	数量（万台）	功率（千瓦）
460.01	1437	14.53	8990	43	7.61	84.50	8.05	41.46	4649	1.71	455	无统计数据	4445	22.16	1080	14.44	1	9.74	212	3348.6	14.92	无统计数据

说明：数据来源于2021年自治区农业机械服务中心统计年报

水　利

【概　况】 2021年，南宁市安排资金8.87亿元，实施水利工程815项。完成邕宁区防洪工程二期、那平江堤、市抗洪救灾物资储备中心一期项目建设；完成水库除险加固9座、安全鉴定水库251座、竣工验收75座、小型水库管护机制改革123座；推进城乡供水一体化和农村供水规模化，完成市政府为民办实事农村区域集中连片供水项目年度目标任务15个（完工10个、在建5个），受益76.8万人。建设“五化”（集农田水利化、灌溉自流化、河网化、田园化、电气化综合利用于一体）灌区“十四五”续建配套和现代化改造项目，总投资4.87亿元；完成六冯灌区续建配套和节水改造，投资1170万元，硬化渠道10.24千米。有效灌溉面积25.03万公顷，农田灌溉水有效利用系数0.511，比上年提高0.006；完成南宁市第二水源工程可行性研究编制；落实专项资金3576.23万元，养护农村饮水项目441个。实施基础设施项目317个，落实资金2.96亿元。防御强降雨13次、干旱灾情2次，紧急避险转移人口1725人，紧急转移安置人口15人，无人员伤亡；解决群众季节性缺水1.65万人，科学抗旱1.29万公顷。办结全国根治欠薪线索平台涉及水利行业欠薪线索案件3件、自治区水利厅转办的根治欠薪投诉举报1单，协助11名农民工追回欠薪26.18万元；清退农民工工资保证金30批508万元。组织河湖长履职巡查14.89万人次，河湖“四乱”（乱占、乱采、乱堆、乱建）问题基本实现动态清零；持续改善水生态环境，主要流域二类以上水质、地表水水质优良率、地表水水质达标率100%。市政府获自治区“十三五”时期实行最严格水资源管理制度成绩突出通报表扬。市水利局获水利部全国水利扶贫先进集体通报表扬，被自治区党委、自治区政府授予“2019—2020年度自治区脱贫攻坚先进集体”称号，被自治区水利厅评为2020年度自治区水利安全生产工作先进集体、水利监督工作先进集体；市水利局河长制工作科（河湖管理科）获水利部“全面推行河长制湖长制工作先进集体”称号；获水利部表彰2人。南宁市大王滩水库管理处被水利部精神文明建设指导委员会授予“第九届全国水利文明单位”称号。主要存在水利发展不平衡、不充分，水资源水环境承载能力面临瓶颈制约等问题。

【水利改革】 2021年，南宁市继续推进“五化”灌区农业水价综合改革，投资1029万元，完成闸门拆除改造、水位计自动监测站、信息中心建设等，投资完成率100%。开展“五化”灌区管理体制改革前期工作，完成上林县和宾阳县一线调研，提出市级统一调配水资源、统一管理总干渠和主要水源工程计划，起草灌区管理涉及市级、上林县、宾阳县三方的协议初稿。上林县、隆安县整县推进农业水价改革项目分别安排资金225万元、185万元，年内完成改革方案编制并获批复，改革面积分别为2.19万公顷、1.60万公顷。

【农村饮水安全工程】 2021年，南宁市农村饮水安全工作重心转向农村供水保障，承办自治区为民办实事项目宾阳县露圩镇、甘棠镇集中连片规模化供水工程，获自治区资金900万元；上林县城乡供水一体化工程项目，获自治区资金500万元。投资6.22亿元，实施市本级为民办实事项目的农村集中连片供水项目15个，完工项目10个，受益76.81万人，开工项目5个。投入3576.23万元，维修养护农村饮水安全工程441个，完成率100%，其中上林县乔贤镇乔贤社区苏昌供水改造提升工程列为水利部党组督办的“我为群众办实事”实践活动项目，4个月完工，获水利部农村饮水安全工作简报刊登推介。开展农村饮水安全风险排查5次，发现隐患问题624个，督促县（市、区）整改。核查处理上级反馈的群众饮水安全问题22个，全部整改完成并建立台账。印发2021—2025年农村饮水安全监测服务方案，强化全市7256个农村饮水安全工程网格化巡查，提升监测与预警能力。

【病险水库除险加固】 2021年，南宁市新建、续建水库除险加固工程9座，列入水利部“我为群众办实事”项目清单7座，其中列入水利部建设司督办的中型水库除险加固工程3座（横州市青年水库和浛蓬水库、青秀区青龙江水库），全部完成主体工程建设并开展主体工程验收。列入水利部运行管理司督办的小型水库除险加固工程4座，全部完成主体工程。4座水库情况：横州市根竹水库完成除主坝外建设内容（主坝因设计变更待方案审批），完成项目总工程量75%；武鸣区友谊水库完成除放水隧洞外所有建设内容（放水隧洞施工进度较慢），完成项目总工程量90%；宾阳县水丽湖水库完成工程主要建设内容，完成总工程量92%；南宁老虎岭水库完成除四副坝外所有建设内容(四副坝因征地问题未施工),完成总工程量85%。完成历年未完工的水库除险加固项目2座,分别是横州市大寨降水库工程(因前期炸药未落实导致放水设施停工)、上玉林水库(因征地问题导致溢洪道停工),完工待验收。完成历年病险水库除险加固工程竣工验收75座,完成率150%;累计完成病险水库除险加固工程竣工验收攻坚战验收469座,完成率71%。完成灾后水利薄弱环节建设实施方案中未完工的小型水库15座,完工待验收。大中型水库(水闸)项目完成下闸蓄水验收10座(市直龙潭水库,武鸣区仙湖水库、暮定水库、明秀水闸、西江水闸,宾阳县桃源水库、六佑水库,横州市云表水库、东安水闸、道华水闸),竣工验收4座(武鸣区仙湖水库、暮定水库,宾阳县桃源水库、六佑水库)。

【堤防工程与邕江防洪排涝设施建设】2021年,南宁市在建或推进建设的重大堤防工程主要建设情况:邕宁区防洪工程二期,完成收尾;仙葫半岛堤工程电力试验基地段滑移边坡治理工程处置方案,通过专家论证,进入报批阶段;那平江堤项目(列入中央规划内公益性水利建设项目,工程概算投资5.04亿元,规划征收14.67公顷,2019年11月1日开工建设),年度投资2000万元(中央资金1200万元、自治区配套400万元、市级配套400万元),新建防洪堤主堤2.47千米,建设排涝泵站1座(装机规模9600千瓦),泄洪排涝闸2座,连通渠1条,通过合同完工验收;邕江防洪排涝老旧泵站升级改造项目,总投资3.89亿元,升级改造老旧泵站3座,项目获市政府审批通过并纳入城建计划,开展前期工作;竹排冲应急泵站提升工程,完成规划设计;2021年度运维、应急、预算内项目等防洪设施完善项目,完成投资2000万元,完成市邕江防洪排涝工程中心所属的心圩江、竹排冲等邕江南岸、北岸等7个管理所管理的泵站、水闸、堤防维修养护项目,完成率85.60%。市水利局强化重大项目建设现场协调帮扶,通过召开专题协调会、推进会,定期收集报送项目进度信息,跟踪检查议定事项落实情况等,推进工程建设,推进邕宁堤一期、那平江等防洪工程泵站水闸设施移交接收。

【水利工程管理】2021年,南宁市推进水利工程管理标准化、规范化建设。完成全市水利工程管理和保护范围划定,建立范围明确、权属清晰、责任落实的水利工程管理保护责任体系,完成率100%。水库工程677座[大(2)型3座、中型26座、小(1)型206座、小(2)型442座],堤防工程全长99.97千米(2级堤防38.75千米、3级堤防0.08千米、4级堤防14.07千米、5级堤防47.07千米),水闸工程完成114座[大(2)型水闸4座、中型水闸30座、小(1)型水闸23座、小(2)型水闸57座];纳入自治区2021年度水库、水闸工程标准化规范化管理示范库创建名单有南宁市大王滩水库、南宁市天雹水库、武鸣区定标水库、马山县南蛇岭水库、隆安县那东一水库、宾阳县山口水库、横州市六巴水库、上林县木棉水库8座;南宁市心圩江防洪闸、西明江防洪闸、武鸣区的明秀水闸3座水闸完成广西水闸工程标准化规范化管理示范创建。完成到期或者超期运行的水库大坝安全鉴定251座,实现安全鉴定清零计划目标。开展全国水库运行管理系统水库信息核报,持续推进防洪信息化自动化建设,建成的视频会议、视频监控、对讲系统、水文遥测系统保持声画信息传输优质稳定;初步建立防洪信息共享机制,水库运行系统纳入电子政务平台,与应急管理部门实现信息联动。加强水利工程安全监管,分解落实以地方政府行政首长负责制为主的水库大坝安全责任制度,逐库明确744座水利工程安全管理政府行政责任人、主管部门责任人、管理单位责任人;按"属地管理、分级负责"原则,落实水库、堤防、水闸工程安全运行属地管理责任、部门监管责任和管理单位主体责任;创新落实"五有"(有值班人员、有值班经费、有通信设施、有管理房、有防汛预案)水库管护机制,并对未落实的单位进行问责。召开全市2021年水利工程安全运行管理监督检查工作会议,印发《南宁市2021年水利工程安全运行管理和防汛安全鉴定检查工作方案》;派出水利工程安全运行管理和防汛安全监督检查组7个,监督检查全市水利工程汛前、汛中、汛后安全运行情况,督促水利工程管理单位整改安全隐患问题。整改落实2021年水利部第1轮、自治区水利厅第1轮至第6轮水利工程安全运行管理监督检查发现问题175个,完成122个,完成率69.71%,制定整改方案限期整改问题53个。抓好病险工程安全监管,建立水库工程安全隐患清单、堤防险工险段清单、病险水闸工程清单"三张清单";分级分类精准落实水利工程安全度汛方案、抢险应急预案,应急处置马山县、上林县、武鸣区、兴宁区等县(市、区)水库新发现重大安全隐患问题。开展教育防范学生溺水专项活动,进行水域排查5轮,整改问题28个。

【水旱灾害防御】2021年,南宁市平均降雨量1178.6毫米,与常年同期(1991—2020年,30年平均降雨量)相比偏少18.9%,偏少程度为1960年以来第5位,因旱情造成农村人口季节性缺水2.23万人。各县(市、区)降水量1010.7毫米～1459.6毫米,与常年相比偏少8%～29%,其中宾阳县偏少程度为1960年以来第2位、隆安县第8位、上林县第9位、武鸣区第10位。干旱灾情2次。降雨偏少自上年11月持续到2月初,偏少程度突破1960年以来历史记录,出现严重气象干旱,马山县6个自然屯、武鸣区4个自然屯384人需外地送水。9月初,宾阳县农作物受旱面积1.29万公顷。发生强降雨过程13次。强降雨造成受灾人口14.69万人,紧急避险转移1725人、安置15人,无人员伤亡;农作物受灾面积7101.13公顷,成灾面积2653.74公顷,绝收面积647.07公顷,直接经济损失

2021年12月2日,南宁市武鸣区友谊水库除险加固工程水库大坝外坡施工现场

卢明发　摄

8623.63 万元。南宁市以保障防洪安全和供水安全为主要目标，调整水库防汛行政责任人、防汛技术责任人、防汛巡查责任人名单，编制超标准洪水防御预案，落实强降雨、台风预报、预警、预案演练和风险隐患排查，抽查水库水电站防汛值班 1592 座(次)，防御台风“狮子山”“圆规”等强降雨天气。科学有序实施抗旱保灌溉，解决群众季节性缺水 1.65 万人，抗旱 1.29 万公顷。市抗洪救灾物资储备中心一期工程(计划总投资 1.32 亿元)年内完成收尾部分投资 1479.4 万元，通过竣工验收。

【水利行业监督管理】 2021 年，市水利局履行水行政主管部门职责，完成 1400 条流域面积 50 平方千米以下河湖管理范围划定任务，划定成果电子标绘上图入库；完成左江(南宁段)、清水河、武鸣河、八尺江和南湖等河湖划界及岸线保护与利用规划编制。深化“河长 + 检察长”协作机制，河湖“四乱”问题基本实现动态清零，问题销号率 100%；完成广西河道采砂“互联网 +”监管系统平台信息录入；组织各级河湖长履职巡查 14.89 万人次，帮扶指导 116 次。加强防汛检查、在建水利工程质量与安全检查、重点时段行业安全生产检查等，由局领导带队分 5 批次派出检查组 11 个，全面排查整治安全隐患。印发实施水库安全生产专项整治三年行动集中攻坚实施方案，开展安全大检查 7 次，督促整改安全隐患 749 个。开展全行业危险源辨识、风险评价、安全隐患排查整治，推进安全防范责任、“安全监管 + 信息化”长效管理机制等落实。辨识重大危险源 1586 个、一般危险源 1.30 万个，落实危险源管控措施 1.42 万条，管控率 97.8%；排查安全隐患 1396 个，制定整改措施 1207 条，整改率 86.5%；无安全生产事故发生。落实风险分级管控与隐患排查整治双重预防体系，行业区域安全生产季度评价和年终考核排名自治区第一。强化工程质量与安全监管，受理新开工工程质量与安全监督登记项目 23 个，完成监督交底 23 个；派出工作组 3 批次，检测 97 个在建项目或即将完工项目的工程质量，取样 183 组，检测合格 150 组，合格率 81.97%；不合格 33 组，占 18.03%；按照“一县一单”“一项一单”方式把检测结果及整改监督意见发送责任单位，整改问题 33 个；列席监督项目工程验收 39 个，出具质量与安全监督报告 54 份；落实“改、罚”追责措施，督促在建水利工程质量和安全管理管控体系规范运行，发出监督函 33 份，通报督促整改项目 17 个，完成 12 个，专项督导并限期整改责任单位 6 家；创新试行市级在建工程质量安全监督技术性服务外包，检查水利工程 104 个，督促整改工程质量问题 521 个。净化水利建设市场，联合市纪检监察部门现场检查项目 23 个，涉及县级水行政主管部门 10 个、项目法人 11 家、市场主体 31 家，未发现工程招标投标围标串标、借用资质和超越资质等级许可范围、工程违规转包分包行为；开展帮扶督导 2 次，工作对接 2 次，会议推进 4 次，工作约谈 4 次，发出督办 7 次，不良行为预警 6 次，不良行为认定 4 次。推进思灵江坛板坡段黑臭水体、水葫芦等突出问题整治，配合百里秀美邕江开发治理和综合利用，推进心圩江、沙江河等内河治理，竹排江(南湖街道段)、沙江河(竹排江 A 段)、大王滩水库等 12 条(段、个)河(湖、库)列入广西第二批美丽幸福河湖建设名录；新建水质自动化监测站点 27 个；邕江和内河水质稳步提升，境内主要流域保持“二类水入境、二类水出境”，二类以上水质占比 100%，地表水水质优良率 100%，地表水水质达标率 100%，连续 12 个月跻身全国水质考核“红榜”，保持省会城市排名前 2 名，南宁市成为自治区城市黑臭水体治理标杆，江河成为市民和外来游客休闲新空间、基层网红打卡点。

【水行政执法】 2021 年，南宁市加强依法治水，颁布实施《南宁市水土保持若干规定》。市水利局制定《南宁市水利领域轻微违法行为免罚清单》《南宁市水利管理行政裁量权细化标准》，强化水行政执法；开展水行政执法监督 80 次，巡查总里程 13168.7 千米、水面总面积 126.7 平方千米。审批生产建设项目水土保持方案 580 个，评估五塘工业集中区水土保持区域 241.76 公顷，复核认定图斑 937 个。开展水土保持监督检查 154 次，征收水土保持补偿费 8991.8 万元。征收水资源费 2749.26 万元；完成河湖“四乱”问题销号 140 个；办结水行政执法案件 3 起，处罚金额 25.72 万元。探索河道采沙管理联合机制，联合自治区水利厅、来宾市、崇左市、河池市开展河道联合执法，依法查处非法采沙行为。　　（卢明发）

编辑　卢景林

工 业

综 述

【概 况】 2021年,南宁市工业和信息化局(简称“市工信局”)有二层直属事业单位2个:南宁市工业和信息化综合行政执法支队,南宁市中小企业服务中心(南宁市中小企业培训中心、南宁市中小企业商贸流通企业服务中心)。南宁市将“强工业”作为全面落实强首府战略的首要任务,推进工业振兴三年行动,优化结构,加快转型升级,突出创新驱动,工业经济实现稳中提速、稳中提质。出台《南宁市推进工业振兴三年行动方案(2021—2023年)》《南宁市推进工业振兴若干政策》等政策文件。新增规模以上工业企业235家,其中新建投产125家,数量均居自治区第一,成为全市工业增长主要动力。产值超亿元企业447家(新增55家),拉动全市增长11.4个百分点。新签约工业项目178个,总投资797.15亿元,列入自治区“双百双新”(投资超过百亿元、产值超过百亿元,新产业、新技术)在库项目61个(开工16个、竣工投产11个),数量居自治区第一。全市工业园区规模以上工业产值比上年增长9.1%、占全市比重77.2%。南宁高新区、南宁经开区、广西—东盟经开区3个国家级开发区规模以上工业产值增长16.6%,占全市规模以上工业产值34.3%,提高2.3个百分点。主要存在电力紧缺导致企业减产;受工业能耗“双控”(能耗总量和强度)影响,部分行业被限电限产;钢材、有色金属等大宗商品价格上涨,企业成本上升、订单下降,机械装备等产业中下游企业经营压力增大;房地产陷入低迷,建材行业下行;受全球新冠肺炎疫情起伏反复、国际形势错综复杂,物流运输不畅、芯片供应短缺等因素影响,电子信息产业外贸运行面临较大压力等问题。

【工业主要经济指标】 2021年,南宁市规模以上工业总产值比上年增长9.5%;规模以上工业增加值增长7.5%,两年平均增长5.2%、高于自治区0.4个百分点;工业投资增长21.2%,增速为2013年来最高,高于全市固定资产投资增速18.1个百分点。新增规模以上工业企业235家,其中新建投产125家,均创历史新高,居自治区第一;有规模以上工业企业1274家,主营业务收入2684.1亿元,增长9.5%;规模以上工业企业从业人员平均人数17.74万人。

【工业产业转型升级】 2021年,南宁市规模以上企业高技术制造业增加值比上年增长10.4%,高于全市规模以上工业增加值增速2.9个百分点。电子信息产业增长10.1%,占全市规模以上工业产值26.6%,连续4年成为全市产值最大工业产业,占自治区规模以上电子信息产业产值的50%以上。以电子信息产业为代表的战略性新兴产业引领工业发展新格局初步形成。 (江洁虹)

【新兴工业产业】 2021年,南宁市实施创新驱动发展战略,培育新动能,发展新经济业态,形成以新一代信息技术产业、新能源汽车产业、先进装备制造产业、生物医药产业为主要支撑,节能环保产业快速发展的战略性新兴产业体系。南宁市的广西博禄德电子有限公司、广西华纳新材料股份有限公司、广西建工集团建筑机械制造有限责任公司等53家企业列入2021年广西新增战略性新兴产业企业认定名单,获认定企业数占17.9%,名列自治区第一。全市累计181家企业获认定为自治区战略性新兴产业企业,占自治区20.95%,其中新一代信息技术产业80家,占全市获认定企业总数44.2%。

(市工信局)

【工业招商引资】 2021年,南宁市开展“行企助力转型升级”行动,围绕电子信息、先进装备制造、生物医药三大重点产业及优势传统产业开展产业链精准招商。建立“一个重点产业、一名市领导、一个市直牵头部分、一套招商工作方案”的工作机制,成立电子信息、装备制造、生物医药、轻工食品等重点产业招商工作专班,由市领导担任相关工作专班指挥长,统筹推进产业招商。召开南宁市新能源汽车产业招商推介会,实施“请进来”新能源产业链以商招商。引进深圳市金泰克半导体有限公司投资南宁泰克半导体存储产业研发制造基地,推动以瑞声科技为龙头的电子信息产业加快集聚;引进多氟多新材料股份有限公司20GWh(亿瓦时)锂电池等新能源汽车关键配套项目,推动新能源汽车产业集群初具规模;引进农夫山泉股份有限公司农夫山泉上林生产基地,促进传统优势产业加快转型升级。全年新签约工业项目178个,总投资797.15亿元。

(胡一茹)

【工业投资与项目建设】 2021年,南宁市工业投资比上年增长21.2%,其中制造业投资增长30%,工业技术改造投资增长5.8%。重点行业工业投资保持较快增长,其中医药制造业投资增长127.1%,汽车制造业投资增长102.3%。全市311项工业重点项目中,新开工项目102项(亿元项目75项),投产项目43项,在建项目153项;全年完成投资186.68亿元。全市推动320家工业企业实施技术改造,完成全年300家目标，其中投产160家。实施“投贷补”（政府、“两台一会”中小企业服务平台、金融机构、担保公司、企业联合运作，由工业企业投入一定比例的自有资金实施技改项目，“两台一会”中小企业服务平台以增信、风险补偿等融资服务模式引导金融机构对企业进行融资支持，市工业发展资金按政策给予技改资金补助并作为融资利息还款来源的投融资模式）联动，累计发放贷款企业31家，贷款金额10.52亿元，撬动企业实施技改项目计划总投资35.15亿元。全市61个自治区级“双百双新”产业项目计划投资96.7亿元，完成投资101.6亿元。全年新开工任务14项，完成16项；竣工任务6项，完成11项；项目谋划任务36项，完成36项；项目签约任务17项，完成22项。　　（李红姗）

【工业技术创新与新产品开发】　2021年，南宁市实施创新驱动发展战略，重点支持广西先进铝加工创新中心高端高精铝材热处理重大短板装备项目、南宁华数轻量化电动汽车设计院轻量化新能源车辆项目的研发建设，通过攻克核心关键共性技术，推动产业协同创新平台技术成果转化。广西先进铝加工创新中心研发投入生产的铝板材辊底炉完成工业产值5.1亿元，首套型材辊底炉装备产线产出合格高端型材产品108吨；首套板材辊底炉装备产线产出合格高端板材产品2.55万吨；完成气垫炉厂房建设主体框架，进行第一批辅机设备安装。南宁华数轻量化电动汽车设计院开展“6米微循环客车项目”等研发项目4个，通过项目研发完善并系统建立铝合金轻量化车辆结构原理及设计方法，全面解决铝合金车身结构设计的核心问题；联合产业上下游企业完成开发6米全铝轻量化电动微循环公交客车、14座全铝轻量化电动观光车、8座全铝轻量化电动观光车等3款新车型，均为国内同类产品中的第一辆全铝合金化的车型，7月6米微循环客车获上路资格。新增自治区认定企业技术中心17家、自治区技术创新示范企业3家、南宁市企业技术中心19家，广西工业企业质量管理标杆20项；列入自治区技术创新项目计划的项目72个。

【工业绿色发展】　2021年，南宁市实施绿色制造工程，加快构建绿色制造体系，鼓励企业创建申报绿色工厂，发挥绿色示范作用。8家企业进入自治区级绿色工厂名单，7家企业进入国家级绿色工厂名单。推行自愿性清洁生产审核，推行清洁生产，引导企业采用先进清洁生产技术，南宁糖业股份有限公司东江糖厂、明阳糖厂，南宁侨虹新材料股份有限公司、广西华润红水河水泥有限公司通过清洁生产复审换证，广西科佳装备科技有限公司获评自治区清洁生产企业。组织开展市级“节水型企业”创建，认定广西隆安南华糖业有限公司南圩糖厂为市级节水型企业。规模以上工业企业综合能源消费量482.99万吨标准煤，比上年增长6.45%，规模以上万元工业增加值能耗下降0.98%。　　（戴晓敏）

【亿元工业企业建设】　2021年，南宁市规模以上工业企业中，产值超亿元企业447家（新增55家），占全市规模以上工业企业35.1%；实现产值占全市规模以上工业总产值88.2%，对全市规模以上工业产值增长贡献率120.1%，拉动全市规模以上工业产值增长11.4个百分点。产值100亿元以上企业3家，产值10亿元～50亿元企业39家，产值5亿元～10亿元企业49家，产值1亿元～5亿元企业356家。　　（江洁虹）

【中小工业企业扶持】　2021年，《南宁市人民政府关于印发南宁市推进工业振兴若干政策的通知》出台，支持“专精特新”企业发展，对96家“专精特新”中小企业给予补助资金2770万元。全市企业获工信部公布为第三批专精特新“小巨人”企业15家，获自治区“专精特新”中小企业认定35家，获南宁市“专精特新”中小企业认定113家。举办政银企对接会6场，参会企业319家，收到贷款需求申报金额48.04亿元。南宁市“两台一会”（南宁市中小企业服务中心为融资平台、南宁市南方融资性担保有限公司为担保平台、南宁市企业信用协会为项目推介协会）中小企业投融资平台，为186家企业解决融资贷款33.10亿元，累计完成投融资贷款303.78亿元，服务企业980家，贷款余额43.56亿元。“投贷补”联动机制列入自治区2021年第一批改革典型经验（优化营商环境）和广西自由贸易试验区第二批制度创新成果（改革试点经验）向广西复制推广；通过“投贷补”模式为65家技术改造企业解决融资33.77亿元。开展公益性和市场化结合线上线下培训152场次，培训企业3560家次、1.25万人次。其中，综合能力提升系列培训项目17期、线上专题培训11期，直播间总浏览量1.44万人次，在线观看3591人次；“企业传帮带共育产业林”工业企业交流学习活动6期，参与企业300家。举办企业家人才“领航计划”项目4个班次（创新型企业家班2个、新生代企业家班2个），培养学员120人。企业管理提升项目打造“精益先锋企业”7家、“精益标杆企业”1家。开展企业内训、职业技能培训、法律法规、农场主等市场化培训115期，参训8650人次。委托在中国人民银行备案的信用评级机构完成工业企业信用评级100家、商贸流通企业信用评级50家。举办2021年南宁市先进技术产业化应用大赛，决出一等奖1家（捷佳润科技集团股份有限公司）、二等奖2家（广西建工集团建筑机械制造有限责任公司、广西先进铝加工创新中心有限公司）、三等奖3家（广西柯瑞机械设备有限公司、广西电力线路器材厂有限责任公司、广西佳视微电子科技有限公司），技术创新奖4家，优秀奖6家。广西揽胜企业管理服务集团有限公司、广西联讯投资有限公司、广西中科索顿科技有限公司获工信部认定为2021年度国家中小企业公共服务示范平台；广西联讯投资有限公司联讯U谷双创基地获工信部认定为2021年度国家小型微型企业创业创新示范基地。11家企业（单位）获2021年国

2021年，南宁华数轻量化电动汽车设计院研发的观光车　　市工信局提供

家中小企业发展专项资金1883万元,其中3家企业获统筹支持重点"小巨人"企业奖补资金764万元,3家企业(单位)获统筹支持公共服务示范平台为国家级专精特新"小巨人"企业提供服务奖补资金400万元,5家担保机构获小微企业融资担保降费奖补资金719万元。33家企业(单位)获2021年自治区重大产业发展、重大促销活动资金(中小企业发展扶持)第一批项目补助资金1390万元,其中4家企业获国家级小型微型企业创业创新示范基地补助资金280万元,2家企业(单位)获国家级中小企业公共服务示范平台补助资金120万元,6家企业获国家级"专精特新小巨人"企业补助资金360万元,21家企业获自治区级"专精特新"中小企业补助资金630万元。5家企业获2021年自治区统筹支持工业振兴资金("专精特新"中小企业)项目补助资金695万元,3家企业获2021年自治区统筹支持工业振兴资金(乡村振兴特色加工业)项目补助资金360万元。8家机构获2020年度自治区小企业贷款风险补偿专项资金237.07万元,3家企业获2020年度自治区中小微企业信用担保风险补偿资金388.72万元。（王多多）

【纺织工业建设】 2021年,南宁市有规模以上纺织服装产业企业39家(纺织业31家,纺织服装、服饰业8家),规模以上工业总产值比上年增长0.2%;占全市比重1.37%;营业收入5.44亿元,增长55.9%;利润总额2995万元。主要产品:高支精梳纱、高档粘纤纱线、无接头纱、紧密纺纱、多变量竹节纱、多组分功能性混纺纱线,以及高档家纺面料等产品及缫丝、丝绵被和精深西服、职业装、运动服等。6月29日,东盟李宁中心项目开工建设,总投资15亿元,年内完成投资2亿元,累计完成投资2亿元。主要存在企业规模小、缺少龙头企业、产业链环节缺失等问题。（王雅琴）

【造纸与纸制品工业建设】 2021年,南宁市造纸和纸制品工业有规模以上企业48家(纸浆制造4家、造纸15家,纸制品制造29家),工业产值比上年增长27.85%,占全市工业总产值2.39%;工业增加值增长19.97%;营业收入59.98亿元,增长23%。平均用工人数6475人。其中,纸浆制造规模以上企业工业产值增长45.58%,工业增加值增长22.11%;营业收入7.71亿元,增长45.5%。造纸规模以上企业工业产值增长20.8%,工业增加值增长11.7%;营业收入15亿元,增长15.9%。纸制品制造规模以上企业工业产值增长26.94%,工业增加值增长23.76%;营业收入37.27亿元,增长22.1%。南宁市造纸与纸制品工业新开工项目:横县东糖糖业有限公司的年产30万吨半化学机械浆技改工程项目,总投资6.28亿元,完成投资2500万元,累计完成投资2500万元。主要续建项目:南宁市圣大纸业有限公司的年产5万吨高级生活用纸项目一期技改工程,总投资6000万元,完成投资1900万元,累计完成投资3400万元,三号机安装完成试产;宾阳县桂达纸业有限公司的年产卫生纸、擦手纸、有光纸、包装纸5万吨及A级瓦楞项目,总投资7亿元,完成投资6400万元,累计完成投资3.18亿元;南宁市佳达纸业有限责任公司的年产3万吨高端生活用纸生产线扩建技改项目(一期),总投资5300万元,完成投资600万元,累计完成投资8100万元。南宁市造纸和纸制品工业通过自治区认定的企业技术中心1家(南宁君成包装有限公司技术中心)。主要存在产业链环节不全、企业环保技术创新力度不够等问题。（胡一茹）

【印刷工业建设】 2021年,南宁市通过年度报告的印刷企业487家,其中出版物印刷企业67家、排版制版装订专项企业8家、数字印刷企业31家、包装装潢印刷企业215家、其他印刷品印刷企业166家。印刷企业工业总产值53.34亿元,比上年增长10.95%;工业增加值9.86亿元,下降0.02%;销售收入52.87亿元,增长7.62%;利润总额2.05亿元,下降5.05%;从业人员1.19万人。出版物印刷企业工业总产值14.87亿元,包装装潢印刷企业工业总产值32.07亿元,其他印刷品印刷企业工业总产值3.65亿元,排版、制版、装订专项企业工业总产值1222.23万元,专营数字印刷企业工业总产值5085.95万元。规模以上重点印刷企业(年印刷工业总产值超过5000万元)26家(含超亿元企业10家),工业总产值31.02亿元,增长20.55%;销售收入32.24亿元,增长14.89%;利润总额1.22亿元,下降29.65%。主要存在受新冠肺炎疫情影响,材料价格上涨、用工成本增加、企业新增设备等投入加大、行业竞争加剧、印刷工价下降等问题。（市新闻出版局）

【绿色家居产业建设】 2021年,南宁市绿色家居产业有规模以上工业企业181家,工业产值比上年增长33.25%,占全市工业总产值的6.79%;工业增加值增长33.86%;营业收入174.42亿元,增长38.7%;利润总额5.2亿元,增长1.7%。平均用工人数1.99万人。木材加工业有规模以上企业169家,工业产值增长33.72%,工业增加值增长30.07%;营业收入167.94亿元,增长39.8%;利润总额5.31亿元,增长3.3%。木质家具制造有规模以上企业15家,工业产值增长21.54%,工业增加值增长27.01%;营业收入6.48亿元,增长15.4%;利润总额-1040万元,增长431.5%。南宁市绿色家居工业新开工项目:广西横县新威林板业有限公司年产30万立方米可饰面定向刨花板(OSB)产品升级技改项目,总投资1.2亿元,年内完成投资5500万元,累计完成投资5500万元。主要续建项目:广西南宁东鑫家居科技有限公司全屋家居定制产业基地项目,总投资8500万元,年内完成投资500万元,累计投资2800万元;广西彬伟装饰材料有限公司新增年产300万平方米生态板生产项目,总投资1200万元,年内完成投资900万元,累计完成投资900万元。南宁市绿色家居工业通过自治区认定的企业技术中心1家(广西南宁明源木业有限公司技术中心),通过南宁市认定的企业技术中心1家(广西沃森木业科技有限公司技术中心);认定为广西技术创新示范企业1家(广西丰林木业集团股份有限公司)。（胡一茹）

表5 2021年南宁市规模以上工业主要产品产量情况统计表

产品名称	计量单位	产　量	比上年增长(%)
配混合饲料	吨	6340086	33.6
成品糖	吨	869424	-11.9
饮　料	吨	2000844	9.6
啤　酒	千升	269641	-1.5

续表 5

产品名称	计量单位	产 量	比上年增长(%)
卷 烟	万支	3582850	1.4
人造板	立方米	9179025	34.1
纸 浆	吨	303691	44.8
机制纸及纸板	吨	304090	33.8
水 泥	吨	15551073	−6.2
平板玻璃	重量箱	12686537	1
铝 材	吨	260075	−8.0
小型拖拉机	台	1250	1.1
电力电缆	千米	306576	−2.3
乳制品	吨	130755	28.3
合成复合肥料	吨	899944	16.2
塑料制品	吨	261946	−2.3
商品混凝土	立方米	27257288	−14.7
发电机组(发电设备)	千瓦	1600	−97.9
配电或电器控制设备	台(套、面)	95554	−12.2
家用电风扇	台	142333	−2.1

电子信息产业

【概 况】 2021年,南宁市电子信息产业规模以上工业总产值比上年增长10.1%,连续4年成为全市产值最大的工业产业。产值占全市规模以上工业比重26.55%,产业聚集效应逐步凸显。全市软件和信息技术服务业主营业务收入327.70亿元(不含电信、移动、联通3大运营商),增长18.53%。主营业务收入超亿元以上企业20家,收入309.71亿元,占行业总量94.51%。主要存在研发创新能力不强、产业人才不足等问题。

【项目建设与投资】 2021年,南宁市电子信息产业主要新开工并投产的重点项目:广西诺仕达信息科技有限公司的诺仕达传音手机及智能穿戴OEM(原始设备制造商)项目,总投资1.2亿元,年内完成投资2100万元,累计完成投资2100万元,规划建设SMT(表面组装技术)贴片线12条、OEM组装线22条及包装线10条,主要代工生产传音品牌手机(一期建设SMT贴片线6条、OEM线10条、包装线5条);广西鑫尔泰智能科技有限公司的顺广通大尺寸液晶电视显示屏模块生产项目,总投资5亿元,年内完成投资2.42亿元,累计完成投资2.42亿元,建设大尺寸液晶电视显示屏模块生产基地,安装全自动生产线9条以上及其他生产设备;广西赢衍光电有限公司的赢拓AI智能创新终端生产项目,总投资3.5亿元,年内完成投资9500万元,累计完成投资9500万元,规划建设电子消费品等智能显示屏产业链产品生产研发基地,安装液晶模组线10条,背光自动组装线10条;广西深航智能科技有限公司的移动智能终端制造项目,总投资1.5亿元,年内完成投资1400万元,累计完成投资1400万元,计划投资建成生产线5条,生产智能手机、平板电脑、智能穿戴、扫地机器人、人脸识别系统等产品;广西深瑞精密电子有限公司的移动终端主板贴装项目,总投资2.5亿元,年内完成投资7600万元,累计完成投资7600万元,计划投资建成高速SMT贴片线10条、检测线6条,从事移动通信及电子类产品的主板贴片生产及检测。主要续建重点项目:瑞声科技(南宁)有限公司、瑞泰精密(南宁)科技有限公司、诚瑞光学(南宁)科技有限公司投资的瑞声科技南宁产业园项目,总投资120亿元,年内完成投资6.54亿元,累计完成投资14.97亿元,主要开展扬声器、受话器、精密结构件、光学模组及上下游器件的研发与生产,项目均已投产,在建项目一期进度完成98%,二期进度完成93%;横县瑞声精密电子有限公司的瑞声科技精密制造项目,总投资20亿元,年内完成投资2.83亿元,累计完成投资3.43亿元,规划建设基于FPC(柔性电路板)、LCP(工业化液晶聚合物)、PCB(印制电路板)的高速数据传输产品,项目一期一标、二标所有建筑单体全部封顶。

【技术创新与产品研发】 2021年,南宁市电子信息产业中认定为国家专精特新"小巨人"企业1家(广西彩星科技有限公司)、认定为自治区"专精特新"中小企业1家(广西岑科电子工业有限公司);认定为南宁市"专精特新"中小企业5家(广西佳微科技股份有限公司、广西岑科电子工业有限公司、广西博禄德电子有限公司、南宁市三礼电子有限公司、广西彩星科技有限公司)。 (韦逦娜)

先进装备制造业

【概　况】 2021年,南宁市有规模以上机械工业企业234家,规模以上工业总产值251.12亿元,比上年下降5.97%;营业收入253.13亿元,下降13.99%;利润总额6.76亿元,下降26.68%。主要产品产量:小型拖拉机1250台,增长1.1%;电力电缆30.66万千米,下降2.3%;配电或电器控制设备9.56万台(套),下降12.2%。南宁市手表厂工业总产值3727万元,增长10.80%;入库产量60.22万只,增长18.65%;销售数量61.08万只,增长18.58%;销售收入(含税)4226万元,增长20.87%;从业人员(在岗职工人数)460人。主要存在装备制造业企业尚未形成产业群、缺少配套企业,龙头企业的数量较少;受新冠肺炎疫情影响,部分产品市场份额有所萎缩,企业面临生产和市场双重压力等问题。　(陈仕乐)

【项目建设与投资】 2021年,南宁市机械装备制造业完成投资比上年增长31.03%。主要投资项目:浙江合众新能源汽车有限公司的年产10万辆乘用车项目,占地53.33公顷,总投资35亿元,年内完成投资7.57亿元,累计完成投资14.08亿元,建设冲压、焊装、涂装、总装及PACK(加工组装)5大工艺厂房,配套建设研发中心、试验试制中心等,完成厂房建设;多氟多化工股份有限公司的20GWh(亿瓦时)锂电池生产基地项目,总投资102亿元,年完成投资3.14亿元,规划产能20GWh,主要生产锂电池及相关配套产品,完成一期、二期土地出让和平整;天际汽车科技集团有限公司的年产10万台新能源乘用车项目,用地53.33公顷,总投资58亿元,年内完成投资5.01亿元,累计完成投资8.04亿元,新建冲压、焊装、涂装、总装及电池包等全工序生产厂房,完成联合厂房封底;广西申龙汽车制造有限公司的新能源客车及物流车生产基地项目,总投资13.67亿元,年内完成投资2.45亿元,累计完成投资12.08亿元,建设冲压、焊装、涂装、总装4大工艺车间,年产新能源客车1万辆、新能源物流车3万辆,厂房主体全部建成;广西美斯达投资有限公司的数字化智能工厂项目,用地13.33公顷,总投资6亿元,年内完成投资0.62亿元,累计完成投资1.04亿元,建设年产2000台履带式移动破碎筛分设备生产基地,横跨厂房的钢结构大梁安装完毕;广西燚能新能源有限公司的锂离子电池生产基地项目,总投资14亿元,年内完成投资0.77亿元,累计完成投资0.77亿元,一期投资建设锂离子电池生产线8条、PACK生产线3条,日产锂离子电池40万只及电池模组5000组,4月投产,6月上规入统;广西博世科环保科技股份有限公司的博世科环保产业基地项目,总用地26.7公顷,总投资20亿元,年内完成投资0.44亿元,累计完成投资2.66亿元,建设年产4万台套环保装备的智能工业装备与环保设备的生产加工基地。　(胡　华)

【技术创新与产品研发】 2021年,南宁市装备制造业获评自治区技术创新示范企业2家(广西建工集团建筑机械制造有限责任公司、广西中久电力科技有限责任公司);获南宁市认定企业技术中心3家(广西徐沃工程机械设备有限公司、广西国桂电气有限公司、广西桂盾人防工程有限公司);获评广西工业企业质量管理标杆企业8家(广西博世科环保科技股份有限公司、广西建工集团建筑机械制造有限责任公司、广西申龙汽车制造有限公司、南宁中车轨道交通装备有限公司、广西南亚电器有限公司、广西南宁都宁通风防护设备有限公司、南宁利亚德环保科技有限公司、南宁中车铝材精密加工有限公司);获评2021年自治区工信厅技术创新项目3个(广西桂盾人防工程有限公司的人防门数字智能自动化焊接系统研发项目、广西国桂电气有限公司的变电站智能监控运维管理系统及相关控件开发项目、广西纵览线缆集团有限公司的柔性矿物绝缘防火电缆研制与开发项目)。(陈仕乐)

【新能源汽车产业】 2021年,南宁市融入"国内国际双循环"新发展格局,以整车带动零部件发展的理念,针对新能源汽车产业链重点环节,开展精准招商。重点引进动力电池、驱动电机、车用轻量化材料及其他核心配套零部件项目,加快完善新能源汽车产业链;洽谈比亚迪电池等项目,提升新能源汽车本地配套能力,扩大新能源汽车产业规模,打造面向东盟的集新能源汽车、零配件和电池研发、制造及出口等功能于一体的重要综合基地。依托合众、天际、申龙等整车项目,签约落地多氟多20GWh锂电池项目、中车时代新能源电驱项目、玉柴芯蓝新能源动力项目和金固轻量化轮毂项目等新能源汽车产业链项目,总投资约150亿元。其中,多氟多20GWh锂电池项目5月签约落地,11月开工建设;玉柴芯蓝新能源动力项目9月签约落地,3条生产线年底进入安装调试环节;金固阿凡达汽车轮毂项目年底开工。　(胡　华)

生物医药产业

【概　况】 2021年,南宁市生物医药工业有规模以上企业56家,工业总产值比上年下降2.51%,占全市工业总产值1.68%,平均用工人数6369人。其中,医药制造业有规模以上企业46家,工业总产值下降0.53%,工业增加值下降4.40%,营业收入33.95亿元,增长9.10%,利润总额3.75亿元,增长133.5%。从各子行业看,化学药品原料药制造产值增长126.06%,化学药品制剂制造产值下降0.19%,中药饮片加工产值下降2.94%,中成药生产产值下降2.16%,兽用药品制造产值增长240.21%,生物药品制品制造产值下降99.18%,卫生材料及医药用品制造产值下降34%。主要存在产业规模比较小,创新研发能力较薄弱、中药开发利用程度不够等问题。

【化学药品制造】 2021年,南宁市有规模以上化学药品制造企业8家。其中,化学药品原料药制造企业5家,工业总产值比上年增长126.06%,工业增加值增长133.3%;营业收入6.44亿元,增长37.6%;利润总额2297万元,增长36.4%;平均用工人数380人。化学药品制剂制造企业3家,工业总产值下降0.19%,工业增加值增长2.9%;营业收入3806万元,下降25.9%;利润总额-1255万元,增长159.4%;平均用工人数118人。

【中药饮片加工】 2021年,南宁市有规模以上中药饮片加工企业6家,工业总产值比上年下降2.94%,工业增加值增长1.5%;营业收入7.15亿元,增长15.7%;利润总额6324万元,增长36.5%。平均用工人数828人。

【中成药生产】 2021年,南宁市有规模以上中成药生产企业21家,工业总产值比上年下降2.16%,工业增加值下降0.1%;营业收入15.53亿元,增长8.8%;利润总额2.50亿元,增长439.7%。平均用工人数3341人。

【兽用药品制造】 2021年,南宁市有规模以上兽用药品制造企业2家,工业总产值比上年增长240.21%,工业增加值增长248.1%;营业收入3052万元,增长12.9%;利润总额-895万元,下降14.9%。平均用工人数138人。

【生物药品制品制造】 2021年,南宁市有规模以上生物药品制品制造企业2家,工业总产值比上年下降 99.18%，工业增加值下降 99.2%；营业收入 3.37 亿元，增长 2.2%；利润总额 7121 万元，增长 35.4%。平均用工人数 358 人。

【卫生材料及医药用品制造】 2021 年，南宁市有规模以上卫生材料及医药用品制造企业 7 家，工业总产值比上年下降 34%，工业增加值下降 32.1%；营业收入 7985 万元，下降 58.3%；利润总额 −1119 万元，下降 181.7%。平均用工人数 283 人。

【项目建设与投资】 2021 年，南宁市生物医药制造业完成投资比上年下降 5.2%。主要新开工项目：南宁产业投资集团有限责任公司的医疗器械产业园项目，计划总投资 9.10 亿元，年内完成投资 1.19 亿元；广西维威制药有限公司的"葫芦娃"品牌系列药品南宁生产基地二期工程，计划总投资 2.50 亿元，年内完成投资 3200 万元；广西锦莹药业有限公司的中成药生产线及保健食品生产线建设项目，计划总投资 1.60 亿元，年内取得工程规划许可证。主要续建项目：培力（南宁）药业有限公司的 5000 吨中药配方颗粒异地改造项目，计划总投资 2.10 亿元，年内完成投资 1500 万元；南宁腾科宝迪生物科技有限公司的医用防护器械及防护用品生产项目，总投资 1.50 亿元，年内完成投资 200 万元；广西纺织服装设计研究所有限公司的北投防疫物资五象新区生产基地项目，计划总投资 1.30 亿元，年内完成投资 2300 万元；广西岚煜生物科技有限公司的主动式微流控仪器、体外诊断试剂盒研发及生产项目，计划总投资 6000 万元，年内完成投资 200 万元；恒拓集团南宁仁盛制药有限公司的新增中药材前处理车间项目技术改造工程，总投资 5800 万元，年内完成投资 362 万元。

【技术创新与产品研发】 2021 年，南宁市生物医药产业获认定自治区企业技术中心 2 家（广西巨星医疗器械有限公司技术中心、广西仙茱中药科技有限公司技术中心），获认定广西工业企业质量管理标杆项目 3 个（广西巨星医疗器械有限公司的实施 QCC 品质圈管理提质增效经验、广西白云山盈康药业有限公司的实施药品生产质量管理经验、广西仙茱中药科技有限公司的仙茱中药实施中药溯源系统经验）。遴选进入南宁市瞪羚企业培育库的企业 2 家（南宁腾科宝迪生物科技有限公司、广西康柏莱科技有限公司）。2 月，广西南宁百会药业集团有限公司的铝碳酸镁咀嚼片通过仿制药质量和疗效一致性评价，广西南宁百会药业集团有限公司成为广西第二家通过国家仿制药质量和疗效一致性评价的药品生产企业。 （刘巧稚）

铝加工业

【概　况】 2021 年，南宁市有规模以上铝加工企业 7 家，规模以上工业总产值比上年增长 10.28%；主营业务收入 61.28 亿元，增长 35.1%；利润总额 −3.44 亿元，增长 24.5%。平均用工人数 2644 人。主要产品铝材产量 26 万吨，下降 8%。主要存在龙头企业规模不够大，产业集聚带动作用不强；铝加工产业链延伸不充分、产业集群发育不足；铝制品在本地应用场景不够广泛等问题。

【项目建设与投资】 2021 年，南宁市铝加工业完成投资比上年增长 15%。主要投资项目：南南铝业股份有限公司的南南电子汽车新材料精深加工技术改造项目，总投资 21.13 亿元，年内完成投资 0.24 亿元，累计完成投资 15.27 亿元；广西南南铝加工有限公司的南宁市铝合金整体挤压壁板展平关键技术研究及产业化能力建设项目，总投资 1.3 亿元，年内完成投资 0.29 亿元，累计完成投资 0.85 亿元；广西南南铝加工有限公司的高端高精铝材首台套重大短板装备及配套建设项目，总投资 6.4 亿元，年内完成投资 1.23 亿元，累计完成投资 2.71 亿元。

【技术创新与产品研发】 2021 年，南宁市以广西南南铝加工有限公司、南南铝业股份公司为代表的铝加工企业通过与广西先进铝加工创新中心、南宁华数轻量化电动车设计院等研究机构合作开展研发创新。特材领域：完成 2024 蒙皮板装机评审，技术指标达国内领先；完成 7050 厚板装机评审；实现 6061 超厚板大型运输机的装机应用；研发新型 7N65 和 7N75 耐蚀铝合金，布局于生产应用。汽车领域：自主研发的 A6T02PM 内板产品通过丰田认证，首次在广丰项目中量产应用；6111 产品通过长安福特工程验证，具备向其电池壳、结构件配套厂供货资质；小鹏 P7 项目稳定量产，供货超 6 万套引擎盖内外板。船舶领域：X 船用 5083 工程化项目完成模型建造用板材/型材的研制和交付，并通过应用验证单位的性能考核评价；完成 DNV5383 板材扩项认证，进军澳大利亚高端船用铝合金市场。3C 泛半导体领域：2.7 毫米一体机项目开发 PTF（管式过滤）管式过滤新工艺，产品质量稳定，不良率小于等于 3%，达到国际先进水平；开发 3C 笔电、电子烟用 5XXX、6XXX 系列项目，三星、华为、荣耀、Dell（戴尔）、联想等 13 个应用项目并通过客户验证。广西南南铝加工有限公司自主研发的 6N6114 新合金通过京东方验证，505215 新合金轧制板通过半导体厂商东京电子验证。

（黄开慧）

食品工业

【概　况】 2021 年，南宁市有规模以上食品工业企业 237 家，其中农副食品加工业 140 家，食品制造业 45 家，酒、饮料和精制茶制造业 50 家，烟草制品业 2 家。规模以上食品工业企业实现工业产值比上年增长 14.36%，占全市工业总产值 23.06%，是继电子信息产业之后的第二大产业；主营业务收入 253.13 亿元，下降 13.99%；利润总额 6.76 亿元，下降 26.68%。形成以粮食加工、饲料加工、制糖、肉制品加工、乳制品制造、烘焙食品制造、饮料和精制茶制造、卷烟制造等为重点、门类较齐全的食品工业体系，并在制糖、水牛乳、茉莉花茶等领域形成一定特色优势。初步形成广西—东盟经开区和南宁经开区食品工业、宾阳县和上林县粮食加工、横州市精制茶等集聚区。主要食品工业产品产量：成品糖 86.94 万吨，下降 11.9%；乳制品 13.08 万吨，增长 28.3%；饮料 200.08 万吨，增长 9.6%；啤酒 26.96 万千升，下降 1.5%；卷烟 358.29 亿支，增长 1.4%；配混合饲料 634.01 万吨，增长 33.6%。主要存在产业低端、上下游衔接能力不强的问题。

【农副食品加工业】 2021 年，南宁市农副食品加工业规模以上工业产值比上年增长 24.2%；规模以上工业增加值增长 16.4%；主营业务收入 401.14 亿元，增长 32.4%；利润总额 14.34 亿元，增长 29.8%。主要包括谷物磨制、饲料加工、制糖、肉制品加工等，有南宁双汇食品有限公司、广西邕之泰实业有限公司、广西华兴集团有限公司、南宁糖业股份有限公司等多家农副食品加工龙头企业。

【食品制造业】 2021 年，南宁市食品制造业规模以上工业产值比上年增长 14.1%；规模以上工业增加值增长 8.7%；主营业务收入 37.76 亿元，增长 16.9%；利润总额 0.32 亿元，下降 72.9%。主要包括烘焙食品制造、乳制品、糖果、巧克力及蜜饯制造等，在水牛乳、烘焙食品等行业形成一定特色。以皇氏乳业为领军的地方特色水牛乳加工业发展迅速，皇氏乳业成为国内第四家乳品行业的A股上市公司；广西朗盛食品科技有限公司凭借产品“轩妈”蛋黄酥的优质口碑成为蛋黄酥生产头部企业。

【酒、饮料和精制茶】 2021年，南宁市酒、饮料和精制茶规模以上工业产值比上年下降12.6%；规模以上工业增加值下降8.1%；主营业务收入74.07亿元，下降8.3%；利润总额10.95亿元，下降11.6%。主要企业有分布在广西—东盟经开区的百威(南宁)啤酒有限公司、广西珠江啤酒有限公司、南宁统一企业有限公司等国内知名啤酒、饮料生产企业，横州市的广西金花茶业有限公司、广西顺来茶业有限公司、广西横县嘉盛茶业有限公司等精制茶加工企业。横州茉莉花、横州茉莉花茶为国家地理标志保护产品，蝉联广西最具价值农产品品牌。 (王雅琴)

【饲料工业】 2021年，南宁市有饲料和饲料添加剂生产企业130家(配合饲料生产企业92家、预混料生产企业15家、饲料添加剂生产企业23家)，其中产量10万吨以上24家，产量占全市总量80%；年产值亿元以上企业43家，产值占全市饲料总产值95%。全市饲料产值321.6亿元，比上年增长78.91%；从业人员5503人。饲料生产总量680.22万吨，增长29.66%。其中，配混合饲料产量655.85万吨(规模以上企业产量634.01万吨，市统计公报数据)，占总产量96.42%；浓缩饲料产量9.74万吨，占总产量1.43%；添加剂预混合饲料9.89万吨，占总产量1.89%。持续开展饲料质量安全监测，对全市饲料和饲料添加剂生产企业进行拉网式检查和粉尘防爆安全生产检查。完成饲料产品抽样监测230批次(自治区饲料安全监测任务150批次、市本级任务80批次)，抽检饲料生产企业56家132批饲料样品，养殖企业(户)77家98批饲料样品，检测结果全部合格。协助自治区开展饲料和饲料添加剂生产企业生产许可现场评审，年度评审企业20家。开展饲料和饲料添加剂生产企业安全生产检查137家次，组织检查组65个，出动执法人员238人次；发现问题60个，落实整改59个；排查隐患47个，落实整改44个，限期整改3个。 (黄立春)

【项目建设与投资】 2021年，南宁市农副食品加工业完成投资比上年增长118.4%。主要投资项目：海天调味品产业园项目总投资20亿元，年内完成投资4.05亿元，累计完成投资4.05亿元；龙光东盟生鲜食品智慧港项目总投资20亿元，年内完成投资6.13亿元，累计完成投资6.13亿元；南宁东鹏食品饮料有限公司的东鹏饮料南宁生产基地二期项目总投资2亿元，年内完成投资0.34亿元，累计完成投资0.9亿元；广西富凤肉制品加工项目总投资1.8亿元，年内完成投资0.3亿元，累计完成投资0.3亿元。年内新签约项目主要有绝味食品股份有限公司投资的年产2.5万吨卤制肉制品及副产品加工建设项目，总投资5亿元；浙江德馨食品科技股份有限公司年产3.2万吨餐饮果浆配料生产基地项目，总投资3.8亿元；农夫山泉上林生产基地建设项目，总投资6亿元。

【技术创新与产品研发】 2021年，南宁市食品工业获南宁市企业技术中心认定2家(广西粮油科学研究所有限公司技术中心、广西辽大农业科技集团股份有限公司技术中心)；获自治区企业技术中心认定1家(广西大富华农牧饲料有限公司技术中心)。认定为自治区技术创新项目：广西华兴食品集团有限公司的广西地方特色鸭肉食品深加工技术研究与产品开发，广西珠江啤酒有限公司的啤酒风味一致和稳定性研究、纯生啤酒泡沫稳定性关键技术研究，广西中烟工业有限责任公司的卷烟和滤棒硬度检测设备专用测力装置的研究与应用、烟丝化学成分物理保润作用研究及应用等26个项目。 (王雅琴)

化学工业

【概 况】 2021年，南宁市有规模以上化学工业企业149家，工业总产值比上年增长13.15%；主营业务收入181.96亿元，增长19.26%；利润总额10.72亿元，下降16.77%。主要产品产量：合成复合肥料89.99万吨，增长16.2%；塑料制品料26.19万吨，下降2.3%。主要存在企业规模小、产业基础较为薄弱，产业结构矛盾突出等问题。

【石油加工业】 2021年，南宁市有规模以上石油加工业企业6家，工业总产值比上年下降31.21%，工业增加值下降40.4%；主营业务收入7.52亿元，下降10.8%；利润总额3569万元，增长53%。平均用工人数514人。

【化学原料及化学制品制造业】 2021年，南宁市有规模以上化学原料及化学制品制造业企业94家，工业总产值比上年增长20.04%，工业增加值增长5.9%；主营业务收入140.18亿元，增长22.4%；利润总额9.15亿元，下降16.2%。平均用工人数7251人。

【橡胶和塑料制品业】 2021年，南宁市有规模以上橡胶和塑料制品业企业49家，工业总产值比上年增长3.7%，工业增加值增长4.5%；主营业务收入34.25亿元，增长2.6%；利润总额1.20亿元，下降39.8%。平均用工人数4649人。

【技术改造与投资】 2021年，南宁市化学工业中，石油加工业完成投资比上年下降43.4%，化学原料及化学制品制造业完成投资下降3.8%，橡胶和塑料制品业完成投资增长19.4%。主要投资项目：隆安县福隆化工有限责任公司的原料甲醇储存技改扩建项目，总投资0.15万元，年内完成投资0.06万元，累计完成投资0.06万元；广西南宁市丰登化工有限责任公司的造气、压缩、合成填平补齐技改项目，总投资0.60万元，开展项目建设前期工作。 (翟海霞)

建材工业

【概 况】 2021年，南宁市有规模以上建材工业企业175家，比上年下降8.02%；主营业务收入242.93亿元，下降4.42%；利润总额27.38亿元，下降23.85%。主要产品：水泥、水泥制品、平板玻璃、镀膜玻璃、玻璃纤维、砖、砂、石材、黏土矿、排水管、水泥压力管、水泥电杆、水泥枕轨、预拌混凝土、建筑陶瓷、高温耐火材料、防水卷材等。主要产品产量：水泥1551.11万吨，下降6.2%；商品混凝土2725.72万立方米，下降14.7%；平板玻璃1268万重量箱，增长1%。主要存在产业链短、新型建材少，创新能力不足等问题。

【非金属矿采选业】 2021年，南宁市有规模以上非金属矿采选业企业18家，工业总产值比上年增长3.6%，工业增加值增长6%；主营业务收入9.18亿元，增长10.4%；利润总额1342万元，增长255.14%(2020年行业利润－865万元)。平均用工人数683人。

【非金属矿物制品业】 2021年，南宁市有规模以上非金属矿物制品业企业157家，工业总产值比上年下降8.44%，工业增加值下降9.3%；主营业务收入233.75亿元，下降7.10%；利润总额27.25亿元，下降24.6%。平均用工人数1.91万人。

【项目建设与投资】 2021年，南宁市建材工业中，非金属矿采选业完成投资比上年下降 38%，非金属矿物制品业完成投资增长 69.7%。主要投资项目：广西华宏水泥股份有限公司的水泥熟料生产线异地升级改造及协同处理城市废弃物循环经济工程项目，总投资 12.86 亿元，年内完成投资 4.5 亿元，累计完成投资 5.04 亿元；华润智筑科技（南宁）有限公司（原华润水泥投资有限公司）的装配式建筑构件厂项目，总投资 10.6 亿元，年内完成投资 2 亿元，累计完成投资 2.6 亿元；南宁凯鑫新材料有限公司的横州市南乡年产 370 万立方米优质花岗岩建筑骨料项目，项目总投资 22 亿元，年内完成投资 5 亿元，累计完成投资 5.5 亿元。

【技术创新与产品研发】 2021 年，南宁市建材工业获认定自治区企业技术中心 2 个（中桂电力设备有限公司技术中心、广西良创建筑铝模科技有限公司），获认定南宁市企业技术中心 4 个（广西新广建新材料有限公司技术中心、广西中建西部建设有限公司技术中心、广西南宁维一防腐科技有限公司技术中心、广西禹杰防水防腐材料有限公司技术中心）；获认定自治区技术创新示范企业 1 个（广西中久电力科技有限责任公司），获认定自治区工业企业质量管理标杆企业 2 个［华润水泥（南宁）有限公司、广西良创建筑铝模科技有限公司］。

【水泥生产与应用】 2021 年，南宁市生产水泥 1551 万吨，比上年下降 6.2%；生产预拌混凝土 2725.72 万立方米，下降 14.7%；生产预拌砂浆 262.75 万吨，增长 23.61%。

【预拌混凝土生产企业评价】 2021 年，南宁市开展混凝土生产企业绿色生产评价，参评企业 14 家，通过考核 13 家，其中获评二星级 7 家；运行预拌混凝土生产企业信用考核评价系统，完成预拌混凝土生产企业 2021 年度信用考核评价，评定 AAA 级企业 14 家、AA 级企业 43 家、A 级企业 10 家，7 家企业不予定级。首次开展预拌砂浆生产企业绿色生产评价，参评企业 7 家，获评二星级企业 4 家，获评一星级企业 3 家。 （翟海霞）

制糖工业

【概　况】 南宁市 2020/2021 年榨季生产期自 2020 年 11 月 10 日南宁糖业股份有限公司明阳糖厂率先开榨，至 2021 年 4 月 23 日广西马山南华糖业有限责任公司最后收榨结束，历时 165 天，比上榨季长 27 天。全市有 15 家糖厂开榨生产，制糖企业开榨时间比上个榨季总体稍有提前，开榨时间主要集中在 2020 年 11 月中旬和 12 月上旬；部分制糖企业收榨时间大幅提前，2021 年 1 月下旬至 2 月初即有多家糖厂收榨。本榨季持续晴好少雨天气，甘蔗含糖分和产糖率保持相对高位，全市累计榨蔗量和产糖量比上榨季均有小幅增长。本榨季开榨前期，全市一级白砂糖平均售价保持在每吨 5200 元～5550 元，与上榨季同期相比，持续保持 6%～7.5% 的跌幅，榨季前期糖价的持续相对低位运行，抵消糖料蔗和食糖产量小幅增产对全市制糖业工业总产值和利润的拉动，糖企利润空间压缩。为增强蔗农续签订单合同意愿、巩固原有蔗源，本榨季各制糖企业蔗款兑付进度较 2019 年广西糖业机制体制改革实施前保持较快水平。9 月 14 日至 17 日，在海南省海口市召开的第 33 届全国糖业质量工作会议进行的全国食糖产品质量评比中，南宁糖业股份有限公司“明阳”牌亚硫酸法一级白砂糖再获全国第一，实现亚硫酸法类白砂糖十九连冠；广西糖业集团良圻制糖有限公司“涌泉”牌亚硫酸法一级白砂糖获全国第二，广西糖业集团廖平制糖有限公司“宝蕾”牌亚硫酸法一级白砂糖获全国第四，广西糖业集团金光制糖有限公司“三冠”牌亚硫酸法一级白砂糖获全国第八。

【糖料蔗订单农业推行】 2020/2021 年榨季为广西糖改放开蔗区蔗价、推行订单农业后的第二个生产季。南宁市通过拉横幅、发短信微信等方式加强订单农业和法制宣传教育，完成糖料蔗订单合同签订及从制糖企业到乡镇政府再到县（市、区）、开发区糖业主管部门的三级备案等基础工作。全市签订糖料蔗订单合同 6.7 万份，核准备案糖料蔗订单合同 6.68 万份，核准备案合同份数占签订合同份数 99.63%，符合备案条件的订单合同备案率 100%。

【糖料蔗生产】 2020/2021 年榨季，南宁市蔗区分布在 12 个县（市、区）、南宁经开区、广西—东盟经开区等地近 100 个乡镇和农场，其中武鸣区、江南区、横州市、宾阳县、隆安县列入自治区 500 万亩“双高”（产量高、含糖量高）糖料蔗核心基地县（市、区）名单。全市糖料蔗种植面积 10.30 万公顷，比上榨季减少 5706 公顷，下降 5.25%；进厂糖料蔗 720.99 万吨，增加 32.74 万吨，增长 4.76%；平均单产每公顷 70 吨，增加 6.7 吨，增长 10.66%；甘蔗平均含糖份 14.47%，降低 0.52 个百分点，下降 3.47%。全市甘蔗进厂单位成本每吨 551.68 元，每吨减少 13.48 元，下降 2.39%；平均甘蔗价款每吨 513.77 元，每吨减少 1.12 元，下降 0.22%。糖料蔗主要品种：新台糖 22 号、新台糖 25 号、桂糖 29 号、桂糖 42 号、桂糖 46 号、桂柳 05136 号、粤糖 93/159、粤糖 94/128、粤糖 00-236 等。

【制糖企业生产经营】 2020/2021 年榨季，南宁市有 15 家糖厂开榨生产，实际日榨蔗能力 9.01 万吨，比上榨季增加 0.15 万吨，增长 1.69%；糖业产业链主要产品有白砂糖、红糖、赤砂糖、药用糖、蔗渣浆、机制纸、环保纸模、卫生防疫用品、复合肥等，其中机制糖产量 923.91 万吨，增加 13.83 万吨，增长 1.52%；全市白砂糖含税平均售价每吨 5406.53 元，每吨降低 211.72 元，下降 3.77%；实现工业总产值（现价）46.62 亿元，减少 0.95 亿元，下降 2%；实现工业增加值 12.12 亿元，增加 0.49 亿元，增长 4.21%；完成销售产值（现价）49.80 亿元，减少 0.57 亿元，下降 1.13%；实现利税总额 1.38 亿元，增加 0.69 亿元，增长 100%；万吨蔗税利 19.11 万元，增加 9.03 万元，增长 89.58%；实现利润总额 223.83 万元，较上榨季的 -6716.03 万元增加 6939.86 万元。4 月 18 日，广西洋浦南华糖业集团股份有限公司对下属的隆安县辖区内南圩、那桐 2 家糖厂进行内部产能整合，隆安南华糖业有限责任公司那桐糖厂自 2021/2022 年榨季停产，将那桐糖厂资源集中至隆安南华糖业有限责任公司南圩糖厂统一生产经营，提高集团产能利用率，降低生产成本。

【项目建设与投资】 2021 年，南宁市制糖工业主要技术改造项目：广西侨旺纸模制品股份有限公司的新建年产 10 万吨蔗渣浆环保纸模制品项目（一期）第一阶段年产 1 万吨项目，总投资 1.77 亿元；广西糖业集团廖平制糖有限公司的白砂糖提质增效和全自动智能装包码垛系统升级改造项目，总投资 1300.43 万元；广西糖业集团良圻制糖有限公司的节能降耗技术升级建设项目，总投资 1300 万元；广西糖业集团金光制糖有限公司的自动卸蔗平台及制糖能效提升改造项目，总投资 1200 万元；南宁糖业宾阳大桥制糖有限责任公司的糖厂设备安全及高耗能设备升级改造项目，总投资 705.19 万元；广西马山南华糖业有限责任公司的生产线综合技术改造项目，总投资 508.26 万元。其中，广西糖业集团良圻制糖有限公司的节能降耗技术升级建设项目、广西糖业集团廖平制糖有限公司的白砂糖提质增效和全自动智能装包码垛系统升级改造项目、广西糖业集团金光制糖有限公司的自动卸蔗平台及制糖能效提升改造项目分别获 2021 年自治区糖业发展专项补助资金 149 万元、138 万元、130 万元。

【技术创新与产品研发】 2021年，南宁市制糖工业技术创新和产品开发主要项目：数字广西集团有限公司的涉糖农业大数据智能服务平台项目，总投资2064万元；广西金苗生态农业科技有限公司的年产2万吨蔗叶高效能有机肥项目，总投资1227万元；广西泛糖科技有限公司的糖业销售储运一体化服务平台项目，总投资1000万元；南宁糖业股份有限公司伶俐糖厂的产品多样化及关键设备安全改造项目，总投资663万元。有自治区级企业技术中心2家(南宁糖业股份有限公司技术中心、广西农垦糖业集团良圻制糖有限公司技术中心)，广西博士后创新实践基地1家(南宁糖业股份有限公司)。

【打击蔗区违规收购糖料蔗违建地磅专项行动】 2021年1月中旬至2月中旬，南宁市实施打击蔗区违规收购糖料蔗违建地磅专项行动，主要打击2020/2021年榨季为违规抢购南宁市制糖企业订单合同糖料蔗的其他糖厂、蔗贩子等提供服务，破坏南宁市糖料蔗购销市场公平、正常经营秩序的南宁市辖区内的违建地磅等。宾阳县、邕宁区等区县政府成立专项行动领导机构，组建由乡镇政府、应急、自然资源、市场监管、公安、交通运输、糖业、农业农村等部门组成的联合执法队伍，对辖区内违反国家相关法律法规，未办理相关经营手续、未经用地审批许可、未经计量合格检定等，非法占用农用地、损害路产路权等，非法设置且经整治告诫后拒不自行拆除的违建地磅及附着建筑物进行清理拆除，规范订单农业实施主体市场行为，维护全市糖料蔗购销市场秩序和蔗区社会稳定。宾阳县组织开展打击违建地磅专项行动7次，出动700多人次，捣毁地磅基础30处，没收违建地磅17台；邕宁区开展打击违建地磅专项行动4次，出动约500人次，捣毁违建地磅11台。

(唐亚亚)

表6　2020/2021年榨季南宁市制糖企业主要经济指标情况统计表

企业名称	工业总产值(现价)(万元)	销售产值(现价)(万元)	工业增加值(现价)(万元)
南宁糖业股份有限公司明阳糖厂	64028.56	79112.68	43744.12
南宁糖业股份有限公司伶俐糖厂	48204.20	56797.90	9584.50
南宁糖业股份有限公司东江糖厂	20512.00	19917.00	−4990.00
南宁糖业股份有限公司香山糖厂	33867.00	34611.00	−3722.00
南宁糖业宾阳大桥制糖有限责任公司	65225.10	63377.60	14793.90
广西糖业集团金光制糖有限公司	33852.00	41316.00	11913.00
广西糖业集团良圻制糖有限公司	32183.08	32432.88	11264.08
广西糖业集团廖平制糖有限公司	39007.89	42190.74	12619.84
隆安南华糖业有限责任公司(含南圩糖厂、那桐糖厂)	24025.40	24079.58	2363.80
上林南华糖业有限责任公司	18588.47	18990.74	804.79
广西马山南华糖业有限责任公司	13926.02	12346.13	7203.00
广西南宁东糖新凯糖业有限公司	22365.37	22365.37	5861.26
横县东糖石塘糖业有限公司	32407.29	32407.29	8317.98
南宁良庆东糖糖业有限公司	18016.40	18016.40	1424.33

(唐亚亚)

卷烟工业

【概　况】 2021年，南宁市烟草制品业规模以上工业产值比上年增长9.7%；规模以上工业增加值增长10.2%；主营业务收入136.63亿元，增长8.3%；利润总额7.98亿元，下降8.9%。广西中烟工业有限责任公司(简称“广西中烟公司”)有南宁卷烟厂、柳州卷烟厂2家不具有独立法人资格的卷烟生产厂，从业人员2871人。有广西中烟天成投资管理有限责任公司、广西真龙物流有限责任公司等9家全资、控股公司。主要经济指标稳定向好，通过构建管理、业务、财务一体化融合新格局，实现提质增效1.07亿元。总资产234.55亿元，其中固定资产(净值)36.1亿元，流动资产163.33亿元；资产负债率35.54%。全年捐款1479.86万元，用于支持乡村振兴、资助教育事业、支援西藏建设等活动。

(王雅琴　陶海游)

【生产保障】 2021年，广西中烟公司推进智能制造，切分出11个智能制造项目和应用场景，规划智能制造五年实施路径。推进卷烟厂CPS(信息物理系统)数据资源规划，为设备数字化改造、工厂数采上云、数据中台建设明确实施阶段和路径。完成加热不燃烧卷烟生产设备的技术引入及安装调试等，实现加热不燃烧卷烟在公司的自动化生产。补齐滤棒成型设备的短板，完成南宁卷烟厂三组细支滤棒成型设备验收投产。柳州卷烟厂KDF6滤棒成型机和KDF 5MF复合滤棒成型机进厂。广西中烟公司《基于二维码的智能制造管控与供产销全链路追溯关键技术研发及应用》获广西科技进步二等奖，获选广西大数据与工业深度融合的重点示范项目。完成供应链平台原料保障模块和原料管理信息系统优化开发，从数据来源和业务信息化上支撑数字原料管理。初步构建“智慧烟叶”精准管理平台，在重庆奉节和广西百色烟叶基地进行数字转型探索和应用试点，提升基地烟叶种植、烘烤、收购的数字化智能化水平。持续改进广西K326烟叶种植技术，修订K326烟叶生产技术方案，优化施肥、专业化烘烤等技术指标，不断改善广西烟叶品质，广西烟叶历史性进入“真龙”品牌一类烟配方。

【品牌建设】 2021年，广西中烟公司启动卷烟产品数字化设计与维护数据库建设，推进卷烟产品设计数据融合与智能模型关键技术研究。完成“真龙(海韵中支、甲天下中支)”新品开发上市；完成“真龙(三月三)”新品开发并获准产批复，开展“真龙(刘三姐中支)”开发并进行准产申报；完成“真龙(海韵、佳韵、起源、鸿韵、轩云、状元、祥云、致青春、中支凌云、海韵细支、刘三姐、美人香草、凌云)”13个产品提质。制定《加热卷烟发展三年方案(2021—2023年)》，构建形成加热卷烟自主研发生产全流程产业化体系。开展“真龙”品牌“净香”品类营销体系构建，推动品牌风格特色更加鲜明。生产“真龙”品牌卷烟(含出口，不含加热不燃烧卷烟)576.93亿支(115.39万箱)，比上年同期增长9.79%；暂停生产“甲天下”品牌卷烟。销售“真龙”品牌卷烟(含出口，不含加热不燃烧卷烟)565.77亿支(113.15万箱)，增长7.74%。广西中烟公司合作生产卷烟总量139.50亿支(27.90万箱)，其中合作生产江苏中烟“南京”品牌58.40亿支(11.68万箱)、浙江中烟“利群”品牌66.10亿支(13.22万箱)、广东中烟“双喜”品牌15亿支(3万箱)。

【技术创新】 2021年，广西中烟公司实施科技计划项目226项，其中省部级项目50项。推进中国烟草总公司科技项目“制丝过程区域工况环境调控技术研究”实施，2个示范区投入工况应用。加强重点异味源管控，实现叶片加料区域负压“气密间”试运行。完成“匠心I号颗粒”“山萘酊I”“山黄皮精粹液”“陈皮精华液”等多项自主创新成果开发应用，1项成果通过2021年度广西科学技术进步奖形式审查。累计完成105种功能性香基模块的辨识，辨识率60.6%；完成66种核心功能性香基模块的仿香替代，替代率59.5%；完成9种单体特色香原料和8种重要共性功能性香基的自主开发；香精香料自主掌控比例由2019年的9.80%提高至2021年的43.43%。举办“新时代·真龙”小微创新大赛，参赛作品获2021年中国创新方法大赛全国总决赛三等奖1项，广西区域赛决赛一等奖1项、二等奖2项。通过2021年度知识产权管理体系认证审核，获授权专利104件，其中发明专利12件；累计获有效专利582件，其中发明专利164件。

【交流与合作】 2021年，广西中烟公司加强渠道管理和品牌培育，推进“真龙”品牌国际市场拓展。“真龙”品牌出口总销量9350万支，实现出口总值366.08万美元，出口收入2346.45万元。出口目的国(地区)扩大到10个。完成“CTOMZL(原味)”加热卷烟开发与出口上市，实现出口塞浦路斯、俄罗斯等6个国家和地区1000件。启动申请TPD(Tobacco Products Directive)(烟草产品指令)相关认证，为“CTOMZL(原味)”打开新的海外市场做好准备。

【南宁卷烟厂生产】 2021年，南宁卷烟厂有从业人员888人，生产的卷烟品牌有“真龙”“利群”。生产“真龙”品牌292.19亿支(58.44万箱)，比上年同期增长3.10%，其中一类烟86.14亿支(17.23万箱)、二类烟97.51亿支(19.50万箱)、三类烟108.54亿支(21.71万箱)、五类烟28万支(5.60箱)。(未生产四类烟)万支卷烟生产综合能耗2.14千克标准煤。

(陶海游)

2021年10月12日，广西中烟南宁卷烟厂制丝车间电工利用自主研制的气动实验平台开展实训

郑光兴提供

电 力

发 电

【概 况】 2021年，南宁境内有水力发电厂5个(桂冠电力西津水力发电厂、桂冠电力百龙滩电厂、南宁市邕宁水利枢纽牛湾电厂、桂冠电力金鸡滩水力发电厂、广西郁江老口航运枢纽宋村电厂)，发电量26.81亿千瓦时；规模以上工业企业风力发电量17.66亿千瓦时；火力发电厂1个(国能南宁发电有限公司南宁电厂)，发电量74.29亿千瓦时。部分县(市、区)分布有小水电站，其中，横州市有农村小水电站8座，发电量246.45万千瓦时；上林县有小水电站18座，发电量1852万千瓦时；武鸣区有水电站22座，发电量2797.4万千瓦时。全市规模以上工业企业生物质发电量4.80亿千瓦时，增长14%；水力发电量19.66亿千瓦时，减少12.9%；太阳能发电量3.57亿千瓦时，增长63.5%；风力发电量17.66亿千瓦时，增长89.9%；燃气发电量1.89亿千瓦时，减少18.7%；垃圾焚烧发电量3.15亿千瓦时，增长2.7%。

【水力发电】 2021年，南宁境内5个水力发电厂发电量26.81亿千瓦时。桂冠电力西津水力发电厂(横县江南发电有限公司)装机4台、总容量244.7兆瓦，兼航运、防洪、灌溉等功能；对外输出线7回，其中220千伏3回(送西横一线、西横二线、西燕线)，110千伏4回(送西谢茉线、西海线、西海良线、西新线)；完成发电量8.82亿千瓦时，电费回收率100%。桂冠电力百龙滩电厂装机6台、总容量192兆瓦；对外输出线4回，其中220千伏3回(送乐滩变电站、响泉变电站、贡模变电站)，110千伏1回(送都安变电站)；完成发电量8.28亿千瓦时。南宁市邕宁水利枢纽牛湾电厂装机6台，总装机容量57.6兆瓦；对外输出线110千伏1回(送电亮变电站)；完成发电量2.81亿千瓦时。桂冠电力金鸡滩水力发电厂装机3台、总容量72兆瓦；对外输出线110千伏2回(送南方电网隆安变电站)；完成发电量2.56亿千瓦时。广西郁江老口航运枢纽宋村电厂装机5台、总容量150兆瓦；对外输出线110千伏2回(送石西变电站)；完成发电量4.34亿千瓦时。

【风力发电】 2021年，南宁境内有横州市六景镇霞义山、武鸣安凤岭、宾阳马王、宾阳双桥、宾阳双桥门头岭、宾阳高山岭、马山协和杨圩、马山苏仪、马山状元、西乡塘安吉10个风电场。规模以上工业企业风力发电量17.66亿千瓦时。横州市六景镇霞义山风电场是广西龙源风力发电有限公司在广西投产运营的首个风电场,装机容量95.5兆瓦,接入南方电网;年内发电量2.5亿千瓦时,完成回收电费补贴2039.4万元。武鸣安凤岭风电场一期,装机容量50兆瓦,年内发电量1.19亿千瓦时,产值7239万元。广西大唐桂冠新能源有限公司宾阳马王风电场,装机容量30万千瓦,投入运营装机容量20万千瓦,年内发电量5.53亿千瓦时。国家电投广西宾阳新能源发电有限责任公司双桥风电场和宾阳双桥门头岭风电场(2020年11月开工,2021年11月竣工)共安装54台单机容量2000千瓦风电机组,总投资8.7亿元,装机容量100.8兆瓦,发电量2.53亿千瓦时,年上网电量2.51亿千瓦时。广西汇风风力发电有限公司宾阳高山岭分散式风电项目投产,总投资2.9亿元,装机容量30兆瓦,年上网电量6998万千瓦时。中国华电集团公司马山协和杨圩风电场,装机容量40.90兆瓦,电能送马山变电站。华电广西能源有限公司马山苏仪风电场,装机容量60兆瓦,接入南方电网。中国电力建设集团马山状元风电场,装机容量70兆瓦,接入南方电网。华润电力西乡塘安吉风电场,12月首期4台机组全部并网发电。

(市统计局　广西桂冠电力股份有限公司　南宁交通资产管理有限责任公司　横州市志办　上林县志办　武鸣区志办　宾阳县志办　市方志办)

【火力发电】 2021年,南宁境内有火力发电厂1个(国能南宁发电有限公司南宁电厂),为南方电网"西电东送"主网架提供电源支撑,为南宁六景工业园区提供优质热源和工业水源。装机容量3320兆瓦,全年发电量74.29亿千瓦时,比上年增长31.75%,主营业务收入27.25亿元,纳税7655万元,供热在网用户24家;累计完成发电量472亿千瓦时,累计售热量1043万吉焦,主营业务收入超过176.5亿元,纳税10.2亿元。全年未发生人身、涉网、重大设备和环境污染等事故,机组连续安全生产3653天。　(高惠玲)

【光伏发电】 2021年,南宁境内光伏发电分布在横州市、上林县、武鸣区、宾阳县。规模以上工业企业光伏发电量3.57亿千瓦时,增长63.5%。横州市有分布式光伏发电用户465户,光伏发电并网装机容量2970千瓦,年利用小时数28.98万小时,年发电量356.89万千瓦时。上林县有光伏发电站(点)252个,上网电量479.18万千瓦时。广西浩德新能源有限公司的武鸣区宁武镇50兆瓦农业光伏电站,发电量7057.06万千瓦时,产值6120万元。宾阳县古辣100兆瓦渔光互补光伏发电综合利用项目,装机容量100兆瓦,总投资约5亿元,12月投产,年上网电量1.13亿千瓦时。

(市统计局　横州市志办　上林县志办　武鸣区志办　市方志办)

供　电

【概　况】 2021年,广西电网有限责任公司南宁供电局(简称"南宁供电局")直属机构有电力调度控制中心、输电管理所、变电管理一所、变电管理二所、供电服务中心、计量中心、信息中心、供应链服务中心、综合服务中心(离退中心)、青秀供电分局、兴宁供电分局、城西供电分局、江南供电分局、五象供电分局。有员工2258人(劳动合同制员工2203人、劳务派遣制员工55人)。其中,管理类人员222人、专业技术类员工346人、技能类员工1635人、辅助类员工55人,技术专家66人、技能专家136人。售电量完成274.80亿千瓦时,比上年增长13.17%;营业收入139.14亿元,增长17.96%;当年电费回收率100%;综合线损率3.67%,下降0.43个百分点;有客户342万户,新增客户23.25万户;客户装见容量4655.82万千伏安。南宁供电局售电结构以居民为主,居民占36.27%,趸售占0.45%,大工业占28.54%,一般工商业占30.11%,农业占4.64%。新增交易用户216家,交易电量60.35亿千瓦时,增长14.98%,增加电量7.09亿千瓦时,节约企业成本为3亿元。南宁市全社会用电量295.95亿千瓦时,其中第一产业10.84亿千瓦时、第二产业100.08亿千瓦时、第三产业94.46亿千瓦时,城乡居民生活用电90.57亿千瓦时,占全社会用电量比重分别为3.66%、33.82%、31.92%、30.60%。在第二产业中,工业用电92.86亿千瓦时,新增工业用电9.09亿千瓦时,增长10.85%。完成固定资产投资23.23亿元(基建项目投资19.47亿元)。新投产35千伏及以上新建变电站8座[220千伏利华(玉洞)送变电工程、110千伏桃李(新埠)送变电工程、110千伏凯旋(小村)送变电工程、110千伏慧成(顶花)送变电工程、110千伏元吉(方村)送变电工程、110千伏义龙(双定)送变电工程、35千伏桥村口送变电工程、35千伏平马站送变电工程];扩建35千伏及以上变电站4座(220千伏横县变电站扩建工程、110千伏歌海变电站扩建工程、35千伏甘棠站扩建工程、35千伏灵马站增容工程),总容量1150.3万千伏安;年内新增110千伏及以上线路119.09千米,35千伏及10千伏公用线路61.4千米。南宁供电局管辖变电站238座,其中500千伏变电站2座(邕州、金陵),220千伏变电站23座,110千伏变电站90座(含移动变电站1座),35千伏变电站123座(含移动变电站1座)。变压器总数422台,整体容量22640兆伏安。其中,500千伏主变压器6台,220千伏主变压器48台,110千伏主变压器158台,35千伏主变压器210台。有500千伏架空线路7条539.51千米,220千伏架空线路95条2816.67千米,110千伏架空线路229条2512千米,35千伏架空线路306条3362.25千米。110千伏～500千伏架空线路331条5867.32千米,长度比上年增长8.12%。220千伏线路增长4.21%,110千伏线路增长16.64%,35千伏线路增长7.21%。南宁网区形成以500千伏南宁、金陵、邕州变电站(含超高压公司资产)为电源点,220千伏电网形成双回链式(环网)、110千伏电

2021年,宾阳马王风电场　潘翔振提供

网在市区“双侧电源双T”结构、县域双侧(单侧)电源线为主的网络。南宁供电局成为中国西部首家通过ISO 55000体系审核的供电局。

【电网规划】 2021年,南宁市结合全市国土空间规划最新布局,统筹编制南宁市十四五电网规划及饱和年目标网架方案,将变电站选址及线路走廊等需求纳入南宁市国土空间规划及城市控制性详细规划,完成《南宁市电力专项规划修编(2020—2035年)》中间成果编制。开展南宁市“十四五”配电网规划修编;完成“十四五”农村电网规划编制。

【电网建设】 2021年,南宁供电局基建项目投资19.47亿元(主网17.57亿元、配农网1.90亿元、小型基建3973万元)。推进改革三年行动,开展供电可靠性“保领先、补短板、强弱项”专项行动,完成横州市、武鸣区、马山县、上林县及新电力良庆公司输变电业务集约。完善良庆供电公司3座变电站的通信自动化基础支撑;采用对口支援的方式配齐安全生产工器具;安排班组骨干20余人次进行驻点帮扶。完成重点项目110千伏义龙送变电工程和紧急项目110千伏石润线路改造;110千伏八鲤变电站工程、110千伏凯旋(小村)送变电工程获评中国南方电网有限责任公司2021年度优质工程。110千伏歌海扩建等项目实现“零缺陷”移交,110千伏凯旋变电站工程交接验收一次通过率100%,实现首个变电站工程“零缺陷”投产。新投产的110千伏义龙站为南宁供电局首个应用V2.1标准设计的数字化变电站;在220千伏利华站、远洋站率先应用预制光缆技术;220千伏创新站,110千伏彩虹、尚湖率先开展智能变电站试点建设,全面应用各类在线监测智能设备。4个QC(质量控制)成果获中国南方电网有限责任公司2020年度基建优秀QC成果奖(一等奖1个、二等奖1个、三等奖2个)。为西乡塘区双定镇“村集体扶贫项目”解决长期困扰经营发展的用电难问题;加快对高峰林场平埔分厂原10千伏支线接收改造,解决长期以来因线路老旧导致的用电瓶颈和可靠性不高等问题。推动电网数字化转型。开展架空及混合线路配电自动化开关全覆盖,同时推动配电网络升级,城市区域率先在五象新区总部基地、体育片区等城市核心区试点开展“网格化+主干配+智能分布式+智慧运维”高可靠配电线路建设,完成配电自动化专项改造项目336项,达成架空及混合线路配电自动化开关覆盖率100%,架空线路配电自动化开关有效覆盖65%,自愈覆盖率25%的目标;在青秀区初步实现电缆线路集中控制式配电自动化自愈功能,五象新区总部基地率先实现配电自动化有效覆盖和自愈率“双百”。推动开展智能配电V3.0改造升级,完成第一批智能配电V3.0改造项目建设,用户平均停电时间控制在6.5小时以内,环网化率87%,可转供率75%,D类(农村区域)以上供电半径合格率83.33%。出台《南宁供电局农村电网巩固提升专项行动方案》,实施农村电网巩固提升工程,完成农村电网工程投资5.34亿元,建成投运35千伏及以上农网项目11项,10千伏及以下农网项目601项,改造和治理重过载、低电压台区192个,10大类16个电网运行指标均达成年度目标。试点开展推动内控合规与基建管理业务深度融合,编制发布《南宁供电局电网建设合规工作手册》,建立电网基建项目合规管理长效工作机制。设置关键节点(开工前、竣工验收前)的前置条件审核,推动合规管理与业务、岗位融合。所有开工变电站项目均取得建筑工程施工许可证。

【供电服务】 2021年,南宁市在广西率先印发《做好有序用电保障生活生产正常秩序的紧急通知》《关于进一步规范企业有序用电执行纪律的通知》规范用电文件;成立南宁市能源电力保供指挥部,联动研究推出鼓励工业企业自备燃油发电机、错避峰生产补贴以及加强宣传引导等工作措施,通过政企联合抓好错避峰执行检查,提高南宁市平均用电指标近20万千瓦。南宁供电局完成中国共产党成立100周年、国家主要领导人视察广西、第18届东博会等重大活动保供电,完成特级保供电3项、一级保供电5项,二级保供电117项。在南方电网系统首次展示“一案一图五表”(场所供电保障方案、场所“一张图”、场所清册、设备清册、活动清册、保供电装备清册、值班值守清册)保供电典型框架,在云南昆明COP15(联合国《生物多样性公约》缔约方大会第十五次会议)特级保供电中推广应用。第三方客户满意度84分,比上年提高1分,完成考核值;客户投诉率每百万户338.88次,下降39.68%;12398全国电力监管投诉8件,减少17件,降低68%;综合电压合格率99.75%,提高0.11个百分点;客户年平均停电时间每户6.2小时,下降28.7%。综合电压合格率99.752%,提高0.12百分点。城区“1小时”区域“零户时”审批实现全覆盖。全年优化停电施工方案238份,“1小时”区域平均停电时间0.356小时,下降42%。开展不停电作业4298次,不停电作业率72.7%,减少客户平均停电时间7.24小时。配电自动化有效覆盖率58%,提升110%,新投入实用化线路500回、新增自愈线路500回,配电自动化线路动作正确率98.84%,减少客户平均停电时间1.66小时。调整196个台区低压负荷、360个台区变压器梯级轮换,重过载下降90.8%。压减办电时间,零散居民、低压非居民、高压单电源全流程接电用时分别为1.2个工作日、2个工作日、22.2天。“临电共享”租赁模式纳入南宁市“拿地即开工”审批制度改革举措向全市工程项目进行推广。完善“南网在线”办电功能,实现“证照共享”“刷脸办电”;“爱南宁APP”实现“用电日历”“停电地图”等功能自助查询,让客户办电从“两证办理”到“零证办理”,实现“客户一次都不跑”。落实国家电费减免、市场交易及业扩延伸等政策,累计为客户节约用电成本13.95亿元;打造“获得电力”示范区,与南宁高新区签订《优化营商环境打造绿色低碳现代化电网合作协议》,打造五象总部基地、青秀凤岭核心区2个高可靠性智能电网示范区,客户平均停电时间均不超过15分钟。推动青秀、南国街、大沙田营业厅转型升级,打造青秀营业厅成为广西首个智慧营业厅。组织培训班20余场次,开展“南网在线”大讲堂等现代供电服务理念和服务技能培训,提升服务水平。通过推出“基础+增值”服务产品或多种增值服务产品组合营销,以工业园区、开发区为目标对象,量身定制为客户提供集分布式光伏、储能、设备代维、电能保、充电桩等增值服务套餐,将增值服务产品以套餐形式向用户推广。完成4.3万户工业及专变客户的走访,总体满意率88%。完成合众新能源、南宁国际旅游度假区、中国—东盟数字经济产业园、五象投资大数据产业基地等8个重大项目临时用电接电,以及南宁地铁五号线110千伏仁和站并网投运等任务。开展那桐受限片区项目规划、立项;持续治理存量重过载、低电压台区,投产项目156个。

【用电计量(费控)管理】 2021年,南宁供电局将有序用电管理辨识为市场营销领域高风险业务纳入《纪律风险辨识与防范清单》,编制有序用电管理监督检查作业指导书。通过监督检查,发现业务差错34个,督促落实整改31个,未完成整改单位纳入《监督检查发现问题任务表》进行闭环管控。对新电力良庆公司自动化抄表,新营销、新计量系统切割工作开展帮扶提升,安排驻点负责人2人、帮扶人员120余人,调拨载波模块、抄表终端等设备近3000个;良庆公司专变自动抄表率从原来50.12%提升至100%,集抄自动抄表率由原来 78.13% 提升至 96.32%(未改造的表计除外)。

【电费电价管理】 2021 年,南宁供电局采取人员访谈、查询系统、抽查台账、现场检查等形式稽核专变用户计费档案 380 户,对良庆公司专变客户电价电费执行情况梳理出电费计收问题客户 68 户,整改完成率 100%。组织开展电费回收攻坚,催收当年存量 3594 户欠费 136 万元;协助良庆公司率先开通新电力集团内远程费控业务,提升电费回收措施。

【营销稽查】 2021 年,南宁供电局完成 400 余户专用变压器、公用变压器的现场核查及 325 户专变用户供用电合同签订。完成 3.2 万户集抄现场逐户核查及调试,发现计量档案不规范等业务问题 1323 个,整改完成率 100%。发挥"稽查 + 电费"联动核查参考表计费异常、违规冲正退补合计 485 户。审核单据 3.17 万份,退回不规范单据 1016 份,严防虚假结算。组织开展专项稽核,重点稽核资金安全、工程财务、成本费用管理等 8 个方面,发现问题 7 个,持续落实整改问题 5 个。

【安全生产】 2021 年,南宁供电局开展安全隐患大起底、大排查、大整治,排查各类隐患 1069 项,对重要变电站周边漂浮物、网络信息跨区互联、低压裸导线跨越人员密集区等 54 项达到Ⅲ级及以上隐患挂牌督办,全部完成整改。抓好 220 千伏淳洲站 12 个 220 千伏间隔开关防拒动、4 处 220 千伏交叉跨越点、3 个同走廊线路区段等关键及重要设备的差异化运维。完成 7 台贵州长征公司 ZVM 型真空有载调压开关切换芯子更换、2 台运行 15 年主变压器加固大修。建立南宁供电局事故案例库,发布《南宁供电局工程验收质量通病手册》,规避设备质量通病问题在竣工验收阶段发生。开展安全生产专项整治三年行动,完成工作措施 174 项。开展年度专业重点工作和改革三年行动,完成安监专业年度重点 239 项,完成改革三年行动 7 项任务,完成新电力良庆公司安全巡查,推动新电力良庆公司安全风险管理体系实用化建设 48 项工作措施落地。编写"十四五"规划安全监督领域方案内容,编制"打造本质安全型企业""智慧保电示范样板""安全隐患治理攻坚提升"专项工作方案。发布年度人身风险防控方案,识别出基准人身安全风险 13 项,提出 6 个方面举措 30 项关键任务,完成控制措施 131 项。制定现场作业风险管控指引及场景式持续作业风险评估方法、班组作业饱和度评估方法、作业风险分级管控策略。组织生技、市场、基建等专业部门制定各专业"1+N"现场管控标准;将新电力良庆公司、万邕集团作业监控提级至市局作业监控中心管控,实现南宁网区作业监督全覆盖;全年开展现场监督 1.03 万次,查处违章 1220 起,比上年上升 13.8%;各单位、专业部门主动查处并暴露违章 732 起,增加 15%。完成 21 个专业 3887 人的"保命"技能"静态"培训评价。每季度开展"保命"技能"动态"评价,将"保命"技能应用纳入现场安全督查中。开展"9·21"安全警示教育日活动,进行大反思大讨论、安全宣誓、安全寄语征集、"安规应知应会"考试。建立问题协调、督办、通报、考核机制,销号整改巡查问题 1394 个,完成安全生产管理系统提升 60 项。建立"班组—车间—归口部门"三级审核制度。完成安全生产风险管理体系提升措施 65 项和安全生产风险管理体系"五钻"复审。未发生四级及以上人身、电力安全及设备事故事件;发生五级电力安全事件 6 起,下降 55%;安全生产风险管理体系评级五钻一星,评价 95.03 分。

2021 年 11 月 4 日,工作人员在隆安县火龙果种植园开展农村智能电网建设

肖军　摄

【智能化与数字化转型】 2021 年,南宁供电局推进数字化转型,优化完善智慧输电线路建设方案,推进实施南方电网重点科技项目 3 个;推进 220 千伏碧竹站智能化改造项目建设,开展电缆在线监测数据集成展示的测试。完成主变压器有载分接开关运行状态监测、GIS(地理信息系统)在线监测、刀闸状态远方"双确认"等申报计划 10 项。开展数据质量提升促管理和业务变革专项行动,对信息系统实用化与数据治理全部指标按日实施常态化监控,缩短问题数据的处理周期。打造"数字 + 供电所"示范品牌,以蒲庙、三里供电所作为试点,实现标杆指标管理、线损管理、台区管理等数据监测分析。开展调度应急辅助应用建设,完成风险等级自动评估、电网应急处置方案、电网运行数据展示等功能,采用信息化、智能化手段实现电网风险的提前辨识,辅助调度应急处置决策,预防重大电网事故发生。基于南网智瞰和数据中心,解决对抢修作业人员定位、线路隐患、计划、工作票等业务的地图监控问题。完成保供电线路风险措施单自动填报、计量系统专变负载率自动查询等 118 个 RPA(机器人流程自动化)程序开发。

(李沅洺)

编辑　梁　坤

建筑业 房地产业

综 述

【概　况】 2021年，南宁市新增入库（统计库）具有资质等级建筑业企业48家，累计545家。建筑业总产值2647.71亿元，比上年增长18.3%。建设工程项目获2020—2021年度中国建设工程鲁班奖（国家优质工程）5个：广西建工大厦1号楼、2号楼工程，南宁市轨道交通3号线一期工程（科园大道—平乐大道），广西大学君武文化艺术教育中心项目，邕江综合整治和开发利用景观及亮化工程（北岸清川大桥—五象大桥段），交投大厦。获国家优质工程奖17个：500千伏金陵变电站工程，南宁市城市东西向快速路工程西段（清川大道—北湖南路），南宁市邕江综合整治和开发利用工程（北岸：邕江滨水公园东侧—三岸大桥），南宁市邕江综合整治和开发利用工程（南岸：五象大道北兴斌沙场—三岸大桥），南宁市凤凰岭—高速环路立交桥工程，南宁园博园项目，邕江综合整治沿岸灯光亮化工程1标、2标及邕江综合整治和开发利用提升工程（北岸：邕江精品示范段），南宁市沙井—南站立交工程，荔园饭店，南宁综合保税区商务中心1号、2号楼，隆安县人民医院门诊急诊医技综合楼，广西农业科学院科研实验大楼，广西东盟信息交流中心一期建设项目，昊壮·一品尊府居住小区四期工程，太平金融大厦，广西大学文科教学大楼，广西国际壮医医院一期工程。获广西建设工程"真武阁"杯奖（最高质量奖）95个，自治区建设工程施工安全文明标准化示范工地7个，自治区建设工程施工安全文明标准化工地72个，自治区装配式建筑示范基地2个。房地产开发投资1359.95亿元，下降1.3%；商品房销售面积1494.08万平方米，下降18.7%；房产税入库18.30亿元，增长39.40%。房地产市场平稳运行，存量房成交量连续两年下降，市区房地产市场整体呈下行趋势。

（市统计局　市方志办）

【建筑市场管理】 2021年，南宁市培育广西巨亮幕墙装饰工程有限公司等19家中小建筑企业加入建筑业统计库，新增入库具有资质等级建筑业企业48家。继续实施以信用评价为手段的新型建筑市场监管模式，收集企业信用行为信息2850条。其中，守信行为2405条、失信行为445条。市本级退还农民工工资保证金3942笔，金额17.33亿元，剩余保证金2.35亿元及结存利息1.83亿元上缴国库，专用账户动态清零；退还建筑安装工程劳动保险费3.43亿元，完成年初结存总量81.15%。

【房地产市场监管】 2021年，南宁市住房和城乡建设局（简称"市住建局"）建立南宁市房屋市场发展中心（简称"市房屋发展中心"）统筹、中心科室管理、网格员终端巡查的网格化房屋市场管理工作体系，在全市规划区建立网格区域22个，由85名网格员包干负责，管理市场主体3855个。市房屋发展中心派出网格员485人次，通过明察、暗访等方式检查走访房地产企业920多家。采集市场数据信息1.4万条，从业人员信息1.15万条；对609家中介租赁机构提供规范经营指导，纠正未公示备案企业279家、未公示营业执照门店78家，指导企业纠正投诉公示方式、房源发布、交易档案保存等问题254条；对全市315个在售商品房项目全覆盖暗访调查，多渠道发布"购房温馨提示"。采集评价房地产交易企业信用信息194条，涉及企业171家（房地产开发企业117家、经纪机构41家、评估机构7家、租赁企业6家）。其中，良好信息144条、不良信息50条。　（潘　欣）

建筑业

【概　况】 2021年，南宁市新增入库具有资质等级建筑业企业48家，累计545家。建筑业总产值2647.71亿元，比上年增长18.3%。其中，建筑工程产值2422.82亿元，增长20.8%；安装工程产值90.73亿元，下降34.1%；其他产值134.17亿元，增长41.8%。房屋建筑施工面积9625.11万平方米，增长4.4%，涨幅比上年下降3个百分点。其中，房屋新开工面积2180.56万平方米，下降18.6%，增速比上年回落39.5个百分点。通过专项检查、日常巡查、随机抽查等方式加强在建工程质量安全监督管理，检查在建项目6939个（次），发出整改通知书1792份、停工整改通知书39份。　（市住建局　市统计局）

【建设工程招投标管理】 2021年，南宁市为企业办理招投标单项交易1590个（包含施工、监理、勘察、设计、检测、全过程咨询、工程总承包）。其中，房建市政施工类建设项目单项交易840个（公开招标463个、直接发包336个、邀请招标41个），工程总造价554.66亿元（公开招标227.95亿元、邀请招标45.17亿元、直接发包281.54亿元）。使用《南宁市房屋建筑和市政工程施工招标文件范本（2019年版修改版）》施工项目521个，开标项目484个，预算金额345.14亿元。发布中标公告项目469个，中标金额269.27亿元。其中，本地企业中标（含联合体）项目410个，中标金额 225.84 亿元。《南宁建设工程造价信息》发布 18 期,每月发布土建、水电安装材料价格 4700 余种。其中,土建材料 2520 种,水电安装材料 2180 种,部分月份增加发布园林材料价格约 600 种。

【农民工工资支付保障】 2021 年,南宁市继续推行建筑农民工信息化实名制管理模式,在广西建筑农民工实名制管理公共服务平台(简称"桂建通"平台)采集录入工人实名制信息 18.5 万人,采集工程项目数 1161 个、项目录入率 98.6%(1120 个项目完成农民工工资专户平台绑定、绑定率 96.5%),绑定桂建通卡 16.8 万张、绑定率 90.7%,815 个项目工人考勤合格、合格率 70.2%。

【装配式建筑建设】 2021 年,市住建局印发《南宁市住房和城乡建设局关于印发〈南宁市新建建筑推广应用预制楼梯板预制楼板预制内外墙板实施细则〉的通知》《南宁市住房和城乡建设局关于印发〈南宁市推广应用预制楼梯板预制楼板以及预制内外墙板设计方案示例〉的通知》,推进装配式建筑产业和技术发展。有新开工采用"三板"(预制墙板、预制楼梯板、预制楼板)技术项目 9 个:万科金域国际(一期)、五象大唐世家、兆悦·五象和悦、招商新城臻樾府、大唐新希望臻园、万科翡翠国际、金地美域国际、阳光城龙光檀映滨江天境、融创凤屿湖,建筑面积约 197 万平方米。累计投产 PC(混凝土预制件)构件生产基地 7 家(中天建设集团第八建设公司广西仰创建筑产业化基地、广西泰和远大建筑科技有限公司智能数控机械加工装备及 PC 生产基地、广西景典装配式建筑产业基地、广西建工集团南宁装配式建筑产业基地、广西中交建设发展有限公司武鸣建筑产业现代化构件生产基地、广西万德铝膜装配式建筑有限公司装配式建筑生产基地、广西华润装配式建筑有限公司),装配式 PC 构件产能约 70 万立方米。广西华润装配式建筑有限公司、加拿卑斯装配式木结构建筑产业基地被自治区住建厅评为 2021 年广西壮族自治区装配式建筑示范基地。

【建设工程消防管理】 2021 年,市住建局受理消防审验业务 757 份。其中,市级消防设计审查 103 份、消防验收 250 份、消防验收备案 77 份(抽查 52 份),配合五象新区建设局受理消防设计审查 82 份、消防验收 218 份、消防验收备案 27 份(抽查 9 份)。8 月 27 日,市政府批复实施《南宁市市政消防设施建设规划》。 (潘 欣)

2021 年 10 月 20 日,南宁市装配式建筑现场观摩会在万科金域国际项目部召开。图为与会人员观摩万科金域国际项目装配式施工情况 市住建局提供

房地产业

房地产开发

【概 况】 2021 年,南宁市房地产开发投资 1359.95 亿元,比上年下降 1.3%。其中,商品住宅投资 975.17 亿元,下降 1.4%;办公楼投资 53.05 亿元,增长 5.4%;商业营业用房投资 84.5 亿元,下降 11.8%。经营性招拍挂住宅用地实际成交 194.2 公顷,下降 44%。商品房施工面积 1.12 亿平方米,增长 5%;商品房竣工面积 977.41 万平方米,增长 22.20%。受新冠肺炎疫情、经济大环境、国家宏观调控及金融政策等因素叠加影响,南宁市区商品房整体供销下滑。 (市住建局 市统计局)

【县(市、区)房地产开发】 2021 年,南宁市房地产开发投资 1359.95 亿元,比上年

表 7 2021 年南宁市房地产开发与销售主要指标及增长速度表

指 标	单 位	绝对数	比上年增长(%)
房地产开发投资	亿 元	1359.95	-1.3
住宅投资	亿 元	975.17	-1.4
商品房施工面积	万平方米	11246.52	5
住宅面积	万平方米	7330.91	6
商品房新开工面积	万平方米	1363.67	-34.4
住宅面积	万平方米	939.41	-30.1
商品房竣工面积	万平方米	977.41	22.2
住宅面积	万平方米	706.32	41
商品房销售面积	万平方米	1494.08	-18.7
住宅面积	万平方米	1125.51	-24.3
商品房销售额	亿 元	1240.28	-21.6
住宅销售额	亿 元	1008.43	-26.2
本年实际到位资金小计	亿 元	1857.30	-10.3
国内贷款	亿 元	309	-21.5
自筹资金	亿 元	583.82	27.2
定金及预收款	亿 元	599.12	-22.2
个人按揭贷款	亿 元	310.72	-14.5

下降1.3%。有开发经营活动的房地产开发企业670家。兴宁区房地产开发投资97.84亿元,下降20%;在库房地产项目80个,其中新入库房地产项目5个。江南区房地产开发投资181.18亿元,下降0.8%。其中,江南区本级94.11亿元、下降11.7%,南宁经开区87.07亿元、增长14.5%。青秀区房地产开发投资194.21亿元,下降0.3%。西乡塘区房地产开发投资178.64亿元,下降4.7%。其中,西乡塘区本级65.07亿元、下降37.5%,南宁高新区113.58亿元、增长36.2%;有房地产开发企业29家,在库房地产项目37个。邕宁区房地产开发投资109.71亿元,增长16.5%。良庆区房地产开发投资454.02亿元,增长5.3%。武鸣区房地产开发投资56.78亿元,下降29.2%。其中,武鸣区本级36.37亿元、下降35.5%,广西—东盟经开区20.4亿元、下降14.2%。横州市房地产开发投资15.54亿元,下降19.7%。宾阳县房地产开发投资51.84亿元,增长26.9%;有房地产企业23家。上林县房地产开发投资9.52亿元,下降32.9%;有房地产企业21家,商品房屋施工面积25.6万平方米,下降40.2%,其中新开工面积16万平方米,下降62.62%;在库房地产项目24个,完成投资9.53亿元,下降32.9%。马山县房地产开发投资4.35亿元,增长0.2%;在库房地产项目14个。隆安县房地产开发投资6.33亿元,下降4.3%。　（市方志办）

房地产市场

【概　况】 2021年,南宁市商品房(含住宅、商业、办公楼、车位)销售面积1494.08万平方米,比上年下降18.7%;商品房销售额1240.28亿元,下降21.6%。市住建局批准预售市区新建商品房面积1255万平方米,下降32.15%;新建商品住房成交均价(毛坯价)1.06万元/平方米,增长11.33%。二手房成交面积213万平方米,下降31.15%;二手住房成交价格1.1万元/平方米,增长9.2%。房屋租赁备案规模增大,市区租赁房屋备案面积165.61万平方米,增长24.46%;租赁房屋平均租金18.46元/平方米·月,下跌34.24%;租赁备案价格回落。

【房地产市场调控】 2021年,市住建局贯彻执行有关市场调控政策,严格执行加强商品房预售管理、规范房地产市场销售行为、规范商品房合同注销备案管理、加强商品房销售管理等调控措施。成立市级层面的房地产重点监管项目风险防控处置工作领导小组,统筹协调解决相关事项。根据"十四五"时期经济社会发展主要目标、中央经济工作会议提出"因城施策促进房地产良性循环和健康发展""加强预期引导,探索新的发展模式"指导思想,制定房地产调控政策,继续加强商品住房和车库车位价格监管,指导房地产开发企业合理定价。组织商品房预售价格会审会议60次,审议住宅项目421个,车位项目133个。　（潘　欣）

【房地产销售】 2021年,南宁市商品房市场整体供销平稳,供应成交量比上年下降。商品房销售面积1494.08万平方米,比上年下降18.7%。其中,住宅1125.51万平方米,下降24.3%;办公楼43.86万平方米,增长23.2%;商业营业用房95.83万平方米,增长24.8%;其他用途228.87万平方米,下降4.2%。商品房销售额1240.28亿元,下降21.6%。其中,住宅1008.43亿元,下降26.2%;办公楼40.4亿元,下降5.1%;商业营业用房121.73亿元,增长46.9%;其他用途69.71亿元,下降21.2%。兴宁区商品房销售面积113.81万平方米,下降9.1%;销售额89.17亿元,下降21.8%。江南区商品房销售面积178.78万平方米,下降28.4%。其中,江南区本级115.74万平方米、下降27.9%,南宁经开区63.04万平方米、下降29.3%;销售额148.54亿元,下降28.8%。其中,江南区本级98.88亿元、下降29.8%,南宁经开区49.65亿元、下降26.6%。青秀区商品房销售面积239.47万平方米,下降8.9%;销售额254.44亿元,下降24.4%。西乡塘区商品房销售面积180.22万平方米,下降11.70%。其中,西乡塘区本级99.28万平方米、下降27.1%,南宁高新区80.93万平方米、增长19%。销售额148.49亿元,下降19.9%。其中,西乡塘区本级80.82亿元、下降37.9%,南宁高新区67.67亿元、增长22.7%;有在售房地产项目52个。邕宁区商品房销售面积121.8万平方米,下降16.7%;销售额89.93亿元,下降14.8%。良庆区商品房销售面积402.37万平方米,下降24.4%;销售额380.33亿元,下降18.6%。武鸣区商品房销售面积100.94万平方米,下降27.6%。其中,武鸣区本级66.61万平方米、下降8.5%,广西—东盟经开区34.33万平方米、下降48.5%。销售额53.39亿元,下降32.5%。其中,武鸣区本级39.01亿元、下降17.6%,广西—东盟经开区14.38亿元、下降54.7%;武鸣区本级新建商品房住宅均价6387元/平方米,下降3.3%。横州市商品房销售面积40.41万平方米,下降2.3%;销售额21.53亿元,下降3.5%。宾阳县商品房销售6700套,销售面积66.01万平方米,增长12.6%;销售额31.55亿元,增长6.4%;发放"商品房预售许可证"21本,预售商品房2318套,预售面积26.55万平方米。上林县商品房销售面积21.73万平方米,下降40.7%;销售额9.91亿元,下降41.2%。马山县商品房销售面积9.9万平方米,下降21.2%;销售额4.38亿元,下降15.1%。隆安县商品房销售面积18.65万平方米,下降34%;销售额8.62亿元,下降18.9%。
（市统计局　市方志办）

【商品房预售资金监管】 2021年,南宁市商品房预售资金监管账户余额117.6亿元。监管房地产项目公司232家,账户740个,申报预售资金总额1593.84亿元,预售商品房建筑面积1274.66万平方米。累计有在管监管项目3252个,涉及房地产项目公司462家。存入监管账户预售资金2534.36亿元,使用商品房预售资金2416.76亿元;解除商品房预售监管项目1685个。南宁市延续2020年新冠肺炎疫情防控期间出台相关惠企政策,保持8%的预售资金监管比例,并将资金使用节点优惠条件延续执行至第三季度,涉及监管项目612个,监管资金278.15亿元。
（潘　欣）

【房产中介市场管理】 2021年,南宁市房地产中介行业管理协会继续使用房地产中介行业信用信息联合公示平台,新增信息共享城市4个,与全国32个城市共享房地产经纪人信用信息。邀请国内房产专家讲授房地产经纪人提升高业绩销售技巧、沟通等课程;开展经纪人、机构、分支机构星级评定,累计通过星级评定的房地产经纪人1.8万人;使用行业综合服务系统管理平台为房地产经纪人提供线上培训,培训2000人。组织会员单位50多家到北京市、云南省、深圳市、杭州市、香港、澳门等地知名机构,学习交流营销管理、销售模式、企业文化、运营管理、制度建设等先进经验;接待贵阳市、百色市、北流市、钦州市等地房地产中介行业协会来访,探讨交流协会管理、行业自律、实名从业、中介市场规范、会员间业务互补、行业业务拓展等。受理客户投诉案件500多宗,调解退费18万元。
（市房地产中介行业管理协会）

【住房租赁市场发展试点】 2021年,南宁市作为第二批中央财政支持住房租赁市场发展试点城市,继续推进试点建设,印发实施《关于规范我市住房租赁市场管理工作的指导意见》《关于进一步规范住房租赁市场秩序的通知》《关于实行我市房地产交易企业及从业人员备案"二维码公示"的通知》《关于印发〈南宁市住房租赁试点项目入库认定指南(试行)〉

的通知》《关于印发〈南宁市支持住房租赁市场发展试点财政专项补助资金申报指南(试行)〉的通知》《南宁市支持住房租赁市场发展试点财政专项资金管理办法》《南宁市存量房买卖与住房租赁交易资金监管办法》等文件,编制《南宁市租赁市场发展现状与"十四五"发展规划》,为培育发展住房租赁市场提供政策支持。搭建、优化南宁市住房租赁服务监管平台,与贝壳找房、房天下、住朋网、58同城、优居、建融家园等企业实现接口对接。筹集租赁房源5.7万套(间),其中新建、改建类租赁房源2.25万套(间),盘活类租赁房源3.45万套(间)。至年末,南宁市住房租赁服务监管平台有实名注册用户2.04万人次,房源总量8.97万套(间),其中上架房源2.11万套(间)、成交备案房源2.16万套(间)、预告房源1.78万套(间)、信息采集房源2.92万套(间)。

(潘　欣)

房产管理

【概　况】 2021年,南宁市办理商品房预售许可证719份,现售备案证509份,存量房网签备案2.12万份。在市住建局办理备案的中介机构1270家(经纪机构1170家、租赁企业100家)。市不动产登记中心推出新建商品房"即核即办"办理模式,新建商品房项目通过建设工程质量五方预验收和"不动产实核"业务后,可线上"24小时不打烊"全自助办理不动产首次登记及转移登记业务,压缩新建商品房项目交房到办证的时间,93个开发企业实现新建商品房"交房即交证",涉及楼盘项目60个,群众5.3万户。解决56个历史遗留项目办证问题,占已掌握项目总数80%,涵盖住宅类项目40个、企业类项目8个、机关团体类项目8个,领取不动产权证书业主3.2万户。11月30日,市住建局、南宁市白蚁防治所与人民网广西频道共同建设的全国首家白蚁防治科普网上展厅正式上线。

(市住建局　市不动产登记中心)

【房屋产权管理】 2021年,南宁市不动产登记中心受理市本级房屋、土地不动产登记业务99.51万宗(房产类95.14万宗)。完成登簿99.6万宗(房产类95.28万宗),完成落宗1.45万宗(房产类1.44万宗)。办理房屋转移登记24.49万宗。其中,新建商品房转移登记19.15万宗,存量房转移登记5.34万宗(赠与4340宗、继承4782宗、析产4582宗)。办理抵押登记40.02万宗,抵押金额3.01万亿元,比上年增长10.63%。

(市不动产登记中心)

【房产资金管理】 2021年,南宁市归集物业专项维修资金11.37亿元,比上年增长29.94%,累计归集金额116.43亿元;支取金额3737万元,累计支取金额1.2亿元;利息收入累计14.09亿元,账户余额129.32亿元。涉及房屋(含车位)套数199.6万户,建筑面积1.65亿平方米,涉及物业小区1197个。归集房改资金6977.10万元,拨付2877.15万元,累计上缴财政7.63亿元,账户余额0.67亿元。核退新型墙体材料专项基金项目228个、1.18亿元,结转新型墙体材料专项基金项目63个、525.11万元。

(潘　欣)

【房屋使用安全管理】 2021年,市住建局开展南宁市房屋建筑违法建设和违法违规审批专项清查,在全市建成区排查既有房屋27.18万栋,建筑面积4.25亿平方米,排查率100%,查出各类违法建设行为1.88万起;排查在建房屋建筑项目1632个,在建房屋建筑8703栋,涉及规划建设建筑面积3.42万平方米,排查率100%。全市清理拆除违法建设8020处(栋),清理违法用地面积463.64万平方米,拆除违法建设面积437.05万平方米。其中,拆除存量违法建设4948处(栋),面积266.96万平方米;拆除新增违法建设3072处(栋),面积170.09万平方米。

(市住建局　市城管综合执法局)

【白蚁防治】 2021年,南宁市白蚁防治所承接新建房屋白蚁预防工程316个,建筑总面积2278.65万平方米;开展新建回访复查项目832个,总面积2755万平方米;实施白蚁灭治工程项目1401个,施工次数1747次;实施新建房屋白蚁预防和白蚁灭治现场监督1133次,抽样325次,出具新建房屋白蚁预防土壤样品检测报告428份。完成4科16属59种白蚁个体高清图片采集,到南宁市及自治区内其他地市开展白蚁标本采集调查26次,采集白蚁标本244余管。(潘　欣)

编辑　班　铭

2021年11月10日,南宁市白蚁防治所技术人员在共青团南宁市地委旧址开展白蚁灭治　刘芳提供

商贸服务业

综 述

【概 况】 2021年，南宁市社会消费品零售总额2364.17亿元，比上年增长8.4%；批发业销售额6334.07亿元，增长14.8%；零售业销售额1687.69亿元，增长15.5%；住宿业销售额47.26亿元，增长13.2%；餐饮业销售额203.26亿元，增长24.8%。广西首家特斯拉中心、综合开发模式宜家家居商场、欧式首创奥特莱斯、京东华南地区首家城市旗舰店在南宁开业。电子商务交易额保持快速增长势头，限额以上企业实物商品网上零售额131.62亿元，增长55.8%；跨境电商进出口业务量超1亿单，交易额突破77.69亿元；农村电商交易额超40亿元，其中农产品网络零售额超10亿元。推进物流集聚区和重大项目建设，培育现代化物流龙头企业，物流货运总量4.29亿吨，增长16.76%；新增AAA级以上物流企业10家，累计46家。外贸进出口高速增长，外贸进出口总值1231.92亿元，增长24.90%，首次突破千亿元大关。8家企业在东盟6个国家进行非金融类投资，中方协议投资额1.08亿美元。主要存在受新冠肺炎疫情影响，企业贸易往来、融资贷款、拓展业务有困难，市场消费预期不稳固，产业链供应链不稳，稳增长基础不够稳固等问题。

（卓可然）

【消费品市场发展特点】 2021年，南宁市消费品市场稳定复苏。社会消费品零售总额2364.17亿元，比上年增长8.4%，占自治区27.70%，消费品市场恢复至新冠肺炎疫情前水平。城镇消费市场有力支撑，乡村消费市场复苏加快，城镇消费品零售额2153.16亿元，增长8.4%；乡村消费品零售额211.01亿元，增长9.1%。商品零售平稳增长，餐饮消费延续恢复态势，商品零售额2147.06亿元，增长7.8%；餐饮收入217.11亿元，增长15.6%。22类限额以上商品零售额“13升8降1持平”，其中家具类、家用电器和音像器材类、烟酒类、电子出版物及音像制品类、金银珠宝类、石油及制品类提高较快，分别增长155.2%、55.7%、48.7%、47.6%、21.4%、18.4%。部分主要商品增速走低，中西药品类、汽车类、日用品类、粮油食品类、服装鞋帽针纺织品类、化妆品类，增速分别为3.8%、2.5%、0.7%、−0.2%、−1.9%、−14.4%。广西首家特斯拉中心、综合开发模式宜家家居商场、欧式首创奥特莱斯、京东华南地区首家城市旗舰店开业，激发市场消费新活力。培育消费新业态，万象城海蓝之谜概念店首次在南宁出现。

2021年8月26日，南宁宜家家居开业。图为商场内景　　姚宗秀　摄

【批发与零售业】 2021年，南宁市批发业销售额6334.07亿元，比上年增长14.8%。零售业销售额1687.69亿元，增长15.5%。批发和零售业新登记5.63万户，累计39.20万户。其中，内资（非私营）企业5591户，私营企业10.13万户，外商投资企业760户，个体工商户28.42万户。

（曾维一）

【促消费活动】 2021年，南宁市商务局（简称“市商务局”）建立促消费活动“日历”，抓住“三月三”、“6·18”、暑假、中秋、国庆等重点时段，结合重大消费项目开业契机，举办“南宁欢乐消费季”3次、“南宁消费购物节”1次。通过举办“南宁好物展”、组织南宁特产企业参加全国性展会、发布短视频、开展线上直播等形式为企业打广告促销，针对京东城市旗舰店、首创奥特莱斯、宜家等新开业重大商贸项目开展精准促销。支持本地消费品牌轩妈蛋黄酥、酒小二等做大做强。4月至5月举办“2021南宁消费购物节”，全市重点监测商贸流通样本企业在“三月三”期间营业收入比上年增长61%、"五一"黄金周增长14%。6月举办"2021南宁欢乐消费季第一季",零售额最大的京东6月销售额10亿元,增长66%。7月至8月举办"2021南宁欢乐消费季第二季",以宣传夜间经济为主题,直播探店吃住游行业特色商家80余家,线上曝光量超4000万。第四季度举办"2021南宁欢乐消费季第三季",聚焦重点企业开展"首店促销"、家电促销等,首创奥特莱斯销售额在全国首创奥莱体系中名列前茅;京东电器经营目标达成率超预期170%;宜家客流达预期1.5倍;国美家电销售额增长8%;酒小二销售额增长150%。参加自治区"33消费节",财政投入超过2.4亿元(第一季1.6亿元、第二季8477万元)发放消费券。开展汽车以旧换新消费补贴试点和购车贷款贴息试点,补贴资金264万元,带动汽车消费超3亿元,惠及消费者2000多人。举办大中型汽车促消费展会10场,累计展出面积27万平方米、成交车辆2.79万辆、成交金额41.60亿元。

(池李欢)

2021年10月1日至10月3日,广西车交会在南宁国际会展中心举办　市商务局提供

【商业街区与城市商业综合体】 2021年,南宁市商业街区经营商品涉及服装、电动自行车、汽车汽配、餐饮、装饰装潢、茶叶、盆景石艺等,有邕州老街、江南水街、兴宁路步行街、民生路步行街、亭洪路"10+1"商业大道、南宁中国—东盟国际商务区商业街、人民路装饰材料一条街、星湖路电子科技信息一条街、东葛路通信商品一条街、白沙大道汽车销售一条街等;有以文化、休闲为主题的特色民歌湖餐饮酒吧区、金汇如意坊、欧洲风情小镇、唐人文化园等。美食商业街有中山路小吃一条街、长湖路餐饮一条街、民歌湖现代艺术酒吧街、青秀山东南亚美食街、江北大道酒吧一条街、邕州老街文化旅游美食一条街、建政路小吃街、明秀路青岛啤酒厂酒吧一条街、农院路小吃街、仙葫开发区富兴路美食街等。中心城区有大型百货商场30多家,南宁梦之岛百货、南宁百货大楼、南宁万象城、南宁青秀万达广场等以经营中高档次百货商品为主,北京华联、南城百货、沃尔玛、人人乐、华润万家等百货、超市以经营中档次百货商品为主,交易场、和平商场、大和平商场、大和平华西商业城等以经营大众化百货商品为主。城市商业综合体主要有南宁华润万象城、南宁会展航洋城、南宁青秀万达广场、南宁绿地中央广场、南宁盛天地购物中心、南宁印象城、南宁安吉万达广场、南宁万达茂、南宁江南万达广场、南宁三祺广场等。年内,南宁五象万象汇、京东城市旗舰店南宁店、南宁宜家家居商场、南宁首创奥特莱斯、祖龙ACMALL、绿地五象缤纷天地、华丰城爱琴海城市广场开业。6月18日,京东城市旗舰店南宁店开业,位于青秀区民族大道民族艺术宫,总面积1.50万平方米,有线上线下商品超10万款,提供家电、家居、数码"一站式"服务。8月26日,南宁宜家家居商场开业,位于良庆区平乐大道12号,是广西第一家宜家家居商场,总投资约11亿元,占地面积4.27万平方米,总建筑面积12万平方米,有展间38间、用餐区域8个及家具自提区,提供家居产品超9000款。9月5日,南宁五象万象汇开业,位于良庆区平乐大道37号,是华润集团在南宁打造的第二座商业体,总投资近6亿元,占地面积1.23万平方米,总建筑面积6万平方米,入驻店铺150余家,主要业态有大型超市、影院、潮牌、餐饮,入驻广西首个沉浸式儿童成长游乐场——MELAND CLUB。9月10日,绿地五象缤纷天地开业,位于良庆区五象凯旋路15号,建筑面积6万平方米,体量15.85万平方米,以开放式商业街区形态,打造精致小资、休闲娱乐、潮流时尚与艺术策展于一体,入驻品牌60个。9月19日,南宁首创奥特莱斯开业,位于兴宁区昆仑大道406号,总体量15.30万平方米,以奥特莱斯世界品牌折扣店为核心,打造集购物、观光、旅游、娱乐、休闲、教育、餐饮等功能于一体的意大利风情全家庭度假式购物小镇。11月26日,祖龙ACMALL科技艺术购物中心开业,位于良庆区凤凰路与银海大道交会处,建筑面积25万平方米,购物中心体量超10万平方米,打造科技、艺术、潮流、生活、社交、文创一站式科技购物体验中心。12月24日,华丰城爱琴海城市广场开业,位于民族大道181号,总体量9万平方米,入驻品牌160个,注重提升餐饮、亲子、娱乐等业态比重,强化消费体验。

(曾维一)

2021年,南宁五象万象汇入驻广西首个沉浸式儿童成长游乐场——MELAND CLUB。图为游乐场外景　姚宗秀　摄

【农产品流通体系建设】 2021年，南宁市推进区域性农产品集散市场建设。6月，“广西乡村振兴农产品展销中心”“大湾区广西农产品集采中心”在广西海吉星农产品物流中心建设建成运营；举办螺蛳粉鸭脚煲产业系列推介会；举办2021年毛竹山葡萄南宁推介会，销售葡萄15万千克。推进龙光生鲜食品智慧港项目，加强农产品流通平台建设，指导马山农产品交易中心、武鸣水果集散中心、上林县农产品集散中心等项目规划，马山农产品交易中心开工建设。推动冷链物流服务配套，南宁肉禽中心、武鸣嘉沃农业专业合作社、横县凤凰花绿色农业有限公司等冷链物流配套建设项目投产。补齐农产品产地“最先一公里”短板，涉农企业、合作社、家庭农场建成投入使用100立方米~3000立方米的地头冷库近300座，约60万立方米。 （潘贤新）

【服务中小商贸流通企业】 2021年，南宁市“两台一会”给予中小商贸流通企业助保金贷款累计34笔、发生额2.23亿元，服务企业32家。委托信用评级专业机构开展信用评级，完成评级报告50份并通过专家评审。 （周　旻）

电子商务

【概　况】 2021年，南宁市限额以上企业实物商品网上零售额131.62亿元，比上年增长55.80%。跨境电子商务进出口交易超1亿单，交易额77.69亿元。农村电子商务交易额超40亿元，其中农产品网络零售额超10亿元，促成17家农产品生产企业与电商企业建立销售合作关系。建成中国—东盟（南宁）跨境电子商务产业园、京东南宁电子商务产业园等电商重点项目，广西泛糖科技有限公司入选第二批国家数字商务企业，南宁高新区成为自治区唯一一家获A级评价的国家级电子商务示范基地。年内，举办大型电商促销和赛事，打造茉莉花、沃柑、蛋黄酥等南宁网红商品。

【跨境电商】 2021年，南宁市跨境电子商务进出口交易额77.69亿元，比上年增长259%。推进中国（南宁）跨境电子商务综合试验区建设，培育面向东盟的跨境电商产业链改革经验获自治区复制推广。印发《中国（南宁）跨境电子商务综合试验区发展规划（2021—2025）》。优化国际邮件、跨境电商、国际快件“三合一”集约化监管模式，推出跨境电商货物不卸车监管等措施，日均通关包裹100万件，平均通关时长缩至1小时。建成跨境电商保税仓储、东盟跨境电商孵化中心、Lazada跨境电商创新中心等重点项目。建立“跨境电商+国际联运”通道机制，推动21所驻邕高校与企业成立广西跨境电商产教联盟，建成面向东盟的跨境电商直播基地，直播超5000场次，推动跨境电商配套企业集聚，加强人才培养、卖家孵化、电商直播、小语种翻译等服务。建设东盟海外仓，打造东盟跨境电商供应链体系，企业在泰国、越南、马来西亚等东盟国家布局跨境电商海外仓。拓展跨境电商B2B（企业与企业之间通过互联网进行产品、服务及信息的交换）业务，出口额超20亿元。

【农村电商】 2021年，南宁市农村电子商务交易额超40亿元，其中农产品网络零售额超10亿元。横州市、宾阳县、上林县、马山县、隆安县获批国家电商进农村综合示范县，有县级电商服务中心5个、县级物流配送中心5个、农村电商产业园6个，农村电商服务覆盖率90%。南宁市提高农村电商孵化、运营等能力，初步形成流通顺畅、服务能力强的农村电商服务体系。商务部电子商务公共服务惠民惠企“走基层”专场在横州市举办，全市100多家企业与阿里巴巴、京东等电商平台资源对接。自治区电子商务进农村综合示范县现场会在马山县召开，马山县电商进农村项目建设经验获自治区推广。 （沈思明）

2021年，中国—东盟（南宁）跨境电子商务产业园外景　　市商务局提供

特殊商品经营

【食盐专营】 2021年，广西盐业集团有限公司南宁分公司盐品购进3.33万吨，销售3.15万吨（直接食用盐销售2.40万吨、加工用盐6543吨、小工业盐940吨），销售收入6044.58万元，资产租赁收益377.64万元，利润2439.10万元。有配送客户7662个、直接食用盐客户7300个、加工用盐客户158个、农牧盐客户44个、小工业盐客户160个。新冠肺炎疫情期间，组织配送车辆1万多辆次，配送食盐1.8万吨，保障食盐市场供应稳定。 （李琳芳）

【烟草专卖】 2021年，南宁市烟草专卖局（公司）辖（设）12个县（市、区）烟草专卖局（营销部），从业人员877人，总资产25.57亿元，税利26.15亿元，比上年增长6.79%，获广西烟草商业2021年度“先进单位奖”。完善现代零售终端、诚信互助小组、基层队所“三个平台”配套制度，改进企业发展运行监测体系，建立计划调整、货源衔接、精准投放市场响应机制。实施“做精做强真龙”品牌战略。推进现代零售终端及“丹八桂”加盟终端建设，累计打造现代终端7150户、整店打造现代终端810户，“丹八桂”招商意愿客户175户。完善信息采集管理办法，继续实施经济运行区局、市局、县级局三层监测模式，机采信息点扩容至1534户，总体合格率96%，在自治区率先完成机采点扩容。推进物流非法人实体化运作，对中转站实施标准化管理，统一人、财、物定额，开展“双定”（定人定车）；推进绿色循环，超额完成纸箱循环利用和整托盘同城联运目标任务；推进智能配送试点，完成95条配送线路终端送货业务外包；升级物流智能配送管控平台，完成高架库库区技改，推进异标合一分拣线建设。查处涉烟案件2554起，破获国标案件10起、百万元以上案件21起；查获假非私烟9712万支，增幅2%；移送公安机关追究刑事责任

案件120起、拘留65人、逮捕78人、判刑10人。开展"双随机一公开"和"APCD"(以分析、计划、检查、处理为主要流程的烟草市场检查方法)检查,推进零售点布局规划,做好中小学周边零售许可证清理整顿,累计清理红线范围内零售户563户,9月开出自治区内第一张向未成年人销售电子烟罚单。推进"互联网+政务"和"网上申请、邮寄送达"服务模式,抓好许可证线上线下融合办理,网办率50.56%。抓好源头管控和关键节点监管,强化货源监督、大户治理、考核追责等重点环节监管,遏制真烟非法流通。

(韦春晖)

【成品油经营】 2021年,南宁市有加油站414座(中石化南宁分公司加油站154座、中石油南宁分公司加油站54座、中国海洋石油南宁分公司加油站7座、其他国有控股成品油企业加油站65座、社会办加油站134座)。成品油销售136.62万吨(汽油95.35万吨、柴油41.27万吨),比上年增长7.91%。成品油销售调价21次,15升6降。年末油品零售价格:98号(国VI)车用汽油8.47元/升、95号(国VI)车用汽油7.66元/升、92号(国VI)车用汽油7.09元/升、0号(国VI)车用柴油6.73元/升。8月20日,南宁市成品油行业协会成立,举行南宁市成品油行业协会第一届第一次会员大会,审议通过《南宁市成品油行业协会章程》《南宁市成品油行业协会选举办法》《南宁市成品油行业协会会费缴纳管理办法》,选举产生首届协会领导班子。中石化南宁石油分公司营业额142.12亿元,非油品营业额2.65亿元。加油站建立绿色加油通道,保障医疗救护、驰援武汉物资运输车辆及公安、消防车辆快速加油;免费提供休息场所、热水、手机充电,全天提供简餐、速食;为环卫工人、货车司机等户外工作者设立"爱心驿站""司机驿站"11座。新建投营加油(气)站1座,完成新能源项目21座。9月10日,南宁新阳综合加能站正式投营,是广西首座集加油、加气、加氢、充换电、光伏发电、综合服务六项功能于一体的综合加能站。12月19日,广西石油南宁屯里油库迁建工程举行中交仪式,新库占地31.07公顷,库容14.2万立方米。

(兰　贞　梁春微)

【烟花爆竹经营】 2021年,南宁市供销社系统仅有南宁市鸣欢(供销)烟花爆竹有限公司开展烟花爆竹经营配送业务,销售燃放类烟花爆竹商品18大类100多个品种。全系统烟花爆竹销售1.36亿元,比上年增长2.26%。

(覃著辉)

农资与农副产品经营

【概　况】 2021年,南宁市供销合作联社(简称"市供销社")有直属出资企业6家(南宁市供销投资有限公司、南宁市桂果香果品有限公司、南宁市冠腾综合贸易公司、南宁市供销电子商务有限公司、广西烟农农业科技发展有限公司、南宁市鸣欢烟花爆竹有限公司),县(市、区)供销社12个,县级社有企业34家、基层供销合作社78个。商品购进170.09亿元,比上年增长24.1%;商品销售203.14亿元,增长26.4%;利润6862万元,增长18.13%。收购蚕茧、马铃薯、木薯、辣椒等农副产品37.55亿元,增长18.34%。受电商线上销售和个体同行竞争及新冠肺炎疫情等因素影响,日用消费品零售90.31亿元,增长17.5%。市供销社获自治区供销合作社综合改革考核评估优秀等次、2021年度自治区供销合作社系统综合业绩考核二等奖。主要存在土地(房屋)被占用专项整治,生产、供销、信用"三位一体"综合合作试点工作效果不明显,社保基金欠费、土地确权登记难等问题。

【农资商品供应】 2021年,市供销社系统做好淡季储备,保障农业生产用肥、用药、用膜需求,配合开展农资商品打假。农资销售68.62亿元,比上年增长23.4%;化肥销售169.65亿吨,增长1.2%;农药销售7488吨,下降30.7%;农膜销售4158吨,增长15.4%。

【农资再生资源回收】 2021年,市供销社实施废弃农资包装物回收和集中处置,巩固横州市、青秀区、邕宁区、良庆区、武鸣区试点成果,扩大在江南区实施农资再资源回收。安排市级财政补助资金499.92万元,其中江南区135.3万元、邕宁区84.96万元、良庆区84.96万元、武鸣区194.7万元;县(市、区)财政相应配套资金764.78万元,其中横州市295万元、江南区238.5万元、青秀区118万元、邕宁区56.64万元、良庆区56.64万元。全市废弃农资包装物回收691吨,完成回收任务89.51%,其中横州市200吨、江南区回收80吨、青秀区80.81吨、邕宁区96.54吨、良庆区97.99吨、武鸣区135.66吨;处置695.89吨,处置率100%。全市完成再生资源回收1.56亿元,比上年增长13.87%。

【专业合作社与"农合联"】 2021年,南宁市有邕供种植专业合作社联合社、富供畜牧专业合作社联合社、强供家禽专业合作社联合社3个市级"农合联"(3个以上专业合作社组成农合联)。全系统领办、创办专业合作社463个,专业合作社联合社89个,入社成员1.22万个,带动农户4.77万户。

【供销农村电子商务】 2021年8月,南宁市供销电子商务有限公司引入云宝宝大数据产业发展有限责任公司运营"供销优品"电商平台,入驻商家62家,上架商品388种,销售128.57万元,利润7.09万元。与"爱南宁APP"食堂云链接,提升市民生活便利性。上林县、马山县、隆安县组织110家客商进入"832电商平台",活跃供应商68家,上架商品880种,交易1.55亿元,占自治区销售额23.1%,其中上林交易1.03亿元、隆安3915.87万元、马山1287.95万元,分别位居自治区第一、第六、第十五。全系统电商销售3.85亿元,比上年增长46.6%。

【"新网工程"建设】 2021年,市供销社实施新农村现代流通服务网络工程(简称"新网工程")项目4个,总投资552万元,安排财政补助资金230万元。广西烟农农业科技智能配肥门店建设项目投资92万元,补助资金45万元,在隆安县叮当镇为农服务站旁建设物资仓库1250平方米;横州市百合供销社电商物流综合楼项目投资230万元,补助资金95万元,一期拆除旧建筑面积1265.89平方米,二期建设建筑面积2363平方米,三期进行装修、配套设施及绿化建设;武鸣区锣圩镇供销合作社收购门市部改造项目投资180万元,补助资金70万元,拆除旧楼建筑面积约400平方米,新建框架结构楼房1000平方米;宾阳古辣红蝴蝶家私城升级改造项目投资50万元,补助资金20万元,原址改建砖混结构房建筑面积约330平方米。

(覃著辉)

粮食和物资储备

【概　况】 2021年,南宁市有归口粮食和物资储备部门管理、独立核算的国有(控股)粮食和物资储备企业34家,从业人员685人。粮食企业总资产25.23亿元,总负债20.68亿元,资产负债率81%。南宁市粮食和物资储备局(简称"市粮食和储备局")组织编制南宁市粮食和物资储备行业"十四五"发展规划。开展粮食购销领域腐败问题专项整治,全市粮食系统梳理查摆行政管理部门存在问题76个、国有粮食企业存在问题135个,向纪检监察部门移送涉粮案件线索6条。

【粮食安全保障】 2021年，南宁市粮食储备规模完成自治区下达南宁市任务114.15%。对照国家对36个大中城市应急成品粮油储备规模达到15天的市场供应量要求，采取“政府委托、部门监管、财政补贴、企业运作”模式，完成7000吨应急成品粮增储任务，优化储备粮区域布局。建设粮食应急保障体系，形成以41家应急加工企业、11家应急配送中心、292个应急投放网点为支撑，市、城区两级储备为基础的粮食应急保障体系。全市应急加工企业日处理稻谷能力4650吨，日油脂生产(分装)能力243吨。全市军粮供应保质保量，部队官兵满意度100%，创新开发的“君颂”5款即食产品被中央军委后勤保障部军需能源局指定为部队串换品种。全市入统粮食企业累计购进粮食513.11万吨、油脂5.75万吨；总销售(转化)粮食515.03万吨、油脂5.82万吨。全市粮食流通基础设施建设投资项目新开工21个，竣工17个，在建11个，完成投资额0.58亿元。其中，粮食仓储设施项目建设5444.10万元，“危仓老库”(不符合安全储粮标准的危险仓房、超过30年以上的老仓库)维修改造项目259.50万元，粮食信息化建设项目31.70万元，其他项目56万元。新建成标准仓容0.78万吨，在建8.04万吨，维修改造仓房仓容1.73万吨。年内，投资3837.80万元的南宁市粮油质量检验检测大楼完成项目整体预验收。横州市、宾阳县、上林县、隆安县、青秀区、邕宁区、武鸣区7个辖区粮食产后服务中心通过购置烘干、清理、输送、除尘等粮食机械设备及维修改造部分仓房，为农民提供专业清理、干燥、分类等服务。印发《2021年安全生产月和安全生产八桂行活动方案》《全市粮食行业安全生产专项整治三年行动集中攻坚实施方案》，继续开展“强监管严执法”专项行动，结合春节、元旦、全国“两会”、清明、中秋国庆、汛期等重大时段抓好全市粮食和物资储备系统安全生产。组织450人次开展安全生产大检查4次，排查全市58个储粮库点事故隐患，整治安全隐患24处，全市安全责任事故为零。

【政策性粮食库存检查】 2021年，南宁市以“双随机”方式对纳入辖区检查范围内政策性粮食(包括中央储备粮、中央事权其他政策性粮食和地方各级储备粮及政策性粮食库点的商品粮)的21家粮食企业、69个粮食存储库点、423个仓房(货位)开展检查。6月3日至10日，根据《广西壮族自治区粮食和物资储备局关于开展全区政策性粮油库存交叉检查的通知》安排，桂林市检查组对南宁市兴宁区、良庆区、隆安县、武鸣区的8家企业17个储存库点开展政策性粮油库存交叉检查。检查表明：承储企业政策性粮食库存账实相符，账账相符，粮情稳定；承储企业轮换储备粮符合要求，政策性粮食补贴及时足额拨付，粮食购销储政策执行到位，政策性粮食库存数量真实，质量安全。

【稻谷生产者售粮补贴政策实施】 2021年，自治区下达南宁市稻谷生产者售粮补贴订单收购计划(调整后)13.09万吨，其中横州市1.90万吨、宾阳县6.27万吨、上林县3.30万吨、隆安县0.31万吨、邕宁区0.95万吨、武鸣区0.36万吨。安排到户的粮食数量一般每户在500千克以上，新型粮食生产经营主体的计划，由乡镇人民政府直接安排。按普通早籼稻0.24元/千克、优质稻0.40元/千克补贴，全市发放稻谷生产者售粮补贴3528.20万元，惠及稻谷生产者、售粮农户2.64万户。按普通早籼稻2.54元/千克、普通中晚籼稻2.56元/千克、优质早籼稻(含专用稻)2.72元/千克、优质晚籼稻3.08元/千克收购，全市粮食和物资储备部门累计收购订单稻谷11.84万吨，完成任务90.5%，达到自治区绩效考评指标考核要求。其中，隆安县、武鸣区完成100%，横州市、宾阳县、邕宁区、上林县分别完成95.8%、91.2%、86.3%、85.3%。

【粮食产业化经营】 2021年，市粮食和储备局组织粮食企业实施“优质粮食工程”项目，抓好“五优联动”(优粮优产、优粮优购、优粮优储、优粮优加、优粮优销)，延伸粮食产后服务体系，参与优质稻产业示范区建设，在主产粮区县选育、引进米质优、产量高且适合本地口味、适销对路的优质稻新品种，建立优质稻生产、加工基地。推进粮食产业化经营，全市收购农民订单优质稻10.47万吨，开展粮油精加工、深加工。市军粮供应站加强粮油科技创新，生产加工“万田”牌、“君颂”牌、“红土思乡”牌系列优质米、面、油，增加销售纯豆浆粉等，利润10万元；市金谷隆粮油购销有限责任公司发展粮食产业化经营，利润227.65万元。上林县实行产、购、储、加、销粮食产业化经营链，利润143.48万元；宾阳县参与“中国好粮油”行动，以“宾阳古辣万顷香米产业示范基地”为依托，建设粮食产后服务体系，利润71.99万元；横州市、隆安县、江南区、青秀区、邕宁区、良庆区分别实现利润10.31万元、11.43万元、22.78万元、5.57万元、3.37万元、91.1万元。

【粮油食品饲料加工】 2021年，南宁市纳入市粮食和储备局日常统计范围粮油加工企业126家(大米加工企业65家、食用植物油加工企业4家、饲料加工企业55家、酒精企业2家)。国有及国有控股粮食企业9家、民营企业117家(外商及中国港澳台商投资企业2家)。粮油加工生产能力分别为日处理稻谷3363吨、日处理花生10吨、日调配制成调和油45.90吨、日灌装小包装油脂121.80吨、日饲料生产能力3.36万吨。加工转化产品产量：大米30.17万吨、精炼食用植物油0.34吨、饲料550.40万吨。粮油加工企业资产总额228.25亿元，其中大米加工企业26.23亿元、食用植物油加工企业1.75亿元、饲料加工企业200.27亿元；工业总产值213.54亿元，其中大米加工企业15.60亿元、食用植物油加工企业0.64亿元、饲料加工企业197.31亿元；产品销售收入236.96亿元，其中大米加工企业35.10亿元、食用植物油加工企业2.95亿元、饲料加工企业198.91亿元，利润11.08亿元。

【粮食流通执法督查】 2021年，市粮食和储备局开展粮食流通执法督查309次，出动检查人数701人次，检查企业450家次。其中，综合性执法检查30次，出动人员73人次，检查企业36家次；粮食收购资格核查15次，出动人员40人次，检查企业46家次，核查粮食经营企业经营场所是否与申办粮食收购许可证时条件一致，粮油质量检测仪器设备是否符合要求，粮食经营台账是否建立，经营报表是否按时报送；政策性粮食收购检查29次，出动人员81人次，检查企业45家次，督查横州市、宾阳县、上林县、隆安县、武鸣区、邕宁区落实订单粮食收购政策情况，重点督查粮食收购企业执行“五要五不准”(要敞开收购、随到随收，不准折腾农民；要依质论价、优质优价，不准坑害农民；要公平定等、准确计量，不准克扣农民；要现款结算、不打白条，不准算计农民；要优质服务、排忧解难，不准怠慢农民)收购守则情况；市场化收购检查25次，出动人员54人次，检查企业36家次，督查粮食经营企业是否存在压级压价或抬级抬价、短斤少两、克扣农民等情况；最低最高库存政策实施检查12次，出动人员29人次，检查企业18家次，检查粮食经营企业是否执行国家规定的最低最高粮食库存义务；粮油库存检查49次，出动人员99人次，检查企业63家次，检查承储企业政策性粮食数量、质量和政策执行情况；政策性粮食销售出库检查37次，出动人员80人次，检查企业42家次，督查国有粮食企业政策性粮食销售出库政策执行情况；粮食统计制度执行情况检查34次，出动人员73人次，检查企业56家次，对纳入粮食流通统计范围粮食企业执行统计制度情况进行专项检查；粮食质量检查56次，

2021年10月16日第41个世界粮食日，市粮食和储备局牵头在南宁市安吉万达广场举行"世界粮食日"暨"粮食安全周"主题宣传活动启动仪式　　市粮食和储备局提供

出动人员123人次，检查企业62家次，政策性粮油和收获粮食质量安全风险监测16批次，抽检粮油样品541份，完成自治区下达任务118.8%；配合相关部门开展其他检查22次，检查企业46家次，出动检查人数49人次。加强对国家政策性粮食销售出库食品安全指标超标粮食处置的监管，指导督促承储企业和购买企业依法依规处置政策性出库粮食，协助外地粮食和物资储备部门做好超标粮食交易流出、流入全程监管衔接，严禁不符合食品安全标准的粮食流入口粮市场。

【粮食政策法规宣传】 2021年，南宁市粮食和物资储备系统开展全国"食品安全宣传周""粮食质量安全宣传日""粮食科技活动周""世界粮食日"和"粮食安全宣传周"等活动，利用报纸、网络、微信、屏幕等新闻媒体平台开展售粮补贴政策实施、粮食储存安全、粮食产后服务、粮油食品健康消费、绿色仓储、爱粮节粮、节粮减损等粮食法律法规政策宣传。印发宣传资料1.80万份，悬挂横幅36幅，出版板报78版、张贴海报150张、编发公益短信100多万条、制作《爱惜粮食从小事做起》公益小视频并在地铁进行为期1个月的滚动播放，每天受众100万人次。10月16日第41个世界粮食日，市粮食和储备局牵头在南宁市安吉万达广场举行"世界粮食日"和"粮食安全宣传周"活动启动仪式；市粮食和储备局、西乡塘区人民政府、市农业农村局、市教育局、市科技局、市妇联，以及中华中路社区、安阳路社区干部群众，市粮食行业协会会员企业代表480多人参加。各县(市、区)、相关部门开展制止餐饮浪费、爱粮节粮宣教"六进"，公益广告(视频)全媒体等宣教。南宁市储备粮管理有限责任公司、南宁市军粮供应站、宾阳县粮食收储有限责任公司、广西力拓米业集团有限公司4家公司获"第二批自治区粮食安全宣传教育基地"称号。

【物资储备】 2021年，南宁市本级有猪肉储备企业10家(生猪活体储备企业7家，冻猪肉储备企业3家)。年末，市本级猪肉储备2630吨，落实冻猪肉储备880吨，生猪活体储备3.50万头(折合1750吨)，完成自治区下达任务106.05%。调整冻猪肉承储企业的承储任务，将中山温氏晶宝食品有限公司储存的630吨冻猪肉储备调出300吨，交由南宁壮宁食品冷藏有限责任公司储存。春节、全国"两会"期间，市粮食和储备局指导生猪活体承储企业加大生猪轮换出栏在全市范围销售力度。开展储备猪肉检查5次(生猪活体储备检查3次、冻猪肉储备检查2次)，检查结果表明市本级储备猪肉数量真实，质量合格，储存安全。委托广西联合产权交易所，对报废的救灾物资进行公开竞价处置；启动新救灾物资采购，救灾物资从14种增加至24种，从8004件增至1.32万件，总价值从52.66万元增至104.12万元。向有关县(市、区)调拨棉被、防寒衣等储备救灾物资2180件(套)。市本级防汛抢险水泥储备60吨，2家承储企业各承储30吨。

(丁俊峰)

物流业

【概　况】 2021年，南宁市推进物流集聚区和重大项目建设，培育现代化物流龙头企业。物流货运总量4.29亿吨，比上年增长16.76%；新增AAA级以上物流企业10家，累计46家。吴圩机场国际(含地区)货邮吞吐量2.40万吨，增长119%，在飞货运航线11条；中越跨境集装箱班列开行346列，增长108%。"物流网"在库项目71个，完成投资105亿元，完成自治区下达任务132.88%。印发实施《南宁市促进现代物流业高质量发展的若干政策》《南宁市大力推进多式联运发展若干政策》。

【物流园区建设】 2021年，南宁市继续开展"物流网"三年大会战建设，加大物流园区建设力度，开展《南宁市物流园区布局规划(2021—2035年)》研究，主要物流园区有中国—东盟国际物流基地、南宁空港物流基地、南宁国际铁路港等。中国—东盟国际物流基地位于五象新区西南部，规划面积1000公顷；入驻中新南宁国际物流园、南宁国际综合物流园、玉洞物流中心、万纬南宁金海物流园等重点项目，包含保税物流、电商物流、冷链物流、多式联运、国际运输、公共仓储、城市配送、智慧物流、粮食物流等功能区；中通快递南宁转运中心建成并运营，推进中新南宁国际物流园建设，完善中国—东盟国际物流基地基础设施。南宁空港国际物流基地位于南宁吴圩机场，占地面积约600公顷；重点发展航空物流、仓储和加工贸易、快递转运、航空货代等产业；顺丰创新产业基地等建成运营，宇培(南宁)电商冷链产业园完成主体建设，完善空港物流功能。南宁国际铁路港位于沙井编组站，邻西绕城高速，规划用地426.89公顷；总体功能布局"一核两港七区"，"一核"为商务核心区，"两港"分别为铁路港(以集装箱作业为主)、公路港(以多式联运为主)，"七区"分别为冷链物流区、口岸物流区、农产品物流区、汽车物流区、钢材物流区、城市配送区和生活服务区；电商物流区和农产品加工区完成招商、交付使用，顺丰速运等物流快递企业签约入驻，加快西部陆海新通道南宁铁路枢纽建设。

【现代物流企业】 2021年，南宁市新增AAA级物流企业10家，分别为南宁金丰业物流有限公司、广西苏宁物流有限公司、广西中邮物流有限责任公司、广西丰润航空物流有限公司、广西亨运韵达速递有限公司、广西圆通速递有限公司、广西中物耘供应链管理集团有限公司、南宁壮宁食品冷藏有限责任公司、广西优而敏电子商务有限公司、广西五洲金桥农产品有限公司。升级企业5家，其中AAA级升AAAA级2家(广西超大运输集团有限责任公司、广西星速道物流股份有限公司)，AAAA级升AAAAA级3家(广西玉驰智联科技有限公司、广西北港物流有限公司、南宁云鸥物流股份有限公司)。累计AAA级以上物流企业46家,其中AAA级25家、AAAA级14家、AAAAA级7家。

【第七届南宁物流周】 2021年11月9日至11日,由市商务局主办、南宁物流协会承办,以"同心同行·物流共赢"为主题,采用线上线下相结合模式举办,开展名家讲坛、企业论坛、院校物流大讲堂等活动,线上参与活动超30万人次。 (付焱鑫)

社会服务业

【概　况】 2021年,南宁市服务业稳步增长,现代服务业发展势头良好。第三产业增加值3315.42亿元,比上年增长6.3%。其中,交通运输、仓储和邮政业增长17.2%,住宿和餐饮业增长13.4%,批发和零售业增长7.8%,金融业增长3.3%,房地产业下降3.7%。1月至11月,规模以上服务业营业收入增长19.5%。其中,互联网和软件信息技术服务业增长50.7%,文体和娱乐业、科学研究和技术服务业、租赁和商务服务业分别增长24.8%、23.1%、22.6%。租赁与商务服务业新登记1.81万户,累计8.72万户。其中,内资(非私营)企业4922户,私营企业6.72万户,外商投资企业330户,个体工商户1.47万户。居民服务、修理和其他服务业新登记1.45万户,累计6.49万户。其中,内资(非私营)企业469户,私营企业1.13万户,外商投资企业33户,个体工商户5.31万户。卫生与社会工作行业新登记984户,累计3951户。其中,内资(非私营)企业216户,私营企业1227户,外商投资企业9户,个体工商户2499户。 (市市场监管局)

【家庭服务业】 2021年,南宁市有家政企业3474家,其中个体户513家、有限公司2961家、活跃经营企业1700余家。有市家庭服务行业协会1家,会员单位179个。家政服务涵盖家庭服务、婴幼儿产业服务(月子会所、托育机构、母婴产品)、医院陪护服务、养老服务、保洁服务、社区服务、物业服务等领域。南宁市家政服务行业准入门槛低,15%以个体工商户形式存在,市场品牌标杆企业少,存在合同不规范、收费标准不统一、服务项目标准不明确,雇主、家政服务人员及家政公司三方服务期纠纷等问题。年内,受新冠肺炎疫情影响,部分个体户零业务,小型、中型企业业务量减半,部分企业暂停营业;承担职业培训的企业线下培训人数锐减,改为线上培训,个别企业承接医院、企事业单位的保洁消杀。市商务局组织家政企业做好家政服务业信用管理系统数据录入,推进"安心卡"发放。建立服务人员信用档案,完善包括服务人员个人信息、质量评价、技术星级等信息的数据库。通过政府鼓励示范、增强市场诚信意识、引导企业重视失信防范机制等措施,培育服务人员市场诚信。全市归集到国家家政服务信用平台家政企业25家、从业人员4.08万人,归集到广西家政服务信用信息平台家政企业72家、从业人员2.72万人,计划首批分配南宁市"上门服务安心卡"2140张。使用2020年自治区本级商务发展专项资金内贸类项目资金31万元支持南宁市旭东社区服务有限公司等7家企业。
(市商务局　南宁市家庭服务行业协会)

【养老服务业】 2021年,南宁市推进市第二社会福利院一期工程。推进15个县(市、区)、开发区各新建一所300张~500张床位的公办示范性养老福利机构,基本建成10家(横州市示范性公办养老福利大楼、宾阳县健康养生城、马山县白山养老服务中心、隆安县那桐镇农村养老服务中心、兴宁区三塘公办养老示范机构、江南区民政综合园、青秀区福利养老院、西乡塘区坛洛镇第二卫生院养老服务中心及加层扩建、南宁高新区示范性公办养老院、广西—东盟经开区社会福利院),在建3家(上林县养老院建设项目,武鸣区光荣院、福利院搬迁扩建项目,南宁经开区示范性养老院项目),开展前期工作2家(邕宁区民政福利园、良庆区民政福利园)。建成街道综合养老服务中心19个,覆盖率76%,其中打造示范性街道综合养老服务中心3个。推动兴宁区、隆安县改扩建街道(乡镇)综合养老服务中心。引进华润悦年华颐养社区、前海人寿幸福之家等重大健康养老产业项目投入运营,推进泰康之家·桂园项目建设。全市大健康养老产业项目完成投资11.2亿元,完成绩效目标124%。 (陆潇玲)

【拍卖业】 2021年,南宁市有拍卖企业182家,拍卖从业人员561人,其中拍卖师139人。主要经营项目有工商行政管理、海关和司法机关等罚没物品、抵债物品、无主物品、闲置物品、积压物品、生活资料、艺术品、房地产、无形资产、银行不良资产、土地使用权、生产经营权、股权、市政设施广告经营权等。据不完全统计,开展拍卖2494场次,拍卖成交总额68.69亿元,上缴国家税额1.20亿元。
(周　旻)

住宿与餐饮业

【概　况】 2021年,南宁市住宿和餐饮业增加值133.80亿元,比上年增长13.4%,新登记2.31万户,累计8.06万户。其中,内资(非私营)企业566户,私营企业5099户,外商投资企业198户,个体工商户7.47万户。住宿业营业额47.26亿元,增长13.2%。餐饮业稳步增长,增幅受新冠肺炎疫情影响放缓,餐饮业营业额203.26亿元,增长24.8%,有国家特级厨师65人,烹饪大师368人,餐厅6.42万家,从业人数超过50万人。有中华餐饮老字号1个,广西餐饮老字号9个,南宁老字号13个,成熟菜品3000多个,形成宴席菜、粉面粥、家常菜、生料火锅、烧烤、小吃六大餐饮门类,三街两巷特色美食文旅街区、大型商业中心、社区餐饮三大美食功能区,以及中央厨房、冷链仓储、食品工厂、餐饮研发、集采集配、种植养殖、邕菜工作室七大基地,中山路美食街中外闻

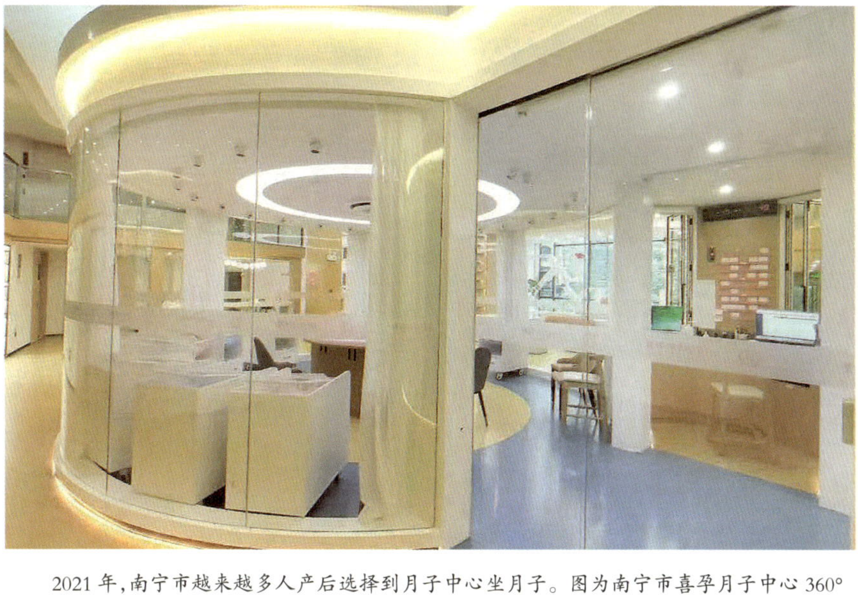

2021年,南宁市越来越多人产后选择到月子中心坐月子。图为南宁市喜孕月子中心360°全透明婴儿室　　喜孕月子中心提供

名。有具有餐饮行业代表性的协会1家:南宁餐饮行业协会,设邕菜名厨专业委员会、老友粉专业委员会、邕菜品牌发展委员会、银企合作专业委员会等专业机构。餐饮业摆脱以往单打独斗、小而散的局面,实现品牌跨区域连锁化、规模化经营,初步形成高、中、低档同时发展,多种经济形式、多种风味、多种经营模式共存的产业格局。1月、12月受新冠肺炎疫情影响较大,宴席、会议等团单退订情况较多。

(市商务局　南宁餐饮行业协会)

【民　宿】2021年,受新冠肺炎疫情影响,跨省游受限,南宁市民选择当地郊区游。美丽南方、古岳坡、三甲屯等乡村成为市民周末休闲好去处。分布在乡村的个性化旅游住宿产品——民宿,成为乡村旅游发展的特色品牌,带动乡村休闲旅游产业发展。民宿有别于旅馆、酒店及普通住宿设施,是利用当地民居等闲置资源,经营用客房不超过4层、建筑面积不超过800平方米,主人参与接待为游客提供体验当地自然、文化与生产生活方式的小型住宿设施。据不完全统计,南宁市以农家乐、民宿、客栈、庄园、宅院、驿站、山庄等发展起来的小型住宿设施过百家,以景区、乡村旅游区、乡村古镇等旅游资源为核心向周边辐射,呈集群化发展趋势,总体呈现快速增长势头。上林县下水源旅游民宿集聚区是依托优越的自然环境发展起来的典型代表,出现四季云端、以观云栖、紫云山庄、山语别院等高品质度假民宿。丰富的乡村文化和优美自然环境是旅游民宿发展的主要资源。云舍度假村落,位于江南区金凯街道友谊路,依据中国村落样式设计,注重还原原生态山野趣味村落样貌的设计思想,发展成为南宁市小有名气的度假民宿;美丽南方吾院、原舍等民宿位于西乡塘区石埠镇忠良村,吾院配套有民宿、酒吧、书吧、咖啡厅、禅意茶房、垂钓、特色自助烧烤、乡村儿童体验乐园等,原舍保留岭南建筑风貌,融合文艺、乡土、民俗等元素;桔子红了、南苑艺宿等依托马山县羊山村三甲乡村旅游区,注重营造儿童公共空间,成为亲子出游网红民宿,许多民宿出现节假日一房难求的现象。民宿行业发展存在所依托的旅游发展环境基础设施建设不足;部分民宿花重金打造、高价运行,但民俗风情淡化,匠心缺失;部分民宿卫生条件差、住宿餐饮标准不达标等问题。

【露营地】2021年,受新冠肺炎疫情影响,跨省游受限,南宁市民在户外搭帐篷露营成为一种时尚热门的休闲方式。据不完全统计,全市有露营地60多个。许多传统景区均设置有露营地,如青秀山、大明山、广西高峰森林公园、大王滩风景区、良凤江森林公园、花花大世界等,比较受欢迎的营地有巨可爱艺术营地、顶蛳山汽车营地、野萤露营、邕江一号帐篷营地、松果野奢营地、野行野宿等。营地一般提供露营场地、帐篷等露营用品,建有卫生间和洗澡间。不少景区推出"露营+"旅游产品,有"露营+赏花""露营+房车""露营+露天音乐会""露营+观星""露营+旅拍""露营+烧烤"等,如顶蛳山公园推出星空帐篷营地,内设烧烤场、儿童游乐场等,可开展团建、派对、亲子活动等;青秀山推出"露营+生活节",设置自由露营区、儿童露营区、互动打卡区,以及商家市集;大明山滑翔基地青芒露营设下午茶、露营游园会、BBQ烤肉音乐酒会、篝火烟火等活动。　(姚宗秀)

2021年,位于马山县羊山村三甲乡村旅游区的桔子红了民宿内景　　桔子红了民宿提供

【桂菜经营】2021年,南宁市餐饮业经营的桂菜系列主要由桂北风味菜、桂东南风味菜、桂西风味菜、滨海风味菜和少数民族风味菜,以及各种风味小吃组成,桂菜有微辣、带甜、有酸、新鲜的特色,风味独特,别具一格。桂菜原料采用鱼、鸡、虾、蟹、猪、牛、羊等,素料有芋头、马蹄、莲藕、竹笋等,在佐料上采用豆腐乳、辣椒酱、白酒、黄皮酱、柠檬等,烹调方式采用扣、蒸、炖、酿、焖、炒、炸,成为清甜、鲜香、脆嫩风味特色。成菜讲究粗物细作、形量协调,形成香气蕴藉、色彩清丽的广西风味菜。代表菜有巴马烤整猪、苗家竹板鱼、侗乡竹笋肉、瑶山泥巴鸡、壮家粉芭肉、毛南烤香猪、京族花衣蜇皮、脆皮扣肉、脆皮狗肉、白切狗肉、纸包鸡等。南宁、梧州、玉林等地方风味菜讲究鲜嫩爽滑、用料多样,常以岭南瓜果入菜,如玉林三宝(牛巴、牛腩、牛肉丸)、菠萝焗饭,梧州纸包鸡,南宁腰卷、邕州鱼角、猪肚鸡、荔浦芋头鸭等;少数民族风味菜多就地取材,讲究实惠,制法独特,具有浓郁的乡土气息,如客家皇蒸鸡、壮乡田螺猪手等;桂北(桂林、柳州等地)风味菜品味醇厚、色泽浓

2021年国庆期间,大明山滑翔基地青芒露营地景色　　青芒露营提供

重，擅长以山珍野味入菜，如桂林黄焖鸡、"酿三宝"等。南宁市较有特色的桂菜经营餐馆主要有明园新都大酒店、荔园山庄、南宁饭店、味江南邕城家宴、甘家界柠檬鸭、南宁肥仔饭店、瑶王府、小南国、老友王、味道制造、漓雨村私房菜、八桂坊、金龙寨、明桂御膳坊、邕城小福楼、沙头醋血鸭馆、阿谋美食、诚如金餐厅、桂林仔、文家油茶、桂小厨、桂嘢新派广西菜餐厅等。（书　弄）

【邕菜经营】 2021年，南宁市餐饮业经营的邕菜有完整餐饮产业链条，上下游产业布局合理，餐饮氛围浓厚。南宁背山面海，陆川土猪、马山黑山羊、田东桂七、武鸣沃柑、崇左甘蔗、钦北防海产品等为南宁美食文化提供独特食材。物产丰富，靠近热带，植物繁多富饶，酸柠檬、黄皮果酱、紫苏、假蒌、豆豉等成为南宁特有的原材料。地处亚热带，夏季长，湿热，夏秋菜式以消暑祛热为主，冬季温补。邕菜融合桂西南、桂北、少数民族的风味特色，在湿热的气候中衍生出"鲜、香、嫩、滑、爽、脆、酸、甜"的偏重口味，南宁酸嘢、南宁老友粉，南宁柠檬鸭最具代表性，如南宁星夜蜜家厨推出"中邕之道"邕菜大师宴，南宁肥仔餐厅"平靓正"的平价邕菜，以甘家界牌柠檬鸭和丫丫厨娘为代表的南宁柠檬鸭等。（南宁餐饮行业协会）

【传统食品】 2021年，南宁市主要有南宁老友粉、生榨米粉、粉饺、脆皮扣、佛手酥、油炸粽、锅烧牛杂粉、糯米水圆、绿豆大肉粽、蕉叶糍等传统食品，富于地方特色。

南宁老友面(粉)　传统做法先将精面粉加适量水和鸡蛋反复搓揉，用竹杠反复压打成面片，精切成细条，现多用机器压榨成湿面条，再以爆香的蒜泥、豆豉、辣椒、酸笋、碎肉、醋、骨头汤等配料与之烹煮而成。年内，市市场监督管理局协助指导南宁餐饮行业协会申报"南宁老友粉"国家地理标志产品，南宁餐饮行业协会成立"南宁老友粉"专业委员会，邀请南宁各老友粉传统老品牌店、南宁老友粉传承世家等加入专业委员会，聘请广西大学、广西民族大学等专家为"南宁老友粉"产品提供科学原理理论及产品相关数据。

米　粉　选用大米淘净浸透加水磨浆，掺入用开水冲兑的适量熟浆拌匀(或用适量米饭与米一同磨浆)放入金属托盘(米浆仅铺过盘底)，蒸成薄片，折叠切成条，叫作切粉；在舀米浆入托盘后加入碎肉、葱花、香菇末、碎虾米等配料，蒸煮后卷成筒状称卷筒粉，在梧州及广东一带叫肠粉；将用布滤干成粉团的米浆煮至五成熟，放在石臼中舂成软硬适度有韧性的稠浆(现代多用机械搅拌)用粉榨器就着沸水锅压榨入锅煮熟，叫生榨粉。

干捞粉　取切粉置于捞篱内放入开水锅中汆一下，装碗后加入叉烧或牛锅烧、焯过水的绿豆芽、炸黄豆或炸花生仁，淋上用10多种配料熬成的酸甜卤水及少许熟花生油拌匀即可食用。

宾阳酸粉　宾阳县传统小吃。精选上好的晚稻大米，经24小时浸泡并淘洗，用土制的石磨磨浆。经过7天时间反复的漂浆，其间，根据气温的不同进行不定时换水。蒸制时采用大铛木盖浮托法蒸米粉，蒸熟一条折叠一条并抹上一层花生油。配菜有叉烧、炸波肉、炸牛肉巴、炸灌风肠、炸花生或黄豆和腌制的新鲜黄瓜。用纱布包好陈皮、八角、葱条等10多种香料，加水、盐、蚝油、味精等煮制卤水，再用糖、盐、米醋调制糖醋至酸甜适口。切好米粉放在碗内，叉烧等配料平摊在米粉上，再放些鲜红的生辣椒和蒜茸、香菜，浇上卤水及糖醋，加些花生油即成。

八仙粉　选用带有韧性的新鲜切粉，煮粉前先在热锅里盛入大半碗猪骨熬成的上汤，汤沸后放入鱼饺、熟鹌鹑蛋、香菇、黄花菜、鱿鱼、鸡肉丝、瘦猪肉片、鱼片、新鲜嫩蔬菜等各两三件，猛火煮沸片刻，再倒入200克切粉，待锅中汤水再沸后加少许香葱、香油、盐、味精等调味，即可装碗食用。

炖粉糕　将大米淘净，兑水磨成米浆，分成几盆调入可食用的红、黄色素，用浅陶盆置锅中分层舀入米浆，先蒸一层原色米浆，待第一层蒸熟后，再依次分别加入黄色、红色米浆，反复依次加入各色米浆，每层约0.20厘米厚直至蒸满盆，在面上洒入些碎肉、花生仁、葱花即可，称夹层炖粉糕。

凉　粉　将凉粉果中的白色粉粒加工榨出液体，加热冷却后形成晶莹透明的晶体，将熬过的红糖水加入，捣碎晶体作凉拌吃。

粉　虫　用黏米洗净浸透、磨成稀稠适宜的米浆，滤成湿粉团置锅内煮至半熟，起锅揉搓至软硬适度有韧性的粉团，然后搓成条状，扯下小段在专用竹箕背搓几下，成虫状，置于蒸笼蒸熟。

粉　饺　选用黏米浸透磨成稀稠适度的米浆，滤成湿粉团置沸水中煮至半熟，加入适量薯粉(生粉)，将粉团反复搓揉至有韧性，搓成条状擀成薄片饺皮，包入拌食盐、香油、味精、五香粉的碎猪肉、虾米、香菇、马蹄或凉薯末合成的馅心，置托盒蒸熟。食用时配以黄皮酱、海鲜酱、豉熟油及少许葱花、芫荽之类的佐料。

粉　利　将浸透的大米加水磨成浆，滤成湿米粉，搓揉成团，放入沸水锅蒸至半熟，置于案板揉搓至有韧性，搓成直径4.50厘米的圆条状，切成段，置笼屉蒸熟。蒸熟的粉利须入水保存，以防干裂。食用时切成片，配以各种肉类制成"炒粉利""粉利汤"，亦可作打火锅的食材。

油炸粽　将糯米淘洗浸透，捞起沥干，取100克～150克加少许绿豆，用粽叶包成长12厘米、宽7厘米、厚5厘米扁形粽子，置锅中煮熟，然后捞起晾干，剥去粽叶，放到烧滚约180℃的油锅内炸至外皮色泽金黄即可。

蕉叶糍　选用糯米淘净浸透磨浆，用布袋滤干成湿粉团，经搓揉捏成长条状，用经热水烫软洗干净并刷上食油的芭蕉叶把粉团包好，置蒸笼蒸约20分钟即可食用。可制成咸味、甜味2种。做甜味的方法是将糖煮成浓浆，加入猪油与湿米粉搓匀；咸味的即在湿粉中加入些许盐搓匀，或包入炒干的横县头菜末、碎猪肉、花生之类的咸馅。

艾　糍　也称艾粑粑。摘下野生的艾草或白头翁草嫩叶用石灰和水浸泡两

宾阳酸粉　　市方志办资料

三天以去污(白头翁草洗净即可),然后洗净捞起剁碎(越碎越好),加入赤砂糖和水,煮艾叶或白头翁草碎成糊,将其和入糯米粉中,艾糍外衣即成;炒花生仁舂碎后拌入赤砂糖和炒过的白芝麻(味甜而不腻且香)作馅;将馅包入已和好的艾叶糊面团中(像包汤圆一样)压扁,把摘来的新鲜柚子叶或芭蕉叶剪成巴掌大小洗净(再放些油入热水中略煮更好),再给每个包好的艾糍附上一小片柚子叶或芭蕉叶,环状放入蒸笼蒸15分钟~20分钟即可食用。

凉　粽　将糯米浸透,拌入少许枧水,用几张竹叶包成条状,用细线捆扎牢,置沸水锅煮熟。食用时除去竹叶,蘸以糖浆。

猪肉绿豆粽　将去皮肥猪肉洗净切条,加入佐料腌制半天待用;绿豆磨碎淘洗去皮,选用大糯米淘净沥干,将粽叶若干张洗净摊开,放上适量糯米,在中间开凹沟,放入绿豆和一条腌制猪肉,再盖一层绿豆,加一层糯米覆盖好豆、肉,然后包起,中部微突隆,用粽绳扎牢,置沸水锅中煮半天左右即可。

五色糯米饭　分别将旱米果、香饭花或姜葱、枫叶或枫树皮、红蓝草捣烂加水加热制成大红色、黄色、黑色、紫红色液体,将糯米分别浸泡在各色液体中,待米粒通体染上颜色后滗去余汁,分别入甑蒸煮,出甑后再将各色熟饭放入大铁锅中搅匀,便呈黑、红、紫、黄、白5种色彩。

黄花饭　先将黄花树的黄花置锅中加水煮沸,水变黄,滤去渣,留水蒸饭即成黄花饭。

豆蓉糯米饭　摊档主将大口陶盆放在箩中,盆内盛满糯米饭,饭旁放着绿豆蓉;不论冬夏,盆底均置一炭炉,盆上放着一钵油炸糯米锅巴,另一钵则放着一块块卤熟的半肥瘦肉或腊肠。出售时档主用双手将糯米饭捏好,夹入绿豆蓉、油炸锅巴或猪肉或腊肠在糯米饭中间,捏成饼状,沾上香酥芝麻、葱花、生晒豉油,放在一块清洁的荷叶上,顾客即可拿着食用。

瓦煲饭　选优质米入沙煲,采用转炉煮饭,炉的一半有火,一半无火。先用猛火烧沸,然后转到无火焗饭。焗饭时,将配好佐料的肉类菜蔬,铺陈于饭面,饭熟菜熟。

八宝饭　选用优质的香糯米浸洗后用竹箕滤干水,置蒸笼或饭甑蒸熟,倒在盘里加些猪油、白糖拌匀,然后将少许蜜枣、杏仁、莲子、冬瓜糖、桂圆肉、葡萄干、蜜饯等干果放入碗内摆好,再将一些干果拌入饭中,盛入碗里压实,中间压成窝状,放些豆蓉馅,再用糯饭盖住压平,重新置蒸笼内蒸三四十分钟即可。食用时把碗里的八宝饭扣于碟中,浇上少许用糖和菱粉调制的芡汁。

酿苦瓜　选用中粗直的青嫩苦瓜,洗净切成每节长圆寸的瓜筒,掏出瓜瓤,将猪肉与花生仁剁成肉泥,与浸透的糯米、猪油、盐、香葱、香料拌匀作馅,填入瓜筒中,置锅中蒸熟即可上碟食用。

炒田螺　将田螺置清水盘中养数日,常换水,让田螺吐尽泥污,然后洗净外壳的泥苔,用刀敲碎螺尾顶尖,剥去螺盖后入锅,加入少许食油、姜、盐、酒等配料爆炒片刻,以除去腥味,再加些水煮至熟透,最后加入紫苏、假蒌、香葱、蒜苗、酸笋、啤酒及适量油、盐调味拌匀,便可上桌食用。

粥　品　选用上好大米,明炉微火煮至米烂待用。食用时可根据口味,明火现煮配制成猪肉粥、牛肉粥、鸡肉粥、鱼片粥、猪杂粥、鸡杂粥、皮蛋瘦肉粥、三鲜粥、猪红粥等,上碗时加入姜丝、葱花、胡椒粉即成为美味粥品。

鱼　扣　邕宁区蒲庙镇那路村一道传统的特色菜肴。选择500克左右的鲮鱼做原料。将活鱼洗净,去头、去皮,取鱼肉,把鱼肉剁成泥(也可用绞肉机绞)倒入盆里摔打20分钟后(以把一小块鱼泥投入水中能浮上来即可),加入适量的食盐、胡椒粉,拌均匀后待用(用作包鱼扣的皮)。接着制作鱼扣馅。鱼扣馅使用瘦猪肉、虾米、香菇、马蹄、花生、芝麻、头菜、葱8种材料。把花生、芝麻用文火炒香,把其他馅料剁碎,加入适量的生粉和少许鱼肉泥(使蒸熟的鱼扣切开时馅不容易散开)及舂碎的花生、芝麻,搅拌均匀后即成鱼扣馅,把馅包入先前制作好的鱼肉泥中即制成鱼扣(包好的鱼扣形状像只大包子),再把鱼扣放入烧开的锅里煮30分钟,待鱼扣从锅底浮到水面即可捞起,趁热滴上几滴老抽抹匀,冷却后,将鱼扣放入油锅里炸至表面金黄后捞起冷却,切成片状装盘,再放入蒸笼蒸20分钟即可以上桌(蒸得越软越好吃)。

脆皮扣　良庆区、邕宁区的特色菜肴。选上好皮薄的五花肉1000克,清洗干净,改刀切成500克一块的大块,取干净的锅,放入改刀后的五花肉,加入冷水,放入姜块葱条和酒,猛火烧开,改小火煮20分钟,捞出放在盘中,然后在肉皮上均匀地抹上盐和大红浙醋;取炒锅,垫上锅箅,将抹好醋的肉皮向下放到锅中箅子上。然后倒入花生油,至泡到猪皮但不超过猪皮为好,盖上锅盖,大火烧制,待油发出爆炸声后,关至中小火,炸40分钟,待皮炸到金黄时即可捞出,切片食用。

高峰柠檬鸭　起源于武鸣区一带的一道特色菜,尤以武鸣区高峰境内酒家饭店最优故得名。将鸭宰后洗净、去内脏切成块,入锅用猛火炒至六成熟,再将切成丝的酸辣椒、酸姜、酸柠檬、酸藠头、酸梅、生姜、蒜泥等佐料入锅同炒,拌匀后改文火至八成熟后加入豆瓣酱同炒至熟透,淋上适量香油即可出锅上碟。以甘家界牌柠檬鸭为代表。

横州鱼生　横州市传统食俗。将1.50千克~2.50千克重的活鲩鱼杀死去皮,把鱼两侧面的肉削除出来,用卫生纸包好吸干水分,将鱼肉切成"双飞"薄片,摆在盘里。然后用冷开水将生姜、紫苏、鱼腥草、柠檬叶、大头菜、洋葱等佐料洗干净,甩干水分后切成细丝,指天椒、蒜瓣、酸藠头等切成片。将酱油、花生油、酸醋、胡椒粉等放入小碗拌匀作调料。食用时各取少许青料、姜丝、花生米、酸藠头,连同蘸了调料的鱼生片一起吃。

酸　肉　壮族传统食品。把猪肉(最好是五花肉)的皮面置锅中煮成金黄色,加入蒸熟的玉米粉(小米粉更好)、精熟盐

2021年12月3日至5日,广西美食博览会在南宁国际会展中心举办。图为美食博览会现场　赖有光　摄

(每千克猪肉掺60克～70克，以不太咸为宜)，经反复搓揉，至肉变软后置瓷罐中密封，两个星期后肉即变酸，便可吃用。酸肉有2种吃法：一是切片后即吃；二是把黄豆或玉米炒熟和酸肉一起吃。

羊　酱　又叫"羊精""羊瘪"。羊杀好后，将羊的一段细嫩的小肠割下，分绑两头，入锅用油煎至小肠爆裂、黄熟，内容物溢出后，加水煮10分钟，将小肠捞起滴水沥干，切成小块，再放入锅中，配以适量的羊血和剁碎的羊肉、羊杂以及盐、姜、辣椒等佐料制成。

羊　红　用刚宰杀的黑山羊鲜血和炒好的羊内脏(俗称"羊下水""羊杂")，加上香菜、花生等佐料制成。

清水羊肉汤　马山县特色菜。将黑山羊羊肉砍块，放入有清水的锅中烧开去除血水，沥水后用清水洗净，再倒进放有枸杞、花菇、红枣、生姜等开沸的锅中煮熟后，蘸料汁即可吃。蘸料以新鲜香椿嫩芽为主料。

腊　肉　南宁传统风味食品。冬天腊月时人们将新鲜猪肉搓适量的盐放在盘里腌到农历二月，用菜叶清洗除去肉表里油腻盐质，然后串挂起来，风干即成腊肉。

糯米血肠　壮族普遍喜爱的传统食品，壮语称为"楞棒"。把蒸到半熟的大米或糯米趁热拌上鲜猪血以及各种香料，紧紧灌入洗干净的猪肠内封口蒸熟即成。食用时可切成片，或用油煎炸，或用甑蒸热。　　(书　弄)

【广西美食博览会】2021年12月3日至5日在南宁国际会展中心举办。自治区商务厅、自治区文化和旅游厅、自治区市场监管局主办，主题为"弘扬桂菜美食，促进餐饮消费"，参会企业100多家，参展美食600多种。设置桂菜品牌风味区、餐饮大赛及美食体验区三大板块；在桂菜品牌风味区，重点展示广西代表性的桂北、桂西、桂东南和滨海四大风味品牌企业和菜系，以及桂菜十大名菜、十大名小吃、十大特色米粉。博览会期间，举办桂菜文化及大师技艺展示、第十届广西民族地方特色美食大赛、广西首届烹饪工匠节暨第四届名厨大会、广西首届团餐大赛等厨艺展示及赛事。　　(南宁新闻网)

表8　　2021年南宁主要美食门店品类数量、占比、人均消费情况表

品　类	数量(个)	占比(%)	人均(元)	品　类	数量(个)	占比(%)	人均(元)
快餐简餐	111505	17.37	20.21	烧烤烤串	1393	2.17	62.91
米粉/米线	5768	8.98	13.85	炸鸡炸串	1028	1.6	18.95
茶饮果汁	5739	8.94	14.28	甜　品	1005	1.57	20.46
小吃快餐	3760	5.86	15.96	烧　猪	950	1.48	24.5
面包烘焙	3120	4.86	30.28	咖啡厅	846	1.32	33.29
小　吃	2885	4.49	17.51	卤味鸭脖	841	1.31	20.44
其他美食	1826	2.84	52.61	粥　店	808	1.26	52.35
火　锅	1665	2.59	77.36	西式快餐	742	1.16	26.69
烤　串	1618	2.52	62.84	其他中餐	740	1.15	65.72
包　子	1612	2.51	14.67	生　鲜	733	1.14	90.86

表9　　2021年南宁市餐饮业各品类优秀品牌情况表

品牌名	品　类	人均消费(元)	南宁门店(个)	本品类消费占比(%)
粤珍轩	粤　菜	600～800	2	8.9
云庭汇	粤　菜	300～500	3	5.86
凯逸轩	粤　菜	200～300	4	11.3
一号海鲜	海鲜自助	200～300	1	12.6
金悦轩	粤　菜	120～200	1	3.75
瑶王府	桂　菜	120～200	8	1.65
好友缘	宴　会	100～120	5	1.02
星夜蜜家厨	私　厨	100～120	1	0.8
大头椰	火　锅	100～120	13	0.75
大三元豆乳火锅	火　锅	100～120	5	0.48

续表 9

品牌名	品　类	人均消费(元)	南宁门店(个)	本品类消费占比(%)
仟味瑶家	桂　菜	100～120	4	0.51
瑶长府	桂　菜	100～120	3	0.47
桂小厨	桂　菜	80～100	18	2.25
金大陆海鲜世界	宴　会	80～100	5	3.86
南宁肥仔餐厅	宴　会	80～100	9	2.68
甘家界牌柠檬鸭	邕　菜	80～100	5	4.85
五条友	烧　烤	80～100	10	2.69
三个椰子原生态椰子鸡	火　锅	80～100	7	0.53
潮牛海记	火　锅	80～100	5	0.42
椰贝原味椰子鸡	火　锅	80～100	5	0.46
陈二越南螃蟹脚	海　鲜	80～100	8	0.68
芭蕉缘	烧　烤	80～100	3	0.23
蚝美人	海　鲜	80～100	5	0.43
蛙小侠	湘　菜	50～80	20	8.65
蛙月荷	湘　菜	50～80	7	0.89
蛙小帅	湘　菜	50～80	6	0.53
丫丫厨娘	邕　菜	50～80	8	2.68
威记烧野	烧　烤	50～80	3	0.36
漓江小聚	桂　菜	50～80	5	0.86
饭桌故事	湘　菜	50～80	10	0.98
韶山冲	湘　菜	50～80	6	0.52
到长沙湘菜餐厅	湘　菜	50～80	6	0.49
金记猪肚鸡	火　锅	50～80	15	1.02
李记猪肚鸡	火　锅	50～80	11	0.72
爸爸炒料	火　锅	50～80	9	1.05
草原小品羊	火　锅	50～80	8	0.65
老城鲜贝贝煲	火　锅	50～80	6	0.86
桂二老坛酸菜鱼	桂　菜	50～80	11	1.06
捌零捌餐饮	邕　菜	50～80	4	0.36
路易十三西餐厅	西　餐	50～80	3	1.06
姑婆山美食	桂　菜	50～80	2	0.53
幸福舒克老友粉	简　餐	30～50	2	0.35
三品王	牛肉粉	10～30	152	7.86
尝不忘	桂林米粉	10～30	141	6.65
粉之都	桂林米粉	10～30	116	5.35
猪霸王	猪肉粉	10～30	84	3.15

续表 9

品牌名	品　类	人均消费(元)	南宁门店(个)	本品类消费占比(%)
天福香老友粉	老友粉	10～30	38	3.32
复记老友粉	老友粉	10～30	38	3.13
老友覃老友粉	老友粉	10～30	7	1.69
拾叁味桂派米粉	桂林米粉	10～30	14	1.35
古源香天天生榨米粉	生榨米粉	10～30	10	4.25
巧二娘米粉便利店	桂林米粉	10～30	9	1.59
舒记粉店	老友粉	10～30	9	2.09
花溪王	牛肉粉	10～30	8	1.02
柳螺香	螺蛳粉	10～30	150	3.25
爱民螺蛳粉	螺蛳粉	10～30	65	1.35
五角星螺蛳粉	螺蛳粉	10～30	59	2.07
河马小粉螺蛳粉	螺蛳粉	10～30	24	0.96
柳盛螺蛳粉	螺蛳粉	10～30	18	0.63
爱国爱民螺蛳粉	螺蛳粉	10～30	18	0.75
婉儿螺蛳粉	螺蛳粉	10～30	10	0.45
品螺香	螺蛳粉	10～30	5	0.26
西环肥仔螺蛳粉	螺蛳粉	10～30	5	0.39
萃茶师	茶　饮	10～30	49	5.89
梁小糖	茶　饮	10～30	208	8.63
琉璃净	茶　饮	10～30	135	4.63
查理王子	茶　饮	10～30	130	3.41
茶道夫	茶　饮	10～30	67	2.15
大维饮品	茶　饮	10～30	50	1.65
渣　柠	茶　饮	10～30	42	1.23
朗　茶	茶　饮	10～30	25	0.76
煲珠公	茶　饮	10～30	27	1.15
浅　茶	茶　饮	10～30	16	0.58
阿嬷手作	茶　饮	10～30	6	0.43

说明：仅统计在南宁经营的门店和南宁人创立的品牌

对外及与中国港澳台地区经济贸易

【概　况】 2021年，南宁市外贸进出口总值1231.92亿元，自治区排名第二，首次突破千亿元大关，比上年增长24.90%，高于全国(21.40%)3.50个百分点，高于自治区(21.80%)3.10个百分点。出口581.94亿元，增长23.60%；进口649.97亿元，增长26.00%。新增进出口实绩企业34家，累计976家。

【贸易往来】 2021年，南宁市与全球超200个国家和地区开展贸易往来。与亚洲进出口961.27亿元，比上年增长23.20%，占与全球贸易进出口78%；与欧洲进出口55.18亿元，下降14.70%，占4.50%；与北美洲进出口73.34亿元，增长56.90%，占5.90%；与拉丁美洲进出口46.22亿元，增长29.10%，占3.70%；与大洋洲进出口56.25亿元，增长84.50%，占4.50%；与非洲进出口39.30亿元，增长39.70%，占3.20%。与前五贸易伙伴中国香港地区、东盟、中国台湾地区、美国、澳大利亚贸易往来合计870.99亿元，占70.70%。与第一大贸易伙伴中国香港地区贸易往来337.99亿元，增长5.70%，占27.40%。与第二大贸易伙伴东盟进出口229.67亿元，增长26.80%，占18.60%。对美国、澳大利亚进出口分别增长46.20%、79.30%。加快建设高质量实施RCEP

(《区域全面经济伙伴关系协定》)示范区,对RCEP国家进出口381.42亿元,增长34.60%,占31%。

【出口贸易】 2021年,南宁市出口贸易总值581.94亿元,比上年增长23.60%。出口额较大的商品有计算机与通信技术、电子技术、计量检测分析自控仪器及器具、自动数据处理设备及零部件、中央处理部件、电子元件、医疗仪器及器械、通用机械设备、电工器材、手机、家用电器、汽车零配件等。主要销往马来西亚、越南、荷兰、美国、澳大利亚、加拿大、墨西哥、捷克、德国、英国等国家及地区。

【进口贸易】 2021年,南宁市进口贸易总值649.97亿元,比上年增长26%。进口额较大的商品有自动数据处理设备、存储部件、金属矿及矿砂、煤及褐煤、电工器材、电子元件、集成电路、液晶显示板、光电技术、计算机与通信技术、电子技术等。主要购自日本、马来西亚、韩国、越南、南非、巴西、澳大利亚、菲律宾、新加坡、朝鲜、德国、俄罗斯、泰国等国家及地区。

【加工贸易】 2021年,南宁市加工贸易进出口总值824.25亿元,比上年增长18.99%,占自治区加工贸易进出口72.30%,占全市对外贸易进出口66.91%,为南宁市第一大对外贸易方式。出口409.63亿元,增长18.58%;进口414.62亿元,增长19.40%。9月,南宁市国家加工贸易产业园获批,总面积27.31平方千米,包含五象片区、空港片区、江南片区,有加工贸易进出口实绩企业18家,加工贸易进出口750.11亿元,增长17.91%,占全市加工贸易进出口91%。电子信息类企业加工贸易进出口756.56亿元,增长38.69%,占全市加工贸易进出口91.79%。加工贸易企业工业设计、集成电路设计等服务出口2.67亿美元,增长52.57%。

【与中国港澳台地区经济贸易】 2021年,南宁市与中国香港地区贸易往来337.99亿元,比上年增长5.70%;与中国台湾地区贸易往来196.97亿元,增长34.50%;与中国澳门地区贸易往来15.46亿元,增长10105.20%。

【对外贸易活动】 2021年5月7日至10日,南宁市成立“首届中国国际消费品博览会南宁市交易分团”,组织外贸企业参加由商务部、海南省人民政府主办的首届中国国际消费品博览会,天际、合众、申龙等新能源车企,以及特飞云天、慧视、佳威等无人机、智能消费品企业参加产品展示。11月5日至10日,第四届中国国际进口博览会在上海国际会展中心举行,南宁市组建“第四届中国国际进口博览会南宁市交易分团”,市商务局、市科技局等15个部门和县(市、区)、开发区作为成员,开展采购商组织动员,累计报名参会单位和企业274家,受新冠肺炎疫情影响,实际参会120家,达成意向合约31单,意向采购金额8093.30万美元。受新冠肺炎疫情影响,2021年春季中国进出口商品交易会(第129届)采用线上方式举办,2021年秋季广交会(第130届)恢复线下举办,南宁市组织广西宏发重工机械有限公司、广西怡凯家居用品有限公司等164家企业参展,线下展位18个,线上展位156个,直播225场,参展商品有家居用品、大型机械及设备、化工产品、汽车配件、纺织原料面料、箱包、编织及藤铁工艺品等。 (张哲宁)

编辑 姚宗秀

表10 2021年南宁市对外贸易进出口主要国别(地区)情况统计表

名 称	进出口	出 口	进 口	比上年增长(%)		
	累计金额(千元)	累计金额(千元)	累计金额(千元)	进出口	出 口	进 口
总 值	123191943	58194545	64997398	24.9	23.6	26.0
亚 洲	96127004	48283534	47843471	23.2	25.3	21.2
非 洲	3929730	416575	3513154	39.7	55.5	38.1
欧 洲	5517872	3452057	2065816	−14.7	−1.9	−30.0
拉丁美洲	4621519	803084	3818435	29.1	7.4	34.8
北美洲	7333840	4784346	2549494	56.9	30.1	155.2
大洋洲	5624660	454949	5169711	84.5	37.4	90.2
东盟组织	22967465	14151686	8815779	26.8	30.2	21.7
欧盟组织	3695815	2934522	761294	−16.9	−3.3	−46.2
欧盟组织(含英国)	4057036	3280383	776654	−15.0	−2.2	−45.3
日 本	4713610	549077	4164533	33.1	−15.7	44.1
马来西亚	7482908	5056842	2426067	61.9	68.9	49.1
韩 国	4919546	576194	4343351	39.2	31.6	40.3
泰 国	3080372	2026380	1053992	138.2	220.6	59.4
越 南	8548378	5226659	3321720	−1.5	−8.7	12.4
巴 西	3448575	148380	3300195	44.2	29.5	44.9
美 国	5581863	4516818	1065045	46.2	31.6	177.3
澳大利亚	5053955	398687	4655268	79.3	31.3	85.2

交通运输 邮政

综 述

【概 况】 2021年，南宁市出台《南宁市促进现代物流业高质量发展若干政策》《南宁市大力推进多式联运发展若干政策》等政策，支持引导交通事业高质量发展，高质量建设国家空港型物流枢纽承载城市。完成重大交通基础设施项目投资502.8亿元，位居自治区第一，占自治区比重20%。建成柳州经合山至南宁、沙井至吴圩、吴圩机场至隆安高速公路3条；公路总里程1.74万千米，其中高速公路1085千米、国省干线3047千米、农村公路1.43万千米，建设美丽农村路、旅游路、资源路、产业路617千米，形成“一环七射”[“一环”指南宁外环高速公路及绕城高速公路形成的环路，“七射”指兰海高速(南宁至马山段)及兰海高速(南宁至防城港段)、广昆高速(南宁至岑溪段)及广昆高速(南宁至百色段)、柳南高速、南友高速、柳南二高]高速网络和内连外通、通村畅乡网络格局；完成公路客运量3636.4万人，客运周转量46.3亿人千米，公路货运量3.8亿吨，货运周转量433.05亿吨千米；获评全国首批“四好农村路”市域示范创建突出单位、“四好农村路”自治区示范市，累计创建“四好农村路”全国示范县2个、自治区示范县7个。铁路总里程近800千米(高速铁路355千米)，实现3小时内通达自治区主要城市、4小时内直通粤港澳大湾区核心城市。水路开行邕江水上游船线路，建成老口航运枢纽、邕宁水利枢纽；《南宁港总体规划(2035年)》获交通运输部和自治区人民政府联合批复；完成客运量18.96万人，客运周转量251.53万人千米，水路货运量4607.3万吨，货运周转量352.02亿吨千米。南宁吴圩国际机场稳居千万级客流量机场行列，运营航线184条，通航城市113个，旅客吞吐量1085.15万人次(全国机场排名第28位)，货邮吞吐量12.41万吨。轨道交通运营里程超128千米，轨道交通接驳公交率100%，市区内公交500米覆盖率100%。邮政寄递服务业务量完成1.29亿件，邮政业务总量72亿元，比上年增长19.44%，增速高于自治区1.15个百分点，占自治区比重44%。主要存在城市内外道路衔接不畅，外环高速出入口节点数量较少，农村公路技术等级不高等问题。

【交通投资】 2021年，南宁市完成重大交通基础设施项目投资502.8亿元，完成额约占自治区20%。高速公路建设规模连续三年创新高，建成柳州经合山至南宁、沙井至吴圩、吴圩机场至隆安等3条高速公路，加快建设南宁至湛江、南宁经巴马至贵阳等8条高速公路，开工建设横县至钦州港、南宁南过境线(吴圩机场至隆安延长线段)2条高速公路；高速公路通车总里程1085千米，形成“一环七射”高速公路网。铁路开工建设南宁北站非站房部分，推进南宁至贵阳、南宁至崇左、南宁至玉林3个铁路项目建设，获批建设市郊铁路机场线项目。推进西津水利枢纽二线船闸工程，基本编制完成西部陆海新通道(平陆)运河项目可行性研究报告。正在建南宁国际空港综合交通枢纽项目，南宁机场改扩建工程项目可行性研究报告获国家发展改革委批复。物流枢纽方面，建成并投入运营新中保税智慧园、科创苑一期等项目，推进南宁国际铁路港出口监管仓、南宁高铁物流基地、南宁玉洞铁路货运中心等项目前期工作。建成南宁轨道交通5号线，轨道线网呈现“跨江连城、贯穿城市东西南北”格局。

【综合交通运输】 2021年，南宁市交通运输行业实现复苏，公路、水路客货运周

2021年，六景至宾阳高速公路六屋郁江特大桥北岸梁场　　市交通局提供

转量比上年分别增长25.84%、20.04%，均高于自治区增速。完成普通公路(含农村公路)养护项目、公交换乘机具改造、绿色出行等为民办实事项目3个。客运站实现100%联网售票。驾培机构“计时收费、先培后付”服务模式全覆盖。实施网约车新政，网约车合规率位居全国第三。深化公交都市创建，开通运营轨道交通5号线，投入运营公交车3781辆，开行定制公交线路250条、社区公交线路2条，投放便民自行车3万辆，推行95128热线24小时约车服务，增设网约车“一键叫车”功能，解决市民出行“最后一公里”难题。南宁吴圩机场开通运营航线184条(国内航线170条、国际地区航线14条)，实现国际货邮吞吐量2.35万吨，增长119%。铁路货运占比逐年提升，发送货物210.5万吨，增长18.5%；开行中越班列346列，开行南宁—哈萨克斯坦重型机械首趟经西安中转中欧班列、南宁—哈萨克斯坦直达的中欧班列。稳步发展甩挂运输、多式联运，开通“南宁—钦州—唐山”“公铁海”多式联运班列，发送货物1.41万个标准集装箱。复航六景港—粤港澳大湾区集装箱水铁联运线路，发送666个标准集装箱。入选国家陆港型物流枢纽城市，AAA级以上物流企业增至46家；封关运营南宁国际铁路港海关监管场所，为中越班列整体运行时间节省约30小时。

【交通营商环境】 2021年，南宁市交通运输局(简称“市交通运输局”)推动交通运输营商环境持续优化，制定《南宁市城市轨道交通乘客守则(修订)》《南宁市交通运输局关于印发交通运输轻微违法行为免罚清单的通知》《南宁市交通运输局关于规范私人小客车合乘出行的实施意见》等文件13件(行政规范性文件7件)。简化办事审批程序，启用9类道路运输电子证照，配合市行政审批部门在全国率先推行“网络预约出租汽车驾驶员从业资格证核发(新发)”“巡游出租汽车驾驶员从业资格证核发(新发)”2个高频政务服务事项“扫脸即办”；在广西政务一体化平台办理政务服务事项4678件，办结4678件，办结率100%，事项可网办率100%，提速率100%。推进交通运输领域政务服务“跨省通办”，保持道路运输驾驶员“跨省通办”业务办件成功率。坚持消费者权益保障、诚信体系建设与行业监管、净化市场相结合，持续开展行业综合治理和综合执法，依法依规查处交通运输违法违章案件1.01万件，维护首府交通运输市场良好运营秩序。以轨道交通、公交、出租汽车、道路客货运、机动车驾驶员培训等行业为重点，强化服务保障，推升行业服务质量，优质高效办理群众投诉、咨询、建议。开展交通运输系统“最美交通 诚信先行”“诚信经营·先锋示范”“最美交通人”主题活动、信用交通宣传月等系列文明创建。

【春运旅客运输】 2021年1月28日至3月8日，南宁市客运运力供给充足，车辆档次提升，应急运力储备到位，道路客运企业服务能力、高峰期旅客疏运能力提高，未发生旅客滞留情况。日均投放客车3504辆(日均加班15辆、日均包车1辆)，日均总座位14.62万个，总开行25.64万个班次(加班936个班次、包车41个班次)；完成客运量321.44万人次，比上年春运(2020年1月10日至2月18日)增长79.24%。中国铁路南宁局集团公司发送旅客44.2万人次，单日旅客最高到发量2万人次；办理货运车辆63.3万辆。南宁吴圩国际机场保障进出港航班8570架次，比上年春运增加3968架次，增长86.2%；保障进出港旅客93.84万人次，比上年春运增长56.23万人次，增幅149.5%；地面运输保障旅客19.89万人次，日均4972人次，增长15%；长途专线运输进出港旅客3.98万人次，日均996人次，比上年春运减少21%；保障延误航班42个，送出511人，接回511人；接送机组37套，保障机组733车次；测温130.13万人次。

【交通运输安全生产】 2021年，南宁市交通运输系统推进安全生产专项整治三年行动集中攻坚活动，组织检查组1413个，检查指导企业6462家次，发现一般隐患4789个，整改完成4771个，督导问题2727个，行政处罚802次，责令停产整顿30家，警示约谈255家，开展联合惩戒92家。召开专题会议5次，梳理出行业安全生产需要攻坚的事项并形成清单、落实整改措施。开展道路运输安全隐患大排查大整治百日攻坚行动、行业安全生产大排查大整治、船舶碰撞桥梁隐患治理三年行动、“三无”(无船名、船号，无船舶证书，无船籍港)船舶整治、“坚守公路水运工程质量安全红线”、“平安工地”考核等专项行动，查处案件8192件(非法营运类案件3697件、其他案件4495件)，处罚1879.7万元。联合城管、交警、公安等部门开展火车东站、机场、地铁口等非法营运集中场所交通运输秩序整治，严厉打击查处违法违规交通运输行为。实施公路交通、水路运输灾害风险点普查，完成南宁市辖区数据录入审查。制定印发道路运输“两客一危一货”(公路客运、旅游客运、危化品运输、道路货运)行业安全监督检查标准，督促企业对照落实；以江南区为试点，指导50多家企业注册开通学习平台，组织1200多名从业人员在线参加教育学习。加强交通安全宣传，印发《关于开展交通运输行业“安全生产月”活动的通知》《南宁市交通运输系统推进安全宣传“五进”工作实施方案》，悬挂横幅4500多条，张贴标语5000多条、宣传画1万多张，发放资料10.8万份，出版宣传板报160期(版)；邀请主流媒体和网络直播平台开展“主播走一线”专题专访报道活动1场，开展线上活动8场，参与750人次；参与网上展览1800人次、知识竞赛450人次。水运行业未发生安全生产事故；道路运输行业未发生重大及以上事故；发生行车事故79起，死亡96人，受伤46人，其中发生较大事故2起(均为普货事故)、死亡6人、受伤12人；城市轨道交通发生1号线百花岭至埌东客运站下行区间“1·22”侵限事件、3号线“5·14”市博物馆站故障救援事件、2号线安吉综合基地保洁工具间“5·15”火灾事件，均未造成人员伤亡。

铁路运输

【概　况】 2021年，南宁市境内铁路有湘(湖南)桂(广西)、黎(塘)湛(江)、南(宁)昆(明)、邕(南宁)北(海)、南(宁)防(城港)、黎(塘)钦(州)6条普速铁路，柳(州)南(宁)客专、南(宁)昆(明)客专、南(宁)广(州)3条高速铁路，其中湘桂铁路、黎湛铁路、南昆铁路为国家铁路，南防铁路、黎钦铁路、邕北铁路，柳南客专、南昆客专、南广铁路为合资铁路。境内铁路总里程775.90千米(不含复线)。铁路职能机构、单位有中国铁路南宁局集团有限公司(简称“南宁局集团公司”)，经营管理职能机构27个，生产机构1个，附属机构29个；党群部门9个，公安部门驻南宁机构2个(公安局、公安处)。南宁局集团公司驻南宁下属单位25个，其中运输单位12个(南宁站、南宁客运段、南宁车务段、南宁货运中心、南宁机务段、南宁车辆段、南宁南车辆段、南宁工务段、南宁电务段、南宁供电段、南宁通信段、南宁房产生活段)。完成国家铁路建设投资83.65亿元，代建项目投资138.42亿元。图定客车333对(动车组列车284对)，旅客发送量9373.4万人，比上年增长15.3%；货物发送量1.29亿吨，连续5年超亿吨；助力西部陆海新通道高质量建设，开行海铁联运班列5754列、中越跨境班列346列，均创历史新高，首次开行管内始发中欧、中亚直通班列。落实新冠肺炎疫情防控要求，实施站车联防联控，妥善处置发热人员

547 例，排查处置列车密切接触者 691 人，连续 2 年实现职工零感染、防疫运输零差错。加强安全治理体系建设，开展安全生产专项整治三年行动，铁路运输安全持续稳定。南宁局集团公司获“全国五一劳动奖状”。

【铁路旅客运输】 2021 年，南宁市境内铁路客运营业站有南宁站、南宁东站、南宁西站、黎塘站、宾阳站、隆安站 6 个。南宁局集团公司实施客运提质计划和复兴号品牌战略，精准实施“一日一图”，动态优化客运供给，科学安排客车开行。境内发送旅客 2873.6 万人。南宁站（管辖南宁站、南宁东站）发送旅客 2678.16 万人（占集团公司 28.6%），完成运输收入 28.29 亿元（占集团公司 32.2%），分别比上年增长 17.7%、24.3%；清明、“三月三”、国庆实现发送旅客纪录“四连破”，其中国庆首日发送旅客 22.01 万人；南宁东站位列集团公司 2021 年度客运服务满意度测评第一名，保持“全国文明单位”称号。南宁车务段管辖湘桂、来（宾）合（山）、南环（南宁环城铁路）、南防铁路、柳南客运专线的 36 个车站，有一等站 2 个（南宁南站、黎塘站），二等站 5 个（来宾站、来宾北站、崇左站、凭祥站、宾阳站），三等站 2 个（合山站、良江站），四等站 27 个；加开动车 77 趟次、重联 417 趟次，五一、国庆期间加开扶绥至南宁学生专列 6 趟次；加开南凭线预备线 72 趟次，加挂 1127 辆，实现增运 35 万人；清明、国庆期间，来宾北站、宾阳站、崇左站、扶绥站均创单日发送旅客历史新高。发送旅客 482.9 万人。南宁客运段图定列车 190 对，其中动车组列车开行 158 对（直通 83 对、管内 75 对），运用动车组车底 136 组，开行 100 组交路；普速列车开行 32 对（直通 21 对、管内 11 对），运用车底 71 组；完成列车总工作量 85.95 万千辆千米（含动车），增加 11.8 万千辆千米，增长 15.9%；安全发送旅客 8567.4 万人；收到旅客表扬 7402 件。

【铁路货物运输】 2021 年，南宁市境内铁路货运营业站有南宁站、南宁南站、黎塘站、屯里站、六景站、隆安站、横州站、吴圩站 8 个。南宁局集团公司深化运输供给侧结构性改革，发送货物 210.5 万吨，到达货物 654.0 万吨。发运跨境班列 354 列，比上年增加 188 列，增长 113%。集装箱运量增长 30.2%，高于全路平均增幅 6.7 个百分点。南宁车务段南宁南站南昆铁路（威舍口）实现日交车 30 列，高峰日交车 35 列目标。凭祥口岸站完成中越跨境班列 346 列，接发跨境货物辆数增长 105.5%。南宁货运中心发送货物 746.9 万吨。

【铁路建设】 2021 年，南宁局集团公司有序推动铁路重点工程项目，南宁市辖区内贵南高铁站前工程 8 标、9 标、10 标、11 标开工累计完成投资 74.8 亿元，占总投资 84%。贵南高铁实体工程中，路基土石方开挖累计完成工程量 89%；特大桥、大桥、中桥开挖累计完成工程量 98%，隧道开挖累计完成 98%。贵南高铁引入南宁枢纽工程完成投资 10.5 亿元，开挖累计完成 31.5 亿元，占设计总量 70%。加快推进代建的南崇、南玉建设项目，以及南宁站改扩建项目前期。

【铁路运输维护】 2021 年，南宁局集团公司辖区内铁路运输维护主要由驻南宁下属单位负责。南宁机务段配属机车 382 台（内燃机车 159 台、电力机车 223 台），机车整备 5.67 万台次，机车牵引总重 837.5 亿吨千米；总走行 8 万千机千米，日走行 555 千米，日产量 131.6 万吨千米，技术时速 58.2 千米，平均牵引总重 3185 吨/列。检修电力机车 497 台次，检修内燃机车 323 台次。电力机车单耗 96.55 千瓦时/万吨千米，内燃机车单耗 33.48 千克/万吨千米；综合能耗 1.73 吨标煤/百万吨千米，累计综合能耗 920.46 吨标煤，占年度计划 76.6%；水消耗 36.05 万吨，占年度计划 73%。南宁车辆段配属动车组 139 组（南宁动车所 94 组、桂林动车所 45 组），图定开行动车 153.5 对；动车组走行 6.35 万千组千米，动车运用率 67.31%。配属客车 1661 辆，代管邮政车 8 辆，临客开行 1067 列 7231 辆；旅游专列开行 8 列 72 辆；走行 39.58 万千辆千米，客车运用率 55.33%。南宁南车辆段管辖区段 1789 千米，安全保证区段 4023 千米，有主要生产设备 671 台；完成段修车辆 9319 辆，临修 8113 辆，整治破损车 6462 辆；列检作业 11.57 万列 556.25 万辆，分别增长 56.4%、55.4%。南宁工务段管辖高速铁路和普速铁路营业里程 856.41 千米，正线延展长度 1404.06 千米。高速铁路有柳南客专、南广线、南昆客专等，营业里程 233.33 千米，正线延展长度 488.03 千米；普速铁路有湘桂线、黎湛线、来合线、南昆线、南环线、南防线等，营业里程 623.08 千米，正线延展长度 916.03 千米。管辖站段岔特线 562.04 千米，道岔 1785 组，桥梁 495 座，隧道 46 座，涵渠 2603 座，道口 124 处。南宁电务段管辖信号线路 2379.03 千米（含复线 1401.13 千米，普速铁路 1650.02 千米、高速铁路 729.01 千米），185 个站、场信号设备，换算道岔 8.3 万组；维护长途光缆 4632.47 千米，长途电缆 909.54 千米，地区光电缆 3193.17 千米、无线漏泄同轴电缆 311.34 千米，光传送网设备 24 台，SDH 数字传输设备 462 台，接入网设备 273 台套，数字调度设备 115 套，铁路数据网设备 215 套，动车车载无线通信设备 246 套，GSM-R 基站设备 140 台，直放站设备 230 台，无线列调固定设备 780 台套，通信铁塔 444 座，综合视频监控点 447 处，客运广播系统 18 套，列车广播设备 37 套，通信机房 495 座，铁路现场应急通信设备 200 台套。南宁供电段负责 2477.75 千米铁路牵引供电及生产供水供电，高铁牵引供电接触网换算里程 5092.06 条千米，普铁 5586.59 条千米；牵引供电受电量 5.75 亿千瓦时，下降 0.17%，供电量 5.57 亿千瓦时；电力受电量 1.13 亿千瓦时，供电量 1.07 亿千瓦时；供水量 145.62 万吨，下降 6.55%；水损率 4.75%，下降 9.44%；净水合格率 100%，消毒水合格率 100%；扬水耗电指标 4.62，减少 3.75%。南宁通信段管辖运营里程 1024.75 千米；高铁车站 14 个，高铁运营里程 444 千米；普铁车站 39 个，普铁运

2021 年 10 月 1 日，南宁东站党员服务队工作人员为旅客答疑　于莉提供

营里程 580.75 千米;设备维护总量 15.51 万皮长千米,设备综合合格率 98.52%,劳动效率 126.13%。

【铁路安全】 2021 年,南宁站梳理安全风险 54 项,整治隐患 96 件,无高铁、旅客列车一般 D 类及以上责任事故,实现第 29 个安全年。南宁车务段强化现场作业安全管控,制定日盯控、周检查、季评估管控措施,查获旅客携带违禁品 8809 件,实现安全生产 472 天。南宁客运段整治倾向性问题 128 个,实现无一般 D 类及以上事故 2806 天,被推荐为"广西应对突发事件突出贡献先进集体"。南宁机务段开展"警钟长鸣、坚守红线"安全生产月、LKJ 列车运行监控记录装置揭示管理、"两纪一化"(劳动纪律、作业纪律、作业标准化)等专项排查整治,增强机车乘务员非正常突发事件处置安全意识,实现安全生产 696 天。南宁车辆段深化双重预防机制,完善规章标准,消灭责任事故、车辆事故,实现动车安全运营 7 周年、安全生产 1321 天。南宁南车辆段抓好安全工作,未发生铁路交通一般 C 类及以上责任事故、人身轻伤责任事故、火灾爆炸责任事故、设备责任重大事故和责任行车设备故障,实现安全生产 4010 天。南宁工务段实施安全双重预防机制,开展安全检查和专项整治,消除安全隐患,实现安全生产 1838 天。南宁供电段健全安全管理体系,推进标准化规范化建设,实现安全生产 824 天。南宁通信段开展风险辨识研判,夯实安全基础,未发生职工责任轻伤及以上劳动人身安全事故,未发生一般 D 类及以上铁路交通事故,实现安全生产 3675 天。 (蒋媛荣)

公路运输

【概 况】 2021 年,南宁市有道路客运企业 27 家(不含子公司、分公司),其中一级客运企业 6 家,二级 10 家,三级 7 家,四级 2 家,未定级 2 家;驻地在城区 24 家,县域 3 家。营运客车 2886 辆(多为中高级客车),等级客运站 73 个,其中国家一级客运站 7 个,县城均有二级客运站,部分乡镇建有等级客运站。营业性道路运输客运量 3636.4 万人,比上年下降 6.81%;客运周转量 46.3 亿人千米,下降 32.52%。有货运经营企业 1.54 万家,其中危险货物运输企业 33 家,普通货运企业 2653 家(100 辆以上车辆企业 150 家)。登记在册核定吨位大于等于 4.5 吨以上营运货车 5.2 万辆,有效道路运输从业资格证 12.7 万人。公路货运量完成 3.8 亿吨,增长 17.23%;货运周转量 433.05 亿吨千米,增长 27.01%。实施高速公路项目 21 个,完成投资 279.47 亿元,柳州经合山至南宁高速公路、沙井至吴圩高速公路、吴圩至隆安高速公路项目竣工。建设农村公路项目 97 个(含续建),完工 79 个,建设里程 488 千米,桥梁 790 延米,完成投资 8.51 亿元。农村公路总里程 1.43 万千米,基本形成"外联内通、通村畅乡、客车到村"的交通运输网络,102 个乡镇 1386 个建制村通畅率 100%,乡镇通三级及以上等级公路占 93.1%,建制村客运通达率 100%,10337 个 20 户以上自然村屯道路硬化率 100%。加强路政和运输市场监管,督促责任单位抓好道路交通安全生产,无重特大公路安全事故发生。获全国首批"四好农村路"市域示范创建突出单位、"四好农村路"自治区示范市。主要存在个别乡镇中未能通三级以上公路等问题。

【高速公路建设】 2021 年,南宁市实施高速公路项目 21 个,年度计划投资 218.08 亿元,实际完成投资 279.47 亿元,完成率 128.15%。竣工项目 3 个:柳州经合山至南宁高速公路,完成投资 31.74 亿元,完成率 116.04%;沙井至吴圩高速公路,完成投资 20.5 亿元,完成率 102.05%;吴圩至隆安高速公路,完成投资 13.48 亿元,完成率 100.05%。建成项目扫尾工程 3 个:泉州至南宁高速公路长塘互通式立交,完成投资 0.38 亿元,完成率 100%;兴业至六景高速路面改造工程,完成投资 4.83 亿元,完成率 100%;大塘至浦北高速公路,完成投资 1.26 亿元,完成率 100%。在建项目 9 个:平果至南宁高速公路,完成投资 41.43 亿元,完成率 138.11%;南宁至湛江高速公路(南宁段),完成投资 9.71 亿元,完成率 106.89%;南宁至玉林高速公路(南宁至横县段),完成投资 80.41 亿元,完成率 134.03%;南宁吴圩至上思段,完成投资 4.29 亿元,完成率 143.32%;上林至横县高速公路,完成投资 25.58 亿元,完成率 170.56%;六景至宾阳高速公路,完成投资 26.76 亿元,完成率 178.4%;巴马至平果高速公路,完成投资 10.82 亿元,完成率 177.99%;贺州至巴马高速公路(来宾至都安段),完成投资 6.7 亿元,完成率 165.18%;隆安至硕龙高速公路,项目因业主资金链断裂而停工。计划开工项目 6 个:南宁南过境线(六景至大塘段),南宁南过境线(吴圩至隆安延长线),龙胜至峒中口岸公路(宜州至上林段),龙胜至峒中口岸公路(上林至南宁北一环段),岑溪至大新公路(南宁至大新段),鹿寨至钦州港公路(横县至钦州港段)。其中,南宁南过境线(六景至大塘段)先期段开工完成投资 0.53 亿元,南宁南过境线(吴圩至隆安延长线)先期段开工完成投资 0.51 亿元,鹿寨至钦州港公路(横县至钦州港段)先期段开工完成投资 0.22 亿元。

【农村公路建设】 2021 年,自治区下达南宁市农村公路项目(含续建)99 个,建设里程 488 千米,桥梁 790 延米,计划总投资 30.18 亿元,计划年度投资 12 亿元;开工 97 个,完工 79 个,完成投资 8.51 亿元。乡乡通二级(三级)路项目(含续建)7 个,计划总投资 12.27 亿元,计划年度投资 5.84 亿元,建设里程 165.94 千米;开工 7 个,完成投资 3 亿元。窄路加宽工程(含续建)2 个,计划总投资 374 万元,建设里程 11.48 千米;开工 2 个,完工 1 个,完成投资 107 万元。农村公路县乡联网路项目(含续建)8 个,计划总投资 7.62 亿元,计划年度投资 3.34 亿元,建设里程 104 千米;开工 7 个,完工 3 个,完成投资

2021 年,青秀区农村公路施工 市交通局提供

6197 万元。中央预算内投资扶贫旅游路项目(含续建)5 个,计划总投资 9369 万元,建设里程 38 千米;开工 5 个,完工 1 个,完成投资 2541 万元。建制村通硬化路项目(续建)1 个,计划总投资 1138 万元,建设里程 10.5 千米,完工并完成投资 545 万元。渡改桥和新建桥梁项目(含续建)3 个 790 延米,计划总投资 6.73 亿元,已开工 2 个,未开工 1 个。2021 年下达计划投资 1 亿元,本年计划完成投资 2.11 亿元。村际联网(以奖代补)项目 73 个,计划总投资 2.47 亿元,计划年度投资 1.61 亿元,建设里程 158.21 千米;全部完工,完成投资 2.47 亿元。

【农村公路养护】 2021 年,南宁市管养农村公路里程 1.43 万千米,其中县道 1640 千米、乡道 2463 千米、村道 1.02 万千米,管养桥梁 999 座 2.62 万延米;农村公路中等及以上路率 80.8%,县道优良路率 57%,乡道优良路率 41.6%,村道优良路率 38.8%;建制村道路通畅率 100%,列养率 100%。按照"县道县养、乡道乡养、村道村养"原则落实管养责任,加强农村公路养护,提升安全隐患排查治理能力,基本消除农村公路重大安全隐患。完成自治区交通运输厅安排的为民办实事项目路面提升工程 76 个,整治里程 207.48 千米,投资 1.73 亿元。持续深化农村公路管理养护体制改革,推行农村公路"路长制"建设,建立县、乡、村三级"路长制"组织管理体系,县、乡、村道逐步设置"路长公示牌"。建设发展"四好农村路",获评为全国首批"四好农村路"市域示范创建突出单位、"四好农村路"自治区示范市;获自治区 2021 年度"四好农村路"检查评比综合评比二等奖、专项评比"养护好"第二名。西乡塘区获评"四好农村路"全国示范县,累计有全国示范县 2 个;马山县、良庆区成功创建"四好农村路"自治区示范县,累计有自治区示范县 7 个。

【站场基础设施建设】 2021 年,南宁市新建公交候车亭 82 个,建成公共充电桩 206 个。建成启用教育园区公交场站 1 个,累计公交场站 105 个,覆盖全城区。

【路政管理】 2021 年,市交通运输局加强部门联动,规范国省干线路政管理,协调公路养护中心开展国省干线路域整治,规范公路路域管理行为。联合公路养护部门开展路政巡查 110 次,移交养护部门路政违法行为 29 起;联合交警部门查处货车超限超载 1.65 万辆次,强制恢复原状 843 辆次,卸载货物 13.43 万吨,抄告违法车辆 1.95 万辆次,其中查处"百吨王"955 辆次。开展路政巡查,保护路产路权、提升路域环境,合计巡查里程 3.33 万千米,清理非公路标志 1750 处,拆除违法建筑 8 处 271 平方米,清理堆积物 29 处 480 立方米,清除临时搭棚 4 处 187 平方米,疏通堵塞水沟 391 米,清理摆设摊点及其他违法行为 211 起,处理路产赔(补)偿案件 111 件 43.07 万元。提升路面治理超限超载行为成效,建设治超非现场执法点 18 个;配套技术监控设施设备及市级治超非现场执法平台 6 个,推送数据信息 3386 条,处罚案件 426 起;集中开展高速公路入口治超专项行动,南宁市超限率 0.43%(目标 0.5% 以下);加强超限超载货车违法行为调查处理,开展货车违法超限超载运输"一超四罚"(超限超载行为处罚运输车辆、驾驶人、货运企业、承运人)行动,吊销货运车辆营运证 40 张,责令停业整顿道路运输企业 103 家。

【公路安全生产】 2021 年,市交通运输局开展自然灾害综合风险公路承灾体普查,完成数据采集 1.04 万千米,桥梁 235 座,隧道 4 座,有三级风险点 7 个、四级风险点 476 个、高边坡 7 个,摸清全市公路承灾体自然灾害风险隐患底数。开展交通运输行业安全生产"强监管严执法年"专项行动,加强市级监管公路工程建设项目和管养高速公路日常安全生产检查、季度监管、安全考核,重大节日、重要大型活动节点等制定安全生产工作方案并开展专项检查。做好南宁绕城高速公路安全生产防范,开展常态化绕城高速公路安全隐患排查,发现问题督促有关单位整改;定期检查绕城高速公路养护单位履行管养主体责任和开展绕城高速公路安全隐患排查。开展道路运输安全隐患大排查大整治百日攻坚行动,检查车辆 1.62 万辆,检查企业和场所 1778 家,发现隐患 1869 处,整改 1619 处,责令停产、停业 8 家,依法吊销危险货物道路运输经营许可证 1 家,罚款 51.23 万元。

【交通运输行业质量信誉考核】 2021 年,市交通运输局开展 2020 年度道路运输及相关企业质量信誉考核,其中市辖 30 家道路旅客运输企业 2020 年度质量信誉考核等级评为 AAA 级的 22 家,各县考核所辖道路旅客运输企业 19 家,2020 年度质量信誉考核等级评为 AAA 级的 16 家;考核全市(包括各县,含宾阳县 1 家)34 家道路危险货物运输企业,2020 年度质量信誉考核等级评为 AAA 级的 15 家;全市(含各县)考核驾校 117 家,评为优秀等级的 25 家;全市(含各县)考核一、二类维修厂 314 家,2020 年度质量信誉考核等级评为 AAA 级的 93 家;全市(含各县)考核规模以上道路普通货物运输企业 230 家,2020 年度质量信誉考核等级评为 AAA 级的 12 家(初评 23 家为 AAA 级,其中 11 家因 2020 年超限超载运输行为次数较多,降为 AA 级)。

【公路运输市场监管】 2021 年,市交通运输局通过南宁市安全生产综合信息动态监控平台,发布道路运输企业情况每月通报、每周总结、每日动态信息。通过实时监控"两客一危"车辆(从事旅游的包车,三类以上班线客车,运输危险化学品、烟花爆竹、民用爆炸物品的道路专用车辆),对不入网、长期不在线等车辆进行查处。

【运政投诉处理】 2021 年,南宁市交通运输综合行政执法支队办理行政复议案件 58 件、行政诉讼案件 8 件,申请法院行政强制执行 89 件;受理 12345 市长热线、

2021 年,南宁市邕宁区蒲庙经新江至百济二级公路沥青路面施工　市交通局提供

12328交通运输服务监督电话、网上留言等渠道投诉、举报类案件5206件,依法举行听证会4次。南宁市道路运输发展中心收到涉及道路货物运输和道路旅客运输工单53件,完成调查核实和协调处理,并按规定时限反馈。

【驾驶员培训】 2021年,南宁市有驾驶员培训机构133家(市区101家、县域32家),其中一级驾培机构8家、二级31家、三级94家,教练员7845人,教练车6976辆,均使用计时培训系统开展教学。道路客货运输驾驶员从业资格考试708人,合格471人,其中货运合格317人,客运合格190人。有道路运输企业主要负责人和安全生产管理人员安全考核考点4个,考试4882人次,合格2608人,其中"两客一危"企业合格370人(主要负责人88人、安全生产管理人员282人)。

水路运输

【概　况】 2021年,南宁市水路交通基础设施建设项目完成投资6.05亿元,完成自治区交通运输厅下达年度任务100.08%。水路货运周转量稳步增长,完成货运量4607.3万吨,比上年增长12.94%;货运周转量352.02亿吨千米,增长20.04%。完成水路运输客运量18.96万人,增长138.19%;客运周转量251.53万人千米,增长120.92%。有港口企业20家,港口吞吐量979.51万吨,增长15.89%;集装箱吞吐量963个标准集装箱,增加195.4%。水铁联运完成15.86万吨,增长11.93%。有船舶1256艘、189.29万净载重吨、599客位,货船平均净载重量1513.1吨/艘,增长1.2%。开展水路运输基础设施建设与航道养护,左江航道升级为Ⅲ级航道后,实行专业一类维护,执行365天航标养护,管养经费80万元纳入年度部门预算。加强水路运输监管、安全生产,提升水路运输服务,开展过往船舶污染物清运、回收转运服务,处理垃圾1.25万千克、污水1.86万立方米、残油599千克,打捞河面漂浮垃圾面积3.7万平方米。主要存在水路运输量少,多式联运缺乏统筹协同等问题。

【水路运输基础设施建设】 2021年,南宁市完成南宁港牛湾作业区上游锚地锚泊设施建设并交付使用;推进下游锚地迁移重建,完成工程可行性研究,获施工批复。继续推进西津水利枢纽二线船闸工程建设,进行船闸主体混凝土浇筑施工,完成投资6.05亿元,超额完成年度投资目标;累计完成投资31亿元,完成概算投资总额94%。开展南宁港横县港区大崩山作业区LNG船舶加注站前期研究工作,进入工程可行性研究报告编制阶段。编制完成南宁港隆安港区宝塔作业区一期工程、南宁港六景港区高山作业区一期工程可行性研究报告;金鸡滩水利枢纽二线船闸工程、百龙滩船闸扩能工程项目因涉及占用基本农田、水源保护区等问题,进行编制调整。

【地方航道养护】 2021年,南宁市调整左江航道升级为Ⅲ级航道后(2020年9月通过评定)管养经费,地方航道管养经费80万元纳入年度部门预算,引导县(市、区)港航所申请航道养护经费。开展地方航道养护,对左江航道设施实施专业一类维护,执行365天航标养护工作制度,养护示位标34座、鸣笛标4座、4.8米侧面标36座,清理航标周围树木等遮挡物。开展左江Ⅲ级航道日常巡查,检查左江巡航16次,整改安全隐患2处。

【水路运输监管】 2021年,南宁市开展水路运输及其辅助业和国际船舶运输业核查,核查水路运输企业47家,核查率100%;核查水路运输辅助业43家,核查率100%;核查并通过营运船舶1069艘,核查率99.25%(未参加核查7艘)。市交通运输局开展港口扬尘治理,联合邕宁区交通运输局开展堆场扬尘污染治理,出动巡查车辆41车次、巡查人员177人次,巡查港口码头堆场96个次,填报相关报表42期,严格管控港口企业扬尘治理工作,港口堆场扬尘治理得到控制。市交通运输局联合南宁海事局、市水利局等部门开展郁江干流沿线非法码头专项整治行动,排查非法码头及非法砂石装卸作业点20处。

【水路运输安全生产】 2021年,市交通运输局组织检查组62个,出动141人次,检查港口企业39家次、水运企业40家次,排查整改安全隐患116处。开展多样化安全宣传教育,把安全生产责任传达落实到每一家企业、每一个人;督促旅游客运企业推行预约乘船、网络订票、旅游健康码扫码登船、合理控制客流量等,旅游码头客运运行稳中有序,无重大旅游服务质量投诉,无重大旅游安全责任事故发生。推进水路承灾体普查,涉及航道26.81千米、泊位35个、泊位护岸4个、仓库44个、大型机械设备37套、储罐2个,审核上报隐患信息2条、风险指标7条、归档资料34份。开展行业治理和扫黑除恶专项斗争,检查港口码头7家,排查靠泊船舶9艘,未发现涉黑涉恶行为。

【水路运输服务】 2021年,南宁市港航发展中心开展船舶污染物清运服务,服务过往船舶1000多艘,回收转运南宁港牛湾作业区、六景作业区厨余垃圾7363千克、可回收垃圾5160千克、生活污水1.71万立方米、含油污水1455立方米、残油599千克,打捞河面漂浮垃圾面积3.7万平方米。落实《南宁市大力推进多式联运发展的若干政策》,向水运企业开展政策宣传,指导企业申报扶持政策。完善水运市场服务机制,赴南宁港隆安港区宝塔作业区码头工程项目部召开项目协调推进会,协调成立隆安泰港口装卸公司。开展水运行业招商,引进水运企业3家、注册资本7050万元,净增船舶运力172艘27.61万载重吨。

【水上应急搜救】 2021年,南宁市不断完善突发事件应急预案和救援体系,提高突发事件应急救援处置能力。6月28日,南宁港航发展中心、南宁交通投资集团有限责任公司、南宁旅游发展有限公司在民生旅游码头举行2021年度南宁市水运突发事件应急演练,模拟"南宁牡丹号"游船航行途中2层包厢突然着火、有关部门及时开展应急救援场景,提高水运企业应急处置水运突发事件能力。南宁港航发展中心严格落实汛期基地值班制度,做好邕汛拖船和港航管理船舶日常养护;开展汛前各项检查,做好防汛应急准备。

(赵国军)

航空运输

【概　况】 2021年,广西机场管理集团有限责任公司南宁吴圩国际机场(简称"南宁吴圩国际机场")执飞航线184条,通航城市113个,开通新航线30余条,优化加密20余个重点城市航线航班,新增通航点6个。提升驻场运力,突破50架次,最高54架次。运输起降客机9.23万架次,比上年增长5.33%;航班放行正常率89.41%,增长0.55%;旅客吞吐量1085.15万人次,增长2.53%,增幅高于中南地区千万级机场平均增幅,全国机场排名第28位;货邮吞吐量12.41万吨,增长15.92%。加强安全管理,研发机场智慧防疫管理系统获国家版权局颁发计算机软件著作权登记证书。提升服务质量与品质,地勤服务部"七色花·向阳花"班组获中国民航工会全国委员会"全国民航五一巾帼标兵岗"称号,安检站朱槿队获"全国青年文明号"称号,航旅公司党支部《书香党建阅享八桂》获评自治区直属企业党支部党建品牌优秀案例。主要存在民航运输生产恢复面临疫情防控、经营亏损、安全压力的交织叠加影响，机场的基础设施、航线航班结构、运行品质相对滞后等问题。

【航空市场经营】 2021年，南宁吴圩国际机场执飞航线184条，其中国内航线170条、国际地区航线14条；通航城市113个，其中国内城市99个，国际地区城市14个。开通南宁—菏泽—北京、南宁—扬州—大连、海口—南宁—银川、海口—南宁—沈阳、三亚—南宁—太原、南宁—连云港—长春、南宁—赣州—烟台等30多条新航线，优化加密南宁至北京、上海、成都、重庆、南京、海口、福州、贵阳、三亚等20多个重点城市航线航班，新增兴义、衢州、郴州、阜阳、菏泽、韶关等多个新航点，实现与成都双流、天府两场通航，实现至北京首都、大兴两场均有宽体客机航班。中国国际航空公司首次投放驻场运力，四川航空、深圳航空等航空公司增加驻场运力，驻场运力突破50架次，最高54架次。协助开通国际货运航线12条，通达城市12个；投入使用新国际货站，国际货邮吞吐量2.38万吨，比上年翻一番。夏航季航班时刻总量2733班/周，增长4.9%；冬航季航班时刻总量2934班/周，增长15.6%；增幅排名中南地区千万级机场第一，全国千万级机场第二。

【绿色机场建设】 2021年，南宁吴圩国际机场配合南宁供电局规划建设机场三期汽车充电桩44台，其中T2航站楼陆侧保障车辆停车场慢充桩(V2/V3)11台，T1职工生活区慢充桩6台，地勤楼慢充桩3台、快充桩1台，地运楼慢充桩3台、快充桩1台，公安安检楼慢充桩3台、快充桩1台，航信楼慢充桩2台、快充桩1台，现场指挥中心AOC停车场慢充桩4台，集团综合楼及航空业务楼停车场慢充桩7台、快充桩1台。开展植树节活动，投入400万元，铺设草皮、补充绿植。T2航站楼进场路周边绿化整治工程项目建设面积3.90万平方米，实际绿化面积1.50万平方米，进场两侧行道树木区域长度2900米，边坡绿化面积1.10万平方米。采用人机配合作业模式，清洁、冲洗南宁机场道路淤泥、积尘、路面锥桶及隔离栏等警示柱，提升南宁机场绿化形象。

【机场安全管理】 2021年，南宁吴圩国际机场强化“党政同责、一岗双责、齐抓共管、失职追责”责任机制，修订完善安全生产管理规定、机场使用手册及相关配套文件；宣传贯彻新修订《中华人民共和国安全生产法》，开展“安全大讲堂”活动，提升全员安全生产责任意识、敬畏思想、法治思维；加强关键设施设备检查和员工应急能力培训，组织管理人员安全管理培训40次，召开外包单位安全工作会、安全培训60次，组织全员开展应知应会考试1次。巩固风险管控防线，针对常态化新冠肺炎疫情防控衍生的员工技能生疏、心理压力倍增、设备可靠性降低等风险，加大技能巩固训练力度和人文关怀，加密设备检查频次；针对南宁市综合交通枢纽建设占道施工风险，加强与机场公安、施工单位交流，做好施工区域秩序维护和道路交通指挥；针对临空经济区建设可能引发的净空风险，与地方政府建立协调机制，对重点项目实施全程监管。巩固隐患治理防线，落实“问题隐患清零”行动，推进安全生产专项整治三年行动“集中攻坚”阶段，完成《国际安全管理规则》外部审核；巩固应急处置防线，定期评估并修订完善应急预案，开展演练50次。保障庆祝中国共产党成立100周年、全国“两会”、第18届中国—东盟博览会等重要活动航空运输任务，无机场责任原因造成的飞行事故。

【民航服务】 2021年，南宁吴圩国际机场加强保障开展“服务质量标准建设年”专项活动，制定航班正常率提升工作方案、规定等10项，实行航班延误治理与绩效考核挂钩；成立航班正常率提升攻坚小组，制定航班干预流程图，实时紧盯航班保障各流程节点，挽救临界航班844班；持续发挥机场运管委、A-CDM系统作用，适时开展面对面会商，复盘高频延误航班原因，及时调整计划时间，启动快速过站流程；推进HUD特殊批准Ⅱ类运行建设，提高复杂气象条件下航班进出港效率；引进大型机场的先进理念和技术系统，提升航班正常率。航班放行正常率89.41%，比上年提升0.55%，其中11月、12月航班放行正常率位居全国千万级机场前五。完善服务设施，安装完成B岛自助行李托运设备，推进星级卫生间与母婴室改造，增设组合座椅、口罩自助售卖机、视频问询等便捷智能化服务设施；升级失物招领平台，实现与全国统一查询平台信息共享；优化航站楼标识系统与氛围景观，重大节日期间推出壮乡文化与东盟风情主题场景。优化服务流程，改造国内中转厅，推出中转行李直挂服务，缩短旅客办理时间20分钟以上；简化查检关口，启用“易安检”通道，开通新时代劳模优先服务通道；增设自助值机设备、大巴自助售票机，自助值机率72.7%，提升2.7%，无纸化出行16.8万人次，提升48.2%。提升旅客服务，制定《“人文机场”建设方案》《服务品质提升三年行动》，完善服务管理体系，开通无陪老年旅客服务预约热线等；深化“七色花”服务品牌建设，形成覆盖旅客出行全流程场景子品牌7个，品菽·概念书屋案例入选国务院国资委2020年国企品牌建设典型案例，“七色花·向阳花”班组获评中国民航工会全国委员会“全国民航五一巾帼标兵岗”。　（陈　雄）

邮　政

【概　况】 2021年，南宁市邮政行业业务总量72.02亿元，比上年增长19.44%(由于不变单价调整，2021年起邮政行业业务总量按2020年不变单价计算，增长按可比口径计算)；邮政行业业务收入68.84亿元，增长15.8%。有许可快递企业244家，分支机构326个。中国邮政集团有限公司南宁市分公司(简称“中国邮政南宁市分公司”)严格落实信件、印刷品、包裹运营标准，提升普遍服务水平，实现普遍服务网点营业时间达标率、乡镇普遍服务网点覆盖率、建制村直接通邮率、邮件全程时限达标率、建制村投递频次达标率、机要通信安全率保持“六个100%”；聚焦“三农”推进县乡村三级物流体系建设，挖掘特色农产品上行潜力，在邮政平台开展直播带货活动。保障巡视类专用邮政信箱寄递渠道安全、畅通，巡视信箱寄递服务工作获中央第七生态环境保护督察组表扬。客户体验满意度90.32分，2个网点被评为自治区客户体验示范网点；被中国质量协会、中国邮政集团公司评为2020年度全国邮政用户满意企业，被中华全国总工会评为2021年度全国工会职工书屋示范点。南宁市邮政管理局(简称“市邮政管理局”)受理并结案消费者申诉1156件，消费者对邮政管理部门申诉处理工作满意率96.9%，对企业申诉处理结果满意率94.8%；获自治区邮政管理局、自治区总工会颁发第三届广西邮政快递行业职业技能竞赛优秀组织奖，被自治区交通运输厅评为2020年度交通运输工作突出贡献集体。主要存在行业监管能力与行业转型升级发展不匹配、邮政农村电商发展能力还有待提升、营业网点赋能不足、邮政农村寄递规模效益尚未形成，县乡村三级物流体系尚未健全等问题。

【邮政寄递】 2021年，中国邮政南宁市分公司发挥市场、时限、服务等优势，新增南宁卫校等校园快递服务中心17个，累计有邮政营业网点197个、邮政储蓄网点118个；有投递汽车403辆(电动汽车40辆)、电动投递三轮车1128辆、投递摩托车124辆;有投递段道1831条(城市1263条、农村568条),单程投递段道长度1.92万千米(农村1.02万千米),投递服务覆盖全市域。创新"互联网+政务服务"模式,与市公安局户籍类业务开通"全城通办"业务,与广西高级人民法院建立集约送达服务中心,兴宁区法院"法院+邮政"集约送达模式纳入广西高级人民法院2021年改革亮点培育项目。邮政寄递业务增长23.3%,市场占有率较年初提升1.2个百分点,特快专递收入增长35.6%。

【函　件】 2021年,中国邮政南宁市分公司拓展红色党建服务,从传统的服务市区机关单位转为下沉县、乡镇站所及村屯一线,助力村委党建宣传;推进惠民惠农,创新业务推广平台,携手市交警大队开展"道路交通安全宣传"活动231场;创新营销带货方式,在邮政平台开展直播带货,拓宽产品销售渠道。函件业务比上年增长13.2%。

【报刊图书发行】 2021年,中国邮政南宁市分公司做好党报党刊、政法报刊收订等传统业务,结合"四史"(党史、新中国史、改革开放史、社会主义发展史)图书销售,联动红色传承项目与教育刊社资源,逐校推进校园馆配,业务收入增长5.8%。持续推进全民阅读活动,图书巡展下乡镇、进农村22场次。

【集　邮】 2021年,南宁市集邮协会有会员1.51万人。中国邮政南宁市分公司通过"八桂好物"、集邮网厅、集邮助手小程序等平台,推进线上营销转型。开展"集邮上新日"常态化活动、借力中国邮政集邮网厅将传统集邮业务与年轻客群结合,扩大客源与集邮品牌影响力。发行《辛丑年》《中国人民警察节》《〈中华人民共和国民法典〉施行》《中国共产党成立100周年》等纪念大事件邮票。

【邮政代理金融】 2021年,中国邮政南宁市分公司邮政代理金融业务收入比上年增长10.6%,其中余额增幅11.4%,高于行业增幅居全国省会公司第12位。推进代理保险业务向长期期交转型,新增期交保费增长21.1%;中邮保险超额完成年度新单保费目标,位居自治区邮政企业前列,获"客户服务优质奖""规模贡献奖"等6个奖项。通过商超生态建设、农产品优惠购等形式构建"金融生态圈",累计打造30个场景建设及开展千场爆点活动,实现客户引流、农产品助销3050余千克。

【邮政电商服务】 2021年,南宁市外发沃柑、小米蕉、蛋黄酥、火龙果、杧果、茉莉花(茶)等农特产品快件超过1.8亿件,"快递+蛋黄酥""快递+沃柑""快递+小米蕉"入选国家邮政局2021年快递服务现代农业金牌项目。中国邮政南宁市分公司与南宁农产品交易中心建立战略合作伙伴关系,选取隆安县、武鸣区为惠农合作示范点和农民合作社质量提升试点;挖掘特色农产品上行潜力,紧盯"一县一品"农产品开发,将农产品基地、供应商农产品引入邮乐网,通过邮乐直播、微信营销等形式扩大营销,实现农产品交易额2466万元、农产品寄递收入3809万元;打造横州甜玉米、宾阳古辣香米、邕区小米蕉、隆安火龙果4个万单单品,其中隆安红心火龙果成为中国邮政集团公司"919电商节"主推产品,横州甜玉米成为自治区首个破万单产品。

【快递业务】 2021年,南宁市有注册许可快递企业244家,分支机构326个。快递业务完成55875.35万件,比上年增长30.44%;收入56.71亿元,增长20.97%。其中,同城业务10411.26万件,增长34.72%;异地业务45415.09万件,增长31.50%;国际/港澳台业务49.00万件,下降91.43%。中国邮政南宁市分公司选取横州市、宾阳县、武鸣区为首批县乡村三级物流体系建设试点,建设完善农村综合便民服务站点663个,实现试点县(市、区)村级综合便民服务站点全覆盖。打造"村委合作+邮乐购站点+快递超市"多向引流模式,提高农村物流网络节点覆盖率;推行邮政延伸末端服务,在横州市石井村委打造首个村级便民服务点示范点。

【邮政客户服务】 2021年,市邮政管理局通过12305邮政行业消费者申诉电话、国家邮政局申诉网站受理并结案消费者申诉1156件,其中邮政服务78件、快递业务1078件。处理申诉中有效申诉(确定为企业责任)117件,比上年增长39.29%。其中邮政服务11件,增长37.5%;快递业务106件,增长39.47%。调解处理消费者申诉,为消费者挽回经济损失46.93万元。消费者对邮政管理部门申诉处理工作满意率为96.9%,对企业申诉处理结果满意率为94.8%。中国邮政南宁市分公司加强生产经营重点环节、重点场所新冠肺炎疫情防控管理和防疫物资储备,员工疫苗接种率100%,无员工感染新冠肺炎。建设乡村振兴馆7个,打造邮政服务乡村振兴新窗口;聚焦解决农村市场"三难"(融资难、销售难、物流难)问题挖掘特色农产品上行潜力,实现农产品交易额2466万元,农产品寄递收入3809万元。持续推进"绿色邮政"建设行动,开展超标包装袋、过度包装及随意包装专项治理工作,采购可降解包装袋、生物降解胶带7200份,电商快件不再二次包装率98.9%。持续打好防范化解重大风险攻坚战,推进安全生产专项整治三年行动,定期对金融岗位人员开展行为排查,开展安全警示教育活动、金融风险宣传活动逾千场,做好保密安全、舆情管控,年内无重大风险事件、重大安全生产事故、资金案件、舆情事件发生。

【邮政行政执法】 2021年,市邮政管理局出动执法人员806人次,检查寄递网点326处,约谈企业18家,发出责令整改通知书15份。排查安全隐患63处,全部在限期内完成整改。查处违法违规案件50起,行政罚款33.20万元,其中环保类案件3起,违反《中华人民共和国固体废物污染环境防治法》2起,为自治区首例。

(潘语诗　李元华)

编辑　李敬江

2021年1月5日,中国邮政发行《辛丑年》特种邮票1套2枚。图为样票　李元华提供

会展业

综　述

【概　况】 2021年,南宁市有南宁国际会展中心、广西农业会展中心、南宁华南城会展中心3个专业会展展馆。全市举办展览活动70场,累计展览面积94.75万平方米,其中报备展会48场,展览面积65.80万平方米,超1万平方米的展会有32场。南宁国际会展中心占地面积41万平方米,建筑面积64万平方米,室内展览面积9.20万平方米,可搭建国际标准展位5300个,举办展会68场,展览面积94万平方米;承接各类会议及活动715场。广西农业会展中心总建筑面积6万平方米,室内展览面积1.20万平方米,可搭建国际标准展位700个,举办展会1场,展览面积0.27万平方米。南宁华南城会展中心总建筑面积1.41万平方米,室内展览面积1.04万平方米,可搭建国际标准展位614个,举办展会1场,展览面积0.48万平方米。10月12日,会展·东博文化旅游区获广西壮族自治区旅游资源开发利用与服务质量标准评定专家委员会评为国家AAAA级旅游景区。10月21日,2021中国会展城市产业合作峰会暨会展城市竞争力指数发布会发布2020年中国城市会展业竞争力指数,南宁市获“中国最具竞争力会展城市”称号。受新冠肺炎疫情影响,全市展会活动数量比往年下降,但规模以上展会活动有一定增长。

(滕翠映　张　豪)

【会展场馆疫情防控】 2021年,南宁国际会展中心在新冠肺炎疫情防控常态化形势下,按照自治区、南宁市疫情防控要求,与主办单位探讨更新《南宁国际会展中心疫情防控方案》《展会开展期间突发新冠肺炎疫情防控应急方案》。邀请青秀区卫健局、青秀区疾控中心专家到会展中心进行疫情防控知识培训1次。按照《广西国际博览集团有限公司关于切实加强当前疫情防控工作的通知》《现场管理疫情防控组工作细案》《现场服务疫情防控组工作细案》工作要求开展疫情防控工作。每日在开展前与闭馆后对办公室、展厅、卫生间、电梯、垃圾桶、垃圾池、餐饮区等进行防疫消杀2次。每2小时对展馆中电梯轿厢和底部、卫生间、出入口等公共区域消毒杀菌;对扶梯护手带、闸机和门禁、门把手等频繁接触区域进行随手消毒杀菌。展会开展前联络核酸检测机构进行驻点开展核酸检测。开展期间按照“一展会一方案”要求,制定展会疫情防控方案预案。统一设置唯一出入口,严格遵守“一米线”要求,实行进场查看健康码、PDA(掌上电脑)读取身份信息、手持测温枪(红外测温仪)测体温、循环广播提醒佩戴口罩等措施实施准入管控。展期不间断派遣专人巡查场馆,提醒参展参会人员正确佩戴口罩。每日实施发热人员“零报告”制度。

(刘　丹)

重要展会

【2021年第22届广西广告展览会】 2021年3月26日至28日在南宁国际会展中心举办。广西标识行业协会、广西机械工程学会主办,南宁南春展览服务有限公司承办。展览面积1.90万平方米,参展企业300多家,展品内容涵盖广告工厂配套设施设备、照明设备、标识系统、广告耗材、制作材料、广告制品与广告礼品、广告装饰、LED、灯箱制品、广告制作设备等。接待自治区内和广东、湖南、云南、贵州、海南、江苏、浙江、上海等地观众1.74万人次;现场

2021年5月22日至24日,2021年全国科技活动周广西活动暨第三十届广西科技活动周·广西创新驱动发展成就展在南宁国际会展中心举行　　蒙丹　摄

订单成交、达成合作意向金额8560万元。

【2021年全国科技活动周广西活动暨第三十届广西科技活动周·广西创新驱动发展成就展】 2021年5月22日至24日在南宁国际会展中心举行。广西东盟技术转移中心主办,主题为"百年回望:中国共产党领导科技发展";展览面积1.20万平方米,设"百年回望:中国共产党领导科技发展"展区、"十三五"科技创新成就展区、高校院所展区、创新合作成果展区、乡村振兴展区、科技支撑区域高质量发展成果展区、科普互动区、科技成果路演区8大展区;参展单位400多家,展示科技成果800多个。

【第二届广西特色食品博览展销会】 2021年6月17日至19日在南宁国际会展中心举行。是2021年自治区推动地方特色食品质量安全和产业发展现场会系列活动之一。自治区市场监督管理局、市政府主办,市市场监管局、广西食品工业协会承办,广西国际商会、广西环博国际会展服务集团协办;展览面积3万平方米,参展企业600多家,展示广西特色产品4000多种;设有自治区各地级市特色食品馆、"党旗领航·食企辉煌"品牌专馆、食品产业链综合馆等展馆。同期举办产业招商推介会、企业新品发布会。

【2021第四届BAA万商大会暨西南农业产销博览会】 2021年6月25日至27日在南宁国际会展中心举办。《农资与市场》传媒主办,自治区农业农村厅、中国农业技术推广协会、中国果品流通协会、中国农药发展与应用协会指导;主题为"绿色发展,产销协同";展览面积1.20万平方米,设展位300余个,有植物营养展区、绿色植保展区、农机器械展区、技术解决方案展区、品质果蔬展区、果蔬产销对接区等6大展区。同期举办2021西南农业高质量发展大会、2021广西柑橘产业生态发展高峰论坛、2021西南特色果蔬产销对接大会等论坛12场。

【第25届南宁国际学生用品交易会暨2021中国·东盟(南宁)国际教育展览会】 2021年7月9日至11日在南宁国际会展中心举办。市政府、中国国际贸易促进委员会广西分会、广西国际博览集团有限公司主办,广西教育装备行业协会、市教育局、市人社局、市文广旅局、市卫健委、广西东博会场馆运营有限公司、广西东博会国际会展有限公司、南宁国际学生用品交易展览有限责任公司共同承办;展览面积2.50万平方米,设教育装备和学生用品展区、国际青年文化创意展区、学前教育展区、人才交流展区、出国留学展区、培训展区6大展区,展示2021年自治区中小学创新、特色实验室优秀案例和先进教育设备。同期举办2021年广西北部湾创客教育大赛,设比赛大项14个、小项17个,比赛项目涵盖3D打印、WER(世界教育机器人比赛)机器人、垃圾分类机器人、SC无人机等,来自自治区14个地级市的中小学生和教师约3700人参赛;举办2021年南宁高校毕业生双选会暨人才交流会、2021白玉兰国际音乐节南宁赛区比赛、蛋壳篮球培训嘉年华等活动,参观人数2万人次。

【共建新时代中国特色社会主义壮美广西·2021年全国知名行企助力广西重点产业发展大会】 2021年9月26日在南宁国际会展中心举办。自治区人民政府主办;采取"知名行企+招商专班+重点园区"形式,52个全国知名商协会与广西重点园区、县(市、区)签订结对共建战略合作协议。同期举行重点投资合作项目签约,涉及数字经济、高端装备、高端家具家居、生物医药、先进新材料等14个重点产业,签约投资合作项目81个,总投资2066亿元,涉及广西14个设区市。

【第九届中药材基地共建共享交流大会】 2021年10月15日至18日在南宁国际会展中心举行。自治区卫生健康委员会、自治区中医药管理局主办,主题为"创新支撑,绿色发展";展览面积1.33万平方米,中医院校、医疗机构、科研院所等参展单位200多家,设全国道地药材展区、中药材产业配套服务展区、乡村振兴展区、广西中医药成果展区、瑶医药展馆、"桂十味"展馆等。其中,广西特色展区以"桂十味"道地药材为代表,展示广西中医药全产业链的特色发展模式,包含中医民族医特色诊疗技术、院内制剂、药膳、中药配方颗粒等。同期围绕中医药法执法检查,优质药材品牌推荐,产地初加工,种子种苗良种繁育,中药资源评估,中药材GAP认证,药材质量与生药防控,南药进出口贸易等问题开展交流研讨。

【2021年"建行杯"广西首届退役军人创业创新产品展销会暨第二届退役军人创业创新大赛】 2021年10月29日在南宁国际会展中心举行。自治区退役军人事务厅主办,自治区退役军人培训中心、自治区退役军人服务中心、广西退役军人就业创业服务促进会承办,建行广西壮族自治区分行协办;主题为"戎归八桂,创业南疆";展会面积1.2万平方米,355家退役军人创办企业及拥军企业参会,展示米、油、酒、杂粮、调味、冲调、生鲜、山珍、豆制品等近百款传统农副产品,以及螺蛳粉自动销售机、智能远程运维新能源汽车充电桩、人工智能机器人等新兴产业展品和创新成果。同期举办退役军人创业创新大赛,参赛军创企业项目65个,采取"6+4"模式(路演6分钟、评委问答4分钟),按照"新兴产业""传统产业及生活服务业""现代农业"3个赛道,评选获奖项目36个。

【2021第二届中国(广西)—东盟现代种业发展大会】 2021年10月28日至31日在南宁国际会展中心举办。自治区农业农村厅主办,自治区种子管理站、广西种子协会、广西水产畜牧业协会承办,主题为"共享种业成果,共创种业辉煌";展会面积1.2万平方米,参展企业300家,设特装展位22个、标准展位376个,展品品类1580个,展示蔬菜新品种

2021年7月9日至11日,第25届南宁国际学生用品交易会暨2021中国·东盟(南宁)国际教育展览会在南宁国际会展中心举办　　刘丹　摄

2021年9月26日，2021年全国知名行企助力广西重点产业发展大会在南宁国际会展中心举办　　蒙丹　摄

1013个，鲜食玉米新品种293个，水稻和普通玉米品种638个。同期举办“2021年南方瓜类蔬菜年会”“推进种业振兴行动报告会”“水产种业高质量发展报告会”等。

【2021中国—东盟博览会林产品及木制品展】 2021年11月5日至8日在南宁国际会展中心举办。自治区人民政府主办，自治区林业局、中国—东盟博览会秘书处、中国林产工业协会、广西国际博览集团有限公司承办，主题为“以绿为宝、点绿成金”；以“实体展＋云上东博会”线上线下相结合模式举办，展览面积2万平方米，设广西林业产业、林业装备、木工机械、红木家具、实木家具5个展区。同期举办专业采购对接活动2场，论坛活动4场，林木文化宣传活动1场和网络直播带货活动。

【2021年全国农产品产销对接助力乡村振兴大会（广西）·2021广西美食博览会】 2021年12月3日至5日在南宁国际会展中心举行。商务部流通产业促进中心、自治区商务厅主办，广西国际博览集团有限公司承办，主题为“循环互通产销对接乡村振兴”；展会面积1.5万平方米，参展商300多家，设广西14个地级市展区展示各地特色产品，设“桂字号”特色农产品展区展示桂茶、桂果、桂酒、广西米粉等品牌。同期举办2021广西美食博览会，开展第十届广西民族地方（桂菜）特色美食大赛、2021广西烹饪工匠节暨广西第四届名厨大会、2021广西团餐大会暨广西首届团餐大赛等活动。　（刘　丹）

表11　　2021年南宁市备案展会情况一览表

日　期	名　称	展览面积（平方米）	主办（承办）单位	地　址
2021年1月8日至9日	第四届广西柑橘大会	10700	广西壮果汇农业科技有限公司	南宁国际会展中心
2021年3月6日至7日	2021年第三十九届广西南宁婚庆文化节	1500	南宁市好友缘国宴饭店有限公司	好友缘酒家皇冠店
2021年3月13日	中国广西人才市场2021年春季全区人才交流大会	30000	广西智慧佳人力资源有限公司	南宁国际会展中心
2021年3月19日至21日	2021第十届广西汽车交易会	1800	南宁尚格会展股份有限公司、上海尚格会展股份有限公司	南宁国际会展中心
2021年3月20日	2021Climax春分活动	2700	南宁曦景商贸有限责任公司	广西农业会展中心
2021年3月26日至28日	2021年第22届广西广告展览会	18760	广西机械工程协会、南宁南春展览服务有限公司	南宁国际会展中心
2021年3月26日至28日	2021第二届南宁共好家博会	13800	广西共好时代会展有限公司	南宁国际会展中心
2021年3月26日至29日	2021首届南宁互动车展	4800	广西车汇城投资有限公司、南宁市星展会展服务有限公司	南宁沙井车汇城广场
2021年4月14日至18日	广西医疗器械及智慧安防产品展览会	7000	广西南宁力帮展览有限公司	南宁国际会展中心
2021年5月1日至2日	2021月邪动漫春季盛典+ipet	20560	南宁良子文化传播有限公司	南宁国际会展中心
2021年5月1日至3日	2021年华夏家博会	8100	广州华墨展览有限公司	南宁国际会展中心
2021年5月1日至4日	2021北部湾（南宁）第二十二届汽车展暨北部湾（南宁）五一汽车展	12000	广西汽车流通协会、广西南宁合众会展服务有限公司	南宁国际会展中心
2021年5月7日至9日	方太509幸福惠工厂巡展	4200	宁波方太营销公司南宁服务部、南宁唐汇文化传播有限公司	南宁国际会展中心
2021年5月20日至22日	广西智能家居全屋定制暨门窗幕墙博览会（建博会）	18360	广西世纪锦鹏展览有限公司	南宁国际会展中心

续表 11

日期	名称	展览面积(平方米)	主办(承办)单位	地址
2021年5月22日至24日	2021年“两周一展”	11560	广西科学技术厅、广西东盟技术转移中心	南宁国际会展中心
2021年5月24日至25日	广西药械渠道对接会	350	武汉药联众科技有限公司	南宁国际会展中心
2021年6月11日至14日	2021第十届南宁国际汽车展览会	50000	上海尚格会展有限公司、南宁尚格会展服务有限公司	南宁国际会展中心
2021年6月26日至27日	2021农资与市场BAA万商赋能大会	15060	河南营销界文化传播有限公司	南宁国际会展中心
2021年7月1日至4日	2021第四届广西新型建筑工业化暨绿色建材博览会	10000	广西装配式建筑发展促进会、南宁维拉会展服务有限公司	南宁国际会展中心
2021年7月2日至4日	2021第三届南宁共好家博会	13300	广西共好时代会展有限公司	南宁国际会展中心
2021年7月3日至4日	2021年第四十届广西南宁婚庆文化博览会	1500	南宁市好友缘国宴饭店有限公司	好友缘酒家皇冠店
2021年7月9日至11日	第25届南宁国际学生用品交易会暨中国·东盟(南宁)国际教育展览会	25000	中国国际贸易促进委员会广西分会、广西国际博览集团、广西东博会国际会展有限公司	南宁国际会展中心
2021年7月21日	2021OP青少年创意交流会	3400	广西南宁市数橙网络科技有限公司	南宁国际会展中心
2021年7月24日至25日	第十六届(2021)月邪动漫夏季盛典	30860	南宁良牙文化传播有限公司	南宁国际会展中心
2021年7月29日至31日	2021年第四届广西智能制造工业装备博览会暨第十届广西太阳能热泵展览会	5000	广西机械工程学会、南宁南春展览服务有限公司	南宁国际会展中心
2021年7月30日至8月1日	第19届广西食品糖酒、名茶餐饮博览会暨第3届广西畜牧业博览会	18760	广西食品工业协会、南宁环博会展服务有限公司	南宁国际会展中心
2021年8月6日至8日	2021年华夏家博会	10700	广州华墨展览有限公司	南宁国际会展中心
2021年8月7日至8日	2021第三届尚格潮玩车展	10000	上海尚格会展有限公司、南宁尚格会展服务有限公司	南宁国际会展中心
2021年8月13日至15日	2021中国雄至纹身潮流先锋艺术节(南宁站)	9180	广西智维魔方文化传播有限公司	南宁国际会展中心
2021年9月3日至5日	广西婚宴、婚纱暨结婚服务博览会	504	广西禧漾投资集团有限公司、南宁市水明漾餐饮投资股份有限公司	水明漾宴会中心
2021年10月1日至3日	第二届月邪ALIVE动漫展	14760	南宁良牙文化传播有限公司	南宁国际会展中心
2021年10月1日至3日	2021第十一届广西汽车交易会暨广西新能源智能汽车展	12280	上海尚格会展有限公司、南宁尚格会展服务有限公司	南宁国际会展中心
2021年10月12日至13日	2021年第19届南方农资博览会暨全球特种肥料展览会	16000	广州中威展览服务有限公司、南宁正威展览服务有限公司	南宁国际会展中心
2021年10月22日至24日	2021第四届南宁共好家博会	15800	广西共好时代会展有限公司	南宁国际会展中心
2021年10月29日至30日	第二届中国(广西)—东盟现代种业发展大会	13300	广西壮族自治区种子管理站、广西文景文化发展有限公司	南宁国际会展中心
2021年10月29日至30日	广西高校毕业生“留桂就业计划”暨2021届广西高校毕业生双选会	15800	广西人力资源和社会保障厅、广西人才服务中心	南宁国际会展中心
2021年10月29日至31日	2021南宁市青秀区创意生活节	15660	南宁市青秀区政府、南宁市青秀区创意生活节组委会	南宁国际会展中心
2021年11月5日至7日	2021广西Flocky Pet宠物博览会	6000	广西南宁莹彩盛商贸服务有限公司	南宁国际会展中心
2021年11月5日至8日	2021中国—东盟博览会林产品及木制品展	18760	广西壮族自治区人民政府、广西东博会国际会展有限公司	南宁国际会展中心

续表 11

日　期	名　称	展览面积（平方米）	主办（承办）单位	地　址
2021年11月12日至15日	第11届中国（南宁）国际茶产业博览会暨紫砂、陶瓷、茶具用品展	27360	深圳华巨臣实业有限公司	南宁国际会展中心
2021年11月13日至15日	2021年第六届广西新能源汽车电动车（三轮）及零配件博览会	18000	广西电动车行业协会、广西五星展览服务有限公司	南宁国际会展中心
2021年11月19日至21日	2021华夏家博会	11560	广东华墨展览有限公司	南宁国际会展中心
2021年11月25日至29日	2021年第十四届中国东盟（南宁）国际汽车展览会暨新能源智能汽车展	60000	中国东盟博览会秘书处、武汉尚格会展股份有限公司、南宁尚格会展股份有限公司	南宁国际会展中心
2021年12月3日至5日	2021全国农产品产销对接助力乡村振兴大会	15060	广西壮族自治区商务厅	南宁国际会展中心
2021年12月4日至5日	2021年第四十一届广西南宁婚庆文化博览会	1500	南宁好友缘国宴饭店有限公司	南宁国际会展中心
2021年12月16日至18日	2021广西口腔医疗设备与器材展会	4200	广西口腔医学会、广州日辉会展服务有限公司	南宁国际会展中心
2021年12月24日至26日	2021广西国际轻工业投资贸易博览会暨广西好酒好茶好水消费节	10700	广西食品工业协会、南宁环博会展服务有限公司	南宁国际会展中心
2021年12月30日至2022年1月3日	2022北部湾（南宁）第二十二届汽车展	12000	广西汽车流通协会、广西南宁合众会展服务有限公司	南宁国际会展中心

编辑　班彩梅

旅游业

综　述

【概　况】 2021年，南宁市接待旅游总人数13740.04万人次，比上年增长18.56%；旅游总消费1529.25亿元，增长25.71%。接待国内游客13739.15万人次，增长18.60%；国内旅游消费1529.14亿元，增长25.80%；接待入境游客0.89万人次，下降79.31%；国际旅游消费155.83万美元，下降88.74%。全市有国家AAA级以上旅游景区94家，中国民间文化艺术之乡6个，广西星级乡村旅游区66家，广西星级农家乐89家，广西休闲农业与乡村旅游示范点37家，全国乡村旅游重点镇1个，全国乡村旅游重点村3个，广西乡村旅游重点村5个。9月，马山县古零镇被文化和旅游部、国家发展改革委员会评为第一批全国乡村旅游重点镇(乡)。主要存在受新冠肺炎疫情防控暂停跨省旅游影响及防疫政策限制，文旅产业经济复苏缓慢等问题。

（谭惠升　王靖中　白秀峰）

【旅游资源】 2021年，南宁市旅游资源分布广、种类齐、数量多，相对集中在市区和县城附近。主要有新会书院、两湖会馆、粤东会馆、扬美古镇、鼓鸣寨、霞客桃源壮乡旅游度假区等历史景点；智城碑、六合坚固大宅颂碑、青秀山摩崖石刻、青龙崖石刻、灵水石刻、起凤山石刻、凿字山石刻、六公祠碑石刻、雷婆岭摩崖石刻等古代摩崖石刻和古碑石刻；徐汉林红色教育基地示范点、昆仑关旅游风景区、邓颖超纪念馆等爱国主义教育基地；云顶观光、民歌湖，嘉和城、融晟天河·海悦城、万达茂、华南城、百益·上河城等现代城市景观；广西科技馆、广西民族博物馆、南宁博物馆、南宁海王生命与健康科普馆、广西规划馆等科普教育场馆；南宁园博园、青秀山风景旅游区、动物园、凤岭儿童公园、人民公园、南宁海底世界、新秀公园、江南公园、狮山公园、广西药用植物园、金花茶公园、花卉公园等游园胜地；顶蛳山田园风光、金花茶业工业旅游园、那贵坡樱花园、广西八桂田园、乡村大世界、花花大世界等市郊田园风光；三甲攀岩小镇、小都百景区等具有民族文化特色的体育旅游景点；良凤江森林旅游区、凤凰谷、那考河湿地公园、横县西津国家湿地公园沙埠景区等森林湿地景观；南湖、西津湖、不孤湖、大龙湖等湖泊景观；水锦·顺庄、龙门水都、九龙瀑布、大王滩风景区等峡谷溪水瀑布景观；弄拉旅游景区、白鹤观旅游度假区、灵阳寺等佛道文化旅游景点；九曲湾温泉，花雨湖生态休闲旅游等生态休闲景区；大明山风景旅游区、伊岭岩、金伦洞、龙虎山、芦仙山、蒲津公园等喀斯特地貌景观；明阳向阳红现代农业庄园、广西香流溪谷农业生态旅游区、美丽南方·老木棉匠园、中华茉莉园景区、顺来茉莉花茶展览馆、莲塘圣茶谷、万古茶园、禾田农耕文化园、古朗瑶乡金银花公园、古辣稻花香里旅游区等现代农业文化旅游景区。保留有“三月三”歌圩、炮龙节、春牛舞、师公戏、打扁担舞、壮族三声部民歌和那桐农具节那僚庙会、关公磨刀诞等壮族风情和地方文化习俗。

（王靖中　白秀峰）

【全域旅游】 2021年，南宁市持续推进全域旅游示范市、示范区建设。南宁市被自治区人民政府授予第四批“广西全域旅游示范市”称号；武鸣区、西乡塘区、良庆区被授予第五批“广西全域旅游示范区”称号(2020年起不再开展广西特色旅游名县评定)。推进国家中医药健康旅游示范区创建，广西大明山、九曲湾温泉度假村被自治区中医药局、自治区卫生健康委、自治区文旅厅、自治区发展改革委、自治区科技厅5部门评定为广西第二批中医药健康旅游示范基地。评定广西药用植物园、广西国际壮医院、国悦九曲湾温泉度假村、美丽南方紫薇庄园、纳天山庄5家单位为南宁市中医药健康旅游示范基地。开展国家级旅游休闲街区、广西旅游休闲街区建设，兴宁区“老南宁·三街两巷历史文化街区”、江南区“百益·上河城”街区被自治区文旅厅与自治区发展改革委评定为第一批广西旅游休闲街区。“老南宁·三街两巷历史文化街区”被自治区文旅厅推荐参加国家级旅游休闲街区评定。

（冼文昌）

【文旅营商环境优化】 2021年，《南宁市加快文化旅游产业高质量发展实施方案》印发实施，以深化文化旅游产业供给侧结构性改革为主线，以提升南宁市文化旅游产业发展质量和整体水平为重点，打造南宁区域性国际旅游中心城市。印发实施《南宁市支持重大文化旅游项目办法》，通过贴息补贴、市政配套设施补助、进口补贴、公共服务设施建设补助、林相改造补助等方式，引进万有(南宁)国际旅游度假区项目落户南宁市。制定出台《关于应对新冠肺炎疫情影响促进文化旅游企业持续健康发展若干措施》，支持文旅企业渡过难关。开展“放管服”和“一事通办”改革。完善广西数字政务一体化平台信息完善和录入建设，市文广旅局共有14项政务服务申请项目在广西数字政务一体化平台“网上办事”，网办率100%，“零跑腿”“最多跑一次”政务事项占比100%。广西数字政务一体化平台与全国文化市场技术监管服务平台、全国旅游监管服务平台链接联通，实行申报材料信息数据共享，实现"一网通办"。开展广西政务服务一体化电子证照关联工作，涉及工商营业执照、旅行社业务经营许可证、导游证等可由系统直接关联获取，不需办事企业和群众重复提交。推进文旅领域简政放权，支持强首府战略下放市级层面权力事项7项。（彭　昀）

【智慧旅游】2021年，南宁国际旅游中心智能化展示系统采集6000多万条通信运营商信令数据、银联消费数据、互联网数据进行应用分析，对全年旅游市场进行运行监测、应急监控和统计分析应用，提升旅游市场智能化实时监测水平。优化"乐游南宁"App、乐游南宁微信小程序一站式服务功能，与"爱南宁APP"实现数据对接，开展与社保卡居民服务一卡通数据对接。"乐游南宁"App、乐游南宁微信小程序全年用户量超15万人次，上架旅游产品超1000个，为游客提供全域全时智能化出游体验，实现线上旅游产品交易15.80万单，比上年增长150%。

【境外旅游推介】2021年，南宁市文广旅局组织文化旅游企业赴中国澳门地区参加第九届澳门国际旅游产业博览会，推介南宁市文化旅游资源和特色旅游路线，为南宁与海外旅游企业搭建沟通交流平台。其间，南宁市展位接待公众咨询1000余人，分发宣传资料1500余份、景区文创产品300余份，推动南宁市企业与境外30余家企业洽谈配对。（吴小雪）

景区景点

【概　况】2021年，南宁市有国家AAA级以上旅游景区94家，其中国家AAAAA级旅游景区1家（青秀山风景旅游区），国家AAAA级旅游景区41家，新增（升级）上林县大庙江生态旅游景区、五象湖公园、顶蛳山田园风光区、会展·东博文化旅游区4家；国家AAA级旅游景区52家（顶蛳山田园风光区升为AAAA级景区），新增起凤山、古辣镇大陆村稻田艺术景区、程思远故居、伏波景区、桂合蚕桑丝绸生产体验园、南宁剧场、那马那居康养旅游度假区、广西文化艺术中心、广西美术馆、绿地缤纷天地特色街区10家。

（白秀峰　覃　茜）

【青秀山风景区】位于青秀区凤岭南路6号，海拔82米～289米，占地13.54平方千米。有千年苏铁园、兰园、樱花园、竹园、雨林大观、状元泉、董泉、龙象塔、棕榈园、桃花岛、广西珍贵树种展示园、桂花园、中泰友谊园等景点50多个。2021年，南宁青秀山风景名胜旅游区有后勤服务中心、城市管理综合行政执法队、建设工程和园林绿化所、南宁市五象岭森林公园、南宁园博园管理中心（南宁市热带植物研究所）5个事业单位和青秀山风景名胜旅游开发有限责任公司1家企业。邕江沿岸公园（青秀山段）获南宁市"大行动"前三季度邕江沿岸公园中心城区各管辖段管理评比优秀等次。11月，被全国旅游标准化技术委员会评为第一批国家级文明旅游示范单位。青秀山风景区财政收入9.27亿元，比上年增长50.3%，完成年初预算142.62%。青秀山风景区入园游客（购票+免票+年月卡）507.81万人次，增长79.69%；经营收入1.50亿元，增长61.34%。园博园入园游客61.06万人次，增长62.44%；经营收入1783.29万元，增长42.49%。

年内，春季义务植树活动完成新增地块绿化10.67公顷。推进景区"季季花节·月月赏花"活动，举办郁金香花展、兰花展、桃花节、葵花展、水生花卉展、菊花展等。推进景区研学科普活动，组织开展科普活动159场，参与人数1.78万人次；到桂雅路小学、逸夫小学、南宁三中初中部等开展科普进校园22期、受惠学生1800多人。丛林乐园拓展游乐设施及周边配套服务项目完成建设，完成投资781万元；西区夜游设施建设工程完成大型主题灯组、铜鼓音乐台、西门主体亮化、小品及游步道广场铺装等工程，完成投资688万元；叶子花园景观工程完成南面谷地三角梅花谷游步道、铺装、小品及夜间游览照明提升，完成投资1022万元；桃花岛连接露营地登山步道工程完成1500平方米栈道竹木地板铺设、2座50平方米观景平台建设及绿化，完成投资260万元；完成樱花园游客休息长廊改造工程，完成投资337万元。东南亚美食街区项目完成16栋建筑外墙拆除重建、屋面瓦翻新、室外给排水、电气工程及新建10号楼等施工建设，完成投资3496万元。完成组建广西亚热带园林植物研究中心，投资434.1万元，完成实验室硬件配置，完成公共实验室、土壤实验室、病理实验室、组培培养室等实验室改造及部分设备设施安装。完成苏铁、罗汉松、文心兰等国家种质资源库申报，包括引种信息修订、主要保护对象照片和资料、苏铁园植物名录、中国花卉协会会员单位申报文本完善等，完成苏铁、罗汉松种质资源库线上答辩。南宁市园林科研所、广西槿汇岭南园林科技有限公司联合申报"朱槿优异种质资源收集保存和利用技术研究"南宁市科技项目，获批项目经费20万元。与广西壮族自治区农业科学院花卉研究所、广西大学联合申报"十四五"广西科技计划2021年广西重点研发计划项目"基于核心优异种质资源的热带兰花新品种研发关键技术"，获立项公示。完善植物联盟的植物信息管理平台，对景区景点、种苗基地进行植物信息数据采集、录入登记及挂牌；在青秀山西门区、兰园、竹园等景点增加植物解说牌38块、更新解说内容415处；更新制作植物铭牌4906块；结合景区花展花节制作知识内容展板164个、品种牌746块、指路牌34块；在景区微信公众号发布植物科普推文20篇；与其他植物园资源交换、赠送获得植物种子10种，枝条和叶片255种，野外引种获得植物幼苗或枝条194份。城管执法工作拦停检查泥头车等工程车辆342辆次，责令工地整改不规范围挡170处，教育劝离小摊贩176人次、排查户外广告235幅，协调共享单车运营商处理或自行清理违停共享单车4500多辆次，完成数字城管案件2236件，开展"两违"巡查327次。签

2021年3月，青秀山风景区黄花风铃谷景点吸引游客拍照打卡　　梁铭　摄

订森林植物园范围内房屋及附着物补偿协议2份(涉及4户15人),东盟文化园项目房屋附着物补偿协议1份,文华变电站项目土地征收补偿协议、过渡费协议159份。举办青秀山夜游品牌(东区亮灯)、周末星乐夜系列活动、第四届青秀山丰收节、"踏遍青山人未老"2021年青秀山重阳登高节、第六届青秀山菊花展等活动。协助自治区商务厅、文旅厅在青秀山举办"壮族三月三直播电商节——直播带您游广西""一键游广西"VR拍摄、"金牌导游说广西",完成央广网、新华网及《广西日报》邀稿等。青秀山风景区新浪微博、微信公众号分别更新景区旅游信息335条、246条。园博园推出"青春版刘三姐"演出,与容县、三江县等广西旅游名县合作开展旅游主题活动等,举办"南宁园博园赤槿动漫游园祭""2021年新春演出系列活动""壮族三月三相约游园博""南宁园博园'五一'系列活动""广西首届幻光潮园会""'爱国潮·承国风'国庆系列活动",周末和节假日增设《青春版刘三姐》等演出。完成五象岭植物园实验苗圃建设及7个品种约300株红叶树种引种;签订红线外征地协议1份、房屋征收补偿协议23份,支付征拆地块费1300万元,拆除违规设施2.59万平方米,配合自治区、市林业部门做好五象岭森林公园范围和界线的确定、立标工作。

(何晓吟)

【广西大明山保护区】 位于广西中部偏南,横跨南宁市武鸣区、上林县、马山县,总面积1.70万公顷,主峰龙头山海拔1760.40米,为桂中第一峰。2021年,大明山保护区森林覆盖率保持98.90%,公益林管护率、保持率及森林病虫害防治监测率均保持100%。保护区发现新物种广西雨蟋、广西琴蛙、大明山掌突蟾,监测到国家一级重点保护野生动物林麝、金斑喙凤蝶;保护区组织开展野生动物红外相机动态监测(三期)分析,监测到林麝、黑叶猴、熊猴、斑林狸、黄喉貂等国家重点保护野生动物20余种。与广西大学林学院共同开展保护区中草药植物资源调查研究,发现中草药植物137科326属446种,与2020年调查结果(124科278属362种)相比,增加中草药植物84种。开展黑叶猴野外调查6次,记录多个黑叶猴群体和夜宿地环境情况,首次利用猴王声音的监测方法引诱黑叶猴在大明山保护区得到验证。开展野生动物疫源疫病防控监测326次。开发游览线路5条:览胜之旅,有鱼跃龙门、灯笼花苑、大地峰林、观雪亭、云龙佛光、橄榄大峡谷景点;养生之旅,有不朽古松、神女披纱、化石铁杉、养生台、秀峰古隘、仙人台、天然氧吧、骆王点兵、金龟瀑布景点;休闲之旅,沿着龙湖仙境步行游览观赏;神奇之旅,有爱心草坪、天书草坪、北回归线科普廊、观阳亭、北回归线标志塔、腾龙叠水、玉脉石英景点;仙境之旅,有天然药浴谷、杜鹃花长廊、望兵山、飞鹰峰、龙母恬睡、梦想成真石、虎猴相伴、骆越王庙景点。接待游客8.97万人次,旅游总收入1438.22万元。

年内,景区实施项目48个,完成扶持资金100%。其中,大明山大门广场完善工程、大门区至9公里(集体林区)道路中修工程等竣工结算项目20个;大明山旅游集团工作人员周转房工程、汉江至敢造道路K3+150米处塌方应急抢修项目等竣工验收项目14个;保护区保护管理基础设施工程、大明山危旧房改造(大门区)工程相关配套项目等施工项目5个;南宁市大明山生态宣教中心项目电力迁改、广西大明山国家级自然保护区保护管理基础设施工程室外水电工程项目等前期项目9个。抓好大明山科研中心、森林消防指挥中心等项目后续整改,组织召开整改工作会6次,现场督查20多次,到自治区、市林业局、市专项办、市生态环境局等部门协调沟通整改事宜10多次。按照"管理局—保护站—管护点"三级管理体制要求,优化、调整、配备4个护林防火站、15个管护点专职护林员93人、兼职护林员25人。设计《拓印树叶真有趣》《小小护林员》等大明山特色研学课程近10个。参加广西野生动植物保护协会主办"科斯德杯"广西首届红外相机摄影比赛,选送摄影作品《熊猴》《黑叶猴》获三等奖,《赤麂》获优秀奖。举办2021广西大明山歌圩"仙圩印象"盛会,参加活动2万人次,启动仪式和非遗晚会直播当日观看量超120万人次。深入学校和周边社区开展"世界野生动植物日""爱鸟周"等主题宣传活动11次,发放宣传资料1.40万份,参与人数2700人次。举办"走进大明山,探索大自然""领略秀美大明山,书写神奇大自然"等研学实践活动4次,参与人数近1000人次。在《南宁日报》、南宁电视台、大明山网站、大明山微信公众号、大明山抖音账号等平台发布信息700多条,受众100多万人次;在南宁东站设置灯箱广告牌2个,累计宣传4次。参加自治区文旅厅举办"壮族三月三,相约游广西"公众宣传促销活动。加强对高火险区、周边54个行政村216个自然屯、所有入山人员的宣传,推动生态保护宣传进社区、进集市、进校园,累计发放宣传单2万多份、宣传手册2500本、环保袋5000个,张贴防火告示近200份,深入社区村屯广播宣传防火知识20次。打击盗采八角、杨梅等破坏森林资源违法行为14起,抓获并警告教育47人次。9月,与武鸣区法院在保护区挂牌成立南宁市首家生态环保旅游巡回法庭,公开庭审涉及生态环保旅游纠纷案件(滥伐林木、非法占用农用地)2起。

(马佳钰)

【昆仑关风景区】 位于兴宁区昆仑镇南梧二级公路昆仑段2号,面积112.66公顷。是首批国家级抗战纪念设施、遗址,全国重点文物保护单位,全国爱国主义教育示范基地、国家级国防教育示范基地、全国民族团结进步教育示范基地、全国红色旅游经典景区、广西首个海峡两岸交流基地、中国华侨国际文化交流基地、全国港澳青少年内地游学基地、全国中小学生研学教育实践基地、广西统一战线传统教育基地和广西对台交流基地等。现存1940年至1944年修建的"陆军第五军昆仑关战役阵亡将士墓园",其中含有南牌坊、331级花岗岩台阶、阵亡将士纪念塔、烈士公墓、纪念碑亭、北牌

2021年1月8日,大明山旅游风景区冰凌雾凇景观　　马佳钰　摄

坊等遗址，以及昆仑关战役中的阵地、工事遗迹等。墓园的石质文物上完整保留15位国民政府党政军要人的题词题联真迹。昆仑关战役博物馆是广西首家抗战专题博物馆，设序厅、中国人民抗战展厅、昆仑关战役展厅、广西与抗战展厅、缅怀英烈展厅等展厅5个、3D影厅1个。2021年，南宁市昆仑关管理委员会制定《南宁昆仑关管委会文物（藏品）征集工作管理办法》，成立昆仑关管委会文物（藏品）征集工作小组，接受昆仑关主题创作艺术作品大赛捐赠字画37幅，征集到抗战类藏品21件（套）。完成59件（套）馆藏文物藏品（除子弹外）编号及名称信息录入。依法履行文物保护监督管理职责，规范文物安全检查记录、文物安全巡查日志等台账建设。制定《南宁市昆仑关保护管理条例》行政处罚裁量权执行标准细化表、行政处罚自由裁量权适用规则及起草说明等系列规范性文件。组织走访10位老兵及老兵后人，整理文字资料约5万字，拍摄采访影像近9小时，录制音频资料19份，撰写专题推文10篇；对9处昆仑关战役战场周边遗址遗迹点进行田野调查。4月，被市委统战部、市民宗委命名为南宁市铸牢中华民族共同体意识实践教育基地。6月，昆仑关抗日战役纪念地被中宣部命名为全国爱国主义教育示范基地，成为南宁市首个全国爱国主义教育示范基地。举办“感党恩·颂祖国·昆仑雄关促团结·文旅融合助振兴”2021年南宁昆仑关民俗文化旅游活动、纪念中国人民抗日战争暨世界反法西斯战争胜利76周年系列活动、南宁昆仑关抗日战役纪念地全国爱国主义教育示范基地揭牌仪式暨“勿忘国耻·振兴中华——纪念九一八”主题活动、“牢记历史·勿忘国耻·珍爱和平·开创未来”昆仑关大捷82周年纪念活动。组织2021年“南宁市民族团结进步宣传月”“壮族三月三”“5·18”国际博物馆日等系列活动。引进中国人民抗日战争纪念馆“为抗战吹响号角——中国共产党与抗战文化主题展”、广西壮族自治区退役军人事务厅“庆祝中国共产党成立100周年暨‘百年英烈’全区巡回展”，自主策划“八桂的抗战烽火——中国共产党与广西抗战主题展”“‘勿忘国耻·铭记历史·珍爱和平·开创未来’纪念九一八事变90周年专题展”，观展人数超20万人次。接待游客25.83万人次，接待参观团队1106个，现场讲解1031场。

年内，南宁昆仑关风景区按照15.90平方千米的规划面积编制《南宁市昆仑关总体规划》《昆仑关军事历史文化旅游产业示范区概念性规划》《昆仑关军事历史文化旅游产业示范区可行性研究报告》完成验收。《兴宁区昆仑关军事主题文旅小镇产业策划》《兴宁区昆仑关军事主题文旅小镇核心区建设规划》通过自治区住建厅集中审查。推进兴宁区昆仑关军事主题文旅小镇一期项目前期工作，启动项目建议书编制。推动昆仑关风景区创建国家AAAAA级旅游景区建设工作纳入《南宁市国民经济和社会发展第十四个五年规划和2035年远景目标纲要》，修改完善《南宁昆仑关旅游风景区创AAAAA级旅游景区规划》。推进南宁昆仑关旅游风景区创建国家AAAAA级旅游景区一期项目前期工作，为游客服务中心兼博物馆附属馆项目落实部分建设资金。推进昆仑关军事主题文旅小镇文旅体验片区基础设施项目开工建设。完成昆仑关军事主题文旅小镇文旅体验片区环境整治工程项目。完成兴宁区“昆仑关军事主题文旅小镇App”、网站、微信公众号等信息化系统搭建。昆仑关旅游风景区宾阳县思陇镇昆仑村委陶石村村屯给排水等配套工程项目完工投入试运行。推进南宁昆仑关战役旧址博物馆陈列升级改造、那灰水库维修工程、东广场排水系统抢修工程3个项目竣工验收及工程结算。协调推动南柳第二高速公路昆仑出入口更名昆仑关出入口。与旺旺中时媒体集团合作，发布“中华昆仑关海峡两岸情——展现伟大的中华民族精神”创作命题，征集参赛作品1490件；其中，中国台湾地区投稿作品466件。参加筹备广西红色文化旅游协会活动，获推选为协会副会长单位。《广西壮族自治区红色旅游发展“十四五”规划》将昆仑关军事历史文化旅游产业示范区列为十大重点红色旅游项目，将南宁昆仑关旅游风景区列为十六个重点红色旅游景区，在广西红色旅游精品线路中规划以昆仑关为起点的“同仇敌忾、抗战到底”红色旅游线路。南宁昆仑关旅游风景区入选自治区文旅厅广西红色游学精品线路，作为“南国抗战之旅”线路的重要节点。推动南宁昆仑关管委会、兴宁区政府与广西旅游投资集团全资子公司广西旅发中盛旅游发展有限公司就兴宁区昆仑关军事主题文旅小镇项目签订战略合作协议，与广西国奥先锋教育科技有限公司合作启动运营昆仑关国防青少年先锋营地项目，与遵义市加盛文化旅游有限公司签订南宁市“昆仑关大捷”大型实景演艺项目战略合作协议等。　（农晓岚）

2021年8月8日，昆仑关风景区举办“感党恩·颂祖国”昆仑关小小学生军讲解员公益培训活动。图为学生军讲解员合影　　周桂芬　摄

【上林县大庙江生态旅游景区】 位于上林县巷贤镇六联村留仙庄，总面积6平方千米；有古村落古竹庄及万亩竹海。景区设有生态停车场、游客中心、桃源乐竹餐厅，DIY烧烤、大庙江森林漂流、葫芦娃儿童乐园、山地越野车、真人CS野战、房车营地、桃花山、忘忧谷、户外拓展基地。景区和农户合作种植有机水稻66.67公顷，蔬菜、水果20公顷，鹰嘴桃种植基地25.8公顷，忘忧草种植基地20公顷。2021年8月，被自治区旅游资源规划开发质量评定委员会评为国家AAAA级景区。

【五象湖公园】 位于五象新区玉洞大道，一期占地面积107公顷（水域面积52公顷、陆域面积55公顷），绿地率90%。2013年8月31日对外开放，是第三届广西园林园艺博览会会址，是市民游客休憩游览、园林行业交流学习、花卉园林文化展示、园林科普教育的综合性城市公园。内湖泊依托良庆河道，由“碧象、玉象、金象、银象、桂象”5个湖泊首尾相连而成。分东入口景观大道、城市展园等6个功能区，设置五象塔、七座景观桥等标志性建筑物和“塔影烟岚”“黄石飞瀑”“欢乐五象”等18个主要景点。2021年10月，被自治区旅游资源规划开发质量评定委员会评为国家AAAA级景区。

【顶蛳山田园风光区】 位于邕宁区蒲庙镇新新村（南宁园博园主园区西侧），占地面积约80公顷。2018年，作为第十二届中国东盟（南宁）国际园林博览会的配套项目建成。主要景点顶蛳山遗址博物馆、顶蛳山考古遗址公园、生态农业基地、邕宁区“绿水青山就是金山银山”宣传教育馆、顶蛳山汽车露营基地、星空帐篷营地、九碗顺庄（精品民宿酒店）、邕州瓷材料与艺术研发基地、九碗汽车营地及桂柑水果采摘园等景点。园区是以顶蛳山贝丘遗址文化为主轴，集观光旅游、大健康生态农业、休闲度假及体育娱乐为一体的新型乡村旅游地。2019年，助力邕宁区评选“广西特色旅游名县”称号。2021年2月，被市生态环境局评为南宁市生态环保科普教育实践基地；10月，被自治区旅游资源规划开发质量评定委员会评为国家AAAA级景区。

【会展·东博文化旅游区】 位于青秀区，占地面积42.28公顷，2004年起，作为中国—东盟博览会的永久会址。由A区迎宾广场、（东翼）办证大厅、会展·MOMA全球优品城（地下商城）、城市书房、四轮公社，B区（东翼）金桂花厅、新闻中心、展厅，C区（侧翼）行政综合楼、一站式服务中心、锦宴（演艺中心）、慢行系统，D区（前翼）展厅、会议中心，E区（中翼）展厅、体育汇，F区（尾翼）会展大厦、南宁会展豪生大酒店，G区（尾翼）南宁方圆荟会展购物中心等部分组成。有大型多功能厅2个（金桂花厅、朱槿花厅），展厅18个（最大展厅1.58万平方米、最小展厅2160平方米），会议厅（室）18个及新闻中心、游客中心、中国东盟博览会体验厅、“10+1”特色餐车街等。室内展览面积9.2万平方米，可搭建国际标准展位5529个。2021年10月，被自治区旅游资源规划开发质量评定委员会评为国家AAAA级景区。 （白秀峰　覃　茜）

2021年南宁市AAA级以上景区(点)

AAAAA级景区(点)：南宁青秀山风景名胜旅游区

AAAA级景区(点)：南宁嘉和城景区、南宁九曲湾温泉景区、广西八桂田园、南宁市动物园、广西药用植物园、南宁大明山风景旅游区、广西科技馆、广西民族博物馆、南宁市乡村大世界景区、南宁市武鸣区伊岭岩景区、南宁市良凤江森林旅游区、广西规划馆景区、南宁市民歌湖景区、隆安县龙虎山旅游景区、南宁市凤岭儿童公园、南宁马山金伦洞景区、上林县金莲湖景区、南宁市人民公园、南宁花花大世界景区、南宁昆仑关旅游风景区、南宁上林县大龙湖景区、九龙瀑布景区、水锦·顺庄、龙门水都景区、广西马山弄拉旅游景区、南宁园博园景区、南宁万达茂景区、南宁市那贵坡樱花园、南宁金花茶公园、广西百益上河城旅游景区、邕宁区蒲津公园、融晟天河海悦城、南宁花雨湖生态休闲旅游区、古辣稻花香里旅游区、广西高峰森林公园、江宇梦想小镇、秀美邕江·邕州古韵旅游景区、上林县大庙江生态旅游景区、五象湖公园、顶蛳山田园风光区、会展·东博文化旅游区

AAA级景区(点)：横县西津湖景区、南宁市大王滩风景区、南宁市凤凰谷景区、南宁海底世界景区、南宁金湖地王云顶观光旅游景区、宾阳县白鹤观旅游度假区、南宁市华南城景区、上林县鼓鸣寨养生旅游度假区、上林县禾田农耕文化园、上林县霞客桃源壮乡旅游度假区、南宁市江南区扬美古镇景区、横县中华茉莉园景区、上林县万古茶园景区、横县莲塘圣茶谷景区、南宁市狮山公园、广西农垦明阳向阳红现代农业庄园、南宁海王生命与健康科普馆、广西金花茶业工业旅游园、横县西津国家湿地公园沙埠景区、马山县三甲攀岩小镇、马山县小都百旅游景区、马山县灵阳寺旅游景区、马山县古朗瑶乡金银花公园、南宁市新秀公园、广西香流溪谷农业生态旅游区、徐汉林红色教育基地示范点、南宁不孤湖景区、横县顺来茉莉花茶展览馆、南宁市江南公园、西乡塘区芦仙山风景区、西乡塘区美丽南方·老木棉匠园、南宁市花卉公园、南宁博物馆、武鸣区大明山汉江欢乐谷、振林（粤桂）生态产业园—渔火人家庄园、福人湖生态旅游区、卡拉奇遇工业旅游景区、南宁289上海天地、明秀园、雪松灵水壮乡文化小镇、亭子码头、南宁孔庙博物馆、起凤山、古辣镇大陆村稻田艺术景区、程思远故居、伏波景区、桂合蚕桑丝绸生产体验园、南宁剧场、那马那居康养旅游度假区、广西文化艺术中心、广西美术馆、绿地缤纷天地特色街区

旅游市场开发

【市场交流合作】 2021年，南宁市参加2021广东国际旅游产业博览会、第十七届中国国际文化产业博览交易会、2021中国—东盟博览会旅游展、第三届中国—东盟电视周视听产品展示交易会4个专业展会，参加自治区文旅厅在北京、武汉、广州举办2021“壮族三月三相约游广西”等4场专场推介会及南京公众促销活动，宣传推介南宁文旅资源。4月9日至11日，在南京玄武湖搭建50平方米的“老友南宁”特装展，宣传推广南宁“壮族三月三”文旅风采；9月22日，在深圳市举办“秀甲天下·壮美广西”广西文化旅游推介会，推介广西、南宁文旅品牌形象，开展南宁文化旅游产业招商专题宣传，深化南宁市与粤港澳大湾区文旅合作。10月14日至17日，在2021中国—东盟博览会旅游展中搭建120平方米“老友南宁”特装展，展示南宁非遗技艺、旅游商品及文创品，获最佳组展奖。

【区域旅游合作】 2021年，南宁市作为北部湾（广西）旅游联盟轮值市及秘书长单位，持续推进北部湾（广西）旅游联盟旅游合作。2020年11月至2021年3月，开展“唱游北部湾”大型全媒体宣传营销活动，以线上线下、宣传推广与客源市场开发相结合方式，采取边游边唱边推广，开展广西北部湾旅游事件营销与热点话题推广，在国内主流旅游OTA（在线旅行社）平台开设广西北部湾旅游线路专区，展销广西北部湾“秀美南疆·浪漫滨海”旅游品牌及精品线路。活动期间，全媒体宣传推广总体曝光及阅读量5.7亿人次，实现引客导流5.2万人次。5月11日至11月中旬，北部湾（广西）旅游联盟6市共同举办“发现最美北部湾”大型营销推广活动启动仪式，活动持续6个月，以线下自驾体验推广、线上全媒体宣传、旅行社引客导流相结合方式提振广西北部湾旅游市场消费，活动话题全网阅读量超

10 亿人次，广西北部湾文旅产品、线路、景区门票 OTA 下单量超 7.26 万单。

【旅游促销宣传】 2021 年，南宁市利用传统媒体、网络媒体、新媒体和市文广旅局政务新媒体加大对南宁文旅资源、产品、精品线路、节庆活动的宣传、推广力度。陆续在 CCTV(中央电视台)综合频道、CCTV 新闻频道、广西电视台综艺旅游频道、南宁电视台新闻频道播出“老友南宁”旅游整体形象广告；在《南宁日报》开设文旅周刊，全年开展南宁文旅宣传 50 个；邀请旅游达人推出“我为老友南宁代言”活动；与湖南卫视、浙江卫视相关栏目合作，以“南宁旅游 × 综艺影视”进行跨界推广；在南宁—广州、南宁—成都高铁列车开展为期 1 年的“老友南宁号”冠名宣传，在南宁机场候机楼 1 层到达厅灯箱及 LED 屏、市区核心圈 38 个公交车站台广告灯箱、火车东站巨幅灯箱投放“老友南宁”主题系列海报宣传，打造“老友南宁号”邕江主题游船，在邕江客运游船、民生旅游码头、“邕”字广场、候船厅统一包装形象，持续提升“老友南宁”文旅品牌知名度及影响力，唱响“老友南宁”故事。全年在新浪、今日头条、Facebook(脸书)、推特等国内外网络媒体及微博、微信、抖音等官方自媒体搭建“留邕过年·我在南宁挺好的”“老友南宁”“发现最美北部湾”“打卡南宁”“南宁非遗记忆”5 个话题，其中“留邕过年·我在南宁挺好的”话题全网阅读量超 2 亿人次，“发现最美北部湾”话题全网阅读量超 10 亿人次。加大市文广旅局微博、南宁旅游今日头条号等政务新媒体推广力度，优化、提升内容供给质量，向社会公众提供南宁文旅资源、产品、精品线路、节庆活动等资讯服务。11 月 26 日，南宁旅游新浪微博、微信公众号累计发布信息 4600 多条，浏览量、阅读量超 4200 万人次；南宁旅游抖音账号发布视频 200 多条，播放量 1400 多万人次。（赵婷婷）

大健康与文旅产业

【概　况】 2021 年，南宁市大健康和文旅产业工程指挥部(2020 年成立)（以下简称“指挥部”）指导全市大健康和文旅产业发展。指挥部实行双指挥长负责制，5 名副指挥长协助指挥长开展工作，成员由市政府副秘书长，市委宣传部、统战部相关领导及市发展改革委等 28 个部门领导组成。指挥部设办公室、大健康产业部、文化旅游产业部 3 个专责工作组机构。办公室机构设在市文广旅局，设综合协调组、重大项目组、宣传推广组、招商引资组、要素保障组 5 个工作小组。组员从市民政局、市自然资源局、市文广旅局、市卫健委、南宁日报社、南宁广播电视台各抽调 1 名同志作为专职工作人员常驻。大健康产业部设大健康养老产业组、大健康医疗和管理产业组、大健康和文旅制造业组、大健康食品产业组，组长单位分别是市民政局、市卫健委、市工信局、市农业农村局。文化旅游产业部设大健康文旅产业组、大健康运动产业组、文化(文新广电)产业组，组长单位分别是市文广旅局、市体育局、市委宣传部。指挥部制定完善大健康和文旅产业工程发展政策措施，推动全市大健康和文旅产业融合发展。按照“抓点、串线、扩面”的要求，聚焦“医管、养、食、游、动、造、文”全产业链要素，统筹推进南宁市大健康养老、大健康医疗和管理、大健康和文旅制造业、大健康食品、大健康文旅、大健康运动、文化(文新广电)产业高质量发展，建设大项目，打造大品牌，形成大产业，初步形成休闲度假、医疗养生、幸福养老、健康运动、健康食品、装备制造有机结合，大健康产业和文旅产业的新格局。

【大健康和文旅产业项目库建设】 2021 年，南宁市大健康和文旅产业工程指挥部制定《南宁市大健康和文旅产业工程项目库管理办法》，实行库长负责制，建立市本级大健康和文旅产业项目库，设立项目总库 1 个和项目分库 7 个[大健康医疗和管理产业项目库、大健康养老产业项目库、大健康和文旅制造业产业项目库、大健康食品产业项目库、大健康文旅产业项目库、大健康运动产业项目库、大健康文化(文新广电)产业项目库]。南宁市大健康和文旅产业项目库项目 221 个[大健康养老产业项目库项目 33 个，大健康医疗和管理产业项目库项目 29 个，大健康食品产业项目库项目 41 个，大健康和文旅制造业项目库项目 30 个，大健康文旅产业项目库项目 63 个，大健康运动产业项目库项目 13 个，文化(文新广电)产业项目库项目 12 个]，其中新开工项目 66 个、续建项目 103 个、竣工投产项目 7 个、预备项目 45 个。重点推进项目库项目 42 个，其中新开工项目 5 个、续建项目 28 个、预备项目 9 个、无竣工投产项目。

【大健康和文旅产业项目投资】 2021 年，南宁市大健康和文旅产业在建项目 176 个，计划总投资 23944029 万元。年内完成项目投资 1785760.64 万元，比上年增长 24.46%，其中大健康养老产业项目完成 118858.92 万元、大健康医疗和管理产业项目完成 211666.03 万元、大健康食品产业项目完成 220020.31 万元、大健康和文旅制造业项目完成 351947.28 万元、大健康文旅产业项目完成 583687.55 万元、大健康运动产业项目 262519 万元、文化(文新广电)产业项目完成 37061.55 万元。新开工项目完成投资 781027.09 万元，增长 15.34%；重大项目完成投资 1696897.69 万元，增长 77.99%；大健康和文旅制造业项目完成投资 351947.28 万元，增长 40.05%。

【大健康和文旅产业项目招商引资】 2021 年，南宁市开展“行企助力转型升级”“三企入桂”（“行企助力转型升级”指行业商协会及其会员企业到广西投资或扩大投资，推进产业转型升级；“三企入桂”指央企、民企、湾企落地广西投资建设）等大健康和文旅产业招商行动，组织开展招商推介活动 23 批次，对接行企 239 家，签约牛湾文化旅游岛、农夫山泉上林生产基地等大健康和文旅重点项目。（黄卫君　陈　前）

旅游活动

【概　况】 2021 年，南宁市持续打造“南宁月月文化旅游节”品牌效应，举办旅游节庆及主题活动 20 多个。1 月，举办“乐游南宁·喜迎 2021 年”“留邕过年”“邕有真情”活动。2 月，举办 2021 年“开年游南宁”活动暨“老友南宁”旅游宣传口号发布仪式。3 月，举办“壮族三月三”民俗展示体验活动、“百年党旗红·启航新征程”邕江红色主题游船启航仪式。4 月，举办“壮族三月三·夜游广西”2021 年广西文旅夜游促消费活动。5 月，举办 2021 年“中国旅游日”南宁主会场暨上林生态旅游养生节。6 月，举办 2021 年昆仑关民俗文化旅游活动、南宁园博园幻光潮园会。7 月，举办 2021 广西暑期文化旅游促消费暨“相约老友·夜游南宁”活动、方特马六甲狂欢夜。8 月，举办 2021 年中国(横州)茉莉花文化节。9 月，举办青秀山丰收节。10 月，举办青秀区创意生活节。12 月，举办南宁国际民歌艺术节 2021 年“绿城歌台”系列群众文化活动、第 23 届南宁国际民歌艺术节“大地飞歌·2021”晚会、第九届中国—东盟(南宁)戏剧周、良庆区 2021 年民俗文化旅游节。

【2021 年“开年游南宁”活动暨“老友南宁”旅游宣传口号发布仪式】 2021 年 2 月 8 日，2021 年“开年游南宁”活动暨“老

友南宁”旅游宣传口号发布仪式在南宁万象城民族大道外广场举办。为期15天、占地260平方米,以“文旅特装展+主题活动+文旅市集”方式,发布“老友南宁”新版南宁旅游品牌整体形象宣传口号,推出“老友南宁”LOGO(标识)概念片、主题宣传片、主题曲;从“友景”“友味”“友风情”三个内容呈现南宁文旅发展风貌,推出“开年游南宁”文化旅游主题活动20多个,印制10万张主题为“我在南宁挺好的”的“老友南宁”贺年明信片免费发放。

【“百年党旗红·启航新征程”邕江红色主题游船】 2021年3月21日,“百年党旗红·启航新征程”邕江红色主题游船项目在民生码头“邕”字广场举行启航仪式;主题游船以“看一次展览,听一次党课,学一次党史,观一次专题片,重温一次入党誓词,感受南宁城市蝶变”为活动形式,结合百里秀美邕江沿岸红色历史景点推出“百年党旗红·百里邕江秀”庆祝建党一百周年党建宣传教育旅游线路3条;开展邕江沿线“红色景点展播”“百年党史展播”“南宁发展成就史展播”“向党说句心里话”“党史知识竞赛”“红歌抢‘麦’大家唱”等活动。年内,邕江红色主题游船开行235个航次,接待单位200多家,参与活动1.7万人次。

(赵婷婷)

【第六届华南城“三月三”民俗文化节】 2021年4月10日在南宁华南城举办。活动以“壮乡民族文化”为主题,设“南宁有韵”“南宁有味”“南宁有爱”“南宁有礼”“相约游广西”五大板块,包括民族歌舞迎宾、“红色歌舞大家唱”快闪、民族特色歌舞、大型歌舞“唱支山歌给党听”、非遗展演、特色美食等,开展非遗歌舞展演、特色美食体验、传统医药体验、非遗技艺展等系列活动。在“南宁有韵”板块,开展婚嫁习俗、疍家文化、歌圩对唱、抛绣球等民俗文化展演,以及跳竹竿、滚铁环、板鞋竞技等传统体育互动,展现壮族文化风情。吸引客流98.6万人次,成交额3184.4万元。

(班　班)

【2021年“中国旅游日”南宁主会场暨上林生态旅游养生节】 2021年5月19日,2021年“中国旅游日”南宁主会场暨上林生态旅游养生节开幕式在上林县举行。主题为“绿色发展·美好生活”,活动持续至6月30日;由7大板块29项活动组成,包括主题晚会、“迎建党百年·重走初心路”徒步登山活动,主要景区(乡村旅游区)特色展示、“世界长寿乡·壮美新上林”百家旅行社上林考察踩线、“南宁·上林钓鱼邀请赛”、“南宁·上林鸡王擂台争霸赛”、“向往的上林”抖音挑战赛等活动。期间,组织涉文涉旅企业1000多家借助“一键游广西”平台推出文旅消费惠民活动。

(赵婷婷)

旅游行业管理

【概　况】 2021年,南宁市有旅行社161家,其中出境资质旅行社38家、国内一般旅行社123家;旅游星级酒店36家,其中五星级2家、四星级14家、三星级20家。全年查处旅游市场违法违规案件11起,罚款金额1.73万元,涉及旅行社5家、导游员2人、无证导游员2人、无证经营旅行社业务人员2人、旅行社相关人员2人;受理旅游市场投诉859起,接待1116人次,组织调解203起,为投诉人挽回经济损失95.55万元,按时办结率100%。

【旅游饭店管理】 2021年,南宁市培育创建星级旅游饭店,指导天龙湾曼悦酒店(南宁武鸣店)、广西泊宁酒店创建四星级旅游饭店。组织星评员对20家星级评定(含评定性复核)满三年的星级旅游饭店进行评定性复核,其中评定为四星级旅游饭店6家、三星级旅游饭店14家。举办2021年南宁市星级旅游饭店服务技能大赛,20家旅游饭店组成30个代表队、90名选手参加比赛;选拔出18名优胜选手,代表南宁市参加2021年广西旅游饭店服务技能大赛。

【旅行社管理】 2021年,南宁市加强“全国旅游监管服务平台”推广应用,实现全市旅行社使用覆盖率100%。推广使用旅游电子合同,加强旅行社合同管理,降低人力财力成本。指导督促旅行社建立健全内部管理制度,完善业务运行机制,强化安全生产,规范门市、广告管理。规范旅行社经营秩序,整治未经许可经营旅行社业务行为。加强导游队伍建设,引导提升导游队伍业务和服务水平。持续用好旅游服务质量保证金政策,支持旅行社行业恢复发展,为28家旅行社(分社)办理暂退质保金507.50万元。

【旅游市场整治】 2021年,南宁市整治规范旅游市场秩序,开展元旦、春节、劳动节、国庆节等旅游市场执法检查专项保障行动。组织开展2021年旅游市场秩序整治、未经许可经营旅行社业务、整治假借“庆祝中国共产党成立100周年红色之旅”名义变相组织不合理低价游等专项行动,依法查处旅游市场违法违规经营行为。市文化市场综合行政执法支队查办的南宁市亿人游国际旅游有限公司以不合理低价游诱骗旅游者购物、从而获取回扣等不正当利益案件,被评为2020—2021年度全国旅游市场重大案件。

【诚信体系建设】 2021年,南宁市全面推行“双随机、一公开”(随机抽取检查对象,随机抽取执法检查人员,抽查情况及查处结果及时向社会公开),开展文化市场双随机抽查、互联网上网服务营业场所联合抽查、娱乐场所跨部门联合抽查、旅行社跨部门联合抽查4项任务。推进南宁市创建国家社会信用体系建设示范区工作,出台实施《南宁市文化和旅游市场信用管理制度》《南宁市文化和旅游市场守信和严重失信名单制度》,依规将南宁市闪电动感网吧列入南宁市文化和旅游市场严重失信名单。

(刘秋园)

表12　　2021年南宁市三星级以上酒店情况一览表

名　称	星　级	地　址	名　称	星　级	地　址
广西沃顿国际大酒店	五星	南宁市民族大道88号	广西新华大酒店	三星	南宁市民族大道69号
广西红林大酒店		南宁市民族大道129号	南宁华星酒店		南宁市七星路125号
南宁明园饭店	四星	南宁市新民路38号	广西天妃商务酒店		南宁市明秀东路238号
广西南宁凤凰宾馆		南宁市朝阳路63号	南宁市状元坡宾馆		南宁市秀灵路77-1号
南宁圣展酒店		南宁市金湖路49号	南宁简约酒店		南宁市桂春路11-1号

续表 12

名称	星级	地址	名称	星级	地址
南宁喜相逢大酒店	四星	南宁市长湖路 28 号	宾阳花园大酒店	三星	宾阳县广场路小区广场南路地段
南宁市世纪君悦大酒店		南宁市金湖路 71 号	广西宾阳县金世纪大酒店		宾阳县商贸城城中大道西排 21 号
南宁景都国际大酒店		南宁市茶花园路 31-1 号	宾阳黎都大酒店		宾阳县黎塘镇金龙大道 2 号
南宁邕州饭店		南宁市新民路 59 号	南宁市银林山庄		南宁市邕武路 23 号
广西相思湖国际大酒店		南宁市大学东路 188 号	横县横州国际大酒店		横县横州镇茉莉花大道
广西怡养花园大酒店		南宁市长岗路 189 号广西药用植物园内	上林圣龙大酒店		上林县政府路 30 号
金旺角国际大酒店		南宁市民族大道 182 号	马山县易珑山庄		马山县金伦大道 593 号
南宁荣荣大酒店		南宁市星光大道 223 号	南宁威宁生态园乡村大世界		南宁市邕宾路三塘镇蒙村
南宁国宾美景养生酒店		南宁市青秀区桃源路 63 号	南宁市湘鸿大酒店		南宁市龙岗大道龙华路 58 号
天龙湾曼悦酒店(武鸣店)		南宁市标营路 111 号康和城商业广场内	广西南宁沃沃商务酒店		南宁市五一路 150 号
广西泊宁酒店		南宁市竹溪大道 22 号	南宁市三丰酒店		南宁龙亭路 8 号南宁学院内
广西满江红大酒店	三星	南宁市祥宾路 63 号	广西榕华酒店		南宁市定秋路 5 号综合楼
南宁市银河大酒店		南宁市朝阳路 84 号	南宁精通 101 酒店		南宁市葛村路 13 号

编辑　班彩梅

信息化

综 述

【概 况】 2021年，南宁市印发实施《广西南宁市5G通信基础设施专项规划(2020—2025年)》，推进5G(第五代移动通信技术)通信基础设施建设。累计开通5G基站1.03万个，5G基站建设数量和覆盖水平均居自治区首位。有29个市级层面的“信息网”项目纳入自治区“信息网”项目库，市本级“信息网”实施项目68个，项目实施率、开工率均100%。12月14日，南宁国家级互联网骨干直联点开通仪式举行，自治区内互联网用户跨网访问时延降低。印发实施《数字南宁发展“十四五”规划》，提出“一基两纽三核四翼”（“一基”即数字基建，“两纽”即数字化转型、数字化生态，“三核”即数字政府、数字经济、数字社会，“四翼”即政策制度、标准规范、运营管理及网络安全体系）数字南宁总体架构。市政府、中国工业互联网研究院在第二届“一带一路”论坛签订《中国工业互联网研究院 南宁市人民政府共同推动工业互联网创新发展合作框架协议》，推进中国工业互联网研究院广西分院和国家工业互联网大数据广西分中心建设。组建数丝科技集团有限责任公司，整合数据资源，服务数字经济企业发展。继续推进中国—东盟信息港南宁核心基地建设，完成投资357亿元。被自治区大数据局认定为第一批广西数字经济示范区。横州市“数字茉莉”大数据平台入选中央网信办、农业农村部、国家发展改革委等7部门联合编制的《数字乡村建设指南1.0》指导案例，是广西唯一入选案例。南宁市政务服务指标在2021年国家营商环境评价中评为“全国标杆”。组织各部门参加自治区党委网信办、自治区发展改革委、自治区工信厅、自治区大数据发展局联合主办的广西信息化优秀案例征集评选，获“广西信息化优秀案例”项目14个，其中一码通城公共服务平台、“南宁市民卡”互联网综合服务平台2个项目获最佳案例。

（市委网信办 市大数据发展局 市工信局）

【数字南宁建设】 2021年，南宁市加强数字基础设施建设，累计开通5G基站1.03万个，5G基站建设数量和覆盖水平均居自治区首位。全市数据中心规划设计标准机架总规模11.6万架，占自治区42.5%。29个市级层面的“信息网”项目纳入自治区“信息网”项目库，全部开工建设，年度计划投资19.47亿元，完成投资29.09亿元；南宁市“信息网”实施项目68个，全部开工建设，年度计划投资48.03亿元，完成投资56.13亿元。以中国电信东盟国际信息园、中国移动（广西）数据中心、五象云谷云计算中心等项目为引领，建设大型及超大型数据中心核心集聚区。1月14日，工信部批复同意在南宁设立国家级互联网骨干直联点，12月14日在南宁举行开通仪式，自治区内互联网用户跨网访问时延明显降低，是全国第2个具备1主1备双路由网间互联电路的直联点，网间带宽2200千兆字节，总带宽居全国前列。12月31日，印发实施《数字南宁发展“十四五”规划》，制定可量化发展指标17项，提出数字南宁建设重点项目72个、数字南宁重点课题17个。年内，在“中国信息化iTECH2020年会暨中国智能制造百人会2021年会”线上大会获年度创新政府奖，数字政府建设经验被《中国信息化》杂志刊登。获全国信用信息共享平台和信用门户网站建设“示范平台网站”称号。南宁市政务服务指标在2021年国家营商环境评价中评为

2021年11月，迈越大数据产业园1号、2号厂房一层、二层主体部分完成施工

李治东 摄

"全国标杆"。被自治区大数据局认定为第一批广西数字经济示范区。连续4年举办中国—东盟新型智慧城市协同创新大赛,第四届(2021年)中国—东盟新型智慧城市协同创新大赛有来自中国、新加坡、马来西亚、泰国、印度尼西亚、菲律宾、柬埔寨、缅甸、越南、老挝10个国家502支队伍参赛(东盟分赛区参赛队伍145支),获奖项目40个。其中,一等奖7个、二等奖7个、三等奖11个、优秀奖15个。

(市大数据发展局)

【互联网服务】 2021年,南宁市有固定宽带用户370.36万户。其中,电信企业基础光纤到户(办公室)用户占91.58%,千兆固定宽带接入用户占16.54%。移动互联网用户1062.24万户,普及率91.93%。移动电话用户1155.43万户,比上年增长9.09%。有网站2.62万个(备案主体1.85万个)。其中,出版类7个、药品和医疗器械类54个、文化类180个、广播电影电视节目类20个、新闻类11个;按主办者性质分,政府机关备案207个、事业单位备案402个、企业备案1.41万个、社会团体备案272个、个人备案3293个、其他类型主体备案213个。有互联网企业1237家,注册资本561.3亿元。按注册资本规模分,1000万元以上311家,1000万元～100万元871家,100万元以下212家;按企业性质分,民营控股企业1104家、国有控股企业77家、其他企业56家;按业务覆盖范围分,在全国范围内经营业务1008家、在自治区范围内经营业务1229家。全市互联网企业申请经营电信业务1854项。其中,仅限互联网信息服务业务1074项、不含互联网信息服务业务99项、在线数据处理与交易处理业务609项、国内呼叫中心业务21项、经营数据中心业务18项、互联网接入服务业务24项、其他业务9项。(市通信发展管理办公室)

【信息安全】 2021年5月31日至6月11日,中国共产党南宁市委员会网络安全和信息化委员会办公室(简称"市委网信办")联合公安机关抽查20家单位的关键信息基础设施网络安全情况,督促有关单位整改发现的问题。市公安局与自治区公安厅科技信息化总队联合建设广西公安第一个网络安全攻防实验室。8月16日至20日,市委网信办会同公安机关组织"护网2021"南宁市服务第18届中国—东盟博览会网络安全攻防实战演习。市委网信办、市公安局组织各相关单位参加自治区党委网信办和自治区公安厅组织的广西"护网2021"网络安全攻防实战演习暨第七届广西网络安全技术大赛,南宁市大数据发展局(简称"市大数据发展局")获"优秀防守单位"。10月11日至17日,开展2021年国家网络安全宣传周南宁活动,各县(市、区)、单位开展线下宣传活动937次,参与人数逾28万人次;张贴网络安全海报6855张,悬挂相关横幅1264条,发放折页、书签等宣传资料30多万份,覆盖受众超1100万人次。年内,举办2021年南宁市网络安全培训班,参加培训300多人。市大数据发展局根据网络安全等级保护制度要求,对全市电子政务关键信息基础设施持续配备安全防护设施,协同技术厂商、运维技术力量做好网络安全加固整改,并在国家、自治区、南宁市"两会"和"三月三"及国家法定节假日等重点时期开展网络安全预警监测与应急处置。定期对南宁市电子政务网络平台、南宁电子政务云平台、智慧南宁大数据中心等基础平台及市政府门户网站、"爱南宁APP"等重要业务系统开展网络安全风险评估、网络安全检查及网络安全等级保护测评,配合市委网信办、市公安局完成网络安全执法检查,形成常态化、立体化网络安全检查监督工作机制。各县(市、区)、开发区对规模以上工业企业开展工业控制系统信息安全自查,市工信局聘请专业网络安全机构协同抽查20家规模以上工业企业网络安全,其中国电南宁发电有限责任公司、瑞声科技(南宁)有限公司、广西电网有限责任公司南宁供电局、大唐广源水力发电有限公司、隆安金鸡滩水力发电厂等企业有完整的工业控制系统网络及安全架构,工业控制系统通过等保测评或相关行业标准评定。工业企业信息安全呈现信息化自动化程度不断提高、网络安全措施基本到位、工业主机安全不断升级、设置物理安全防护的特点。

(市委网信办　市工信局
市大数据发展局　市公安局)

信息化建设

【概　况】 2021年,南宁市累计开通5G基站1.03万个。加快5G应用场景落地,完成自治区党校自动驾驶、广西建设职业技术学院相思湖校区智慧教育、广西医科大学第二附属医院远程医疗、南宁国际会展中心智能安防等行业运用"5G+"应用建设,皇氏乳业与中国移动南宁分公司合作"5G+视觉检测"工业互联网项目实现乳业奶瓶缺陷智能检测。建设完善北斗产业发展支撑体系,完成中国—东盟空间信息技术创新示范基地二期建设,广西北斗系统检测中心二期建设及CMA(中国计量认证)认证,编制北斗"一带一路"高精度位置与公共服务(东盟)平台建设方案,中国—东盟时空中心低频时码(BPC)发播台东盟国家选址等。加强政务"云网"基础建设,开展云网资源统筹利用认定,梳理摸清全市各部门数字资产,对不保留的数字资产统筹利用;清理回收政务云上不再使用的信息系统30个。市大数据发展局统筹推进全市政务数据资源管理与应用改革,在广西政务数据资源管理与应用改革评估第二、第三季度考核中排名第一,第三季度南宁市政务数据共享质量指数被评为五星级,云网资源统筹利用完成率自治区排名第一。建设南宁市数据中台,形成全市统一的数据资源图谱,提升数据资源处理利用效率。智慧城市项目建设重点支持城市治理精细化、优化营商环境、数据治理与创新应用、惠企便民等信息化项目,为社会治安管理、惠企便民服务、医疗和教育资源互联互通、共享停车位资源、大规模核酸检测、探索高速公路适应自动驾驶提供助力。组建数丝科技集团有限责任公司,整合数据资源,服务本地数字经济企业发展。主要存在信息化基础依然薄弱,数字底座尚未完全建立,云服务资源承载力不足,关键信息基础设施面临风险隐患,网络安全防控能力薄弱,缺乏全市一体化安全保障体系和容灾备份体系;智慧城市投入不足,中国—东盟信息港南宁核心基地建设以及扶持数字经济企业发展方面缺乏专项扶持资金;政务数据要素市场建立处于初级阶段,数据质量和有效供给不足,数据共享融通壁垒尚未彻底破除,数据对传统生产要素的融合倍增效应难以充分释放等问题。

(市大数据发展局　市工信局)

【信息基础设施建设】 2021年,南宁市有移动电话基站5.6万个。其中,4G(第四代移动通信技术)基站3.41万个、5G基站1.03万个。互联网宽带接入端口693万个。其中,光纤到户(办公室)端口592万个,城市光网覆盖率100%。4G网络实现建制村全覆盖,自然村覆盖率99.8%。印发《广西南宁市5G通信基础设施专项规划(2020—2025年)》,规划总面积2.21万平方千米,涵盖市区、县城、乡镇、农村、高速公路、高速铁路等,涉及5G室外站、5G室分站点、重点机房、传输管道、光交节点、传输杆路、电源等专业领域。推动电信普遍服务试点城市建设,向工业和信息化部申报建设4G基站115个,获批8个4G基站和903个基站北斗授时设备改造项目。其中,中国电信广西分公司中标4个4G基站建设项目和435个基站北斗授时能力改造项目、中国移动广西分公司中标4个4G基站建设项目

2021 年 11 月 19 日,中国电信南宁分公司工作人员在开通马山县里当乡龙琴村下权屯电信普遍服务站点后,向当地群众演示手机通信带来的便利　　市通信发展管理办公室提供

和 468 个 4G 基站北斗授时能力改造项目。推动光纤向自然村延伸,自然村光纤接入通达率 98.7%,其中 50 户以上自然村光纤接入通达率 99.7%。各电信运营商实施千兆网络入户,推动光纤宽带下乡进村;中国移动南宁分公司部署 10 千兆 PON(以太网无源光接入系统)端口 3.1 万个,千兆网络覆盖家庭约 291 万户,家庭宽带覆盖率 96.8%;中国电信南宁分公司建设千兆 PON 端口 8 万个,建成千兆小区 9200 个,乡镇以上区域千兆网络覆盖率 100%;中国联通南宁市分公司实现城市区域(含县城)5151 个小区开通千兆光纤宽带能力,城市区域千兆网络覆盖率 94.48%,市区、县城以及重点乡镇光纤宽带具备千兆宽带接入能力。

(市通信发展管理办公室　市工信局)

【信息化与工业化融合】 2021 年,南宁市行业龙头骨干企业工业互联网应用不断创新,相关产业龙头率先投建工业互联网项目。广西建工集团建筑产业投资有限公司装配式预制混凝土构件数字化工厂、南南铝业股份有限公司铝合金精深加工生产过程执行管理(MES)系统、广西南宁百会药业集团有限公司工业自动化及信息技术升级项目、广西仙茱中药科技有限公司仙茱中药生产智能制造管理系统等两化融合项目完成建设。糖业、能源、水务、建材等行业打造工业互联网行业平台,推进行业数字化转型,促进大中小企业融通发展和协同创新,其中广西泛糖科技有限公司“广西糖业工业互联网平台创新应用”项目入选工信部办公厅组织的工业互联网平台创新领航应用案例。9 月 10 日,市政府、中国工业互联网研究院在第二届“一带一路”论坛签订《中国工业互联网研究院　南宁市人民政府共同推动工业互联网创新发展合作框架协议》,推进中国工业互联网研究院广西分院和国家工业互联网大数据广西分中心建设。　　(曾小妮)

【数字政府建设】 2021 年,南宁市组织开展云网资源统筹利用认定,梳理全市各部门数字资产,统筹利用不保留的数字资产,完成全市 6804 个单位认定,认定完成率 100%。梳理南宁市电子政务外网横向应接入单位 5013 个,有互联网出口线路 3929 条,非涉密业务专网 79 个,非涉密政务信息系统 481 个,非涉密业务专网融合打通率、非涉密政务信息系统迁移上云率均 100%。拓展南宁市电子政务外网横向网络覆盖范围,新增政务外网接入单位 60 个,为 225 个市级部门提供稳定的政务网络环境,政务网络“一网通达”能力提升,节约市级财政资金 874 万元。建设多云管控平台,集约化管理政务云平台。推动全市政务信息系统迁移上云,新增上云系统 71 个,为 320 个政务信息系统提供云资源服务,清理回收政务云上不再使用的信息系统 30 个,为政务系统稳定运行提供基础支撑。推进全市政务数据资源管理与应用改革,组织全市 114 个单位[含县(市、区)]基于各自“三定”规定、权责清单和超过 500 个非涉密信息系统产生的数据资源,形成应发布、可发布数据资源目录清单,填报可发布目录超 4000 条,收集数据共享需求 298 条,在南宁市数据中台上新增发布结构化数据源目录近 3000 条。推进南宁市数据中台建设,接入全市非涉密信息系统 179 个,挂载数据资源目录数超 8600 条,汇聚库表资源超 2800 个,数据总量超 36 亿条;汇聚接口资源超 1800 个,数据服务被各单位调用近 2500 万次,形成全市统一的数据资源图谱,编制形成南宁市数据采集汇聚、质量管理、清洗加工、数据仓库建设等内部技术标准规范。构建自然人基础库和法人基础库,推动防贫监测、“出生即入户”等专题数据库建设,为城市治理、营商环境优化、乡村振兴、智慧救助等提供数据支撑。推进“互联网 + 政务服务”建设,打通各政务服务应用,完成 13 个国家垂直业务系统、1814 个政务服务事项,19 个自治区部门垂直业务办理系统、7484 个政务服务事项,10 个自建专业业务办理系统、1711 个政务服务事项与广西数字政务一体化平台对接。市本级政务服务事项网上可办率 99.57%,市、县两级政务服务事项网上可办率 99.40%。关联电子证照 1.14 万条,各级各部门向自治区申请制作政务服务业务专用电子印章 762 枚。五象新区在全国率先推出首个集“企业身份码”、企业开办事项“17 合一”、企业登记智能审批、电子档案上链管理等功能为一体的中国(广西)自由贸易试验区南宁片区惠企惠民一站通系统,其中“企业身份码”功能获国家市场监督管理总局复函支持。在国家、自治区和南宁市政府网站和政务新媒体普查中,南宁市 64 个政府网站合格率 100%,366 个政务新媒体合格率 99.73%。年内,“南宁市政府网站集约化平台”被评为广西信息化优秀案例;在数字政府服务能力评估中,南宁市政府网站连续 2 年排名全国省会城市第四,连续 6 年获自治区政府网站绩效评估冠军;良庆区、武鸣区、隆安县 3 个区县政府门户网站进入全国百强。

(市大数据发展局)

【数字社会建设】 2021 年,南宁市推进智慧城市建设,总投资 9000 万元,安排项目 81 个,重点支持城市治理精细化、优化营商环境、数据治理与创新应用、惠企便民等信息化项目。加强公共安全建设,发动群众和单位租用运营商服务,推进案件高发部位、重点部位、治安乱点及“三无”(无物管、无主管部门、无人防物防)小区等区域“守望工程”视频监控建设,新建可共享摄像头 4.7 万路。公安机关全年自建和联网接入“守望工程”“雪亮工程”摄像头 14.5 万路;建设重点关注场所视频前端监控点 184 路,重点关注场所视频全覆盖;完成全市 1430 所民办中小学幼儿园校门可视人员卡口安装;完成南宁市羁押中心、拘留所工程配套信息化和智能安防项目建设,建成全国先进、自治区首创的“智慧监管”平台。推动南宁视频图像数据库建设,全市 7000 多路视频监控点每天人像解析抓拍 700 多万张,每日新增人像档案 70 多万个,聚档 2591 万人;视频侦控能力强化,提取 2.04 万起案件涉案视频，利用图像视频侦查破获案件1.07万起，利用视频破案率44.22%，利用视频人像检索22.59万次，通过人像比对抓获案件嫌疑人2452人。依托“一平台、两微、三端”（南宁市公安局网上服务平台，微信息、微视频，移动端、电脑端、自助终端）服务体系推进“互联网+”警务应用，新增电子网证、疫情管控、实人认证、智能客服等网上便民服务30项，网上便民新注册用户100万人，浏览次数660万人次，办事服务36万起，查询服务56万次，网上支付服务28万次、支付总额近1亿元。其中，身份电子信息注册用户86万人，使用次数400余万次。1月8日，自治区医疗保障信息系统（南宁市）正式切换上线，全市参保人员或参保单位可通过“南宁医保”微信公众号或“爱南宁APP”登录“智慧医保”网上办事大厅办理业务；9月10日，南宁市大规模核酸检测管理系统上线运行，实现大规模核酸采、送、检、报等全流程信息化线上闭环作业管理。推进区域影像和心电诊断中心平台建设，全市121家乡镇卫生院、37家市、县两级公立医院影像诊断资料互联互通、资源共享，上级医院为下级医院提供影像、心电诊断报告，开展远程心电诊断1.01万例、远程影像诊断1.86万例。市本级政府采购项目91项、金额1.89亿元，建设南宁市教育资源公共服务平台和教育管理公共服务平台——新高考改革采购项目，市教育局直属学校采购班班通、计算机教室、数字化实验室等常规教育教学设备项目，市第六职业技术学校数字化校园二期建设项目等。全市学校（含教学点）互联网接入率100%，接入带宽均在百兆以上；超99%普通教室配备多媒体教学设备，多媒体教室覆盖学校2100所，占98.18%；676个教学点实现数字教育资源全覆盖，依托国家教育资源公共服务平台和南宁教育城域网，多学科资源互联互通。南宁市获教育部网络学习空间应用普及活动优秀区域奖。9月24日，南宁沙井至吴圩高速公路项目开展车路协同测试，探索测试高速公路适应自动驾驶。11月16日，南宁市静态交通管理系统正式上线，汇聚停车资源大数据，实现市民一部手机全城通停。在全国人社系统首创“智能柜台”便民服务平台，为700多万市民、7万多家用人单位提供240多项人社公共服务事项24小时不打烊智能受理服务。在全国率先打造南宁市惠企服务免申即办平台，推出企业新增岗位社保补贴等“免申即办”公共服务25项，为企业18万家次兑现补贴超13.33亿元，每年为企业和群众减少线下办理6万多人次、减少填报表格7万多份、减少证明材料13万多份。推进智慧民生应用建设，在全国率先推出“网络预约出租汽车驾驶员从业资格证核发（新发）”“巡游出租汽车驾驶员从业资格证核发（新发）”2个高频政务服务事项“零材料”“零跑腿”“扫脸即办”。利用南宁市数据中台，整合卫生健康、公安、医保、人社、税务等部门信息系统，实现新生儿“出生即入户”“一站式”服务；12月9日，“出生即入户”服务在“爱南宁APP”正式上线并在市卫健委直属10家具备出生医学证明发证资格的医疗机构开展试点。升级完善“爱南宁APP”，实现高频民生事项“掌上办”；“爱南宁APP”注册用户突破747万人，日活跃用户超80万人，为市民提供服务超10亿次。

（市大数据发展局　市公安局）

【数字经济建设】2021年，南宁市加快培育数字经济主体，中国—东盟数字经济产业园签订投资协议入园企业60家，签约企业计划投资约44亿元用于数字产业项目建设。组建数丝科技集团有限责任公司，服务数字经济企业发展。继续推进数字产业化发展，电子信息制造业产值比上年增长10.1%，占自治区同行业比重超50%；规模以上互联网和相关服务、软件和信息技术服务业营业收入154.16亿元，增长51.9%。服务北部湾大数据交易中心运营发展，API（应用程序编程接口）调用总量1.49亿次，数据接口交易规模突破632万元。有7家企业、38个项目和2个平台入选第三批数字广西建设引领重点示范项目（企业、平台）。被评为首批自治区级数字经济示范区。广西农垦永新畜牧集团有限公司（生产型示范单位）、广西力拓米业集团有限公司（经营型示范单位）、捷佳润科技集团股份有限公司（服务型示范单位）、广西慧云信息技术有限公司（服务型示范单位）4家南宁企业被农业农村部认定为2021年度农业农村信息化示范基地。广西鸣鸣果业有限公司、捷佳润科技集团股份有限公司等12家企业被评为广西农业信息化示范基地。轩妈食品ERP（企业资源计划）订单管理和智能溯源系统、富桂精密智能工厂、广西建工云建材智慧制造服务平台等项目通过验收。发展跨境电子商务，中国（南宁）跨境电子商务综合试验区进出口业务1.1亿单，跨境电商进出口额77.69亿元，增长259%。优化数字经济发展生态环境，引进华为广西区域总部等数字经济类项目23项。升级华为—南宁数字经济产业创新中心，增加人工智能、工业互联网等领域云服务合作。为全市140多家企业及10所高校发放华为云资源3040余万元，提供技术服务180多次、线上线下赋能培训70多次，使用华为云的南宁企业开发者2700余人，企业上云项目超850个。

【县（市、区）信息化建设】2021年，南宁市12个县（市、区）、3个开发区信息网基础设施建设日趋完善，在基本实现村级4G覆盖基础上，推进5G基站建设。实施“智慧广电”工程，推动有线电视网络向自然村延伸，新增“广电云”用户4.4万户，“一村一屏”系统（以村级为单位，为村级文化服务中心、广大农村用户提供智慧化服务的电视平台）覆盖所有建制村，完成青秀区、横州市、上林县、隆安县4个县级应急广播体系建设。推进不动产登记受理点延伸至村屯，设立农村不动产登记固定受理点348个，依托“邕e登”平台实现“家门口领证”，在自治区率先完成农村“房地一体”宅基地和集体建设用地颁证率90%的目标。兴宁区以五塘镇的国粹合作社为智慧农业试点，开展5G智慧农业示范基地建设；“兴宁文旅”微信公众号推出“红色基地线上研学”活动，设计红色旅游精品线路及兴宁红色研学VR（虚拟现实）地图。江南区推进“6个一件事”流程再造信息化建设，利用信息化管理技术手段解决旧城改造、农房管控、小产权房和回建房管理、老旧小区改造、辖区地块管控、招商引资及项目管理问题。青秀区的广西力拓米业集团有限公司搭建水稻物联网信息化智能管理云平台，实现墒情（旱情）自动预报、田间病虫害监测预警智能决策。西乡塘区建设数字农业综合管理服务大数据平台，在美丽南方休闲农业核心示范区、群南柑橘产业示范区、花伏果蔬产业示范园、金陵镇业仁村柑橘产业示范点、富硒产业示范园5个示范区打造美丽南方烟农台湾水果园数字农业示范基地、桂洁柑橘数字农业示范基地、花伏果蔬数字农业示范基地、业仁村数字农业示范基地、富硒产业园数字农业示范基地5个数字农业示范基地；在52个村设立数字农业监测点104个，汇聚各监测点农业生产管理情况，准确掌握农作物生长情况；建立农业标准化生产全流程的数据管理及农产品可追溯管理，“三镇一办”（坛洛镇、金陵镇、双定镇和石埠街道办）数字农业全覆盖。邕宁区推广“农技宝”App，实现农技人员与农户之间实时交流互动，建立120人的专家库，完善区、镇两级线上服务体系；邕宁区香流溪热带水果产业核心示范区配套建设田间综合监测站点，运用农业物联网——蕉客信息管理系统管理园区；自治区五星级现代特色农业（核心）示范区邕宁区一遍天原种猪产业核心示范区运用数字农业技术，实现饲养环境自动调节、精准饲喂与分级管理,对动物疫病进行预警、诊断和防控,提高种畜繁殖效率。良庆区建设良庆区乡村振兴金融科技云平台;引入互联网银行、政策银行、商业银行等不同金融机构的资金,激活农村资产,每年可为良庆区导入3亿至5亿元银行助农资金,助力农业产业转型升级;良庆区那陈种禽产业现代化示范区建设自动化智能种鸡养殖区,利用遥感技术一体化观测体系,实时检测养殖过程。武鸣区建设沃柑大数据中心,完成3.07万公顷沃柑种植户数据采集,出台相应沃柑溯源管理办法,逐步建立武鸣沃柑溯源管理制度以及推广武鸣沃柑品牌;建成山洪灾害监测预警系统,实现24小时监测120座水库水位和雨量、47个雨量站点雨量数据。横州市"数字茉莉"大数据平台入选中央网信办等七部门联合印发的《数字乡村建设指南1.0》指导案例,编入"乡村特色产业数字化监测"专题。上林县建设上林县医共体信息化平台,实现县级医院及乡镇卫生院数据共享、互联互通。马山县建设"马山黑山羊广西特色农产品优势区"产品可视化全产业链大数据指挥系统项目,投资250万元,监控县物流及加工中心、黑山羊养殖基地10个、黑山羊养殖户48户,实现全产业链可视化;开发马山县智慧旅游大数据平台并接入"爱南宁APP"和"马山县融媒体"App,推广智能监控、智慧票务、智慧停车、智慧民宿、智慧点餐等智慧化应用。隆安县推进农业信息化基地建设,广西金福农业有限公司、广西金穗农业集团有限公司被认定为"2021年广西农业信息化示范基地"。

【中国—东盟信息港南宁核心基地建设】 2021年,中国—东盟信息港南宁核心基地完成投资357亿元。中国—东盟数字经济产业园有40多家信息技术应用创新产业企业入园,形成华为鲲鹏、中国电子PKS("P"代表飞腾处理器、"K"代表麒麟操作系统、"S"代表注入安全地能力)、中国电科三大信息技术应用创新产业生态体系。推动中国电信东盟国际信息园、中国移动(广西)数据中心、五象云谷云计算中心建设运营,打造数据中心集聚区。有38家国内及东盟企业、科研机构入驻中国—东盟新型智慧城市协同创新中心。中国—东盟地理信息与卫星应用产业园与二十一世纪空间技术应用股份有限公司共建的中国—东盟卫星数据服务中心通过验收,北京系列遥感卫星华南地面接收站获国家发展改革委批复。中关村信息谷科技园、浪潮集团东盟运营总部、迈越大数据产业园、京东南宁电子商务产业园、中国—东盟信息港小镇研发中心、五象投资大数据产业园等项目落地。

(市大数据发展局)

软件和信息技术服务业

【概　况】 2021年,南宁市软件和信息技术服务业主营业务收入327.71亿元(不含电信、移动、联通三大运营商),比上年增长55.84%。主营业务收入超亿元以上企业20家,收入309.71亿元,占行业总量94.51%。其中,润建股份有限公司、广西泛糖科技有限公司、数字广西集团有限公司、中国—东盟信息港股份有限公司、广西壮族自治区公众信息产业有限公司等企业主营业务收入占行业总量58.97%。加快中国—东盟空间信息技术创新示范基地建设,完成广西北斗系统(产品)检测评估中心二期项目建设并通过验收,获得CMA(中国计量认证)资质认证,北斗产品检测认证服务能力提升。组织广西九维时空数字产业发展有限公司、广西亚太时空信息科技有限公司、广西易城蓝图科技有限公司、广西壮图软件有限公司、广西远盟道康信息科技有限公司、广西标诺科技有限公司、广西卡西亚科技有限公司、广西北星检测科技有限公司8家北斗企业参加第十二届中国卫星导航年会,学习发达地区推广和应用北斗的先进经验。9月,在第9届中国—东盟技术转移与创新合作大会上,中国—东盟北斗/GNSS(南宁)中心作为中方代表,向泰国捐赠30套北斗三号智能手持终端试用机,正式启动中泰两国乃至中国与东盟卫星导航合作。配合市委人才办开展软件业方面人才资助项目申报、审核,中廪智电携能远翔——远距离一对多无线充电负能物联网、融合光伏发电技术的5G基站智能供电系统开发与产业化、空天地一体化网络信息融合、基于人工智能的猎头服务平台——阿尔法人工智能猎头系统、云平台与边缘终端协同的计算机视觉技术5个软件项目被列为2020年度南宁市创新创业领军人才"邕江计划"资助项目。

【软件产品研发】 2021年,南宁市软件和信息技术服务业企业数量、技术水平和收入居自治区前列,软件产品主要以应用软件、系统平台为主。获自治区工业和信息化发展专项资金项目37个,补助资金2270万元。其中,软件和信息技术服务项目19个、补助610万元,北斗项目18个、补助1660万元。项目研发主要涉及物联网、大数据、云计算、区块链、北斗等技术,产品涉及公共安全物联感知一站式平台、区块链数字公证+AI.SaaS(人工智能软件服务化)知识产权生态系统、物联网技术的智慧园区管理平台、北斗糖业运输管理平台、北斗卫星定位、智慧医疗紧急救援平台等,技术研发和产品应用达到行业先进水准。组织广西泛糖科技有限公司"广西糖业工业互联网平台"项目参加第三届中国工业互联网大赛"工业互联网+精益生产"专业赛,获二等奖。

【软件公共服务体系建设】 2021年,南宁市有21家企业获南宁市鼓励现代服务业发展企业奖励资金。其中,广西和湛科技有限公司、广西网信信息技术有限公司、广西东信数建信息科技有限公司、广西东信易联科技有限公司、广西数字金服科技有限公司、广西英伦信息技术股份有限公司、南宁一站网网络技术有限公司、广西宝信迪科技有限公司8家企业获南宁市鼓励现代服务业发展"创品牌奖",奖励240万元,广西阳晨伟业科技有限公司、广西诺优网络科技有限公司、广西塔易信息技术有限公司、南宁市研祥特种计算机软件有限公司、广西金庚科技有限责任公司、广西捷通高速科技有限公司、数字广西集团有限公司、云宝宝大数据产业发展有限责任公司、南宁市迈越软件有限责任公司、中国—东盟信息港股份有限公司、广西天道信息技术有限公司11家企业获南宁市鼓励现代服务业发展"培育鼓励奖",奖励286万元,广西梯度科技有限公司获南宁市鼓励现代服务业发展"培育鼓励奖、创品牌奖",奖励42万元;广西数广信创信息技术有限公司获南宁市鼓励现代服务业发展"办公用房补助",补助24万元。南宁鹦鹉螺信息技术有限公司、广西永常科技有限公司、广西中科曙光云计算有限公司等8家软件企业享受2020年财政部、国家税务总局、国家发展改革委、工业和信息化部印发的《关于促进集成电路产业和软件产业高质量发展企业所得税政策的公告》政策,自获利年度起,第一年至第二年免征企业所得税,第三年至第五年按照25%的法定税率减半征收企业所得税。

【产业集聚区建设】 2021年,南宁市加快布局前沿软件产业,推动中国—东盟信息港南宁核心基地建设,发展壮大北斗、人工智能、智能终端制造等产业,推动产业数字化、数字产业化及智能化转型升级。南宁市软件和信息技术服务业新增上规入统企业33家,主要集中在青秀区、南宁高新区、良庆区(五象新区)。青秀区有软件和信息技术服务业企业256家,南宁高新区有软件和信息技术服务业企业124家，良庆区（五象新区）有软件和信息技术服务业企业185家。随着五象新区配套建设逐步完善，以及中国（广西）自由贸易试验区南宁片区政策红利，广投数字经济示范基地、中国—东盟新型智慧城市协同创新中心、中国—东盟地理信息与卫星应用产业园等项目逐步完善，一批新招商项目及青秀区、南宁高新区的部分企业开始向五象新区转移。　（谢永靖）

通信业

【概　况】2021年，南宁市有中国电信股份有限公司南宁分公司（简称“中国电信南宁分公司”）、中国移动通信集团广西有限公司南宁分公司（简称“中国移动南宁分公司”）、中国联合网络通信有限公司南宁市分公司（简称“中国联通南宁市分公司”）3家通信运营商，通信主营业务收入89.98亿元。其中，中国电信南宁分公司主营业务收入31.56亿元，比上年增长9.85%；中国移动南宁分公司主营业务收入超49亿元，增长10.26%；中国联通南宁市分公司主营业务收入9.42亿元，下降1%。

【中国电信股份有限公司南宁分公司】2021年，中国电信南宁分公司辖兴宁区、江南区（五象新区）、青秀区、西乡塘区、邕宁区（城郊）、武鸣区、横州市、宾阳县、上林县、马山县、隆安县11个县（市、区）分公司。主营业务收入31.56亿元，比上年增长9.85%，净利润6.56亿元；移动电话用户335.1万户，净增97.7万户，其中5G套餐用户157.2万户；宽带用户145.6万户，净增24.2万户；固定电话用户62.55万户。结合“完美家”品牌打造“合家欢”套餐，针对用户全家通信消费高和缴费复杂的痛点开展合户营销，“合家欢”套餐用户提升123.2%；试点微信免押“家电联营礼包”，拉动收入1152万元。优化宽带千兆价值体系，全面叠加摄像头、门铃等智家应用，新增千兆宽带用户16.8万户，增长52.8%，城市渗透率27.4%，Wi-Fi匹配率77.5%。持续开展民营化合作、异网策反专项营销活动、网络防骗和打击买卖电话卡实名行动等，城中村宽带发展用户提升6.7%，市场份额占56%。在农村市场持续开展“百姓天网”专项工作，“百姓天网”拉新占比46.92%。智慧家庭业务重点推进全屋Wi-Fi、天翼看家、家庭云等，发展全屋Wi-Fi用户26.44万部，天翼看家用户10万户。外呼营销提档或加包升5G套餐用户提升45.5%，外呼营销升5G用户提升41.3%；宽带拆机离网率下降1.1%。年内，存量客户收入增收1.9亿元。客户收入保有率104.8%、提升3.4%，存量收入保有率提升2.6%；存增量收入保有率提升33.1%。继续建设渠道网点，通过成立核心商圈支局推动商圈门店规模发展；与快递网点合作拓展网点，乡镇覆盖率自治区公司排名第四，网点整体效能提升27%；推进核心厅店连锁化运营，优化承包激励机制，完成积分发展及终端销售目标；探索“完美家”社区厅试点标杆、网格双微运营、宽带OAO（线下和线上有机融合的一体化“双店”经营模式）服务的转型路径，网格承包厅月均积分提升6%，直销人数提升30%，获“广西电信宽带OAO攻坚项目优秀团队”一等奖。完成城市区域、乡镇、行政村千兆宽带薄覆盖，覆盖率87.92%，新建光网覆盖小区439个，自然村覆盖率90.68%，开通5G宏站966个，室内分布系统400个。宽带网络质量满意度排名行业第一，宽带业务满意度保持行业排名第一，移动业务满意度有提升，政企客户满意度优于管控值，工信部有效申诉派单率下降43.84%。完成18届中国—东盟博览会和中国—东盟商务与投资峰会、第53个“世界电信和信息社会日”、七一、国庆、建党100周年暨“两优一先”表彰大会5次重大通信保障任务；完成市级疫情调度视频会议、5G热成像体温筛查、防疫专线建设重大保障任务。主要存在移动天翼单品发展下滑，云服务业务、物联网业务区县域发展占比不足15%，网络的覆盖和质量与客户需求仍有差距，一、二干光缆多次中断，网络割接问题频发等问题。　（阮丽芬）

2021年8月28日，中国电信兴宁区分公司党支部联合兴宁区政法委、兴宁区公安分局、兴宁派出所在“老南宁·三街两巷”开展防范通信网络诈骗宣传活动　覃婷　摄

【中国移动通信集团广西有限公司南宁分公司】2021年，中国移动南宁分公司下辖东区、西区、邕城、武鸣、横州、宾阳、上林、马山、隆安9个分公司，有员工1833人。主营业务收入超49亿元，比上年增长10.26%。有自控渠道120个、社会渠道910个。移动电话用户606万户，互联网宽带接入用户147.49万户。交换机容量29.61万爱尔兰。有移动基站2.6万个，其中5G基站超4600个。移动通信网络建制村覆盖率100%，自然村覆盖率98%。光纤接入建制村比例100%，接入自然村比例94.8%。参与新冠肺炎疫情防控阻击战，出动保障人员超3000人次、车辆超800辆次，执行“7×24小时”通信网络监控；扩容187个疫情防控重点区域通信网络；运用大数据手段，发送疫情防控短信3979.86万人次。参与数字南宁建设，打造“5G+”标杆应用44个，推进5G应用进千行百业。协助江南区、南宁高新区、横州市、上林县、马山县等8个县（市、区）、开发区建设电子政务外网，打造线上公共服务平台；建设“智慧宾阳”、西乡塘区“事办成”等政务服务一体化项目；升级“千里眼”“和家亲”社会面视频接入平台，与南宁市“守望工程”“雪亮工程”视频平台对接，实现视频资源共享开放；构建全市政务云统一部署和集中运行维护管理平台，提升市电子政务应用和服务水平；协助西乡塘区搭建AI人工智能辅助政府决策平台等智慧政务大脑，综合运用大数据、云计算、人工智能技术，对城市运行状态进行实时动态监控、精准管理；落地“南宁市公安局天网”“轨道交通5号线5G智慧地铁”“南宁市河长制水质自动化监测”等项目；与皇氏集团合作“5G+视觉检测”项目，实现乳业奶瓶缺陷智能检测；与国电南宁发电有限责任公司、南

宁市三峰能源有限公司合作实施“能耗在线监测系统”,利用信息化手段实现厂区能耗智能监测、采集、传送、分析管理。落实“信息网”基础设施建设三年大会战任务,新建5G基站超1500个,基本实现市、县、乡及重点农村5G网络连续覆盖;新建家庭宽带端口15.8万个,家庭宽带覆盖率96.8%。广西超大型A级数据中心——中国移动(广西)数据中心1号、2号数据中心机房提前建成投产。参与建设南宁国家级互联网骨干直连点建成开通,CMNET(中国移动互联网)骨干网省际直联方向21个,广西区内网间平均时延从50毫秒降至5毫秒以下,降幅近90%。落实“网络+”乡村振兴,提前完成47个电信普遍服务项目站点建设;投资约700万元,建设线路1400条,协助市委政法委建设“雪亮工程”“平安乡村”等乡村安防项目。参与绿城反诈新联盟建设,关停涉诈号码低龄多号(年龄小于25岁的人办理多个号码)、静默卡、睡眠卡等,排查号码26.8万个,关停超17.8万个。中国移动南宁分公司1个团队被中国质量协会、中华全国总工会、中华全国妇女联合会评为2021年全国优秀质量管理小组,1个团队被中国通信企业协会评为通信行业优秀质量管理小组;“依托5G项目矩阵,打造立体化平安城市”“南宁河长制5G智慧水质监测项目”2个项目获工信部主办的第四届“绽放杯”5G应用征集大赛智慧城市专题赛三等奖,并被中国移动通信集团有限公司评为中国移动5G龙头项目、中国移动全国100家金牌标杆项目;14个项目被中国移动通信集团广西有限公司评为5G省级应用示范项目。主要存在客户发展质量和业务质量不高,政企DICT增长基础不稳固及政企市场欠费较高,千兆网络支撑能力及网络体验与客户需求仍有差距,网业协同有待加速升级,数字化、智能化转型及治理能力有待增强等问题。（林　荣）

2021年7月21日,中国移动南宁分公司与广西皇氏乳业有限公司签约合作,研发“5G+视觉检测”项目,实现奶瓶缺陷智能检测。图为工人回收检测出的不合格奶瓶　莫佳源提供

【中国联合网络通信有限公司南宁市分公司】 2021年,中国联通南宁市分公司下设部门11个、生产单元28个、生产网格85个。员工1326人。其中,合同制员工611人,第三方派遣人员715人。主营业务收入9.42亿元,比上年下降1%。发展移动电话用户51.3万户,增长15%;发展宽带用户9.7万户,增长51.8%。自营渠道线上线下一体化运营,终端销量4.4万台。新建社会渠道228家,其中社区渠道71家;社会渠道有销量渠道规模416家,增长96.2%。线上渠道正式订单37.68万笔,其中K计划(通过网红、互联网大V等为本地引流触点开展业务拓展的新模式)本地引流订单2.52万笔。发展集团客户2802个,在酒店行业取得突破,与五星级酒店合作,签约金额356.3万元。新增签约项目786个,提升38%。其中,重大项目29个,合同金额4701万元,提升50%。与市大数据发展局签约智慧南宁运维服务项目、电子政务网络线路租用项目443万元,与青秀区、上林县、宾阳县经信局签订政务外网专线建设项目396万元,中标公路治理超速超重信息化项目220万元。完成1000多个5G站点共享开通,共享率100%。5G人口覆盖率升至70%,实现南宁市主城区及横州市、宾阳县、上林县、马山县、隆安县5G网络覆盖90%以上,全网具备5G SA(独立组网)业务能力。新增移动网络楼宇覆盖超3000栋,新增开通电信联通共建共享4G小区超2000个,累计开通小区超3000个。新增交付宽带小区268个,新增交付光纤到户端口6.58万个,城镇宽带覆盖率86.6%。完成网络光纤化改造小区85个,光改端口1.87万个;新增商务楼宇98个,交付265栋。完成827个小区千兆光纤宽带升级,千兆小区占比提升至15.88%,千兆端口占光纤到户端口45.18%,网络速率提高。政企业务互联网和电路双线业务6566条,省际集客专线766条。聚焦宽带“480”(宽带障碍4小时修复、8小时装移机、业务0受理盲区)服务重点指标和负面清单,完善服务规范执行标准11项。投诉解决率70.3%,投诉处理及时率提升3个百分点,工信部有效申诉率下降45%,移动网络口碑得分首次由负转正,场景满意度整体达标率提升50%。主要存在基础运

2021年3月23日,中国联通横州市分公司携手横州市残疾人联合会、中国人寿财产保险横州市支公司、横州爱尔眼科医院在云表镇开展“学雷锋送温暖　关心关爱残疾人”志愿服务活动,推荐专为听障人士开发的通信产品——畅听王卡　中国联通南宁市分公司提供

营能力薄弱、发展增速落后、精准投资不够、一线部门动力活力不足、服务能力亟待提升等问题。（黄思敏）

无线电管理

【概　况】2021 年，南宁市无线电监测中心（简称“市无线电监测中心”）进行日常无线电监测 2.97 万小时，查处“黑广播”3 起，行政执法案件 6 起，查处干扰 15 起，为各类考试提供无线电安全保障 23 次。联合市市场监管局抽查无线电设备生产销售企业 8 家。其中，符合要求 6 家，注销 1 家，受新冠肺炎疫情等影响未正式生产经营 1 家。新增无线电发射设备销售备案企业 10 家，设备 391 套。配合工信部无线电管理局在广西首次开展无线电发射设备随机抽查，抽查企业 2 家。组织业余无线电台操作技能（A、B）类考试 2 次，127 人参加，合格 71 人。获自治区工业和信息化厅 2018—2020 年度公务员集体奖励二等奖、2021 年度全区无线电管理业务和技术演练二等奖；被财政部、国家发改委等 4 部委授予“节约型机关”称号；微电影《无线卫士·无限忠诚》获“2021 年全区党员教育‘八桂先锋’优秀作品典型事迹片一等奖”。主要存在新形势下无线电监管面临多样化任务而人手不足的问题。

【无线电监测】2021 年，市无线电监测中心执行固定与移动监测站相结合的日常监测制度，日常监测 2.97 万小时，归档整理监测数据。加强与民航、铁路部门业务交流，夯实航空无线电专用频率保护机制，为铁路部门解决重大行车任务通信干扰；落实水上无线电频率保护工作协同机制，与崇左市无线电监测中心、南宁海事局、南海航海保障中心南宁通信中心首次开展水上联合监测；与广电部门建立联动机制。参与自治区无线电监测站牵头组织的联合测试小组，对防城港、钦州港等北部湾沿海区域开展监测，主要监测公众移动通信业务、广播电视等信号变化情况，获取数据为航空、航海无线电通信安全及无线电干扰查处提供技术支持。

2021 年 11 月 10 日至 11 日，市无线电监测中心与崇左市无线电监测中心、南宁海事局、南海航海保障中心南宁通信中心在崇左市扶绥县水域至南宁市邕宁区水域航段开展首次水上联合监测　　市无线电监测中心提供

【无线电频率台站管理】2021 年，市无线电监测中心办理行政许可审批 203 项。其中，呼号申请 75 项，指配呼号 75 个；频率申请 11 项，指配频率 31 个；设台申请 117 项，新设电台 423 台。为通信运营商、南宁铁路局、市公安局、南宁空管中心等单位查处干扰 15 起，在自治区第十二次党代会召开前一天，查处太阳能路灯对 5G 基站造成干扰 2 起，保障会议通信畅通。

【无线电安全保障】2021 年，市无线电监测中心做好全国“两会”，建党 100 周年庆祝活动，第 18 届中国—东盟博览会、中国—东盟商务与投资峰会等重大活动保障，出动监测人员 94 人次、监测车 18 台次，使用监测定位设备 79 台次，工作测试时长 6958 小时，查处案件 5 起，缴获非法无线电发射设备 1 套。在习近平总书记视察广西期间，查处南宁东站至五塘段多个 GSM-R（铁路综合数字移动通信系统）基站出现干扰告警 1 起，保障铁路部门行车安全。打击利用无线电设备进行考试作弊行为，为全国硕士研究生统一招生考试、普通高等学校招生全国统一考试、国家统一法律职业资格考试、国家公务员考试等各类考试提供无线电安全保障 23 次，派出监测人员 165 人次、监测车 71 台次，使用设备 158 套次。联合市文广旅局、广西广播电视监测中心等部门开展集中打击“黑广播”联合执法活动，出动监测车 6 台次、监测人员 17 人次，在西乡塘区、南宁高新区、邕宁区分别查处“黑广播”发射窝点 3 个，缴获非法发射设备 3 套。（覃　巍）

编辑　班　铭

金融业

综　述

【概　况】2021年，南宁市金融业增加值608.67亿元，占自治区金融业增加值35.60%，占全市国内生产总值11.90%；金融业税收90.30亿元，占全市税收12.60%。银行业发展持续向好，新增贷款1792亿元，占自治区新增贷款39%，人民币存贷款余额比上年增长8.50%。保险业务实现保费收入268.81亿元，增长9.18%，增幅在全国省会城市排名第四、西部12个省会城市（直辖市）排名第一。小额贷款公司贷款余额278.63亿元，下降3.93%；融资担保公司担保余额719亿元，增长52%；典当总额20.67亿元，增长34.66%。新增上市（挂牌）企业2家、纳入广西重点拟上市企业名单6家，数量均居自治区地级市第一。南宁金融工作办公室（简称"市金融办"）围绕绿色金融、保险创新、跨境金融等重点领域，创新金融招商机制，建设面向东盟的金融开放门户，推进形成金融集聚效应；深化直接融资，促进多层次资本市场形成新活力；优化金融生态环境，服务实体经济，投放"桂惠贷"1.7万笔541.62亿元，惠及市场主体1.4万户，减少融资成本10.84亿元。南宁市被自治区评为金融生态优秀市。主要存在金融业稳增长受企业贷款需求放缓、中长期贷款增幅持续收窄、存贷比等因素影响，跨境金融创新有效需求不足，地方金融存量风险处置压力大，金融高端人才缺乏等问题。

【金融服务实体经济】2021年，南宁市落实广西"桂惠贷"方案（金融机构按降低2个或3个百分点后的利率发放优惠贷款，自治区财政及市级财政按比例给予金融机构贴息），投放"桂惠贷"1.7万笔，金额541.62亿元（占自治区22.75%），投放笔数、金额均居自治区第一；惠及市场主体1.4万户，为企业减少融资成本10.84亿元。投向民营企业16413笔、346.63亿元，分别占总数96.52%、64.08%，为民营企业减少融资成本7.02亿元；投向工业企业1899笔、119.25亿元，分别占总数11.17%、22.04%，为工业企业减少融资成本2.47亿元。创新融资服务专员制度，组建融资服务专员队伍，开展"点对点"金融服务，走访服务企业318次，开展金融政策宣讲13次，为13家企业制定融资方案11个，发放流动资金贷款13850万元、固定资产贷款3000万元。市金融办升级打造"融资服务直通车"，深入县（市、区）、开发区，以及园区、企业、村镇开展金融政策宣传、金融产品服务、保险创新和融资对接；发挥南宁市金融服务实体经济联席会议制度作用，围绕重点领域和薄弱环节，组织商会协会开展政金企对接活动153场，服务企业8279家次。

【金融开放门户南宁核心区建设】2021年，广西建设面向东盟金融开放门户第一批重点示范项目13个，落地南宁12个（中国—东盟金融城、中国—东盟金融大厦、中国—东盟跨境金融服务中心、中银香港东南亚业务营运中心、中国建设银行远程智能银行中心南宁分中心、交通银行南宁金融服务中心、中国太平东盟保险服务中心、阳光保险中后台基地、上海证券交易所资本市场服务广西基地、深圳证券交易所广西基地、中国—东盟金融合作学院、中国—东盟跨境征信服务平台）。市金融办突出项目抓手，重点建设中国—东盟金融城、金融中后台服务基地、中国—东盟金融大厦、中国—东盟黄金产业园，加快现代金融产业链（集群）发展，光大永明人寿保险、浙商银行、财达证券等分支机构落地运营；中国—东盟金融城新增金融机构（企业）123家，累计285家；金融中后台服务基地聚集中银香港东南亚业务营运中心、中国太平东盟保险服务中心、阳光财险南宁电话销售中心等18个中后台服务中心；中国—东盟金融大厦入驻私募股权基金管理公司20家、基金产品44个，管理基金规模586亿元；中国—东盟黄金产业园运营中心揭牌。突出创新牵引，建设绿色金融改革创新示范区和保险创新综合示范区，打造绿色金融改革"南宁模式"，建立起组织体系、服务平台、制度标准、产品服务等支持绿色金融发展机制；搭建绿色金融服务中心、绿色金融综合服务平台、广西（南宁）碳金融与绿色发展创新联合实验室等平台，推动设立绿色专营机构87家，形成28家保险机构集聚的保险创新产业园，在自治区率先出台绿色企业和绿色项目认定办法，建立完善绿色金融标准，首创自治区林业碳汇指数保险、政策性蛋鸡养殖保险、政策性苦瓜种植保险等保险创新10项，"投贷补"联动技术改造项目融资新模式、西部陆海新通道（广西）多式联运"一单制"综合金融服务平台、农险保单质押融资银保联动新模式、深化中国（广西）自由贸易试验区外商投资股权投资类企业发展试点改革、打造险资新生态5项金融创新案例获中国（广西）自由贸易试验区第二批制度创新成果复制推广案例，"政府引领＋基金运作＋智库策源"一体化资本招商新模式被自治区党委全面深化改革委员会推广。开展跨境人民币双向流动便利化试点，出台《促进外商投资股权投资类企业发展暂行办法》，跨境人民币结算量占自治区47%。

【金融招商】2021年，南宁市编制印发《南宁市金融业发展"十四五"规划》《中国—东盟金融城“十四五”规划》，出台《南宁市促进金融业高质量发展若干政策》《促进外商投资股权投资类企业发展暂行办法》等政策措施。支持金融改革创新，建设绿色金融改革创新示范区和保险创新综合示范区。构建市金融办、市投促局、南宁金融投资集团有限责任公司及县（市、区）、开发区的招商项目落地衔接机制，形成“联盟成员推荐—专业部门服务—城区承接落地—持续保障激励”资本招商工作闭环，推动南宁国芯检测科技有限公司、广西快满新能源科技有限责任公司等13个项目落地。“政府引领＋基金运作＋智库策源”一体化资本招商新模式被自治区全面深化改革委员会评为广西直接融资十大提名典型案例。在深圳、北京、南宁等地举办“行企助力转型升级”中国—东盟金融城招商推介活动13场次，举办中国（广西）—东盟国家2021年云上境外专场招商推介会，对接国内重点金融机构、东盟金融企业近50家；与深圳外商投资企业协会、深圳供应链金融协会、广州市产业招商投资促进会、广州市楼宇经济促进会等10家商协会建立合作关系，与南宁金融城投资运营有限公司达成招商合作8家。构建“资本＋产业”招商合作机制，组建由18家驻邕基金管理人为核心的基金业强首府联盟，助推新兴产业链资本平台建设。提升项目跟踪服务，推进富邦华一银行南宁分行、交银人寿保险广西分公司、广西金融投资集团筹备消费金融公司等项目；浙商银行南宁分行、广西北部湾银行南宁分行、光大永明人寿保险广西分公司、财达证券广西分公司、乐荐保保险代理有限公司广西分公司开业运营；上海期货交易所、郑州商品交易所、大连商品交易所落户中国—东盟金融城，设立中国—东盟大宗商品期现联动服务基地。

【多层次资本市场】 2021年，南宁市出台《南宁市推进直接融资改革创新建设实施方案》，实施企业上市（挂牌）攻坚工程、上市公司领航发展工程、基金产业融合发展工程、信用债券培优工程、资本市场要素保障工程“五大工程”。按企业改制、辅导、申报、成功上市分阶段兑现奖补资金，对企业股份制改革规范新增的地方经济贡献给予最高1000万元补助，拨付市本级直接融资奖补资金1126万元，初审通过申报自治区直接融资奖补资金企业22家。完成2021—2023年资本市场专家团政府采购，组建专家服务团“诊断式服务”；根据企业规划、资产规模、核心竞争力确定上市培育对象；采取“一企一案”措施培育重点企业，解决华蓝集团股份公司、广西东呈酒店管理集团股份有限公司涉诉、涉税、融资、环保等问题20余个；联合深圳证券交易所、全国中小企业股份转让系统有限责任公司对重点上市（挂牌）后备企业开展“组团式服务”和“一对一”辅导53场次。打造“邕城创客行”“邕城创投会”科创企业与资本对接的服务综合平台，举办路演活动13期、推动融资对接超22亿元；用好深圳证券交易所、上海证券交易所“双基地”，举办南宁市创新创业（人才）项目投融资路演大赛。争取郑州商品交易所在上林县开展糖料蔗“保险＋期货”全覆盖试点，为5300公顷甘蔗提供3.21亿元价格风险保障；争取大连商品交易所将广西调整为纤维板期货基准交割地，新增广西高峰五洲人造板有限公司、广西得力木业开发有限公司2家纤维板标准割厂库。建立覆盖企业全周期基金支持体系，南宁市创业投资引导基金、天使投资基金累计完成对外投资项目28个、金额3.08亿元，新增投资项目11个、金额9505.44万元，对南宁威宁集团文创中心不动产项目、南宁轨道集团南宁市市郊铁路机场线等10个重点项目近224亿元融资开展保险资金“一对一”对接，扩大保险资金使用规模。

【金融风险防控】 2021年，南宁市将处置非法集资工作（处非）纳入网格化管理，在南宁市政法云平台增加防范非法集资工作模块，开通账号262个，实现线上转办，线下排查；推进预警体系建设，建立金融机构参与防范和配合处置工作机制、常态化宣传教育长效机制；通过南宁市地方金融监管风险监测预警平台，监测企业11万余家，发现风险指数高于40分的企业312家，结合“铸剑2021”专项行动移交属地实地排查。开展“学法用法护小家，防非处非靠大家”防范非法集资主题宣传月活动，通过“南宁处非专线”微信公众号发送推文180余篇，阅读量6万余人次；在南宁广播电视990新闻台开办“强金融”栏目，播放防控节目55期、发表稿件169篇；联合南宁新闻网，在火车东站、地铁沿线、南宁吴圩国际机场、汽车客运站、公交车站及官方媒体平台投放为期一个月防范非法集资公益广告，日覆盖面涉及160万余人，播放总次数42万余次。与青秀区法院推动建立完善金融纠纷多元化解机制，受理金融案件1.73万件，其中信用卡纠纷9938件、金融借款合同纠纷6334件；委派调解金融纠纷1.13万件，调解成功2043件，办理金融纠纷司法确认664件，为当事人节省诉讼费200余万元。

【金融环境优化】 2021年，南宁市出台《南宁市促进金融业高质量发展若干政策》《南宁市优秀金融创新项目评选奖励办法》等，优化金融政策，完善政策保障体系；扩大地方金融监管风险监测和数据归集，推进地方金融领域信用体系建设，强化宣传教育，推动金融生态优化；基本完成中国—东盟金融城空间布局，提升中国—东盟金融城一站式服务大厅服务功能，加快中国—东盟跨境金融服务中心建设。优化政务服务，在市民中心政务窗口受理并审批（审核）小额贷款公司、典当行事项120项，其中网上办件52件，占43.33%，承诺办结时限比法定办结时限提速率85.86%；进驻市民中心办理率、可网办率、全程网办率均100%，即办率57.14%。扩大监测覆盖面，南宁市地方金融监管风险监测预警平台在线监测企业逾11万家，归集网络舆情等数据831万余条；推进处非网格化服务，自治区处非办在南宁市召开现场会参观学习处非网格化治理工作经验。成立防范金融风险宣讲团，开展处非宣传、中小投资者保护宣传主题活动15场，发放处非宣传品1000余件，推送处非宣传160余篇，提高居民金融素养。在国家发展改革委发布的《中国营商环境报告2021》中，南宁市“保护中小投资者”指标被评为优异等次，“获得信贷”指标被评为优秀和进步较快指标；南宁市被自治区评为金融生态优秀市。

【农村金融改革】 2021年，南宁市新增柳州银行隆安支行、建设银行马山支行2家银行县级分支机构，国富人寿横县支公司和宾阳支公司2家保险公司县域分支机构，广西北部湾银行、桂林银行在县域分支机构覆盖率均100%，柳州银行在县域分支机构覆盖率50%，基本实现乡镇一级银行机构全覆盖、村一级银行服务全覆盖。开展农村信用“四级联创”，完成青秀区、良庆区、邕宁区、江南区、武鸣区、南宁经开区等试点区年度农村信用信息系统升级建设，创建信用户78.20万户、信用村801个、信用乡（镇）66个，创建面分别为63.10%、61.60%、64.70%；农村信用信息系统录入农户数119.20万户，入库率96.10%，比上年提升3.10个百分点。发挥金融助力消费帮扶机制，收集整理农产品供应名录推送金融机构，驻邕金融业机构助力消费帮扶广西农产品金额8.70亿元，其中乡村振兴产品6.76亿元。涉农贷款余额2714亿元，比年初增加259亿元，增速8.10%。

【政府性融资担保体系建设】 2021年，南宁市有政府性融资担保机构6家，发生政府性融资担保贷款总额63.27亿元、4489户。南宁市小微企业融资担保有限公司是全市唯一的政府出资为主的政府性融资担保机构、有效降低小微企业和“三农”融资成本的准公益性政府性融资担保机构,注册资本5亿元,有合作银行16家,银行准入授信72.50亿元,年内政府性融资担保发生额63.27亿元;担保4489户,覆盖全市域,平均担保费率0.77%。

(杨　培)

银　行

【概　况】2021年,南宁市驻市银行业金融机构52家,其中政策性银行3家(国家开发银行、进出口银行、农业发展银行),国有商业银行5家(工商银行、农业银行、中国银行、建设银行、交通银行),股份制商业银行11家(光大银行、浦发银行、华夏银行、兴业银行、中信银行、招商银行、民生银行、广发银行、平安银行、渤海银行、浙商银行),城市商业银行3家(广西北部湾银行、柳州银行、桂林银行),外资行4家(星展银行、南洋银行、汇丰银行、东亚银行),资产管理公司4家(华融资产管理公司、长城资产管理公司、东方资产管理公司、信达资产管理公司),非银机构3家(北部湾金融租赁公司、南方电网财务公司广西分公司、广西交通投资集团财务有限责任公司),农村商业银行4家(宾阳农村商业银行、隆安农村商业银行、马山农村商业银行、上林农村商业银行),农村信用社联社6家(广西壮族自治区农村信用合作联社、南宁市区农村信用合作联社、邕宁区农村信用合作联社、武鸣区农村信用合作联社、横县农村信用合作联社、宾阳农村信用合作联社),村镇银行8家(南宁江南国民村镇银行、南宁隆安长江村镇银行、南宁马山长江村镇银行、广西上林国民村镇银行、南宁兴宁长江村镇银行、南宁武鸣漓江村镇银行、宾阳北部湾村镇银行、广西横县桂商村镇银行),邮政储蓄银行1家(邮政储蓄银行广西壮族自治区分行)。南宁辖区银行业金融机构营业网点1234个,从业人员2.52万人。银行业金融机构总资产2.22万亿元,比年初增长9.25%。全市金融机构本外币存款余额1.21万亿元,增加509.49亿元,增长4.40%;贷款余额1.81万亿元,增加1819.49亿元,增长11.19%。(覃小茜)

【中国人民银行南宁中心支行】2021年,辖内有武鸣支行、宾阳县支行、横县支行、隆安县支行、马山县支行、上林县支行。利用再贷款再贴现额度,强化与“桂惠贷”“七个千亿融资工程”政策联动,实施再贷款再贴现“双百亿”计划(安排支小再贷款限额不低于100亿元,专门用于支持符合条件的金融机构投放民营和小微企业贷款;安排再贴现限额不低于100亿元,专门用于民营和小微企业票据再贴现),开展“双示范”(再贷款再贴现示范行、示范区)创建,引导金融机构加大乡村振兴、小微企业和民营企业金融支持。南宁市再贷款余额114.38亿元、增长70.54%,发放再贷款113.14亿元、增加54.37亿元,办理再贴现395.98亿元、增加20.96亿元。延长两项直达货币政策工具(普惠小微企业贷款延期支持工具、普惠小微企业信用贷款支持工具)实施期限,向南宁市法人金融机构提供激励资金及零利率资金16.77亿元,引导普惠小微贷款延期率55.40%,信用贷款占比17.40%。开展“贷动小生意,服务大民生”专项行动、民营普惠小微企业融资“集中攻坚”行动,推进设立完善民营小微企业首贷续贷中心,南宁市民营企业贷款余额1760.18亿元、增长7.01%,制造业中长期贷款456.19亿元、增长44.10%,小微企业贷款余额2325.66亿元、增长40.32%;加强创业担保贷款政策宣传解读,帮助南宁市民贸民品企业申请贴息金额3451万元;实施乡村振兴融资千亿工程,鼓励创新金融产品和融资方式,支持糖业、肉牛、桑蚕、生猪养殖等特色农业产业高质量发展,南宁市涉农贷款余额2714.25亿元,增加258.61亿元,增长8.11%。推进利率市场化改革,南宁市一般贷款加权平均利率4.65%,下降40个基点;加强存款管理,辖内金融机构全面下架不规范存款“创新”产品,地方法人银行停办异地存款;指导广西北部湾银行发行西部首批外币同业存单,丰富中小银行融资渠道。南宁市发行债务融资工具融资684.50亿元,增长29.96%,占广西非金融企业债务融资工具发行额75.55%,占比提高10.22个百分点。南宁市外汇跨境收支总额264.51亿美元,增长3.63%;银行结售汇126.19亿美元,增长37.18%。打造广西“百强千企聚链”工程,以广西涉外出口百强企业为核心,筛选出近两年出口收入超100万美元的1000多家涉外企业,协助银行按照“一企一策”对接外贸企业融资需求,南宁本级通过跨境金融区块链服务平台向21家企业发放贷款45.88亿元。支持银行创新跨境金融服务,开展汇率风险中性宣传,引导企业运用外汇衍生产品进行汇率风险管理,南宁银行外汇衍生品业务签约74.79亿美元;提高便利化政策传导精准性,国家外汇管理局广西区分局针对辖内36家外贸头部企业(南宁9家),推出“一企一行一策”精准服务;推进贸易外汇收支便利化试点,帮助试点企业降本增效,南宁本级办理贸易外汇收支便利化试点6304万美元,增长超120%;推广贸易收支行政许可业务“网上办”“一次办”,南宁本级办理经常项目行政许可业务443笔,其中网上办理248笔、占56%;促进个人外汇服务双向便利,推进个人薪酬、留学购结汇便利化,南宁银行办理个人留学、薪酬购结汇便利化业务291.75万美元;支持中国(广西)自由贸易试验区南宁片区创新发展,搭建外汇局、银行、企业信息沟通交流平台,指导银行落实货物贸易电子单证审核,自贸试验区南宁片区实现跨境外汇收支31.56亿美元,增长167%;提高资本项目业务便利化水平,广西办理资本项目外汇收入支付便利化业务1443笔,金额9.63亿美元,占资本项目收入结汇47%,办理外债线上登记23笔,金额超4亿美元;推动外债、内保外贷和境外放款注销登记下放银行办理,广西银行为55家企业办理外债注销登记100笔,为4家企业办理内保外贷注销6笔;加强对中小企业、民营企业外债业务政策指导,广西新签约企业外债28.33亿美元、增长100%,外债提款金额27.85亿美元、增长68%;推动自贸试验区出台外商投资股权投资类企业试点政策,牵头制定广西QFLP(合格境外有限合伙人)政策,广西有6家私募股权投资基金企业在自贸试验区完成注册,外方股东到位资本金1308万美元。加强房地产金融宏观审慎管理,建立国有企业债券风险监测预警协同机制,开展互联网金融风险专项整治,防范房地产市场、企业债务违约、互联网金融等重点领域金融风险;牵头出台全国首个省级层面农村商业银行高质量发展指导意见,南宁市守住无银行挤兑、重大企业债务违约、严重P2P(点对点)暴雷事件3个底线;配合市公安局、市金融办、市市场监管局等打击非法金融活动,专项整治打击非法集资和电信诈骗,加大传统媒体和新媒体金融广告监测力度,开展金融案件执行攻坚,优化金融生态环境。拓宽征信查询服务渠道,南宁市设置查询点41个,提供线下征信查询月均超17万次,推动15家金融机构开通自助网银线上查询服务;推进农村信用体系建设,南宁市县(市、区)农户信用信息系统建设率100%,农户入库率超95%,信用户、信用村、信用乡(镇)创建面均超60%;广西征信融资服务平台(“桂信融”平台)上线试运行,在全国率先实现金融、政务、商业全覆盖信用信息汇聚和应用,提供征信、融资、政策一站式服务,依托信用信息支持线上授信800多亿元;推广动产融资服务,运用中征应收账款融资服务平台促成融资87.75亿元、增长35.14%,在动产融资统一登记公示系统办理动产融资登记2.45万笔、增长269%;大小额支付系统平

2021年11月19日，中国人民银行南宁中心支行、自治区财政厅、自治区地方金融监督管理局、自治区大数据发展局牵头建设的广西征信融资服务平台（"桂信融"平台）在南宁上线试运行　　中国人民银行南宁中心支行提供

稳运行，南宁市处理业务1.11亿笔、金额34.67万亿元；推动支付手续费降费政策落地，为南宁市近40万户小微企业、个体工商户支付服务减免手续费超1300万元；推进移动支付便民工程建设，南宁市云闪付App新增注册用户394.34万户，市29个综合性商圈、13.47万户小微商户、400多个连锁品牌、1万多个门店完成移动支付受理环境改造；南宁办理国库收支5022.65亿元，下降4.36%；个人所得税退税审核效率提升10倍以上；推进跨省异地电子缴税业务，解决跨省经营纳税人缴税难题；开展国债宣传；储蓄国债到期提醒兑付率提至80%；推动国债下乡；在全国率先自主开发国库综合监管系统，实现国库监督全流程电子化管理。接收金融消费者有效投诉1230笔，季度平均办结率90%以上，咨询8803笔，按流程处置违法违规广告线索10条，保护金融消费者权益；制定印发《广西金融教育示范基地建设评审工作方案》，明确辖区教育基地创建评审标准，培育柳州银行、中国农业银行柳州阳和支行及民生银行南宁分行为广西壮族自治区金融教育示范基地。　　（易昌军）

【国家开发银行广西壮族自治区分行】

2021年，有员工225人。信贷资产总额3939.55亿元，表内贷款余额3741.53亿元。其中，表内人民币贷款余额3704.70亿元；外币贷款余额36.83亿美元。社会融资总量超2300亿元，重点投向交通、公共基础设施和电力等领域重大项目。在广西金融同业市场人民币非个人中长期贷款、外币贷款、棚户区改造贷款、绿色贷款、助学贷款等领域保持份额首位。设立制造业专项贷款，给予项目差异化优惠支持政策，联合自治区工信厅推动广西重点制造业项目纳入支持清单，支持广西玉柴机器集团有限公司、广西南南铝加工有限公司、上汽通用五菱汽车股份有限公司等制造业企业转型升级。做好能源保供开发性金融服务，在贷款额度、期限、利率等方面给予电力企业倾斜，保障电力供应安全。发放乡村振兴及巩固拓展脱贫攻坚成果贷款251亿元，发行广西首单乡村振兴债券10亿元，累计发行乡村振兴债券25亿元。服务强首府战略、振兴左右江革命老区等区域发展，提升地市承载力和公共服务水平。推动革命老区振兴发展，将开发性金融融资融智优势与革命老区发展实际相结合，加大信贷资源倾斜，给予差异化信贷政策支持，发放转贷款重点支持脱贫攻坚、基础设施、特色产业、保障性住房等领域，惠及小微企业和个体经营户442户。推进生源地助学贷款惠民工程，发放助学贷款46.93亿元，惠及家庭经济困难学生超57万人。推动广西绿色发展，发放县域垃圾污水处理贷款、绿色产业贷款，支持建成垃圾、污水处理设施。深化银政企战略合作，推动国家开发银行总行与自治区政府签署《开发性金融助推广西"十四五"高质量发展合作备忘录》，与自治区文旅厅、林业局等部门、14个地级市、10家自治区重点企业签署"十四五"合作协议或达成合作共识，在生态环保、科技创新、城市更新、乡村振兴，完善产业园区基础设施、提升城市品质、建设城乡融合发展试验区等方面提供支持；与地方政府部门和重点企业共同成立深化项目合作小组，选派业务骨干赴地市交流挂职，推动银政企合作"项目化、清单化、责任化"。创新融资模式，推动绿色贷款模式创新，实现广西首个"地方政府+区直林场"模式储备林项目、广西分行首个分布式光伏发电项目和首个可再生能源补贴确权贷款授信落地。承销债券185亿元，多只债券在发行时点创广西同期限或同评级信用债利率新低。发放"桂惠贷"60.93亿元，降低企业直接融资成本1.20亿元。　　（王　琳）

2021年6月，国家开发银行广西壮族自治区分行支持广西南南铝加工有限公司年产20万吨大规格高性能铝合金板带型材项目　　国家开发银行广西壮族自治区分行提供

【中国进出口银行广西壮族自治区分行】

2021年，有员工49人。本外币贷款余额445.23亿元，比年初增加68.23亿元，增长15.32%。上缴税金约9800万元，增长23%。累计投放本外币贷款869.71亿元，其中外贸产业贷款余额302.73亿元，支持玖龙纸业（北海）有限公司、广西北港新材料有限公司、广西交投商贸有限公司等发展。对接广西投资集团有限公司、广西北部湾投资集团有限公司、广西交通投资集团有限公司等广西百强进出口企业，投放中越边境凭祥综合保税区、跨境劳务中

心、边贸农产品加工基地等重点项目边贸创新贷款余额89.33亿元。立足广西面向东盟区位优势和政策优势,支持中国—东盟经济贸易合作,提升双向开放水平。“引进来”方面,外资企业投放贷款余额33.26亿元,重点支持印尼金光集团、上汽通用五菱汽车股份有限公司等跨国公司在广西投资扩产;投放中国(广西)自由贸易试验区内企业贷款余额85.82亿元,支持凭祥市祥旅旅游开发有限公司、广西北部湾国家港务集团有限公司、广西金桂浆纸业有限公司、凭祥保税区等发展,将中国(广西)自由贸易试验区打造成为引领中国—东盟开放合作的自贸园区。“走出去”方面,推动国际产能合作,与东盟产业链、供应链、价值链融合,发放面向东盟贷款余额79.52亿元,牵头马中关丹产业园联合钢铁项目银团贷款,带动当地经济效应和社会效应。支持共建“一带一路”,加速基础设施互联互通,投向交通运输领域贷款余额81.92亿元,推动西部陆海新通道建设,授信超200亿元重点支持北部湾港、沿边高速等出海通边重点项目,支持北部湾疏港铁路建设,打通海铁联运“最后一公里”。支持创新驱动,升级服务产业链供应链,支持广西提升产业链供应链稳定性和国际竞争力,牵头70亿元华谊化工业气体岛银团贷款、46亿元金桂浆纸业银团贷款项目、葛洲坝田西高速等重大项目;对接粤港澳大湾区,授信60亿元支持玖龙纸业项目落户北海,带动总投资300多亿元。发展绿色信贷与普惠金融,提升金融服务覆盖率和满意度,绿色信贷余额27.52亿元,小微企业银行转贷款余额18.9亿元、服务小微企业近500家。（韦学滨）

【中国工商银行股份有限公司南宁分行】 2021年,辖支行13家[民族支行、琅东支行、南湖支行、共和支行、新城支行、江南支行、高新科技支行(原高新支行更名)、五象支行、民主支行、武鸣支行、横州支行、宾阳县支行、隆安县支行],经营性网点111个,员工2117人。本外币存款余额1308.98亿元,比年初增加64.30亿元,其中储蓄存款余额617.25亿元、增加30.17亿元,对公存款(不含同业)余额631.78亿元、增加27.86亿元;本外币贷款余额1596.10亿元,增加225.16亿元,其中公司贷款增长168.75亿元、个人贷款增长46.51亿元;个人住房贷款余额超500亿元。助力“强首府”战略,支持制造业、民营、科技创新、绿色金融等领域信贷需求。投放贵南(贵阳—南宁)铁路、南玉(南宁—玉林)铁路、南崇(南宁—崇左)铁路、六宾(六景—宾阳)高速公路、柳南(柳州—南宁)高速公路等涉及西部陆海新通道、中国(广西)自由贸易试验区建设、“一心六轴”(南宁大都市区为中心,构建南钦、南玉、南柳、南河、南百、南崇城镇发展轴)都市圈重大项目贷款260亿元,余额656亿元,助力南宁市建设面向东盟的金融开放门户;为南宁市产业布局及“双百双新”(投资超过百亿元或产值超过百亿元的重大产业项目,新产业、新技术项目)、“三大三新”(大健康、大数据、大物流、新制造、新材料、新能源)重大战略项目融资31亿元,增加3.42亿元,助力现代产业体系建设;为南宁轨道交通2号线东延工程、吴圩国际机场新航站区项目、朝阳溪暗涵改造工程、马巢河流域治理工程项目、武鸣污水处理厂等城市更新、公共服务提升、新型城镇化、交通等领域投放贷款81亿元,余额345亿元,增加33亿元;支持“高技术”,投放战略性新兴产业贷款21亿元。支持乡村振兴,涉农贷款(全口径)余额58.35亿元,增加19.80亿元;推出“横县茉莉花兴农贷”,服务产业集群发展,发放贷款1437万元;成为市财政局“银村直连服务云平台项目”三家试点银行之一;与兴宁区政府签订《乡村振兴金融服务战略合作协议》,推进金融与乡村振兴互促共进。拓宽普惠金融服务覆盖面,实现银保监口径普惠贷款余额56.51亿元,增加23.07亿元;向某小企业发放850万元财政贴息“桂惠贷”贷款,实现广西首笔小企业“杜惠贷”落地,缓解企业资金周转困难,降低企业融资成本。办理国际结算量73.14亿美元,同业市场占比47.76%;办理跨境人民币结算业务629.09亿元,同业市场占比60.28%;结售汇业务办理13.51亿美元,同业市场占比31.76%。上线“智慧人大”代收党费系统,实现教培云资金监管平台营销突破,依托RPA(机器人流程自动化)技术投产财务机器人项目、自动综合处理系统等项目;投产智慧个人贷款RPA项目,优化个人贷款业务流程;研发广西招生考试院线上缴费和智慧票据项目,实现广西区内缴费每秒最高1.30万笔。办理广西分行首笔电子营业执照便捷开户业务,助力营商环境优化;高新科技支行,承办金融服务科技创新发展政金企推荐会,提升科技创新企业金融服务力度。联合南宁反诈中心,为高校师生开展“防范电信诈骗”“守护好老百姓的钱袋子”“爱征信就是爱自己”专题公益宣讲。维护金融消费者权益,挂牌成立青秀区法院金融纠纷调解中心驻工商银行工作站暨诉源治理工作站,通过法院、金融机构、专业化调解组织三方协同联动构建平台,为当事人解决金融纠纷提供便捷渠道。（王庆林）

【中国农业银行股份有限公司南宁分行】 2021年,辖一级支行14家(城区8家、县域6家),有营业网点140个(城区90个、县域50个),员工2216人。本外币存款(银保监口径)余额1116.97亿元,比年初增加43.41亿元;本外币贷款(银保监口径)余额1367.68亿元,增加178.06亿元。支持六景至宾阳高速公路、南宁轨道交通5号线、南宁至玉林铁路建设等自治区及南宁市重大项目,投放贷款251.97亿元,增加42.02亿元。加快上林至横县高速公路、梧州至乐业公路广西经苍梧至昭平(广西段)PPP(公私合营)项目、岑溪至大新公路(南宁至横县段)等项目贷款报审进程,重大项目贷款获批26个、金额329.50亿元,投放贷款42.02亿元。“双创”(创新、创业)企业贷款余额20.30亿元,增加2.61亿元,重点支持广西南南铝加工有限公司、广西广播电视信息网络股份有限公司、中国—东盟信息港股份有限公司、广西世纪创新显示电子有限公司、广西建工集团智慧制造有限公司等高新技术企业发展;绿色信贷贷款(银保监新口径)315.75亿元,增加22.22亿元,重点支持南宁轨道交通5号线、马山县周鹿三星100兆瓦农业光伏项目、宾阳双桥门头岭风电场等项目建设;“桂惠贷”投放25.91亿元,其中南玉铁路有限公司2.50亿元、马山中核新能源有限公司2.50亿元。债券承销超60亿元,债券质押回购业务超50亿元。支持农村基础设施建设及农产品稳产保供,“三农”(农业、农村、农民)县域人民币贷款188.97亿元,增加34.16亿元;推动乡村振兴,重点帮扶马山县贷款25.05亿元,增加5.66亿元,增长29.16%,高于全行贷款平均增速14.64个百分点;发放普惠农户贷款17.02亿元,增加3.37亿元,增量创历史新高;涉农贷款余额306.32亿元,乡村产业贷款余额39.82亿元,投放糖业贷款3.76亿元、林业贷款5.69亿元、农业产业化龙头企业贷款8.19亿元、生猪相关产业贷款6亿元。依托“首户e贷”、“政银担”、“纳税e贷”、“链捷贷”、供应链融资等贷款产品和业务,提升服务小微企业发展质效,普惠金融领域贷款(银保监口径)40.56亿元,增加9.08亿元,增长28.83%;帮助小微企业渡过新冠肺炎疫情难关,落实小微企业延期还本付息政策,办理展期458户,金额2.78万元,办理“续捷e贷”157户,贷款金额1.16亿元。加快业务经营数字化转型,打造智慧校园、智慧医疗、智慧商圈、专业市场等智慧便民生活场景210个,实现手机银行自助办理业务,掌上银行MAU(月活跃客户数)超116万户,增加43万户。新增信用卡有效客户4.14万户,信用卡消费额140.42亿元,分期交易额20.75亿元。优化网点布局,装修升级老旧网点,投放现金超级柜台、推广单位电子证照开户，持续优化柜面业务流程加快营业网点智能化建设。辖属江南支行营业室被中国银行业协会评为2021年银行业营业网点文明规范服务千佳示范单位，被广西金融工会评为广西金融先锋号。（周江山）

【中国银行股份有限公司南宁分行】2021年，辖邕城、西乡塘、青秀、自贸、江南5家管辖支行，宾阳、横州、武鸣3家县（市）支行，直管区分行营业部；有网点53个、员工1119人。本外币贷款余额1118.60亿元、比上年增加163.48亿元，其中公司贷款余额655.40亿元，增加124.74亿元；个人贷款余额422.42亿元，增加36.22亿元；本外币日均贷款余额1052.53亿元，增加158.86亿元；本外币时点存款余额723.76亿元，增加41.62亿元；本外币日均存款余额675.71亿元，增加40.47亿元。资产不良率0.37%。国际贸易结算业务量完成39.30亿美元，市场份额22.14%；跨境人民币业务量完成43.20亿元，市场份额20.83%。信用卡新增有效客户30.49万户；信用卡消费额84.70亿元，减少2.49%；信用卡分期交易额18.16亿元，增长5.05%；中银智慧付新增商户1585户，下降48.65%；全量收单金额82.65亿元；银行卡非息收入5533万元，下降26.48%。交通行业贷款新增135亿元，为南宁至横州、南宁至湛江高速公路，南宁至玉林、南宁至崇左铁路投放贷款。推动普惠金融业务发展，贷款户数4042户，新增1261户；贷款40.67亿元，增加11.38亿元，支持乡村振兴、供应链、产业链、科技创新、民生消费和基础设施建设、建筑装饰六大重点场景建设，使用沃柑贷、生猪养殖贷、火龙果种植贷等特色金融产品，助力“稳企业”“保就业”。投放“桂惠贷”454笔、金额16.28亿元，其中线上“抵押贷”、中银“企E贷”等线上产品新增投放贷款3.47亿元。服务乡村振兴战略实施，涉农贷款新增11.43亿元，推出“甘蔗贷”“生猪贷”“养鸭贷”等支持特色产业发展。助力绿色金融发展，绿色信贷新增47.47亿元，其中为通威集团宾阳光伏项目批复信用总量3.70亿元。在中国（广西）自由贸易试验区南宁片区设立自贸支行，为南宁片区内首批重点引进的世界500强企业开立基本结算账户，首发跨境人民币信用证、出口通汇达、跨境贸易融资、首笔NRA账户（境内银行为境外机构开立的境内外汇账户）下开立国际证、境外机构境内外汇NRA账户人民币与外汇衍生产品等业务，为南宁企业在“单一窗口”金融保险服务功能在广西开放上线当日办理首笔线上电子汇总征税保函。手机银行月均客户数32.50万户。在国家外汇管理局外汇管理综合年度考核评价中连续三年获A类评级，被广西银行业协会评为“2021年广西银行业清廉金融文化建设先进单位”。（陈敬宁）

【中国建设银行股份有限公司广西壮族自治区分行】2021年，有经营机构345个，员工7212人，其中南宁辖区经营机构98个、员工2750人。一般性存款日均余额3457.38亿元，比年初增加126.33亿元，增长3.79%。贷款余额3978.55亿元，增加488.54亿元，增长14%。其中，对公贷款余额2357.14亿元，增加405.65亿元；个人贷款余额1621.40亿元，增加82.89亿元。服务实体经济，基础设施领域贷款余额1536.68亿元，增加252.81亿元，增长19.61%，支持南玉（南宁—玉林）城际铁路、广西交通投资集团和广西北部湾投资集团专项债配套融资项目，贵南（贵阳—南宁）铁路、南横（南宁—横州）高速公路等自治区重大项目；制造业贷款余额280.05亿元，增加63.32亿元，增长29.22%，支持汽车、冶金、铝工业、制糖业等广西传统优势产业转型升级和新一代信息技术、新材料制造等新兴产业发展；投放“桂惠贷”3142笔、金额162亿元。中国人民银行口径绿色贷款余额504.30亿元，增加124.84亿元，增长32.90%。支持区域绿色债券发行，投资绿色债券6.10亿元，重点支持南宁水塘江综合整治等重点项目建设。推出“减税云贷”“桂叶云贷”等普惠金融产品，普惠金融贷款余额296.29亿元、增加69.80亿元，服务小微企业客户4.20万户。与市政府签订保障性租赁住房战略合作协议，保障性租赁住房系统上线投产，在南宁投放住房租赁支持贷款4.48亿元，支持南宁区域筹集保障性租赁住房房源5084套；协同子公司建成“CCB建融家园·米拉空间”“CCB建融家园·青苹果公寓”等长租社区18个，打造面向创业新青年、城市白领及退役军人等特定群体的特色存房项目，新增市场化存房3852套，向社会提供长租房源7770套。推广“掌上网点”“建行到家”服务模式，网点名片推广关注用户14万户；“建行到家”平台活跃用户3.18万户，办理业务3.33万笔；“建行生活”App注册用户45万户。将政务服务搬到银行营业网点，上线社保待遇资格认证、社保卡激活、公积金查询等33项便民服务，服务客户11.70万人；搭建“e建缴税”平台，服务纳税人110万人，代缴税款17亿元；“首创‘政业融通’服务助力破解住房难题保安居”获广西金融改革发展十大创新案例。涉农贷款余额438.60亿元，增加62.67亿元，增速16.67%；金融精准扶贫贷款余额105.18亿元，增加27.89亿元；设立“裕农通”服务点1.38万个，覆盖有机构区域建制村91.86%，“裕农通”签约农户15.44万户，发行“乡村振兴·裕农通”借记卡29.35万张。被广西金融工会评为广西金融系统助力脱贫攻坚先进集体，获广西银行业协会授予广西银行业年度服务八桂综合贡献奖、普惠贡献奖。南宁民主支行营业部、南宁高新支行营业部被中国银行业协会评为2021年银行业营业网点文明规范服务千佳示范单位。（陈美荣）

【交通银行广西壮族自治区分行】2021年，有人工网点54个，离行式自助银行14个（客户偏向使用手机银行、微信支付等，自助银行比上年减少36个），离行单机服务点28个，员工1752人，其中南宁辖区人工网点24个、员工778人。资产总额

2021年2月10日，建行南宁园湖支行“CCB建融家园·米拉空间”揭牌

丁梦娟　摄

1368.52 亿元，比年初增加 136.64 亿元，增长 11.09%；社会融资总量 1872 亿元，增加 245 亿元，增长 15.06%；存款余额 1209.68 亿元，贷款余额 1197.42 亿元；不良贷款余额 4.32 亿元，不良率 0.36%；在册信用卡 45.24 万张，消费额 1101.54 亿元。服务实体经济，支持普惠小微企业、制造业、绿色发展等重点领域贷款。普惠"两增"（增贷款余额、增小微企业户数）贷款余额 45.78 亿元，较年初净增 13.73 亿元，增幅 42.84%，"两增"贷款客户数 4423 户，较年初净增 1123 户，增幅 34.03%；制造业贷款余额 104.97 亿元，增长 11.78%；绿色信贷贷款余额 96.60 亿元，比年初增长 25.46 亿元，增幅 35.79%。助力西部陆海新通道、建设面向东盟的金融开放门户、中国（广西）自由贸易试验区等战略落地，全年实现国际收支 34.52 亿美元，比上年同期增幅 33.82%，跨境人民币结算量 99.64 亿元，增长 101.65%。投放"桂惠贷"49.65 亿元，为企业节约融资成本 0.94 亿元。

2021 年 4 月 14 日，交通银行广西区分行营业部员工到广西交通投资集团平果至南宁高速公路项目工地开展金融知识宣传普及活动　　骆燕玲　摄

【中国光大银行股份有限公司南宁分行】 2021 年，有营业网点 26 个、社区支行 5 家、员工 815 人。资产总额 561.20 亿元，比上年增长 10.88%；负债总额 549.05 亿元，增长 10.78%。一般性存款余额 435.52 亿元；贷款余额 560.19 亿元，增长 11.55%，其中对公贷款余额 278.49 亿元、增加 18.41 亿元，个人贷款余额 264.21 亿元、增加 27.74 亿元。营业收入 17.77 亿元，增长 8.12%。制造业贷款余额 68.85 亿元，比年初增长 15.69%，其中中长期制造业贷款余额 34.15 亿元，增长 28.05%；为 375 家企业及个体商户投放"桂惠贷"34.67 亿元；开展"阳光助农贷""阳光蔗农贷""甜蜜供应链""阳光米粉贷""阳光鸭苗贷"等特色涉农普惠业务 102 笔，金额 2.35 亿元；光大银行系统、广西首笔"乡村振兴"债券 10 亿元项目落地，支持百色市、河池市、贺州市等农村路网现代化建设。光大云缴费平台为广西超 1980 万户居民提供医保代缴、智慧出行、汽车生态（将云缴费产品输出至五菱汽车的车机系统，丰富汽车功能）等服务，缴费笔数 6500 万笔、缴费金额 150 亿元，分别增长 29%、34%；广西灵活就业人群社会保险缴费项目上线，实现社保缴费险种全覆盖；广西城乡居民医保"微信代缴"服务上线，实现医保缴费自动化、智能化；广西新电力投资集团旗下市县电费缴费项目落地；实现云缴费项目向广西北部湾银行输出。投资"广西绿城水务股份有限公司 2021 年面向专业投资者公开发行的公司债券"2.10 亿元，支持广西供水和污水处理事业。发挥光大集团金融全牌照优势，加大与集团子公司、境内外分行战略协同；南宁分行与光大证券股份有限公司联席主承销 8.40 亿元定向债务融资工具，支持广西地方经济建设；南宁分行协同光大理财有限责任公司投资广西铁路投资集团公司债券 3 亿元，支持南宁城市铁路交通建设；联动卢森堡分行和光银国际资产管理（中国）有限公司，助力南宁市交通投资集团有限责任公司发行 3 年期境外债券 3 亿美元。推动跨境人民币业务发展，促进中国—东盟自由贸易区建设，中国光大集团东盟区域业务协同办公室揭牌，南宁分行与新加坡星展银行汇入汇款业务落地，为物流企业客户提供融资、结算等产品服务；泰铢汇出汇款业务落地，加强与东盟地区跨境业务合作；通过资产变现账户，从香港引入 5 亿美元境外资金，助力广西企业完成百亿项目并购；助力南宁市交通投资集团有限责任公司首次发行海外债券，国际结算量超 10 亿美元，增长 72.37%。推动金融纠纷诉源治理，在光大银行南宁分行信用卡业务部挂牌成立南宁市青秀区法院金融纠纷调解中心驻光大银行工作站暨金融纠纷诉源治理工作站，被中国人民银行南宁中心支行金融消费者权益保护评估考核评级为 A 级，南宁桃源支行被中国银行业协会评为 2021 年银行业营业网点文明规范服务千佳示范单位。　（曾宏蝶）

【华夏银行股份有限公司南宁分行】 2021 年，辖属机构网点 11 个（同城支行 7 个、异地分支行 4 个），员工 412 人（不含信用卡编制人员）。资产总额 254.45 亿元，比年初下降 4.25%。存款余额 194.57 亿元，下降 3.74%；贷款余额 237.50 亿元，下降 4.20%。对南宁市企业贷款余额

2021 年 9 月 18 日，光大银行南宁分行客户经理在田间地头开展产业调研，推广"阳光蔗农贷"　　光大银行南宁分行提供

100.68亿元、下降13.48%，其中重大项目贷款余额21.78亿元；为南宁市城市轨道交通、市政设施、水力发电、电力供应、制糖等行业提供投融资支持89.71亿元，支持实体经济发展。推动"商行+投行+投资"转型，落地投资银行业务161亿元，其中地方政府专项债业务规模75.48亿元，增长225%；获2022—2023年度南宁市地方政府专项债全流程服务资格。金融市场条线投放资产48亿元，托管规模1458亿元，在广西股份制银行中排第一。投放"桂惠贷"248笔，金额13.46亿元，为企业节约成本2736万元；新冠肺炎疫情防控期间为符合条件小微企业提供贷款展期、延期付息不计罚息、无还本续贷、征信保护等金融服务，批复75户小微企业延期贷款金额3.23亿元。发放涉农贷款12.88亿元，支持136户涉农企业（含农户），涉农贷款余额16.84亿元。作为首家且唯一合作银行，运用金融科技创新产品"平台通宝"助力广西交易场所登记结算平台建设，正式接入交易场所6家，实现平台入金自动退账功能开发上线。自2018年获广西建筑农民工实名制管理公共服务平台服务资格以来，累计服务建筑企业70余家，开立"桂建通"个人借记卡3.58万张（新增1643张），代发农民工工资11.33亿元（新增5.39亿元）。落地系统内与香港分行办理首笔"港贷通"业务、系统内与香港分行联动的首笔全球协调人承销项目、首笔境内外分行联动境外发债备用信用证增信业务、系统内首笔"乡村振兴"北金所债权融资计划、广西首单全口径跨境融资备用信用证境外美元债券等业务。（庞树晟）

【兴业银行股份有限公司南宁分行】2021年，有营业网点29个，分（支）行15家、社区支行9家，员工845人，其中南宁辖区有分（支）行11家、社区支行6家，员工593人。广西全辖资产总额878.14亿元，比年初减少37.12亿元，下降4.06%；负债总额871.19亿元，减少34.45亿元，下降3.80%。本外币存款余额572.50亿元，增加31.10亿元，增长5.74%，其中对公存款416.34亿元、储蓄存款85.59亿元、非存款类金融机构存款70.57亿元；本外币贷款余额687.04亿元，增加86.24亿元，增长14.35%，其中对公贷款331.93亿元、个人贷款265.99亿元、票据贴现89.12亿元。南宁辖区资产总额492.68亿元，增加107.35亿元，增长27.86%；负债总额492.61亿元，增加109.98亿元，增长28.74%。南宁市区域本外币存款余额282.93亿元，增加3.11亿元，增长1.11%；贷款余额363.72亿元，增加58.37亿元，增长19.11%。"桂惠贷"全量投放户数709户，投放金额45.92亿元，支持广西工业企业、民营小微企业等实体经济发展。3月，参加广西融资担保集团银担合作签约仪式，加强银担联动，促进实体经济信贷"量增价降"，降低企业融资成本；12月，与广西大宗茧丝国际交易中心签署全面合作战略协议，促进茧丝绸行业企业及地方经济发展。推广"兴e贴"秒贴产品，办理贴现258亿元，服务贴现企业超400家；传导再贴现货币政策，办理再贴现业务81亿元，投向小微、民营、绿色等政策支持企业占比超80%。跨境结算量21.99亿美元，跨境收支规模连续四年居自治区股份制银行首位，其中跨境人民币结算量15.82亿元，居自治区股份制银行首位。发挥市场和专业优势，为企业客户提供汇率及利率避险交易金额近60亿元。落地广西首单QFLP（合格境外有限合伙人）业务、南宁分行首笔人民币内保直贷业务、南宁分行首笔内存FT（自由贸易）贷业务。推进乡村振兴，被自治区政府评为全区脱贫攻坚先进集体。（王德宁）

【中信银行股份有限公司南宁分行】2021年，辖柳州、钦州、桂林3个二级分行，有营业网点17家（南宁市13家），员工556人。综合融资规模796.11亿元，比年初增加18.08亿元，增长2.32%；负债余额412.08亿元，增加4.85亿元，增长1.19%。存款余额296.11亿元，增加8.69亿元，增长3.02%；贷款余额413.76亿元，增加5.83亿元，增长1.43%。账面营业净收入8.97亿元，增长6.92%；净利润2.83亿元，增长11.99%。为广西博世科、丹泉酒业等广西企业提供信贷支持174.87亿元；通过中信集团联合舰队提供协同融资为支持广西柳工集团有限公司、广西柳州钢铁（集团）公司、上汽通用五菱汽车股份有限公司等提供200亿元金融支持；加大对卫生防疫、医药采购、公共卫生等领域的信贷审批和投放力度，对受新冠肺炎疫情影响大的批发零售客户不盲目抽贷、断贷、压贷，承接新冠病毒疫苗采购款7.50亿元；通过"百池大战""百链行动""百亿票函""信e池"为企业融资63亿元。为170家普惠金融客户提供信贷支持3.79亿元。非货币净值型理财保有量42.04亿元，增长19.46亿元；非货币型基金保有量11.96亿元，增长4.02亿元；代销手续费收入2743万元，增长239万元。个人贷款余额197.14亿元，增长5.12亿元。投行业务综合融资规模108.70亿元，债券承销规模83.80亿元，落地16笔债券承销业务。落地国际信用证（康拓区块链进口信用证）、出口信保融资、出口买方信贷、内保外债及跨境资产转让等产品，助力建设面向东盟的金融开放门户。（周婉贞）

【广西北部湾银行】2021年，设一级分支机构15家，其中南宁市辖区2家［内部机构改革，设立南宁分行（青秀区）、总行营业部（五象新区），将原来9家分支机构纳入管辖］、辖区外12家（不含村镇银行）、专营机构7家（小企业金融服务中心1家、小企业金融服务分中心6家）；营业网点256个，其中同城支行111家、县域支行50家、社区支行17家、小微支行78家；在自治区设立村镇银行3家，营业网点24家；员工4500人。资产总额3605.32亿元，比上年增加552.53亿元，增长18.10%；负债总额3370.24亿元，增加530.52亿元，增长18.68%；存款余额2650.82亿元，增加368.92亿元，增长16.17%；贷款总额2008.61亿元，增加397.34亿元，增长24.66%；营业收入173.33亿元，增加40.04亿元，增长30.04%；净利润20.35亿元，增长31.17%。南宁辖区存款余额1619.32亿元，增加186.29亿元，增长13%；贷款余额1056.88亿元，增加139.56亿元，增长15.21%；缴纳税金12.46亿元；不良贷款率1.27%。服务地方经济发展。通过发行同业存单、小微金融债、绿色金融债、"三农"专项债等方式"引金入桂"超1300亿元，支持中国能源建设集团广西水电工程局有限公司、广西理昂生态能源有限公司发展；投放超3000亿元，支持南宁市新申中展物流邮箱责任公司中新南宁国际物流园项目、广西南宁昇氟建设投资有限公司伶俐工业园一期、二期锂电池厂房项目等；制造业贷款余额247.29亿元，增长63.77%，支持广西南南铝箔有限责任公司、广西建工集团建筑机械制造有限责任公司、广西洋浦南华糖业集团股份有限公司、广西博世科环保科技股份有限公司等；投放低利率"桂惠贷"137.66亿元，降低企业经营成本；支持民营与中小微企业，与广西融资担保集团开展"总对总"（总部对总部）合作，批量开展"见贷保"（服务对象为融资需求1000万元以下的小微市场主体，客户无需提供反担保物）业务，普惠型小微企业贷款余额192.82亿元，投放173亿元；投放超400亿元，支持南宁市经济发展，聚焦自贸区南宁片区、临空经济示范区、东部产业新城建设，主动对接平陆运河等重大项目，通过投资银行业务支持近200亿元，缓解企业融资难；运用"桂惠贷"业务惠及南宁344户市场主体，放款41.70亿元，为企业节约融资成本约1亿元；绿色信贷余额95.18亿元，其中南宁辖区绿色信贷余额超40亿元，占比提升6.90%。扩大金融开放，利用总

2021 年 7 月 21 日，广西北部湾银行客户经理深入邕宁区屯了村调研农户庄稼生长情况，为农业发展和粮食安全提供金融保障　　刘隽源　摄

部进驻中国—东盟金融城优势，发展沿边金融和贸易金融，贸易融资投放量 326 亿元、增长 193.11%，国际结算量 63.09 亿美元、增长 37.54%；支持西部陆海新通道相关企业表内外融资余额 45.84 亿元，投放资金 10.06 亿元；落地广西首笔铁海联运“一单制”跨境融资业务，入选广西金融改革发展十大创新案例。加大绿色金融供给。与南宁市共建广西(南宁)碳金融与绿色发展创新联合实验室，建立“负面清单”，获批发行绿色金融债 60 亿元，发行 2 期 40 亿元，利率屡创广西金融债券市场历史新低；落地广西首笔碳排放配额质押贷款、广西首笔绿色新能源挂钩贷款、广西首笔林业碳汇预期收益权质押贷款、广西首笔绿色应收账款债权融资计划，助力广西生态优势转化为发展优势。推动乡村振兴。开展消费帮扶，广西北部湾银行权益兑换平台销售涉农产品价值超 700 万元；涉农贷款余额 297.98 亿元，增长 45.78%。在英国《银行家》“2021 年全球银行 1000 强”排名 370 位，在中国银行业协会 2021 年度“陀螺”评价中排名 22 位，连续 10 年入围中国服务业企业 500 强，连续 12 年入围广西企业 100 强、广西服务业 50 强。　　(覃莹莹)

【南宁市区农村信用合作联社】 2021 年，有营业网点 65 个，离行式自助服务区(点)70 个，员工 710 人。资产总额 637 亿元，比上年增加 49.18 亿元，增加 8.37%。存款余额 560.06 亿元，增加 79.37 亿元，增长 16.51%，其中储蓄存款余额 280.03 亿元、对公存款 280.03 亿元。贷款余额 390.05 亿元，其中涉农贷款余额 74.68 亿元，小微企业贷款余额 129.42 亿元。财务总收入 24.97 亿元，增加 2.26 亿元，增长 9.95%。纳税近 2 亿元，被自治区税务部门评为纳税信用级别“3 连 A”企业。设立广西农合机构首个乡村振兴金融服务中心，建构“城区 + 郊区 + 乡镇”农村金融服务阵地；发放脱贫人口小额信贷 1042 万元，涉农贷款 51 亿元。投放“桂惠贷”近 45 亿元，为客户减少融资成本约 8800 万元。投放小微企业贷款 62 亿元，贷款余额 130 亿元；投放民营企业贷款 70 亿元，贷款余额 114 亿元。打造新零售体验中心——咖啡主题银行，成为首家进驻五象新区总部基地金融街的县级农合机构。加大普惠金融投入，上线“商转公”免自筹和个人住房商业贷款在线提取住房公积金业务，进驻社保大厅为客户提供一站式服务；发挥惠农支付便民服务点和“e 挎包”优势，持续延伸“线上 + 线下”服务内容，将普惠金融服务从“最后一公里”延伸到“最后一步路”。加大金融科技投入，提升数字金融水平，上线涉农信息系统，8 分钟办结 1 笔贷款业务；与江南区江西中心卫生院共建“银医通”项目，建成南宁市首家智慧基层卫生院。通过数字化转型，提升科技服务水平，被《中华合作时报》评为“全国农村金融十佳科技创新机构”。加大产品创新，开办广西农合机构首笔跨境金融区块链服务平台融资业务、首笔供应链国内保理业务，推出“闪贷”“商摊贷”“保证贷”等线上贷款产品，推出“赛事贷”“体享贷”等体育特色产品，满足多元化金融服务需求。到南宁市大街小巷、田间地头开展宣传活动 400 多场，提升农信金融服务便利性、可得性。　　(冉秀杰)

2021 年 9 月 25 日，南宁市区农村信用合作联社员工到西乡塘区忠良村为客户办理业务

南宁市区农村信用合作联社提供

保　险

【概　况】 2021 年，南宁市有保险公司 71 家，其中财产保险公司 43 家、人寿保险公司 28 家。有法人保险公司 2 家(北部湾财产保险股份有限公司、国富人寿保险股份有限公司)，自治区级保险分公司 45 家，保险公司地市级分公司和中心支公司 24 家，支公司及营业部 143 个，营销服务部 182 个。保险代理公司法人机构 18 家、分支机构 74 家，保险经纪公司分支机构 44 家，保险公估公司法人机构 1 家、分支机构 13 家。南宁保险业实现原保险保费收入 269.42 亿元，比上年增长 9.16%，占自治区总保费 34.40%。其中，财产保险公司保费收入 102.61 亿元、减少 4.24%，人身保险公司保费收入 166.81 亿元、增长 19.44%。南宁保险业为社会提供风险保障 39.72 万亿元、减少 7.64%。南宁保险业支付赔款、给付保险金 98.34 亿元，其中财产保险公司赔付支出 72.80

亿元，人身保险公司赔付支出25.54亿元。

【保险监管与经营】2021年，中国银行保险监督管理委员会广西监管局联合自治区地方金融监管局与中国保险资产管理业协会搭建广西专属险资运用平台，举办"险资入桂共建金融开放门户""险资入桂 共赢发展"系列"线上+线下"对接活动，发布融资项目(产品)29个，融资规模400亿元。推动广西辖区安全生产责任保险从六大高危领域扩大到交通运输、交通工程建设、交通枢纽等重要领域，普通道路灾毁保险、交通安责险统一保险试点工作落地南宁，南宁辖区安责险保费收入1.84亿元，比上年增长131.01%。推动长期护理保险试点落地南宁，为南宁辖区145万名城镇职工提供护理保障。推动知识产权海外维权险落地南宁，南宁辖区科技保险实现原保险保费收入445.26万元，提供风险保障15.79亿元。督促保险业服务养老产业发展，指导属地法人机构创新开发针对灵活就业人员的商业补充养老保险；太平洋人寿、光大永明人寿总公司形成南宁养老社区、产业园发展计划，建成泰康人寿南宁泰康之家桂园养老社区。指导南宁市创建保险创新示范区，推动第六届中国—东盟保险合作与发展论坛在南宁召开。在全国率先推出"防贫保"防止返贫保险，为马山县6.4万名脱贫人口提供风险保障318.08亿元。推进农业保险发展，做好脱贫攻坚与乡村振兴衔接保障。南宁市农业保险保费收入9.48亿元，保费规模位居自治区第一，增长82.59%。向101.54万户次农户提供风险保障354.44亿元，增长48.59%。支持生猪复养、保供，承保生猪765万头，增长109.66%。向16.95万户次农户支付赔款5.34亿元，其中农业保险赔付支出增幅比保费收入增幅高13.69个百分点。开展"案件专项治理年"行动，排查出清南宁辖区银行保险陈案36件，涉案金额8.08亿元，完成存量案件追赃挽损1.17亿元；对4家涉案机构、20名案件责任人进行行政处罚，对直接侵害消费者权益的2起案件进行顶格处罚和"双罚"（对发案机构和责任人员均予以行政处罚），合计罚没金额733万元；督促涉案机构开展内部问责144人次。指导保险行业协会制定制度、设立测试平台，推动保险销售人员分级分类管理，南宁辖区获销售授权超过6万人。联合公安机关对社会公众开展为期一个月的"防范打击经济犯罪"集中宣传，社会受众超过6万人次。推动南宁市成立保险业调解组织1家，被南宁各县（市、区）基层人民法院聘为特邀调解组织，接入人民法院调解平台，具备线上调解能力；全市调解各类银行保险纠纷1194件，其中承接诉调对接案件433件，线上渠道接收案件321件，调解成功645件，调解成功金额3145.98万元。（覃雅倩）

2021年驻南宁市保险公司名录

财产保险公司(43家)：北部湾财产保险股份有限公司、北部湾财产保险股份有限公司广西分公司、中国人民财产保险股份有限公司广西壮族自治区分公司、中国太平洋财产保险股份有限公司广西分公司、中国平安财产保险股份有限公司广西分公司、华安财产保险股份有限公司广西分公司、天安财产保险股份有限公司广西分公司、中国大地财产保险股份有限公司广西分公司、大家财产保险有限责任公司广西分公司、都邦财产保险股份有限公司广西分公司、阳光财产保险股份有限公司广西分公司、渤海财产保险股份有限公司广西分公司、太平财产保险有限公司广西分公司、永诚财产保险股份有限公司广西分公司、华泰财产保险有限公司广西分公司、鼎和财产保险股份有限公司广西分公司、安盛天平财产保险有限公司广西分公司、中国人寿财产保险股份有限公司广西壮族自治区分公司、中银保险有限公司广西分公司、紫金财产保险股份有限公司广西分公司、中华联合财产保险股份有限公司广西分公司、华农财产保险股份有限公司广西分公司、永安财产保险股份有限公司广西分公司、国任财产保险股份有限公司广西分公司、中国出口信用保险公司广西分公司、中国人民财产保险股份有限公司南宁市分公司、中国大地财产保险股份有限公司南宁中心支公司、中华联合财产保险股份有限公司南宁中心支公司、中国太平洋财产保险股份有限公司南宁中心支公司、中国平安财产保险股份有限公司南宁中心支公司、天安财产保险股份有限公司南宁中心支公司、太平财产保险有限公司南宁中心支公司、永诚财产保险股份有限公司南宁中心支公司、安盛天平财产保险有限公司南宁中心支公司、阳光财产保险股份有限公司南宁中心支公司、渤海财产保险股份有限公司南宁中心支公司、中国人寿财产保险股份有限公司南宁市中心支公司、鼎和财产保险股份有限公司南宁中心支公司、紫金财产保险股份有限公司南宁中心支公司、大家财产保险股份有限公司南宁中心支公司、北部湾财产保险股份有限公司南宁分公司、都邦财产保险股份有限公司南宁市江北支公司、华农财产保险股份有限公司南宁中心支公司

人寿保险公司(28家)：国富人寿保险股份有限公司、中国人寿保险广西分公司、太平洋人寿保险广西分公司、平安人寿保险广西分公司、新华人寿保险广西分公司、泰康人寿保险广西分公司、平安养老保险广西分公司、太平人寿保险广西分公司、信诚人寿保险广西分公司、人保寿险保险广西分公司、民生人寿保险广西分公司、合众人寿保险广西分公司、富德生命人寿保险广西分公司、阳光人寿保险广西分公司、泰康养老保险广西分公司、太平养老保险广西分公司、农银人寿保险广西分公司、工银安盛人寿广西分公司、国富人寿广西分公司、中邮人寿广西分公司、建信人寿广西分公司、光大永明保险广西分公司、中国人寿保险股份有限公司南宁分公司、中国太平洋人寿保险股份有限公司南宁中心支公司、新华人寿保险股份有限公司南宁中心支公司、太平人寿保险有限公司南宁中心支公司、富德生命人寿保险股份有限公司南宁中心支公司、中国人民人寿保险股份有限公司南宁市分公司

证 券

【概 况】2021年，南宁市有证券分公司28家（中信建投证券南宁中文路证券营业部升格为中信建投证券股份有限公司广西分公司，广发证券股份有限公司南宁风翔路证券营业部升格为广发证券股份有限公司广西分公司，世纪证券有限责任公司广西分公司、东北证券股份有限公司广西分公司撤销），新增1家（财达证券股份有限公司广西分公司）；证券营业部59家（中国银河证券股份有限公司南宁金湖路证券营业部、中国中金财富证券有限公司南宁民族大道证券营业部成立，中信建投证券南宁中文路证券营业部升格为中信建投证券广西分公司，广发证券股份有限公司南宁风翔路证券营业部升格为广发证券股份有限公司广西分公司，甬兴证券南宁金湖路证

券营业部年初成立、年末撤销),比上年减少1家(国联证券股份有限公司南宁民族大道证券营业部);期货分公司7家,新增2家(广发期货南宁营业部升格为广发期货有限公司南宁分公司,中国国际期货股份有限公司广西分公司);期货营业部20家,与上年持平(中融汇信期货有限公司南宁营业部成立,广发期货南宁营业部升格为广发期货南宁分公司);基金管理公司1家(国海富兰克林基金管理有限公司)。全市证券经营机构营业收入10.27亿元,比上年增长1.99%。期货经营机构营业收入4599.83万元,增长128.38%。有A股上市公司15家,营业收入377.34亿元,增长7.35%,从业人数3.56万人。

【证券经营】 2021年,南宁市有证券分公司28家,证券营业部59家。投资者开户数275.24万户,比上年增长9.78%。证券经营机构全年代理证券交易总额30019.41亿元,增长66.60%;托管证券市值2072.11亿元,增长24.59%;营业收入10.27亿元,增长1.99%。国海富兰克林基金管理有限公司管理基金产品38只,其中股票型基金5只、混合型基金21只、债券型基金6只、货币市场基金2只、QDII基金(在一国境内设立,经该国有关部门批准从事境外证券市场的股票、债券等有价证券业务的证券投资基金)4只,基金总份额538.75亿份,基金资产净值718.06亿元。国海富兰克林基金管理有限公司总资产14.60亿元,增长36.96%;净利润2.69亿元,增长70.25%。

【期货经营】 2021年,南宁市有期货分公司7家,期货营业部20家。投资者开户数4.22万户,比上年增长70.85%;代理期货交易量3223.50万手,增长13.55%;代理期货成交额21578.45亿元,增长33.26%;营业收入4599.83万元,增长128.38%;净利润-1061.28万元。

【上市公司】 2021年,南宁市有A股上市公司15家,新增1家(华蓝集团股份公司)。上市公司营业收入377.34亿元,净利润17.71亿元,平均每股收益0.11元,平均净资产收益率3.67%。年末,总股本169.89亿股,比上年增长1.99%;总市值1035.68亿元,增长31.34%;总资产1345.38亿元,增长5.26%;总股本、总市值、总资产分别占广西全部39家A股上市公司的35.66%、33.29%、24.53%。

(蒋倩怡)

表13 2021年南宁市A股上市公司(15家)情况统计表

公司名称	总股本(亿股)	总市值(亿元)	总资产(亿元)	净资产(亿元)	营业收入(亿元)	净利润(亿元)	每股收益(元)	净资产收益率(%)
阳光新业地产股份有限公司	7.50	22.87	56.22	31.60	5.68	0.64	0.09	2.03
南宁糖业股份有限公司	4.00	42.83	73.36	4.98	32.33	−0.54	−0.17	−21.89
皇氏集团股份有限公司	8.38	36.86	54.23	15.59	25.69	−4.72	−0.56	−26.23
南宁八菱科技股份有限公司	2.83	20.65	12.12	7.15	6.09	0.16	0.06	2.29
百洋产业投资集团股份有限公司	3.49	20.65	27.35	13.65	29.05	0.27	0.08	1.99
润建股份有限公司	2.29	82.66	101.76	38.28	66.02	3.53	1.54	10.41
广西博世科环保科技股份有限公司	5.05	45.39	122.64	27.26	26.57	−5.15	−1.17	−20.64
华蓝集团股份公司	1.47	25.02	17.92	9.20	11.55	1.28	1.02	20.41
广西桂冠电力股份有限公司	78.82	506.05	444.47	167.89	84.14	13.52	0.16	8.58
南宁化工股份有限公司	2.35	29.75	4.49	3.20	3.87	0.54	0.23	11.97
广西五洲交通股份有限公司	11.26	45.81	96.21	53.32	18.31	7.02	0.62	13.85
南宁百货大楼股份有限公司	5.47	21.19	17.16	8.86	8.08	0.03	0.005	0.30
广西广播电视信息网络股份有限公司	16.71	50.80	106.32	32.68	18.49	−3.50	−0.21	−4.03
广西绿城水务股份有限公司	8.83	47.50	170.81	45.79	20.81	2.95	0.33	6.60
广西丰林木业集团股份有限公司	11.46	37.58	40.32	28.21	20.66	1.68	0.15	5.90

说明:净资产收益率=归属于母公司的净利润/[(期初归属母公司的股东权益+期末归属母公司的股东权益)/2]×100%

2021年南宁市证券、期货经营机构名录

证券分公司(28家):国泰君安证券股份有限公司广西分公司、太平洋证券股份有限公司广西分公司、国信证券股份有限公司广西分公司、申万宏源证券有限公司广西分公司、中国银河证券股份有限公司广西分公司、海通证券股份有限公司广西分公司、招商证券股份有限公司广西分公司、国开证券股份有限公司广西分公司、兴业证券股份有限公司广西分公司、安信证券股份有限公司广西分公司、平安证券股份有限公司广西分公司、九州证券股份有限公司广西分公司、中泰证券股份有限公司广

西分公司、天风证券股份有限公司广西分公司、长江证券股份有限公司广西分公司、中信证券股份有限公司广西分公司、粤开证券股份有限公司广西分公司、西南证券股份有限公司广西分公司、华福证券有限责任公司广西分公司、国盛证券有限责任公司广西分公司、申港证券股份有限公司广西分公司、民生证券股份有限公司广西分公司、五矿证券有限公司广西分公司、华林证券有限责任公司广西分公司、方正证券股份有限公司南宁分公司、中信建投证券股份有限公司广西分公司、财达证券股份有限公司广西分公司、广发证券股份有限公司广西分公司

证券营业部(59家):方正证券股份有限公司南宁衡阳西路证券营业部、国海证券股份有限公司南宁双拥路证券营业部、国海证券股份有限公司南宁东葛路证券营业部、国海证券股份有限公司南宁新民路证券营业部、国海证券股份有限公司南宁滨湖路证券营业部、长城证券股份有限公司南宁民族大道证券营业部、东兴证券股份有限公司南宁祥宾路证券营业部、光大证券股份有限公司南宁金浦路证券营业部、申万宏源证券有限公司南宁英华路证券营业部、华泰证券股份有限公司南宁民族大道证券营业部、中国银河证券股份有限公司南宁园湖南路证券营业部、招商证券股份有限公司南宁民族大道证券营业部、招商证券股份有限公司南宁金湖路证券营业部、国泰君安证券股份有限公司南宁民族大道证券营业部、申万宏源证券有限公司南宁长湖路证券营业部、国信证券股份有限公司南宁东葛路证券营业部、中泰证券股份有限公司南宁金湖路证券营业部、中银国际证券股份有限公司南宁金湖路证券营业部、长江证券股份有限公司南宁双拥路证券营业部、大通证券股份有限公司南宁东葛路证券营业部、湘财证券股份有限公司南宁东葛路证券营业部、国盛证券有限责任公司南宁汇春路证券营业部、山西证券股份有限公司南宁长湖路证券营业部、东北证券股份有限公司南宁东葛路证券营业部、南京证券股份有限公司南宁竹溪大道证券营业部、国海证券股份有限公司南宁凤凰岭路证券营业部、东方证券股份有限公司南宁金湖路证券营业部、海通证券股份有限公司南宁双拥路证券营业部、浙商证券股份有限公司南宁锦春路证券营业部、东海证券股份有限公司南宁东葛路证券营业部、国海证券股份有限公司南宁西江路证券营业部、国海证券股份有限公司南宁友爱路证券营业部、国海证券股份有限公司南宁金湖路证券营业部、国海证券股份有限公司南宁鲁班路证券营业部、中航证券有限公司南宁中柬路证券营业部、国海证券股份有限公司南宁合作路证券营业部、华福证券有限责任公司南宁民族大道证券营业部、国金证券股份有限公司南宁长湖路证券营业部、恒泰证券股份有限公司南宁民族大道证券营业部、国海证券股份有限公司南宁仙葫大道证券营业部、国融证券股份有限公司南宁民族大道证券营业部、财信证券有限责任公司南宁金湖路证券营业部、华融证券股份有限公司南宁民族大道证券营业部、国泰君安证券股份有限公司南宁双拥路证券营业部、国海证券股份有限公司南宁香山大道证券营业部、国海证券股份有限公司南宁白沙大道证券营业部、联储证券有限责任公司南宁东葛路证券营业部、天风证券股份有限公司南宁越秀路证券营业部、中国银河证券股份有限公司南宁金湖南路证券营业部、银泰证券有限责任公司南宁亭洪路证券营业部、安信证券股份有限公司南宁民族大道证券营业部、东方财富证券股份有限公司南宁民族大道证券营业部、华金证券股份有限公司南宁金湖路证券营业部、万联证券股份有限公司南宁枫林路证券营业部、万和证券股份有限公司南宁中柬路证券营业部、华创证券有限责任公司南宁桂春路证券营业部、国海证券股份有限公司横州茉莉花大道证券营业部、中国中金财富证券有限公司南宁民族大道证券营业部、国海证券股份有限公司南宁宾阳县财政路证券营业部

期货分公司(7家):国海良时期货有限公司广西分公司、华融融达期货股份有限公司华南分公司、中信期货有限公司广西分公司、中州期货有限公司广西分公司、天富期货有限公司广西分公司、广发期货有限公司南宁分公司、中国国际期货股份有限公司广西分公司

期货营业部(20家):国海良时期货有限公司南宁营业部、华泰期货有限公司南宁营业部、宝城期货有限责任公司南宁营业部、海通期货股份有限公司南宁营业部、混沌天成期货股份有限公司南宁营业部、宏源期货有限公司南宁营业部、光大期货有限公司南宁营业部、中粮期货有限公司南宁营业部、国联期货股份有限公司南宁营业部、弘业期货股份有限公司南宁营业部、海航期货股份有限公司南宁营业部、瑞达期货股份有限公司南宁营业部、倍特期货有限公司南宁营业部、北京首创期货有限责任公司南宁营业部、民生期货有限公司南宁营业部、新晟期货有限公司南宁营业部、东兴期货有限责任公司南宁营业部、银河期货有限公司南宁营业部、华金期货有限公司南宁营业部、中融汇信期货有限公司南宁营业部

地方金融组织

【概　况】2021年，南宁市有小额贷款公司120家，营业收入17.71亿元，比上年下降41.49%；缴税总额9088.68万元，下降54.49%；利润6.85亿元，下降53.87%。融资担保公司28家，担保余额719亿元，总代偿余额2.26亿元。典当行93家，典当余额8.28亿元，增长18.62%。交易场所11家，交易总额505.35亿元，增长25.90%。商业保理公司法人机构4家，保理融资余额2.98亿元。融资租赁公司5家，融资租赁业务发生额71.44亿元，融资租赁业务余额97.03亿元。主要存在小额贷款公司盈利能力下降，运行风险较大，融资担保行业代偿风险增加等问题。

【小额贷款】2021年，南宁市有小额贷款公司120家，新增13家（南宁市承聚小额贷款有限公司、南宁市鼎诚小额贷款有限公司、南宁市富利小额贷款有限责任公司、南宁市汇龙湾小额贷款有限公司、南宁市汇铭小额贷款有限公司、南宁市嘉骏小额贷款有限公司、南宁市金灿灿小额贷款有限公司、南宁市乐晟小额贷款有限公司、南宁市龙润小额贷款有限责任公司、南宁市小数点小额贷款有限公司、南宁市易金普惠小额贷款有限公司、南宁市盈元小额贷款有限公司、南宁市长泽小额贷款有限公司），迁入1家（北海市天下贷小额贷款有限公司），减少7家（南宁市蓝天小额贷款有限公司、南宁市华盈小额贷款有限公司、南宁市嘉和小额贷款有限责任公司、宾阳县兴民小额贷款有限责任公司、南宁市长荣小额贷款股份有限公司、南宁市鑫正小额贷款有限公司、南宁市五象小额贷款有限公司）。从业人员1198人，注册资本190.93亿元、比上年增长5.29%，贷款余额278.63亿元、下降3.93%，发放贷款70.18亿元、下降35.36%，四项指标分别占自治区比重32.09%、62.30%、71.02%、55.97%。全市小额贷款公司营业收入17.71亿元、下降41.49%，缴税总额9088.68万元、下降54.49%，利润6.85亿元、下降53.87%。在自治区小额贷款

公司2020年年度考核评价中，获评A类以上的小额贷款公司13家，占自治区37.14%；获评AA级5家。

【融资担保】 2021年，南宁市有融资担保公司28家，新增2家(广西桂惠融资担保有限公司、南宁市中盈国信融资担保有限公司)，迁入1家(南宁市天下贷融资担保有限公司)，减少7家(广西中汇通融资性担保有限责任公司、南宁市骏通融资性担保有限公司、广西保捷信用担保有限责任公司、广西泰盛融资性担保有限公司、广西澳亚融资性担保有限公司、广西南大融资性担保有限公司、广西信利融资性担保有限公司)，迁出1家(广西顺宁融资担保有限责任公司)，注册资本159亿元。融资担保在保余额719亿元，增长52%，营业收入14亿元，利润总额2.8亿元，净利润1.6亿元。

【典　当】 2021年，南宁市有典当行93家，新增8家(广西邦云典当有限公司、广西宝利通典当有限公司、广西邕亿典当有限公司、广西中盛典当有限公司、广西格外红典当有限公司、广西中宝行典当有限公司、广西中泰创展典当有限公司、广西嘉悦典当有限公司)；实收资本13.12亿元，比上年增长19.38%；从业人员472人。发生典当业务6334笔，典当总额20.67亿元，增长34.66%；典当余额8.28亿元，增长18.62%；利息收入5300.09万元，增长55.01%；上缴税金102.81万元，下降23.54%。

【交易场所】 2021年，南宁市有交易场所11家，注册资本8.16亿元，交易总额505.35亿元，比上年增长25.90%；营业收入2.46亿元，增长28.77%；净利润5785.60万元，增长58.48%。

【商业保理】 2021年，南宁市有商业保理公司4家，实缴资本2.20亿元，保理融资余额2.98亿元。

【融资租赁】 2021年，南宁市有融资租赁公司5家，注册资本14.37亿元，融资租赁业务发生额71.44亿元，融资租赁业务余额97.03亿元。 （杨　培）

2021年南宁市融资担保公司、小额贷款公司、典当行公司、交易场所、商业保理公司、融资租赁公司名录

南宁市小额贷款公司名录(120家)：南宁市联众小额贷款股份有限公司、南宁市邦信小额贷款有限责任公司、南宁市浩成小额贷款有限公司、南宁市林海小额贷款股份有限公司、南宁市广源小额贷款有限责任公司、南宁市吉信小额贷款有限责任公司、南宁市利和小额贷款有限责任公司、南宁市金通小额贷款有限公司、南宁市北港小额贷款有限公司、南宁市万融小额贷款有限责任公司、南宁市金物小额贷款有限责任公司、南宁市富峰小额贷款有限责任公司、南宁市聚兴小额贷款有限责任公司、南宁市大都小额贷款有限公司、南宁市鑫视小额贷款有限公司、南宁市北投小额贷款有限公司、南宁市华信小额贷款有限公司、南宁市城投小额贷款有限责任公司、南宁市恒富小额贷款有限责任公司、南宁市融达小额贷款有限责任公司、南宁市兴宁区桂嘉汇小额贷款有限责任公司、南宁市益生小额贷款股份有限公司、南宁市信义小额贷款股份有限公司、南宁市汇潮小额贷款有限责任公司、南宁市利丰小额贷款股份有限公司、南宁市四方小额贷款股份有限公司、横县鑫翰小额贷款有限责任公司、南宁市保通融小额贷款有限责任公司、南宁市电科小额贷款有限公司、南宁市鉴洋小额贷款股份有限公司、南宁市恒隆小额贷款股份有限公司、南宁市现代联华小额贷款有限公司、南宁市东汇小额贷款有限责任公司、南宁市益信小额贷款股份有限公司、南宁市昊中小额贷款有限公司、南宁市民泰小额贷款有限公司、南宁市瀚华小额贷款有限公司、南宁市恒通小额贷款股份有限公司、南宁市友资小额贷款有限责任公司、南宁市长通小额贷款股份有限公司、南宁市金石小额贷款股份有限责任公司、南宁市融易小额贷款有限责任公司、南宁市金沙小额贷款有限公司、南宁丽原小额贷款有限公司、南宁市尚银小额贷款有限公司、南宁市广达小额贷款股份有限公司、南宁市名邦小额贷款有限责任公司、南宁市晨丰小额贷款有限公司、南宁市诚海小额贷款有限公司、南宁市五丰小额贷款有限公司、南宁市海利通小额贷款股份有限公司、南宁市佳信小额贷款有限公司、南宁市至诚小额贷款有限公司、南宁市达利行小额贷款股份有限公司、南宁市广丰小额贷款股份有限公司、南宁市兄弟小额贷款有限公司、南宁市安美小额贷款有限公司、南宁市汇博小额贷款有限公司、南宁市乘数小额贷款有限公司、南宁市宝信小额贷款有限责任公司、南宁市五千年小额贷款有限公司、南宁市恒丰小额贷款有限责任公司、南宁市粤桂小额贷款有限公司、南宁市新长丰小额贷款股份有限公司、南宁市久瑞小额贷款股份有限公司、南宁市楚商巨金小额贷款有限公司、南宁市天诚小额贷款股份有限公司、南宁市海富小额贷款有限公司、南宁市长美小额贷款有限公司、南宁市君信小额贷款有限公司、南宁市驰程宝资小额贷款有限责任公司、南宁市鹏祥小额贷款有限公司、南宁科信小额贷款有限公司、南宁市爱代小额贷款股份有限公司、南宁市富憬时贷小额贷款有限公司、横县信益小额贷款有限公司、南宁市荣荣小额贷款有限公司、南宁市银润小额贷款股份有限公司、南宁市融开鑫小额贷款有限责任公司、南宁市三月花小额贷款有限公司、南宁市麦子小额贷款有限公司、南宁市亚联财小额贷款有限公司、南宁市国信财富小额贷款有限公司、南宁市骏杰小额贷款有限公司、南宁市钱塘小额贷款有限公司、南宁市冠宇小额贷款股份有限公司、南宁市鑫源小额贷款有限责任公司、南宁市桂冠小额贷款有限公司、南宁市天下贷小额贷款有限公司、南宁市金钱天下小额贷款有限公司、南宁市铭博小额贷款有限责任公司、南宁市瑞信小额贷款有限公司、南宁市中铁鑫昱小额贷款有限责任公司、南宁市海源小额贷款有限公司、南宁市永润小额贷款有限公司、南宁市茂晨小额贷款有限责任公司、南宁市金国小额贷款股份有限公司、南宁市桂钦小额贷款有限公司、南宁市华南城小额贷款有限公司、上林县信赢小额贷款有限责任公司、南宁市厚泽小额贷款有限公司、南宁市鼎立小额贷款有限公司、南宁市金瑞达小额贷款有限公司、南宁市慕珑小额贷款有限公司、南宁市皓源小额贷款有限公司、南宁市惠桂邕小额贷款有限公司、南宁市鼎荣小额贷款有限公司、南宁市易金普惠小额贷款有限公司、南宁市汇铭小额贷款有限公司(自贸区)、南宁市富利小额贷款有限公司(自贸区)、南宁市龙润小额贷款有限责任公司(自贸区)、南宁市鼎诚小额贷款有限公司、南宁市小数点小额贷款有限公司(自贸区)、南宁市承聚小额贷款有限公司(自贸区)、南宁市长泽小额贷款有限公司(自贸区)、南宁市盈元小额贷款有限公司、南宁市金灿灿小额贷款有限公司(自贸区)、南宁市嘉骏小额贷款有限公司(自贸区)、南宁市乐晟小额贷款有限责任公司(自贸区)、南宁市汇龙湾小额贷款有限公司

南宁市融资担保公司名录(28家):广西融资担保集团有限公司、广西桂惠融资担保有限公司、广西融资再担保有限公司、广西农业信贷融资担保有限公司、广西中小企业融资担保有限公司、广西投资集团融资担保有限公司、广西农垦融资担保有限公司、广西北港融资担保有限公司、广西铁投吉鸿融资担保有限公司、南宁市南方融资担保有限公司、南宁市小微企业融资担保有限公司、南宁联合创新融资担保有限公司、广西中港兴融资担保有限责任公司、宾阳县农业信贷融资担保有限公司、广西汇铭融资担保有限公司、广西广信融资担保有限公司、广西广投融资担保有限公司、广西泓浩容大融资担保有限公司、南宁市天下贷融资担保有限公司、广西联晟融资担保有限公司、广西中悦融资担保有限公司、广西联成融资担保有限公司、广西恒润融资担保有限公司、广西昊业融资担保有限公司、广西若森融资担保有限公司、南宁市中盈国信融资担保有限公司、平安普惠融资担保有限公司广西分公司、瀚华融资担保股份有限公司广西分公司

南宁市典行公司名录(93家):广西融资典当有限责任公司、南宁市银源典当有限责任公司、南宁市桂银典当有限责任公司、南宁市桂泰典当有限责任公司、南宁市利得兴典当有限责任公司、南宁市朝阳典当有限责任公司、南宁市华盛典当有限责任公司、南宁市泰金典当有限责任公司、广西南宁桂金典当有限责任公司、南宁市荣利典当有限责任公司、广西保利典当有限责任公司、南宁市广泰典当有限责任公司、南宁市金利典当有限责任公司、广西红虹典当有限公司、广西祥源典当有限公司、广西邦民典当有限公司、南宁鑫错典当有限公司、广西八桂通典当有限责任公司、广西宝象典当有限公司、广西德鑫典当有限责任公司、广西东方典当有限公司、广西盛世典当有限责任公司、广西金宝典当有限责任公司、广西南宁市益进典当有限公司、广西财富典当有限公司、广西金泰诚典当有限公司、广西信邦典当有限公司、广西南宁帮得典当有限公司、广西四海典当有限公司、广西汇通典当有限责任公司、广西恒丰典当有限责任公司、广西华隆典当有限责任公司、南宁市龙和典当有限公司、南宁银港典当有限责任公司、广西中汇典当有限公司、广西擎天典当有限公司、广西立德典当有限公司、广西创丰典当有限公司、广西南宁市燕云楼典当有限责任公司、广西群鑫典当有限责任公司、南宁市汇泓典当有限责任公司、广西盛凯典当有限公司、广西友水典当有限责任公司、广西宝筹典当有限公司、广西万汇典当有限公司、广西八号典当有限公司、广西百升典当有限公司、广西宝德赢典当有限公司、广西昌易典当有限责任公司、广西万众典当有限公司、广西华来利典当有限公司、广西施马辉典当有限公司、南宁海资通典当有限公司、广西鑫利典当有限公司、广西鑫森典当有限责任公司、广西助兴典当有限公司、广西大钱门典当有限公司、广西乾元典当有限公司、广西中财典当有限公司、广西长隆典当有限公司、广西广衍典当有限公司、广西鸿源典当有限责任公司、广西金久典当有限公司、广西利巢典当有限公司、广西万合典当有限责任公司、北海中泰创展典当有限公司南宁分公司、广西开元典当有限公司、广西吉吉宝典当有限公司、南宁市远益典当有限公司、广西瑞驰典当有限公司、广西荣丰泰典当有限公司、广西聚宝典当有限公司、广西金百川典当有限公司、广西丰华典当有限责任公司、广西信付典当有限公司、广西柴宣纪元典当有限公司、广西荣桂典当有限责任公司、广西锦辰典当有限公司、广西中鼎典当有限公司、广西鑫玺典当有限公司、广西诚明典当有限公司、广西壹诚典当有限公司、广西九合典当有限责任公司、广西涌福典当有限责任公司、广西邦云典当有限公司、广西宝利通典当有限公司、广西永展典当有限公司、广西中泰创展典当有限公司、广西邕亿典当有限公司、广西中盛典当有限公司、广西格外红典当有限公司、广西嘉悦典当有限公司、广西中宝行典当有限公司

南宁市交易场所名录(11家):广西联合产权交易所有限责任公司、广西华南技术交易所有限公司、广西食糖中心批发市场有限公司、广西大宗茧丝国际交易中心有限公司、南宁(中国—东盟)商品交易所有限公司、南宁大宗商品交易所有限公司、广西北部湾大数据交易中心有限公司、北部湾产权交易所集团股份有限公司、广西文化艺术品产权交易所有限责任公司、南宁金融资产交易中心有限责任公司、广西林权交易中心股份有限公司

南宁市商业保理公司名录(4家):广西广投商业保理有限公司、南宁金控商业保理有限公司、广西汇智云链商业保理有限公司、广西裕同乐商业保理有限公司

南宁市融资租赁公司名录(5家):广西融资租赁有限公司、广西通盛融资租赁有限公司、广西华桂融资租赁有限公司、南宁融聚融资租赁有限公司、众鑫(广西)融资租赁有限公司

编辑　唐　娟　班彩梅

经济管理与监督

综　述

【经济发展主要预期目标执行】 2021 年，南宁市全面落实强首府战略，实施工业振兴、现代服务业提质、扩大有效投资等三年行动，成立强化服务企业和经济运行监测分析工作专班，强化经济分析调度和企业服务，按季度分别开展奋战一季度、攻坚二季度、拼搏三季度、冲刺四季度经济稳增长攻坚，全市经济保持平稳健康发展，地区生产总值 5120.94 亿元，比上年增长 6.1%，其中第一产业增加值、第二产业增加值、第三产业增加值分别增长 7.9%、4.3%、6.3%；固定资产投资增长 3.1%；财政收入 828.84 亿元，增长 4.1%；一般公共预算收入 391.77 亿元，增长 5.24%；社会消费品零售总额 2364.17 亿元，增长 8.4%；居民消费价格指数上涨 1.4%，低于预期目标 1.6 个百分点；居民人均可支配收入增长 8.5%。

【经济领域改革】 2021 年，南宁市全面开展政府采购意向公开，提高公开招标和分散采购数额标准，政府采购不再进行线下交易，实现全流程交易电子化；实行市县两级政府采购项目远程异地评标。深化以土地为主要素市场化配置改革，建立国土空间弹性管控机制，完善企业用地保障机制，实现工业用地"长期租赁""弹性年期"零突破。推行建设项目"多测合一"改革、建设工程规划许可证"豁免清单"、建筑风貌艺术评审"负面清单"制度，工程建设项目"多测合一、一码通办"改革获评 2021 年度自治区改革创新十佳成果。创新服务企业机制，建立新兴及优势产业链链长工作制，选派工业振兴特派员 137 人，服务或帮助企业解决问题 470 多个。（市发展改革委）

【防范化解经济领域重大风险】 2021 年，南宁市加大防范化解经济领域重大风险力度。市财政局健全政府债务管理制度，严格限额管理，强化预算约束，全口径监测债务变动情况，排查债务风险隐患，按时足额偿还到期政府债务；化解隐性债务，坚决遏制违规举债和新增隐性债务，规范、高效推进政府债券资金使用。兜牢基层"三保"（保基本民生、保工资、保运转）底线，出台《南宁市县级"三保"风险应急处置预案》，从预算编制源头和执行双向管控风险。防范化解财政运行风险，开展财政监督，建立完善日常监督工作制度，推进财政监督与财政核心业务深度融合；组织开展 2020 年度财务管理情况专项检查，突出抓好"三公"［因公出国（境）、公务车购置及运行、公务招待］经费、粮食风险基金、财政收入质量、预决算公开、投融资平台会计信息质量等监督检查，加强直达资金使用日常管理和动态监控，确保资金下达与资金监管同步。市税务局加强精准监管，围绕"风险 + 信用"探索推行"4S 风险直推"（4S：便捷、个性化、直接、快速）流转机制，承接国家税务总局企业所得税涉票风险应对试点工作；突出精准依法施治，升级警税协作，依法严厉打击"三假"（假企业、假出口、假申报）等涉税违法犯罪行为，立案检查企业 812 户，查补税款、滞纳金及罚款 5.54 亿元，录入重大税收违法案件信息 1204 件，推送联合惩戒信息 1203 件；与市公安局成立"警税联合作战中心"，联合办案 7 件，捣毁虚开增值税发票案件窝点 3 个，抓获涉案人员 5 人，破获虚开增值税发票团伙案、"11·25"特大虚开发票案。市金融办扩大地方金融监管风险监测和数据归集，建设覆盖全域的处置非法集资工作网格化服务管理体系，通过南宁市地方金融监管风险监测预警平台监测企业逾 11 万家，归集网络舆情等数据 831 万余条；规范地方金融企业公司治理，采用现场检查和非现场监管、强化年检年审、考核评级、风险排查等，防范金融企业经营风险，杜绝超额发放贷款、贷款利率过高、违规开展业务等情况；建立金融机构参与防范和配合处置工作机制、常态化宣传教育长效机制，在南宁市政法云平台增加防范非法集资工作模块，与青秀区法院推动建立完善金融纠纷多元化解机制；开展交易场所清理整顿，处理交易场所存量信访问题，督促涉法涉诉交易场所妥善处理历史遗留问题化解风险。

【财税营商环境优化】 2021 年，南宁市提高公开招标和分散采购数额标准，规范政府采购行为，全面开展政府采购意向公开、实施采购项目全流程电子化，不再进行线下交易活动，实现市县两级政府采购项目远程异地评标。全市出台税收征管改革措施 211 项，推出增值税全项目电子化退税、纳税健康码、医保个账代缴等项目。市税务局为拟上市重点扶持企业提供研发费加计扣除服务，面向小微企业设立"春雨润苗"税务党员定向帮扶联络机制；新增减税降费 68.33 亿元，办理退税 94.95 亿元（含出口退税 11.98 亿元、留抵退税 56.30 亿元）；为制造业中小微企业办理缓税（费）2.46 亿元，为煤电和供热企业办理"减、退、缓"税 0.39 亿元；与市中级人民法院建立办理破产工作统一协调机制，规范企业破产处置涉税问题处理；创新将"首违不罚"理念推广应用到发票领用、纳税信用监督领域；推出增值税全项目和自然人不动产交易契税电子化退税，探索税收分类分级管理，建立"一体化管理指挥调度中心"，实现"大运维"征期稳定、增值税电子专票扩围、社保集中征缴、老友号接听、所得税汇算清缴。出台《南宁市促进金融业高质量发展若干政策》《南宁市优秀金融创新项目评选奖励办法》等政策，完善金融政策保障体系。出台《南宁市深入开展"桂惠贷"实施细则》，强化金融服务，建立健全"桂惠贷""投贷补"等融资机制，拨付"桂惠贷"财政贴息资金6.78亿元。在市民中心政务窗口受理并审批（审核）小额贷款公司、典当行事项120项，其中网上办件52件，占比43.33%，承诺办结时限比法定办结时限提速率85.86%；进驻市民中心办理率、可网办率、全程网办率均100%，即办率57.14%。在国家发展改革委《中国营商环境报告2021》中，南宁市"政府采购"指标获评表现优秀城市，"保护中小投资者"指标获评优异等次，"获得信贷"指标获评优秀和进步较快指标；南宁市获自治区评为金融生态优秀市。

（马利芳　黄舒爽　杨　培）

发展计划管理

【概　况】2021年，南宁市编制印发《南宁市国民经济和社会发展第十四个五年规划和2035年远景目标纲要》，统筹安排重大战略任务266项、重点工程和重大项目266个；编制市级专项规划39个，编制实施县（市、区）规划纲要12个。南宁市发展和改革委员会（简称"市发展改革委"）制定2021年经济稳增长工作方案、投资提速三年攻坚行动工作方案、重大项目建设三年行动计划等，统筹工业振兴、乡村振兴、新型城镇化建设，提升服务企业品质，抓好强首府重大项目、双百双新、"五网"（交通网、能源网、信息网、物流网、地下管网）大会战、城市建设等重点项目建设，启动和实施南宁市碳达峰碳中和行动计划，持续改善社会民生福祉。安排农口建设项目322个，资金32.46亿元；安排教育项目100个，资金28.91亿元；安排城建计划项目1173个，资金518.98亿元；安排市本级财政预算内基本建设投资计划8.51亿元。市发展改革委被评为广西新能源汽车推广应用攻坚行动先进集体等。主要存在对碳达峰碳中和、高水平对外开放、新型城镇化发展等重点领域出成效的能力待增强；对新经济快速发展认识不足，自主推进改革创新性、主动性不足，产业创新能力有待加强；新开工项目不足，新的投资增长点无法形成等问题。

【经济调节与监测预测】2021年，市发展改革委上线运行经济指标数据系统，建立重点企业监测数据库，提高监测分析的时效性与预警性。建立经济运行分析调度机制，形成市领导定期召开经济运行监测分析周工作例会和月度分析会制度；成立市强化服务企业和经济运行监测分析工作专班。改革年度分解经济发展目标为季度分解，分别开展奋战一季度、攻坚二季度、拼搏三季度、冲刺四季度经济稳增长攻坚。制定县（市、区）、开发区全面落实强首府战略专项考评指标体系，编制南宁市高质量发展综合绩效评价办法和指标体系；加强与部门和县（市、区）协调联动，定期开展督导；联合市强首府办、市政府督查室对全市经济运行情况进行督查。

【"十四五"规划印发实施】2021年4月，市十四届人大第六次会议审议通过《南宁市国民经济和社会发展第十四个五年规划和2035年远景目标纲要》，5月印发实施。12个县（市、区）结合实际，编制并实施各县（市、区）"十四五"规划纲要。市发展改革委研究制定《南宁市"十四五"规划建议及纲要主要目标和重点任务分工方案》，形成"十四五"规划重大战略任务266项、重点工程和重大项目266个；加大"十四五"规划宣传力度，制作发布《一图读懂南宁市"十四五"规划纲要》《五大关键词读懂南宁市"十四五"规划纲要》等。

【年度计划编制】2021年9月，市发展改革委编制完成《南宁市2021年1—8月国民经济和社会发展计划执行情况的报告》，经市十四届人大常委会第三十九次会议审议通过。完成2021年国民经济和社会发展计划上半年执行情况检查总结。起草《南宁市2022年经济发展主要目标建议》，经市委、市政府审议通过，形成《南宁市2021年国民经济和社会发展计划执行情况与2022年国民经济和社会发展计划草案报告》报市人大财经委初步审查。

【专项投资计划】2021年，南宁市安排城建计划项目1173个，年度计划投资518.98亿元。其中，建设项目492个，计划投资263.58亿元；经费开支项目62个，计划投资60.48亿元；前期工作项目613个，计划投资5.77亿元；完工程结算专项1个，计划投资140亿元；配套资本金项目4个，计划投资36.87亿元；电网专项1个，计划投资12.28亿元。安排教育基本建设项目100个，计划投资28.91亿元（中央、自治区资金1.02亿元，市财政27亿元，银行贷款0.89亿元）。安排农口投资计划项目11批次353个，计划投资33.11亿元。其中，中央投资计划项目6批次15个，计划投资6.58亿元［中央4.81亿元，自治区673万元，市财政4527万元，县（市、区）自筹1.19亿元，业主自筹612万元］；自治区投资计划项目1批次71个，计划投资22.32亿元［自治区3.59亿元，县（市、区）自筹18.73亿元］；市本级财政投资计划项目4批次267个，计划投资4.21亿元［市财政3.14亿元，县（市、区）自筹1.07亿元］。安排市本级财政预算内基本建设投资计划8.51亿元。其中，建设项目计划投资3.16亿元；前期项目计划投资1.09亿元；竣工决算项目计划投资4.26亿元。

【重点项目管理】2021年，南宁市投资规模1亿元以上自治区层面、市级层面统

2021年3月15日，五象投资创新型信息产业基地二期项目竣工。项目于2020年3月开工，占地7.8万平方米，总投资13.3亿元，由10栋单体和地下室组成，总建筑面积27.8万平方米，为中国—东盟信息港和广西数字经济产业发展提供服务　　市发展改革委提供

筹推进重大项目766个,总投资11436.36亿元,年度计划投资932.10亿元,完成投资1074.22亿元。其中,新开工项目155个,年度计划投资160.60亿元,完成投资164.01亿元;续建项目338个,年度计划投资612.30亿元,完成投资727.47亿元;竣工投产项目81个,年度计划投资159.20亿元,完成投资176.66亿元;预备项目192个,提前开工11个,完成投资6.08亿元。（市发展改革委）

国有资产监督管理

【概　况】2021年,南宁市人民政府国有资产监督管理委员会(简称"市国资委")履行出资人职责并监管南宁城投集团、南宁交投集团、南宁威宁集团、南宁建宁水务集团、南宁轨道交通集团、南宁产投集团、南宁农工商集团7家集团公司国有资产(南宁金融集团2020年12月25日划转市财政局履行出资人职责并监管)。市国资委监管7家集团公司资产总额3924.69亿元,比上年增长7.94%;净资产1590.74亿元,增长11.77%;资产负债率59.47%,下降1.39%;营业收入232.29亿元,增长23.27%;利润总额25.45亿元,增长17%;营业收入利润率10.01%,超过全国国有企业平均水平4.41个百分点;交税费总额20.59亿元,增长18.41%;固定资产投资额337.31亿元,增长0.90%;实现劳动生产总值97.42亿元,增长18.23%。推动党史学习教育走深走实,南宁轨道交通集团党委获"自治区先进基层党组织"称号,南宁交投集团公交驾驶员朱英获"自治区优秀共产党员"称号;南宁轨道交通集团打造"流动党史馆""流动党建馆"主题地铁专列,南宁交投集团打造邕江红色主题游船,获新华社、央广网、国务院国资委新闻中心、《人民日报》、《光明日报》、中新社等媒体报道350多篇(条)。主要存在国有资本布局结构还不够合理,经营实力弱、创新能力不足、科技研发投入强度偏低,基层党建有待加强等问题。

【国资国企改革与发展】2021年,市国资委编制发布南宁市国资国企"十四五"发展规划,推动国有资本向战略性新兴产业、现代服务业、公共服务、基础设施建设运营等关键行业和领域集中;完成7家直管企业主业调整申报,引导国有企业聚焦主责主业发展;推动国有企业战略性重组、专业化整合,成立数丝科技有限责任公司,统筹推进南宁市大数据产业建设运营;改组南宁城投集团为国有资本投资公司,推动形成国有资本投资、运营公司和产业集团公司功能鲜明、分工明确、协调发展的国有企业格局。联合市委组织部出台《南宁市市属国有企业董事会及董事评价暂行办法》《南宁市市属国有企业外部董事管理暂行办法》,规范董事会运行;市属国有企业100%制定董事会授权制度,90%符合条件二三级子企业实现外部董事占多数。完成经理层成员任期制和契约化管理的各级子企业112家;7家集团公司全覆盖建立并推行管理人员末等调整不胜任退出机制,提升企业用工效率;南宁威宁集团下属融达小贷公司试点实施超额利润奖励,强化正向激励。提升创新成效考核权重,优先支持企业创新研发项目;加快推进铝加工创新中心、3D打印研究院等4个新型产业技术研究机构建设;南宁产投集团投资采购首台全球最大规格3D金属打印设备通过投产验收并落户南宁,助力南宁工业"制造"升级"智造";南宁轨道交通集团三项科研项目列入交通运输部及广西交通运输厅重点科技项目。新增完成处置"僵尸企业"7家,完成26家企业清产核资立项、5家企业国有资本金核实;明确11家已转企事业单位分类处理产权关系路径,推动其中2家整合进入国资系统;多渠道向监管企业注入经营性资产65.24亿元。出台《南宁市国资委履行出资人职责企业年度目标责任综合考核实施办法(试行)》《南宁市国资委履行出资人职责企业负责人经营业绩考核办法》及其配套实施细则,强化考核评价导向作用。市国资委监管企业利润总额创历史新高,营业收入利润率10.01%,超过全国国有企业平均水平4.41个百分点。完成固定资产投资337.31亿元,推进合众新能源汽车项目、双定循环产业园、轨道交通站城一体化、威宁青运村等重大项目建设,合众新能源汽车园区建设竣工验收;双定循环经济产业园生活垃圾焚烧发电厂1号焚烧炉顺利发电,实现南宁市建成区原生垃圾"零填埋"目标;开通运营华南地区首条全自动运行地铁线路——轨道交通5号线;"央企入桂"签约项目协议履约率、资金到位率、项目开工率、竣工投产率"四率"年增量提升。项目建设和产业发展到位融资额403.12亿元,完成年度融资计划141.16%;南宁交投集团成功在香港联交所发行境外债券,发行规模3亿美元,期限3年,票面利率3.5%,国际信用评级为惠誉BBB-,募集资金主要用于六景至宾阳高速公路、凤岭综合客运枢纽二期、六景工业园区产城开发及配套设施建设等项目建设,实现市属国有企业境外直接融资业务零的突破。

【国资国企监管】2021年,市国资委启动智慧国资系统迭代升级,将31个业务功能纳入信息化建设范畴,提升国资监管信息化水平。健全监管企业内控体系,开展监管企业内控体系建设监督评价;开展监管企业融资性贸易业务风险全面排查,强化国有资产流失风险管控。指导监管企业制定投资负面清单,开展投资项目后评价36项,加强后评价结果运用;出台实施《南宁市国资委监管企业违规经营投资责任追究实施办法(试行)》及工作规程,规范监督追责运行机制,防止国有资产流失。

【国企社会责任】2021年,市国资委直管企业缴纳税费总额20.59亿元,比上年同期增长18.41%,社会贡献持续增长。组织市属国有企业落实定点帮扶任务和结

2021年7月2日,南宁市双定循环经济产业园生活垃圾焚烧发电厂1号焚烧炉启动点火调试仪式现场　　市国资委提供

对帮扶村乡村振兴工作；开展矛盾纠纷排查化解，信访办结率100%，被授予2021年度全市信访工作"人民满意窗口"称号；督促指导监管企业开展垃圾分类，协助清理拖欠民营企业中小企业账款、支付农民工工资。（冯也倪）

财　政

【概　况】2021年，南宁市财政系统包括市财政局，12个县（市、区）财政局，以及南宁高新区、南宁经开区、广西—东盟经开区、青秀山风景名胜旅游区财政局；在职干部1648人，其中市财政局274人，县（市、区）、开发区财政局1374人。全市一般公共预算收入391.77亿元，比上年增长5.24%，税收收入占一般公共预算收入70.95%。全市一般公共预算支出777.60亿元，下降5.49%。持续推进财税体制改革，实施积极财政政策，加强财政预算管理、财政绩效管理、国有资本运营监督管理，全市财政运行总体平稳、稳中向好，地方财政"三保"底线兜牢兜实，地方政府债务风险总体可控，市本级一般公共预算收支平衡。主要存在财政处于紧平衡状态、财政收支矛盾突出、基层"三保"压力大、财政管理改革需持续推进等问题。

【一般公共预算收入】2021年，南宁市一般公共预算总收入941.83亿元。其中，一般公共预算收入391.77亿元，比上年增长5.24%；上级补助收入347.50亿元，下降2.67%；上年结余收入28.48亿元，下降7.32%；调入资金73.05亿元，下降30.11%；地方政府一般债务转贷收入72.73亿元，下降26.22%；动用预算稳定调节基金28.30亿元，下降28.34%。市本级一般公共预算总收入714.16亿元。其中，一般公共预算收入219.79亿元，增长7.09%；上级补助收入347.50亿元，下降2.67%；上解收入23.18亿元，增长1.31%；上年结余收入9.24亿元，下降10.72%；调入资金23.72亿元，下降50.04%；地方政府一般债务转贷收入72.73亿元，下降26.22%；动用预算稳定调节基金18亿元，下降25%。

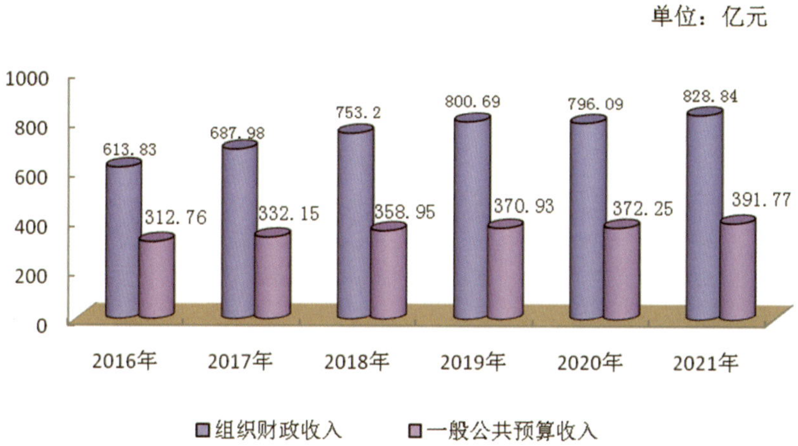

图1　2016年至2021年南宁市财政收入趋势图

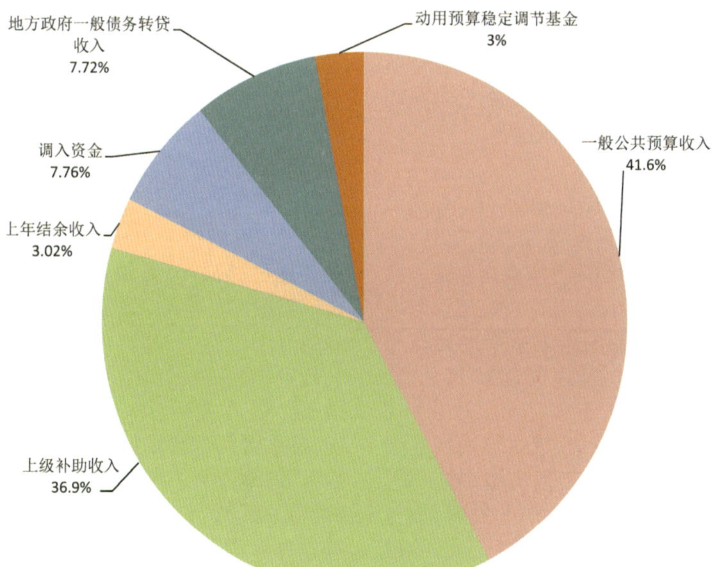

图2　2021年南宁市一般公共预算总收入各占比情况图

【一般公共预算支出】2021年，南宁市一般公共预算总支出941.83亿元。其中，一般公共预算支出777.60亿元，比上年下降5.49%，下降主要原因是取消市县通过权责发生制方式列支、政府性基金收入下降导致调入资金减少、2020年上级财政部门下达的特殊转移支付、抗疫补助资金等一次性补助退出；上解支出15.06亿元，下降1.28%；调出资金0.06亿元；补充预算稳定调节基金41.15亿元，增加5.55%；地方政府一般债务还本支出70.32亿元，下降27.56%；年终结余37.65亿元。民生事业支出604.86亿元，占一般公共预算支出77.79%，提高0.08个百分点。市本级一般公共预算总支出714.16亿元。其中，一般公共预算支出273.08亿元，下降2.71%；上解支出15.06亿元，下降1.28%；补助下级支出309.91亿元，下降5.15%；补充预算稳定调节基金25.57亿元，下降10.05%；地方政府债务转贷支出15.78亿元，下降48.71%；地方政府一般债务还本支出61.72亿元，下降17.05%；年终结余13.04亿元。安排预备费3亿元，新冠肺炎疫情防控支出6498万元，结余2.35亿元并补充到预算稳定调节基金。市本级"三公"经费、会议费、培训费支出1.65亿元，增长7.91%，其中公务接待费支出332.88万元、因公出国（境）经费支出36.95万元、公务用车购置费及运行维护费支出3635.08万元、会议费支出2004.47万元、培训费支出1.05亿元。市本级对县（市、区）、开发区税收返还和转移支付支出309.91亿元，下降5.15%，主要原因是2020年上级财政部门下达的特殊转移支付、抗疫补助资金等一次性补助退出导致上级转移支付规模减小、城乡居民基本医疗保险实行市级统筹，分配至县（市、区）核算补助资金转列市本级支出。

【市本级预算稳定调节基金】2021年，南宁市本级预算稳定调节基金调入一般公共预算统筹使用18亿元（2020年年末基金规模29.64亿元）。超收收入、预备费和其他项目资金结余等25.57亿元按规定补充到预算稳定调节基金，年末基金规模37.22亿元。

【政府性基金预算】2021年，南宁市政府性基金预算收支相抵，预算收支平衡。总收入 747.81 亿元。其中,政府性基金预算收入 547.92 亿元,比上年下降 14.21%,主要原因是国有土地使用权出让收入下降;上级补助收入 6.98 亿元;上年结余收入 84.16 亿元;地方政府专项债务转贷收入 108.70 亿元。总支出 747.81 亿元。其中,政府性基金预算支出 539.69 亿元,下降 16.24%,主要原因是国有土地使用权出让收入安排支出减少;上解支出 26.04 亿元;调出资金 60.03 亿元;地方政府专项债务还本支出 68.44 亿元;年终结余 53.61 亿元。市本级总收入 641.17 亿元。其中,政府性基金预算收入 464.03 亿元,下降 16.86%,主要原因是国有土地使用权出让收入下降;上级补助收入 6.98 亿元;上年结余收入 58.97 亿元;地方政府专项债务转贷收入 108.70 亿元。市本级总支出 641.17 亿元。其中,当年政府性基金预算支出 407.57 亿元,增长 1.83%;补助下级支出 62.08 亿元;上解支出 26.04 亿元;调出资金 12.34 亿元;地方政府专项债务转贷支出 41.33 亿元;地方政府专项债务还本支出 59.10 亿元;年终结余 32.71 亿元。

【国有资本经营预算】 2021 年,南宁市国有资本经营预算总收入 14.35 亿元。其中,国有资本经营预算收入 13.83 亿元,完成预算 212.02%,总额比上年下降 8.76%;上级补助收入 858 万元;上年结余收入 4378 万元。总支出 14.35 亿元。其中,国有资本经营预算支出 8461 万元,完成预算 79.74%,剔除上年县(区)、开发区增加国有企业注册资本金等一次性因素,增长 60.14%;调出资金 13.02 亿元;年终结余 4876 万元。市本级总收入 12.13 亿元。其中,国有资本经营预算收入 11.68 亿元,完成年初预算 242.29%,总额下降 3.51%,主要原因是部分国有企业上缴资产处置收益减少;上级补助收入 858 万元;上年结余收入 3648 万元。市本级总支出 12.13 亿元。其中,市本级国有资本经营预算支出 5982 万元,完成年初预算 77.65%,总额增长 134.40%,主要原因是国有企业“三供一业”(供水、供电、供气、物业管理)移交补助支出大幅增加;补助下级支出 545 万元;调出资金 11.38 亿元;年终结余 1013 万元。

【社会保险基金预算】 2021 年,南宁市社会保险基金预算收支相抵,结余 11.36 亿元。收入 196.12 亿元,完成调整预算 99.98%,总额比上年增长 7.62%,主要原因是 2020 年阶段性减免社会保险费政策执行到期,社会保险费恢复正常征收;支出 184.76 亿元,完成调整预算 96.60%,总额增长 9.19%,主要原因是新冠肺炎病毒疫苗及接种费用增加;年末滚存结余 230.71 亿元。市本级收入 137.23 亿元,完成调整预算 98.84%,总额增长 5.04%;支出 133.07 亿元,完成调整预算 95.84%,总额增长 6.75%;结余 4.16 亿元,年末滚存结余 186.4 亿元。

【政府债务】 2021 年,自治区政府核定全市政府债务限额 1325.92 亿元(一般债务限额 659.98 亿元、专项债务限额 665.94 亿元),其中市本级政府债务限额 1001.05 亿元(一般债务限额 523.79 亿元、专项债务限额 477.26 亿元)。全市政府债务余额 1231.59 亿元(一般债务余额 609.41 亿元、专项债务余额 622.18 亿元),其中市本级政府债务余额 915.12 亿元(一般债务余额 478.17 亿元、专项债务余额 436.95 亿元),全市和市本级的政府债务余额均控制在限额以内。自治区政府核定转贷全市地方政府一般债券 71.77 亿元,其中转贷市本级 56.49 亿元,转贷县(市、区)、开发区 15.28 亿元。自治区政府核定地方政府专项债券 108.70 亿元,其中转贷市本级 67.37 亿元,转贷县(市、区)、开发区 41.33 亿元。其中,新增一般债券 8.87 亿元,主要用于高速公路、南宁教育园区、广西自由贸易试验区南宁片区道路等项目支出;新增专项债券 49.68 亿元,主要用于产业园区、公立医院、生态环保等项目支出;再融资一般债券 62.90 亿元,全部用于偿还 2021 年到期的政府一般债券本金;再融资专项债券 59.02 亿元,全部用于偿还 2021 年到期的政府专项债券本金。全市政府债券还本支出 137.84 亿元(一般债券还本 69.90 亿元、专项债券还本 67.94 亿元),其中市本级 119.90 亿元(一般债券还本 61.30 亿元、专项债券还本 58.60 亿元);付息支出 42.99 亿元(一般债券付息支出 21.07 亿元、专项债券付息支出 21.92 亿元),其中市本级 32.83 亿元(一般债券付息支出 16.63 亿元、专项债券付息支出 16.20 亿元)。南宁市到期政府债券本息均如期足额偿还。

【产业发展资金支持】 2021 年,南宁市筹措 23.40 亿元,重点支持电子信息、先进装备制造、生物医药等重点企业重大项目发展;支持完善园区基础设施建设和综合配套建设,滚动投入工业用地储备和工业园区基础设施建设资金 10 亿元,争取政府专项债券资金 31 亿元。筹措 1.72 亿元,支持服务业发展,促进流通产业结构调整、优化供应链管理;实施“桂惠贷”财政贴息政策支持中小产业发展,拨付“桂惠贷”财政贴息资金 6.73 亿元;筹措产业发展专项资金 2434 万元,增强金融服务实体经济能级,引导金融资源服务实体经济;发挥创业投资引导基金、天使投资基金杠杆作用,撬动其他各类资本 2.44 亿元,带动社会资本投资科创中小企业。执行降低增值税税率、增值税留抵退税、个人所得税专项附加扣除等减税政策,给予小微企业税收优惠;清理规范行政事业性收费和政府性基金,取消港口建设费、普通护照加注收费、社会抚养费。投入 13.65 亿元,支持科技创新驱动;筹措强创新专项扶持资金 5000 万元,激励企业加强研发,加快建设培育瞪羚企业;执行企业研发费用加计扣除 75% 政策,将制造业企业的加计扣除比例提高至 100%,超千户企业研发费用加计扣除总额超 19 亿元;筹措 1.25 亿元,支持科技基地建设、科技重大专项、重点研发计划、成果转化、技术创新引导等,助推企业科技创新。筹措加工贸易产业发展资金 7000 万元,支持园区主动承接产业转移,推动加工贸易产业转型升级;筹措 3000 万元,培育跨境电子商务经营主体,服务中国(南宁)跨境电子商务综合试验区等跨境电子商务园区建设。

【城市建设资金支持】 2021 年,南宁市筹措 7.87 亿元,支持南宁国际空港综合交通枢纽工程建设;筹措 1.75 亿元,支持覆盖东盟国家航线网络建设,推动中越集装箱国际铁路联运班列稳定运行;筹措 3944 万元,支持南宁国际铁路港建设,推进西部陆海新通道建设。筹措 9.09 亿元,支持自贸试验区南宁片区等开放平台建设,推进片区基础设施建设和产业发展;筹措 6.89 亿元,重点支持面向东盟的金融开放门户南宁核心区和中国—东盟金融城等项目建设。筹措 1.84 亿元,建设改造城市棚户区住房 6710 套;筹措城镇老旧小区改造项目资金 5.80 亿元,将城镇老旧小区改造项目纳入 PPP 项目开发计划,吸引社会资本参与。筹措 1.46 亿元,支持公园及市政道路绿化养护、安保环卫;筹措 2613.70 万元,支持推进邕江沿岸公园中心城区段管理;筹措 3.80 亿元,支持垃圾分类事业发展,推进生活垃圾分类设施建设。筹措 99.28 亿元,支持国家物流枢纽城市建设,实现柳州经合山至南宁高速公路通车;筹措 44.30 亿元,支持轨道交通项目建设,助推南宁轨道交通 5 号线开通运营。筹措 2225 万元,支持大气污染防治,确保空气质量保持优良;筹措 9.12 亿元,支持污水处理服务及污水管网、排水管网运营维护,养护建成区范围内污水管网 700 千米、排水管网 3000 千米;筹措 6160 万元,支持农村水污染防治、防范农村水污染风险;筹措 600 万元,支持土壤污染防治及固体废弃物处置,助推土壤环境管控。促进绿色低碳消费,采购节能、节水产品5.74万件，金额2.75亿元；采购环保产品36.72万件，金额3.76亿元，其中政府绿色采购金额占同类产品采购金额98.71%；筹措17.09亿元，支持公交及轨道交通运营补助；筹措2001.12万元，补助充电基础设施建设运营，助推建设清洁低碳、生态友好出行环境。

【乡村振兴资金支持】 2021年，南宁市筹措财政衔接推进乡村振兴补助资金22.50亿元，重点支持马山县、上林县、隆安县、邕宁区等脱贫地区。筹措农业生产发展资金3.66亿元，支持农业优势特色产业高质量发展，推动乡村产业发展；筹措农田建设补助资金2.39亿元，推进高标准农田建设，推动“藏粮于地、藏粮于技”战略实施；筹措3.03亿元，支持糖料蔗良种良法技术推广，推进糖业发展；筹措水利发展资金4.64亿元，支持农村区域集中连片供水，加大水库安全运行保障力度、支持中心河流流域治理与大中型灌区改造等；筹措财政农业保险保费补贴2.77亿元，新增肉鸽养殖市级地方特色险种，提升农业保险覆盖面和保障水平。筹措资金6.20亿元，推进农村综合改革。其中，筹措农村公益事业财政奖补资金2.20亿元，惠及988个村、717万人次；筹集扶持壮大村级集体经济资金2.66亿元，扶持1250个村级集体经济；筹措903万元，支持1506个村、29606个村民小组完成农村集体经营性资产股份合作制改革，搭建农村集体“三资”（资金、资产、资源）管理服务平台和市农村产权交易中心，实现资源变资产、资金变股金、农民变股东。筹措16.97亿元土地出让收入，用于生态宜居特色小镇及农村生活基础设施等项目建设。

【民生保障与改善】 2021年，南宁市民生支出604.86亿元，占一般公共预算支出77.79%。筹措91.02亿元，支持卫生事业发展、健康南宁建设、健康促进行动，加大重大疾病防治能力建设，优化提升医疗卫生服务能力，加强老年人等重点人群健康管理。筹措疫情防控资金12.62亿元，支持居民疫苗免费接种；筹措6.93亿元，重点用于“应检尽检”人员核酸检测、疫情防控物资和设备采购、市本级集中隔离观察点和疫情防控人员临时性工作补助等；落实市本级财政公立医院综合改革以奖代补资金8000万元，助推公立医院综合改革、医药卫生体制改革和卫生健康事业发展。筹措就业补助资金6.59亿元，重点支持高校毕业生、退役军人、农民工和城镇就业困难群体就业创业；筹措职业技能提升资金6643.81万元，开展农村劳动力、就业困难人员等重点群体职业技能培训；发放失业保险稳岗返还资金9809.18万元，惠及企业4.39万户（上年的1.29倍）、职工73.41万人。筹措154.12亿元，安排学前教育发展、民办教育发展、义务教育学生营养改善计划等；筹措教育基本建设项目资金22.94亿元，开办公办幼儿园26所、建成投入使用公办中小学校22所；筹措8282.13万元，加强中小学、幼儿园安全防范建设。筹措4750万元，支持完善旅游公共服务设施、打造旅游精品线路等，助推区域性国际旅游中心城市建设；筹措文化产业发展专项资金2000万元，支持打造南宁国际民歌艺术节、“壮族三月三·八桂嘉年华”等文化品牌；筹措4200万元，补助体育场馆运营。落实资金113.22亿元，支持自治区和南宁市为民办实事项目落地见效。

【国有资产管理】 2021年，市财政局直接管理的市本级国有资本经营预算收入11.68亿元，比上年下降3.51%；预算支出0.60亿元，增长134.40%。落实向市人大及其常委会报告国有资产管理情况制度，形成由企业国有资产报告、金融企业国有资产报告、行政事业单位国有资产报告、自然资源国有资产报告4个专项报告组成的全市国有资产管理情况综合报告，接受市人大常委会审议、监督。印发《南宁市财政局关于加强行政事业性国有资产管理的通知》，加强国有资本经营预算管理，强调行政事业单位优化新增资产配置、严格控制资产出租出借和对外投资、规范资产处置等事项9个。加强行政事业单位国有资产处置审核（批），受理市直单位国有资产出租及处置申请217批次6.06亿元，其中报废处置资产2.12亿元，调拨资产3亿元，对外出租资产8306万元；核销1033.57万元。开展已使用未转固定资产在建工程专项整治，实现已使用在建工程转固定资产159.43亿元，涉及项目5540个。

【投资评审管理】 2021年，市财政局受理政府投资项目（工程）报审1845项，审结1462项，审结率79%。完审项目报审金额321.29亿元，审定金额286.75亿元，节约34.54亿元。推进项目（工程）预算评审，从源头上把好审核关，完成预算评审175项，审核金额16.59亿元，审定金额13.46亿元，节约3.13亿元。加强项目（工程）招标控制价评审，严格把控工程量清单、招标控制价，控制建设项目投资规模和标准，完成招标控制价评审418项，审核金额87.49亿元，审定金额73.22亿元，节约14.27亿元。推进项目（工程）竣工结算评审，符合财政投资评审范围项目（工程）应评尽评，全年完成竣工结算评审826项，审核金额195.62亿元，审定金额178.73亿元，节约16.89亿元。加快项目（工程）竣工财务决算评审批复速度，从项目支出合法、合规性角度加强竣工财务决算评审，完成竣工财务决算评审43项，审核金额21.59亿元，审定金额21.33亿元，节约0.26亿元。

【政府采购监督管理】 2021年，南宁市政府采购预算121.69亿元，比上年增长6.58%；实际完成采购金额113.44亿元，增长5.55%；节约8.25亿元，节约率6.78%。根据《南宁市政府采购供应商履约评价管理办法》，随机抽检市本级预算单位50个、政府采购项目201个、政府采购合同260个，加强政府采购活动结果管理，强化采购人主体责任。开展政府采购代理机构监督检查，随机抽检代理机构14家、项目74个，查出存在问题项目62个、问题94个（主要是委托代理、信息公告、文件编制等环节问题，按责任主体分属于代理机构责任问题90个），责成整改推动代理机构专业化规范化发展。实施政府采购全流程电子化，首次实现南宁市政府采购项目市、县（市、区）两级远程异地评标。

【会计管理】 2021年，市财政局开展会计基础规范检查、复查和验收，检查指导市第三中学、市直机关保育院、南宁市青少年活动中心，书面反馈存在问题，督促限时整改。召开南宁市会计人才培养和会计专业技术资格考试新闻发布会，回应社会公众关切。加强会计人才培养，启动实施南宁市“十百千”拔尖会计人才（管理会计一期）培养项目，选拔培养对象50人，开展第一期11天集中培训。做好会计人员服务，组织会计资格考试6.97万人，其中初级5.17万人、中级1.78万人、高级167人；办理会计继续教育登记3.70万人次，发放会计专业技术考试资格证书1.18万本。做好代理记账审批事中事后监管，随机抽查继存代理记账机构63户；完成网上管理系统代理记账机构年度备案审核，通过533户。

【财政监督管理】 2021年，市财政运用“互联网+监管”、专项检查等手段，开展地方预决算公开情况专项检查、预算单位财务管理情况检查、财政专项资金跟踪问效大检查、会计信息质量检查、“三公”经费督查和财政收入核查，检查单位1348户。完善日常监督制度，推动建立财政监督与党内监督、审计监督等协作机制。推进行政事业单位内部控制建设，在全市范围内组织2020年行政事业单位内部控制报告编报，培训市本级单位487人，完成行政事业单位内控报告汇总报送2330家；

推进内控报告"回头看",全面核验、整改重点单位124个。

【财政改革】 2021年,市财政局深化预算管理制度改革,推广实施预算管理一体化,建立健全统一规范的业务标准和制度,促进预算管理制度系统集成、协同高效。进行财政支出标准化改革,实施项目全生命周期管理。优化政府间财政关系,加大县域经济建设支持力度,推进应急救援、公共文化、自然资源等领域市以下财政事权和支出责任划分改革,推进横州市六景镇、宾阳县黎塘镇等经济发达镇财政管理体制改革,下放中国(广西)自由贸易试验区南宁片区内中介机构(外资企业)从事的代理记账业务审批权限至良庆区财政局,印发《南宁市代理记账资格行政审批制度改革实施方案》。完善绩效管理制度,印发《南宁市本级部门预算事前绩效评估暂行办法》《南宁市本级预算绩效专家管理暂行办法》《南宁市财政局委托第三方中介机构参与财政监督和预算绩效管理业务服务费管理暂行办法》《南宁市财政局委托第三方中介机构参与预算绩效管理工作暂行办法》,一级预算单位均编制部门整体支出绩效目标、所有项目支出和对下转移支付资金项目均填报绩效目标;拓宽预算绩效管理范围,列入重点审核单位14家,采取预算单位编制、第三方审核、财政复核、三方商定的模式,提高绩效目标编制质量;首次对政府性基金预算项目、国有资本经营预算项目进行绩效运行监控。落实财政资金直达机制,下达直达资金119.09亿元,完成支出110.48亿元,惠及企业5.81万次、人员315.15万人次。推广运用PPP模式,签约落地南宁二环(南段及吴隆路延伸段)高速公路PPP项目、南宁市2020年第三批城镇老旧小区改造PPP项目、南宁市核心城区缆线管廊PPP项目等12个,总投资166.85亿元,引导社会资本投向基础设施和公共服务。

(边作新　阳小兵　郭　璇　马利芳)

税　务

【概　况】 2021年,国家税务总局南宁市税务局(简称"市税务局")有派出机构6个,县(市、区)、开发区、青秀山风景区税务局16个。管辖登记纳税人54.61万户,其中单位纳税人33.04万户、个体工商户21.31万户、临时税务登记纳税人0.26万户。负责全市增值税、消费税、车辆购置税、企业所得税、个人所得税、资源税、环境保护税、城镇土地使用税、城市维护建设税、房产税、印花税、土地增值税、车船税、烟叶税、耕地占用税、契税16个税种,以及社会保险费、教育费附加、工会经费、残疾人就业保障金、地方教育附加、文化事业建设费等征收管理。市税务局组织国家税务总局考核口径收入744.08亿元、自治区政府考核口径收入728.76亿元、市政府考核口径收入727.17亿元。推进社会保险费、非税收入征管职责划转,组织社会保险基金收入438.76亿元,比上年增加277.85亿元,增长172.67%。组织非税收入99.67亿元,增加5.76亿元,增长6.13%。市税务局被国家税务总局评为全国税务系统文明单位;承接国家税务总局企业所得税涉票风险应对试点工作,代表广西自编风险指标在全国视频交流会上做成果展示;精制茶行业试点农产品进项税额核定扣除做法获中央电视台报道。主要存在"以数治税"基础不够扎实,响应纳税人诉求、满足纳税人期待有差距,税收政策宣传不够贴近纳税人需求等问题。

【税收收入】 2021年,市税务局组织国家税务总局考核口径收入744.08亿元,比上年增收27亿元,增长3.76%;自治区政府考核口径收入728.76亿元,增收29.23亿元,增长4.18%;市政府考核口径收入727.17亿元(占市财政收入87.73%),增收28.91亿元,增长4.14%。受经济下行压力加大、减税降费政策效应持续释放、新冠肺炎疫情发展变化等影响,全市税收增速呈逐步放缓态势。各税种运行分化,15个税种"十增五减"。增幅较大的税种及原因:因缓缴税款入库、烟草销售、汽车消费增长带动,消费税入库89.79亿元,增收17.49亿元,增长24.20%;因个人住房交易、土地出让金增加,契税入库45.93亿元,增收14.33亿元,增长45.40%;因新冠肺炎疫情享受复工复产减税降费政策拉低上年基数、疫情影响消除带来租金收入增长,房产税入库18.30亿元,增收5.17亿元,增长39.40%;因个人所得税"两步改革"(适用新税率表、基本减除费用标准提高和调整计税方法,专项附加扣除政策)影响因素消除,工资薪金个人所得税增收,个人所得税入库48.12亿元,增收4.32亿元,增长9.90%;因增值税留抵退税增加、抵减经济恢复,增值税入库269.02亿元,增收4.65亿元,增长1.80%。降幅较大的税种及原因:因房地产业、金融业、电力、热力、燃气及水生产和供应业企业所得税减收,企业所得税入库164.54亿元,减收16.05亿元,下降8.90%;因商品房销量、售价持续下滑,土地增值税预缴及尾盘销售收入减收,土地增值税入库25.86亿元,减收4.21亿元,下降14%。按产业分:第一产业税收1.70亿元,增收0.47亿元,增长37.7%;第二产业税收231.39亿元,增收12.75亿元,增长5.80%;第三产业税收494.08亿元,增收15.69亿元,增长3.30%。第二产业税收平稳增长。工业税收162.37亿元,增收7.98亿元,增长5.20%。烟草制品业带动制造业税收增长,制造业税收152.99亿元,增收16.98亿元,增长12.50%;广西电网有限责任公司减收10.69亿元,电力、热力、燃气及水生产和供应业税收8.10亿元,减收9.08亿元,下降52.80%。基础设施投资恢复拉动建筑业税收增长,建筑业税收69.02亿元,增收4.77亿元,增长7.40%。受部分重点行业减收影响,第三产业税收增速持续回落,完成494.08亿元,增收15.69亿元,增长3.30%。批发和零售业增收26.12亿元、增长30.30%,租赁和商务服务业增收13.01亿元、增长26.50%,科学研究和技术服务业增收4.33亿元、增长25.50%。受国家政策调控、市场需求下降、减税降费政策影响,房地产业和交通运输、仓储和邮政业税收减收。房地产业税收167.82亿元,减收26.73亿元,下降13.70%;交通运输、仓储和邮政业税收3.58亿元,减收10.85亿元,下降75.20%。按征管区域分,城区、开发区、县(市)税收平均增速分别为6.80%、-2.20%、10.70%;增幅较大的良庆区税务局、广西—东盟经开区税务局、南宁高新区税务局税收增速分别为43.70%、21.10%、17.60%;降幅较大的兴宁区税务局、青秀山风景区税务局、江南区税务局减幅分别为-32%、-12.70%、-11.20%。

【减税降费】 2021年,市税务局完善税费优惠政策直达快享机制,为拟上市重点扶持企业提供研发费加计扣除服务,面向小微企业设立"春雨润苗"税务党员定向帮扶联络机制。新增减税降费68.33亿元,办理退税94.95亿元,其中出口退税11.98亿元、留抵退税56.30亿元。为制造业中小微企业办理缓税(费)2.46亿元,为煤电和供热企业办理"减、退、缓"税0.39亿元。

【税收征管】 2021年,市税务局贯彻落实国家有关进一步深化税收征管改革的意见,出台税收征管改革措施211项,推出增值税全项目电子化退税、纳税健康码、医保个账代缴等项目。与市中级人民法院建立办理破产工作统一协调机制,规范企业破产处置涉税问题处理;与市发展改革委、市人社局、市自然资源局、市住建局等部门沟通协作,形成税收共治合力。优化执法方式,创新将"首违不罚"理念推广应用到发票领用、纳税信用监督领域。探索"4S风险直推"流转机制,承接国家税务总局企业所得税涉票风险应对试点工作，代表广西自编风险指标在全国视频交流会上做成果展示。推出增值税全项目和自然人不动产交易契税电子化退税，探索税收分类分级管理，建立"一体化管理指挥调度中心"，实现"大运维"征期稳定、增值税电子专票扩围、社保集中征缴、老友号接听、所得税汇算清缴。以自治区税务系统百县行业管理擂台赛为切入口，制定形成房地产、精制茶加工、房屋建筑等行业共治范本，兴宁区税务局、青秀山风景区税务局、邕宁区税务局、横州市税务局、南宁高新区税务局获自治区税务系统"擂主"称号，精制茶行业试点农产品进项税额核定扣除做法获中央电视台报道。

【社会保险费征管】 2021年，市税务局组织社会保险基金收入438.76亿元，比上年增收277.85亿元，增长172.67%。利用年底集中征收期及缴费高峰期，联合市人社局、市医保局召开城乡居民参保缴费工作会；推送汇总解答缴费热点问题、批量发送宣传短信、批量整改问题数据、开展自然人社保费代扣，解决医保全国系统切换上线初期问题；制定针对差异数据类型分阶段治理方案，建立日常传递数据监控机制，解决人社、医保系统参保登记信息与税务系统缴费登记信息不一致问题；将社会保险费户籍、申报、退费、欠费管理等4类15项职责整合，编制《南宁市税收征管业务规范》《南宁市税收征管岗责事项清单》；筛选三方协议批扣签约情况，对批扣标志未确认的协议作客户端弹窗提醒，完成确认操作5万余户。

【非税收入征管】 2021年，市税务局组织非税收入99.67亿元，比上年增收5.76亿元，增长6.13%。其中，国有资本经营收入7.27亿元，下降51.50%；可再生能源发展基金20.03亿元，增长3.30%；残疾人就业保障金收入5.01亿元，增长14.50%。建立全过程非税数据质量管理模式，规范费种认定规则，联合征管部门补充税费种认定数据2万余条，批量处理水利建设基金税费种认定32万条。编制风险指标，制定完善季增值税销售额30万元以下(或月销售额10万元以下)纳税人"两附加费"(教育费附加、地方教育附加)未享受免征、季增值税销售额30万以上(或月销售额10万元以上)纳税人"两附加费"未减半征收、未按规定享受文化事业建设费减半征收优惠、企业在职职工人数小于30人未免征残疾人就业保障金等风险数据指标37个，定期通报基础类数据和规范征管类疑点数据。启用非税收入征管信息互联互通平台，实现财政、非税收入业务主管部门与税务部门信息共享。完成土地闲置费等非税项目划转、长期护理险试点征收，做好国有土地使用权出让收入等划转准备。

【依法治税】 2021年，市税务局对日常税收征管中高频发生的逾期申报、应开具未开具发票、丢失发票等行为行政处罚具体适用广西税务行政处罚裁量基准，制定南宁市统一执行标准，规范全市税务行政处罚裁量基准执行。做好税收规范性文件日常管理、清理，审查税务规范性文件合法性1份、代拟政府文件合法性1份，评估政府文件1份，开展外商投资法规、规章和规范性文件等专项规范性文件清理6次；推行"三项制度"(行政执法公示制度、执法全过程记录制度、重大执法决定法治审核制度)优化执法，受理或审理市税务局稽查局提请的实体企业重大税务案件11件，审理结束9件；受理或审理市局稽查局提请的341户走逃失联企业虚开发票案件，结案并出具重审环节文书；办理税务行政复议案件12件，出具行政复议建议书1份，办理税务行政应诉案件1件。

【税务稽查】 2021年，市税务局与市公安局成立"警税联合作战中心"，联合办案7件，信息交换36批次，涉及企业288户；联合捣毁虚开增值税发票案件窝点3个，抓获涉案人员5人；破获以广西垚森能源有限公司为线索的虚开增值税发票团伙案、"11·25"特大虚开发票案；参与国家税务总局广州特派办、广西税务局、广西公安厅等警税联合开展的广西电子专票虚开案收网行动，捣毁窝点3个，抓获犯罪嫌疑人2人。依法严厉打击"三假"(假企业、假出口、假申报)等涉税违法犯罪行为，检查企业812户，查补税款、滞纳金及罚款5.54亿元；录入重大税收违法案件信息1204篇，推送联合惩戒信息1203篇。

【纳税服务】 2021年，市税务局扩展逾期申报、财产和行为税纳税申报、非税收入征缴等"非接触式"办税事项清单，在电子税务局网上办理涉税业务事项214项；拓展智能办税功能，推行企业开办涉税环节全流程线上办，最快5分钟办结，办理时间压缩83%，线上开办率84%；推出移动办税平台智能导税功能，线上精准引导、分流纳税人11.09万户次；推出智能发票代开功能，纳税人办理平均时长由15分钟减至2分钟。依托智慧核票平台，通过电子税务局、"爱南宁APP"、微信等渠道实现发票业务92%在线办结；对符合条件的纳税人实施"先准后核"机制，后台转限时办理事项平均时长压缩至2.1个工作日；在自治区率先推行集成核准管理，实现发票申领、注销、退税等33项事项在核准小组内"一站办结"；推进"医保个账代缴"，在自治区率先实现"医保个人账户"扣缴基本医疗保险费。推出"南宁纳税信用健康码"，在自治区率先实现企业信用和风险"一键体检、一码全晓"，面向南宁市34万企业纳税人提供"7×24小时"服务。提升"银税互动"效能，授信391.95亿元，惠及纳税人3.41万户。

【税收宣传】 2021年，市税务局以"南宁税务服务号"微信公众号及"南宁税务"微博为主，建立涵盖新浪微博、微信、国际互联网、手机头条号、南宁手机台等新媒体矩阵，设立"邕系列""老友号热点"等宣传专栏，打造南宁税务服务号品牌。"南宁税务服务号"微信公众号发布图文信息352篇，"南宁税务"微博发布信息235篇，其中阅读量"万+"文章17篇。利用南宁

2021年11月17日，广西—东盟经济技术开发区税务局"特服号"工作人员为纳税人解答"银税互动"问题

龙映谷　摄

市任务统筹平台系统、微信、短信等向符合条件的纳税人、缴费人推送个人所得税热点、制造业中小微企业延缓缴纳税费政策、电子税务局办税功能等信息，涉及纳税人、缴费人103.02万户。围绕社保、个税、纳税信用等社会公众关注点制作短视频30部，在“南宁税务服务号”微信公众号、“南宁税务”微博、税企互动平台及南宁广播电视台微信视频号、抖音号、南宁手机台、《南宁晚报》《南国早报》等新媒体平台宣传。在“爱南宁APP”主页固定开设“落实减税降费优化营商环境”宣传专栏，在《南国早报》《南宁日报》、南宁手机台推出“老友说税”89期。（黄舒爽）

物　价

【概　况】2021年，南宁市强化重要民生商品保供稳价，坚持综合施政、精准发力，保持价格总水平基本稳定。全市CPI（价格指数）累计上涨1.40%。主要存在影响价格的不可控因素较多，如外部环境复杂多变、国际大宗商品价格快速上涨、输入性传导影响加大、新冠肺炎疫情防控形势依然严峻、异常天气频发等，以及重要民生商品价格调控仍手段不够丰富、实施机制不够健全等问题。

【价格调控】2021年，南宁市以食品为重要民生商品开展保供稳价工作，建立完善市发展改革委牵头，市农业农村局、市商务局、市市场监管局、市粮食和储备局等部门及各县（市、区）共同参与的工作协同机制，紧盯节假日、全国“两会”、疫情防控、汛期等重要时段，定期或不定期分析价格形势、研究工作措施，保障重要民生商品市场供应充足、价格基本稳定。围绕“涨幅控制在3%左右”的价格调控目标，制定实施《南宁市2021年春节及全国“两会”期间重要民生商品保供稳价工作方案》《南宁市完善政府猪肉储备调节机制做好猪肉市场保供稳价工作实施方案》，健全政府猪肉储备调节机制，发挥政府猪肉储备在稳定生猪生产和价格周期性波动中的作用。持续发挥平价商店稳价惠民作用，全市平价商店网点每日以低于市场价格15%以上幅度销售平价蔬菜，全年销量319万千克，减轻群众负担236万元。全市CPI（价格指数）累计上涨1.40%。

【收费管理】2021年，南宁市依法实施政府定价项目调定价工作，制定或调整收费标准66项。春季学期起，调整全市公办幼儿园保教费收费标准，健全学前教育成本分担机制。调整公办高中收费政策。建立公办学校收费项目清单管理制度，编制公布《南宁市公办学校教育收费项目清单》，进一步打造透明、规范、法制的教育收费环境。落实行政事业性收费收支情况年报制度，2020年度全市行政事业性收费收入15.80亿元，比上年降低6.01%，收费金额占财政收入1.98%，降低0.12个百分点。落实减免部分行政事业性收费政策，6月10日起，取消普通护照加注收费。清理规范涉企收费，开展全市行业协会商会收费专项治理，做好行政事业性收费项目目录、口岸收费目录等各项收费清单动态管理，编制《南宁市民价格手册》，提升价格政策透明度。

【价格管理】2021年，南宁市实施交通客运价格管理。同意811路、K7区间公交线路空调公共汽车票价2元/人·次，实行一票制；贯彻落实国家、自治区发展改革委关于缓释肥料等执行农用化肥铁路优惠运价的政策，在原有农用化肥基础上增加缓释肥料、水溶肥料等8个新型肥料品种享受优惠运价。实施景区价格管理，批复青秀山旅游风景区小火车巡游价格实行市场调节价。调整昌泰清华园经济适用住房项目住宅最高销售价格：安装太阳能供热系统的住宅4992元/平方米，不安装太阳能供热系统的住宅4962元/平方米；不允许上浮，下浮幅度不限。稳定砂石市场供应，出台《关于促进砂石行业健康有序发展的实施方案》，建立砂石保供稳价工作协调机制，保障全市砂石市场供应和价格基本稳定。同意南宁市西云江灌区农业用水基准水价：粮食作物0.10元/立方米，35元/亩·年；经济作物0.20元/立方米，40元/亩·年；养殖业0.3元/立方米；其他用水0.5元/立方米。大王滩灌区农业用水基准水价：粮食作物0.05元/立方米，30元/亩·年；经济作物0.15元/立方米，35元/亩·年；养殖业0.3元/立方米；其他用水0.5元/立方米。实行超计划（定额）累进加价收费；超计划（定额）20%（含）部分的水量按基准水价的50%加收；超计划（定额）20%以上部分的水量按基准水价的100%加收。1月1日至3月31日，临时降低南宁市新开工重大项目非居民用水价格（不含污水处理费、水资源费），临时降价幅度按现行水价降低10%执行。对3月31日前新开工、竣工投产的重大项目，以及住宿餐饮、批发零售、物流运输等行业的非居民用天然气销售价格在现行标准上临时降低5%。5月21日，同意南宁中燃城市燃气发展有限公司启动非居民用气价格联动机制，非居民用气价格下调0.45元/立方米。贯彻落实自治区发展改革委《关于进一步明确管道燃气上下游价格联动机制的措施》，明确联动机制具体启动条件为居民用气平均上游价格波动达到或超过5%且距离上次调价时间不少于6个月，非居民用气平均上游价格波动达到或超过5%且距离上次调价时间不少于3个月。对经民政部门认定的城乡低保对象、特困人员、孤儿、事实无人抚养儿童等困难群众设置免费气量，每户每月3立方米。11月10日，同意南宁中燃城市燃气发展有限公司2021年11月13日至2022年2月12日非居民用气销售价格上调幅度不得超过现行销售价格20%。落实关于高耗能企业执行差别电价政策，对相关钢铁企业限制类装置生产用电执行差别化电价，差别电价加价电费按限制类、淘汰类装置生产用电电量计收。10月15日起，燃煤发电电量全部进入电力市场，通过市场交易在“基准价＋上下浮动”范围内形成上网电价，现行燃煤发电基准价继续作为新能源发电等价格形成的挂钩基准。将燃煤发电市场交易价格浮动范围扩大为上下浮动原则上均不超过20%，高耗能企业市场交易电价不受上浮20%限制。推动工商业用户全部进入电力市场，按照市场价格购电，取消工商业目录销售电价。对暂未直接从电力市场购电的用户由电网企业代理购电。参与市场交易改为电网企业代理购电的用户，其价格按电网企业代理其他用户购电价格的1.5倍执行。12月20日起，大工业用电、专用变压器容量在160千伏安及以上的普通工业用电，除铁路（电气化铁路牵引用电）、航运、石油（天然气、热力）加压站、自来水生产、城乡污水处理厂生产、污水泵站生产、垃圾无害化处理厂（场）生产、垃圾中转站生产等公共服务性用电外，执行峰谷分时电价，条件成熟后扩大到其他工商业用电。居民、农业用电不执行峰谷分时电价。时段划分为：高峰时段为每日10:00—12:00、16:00—22:00，平段为每日7:00—10:00、12:00—16:00、22:00—23:00，低谷时段为每日23:00—24:00、00:00—7:00。落实自治区发展改革委关于保鲜仓储设施用电价格政策，在农村建设的保鲜仓储设施用电实行农业生产用电价格；落实自治区发展改革委关于余热余压余气自备电厂上网电价政策，余热、余压、余气自备电厂根据相关规定确定成为市场主体后，自发自用以外电量可按市场交易规则与售电主体、电力用户直接交易，或者通过交易机制进行交易形成上网电价；落实自治区发展改革委关于天然气发电机组阶段性上网电价支持政策，2021年12月16日至2022年3月31日，天然气综合到厂价（不含管输费）比自治区天然气基准门站价每变化0.5元，上网电价在0.6207元/千瓦时基础上相应调整0.1元。

2021年5月19日，市价格监测中心工作人员到水街农贸市场开展巡查和价格监测

市发展改革委提供

【价格监测】 2021年，市发展改革委建立健全"智慧物价"价格监测预警系统，做好100多个监测点、近500种商品和服务、36万余条价格监测数据的采集、汇总、报送，在市发展改革委网站"价格地图""农贸市场平均零售价""爱南宁APP"上发布全市20家农贸市场、65种生活必需品价格，稳定市场和消费者预期。破解"监测预警系统问题多发、采报价速度卡顿缓慢"等瓶颈问题，为威耀公司等企业提供数据服务，解决企业对周、月均价结算数据问题。针对全球新冠肺炎疫情蔓延及大宗商品价格上涨，加强价格监测和跟踪巡查，撰写价格运行分析报告及大宗商品、钢材、有色金属等价格方面动态信息52篇，获市领导批示2篇，市委、市政府采用32篇次，中央新闻媒体采用5篇次，微信公众号等新媒体平台推送50篇次，广西电视台、《南宁日报》等媒体采用16篇次。每周对20种海鲜产品及黑山羊、百香果、火龙果、沃柑、砂糖橘等特色农产品进行价格常规监测。每天以低于市场15%以上价格销售平价蔬菜15种，28家平价商店全年销售平价蔬菜超过317.50万千克，为市民减轻负担超过235万元。获评"2020—2021年度全国价格监测工作先进单位"。

【价格认定】 2021年，南宁市价格认证中心办理价格认定业务3353宗，认定金额10.07亿元。涉嫌违纪案件财物价格认定4宗，认定金额742.98万元；涉刑事案件财物价格认定2880宗，认定金额2.76亿元；涉税财物价格认定376宗，认定金额7.22亿元；行政执法类案件93宗，认定金额203.78万元。

【价格宣传】 2021年，市发展改革委利用"爱南宁APP"推送、网友互动、网站宣传等形式，宣传价格调控、收费管理政策；在网站及"南宁发改"微信公众号等平台，发布收费政策文件、收费政策解读、收费目录，以及制定或调整价费政策征求意见等。全年发布价格调控和收费管理信息122条，其中价格调控信息3条，收费管理信息15条，发布收费政策文件、收费目录及制定或调整价费政策征求意见104条。 （市发展改革委）

审 计

【概 况】 2021年，南宁市审计局（简称"市审计局"）二层事业单位有南宁市公共投资审计中心；12个县（市、区）设审计局，广西—东盟经开区、南宁高新区、南宁经开区3个开发区审计局为开发区内设机构。市审计局完成审计项目114个，查出主要问题金额91.53亿元，其中应上缴财政59.72亿元，应归还原渠道资金3.70亿元，应调账处理金额3.7亿元；已上缴财政22.30亿元，已归还原渠道资金2.39亿元，已调账处理金额3.20亿元。移送纪检监察部门、主管部门等相关单位问题线索29条。提交审计工作报告、信息365篇，被自治区级以上新闻媒体、报刊采用61篇，其中被《中国审计报》采用18篇，自治区审计厅网站采用19篇。获2021年全国审计机关优秀审计项目一等奖1个；获自治区第九届计算机成果演示市本级组二等奖、区县组一等奖；获自治区审计机关优秀计算机审计项目评比一等奖3个、二等奖9个、三等奖15个；获审计技术创新审计案例评比一等奖1个、二等奖4个；获2021年度《广西内审信息》杂志宣传先进单位，获"南宁市模范机关示范单位"称号，获南宁市第三十一批文明单位。主要存在审计人员专业结构不够合理，计算机、环保、金融、农业等方面专业人才紧缺，审计成果运用不够充分，审计方式方法较单一，研究型审计还处于探索阶段等问题。

【财政审计】 2021年，市审计局完成2020年度市本级预算执行和决算（草案）情况审计、重大政策措施落实情况跟踪审计2个审计项目，查出问题86个，涉及金额33.20亿元。3篇审计成果材料获市领导批示。开展市财政局及市属开发区管委会等单位的本级预算执行和决算草案情况审计，揭示问题34个，涉及金额32.32亿元；督促相关单位通过制定完善制度、收回盘活存量资金等方式进行整改。持续实施重大政策措施落实情况跟踪审计，按季度上报跟踪审计报告4份，其中获市政府主要领导批示2份，反映问题52个，涉及金额8824.82万元。

【金融审计】 2021年，市审计局完成审计项目1个，对全市部分直属企业投融资情况进行专项审计调查，查出非金额计量问题12个。项目涉及6家集团公司本部及103家公司，通过发放调查情况标准表、集中分析共性指标、利用企业数字化审计分析系统筛查疑点等方式，查出部分企业资产负债率较高、部分企业投融资计划完成率低、部分企业投资项目效益不佳、部分企业年度投资计划项目调整随意性较大等问题。

【行政事业审计】 2021年，市审计局对全市109个一级预算单位及下属276个预算单位资金管理和使用过程进行全面分析，发现7大类14个方面问题198个，涉及单位132家、金额5.21亿元；对部门预算分析过程中发现的一些金额较小且未在审计报告中反映的问题，采取发送疑点和核查函的办法，由预算单位自行核查疑点并整改，涉及单位75家、问题146个、金额3728万元，指导单位建立健全制度15项。

【农业农村审计】 2021年，市审计局完成审计项目4个，发现问题60个，涉及金额2.54亿元，促进整改落实问题资金1.96亿元，促进完善建立规章制度4项。开展马山县易地扶贫搬迁后续扶持政策措施落实和资金管理使用情况审计，从政策落实、资金管理、项目建设等方面，揭示搬迁群众创业培训效果不佳、未及时拨付补助资金、安置点垃圾清运资金存在损失浪费等问题。重点关注人民群众的涉案执行款兑付及积压案件清理情况，助推相关部门向128个案件申请执行人发放超期未发的执行案款1.93亿元。

【自然资源与生态环境审计】 2021年，市审计局完成良庆区党政主要领导干部自然资源资产离任审计项目，查出主要问题金额1018.27万元。开展研究型审计，落实“研究服务于审计实践”要求，运用地理信息技术、卫星遥感技术、无人机航拍技术对自然资源进行全方位核查，揭示6大类32个问题，提出审计建议5条，报送信息3篇，推动良庆区生态环境持续改善和生态系统持续优化。

【固定资产投资审计】 2021年，市审计局组织开展南宁市“双百双新”产业项目(投资超过百亿元或产值超过百亿元的重大产业项目及投资亿元以上的新产业、新技术项目)实施情况专项审计调查、南宁轨道交通1号线运营管理情况审计、桂林至钦州港公路(南宁六景至宾阳段)建设项目执行情况审计、南宁市政府投资项目工程结算情况专项审计等固定资产投资审计项目8个，重点审计重大产业项目与交通基础设施项目运营、实施等情况，发现土地作价出资项目资金未能反哺轨道建设运营、竣工验收未能按时完成项目等问题，查出主要问题金额33.2亿元。“南宁市重大项目推进情况审计调查及对策研究”获市社会科学研究项目以市厅级项目级别批准立项，6月通过审核、结题。

【社会保障审计】 2021年，市审计局结合市民政局2020年度部门预算执行和决算草案审计项目，对社区惠民和居家养老服务资金进行审计。从社区惠民和居家养老服务资金的安排管理使用入手，对政策落实、成效等方面进行审计，查出政府购买居家养老服务上门服务比例较低、签约对象工时使用比例较低、政策不够完善等问题；督促各县(市、区)、开发区提高社区惠民资金使用效率和项目管理实施能力。

【企业审计】 2021年，市审计局完成涉及国有企业的审计项目2个，查出问题金额17.98亿元，非金额计量问题16个。对南宁百货大楼股份有限公司年度财务收支情况、南宁市部分公共资源盘活利用情况进行专项审计调查，查出问题金额17.98亿元，非金额计量问题16个。在南宁市部分公共资源盘活利用情况专项审计调查中，对南宁市国有企业负责管理的公共资源管理情况进行调查，发现存在未及时收取国有产权房收益、部分收入未及时上缴财政、部分项目建设进度缓慢等6大类24个问题，涉及金额17.97亿元，提出审计建议并督促相关企业整改。

【经济责任审计】 2021年，市审计局完成对82名领导干部经济责任审计，查出主要问题金额6.44亿元，其中违规金额2.06亿元、管理不规范金额4.38亿元；提出审计建议247条，审计促进增收节支269万元。向南宁市委审计委员会提交经济责任审计综合情况报告1篇，向南宁市委督查室提交经济责任审计整改情况报告1篇。根据审计发现的重要问题，形成8篇审计信息上报市委、市政府，其中3篇获主要领导批示。形成审计重要情况转送函3份转送被审计单位主管部门，要求其限期整改。开展2021审计年度(2021年7月至2022年6月)经济责任审计，7月至12月，完成经济责任审计项目27个，出具审计报告27份。履行审计专班综合组职责，建立与自治区审计工作专班的沟通协调机制，完成审计署长沙特派办对自治区党政主要领导审计的配合服务工作。

【审计信息化】 2021年，市审计局完善数字化审计平台，按照“急用先采、以需促采、以用促采”原则，加快数据定期采集入库，加强半结构化和非结构化数据的采集力度，数字化审计平台采集数据量7.6TB，为审计全覆盖提供数据支撑。搭建企业审计子模块，完成数字化审计平台升级改造，提升国有企业大数据审计水平和数字化审计平台运行能力和系统功能。推进全市一级预算单位数据采集，采集市本级和12个县(市、区)一级预算单位数据13.1GB。组建市本级和县(市、区)数据分析团队，推进“政策先行、思路先行、数据先行”大数据审计模式，实现全过程全链条数据综合分析。完成110个单位115个财务账套的AO数据转换，以及市本级374家预算单位辅助账的整理合并。探索File Locator Pro软件、图数据库的技术应用，开展全市审计机关计算机技术专题培训。

【审计整改】 2021年，市审计局跟踪督促审计查出问题整改情况，严格审计整改责任制、整改销号制，压实压紧相关单位整改主体责任。组织开展2020年市本级审计发现问题整改“回头看”、领导干部经济责任审计等专项整改督促，促进问题整改金额59.74亿元，审计整改促进有关部门、单位建立健全规章制度94项，一体推进揭示问题、规范管理、促进改革。

(莫小萍)

统　计

【概　况】 2021年，南宁市统计局(简称“市统计局”)推进全市生产总值统一核算工作，改进、完善县级季度生产总值核算方法。改进劳动工资统计，为季度GDP核算提供数据支撑。根据广西新经济统计监测制度和增加值核算方法，开展新经济统计监测。建立乡镇统计员、村级协管员、网格员三级统计网格体系，实现运用手机等电子终端收集、审核、上报村级统计数据，为推进经济高质量发展提供统计服务保障。做好第七次全国人口普查先进表彰及开发利用后续工作。全年撰写调研报告27篇，统计分析、统计信息和统计报告146篇，统计动态266篇。公开发行《南宁市情手册》《南宁市国民经济和社会发展统计公报》等统计数据宣传产品4000多册。组织各类线上线下培训班40余期，培训县、乡镇、企业统计人员3000余人次。主要存在统计服务能力水平还不强，分析预判水平有差距，运用法治思维、法治方式解决问题的能力有待提升等问题。

【统计改革】 2021年，市统计局推进全市生产总值统一核算工作，改进、完善县级季度生产总值核算方法。与国家、自治区同步探索编制2019年度自然资源资产负债表，摸清自然资源资产“家底”及其变动情况。完善服务消费统计监测，探索服务消费零售额试算方法、数据质量评估方法。改进劳动工资统计，为季度GDP核算提供数据支撑。根据广西新经济统计监测制度和增加值核算方法，开展新经济统计监测。开展计算机软件和数据库投资统计监测。推进基层统计网格化改革；建立乡镇统计员、村级协管员、网格员三级统计网格体系，实现运用手机等电子终端收集、审核、上报村级统计数据，各县(市、区)、开发区确定统计网格3716个，组建统计网格员5098人。7月1日，南宁市启用网格化服务管理模式进行农业统计、单位名录库的数据采集、管理、报送等；10月，人口变动抽样调查工作正式进入网格化管理实战阶段。

【统计管理】 2021年，市统计局实施防范和惩治统计造假工作机制，加强与市纪检监察、审计部门联系，推动审计部门将统计造假监督工作纳入日常审计，审核验收归集领导干部违规干预统计工作记录业务信息，向社会公布统计违法举报电话，形成统计执法监督合力。7月23日至9月23日，组织统计执法检查组对兴

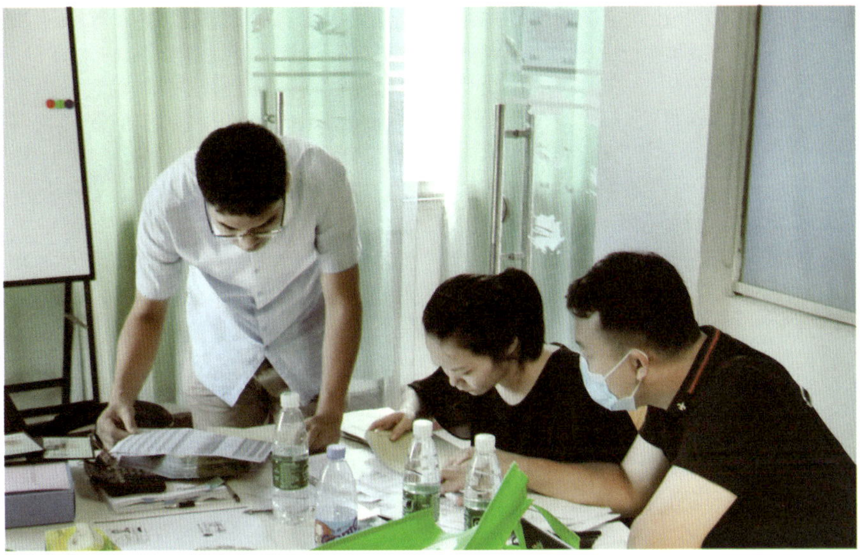

2021 年 9 月 2 日，市统计局对江南区企业开展统计执法“双随机”抽查　　刘永翔提供

宁区、青秀区、江南区、良庆区、武鸣区、马山县、南宁高新区，以及规模以上工业企业、建筑业企业、房地产开发企业、批零贸易企业、服务业企业进行统计数据随机抽查；每个区县各抽取 2 个专业，每个专业抽查企业 5 家，总计 71 家单位开展实地核查、现场问询；检查结果反馈给相关专业及相关区县统计局，要求对存在问题进行整改；发出责令改正通知书 12 份，转办区县统计局立案查处涉嫌违法行为企业 3 家。

【常规统计调查】 2021 年，市统计局严格执行国家报表制度，全面完成 GDP 核算及农业、工业、投资、建筑业、商贸、房地产、人口就业、劳动工资、社会科技等月季年报表工作，完成规模以下工业、限额以下批零住宿餐饮业、规模以下服务业、资质等级外建筑业调查，以及劳动力抽样调查、乡镇农民人均纯收入抽样调查等任务。联网直报企业上报率 100%，直报率 100%，验收率 100%。

【全国统计普查】 2021 年，市统计局做好第七次全国人口普查先进表彰和开发利用后续工作。市第七次全国人口普查领导小组通报表扬先进集体 76 个、先进个人 1442 人；发布《南宁市第七次全国人口普查公报》，撰写人口普查信息 40 篇、人口普查分析 5 篇。

【统计服务】 2021 年，市统计局撰写调研报告 27 篇，统计分析、统计信息和统计报告 146 篇，统计动态 266 篇。获市政府办公室采用 47 篇，获市委办公室采用 42 篇，获市委、市政府主要领导批示 6 篇；上线微信小程序“统计小助手”“在线会议报名”“在线学习考试”，为公众提供数据查询、普法宣传、数据解读、培训考试等服务；市统计局网站公开统计信息 1000 条以上；公开发行《南宁市情手册》《南宁市国民经济和社会发展统计公报》等统计数据宣传产品 4000 多册；开展南宁市统计普法宣传周、有奖统计法律法规知识竞答等活动，以及统计违纪违法典型案例警示教育，发放典型案例警示教育宣传册 1 万余本。受理公开数据咨询 1300 余次，为全市重要报告、会议提供及核对数据 1 万多笔。　（刘永翔）

金融监管

【概　况】 2021 年，中国银行保险监督管理委员会广西监管局（简称“广西银保监局”）、市金融办强化金融服务创新，引导银行业、保险业和地方金融机构回归本源服务实体经济。广西银保监局围绕“六稳”“六保”做好金融服务，加大重点领域政策支持，出台支持工业振兴、科技创新、民营企业和小微企业发展、“桂惠贷”等政策，统筹做好信贷投放，制造业贷款余额 3418.43 亿元，比上年增长 24.81%；涉农贷款余额 2714.25 亿元，增长 8.11%；“桂惠贷”541.62 亿元，惠及市场主体 1.40 万户；脱贫人口小额信贷余额 13.24 亿元，余额户数 2.9 万户次。加强金融风险防控，深化农村中小银行机构改革，严格防止经营贷违规流入房地产领域，化解政府隐性债务，辖区银行业处置不良贷款 163.53 亿元，不良率 0.77%。加强金融创新，推进“一户两区”［面向东盟的金融开放门户、中国（广西）自贸试验区、保险创新综合试验区］建设，推荐与南宁市相关的 6 个创新项目入选面向东盟的金融开放门户十大创新案例。持续强化保险行业监管，推动保险业服务实体经济发展、增强民生保障、提升风险防控能力，在全国率先推出“防贫保”防止返贫保险、农业保险保单质押融资创新试点，南宁市农业保险保费收入 9.48 亿元（广西各市第一），增长 82.59%。市金融办优化金融政策，扩大地方金融监管风险监测和数据归集，强化金融风险防控和处置，营造优良金融生态环境，守住不发生系统性区域性金融风险的底线；把握企业发展规律，优化企业融资环境，引导地方金融机构加大让利力度，与企业共渡难关。南宁辖区银行机构投放制造业贷款、科技类信贷余额和知识产权质押融资贷款等均比上年增多。主要存在非法集资活动尚未完全遏制，金融风险化解需要较长时间，地方金融监管缺乏高效手段、存在薄弱环节等问题。

【银行业监管】 2021 年，广西银保监局出台支持工业振兴、科技创新、民营企业和小微企业发展、“桂惠贷”等政策文件 40 余份。优化资源配置，新增科技支行 11 家，累计 13 家；农村商业银行开业 1 家（宾阳县农村商业银行）；推动金融资源向中国—东盟金融城集聚，引进银行 2 家（广西北部湾银行总行、浙商银行南宁分行），累计 33 家，12 家全国性股份制银行中，11 家在南宁设立分支机构。建立绿色金融管理及统计制度和能源电力保供银企对接协调机制，推进保企业稳就业，落实阶段性延期还本付息政策；开展“解决民营经济突出问题攻坚年”活动，南宁辖区“银税互动”贷款比上年增长 42.61%。加强服务创新，督促引导地方法人银行机构在保持物理网点稳定前提下，向县域延伸网点和服务，新增县域银行网点 18 个，银行机构网点数 279 个；加大涉农信贷投放力度，推动生猪活体抵押融资试点提质扩面，开展茉莉花等农业保险保单质押融资贷款，涉农贷款余额 2714.25 亿元、增长 8.11%，茉莉花贷款余额 5.44 亿元、增长 12.58%，脱贫人口小额信贷余额 13.24 亿元、余额户数 2.9 万户次；出台金融服务重点帮扶县专项实施方案，马山县贷款余额 91.12 亿元，存贷比 80.20%，增长 20.32%。制定落实《打好防范化解重大金融风险攻坚战下一阶段工作任务》，辖区银行业处置不良贷款 163.53 亿元，不良率 0.77%；深化农村中小银行机构改革化解风险，南宁市政府提供 78.35 亿元资产置换不良贷款，农村合作金融机构不良率降至 4%，破除 2018 年以来不良率高于 5% 的不利局面；开展经营贷违规流入房地产领域专项排查，按照“三稳三保”（稳企业、稳岗位、稳就业，保价格、保质量、保供应）要求处置重点房企经营困难问题，房地产信贷市场秩序总体平稳；压降影子银行业务，规范城市商业银行投资业务工作成效被中国银行保险监督管理委员会在全国推广;开展“案件专项治理年”行动和“内控管理合规建设年”活动,配合做好南宁政府隐性债务化解、扫黑除恶、打击非法金融活动等,维护区域金融环境。落实《健全银行业保险业公司治理三年行动方案(2020—2022年)》,推动地方法人机构党的建设与公司治理融合,首次开展农村中小银行机构治理评估和全覆盖高管履职评价,建立城市商业银行风险偏好评估机制、法人机构全面对接监管评级工作机制,在全国创新开展股东责任警示教育。

【保险监管】 2021年,广西银保监局推动险资入桂、险资入邕,联合自治区地方金融监管局、中国保险资产管理业协会,搭建广西专属险资运用平台,举办“险资入桂共建金融开放门户”“险资入桂共赢发展”系列“线上+线下”对接活动,发布融资项目产品30多个,融资规模400亿元。加快建设南宁保险创新综合示范区,建立保险改革创新任务矩阵式项目管理机制,在南宁召开第六届中国—东盟保险合作与发展论坛;推动知识产权海外维权险落地南宁,实现首单突破,南宁辖区科技保险原保险保费收入445.26万元,提供风险保障15.79亿元。南宁辖区安全责任生产险从煤矿、非煤矿山、金属冶炼、危险化学品、烟花爆竹、民用爆破六大高危领域扩大到交通运输、交通工程建设和交通枢纽等领域,保费收入1.84亿元,比上年增长131.01%;推进车险综合改革,印发《关于加强车险费用管控的通知》,附加费用率、商业车险费率浮动因子、佣金及手续费等车险监管指标好转。推动普通道路灾毁保险、交通安全责任险统一保险、长期护理保险等落地南宁,大病保险“一站式”结算量6.87亿元,交通安责险保费规模1.61亿元,长期护理保险试点承保对象145万人。开发普惠型商业医疗保险、养老保险业务,助推设立“泰康之家·桂园”养老社区等。在全国率先推出“防贫保”防止返贫保险,承保马山县脱贫人口6万多人,提供风险保障318.08亿元。推出主粮、蔗糖、生猪等地方重点农业产业保险试点,在全国率先推出农业保险保单质押融资创新试点。南宁市农业保险保费收入9.48亿元(广西各地级市第一),增长82.59%,增速高于广西平均水平36.89个百分点;承保农户101.54万户次,提供风险保障354.44亿元,规模增长48.59%。规范保险销售市场,指导保险行业协会制定制度、设立测试平台,推动启动保险销售人员分级分类管理,南宁辖区超6万人获得销售授权。开展“防范打击经济犯罪”集中宣传,受益群众6万人次。建设金融纠纷多元化解机制,成立南宁保险行业协会人民调解委员会,调解银行保险纠纷1194件(线上321件);调解645件,金额3145.98万元。开展“案件专项治理年”行动,排查出南宁辖区陈案36件,涉案金额8.08亿元,完成存量案件追赃挽损1.17亿元;督促涉案机构开展内部问责144人次;行政处罚涉案机构4家、责任人20人;从严处理直接侵害消费者权益案件2起,罚没733万元。 (覃雅倩)

【地方金融监管】 2021年,南宁市地方金融组织266家,注册资本380亿元,撬动服务实体经济资金余额超过1500亿元,分别占自治区42%、65%、71%。市金融办开展小额贷款公司、融资担保公司、典当行、交易场所等地方类金融组织现场检查和年度考评,检查小额贷款公司120家次、融资担保公司28家次、典当行93家次、交易场所12家次、融资租赁公司5家次、商业保理公司2家次;约谈并督促整改小额贷款公司2家次、融资担保公司3家次、典当行3家次、交易场所3家次。督促地方金融组织上报监管信息系统数据,通过行业监管信息系统、全国企业公示信息系统、中国执行信息公开网、中国法院裁判文书网等,监管地方金融机构是否存在超额发放贷款、贷款利率过高、违规开展业务等问题。开展交易场所清理整顿,化解遗留风险,督促涉法涉诉交易场所妥善处理历史遗留问题并做好风险化解,涉交易场所信访投诉件比上年下降80%以上,未发生因交易场所问题引发的重大群体性事件和金融风险。规范商业保理与融资租赁企业经营行为,正常经营类企业上报自治区地方金融局纳入监管,非正常经营类和违法违规类企业督促整改或注销。 (杨 培)

市场监督管理

【概 况】 2021年,南宁市市场监督管理局(简称“市市场监管局”)有派出机构28个,分别是专业市场管理分局、南宁高新区分局、南宁经开区分局、广西—东盟经开区分局、青秀山风景区分局、知识产权分局及22个市场监督管理所;直属机构2个,分别是市场监测与电子数据取证中心、12315投诉举报指挥中心。县(市、区)市场监管局12个。市市场监管局加强市场监管,保障民生安全,全年查处食品药品、侵权假冒等28个大类的违法案件,立案1.25万起,作出行政处罚决定1.54万件,结案案值5073万余元;作出行政处罚决定罚款6326万余元,没收违法所得370万余元,没收非法财物价值517万余元。食品安全形势总体稳定。南宁市消费者满意度在全国27个省会城市排名第四。全市市场主体登记存量84.76万户,比上年增长9.07%;新登记各类市场主体16.14万户,增长20.71%,市场主体存量居自治区首位。新增注册商标3.28万件,有效注册商标总量14.40万件,增长26.35%,有效注册商标总量占自治区37.02%,位居自治区第一。全市有1308家企业在全国企业标准信息公共服务平台完成标准自我声明公开1万项,居自治区首位。网络市场监管、“小个专”党建、企业跨辖区迁移登记改革等工作经验获自治区推广。全年获国家级表彰1次、省部级表彰6次、厅级以上荣誉20余次。主要存在应对网购、外卖等新兴消费模式对市场监管挑战的能力有待进一步提升,打击隐蔽化网络化食品违法犯罪难度加大,以及药品专业监管人员严重短缺,GSP认证检查员流失带来药品监管力度有所弱化等问题。

【企业开办改革】 2021年,南宁市依托广西数字政务一体化平台——“广西企业开办‘一窗通’平台”,推行企业登记、公章刻制、申领发票和税控设备、员工参保登记、住房公积金企业缴存登记、银行开户预约线上“一表填报”申请办理。平台打通各业务部门数据接口,将企业开办信息通过平台在部门实现“网上申请、网上受理、网上核准、自助发照、自动公示、电子归档”。市市场监管局会同市行政审批局、市公安局、市税务局等部门联合出台《2021年南宁市持续优化营商环境行动企业开办专项实施方案》,通过进一步规范优化办事流程、解决企业开办堵点和难点、对标先进创新工作方法等,促进市场主体便捷完成企业开办“2个环节、7个事项、1个工作日内办结”。6月30日,印发《开展企业名称“即报即得”改革试点工作实施方案》,通过创建全新企业名称行业字词库及代码清单,优化企业名称自主申报规则,升级企业名称网上登记系统,完善企业名称争议救济途径,严格企业名称监管,进一步提升名称登记便利度,实现符合条件的企业名称“即报即得”,提高全程电子化登记系统自动识别和智能筛查精准度,大幅减少“近似名称”“取名难”等问题。4月,在自治区率先推行企业跨辖区迁移登记改革,印发《南宁市市场监督管理局关于优化企业跨辖区变更住所登记流程的通知》《关于进一步做好简化企业市内跨区迁移工作的通知》,编制“登记机关迁移和变更登记操作流程”“申请人办理操作流程”,

通过“一申即转”的“三零”（零障碍、零成本、零距离）服务模式，解决企业“往返跑”难题。南宁市作为自治区推行企业住所和经营场所分离登记改革首批试点城市。6月25日，印发《推行企业住所和经营场所分离登记改革试点实施方案》；通过“一张执照、多个场所、多点经营”，实现适用区域、审批模式、执照地址“三突破”，释放住所资源，降低准入门槛，大幅节省企业网点扩张的时间和成本。12月31日，全市市场主体登记存量84.76万户，增长9.07%；新登记各类市场主体16.14万户，增长20.71%；市场主体存量居自治区首位。

【证照分离改革】 2021年7月1日，市市场监管局在全市范围内推行“证照分离”改革。按照《广西深化“证照分离”改革全覆盖工作实施方案》要求，会同市行政审批局、市大数据发展局、市司法局、市商务局组织开展全市涉企经营许可事项清理工作。涉及的市直部门，15个县（市、区）、开发区均完成事项梳理、认领工作，并对外进行公示，按事项清单逐项在广西数字政务一体化平台调整更新，确保线上线下改革事项、名称、类型、举措等要素一致。全市办理“证照分离”改革事项许可30.23万户，其中直接取消审批2747户、审批改备案5390户、告知承诺3.01万户、优化准入服务26.40万户。

【市场监管行政执法】 2021年，市市场监管局查处食品药品、侵权假冒等28个大类的违法案件，立案1.25万起，作出行政处罚决定1.54万件，结案案值5073万余元；作出行政处罚决定罚款6326万余元，没收违法所得370万余元，没收非法财物价值517万余元。向公安机关移送涉嫌犯罪的案件（线索）51起，公安机关立案28起。

【“双随机、一公开”监管】 2021年，南宁市商事制度改革暨“双随机、一公开”部门联席会议办公室更新调整随机抽查事项清单，出台《南宁市政府部门随机抽查事项清单（第二版）》《南宁市部门联合随机抽查事项清单（第二版）》。在自治区及全国率先出台住建、交通运输、司法等32个业务领域双随机抽查工作指引，提高抽查检查规范化水平。全市市县两级部门开展单部门双随机抽查1488批次，抽查对象2.12万户，开展跨部门联合抽查264批次，抽查市场主体2700户。

【市场主体年报】 2021年，南宁市企业、个体工商户、农民专业合作社2020年度年报率分别为92.25%、77.04%、95.49%。指导、督促全市37个政府部门依据《南宁市政府部门涉企信息归集资源目录（第二版）》开展涉企信息统一归集公示工作；全市归集行政许可信息10.47万条、行政处罚信息8426条、抽查检查信息2.70万条，归集的涉企信息均通过国家企业信用信息公示系统向社会公示。

【商品房销售价格行为监管】 2021年，市市场监管局指导房地产开发企业严格落实《中华人民共和国价格法》《关于商品和服务实行明码标价的规定》《商品房销售明码标价规定》，要求房地产开发企业明码标价，实行“一套一标、一房一价”，在经营场所显著位置公示商品住房销售价格等内容，且实际销售价格不得高于备案价格。督促房地产开发企业落实主体责任，采取约谈、提醒告诫等方式督促房地产开发企业根据开发建设成本、合理利润等因素确定商品住房合理销售价格，必须兑现公示的各项价格承诺，不得收取任何未予标明的费用，不得使用虚假或不规范的价格标示误导消费者进行价格欺诈。查处房地产开发及中介领域案件13起，涉及商品房经营者、代理销售公司未按规定明码标价、价格欺诈、违规收取权籍调查费等违法违规问题，罚款金额143.96万元。

【农贸市场监管】 2021年，市市场监管局组织农贸市场利用LED显示屏、广播、扩音器、音箱等设备开展新冠肺炎疫情防控宣传，张贴疫情防控宣传海报、条幅和板报6121处，循环播放广播8.46万条次。严格落实农贸市场人员防控措施，督促市场工作人员和场内经营者在工作期间佩戴口罩、手套等，做好个人防护，劝导未佩戴口罩人员4.65万人次。助推全市创建全国文明典范城市、国家卫生城市，整治建成区农贸市场190个。纠正农贸市场内的超摊位（门店）范围经营1.83万处，占道经营1.64万处，物品乱堆放7709处，车辆乱停放、乱穿行1.76万起，乱张贴广告7330处，乱悬挂3154处，乱拉挂电线1287处，乱搭盖1714处；清理垃圾1.43万吨。处罚市场经营户126户，罚款0.77万元。开展市场环境卫生清理8578次，清理垃圾1.76万吨，集中灭“四害”（苍蝇、蚊子、蟑螂、老鼠）4284次；开展农贸市场活禽经营整治，指导农贸市场开办方和经营户落实休市消毒或者市场区域轮休消毒制度和“111”防控措施（一日一清洗、一周一消毒、一月一休市），全年开展活禽区域轮休2012个次、消毒1.18万个次。组织全市商品交易市场开展文明诚信示范市场创建活动，公示文明诚信示范市场52个，其中农贸市场41个。将执法行动与普法宣传相结合，加强对市场开办方的指导督促。开展打击非法经营野生动物专项整治，全年累计出动执法人员3751人次，整治农贸市场1958个次，检查经营主体2.44万户次，未发现市场内经营野生动物及其制品行为。推动农贸市场生活垃圾分类典型示范创建，配合市垃圾分类办对垃圾分类示范单位进行验收；将垃圾分类纳入农贸市场精细化管理标准，进一步强化农贸市场垃圾分类工作规范；发放农贸市场垃圾分类指引宣传册3万份，更新农贸市场垃圾分类标识4853处。

【网络交易市场监管】 2021年，市市场监管局针对生活类电商主要在微信公众号、微信小程序、手机软件App等互联网移动端上经营特点，开发建设移动端网络交易监管系统，对移动端网络经营活动进行网络电子数据收集、提取、固定。建立网络市场监测监管工作机制，形成线上线下一体化监管工作格局。5月1日，落实《网络交易监督管理办法》相关规定，督促指导本地各电商平台上报和更新入驻商家信息，公示入驻商家相关证照信息。组织开展网络市场监管专项行动（网剑行动），实地检查网站、网店开办企业1068个次，责令整改违法违规行为201起，立案查处涉网案件195起，办结190起，其中20万元以上案件2起，移送公安案件2起，罚没款139.62万元。

【广告市场监管】 2021年，市市场监管局开展重要领域广告专项整治行动8次，查办各类虚假违法广告案件284起，罚没金额391.15万元，案件数比上年增加35件，罚没金额增加197.85万元。规模以上在库广告企业29家，全年规模以上广告企业营业收入15.80亿元，增速16.50%。开展户外广告专项治理，出动执法人员4291人次，检查（监测）户外广告2137处，责令停止发布户外广告247条，受理投诉（举报、信访转办）313件，行政约谈1次，整治工作宣传76次，查处户外广告案件11起，罚没6.63万元。开展“护苗助老”专项整治，出动执法人员2411人次，监测保健食品广告1345条，医疗器械广告663条，医疗广告543条（含医疗美容广告150条），药品广告1253条，金融投资广告303条，教育培训广告887条，视力矫正广告259条；查处医疗广告案件21起、罚没19.89万元，查处药品广告案件12起、罚没80.09万元，查处教育培训广告案件7起、罚没0.7万元，查处保健食品广告案件1起、罚没0.08万元，查处金融投资专项广告案件1起、罚没2.13万元；责令停止发布医疗广告10条，药品广告2条，教育培训广告26条，开展行政约谈2次。开展违法违规商业营销宣传集中整治,出动执法人员1.54万人次,检查传统媒体广告3937条次,监测互联网广告4652条次,检查户外广告7438条次、其他类广告2562条次;开展行政约谈47次,责令整改或停止发布广告178条;查处涉及含有淫秽、暴力、赌博、迷信等内容的营销宣传行为广告案件3起,罚没金额75万元。落实"双减"(减轻学生和家长负担)工作,开展教育培训广告整治,出动执法人员856人次,检查校外培训机构(企业)650多家,以及主流媒体、网站、微信公众号等219家,责令停止发布教育培训广告,受理投诉(举报、信访转办)17件,开展整治工作宣传51次,立案9起,罚款4.70万元。

【消费维权】 2021年,市市场监管局以商场、超市、商店、药店、餐饮店、生产企业为基础,全面推动放心消费创建活动,打造"邕有诚信·消费无忧"城市名片。全市放心消费创建活动覆盖商贸流通、交通、金融、家居建材、电子商务、快递、旅游等20多个行业,电子商务放心消费示范单位112家,放心消费示范街33条,放心商场(超市)31家,放心市场18个,放心消费参创经营户6110户。深入开展消费维权宣传,利用"3·15"国际消费者权益日主题宣传活动及消费维权主题宣传"五进"(进社区、进企业、进学校、进农村、进家庭)活动,深入社区、学校、商场、市场、企业、超市、景区等开展宣教活动,向消费者宣传消费维权知识及识别假冒伪劣技能。开展各类宣传活动140余场,播放公益宣传片1.20万条,制作墙报、板报209幅,印发宣传资料、手册15万余份。全市各级12315机构接收处理投诉、举报和咨询14.85万件,为消费者挽回经济损失3923.58万元,受理率、处理率、反馈率均为100%,回访消费者满意率96%。打造消费投诉信息立体式公示渠道,开展12315消费投诉信息公示5期,涉及重点行业10个、市场主体103个;拓展ODR(在线消费纠纷解决)企业127家,和解成功率超过80%;制作12315数据统计分析14期;发布12315消费提(警)示12期;开设维权普法宣传课堂20场次。在中国消费者协会发布的《2021年100个城市消费者满意度测评报告》中,南宁市消费者满意度得分81.16,在全国100个城市中排名第二十四,在27个省会城市中排名第四,在广西3个参评城市中排名第一。

【计量监管】 2021年,市市场监管局加强计量基础性工作,持续健全市量值传递体系。组织6家县级法定计量技术机构参加砝码量值比对,确保量值传递准确可靠;组织开展能源计量审查,现场审查重点用能企业2家,指导企业规范能源计量器具的配备和管理,将能源计量审查与相关计量监管、计量服务等相结合,进一步夯实企业计量基础,提升计量管理水平,将节能减排落实到位。针对青少年近视防控,加强对全市眼镜制配行业的计量监督;对眼镜制配场所进行"双随机"(随机抽取检查对象、随机选派执法检查人员)抽查,检查眼镜制配场所34家,检查眼镜配制用焦度计、验光机、验光镜片等计量器具78台(件),对3家眼镜店9台(件)未经检定合格使用的眼镜配制计量器具责令整改并进行追踪。组织开展电子计价秤计量监督检查,检查电子计价秤销售企业39家,商场超市及集贸市场294家,累计检查电子计价秤6068台,合格5620台,责令使用未经强制检定计量器具的经营者进行整改,立案查处5个破坏电子计价秤准确度的市场摊位。检查423家集贸市场、商场超市、年货市场、加油站、出租车公司计量器具3982台(件),合格率96.60%。抽查食用油、米、面等定量包装食品1073批次,合格率100%。

【标准化建设】 2021年,南宁市开展对标达标质量提升专项行动和实施企业标准"领跑者"制度,全市有63家企业参与对标达标行动,其中25家企业完成对标结果47项。广西博世科环保科技股份有限公司、广西申龙汽车制造有限公司制定的企业标准列入广西企业标准"领跑者"排行榜。加快创新成果向标准转化,增强标准有效供给,全市参与制(修)定标准99项,其中国家标准26项、行业标准8项、广西地方标准9项、团体标准56项。全市有1308家企业在全国企业标准信息公共服务平台上完成标准自我声明公开1万项,居自治区首位。推进标准化示范试点项目建设,新增国家级标准化试点示范项目3个(南宁威耀集采集配供应链管理有限公司、广西"太和自在城"智慧康养服务标准化试点、广西国际壮医医院壮瑶医诊疗服务标准化试点),新增自治区级标准化试点示范项目9个[南宁呵护健康体检有限公司健康管理服务标准化试点、广西谦之益餐饮管理有限责任公司智慧食堂(广西民族大学武鸣校区)服务标准化试点、广西壮族自治区人民医院(广西医学科学院)医疗服务标准化试点、广西北投环保水务集团有限公司城镇供水服务标准化试点、捷佳润科技集团股份有限公司智慧农业服务标准化试点、广西赛宝消防检测技术服务有限公司智慧消防维保服务标准化试点、广西亮雅环境科技有限公司保洁服务业标准化试点、广西心阳健康管理有限公司产后康复服务标准化试点、广西金陵农牧集团有限公司种鸡养殖标准化试点]。

【商标品牌建设】 2021年,南宁市新增注册商标3.28万件,有效注册商标总量14.40万件,比上年增长26.35%,有效注册商标总量占自治区37.02%,位居自治区第一。完善地理标志商标培育、运用、促进三级数据库,加强地理标志保护。新增"隆安香蕉""良庆百香果"2个地理标志商标,全市累计有地理标志商标9个、地理标志保护产品9个、农产品地理标志产品6个、驰名商标4个、广西商标品牌战略实施示范企业5家、国家地理标志产品保护示范区1个,纳入自治区地理标志农产品保护工程项目2个,使用地理标志企业123家。"横县茉莉花""武鸣沃柑"入选首批广西"桂字号"区域公用品牌。"横县茉莉花茶"入选"中欧100+100"地理标志互认互保产品;"横县茉莉花茶"地理标志证明商标注册马德里国际商标,商标保护延伸至英国、乌克兰等国家。南宁商标受理窗口增加免费寄存、快递送达、绿色通道等便民服务,新增窗口微信预约功能,优化群众体验感;窗口商标注册业务受理量位居自治区第一;全市新增商标咨询服务窗口14个。

【特种设备安全监管】 2021年,市市场监管局全面构建安全监管网格,创新模式优化大数据物联网云平台监管,强监管严执法守底线落实安全主体责任。全市有特种设备8.83万台,其中锅炉2745台、压力容器1.13万台、电梯5.59万台、起重机械1.25万台、大型游乐设施203台、场(厂)内机动车辆5680台,以及压力管道1037.19千米、各类气瓶113.37万只,全年未发生特种设备安全生产事故。

【工业产品质量安全监管】 2021年,市市场监管局开展获证工业产品生产企业后续监管工作。对全市299家获证工业产品生产企业开展全覆盖现场监督检查,对检查发现问题督促闭环整改。加强重点产品生产企业监督,重点对电线电缆、危险化学品及其包装物等高风险产品开展隐患排查治理,引入技术专家与监督人员开展联合检查,督促企业落实产品质量安全主体责任。向社会公开发布2021年监督抽查工作计划和50个产品监督抽查实施细则,完成50个大类、676批次,共206万元产品质量监督抽查公开招标工作,监督抽查合格率96.60%。按照辖区工作实际追加经费用于燃气热水器、井盖等产品的定向监督抽查,保障产品质量监督抽查工作开展。开展邻苯二甲酸酯类和荧光性物质风险监测,抽检样品 15 批次，其中食品用塑料容器样品 10 批次，食品用纸包装、容器制品 5 批次，未发现问题产品。

【认证认可与检验检测监管】 2021 年，市市场监管局超额完成规模以上营利性质检技术服务业年度经济指标任务，质检技术服务业营收指标比上年增长 26.20%，新增企业入库 4 家。全市质检技术服务业规模以上在库企业 11 家，其中 6 家规模以上质检技术服务业企业所在的科技研究与技术服务行业增速 37%，4 家规模以下质检技术服务业企业所在科技研究与技术服务行业增速 20.22%，完成工资总额增长 15% 目标任务。全市获各类有效认证证书 1.25 万张，证书总量位居自治区第一。推动开展有机产品认证、香港优质正印认证、广西优质认证等高端品质认证，全市获高端品质认证证书 172 张，位居自治区第一。其中，帮扶 15 家企业新获香港优质正印和绿色标志证书 17 张，帮扶 1 家企业新获低碳产品认证证书 3 张，帮扶 7 家企业新获广西优质认证证书 7 张。深入检验检测机构调研，指导和推动辖区符合条件的检验检测机构申请新兴产业检验检测能力资质认定，协调自治区市场监管局资质认定部门启动“绿色通道”组织评审。新增战略新兴产业检验检测能力 556 项，位居自治区第二。广西华测检测认证有限公司、广西绿保环境监测有限公司等 14 家机构通过告知承诺获检验检测机构资质认定扩项证书。开展强化强制性认证产品和检验检测机构监管，强制性认证产品领域立案查处 107 起，结案 81 起，主要涉及电动自行车、电线电缆、灯具、燃气器具等领域，罚没款 108.75 万元。开展机动车、食品、生态环境、建筑工程、人防检验机构专项监督检查，随机抽取车检机构 23 家、食品检验机构 10 家、生态环境检验机构 18 家、建筑工程检验机构 26 家、人防检验机构 1 家进行监督检查；对 3 家机动车检测机构、5 家生态环境检验机构、1 家建筑工程检验检测机构不按标准开展检测，涉嫌出具失实数据等问题进行立案处理。

【食品安全抽检监测】 2021 年，市市场监管局完成食品抽检 3.47 万批次（每千人 4.73 批次），其中食品安全评级性抽检 2043 批次，合格率 98.63%。完成自治区局下达食品抽检任务 1.31 万批次，市本级监督抽检 6839 批次，市本级春季开学学校食堂、食用油、乳制品、蔬菜制品、节日食品等专项监督抽检 2428 批次。

【食品安全监管】 2021 年，南宁市获证食品生产企业 1467 家，其中在产食品生产企业（含季节性生产）1206 家，停产企业（含僵尸企业）261 家。大型生产企业 2 家，规模以上生产企业 92 家。全市登记食品生产加工小作坊 4279 家。全市食品生产企业自查覆盖率 99.17%，其中乳制品、肉制品、食用植物油、鲜湿米粉、白酒等重点食品生产企业自查率 100%。组织食品生产企业法定代表人和食品安全管理人员开展食品安全考核，参加考核食品生产企业 1252 家，考核覆盖率 100%，考核合格率 95.71%（覆盖率不含停产企业及僵尸企业，下同）。指导企业建立健全食品安全追溯体系，完成追溯体系建设企业 1163 家，完成率 96.43%，其中 107 家建立电子追溯体系。肉制品食品生产企业建立追溯体系 93.55%，乳制品、白酒、食用植物油等食品生产企业建立追溯体系 100%。开展乳制品、鲜湿米粉、白酒、小作坊花生油、糕点（月饼）等专项整治行动，市本级开展专项监督抽检 1064 批次，合格率 94.17%。全年组织开展体系检查 22 家，发现问题 451 个；飞行检查 86 家，发现问题 988 个；许可督查 66 家，发现问题 307 个。按“检查—整改—复查”闭环监管要求，对发现的问题进行持续跟踪关注，直至企业整改到位。建设“食用植物油安全监管与追溯系统”智慧监管平台，组织召开培训会 10 场，对全市市场监管系统 200 名基层监管人员、511 名小油坊业主、368 家小油坊开展食用油质量安全监管与追溯系统使用培训。全市试点小油坊操作食用油智慧监管小程序使用率 75% 以上。市小油坊监管机制研究试点建设工作通过自治区验收。

【食品经营安全监管】 2021 年，市市场监管局利用快检技术，对全市批发市场开展快速检测 1.10 万批次，对全市农贸市场食用农产品开展快速检测 49.80 万批次，把好食用农产品进场查验关，排查重点品种安全隐患，预防食品安全事故发生。组织 216 个超市开展“放心食品超市自我承诺”活动，推动商场超市严格落实食品安全主体责任，督促行业提升食品安全诚信水平和食品安全管理能力。开展对进口冷链食品、蔬菜干制品等重点产品，校园及其周边、农村市场等重点场所，生鲜配送供货商、食品自动售货设备等重点经营者专项整治。检查蔬菜干制品经营者 492 家次，对黄花菜等蔬菜干制品开展快速检测 337 批次，开展监督抽检 88 批次；全面开展校园及其周边食品经营者主体责任检查。通过加强日常巡查、集中行动等方式加大检查力度，重点整顿无证经营、销售“三无”（无生产厂家、没有生产地址、无生产日期的产品）或过期变质及其他不符合食品安全标准食品等违法行为，检查校园及其周边食品经营户 2209 家次。推进农村市场食品安全整治，检查食品生产经营主体 1.27 万户次，小作坊、小餐饮、小摊贩 4026 家次，农贸市场 3565 家次，开展监督抽检 4111 批次。整治生鲜配送供货商，建立生鲜配送供货商台账，指导生鲜配送供货商规范食品进货、贮存、销售、配送各环节管理；开展监督抽查 160 批次，检验结果均合格。对辖区内商场、学校、公园、机关事业单位、医院、地铁站等人群密集区域的食品自动售货设备所销售的食品开展整治，进行监督抽检 50 批次，检验结果全部合格。严格落实进口冷链食品集中查验制度，查验进口货物 7.22 万吨，运输车辆 6748 车次，出具出仓证明 1.06 万张；严格落实冷链食品追溯管理机制，指导督促 1450 家进口冷链食品生产经营者应用“八桂冷链通”平台录入进口冷链食品购进及销售相关信息；加强进口冷链食品流通环节隐患排查，重点排查大型商场超市、进口冷链食品和各类冷库，排查进口冷链食品经营者 6531 家次。

【食品餐饮安全监管】 2021 年 4 月，市市场监管局开发使用“食安八桂监管”App，对已取得食品经营许可证或者小餐饮登记证的餐饮服务提供者开展餐饮服务风险等级评定，全面实施餐饮服务风险分级管理，全市餐饮单位和小餐饮开展风险等级评定 6.89 万家，风险分级率 99%。开展 2021 年春季、秋季开学学校疫情防控和食品安全工作，检查学校食堂 8295 家次，检查校外供餐单位 19 家次，校内餐饮服务食品经营者 413 家次，校园周边餐饮服务单位 2518 家次及校内外食品经营单位 3745 家次。开展监督抽检食品 737 批次，检出问题食品 1 批次，约谈责任人 8 人，发出责令整改通知书 76 份，立案查处案件 1 起。开展面制品和自消餐饮具高风险食品安全整治，出动执法人员 1611 人次，检查餐饮服务单位 1171 家次，发现问题 95 家，监督抽检食品 100 批次，不合格 5 批次，责令改正 37 家。结合创建国家卫生城市要求，针对“小餐饮”开展专项检查和餐饮质量提升行动，检查小餐饮 1.55 万家次，发现问题 2431 家，发出监督指导意见书 9320 份、责令整改通知书 234 份，立案查处案件 7 起。完成自治区十三届人大四次会议、自治区十二届政协四次会议、市十五届人大一次会议、市政协第十二届一次会议、第 18 届中国—东盟博览会、第三届中国—东盟电视周、市第十三次党代会、第九届中国—东盟（南宁）戏剧周、三月三八桂嘉年华等重大活动食品安全保障任务，保障接待酒店用餐6万多人次，未发生食品安全事故。在全市公办中小学、幼儿园、中高职校及市属高校食堂实行食材集采集配，解决学校食材采购质量参差不齐、配餐标准不统一、配送单位零散、检测溯源不完善、统一监管难度大等突出问题。建立全市学校食材集采集配数据平台，搭建食材库336个，建成南宁威耀集采集配供应链管理有限公司五象食材分拣配送基地，在江南区、邕宁区、良庆区、南宁经开区等248所学校试点。开展南宁"放心餐饮"单位评定活动，评选南宁食安创城100家"放心餐饮"单位（社会餐饮50家、学校食堂50家）。开展"周周有料到，餐饮安全你我同查"活动，采取"发布调查＋网络直播＋回头查"的形式，将执法人员在青秀区汉堡王、兴宁区海底捞、西乡塘区七叔家常菜等13家餐饮企业的执法检查过程全程同步直播，在线观看量78.80万人。开展2021年食品安全进校园活动，通过"食安八桂"微信公众号平台制作食品安全和营养健康宣传短片与知识题库，在全市中小学、幼儿园开展线上答题活动，参与答题学生近18万人；在青秀区绿地中央广场上海天地举办食品安全进校园——有奖知识问答趣味互动营活动，进行食品安全知识网络有奖答题活动现场兑奖和线下活动体验。

【特殊食品与食盐安全监管】 2021年，南宁市有特殊食品生产许可证企业11家，全部为保健食品生产企业，没有婴幼儿配方食品和特殊医学用途配方食品生产企业。有许可证的保健食品经营企业4.44万家，婴幼儿配方食品经营企业6500家，特殊医学用途配方食品经营企业1000家，食盐经营和使用单位13万家。市市场监管局加强食盐经营环节质量安全监管，投入专项经费40万元，在自治区率先探索第三方参与食盐监管模式，首创向社会公开招标形式购买食盐辅助执法服务，服务内容覆盖12个县（市、区）食盐批发、零售和使用等环节的经营者。保健食品生产企业自查报告率100%，对8家保健食品生产企业进行体系检查，发现问题156个，督促企业全部整改。11月，南宁市率先承接自治区下放的保健食品生产行政许可事项。市市场监管局对特殊食品和食盐的抽检做到种类全覆盖，全年抽检保健食品135批（自治区抽100批、市级抽35批），婴幼食品18批次，特殊医学用途配方食品24批次，食盐38批次（自治区抽8批、市级抽30批），合格率100%。开展保健食品行业专项清理整治、食盐质量安全专项整治、婴幼儿配方乳粉排查等，出动执法人员1.90万人次，检查生产企业40家次，经营企业9320家次，发现问题149个，发出责令整改86家，立案8起。全年举办保健食品和食盐科普宣传262场，参加活动群众1.70万多人，发放宣传材料4.50万份。

【药品和疫苗监管】 2021年，南宁市有药品零售流通企业3900余家，疫苗配送企业8家，医疗机构4600余家。将疫情防控和疫苗质量监管工作放在首位，制定《南宁市疫苗安全事件应急预案（试行）》，做好疫苗储存、运输和预防接种等环节质量监管。开展中药饮片专项整治、药品网络销售违法违规行为专项整治、医疗美容药品专项整治、含兴奋剂药品专项检查、市三级医疗机构专项监督检查等。强化药品监督抽验，以排查质量风险为目标，在药品经营使用环节抽检药品150批次，检出不合格药品5批次，靶向命中率3.33%，问题发现率位居自治区前列。优化药品进口通关办理流程，缩短药品进口通关单办理时限，实现一站式办理、全程无纸化办理。稳步推进疫苗国家监管体系（NRA）评估试点工作，梳理相关工作机制文件，推进市场监督和控制（MC）板块自评工作，制定《南宁市市场监督管理局疫苗召回工作制度》等5项工作制度。

【医疗器械安全监管】 2021年，市市场监管局开展医疗器械网络销售专项检查，完善网络经营主体数据库，采集767个线上经营主体数据，与已备案线下经营主体库比对匹配649个，通过"智慧监管网络监测系统"开展网络监测。组织实施网络监测7期，监测市场主体17.19万个，涉及商品283.21万件，涉嫌违法违规线索124条，下派处置124条，核查反馈68条。对162家经营企业和使用单位开展"医疗美容类医疗器械"合规性检查，其中责令整改21家次，警告19家次，立案查办64起，罚没金额49.20万元。对重点防疫机构（含医院和第三方实验机构）开展防护用医疗器械质量抽检。抽检品种包括医用防护口罩、医用外科口罩、医用一次性防护服、一次性使用橡胶外科手套、体温计、隔离衣、隔离眼罩等24个品种（批次），其中1个批次的隔离衣抽检结果不合格。完成国家医疗器械监督抽检任务4批次。开展医疗器械质量安全风险隐患专项排查治理，联合市医保局对14家医疗机构开展联合检查，对新冠病毒检测试剂、呼吸机、脊柱矫形器、防护服、青少年近视矫正眼视光医疗器械、冠脉支架等品种实施风险排查，出动执法人员3000多人次，检查一类医疗器械生产企业19家、医疗器械经营使用单位1267家、医疗器械网络销售企业118家，排查风险隐患32个，已全部整改；立案查处违规单位31家，限期整改4家次，复查4家次；警告7家，罚没款27.80万元。

【化妆品安全监管】 2021年，市市场监管局深化重点品种、场所、领域专项整治，检查儿童化妆品经营企业1371家次，发现问题产品36批，发出责令改正通知书142份，立案查处6起。检查美容美发机构及美容美发产品经营单位579家，发现问题产品218瓶，查封扣押涉嫌违法违规化妆品数量161瓶，发出责令改正通知书90份，立案查处26起；开展化妆品经营网络监管，发现涉嫌违法违规情况线索56条，责令改正22起，立案查处2起；加强化妆品监督抽检，在经营环节中开展监督抽检313批次，不合格5批，合格率98.40%；抓好化妆品不良反应监测，上报化妆品不良反应1732例，完成自治区药监局任务数294.60%，报告数量排名自治区第一。加大法律法规宣传力度，开展全国化妆品安全科普宣传周系列活动，宣传覆盖人数近百万人次。

【知识产权试点示范】 2021年，南宁市深入推进国家知识产权示范城市建设，出台《南宁市强化知识产权保护工作实施方案》《南宁市知识产权质押融资贴息管理办法》等政策文件；向国家知识产权局申报建设中国（南宁）知识产权保护中心；推进南宁市与国家知识产权局知识产权运营服务平台开展战略合作；南宁高新区被国家知识产权局评定为国家知识产权示范园区。加强高价值专利培育，全市获三种专利授权（发明专利、实用新型专利、外观设计专利）1.59万件，比上年增长34.82%，其中发明专利获授权1994件，增长40.42%。全市拥有有效发明专利1.03万件，居自治区首位，增长17.68%；每万人口发明专利拥有量14件，增长16.23%；拥有高价值有效发明专利3294件，每万人口高价值发明专利拥有量4.48件，位居自治区首位，增长15.12%。抓好重点企业培育，全市有国家知识产权示范企业4家，占自治区40%；有国家知识产权优势企业46家，占自治区36.8%；获中国专利优秀奖12个，知识产权智库单位4家；新增通过知识产权管理规范认证企业13家，获中国专利优秀奖1个，获自治区认定广西高价值专利培育示范中心4家，自治区优势企业培育单位21家；首届广西专利奖获奖项目中南宁市获奖15个，占自治区35.71%。构建知识产权大保护格局，健全知识产权行政保护与司法保护衔接机制，深化知识产权

“三合一”（由知识产权审判庭统一审理知识产权民事、行政和刑事案件）审判机制改革；打击侵犯知识产权违法犯罪活动，撤回非正常专利申请3746件，核查涉嫌恶意抢注商标申请信息193条，抽取商标、专利检查任务9092户，办理各类专利行政案件43起，查处各类商标侵权行政案件275起；健全多元化纠纷解决机制，推荐5家调解组织入驻高级人民法院调解平台，开展“直通车”服务103家次，累计设立维权援助工作站5家。中国（广西）知识产权维权援助中心·南宁分中心调处知识产权纠纷案件34件；南宁仲裁委扩充知识产权仲裁员28人，受理知识产权类仲裁案件9件，涉及标额1277.17万元。强化人才智力支撑，遴选高层次人才71人，其中知识产权领域专家占比超过20%；建立知识产权专家库，公开征集专家135人；全市认定知识产权类高层次人才8人；获评广西“十百千”知识产权人才559人，其中领军人才39人、中青年专家178人。强化平台服务支撑，建成运营中国—东盟知识产权运营平台、广西大学知识产权运营服务平台、南宁市中小企业知识产权运营公共服务平台等；全市知识产权运营平台提供专利、商标服务5769件，实现专利交易128件，交易金额855.60万元；国家知识产权局商标业务南宁受理窗口每月商标注册申请受理量5次，在全国275个地方受理窗口中名列前十。强化宣传教育支撑，开展“4·26”知识产权宣传周活动，在《南宁日报》刊登专版，在公共交通及各单位播放宣传短片，在微信、微博等新媒体平台发布典型案例和普法宣传；深入企业、社区、学校等开展知识产权“五进”宣传，发放各类宣传资料9万多份。

【知识产权运用促进】 2021年，南宁市新获认定广西高价值专利培育示范中心4家，总数居自治区第一，占自治区新认定总数(11家)36.36%。新增自治区知识产权优势企业21家，占自治区新增总数24.42%。组织42家企业57个高价值知识产权项目参加第十一届广西发明创造成果展览交易会。全市非正常专利申请撤回率93.90%。全市知识产权质押登记金额2.01亿元，其中专利质押登记金额1.56亿元，涉及专利165件；专利质押普惠贷款登记金额0.94亿元，占自治区专利质押普惠贷款登记总额37.84%；商标质押登记金额0.45亿元，涉及商标14件。南宁市科技和知识产权信贷风险资金池规模扩大至2965万元，出台《南宁市知识产权质押融资贴息管理办法》，全年发放企业知识产权质押融资贴息94.92万元。市市场监管局、市发展改革委、市工信局、市科技局和市金融办五部门联合出台《关于联合印发南宁市知识产权质押融资入园惠企行动方案(2021—2023年)的通知》，全年举办各类知识产权活动14场。培育在建三个知识产权运营平台具备为全市企事业单位提供知识产权交易综合服务能力。

【知识产权保护】 2021年，南宁市完善知识产权保护机制。推进中国（南宁）知识产权保护中心建设。3月24日，市委、市政府同意在中国（广西）自由贸易试验区南宁片区建设中国（南宁）知识产权保护中心；自治区市场监管局向国家知识产权局推荐南宁市申报中国（南宁）知识产权保护中心。推进南宁片区企业知识产权维权援助工作站建设，在南宁片区5家企业建立知识产权维权援助工作站，指导帮助企业提高知识产权管理水平。优化知识产权保护服务，组织、推荐南宁市重点企业申报加入重点企业知识产权保护直通车企业库，全市新增入库企业51家，开展知识产权保护直通车服务103家次，比上年增长80.70%；加强知识产权保护宣传，组织开展“提升知识产权保护社会满意度推动服务强首府战略”主题宣传教育活动，知识产权保护社会满意度93.57%。加强专利行政执法，办理专利侵权假冒案件29起，1起专利侵权诉讼案件终审胜诉；各县（市、区）、开发区办理假冒专利案件13起；加强知识产权执法队伍建设，举办全市知识产权执法暨地理标志助力乡村振兴培训班、市市场监督管理系统新修改《中华人民共和国专利法》培训班。推进知识产权纠纷多元化解工作，向自治区市场监管局推荐5家调解组织入驻高级人民法院调解平台，其中中国（广西）知识产权维权援助中心南宁分中心作为第一批调解组织被推荐入驻人民法院调解平台；通过入驻人民法院调解平台开展知识产权纠纷诉前调解，推动知识产权纠纷人民调解、行政调解与人民法院民事调解工作有效衔接；南宁市知识产权保护中心成立南宁市知识产权纠纷人民调解委员会，并在市司法局备案登记。（陈筱澜）

2021年5月，市市场监管局工作人员到南宁淡村市场开展眼镜制配场所计量监督检查

陈筱澜提供

海　关

【概　况】 2021年，业务所辖南宁市的邕州海关、南宁邮局海关、南宁吴圩机场海关税收2.49亿元。严格依法把关，保障国家税收安全，维护国门生物安全，强化风险防控，提升后续监管安全防控能力。推进稽查集约化改革，稽查业务实现刑事案件线索移交、涉检案件线索移交、行业性稽查建议向总署提交三个“零突破”。不断优化营商环境，扶持辖区名优农副产品走出国门，助力乡村振兴。在新冠肺炎疫情常态化防控形势下，抗疫情稳外贸，全市外贸进出口1231.90亿元，进出口总值首次突破1200亿元，比上年增长24.90%。

【通关监管】 2021年，邕州海关在新冠肺炎疫情常态化防控形势下，做好第18届“东博会”海关监管服务，采取通关一体化模式，展品向邕州海关申报，口岸海关办理货物验放手续。受理2个海运货柜及56件空运货物申报，货物1155件，货值17.8万元。主要为马来西亚的白咖啡、辣椒酱，泰国的茶叶、杧果干、按摩油、乳胶枕，柬埔寨的大米等。对1批未获得检验检疫准入的泰国冰糖燕窝饮料

(64瓶)通过办理特许审批方式允许上会参展。展会期间,邕州海关与地方开展保知打假联合执法,巡查展位900余家次,纠正仿冒国际知名品牌化妆品、违规展示砗磲制品、违规标识原产国等不规范行为134起,维护东博会国际化精品展会形象。南宁邮局海关落实"国门利剑2021"、"新风2021"集中行动、"国门绿盾2021"、"清邮"、"断链刨根"、"龙腾2021"等专项行动部署,审核报关单8744份,监管邮件、印刷品及音像制品62.24万件、非邮快件167件,查获枪支散件9起次、管制精神类药品34起,查获象牙等濒危动物制品数量比上年增长25%,截获外来物种170种次,增长2.4倍,查获辐射超标事件2起,移交刑事立案3起,办理行政案件27起;指导企业利用"保税展示""跨境电商保税备货进口"政策叠加优势,在东博会展厅设立保税展示区域,展示奶粉、美妆、保健品等148个类别的跨境电商保税备货进口商品。南宁机场监管进出境航班2385架次,口岸国际货邮吞吐量2.12万吨,首次突破2万吨大关。1月至12月进口整体通关时间23.81小时,比上年压缩35.91%,出口整体通关时间0.72小时,保持在1小时内。

【征收税款】 2021年,邕州海关、南宁吴圩机场海关、南宁邮局海关征收税款税收2.49亿元。其中,邕州海关税收8889.58万元,比上年下降12.85%;南宁吴圩机场海关税收2911.30万元,下降16.04%,其中关税58万元、下降62.85%,进口环节税2853.3万元、下降13.83%;南宁邮局海关税收入库1.31亿元,增长6.03%,其中征收行邮税款829.13万元,增长9.60%。

【海关统计与研究】 2021年,邕州海关持续强化政策研究与统计分析。撰写《上半年广西集成电路进口增长54.3% 结构性"缺芯"现象或将持续》《前8个月广西加工贸易进出口保持增长态势 实施"加工贸易+"机遇与挑战并存》《东南亚新冠肺炎疫情持续蔓延对我国进出口贸易影响分析》《前10个月广西对其他RCEP成员国进出口增速快于全国》《前10个月广西松香出口量价齐增 产业发展挑战与机遇并存》获自治区政府采用。对广西生丝出口、广西口岸铁矿砂、广西水果出口、南宁市外贸等情况开展专项分析,《关于在海关稽查中引入律师事务所参与重大执法决定法制审核的几点思考》《对自贸区出口企业注册登记+远程视频辅助检疫监管模式改革探索——以出口生丝为例》等政策研究文章在南宁海关"政研参考"栏目刊发。

【打击走私】 2021年,邕州海关发挥集中审像和稽查集约化优势,查获涉防疫物资、固废和濒危物种走私案件36起。集中审像审图量比上年提升106%;直放率提升9%;查获率提升16%,达9.81%;机动查验线索有效率提升16%。稽查业务实现集约化以来刑事案件线索移交、涉检案件线索移交、行业性稽查建议向总署提交三个"零突破";全年追补税款1295万元,剧增12.4倍;刑事案件线索移交2起,其中1起案值4.65亿元,涉嫌偷逃税款3556万元。南宁邮局海关开展"国门利剑2021"专项行动,深化巩固"断链刨根"专项行动成果,开展"龙腾行动2021"知识产权保护专项行动,移交缉私立案3起,移交非涉检普通程序案件20起,办理检疫程序案件3起、知识产权案件12起。南宁吴圩机场海关开展"国门利剑2021"专项行动,加大对毒品、枪支弹药、重点涉税商品和航空货运渠道伪瞒报及夹藏走私违规等行为打击力度,全年办理案件106起;从机制上破解濒危动植物制品后续处置难题,解决长期未处置濒危物品35批,向自治区林业局、市农业农村局移交濒危动植物制品173件,制定濒危物种制品鉴定、案件办理和处置工作指引。

【检验检疫】 2021年,邕州海关严防非洲猪瘟疫情,保障关区60%以上供港澳活猪安全稳定供应。完成进境货物目的地查验任务,检出不合格进口设备129批,比上年增长5倍;监测外来检疫性杂草次数、检疫性实蝇头数分别增长5倍、3倍,检出6批不合格食品。南宁邮局海关强化入境邮检、跨境电商等非贸易渠道动植物检疫监管,推广实施入境货物检验检疫证明电子化,严防高风险重大动植物疫情传入,办理检疫程序案件3起。南宁吴圩机场海关查获动物及动物产品30批次,植物及植物产品38批次,截获外来有害生物6批次;开展日常卫生监督287次,监管食品从业人员1330人,实施食品抽检203批次。

【抗疫情稳外贸】 2021年,邕州海关保障高效通关,进出口整体通关时间均快于全国平均水平。促进便捷享惠,原产地证书签证总量居关区第四,帮助辖区出口货物在外享受关税减免8300余万元;协调处置辖区原产地证书享惠受阻事件5起,帮助企业挽回损失超1.70亿元。推进以查促改,试点在对南宁市外贸支柱加工贸易企业进行稽核检查的同时开具"企业体检报告"。统筹抓好新冠肺炎疫情防控和促外贸稳增长,在保持人员"零感染"的基础上助力南宁市外贸保持20%以上增长。南宁市外贸进出口1231.92亿元,进出口总值首次突破1200亿元,比上年增长24.9%,其中出口581.95亿元、增长23.6%,进口649.97亿元、增长26.0%。南宁市加工贸易进出口824.25亿元,增长18.99%,占同期广西加工贸易进出口值72.3%;在主要贸易伙伴中,南宁市对东盟国家进出口229.67亿元,增长26.8%;外商投资企业进出口573.1亿元,增长30.4%,是南宁市对外贸易的主要主体。

(曾海华)

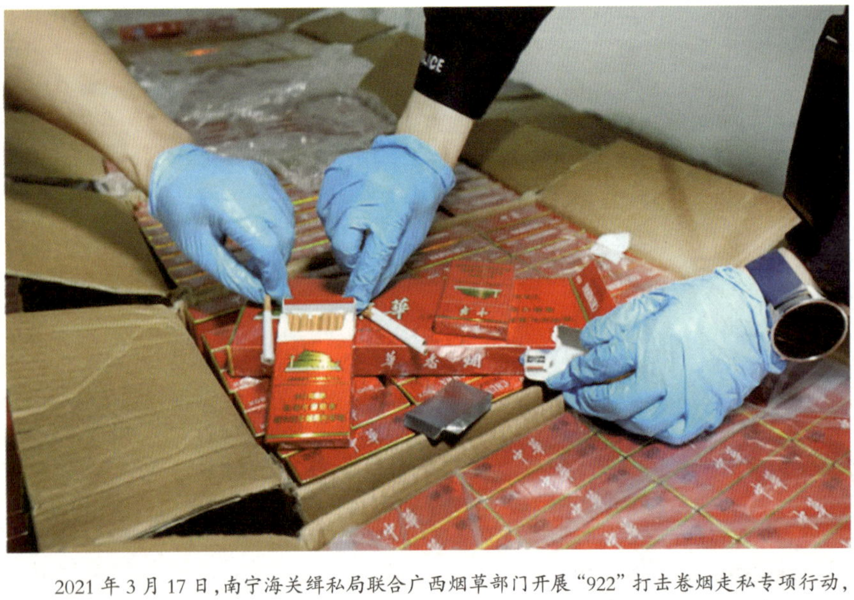

2021年3月17日,南宁海关缉私局联合广西烟草部门开展"922"打击卷烟走私专项行动,出动107名警力,抓获犯罪嫌疑人11人,打掉卷烟走私团伙2个,端掉走私卷烟囤积窝点1个,初估案值8000余万元　　南宁海关提供

口岸管理

【概　况】 2021年,南宁吴圩机场口岸进出口货运量1.40万吨,比上年下降

2021 年 11 月 15 日，南宁吴圩机场开展突发疫情环境消杀实战演练　莫荣旭提供

62.36%，其中进口 0.66 万吨、出口 0.74 万吨；国际货运航线 11 条，涵盖越南、菲律宾、马来西亚等 7 个国家；南宁空港口岸出入境 2.42 万人次，下滑 82.71%。主要存在受新冠肺炎疫情影响，出入境人数大幅下降等问题。

【通关便利化改造】 2021 年 5 月 30 日，南宁国际铁路港海关特殊监管作业场所正式封关运营，推动西部陆海新通道建设，打造陆港型国家物流枢纽，实现通道货物快速集散、高效进出。9 月 3 日，南宁吴圩国际机场航空口岸正式获批设立进境水果指定监管场地，南宁机场口岸功能进一步完善，吸引相关贸易企业、进境水果货源在南宁聚集，助推南宁国际航空货运枢纽建设。10 月 31 日，南宁机场国际货站正式启用，实现南宁机场国际货站、国内货站分离运营，提升航空货运能力。

【跨境贸易营商环境优化】 2021 年，南宁市制定印发《2021 年南宁市优化营商环境跨境贸易专项实施方案》《南宁口岸通关畅通保障方案》，进一步优化跨境贸易营商环境。依托国际贸易"单一窗口"提供一站式服务，实现报关单线上申报，电子缴税、企业担保线上办理、货物通关信息查询等功能，监管证件可联网核查，做到无纸化通关，提升口岸整体通关效率。优化监管流程，指导企业用好"提前申报""两步申报"模式，接受"7×24 小时"预约通关，确保通关畅通。推动跨境电商出口通关模式改革，建立出口跨境电商企业分级管理模式，实施出口跨境电商不卸车监管模式。继续清理规范口岸收费，完善口岸收费目录清单并实施动态管理，做好目录清单公示；组织市市场监管局、市发展改革委等部门对收费目录清单中的企业进行价格检查。配合自治区拓展国际贸易"单一窗口"功能，建设完善跨境贸易大数据平台，组织企业开展跨境贸易管理分析系统应用培训和推广，为企业提供免费线上业务分析服务，促进全市进出口贸易持续发展。

（莫荣旭）

海事管理

【概　况】 2021 年，南宁市辖区内有河流 7 条，通航里程 637 千米；设有中心城港区牛湾作业区、六景作业区、横州港区、隆安港区；有船水库 13 座，渡口 109 道，装卸码头(含自然坡岸)18 个，跨航道桥梁 52 座，枢纽、船闸 4 座，过江管线 169 条，取水口 25 处；有运输企业 60 家，其中纳入安全管理体系管理公司 7 家；登记在册内河船舶 3816 艘、海船 54 艘，注册船员 1.29 万人，砂石船 140 艘，渡船 890 艘。中华人民共和国南宁海事局(简称"南宁海事局")全年出动巡察车 652 辆次，巡察里程 5.25 万千米；出动巡航船 460 艘次，巡航里程 1.02 万海里，发布水上交通临时管制 13 次；开展电子巡航 1.55 万次，发布安全预警信息 212 次、28.20 万条。实施行政处罚 287 起，比上年增长 34.74%，处罚金额 91.24 万元。完成政务办理事项 2.06 万件，增长 77.90%，助力辖区船舶抵押融资 8.20 亿元。创造良好水上交通安全环境，保障 24.66 万艘次船舶安全航行、1695.26 万吨货物安全运输，服务 981.56 万名群众水上安全便捷出行。11 月 18 日，中华人民共和国南宁横县海事处更名中华人民共和国南宁横州海事处。主要存在发展创新能力还不够等问题。

【通航管理】 2021 年，南宁海事局试点运行"广西海事智慧监管系统"，建成上下联动动态监管模式，全年电子巡航查纠船舶违法行为 250 起，比上年增长 316.67%。在辖区 10 道一类渡口建立"电子斑马线"，在西津船闸首创"西江电子检查站"，电子巡查与现场核查互为补充，形成"VHF 远程沟通、CCTV 无接触检查、智慧监管系统精准核查、海事处电子接单处理"的监管闭环。在事故多发险滩等重点航段设置航行安全语音提示区，编制《西江重点航段航行安全语音提示》，通过系统划定重点航段位置，为进入浅滩、事故多发水域的船舶发送安全航行电子语音提示、短信提醒，助力提升预警预控能力。制定《水上巡查信息流转管理办法(试行)》，形成"1 本操作手册+18 个配套制度"的智慧监管制度体系。南宁市辖区海事管理的经验做法获全国推广。全面落实风险防控、隐患治理双重预防机制，完成市级涉水安全集中攻坚任务 2 项，消除突出隐患 48 处。辖区各类水上交通事故数下降 30%；辖区航运公司管理船舶未发生一般及以上等级事故。

【船舶监督管理】 2021 年，南宁海事局落实航运公司分类分级、差异化管理，实现每季度 D 级航运公司监督检查全覆盖，开展航运公司监督检查 79 家次，发现问题 283 个，向交通运输管理部门、银行保险机构通报航运企业 70 家次，约谈航运公司 1 家次。开展航运企业"树标杆""真帮扶"行动，助力非体系航运公司广西大鸿运船舶管理有限公司建立安全管理体系，11 月通过国内公司安全管理体系临时审核。开展船舶太阳能光伏设备专题调研，以南宁、贵港辖区西江干线船舶为主要对象，系统掌握两地船舶太阳能光伏设备安装使用情况，形成《广西内河船舶太阳能设备监管调研报告》，为下一步研定标准、实现规范管理提供调研依据。

【船员管理】 2021 年，南宁海事局组织船员考试 2320 人次。开展辖区首次海船航运公司船员船上培训管理业务；开展典型事故案例进航运公司、进船员培训机构"双进"活动，将水上交通安全知识送进航运企业、送进船员培训机构，提升船舶管理人员及船员水上交通安全意识。全年组织集中宣讲 61 场次，覆盖航运公司 401 家次、培训机构 35 家次，教育船舶管理人员 563 人次、船员 1386 人次，发放宣传材料 2657 份。

【船舶水污染防治】 2021 年，南宁海事局推进西江干线首个船舶水污染物“零排放”试点航区建设，基本完成试点航区港口码头船舶水污染物接收设施建设布局；南宁市首批水上污染物回收船舶投入使用，船舶水污染物船上分类储存、交付接收、岸上处置的全链条闭环管理格局基本构成。联合市交通运输局等7家单位开展南宁市船舶溢油应急联合演习，组织、指导航运企业和船舶开展应急演练16次。完成六景溢油设备库溢油应急设施设备入库管理及配套管理制度建设运行，建成西江广西航段首个一次性可处理50吨溢油设备库，支持河池市处置“4·25”龙江洛东电站河段油污染事件。开展船舶燃油质量监督检查，其中简易设备硫检测452艘次，燃油送检测机构检测200艘次。严格西江干线船舶大气排放控制区监管，强化船用燃油限硫令，查处违规使用硫超标燃油17起、超标排放生活污水案件7起。

2021年8月3日，南宁海事局联合南宁广播电视台在邕江开展“快乐过暑假·安全不放假”暑期水上安全教育活动，有40多名学生、家长登上“海巡1011”船参与水上安全实践体验

覃慧宇提供

【海事服务】 2021年，南宁海事局助力西部陆海新通道建设，保障服务南宁至玉林高铁、伶俐大桥等19个自治区、南宁市重点涉水项目建设及4次大型群众涉水活动。保障船舶安全航行24.66万艘次、货物安全运输1695.26万吨，服务群众981.56万人次。主动服务引导辖区游艇成立游艇俱乐部，建立安全与防污染管理制度，助推水上新兴业态健康发展。落实“放管服”改革和国家减税降费政策，编制推广“套餐式”服务清单，推进自助服务站点建设，完成“一站式”政务行政审批模式改革，开通“局长直通车”，打造“移动政务窗口”，减少办理时间，完成政务办理事项2.06万件，比上年增长77.90%，助力辖区船舶抵押融资8.20亿元。组织实施《南宁市(农)自用船安全管理办法》，将全市农(自)用船舶安全管理工作纳入法规体系。继续推进“平安邕江·绿色水城”共建行动，为建党百年灯光秀现场直播、2021年南宁龙舟公开赛、金鸡岩“祈福节”等重大活动提供通航保障。围绕“水上平安交通，安全伴我成长”主题，开展水上交通安全知识进校园活动10次，水上安全社会实践活动5次，参与活动师生、群众约5400人次。

【水上应急搜救】 2021年，南宁海事局联合市交通运输局制定并报请市人民政府印发《南宁市加强和完善水上搜救工作实施方案》；修订《南宁市水上搜救应急预案》《南宁市船舶污染事故应急预案》，完善南宁市应急管理体系。实施《南宁市水上搜救奖励和补偿管理办法》，协助南宁市蓝天救援志愿者协会、南宁市红十字搜救队申报并获交通运输部2020年度贡献突出社会搜救力量表彰。协调隆安县建立隆安县水上搜救分中心。全年接水上报警8起，组织搜救行动8次，救助遇险船舶7艘、遇险人员32人，获救人员31人，搜救成功率96.87%。

(覃慧宇)

编辑 梁 坤 龙森林
唐 娟 唐祯麟

新区 开发区

综　述

【概　况】 2021年，南宁市有新区1个（五象新区），开发区（工业园区）15个，其中国家级开发区3个（南宁高新技术产业开发区、南宁经济技术开发区、广西—东盟经济技术开发区），自治区级开发区5个（江南工业园区、良庆经济开发区、六景工业园区、仙葫经济开发区、宾阳县黎塘工业园区），其他工业园区（工业集中区）7个（南宁市兴宁产业园、南宁市西乡塘产业园、南宁市邕宁新兴产业园、南宁市伊岭工业集中区、隆安华侨管理区、上林县象山工业园、马山县苏博工业园）。南宁五象新区完成投资651.11亿元，比上年增长12%；规模以上工业总产值395.19亿元，增长13.70%；规模以上工业增加值54.41亿元，增长8.50%。全市开发区（工业园区）有工业企业超过3100家，其中规模以上工业企业978家，新增129家；规模以上工业总产值增长9.50%，占全市规模以上工业总产值77.20%，其中3个国家级开发区规模以上工业总产值增长16.50%（高于全市7个百分点），占全市比重34.20%；吸收就业40多万人。主要存在部分园区用地不足，产业发展空间受限，无法满足重大项目落地需求；产业结构不优，发展不平衡，投资增长乏力，企业规模较小、创新能力不足；基础设施和城市功能不够完善，公共服务水平有待提高等问题。

【营商环境优化】 2021年，南宁市开发区（工业园区）完善政策体系，出台《南宁市推进工业振兴三年行动方案（2021—2023年）》《南宁市推进工业振兴若干政策》等，加大对项目引进、技术改造、科技创新、品牌建设、企业培育、绿色发展等扶持力度，完善支持开发区（工业园区）发展政策体系。优化审批流程，探索工业项目“标准地”出让制度，优化工业用地供应流程。南宁五象新区新建项目实施告知承诺制审批，实现拿地当天用地规划许可证、总平单体批复、工程规划许可证、施工许可证“四证”齐发；南宁经开区实现“拿地即开工”审批，通过提前并联预审，压缩全流程审批时间，企业从签约到开工建设审批时间从原来的30天压缩至1天，项目在签订土地出让合同后，1个工作日完成施工许可证核发；广西—东盟经开区在全市率先推行审批事项线上预约现场勘验服务，实现“点单式服务”，服务企业取得新成效。深化服务企业、服务经济工作机制，南宁高新区通过常态化项目现场协调会机制，实施定人员、定责任、定时间、定进度的工作要求为生产型项目解决开工建设问题；南宁经开区利用工业企业“上云”服务App，畅通政企沟通渠道，收集企业生产经营困难问题，协调解决瑞声科技控股有限公司、广西维易通科技有限公司、联纲光电科技股份有限公司等企业招工难点问题。

【招商引资】 2021年，南宁五象新区重点做好外资招商，挂牌成立南宁片区外商投资促进中心，组建专业化招商团队和外资招商团队，推进百胜中国南宁智慧供应链运营中心等项目落地。南宁市开发区（工业园区）建立“一个重点产业、一名市领导、一个市直牵头部门、一套招商工作方案”工作机制，成立专业产业招商专责小组，搭建县（市、区）、开发区招商小分队的产业招商联动机制。创新重资本招商模式，实行“基金撬动资本，资本引入产业”模式，发挥政府引导基金作用，通过国有平台公司参与设立产业投资基金，吸引社会资本和专业机构聚集，引进吉利控股集团整车、多氟多控股子公司广西宁福新能源科技有限公司动力电池等项目。围绕全市主导产业开展驻点招商，组建招商工作队伍派驻重点区域集中招商，工作队赴京津冀、长三角、珠三角等制造业发达地区，对接南京磁谷科技股份有限公司、智马达汽车有限公司（smart）、浙江吉利控股集团、歌尔声学股份有限公司、武汉光谷信息技术股份有限公司、云之端网络股份有限公司、中国交通信息科技股份有限公司等行业龙头企业。开发区（工业园区）全年引进制造业项目148个，投资额超过500亿元。

【园区特色产业发展】 2021年，南宁市支持园区特色产业发展。南宁高新区加快鑫彩晨科技有限公司、大参林医药集团股份有限公司、南宁东创智能制造有限公司、柯瑞机械设备有限公司等新一代信息技术、大健康、智能制造项目建设投产，电子信息、生命健康、智能制造三大主导产业实现产值占园区规模以上工业总产值84%。南宁经开区加快瑞声科技南宁产业园、赢拓AI智能、“葫芦娃”品牌系列药品南宁生产基地、轩妈蛋黄酥等电子信息、生物医药及都市型食品项目建设投产，电子信息、生物医药、都市型食品三大主导产业完成规模以上工业总产值占园区规模以上工业总产值超52%。广西—东盟经开区推进南宁市嘉能可食品股份有限公司、南宁仁盛制药有限公司、南宁东鑫家居科技有限公司等项目建设，食品加工、生物制药、环保家居制造三大主导产业完成产值占园区规模以上工业总产值超45%，其中规模以上食品加工产业29家企业完成产值占规模以上工业产值37.97%。江南工业园推动广西深航智能科技移动智能终端制造等电子信息上下游产业链项目竣工投产，实现电子信息产业链延伸和拓展；引进铝精深加工下游应用产业，提升铝精深加工产业水平，电子信息产业和铝加工产业产值占园区规模以上工业产值90%。邕宁新兴产业园新能源汽车、轨道交通、铝精深加工三大主导产业完成产值占园区规模以上工业产值72.80%。六景工业园区电力化工、机械装备制造、造纸及纸制品、建材、农林产品加工五大支柱产业总产值占园区工业总产值96%。

【园区发展模式创新】 2021年，南宁市推进园区合作共建，推进南宁交通投资集团有限责任公司与横州市政府共建六景园区，建设景州产城、景春产城、景江产城、承朴产城、八联产城项目，路网建设约18千米、综合型科技企业孵化基地5.10万平方米、建设标准厂房7.30万平方米；完成投资3.83亿元。推进园区整合发展，11月成立南宁东部产业新城筹建工作办公室，负责南宁东部产业新城筹建及国土空间规划衔接、开发建设、产业发展等，南宁东部产业新城以伶俐工业园、六景工业园区为核心，以峦城镇部分为生活配套整合而成；通过市属国有平台参与基础设施建设，解决建设资金不足、资产运营能力不强问题；探索推行行政管理职能与建设运营职能分离。推进千百亿元园区培育工程，10个园区进入自治区“115”(前台5人＋后台9人的人员配置标准)培育工程，其中500亿元以上园区有南宁高新区、南宁经开区、江南工业园区，300亿元以上园区有广西—东盟经开区、六景工业园区、宾阳县黎塘工业园区，100亿元以上园区有南宁市邕宁新兴产业园区、良庆经开区、隆安华侨管理区、南宁市伊岭工业集中区，各园区均完成培育实施方案。推进园区申报地方政府债券支持，18个工业项目及园区基础设施项目获自治区政府专项债31亿元。

【园区创新能力增强】 2021年，南宁市坚持以企业为主体，建设众创空间与孵化器的创新创业公共服务平台，建成双创载体38家(国家级9家、自治区级19家)，南宁·中关村创新示范基地、南宁·中关村科技园465家创新企业中，有科技型中小企业75家、国家高新技术企业42家、规模以上企业16家、广西瞪羚企业(含入库)7家。发展企业技术中心、检测认证实验室、技术中心示范企业等技术创新平台，有市级以上重点(工程)实验室2家、工程技术研究中心95家、企业技术中心99家、新型产业技术研究机构11家，为园区企业突破技术发展瓶颈、实现科技成果转化奠定基础。南宁经开区实施高新技术企业倍增计划，高新技术企业保有量124家，新增11家；获自治区级新型研发机构认定1家，获自治区级企业技术中心认定3家，7家企业13个项目获科技成果转化认定，联讯云谷获自治区级科技企业孵化器认定，荣港空间获自治区级备案众创空间认定；南宁市—中关村深圳协同创新中心(飞地科技企业孵化器)科技成果展示厅正式运营。广西—东盟经开区培育创新型企业，高新技术企业保有量68家，新增29家；打造省级研发平台2个，市级平台3个，与江南大学签订合作协议共建技术转移中心；企业加大创新研发力度，规模以上工业企业研发投入5177.30万元，比上年增长42.50%；广西冰客食品有限公司与自治区亚热带作物研究所联合开展“沃柑NFC果汁低温加工关键技术研究及应用”研究，制造中国第一条沃柑果汁自动化生产线；完成重大科技成果转化项目18项，南宁多灵生物科技有限公司获广西创新创业大赛优胜企业。 (彭远利)

【南宁东部产业新城建设】 2021年11月5日，南宁市在横州市六景工业园召开南宁东部产业新城建设启动工作动员大会。东部产业新城是南宁向东融入粤港澳大湾区的门户，是强首府产业发展的重大平台和新空间，是南宁大都市区规划建设的4个副城新城之一。主要以青秀区伶俐镇和横州市六景镇、峦城镇为核心，包含六景工业园区和伶俐工业园区。新城所在地域，框定城镇开发边界规模124平方千米，规划建设用地约110平方千米，规划仓储工业用地约45平方千米，存量及规划增量工业用地较多。六景工业园区及伶俐工业园区集中连片开发土地600.67万平方米，具备打造规模化全产业链的能力。2个园区累计有工业企业174家，其中规模以上工业企业62家。六景工业园区重点发展电子信息、新型建材、绿色化工、新能源、农林产品加工等5个百亿元工业产业。伶俐工业园区重点发展先进装备制造(新能源汽车)、新材料(铝精深加工)产业，广西建工集团第一安装有限公司智能制造项目、广西谊科建筑技术发展有限公司年产50万平方米建筑铝合金项目、广西建工集团建筑材料智能生产项目、广西建工集团南宁装配式建筑产业基地混凝土预制构件(PC)生产线与蒸压加气混凝土板(ALC)生产线项目等竣工投产，合众新能源汽车年产能10万辆新能源乘用车项目、广西美斯达投资有限公司数字化智能工厂、广西金沙钢机实业有限公司智能选矿设备生产基地项目开工建设，引进多氟多20亿瓦时锂电池生产基地项目。年内，南宁东部产业新城开发建设工作领导小组和筹建工作办公室启动东部产业新城规划建设相关工作。 (黄素倩)

五象新区

【概　况】 南宁五象新区地处邕江之南，东至八尺江，西邻水塘江，北面邕江，南望北部湾，规划面积近200平方千米，涉及邕宁区、良庆区，其中中国(广西)自由贸易试验区南宁片区实施范围46.80平方千米。2021年，新区建成面积62.01平方千米，新增7.01平方千米；完成投资651.11亿元，比上年增长12%。重点产业项目完成投资587.32亿元、增长23.20%；社会项目完成投资589.58亿元、增长21.60%。先进制造业总产值240.13亿元，增长16%；其他制造业产值155.06亿元，增长10.30%。规模以上工业总产值395.19亿元，增长13.70%；规模以上工业增加值54.41亿元，增长8.50%。建筑业产值751.43亿元，增长29.90%。完成房地产销售面积524.20万平方米；土地“招拍挂”公告出让面积160.35万平方米，土地出让成交金额153.56亿元。引进投资5000万元以上项目14个，实际到位资金约150亿元，实际到位外资4.47亿美元。全球最具价值品牌百强企业12家(无新增)。主要存在产业发展动力待增强，中国(广西)自由贸易试验区南宁片区产业发展质量待提高等问题。

【中国(广西)自由贸易试验区南宁片区】 2021年，南宁片区累计有企业2.91万家(外资企业243家)；新设立企业2.06万家，比上年增长215%，其中新设立外资企业179家、增长280.85%，占全市新设外资企业总数53.12%。外贸进出口总额496亿元，其中跨境电商进出口额77.69亿元；实际利用外资4.47亿美元，增长204.69%，占全市77.30%。制定《关于进一步完善中国(广西)自由贸易试验区南宁片区管理体制机制的实施方案》，明确强化南宁片区建设主体责任、优化管理机构、完善编制管理办法、建立人才管理制度、深化人事管理制度改革、创新绩效考评机制、加大自治区行政权力承接落地力度、鼓励改革创新、强化正向激励支持等10个方面21项具体任务。国务院赋予南宁片区91项改革试点，完成89项，完成率97.80%。累计形成76项制度创新成果，其中34项制度创新成果获评自治区复制推广案例(新增“产业＋安置”综合征地安置新模式、面向东盟跨境电商人才培养模式创新、非物质文化遗产推广“1+N”展示模式创新等17项)，南宁片区2020—2021年度制度创新指数位居广西自贸试验区首位、在同批19个片区中综合排名第四。建立健全制度创新工作体系，营造鼓励创新改革环境，印发实施《中国（广西）自由贸易试验区南宁片区制度创新促进办法（试行）》，明确制度创新主体、责任分工、实施制度创新全流程管理、加大制度创新保障和创新资源支持；实施制度创新成果评选、奖励激励和年度考核机制及强化风险防范的监督措施等。在广西自贸试验区率先制定南宁片区对接 RCEP（《区域全面经济伙伴关系协定》）先期行动计划，牵头成立工作专班，启动实施 RCEP 研究工作，制定方案推进“南宁渠道”提质升级。完善政策体系，印发实施《中国（广西）自由贸易试验区南宁片区促进外商投资股权投资类企业发展暂行办法》《中国（广西）自由贸易试验区南宁片区支持外商投资若干措施（试行）》《关于进一步优化中国（广西）自由贸易试验区南宁片区营商环境的意见（试行）》等政策，支持“外资管外资、外资管内资、内资管外资”三种模式，明确外商投资股权投资类企业投资、管理、退出、可叠加享受内外资优惠政策，支持外资企业落户、支持外资企业购置或租赁自用办公用房、融资支持、支持外资企业扩大投资、给予外资企业和人才地方经济贡献奖励等内容。推出“免申即享”政策兑现模式，破解惠企政策被动落地、落地率低、政策红利缩水等难题。

【营商环境优化】 2021 年，南宁五象新区精减工程建设项目审批环节，修订印发《五象新区（南宁片区）工程建设项目审批制度改革流程图（2021 版）》，政府投资类工程建设项目（房屋建筑类）主办理环节压缩为 14 个，报建审批时限由 35 个工作日缩减至 28 个工作日；一般社会投资类项目主办理环节压缩为 12 个，报建审批时限由 36 个工作日缩减至 29 个工作日；新建产业项目“拿地即开工”“先建后验”审批模式再创新，在完善“带方案出让”实现“拿地即发证”审批制度改革的基础上，实施告知承诺制审批，实现拿地当天用地规划许可证、总平单体批复、工程规划许可证、施工许可证“四证”齐发，促进工程建设项目早施工、早投产。围绕服务企业高效办成区域节能审查“一件事”，建立区域节能评估准入清单，将节能审查简化审批优化为“当天承诺当天备案”，实现行业审批权限“一单告知”、审批申报方式“一表申请”、许可批复程序“一标审查”、行业管理架构“一帽牵头”、审批指引方式“一员引航”的“五个一”模式。

【招商引资】 2021 年，南宁五象新区引进投资 5000 万元以上项目 14 个，实际到位资金约 150 亿元，实际到位外资 4.47 亿美元。重点做好外资招商，挂牌成立南宁片区外商投资促进中心，组建专业化招商团队和外资招商团队，实行专业化、精准化招商；开展产业链招商，针对粤港澳大湾区、长三角、京津冀等重点区域，对重点目标企业和产业项目开展精准招商。强化“三链”（产业链、供应链、价值链）融合发展，重点签约引进“三链”龙头企业和具有引领示范作用的重大项目，引进世界 500 强企业功能性总部——金光集团 App（中国）林务总部、打造具有东盟影响力和竞争力的大宗商品交易市场引领项目——吉利科技集团建设的中国—东盟大宗商品交易平台项目、电子信息产业链存储类半导体制造项目——深圳金泰克半导体存储产业研发制造基地、西部陆海新通道大型智慧物流项目——意大利维龙智慧物流及跨境贸易供应链融合产业园等。出台进一步促进产业集聚支持企业购买自持商业、鼓励外商投资等优惠政策，从厂房租金、装修、生产设备采购、货运、购置办公用房等方面鼓励企业投资、支持企业发展。

2021 年 6 月，南宁五象新区核心区夜景　　成吉凯　摄

【项目建设】 2021 年，南宁五象新区推进城市基础设施和配套设施项目建设，提升承载力。其中，良玉大道、振邦路（全线）等道路通车，里程 10.50 千米，累计建成道路 340 千米；完善新区市政管网布局，完成核心区管廊、振邦路、玉洞大道等管廊项目建设 45.60 千米，累计建成综合管廊 47.60 千米；加快电力配套设施覆盖，推进 220 千伏梁村变电站、110 千伏顶花变电站、110 千伏古军变电站 3 个电力项目投入使用。推进学校、医院等公共服务设施建设，哈罗礼德学校、坛泽路小学建成招生，前海人寿南宁医院建成投入使用，加快推进海晖路小学、六里路小学、步云路小学、春华小学、步云中学、龙岗商务中学、海晖路初级中学 7 所中小学校项目建设，支持南宁市儿童医院、广西医科大学口腔医院、广西医科大学五象新区医院 3 家三甲公共服务设施项目推进，广西妇女儿童活动中心、龙岗北邻家广场、南宁宜家家居商场、五象万象汇完成建设。“南宁五象新区核心区绿色生态示范城区”获住房和城乡建设部评定等级为优秀。

【产业发展】 2021 年，南宁五象新区加快产城融合发展，重点产业项目完成投资 587.32 亿元，比上年增长 23.20%。推进面向东盟的金融开放门户南宁核心区建设，建设中国—东盟金融城，新增入驻金融机构（企业）123 家，累计 285 家；中国—东盟黄金产业园运营中心揭牌，光大永明人寿保险广西分公司、财达证券广西分公司开业运营，中银金融中心项目开工建设；落地中国—东盟金融城、中国—东盟金融大厦、中银香港东南亚业务营运中心、上海证券交易所资本市场服务广西基地、深圳证券交易所广西基地等广西第一批金融开放门户建设重点示范项目 10 个，初步形成重点示范项目引领、多种金融业态集聚发展局面；建设中国—东盟金融大厦，入驻金融类企业 31 家、私募股权基金管理公司 20 家，管理基金规模约 586 亿元。推进金融改革创新，“中国—东盟跨境金融改革创新”入选 2019—2020 年度自贸试验区制度创新十佳案例；推动中国银行广西区分行与中银香港 3 家东盟子行及泰国、柬埔寨、文莱 3 国商业银行建立“3+3+1”战略合作关系；太平东盟保险服务中心为 18 个“一带一路”重大项目提供国际化风险保障 252 亿元；组建中国太平东盟保险共同体，落地首单马来西亚合作项目（中铁建马来西亚吉隆坡人民广场综合开发工程项目风险保障 1.60 亿元）；办理广西首单 QFLP（合格境外有限合伙人)业务,累计到位境外资金1606万美元;落地广西首笔铁海联运"一单制"跨境融资业务;落地中西部省份首单跨境区块链信保保单融资试点业务;广西北部湾产权交易所获批自治区跨境企业国有产(股)权交易试点;中马钦州产业园金融创新试点落地南宁片区,设立32家白名单企业开展跨境人民币双向流动便利化业务,提高企业人民币跨境投融资业务办理效率。加快数字经济发展,推进中国—东盟信息港南宁核心基地建设,建成、在建项目55个,完成投资23亿元,累计完成投资311亿元。其中,中国—东盟新型智慧城市协同创新中心、广投数字经济产业基地、五象投资大数据产业园(二期)等15个项目竣工,累计建成项目30个;有中国移动(广西)数据中心、中国—东盟地理信息与卫星应用产业园、润建·五象云谷云计算中心等在建项目25个。数字经济企业超3300家,新增入驻二十一世纪空间技术、百家云信息技术有限公司、腾讯云计算(广西)有限责任公司等数字经济行业知名企业。发展平台经济,在广西率先打造南宁市灵活用工监管平台,实现对灵活用工人员信息、服务订单、交易支付等业务监控,推动蔗糖全产业链数字化平台建设,开展白糖现货线上交易,特色平台经济发展营收规模超180亿元;推出国内首个集"企业身份码"、登记智能审批、惠企惠民"掌上办"等功能为一体的惠企惠民一站通系统,其中"企业身份码"改革创新试点获国家市场监督管理总局函复支持推进持牌金融机构区域总部落地,广西北部湾银行总行、邮储银行广西区分行等搬迁入驻。浪潮集团东盟运营总部、绿地控股集团东盟总部等总部项目加快建设。金光集团App(中国)林务总部、Smart全球销售中心等跨国公司总部引进落户,有税收亿元楼宇9座。推进加工贸易物流产业集聚发展,南宁市国家加工贸易产业园获批认定首批国家加工贸易产业园,其中五象片区面积11.64平方千米;加快推进电子信息跨境产业链供应链价值链建设,推动广西格思克实业有限责任公司、广西蓝水星智能科技有限公司、广西亿安捷电子科技有限公司等加工贸易骨干企业稳定生产经营拓展市场,完成加工贸易进出口额398.48亿元、增长9.86%;加快建设南宁跨境电商综合试验区银海保税仓项目,中通快递南宁转运中心投入试运营,推动杭州来赞宝科技有限公司、深圳虾皮信息科技有限公司、广西极兔国际物流有限公司等跨境电商企业做大做强,南宁综合保税区跨境电商进出口交易额57.57亿元、增长177.56%。加快发展先进制造业,完成先进制造业总产值240.13亿元、增长16%;依托中国—东盟信息港南宁核心基地、南宁综合保税区、邕宁新兴产业园等建设,引进集聚广西数广宝德信息科技有限公司、广西蓝水星智能科技有限公司、天际新能源汽车项目等先进制造业企业32家,初步形成以芯片加工和半导体、LED(电子显示)、电路板、手机及配件制造企业为主的新兴产业集群和新能源汽车整车制造的智能制造产业集群;出台实施《鼓励南宁片区新兴制造业发展若干措施》,推动天际新能源汽车项目1号、3号厂房主体结构封顶,南宁国人通信产业园加快建设;金泰克半导体存储产业研发制造基地、中科SMT(表面组装基数)等制造业项目签约落地;推进南宁现代工业产业园规划建设,《南宁现代工业产业园启动区控制性详细规划》获市政府批复,园区规划4号路、9号路、11号路、13号路等市政道路配套设施完成前期工作。

【用地保障】 2021年,南宁五象新区强化产业用地保障,土地"招拍挂"公告出让面积160.35万平方米,占市本级23.71%;土地出让成交金额153.56亿元,占市本级50.85%。上报27个批次(项目)、新增建设用地面积280.13万平方米,获批31个批次(项目)[含上年上报批次(项目)4个]、新增建设用地面积412.07万平方米。盘活存量土地,完成供地533.75万平方米,在全市率先完成零星用地供地149.63万平方米,提高供地率。协调邕宁区和良庆区完成征地结算920.55万平方米,完成房屋拆迁107.48万平方米;协调建成安置房0.42万套,可安置0.62万人。

【筹融资保障】 2021年,南宁五象新区加大资金保障力度,融资筹措投入资金22.01亿元,其中政府投资城建项目14.98亿元、一般债券1亿元、政府专项债券2亿元、产业发展专项资金及部门运转经费4.03亿元,助力新区基础设施建设和产业发展。规范资金管理、提高资金审批效率,制定出台《五象新区(南宁片区)产业发展专项资金管理暂行办法》,规定专项资金使用范围、使用管理、审批流程及权限、监督管理等,为加快推进五象新区发展和自贸试验区南宁片区建设提供保障。

(黄　艳)

南宁高新技术产业开发区

【概　况】 南宁高新技术产业开发区(简称"南宁高新区")1988年创建,1992年经国务院批准为国家级高新技术产业开发区。2021年,托(代)管心圩、安宁2个街道,分心圩片区、安宁片区、相思湖片区、南宁综合保税区、武鸣产业园5个片区(产业园),常住人口29万人。规模以上工业产值比上年增长11.77%;规模以上工业增加值(不含武鸣产业园)增长2.60%;财政收入48.58亿元,增长13.19%;固定资产投资增长19.60%,其中工业投资增长19.50%;社会消费品零售总额197.15亿元,增长3.20%;规模以上其他营利性服务业营业收入139.71亿元,增长26.35%;进出口总额544亿元,增长11.77%。新增工业企业22家,贸易业企业12家,服务业企业19家,房地产业企业1家。主要存在经济总量小、结构不优、新增长点培育不足、发展成效量化指数偏弱等问题。

【营商环境优化】 2021年,南宁高新区在南宁综合保税区开展惠企政策"免申即办",依托大数据,通过"政策找人、奖励找企、政府全程代办"惠企政策兑现方式,畅通企业了解政策渠道、压缩时限、精简手续,实现"新增规模以上工业企业奖励"及"给予高新技术企业认定奖励"等惠企政策兑现"免申即办"。创新推出"一窗综合服务区""5+9"审批服务模式,编撰《高新区"一窗通办"收件审查要点手册》,办事群众到服务区任一窗口均能办理各项社会事务业务,实现前台综合受理、后台分类审批、综合窗口出件。压缩审批时限,社会类投资项目4个阶段审批时限压缩至20个工作日;政府投资类项目4个阶段审批时限压缩至30个工作日;社会投资低风险产业类项目施工许可阶段消防设计审查可同步办理,2个自然日办结。改进登记流程,在"企业登记、印章刻制、申领发票"基础上,新设企业信息通过"多证合一"途径同步推送到社会保险登记、住房公积金缴存开户登记部门,同步完成登记,推进企业银行基本账户开户和企业开办环节无缝对接,实现0.5个工作日办结。推行企业登记全程电子化,引导企业网上申办业务,实现"最多跑一次"或"一次不用跑",在新冠肺炎疫情防控期间,通过"网上办、掌上办、寄递办、预约办"等,压减登记注册环节、时间和成本;提前介入服务园区重点招商项目及相关企业,实行专人负责,从名称登记到领取营业执照全程跟踪服务。推进"减证便民"改革,解决群众办事难点,梳理公布动态调整容缺受理政务服务事项清单,提升审批效率。实行项目服务责任制,南宁高新区企业服务中心挂牌运行,驻企特派员深入企业一线,协调解决涉企审批事项400余个,帮助企业解决限电用电等生产问题100多个,指导775家企业兑现政策补贴及扶持资金10.81亿元。保障财政金融，举办“政企金”对接会37场，助推企业融资到位资金120.16亿元，覆盖近千家企业，减轻企业融资成本1.32亿元；获批政府债券9.10亿元，其中产业园区债券7.70亿元；高新区营商环境设施配套提升工程PPP项目落地，项目计划总投资10.70亿元，建设“创业路学校”“高新小学东校区”“南宁市西宁路学校”“南宁高新区心圩中学扩建工程”“永宁小学迁建”5个学校项目和“南宁市相思湖公园改造提升工程”“中关村罗伞岭水库综合整治和利用工程”2个生态环境整治项目。

【招商引资】 2021年，南宁高新区推进“行企助力转型升级”行动，签约项目26个，总投资63.84亿元；组织2个招商小分队驻点北京、深圳招商，实施“百日攻坚”行动对接企业164家、储备项目52个，签约项目12个、投资11.25亿元；以金海大厦为载体，新引入税源企业33家，新落户企业超900家，贡献纳税3.70亿元；审议招商项目196个，完成标准厂房招商29.05万平方米，土地招商28.51万平方米。创新招商方式，拓展以商招商，深化与长三角、粤港澳大湾区等地区在南宁设立重点企业、商协会和第三方机构开展中介招商、委托招商，与广西智汇柠檬科技公司合作，拓宽京津冀区域招商资源。探索资本招商，把设立投资基金作为招商引资新工具，借助广西南宁盛世高新私募基金管理有限公司、南宁产业投资有限责任公司等基金管理机构信息资源，谋划新兴产业发展布局。驻点招商常态化，按照五个“一批”（策划一批招商项目、对接一批目标企业、达成一批投资意向、签约一批产业项目、储备一批成熟项目）为目标开展招商，完成到位内资106.50亿元，引进外资6434万美元。完成征地面积57.44万平方米、拆迁面积59.46万平方米，保障南宁·中关村科技园二期、南宁健康产业园、南宁汉和生物科技股份有限公司等重点项目建设用地，完成新增建设用地收储入库109.53万平方米，公开出让成交土地面积65.31万平方米，完成南宁市首宗工业项目标准地公开出让公告；完善政银企合作机制，支持重大项目工程通过企业债券、公司债券、股权融资等方式筹集资金。抓好产业招商，围绕广西世纪创新显示电子有限公司、浪潮（南宁）计算机科技有限公司等屏显终端项目，引进广西永尧电子科技有限公司、北海博联科技有限公司、华辰电子科技有限公司、东惠光显（深圳）有限公司等项目，总投资4.50亿元，补足显示线材、大型冲压、光学胶、大型注塑及供应链等屏显产业链空白。推动高质量加工贸易项目落地，寻求重资产投入的优质电子信息加工贸易项目作为补充，置换原有部分加工贸易项目；加大财税项目招商力度，引进中韩（广西—江原道）产业园项目、SMT贴片、安防监控类、移动通信产品生产项目等工业项目。加大中国（广西）自由贸易试验区南宁片区招商引资，引进871家企业入驻。

【项目建设】 2021年，南宁高新区开工项目10个，总投资29.66亿元；竣工项目15个，完成投资9.37亿元。列入自治区、市级层面统筹推进重大项目52个，完成投资42.57亿元。“双百双新”项目15个，新增5个，完成投资24.20亿元；“五网”（路网、航空网、能源网、水网、互联网）建设项目中“能源网”项目7个，计划投资1.08亿元，完成投资1.13亿元；新能源汽车基础设施建设完成139个。1月，中国—东盟国际先进环保产业合作中心项目开工，规划用地129.94万平方米，总建筑面积7.60万平方米，建设厂房、创新研发大楼、生活配套楼和成果展示及示范中心等，部分单体封顶。4月，南宁·中关村信息谷科技园项目开工，占地5.23万平方米，规划建筑面积8.40万平方米，新建标准厂房8栋，主要为生产车间、研发中心、中试基地等，5号～8号楼主体结构封顶。8月，南宁凤凰国际广场项目开工，用地5.33万平方米，建设科创综合体，为高科技企业提供科研办公场所，提供小试、中试等公共平台配套服务，为处于孵化阶段的科技项目提供配套商业服务。9月，大尺寸液晶电视显示屏模块生产项目竣工，在南宁综合保税试验区租用7号标准厂房建设大尺寸液晶电视显示屏模块生产基地；低中高（超高）输变电线路器材设备生产基地项目竣工，占地3.33万平方米，建设厂房和办公楼；年产值超10亿元新型触控一体化生产基地项目竣工，租赁南宁·中关村电子信息产业园厂房2.63万平方米，建设模切线、成品包装线，组装加工线、贴片线、触摸屏自动线等。

【开放合作】 2021年，南宁高新区实际利用外资6434万美元，招商引资到位内资106.50亿元。重点依托南宁综合保税区，引进外资企业26家；加快中国（南宁）跨境电子商务综合试验区核心园区发展，完成跨境电商进出口业务量1.11亿单、比上年增长159.82%，交易额57.57亿元、增长177.56%。搭建开放平台，中新南宁国际物流园完成投资62亿元，其中物流产业项目新增投资4.50亿元。新中智慧园、新中信泰中国智能医药物流网络南宁枢纽项目常态化运营，货运量100万吨；东盟多式联运智慧产业城（一期）封顶，中新光合谷物联智慧园一区完成主体建设，中国—东盟特色商品汇聚中心、普洛斯南宁智慧供应链一体化产业创新港、易商南宁电商物流园等项目开工建设。依托Lazada跨境生态创新服务中心，试行南宁综合保税区离岸人才双创基地，为中国—东盟跨境电商直播、人才培养、跨境商家孵化提供服务；菜鸟网络东南亚物流枢纽（南宁）项目开仓运营。“四区两园”（海关特殊监管区、南宁高新区、广西自贸试验区南宁片区、跨境电商综合试验区和国家加工贸易产业园、中新南宁国际物流园）开放优势吸引企业加快集聚，南宁综合保税区围网内外新增注册企业914家，累计1257家，增长236.03%；中韩（广西—江原道）产业园项目落地，虾皮东盟跨境电商物流中心项目洽谈入区。东盟跨境电商研讨沙龙、2021Lazada东南亚跨境直播人才大赛在南宁综合保税区举办，中

2021年12月7日，南宁高新区中新南宁国际物流园东盟多式联运智慧产业城（一期）封顶，占地面积4.85万平方米，总建筑面积9.70万平方米　　南宁高新区提供

国—东盟科普国际交流基地落户，对外开放水平进一步提升。

【科技创新】 2021年，南宁高新区培育科技型中小企业367家，广西瞪羚企业保有量18家(新增南宁市安和机械设备有限公司、广西聚沣环保科技有限公司、广西宝添环保材料有限公司3家)。与自治区大数据发展局、广西大学共同推进广西大学科技园建设，与广西产业技术研究院签订战略合作协议，促进产业链与创新链融合发展。投入研发经费6.96亿元，比上年增长40.61%。科技成果转化项目完成67项、增长15.51%，高科技企业保有量500家，新增26家，增长18.48%。国家级众创空间南宁创客城累计入驻初创型科技企业78家，力合星空(南宁)孵化器入孵项目41个。提升工业企业技术竞争力，新增自治区级企业技术中心2家、市级5家，26个产品列入广西名优工业产品推荐目录。新设市场主体1.23万户，增长27.10%。有效发明专利拥有量4565件，占全市44.39%。广西博世科环保科技股份有限公司创始人、广西大学教授王双飞当选中国工程院院士，张立新、滕煜、劳素婵等10个人才团队企业项目入选“邕江计划”，占全市41.67%；新增南宁市高层次人才90名、高层次人才团队14个、南宁市特聘专家6名、青年人才1.32万名，有南宁市A类人才6名，占全市55%。“人才飞地”高新区国家级海外人才离岸创新创业基地入驻项目13个、在孵项目10个、海外人才18人；与30多所高校开展合作，培养1.10万名新一代信息技术专业技术人才。提升企业技术竞争力，有国家级知识产权优势企业18家，占全市39.10%；自治区知识产权优势培育企业40家；通过国家知识产权管理体系认证企业121家；获批自治区知识产权优势企业培育单位企业6家；拥有国家级知识产权示范企业1家(广西田园生化股份有限公司)，占全市33.30%；广西交科集团获国际发明专利1项(一种拉索索体损伤定位方法及系统，一种桩桩一体化预制装配桥梁下部结构)，广西曼彻彼斯自动化设备有限公司获中国专利优秀奖1项(智能化物流传输小车箱体及控制方法)，2项专利参评第二十二届中国专利奖。

【产业发展】 2021年，南宁高新区规模以上工业总产值占全市总量17.56%。新一代信息技术、智能制造、生命健康三大主导产业产值比上年增长14.12%，占南宁高新区工业产值84.41%。新一代信息技术产业作为南宁高新区第一大主导产业地位增强，工业产值增长26.20%，占规模以上工业产值52.22%；规模以上工业战略性新兴产业产值增长18.16%，占规模以上工业产值58.11%；规模以上高技术制造业产值增长23.70%，占规模以上工业产值60.04%。智能制造产业企业68家，工业产值下降3.8%，占规模以上工业产值18.81%；生命健康产业企业36家，工业产值增长2.7%，占规模以上工业产值13.37%。规模以上其他营利性服务业企业77家，营业收入139.71亿元，增长26.35%，占全市28.60%。批发业销售额1203.79亿元，增长91.60%，其中广西海亿贸易有限公司批发销售额占比43.11%，成为南宁高新区批发业重要支撑。润建股份有限公司、广西锦绣前程人力资源股份有限公司、广西建工大都租赁有限公司等企业营业收入增长均超20%以上。7月，南宁高新区获批“广西先进制造业和现代服务业融合发展试点区域”，广西博世科环保科技股份有限公司获批“试点园区”；12月，南宁高新区获国家电子商务示范综合基地评价结果“A”等，是广西唯一获评国家电子商务示范基地。新增规模以上工业企业22家，其中新建入规模口统计工业企业17家，工业产值增量24.15亿元；亿元工业企业62家，新增7家，产值占园区规模以上工业产值91.22%。推动广西世纪创新显示电子有限公司、广西博世科环保科技股份有限公司2个重点“百亿企业”做强做优，其中广西世纪创新显示电子有限公司产值增长332.36%；广西博世科环保科技股份有限公司入选国家级“绿色工厂”。国家专精特新(“专”指采用专项技术或工艺通过专业化生产制造的专用性强、专业特点明显、市场专业性强的产品；“精”指采用先进适用技术或工艺，按照精益求精的理念，建立精细高效的管理制度和流程，通过精细化管理，精心设计生产的精良产品；“特”指采用独特的工艺、技术、配方或特殊原料研制生产的，具有地域特点或具有特殊功能的产品；“新”指依靠自主创新、转化科技成果、联合创新或引进消化吸收再创新方式研制生产的，具有自主知识产权的高新技术产品)“小巨人”企业6家(南宁八菱科技股份有限公司、广西南宝特电气制造有限公司、广西春茂电气自动化工程有限公司、广西巨星医疗器械有限公司、广西南星科技有限公司、南宁飞日润滑科技股份有限公司)，占全市专精特新“小巨人”企业总量28.60%；有自治区级、市级专精特新中小企业22家。新增新三板挂牌企业1家(广西新生活后勤服务管理股份有限公司)、自治区上市挂牌后备库企业1家(广西交科集团有限公司)。

【南宁·中关村】 2021年，南宁高新区推动南宁·中关村发展，南宁·中关村(基地+科技园)营业收入207.64亿元，增长88.76%；新引进安能(广西)建设投资集团有限公司、广西易事特智能科技有限公司、广西科玛智能科技有限公司等创新项目132个，累计聚集创新主体490家。中关村科技园一期基本建设完成，浪潮(南宁)计算机科技有限公司、广西世纪创新显示电子有限公司、联东U谷·南宁高新科技创新谷等22个产业化项目快速发展；加快推进二期落地的深圳市东创精密技术有限公司东创精密南宁扩产项目、广西山宁工程机械有限公司广西山宁三一再制造中心建设项目、广西美斯达重工有限公司南宁高端装配制造(挖掘机、转载机)生产基地生产项目等在建项目；南宁·中关村信息谷科技园启动建设，打造成为科技园标杆示范项目和北京中关村落户南宁的永久性地标。“一中心(南宁·中关村和德科创中心)、一飞地(南宁市—中关村深圳协同创新中心)、一平台(南宁高新区双创云服务平台)”运营有序；和德科创中心二期竣工交付，入驻广西区块链科创园、南宁壮博动物体外诊断试剂GMP实验室、三方顺医用物资供应链智能管理平台等创新项目94个；飞地孵化器南宁市—中关村深圳协同创新中心入孵企业27家；双创服务云平台注册用户超1000个，企业与金融机构对接融资累计1.02亿元。 (黄　敏)

南宁经济技术开发区

【概　况】 南宁经济技术开发区(简称“南宁经开区”)1992年创建，2001年5月经国务院批准为国家级经济技术开发区，代管那洪及金凯街道，托管吴圩镇，负责明阳农场和明阳工业区社会事务管理。辖区总面积302.42平方千米，总人口47.80万人。2020年7月21日，国家发展改革委、民航局联合批复设立南宁临空经济示范区，是全国第一个定位为面向东盟的区域航空枢纽；南宁临空经济示范区规划面积118平方千米(吴圩片区92平方千米、江南片区26平方千米)，建设面向东南亚的区域性航空枢纽、临空高端产业集聚区、生态智慧安全空港区和对外开放发展先导区。2021年，辖区有工业企业1115家，规模以上工业企业152家，产值超亿元企业60家，产值超10亿元企业7家，高新技术企业149家。园区电子信息、生物医药、食品加工、机械装备制造四大产业规模以上工业总产值占园区规模以上总产值67.86%。财政收入46.83亿元，比上年增长 0.88%;规模以上工业总产值 297.15 亿元,增长 21.61%;规模以上工业增加值 60.25 亿元,增长 16.20%;固定资产投资 190.61 亿元,增长 15.73%;社会消费品零售总额 137.65 亿元,增长 2.70%;实际到位资金 107.92 亿元,商务部口径直接利用外资 5262 万美元。主要存在受新冠肺炎疫情影响,部分项目改变投资方向或暂缓投资;中心区符合"两规"(城市规划、土地利用规划)土地基本开发完毕,临空经济示范区在现有"两规"范围内成熟地块基本完成项目布局,无法满足重大项目落地需求等问题。

【营商环境优化】 2021 年,南宁经开区建成市政道路 47 条、约 72 千米,形成四横四纵(横向白沙大道、金凯路、那洪大道、国凯大道,纵向星光大道、友谊路、壮锦大道、那历路)为主干道的路网系统,建成雨水管网约 109 千米,污水管网约 100 千米,自来水供水管网约 50 千米,燃气管网约 41 千米。开发北部湾科技园、金凯工业园区、银凯工业园区、白沙片区等土地及平整土地 1686.68 万平方米。发挥征地拆迁公司化运作机制,完成集体土地征收 420 万平方米,拆迁房屋及建构筑物 23 万平方米,重点保障机场改扩建(第二跑道)、南宁数字科技学院、吉利汽车、国际铁路港地块二、汽车产业园、零公里产业园、医药产业园、医药冷链产业园等自治区、南宁市重点项目建设。出让住宅用地 12.60 万平方米,出让工业、仓储用地 74.91 万平方米,成交金额 20.98 亿元。深化行政审批制度改革,推出"拿地即开工"1.0 版;8 月 27 日,在南宁临空经济示范区推出第一个"拿地即开工"工业项目(柳钢配套卿蕊捷项目),采用并联预审模式实现用地、规划、施工许可从原来 30 天压减至 1 天办齐;10 月 15 日,召开"南宁经开区工业类建设项目'拿地即开工'审批模式改革"新闻发布会,获人民网、广西电视台、广西日报等媒体宣传报道。深化"互联网 + 政务服务"改革,推行"互联网 + 政策兑现"办理模式,依托南宁市政策兑现综合服务平台、南宁经开区政务服务中心政策兑现受理窗口,实现线上线下工作相结合,政策兑现服务迈入"数字政府"阶段。深化现场联合勘验改革,针对水电气外线工程实行多部门联合现场勘验,将原来 2 个工作日办结时限压减至 1 个工作日,为工业企业获得电力、用水、用气提供审批服务。推出现场检测查验预约服务(线下窗口填单、电话登记 2 种方式),覆盖工程建设、食品卫生、社会投资等领域 36 个事项。优化政务服务中心"一窗通办",政务服务中心增设"异地办"专窗、特殊人群办事专窗等窗口,延伸"一窗受理、集成服务"内涵;"异地办"窗口依托广西数字政务一体化平台集中办理同城通办(南宁市内)、全区通办(广西区内)、跨城通办(北部湾经济区内)、跨省通办(广西区外)4 个地域 276 个通办事项;"特殊人员办事窗口"重点为行动不便的残疾人、孕妇、现(退)役军人、年满 60 周岁以上老年人等特殊人群提供服务。成立南宁经开区政务服务中心首支"帮办代办"便民服务队伍,采用"1+2+3"组建模式(1 名坐班领导检查指导窗口业务及接洽办事群众咨询;2 名综合导服、帮办服务人员负责业务指引分流,对办事群众提交的材料初审及提供帮申办服务,实现"一网通办";3 家平台公司代办审批服务人员针对辖区工业类项目,提供免费代办审批服务),打通服务群众"最后一公里"。

2021 年 9 月 13 日,第十二届中国临空经济论坛在南宁五象山庄举行 南宁经开区提供

【招商引资】 2021 年,南宁经开区开展"行企助力转型升级"活动,招商引资实际到位资金 107.92 亿元,商务部口径直接利用外资 5262 万美元。引进柳钢南宁钢材加工产业园项目、产投经开海城产业园项目、广东骏东新能源基材制造项目、赢拓 AI 智能创新终端生产项目、南宁七彩世界森林旅游度假区项目等固定资产投资 5000 万元以上项目(租赁标准厂房项目固定资产投资 3000 万元以上)25 个,总投资 384.91 亿元。其中,新引进工业项目 20 个,项目总投资 169.27 亿元。实施高新技术企业倍增计划,打造由科技型中小企业、高新技术企业、瞪羚企业、创新型企业组成的创新梯队,有高新技术企业 149 家、净增长 36 家。

【项目建设】 2021 年,南宁经开区列入自治区层面统筹推进重大项目 13 个,总投资 374.17 亿元,完成投资 30.06 亿元。开工项目 4 个,完成投资 21.77 亿元;续建项目 4 个,完成投资 8.29 亿元;列入自治区"双百双新"项目 6 个,总投资 97.80 亿元,完成投资 4.94 亿元。3 月,广西赢衍光电有限公司 AI 智能创新终端生产项目开工建设,总投资 3.50 亿元,租赁空港科技产业园标准厂房 4 号、8 号厂房面积 2.84 万平方米,规划建设电子消费品等智能显示屏产业链产品生产研发基地,安装液晶模组线 10 条,背光自动组装线 10 条。4 月,南宁产投智创经开投资开发有限责任公司产投经开海城产业园项目开工建设,总投资 10.06 亿元,占地 16.31 万平方米,规划建设医疗器械领域产业科研、加工和生产项目为主的现代化多功能标准厂房,建设规模 31.85 万平方米。7 月,广西金蓝新能源有限公司新能源基材制造项目开工建设,总投资 5.50 亿元,租赁空港科技产业园 B 区 5 号厂房面积 3.10 万平方米,规划建设高分子无纺布陶瓷隔膜生产项目及水性锰酸锂电池生产项目,建设无纺布隔膜生产线 2 条,比亚迪刀片电池隔膜生产线 12 条,太阳能硅晶片清洁能源隔膜生产线 6 条,水性锰酸锂电池生产线 1 条;南宁联东首宇实业有限公司联东 U 谷南宁经开科技总部港项目开工建设,总投资 3.50 亿元,占地面积 4.60 万平方米,规划建设单层厂房、多层厂房、定制厂房、研发中试楼、生产企业总部、配套设施、宿舍等,以高端装备制造、精密机械、电子信息等为主导产业,打造成聚合生产制造、中试成果转化、生产企业总部和生产配套等功能于一体的都市型产业集聚地。

【产业发展】 2021 年,南宁经开区电子信息、生物医药、机械装备制造、食品加工等主导产业完成规模以上工业总产值201.64亿元。列入2021年自治区、市级层面统筹推进重大项目37个,其中自治区层面13个[南宁零公里空港产业园项目,产投经开海城产业园项目,龙光东盟生鲜食品智慧港项目,广西民族大学相思湖学院转设投资项目,南宁空港经济区产业配套基础设施工程项目,南宁空港经济区现代服务业配套基础设施工程项目,空港科技产业园开发建设工程项目,瑞声科技南宁产业园项目,空港经济区重点产业发展区域(C区)水系改造工程项目,金蓉颗粒生产基地项目,南宁三燃液化气有限公司储灌容检厂搬迁项目,中林生态城·南宁项目,联纲光通信类、声学信号类及电源传输类产品生产项目],市级层面24个(朗盛都市糕点食品生产项目、传音手机及智能穿戴OEM项目、唯品会东盟电商现代物流中心项目、"葫芦娃"品牌系列儿科药品南宁生产基地项目、南宁经济技术开发区公办示范性养老院项目等);计划总投资633.58亿元,年度计划投资35.02亿元,完成投资55.31亿元,新开工项目9个,开工率100%,竣工项目5个,竣工率100%。列入2021年区市领导联系重大项目(事项)7个:南宁临空经济示范区建设项目、瑞声科技南宁产业园项目、吴圩空港经济区开发建设工程项目、南宁零公里空港产业园项目、广西民族大学相思湖学院转设投资项目、龙光东盟生鲜食品智慧港项目、南宁三燃液化气有限公司储灌容检厂搬迁项目;计划总投资768.50亿元,年度计划投资13.60亿元,完成投资29.69亿元。

【南宁临空经济示范区】 2021年,南宁临空经济示范区开展交通、电力、供水、排水、燃气、通讯、垃圾、绿地、轨道9个专项规划以及水土保持方案编制、林地及林木资产评估、环境影响评价、压覆重要矿产资源专项评估、节能评估、地质灾害危险性评估、地震安全性评价、水资源论证等8项区域专项评估编制,其中,轨道线网专项规划完成编制,其他各专项规划编制均已取得中期成果;8项区域专项评估均形成初步成果。加快航空物流项目建设,南宁吴圩国际机场国内公共货站二期项目建设加快推进,南宁零公里空港产业园西区2号库投入使用,南宁机场国际货站搬迁项目建成启用;完善立体交通网络,推进南宁吴圩机场改扩建工程(第二跑道)、南宁国际空港综合交通枢纽工程(GTC)建设,南宁沙井至吴圩高速公路建成通车;完善机场航空口岸功能,进境水果指定监管场地获批设立;培育国际货运航线,对接广州、深圳地区货运代理企业及物流企业,开拓航空货运市场,已开通的国际货运航线覆盖越南、菲律宾、泰国、马来西亚、新加坡5个东盟国家和孟加拉、尼泊尔2个南亚国家。南宁吴圩国际机场在飞国际货运航线11条、新增9条;货邮吞吐量12.4万吨、增长15.94%,其中,国际货邮吞吐量2.4万吨、增长119%。临空产业集聚发展,规模以上工业总产值297.15亿元,比上年增长21.61%,其中电子信息、生物医药、机械装备制造、食品加工四大主导产业完成规模以上工业总产值201.64亿元、增长27.12%,占规模以上总产值67.86%。规模以上工业增加值60.25亿元,增长16.2%;固定资产投资190.61亿元,增长15.7%。新引进南宁临空冷链医药物流保障基地、赢拓AI智能创新终端生产项目等固定资产投资不低于5000万元(含)以上项目[租赁标准厂房项目固定资产投资3000万元(含)以上项目]30个,总投资386.55亿元。加快重大项目建设,推动龙光东盟生鲜食品智慧港、葫芦娃二期、唯品会开工建设;瑞声精密制造产业园、宇培(南宁)电商冷链产业园等项目加快推进,西桂微电子、一力制药、顺丰等项目竣工投产,南宁顺丰创新产业基地投入使用。完善基础设施,加快南崇铁路等项目建设,开展南宁轨道交通机场线前期工作,推进吴圩镇3号路、6号路、纵三路等12条园区核心道路建设;示范区江南片区形成以白沙大道、壮锦大道、快速环道、机场高速为主干道,"环网结合,五纵五横"(纵向星光大道、友谊路、壮锦大道、那历路、同兴路,横向白沙大道、金凯路、那洪大道、国凯大道、环城高速公路)的交通路网系统;吴圩片区建成道路15条约41千米,管网216.50千米,消防站、污水处理厂、光明路学校等20个基础设施项目。

(陈伟冬　谢金明)

广西—东盟经济技术开发区

【概　况】 广西—东盟经济技术开发区(简称"广西—东盟经开区")辖区面积187平方千米(全属国有土地),1960年2月创建,2013年3月国务院批准升级为国家级经济技术开发区,先后安置印度尼西亚、越南、柬埔寨、老挝、缅甸、泰国、马来西亚、新加坡、菲律宾9个国家的归侨、难侨1.20万人,是全国最大的华侨农场,是国务院侨办重点联系单位,是广西北部湾经济区重点产业园区、南宁市首家国家级循环化改造示范园区,是国家级绿色园区、自治区绿色园区。广西—东盟经开区实行三块牌子(广西—东盟经济技术开发区、南宁华侨投资区、广西国营武鸣华侨农场)一套人员管理模式。2021年,有农业单位9个,生产队126个,社区5个,常住人口约9.5万人,其中归侨、侨眷7600多人。入驻企业1699家,其中工业企业500家(规模以上工业企业141家),规模以上工业总产值比上年增长23.20%,规模以上工业增加值增长15.50%,产值超亿元工业企业37家;固定资产投资增长18%,其中工业投资增长48.20%;规模以上其他营利性服务业增长13.64%;社会消费品零售总额增长13%;区外境内实际到位资金51.73亿元,实际利用外资4226万美元;进出口总额109.68亿元,增长83.68%;财政收入15.30亿元,增长19.45%。主要存在产业结构不优、企业创新能力不强、城市功能待完善和教育、交通等公共服务水平待提升等问题。

【营商环境优化】 2021年,广西—东盟经开区依托广西数字政务一体化平台,联合第三方打造办事指南集成"攻略"。推行614个服务事项"一事一码"告知服务,企业开办实现"一表申请、一窗通办",企业注册登记、刻章、银行开户等7个事项2个环节实现0.5个工作日全流程办结;出台《"交房即交证"改革实施方案》,推行新建商品房"即核即办"模式,实现仕权与产权同步。引入第三方专业机构担任"环保管家",完成"环保会诊"企业29家,为企业查找环保问题并提出建议。加快完善基础设施配套建设,实施新庆南路(发展大道—纬3路)、海天调味品生产基地项目周边配套便道、调味品产业园·华强聚源租赁性住房(一期)等54个重点城建项目,完成投资7.29亿元,建成发展大道(聚源路—永和南路)、百威英博大道(联杰路—发展大道)、建设南路(里建大道—发展大道)、发展大道(新庆南路—聚源南路)、思源南路(里建大道—发展大道)、广安路(安平路—长岗大道)、上平路(人民路—26路北)、上平路(24路—定合路)8条道路,城市道路里程增加14.76千米。完善集中供热、工业废水回收再利用等循环化改造项目,通过国家园区循环化改造示范试点终期验收。

【招商引资】 2021年,广西—东盟经开区开展"三企入桂项目落实、行企力转型升级"行动,"走出去"招商近20批次、"请进来"招商50批次。结合特色食品产业链链长制,签约引进广西阿秀食品有限责任公司年产2.50万吨卤制肉制品及副产品加工建设项目、广西南宁德馨食品有限公司年产3.80万吨饮品配料生产基地项目、广西三兆佳鑫冷链包装材料有限公司冷链保温保鲜材料生产项目等工业项目16个，总投资27.28亿元。5000万元以上项目10个，其中超亿元项目5个（广西首科轨道新材料科技有限公司年产30万吨高延性冷轧带肋钢筋项目、广西阿秀食品有限责任公司年产2.50万吨卤制肉制品及副产品加工建设项目、广西南宁德馨食品有限公司年产3.80万吨饮品配料生产基地项目、广西侨旺纸模制品股份有限公司年产4万吨环保纸模制品项目、东莞市力山纸业有限公司南宁力山包装生产基地项目）。新增使用标准厂房面积1.53万平方米。“三企入桂”项目协议履约率100%、开工率94.74%、竣工率89.70%、资金到位率57.60%、资金到位率增量32.73%。印发《广西—东盟经济技术开发区推进工业振兴的若干措施》，扶持企业做大做强、推进工业高质量发展，壮大主导产业、支持工业绿色发展；印发《广西—东盟经济技术开发区服务劳动密集型重点企业用工支持方案》，发挥人力资源公司、劳务经纪人、学校的人力资源优势，缓解李宁体育用品有限公司、南宁双汇食品有限公司等劳动密集型重点企业招用工难题；在全市率先出台《广西—东盟经济技术开发区在限电期间鼓励工业企业自发电生产经营若干措施》，引导规模以上工业企业购买或租赁发电机自发电，助力企业渡过用电难关。落实涉企政策兑现“一窗申办”改革，拨付惠企资金2.17亿元、减税降费1.37亿元；财政贴息2300余万元，帮助152家企业获得13.52亿元“桂惠贷”资金支持。强化精准服务，走访服务企业180余次，解决问题145个，新增入规模口统计工业企业22家；南宁双汇食品有限公司、南宁统一企业有限公司、广西李宁体育用品有限公司3家企业入选第一批广西工业龙头企业名单，南宁贝联特种金属制品有限公司获评“广西工业企业质量标杆”，绿色食品、新材料、先进装备制造三大主导产业产值占规模以上工业总产值约50%。出台建筑施工企业扶持办法，落实奖励政策，建筑业总产值比上年增长70.50%。出台“鼓励现代服务业发展15条措施”，根据年营业收入进行奖励，返还税收。新增限额以上批发和零售业企业8家（广西万益通供应链管理有限公司、广西老院长农资有限公司、广西果语千寻供应链管理有限公司、广西金和农业服务有限公司、广西新农创农业发展有限公司、广西宝斯华石油化工有限公司、南宁华侨投资区侨联燃气有限责任公司、广西川醒酒业有限公司）。

【项目建设】 2021年，广西—东盟经开区谋划包装海天调味品产业园及配套设施、新材料产业园及配套设施、南宁教育园区（西片区）双创孵化基地及配套设施3个项目，获批政府专项债券资金4.50亿元，东盟小学PPP项目获财政部批准；征地152.67万平方米、拆除房屋2.59万平方米、出让工业用地50.67万平方米；推进广西南宁正光科技有限公司正光标准厂房项目、广西金合建材有限公司高端标准厂房项目、南宁市榕盛食品有限公司高端食品产业园项目等10个标准厂房项目建设，新建成标准厂房5.63万平方米。开工工业项目20个，完成投资8.60亿元；续建工业项目28个，完成投资2.07亿元；竣工工业项目28个，完成投资5.27亿元。推进桃李面包广西烘焙食品生产基地项目、调味品产业园·华强聚源租赁性住房（一期）项目、广西恒恩强包装制品有限公司年产7500万条高新包装袋项目等自治区、市级层面统筹推进重大项目31个，完成投资29.70亿元；推进佛山市海天（南宁）调味食品有限公司海天调味品生产基地建设项目、李宁体育（广西）有限公司东盟李宁中心项目、桃李面包广西烘焙食品生产基地项目、广西民族大学新校区、广西国际商务职业技术学院新校区项目5个强首府标志性重大项目，完成投资15.58亿元。2月，佛山市海天（南宁）调味食品有限公司海天调味品生产基地建设项目开工，投资20亿元，用地70.13万平方米，完成旋挖钻机开挖基础施工，蚝油项目工程75%、废水站工程53%、立体库工程23%、围墙建设工程75%。3月，广西产研院功能材料共享中试基地项目揭牌，业主为广西产业技术研究院，是广西首个专业通用型功能材料共享中试基地，主要为高校和中小微企业提供基础研发、中试设计与试验、分析检测和试制品的市场开发等服务，帮助校企降低科技成果转化成本，完成设备采购、改造投资约1050万元，装修投资约310万元。4月，广西交科新材料科技有限责任公司橡胶沥青产品生产项目竣工投产，投资6500万元，用地1.67万平方米，建设厂房、办公楼2个单体；广西万银铝建材科技有限公司铝模板及铝爬架生产项目竣工投产，投资8500万元建设铝模板、铝爬架生产组装项目。6月，李宁体育（广西）有限公司东盟李宁中心项目开工，投资15亿元，用地39.33万平方米，完成土方开挖、钎探施工、地下室垫层、防水施工等部分前期建设。推动康养项目建设，太和自在城被国家标准化管理委员会列入2021年国家级服务业标准化试点项目。推进双汇牧业年出栏30万头生猪产业化养殖项目建设，建设完成高标准农田178.07万平方米。

【产业发展】 2021年，广西—东盟经开区推动特色农业发展，第一产业增加值增长9.40%。南宁市首单政策性生猪期货价格保险和肉鸽养殖保险项目落地；广西商大科技股份有限公司被列入农业产业化国家重点龙头企业；广西南宁万锦农业有限公司“高甘”沃柑获“绿色食品”标志。有工业企业500家，其中规模以上工业企业141家，第二产业增加值增长17.90%。有食品加工企业106家，其中规模以上企业29家，占规模以上工业总产值37.97%；生物医药企业27家，其中规模以上企业6家，占规模以上工业总产值1.75%；环保家居制造企业43家，其中规模以上企业18家，占规模以上工业总产值7.40%；制鞋企业6家，其中规模以上企业2家，占规模以上工业总产值2.64%；纸制品企业20家，其中规模以上企业10家，占规模以上工业总产值8.65%；其他行业企业298家，其中规模以上企业76家，占规模以上工业总产值41.59%。有服务业企事

2021年6月29日，李宁体育（广西）有限公司东盟李宁中心项目开工　　蓝必祠　摄

业单位462家,其中规模以上企业8家(广西精英人力资源有限公司、广西南宁远哲信息咨询有限公司、广西社税企业管理服务有限公司、广西地亮工程机械租赁有限公司、广西物产桂储物流有限公司、太和自在城股份有限公司、南宁双汇物流有限公司、广西绿邦安全教育投资有限公司规模)。交通运输、仓储和邮政业51家,住宿和餐饮业32家,信息传输、软件和信息技术服务业25家,金融业14家,租赁和商务服务业142家,科学研究和技术服务业89家,水利、环境和公共设施管理业4家,居民服务、修理和其他服务业21家,教育47家,卫生和社会工作9家,文化、体育和娱乐业8家,公共管理、社会保障和社会组织20家。7月,与东兴边境经济合作区签订合作框架协议,双方在产业合作、投资促进、人才交流和信息互通4个领域,建立企业合作服务、招商引资、人才交流和信息共享4个平台,通过招商引资相互推介、产业转移、派遣工作人员挂职等方式开展合作交流,促进资源优势互补和协同发展。

【科技创新】 2021年,广西—东盟经开区有国家级科技型中小企业32家,认定为自治区级、市级"专精特新"中小企业7家,高新技术企业保有量68家,有效发明专利157项。加快创新平台建设,南宁大北农饲料科技有限责任公司、南宁智源科技企业孵化器有限公司2家企业获认定为自治区级研发平台。与江南大学签约共建技术转移中心,南宁华强产业投资有限公司(广西—东盟经开区国有平台公司)牵头成立南宁中关村信息谷华创科技服务有限责任公司。出台"科技创新15条措施",加大企业技术创新支持,享受研发费用加计扣除企业57家,扣除金额6039.58万元,减免税额865.34万元;安排科技创新扶持资金544.82万元,惠及企业67家。兑现人才奖励资金,市级高层次人才增至16人。与私募基金合作,设立广西—东盟经开区首支创业投资引导基金;与市创业投资引导基金合作,发起设立广西南宁华腾产业基金合伙企业(有限合伙)1支子基金,投资广西华软金盾项目、湖南星邦项目创新型项目2个。

【现代特色农业示范区建设】 2021年,广西—东盟经开区推进建设现代特色农业示范区5个,其中建成宁武都市农业(核心)示范区、特色农业核心示范区、沃柑产业核心示范区3个自治区级示范区,武帽农场西甜瓜产业示范区1个县级示范区。投入资金9394.30万元,推进建设示范区内项目12个,其中建成项目6个(广西百香果良种育繁推一体化示范项目、广西南宁市百香果良种繁育基地建设项目、万锦公司沃柑核心示范区建设项目、广西里建桂宁种猪核心示范区、广西辰兆农业发展有限公司百香果标准化建设项目、广西里建桂宁种猪有限公司2021年国家级畜禽性能测定项目),在建项目5个(广西步升农业科技有限公司生猪养殖及果蔬种植项目、建祈福小镇一期、祈福小镇二期、广西—东盟经开区鑫坚宇健渔业产业园项目、年产12万吨饲料厂建设项目)。

【南宁教育园区(西片区)建设】 2021年,广西—东盟经开区推进南宁教育园区(西片区)建设,完成基础设施建设投资2.41亿元,累计完成投资22.15亿元。新庆南路(发展大道—纬3路)1条道路开工建设,完成投资780万元;发展大道(新庆南路—聚源南路)、发展大道(聚源南路—永和南路)、永和北路(武华大道—长岗大道)、百威英搏大道(联杰路—发展大道)、思源南路(里建大道—发展大道)、长岗大道东延长(永安路—经10路)6条道路竣工通车;建设南路(里建大道—发展大道)通车。累计到位建设资金30.05亿元,其中上级补助资金8.31亿元、银行贷款4.23亿元、入园院校缴纳征地预付款及履约保证金17.51亿元。累计入园院校11所,开工建设10所,全部实现单体落地。累计实现招生办学院校5所,有在校师生约3万人,其中新增广西民族大学、广西国际商务职业技术学院、广西幼儿师范高等专科学校3所。新开通公交线路2条(129路、101路)途经园区,方便师生出行。

【侨务及涉港澳台事务】 2021年,广西—东盟经开区登记涉侨人员7630人,华侨华人投资企业19家;涉台人员25人,台资企业11家。落实惠侨政策,打造华侨城创业街,减免租金185.42万元,惠及归侨侨眷40人;组织慰问困难归侨侨眷、困难侨眷生267人次33.03万元;慰问台商台胞19人0.95万元。服务港资澳资台资企业,走访服务企业15家次,帮助企业解决实际困难、依法维护企业合法权益。

(邓秋秋　蒙　昕　赵文丽)

南宁六景工业园区

【概　况】 南宁六景工业园区(简称"六景工业园区")2002年4月成立,12月被自治区政府批准为自治区级开发区;2010年1月被列入广西北部湾经济区重点产业园区。位于横州市六景镇,由六景园区、那阳集中区2个片区组成,规划面积72.61平方千米(六景片区48平方千米、那阳片区24.61平方千米),已开发面积21.92平方千米,其中六景片区17.59平方千米、那阳片区4.33平方千米。是南宁东部产业新城的主要组团。2021年,六景工业园区供水、供电、通信、路网、污水处理等基础设施配套完善;产业结构以工业为主,物流业、仓储业和商住业为辅,有20万平方米标准厂房,入园企业累计167家(新增17家),其中工业企业120家(规模以上工业企业60家),主要工业产品有电力、纸浆、机制纸、钢结构厂房(办公楼)、输电(通信)线路铁塔、通风设备、中成药、饲料等。工业总产值148.47亿元,比上年下降1.21%,其中规模以上工业总产值145.35亿元,下降0.93%;固定资产投资13.51亿元,下降9.11%,其中工业投资12.85亿元,增长10.68%;到位资金7.44亿元,下降54.55%;财政收入6.06亿元,增长7.64%。主要存在经济结构不合理,发展不平衡、不充分,投资增长乏力,产业集群发展程度不高,产业结构调整任务艰巨,土地存量不足,用地指标紧缺,基础设施不够完善,公共服务水平滞后等问题。

【营商环境优化】 2021年,六景工业园区组建六景镇行政审批服务局,开设企业开办、投资建设项目、自然资源和村镇规建、农村宅基地和建房(规划许可)审批、用气用水报装、用电业扩报、综合窗口等9个窗口。对进驻的57个事项均推广首问负责、办事代理、限时办结、容缺受理等服务,精简程序和环节。制定"一企一策",为企业提供"保姆式"服务;建立代办队伍,提供代办帮办服务,减少企业跑腿负担;受理办结52个企业相关业务。为瑞声科技(香港)有限公司高速数据传输项目、广西轻工技师学院六景校区项目、汽车零部件再制造项目等12个项目量身定制"一企一策",为项目制定流程图,提供项目审批方案明确企业需办理的审批事项。开展免费"帮办代办"政务服务,为广西吉祥天健康产业有限公司中药健康产业工程(一期)工程项目、南宁公共交通集团有限公司汽车零部件再制造项目、广西一哥纸业有限公司生活用纸二期项目等5个项目提供帮办代办服务;建立"审批不出园"机制,项目签约落地后安排专人对接,为企业签约、落地、开工、建设、竣工、投产等关键阶段提供一站式、闭环式服务。

【招商引资】 2021年,六景工业园区签订投资项目29个,签约总投资52.99亿元。其中,进驻园区厂房项目17个,总投资7.43亿元;新增用地项目9个,总投资21.43亿元;利用原有土地和法院拍卖用地进行项目建设1个,投资3000万元;引进学校项目1个,总投资21.6亿元;技术改造项目1个，总投资2.21亿元。入驻园区厂房项目：广西光凯包装有限公司租赁广西春江食品有限公司生产厂房3468平方米，投资5000万元，建设彩印复合包装生产加工项目；广西向悦食品科技有限责任公司租赁和凯科技园标准厂房3888平方米，投资1500万元，建设食品加工厂项目；广西富恒建材科技有限公司租赁广西凯威铁塔有限公司标准厂房1152平方米，投资3000万元，建设混凝土养护液生产线项目；广西起成塑胶科技有限公司租赁广西凯威铁塔有限公司标准厂房5000平方米，投资2000万元，建设塑料制品和纸制品生产项目；广西创捷交通设施有限公司租赁广西凯威铁塔有限公司标准厂房1.50万平方米及工业用地1.83万平方米，投资2亿元，建设年产11万吨公路交通设施及配套产品项目；广西鸿瀚纸业有限公司租赁广西集盛纸业有限公司标准厂房5000平方米，投资1000万元，建设广西鸿瀚纸业有限公司纸制品制造加工项目；广西豪桂新材料科技有限公司租赁南宁君盈纸业有限公司标准厂房3333平方米，投资5700万元，建设球形硅微粉生产基地项目；广西硅未来新材料科技有限公司租赁良圻农场十一分场土地3333平方米，投资1800万元，建设石油压裂支撑剂生产基地项目；广西善成农业有限公司租赁广西春江食品有限公司标准厂房6000平方米，投资9000万元，建设药用蛇壮药饮片加工项目；广西交工建筑工程有限公司租赁广西纳海投资有限公司工业用地2.80万平方米及现有生产厂房1.14万平方米，投资5000万元，建设装配式建筑产业链一期项目；广西惠广深集成房屋有限公司租赁广西天利恒木业有限公司标准厂房1.80万平方米，投资5000万元，建设集成房屋生产加工项目；广西大风车食品有限公司租赁广西春江食品有限公司平面土地6300平方米，投资860万元，建设年产5000吨杂粮米粉加工项目；广西南联节能科技有限公司租赁广西凯威铁塔有限公司标准厂房4700平方米，投资2000万元，建设绿色新型建材项目；广西广林家居新材料有限公司租赁广西新久阳科技有限公司标准厂房4500平方米、办公场地200平方米，投资3000万元，建设年产100万平方米高端家居饰面板项目；安徽中铁工程材料科技有限公司租赁广西新久阳科技有限公司标准厂房面积5200平方米，投资2200万元，建设混凝土外加剂生产项目；广西凯威电力线路器材有限公司租赁广西凯威铁塔有限公司标准厂房1.85万平方米，投资2200万元，建设电力设备生产基地项目；广西城邦环保建材有限公司租赁嘉瑞科技产业园1.40万平方米、办公场地700平方米，投资5000万元，建设环保新材料、生态装配式房屋项目。新增用地项目：美宜佳（广西总部）产业园项目，占地13.33万平方米，投资5亿元；高分子新型建材产业园项目，占地4.33万平方米，投资2亿元；绿色环保涂料生产项目，占地1.67万平方米，投资1亿元；聚合物新型环保建材生产项目，占地1.67万平方米，投资1亿元；年产40万吨综合节能环保型排水路面材料生产基地项目，占地2万平方米，投资1.20亿元；广西交通投资集团创新产业园项目，占地8.33万平方米，投资3.60亿元；广西安迪科同位素药物生产、销售中心项目，占地6667平方米，投资6000万元；年产3000万平方米高分子防水材料产业园项目，占地2.67万平方米，投资1亿元；六景循环经济产业园生活垃圾焚烧发电厂项目，占地8.67万平方米，投资6.03亿元。利用原有土地和法院拍卖用地进行项目建设1个：建设南宁市荣盛纸业有限公司生活用纸加工项目，占地5300平方米，投资3000万元。引进学校1个：广西轻工技师学院六景校区项目，占地81.67万平方米，投资21.60亿元。技改项目1个：广西金鲤水泥有限公司投资2.22亿元，建设年产160万吨水泥粉磨技改项目。

【项目建设】 2021年，六景工业园区完成项目建设投资13.51亿元，有新开工项目27个，续建项目15个，竣工项目11个。广西中恒建材有限公司高性能复合桩及装配式建筑生产项目开工，占地6.30万平方米，总投资6.80亿元，年内一期项目投产；横县东糖糖业有限公司年产30万吨半化学机械浆技改工程项目开工，总投资6.28亿元，年内安装部分设备；广西金鲤水泥有限公司年产160万吨水泥粉磨技改项目开工，总投资2.22亿元，年内试生产；广西华瑞盛驰交通设施有限公司年产2万吨新型钢材制品项目开工，总投资6000万元，年内投产；广西惠广深集成房屋有限公司集成房屋生产加工项目开工，总投资5000万元，因资金问题，年内项目设备搬走；广西光凯包装有限公司彩印复合包装生产加工项目开工，总投资5000万元，年内试生产；广西南宁定德翻胎有限责任公司六景双创产业园项目开工，占地1.87万平方米，总投资3500万元，年内完成外墙拆架；南宁公共交通集团有限公司汽车零部件再制造项目开工，占地3.33万平方米，总投资1.20亿元，年内试生产；广西交投建筑工业化有限公司南宁交通设施仓储加工（二期）项目开工，总投资6.69亿元，年内投产；广西吉祥天健康产业有限公司中药健康产业工程（一期）项目开工，占地8万平方米，总投资1.18亿元，完成原有办公楼、宿舍楼、食堂整改，科研生产楼主体建成；广西全中纸业有限公司标准厂房建设项目开工，总投资1亿元，蓝领职工宿舍完成建设；南宁九禾测土配肥有限责任公司复合肥生产线项目开工，总投资8000万元，完成设备订购；广西古尚家具制造有限公司红木家具生产项目开工，占地2.67万平方米，总投资7000万元，完成场地平整；广西交工建筑工程有限公司装配式建筑产业链一期项目开工，总投资5000万元，完成部分设备安装，年内因资金问题停工；南宁六景工业园区纬十路项目开工，总投资3600万元；广西美宜佳实业投资有限公司美宜佳（广西）产业园项目开工，总投资5亿元，开展厂房地基建设；广西乾岳气瓶制造有限公司年产200万个自动化钢瓶生产技改搬迁项目开工，总投资6000万元，开展

2021年9月22日，六景工业园区跨洲贸易有限公司嘉瑞科技产业园标准厂房俯瞰图
谢世钰　摄

项目前期工作;六景工业园区天然气配套建设项目开工,总投资6000万元,开展线路管道设计;广西富恒建材科技有限公司混凝土养护液生产线项目开工,总投资3000万元,年内试生产;广西起成塑胶科技有限公司塑料制品和纸制品生产项目开工,总投资2000万元,年内投产;南宁交投六景园区公司创新产业园项目开工,总投资3.60亿元,完成宿舍楼及标准厂房主体建设;广西创捷交通设施有限公司年产11万吨公路交通设施及配套产品项目开工,总投资2亿元,完成安装部分设备;中节能(广西)清洁技术发展有限公司广西固体废物(危险废物)处置中心填埋场修复治理工程项目开工,总投资1.50亿元,开展填埋场地基建设;安徽力聚投资集团有限公司年产40万吨综合节能环保型排水路面材料生产基地项目开工,总投资1.20亿元,开展厂房地基建设;广西耐福乐环保科技有限公司聚合物新型环保建材项目开工,总投资1亿元,完成公司设立、项目备案;广西南宁都宁通风防护设备有限公司核磁门生产项目开工,总投资1亿元,开展设备安装;广西硅未来新材料科技有限公司石油压裂支撑剂生产基地建设项目开工,总投资1800万元,开展设备安装。广西交投建筑工业化有限公司项目南宁交通设施仓储加工及码头工程项目竣工,总投资2.50亿元;广西天腾木业有限公司年产40万立方米刨花板项目竣工,总投资6亿元;广西横县江南纸业有限公司年产5万吨擦手纸三期项目竣工,总投资8000万元;广西嵘兴中科发展有限公司年产1700吨高端生活用纸项目竣工,总投资7000万元;广西景兴产业开发建设有限公司金属材料仓储加工(一期)项目竣工,总投资6200万元;广西跨洲贸易有限公司标准厂房建设项目竣工,总投资7000万元;广西美力德材料科技有限公司医疗环保耗材生产项目竣工,总投资5100万元;广西向悦食品科技有限责任公司食品加工厂项目竣工,总投资1500万元;广西中恒建材有限公司高性能复合桩及装配式建筑生产(一期)项目竣工,总投资6.80亿元;南宁公共交通集团有限公司汽车零部件再制造项目竣工,总投资1.20亿元;广西景诚能源有限责任公司司经一路四回路10千伏供电线路项目竣工,总投资500万元。

【产业发展】 2021年,六景工业园区有企业167家,其中规模以上企业60家,规模以上工业总产值145.35亿元。产值亿元以上企业26家,10亿元以上企业5家(广西德源冶金有限公司、广西金鲤水泥有限公司、南宁双胞胎饲料有限公司、广西广联饲料有限公司、横县漓源粮油饲料有限公司),20亿元以上企业1家(国能南宁发电有限公司)。重点发展电子信息、新型建材、绿色化工、新能源、农林产品加工等5个百亿元工业产业;农林产品加工业规模以上工业总产值66.36亿元,比上年增长10.42%(制浆造纸产业26.39亿元,增长4.72%),占园区工业总产值44.84%;建材36.73亿元,下降28.47%,占园区工业总产值25.65%;能源29.16亿元,增长55.14%,占园区工业总产值20.37%;化工11.56亿元,增长50.55%,占园区工业总产值8.07%;装备制造及生物医药1.54亿元,下降82.30%,占园区工业总产值1.08%;电子信息未有规模以上工业企业。

（黄素倩）

南宁仙葫经济开发区

【概 况】 南宁仙葫经济开发区(简称"仙葫开发区")1994年4月创建,2006年3月通过国家发展改革委自治区级开发区审核;地处民族大道东段,东至德福村大冲坡与长塘镇长大村含泥坡交界处,南至邕江中线,西至那安高速中线,北至与兴宁区交界处。2021年,辖区面积129平方千米(含五合大学城、中国—东盟数字经济产业园),土地行政区域面积96.17平方千米,重点开发面积66.35平方千米,核心区规划面积18平方千米,实际开发面积11.31平方千米。辖蓉茉、金葫、通福、盘古、龙祥、江湾6个城市社区,那舅、五合、莫村3个农村社区,德福村1个村,总人口18.72万人。驻区工业、学校、商贸业等单位102家。11月,伶俐工业园区划归南宁东部产业新城。规模以上工业企业21家(产值亿元以上企业9家),规模以上工业总产值49.43亿元、比上年增长21.70%,规模以上工业增加值7.63亿元、增长31%;固定资产投资85.32亿元,增长80.72%,其中工业投资16.85亿元,增长18.95%;社会消费品零售总额21.73亿元,增长10.57%;财政收入6838.35万元,下降19.22%。主要存在辖区土地供应不足,缺乏支柱销售商家支撑,社会消费品零售额增速无法较快提升;项目投资建设薄弱,投资结构单一,缺乏带动性强的龙头企业,企业辐射和带动效应不明显等问题。

【营商环境优化】 2021年,仙葫开发区投资155.56万元,完成村级道路硬化项目8个(那舅社区罗村坡二队、那舅社区周屋坡、那舅社区那楼坡、五合社区那律坡、五合社区马山扶贫安置点、五合社区坛晡坡、德福村江口坡、德福村粟屋坡),改善乡村道路1.40万平方米,完成雨污错接混接点改造工程365个、风貌改造示范带房屋外立面及坡屋顶改造451户。完成"三清三拆"(清理村庄垃圾、清理乱堆乱放、清理池塘沟渠,拆除废弃建筑、拆除违章建筑、拆除违法违规广告招牌)任务0.57万平方米,完成"四微"(微菜园、微果园、微花园、微庭院)改造任务0.16万平方米。加快天合路、应天路、上洲24号路、五合大道扩建建设,推进13条市政道路PPP项目,提升基础设施配套。推进"三企入桂"和"浙商广西行"等招商活动,培育规模以上工业企业和限额以上商贸企业,新增入库规模以上工业企业4家(广西邕之泰实业有限公司、广西善建者建材科技有限公司、广西猪小呆食品有限公司、广西美斯达积木机械设备有限公司),新增入库限额以上商贸企业6家(广西卿蕊捷智能制造有限公司、南宁市和昇香料香精有限公司、广西瑶山星投资有限公司、广西绿阳化工有限公司、广西昊驰石油化工有限公司、广西达洲新能源有限公司),新增入库规模以上服务业企业1家(广西至厚人力资源有限公司),新增入库规模以上房地产项目1个(广西南宁昇越置业有限公司大华语山城项目)。为项目建设提供用地保障,完成项目规划红线内征地40.10万平方米,房屋拆迁0.59万平方米,农配房拆迁0.46万平方米,红线外征地2.73万平方米,临时租地3.96万平方米。组织1180人次对非煤矿山、住宅小区、学校(含幼儿园)、养老机构、超市、农家乐、加油站、农贸市场、建筑工地、燃气经营店、商铺等重点、人员密集场所开展安全生产检查,督促整改隐患45项。

【招商引资】 2021年,仙葫开发区招商引资实际到位资金28.11亿元,比上年下降14.48%;项目落地1个(南宁牛湾文化旅游岛项目);签约固定资产投资5000万元(含)以上项目1个(青秀·十里云裳项目);固定资产投资项目81个,累计投资增长80.72%。南宁大健康特色小镇项目计划总投资50亿元;南宁牛湾文化旅游岛项目计划总投资350亿元;大龙—东盟汽车产业智慧城项目计划总投资100亿元;广西南宁昇越置业有限公司大华语山城项目计划总投资9.60亿元,累计投资837万元;中海半山壹号项目计划总投资28.98亿元,累计投资20.06亿元,新增投资3.39亿元;荣和澜山府项目计划总投资20.82亿元,累计投资13.36亿元,新增投资1.97亿元;中国铁建西派御江(南区与北区)项目计划总投资32亿元,累计投资22.93亿元,新增投资21.69亿元;青秀·十里云裳项目计划总投资29亿元,累计投资15.78亿元,新增投资13.06亿元;中国—东盟数字经济产业园项目总投资 58.88 亿元,累计投资 11 亿元,新增投资 10.08 亿元。

【项目建设】 2021 年,仙葫开发区有固定资产投资项目 81 个(新开工 13 个、续建 68 个),完工 5 个,完成投资 5.96 亿元。南宁牛湾文化旅游岛项目计划总投资 350 亿元,占地面积 146.67 万平方米,规划建成集商贸、特色旅游、休闲度假、居住为一体面向东盟的服务产业集聚区,开展前期征地拆迁;南宁大健康特色小镇项目计划总投资 50 亿元,一期总占地面积约 34 万平方米,总建筑面积 67.14 万平方米,规划建设医药、医疗器械及健康食品科研孵化中心、科技企业总部及其标准生产厂房和相关产业配套等,引进孵化培育医药研发、医疗器械、保健食品、健康管理等大健康产业类企业总部及科技中小企业,开展前期土地出让;辖区 13 条市政道路 PPP 项目计划总投资 4.01 亿元,开展方案设计、规划选址、可行性研究等前期工作;大龙—东盟汽车产业智慧城项目计划总投资 100 亿元,开展前期土地征储工作;中国—东盟数字经济产业园项目计划总投资 58.88 亿元,新增投资 10.08 亿元,主体建筑建设项目竣工验收。

【五合大学城】 2021 年,五合大学城总规划面积 21.50 平方千米,办学总规模 10 万人,有院校 9 所。其中,南宁师范大学(五合校区)在校生 9765 人,开设历史学、法学、社会工作、思想政治教育、数学与应用数学、统计学类、计算机科学与技术、软件工程、教育技术学、学前教育、教育学、应用心理学、公共事业管理、特殊教育、体育教育、社会体育指导与管理等专业;南宁市第六职业技术学院在校生 3980 人,开设信息技术、商贸旅游、财经、文秘、机电、艺术、管理 7 大类 17 个专业方向,其中电子商务、会计、计算机及应用专业为自治区级示范专业,现代物流管理、旅游服务管理、高星级饭店运营与管理、制冷和空调设备运用与维修、金融会计等专业为自治区特色专业;广西中医药大学(仙葫校区)在校生 6051 人,开设中医学、针灸推拿学、壮医学、临床医学、口腔医学、康复治疗学、医学检验技术、护理学、中药学类、药学类、临床药学、市场营销(医药营销方向)、公共事业管理(卫生方向)、应用心理学(医学心理学)、食品质量与安全等专业;广西中医药大学赛恩斯新医药学院在校生 1.09 万人,设医学系、医学技术系、护理系、药学系、公共管理系 5 个系部,有中医学、针灸推拿学、护理学、中药学、药学、药物制剂、康复治疗学、医学检验技术、医学影像技术、口腔医学技术、食品质量与安全及市场营销 12 个专业,其中中医学、针灸推拿学专业为广西民办高校重点专业,护理与养生类为广西新建本科学校转型发展试点专业群,药学专业为广西高校特色专业及课程一体化建设项目;广西警察学院(五合校区)(原广西政法管理干部学院)在校生 8697 人,开设行政执行、贸易法律及应用、涉外法律及应用、东盟法律及应用、社区管理与服务、营销与策划、计算机网络技术等 39 个专业;国家法官学院广西分院(培训教育职能机构)教职工 141 人,主要负责组织国内法官教育培训和开展援外法官研修、组织学术研讨、学术论文评比、其他有关法官培训;广西外国语学院在校生 1.83 万人,设教学单位 11 个、本科专业 32 个,含泰语、越南语、柬埔寨语、印度尼西亚语等 8 个外语本科专业;广西二轻技师学院学生 5936 人、教职工 176 人,开设幼儿教育、计算机应用与维修、工艺美术、烹饪、汽车维修、酒店服务、电气自动化设备安装与维修、制冷设备运用与维修、数控加工、工业机器人应用与维护等专业;国家检察官学院广西分院(培训基地)举办培训班 60 期,培训 5000 人次。

2021 年 3 月 31 日,南宁牛湾文化旅游岛项目落地仙葫开发区。图为牛湾村中坡二队回迁安置项目施工现场 仙葫开发区提供

【中国—东盟数字经济产业园】 2021 年,中国—东盟数字经济产业园主体建筑建设项目竣工验收。产业园位于仙葫开发区高新技术板块,毗邻五合大学城,由广西投资集团全资子公司数字广西集团联合中国科学院信息工程研究所、华为技术有限公司、中航建设集团有限公司、南宁晟宁资产经营投资有限公司等单位合作共建,是自治区"双百双新"重大项目。计划总投资 58.88 亿元,规划占地面积 16 平方千米,其中一期用地面积 21.33 万平方米。重点建设"六中心一基地",包括展示中心、信创学院(实训中心)、产业中心、研发中心、孵化中心、服务中心和中国—东盟信创产业适配基地。聚焦信息技术应用创新产业,导入华为鲲鹏体系、中国电子 PKS(过程知识系统)体系、中国电科生态企业,构建集基础硬件、基础软件、应用软件、信息安全等研发生产于一体的信创"全产业 + 适配"链条。签订意向入园协议超 100 家企业,签订投资协议企业 57 家,计划总投资 17.50 亿元。

(陈婷婷)

南宁江南工业园区

【概 况】 南宁江南工业园区(简称"江南工业园区")前身是 2003 年 7 月创建的南宁经济技术开发区铝工业园区,2006 年 3 月更名南宁江南工业园区,同年 4 月通过国家发展改革委自治区级开发区审核,由市政府授权江南区政府负责管理。管辖范围东至石柱岭一带,南以白沙大道南站大道为界,西至邕江,北至江南大道、锦成路。实际管辖面积 41.03 平方千米,其中沙井分区 31.97 平方千米、富宁经济园 7.90 平方千米、石柱岭铝加工产业园 1.16 平方千米。主导产业为电子信息、铝精深加工、生物医药等;电子信息产业区位于三津大道以东、定秋路以南、沙井大道以西、智和路以北,以富士康南宁科技园为核心,富宁标准厂房、泉港电子信息标准厂房为延伸范围,重点发展网络通信、智能终端产业链;铝精深加工产业区位于南建路以东、亭洪路以南、石柱岭路以西、白沙大道以北,以广西南南铝加工有限公司为核心,重点发展汽车轻量化、轨道交通、半导体设备用铝合金等高端铝产业链;生物医药产业区位于三津大道以东、定秋路以南、沙井大道以西、下津路以北,以电子医疗器械产业园为核心,重点发展生物医药研发、制造、销售产业链。2021 年,工业总产值 422.72 亿元,比上年下降 4.7%;规模以上工业总产值 420.68 亿元,下降 4.2%;规模以上工业增加值 31.32 亿元,下降 3.7%;固定资产投资 55.10 亿元,下降 3.9%,其中工业投资 3.73 亿元,下降 5.8%;园区税收 9.52 亿元,下降 36%,其中规模以上工业税收 2.28 亿元,增长 1.8%。主要存在园区工业经济发展不均衡;受大环境影响,部分企业产量下滑,部分项目投资意愿减弱,新签约落地项目建设进度缓慢;园区内储备土地资源不足,影响园区整体招商和产业布局安排等问题。

【营商环境优化】 2021 年,江南工业园区完成市政基础设施投资 6.07 亿元,比上年增长 15.51%。完善交通路网,贵和路(上津路—江南大道、智兴路—齐贤路)、贵义路(齐贤路—智和路)、仁兴路(下津路—定秋路、定津路—沙滨路)、邕津路(沙滨路—下津路)等道路开工建设,推进金华路(高棠路—白沙大道)、文岭街、齐贤路、亭洪路延长线(规划一路—规划四路)、乐贤路保障房东侧二号路完工并通车。完善配套设施,仁义村卫生服务中心、南宁市三津水厂扩建项目等公共配套项目开工建设,推进沙井小学迁建项目、沛鸿民族中学沙井校区、贵和路幼儿园等项目完工。协调新增设公交线路 2 条,投放共享单车和电车约 200 辆;组织新冠病毒疫苗接种专场 8 次,为 175 家企业 3788 人次集中接种疫苗;协调 10 家企业员工 38 名子女入学;协助 3 家企业获融资近 800 万元;开展校企活动 6 场,为 6 家企业推荐实习生约 500 人次。

【项目建设】 2021 年,江南工业园区新开工项目 13 个,完成投资 6.22 亿元;续建项目 38 个,完成投资 48.88 亿元;无竣工项目。固定资产投资完成 55.1 亿元,其中基础设施投资 0.38 亿元、工业(制造业)投资 3.73 亿元、服务业投资 6.78 亿元、房地产及保障性住房投资 44.21 亿元。2 月,南宁富桂制程工艺技术升级改造项目开工,总投资 2399 万元。4 月,贵义路南段(智和路—齐贤路)工程开工,总投资 4617 万元;文骅小学南侧道路(文骅路—福园街)开工,总投资 611 万元。5 月,广西沃沃特种车辆制造销售项目开工,总投资 2000 万元;广西润锦精密电子有限公司注塑成型项目开工,总投资 630 万元。6 月,仁兴路(下津路—定秋路、定津路—沙滨路)开工,总投资 4837 万元;贵和路(沙滨路—江南大道)开工,总投资 9138 万元。7 月,南宁富桂生产技术效率提升项目开工,总投资 1.60 亿元;南宁富桂重庆产业转移搬迁改造项目开工,总投资 4740 万元;富宁精密电脑关键零部件生产线智能化升级改造工程开工,总投资 2600 万元;康体佳物联网技术产业化基地项目开工,总投资 3 亿元。10 月,南宁奥特莱斯购物广场项目开工,总投资 20 亿元;兰丁医学检验实验室项目开工,总投资 1 亿元。

【招商引资】 2021 年,江南工业园区新建成标准厂房 5 万平方米,园区内富宁标准厂房、泉港电子信息标准厂房、广西—东盟国际医疗健康电子信息科技综合产业园、产投江南企业公园、弘信移动互联产业园 5 个标准厂房累计建成厂房面积 84.13 万平方米,招商使用面积 53.27 万平方米,累计入驻标准厂房并投产的企业 441 家(新增 67 家)。引进项目 6 个:深圳市联代科技有限公司智能通信终端生产线项目、阳光通信智能手机贴片及通信终端生产项目、江苏吉锐生物技术有限公司生物新药研发生产基地项目、无锡台翔电子技术发展有限公司智能控制器及相关配套生产基地项目、产投江南电子科技园项目、产投江南产业园项目,计划总投资 27 亿元。

【产业发展】 2021 年,江南工业园区有规模以上工业企业 41 家,新增 7 家,完成规模以上工业总产值 420.68 亿元,比上年下降 4.2%。电子信息、铝加工两大主导产业实现工业总产值 395.61 亿元,其中电子信息产业实现工业总产值 353.54 亿元,下降 8.7%,铝加工产业实现工业总产值 42.07 亿元,增长 42.7%。加强企业服务,帮助企业解决招工、融资困难,鼓励企业创新技术改造,推动企业入规模口统计,培育新增入规模口统计工业企业 5 家(广西燚能新能源有限公司、广西深航智能科技有限公司、广西深瑞精密电子有限公司、广西阿瑞斯能源科技有限公司、广西智电电气设备有限责任公司),培育规模以下转规模以上工业企业 3 家(南宁市华桂彩印有限责任公司、广西南宁邕江药业有限公司、南宁市祥银纸箱有限责任公司)。获创新创业载体平台认定 3 项:泉港江南企业总部获南宁市级科技企业孵化器、自治区小型微型企业创业创新示范基地认定;产投江南企业公园获自治区小型微型企业创业创新示范基地认定。

(韦　佳)

2021 年 6 月,江南工业园区引进阳光通信智能手机贴片及通信终端生产项目。图为生产车间

江南工业园区管委会提供

广西良庆经济开发区

【概　况】 2007 年 3 月,南宁市大沙田经济开发区、邕宁沿海经济走廊开发区整合成立广西良庆经济开发区(简称"良庆经开区"),为自治区级开发区。2021 年,区域面积 2.49 平方千米,分 5 个区块:区块 1 面积 0.08 平方千米,东起青龙岗墓园,南靠五象大道,西至东风路,北临邕江;区块 2 面积 0.38 平方千米,东起青龙岗墓园,南靠五象岭,西至东风路,北临五象大道;区块 3 面积 0.81 平方千米,东起良庆区玉洞村了蕾坡,南靠南坛高速公路,西至玉洞村蕾扫岭,北临建业路;区块 4 面积 1.15 平方千米,东起良庆区华兴路,南靠云桂

铁路花油山隧道，西靠良庆区平乐村削济山、大刀岭，北临南宁市平乐水泥厂；区块5面积0.07平方千米，东起华兴路，南至良庆区平乐村亭子岭，西靠平乐村削济山、大刀岭，北临云桂铁路花油山隧道。有规模口统计企业74家，规模以上工业总产值90.79亿元，比上年增长20.36%；规模以上工业增加值（城区本级）14.64亿元，增长5.60%；工业投资18.86亿元，增长1.80%；工业技改投资4.05亿元，下降57.20%；财政收入8.02亿元，增长9.71%；工业税收2.49亿元，增长6.41%。主要存在园区工业发展空间不足、产业结构不优、企业规模较小、企业创新能力不足等问题。

【营商环境优化】 2021年，良庆经开区建立企业网格化服务，解决企业扩大产能用地、项目建设土方外运、污水排放等问题。培育南宁华电福新风力发电有限公司、广西桂鼎农业发展有限公司、广西兔宝宝家居有限公司、广西万筑建材科技有限公司、南宁正虹生物饲料有限公司、正大饲料（广西）有限公司6家企业新纳入规模口统计，新增产值5.75亿元。发布招工岗位200多个，求职信息60多条，达成就业意向78人；举办“春风行动”线上招聘会，提供就业岗位68个，达成就业意向300人；配合良庆区人社局举办良庆区2021年民营企业招聘会活动专场招聘会，现场达成就业意向184人；配合良庆区人社局举办良庆区2021年南宁市返乡农民工专场招聘会，到场求职者300多人，达成就业意向49人；组织企业参加南宁职业技术学院举办的2021年南宁春季高校毕业生双选会。深入中国（广西）自贸试验区南宁片区企业宣传解读稳增长激励政策，发放宣传资料1000多份，组织专场学习会2场；完成中国（广西）自贸试验区南宁片区新注册企业440家。推进园区产业转型升级，加大跟踪服务力度，引导企业加强科技成果转化能力，电子信息产业取得突破性进展，广西数广宝德信息科技有限公司完成产值5.97亿元，比上年增长397.99%。参与首府南宁创建全国文明城市工作，整治网格责任区18条道路沿线乱堆积建筑垃圾、违章停放车辆、乱摆摊点等问题；将垃圾分类工作融入创建全国文明城市工作，深入企业宣传垃圾分类知识，发放宣传材料74套。

【项目建设】 2021年，良庆经开区开工项目2个，建设项目3个，竣工项目1个。广西恒得润生物科技有限公司高纯度辣椒碱加工基地项目、广西银瓷圭新材料科技有限公司银圭产品生产和研发基地开工建设；广西拓康科技有限责任公司医药用品物流中心项目、广西恒得润生物科技有限公司高纯度辣椒碱加工基地项目、广西银瓷圭新材料科技有限公司银圭产品生产和研发基地在建施工；南宁市皇石轩投资有限责任公司标准厂房项目竣工投产。对接广西源盛仓储物流股份有限公司建材加工及物流配送中心、南宁市泽威尔饲料有限公司食品及饲料添加剂制造、广西纺织服装设计研究所有限公司北投防疫物资五象新区生产基地等工业项目27个，总投资63亿元，其中入库19个、计划总投资41亿元。加强项目用地管理，对批准范围和实际管理范围分别开展用地状况、供地情况、用地效益及管理绩效调查，形成土地集约利用数据库。协调完善银海大道西片区公交线路、供水、供电等基础配套设施建设，220千伏利华（玉洞）送变电工程竣工，保障企业生产。

2021年，良庆经开区电子信息产业发展迅速，广西数广宝德信息科技有限公司完成产值5.97亿元，比上年增长397.99%。图为员工在生产线上作业　　良庆经开区提供

【产业发展】 2021年，良庆经开区形成有色金属深加工、机械电子工业、生物制药、建材、饲料加工等主导产业，规模以上工业企业总产值90.79亿元，比上年增长20.30%，其中有色金属深加工总产值5.04亿元、增长82.20%，机械电子工业总产值8.06亿元、增长156.84%，生物制药总产值1.99亿元、下降23.85%，建材总产值30.98亿元、下降7.31%，饲料加工业总产值8.13亿元、增长50.09%；规模以上工业增加值（城区本级）14.64亿元、增长5.60%。有规模以上工业企业74家，其中亿元规模以上工业企业25家［广西日星金属化工有限公司、南宁艾格菲饲料有限公司、南宁鸿牌饲料科技有限公司、南宁正大畜牧有限公司、南宁市泽威尔饲料有限责任公司、南宁市农利来饲料有限公司、南宁扬翔农牧有限公司、南宁正虹生物饲料有限公司、正大饲料（广西）有限公司、广西数广宝德信息科技有限公司、南宁市蓝天钢管厂、广西南宁沧海钢材有限公司、南宁市宏建混凝土有限公司、南宁中建西部建设有限公司、广西盛东混凝土有限公司、南宁华润良庆混凝土有限公司、南宁市富裕达混凝土有限公司、南宁市嘉大混凝土有限公司、广西果木森建材有限公司、广西鼎盛混凝土有限公司、南宁派吉纸业有限公司、广西石埠乳业有限责任公司、南宁良庆东糖糖业有限公司、南宁市储备粮管理有限责任公司、南宁聚焦优化食品有限公司］。新入规模口企业10家，其中新建投产入规模口统计企业6家［南宁华电福新风力发电有限公司、广西桂鼎农业发展有限公司、广西兔宝宝家居有限公司、广西万筑建材科技有限公司、南宁正虹生物饲料有限公司、正大饲料（广西）有限公司］，小升规企业4家（广西亚磊机电设备有限责任公司、广西盛和防护设备有限公司、广西托肯建材有限公司、南宁市正麦食品有限责任公司）。

（蒋倩倩）

宾阳县黎塘工业园区

【概　况】 宾阳县黎塘工业园区（简称“黎塘工业园区”）前身为2007年成立的黎塘工业集中区和芦圩工业集中区。2013年7月，宾阳县黎塘工业园区管理委员会成立，原黎塘工业集中区、原芦圩工业集中区合并成为宾阳县黎塘工业园区。2021年，黎塘工业园区与黎塘镇合并，实行“区镇合一”行政管理体制，形成“10+1”组织架构（10个内设机构、1个纪委监察室）。黎塘工业园区规划面积 16.01 平方千米，已开发 14.20 平方千米；下辖黎塘工业集中区和芦圩工业集中区。其中，黎塘工业集中区为广西 A 类产业园区，是自治区 30 个产城一体化试点园区之一，辖石鼓岭产业园、东部产业园和西部产业园，用地北至国有黎塘林场片，南至南梧二级公路，东至黎东变电站、小辣塘，西至糖厂和瓷厂；芦圩工业集中区辖宾州电子信息产业，用地东至平天村、上七里村，南至风景路，西至三中路、旋风塔，北至普田塘一带。2021 年，黎塘工业园区工业企业 183 家，其中规模以上工业企业 88 家，亿元以上企业 45 家，安排就业 2.2 万人；完成全部工业总产值 193.44 亿元，比上年增长 12.72%；规模以上工业总产值 164.42 亿元，增长 11.5%；规模以上工业增加值 38.14 亿元，增长 5.6%；固定资产投资 21.76 亿元，其中工业投资 17.35 亿元、增长 26.4%；财政收入 6.24 亿元、增长 31%。规模以上企业 12 家；招商引资落户企业 8 家；入库国家科技型中小企业 9 家，广西高企百强企业 1 家，市级“瞪羚企业”1 家；自治区企业技术中心 2 家；高新技术企业 17 家，自治区级“专精特新”企业 3 家，瞪羚企业 2 家；完成重大科技成果转化 10 项。主要存在产业链不完善，优质工业项目少，园区发展空间不足，低效工业用地多，盘活难度大等问题。

2021 年 6 月，黎塘工业园区宾州电子信息产业园一期标准厂房 4 号、5 号、6 号楼建成投入使用，可容纳 3000 多人就业　　廖国文提供

【营商环境优化】 2021 年，黎塘工业园区加大园区基础设施等 44 个重大项目建设，完善园区硬件设施，实现凤凰东路、建园南一路等道路建设工程完工，园区企业污水接入主管工程配套设施等 19 个项目竣工验收，总投资 2.28 亿元，完善产业集聚平台建设，建成宾州电子信息产业园标准厂房 2、3、7 号楼，面积 5.74 万平方米，提升园区承接力。优化企业服务软环境，在黎塘镇行政服务中心设置公共服务专区和行政审批专区，实现审批办理“只进一个门、专区办结”。实行“一窗受理、一窗出证”，完成受理审批 426 件，其中建设工程规划许可证事项 260 多件。实行政务服务中心集中审批服务，实现“一站式办结”政务服务事项 66 项、“即时办结”审批事项 22 项、“最多跑一次”事项 66 项，网上办、掌上办 66 项，纳入“一枚公章管审批”事项 47 项。试行帮跑帮办，帮办代办企业审批事项 12 件次。

【招商引资】 2021 年，黎塘工业园区重点加强电子信息、新型建材等强链、延链、补链产业链招商，新签约投资 1.5 亿元的屋顶光伏等 7 个项目，总投资 145.91 亿元。招商引资项目新开工建设 7 个，分别是广西蕴奥高端展示产品生产项目、广西欣阳年生产及修复建筑铝合金模板 48 万平方米项目、汉辉年产 80 万平方米高档新型节能铝合金门窗幕墙生产项目、冠飞铝合金门窗锌钢栏杆玻璃幕墙加工生产项目、广西南宁金恩药业有限公司药品流通项目、广西晶飞能源科技有限公司 3GW（吉瓦）光伏组件及配套产业项目、黎塘超级田螺街项目。广西晶飞能源科技有限公司 3GW 光伏组件及配套产业项目位于宾州产业园，投资 1.5 亿元；黎塘超级田螺街城市综合体项目，位于原黎塘镇商业综合公司食品厂（靠中营路，面对黎塘中心卫生院），总投资 6100 万元。实现竣工投产项目 2 个，分别是广西南宁市鑫启消防器材有限公司年产 20 万平方米特种防火门窗项目、黎塘工业园区石鼓岭新型建材产业园基础设施建设项目。

【项目建设】 2021 年，黎塘工业园区统筹推进重大项目 43 个，其中列入自治区层面统筹推进的重大项目 4 个，宾州电子信息产业园项目、黎塘工业园区石鼓岭新型建材产业园基础设施建设、欣阳玻璃精深加工项目和欣阳年生产、修复建筑铝合金模板 48 万平方米项目，总投资 20.33 亿元、年内计划完成投资 2.6 亿元，实际完成投资 5.08 亿元；列入南宁市层面统筹推进的重大项目 15 个，年内计划完成投资 2.7 亿元，实际完成投资 6.8 亿元；列入县统筹推进重点项目 24 个，年内计划投资 3.07 亿元，实际完成投资 2.1 亿元。

【产业发展】 2021 年，黎塘工业园区按照“一区多园”的规划，产业初步定位和招商引资方向为：黎塘工业区重点发展新型建材（玻璃原片及深加工、水泥、水泥制品、陶瓷等）、农副食品加工（粮油、饲料加工）、先进装备制造；宾州工业区承接东部发达地区消费品产业，发展电力电子元器件制造、林产品加工及家具制造、纸制品制造等产业。规划发展高端装备制造业、新材料和新能源、农副食品深加工、现代物流仓储等。已形成新型建材业和电子信息产业两大主导产业，其中新型建材业有企业 30 多家，年内产值 50 多亿元，其中南宁浮法玻璃有限公司建成投产后年产成品 Low-E 镀膜玻璃 240 万平方米、双钢化 Low-E 中空玻璃 360 万平方米、平弯钢化玻璃 615 万平方米、双钢化夹层玻璃 40 万平方米、超薄超白电子玻璃 51.1 万平方米，年内实现产值 16.33 亿元，上缴税收 8713.23 万元；电子信息产业有企业 10 家，其中广西岑科电子工业有限公司位于宾阳县宾州电子信息产业园，有员工 2000 多人，主要产品为 NR 贴片、一体成型、高频、共模、变压器、滤波器、色环、工字、磁环等电感产品，用于 5G 通信、汽车、电脑、家电、照明、音响以及周边电器产品；有专利 54 件，属国家高新科技企业和广西区企业技术认定中心；年内被认定为国家级专精特新“小巨人”企业，实现产值 4.3 亿元，上缴税收 475.76 万元。

（廖国文）

编辑　唐　娟

中国共产党南宁市委员会

综　述

【概　况】 2021年，是中国共产党成立100周年，是"十四五"规划开局之年，也是全面落实强首府战略、加快打造引领自治区高质量发展核心增长极的关键之年。中国共产党南宁市委员会（简称"市委"）坚持以习近平新时代中国特色社会主义思想为指导，全面贯彻党的十九大和十九届历次全会精神，认真贯彻落实自治区第十二次党代会决策部署，紧紧围绕凝心聚力建设新时代中国特色社会主义壮美广西总目标，坚持稳中求进工作总基调，完整、准确、全面贯彻新发展理念，勇于求变、敢于求新、善于求质，坚定不移落实强首府战略，加快推动高质量发展，统筹抓好疫情防控、社会稳定、城市安全，实现"十四五"良好开局。全市地区生产总值5120.94亿元，比上年增长6.1%；规模以上工业增加值增长7.5%，固定资产投资增长3.1%，社会消费品零售总额增长8.4%，一般公共预算收入391.77亿元，增长5.24%。　　　　（市委办公室）

【全面落实强首府战略】 2021年8月29日，南宁市召开市第十三次党代会，市委主要领导作报告提出未来五年南宁市发展的目标任务要与强首府战略有机衔接，强调要大力推进产业发展、改革创新、南宁渠道、乡村振兴、中国绿城、民生保障"六个全面提质"，加快打造引领自治区高质量发展的核心增长极。10月，南宁市召开人大、政协"两会"，贯彻市第十三次党代会精神，对未来五年全面落实强首府战略作具体安排，进一步明确目标任务和工作要求。制定印发《落实〈深入实施强首府战略座谈会议纪要〉议定事项任务分解表》，要求各责任单位对所负责工作任务进行专题研究，压实工作责任，加快推进工作。南宁市坚持"政策为大、项目为王、环境为本、创新为要"，紧盯重点发力，首府经济保持稳中向好。工业聚力增产增效。全市规模以上工业增加值比上年增长7.5%，工业投资增长21.2%，总量居自治区首位，增速创2013年以来新高。新增规模以上工业企业235家，其中新建投产并纳入规模以上工业企业125家，数量均居自治区首位；净增亿元工业企业55家。高技术制造业增加值增长10.4%，高于规模以上工业增加值增速2.9个百分点。工业企业效益持续向好。规模以上工业企业税收增长12.9%，比上年提高12.7个百分点；规模以上工业企业营业收入增长11.3%，比上年提高9.5个百分点。科技创新成果多。南宁·中关村科技园二期全面开工并引进东创精密等一批产业项目，三期启动产业规划研究。引进广西智能驾驶研究院等5家国内知名高校科研院所、龙头企业或国家级人才团队在南宁市建设新型产业技术研究机构，累计引进新型产业技术研究机构17家，带动24项前瞻性技术成果在南宁市转化，实现营收超1.8亿元。5月，南宁·中关村深圳协同创新中心运营，累计孵化企业27家，引进10家企业落地南宁市。南宁市推进桂林电子科技大学、桂林理工大学产教融合基地落地运营，引进科研团队13个、企业21家；与深圳清华大学研究院合作建设的南宁力合科技创新中心累计引进创新项目41个，组建2000万元力合天使基金并投入运营，启动2亿元力合产业基金募集。金融业综合实力大幅提升。中国—东盟金融城新增金融机构（企业）123家，累计285家；聚集中银香港东南亚业务营运中心等中后台服务中心16个；金融大厦入驻私募股权基金管理公司20家、基金产品44个，管理基金规模586亿元；中国—东盟黄金产业园运营中心正式揭牌。人民币存贷款余额2.97万亿元，增长8.5%；保险业实现保费收入268.81亿元，增长9.2%，增速在全国省会城市中排名第四、西部排名第一。开展跨境人民币双向流动便利化试点，跨境人民币结算量864.59亿元，跨境人民币结算量占自治区47.04%，增长39%。5项金融创新案例获中国（广西）自由贸易试验区第二批制度创新成果复制推广案例，"政府引领＋基金运作＋智库策源"一体化资本招商新模式获自治区党委全面深化改革委员会发文推广。新增资本市场直接融资1077.8亿元，占自治区55%，增速高于自治区14个百分点，债券发行实现多项广西乃至全国首创。枢纽联通功能不断壮大。综合交通枢纽建设项目累计完成投资502.82亿元，年度投资完成率126.48%，增长49.05%。完成六景至兴业路面改造工程，柳州经合山至南宁、沙井至吴圩、吴圩至隆安3个高速公路项目建成通车，形成"一环七射"高速公路网，六景至宾阳、平果至南宁等8个高速公路项目加快建设，开工横州至钦州港、六景至大塘2个高速公路项目，南宁吴圩国际机场至隆安延长线等6个高速项目前期工作加快推进。贵（阳）南（宁）高铁等项目进展顺利，从"四向辐射"到"六向辐射"的高铁新格局加快形成。南宁吴圩国际机场改扩建工程获国家发展改革委可行性研究批复，国内公共货站二期完成主体工程，国际空港综合交通枢纽功能进一步完善。西部陆海新通道（平陆）运河项目基本完成可行性研究编制。开展规划研究4个，出台物流服务保障政策文件2份，新开多式联运班列线路1条，执飞国际货运航线11条。"南宁渠道"越走越宽。外贸进出口总额1231.9亿元，创历史新高，增长 24.9%，首次突破 1200 亿元，增速实现"两个高于"，比全国(21.4%)高 3.5 个百分点，比自治区(21.8%)高 3.1 个百分点，超额完成增速 11%(1094.5 亿元)的年度目标。获批全国首批、广西首个国家加工贸易产业园，引进鑫尔泰智能科技、赢衍光电、利远电子等项目。备案展会活动 48 场(展览面积 1 万平方米以上的大型展会 32 场)。治理效能持续提升。市级国土空间总体规划中期成果完成草案公示，第二轮永久基本农田核实整改补足试划成果上报自治区自然资源厅审查；新开工高速公路里程 142 千米，城市轨道交通 5 号线开通运营；细颗粒物(PM2.5)年均浓度 28 微克/立方米，初步实现原生生活垃圾"零填埋"；拆除违法建设 436.74 万平方米，对新增违法建设"零容忍"；第七届全国文明城市创建工作取得阶段性成效，南宁市恢复全国文明城市资格。稳投资增动能成效凸显。893 个自治区、市层面统筹推进重大项目完成投资 1094.32 亿元，增长 20.22%；年度计划投资完成率 105.87%。其中，242 个自治区层面重大项目完成投资 371.47 亿元，增长 20.44%，年度计划投资完成率 183.02%。

（市委办公室　市政府办）

【壮大产业做强经济】 2021 年，南宁市把发展经济着力点放在实体经济上，推动产业加快转型升级步伐，现代产业体系加快构建。实施工业振兴三年行动，新增规模以上工业企业 235 家，高技术制造业增加值比上年增长 10.4%，新签约工业项目 178 个、总投资 797.15 亿元，工业投资增速为近 9 年最高。全力抓好能源电力保供，重点企业电力需求得到有效保障。服务业提质增效，现代金融业保持平稳增长，人民币存贷款余额增长 8.5%，中国—东盟金融城新增入驻金融机构(企业)123 家。商贸消费提质升级，京东电子商务产业园、宜家家居、首创奥特莱斯等开业运营，三街两巷和邕江南岸片区入选首批国家夜间文化和旅游消费集聚区。新经济加快发展，总部经济取得新突破，成功落地 smart 高端智能电动车全球销售中心。数字经济加快发展，中国—东盟信息港南宁核心基地累计竣工项目 40 个，引进华为广西区域总部等数字经济及其核心产业类项目 23 个。重大项目形成有力支撑，893 个自治区与市层面统筹推进重大项目完成投资 1094.32 亿元、增长 20.22%。重点领域储备和推进重大项目超 2800 项、三年计划投资超万亿元。精准招商成果丰硕，签约自治区外境内项目 106 个，总投资 1366.1 亿元，招商引资实际到位资金 881.08 亿元。推进"三企入桂项目落实、行企助力转型升级"，"三企入桂"项目履约率、资金到位率、开工率、竣工率均超额完成年度目标任务。县域经济发展取得新成效，青秀区、良庆区、武鸣区获评"2020 年度广西高质量发展先进县(城区)"，西乡塘区获评"2020 年度广西高质量发展进步县(城区)"。

【深化改革扩大开放】 2021 年，南宁市聚焦重点领域、关键环节全面深化改革，推进行业协会商会与行政机关脱钩，为民营企业营造公平的竞争环境。实施国企改革三年行动，推动南宁城投集团改组为国有资本投资公司、南宁交投集团 3 亿美元债券发行，实现市属国企境外发行债券"零的突破"。市级农村产权交易中心运营步入正轨，农村集体三资管理服务平台上线运行。深化"放管服"改革，营商环境进一步优化。建设项目"多测合一"改革、"豁免清单"、缩小建筑风貌艺术评审范围、告知承诺制审批等工程建设项目审批制度改革举措获住房和城乡建设部发文推广。在全国率先实现"巡游出租汽车驾驶员从业资格证核发(新办)""网络预约出租汽车驾驶员从业资格证核发(新办)"两个年办量万件以上的政务服务事项"零材料""扫脸即办"。落实减税降费政策，全年累计减税降费 68.33 亿元。市场主体活力充分释放，登记存量 84.76 万户，增长 9.07%。科技创新实力显著提升。南宁・中关村引进创新项目 132 个，累计聚集创新主体 490 家。南宁市・中关村深圳协同创新中心入驻企业 27 家。新型产业技术研究机构引进直接或间接持股创业院士等顶尖人才 13 人，拥有研发人员 160 余人，带动前瞻性技术成果 24 项在南宁转化。获评国家科技型中小企业 1011 家、增长 18.5%，新增备案高新技术企业 649 家，占广西新增量 44%。

【强化绿色发展】 2021 年，南宁市自觉践行"绿水青山就是金山银山"理念，全面加强生态文明建设，生态宜居城市名片更加亮丽。打好蓝天碧水净土保卫战，持续加强大气污染治理，城市环境空气质量优良率 97%；推进城乡水环境精细化治理，地表水水质排名全国第二十四、省会城市第二；开展土壤污染防治，农用地安全利用率保持 100%；全面抓好中央生态环保督察反馈问题整改；有序实施碳达峰、碳中和行动，加快编制碳达峰碳中和系列政策；加快建设南宁市能源大数据综合服务平台，重点用能单位能耗在线监测建设进度居广西前列。开展绿色生活创建活动，加快新能源汽车推广应用，建成充电桩 3982 个，新能源汽车增量超 3 万辆。推进全国文明城市、国家卫生城市创建工作常态长效，恢复全国文明城市资格，通过"国家卫生城市"复审考核。开通运营华南地区首条全自动运行地铁线南宁轨道交通 5 号线，首府轨道交通迈入智能城轨新纪元。

【增进民生福祉】 2021 年，南宁市全面实施乡村振兴战略，农业农村现代化步伐加快。筹措各级财政资金 22.5 亿元支持巩固拓展脱贫攻坚成果和衔接推进乡村振兴。落实"四个不摘"(摘帽不摘责任、摘帽不摘政策、摘帽不摘帮扶、摘帽不摘监管)要求，综合运用低保、特困人员救助供养、临时救助等措施精准帮扶边缘易致贫户、脱贫不稳定户、突发严重困难户。深邕结对帮扶协作稳步推进，42 个粤桂资金项目资金支出率 98.05%，广东直接采购、帮助销售上林县、马山县、隆安县农畜牧产品和特色手工艺产品金额 1.33 亿元。现代农业加快发展，超额完成粮食面积种植任务，南宁沃柑、茉莉花、火龙果产业规模居全国之首，粮食、蔬菜、淡水产品产量广西第一，水果、猪肉、禽肉、蚕茧产量广西第二。广西四野牧业有限公司、广西金福农业有限公司获评首批全国生态农场。"邕"字号品牌影响力进一步扩大，"隆安香蕉""良庆百香果"新获注册为地理标志商标，"伊蜜"红心火龙果通过"圳品"(广东深圳对标国际先进标准构建的从农田到餐桌全链条供深食品标准体系)认定。横州茉莉花和茉莉花茶综合品牌价值连续 4 年蝉联广西最具价值农业品牌。开展乡村建设行动，乡村基础设施和公共服务配套不断完善。完成农村危房改造年度任务 1018 户，竣工率 100%；15 个农村区域集中连片供水项目(主体)完工 10 个，剩余 5 个项目均完成年度开工任务，完成农村饮水安全维修养护项目 441 个；基本建成自治区乡村振兴专项乡镇配套污水管网，全面完成自治区下达第一批、第二批"两高"(高速、高铁)沿线乡村风貌提升任务。创新"三师"(规划师、建筑师、工程师)下乡服务乡村风貌改造机制获中央全面深化改革委员会办公室肯定。强化就业优先政策，新增城镇就业 7.73 万人，城镇登记失业率 2.8%。社会保障体系进一步完善，基本养老保险、工伤保险和失业保险参保 755.4 万人次。推动教育优先发展，建成投入使用公办中小学校 22 所、新增学位 4.04 万个，新开办公办幼儿园 26 所、新增学位 8640 个。精准高效抓好常态化新冠肺炎疫情防控，累计接种疫苗 1754.5 万剂次。医疗卫生服务水平不断提升，公立医院综合改革取得明显成效，通过推进现代医院管理制度建设，推行人事薪酬制度改革，实施按疾病诊断相关分组(DRG)付费等医保支付方式改革，强化考核监督等；8 月，南宁市获评自治区“公立医院综合改革成效明显的城市”；加快建设老年健康照护服务和国家级医养结合试点城市，医养结合机构突破 60 家，西乡塘区新阳街道万力社区、青秀区新竹街道新竹社区、隆安县城厢镇震东社区、良庆区那马镇坛良村、青秀区南湖街道凤岭北社区、江南区江南街道二桥西社区 6 个社区获评首批示范性全国老年友好型社区。文体事业繁荣发展，市、县、乡、村文旅公共服务设施网络实现全覆盖；落实竞技体育强基工程，南宁市籍运动员参加国际体育比赛获金牌 1 枚、银牌 1 枚、铜牌 2 枚；参加全国体育比赛获金牌 18 枚、银牌 15 枚、铜牌 12 枚；参加广西各单项青少年锦标赛获金牌 187 枚、银牌 159 枚、铜牌 175 枚。

【全面从严治党】 2021 年，南宁市把政治建设摆在首位，开展党史学习教育，做好习近平总书记视察广西、庆祝中国共产党成立 100 周年、自治区第十二次党代会、市第十三次党代会等重点宣传报道。持续深化群众性精神文明创建，抗疫英雄梁小霞获“第八届全国道德模范”称号。坚持重实干重实绩选人用人导向，从“四个一线”（项目建设一线、改革创新一线、脱贫攻坚一线、维护稳定一线）提拔县处级干部 174 人，占提拔总数 89.7%。完成市县乡领导班子及村（社区）“两委”换届。实施“先锋引领 +”系列行动，推动各领域基层党组织建设。运用容错纠错、表彰奖励等激励措施，激发干部干事创业。持续深化“书记引航担使命”主题活动，压紧压实全面从严治党政治责任，抓紧抓实党中央和自治区党委巡视、审计、督察等反馈问题整改，一体推进“三不”（不敢腐、不能腐、不想腐），推动党风廉政建设和反腐败斗争向纵深发展，立案查处违纪违法案件 1772 件，党纪政务处分 1862 人。

【增强“南宁渠道”作用】 2021 年，南宁市将独特区位优势转化为开放发展优势。服务第 18 届中国—东盟博览会和中国—东盟商务与投资峰会。加快建设中国（广西）自由贸易试验区南宁片区、中国—东盟信息港南宁核心基地等国家重大战略平台，启动建设高质量实施 RCEP 示范区。中国（广西）自由贸易试验区南宁片区新设立企业 2.06 万家，比上年增长 215%，34 项制度创新成果获首批自治区复制推广案例，制度创新指数在全国同批 19 个片区中综合排名第四。南宁临空经济示范区建设全面加速，零公里空港产业园西区 2 号库投入使用，南宁吴圩国际机场航空口岸获批设立进境水果指定监管场地。推行全国首创“三合一”（国际邮件、跨境电商、国际快件）集约化监管模式，跨境电商总体出口通关时长压缩至 1 小时。南宁跨境电商综合试验区进出口交易额 77.7 亿元、增长 259%。南宁市国家加工贸易产业园获认定首批 13 家国家加工贸易产业园之一。全市外贸进出口总额 1231.9 亿元、增长 24.9%。融入“一带一路”建设，西部陆海新通道重要节点城市建设成效凸显，全市公路、铁路、水运、航空及轨道交通项目累计完成投资 502.82 亿元，增长 49.05%。南宁吴圩国际机场在飞国际货运航线 9 条，国际货邮吞吐量 2.4 万吨、增长 119.2%。

【推进民主法治】 2021 年，南宁市把各方力量凝聚到首府改革发展稳定大局上。市委践行全过程人民民主，支持人大创造性做好立法、监督等工作，完善人大代表联系人民群众的内容和形式。支持政协围绕“十四五”规划实施开展民主监督、视察调研、协商议政。进一步加强和改进党对统战工作的领导，召开政党协商座谈会听取各民主党派建言献策。开展民族团结进步创建工作，南宁市连续两届获“全国民族团结进步示范市”称号。依法加强宗教事务管理，全市宗教领域持续保持和谐稳定。创新“统一战线 + 商会人民调解”基层社会治理模式，在自治区率先实现市县乡三级商会人民调解委员会建设全覆盖。不断加强港澳台侨和海外统战，巩固和发展更广泛的爱国统一战线。工会、共青团、妇联等群团组织优势得到充分发挥。统筹发展和安全，推进平安南宁、法治南宁建设，推进扫黑除恶常态化，一举摘掉“打传、禁毒、电诈”3 顶帽子，政法队伍教育整顿取得明显成效，全部完成中央督导组抄报单指出的 3 个问题、自治区指导组反馈提出的 6 个问题整改落实。防范化解重大安全风险，持续完善政府债务风险监测预警与防范化解处置机制，加强金融监管，守住不发生系统性金融风险的底线。落实安全生产责任制，加强源头管理，完善应急体系，全市安全形势总体稳定。

重要会议

【中国共产党南宁市第十二届委员会第十一次全体（扩大）会议】 2021 年 1 月 15 日在市委、市政府会议中心召开。市委委员 48 人、候补委员 9 人出席。在职厅级领导干部，市政府党组成员，市政协秘书长，市委、市政府副秘书长，有关方面负责同志，市纪委常委、监委委员，自治区第十一次党代会和市第十二次党代会部分代表列席。市委常委会主持。自治区党委常委、市委书记王小东作讲话。会议学习贯彻习近平新时代中国特色社会主义思想和习近平总书记对广西工作的重要指示精神，贯彻落实党的十九届五中全会和中央经济工作会议精神、自治区党委十一届九次全体（扩大）会议和全区经济工作会议精神，听取、讨论王小东受市委常委会委托作的工作报告，审议通过《中国共产党南宁市委员会关于制定南宁市国民经济和社会发展第十四个五年规划和二〇三五年远景目标的建议》。会议批准束华、伍娟、王川辞去中共南宁市第十二届委员会委员职务。

【南宁市农村工作会议】 2021 年 2 月 3 日在市委、市政府会议中心以电视电话会议形式召开。自治区党委常委、市委书记王小东作讲话。市委常委、常务副市长张文军主持。市委、市政府领导，各区县党委、开发区、市直有关单位主要负责人在主会场参加会议。各区县、开发区设分会场。会议要求全面落实中央农村工作会议、全国巩固拓展脱贫攻坚成果同乡村振兴有效衔接工作会议、自治区农村工作会议精神，以及市委十二届十一次全体（扩大）会议精神，总结南宁市“十三五”时期和 2020 年农业农村工作，研究部署当前和今后一个时期首府巩固拓展脱贫攻坚成果和“三农”工作。

【南宁市全面落实强首府战略领导小组第四次全体会议】 2021 年 2 月 22 日在市委、市政府会议中心召开。自治区党委常委、市委书记王小东主持并讲话。会议总结 2020 年全面落实强首府战略工作开展情况，审议全面落实强首府战略 2021 年标志性重大项目推进计划，研究部署全年强首府各项工作。会议强调，攻坚重点要再聚焦，责任落实要再强化，以强首府新成效推动“十四五”发展开好局起好步。

【南宁市全面依法治市工作会议】 2021 年 2 月 22 日在市委、市政府会议中心召开。自治区党委常委、市委书记王小东作讲话。市委、市政府有关领导出席。马山县、青秀区、市委组织部、市生态环境局在会上作交流发言。会议学习贯彻习近平法治思想，贯彻落实党的十九届五中全会和中央全面依法治国工作会议精神、自治区党委十一届九次全体（扩大）会议和自治区全面依法治区工作会议精神，以及市委十二届十一次全体（扩大）会议部署要求，总结法治南宁建设工作成效，研究部署当前和今后一个时期推进全面依法治市工作，加快建设更高水平的法治南宁，为全面落实强首府战略、打造引领自治区高质量发展核心增长极提供更有力的法治保障。

【南宁市党史学习教育动员大会】 2021年3月5日在市委、市政府会议中心以电视电话会议形式召开。自治区党委常委、市委书记王小东作动员部署讲话。市委副书记杨维超主持。市四家班子领导,市中级人民法院、市检察院主要领导,相关厅级领导,各区县党委、政府,各开发区党工委、管委会主要负责人,市直有关单位党组(党委)主要负责人,市委党史学习教育领导小组及办公室成员等在主会场参加会议。各区县、开发区设分会场。会议强调,全市各级党组织和广大党员干部要深入学习贯彻落实习近平总书记在党史学习教育动员大会上的重要讲话精神,按照党中央和自治区党委的部署要求,结合南宁实际,按照"学党史、悟思想、办实事、开新局"的要求,抓实抓细各项重点任务,推动党史学习教育高标准高质量开展,为全面落实强首府战略、推动南宁高质量发展努力奋斗,以优异成绩庆祝中国共产党成立100周年。

【南宁市推进工业振兴大会】 2021年3月10日在市委、市政府会议中心以电视电话会议形式召开。自治区党委常委、市委书记王小东作讲话。市委常委、常务副市长朱会东主持。市人大常委会主任冯学军、市政协主席杜伟出席。市四家班子有关领导,市重点产业集群工作专班及市直各有关单位负责人在主会场参加会议。各区县、开发区设分会场。市工信局、市财政局、市自然资源局、产投集团、南宁高新区、宾阳县、青秀区负责人作交流发言。会议指出,要组织实施工业振兴三年行动,着力优化结构,加快转型升级,突出创新驱动,全面提质增效,抓住关键重点,全力打好工业振兴攻坚硬仗。

【市委全面深化改革委员会第八次会议】 2021年3月12日在市委、市政府会议中心召开。自治区党委常委、市委书记、市委全面深化改革委员会主任王小东主持会议并讲话。市委常委、副书记,市委全面深化改革委员会副主任杨维超出席。会议学习贯彻中央全面深化改革委员会第十七次、第十八次会议精神,自治区党委全面深化改革委员会第十次会议精神,强调全市各级各部门要学习领会习近平总书记关于全面深化改革的重要论述,贯彻落实党中央、自治区党委的决策部署,以更大力度推动首府全面深化改革不断取得新成效。会议审议通过《2020年市委全面深化改革工作总结》《中共南宁市委员会全面深化改革委员会2021年工作要点》《南宁市促进中医药传承创新发展实施方案》,听取各专项小组汇报2020年改革任务落实情况及2021年工作计划。

【南宁市脱贫攻坚总结暨巩固拓展脱贫攻坚成果同乡村振兴有效衔接工作部署大会】 2021年5月21日在市委、市政府会议中心以电视电话会议形式召开。自治区党委常委、市委书记王小东作讲话。市委副书记、市长孙大光主持。市人大常委会主任冯学军、市政协主席杜伟出席。市四家班子领导成员,市中级人民法院、市检察院主要领导,各区县和市直定点帮扶单位主要负责人等在主会场参加会议。各区县设分会场。会议学习贯彻习近平总书记在全国脱贫攻坚总结表彰大会上的重要讲话、视察广西时的重要讲话精神,学习贯彻自治区脱贫攻坚总结表彰暨巩固拓展脱贫攻坚成果同乡村振兴有效衔接工作部署大会精神,回顾总结南宁市脱贫攻坚的历程和经验,进一步激励全市各族干部群众,弘扬脱贫攻坚精神,加快推进乡村全面振兴,全面落实强首府战略,加快打造引领自治区高质量发展的核心增长极,为建设新时代中国特色社会主义壮美广西作出首府更大贡献。

【中国共产党南宁市第十二届委员会第十二次全体会议】 2021年5月28日在市委、市政府会议中心召开。市委委员48人、候补委员10人出席。市委常委会主持。自治区党委常委、市委书记王小东作讲话。会议审议通过《中国共产党南宁市第十二届委员会第十二次全体会议关于召开中国共产党南宁市第十三次代表大会的决议》,决定2021年8月在南宁召开中国共产党南宁市第十三次代表大会。批准朱亚明辞去中共南宁市第十二届委员会委员职务。

【南宁市庆祝中国共产党成立100周年座谈会】 2021年7月8日在市委、市政府会议中心召开。自治区党委常委、市委书记王小东作讲话。市委副书记、市长孙大光主持。市四家班子领导成员,市中级人民法院、市检察院主要领导,其他厅级领导中的党员领导,武警南宁支队支队长,正厅级退休老同志谢寿堂、束华和副厅级离退休党员代表,市有关部门主要负责人,以及各方面先进模范代表,少数民族代表,各民主党派、工商联、无党派人士代表,在邕港澳台人士代表,各战线各领域代表等出席座谈会。"光荣在党50年"纪念章获得者、壮族代表、武鸣区宁武镇伏唐村党支部原书记农有会,市党史专家代表、市博物馆馆长张晓剑,民主党派代表、农工党南宁市委会主委黄玉燕,隆安县委书记甘诚,优秀党员青年学生代表、南宁职业技术学院传媒学院学生李艳泓,市政协原主席岑可成,围绕学习贯彻习近平总书记"七一"重要讲话精神先后作发言。会议强调,要深刻认识南宁在党的领导下取得的巨大成就,进一步增强开创未来的信心决心。要永葆初心使命、强化担当实干,勇当建设新时代中国特色社会主义壮美广西排头兵。

【中国共产党南宁市第十二届委员会第十三次全体会议】 2021年8月27日在市委、市政府会议中心召开。市委委员46人、候补委员10人出席。市委常委会主持。自治区党委常委、市委书记王小东作讲话。会议肯定中国共产党南宁市第十二次代表大会召开以来的南宁十二届市委工作;审议通过提交中国共产党南宁市第十三次代表大会的中国共产党南宁市第十二届委员会报告(审议稿)、提交中国共产党南宁市第十三次代表大会的中国共产党南宁市第十二届纪律检查委员会工作报告(审议稿),酝酿中国共产党南宁市第十三届委员会委员、候补委员和纪律检查委员会委员候选人预备人选名单;决定2021年8月28日至31日召开中国共产党南宁市第十三次代表大会。

【中国共产党南宁市第十三次代表大会】 2021年8月29日至31日在南宁人民会堂召开。应到代表490人。大会主题是高举中国特色社会主义伟大旗帜,坚持以习近平新时代中国特色社会主义思想为指导,弘扬伟大建党精神,牢记嘱托、感恩奋进,全面落实强首府战略,加快推动高质量发展,勇当建设新时代中国特色社会主义壮美广西排头兵,奋力为全面建成社会主义现代化强国作出南宁贡献。8月29日,举行开幕式,实到代表483人。孙大光主持。王小东代表中国共产党南宁市第十二届委员会向大会作题为《弘扬伟大建党精神,全面落实强首府战略,勇当建设新时代中国特色社会主义壮美广西排头兵》的报告,缪佃江代表中国共产党南宁市第十二届纪律检查委员会作书面工作报告,谭向光作关于南宁市党费收缴、使用和管理情况的书面报告。8月30日,召开中国共产党第十三次代表大会第二次全体会议,实到代表483人。选举产生中国共产党南宁市第十三届委员会和纪律检查委员会,选出中国共产党南宁市第十三届委员会委员61人,中国共产党南宁市第十三届纪律检查委员会委员43人。8月31日,举行闭幕式,实到代表483人。选举中国共产党南宁市第十三届委员会候补委员11人;表决通过《中国共产党第十三次代表大会关于中国共产党南宁市第十二届委员会报告的决议》《中国共产党第十三次代表大会关于中国共产党南宁市第十二届纪律检查委员会工作报告的决议》。

【中国共产党南宁市第十三届委员会第二次全体会议】 2021年11月2日在市委、

2021年8月29日，中国共产党南宁市第十三次代表大会在南宁人民会堂开幕　梁枫　摄

市政府会议中心召开。市委委员61人，候补委员11人出席。市委常委会主持会议。自治区党委常委、市委书记王小东作讲话。会议投票确定南宁市出席中国共产党广西壮族自治区第十二次代表大会代表候选人预备人选；审议通过《关于召开中国共产党南宁市代表会议的决议》，决定于2021年11月召开中国共产党南宁市代表会议。

【中国共产党南宁市代表会议】 2021年11月16日在南宁人民会堂召开。应到代表490人，实到代表479人。市委常委会主持。自治区党委常委、市委书记王小东作讲话。会议通过无记名投票选举产生南宁市出席自治区第十二次党代表大会代表68人。

【南宁市领导干部会议】 2021年11月29日在市委、市政府会议中心召开。自治区党委书记刘宁出席会议并讲话。王小东主持。自治区党委常委、组织部部长王维平宣读自治区党委决定：徐海荣任中共南宁市委委员、常委、书记，王小东不再担任中共南宁市委书记、常委、委员职务。

【南宁市新冠肺炎疫情防控工作推进会】 2021年12月24日在市委、市政府会议中心召开。自治区党委常委、市委书记、市疫情防控工作领导小组组长徐海荣作讲话。市委副书记杨维超主持。市委、市政府有关领导出席会议。会议传达学习中央、自治区领导关于疫情防控工作的批示指示精神，总结南宁市前一阶段疫情防控工作，分析当前形势，对下一步打好打赢常态化疫情防控攻坚战持久战进行再动员再部署再落实。

重大决策

【制定南宁市国民经济和社会发展第十四个五年规划和二〇三五年远景目标】 2021年1月15日，中国共产党南宁市第十二届委员会第十一次全体(扩大)会议通过《关于制定南宁市国民经济和社会发展第十四个五年规划和二〇三五年远景目标的建议》。提出南宁市“十四五”时期经济社会发展努力实现“六个明显提升”(经济综合实力明显提升、改革开放水平明显提升、社会文明程度明显提升、生态宜居水平明显提升、人民生活品质明显提升、社会治理效能明显提升)。二〇三五年，面向东盟开放合作的区域性国际大都市、“一带一路”有机衔接的重要门户枢纽城市、北部湾城市群与粤港澳大湾区融合发展的核心城市、具有浓郁壮乡特色和亚热带风情的生态宜居城市全面建成，与全国同步基本实现社会主义现代化。综合实力将大幅跃升，经济总量和城乡居民人均收入将迈上大台阶，经济总量占自治区比重大幅提升，科技支撑能力显著增强，建成创新型城市；基本实现新型工业化、信息化、城镇化、农业现代化，建成具有南宁特色的现代化经济体系；开放水平大幅提升，在自治区构建全方位开放发展新格局中龙头带动作用显著增强；基本实现治理体系和治理能力现代化，人民平等参与、平等发展权利得到充分保障，法治南宁、法治政府、法治社会建设达到更高水平；文化强市、教育强市、人才强市、科技强市、体育强市、健康南宁建设取得更大成效，市民素质和社会文明程度达到新高度；生态环境质量保持全国省会城市领先水平，广泛形成绿色生产生活方式，生态经济发展壮大，美丽南宁建设目标基本实现；城乡面貌根本改观，基本公共服务实现均等化，城乡区域发展差距和居民生活水平差距显著缩小；民族团结进步事业和城市治理开创新局面，平安南宁建设达到更高水平；人民生活更加美好，人的全面发展、全市人民共同富裕取得更为明显的实质性进展。

【推进工业振兴三年行动】 2021年3月9日，市委、市政府印发《南宁市推进工业振兴三年行动方案(2021—2023年)》。提出坚持强龙头、补链条、聚集群，坚持优化结构、转型升级、提质增效，坚持创新驱动、开放合作、绿色发展，持续做好产业发展、园区建设、企业培育三篇文章，抓项目做大增量，扩投资增强后劲，调结构促进转型，优环境服务企业，推进产业基础高级化，提升产业链供应链现代化水平，提高发展质量和效益，加快构建现代工业产业体系，推动全市工业高质量发展迈上新台阶。2021—2023年市本级财政筹措资金200亿元用于工业发展，实施重点工业项目500项以上，完成工业投资1450亿元以上，工业投资年均增长25%以上，工业发展后劲进一步增强。到2023年，规模以上工业总产值达到4000亿元，年均增长18%以上，规模以上工业增加值年均增长13%以上，工业综合实力明显提升；电子信息制造业产值突破1000亿元，新能源汽车产业初具规模，生物医药产业实现突破；建成3个500亿元、3个300亿元、5个100亿元以上园区；形成100亿元企业4家以上、50亿元企业5家以上、10亿元企业55家以上、亿元企业500家以上；规模以上工业企业研发投入占主营业务收入的比重达到0.8%，规模以上高技术制造业产值占规模以上工业总产值比重提高6个百分点，达到35%以上，新旧动能转换取得明显成效。

【促进中医药传承创新发展】 2021年3月19日，市委、市政府印发《南宁市促进中医药传承创新发展实施方案》。提出到2022年，基本实现县级公办中医医院达到二级甲等医院水平，力争100%的社区卫生服务中心和乡镇卫生院设置中医馆、配备中医医师，开展中医诊疗服务。85%以上的县级综合医院设有标准化中医科和中药房，100%的县级妇幼健康服务机构能够提供中医药服务。到2025年，实现中医药服务体系更加健全，公立中医医院、社区卫生服务中心和乡镇卫生院中医馆全覆盖，做实做大做强中医药产业，实现中医药与养老、旅游等多产业融合，增强中医药人才队伍力量，扩大对外交流合作，推动中医药传承发展，加快实现中医药强市目标。

【巩固拓展脱贫攻坚成果建立健全防止返贫致贫工作机制】 2021年3月30日，市委、市政府印发《南宁市巩固拓展脱贫攻坚成果建立健全防止返贫致贫工作机制实施方案》。提出通过压实各级各部门各单位责任、保障资金投入、抓好精准帮扶和产业扶持、落实好易地搬迁后续扶持等措施巩固拓展脱贫攻坚成果，建立健全防止返贫致贫工作机制。到2025年，脱贫地区的发展水平得到不断提升，脱贫群众收入进一步增加，确保不发生规模性返贫。全面落实强首府战略，从集中资源支持脱贫攻坚转向巩固拓展脱贫攻坚成果同乡村振兴有效衔接，解决发展不平衡不充分问题。

【巩固拓展脱贫攻坚成果同乡村振兴有效衔接】 2021年6月25日，市委、市政府印发《南宁市实现巩固拓展脱贫攻坚成果同乡村振兴有效衔接实施方案》。提出从解决建档立卡贫困人口“两不愁三保障”为重点转向实现乡村产业兴旺、生态宜居、乡风文明、治理有效、生活富裕，从集中资源支持脱贫攻坚转向巩固拓展脱贫攻坚成果和全面推进乡村振兴。到2025年，实现脱贫攻坚与乡村振兴有效衔接，全市脱贫攻坚成果巩固拓展，乡村振兴全面推进，乡村产业质量效益和竞争力明显增强，农村基础设施和基本公共服务水平明显提升，宜居乡村建设扎实推进，乡村治理能力有效提升，乡风文明建设取得显著进展，农村低收入人口分类帮扶长效机制逐步完善，脱贫地区农民收入增速高于全市农民平均水平。脱贫地区经济实力显著增强，乡村振兴取得重大进展，农村低收入人口生活水平显著提高，城乡差距进一步缩小，在促进全市人民共同富裕上取得更为明显的实质性进展。

【推进乡村振兴加快农业农村现代化】 2021年7月19日，市委、市政府印发《南宁市全面推进乡村振兴加快农业农村现代化实施方案》。提出到2025年，农业农村现代化取得重要进展，农业基础设施现代化迈上新台阶，农村生活设施便利化初步实现，城乡基本公共服务均等化水平显著提升。现代特色农业做大做强做优，粮食和重要农产品稳产保供更加有力，农业生产结构和区域布局明显优化，第一产业增加值增速进一步提高，农产品加工转化率水平明显提高，农业质量效益和竞争力明显提升，现代乡村产业体系基本形成，现代特色农业强市建设取得明显成效。脱贫攻坚成果持续巩固拓展，脱贫地区加快发展，城乡居民收入差距持续缩小。乡村建设行动取得显著成效，乡村面貌发生根本改观，美丽宜居乡村基本建成，农村人居环境和生态环境质量大幅提升，乡村发展活力充分激发，乡风文明达到新高度，乡村治理体系更加完善，农村发展安全保障更加有力，农民获得感、幸福感、安全感明显提高。

【法治南宁建设】 2021年12月31日，市委印发《法治南宁建设规划(2021—2025年)》。提出到2025年，党领导全面依法治市体制机制更加健全，地方法规规章制度体系更加完备，职责明确、依法行政的政府治理体系日益健全，相互配合、相互制约的司法权运行机制更加科学有效，法治社会建设取得重大进展，党内法规体系更加完善，打造立足广西、面向东盟的法治建设新高地，争创全国一流法治城市。

【法治社会建设】 2021年12月31日，市委印发《南宁市法治社会建设实施方案(2021—2025年)》。提出到2025年，“八五”普法规划实施完成，法治观念深入人心，社会主义法治文化日益发展，社会主义核心价值观要求融入法治建设和社会治理成效显著。社会领域制度规范更加健全完善，公共法律服务更加便捷高效，公民、法人和其他组织合法权益得到切实保障，有效维护社会公平正义。重点领域得到有效治理，社会治理法治化水平显著提高，有效促进南宁治理现代化。

【加强监督“一把手”和领导班子】 2021年12月3日，市委印发《中共南宁市委员会关于加强对“一把手”和领导班子监督的实施意见》。提出坚持和加强党的全面领导，落实管党治党政治责任，促进主动开展监督、自觉接受监督，强化上级党组织监督，做实做细同级监督，形成一级抓一级、层层抓落实的监督工作格局。全面落实党内监督制度，突出政治监督，重点强化对“一把手”和领导班子对党忠诚，践行党的性质宗旨情况的监督；强化对贯彻落实党的路线方针政策和党中央重大决策部署，践行“两个维护”情况的监督；强化对立足新发展阶段、贯彻新发展理念、服务构建新发展格局，推动高质量发展情况的监督；强化对落实全面从严治党主体责任和监督责任情况的监督；强化对贯彻执行民主集中制、依规依法履职用权、担当作为、廉洁自律等情况的监督。

（市委办公室）

组织建设

【概　况】 2021年，中国共产党南宁市委员会组织部(中共南宁市非公有制经济组织和社会组织工作委员会、南宁市公务员局)(简称“市委组织部”)统一管理市委机构编制委员会办公室及市委老干部局；二层机构有南宁市党员干部现代远程教育管理办公室(中共南宁市委党的建设信息化管理办公室)、南宁市领导人才考试与测评工作办公室(南宁市公开选拔领导人才工作领导小组办公室)。全市有中国共产党地方委员会13个，其中设区市委员会1个，县(市、区)委员会12个；党组464个；中央、地方党委派出工作委员会61个，其中省市派出工作委员会8个，县(市、区)派出工作委员会53个；基层党组织1.9093万个，其中基层党委761个、党总支部1362个、党支部1.697万个。党员30.6068万人，其中女党员10.7564万人、占党员人数35.14%；少数民族党员15.0111万人、占49.04%；离退休党员7.6499万人、占24.99%；新发展党员7062人、占2.31%。新发展党员中，女党员3494人，少数民族党员3579人。开展学习贯彻习近平新时代中国特色社会主义思想和党的十九届五中、六中全会精神，完成市县乡村集中换届，继续推进党的建设制度改革，持续推进各领域基层党组织标准化规范化建设，深化街道管理体制机制改革，抓好市直机关创建模范机关工作，开展“先锋引领·乡村振兴”大行动、“先锋引领·固根守魂”行动、“先锋引领·亲商强企”大行动等，做好党员远程教育，统筹实施全市公务员职务与职级并行制度，健全“四个一线”选人用人机制，激励干部担当作为，做好干部队伍和人才队伍建设。6月，组织评选南宁市优秀共产党员103人、优秀党务工作者103人。

【习近平新时代中国特色社会主义思想和党的十九届五中、六中全会精神学习培训】 2021年，南宁市把学习贯彻习近平新时代中国特色社会主义思想，党的十九届五中、六中全会精神作为干部教育培训重要内容，纳入市委党校(行政学院)培训和网络培训必修课。举办156个干部教育主体班次均开设“习近平新时代中国特色社会主义思想”专题课程，培训学员2.97万人次。举办厅级以上及处级主要负责同志学习贯彻党的十九届五中全会精神集中研讨班、市委管理干部和乡(镇)党政正职学习贯彻党的十九届五中全会精神集中轮训班，全覆盖培训市委管理干部和乡镇、街道党政正职干部约2000人次；指导各县(市、区)和市直各部门灵活采取集中培训、专题研讨、辅导讲座的形式对各级领导干部开展党的十九届五中全会精神系统培训，培训领导干部3.22万人次。举办学习贯彻习近平总书记“七一”重要讲话和视察广西时的重要讲话精神专题学习班，全覆盖培训厅级领导、市委管理干部和乡镇、街道党政正职约1480人次。完成中央、自治区调训116期，全市各级各单位举办专业化培训班3078期，培训领导干部12.61万人次。

【市县乡村集中换届】 2021年，南宁市市县乡村四级集中换届，涉及市级1个，县(市、区)12个，乡镇102个，村(社区)1820个。市委加大从“四个一线”选拔干部力度，优先使用在重大斗争实践中表现突出的干部，县(市、区)换届提拔处级干部81人，其中提拔乡镇(街道)党政正职38人，占提拔副处级领导人数62.3%。选拔经受扎实历练、“七种能力”(政治能力、调查研究能力、科学决策能力、改革攻坚能力、应急处突能力、群众工作能力、抓落实能力)强和工作实绩突出年轻干部，在新一届县(市、区)党政班子中，40岁左右干部56人，占31.11%。贯彻落实中央关于严肃换届纪律加强换届风气监督有关要求，派出换届风气巡回督导组8个，对12个县(市、区)开展全覆盖督导；配合自治区党委组织部做好市级领导班子换届考察及出席自治区党代会代表选举；完成市第十三次党代会、市十五届人大一次会议、市政协十二届一次会议选举。村(社区)“两委”换届实现“四个100%”［100%的村(社区)“两委”顺利完成换届选举、100%的村(社区)选出优秀的党组织书记、100%的村(社区)依法依规依程序组织选举、100%的村(社区)不发生因换届引发群体性事件］目标。换届后，县(市、区)党委班子平均年龄44.66岁，大学本科以上学历占96.97%，其中研究生学历占51.52%；乡镇领导班子35岁以下干部占39.22%，大学本科以上学历占88.81%。选拔111名“五类人员”(乡镇事业编制人员46人、优秀村党组织书记13人、到村任职过的选调生6人、第一书记8人、驻村工作队员38人)进入乡镇领导班子。村(社区)党组织书记年龄全部在55岁以下，40岁以下占28.02%，大专及以上学历占40.7%，“一肩挑”［村(社区)党组织书记通过法定程序担任村(居)民委员会主任］占99.95%。

【党建制度改革】 2021年，南宁市出台实施创新举措，推进党的建设制度改革。打造全国首个“智慧人才”一体化服务平台，将分散在39个单位的72项人才服务事项一网融合、打包快办，实现人才办事“一次不用跑”、手机(电脑)一点全办好。在西部地区首推高层次人才同行举荐制度，南宁市作为唯一设区市在自治区党委人才工作会议上作现场经验发言。在广西率先建立工业振兴特派员联系服务企业制度，精准选派137名工业振兴特派员专职服务141家重点企业和项目，解决企业诉求和困难662个。制定实施加强和改进混合所有制企业党建工作举措，推动构建党组织和公司治理融合统一、党建与生产经营融合一致的工作格局。出台加强中国(广西)自由贸易试验区南宁片区两新党建若干措施，进一步健全两新党建工作体系，打造中国(广西)自由贸易试验区南宁片区两新党建先行示范区，创建自治区级党建示范点3个，经验做法获评“2021年度百个两新党建优秀案例”。党的建设制度改革工作亮点获中组部《组工信息》及《人民日报》、新华社、央视新闻频道、《经济日报》、《经济参考报》、《中国组织人事报》等刊发报道。创建全国首个“智慧人才”服务平台、选派百名优秀干部专职服务企业助推工业振兴2个项目获评2021年度南宁市优秀改革创新项目。

【基层党组织建设】 2021年，南宁市推进各领域基层党组织标准化规范化建设，开展党支部达标创优，落实党支部工作联系点制度，推动全市所有党支部标准化规范化建设100%达标。抓基层党建述职评议考核，召开2020年度南宁市县(区)党委书记和市直有关工委(党委、党组)书记推动落实全面从严治党主体责任述职评议会，组织23名党委(工委、党组)书记(副书记)进行述职、接受评议，全市基层党组织逐级开展抓党建述职评议考核。常态化开展基层党建“两随机”调研指导，深入12个县(市、区)和3个开发区、部分市直单位及下辖基层党组织，开展3次“两随机”调研指导，以书面形式向市属各党(工)委发出问题反馈提示单57份，推动各级党组织聚焦存在问题抓好整改落实。

【农村党建】 2021年，南宁市制定“先锋引领·乡村振兴”大行动实施方案，明确开展5个方面专项行动，提出22条具体措施，进一步优化抓党建促乡村振兴顶层设计。推进农村基层党建“整乡推进、整县提升”示范创建行动，累计获自治区党委组织部命名星级农村基层党组织769个，完成960个达标村(农村社区)、873个达标屯党支部认定命名。安排市本级财政资金4500万元，用于支持村党组织开展服务群众专项经费、村党组织活动和培训经费。印发《关于持续提高全市村干部报酬待遇的通知》，市本级财政划拨专项经费8405.89万元，村党组织书记基本报酬按照所在县(市、区)、开发区上一年度农民人均可支配收入2.5倍确定，月报酬最高4162元；村干部最低年基本报酬在2020年的基础上每人每月再增资200元。制定农村党员年度发展计划，从农村优秀青年、返乡农民工、致富带头人等先进分子发展农村党员1040人，其中党员致富带头人127人。印发《2021年南宁市农村党员大培训实施方案》，开展新一届1561名村党组织书记和村(居)委会主任岗前培训，利用远程教育平台、“八桂先锋”系列平台、“绿城党旗红”党建信息平台、乡村小喇叭、志愿者上门送学等授课方式做好专题专项培训16个，累计培训6.5万人次。推荐214名村干部参加中央、自治区培训，推荐136名村干部参加大专、中专学历教育，分层分类提高农村干部队伍素质，经验做法得到《广西日报》《广西组工信息》等媒体宣传推介。督促指导1560个村(农村社区)开展党史学习教育，严格落实组织生活制度，办好“我为群众办实事”、重温入党誓词、过“政治生日”、开展“主题党日+”等活动，增强村党组织政治功能和组织力。

【城市基层党建】 2021年，南宁市制定《南宁市2021年度城市基层党建工作重点任务清单》，确定城市基层党建工作重点项目6个、重要细项指标22个。深化街道管理体制机制改革，全市25个街道全面取消招商引资、协税护税职能及相应考核指标和奖励，赋予街道党工委人事考核建议权、重大决策建议权、国土空间规划参与权、公共事务综合管理权、综合执法调度权、下沉人财物支配权6大职权，构建科学化、法治化的街道职责体系。完成全市260个城市社区“两委”换届选举，全面实现社区党组织书记和居委会主任“一肩挑”。在广西率先建立专职化城市社区工作者“三岗十八级”(专职化城市社区工作者岗位与等级相结合的职业体系。岗位分为社区“两委”班子正职、班子副职、其他工作人员3类。各岗位按照专职化城市社区工作者工作年限设置相应等级，工作人员为1～12级，副职为4～15级，正职为7～18级。每个专职化城市社区工作者在工作年限增加、岗位提升、能力素质提高后，岗位等级随之提高，薪酬待遇随之提高)岗位等级序列，落实相关待遇保障。开展城市居民小区党的组织和工作覆盖攻坚大行动，全市3000多个居民小区党的组织和工作实现全覆盖，覆盖率100%。在全市范围内选定260个城市居民小区作为“六化”(城市居民小区基层党组织组织建设标准化、阵地建设规范化、管理服务精细化、服务队伍专业化、民主建设常态化、工作保障制度化)标杆小区重点打造、巩固提升。坚持典型带动、整体推进，打造城市居民小区星级党组织。5篇优秀案例收录于《广西城市基层党建新时代新突破新跨越典型案例选编》。

【国企党建】 2021年，南宁市实施“先锋引领·固根守魂”行动，持续推进国有企业党建30项重点任务落实落地。推动符合条件的145家国有企业党组织完成“党建入章”和“双向进入、交叉任职”，100%建立企业党组织决策事项清单和前置研究重大经营管理事项清单，全覆盖建立学习贯彻习近平总书记重要讲话和重要指示批示精神“第一议题”制度。召开2021年度市国有企业党的建设工作会议，授予“南宁市国有企业示范党支部”称号23个。制定印发《关于加强和改进混合所有制企业党建工作的若干措施》，进一步加强混合所有制企业党建工作力度，55家国有企业与民营企业开展结对共建活动，提升党建引领服务发展效能。深化拓展“可视化党建”“项目党建”“地铁党建联盟”等国有企业党建品牌，挖掘和培育党建特色亮点，形成“一企一品”基层党建品牌格局。推出系列党建新名片，依托“一列地铁”打造城市间的“流动党史馆”，依托“一艘游船”打造邕江“红色风景线”等特色做法获新华社、《人民日报》、中新社等媒体宣传报道。

【机关事业单位党建】 2021年，南宁市在广西率先制定《南宁市直机关创建模范机关工作指南(试行)》，细化模范机关创建标准，提出9个方面具体要求，授予市委办公室、市政协、市委组织部、市委政法委、市人民检察院、市审计局、市金融办、国家税务总局横县税务局为市直机关“模范机关示范单位”称号。自治区党委区直机关工委在南宁市举行自治区创建模范机关现场推进会，市纪委监委机关被命名为“全区创建模范机关示范单位”。召开市直机关深化模范机关创建暨党支部标准化规范化建设工作推进会，推广一批机关党组织先进工作经验和做法。举行南宁市直机关庆祝中国共产党成立100周年“两优一先”表彰大会，表彰优秀共产党员82人、优秀党务工作者71人、先进基层党组织59个。聚焦自治区党委点评问题整改和党建工作重点任务，召开全市公立医院、中小学校党的建设工作推进会，加大全市公立医院、中小学校党建工作创新力度。召开南宁市科研院所党建工作联席会议，进一步加强和改进新时代科研院所党建工作。设立中国共产党南宁市乡村振兴局党组，撤销中国共产党南宁市扶贫开发办公室党组、中国共产党南宁市城市内河管理处党组、中国共产党南宁市茅桥地区人民检察院党组。将党组织关系隶属市委市直机关工委管理的兴宁区、江南区、青秀区、西乡塘区、邕宁区、良庆区、武鸣区、南宁高新区、南宁经开区、广西—东盟经开区、青秀山税务分局机关党委调整并整体划转至所在城区、开发区管理。

【非公有制经济组织与社会组织党建】 2021年，南宁市两新组织党工委开展“先锋引领·亲商强企”大行动，组织258个单位606名领导干部联系服务582家规模以上民营企业党组织，推动424个机关、国有企业党组织与669家民营企业党组织结对共建；《抓党建促营商环境优化促民营企业发展》调研报告获中组部全国党建研究会非公专委会优秀调研成果三等奖。出台实施加强中国(广西)自由贸易试验区南宁片区两新党建若干措施，《南宁市构建自贸试验区两新党建工作新机制》入选全国党建研究会非公专委会“2021年度百个两新党建优秀案例”。持续开展两新组织党建工作重点任务“百日攻坚”，新建党组织270个，新发展两新组织党员889人，组建南宁市快递物流行业党委，推动南宁高新区两新组织党工委成立物流企业“红链”党建联盟，全面完成9个软弱涣散党组织整顿转化，3300多个两新组织党组织进入达标行列。《南宁市扩覆盖激活力促发展全面提升社会组织党建工作质量》获《中国社会组织》2021年第3期刊发。全市持续开展“关注党员成长·激发组织活力”大培训和“领航讲堂”，培训364期、3.1万人次。运用“一卡一证一微”(党支部组织生活e卡通、党员参加多重组织生活证、党支部“微党课”)组织生活工作法推动党内组织生活正常有效开展，相关做法在《中国组织人事报》刊发。“南宁两新党建”微信公众号推送“党史百年天天读”“党史知识大家答”306期，编发党史学习教育稿件290余篇，阅读量115万人次，在2021年度全国副省级和地市级两新党建微信公众号传播指数排名中位列第四。开展“党旗领航+”主题活动，“我为家乡代言”电商大集在兴宁区举办。南宁市分别在自治区律师行业党建工作现场推进会、自治区互联网行业党建工作推进会、自治区民办学校党支部标准化规范化建设现场推进会、自治区“小个专”党建工作推进会上作经验交流发言。

【发展党员】 2021年，南宁市新发展党员7062人，比上年增加53.32%。制定《南宁市全面推开排查整顿农村发展党员违规违纪问题实施方案》，召开南宁市全面推开排查整顿农村发展党员违规违纪问题工作部署暨业务培训会，分两批开展排查整顿，第一批开展单位排查党员2527人，认定存在违规违纪入党问题149人。印发《关于进一步加强和规范党员档案管理工作的通知》，对党员档案归档范围、建立党员档案、党员档案管理和转递等方面作出规定，推动解决党员档案管理中存在的问题。落实中央第二巡视组巡视广西反馈意见有关整改措施要求，组织对党的十九大以来发展党员的入党志愿书进行全面排查，排查入党志愿书1.29万份，谈心谈话1370人。

【党员远程教育】 2021年，南宁市结合“百名讲师示范课”开展精准送学下基层活动30场，开展“对党忠诚教育”现场课情景课推广应用的经验做法在自治区对党忠诚教育现场课情景课研发运用推进会上作典型发言。邓颖超纪念馆、南宁市红色工运教育体验馆、南宁昆仑关旅游风景区、广西党建文化教育基地、李明瑞韦拔群烈士纪念馆、南宁市反腐倡廉警示教育馆、南宁革命烈士纪念碑、毛主席接见广西各族人民纪念馆、中共广西省工委横县会议纪念馆、广西学生军抗日烈士纪念碑和陈列馆、那马革命老区红色教育基地、中共共产党员精神谱系主题园12个红色教育基地入选自治区打卡红色教育基地。开展“学习身边榜样”活动，孙登欧、华红勤、黄炜波入选自治区月度榜样人选，黄谦入选自治区年度榜样人选。组织22个党(工)委制作“党课开讲啦”等8个类别、133部党员教育作品，16部作品获评自治区党员教育“八桂先锋”优秀作品(一等奖1部、二等奖7部、三等奖3部、优秀奖5部)，获奖数量居自治区首位；市委组织部、宾阳县委组织部获摄制工作先进单位(组织奖)。在“绿城党旗红”党建信息平台开设“学习贯彻党的十九届六中全会精神”“学习习近平总书记视察广西时的重要讲话和重要指示精神”等专题专栏，发布信息4.17万篇，上传视频297部，推送公众号文章1662篇。

【公务员管理】 2021年，南宁市统筹做好公务员职务与职级并行制度实施，科学合理使用职级职数，全市晋升公务员(参照管理人员)6875人次。严格贯彻落实公务员法及配套法规，开展公务员法律法规实施情况监督检查。统筹推进聘任制公务员招聘，招聘1名聘任制公务员入职五象新区管委会。围绕全面落实强首府战略加大紧缺专业公务员招录力度，面向社会公开考试录用公务员计划256人，录用253人。全市办理公务员(参照管理人员)登记898人，退出备案1212人。分级分类做好公务员培训，开展公务员培训项目6个，培训班次116期，培训人数1.03万人次。做好市直公务员(参照管理人员)年度考核备案和年度考核优秀奖励的审核，完成市直178家单位1.2万余人年度考核审核备案工作及2563人的年度考核嘉奖、384人记功奖励审核。选树推荐南宁市城市管理监督评价中心(南宁市城市管理指挥中心)副主任杨冰、青秀区人民法院执行局局长赵会获评自治区“最美公务员”。

【干部队伍建设】 2021年，南宁市树牢“四个一线”选人用人导向，打好班子选配“优化牌”。健全“四个一线”选人用人机制，激励干部担当作为。全市提

2021 年 7 月 28 日，南宁市“智慧人才”一体化服务平台上线仪式现场，人才代表现场体验用“智慧人才”一体化服务平台申报人才服务事项　　市委组织部提供

拔使用县处级干部 194 人，其中从“四个一线”提拔使用 174 人，占提拔总数 89.69%。健全完善年轻干部选拔培养管理使用统筹推进全链条机制，建立“一票肯定”绩效考评机制，结合年度考核完善“一把手”考核机制，建立各级党组织书记问需于群众、问计于基层、问效于组织机制，确保改革典型经验复制推广取得实效。在县（市、区）换届中，优先使用在重大斗争实践中表现突出的干部，注重从贫困乡镇中提拔使用乡镇党政正职。换届后市县乡领导班子配备各项指标均达到或高于自治区相关要求。加大“优者奖”力度，制定出台南宁市激励干部担当作为奖励办法，组织开展激励干部担当作为及时奖励，131 人获得自治区激励干部担当作为奖励。坚持从严管理监督干部，调整“昏庸懒散拖”处级干部 7 人，诫勉市管干部 5 人。

【人才队伍建设】 2021 年，南宁市加快释放深化人才发展体制机制改革行动计划及配套政策、“强首府人才 18 条”等人才政策红利，加速优秀人才集聚。实施“邕江计划”重大引才项目，集聚领军人才团队 24 个、资助经费 2600 万元，领军人才中博士学历占 66.7%。助力南宁市 A 类人才王双飞当选中国工程院院士。采取“线上 + 线下”方式举办 2021 年南宁 · 东盟人才交流活动月系列活动，吸引超过 42.25 万人次参与，促成包括中国工程院宋宝安院士在内的 9 个重大人才项目签约。举办第四届中国·南宁海（境）外人才创新创业大赛，吸引全球 516 个人才（团队）携项目参赛，55 个决赛项目负责人中学历为博士占 58.2%。在西部地区首推高层次人才同行举荐，教授张立新成为南宁市首位高层次人才举荐的 A 类人才，做法获中组部宣传推介。打造全国首个多部门、多渠道、多功能集成的“智慧人才”一体化服务平台，将 39 个单位 72 项人才服务事项一网融合、打包快办，全年访问、使用量 28 万人次，平台创建项目入选 2021 年度南宁市优秀改革创新项目。落实市领导联系服务人才制度，细化落实人才安居、生活补贴、医疗优诊等人才服务保障，人才发展生态进一步优化。南宁市中长期人才规划评估报告获自治区党委政研系统“大学习大调研”活动调研成果二等奖。南宁市作为唯一设区市在自治区党委人才工作会议上作经验发言。　　（市委组织部）

2021 年南宁市优秀共产党员、优秀党务工作者名录

南宁市优秀共产党员（103 人，2021 年 6 月中共南宁市委员会授予）：杨万廷、郑汉谢（壮族）、韦大标、蒙祖礼、陆世杰（壮族）、蒙之团、韦仕标（壮族）、闭东海、韦有任（壮族）、农镇康（壮族）、林宏波、韦展桥、方媛（女）、颜荣（女，壮族）、丁振开（壮族）、谢智恒（壮族）、何冬玲（女）、林崇伟、韦忠勇、冯应红、卢盈官（瑶族）、樊丽丽（女，壮族）、覃东妹（女，壮族）、韦彩玲（女，壮族）、黄云飞（壮族）、韦振周（壮族）、钱学胜、唐旭柏（壮族）、罗礼杰（壮族）、陆元海（壮族）、李飞、何西强、叶居鸿、覃轲学（壮族）、黄云昱（瑶族）、喻小茶、梁红（女，壮族）、罗建明、梁彩丽（女）、蓝凤华（女，壮族）、邓昌炎、廖健（壮族）、曾丽（女）、黄性龙、刘振南、冯小华、黄礼（壮族）、李显志（壮族）、张丽华（女）、覃意（壮族）、吴启臣（壮族）、杨昌武、莫绍军、李光安、施明、邓嘉民、黄玉秀（女，壮族）、韦柳静（女，壮族）、朱剑梅（女）、陈金莲（女）、黄春英（女）、梁集启（壮族）、黄永联、韦姗姗（女，壮族）、郑玉林、孙登欧（壮族）、玉奇志（女，壮族）、池德毅、蓝彬（女，瑶族）、陆静（女）、黄雪彪、张国汉（壮族）、谢显恒（壮族）、梁干祖、陆照芳（壮族）、黄炜波（壮族）、李新媛（女）、陈树民（壮族）、戚克杰、温标堂、何冰华（女，壮族）、陆瑶（女）、蓝瑞美（女，壮族）、韦海英（女）、李蓉（女，壮族）、范喜英（女，壮族）、孔德雨、卢玉梅（女）、黄晓文、韦磊（壮族）、胡志海、刘富平、黄士壮、谢晓娜（女，壮族）、陈祖业、苏家珍（女）、王银安（女）、蒋超鹔（苗族）、覃曦（女，壮族）、徐海珊、曾浩、覃佳森、钟海雄

南宁市优秀党务工作者（103 人，2021 年 6 月中共南宁市委员会授予）：彭波、李克进（壮族）、李树畅、施海峰（壮族）、潘育昌（壮族）、唐秀谋（壮族）、蒙小斌（女）、龙朝晖、黄美燕（女，壮族）、陈礼盛、黄善华（壮族）、莫增才、蒙小梅（女）、孔莉红（女）、黄芬云（女）、龚岚（女）、陈天翔、蒙桂清（女，壮族）、黄宗茂、韦静芳（女）、陈淑雯（女，瑶族）、蒋益宝（壮族）、周梅英（女，壮族）、李东（瑶族）、盘敏道（壮族）、韦耀唐（壮族）、杨朝敢（壮族）、黄宏庆（壮族）、韦杰（女，瑶族）、陈红云（女，壮族）、蒙江柳（女，壮族）、刘雪莲（女，壮族）、潘生庄（壮族）、黎华琴（女，壮族）、谭春苗（女，壮族）、张霞（女）、黄婷（女）、陈安德、谭建亮、李国宴、韦力（壮族）、莫丽英（女）、张略（女）、宋荣华（女）、韦姣（女）、余翔、韦月梅（女，壮族）、雷新卫（女）、李思燕（女）、潘元芬（女）、宁军剑、全金秀（女）、李振领（壮族）、方能烈（壮族）、韦艳蓉（女，壮族）、王建华、黄春晓（女）、宁罕（女）、陆华贤（壮族）、李蔺潼（女）、蒋冬梅（女）、黄翰飘（壮族）、林盛智（壮族）、陆运汉（壮族）、潘达省（壮族）、马晓芸（女）、蒋宝宁、李莺（女，壮族）、颜英（女）、秦禾（女）、朱开嘉（壮族）、林荣美（女，壮族）、梁勇（壮族）、韦德宏（壮族）、梁梅桂（女，壮族）、韦春福（女，瑶族）、黄超学（瑶族）、莫文京（壮族）、李金兰（女）、刘清炜、范治勋、周云（女）、徐康峰、赵壮春（壮族）、詹曙光（壮族）、马婕（女，壮族）、潘海宁（女）、吴锋耀（仫佬族）、谢宏栋、林宏华（女）、覃汉林、张波、曹莉（女，壮族）、冯凤（女）、梁敏聪（女）、黄晓敏（女，壮族）、覃鸿（女，壮族）、贺圆圆（女）、刘石清、侯海萍（女）、陆治江（壮族）、奚晓红（女）、邓启润（壮族）

宣传教育

【概　况】 2021年,中国共产党南宁市委员会宣传部(加挂南宁市精神文明建设委员会办公室、南宁市人民政府新闻办公室、南宁市新闻出版局牌子)(简称“市委宣传部”)统一管理新闻出版和电影工作,二层机构有中共南宁市委讲师团;市委网络安全和信息化委员会办公室(市互联网信息办公室)设在市委宣传部,管理南宁市互联网舆情中心。南宁市坚持以习近平新时代中国特色社会主义思想为指导,全面贯彻党的十九大和十九届历次全会精神,学习宣传贯彻习近平总书记关于宣传思想工作的重要思想、视察广西“4·27”重要讲话精神和对广西工作系列重要指示要求,贯彻落实党中央、自治区党委、市委决策部署。围绕党的十九届六中全会精神、党史学习教育等重大主题开展宣讲活动5万多场;《山歌似水赞英雄 理想如炬耀壮乡——党史学习教育专题山歌理论宣讲报告》被中宣部评为全国优秀理论宣讲报告,是广西唯一获奖宣讲报告;围绕庆祝中国共产党成立100周年主线统一开设“在习近平新时代中国特色社会主义思想指引下——迎建党百年 谱八桂新篇”等专栏专题;开展“感党恩 跟党走”主题系列活动4.6万场次,累计完成“我为群众办实事”项目25万多件,居广西之首;习近平《论中国共产党历史》等党史学习教育指定学习材料发行量超115万册,发行总量和党员覆盖率居广西第一;统筹做好学习宣传贯彻党的十九届六中全会精神、自治区第十二次党代会精神、党史学习教育、新冠肺炎疫情防控和经济社会发展、生态文明建设等重点宣传报道和社会宣传;以社会主义核心价值观引领文化建设,举办线上线下各类群众文化活动7600多场次;实施争做中国好网民工程,打造“邕有爱 E起来”网络公益活动品牌;深化文明创建、文明实践、文明培育。市委宣传部获第二十八届全国青少年爱国主义读书教育活动组织特等奖,被评为2021年度全区舆情信息工作优秀单位。

【党史学习教育】 2021年,南宁市用好红色资源,赓续红色血脉,打造以一艘邕江红色主题游船、一列红色主题地铁专列、一批红色主题公交车为载体的“流动党史馆”;举办红色故事大赛,情景故事《丰碑》获广西红色故事大赛一等奖;开展“感党恩 跟党走”主题系列活动4.6万场次;各级各类媒体刊发相关报道3万多篇。“我为群众办实事”实践活动承接自治区51项重点项目和市本级77项重点项目全部完成,累计完成“我为群众办实事”项目25万多件,居广西之首。

【庆祝中国共产党成立100周年活动】 2021年,南宁市组织开展“永远跟党走”大型主题采访活动和“我为群众办实事”实践活动集中采访5次,新闻媒体刊发稿件3.1万篇,新媒体阅读量超2895万人次,刊发“感党恩 跟党走·党史知识大家答”306期,组织开展“感党恩 跟党走·党史知识大家答”线上知识答题,超626万人次参与答题。举办南宁市庆祝中国共产党成立100周年灯光秀,“好日子 歌里过”南宁市庆祝中国共产党成立100周年群众文化活动暨第23届南宁国际民歌艺术节“大地飞歌·2021”,“永远跟党走”南宁市庆祝中国共产党成立100周年大型交响合唱音乐会,南宁市庆祝中国共产党成立100周年美术书法作品展、主题摄影作品展、主题电影展映等活动。“南宁发布”微信公众号、市属新闻媒体所属新媒体平台发布党史宣传教育相关短视频200多个,总播放量1.9亿人次。开设抖音话题和微博话题“建党百年南宁篇”,网络阅读总量2800多万人次。

【理论学习与宣传】 2021年,南宁市把学懂弄通做实习近平新时代中国特色社会主义思想作为首要政治任务,把习近平总书记最新重要讲话、重要指示批示精神作为常委会会议“第一议题”、党委(党组)理论学习中心组学习“第一内容”。市委理论学习中心组围绕习近平总书记“七一”重要讲话、视察广西“4·27”重要讲话精神和对广西工作系列重要指示要求、党的十九届六中全会精神、百年党史等专题开展集中学习、专题培训,举办专题读书班。将《习近平谈治国理政》第一卷、第二卷、第三卷等权威著作纳入全市理论学习重点内容,通过党委(党组)理论学习中心组学习、“三会一课”等载体组织学习。各级宣讲团(队)、基层党组织、乡村振兴工作队、大众宣讲员和“草根宣讲员”开展宣讲活动5万多场。

【信息与调研】 2021年,南宁市向自治区党委宣传部等部门报送信息2205条,被中共中央办公厅、中宣部采用舆情信息199条;《南宁“四突出”迅速兴起学习宣传贯彻党的十九届六中全会精神热潮》等11条工作信息获中宣部、自治区党委宣传部内刊单条采用,刊用数居广西设区市首位。组织开展全市宣传思想文化战线大调研活动,形成调研报告49篇、工作案例36篇,其中《南宁市加强党建引领争创全国文明典范城市的调研与思考》获2021年全区宣传工作优秀调研报告二等奖。

【新闻报道】 2021年,南宁市统筹内宣外宣、网上网下、传统媒体和新媒体,全媒体做好习近平总书记视察广西、庆祝中国共产党成立100周年、党史学习教育、新冠肺炎疫情防控等重大主题宣传,开设专题专栏50余个,推出相关报道1万余篇(条)。7月1日,《广西日报》建党百年特刊推出南宁高质量发展亮点报道28版,《南宁日报》推出建党百年特刊128版。开展“永远跟党走”大型主题采访活动和“我为群众办实事”实践活动集中采访5次,新闻媒体刊发稿件3.1万篇,新媒体阅读量超2895万人次。《人民日报》、新华社、中央广播电视总台、《光明日报》等中央主流媒体推出《广西南宁:

2021年6月1日,民族广场LED电子大屏滚动播出庆祝中国共产党成立100周年宣传标语

黄维业　摄

NANNING YEARBOOK

推动党史学习教育融入生活、融入日常》《广西南宁：我为群众办实事　群众为我点赞》等重点稿件。实施“记录小康工程”，编纂南宁市全面建成小康社会大事记。南宁日报社建成智慧电子大屏，打造楼宇数字媒体新平台；南宁广播电视台在广西率先实现全部电视频道高标清同播；“新闻夜班”抖音号粉丝数超550万人，点赞量超2.9亿人次，居广西媒体抖音号首位。

【新闻发布】 2021年1月14日至17日，南宁市连续召开疫情防控新闻发布会4场。1月15日，南宁市举办首场中国共产党南宁市委员会新闻发布会，介绍中国共产党南宁市第十二届委员会第十一次全体（扩大）会议有关情况，以及《中国共产党南宁市委员会关于制定南宁市国民经济和社会发展第十四个五年规划和二〇三五年远景目标的建议》起草相关情况。6月28日，举行“共庆建党百年建设壮美广西”南宁专场新闻发布会（第十五场），对外宣传介绍南宁市“全面落实强首府战略　打造引领广西高质量发展核心增长极”成效和举措。持续深化“4·2·1+N”例行新闻发布模式（“4”指与宏观经济、民生关系密切和社会关注事项较多的部门，每季度至少举行新闻发布会1次，每年4次；“2”指主要负责人每年至少出席新闻发布会2次；“1”指分管负责人每半年至少出席新闻发布会1次，每年2次；“N”指市委、市政府出台重要文件、制定重大政策举措或举办重大活动时，有关牵头部门的主要负责人或新闻发言人要出席新闻发布会或接受记者采访，发生突发事件和出现社会关注度高的热点敏感问题时，要主动发布信息），探索媒体吹风会、通气会、记者会、记者采访等新闻发布形式，围绕中心工作、重大政策和社会关切召开新闻发布活动100多场，引导社会舆论，确保党务政务公开更加及时、透明，进一步彰显全市新闻发布工作权威性和公信力。

【社会宣传】 2021年，南宁市围绕庆祝中国共产党成立100周年、党史学习教育、春节、2021年“壮族三月三·八桂嘉年华”、新冠肺炎疫情防控、创建全国文明典范城市、脱贫攻坚（乡村振兴）、第18届中国—东盟博览会、中国—东盟商务与投资峰会、国庆节等重大主题、重大会议和重要节庆开展社会宣传。设置POP旗3万多杆、小品造型358个，张贴悬挂宣传标语超12.5万条（幅），各类电子屏2万多台高密度播放宣传画面、宣传标语，6700多辆出租车顶灯每天播放超480万条次，地铁线路8000多台LED电子屏每天播放超80万条次，喷绘宣传画面超55万平方米。

【对外宣传】 2021年，南宁市与29家境内外电视机构联合制作《春天的旋律·2021》跨国春节晚会，在中国港澳地区、东盟各国、大洋洲、北美洲落地播出，入选文旅部和国家广电总局重点外宣项目。跨国春晚制作的人物故事视频《守护吴哥的微笑》，在中国外文局主办的“第三只眼看中国”国际短视频大赛中获最佳摄影奖，是广西唯一获奖作品，市委宣传部获优秀组织奖。首次举办“人月两团圆　千里共婵娟”跨国中秋诗歌晚会，通过广西广播电视台国际频道面向全球150多个国家和地区播出；在中国驻菲律宾大使馆主办的菲华各团体庆祝中华人民共和国成立72周年视频大会上，播放晚会节目视频。首次将民歌艺术融入山水园林，实景演绎线上呈现“好日子　歌里过”南宁市庆祝中国共产党成立100周年群众文化活动暨第23届南宁国际民歌艺术节“大地飞歌·2021”，节目点击量近1500万次，短视频点击量3200多万次。南宁国际民歌艺术节被自治区党委宣传部评为中华优秀传统文化传承发展工程广西“十佳案例”。南宁市在北美洲、欧洲、亚洲多个国家的友好媒体线上线下推出南宁宣传专版11个，聚焦中国共产党成立100周年，对外讲好中国共产党的故事；用好26对国际友城和40个国际友好交往城市资源开展友城外宣，举办“友城进东博”活动，服务“一带一路”倡议；推出“云上丝路”国际传播项目，建成面向海外的中、英文双语网站，上线海外社交平台账号6个，介绍南宁区位优势、投资环境、历史文化、风土人情等。

【网络宣传与管理】 2021年，南宁市围绕重大主题、重要活动、重要会议，推出《牢记总书记嘱托　建设新时代中国特色社会主义壮美广西》等融媒体专题报道，在各级网站开设《奋斗百年路　启航新征程》等专题132个，联合国际在线、央广网分别推出《我和我的城——全面落实强首府战略》《为民办实事　南宁在行动》系列短视频，登载稿件超8万篇，制作新媒体产品1256个；配合开展“2021年中国有约　A Date with China”主题采访国际传播活动、“乡村振兴　我在现场”网络名人看广西活动；管理网站2.8万家（占广西48%）。完成“地市级网信办网络安全应急指挥中心规范化建设”全国试点工作，建成南宁市网络安全应急指挥中心；打造“南宁市互联网举报·辟谣”新媒体矩阵，入驻联合辟谣成员单位57家；编报《网络舆情日报》《南宁网信简报（网络舆情动态）》等420多期、《季度网络舆情前瞻性分析报告》4期；举办“网友看南宁”活动8期；办理人民网《领导留言板》网友给自治区党委主要领导涉邕留言1197条。“南宁发布”抖音号播放量突破1亿次，“南宁发布”头条号阅读量突破1000万次。《南宁市“三建三立”切实推进网络举报和辟谣工作取得实效》获中宣部宣传信息网、中央网信办举报中心《网络举报工作》采用，入选全国网信系统举报工作创新实践案例。

【文化文艺事业】 2021年，南宁市以社会主义核心价值观引领文化建设，补充更新全市1442个农家书屋、13个易地扶贫搬迁安置点农家书屋图书，新增市级非物质文化遗产代表性项目41个、市级非物质文化遗产代表性传承人53人。举办“永远跟党走”南宁市庆祝中国共产党成立100周年大型交响合唱音乐会，举办南宁市庆祝中国共产党成立100周年美术书法作品展、主题摄影作品展、主题电影展映。《邕江组曲》系列音乐电视作品（5首单曲）网络点击量超100万次；组织创作微电影《梁小霞》、广播剧《生如“霞”花》。原创舞剧《刘三姐》获评“第十三届全国舞蹈展演优秀剧目”。广播剧《少年黄大年》、歌曲《阿秀》、篆刻《姜铁朱迹》、电视动画片《海豚帮帮号》4部作品获第十届广西文艺创作铜鼓奖。举办2021年越南电影展映。开展“我们的中国梦”——文化进万家、南宁民歌湖大舞台周周演、戏曲进乡村进校园等线上线下群众文化活动7600多场次，惠及群众320多万人次；开展公益电影放映2.2万场，惠及群众224万人次；举办南宁市第十二届乡村社区和谐文艺大展演，选送20个竞演节目参加第九届全区基层群众文艺会演，获一等奖4个、二等奖5个、三等奖9个、优秀奖2个，一等奖总数位居广西第一，获奖作品总数名列自治区前茅，市委宣传部获优秀组织奖。建成各级文化产业示范基地（园区）123家；有规模以上文化及相关产业企业217家，比上年增长3.3%；规模以上文化及相关产业企业营业收入240.7亿元，增长2.5%；规模以上新闻出版业、电影放映平台营业收入26.13亿元，增长13.9%。

【精神文明创建】 2021年7月15日，中央文明办恢复南宁市全国文明城市资格。南宁市委、市政府提出争创全国文明典范城市目标，印发《关于深化创建全国文明城市“十大提升行动”提高城市文明程度的意见》和配套工作方案10个，实行市领导包片联系制度；完成869个老旧小区、63个农贸市场升级改造，优化、整治交通路口 43 个,树立城中村、农贸市场、居民小区示范样板 40 多个,带动全市 68 个城中村、1011 条背街小巷、195 个农贸市场、3212 个小区全面提升创建水平。开展新一批南宁市文明村镇、文明单位、文明校园、文明家庭创建命名活动,评选命名第三十一批南宁市文明村镇 75 个、文明单位 63 个,第三届南宁市文明校园 191 所,第一届南宁市文明家庭 58 户;推荐 9 所学校参评 2021—2023 年创建全国文明校园先进学校。拓展群众性精神文明创建,持续开展"啄木鸟"行动、"争创文明城、为党旗添彩"等主题活动,开展创城宣传、文明实践志愿服务活动 2000 多场次,惠及群众 20 万多人次。以"颂党恩 传家风"为主题,开展"最美家庭新风尚 家风家教进万家""以竹倡廉·树清廉家风""红星耀我·安全童行"等红色家风巡演活动 15 场。抗疫英雄梁小霞获"第八届全国道德模范"称号。6 人当选"中国好人",5 人获评自治区道德模范及提名奖,为历年最多;市第四十七中学学生石唯颂获评 2021 年全国"新时代好少年",是广西唯一上榜者。15 分钟社区文明实践服务圈,新时代文明实践大篷车,"两中心"(县级融媒体中心、新时代文明实践中心)"三融合"(阵地融合、活动融合、成果融合),南宁市武鸣区双桥镇伏林村推行红白事"规范办便民""简化办利民""特色办乐民"模式 4 个案例入选全区新时代文明实践和乡风文明建设先进典型案例。全市 1980 个新时代文明实践中心(所、站)开展活动 1.15 万场次,惠及群众 125.6 万人次。(市委宣传部)

统一战线工作

【概 况】 2021 年,南宁市有市、县(市、区)党委统战部机关13个,其中市级1个。中国共产党南宁市委员会统一战线工作部(简称"市委统战部")统一领导民族宗教工作,统一管理侨务、台湾事务,代管市台湾同胞联谊会;二层机构有市民主党派机关后勤服务中心。完成各民主党派市委会换届,市县两级换届后人大、政府、政协领导班子实现党外副职全配备;通过"全国民族团结进步示范市"复审,成为广西唯一连续获评城市;在广西率先实现市县乡三级商会人民调解委员会建设全覆盖;民族团结进步创建工作、非公经济工作、港澳专项工作等在自治区会议上做经验介绍或典型发言。主要存在统一战线服务中心工作效果不够明显;部分县(市、区)统战工作力量相对薄弱,工作开展不平衡等问题。

【参政议政】 2021 年,南宁市完成各民主党派市委会换届,实现民主党派领导班子政治交接。民主党派干部有 5 人进入市人大、市政协班子,5 人进入市政府部门(担任正职 1 人),1 人进入市中级人民法院领导班子,4 人进入市属高校科研院所和国有企业领导班子。市县两级换届后人大、政府、政协领导班子实现党外副职全配备。市委召开专题(调研)协商座谈会 4 次;市委统战部与市政府办联合印发《关于进一步加强政府部门与各民主党派、工商联、无党派人士对口联系工作的意见》,加强政府部门与各民主党派、工商联、无党派人士对口联系;市委统战部印发《关于建立南宁市民主党派、工商联、无党派人士开展专题调研活动机制的通知》,促进调研协商精准有效和成果转化。各民主党派成员提交建议、议案、提案 784 篇,社情民意信息 672 篇。

【理论研究与宣传】 2021 年,市委统战部《以铸牢中华民族共同体意识为主线推进新时代民族工作创新发展研究——以南宁市为例》《加强和改进新时代律师行业统战工作的路径思考——以南宁市为例》分别获 2021 年度广西统战理论政策研究创新成果一等奖、三等奖,《创新同心统战平台新模式 拓展基层市域治理新路径——南宁市积极探索创新商会人民调解推动市域治理新模式》获 2021 年度广西统战工作实践创新成果奖。各级统战部门报送统战理论政策研究成果 120 篇、统战工作实践创新成果 30 篇。做好《中国共产党统一战线工作条例》(简称《条例》)学习宣传宣讲,市委在广西率先召开常委会、市委统一战线工作领导小组全体会议学习《条例》,把学习《条例》纳入 11 个市级培训班、12 个县(市、区)培训班,举办专题讲座、专题座谈会 5 场,开展专题培训宣讲 37 场次,编印学习资料 3000 余份,运用新媒体平台开展宣讲解读 63 篇次。在市属新闻媒体刊发新闻稿件 89 篇、专版报道 18 期。"南宁统战"微信公众号发布消息 1720 篇,阅读量 8.66 万人次,分享数 4741 人次。

【经济统战】 2021 年,南宁市完善非公经济代表人士综合评价制度、市领导和非公经济工作领导小组成员单位联系服务非公企业和非公经济代表人士制度,开展解决民营经济突出问题攻坚年活动,市领导及有关部门走访民营企业 700 余次,解决问题 347 个。市委主要领导主持召开企业家座谈会听取意见建议,各级各部门落实落细《南宁市营造更好发展环境支持民营企业改革发展实施方案》《南宁市贯彻落实〈新时代广西加快完善社会主义市场经济体制实施方案〉分工方案》等工作。完善青年一代民营企业家代表人士数据库,将江南盛天影城打造为南宁市民营经济人士理想信念教育基地。在广西率先实现市县乡三级商会人民调解委员会全覆盖,为 4000 多家商会会员企业提供矛盾纠纷排查调处、法制宣传教育等服务,调解涉企纠纷 51 起,涉及协议金额 5000 多万元,南宁市南安商会人民调解委员会被确定为自治区市域治理现场会观摩点。

【港澳台统战】 2021 年,南宁市率先成立全国首批、广西首个内地港澳人士社团——南宁市港澳同胞联谊会,并以联谊会为平台开展"港澳同胞乡情之旅"红色主题活动。持续打造海外人才引才引智工作站,做好南宁市人才政策宣传咨询服务,收集港澳台人才信息 40 人次;为 400 多名港澳台同胞完成新冠病毒疫苗接种,为在邕港澳台侨企业协调解决有关问题 86 件;协助举办"2021 年桂—粤港澳群众文化活动周"活动;接待全国各地高校台湾教师及台湾同学会考察团一行 50 余人到邕开展常住大陆台湾教师国情学习考察活动,以及全国台联第十八届台胞青年千人夏令营广西特色营南宁参访活动。召开南宁市台湾同胞联谊会第三次代表大会,选举产生第三届理事会。台湾民主自治同盟南宁市支部获台湾民主自治同盟中央委员会颁发的 2021 年度参政议政突出进步奖。

【网络统战】 2021 年,南宁市完善网络代表人士数据库,收集整理 83 位互联网龙头企业负责人及互联网相关行业企业数据,以及 30 位粉丝数超过 2 万人的"网红"数据。组织 3 名网络代表人士赴天津市、山东省实地观摩网络统战示范点和互联网先进企业,完成《探究流量时代下如何运用好网络人士的扩音筒——基于南宁市的调研》调研文章。举办南宁市首个以网络代表人士为主体的培训班,培训 43 人。打造宾阳县网络统战工作站、青秀区同心 e 站桂港青年企业家创新创业孵化基地、良庆区中国—东盟新型智慧城市协同创新中心等网络统战工作创新基地 3 个,其中青秀区同心 e 站桂港青年企业家创新创业孵化基地被确定为自治区、南宁市、青秀区三级网络统战工作创新基地。

【无党派人士与党外知识分子统战】 2021 年,南宁市支持无党派人士联络组赴江苏、福建等地调研;无党派人士联络组向市委提交 2021 年重点调研课题"关于加强地铁互联互通建设,打造高质量人防工程的建议"。全市开展"守初心 筑同

心　谋发展——中共党员与党外知识分子对话”活动，党外知识分子代表300多人参加活动献计献策。各级统战工作部门举办无党派人士、党外知识分子代表理论培训班15班次，参训620人次；组织无党派人士参观学习30次，参加学习560人次。组织12名南宁市留学人员代表赴横州市开展“坚守报国初心，汇聚海归力量”研学实践活动。协助推荐26名乡村教师参与“留学报国——民族地区乡村教师关爱行动”第九期教学交流活动。

【新的社会阶层人士统战】 2021年，南宁市印发实施《南宁市新的社会阶层代表人士培训计划(2021—2025年)》《“凝聚新力量·筑梦新时代”南宁市新的社会阶层人士庆祝中国共产党成立100周年主题教育活动方案》等新的社会阶层人士(简称“新阶人士”)统战工作文件。加强市、县(市、区)两级新的社会阶层人士联谊会(简称“新联会”)组织建设，在市新联会中设立乡村振兴服务部、参政议政服务部、文化宣传服务部、企业咨询服务部4个服务部，发挥新联会和新阶人士统战工作实践创新基地作用；组建同心讲师团开展“知新讲堂”直播活动，持续打造“绿城玫瑰”“邕州才子”等新阶人士统战工作品牌；开展南宁市新阶人士助力新冠肺炎疫情防控公益活动、“绿色中秋”环保行动等。14名新阶人士被自治区党委统战部列入“广西百名新的社会阶层人士创业创新优秀人物”。市县两级换届后，333名新阶人士担任市、县(市、区)人大代表、政协委员。

【党外代表人士队伍建设】 2021年，南宁市有市管党外干部133人(民主党派干部67人、无党派干部57人、群众9人，正处级17人、副处级116人)。举办南宁市民主党派骨干成员培训班、南宁市党外中青年干部专题培训班、南宁市党外代表人士教育培训班等12个，培训学员600多人次。推荐1名党外干部到自治区党外代表人士实践锻炼基地挂职锻炼，从市外接收2名党外干部分别安排到隆安县、兴宁区党外代表人士实践锻炼基地挂职锻炼，增强党外干部的综合能力。推动党外代表人士参政议政，市人大、政协“两会”推荐提名非中共人大代表173人(含人大常委会委员4人)，推荐提名非中共政协委员296人(含非中共常务委员52人)。

【民族宗教工作】 2021年，南宁市总结全国少数民族流动人口服务管理示范城市经验，拓展“13456”(一个中心、三级网络、四项制度、五支服务队伍、六项服务内容)民族事务服务体系内涵，做好国家民委城市民族事务依法治理基层联系点工作，建立站点联建联动工作体系，在西乡塘区华强街道中华中路社区设置服务少数民族流动人员专门接访窗口，为少数民族群众提供经商就业、子女入学、法律援助等8项服务。落实各级少数民族发展资金5952万元，实施项目115个，建设同心文化载体项目61个。申报2021年广西民族特色村寨18个，横州市云表镇下黎里村、上林县大丰镇东春村下水源庄、马山县古寨瑶族乡古寨社区下古拉屯、宾阳县露圩镇露圩社区露圩村、青秀区长塘镇天堂村巴兰坡、西乡塘区石埠街道忠良村(美丽南方)、邕宁区百济镇红星村坛里坡、良庆区大塘镇太安村那廖坡、那马镇坛良村坛板坡、武鸣区两江镇英俊村岜旺屯、宁武镇伏唐村11个村寨获评，获评数位居广西首位；马山县古零镇乔老村小都百屯、隆安县那桐镇定江村定典屯、西乡塘区石埠街道忠良村(美丽南方)被自治区民宗委列为广西2021—2022年民族特色村寨农旅融合发展试点村屯。南宁市入选第九批全国民族团结进步示范市名单，成为广西唯一连续获评的城市。命名首批“南宁市铸牢中华民族共同体意识实践教育基地”8个，命名南宁市“铸牢中华民族共同体意识教育进校园试点学校”16所。组织开展“感党恩　跟党走　铸牢中华民族共同体意识”2021年南宁市民族团结进步宣传月、“党的民族政策在南宁市民族乡的实践”媒体集中采访报道等活动。召开南宁市宗教团体负责人述职会议，开展“宗教政策法规学习月”活动，完成南宁市宗教团体换届。

【助力乡村振兴】 2021年，南宁市在广西率先启动设区市统一战线助力乡村振兴主题实践行动；5月25日，在隆安县召开现场会为首批15个南宁市统一战线助力乡村振兴示范村授牌；发动156家统战组织、商协会、民营企业与141个行政村结对帮扶共建。参与“广西统一战线助力村卫生室提质升级行动”，南宁市计划3年内向128个村卫生室捐献物资款项1380万元，年内到位530.23万元，与市卫健委联合为受助村卫生室招募医务志愿者184人。响应广西统一战线“关爱厨房·共享健康”助力行动，引导爱心企业向乡镇、村屯捐赠抽油烟机800台。举办“台师看南宁，携手共前行”助力乡村振兴建设结对共建活动，组织在邕台籍教师顾问团与4个乡镇结对共建，为乡村振兴建设有关项目提供技术指导。

【庆祝中国共产党成立100周年活动】 2021年，南宁市发挥统一战线优势，面向各领域统战成员开展庆祝中国共产党成立100周年为主题的学习教育宣讲、征文、短视频征集等活动130余次。开展党史学习教育活动，指导各民主党派在学中共史、学党派史中发扬光荣传统、坚守合作初心，依托市工商联、市民宗委开展非公经济人士、宗教界人士系列学习活动，组织统战成员开展“百年党旗红　启航新征程”邕江红色主题学习活动。举办南宁市统一战线庆祝中国共产党成立100周年“学党史　感党恩　跟党走　筑同心　共奋进”主题书画摄影作品展，展出书画作品138幅。举办南宁市统一战线庆祝中国共产党成立100周年座谈会，邀请民主党派、无党派人士、党外知识分子、少数民族人士、宗教界人士、非公有制经济人士、新的社会阶层人士、留学人员、港澳台籍人士、侨界人士110余人参加，11名代表作交流发言。　（周　麒）

2021年7月8日，南宁市新的社会阶层人士联谊会举办学习贯彻习近平总书记在庆祝中国共产党成立100周年大会上的重要讲话精神座谈会　　市委统战部提供

南宁年鉴

华侨事务

【概　况】南宁是广西主要侨乡之一。2021年，海外南宁籍及与南宁有渊源的华侨、华人有近100万人，分布在80多个国家和地区。南宁市有散居归侨、侨眷14.33万人，其中归侨2.51万人；有以新华侨华人、华裔新生代、社团新力量为主要标志的新侨1万余人。有华侨农林场4个（武鸣华侨农场、武鸣区百合华侨农场、邕宁区五合华侨林场、隆安县浪湾华侨农场），总面积222平方千米，总人口4.3万人，其中归侨、侨眷1.1万人。年内，南宁市在广西首次试点建设线上“云上侨音”和线下“侨家小苑”，引导侨商助力乡村振兴，做好华侨农林场、华侨商会、侨资企业服务，强化侨界思想政治引领，增进侨界人士思想共识。主要存在大统战侨务工作格局效能需要进一步提升，县（市、区）侨务工作发展不平衡，与海外侨胞等群体的联系受新冠肺炎疫情影响而暂缓等问题。

【为侨服务】2021年，南宁市在侨务工作联席会议机制基础上筹备建立海外统战工作协作机制，初步形成协作机制框架。在广西首次试点建设线上“云上侨音”和线下“侨家小苑”，为海内外侨界人士服务社会、展示自我提供平台。持续服务好华侨农林场、华侨商会、侨资企业，协调解决企业困难和问题11件。支持引导英国侨商总会与隆安县天隆禽畜养殖专业合作社联合在隆安县天隆村建立禽畜中医农业示范基地和出口基地，帮助脱贫地区发展乡村农业产业。组织开展春节慰问困难归侨、侨眷，走访慰问困难群众590人，发放慰问金和慰问品价值30余万元。承办侨界医疗专家义诊暨普法宣传活动2次，解决武鸣区、良庆区等城区归侨、侨眷聚居社区看病难问题。继续举办“金秋奖学·助侨圆梦”活动，为39名考上高等院校的“三侨”（归侨青年、归侨子女、华侨在国内的子女）考生给予奖励。慰问南侨机工（抗战时期东南亚各国华人子弟组成的“南洋华侨机工回国服务团”）遗孀。引导海外爱国华侨、商会为隆安县荣朋小学、下邓村小学、天隆村小学捐赠书籍、书包用具，支持脱贫地区学校发展乡村教育。健全完善侨务行政审批工作流程，实现侨务委托事项一码一事二维码创建并向社会公布，办理流程提速80%，推进涉侨审批“零差评”。开展侨务干部能力素质培训，在玉林市委党校举办南宁市、玉林市海外统战和侨务工作培训班，两市约40名侨务干部参加培训。

【海外侨务】2021年，南宁市举办“侨界新生代代表人士看广西（南宁）体验营”活动、“侨商侨领看南宁——武鸣之旅”活动，来自美国、韩国、老挝等国家和地区的海外侨团侨商侨领、新侨代表及“五侨”（市侨办、市人大民族华侨外事宗教委、市政协海外联谊民族宗教委、市侨联、致公党南宁市委会）部门代表30余人，参观武鸣区、宾阳县等地沃柑、水稻农业基地和党建文化阵地并进行座谈。组织50余名南宁市侨界代表人士参加自治区党委统战部在广西中华文化学院（南宁市）和北海市举办的专题学习培训班。组织侨界代表一行30余人到武鸣区等地开展理想信念和乡村振兴主题实践活动。办理2名在泰国、柬埔寨华文学校任教老师延期任教手续，利用节庆为华文学校外派教师寄送慰问信及暖心包裹。组织开展新华侨华人和归国留学人员摸底调查，收集全市新华侨华人、归国创业侨胞和留学人员基本信息，建立新侨代表人才库，入库184人，动态调整完善侨界人士信息库。（罗葆兰）

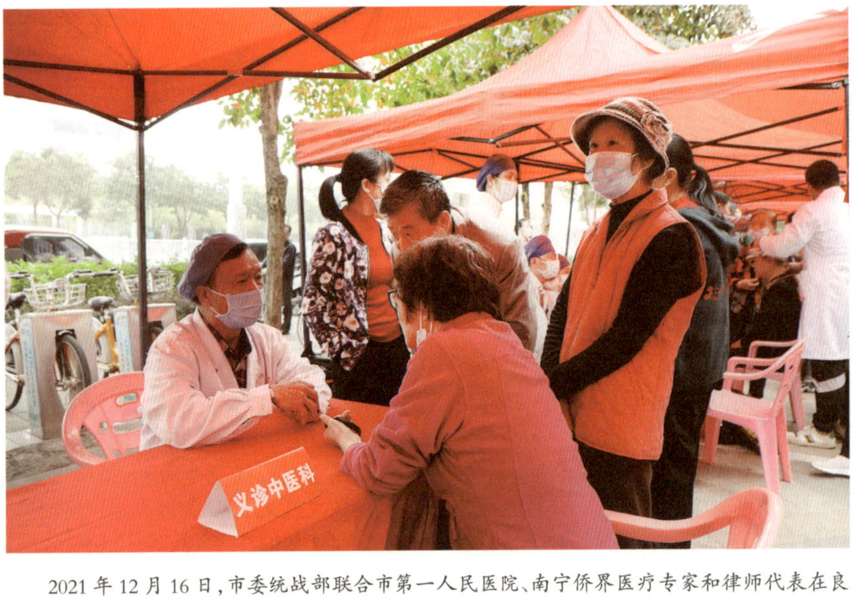

2021年12月16日，市委统战部联合市第一人民医院、南宁侨界医疗专家和律师代表在良庆区开展“侨心向党·同心筑梦”普法义诊活动　　良庆区融媒体中心提供

政法委工作

【概　况】2021年，南宁市设市县两级政法委机关13个，其中市级1个、县（市、区）12个；每个乡镇配备政法委员1人。中国共产党南宁市委员会政法委员会（简称“市委政法委”）代管南宁市法学会办公室、南宁市励志专门学校、南宁市流动人口服务与管理办公室、南宁市见义勇为基金会秘书处。全市政法各部门以习近平新时代中国特色社会主义思想为指导，开展党史学习教育，以确保庆祝中国共产党成立100周年安全稳定为主线，防风险、保安全、护稳定、促发展，建设更高水平的平安南宁、法治南宁。市委政法委获评广西应对突发事件突出贡献先进集体、南宁市“模范机关示范单位”、南宁市脱贫攻坚先进单位。南宁市法学会获“西部法治论坛”和“北部湾法治论坛”优秀组织奖、“2016—2020年广西法治建设先进集团”称号。主要存在敌对势力实施渗透窃密活动、邪教组织反宣滋扰活动时有发生，反偷渡、防回流、防暴恐压力加大，社会稳定风险交织叠加，公共安全风险多变难防等问题。

【政治安全维护】2021年，南宁市推进培根铸魂、监督护航、奋发争先、廉洁阵地“四大工程”，开展系列专项行动，防范打击敌对势力渗透、破坏、颠覆、分裂活动，梳理排查涉政类重点人员22人，开展涉政、涉宗教、涉周边国家等反颠覆反渗透领域专案侦查工作18项。打击邪教违法活动，破获邪教案件35起，查获嫌疑人70人，捣毁资料制作窝点4个。侦破暴恐音视频案件26起，查获涉案人员26人。

【平安建设】2021年，南宁市坚持“稳”字当头，完成庆祝中国共产党成立100周年活动、习近平总书记视察广西、第18届中国—东盟博览会、中国—东盟商务与投资峰会等27项等级勤务，404场大型活动安保任务。妥善处置群体性事件49起，开展维稳巡查任务68次，协助外地市处置在邕群体性事件47次。举办自治区排查防范个人极端案事件专项行动现场推进会，开展联动处置医患纠纷行业防范个人极端案事件应急演练和联动处置交通领域防范个人极端案事件应急演练。全市无个人极端案事件发生。有关部门对重大工程、重大项目进行社会稳定风险评估，其中报备重大风险评估项目533个。市政法相关部门关注易发多发矛盾动态，每季度组织开展1次全面排查摸底，全部落实化解稳控措施及稳控责任人员。排查调处矛盾纠纷4321件，调处成功4314件，调处率99.83%。南宁市出台《关于加强新形势下重大决策社会稳定风险评估机制建设的通知》《关于强化领导下访源头化解矛盾纠纷维护建党100周年首府社会和谐稳定的通知》，持续推行领导下访调研、包案化解工作制度，化解自治区级和市级重大涉稳问题32件，化解中央信访工作联席会议办公室下达信访积案1135件，接待上访群众373批911人次，分别比上年同期下降29.2%、38%。全市社会安全稳定动态十项工作考评排名广西第一，群众安全感98.29%，执法满意度91.81%，创历史新高。

【社会治理水平提升】 2021年，南宁市完善社会治理格局，明确市县乡三级党委书记为社会治理第一责任人，形成党政领导负责、政法委牵头抓总、各部门分工协作的齐抓共管格局。制定南宁市全面推进社会治理现代化"十四五"规划，推动综治中心实体化，落实市县乡三级综治中心编制568名，打造"三网融合"（南宁政法云平台、雪亮工程应用平台、综治视联网平台）一体化实战化指挥中心。推动"守望工程"建设，发动群众和单位租用运营商服务等方式，在全市案件高发部位、重点部位、治安乱点及"三无小区"区域铺设视频监控摄像头超4.7万路。公安机关全年自建和联网接入的"守望工程""雪亮工程"摄像头总数超过14.5万路；开展重点关注场所视频监控系统建设工作，完成184路前端监控点建设，实现重点关注场所视频全覆盖；完成全市1430所民办中小学幼儿园校门可视人员卡口安装；完成南宁市羁押中心、拘留所工程配套信息化和智能安防项目建设，建成全国先进、自治区首创的"智慧监管"平台。创新实施"网格化＋专项治理"模式，发动网格员开展新冠肺炎疫情排查21.73万人次，累计排查小区7.2万余个，发现"三码"（健康码、行程码、新冠病毒疫苗接种记录）通行管理不规范问题2109个，发送告知提醒通知116.7万份。推进南宁市励志专门学校建设，办学5期，教育矫治有严重不良行为未成年人200人。创新"商人纠纷商人解"机制，以南安商会为标杆，建立商会人民调解组织261个，实现市县乡三级商会人民调解组织全覆盖。与广西大学合作成立市域社会治理学院，开创高校和地方党委联动探索推进市域社会治理体系和基层治理能力现代化的新模式。激发城乡治理活力，每月召开"区域主题"现场会；实施"南宁红"群防群治队伍品牌，探索创建"老友议事会""逢四说事"等群众自治品牌。

【法治南宁建设提速】 2021年，南宁市制定《法治南宁建设规划》《南宁市法治社会建设实施方案》，实施"八五"普法规划，健全社会公平正义法治保障制度，抓好中央依法治国办督察反馈37个问题整改。助力优化营商环境，法院受理案件26.7万件、比上年同期增长25.63%；检察机关批准或决定逮捕案件4279件6004人，提起公诉6386件8593人；公安机关命案、"两抢"（抢夺、抢劫）现案破案率100%，8类严重暴力案件破案率98.19%；司法行政机关提请市政府出台《关于加强中国（广西）自由贸易试验区南宁片区法治服务保障工作的通知》，为涉及南宁片区各项政策、协议出具法律意见，编制并公布涉及11个领域76项轻微违法行为免罚清单。深化政法机关"放管服"改革，推出网上立案、网上保全、电子送达、网上办、刷脸办、"最多跑一次"等一批便民为民措施，解决社会生活噪声污染、律师出庭停车难、继承权公证材料获取难等群众反映强烈的突出问题。开展国家司法救助，发放国家司法救助资金1770.34万元，救助困难群众1072人。

【执法监督检查】 2021年，南宁市政法系统督办案件154件，其中自治区、市两级领导批示件8件；召开案件协调会、汇报会、专题研究会30次；接待群众来访131批443人次、来信来电200余件次，引导群众依法维权。开展全市政法队伍教育整顿顽瘴痼疾专项整治，抽调政法干警200多名组织开展"减假暂"（减刑、假释、暂予监外执行）问题案件评查整改，防止干预司法"三个规定"（《领导干部干预司法活动、插手具体案件处理的记录、通报和责任追究规定》《司法机关内部人员过问案件的记录和责任追究规定》《关于进一步规范司法人员与当事人、律师、特殊关系人、中介组织接触交往行为的若干规定》）问题专项排查，涉法涉诉信访案件集中评查化解等专项行动，评查重点案件2331件，清查化解涉法涉诉信访案件659件，化解信访案件568件，排查减刑、假释、暂予监外执行案件6728件。开展集中清理"未依法收押、未依法交付执行刑罚"执法检查，确保刑事犯罪嫌疑人、被告人和罪犯依法"应收尽收"。公职律师办公室对市委政法委重大决策、重大行政行为提供法律意见21次，参与合同制作、合同审核等事项12次。

【治安整治】 2021年，南宁市推进扫黑除恶常态化，持续保持对黑恶势力违法犯罪的高压态势，开展为期1年的"大扫除"打击整治行动，打掉涉恶团伙8个，刑拘34人，破获案件31起，整治成果自治区排名第一。组织开展涉黑涉恶案件（线索）倒查225件。整治电信网络诈骗，组建"绿城反诈联盟"新机制，建设广西首个综合预警平台，处置预警数据45万条，避免群众经济损失1.1亿元；提前预警潜在被骗受害人数据145万余条，止付涉案资金73亿元，冻结涉案资金6.9亿元。宾阳县打击治理电信网络新型违法犯罪专项工

2021年7月23日，市委政法委志愿者服务工作队到青秀区望仙坡社区都市华庭小区开展"我为群众办实事·共建共享文明城市"新时代文明实践志愿服务活动。图为志愿者为社区群众宣传法律知识

市委政法委提供

作达到公安部提出"两降两升"专项整治目标(案件警情、刑事立案同比下降,刑事破案数、破案率同比上升)。标本兼治传销违法犯罪活动,立案 496 起、破案 343 起、刑事拘留 1239 人、逮捕 260 人。3 月 25 日,南宁市在七省(区)八市打击传销工作推进会上作经验介绍。国家市场监督管理总局不再将南宁市列为传销重点整治城市。创建毒品治理"南宁模式",建成全国首个地级市毒品治理监测信息化平台,全市污水检测平均毒品消费量下降 62%。破获毒品刑事案件 709 起,逮捕 1228 人,缴获毒品 37.77 千克,查处吸毒人员 3544 人。5 月 18 日,上林县被自治区禁毒委员会评为"全区禁毒重点整治示范县(区)"。严厉打击高发类案件,开展打击破案会战"刀锋行动",遏制侵财犯罪案件多发态势,盗窃案立案 2.4 万起,破案 1.68 万起,破案率 69.87%。

【政法队伍建设】 2021 年 3 月 1 日,南宁市启动全市政法队伍教育整顿。坚持"一把手"负总责,制定《南宁市政法队伍教育整顿实施方案》《南宁市政法队伍教育整顿之顽瘴痼疾整治项目整顿工作方案》等方案 13 个。市县两级纪委书记带头为政法干警作廉政报告 118 场,将警示课堂设在庭审、监狱、看守所、第一现场等,开展系列警示教育 450 场次,英模报告团巡回宣讲 12 场次,做到学习教育 31 天、纠察整改 75 天、总结提升 15 天、教育整顿"回头看"60 天,推动教育整顿走深走实,全部完成中央督导组抄报单指出的 3 个问题、自治区指导组反馈提出的 6 个问题整改落实。全市参加教育整顿政法干警 1.1 万人,有 1305 名政法干警主动向组织说明问题;主案审查 221 人,留置人 6 人,移交司法机关 7 人,处分处理 566 人。市委政法委在四川大学、广西大学组织开展政法干部和新上任乡镇政法委员专题培训班,参训 230 人次。全市举办党史教育专题讲座 510 场,组织干警到红色纪念馆、革命老区等地参观学习 2.4 万人次。全市政法系统开展"党建引领平安南宁建设,固本强基创建模范机关""致敬建党 100 周年""做忠诚为民的政法人""学党史、筑警魂"等主题演讲会 7 场。各县(市、区)政法单位负责人提拔交流 43 人,占总人数 82.69%。全市政法系统开展"为群众办实事"活动 3 万多件。

【新冠肺炎疫情防控维稳】 2021 年,南宁市由市委政法委牵头,组织公安、市场监管、卫健、交通、人社、外事等部门,落实常态化新冠肺炎疫情防控维稳工作,制定《社会维稳组关于开展新冠肺炎疫情防控期间维护社会稳定督导调研工作方案》,派出 18 人组成 4 个督导工作组赴疫情严峻的区域督导调研,对排查涉及疫情矛盾纠纷和不稳定因素及重点封控区域等 19 个方面进行督导调研和整改,对体温监测点设置不规范问题 1780 个,现场整改 1577 个,限期整改 203 个,制定整改措施 130 项。全市落实中高风险地区重点人员协查、排查,对涉疫重点人员数据开展精准核查,封堵非法入境源头,切断运送通道。查获"三非"(非法入境、非法居留、非法就业)人员 1336 人,其中非法入境 1079 人,遣送出境 798 人,打掉在南宁市囤积、转运"三非"人员的窝点。

(市委政法委)

市直机关党建

【概　况】 2021 年,中国共产党南宁市委员会市直属机关工作委员会(简称"市委市直机关工委")直接管辖党组织 100 个,其中机关事业单位党组织 88 个(党委 50 个、党总支部 17 个、党支部 21 个),国有经济控制企业党委 1 个、党总支 1 个,两新组织党组织 10 个(党委 9 个、党总支部 1 个);间接管辖机关事业党组织 1057 个(党委 33 个、党总支部 25 个、党支部 999 个);间接管辖国有经济控制企业党组织 26 个(党委 1 个、党总支 1 个、党支部 24 个);间接管辖集体经济控制企业党组织 16 个(党委 1 个、党总支部 1 个、党支部 14 个);间接管辖两新组织党组织 335 个(党委 9 个、党总支部 3 个、党支部 323 个)。管辖党员 2.56 万人(在职党员 1.75 万人、退休党员 6826 人、其他党员 1257 人)。通过"三会一课"、专题报告会等方式,组织市直机关党员干部学习习近平总书记系列重要讲话精神、自治区第十二次党代会、市第十三次党代会精神。开展党史学习教育,推动市直机关党组织、两新组织党组织的党员干部参加党史学习教育,用活红色资源开展现场体验教学活动;开展"我为群众办实事"活动,为服务城市社区治理、助力乡村产业振兴提供助力。围绕庆祝中国共产党成立 100 周年主题,表彰优秀共产党员、优秀党务工作者和先进基层党组织;举办系列文体活动,推进党内精神文明建设;走访慰问获得党内功勋荣誉表彰的党员、生活困难党员、老党员、老干部和烈士遗属、因公殉职党员干部家属。推进模范机关创建,在自治区率先制定《南宁市直机关创建模范机关工作指南(试行)》,召开市直机关创建模范机关暨党支部标准化规范化建设工作推进会。主要存在问题有一些党组织的组织生活质量不高,党建工作缺少有力抓手,没有形成具有行业特色的党建品牌;个别机关纪委作用发挥不够明显。

【机关政治建设】 2021 年,市委市直机关工委在自治区率先制定《南宁市直机关创建模范机关工作指南(试行)》,细化模范机关创建标准;9 月 28 日,在市检察院召开全市深化模范机关创建现场推进会。命名市委办公室、市政协机关、市委组织部、市委政法委、市检察院、市审计局、市金融办、国家税务总局横县税务局 8 个单位为市直机关创建模范机关示范单位。开展 2020 年度党组织书记落实管党治党主体责任述职评议考核,90 个机关党组织和 10 个两新组织党组织向市委市直机关工委述职。

【机关思想建设】 2021 年,市委市直机关工委坚持市直机关党组(党委)理论中心组学习制度,市直各机关理论中心组学习 1000 多次,领导干部参加学习 1.54 万人次。组织市直机关各级党组织开展"百名党组织书记讲主题党史课、千名党支部书记讲党史微党课、万名党员干部讲党史故事"活动,市直机关党组(党委)书记讲主题党史课 460 多场次,机关党支部书记上党史微党课 2300 多场次,听课党员 2.9 万人次,党员分享党史故事 1.2 万人次。指导市直各机关党组织利用湘江战役纪念馆、百色起义纪念馆、南宁博物馆、邓颖超纪念馆、"百年党旗红　启航新征程"邕江红色主题游船等开展现场体验教学 1300 多场次,参加党员 2.5 万人次。开展庆祝中国共产党成立 100 周年系列文体活动。举办市直机关"百年建党话初心　勇担使命开新局"微党课比赛,100 个党组织参赛,报送作品 167 个;举办"讲好红色故事　担当时代使命"——南宁市直机关庆祝中国共产党成立 100 周年红色故事演讲比赛,100 多人参赛;举办市直机关团员青年庆祝建党 100 周年"红色记忆"故事汇报展演,124 人参赛。开展"我为群众办实事"主题实践活动,702 个机关党支部到社区开展党员志愿服务活动,解决实际问题 1320 个。开展"织密红色经纬　助力社区治理"主题活动,在社区召开"聚集社区资源　助力社区治理"座谈会,现场协调有关部门解决社区实际问题。开展"百名书记引航,推动消费帮扶"主题活动,通过线上带货,线下直销、代销等方式,为脱贫村产业基地和脱贫户季节性急销、滞销农(特)产品拓宽销售渠道,市直各机关帮助脱贫村销售农(特)产品价值 1619.63 万元。

【机关党组织建设】 2021年，市委市直机关工委推进党支部标准化规范化建设，开展“党支部达标创优工作”和“党支部组织生活质量提升行动”，推动市直机关党组（党委）书记和班子成员建立基层党支部工作联系点。9月，召开市直机关深化模范机关创建暨党支部标准化规范化建设工作推进会。建立市直机关领导干部党支部联系点509个，1396个党支部组织生活质量和达标创优工作100%通过验收。督促指导基层党组织完成换届和发展党员，指导、审批119个基层党组织换届选举，100个市直机关和两新组织党组织发展党员592人。10月，召开2021年市直机关二层单位党组织党建工作现场经验交流会，推动机关党建带系统党建。市直各机关向两新组织选派第一书记和党建指导员310人，139个两新组织实现“双向进入 交叉任职”。市本级两新组织覆盖率不断提高，两新组织党组织在非公企业覆盖率81%，在社会组织覆盖率73.91%。广西安津五金机电市场管理有限公司党支部、广西全俱物业服务有限公司党支部、南宁市九州出租汽车有限公司党支部、广西金庚科技有限责任公司党支部、南宁市绿城南方职业培训学校党支部被评为南宁市2021年“先锋引领·亲商强企”提升党建示范点。市委市直机关工委创新案例《强化“五力” 助推乡村振兴》在中央和国家机关工委主办期刊《机关党建研究》刊登。5月，与市文明办联合印发《关于市直机关党组织服务城市社区治理实施方案》，90个市直机关党组织与81个社区党组织实行联建，推动形成基层党建引领、多方联动的城市社区治理工作格局。召开2021年市直机关党组织服务城市社区治理工作推进会，听取机关党组织开展服务活动情况汇报，协调解决机关党组织遇到的问题。旗帜网、《广西日报》等媒体分别以《党建引领 打通基层社会治理“最末梢”》《织密红色经纬 创新社区治理》为题，刊登推广市委市直机关工委以党建引领助力社区治理的做法。

【机关党风廉政建设】 2021年，市委市直机关工委推进市直机关党风廉政建设，通过上廉政主题党课、参观廉政教育基地、开展典型案例警示教育等方式，加强党风廉政教育。市直各机关组织党员干部5000多人次到南宁市党风廉政教育基地、青秀山竹园廉洁文化主题园、江南区“茶廉文化”教育基地接受廉政教育。开展“讲家史、立规矩、正家风、传家训”主题教育活动300多场次，接受教育党员干部4000多人次。与市直机关纪检监察工委定期召开党风廉政联席会议，分析、排查机关党风廉政建设风险点。市直机关纪检监察工委审理案件46件，受理44件，审结43件，处分37人（党纪处分23人、政务处分7人、党纪政务处分7人），组织处理2人。

【群团工作与精神文明建设】 2021年，市委市直机关工委指导30个基层工会、14个机关团组织、14个机关妇委会换届，划拨经费10.9万元支持6个基层工会组织建设职工之家和开展职工文体活动。市直机关妇工委推荐的市自然资源局国土空间生态修复科科长朱泓静获“2019—2020年度广西三八红旗手”称号，市财政局国库科获“2019—2020年度广西三八红旗集体”称号。市卫健委疾病预防控制科、市城市管理监督评价中心座席员队伍、市工人文化宫教育培训科被评为2020年度南宁工人先锋号，市白蚁防治所科研室主任贾豹、市税务局第一稽查局党支部纪律委员蒋文芳被评为2020年度南宁工人先锋岗。举办“感党恩 跟党走 强首府”庆祝中国共产党成立100周年第六届南宁机关“公仆杯”书法美术摄影比赛，参赛作品184幅，评出一等奖23个、二等奖38个、三等奖63个、最受关注奖25个，在南宁机关党建网展出作品124幅。举办市直机关职工“五人制”足球比赛，38支队伍500多人参赛。举办市直机关“民族团结”健身运动会，60支队伍900多人参加。在“七一”前走访慰问获得党内功勋荣誉表彰的党员、生活困难党员、老党员、老干部和烈士遗属、因公殉职党员干部家属709人，发放慰问金37.82万元。开展“情暖困难职工”走访慰问活动，向市直各机关52个工会组织、125名困难职工发放慰问金9.15万元。 （梁敏聪）

政策研究

【概 况】 2021年，中国共产党南宁市委员会政策研究室（中国共产党南宁市委员会全面深化改革委员会办公室）［简称“市委政研室（改革办）”］起草、核改市委重要文稿300多篇；完成调研报告4篇，重点课题3项。中国共产党南宁市委员会全面深化改革委员会（简称“市委深改委”）部署的98项改革任务及承担的5项国家级、11项自治区级改革试点任务按计划推进。建立改革集成试点市县联系指导制度，马山县列入第二批自治区乡村振兴改革集成试点。编辑发行《南宁工作研究》4期；南宁市改革典型经验《广西南宁市创新“三师”下乡服务机制 塑造乡村特色风貌》纳入自治区2021年第二批改革典型经验（乡村振兴助推城乡融合发展）复制推广清单，获中央改革办、自治区党委改革办刊发。主要存在深入基层调研力度有待加强，参谋助手作用有待更好发挥，改革系统性协同性仍需加强等问题。

【重要文稿服务】 2021年，市委政研室（改革办）起草、核改重要文稿300多篇。主要有市委十二届十一次全会、全市党史学习教育动员会、全市政法队伍教育整顿工作推进会、全市推进工业振兴大会、全市经济运行分析会、临空经济示范区联席会议等会议材料。

【政策文件研究起草】 2021年，市委政研室（改革办）牵头、参与起草政策文件8份。牵头起草修订市第十三次党代会报告、《南宁市国民经济和社会发展第十四

2021年12月10日，市委市直机关工委推动两新组织党组织、国有企业参与乡村振兴工作现场办公会在武鸣区府城镇富良村举行 黄璐璐 摄

个五年规划和二〇三五年远景目标的建议》等;推进《关于推动改革落地见效的若干规定》《南宁市全面深化改革督察实施办法》《南宁市全面深化改革第三方评估办法》《关于进一步提升改革政策文件质量更好推动改革落地见效的通知》4项改革文件修订。

【课题研究与专题调研】 2021年,市委政研室(改革办)开展课题调研、专题调研7项。先后到各县(市、区)、开发区开展市第十三次党代会报告起草专题调研,形成调研报告4篇。结合全区党委政研室(改革办)系统2021年"大学习大调研"活动,牵头开展"社会矛盾纠纷排查化解的思考与对策""南宁市服务业转型升级的对策研究""南宁市加快乡村全面振兴的工作研究"3项课题研究,形成调研报告;组织各县(市、区)围绕产业发展、乡村振兴、社会发展、基层党建等领域开展专项课题研究19个,获自治区党委政研室优秀成果一等奖1篇、二等奖2篇、三等奖2篇、优秀奖1篇。

【服务推进全面深化改革】 2021年,市委政研室(改革办)按计划推进市委深改委部署的98项改革任务及承担的5项国家级、11项自治区级改革试点任务。筹备和服务市委深改委会议3次,统筹推动专项小组成员调整,印发重大改革任务落实提醒函,完善年度改革任务、国家级和自治区级改革试点台账。举办2021年南宁市全面深化改革培训班,培训55人。建立改革集成试点市县联系指导制度,马山县列入第二批自治区乡村振兴改革集成试点;到青秀区、横州市、马山县等试点县(市、区)开展调研指导。联合市委农办等部门筹办2021年度乡村振兴现场推进会,推动改革集成与乡村振兴融合,参会100人。完成中央第二巡视组巡视广西反馈意见整改,形成整改工作常态长效机制。调整落实改革专项督察事项,印发关于支持民营企业发展、加强农房管控、构建更加完善要素市场化配置体制机制等督察整改函7份,推动20个方面问题解决。邀请第三方评估机构开展隆安县易地扶贫搬迁震东集中安置区可持续发展机制成效评估,推动后续扶持政策、产业发展基础、劳动力供需结构、双重管理、基层治理效能5个方面15个问题整改。完成全市74个单位2020年绩效考评工作,发挥改革绩效指挥棒作用;研究制定《2021年南宁市创新专项工作绩效考评方案》。开展2020年度南宁市优秀改革创新项目评选,通报表扬改革优秀创新项目20项。向自治区报送南宁市改革典型经验4批60篇。其中,《南宁市建立"投贷补"联动融资机制助推企业技术改造升级》《南宁市建立技术人才下乡服务机制助推乡村风貌改造提升》《南宁市创新机制培育面向东盟的跨境电商产业链》《南宁市推行"互联网+新外贸+物流+金融"模式助推中小企业出海》《南宁市积极推进人社公共服务"免申即办"改革,推动"政策找人、补贴找企"》《南宁市建立"政府引领+基金运作+智库策源"一体化资本招商新模式》6篇纳入自治区推广清单,位列自治区第一;《广西南宁市创新"三师"下乡服务机制 塑造乡村特色风貌》纳入自治区2021年第二批改革典型经验(乡村振兴助推城乡融合发展)复制推广清单,获《广西改革信息专报》、中央改革办采用。在庆祝中国共产党成立100周年、习近平总书记视察广西、市第十三次党代会等时间节点,开展10个领域24项改革典型题材宣传,在自治区、市级新闻媒体上刊发宣传报道30多篇。编发《南宁改革简报》10期22篇,自治区改革简报采纳2篇,广西改革公众号采用9篇,改革信息继续保持自治区领先。

(周建华)

机构编制和绩效管理

【概　况】 2021年,中国共产党南宁市委员会机构编制委员会办公室(南宁市绩效考评领导小组办公室)[简称"市委编办(市绩效办)"],为强首府战略提供机构编制和绩效考评服务保障,承担东部产业新城管理体制改革,将横州市六景工业园区、青秀区伶俐工业园区2个片区上收市级统一领导、统一规划、统一管理;与市委组织部、市人社局联合印发《关于试行建立南宁市本级事业单位引进高层次和急需紧缺人才专项编制保障机制的通知》,建立"人才编制周转池",为引进开放开发急需的高层次人才提供编制服务保障。完成行政复议体制改革,行政复议案件由"多门办理"升级为司法部门"一门办理"。将市扶贫办整建制重组为市乡村振兴局,指导12个县(市、区)重组和调整乡村振兴机构,在自治区率先完成挂牌。完成经济发达镇改革试点任务,创新推出经济发达镇"镇区合一"管理体制得到自治区党委编办肯定。优化机构编制资源配置,利用自治区党委编办探索建立编制"周转池"的机会争取自治区编办下达中小学教职工周转编制9977名。主要存在深化机构改革和转变政府职能任务仍然艰巨,事业单位改革任务仍然繁重,机构编制供需矛盾仍然突出,绩效管理与首府高质量发展要求仍存在差距等问题。

【党政机构职能体系优化】 2021年,市委编办(市绩效办)会同市司法局、市行政审批局组织市直部门更新、公布部门权责清单各要素,调整后市直部门依法保留权力事项4202项、共性权力10项、责任事项2.93万项。就五象新区管委会对南宁现代产业园行使管理权限、西乡塘区与南宁高新区管理边界和职责范围不清等事宜,提出意见建议。完成行政复议体制改革,到市司法局、市公安局等10多个涉及行政复议体制改革的部门开展实地调研,调整优化司法部门行政复议内设机构设置并配齐行政复议人员编制,行政复议案件从"多门办理"转为司法部门"一门办理"。将市扶贫办整建制重组为市乡村振兴局,为市政府工作部门,由市农业农村局统一领导和管理;指导12个县(市、区)重组和调整乡村振兴机构,在自治区率先完成挂牌。加强群团机关党建,市总工会、团市委、市妇联、市科协、市侨联5个群众团体独立设置机关党组织专职副书记。完成12个县(市、区)文物局在文化广电旅游部门挂牌,为文物保护利用提供机构编制保障。

【服务强首府战略】 2021年,市委编办(市绩效办)为中国(广西)自由贸易区南宁片区、中国—东盟信息港南宁核心基地、西部陆海新通道、南宁临空经济示范区等国家重大战略平台、重点项目建设提供机构编制服务保障,跟踪落实自治区和南宁市增核用于支持强首府战略的编制,确保专编专用。对3个国家级开发区(南宁经开区、南宁高新区、广西—东盟经开区)管理体制进行专题调研,围绕赋予开发区机构编制管理权、健全完善绩效激励机制、畅通干部晋升及交流渠道、赋予自主招聘和引进人才权等问题提出创新措施和办法。规范县(市、区)园区管理机构领导职数,核减科级领导职数64名。牵头承担东部产业新城管理体制改革,以"领导小组+筹建办"的模式,将横州市六景工业园区、青秀区伶俐工业园区2个片区上收市级统一领导、统一规划、统一管理。会同市委组织部、市人社局联合印发《关于试行建立南宁市本级事业单位引进高层次和急需紧缺人才专项编制保障机制的通知》,建立"人才编制周转池",为引进的2800多名人才提供编制服务保障。

【优化基层治理体系】 2021年,市委编办(市绩效办)整合乡镇(街道)农村宅基地服务管理职责交由"四所合一"机构承担,将全市102个乡镇、3个街道的"四所合一”机构统一更名为乡村建设综合服务中心，加挂综合行政执法队牌子，核定事业编制1673名，比改革前增核编制86名，平均每支执法队伍事业编制16名。印发权责清单和服务清单通用目录，指导县（市、区）和3个国家级开发区完成清单编制工作。指导县（市、区）加强基层综合行政执法平台建设，完善综治指挥调度联动机制，推动102个乡镇、25个街道综治中心实体化运行。指导督促横州市、宾阳县继续进行六景镇、黎塘镇经济发达镇行政管理体制改革，通过统筹机构设置、扩权赋能、创新乡镇财政管理体制、赋予更加灵活的用人引才自主权等方式，提升经济发达镇的统筹权、“拍板权”、用人权和支配权，创新推出经济发达镇“镇区合一”管理体制。

【推进事业单位改革】 2021年，市委编办（市绩效办）主动申报中编办开展的规范地方行政执法队伍人员编制管理试点，梳理市本级23支综合行政执法队伍，研究草拟市本级试点方案，提出整合执法机构、规范编制类型的改革路径。对35个事业单位机构名称、机构规格、职能职责、编制职数等进行规范完善。完成91个经营类事业单位改革总结评估，形成评估报告上报自治区党委编办。对市直19家“双重法人”事业单位和县（市、区）54家“双重法人”事业单位研究提出处理意见。

【机构编制资源优化配置】 2021年，市委编办（市绩效办）指导县（市、区）按照每个行政村配置1名挂点公共卫生人员标准，为乡镇卫生院补充公共卫生人员428名，增核市县疾控机构编制120多名；增加南宁急救医疗中心组织调度非急救转运职责，加强公共卫生安全综合协调处置能力。在自治区党委编办探索建立编制“周转池”时，反馈中小学教职工编制紧缺问题，自治区党委编办下达南宁市中小学教职工周转编制9977名，会同市教育局分配下达到校；根据适龄残疾儿童义务教育需要，增核南宁儿童康复中心事业编制和聘用教师控制数54名；开展中等职业学校编制使用情况调研，为自治区修订中职学校机构编制管理规定提供参考。为市县两级应急、林业部门增核14名行政编制专门用于加强森林防火力量，森林防火应急处突能力提升。增核市公安局辅警员额207名，解决地铁公安民警警力不足问题。

【机构编制监督检查】 2021年，市委编办（市绩效办）全面自查《中国共产党机构编制工作条例》落实情况，在全市部署开展机构编制核查，对6个部门单位开展机构编制审计，督促8个县（市、区）的园区（开发区）管理机构按要求完成超审批权限设置机构等问题整改。

【机构编制和绩效管理信息化建设】 2021年，南宁市继续优化机构编制、组织、财政、人社“四部门综合信息管理平台”，在原有基础上建设“南宁智慧人事”系统，依托平台办理入减编4390人、变更人员信息8.8万项、审核工资异动4000多份，被自治区党委编办列为自治区四部门数据共享和业务协同工作试点城市。继续建设绩效管理智能化平台，实现绩效管理多级联动、多元评价、过程量化，通过平台对2100多项绩效考评指标进行实时监控、动态管理。

【事业单位登记和网上名称管理】 2021年，市委编办（市绩效办）组织全市3899个事业单位在网站上进行年度报告公示，公示率100%。抽查64个事业单位公示信息情况；完成机关群团赋码新发证3个、变更453个、换领13个、撤销6个。完成机关、事业单位中文域名注册和续费4536个，注册覆盖率、续费率均达90%以上，获得中编办域名中心表扬。

【绩效管理】 2021年，南宁市在自治区综合绩效考评得分890.16分，获一等等次。市委编办（市绩效办）完成2020年度市级机关单位和区县、3个国家级开发区考评等次评定，市直被考评责任单位96个，评出一等等次49个、二等等次38个、三等等次9个，区县、3个国家级开发区评出一等等次13个、二等等次1个、三等等次1个，党的建设、精神文明建设、平安南宁建设和民族团结进步4个专项考评同步完成。印发实施《2021年度南宁市市直机关绩效考评工作方案》《2021年度南宁市县（区）、开发区绩效考评工作方案》。继续完善“红黑榜”通报、约谈、沟通、会议等制度，召开绩效考评工作会议3次，发布“红黑榜”通报3期，约谈后进单位15个，督促43个市直部门做好向上汇报工作；推动落实完成难度大的指标30多项；组织30多个部门召开绩效考评社会评价专题会。研究制定《南宁市社会评价反馈问题整改管理办法（试行）》，组织县（市、区）、3个国家级开发区和相关市直部门认领自治区反馈1144条社会评价意见，逐一制定整改方案、落实整改责任、明确整改时限，并在南宁市政务网公示。开展自主摸底测评，对60多万市民进行网络问卷测评，将测评结果反馈相关部门，有针对性查漏补缺。向9000多名市民推送绩效亮点展示短信7.34万条。开展问题整改、城乡居民、社会热点、推进经济社会发展、乡村振兴5个专项服务提升活动。

（蒋家琪）

信访工作

【概　况】 2021年，南宁市信访总量［含上级转办、交办及县（市、区）信访件数量］3.78万件次、6.24万人次，比上年分别增长23.43%、22.65%。受理信件（含网上信访）1.08万件，下降6.25%。接待上访群众1520批、3127人次，分别下降8.5%、26.9%。办理自治区信访局交办中央第二巡视组来信、来电、来访信访事项2182件，其中重点交办件171件、占7.84%，重件1023件、占46.88%。到自治区上访610件次、2582人次，分别下降22.59%、增长28.01%。办理上级交办信访事项247件（国家信访局121件、自治区信访局126件），办结率100%。中国共产党南宁市委员会南宁市人民政府信访局（简称“市信访局”）本级自立信访件9件（市领导批办8件、市信访局自立1件），按期办结率100%。办理信访事项复查复核案件62件，其中复查案件30件，复核案件32件，按时办结率100%。在办结案件中，维持原办理机关答复或复查意见19件，撤销19件，不属于行政机关信访事项受理范围等原因不予受理16件，不再受理2件。横州市信访局、隆安县信访局获“全国信访工作示范县”称号。市信访局、横州市信访局、宾阳县信访局获自治区信访局评为2021年度全区“人民满意窗口”。主要存在自治区转交中央交办集中治理重复信访、化解信访积案数量大，化解时间紧、任务重，重信重访多，涉法涉诉多，息访难度大；历史遗留复杂问题、涉法涉诉类、房地产类及老信访户的纳入满意度评价的信访事项，化解难度大，导致群众满意率和参评率低等问题。

【来信办理】 2021年，南宁市信访部门受理信件（含网上信访）1.08万件，比上年下降6.25%，其中传统来信4378件，下降28.36%，网上信访6412件，增长18.78%。

【接待来访】 2021年，南宁市信访部门接待上访群众1520批、3127人次，比上年分别下降8.5%、26.9%。开展市领导信访接待日活动12次，在中国—东盟博览会·商务与投资峰会等期间开展市领导信访接待活动4次，市领导到市信访局接待来访41天次，接待群众12批13人次，现场接待单位接待群众434批895

人次。1月20日至25日，开展市领导信访接待活动，6位市领导、12个市直部门参与接访，接待群众19批38人次，其中市领导接待群众2批2人次。3月4日至11日，开展市领导接访活动，9位市领导参与接访，接待群众1批1人次，批示件1件；14个市直部门参与接访，接待群众29批45人次。6月21日至7月2日，开展市领导信访接访活动，12位市领导参与接访，接待群众7批8人次，批示件6件；21个市直部门参与接访，接待群众34批123人次，其中集体访4批72人次。9月9日至13日，开展中国—东盟博览会·商务与投资峰会期间市领导接访活动，5位市领导和16个城区、开发区、市直部门参与接访，接待群众59批72人次，其中集体访2批11人次。协调组织各级各部门开展"公开大接访"活动4次，参与单位214个，参与接待领导干部5928人次（厅级干部7人次、处级干部653人次、科级干部3130人次、科级以下干部2138人次），接待群众1781批3415人次，受理信访事项1155件，当场解决602件。疏导市委、市政府周边聚集人员169批、1370人次，分别上升70.7%、24.4%，其中集体访78批、1207人次，分别上升85.7%、24%。组织相关部门联合接访及参加协调会15次。来访群众主要反映征地补偿、村民待遇、劳务工程款纠纷、退休待遇、拆迁安置、就业安置补偿、幼儿就读、涉法涉诉、山林纠纷、经适房上市、延期交房、村集体经济组织成员资格认定、危房改造、物业管理、合作建房纠纷、立案侦查等问题。安排律师参与来访接待，为群众提供法律服务，参与接待律师248人，接待群众256批445人次。心理专家参与接待54人次，接待来访群众62批135人次，出具个案分析报告62件。

【信访督查】 2021年，南宁市信访部门办理上级交办和市领导批示信访事项256件，其中国家信访局121件、自治区信访局126件、市领导批示件9件。按期办结256件，到期办结率100%。办理中央第二巡视组交办信访事项，群众向中央第二巡视组反映的信访事项5批2182件（来信1494件、来电686件、来访2件）。其中，程序性办结1986件，实体性办结174件，形成方案持续推进解决22件。开展"我为群众办实事"活动暨包案化解信访积案活动，涉及南宁市信访突出问题的案件7件，按期办结7件。继续开展2021年治理重复信访百日攻坚专项行动，自治区信访局交办的53起信访件全部办结，其中实体性结案13件。

【信访积案化解】 2021年，中央信访工作联席会议办公室下达南宁市信访积案1135件，南宁数量为自治区最多，7月30日全部化解结案，实体化解446件，实体化解率39.3%。6月11日，南宁市在自治区"治理重复信访、化解信访积案"经验交流暨工作推进会作经验交流发言。中央开展第二批集中治理重复信访、化解信访积案，交办南宁市化解案件329件，完成化解案件168件。（蓝白晓）

老干部事务

【概　况】 2021年，南宁市有离休干部294人。离休干部中在市区（含城区、广西—东盟经开区）249人，县（市）45人（横州市11人、宾阳县15人、上林县4人、马山县11人、隆安县4人）；行政机关90人，事业单位83人，企业121人；享受自治区主席级医疗待遇1人，享受副省（部）长级医疗待遇5人，享受正副厅（局）级待遇10人，享受正副处（县）级待遇224人，享受正副乡（科）级待遇53人，享受其他待遇1人；第二次国内革命战争时期入伍1人，抗日战争时期入伍20人，解放战争时期入伍273人。80岁～89岁88人，90岁以上206人，最高年龄104岁，最低年龄85岁，平均年龄91.5岁。南宁市有退休干部5.38万人，其中行政机关1.2万人（市直单位4230人、乡镇7799人），事业单位4.16万人，企业215人。主要存在离退休干部工作人员少，南宁市老年大学面积不足，离退休干部公用经费少等问题。

【老干部慰问】 2021年春节前夕，南宁市四家班子主要领导及市委常委带队，分13组登门慰问原任副厅级以上领导职务的离退休老领导55人、自治区副省级以上老领导13人；探望慰问住院离休干部60人，发放慰问金3万元。电话联系或走访慰问离退休干部1100多人次，为离退休干部登门祝寿99人次。开展"登门入户解难题"走访慰问活动，登门慰问54户，了解离退休干部政治生活待遇落实情况，帮助解决家庭生活、子女赡养能力等困难，建立一户一策帮扶措施。

【为老干部办实事】 2021年，中国共产党南宁市委员会老干部局（简称"市委老干部局"）接待来信、来访、来电260人次，其中为离休干部解答2021年离退休人员发放生活补助费问题80多人次。落实86名市属改制、破产企业离休干部公用经费30.96万元，追加拨付春节慰问金17.2万元。协调有关单位审核、认证114名市属企业离退休人员身份，落实本级财政负责发放的生活补助费。落实中华人民共和国成立初期参加革命工作的156人医疗补助及85人护理费149.28万元。为符合条件的24名离休干部办理提高医疗待遇申报手续。落实离休干部困难帮扶机制，对困难帮扶申报对象材料进行初审、登门复核，确定帮扶困难离休干部及遗偶40人，发放帮扶资金30万元。协调市社保局和县（市、区）为146名离休干部遗偶发放生活困难补助费。组织96名离休干部进行健康体检，核拨健康体检经费14.4万元。协调解决离休干部异地就医直接结算、住院看病过程中遇到的问题；协调解决市属改制企业南宁市自行车总厂、南宁筑路机械厂离休干部的服务管理、生活待遇发放渠道问题。协助办理16名离休干部丧事，慰问厅级以上离休干部遗属2人。

【老干部阵地建设】 2021年，市委老干部局依托"三个阵地"（老年大学、老干部活动中心、老干部党校）开展文化活动，举办"颂党恩　听党话　跟党走"庆祝中国共产党成立100周年文艺会演、"永远跟党走"南宁市离退休干部庆祝中国共产党成立100周年文艺会演、传统文化下基层活动、举办"永远跟党走"山歌歌友会网络展演、南宁市离退休老同志"永远跟党走"书画摄影展、"学党史、颂党恩、跟党走"微视频微诵读线上文化活动等。落实自治区《关于进一步加强老年大学建设的意见》，指导全市各级单位加强老年大学建设，为离退休人员"教、学、乐、为"提供支持和保障。根据新冠肺炎疫情防控常态化要求，制定南宁市老干部活动中心（简称"市老干部活动中心"）、南宁市老年大学（简称"市老年大学"）开放开学方案，建立四级防控工作网络，开展团体预约接种新冠病毒疫苗服务，进行两针剂疫苗接种师生及老年人1700余人。开展"我为群众办实事"实践活动，受益老年人逾5000人。联合市图书馆合作共建"图书小站"，市图书馆捐赠书籍报刊200余册；开展垃圾分类互动游戏、法律咨询、义务理发、修鞋修伞等志愿服务活动；联合市第一人民医院埌东医院、南湖社区卫生服务中心开展"迎国庆·贺重阳"爱心义诊及免费体检活动，接待老年人500余人，发放健康知识宣传资料600余份，分期免费体检130人；举办老年人脑中风防治健康知识讲座。探索市级老年教育主阵地的信息化规范化建设，在市老干部活动中心和市老年大学建设文化长廊、校园文化小喇叭、LED宣传视窗、学员风采展示橱窗等展示平台。开展"智慧助老"行动，搭建校园Wi-Fi，开设计算机、摄影、PS等信息化课程，举办互联网反诈骗知识培训、抖音 App(应用程序)使用培训、剪映 App 使用培训 3 场;设计搭建网上老年大学录播演播室,全年录制课程 12 节。7 月 22 日至 23 日,全区老年大学信息化规范化建设会议在南宁召开,市老年大学、横州市老年大学在会上作经验交流发言,与会人员参观市老年大学妇女儿童活动中心分校、兴宁区分校。按照"一支部一特色"思路,推动县(市、区)开展离退休党支部标准化规范化建设,创建标准化规范化离退休党支部和"金秋家园"共享党建活动阵地 19 个。"绿城金秋"微信公众号推送老干部工作信息 130 多期,推送信息 328 条,关注人数 3300 人;与南宁广播电视台合办栏目"金色年华"在 FM99.0 综合广播播出 250 期,播出信息 1600 条。组织副厅级以上离退休干部参加党史学习教育宣讲团报告会、《政府工作报告》征求意见座谈会、"永远跟党走"大型交响合唱音乐会、传达学习党的十九届六中全会精神大会等重要会议。

【老干部政治学习】 2021 年,市委老干部局组织离退休干部深入学习习近平总书记到广西考察调研时的重要讲话精神,组织引导离退休人员参加党史学习教育,邀请专家、教授主讲党史,举办"中国共产党与文化自信"和"学习习近平总书记在庆祝中国共产党成立 100 周年大会上的重要讲话精神"党史学习教育专题讲座。组织副厅级以上离退休干部参加党史学习教育宣讲团报告会、《政府工作报告》征求意见座谈会、"永远跟党走"大型交响合唱音乐会、传达学习党的十九届六中全会精神大会等重要会议。以"学党史 感党恩 跟党走"为主题举办为期一周的百年红色电影展,展映经典红色影片 10 部。拓展网络学习阵地,组织离退休人员观看全国离退休干部网上专题报告会、党史学习教育专题报告会、广西"十场名家云直播"党课、"党史故事大家讲"微视频等,1 万多人次在线学习。开展"老书记初心讲堂"精品党课宣讲活动,各级老书记、老党员近百人为基层上党课、开展党史学习宣讲活动 120 多场,参加听课 1.8 万人次。围绕庆祝建党 100 周年主题,组织离退休干部开展"我看建党百年新成就"专题调研活动,召开主题座谈会 48 场,研讨会 11 场,离退休人员 1000 多人参加;通过登门和线上的方式对离退休人员进行访谈 557 人,邀请 10 名离退休人员参加南宁广播电视台"金色年华"栏目访谈,并在南宁广播电视台的 FM99.0 综合广播分期播出。

【老干部文体活动】 2021 年,市委老干部局依托市老干部活动中心(市老年大学、市委老干部党校)举办党史知识竞赛、主题征文、朗诵会、书画摄影展、百首红歌进校园等活动。展播"最美的祝福献给党"微视频 119 条,观看 2.3 万人次;通过南宁云直播平台,实时转播市老年大学"颂党恩 听党话 跟党走"文艺会演,点击量 1.6 万人次;举办 2021 年南宁市离退休干部"永远跟党走"山歌歌友会网络展演,县(市、区)8 个代表队 46 人参加演出;联合市老年书画研究会举办"永远跟党走"书画摄影网络展,在"绿城金秋"微信公众号展出优秀作品 250 幅;联合南宁广播电视台举办全市离退休干部庆祝中国共产党成立 100 周年文艺会演,参与演出 400 多人;参与主题征文与书画摄影作品创作的离退休人员 316 人次,创作作品 388 篇;参与文艺系列活动离退休人员 6500 人次。组织参加自治区第九届"多彩金秋"文化活动月活动,选送 69 篇诗歌散文、山歌参加"感党恩 跟党走"主题征文活动,获奖作品 15 篇,其中获诗歌一等奖 1 篇、二等奖 2 篇、三等奖 5 篇、优秀奖 6 篇,获散文三等奖 1 篇;选送书法、绘画、摄影作品各 15 幅参加书画摄影作品展,入选书法作品 10 幅、绘画作品 11 幅、摄影作品 10 幅;选送 20 本优秀出版刊物在广西老年大学(凤岭校区)展出,"党史故事大家讲"微视频在广西老年大学宣传屏幕滚动播出;南宁市代表队在乒乓球交流赛和太极剑赛中均获团体第一名,门球交流赛中获团体第五名;选送文艺节目《向人民报告》《血色誓言》均获优秀节目奖。开展南宁市"多彩金秋"文化活动月活动,举办文体活动 135 场次,参加老同志 8600 多人次。开展"乡村振兴 · 老有所为"科技下乡活动,开展助力产业振兴、人才振兴、文化振兴、生态振兴、组织振兴等活动 400 多场次,参加活动 6.5 万人次。市关工委组织开展"百名五老进校园 · 我为下一代讲党史"主题教育活动,134 名离退休人员到中小学校、社区开展党史宣讲活动 551 场,听课超 27 万人。

(市委老干部局)

2021 年 6 月 28 日,市委老干部局、南宁广播电视台举办"永远跟党走"南宁市离退休干部庆祝中国共产党成立 100 周年文艺会演　　市老年大学提供

党校教育

【概　况】 2021 年,中国共产党南宁市委员会党校(南宁市行政学院、南宁市经济干部学院、南宁市社会主义学院)(简称"市委党校"),开办市级培训班 109 个班次,培训 2.26 万人次;12 个县级党校承办培训班 355 期,培训 4.48 万人次,其中主体班 121 期、培训 1.42 万人次;申报课题 43 项。举办"奋斗百年路 共筑中国梦"——红色艺术专题党课、党史知识竞赛、道德讲堂等活动,开发党史课程 10 门,在教学计划中设立"中国共产党历史专题"模块,开发党史学习教育现场教学点 10 个;与市委党史研究室、市社科联等部门联合举办"学党史 悟思想 担使命:推动南宁高质量发展"理论研讨会;与南宁广播电视台合作推出 15 集融媒体节目《中国精神公开课》。在第三届"新时代 · 行动学习创新发展"论坛中被评为广西行动学习宣传报道先进单位;入选广西首批铸牢中华民族共同体意识研究基地。主要存在干部教育培训的针对性、实效性有待提升,科研咨询成果质量和层次仍需提高,教学科研决策咨询人才激励机制有待建立,校园基础设施建设水平仍需提升等问题。

【教育培训】 2021 年,市委党校举办全市厅级以上领导和处级主要负责同志学习贯彻党的十九届五中全会精神专题研讨班、南宁市学习贯彻习近平总书记“七一”重要讲话和视察广西时的重要讲话精神专题学习班等109个班次，培训2.26万人次。其中，主体班30期，培训4033人次；计划外培训班59期，培训1.09万人次；会议20次、参会7597人次。建立形成习近平新时代中国特色社会主义思想课程体系，安排“《习近平谈治国理政》(第三卷)导读”等课程进课堂，实现主体班次全覆盖；开发党的十九届六中全会精神、自治区第十二次党代会精神、市第十三次党代会精神解读课程；组织教师开发系列专题课、撰写理论文章，推荐7位校领导和教师作为南宁市宣讲团成员，13名教师、学员接受南宁电视台等媒体采访，通过宣传板报、网站、微信公众号等开展理论宣传。优化教学布局，突出党的理论教育和党性教育主课地位，安排468门主课进入主体班课堂，超过总课时70%；组织12个班次551名学员到市中级人民法院、邓颖超纪念馆等教学点开展党性教育现场教学；在学制一个月以上的主体班安排党性分析会，开设“百年回望：中国共产党反腐倡廉基本历程、基本经验”等课程；落实领导干部上讲台制度，领导干部59人授课128次；安排“学懂弄通南宁市第十三次党代会精神　在推进‘六个全面提质’中勇担当善作为”等专题讲座。深化教学改革，继续探索优化“党校+基地+异地”办班模式，异地教学从学习前沿学科知识为主转为以学习当地改革发展先进经验为主，利用异地党校现场教学基地开展教学，有3个班次赴桂林、百色、钦州、防城港等地开展异地教学；开展行动学习，以“理论导入+案例分享+实操演练”模式，推动学员应用于工作中，市委党校行动学习团队在主体班开展培训和研讨70多次，到有关单位开展培训50多场，在百色干部学院与广西行动学习研究会主办的第三届“新时代·行动学习创新发展”论坛中被评为广西行动学习宣传报道先进单位，1名教师被评为广西行动学习宣传报道先进个人和广西行动学习十大行者；创新教学方式，综合运用研讨式、案例式、体验式、情景式教学和现场教学等方式，提升干部教育培训实效。7门专题课入选广西干部网络学院必修课，3门课程入选广西干部教育培训好课程；2位教师在2021年“百年建党话初心　勇担使命开新局”南宁市直机关微党课比赛中获一等奖；56门专题课全部通过专家验收评审；加强教学基地建设，开发新社会阶层人士创新创业现场教学基地、中国共产党广西历史展览馆现场教学基地、以城市党建引领社会治理创新现场教学基地、南宁博物馆1929南宁兵变展现场教学基地、铸牢中华民族共同体意识研究基地等13个教学基地，累计有现场教学基地64个。继续实施“名师工程”和“薪火计划”，1名教师获副高级职称，3名教师获南宁市高层次人才E类认定，2名教师获2020年度南宁市培养新世纪学术和技术带头人专项资金5万元。强化县级党校师资队伍建设，举办南宁市党校系统“党史学习教育”教学专题等集体业务学习会3次，培训县级党校教学科研骨干121人次，选派教师到县级党校授课32人次。与县级党校协力开展科研合作，县级党校科研咨政结项课题8项，资助4.1万元。县级党校结合党史学习教育，开展宣讲335场次，听课人数超3万人；开发课程41门，申报课题43项，公开发表理论文章10篇，提交咨政报告13篇。

2021年10月25日，市委党校在大礼堂举办“奋斗百年路　共筑中国梦”——红色艺术专题党课　达世廷　摄

【科研咨询】2021年，市委党校立项研究课题51项，其中“习近平关于社会治理重要论述在广西的实践研究”获广西哲学社会科学规划研究课题立项。组织撰写学术论文25篇。公开出版《中共南宁市委党校学报》6期。与市委党史研究室、市社科联等部门联合举办“学党史　悟思想　担使命：推动南宁高质量发展”理论研讨会，征集论文142篇。开展铸牢中华民族共同体意识的教育培训、理论政策研究和实践探索，入选广西首批铸牢中华民族共同体意识研究基地，是南宁市唯一入选单位。推进新型智库建设服务全市中心工作，编发《党校咨政专报》7期，推出决策咨询成果12项，获自治区和市领导批示6项；组织17项决策咨询成果参加2021年度全区党校(行政学院)优秀决策咨询成果评奖活动，获二等奖2项、三等奖3项；在学员中开展“我为南宁发展献一策”活动，引导学员撰写咨政报告13篇。宣传阐述党的最新理论成果，组织撰写理论文章22篇在党报党刊发表；列入市委党史学习教育宣讲团成员5人，17名教师的党史专题课在全市讲授；在“邕江红色主题游船”讲微党课158场，受教育党员1万多人；组织教师到基层单位围绕党的十九届五中、六中全会精神，习近平总书记“七一”重要讲话精神，党史学习教育等开展主题宣讲上百场；与南宁广播电视台合作推出15集融媒体节目《中国精神公开课》，在南宁广播电视台新闻综合频道播出。

【学员管理】2021年，市委党校在主体班实行“半封闭式管理”、中青班实行“准军事化”管理基础上，制定《中青年干部培训班量化考核管理办法(试行)》，进行量化赋分，全面考核评价学员的学习态度和表现、理论知识掌握程度、作风养成及解决实际问题能力等。坚持训用结合，将学员量化考核结果分为四个等次，记入《学员自我鉴定》，向市委组织部及调训单位反馈学员在校学习情况。

【党史学习教育融入教学】2021年，市委党校开发“不忘初心　牢记使命——中国共产党100年奋斗历程”“习近平总书记关于中国共产党历史的重要论述”“百年恰是风华正茂”“社会主义在南宁的实践与发展”等党史课程10门；在教学计划中设立“中国共产党历史专题”模块，在主体班中全覆盖；与相关单位共建现场教学点及其负载课程，拓展升级党史学习教育现场教学点10个，其中设在市委党校的广西党组织成长的光荣之路和南宁市反腐倡廉警示教育馆接待单位136个，接受教育党员干部8000多人。

(钟　逸)

编辑　梁　坤　班　铭

南宁市人民代表大会

综 述

【概 况】 2021年,南宁市人民代表大会(简称“市人大”)有法制委员会、监察和司法委员会、财政经济委员会、农业与农村委员会、城乡建设环境保护委员会、教育科学文化卫生委员会、民族华侨外事宗教委员会、社会建设委员会等专门委员会8个。南宁市人民代表大会常务委员会(简称“市人大常委会”)设办公室、调查研究室、选举联络工作委员会、法制工作委员会、机关党委。6月,成立市人大机关事务服务中心,属公益一类财政全额拨款事业单位。市人大常委会在市人大闭会期间,行使地方国家权力机关职权,即决定权、监督权、人事任免权、制定地方性法规权;做好代表工作,加强自身建设,开展党史学习教育。年内,召开第十四届人民代表大会第六次会议、第十五届人民代表大会第一次会议,常委会会议11次,审议地方性法规8件,通过5件,颁布施行7件,开展立法调研10项;听取“一府一委两院”(人民政府、监察委员会、人民法院、人民检察院)专项工作报告28项,开展执法检查3项、专题询问2项、专项工作评议2项、专题调研10项;备案审查规范性文件43件;调查审议代表议案6件,交办代表建议196件;依法做出决议决定和处理意见37项;依法任免地方国家机关工作人员165人次。协调办理群众来信来访来电156件次,其中来信126件、来访27批、来电3件。组织驻南宁市的全国、自治区人大代表和南宁市人大代表共1100人次开展2021年年中专题调研和年终集中视察活动。全市人大代表“混合编组、多级联动、履职为民”、市人大监察和司法、财经、农业农村、外事侨务、基层立法联系点建设、信访等工作,在自治区人大系统7个经验交流会上分别作典型发言。市基层立法联系点建设工作成效在第27次全国地方立法工作座谈会上获点名表扬;“智慧南宁人大”办公自动化系统获评2021年广西信息化优秀案例奖,成为广西人大系统唯一获奖项目;市人大常委会办公室获“2018—2021全区人大代表工作先进集体”称号,在自治区人大系统“学党史 知党恩 跟党走”——庆祝中国共产党成立100周年书画摄影作品展获优秀组织奖。主要存在常委会工作全过程人民民主实践待进一步推进,立法对改革发展的引领和保障作用待进一步发挥,监督实效性待进一步增强,代表履职能力、服务代表水平需进一步提升,常委会自身建设与“四个机关”(政治机关、权力机关、工作机关、代表机关)要求仍有一定差距等问题。

【为人民履职】 2021年,市人大常委会行使人大立法权、监督权,做好代表工作;做好市县乡三级人大换届工作,全市参选率超93%。助力经济高质量发展。围绕宏观经济健康运行,加强对南宁市国民经济和社会发展第十四个五年规划和2035年远景目标纲要审查,听取审议南宁市2020年国民经济和社会发展计划执行情况报告。围绕打好工业振兴攻坚战、促进产业转型升级,开展大健康和文旅产业融合发展专题询问,听取审议工业高质量发展促进产业振兴报告,开展“三企入桂”项目落实、高新技术企业培育等专题调研。围绕推进乡村振兴,制定《南宁横州市茉莉花保护发展条例》,听取审议农业生产安排和农田水利及高标准农田建设、生猪生产恢复、粮食安全保障、推进乡村振兴等报告,对《广西壮族自治区柑橘黄龙病防控规定》实施情况开展执法检查,开展耕地“非农化”“非粮化”和耕地撂荒等专题调研。做好市委全面深化改革委员会交付的农房建设管控情况专项督查工作。批准南宁市与日本秋田市建立友好城市关系。监督守好人民“钱袋子”。推进“全口径、全过程、全方位”预算审查监督,完成财经联网监督系统二期建设,在自治区率先实现人大财经联网监督延伸到计划、预算、国有资产、审计4个领域;听取审议预算执行、全面实施预算绩效管理、预算执行和其他财政收支审计情况及审计整改情况等报告,审查和批准市本级2020年决算、2021年两次预算调整方案。连续3年审议国有资产管理综合报告,听取审议国有自然资源资产管理情况专项报告。助推生态宜居城市建设。颁布施行《南宁市水土保持若干规定》《南宁市扬尘污染防治条例》,审议通过《南宁市城镇排水与污水处理条例》,审议《南宁市邕江两岸滨水区域条例(草案)》《南宁市城市绿化条例(修订草案)》。围绕环境质量状况、固体废物污染防治、黑臭水体治理等方面,听取专项报告、开展执法检查、专项工作评议。采取执法检查和专题询问相结合方式,对电动自行车管理开展综合监督;颁布施行《南宁市停车场管理条例》,开展奖励和保护见义勇为人员条例(修改)、消防条例(修改)、违法建设查处条例(修改)、农贸市场管理、社会信用等立法调研,推动城市管理精细化。促进民生事业发展。颁布施行《南宁市献血条例》,审议通过《南宁市扬美古镇保护管理条例》,审议《南宁市全域旅游促进条例(草案)》,开展爱国卫生条例(修改)、历史街区保护管理条例(修改)、历史文化保护等立法调研,听取审议高中教育、民族乡经济社会发展情况等报告,对居家养老服务进行专项工作评议,检查《中华人民共和国非物质文化遗产法》实施情况,开展校外培训机构规范管理、铸牢中华民族共同体意识、红色旅游发展、新业态劳动者社会保险情况等专题调研,回应人民群众普遍关注的突出问题。

【站点深度融合标准化建设】 2021年,市人大常委会在南宁市732个代表联络站和基层立法联系点(简称"站点")全面开展深度融合标准化建设。驻南宁市的全国、自治区人大代表及市人大代表通过站点走访接待、服务群众近10万人次。围绕争创全国文明典范城市、国家卫生城市等工作,各站点召开民情沟通会、调研座谈会2900场,法规征求意见会928场,提出意见建议1700多条,组织代表进入站点、社区、村屯开展调研视察、志愿服务、督查检查等活动800多场次。11月9日至10日,自治区人大常委会在贺州市召开"混合编组、多级联动、履职为民"经验交流会,市人大常委会党组书记、主任冯学军代表市人大常委会作题为《持续打造站点深度融合标准化建设品牌 不断丰富全过程人民民主的南宁实践》典型经验发言。市基层立法联系点建设工作成效在第27次全国地方立法工作座谈会上获点名表扬。12月28日,自治区人大常委会在南宁市召开全区人大系统基层立法联系点工作现场观摩会,广西谦行律师事务所及西乡塘区明秀片区、江南区石柱岭片区、邕宁区新兴社区等基层立法联系点作为会议现场观摩点。

【"智慧南宁人大"建设】 2021年,市人大常委会结合全市人大系统信息化建设现状和"十四五"规划建设需求,在2018年3月投入试运行的南宁市人大综合管理信息平台基础上,加快推进"智慧南宁人大"项目建设,整合搭建覆盖市、县(市、区)、联系站(点)三级一站式"智慧南宁人大"综合服务平台(简称"智慧南宁人大平台"),对传统智能业务系统进行大数据分析和智能化改造。12月,"智慧南宁人大"完成立法、监督、代表履职、选举任免、决定重大事项、机关党的建设等功能板块设计,改造升级财经联网监督系统,完成财经联网监督系统二期建设,市人大综合管理信息平台、市人大预算联网监督系统建成使用,实现无纸化办公及在大数据信息平台上监督审查在线化、数据分析智能化、数据传输实时化、监督工作移动化,提高工作效率。"智慧南宁人大"办公自动化系统在2021年广西信息化优秀案例评选活动中获评优秀案例奖。

【人民代表大会制度在南宁的生动实践历程展】 展馆设在南宁人民会堂3楼,为永久展馆。2020年6月正式筹办,12月24日在市人大设立常委会40周年之际建成开放。展馆面积420多平方米,分为序厅和"源头活水映初心""依法履职担使命""善作善成竞风采""砥砺前行开新篇"4个单元,展出历史照片500多幅、展品200多件、专题视频13个,综合运用声光电等现代技术,立体展示在中国共产党领导下,人民代表大会制度在南宁的发展历程、市历届人大及常委会依法履职的丰富实践及丰硕成果、市历届人大代表察民情聚民智的为民履职风采,打造成为深入学习习近平新时代中国特色社会主义思想的重要平台、展示人民代表大会制度和人大工作创新发展的重要窗口、宪法和法律法规宣传教育的重要基地、推动法治南宁、加强民主法治建设的固定场所。2021年,接待市四家班子主要领导、市十四届和十五届人大代表、社会各界人士、中小学生、各地人大同行等参观50多批次1500多人次。

重要会议

【市十四届人大六次会议】 2021年4月11日至13日,南宁市第十四届人民代表大会第六次会议(简称"市十四届人大六次会议")在南宁人民会堂召开。应到代表495人,出席代表459人。共召开全体会议4次。听取和审议市人民政府、市十四届人大常委会、市中级人民法院、市人民检察院工作报告,审查和表决通过南宁市国民经济和社会发展第十四个五年规划和2035年远景目标纲要草案、南宁市人民政府关于南宁市2020年国民经济和社会发展计划执行情况与2021年国民经济和社会发展计划草案的报告、关于南宁市与市本级2020年预算执行情况和2021年预算草案的报告,表决通过上述报告并做出相应决议;表决通过大会选举办法。收到10人以上代表联名提出议案46件,主席团决定作为议案处理6件,转为代表建议、批评和意见40件;收到代表建议、批评和意见185件(含议案转建议、批评和意见40件)。补选孙大光为市人民政府市长。

【市十五届人大一次会议】 2021年10月20日至22日,南宁市第十五届人民代表大会第一次会议(简称"市十五届人大一次会议")在南宁人民会堂召开,共召开全体会议4次。应到代表499人,出席代表489人。听取和审议市第十四届人民政府、市第十四届人大常委会、市中级人民法院、市人民检察院工作报告;表决通过大会选举办法、关于设立市十五届人大专门委员会的决定、关于市十五届人大专门委员会组成人员人选表决办法;选举市十五届人大常委会主任、副主任、秘书长、委员,市人民政府市长、副市长,市监察委员会主任,市中级人民法院院长,市检察院检察长;表决通过市十五届人大专门委员会组成人员名单。经大会无记名投票选举,冯学军当选为市十五届人大常委会主任;孙大光当选为市人民政府市长;杨宏博、黄均宁、周如斯、刘志烈、陈斋、范卫东当选为市十五届人大常委会副主任;朱会东、刘胜友、李建文、陈荣茂、丁伟、张自英、刘宗晓当选为市人民政府副市长;缪佃江当选为市监察委员会主任;韦武斌当选为市中级人民法院院长;梁毅当选为市人民检察院检察长;范卫东当选为市十五届人大常委会秘书长;韦茵等41人当选为市十五届人大常委会委员;表决通过市

2021年10月20日至22日,市第十五届人民代表大会第一次会议在南宁人民会堂召开
市人大常委会办公室提供

十五届人大专门委员会主任委员、副主任委员、委员人选名单。表决通过关于市人民政府工作报告的决议、关于市人大常委会工作报告的决议、关于市中级人民法院工作报告的决议和关于市检察院工作报告的决议、代表大会议事规则、代表大会议案工作规定。

【市十四届人大常委会会议】 2021年，市人大常委会召开常委会会议8次，即第32次会议至第39次会议。其中，第32次会议至第34次会议、第36次会议至第39次会议在南宁人民会堂召开，第35次会议在市人大常委会办公楼5楼常委会会议厅召开。市人大常委会党组书记、主任冯学军主持会议。

第32次会议　1月6日召开。为筹备市十四届人大六次会议增开的会议。听取和审议市十四届人大六次会议筹备工作情况报告，做出关于召开市十四届人大六次会议的决定和关于会议列席人员的决定；审议通过大会议程草案、主席团和秘书长名单草案，将草案提交市十四届人大六次会议预备会议表决通过。表决通过接受秦运彪辞去市人民政府副市长职务请求的决定；表决通过有关人事事项，决定任命陈荣茂为市人民政府副市长、市公安局局长。

第33次会议　2月24日召开。听取和审议市人民政府关于市农业生产安排和农田水利及高标准农田建设情况报告，市人大常委会专题调研组相关调研报告；审议市人大常委会工作报告（草案）和2021年工作要点（草案），原则通过常委会工作报告（草案）和工作要点（草案）；审议市人民政府《关于提请审议南宁市与日本秋田县秋田市建立友好城市关系的议案》和市人大民侨外宗委审议结果报告，决定批准南宁市与日本秋田县秋田市建立友好城市关系。表决通过有关人事事项，决定任命王群为市人民政府副市长；审议通过常委会代表资格审查委员会关于个别代表的代表资格审查情况的报告。举行市人大常委会3个地方立法咨询服务基地授牌仪式。

第34次会议　4月2日召开。为召开市十四届人大六次会议做准备。传达十三届全国人大四次会议精神。表决通过有关人事事项，决定任命孙大光为市人民政府副市长；表决通过关于接受周红波辞去市人民政府市长职务请求的决定、关于孙大光为市人民政府代理市长的决定；表决通过市十四届人大六次会议议程（草案）、市十四届人大六次会议主席团和秘书长名单（草案），提请市十四届人大六次会议预备会审议通过。

第35次会议　4月7日召开。听取和审议南宁市第十四届人民代表大会常务委员会代表资格审查委员会关于个别代表的代表资格的报告；表决通过南宁市第十四届人民代表大会常务委员会代表资格审查委员会关于个别代表的代表资格的报告。

第36次会议　5月27日至28日召开。听取和审议市人民政府关于南宁市生猪生产恢复工作情况的报告和市人大常委会专题调研组相关调研报告；听取和审议市人民政府关于2020年全市环境质量状况和环境保护目标完成情况的报告；听取和审议市中级人民法院关于知识产权审判工作情况的报告和市人大常委会专题调研组相关调研报告；听取和审议市人大农业委关于第13号和第45号代表议案审议结果的报告，同意议案审议结果报告，分别作出处理意见，交由市人民政府办理；表决通过《南宁市献血条例（修订草案）》；决定将《南宁市出租汽车客运管理条例》个别条款修改，纳入《南宁市燃气管理条例》等地方性法规打包修改工作中，表决通过市人大常委会《关于修改〈南宁市燃气管理条例〉等十六件地方性法规的决定（草案）》；第二次审议《南宁市扬尘污染防治条例（草案）》；初次审议《南宁市扬美古镇保护管理条例（草案）》；听取和审议市人大常委会代表资格审查委员会关于个别代表的代表资格的报告；审议并做出《南宁市人民代表大会常务委员会关于南宁市第十五届人民代表大会代表名额分配和选举时间的决定》。表决通过有关人事事项。

第37次会议　7月12日至14日召开。传达学习习近平总书记在庆祝中国共产党成立100周年大会上的重要讲话精神。听取和审议市人民政府关于贯彻实施《南宁市电动自行车管理条例》情况的报告和市人大常委会执法检查组相关执法检查报告，开展电动自行车管理工作专题询问；听取和审议市人民政府关于市居家养老服务工作情况的报告和市人大常委会专项工作评议调研组相关调研报告，并进行专项工作评议；听取和审议市人民政府关于全面实施预算绩效管理工作情况的报告和市人大常委会专题调研组相关调研报告；听取和审议市人民政府关于粮食安全保障工作情况的报告和市人大常委会专题调研组相关调研报告；听取和审议市人民政府关于民族乡经济社会发展情况的报告和市人大常委会专题调研组相关调研报告；听取和审议市人大农业委员会关于市十四届人大六次会议主席团交付审议的第24号代表议案审议结果的报告、市人大城乡建设环境保护委员会关于市十四届人大六次会议主席团交付审议的第23号代表议案审议结果的报告、市人大教育科学文化卫生委员会关于市十四届人大六次会议主席团交付审议的第32号代表议案审议结果的报告，分别做出处理意见，交由市人民政府办理；表决通过《南宁市扬尘污染防治条例》；第二次审议《南宁市城镇排水与污水处理条例（草案）》；初次审议《南宁市全域旅游促进条例（草案）》；审议并通过市公安局关于提请许可对个别市十四届人大代表采取强制措施的决定。表决通过有关人事事项，决定接受张文军因工作变动提出的辞去市人民政府副市长职务的请求；决定接受阮兆丰到龄退休辞去市人大常委会副主任职务的请求；任命朱会东为市北部湾经济区规划建设管理办公室主任（兼）。

第38次会议　8月25日召开。听取和审议市监察委员会关于开展脱贫攻坚监察监督工作情况的报告和市人大常委会专题调研组相关调研报告；听取和审议市人大常委会执法检查组关于检查非物质文化遗产法实施情况的报告和市人民政府实施情况的报告；表决通过关于调整市十五届人大代表选举时间的决定，将市十五届人大代表的选举工作调整至9月30日前完成；审议通过常委会代表资格审查委员会关于个别代表的代表资格审查情况的报告。表决通过有关人事事项。

第39次会议　9月29日至30日召开。听取和审议市人民政府关于南宁市2021年1—8月国民经济和社会发展计划执行情况的报告；第三次审议并通过《南宁市城镇排水与污水处理条例》；听取和审议市人大财经委关于加快江南工业园综合能源服务示范区建设的代表议案（第1号）审议结果的报告，并做出处理意见，交市人民政府办理；审议驻邕全国人大代表、自治区人大代表和南宁市人大代表2021年年中专题调研5个专题调研组的调研报告；表决通过有关人事事项；听取关于市十五届人大一次会议筹备工作情况的报告，做出关于召开南宁市第十五届人大一次会议的决定和会议列席人员的决定；审议并通过关于修改《南宁市人民代表大会议事规则》的决定；审议并通过常委会代表资格审查委员会关于市十五届人大代表的代表资格审查情况报告，确认市十五届人民代表大会的499名代表的代表资格有效；审议并通过第十五届人大一次会议大会议程（草案）、主席团和秘书长名单（草案），以及议案审查委员会主任委员、副主任委员、委员建议名单（草案），同意将3个草案提交市十五届人大一次会议预备会议表决通过。审议并原则通过市十四届人大常委会工作报告(草案)。

【市十五届人大常委会会议】 2021年,市十五届人大常委会在南宁人民会堂召开常委会会议3次。市人大常委会党组书记、主任冯学军主持会议。

第1次会议 10月26日至27日召开。学习贯彻习近平总书记在中央人大工作会议上的重要讲话和会议精神。听取和审议市人民政府关于大健康和文旅产业融合发展情况的报告和市人大常委会专题询问调研组相关调研报告,召开联组会议开展专题询问;听取和审议市人民政府关于南宁市2021年1—9月预算执行情况的报告;听取和审议市人民政府关于2020年市本级决算的报告、关于2020年度市本级预算执行和其他财政收支的审计工作报告、市人大财经委关于2020年市本级决算草案审查结果的报告,批准2020年市本级决算;听取和审议市人民政府关于2021年市本级预算调整方案的说明和市人大财经委的审查结果报告,同意市人大财经委审查结果报告,决定批准2021年市本级预算调整方案;听取和审议市人民政府关于市高中教育发展情况的报告和市人大常委会专题调研组相关调研报告;听取和审议市人大常委会执法检查组关于检查《广西壮族自治区柑橘黄龙病防控规定》实施情况的报告和市人民政府实施情况的报告;第二次审议并通过《南宁市扬美古镇保护管理条例》;表决通过关于设立南宁市第十五届人民代表大会常务委员会代表资格审查委员会的决定。

第2次会议 12月10日召开。传达学习自治区第十二次党代会精神。表决通过有关人事任免事项5项。

第3次会议 12月20日召开。传达学习自治区党委人大工作会议精神。听取审议市人民政府关于黑臭水体治理工作情况的报告,以及市人大常委会专项工作评议调查组相关调查报告,进行专项工作评议;听取和审议市人民政府关于2020年度南宁市本级预算执行和其他财政收支审计查出问题整改情况的报告,以及市人大常委会调研组关于审计查出突出问题整改情况跟踪监督的调研报告;听取和审议市人民政府关于2020年度国有资产管理情况的综合报告和国有自然资源资产管理的专项报告,以及市人大常委会专题调研组相关调研报告;听取和审议市人民政府关于推动工业高质量发展促进产业振兴情况的报告和市人大常委会专题调研组相关调研报告;听取和审议市人民政府关于推进乡村振兴工作情况的报告和市人大常委会专题调研组相关调研报告;听取和审议市人民政府关于《南宁市出租汽车客运管理条例》《南宁市公园条例》等5件地方性法规实施情况的报告;听取和审议市人大常委会法工委关于规范性文件备案审查工作情况的报告;听取审议市人民政府关于市十四届人大六次会议以来代表议案和代表建议办理工作情况的报告,以及常委会选联工委关于2021年代表建议、批评和意见办理工作督办情况的报告;听取和审议市人民政府《关于提请审议〈关于在公民中开展第八个五年法治宣传教育的决议(草案)〉的议案》和市人大监察司法委审议意见的报告,表决通过市人大常委会《关于在公民中开展第八个五年法治宣传教育的决议》;听取和审议市人民政府关于2021年市本级第二次预算调整方案的说明和市人大财经委的审查结果报告,同意市人大财经委的审查结果报告,决定批准2021年市本级第二次预算调整方案;初次审议《南宁市城市绿化条例(修订草案)》和《南宁市邕江两岸滨水区域条例(草案)》;审议并通过常委会代表资格审查委员会关于个别代表的代表资格审查情况的报告。接受邝涤辞去市第十五届人民代表大会常务委员会委员职务请求的决定。表决通过关于决定任命朱会东为市北部湾经济区规划建设管理办公室主任(兼)、陈荣茂为市公安局局长、丁伟为市发展改革委主任、边作新为市财政局局长、刘宗晓为市乡村振兴局局长等41名新一届市人民政府各工作部门主要负责人。

【市人大常委会2021年立法工作会议】 2021年5月31日,在市人大常委会会议楼4楼多功能厅召开。深入学习贯彻习近平法治思想、习近平总书记视察广西时的重要讲话和重要指示精神,研究部署做好新时代首府立法工作的新任务新举措新要求。通报市人大常委会2020年以来立法工作情况。部署2021年度立法工作安排。市人大常委会党组书记、主任冯学军出席会议并讲话。市人大常委会副主任阮兆丰、陈尧出席会议,副主任周如斯主持会议,市人民政府副市长、市公安局局长陈荣茂代表政府做表态发言。市人大常委会主任、副主任,市人民政府分管副市长,市人大常委会秘书长、副秘书长、市二级巡视员,市人大各专委、常委会各部门负责人,市人民政府各部门、各开发区管委会等有关单位分管领导及其相关科室负责人,各县(市、区)人大常委会分管领导、人大法制内司委(监察和司法委)负责人,以及立法咨询服务基地、部分基层立法联系点负责人参加会议。

市人大常委会主要工作

【专题调研】 2021年,市人大常委会针对农业生产安排和农田水利及高标准农田建设、法院知识产权审判、生猪生产恢复、民族乡经济社会发展、全面实施预算绩效管理、粮食安全保障、脱贫攻坚监察监督、推动工业高质量发展、高中教育发展、推进乡村振兴等方面,组织开展专题调研10次,听取市人民政府专项工作报告调研报告10项,做出相应的决议决定或审议意见10个。针对高新技术企业培育、民族优秀文化保护传承发展、人民调解工作、窨井建设管理、耕地“非农化”“非粮化”及撂荒情况、自然保护地体系建设情况,开展重点专题调研6项,形成相关的专题调研报告6个,提交常委会党组扩大会议审议通过后,转交市人民政府有关部门做工作参考。7月至8月,市人大常委会组织驻邕全国人大代表、自治区人大代表和市人大代表84人,分成5个调研组,针对绿水青山生态保护情况,全市培育新兴产业工作情况,全市文物保护、历史文化街区保护情况,围绕推动产业优化升级、深化改革优化营商环境、激发创新活力、坚持扩大开放等首府南宁高质量发展情况,南宁市加快推进乡村振兴等5个方面开展年中专题调研,形成《驻邕全国人大代表、自治区人大代表和市人大代表2021年年中专题调研各专题调研组的调研报告》,提交市十四届人大常委会第39次会议审议。

【执法检查】 2021年,市人大常委会分别组成3个执法检查组,检查南宁市贯彻实施《中华人民共和国非物质文化遗产法》《南宁市电动自行车管理条例》《广西壮族自治区柑橘黄龙病防控规定》3部法律法规的情况。5月下旬,对南宁市贯彻实施《中华人民共和国非物质文化遗产法》情况进行检查,认为存在非遗保护传承整体合力有待增强、专业人才比较缺乏、投入力度有待加大、体验设施体系建设比较滞后、开发利用力度不够大、与旅游等产业融合的深度和广度还不够等问题。4月下旬至6月中旬,对南宁市贯彻实施《南宁市电动自行车管理条例》情况进行检查,形成《南宁市人大常委会执法检查组关于检查〈南宁市电动自行车管理条例〉实施情况的报告》,提交市第十四届人民代表大会常务委员会第37次会议审议。9月,市人大常委会执法检查组与自治区人大常委会执法检查组联动开展《广西壮族自治区柑橘黄龙病防控规定》实施情况检查，对南宁市贯彻实施《广西壮族自治区柑橘黄龙病防控规定》情况进行检查，认为存在学习宣传还不够到位、防控责任主体落实有待加强、种苗市场监管力度需要进一步强化、产业发展规划还有待完善等问题。

【专题询问】 2021年，市人大常委会开展专题询问2次，分别为电动自行车管理工作、大健康和文旅产业融合发展情况专题询问。7月13日，市十四届人大常委会第37次会议举行联组会议，对南宁市电动自行车管理工作开展专题询问；围绕建立电动自行车工作协调机制、完善慢行交通网络、杜绝非法改(拼)装、废旧铅蓄电池回收处置等方面10个问题，与市人民政府及相关单位开展面对面询问与应询；与会常委会组成人员对电动自行车管理工作情况进行满意度测评，测评结果显示总体满意。5月至10月，成立专题询问工作领导小组，对南宁市大健康和文旅产业融合发展情况开展专题询问；围绕"医管、养、食、游、动、造、文"市大健康和文旅全产业链要素等方面12个问题，与市人民政府及相关单位开展面对面询问与应询；对大健康和文旅产业融合发展情况进行满意度测评，测评结果显示总体满意。

【专项工作评议】 2021年，市人大常委会对"十三五"期间南宁市居家养老服务工作、南宁市黑臭水体治理工作开展专项评议。7月12日，市十四届人大常委会第37次会议在听取和审议市人民政府关于南宁市居家养老服务工作情况的报告和市人大常委会专项工作评议调研组相关调研报告的基础上，举行联组会议对居家养老服务工作进行专项工作评议；与会常委会组成人员对居家养老服务工作进行满意度测评，测评结果显示总体满意。12月20日，市十五届人大常委会第3次会议在听取审议市人民政府关于黑臭水体治理工作情况报告，以及市人大常委会专项工作评议调研组的调查报告的基础上，于同日下午举行联组会议，对黑臭水体治理工作进行专项评议；与会常委会组成人员对市黑臭水体治理工作进行满意度测评，测评结果显示总体满意。

【人大换届选举】 2021年5月19日，南宁市市县乡三级人大换届选举工作正式启动。5月20日，举办市县乡三级人大换届选举工作培训班，参训工作人员4000多人。全市选举产生新一届市人大代表499人、县(市、区)人大代表3295人、乡镇人大代表8463人。选举产生市人大常委会主任1人、副主任6人、秘书长1人、委员41人，市长1人、副市长7人，市监察委员会主任1人，市中级人民法院院长1人，市人民检察院检察长1人；选举产生县(市、区)人大常委会主任12人、副主任48人、委员328人，县(市、区)长12人、副县(市、区)长72人，县(市、区)监察委员会主任12人，县(市、区)人民法院院长12人，县(市、区)人民检察院检察长12人；选举产生乡镇人大主席102人，副主席102人，乡镇长102人，副乡镇长408人。选举成功率100%。市人大常委会党组书记、主任冯学军作为市县乡的唯一代表，在自治区三级人大换届选举新闻发布会上，就南宁市市县乡人大换届选举工作推进情况做经验介绍。

【重大事项决定】 2021年1月至9月，市人大常委会依法作出决定(含决议和处理意见，下同)37项。其中，市十四届人大常委会依法作出决定29项，分别为《南宁市人民代表大会常务委员会关于召开市十四届人大六次会议的决定和关于会议列席人员的决定》《南宁市人民代表大会常务委员会关于接受秦运彪辞去南宁市人民政府副市长职务请求的决定》《南宁市人民代表大会常务委员会关于批准南宁市与日本秋田县秋田市建立友好城市关系的决定》《南宁市人民代表大会常务委员会关于2021年南宁市农业生产安排和农田水利及高标准农田建设情况的决议》《南宁市第十四届人民代表大会第六次会议召开时间的决定》《南宁市人民代表大会常务委员会关于孙大光为南宁市人民政府代理市长的决定》《南宁市人民代表大会常务委员会关于接受周红波辞去南宁市人民政府市长职务请求的决定》《南宁市人民代表大会常务委员会关于南宁市第十五届人民代表大会代表名额分配和选举时间的决定》《南宁市人民代表大会常务委员会关于修改〈南宁市燃气管理条例〉等十六件地方性法规的决定》《南宁市人民代表大会常务委员会关于通过〈南宁市献血条例〉的决定》《南宁市人民代表大会常务委员会关于市十四届人大六次会议第45号代表议案的处理意见》《南宁市人民代表大会常务委员会关于市十四届人大六次会议第13号代表议案的处理意见》《南宁市人民代表大会常务委员会关于通过〈南宁市扬尘污染防治条例〉的决定》《南宁市人民代表大会常务委员会关于提请许可对市十四届人大代表陶锦蛟采取强制措施的决定》《南宁市人民代表大会常务委员会关于接受张文军辞去南宁市人民政府副市长职务请求的决定》《南宁市人民代表大会常务委员会关于接受阮兆丰辞去南宁市人民代表大会常务委员会副主任职务请求的决定》《南宁市人民代表大会常务委员会关于市十四届人大六次会议第32号代表议案的处理意见》《南宁市人民代表大会常务委员会关于市十四届人大六次会议第23号代表议案的处理意见》《南宁市人民代表大会常务委员会关于接受严景平辞去南宁市第十四届人民代表大会常务委员会委员职务请求的决定》《南宁市人民代表大会常务委员会关于调整南宁市第十五届人民代表大会代表选举时间的决定》《南宁市人民代表大会常务委员会关于召开南宁市第十五届人民代表大会第一次会议的决定》《南宁市人民代表大会常务委员会关于南宁市第十五届人民代表大会第一次会议列席人员的决定》《南宁市人民代表大会常务委员会关于修改〈南宁市人民代表大会议事规则〉的决定》《南宁市人民代表大会常务委员会关于通过〈南宁市城镇排水与污水处理条例〉的决定》《南宁市人民代表大会常务委员会

2021年10月27日，市十五届人大常委会第一次会议在市人大办公楼一楼大厅召开联组会议，对南宁市大健康和文旅产业融合发展情况进行专题询问　　市人大常委会办公室提供

南宁年鉴

关于市十四届人大六次会议第1号代表议案的处理意见》《南宁市人民代表大会常务委员会关于接受张培健辞去南宁市中级人民法院院长职务请求的决定》《南宁市人民代表大会常务委员会关于韦武斌代理南宁市中级人民法院院长职务的决定》《南宁市人民代表大会常务委员会关于接受黄建波辞去南宁市人民检察院检察长职务请求的决定》《南宁市人民代表大会常务委员会关于接受吴朝晖辞去南宁市人民代表大会常务委员会副主任职务请求的决定》;市十五届人大常委会依法作出决议决定8项,分别为《南宁市人民代表大会常务委员会关于批准2020年南宁市本级决算的决议》《南宁市人民代表大会常务委员会关于设立南宁市第十五届人民代表大会常务委员会代表资格审查委员会的决定》《南宁市人民代表大会常务委员会关于通过〈南宁市扬美古镇保护管理条例〉的决定》《南宁市人民代表大会常务委员会关于接受孙大光辞去南宁市人民政府市长职务请求的决定》《南宁市人民代表大会常务委员会关于在公民中开展第八个五年法治宣传教育的决议》《南宁市人民代表大会常务委员会关于批准南宁市2021年市本级第二次预算调整方案的决议》《南宁市人民代表大会常务委员会关于接受邝涤辞去南宁市第十五届人民代表大会常务委员会委员职务请求的决定》。

【人事任免】 2021年,市人大常委会任免国家工作人员165人次,其中任命、决定任命105人,免职、决定免职40人,接受(批准)辞职20人;确认补选代表6人。

【议案与建议办理】 2021年4月,市十四届人大六次会议主席团交付办理的代表议案6件,常委会做出处理意见后交由市人民政府办理。代表议案分别为《关于加快南宁江南工业园综合能源服务示范区建设的议案(第1号)》《关于进一步做好我市生猪生产恢复工作的议案(第13号)》《关于加大我市农产品品质品牌提升支持力度的议案(第24号)》《关于实施郁江(横县六景)至宾阳引水工程,彻底解决宾阳缺水问题的议案(第45号)》《关于加强村庄规划管理促进乡村振兴的议案(第23号)》《关于对南宁市邕宁区精神病专科医院实施整体搬迁的议案(第32号)》。代表共提出建议、批评和意见196件(大会期间提出179件、闭会期间提出17件),其中法制类3件、监察和司法类5件、财政经济类74件、农业类19件、城乡建设环境保护类46件、教育科学文化卫生类40件、社会建设类9件;交由51个承办单位办理,其中由市人大有关部门办理1件,由市人民政府及其有关部门和市直党群部门、人民团体办理195件。各承办单位均在法定时限内办理并答复代表,代表对办理结果表示满意或基本满意。代表所提建议、批评和意见被采纳、问题得到解决或基本解决的(A类)82件,占41.84%,比上年提高4个百分点;正在解决或列入计划逐步解决的(B类)97件,占49.49%;因目前条件限制或暂时难以解决的(C类)15件,占7.65%;不能办理只能作参考的(D类)2件,占1.02%。市人大有关部门承办代表建议、批评和意见1件。在建议办理中坚持市领导领衔督办代表建议机制,做好分类督办、重点督办、定期通报进度、落实情况"回头看"等工作,重点选取财政经济、农业、城乡建设环境保护、教育科学文化卫生、社会建设等方面,由市人大常委会和市人民政府领导分别督办《关于建立南宁—东盟产品物流集散中心的建议》《关于支持秸秆综合利用的建议》《关于重建青秀山凤凰塔的建议》《关于建设数字乡村为乡村振兴注入新活力的建议》《关于加强农村普通高中教育发展的建议》《关于完善规范建设南宁市市内公路道路防穿越隔离栏的建议》等代表建议19件。结合推进党史学习教育"我为群众办实事"实践活动,重点推动《关于加强企业疫情防控常态化工作的建议》《关于扶持中医药壮医药发展的建议》《关于将武鸣区120急救体系纳入南宁市急救中心规划的建议》《关于加快推进邕武路改扩建工程实施的建议》等17项代表联络站报送的市级重点建议办理;代表所提建议、批评和意见被采纳、问题得到解决或正在解决的占91.33%。

【代表"混合编组、多级联动、履职为民"主题活动】 2021年12月,市人大常委会根据自治区人大常委会办公厅《关于印发自治区人大常委会关于开展2021年度各级人大代表"混合编组、多级联动、履职为民"主题活动的总体方案的通知》,组织开展"混合编组、多级联动、履职为民"主题活动。驻南宁市的全国人大代表、自治区人大代表及市人大代表到所在站点,通过实地考察和召开民情沟通会的形式,围绕"改善城乡人居环境,提高人民生活品质"主题建言献策,并对《广西壮族自治区固体废物污染环境防治条例(草案)》提出修改意见;分别到青秀区伶俐工业园区、兴宁区朝阳街道秀和社区、横州市横州镇上淇片区、武鸣区城厢镇红岭社区、武鸣区城厢镇起凤橘洲、江南区江西镇四季那廊生态园、横州市莲塘镇莲塘社区、隆安县震东社区、西乡塘区美丽南方片区、良庆区良庆镇蟠龙片区、马山县古零镇乔老片区、隆安县丁当镇金福农业片区、上林县明亮镇明澄片区、宾阳县武陵镇理化片区、邕宁区蒲庙镇新兴社区、青秀区中山街道新兴苑社区等人大代表联络站和基层立法联系点,开展主题活动调研,并向基层党员干部群众宣讲中共十九届六中全会精神和自治区第十二次党代会精神;全市1.20万名人大代表参加主题活动,召开民情沟通会、调研座谈会等1000多场次,提出意见建议1571条,其中重点建议363条。

【理论研究与宣传】 2021年,市人大常委会围绕庆祝中国共产党成立100周年、选举投票日、市十五届人大一次会议召开等时间节点,通过"一网一刊一栏一屏一展两微"(南宁市人大网站、《南宁人大》刊物、"人大之声"专栏、机关办公楼1楼显示屏、人民代表大会制度在南宁的生动实践历程展、南宁人大微信公众号和新浪微博)平台宣传人大工作。其中,南宁人大网站发布信息6300多条;《南宁人大》刊物围绕重点题材出刊6期,发稿200余篇;与南宁日报社、南宁广播电视台合作开办"人大之声"专栏,收视率在南宁广播电视台26个开播栏目中位居第二,在《南宁日报》、南宁广播电视台刊发刊播120期(次);机关办公楼1楼显示屏即时更新中央、自治区、南宁市重要新闻,以及全市各级人大主要工作动态,播放新闻报道、专题片等1760条;人民代表大会制度在南宁的生动实践历程展接待市十四届、十五届人大代表近1000人参观,接待外地人大同行、基层人大代表20多批次;南宁人大微信公众号和新浪微博每个工作日发布1次,周末、节假日按需推送,粉丝量从年初2000人增加至年末4681人,全年推送文章信息926篇(条)、发布推文2300多条。市十四届人大六次会议期间,在自治区率先策划推出"局长通道""代表通道""记者会";在《中国人大》、人民网等省级以上媒体刊发新闻稿件130多篇,在微信公众号开设站点专栏,发布全市732个人大代表联络站(基层立法联系点)及30个专业性基层立法联系点的地址、联系方式。利用网站、"两微"平台收集自治区固体废物污染环境防治条例、南宁市邕江两岸滨水区域条例、南宁市城市绿化条例(修订)等法规草案的修改意见,征集意见建议64条,获采纳10余条。市十五届人大二次会议期间,利用网站、微信、微博开展"'好声音'征集令""我向代表捎句话"等活动,征集群众留言、建议120余条,综合汇总后由记者直接代为提问10余条,融入代表审议发言和议案建议20余条。

（梁新莲）

表 14　　2021 年南宁市人大常委会依法任免国家机关工作人员一览表

届 别	时 间	会议(次)	任、免、辞	姓 名	职 务
第十四届人大常委会	1 月 6 日	第 32 次会议	辞职	秦运彪	市人民政府副市长
			决定免去	秦运彪	市公安局局长
			决定免去	黄永久	市文化广电和旅游局局长
			决定任命	陈荣茂	市人民政府副市长、公安局局长
			决定任命	韦 娜(女)	市文化广电和旅游局局长
	2 月 24 日	第 33 次会议	决定任命	王 群	市人民政府副市长
			任命	林国帅	市中级人民法院审判员
			任命	覃 炜	市中级人民法院审判员
			任命	沈刚德	市中级人民法院审判员
			任命	孔庆龙	市中级人民法院审判员
			任命	蒋群利	市中级人民法院审判员
			任命	于代亮	市中级人民法院审判员
			任命	尚志龙	市中级人民法院审判员
			任命	汪利霞(女)	市中级人民法院审判员
			免去	盘 佳(女)	市中级人民法院民事审判第三庭副庭长、审判员
			免去	张 彪	市中级人民法院审判员
	4 月 2 日	第 34 次会议	辞职	周红波	市人民政府市长
			决定任命	孙大光	市人民政府副市长、代理市长
	5 月 28 日	第 36 次会议	决定任命	吴 豫(女)	市体育局局长
			任命	黄建锋	市监察委员会委员
			任命	唐 颂	市监察委员会委员
			任命	谢宏栋	市监察委员会委员
			决定免去	杨雪敏(女)	市体育局局长
			免去	晏 尔(女)	市监察委员会委员
			免去	方 良	市监察委员会委员
			免去	覃国雄	市中级人民法院民事审判第二庭副庭长、审判员
			免去	高翔宇	市中级人民法院民事审判第五庭副庭长、审判员
			免去	王世忠	市中级人民法院审判员
			免去	林 卫	市中级人民法院审判员
			免去	朱俊萍(女)	市中级人民法院审判员
	7 月 14 日	第 37 次会议	辞职	张文军	市人民政府副市长
			决定免去	张文军	市北部湾经济区规划建设管理办公室主任(兼)
			决定任命	朱会东	市北部湾经济区规划建设管理办公室主任(兼)
			决定任命	唐小若	市民政局局长
			决定任命	舒善隆	市农业农村局局长

续表 14

届别	时间	会议(次)	任、免、辞	姓名	职务
第十四届人大常委会	7月14日	第37次会议	决定任命	刘宗晓	市乡村振兴局局长
			决定任命	庄　凯	市市政和园林管理局局长
			决定免去	黄菊如(女)	市民政局局长
			决定免去	杨　敏(女)	市农业农村局局长
			决定免去	蓝　岚(女)	市市政和园林管理局局长
	8月25日	第38次会议	辞职	严景平	市第十四届人民代表大会常务委员会委员
			免去	严景平	市人大常委会调查研究室主任
			免去	梁素安(女)	市人大常委会法制工作委员会副主任
			决定免去	汪东明	市工业和信息化局局长
			决定免去	苏志刚	市民族宗教事务委员会主任
			决定免去	董红兵	市人民防空办公室主任
			决定免去	梁　枫(女)	市投资促进局局长
			决定免去	尹　平	市大数据发展局局长
			免去	高　鑫	市监察委员会副主任
			免去	李志明	市监察委员会委员
			决定任命	吴秀红(女)	市民族宗教事务委员会主任
			决定任命	蒋立新	市人民防空办公室主任
			任命	王合新	市监察委员会副主任
			任命	李志明	市监察委员会副主任
			任命	韦武斌	市中级人民法院副院长、审判委员会委员、审判员
			任命	韦　穆	市中级人民法院副院长
			任命	林中材	市中级人民法院审判委员会委员、审判员
			任命	林振明	市中级人民法院审判委员会委员、审判员
			任命	黄　坚	市中级人民法院审判委员会委员、审判员
			任命	韦　良	市中级人民法院审判委员会委员、审判员
			任命	梁　毅	市人民检察院副检察长、检察委员会委员、检察员
			任命	玉明建	市人民检察院副检察长、检察委员会委员、检察员
			任命	宁　宇	市人民检察院副检察长、检察委员会委员、检察员
			任命	林　中	市人民检察院检察委员会委员、检察员
			任命	谭　璇(女)	市人民检察院检察委员会委员、检察员
			任命	李　栋	市人民检察院检察员
			免去	张大义	市中级人民法院副院长、审判委员会委员、审判员
			免去	陈景光	市中级人民法院刑事审判第二庭庭长、审判委员会委员、审判员

续表 14

届别	时间	会议(次)	任、免、辞	姓名	职务
第十四届人大常委会	8月25日	第38次会议	免去	周军	市中级人民法院执行庭副庭长、审判委员会委员、审判员
			免去	蓝树源	市中级人民法院审判委员会委员、审判员
			免去	周启生	市人民检察院副检察长、检察委员会委员
			免去	孙乡平	市人民检察院检察委员会委员
			免去	颜晓兰(女)	市人民检察院检察委员会委员、检察员
			免去	何晓莹(女)	市人民检察院检察委员会委员、检察员
	9月30日	第39次会议	辞职	吴朝晖	市第十四届人民代表大会常务委员会副主任
			辞职	张培健	市中级人民法院院长
			辞职	黄建波	市人民检察院检察长
			决定代理	韦武斌	市中级人民法院代院长
			免去	姜夕云	市人大常委会副秘书长、南宁市人大常委会办公室副主任
			免去	宋道安	市人大常委会副秘书长、南宁市人大常委会办公室副主任
			免去	何玉琴(女)	市人大常委会副秘书长、南宁市人大常委会办公室副主任
			免去	马成国	市人大常委会调查研究室副主任
			免去	庞国文	市人大常委会选举联络工作委员会副主任
			免去	谢宗务	市卫生健康委员会主任
			免去	李跃军	市监察委员会副主任
			免去	余万庆	市中级人民法院副院长、审判委员会委员、审判员
			任命	杨宙飞	市人大常委会副秘书长、南宁市人大常委会办公室副主任
			任命	马成国	市人大常委会副秘书长、南宁市人大常委会办公室副主任
			任命	胡昕	市人大常委会副秘书长、南宁市人大常委会办公室副主任
			任命	黄浩邦	市人大常委会调查研究室主任
			任命	宁建勇	市人大常委会调查研究室副主任
			任命	莫孝斌	市人大常委会选举联络工作委员会副主任
			任命	陆宏康	市人大常委会法制工作委员会副主任
			决定任命	卢晴(女)	市工业和信息化局局长
			决定任命	唐驰	市卫生健康委员会主任
			批准辞职	黎民诚	宾阳县人民检察院检察长
			批准辞职	宁宇	上林县人民检察院检察长
			批准辞职	李栋	马山县人民检察院检察长
			批准辞职	马闯	隆安县人民检察院检察长
			批准辞职	林中	兴宁区人民检察院检察长
			批准辞职	王运华	青秀区人民检察院检察长

续表 14

届别	时间	会议(次)	任、免、辞	姓名	职务
第十四届人大常委会	9月30日	第39次会议	批准辞职	黄朝科	西乡塘区人民检察院检察长
			批准辞职	王少华	邕宁区人民检察院检察长
			批准辞职	曾祥桐	良庆区人民检察院检察长
			批准辞职	温守东	武鸣区人民检察院检察长
			批准任命	周　培	横州市人民检察院检察长
			批准任命	玉尚龙	宾阳县人民检察院检察长
			批准任命	冷　君	上林县人民检察院检察长
			批准任命	黄　磊	马山县人民检察院检察长
			批准任命	磨礼勇	隆安县人民检察院检察长
			批准任命	黎民诚	兴宁区人民检察院检察长
			批准任命	温守东	江南区人民检察院检察长
			批准任命	黄朝科	青秀区人民检察院检察长
			批准任命	秦　燕(女)	西乡塘区人民检察院检察长
			批准任命	颜晓兰(女)	邕宁区人民检察院检察长
			批准任命	何晓莹(女)	良庆区人民检察院检察长
			批准任命	张　仁	武鸣区人民检察院检察长
第十五届人大常委会	12月10日	第2次会议	辞职	孙大光	市人民政府市长
			决定任命	杨　鸿	市人民政府副市长
			决定任命	王　群	市人民政府副市长
	12月22日	第3次会议	辞职	邝　涤	市第十五届人民代表大会常务委员会委员
			决定任命	黄宗成	市人民政府秘书长,南宁市人民政府办公室主任
			决定任命	丁　伟	市发展和改革委员会主任
			决定任命	汪述斌	市教育局局长
			决定任命	梁　展	市科学技术局局长
			决定任命	卢　晴(女)	市工业和信息化局局长
			决定任命	吴秀红(女)	市民族宗教事务委员会主任
			决定任命	陈荣茂	市公安局局长
			决定任命	唐小若	市民政局局长
			决定任命	黄有光	市司法局局长
			决定任命	边作新	市财政局局长
			决定任命	刘德宁	市人力资源和社会保障局局长
			决定任命	林　兢	市自然资源局局长

续表 14

届别	时间	会议(次)	任、免、辞	姓名	职务
第十五届人大常委会	12 月 22 日	第 3 次会议	决定任命	黄衍全	市生态环境局局长
			决定任命	宁世朝	市住房和城乡建设局局长
			决定任命	蔡友清	市交通运输局局长
			决定任命	李伟进	市水利局局长
			决定任命	舒善隆	市农业农村局局长
			决定任命	梁培正	市商务局局长
			决定任命	韦　娜(女)	市文化广电和旅游局局长
			决定任命	唐　驰	市卫生健康委员会主任
			决定任命	陈欣善	市退役军人事务局局长
			决定任命	黄展邦	市应急管理局局长
			决定任命	徐铭斯	市审计局局长
			决定任命	彭　健(女)	市外事办公室主任
			决定任命	李善钦	市市场监督管理局局长
			决定任命	吴　豫(女)	市体育局局长
			决定任命	黄南方	市统计局局长
			决定任命	许强初	市林业局局长
			决定任命	曾肄业(女)	市金融工作办公室主任
			决定任命	蒋立新	市人民防空办公室主任
			决定任命	刘宗晓	市乡村振兴局局长
			决定任命	陆　勤(女)	市医疗保障局局长
			决定任命	庄　凯	市市政和园林管理局局长
			决定任命	梁　勇	市城市管理综合行政执法局局长
			决定任命	邝　涤	市投资促进局局长
			决定任命	黄　定	市行政审批局局长
			决定任命	朱会东	市北部湾经济区规划建设管理办公室主任(兼)
			决定任命	肖　宁	市粮食和物资储备局局长
			决定任命	文华寿	市机关事务管理局局长
			决定任命	熊　华	市大数据发展局局长
			决定任命	宋日正	市人民政府国有资产监督管理委员会主任

编辑　温燕聪

综　述

【概　况】 2021年，南宁市人民政府（简称“市政府”）召开全体会议1次、政府常务会议32次、经济运行分析会5次，作出实施南宁市“十四五”时期经济和社会发展规划、建设中国（南宁）跨境电子商务综合试验区、推进工业振兴、促进服务业高质量发展、加快建设交通强市、实施教育提质振兴、发展养老托育健康服务、实施长期护理保险制度试点、保护修复天然林等重大决定；提请市人大常委会审议地方性法规草案3件，出台规章3件，打包修改规章2件，废止规章2件，开展规章立法后评估5件；制定规范性文件19件，备案审查规范性文件177件，开展涉及动物防疫法、行政处罚等专项规章文件清理；办理各级人大代表议案和建议213件、政协提案687件；实施、承办为民办实事工程20大项60个子项。统筹新冠肺炎疫情防控和经济社会发展，全面落实强首府战略，稳住经济基本盘，经济总量迈上5000亿元台阶，实现“十四五”规划开局良好。调整充实疫情防控前线指挥部2次，紧盯“外防输入、内防反弹”，严格“人、物、环境”同防，提高流调能力、核酸检测能力、集中隔离能力、应急处置能力；累计接种新冠病毒疫苗1756.5万剂次，1月15日起至年末，连续351天无新增本土病例。巩固拓展落实中央八项规定及其实施细则精神成果，整治形式主义、官僚主义，持续为基层松绑减负。南宁市被国家民委命名为第九批全国民族团结进步示范市。主要存在开放优势发挥不充分、创新驱动发展动能不强、民生保障存在短板弱项、营商环境有待提升等问题。

【服务型政府建设】 2021年，南宁市政府开展政府例行新闻发布会28次。市政府网站公开政府信息2.61万条、累计点击量702.98万人次，以图解、视频、新闻发布会等形式解读热门政策53条，回应群众热点问题43个。南宁市12345政务服务便民热线接听群众来电87.35万通，比上年增长299%，按时办结率96.5%，工单办理满意率97.4%；在自治区率先建立常态化热线成员单位主要负责人轮流值班接电制度，畅通领导干部直接联系群众渠道；牵头推出热线跨市联动服务；开设“南宁12345”微信公众号。全面部署数字政务一体化平台，市县两级政务服务事项网上可办率99.40%；各级政务服务部门线上线下受理政务服务申请422.01万件，办结409.76万件；南宁市民中心线上线下受理政务服务申请233.57万件，办结230.93万件。以高频事项为“小切口”推进便民利民“微改革”“微创新”，在全国率先实现“巡游出租汽车驾驶员从业资格证核发（新办）”“网络预约出租汽车驾驶员从业资格证核发（新办）”政务服务事项“零材料”“扫脸即办”，年办量万件以上；设置办事绿色通道，为老年人、孕妇、残障人士、现役军人、消防队员等特殊人群提供优先叫号、帮办代办等服务；设置“办不成事”反映窗口，落实“好差评”制度。全市政务服务群众满意度99.99%，南宁市登记财产、政务服务2项指标获评“全国标杆”。服务强首府战略，实行“重点项目一帮一”量身定制服务，实地调研南宁国际空港综合交通枢纽工程、双定循环经济产业园炉渣综合利用项目、三塘智力运动综合体（福弈城）等项目企业29家，现场解决问题60个；提供投资前行政指导服务，通过选址方案36个。全面对接粤港澳大湾区建设，推进邕港澳经贸、科技、人才、教育、医疗卫生等交流合作；为港澳企业提供精准投资服务，完成投资信息报告281份；汇编发放《南宁市港澳居民公共服务指南》。支持台商台企融入南宁高质量发展，依法维护台商台胞合法权益，走访慰问、服务850人次，组织台商台胞接种新冠病毒疫苗651剂次，创建邕台青年就业创业服务站5个。市外事办做好涉外新冠肺炎疫情常态化防控，推进国际抗疫合作，服务南宁市与国外友好城市交流交往，协助处置涉及南宁籍人员境外安全案（事）件32起，为129人提供帮助。市人社局推动建设全国首个智慧人社联合创新实验室，打造全国首个“智慧人才”一体化服务平台；在全国率先推出人社“三暖”服务，实施“助暖”便民服务举措7个方面18条，推出“送暖”上门服务事项20项，制定完善“保暖”服务规范准则35条。市民宗委开展城市民族事务依法治理基层联系点工作，征集各族群众社情民意510多条，反馈和解决问题135个；依托市少数民族流动人员服务中心、社区民族之家等平台服务少数民族流动人员1100多人次。

【营商环境优化】 2021年，南宁市制定持续优化营商环境行动方案，细化年度具体任务280项，实行任务销号和定期通报制度。学习借鉴上海、重庆、广州、成都、杭州、厦门等全国标杆城市做法，复制推广典型经验87条，列入优化营商环境特色任务清单。落实市委2021年度持续优化营商环境工作专题协商座谈会精神，制定任务分工表，形成举措103条。配合市委巡察组做好优化营商环境机动式巡察，组织被巡察单位开展问题专项整改，全部整改完成“落实优化营商环境目标任务的政治担当还不够强”“完成三年行动计划目标任务有弱项”等问题7项。开展2020年国家、自治区、南宁市营商环境第三方评估反馈问题专项整改，梳理问题109个，督促完成整改79个。建立政企沟通桥梁，设立营商环境监测点22个，选聘营商环境观察员27人，组织营商环境政企座谈会、服务企业活动4次。在自治区率先推出“12345+营商环境”企业服务专席，受理诉求工单5639件，工单办理满意率99.05%。推进企业登记注册便利化改革，探索政银合作服务新模式，建立企业注册登记协同工作机制，实现企业开办“就近能办”“多点可办”“开办即开户”。纵深推进工程建设项目审批制度改革，推出“拿地即开工”2.0版本，审批时限平均压缩88%以上，惠及项目67个。落实减税降费政策，“桂惠贷”投放金额541.6亿元，惠及市场主体1.40万户。新登记市场主体16.1万户，比上年增长20.7%。中国（广西）自由贸易试验区南宁片区试行企业住所（经营场所）申报承诺制改革，推广使用惠企惠民一站通系统，新增注册企业2.06万户，增长215%。

（市政府办公室　市行政审批局
市民宗委　市外事办）

重要会议

【市十四届人民政府第六次全体（扩大）会议】 2021年4月7日召开。代市长孙大光主持会议并讲话。会议讨论通过提请市十四届人大六次会议审议的《政府工作报告（审议稿）》《南宁市国民经济和社会发展第十四个五年规划和2035年远景目标纲要（草案）》《关于南宁市2020年国民经济和社会发展计划执行情况与2021年国民经济和社会发展计划草案的报告（审议稿）》《关于南宁市与市本级2020年预算执行情况和2021年预算草案的报告（审议稿）》。会议强调，2021年是实施“十四五”规划的开局之年，是全面落实强首府战略的关键之年，要坚定信心，增强全面落实强首府战略、推动高质量发展的紧迫感和责任感，奋力跑出首府发展“加速度”。要持续拿出非常之策、使出非常之力、推出非常之举，推动工作落到实处、取得实效；突出抓好“六强”（强工业、强创新、强金融、强枢纽、强开放、强治理），打好强首府关键之战；突出项目支撑，打好“十四五”规划实施开局之战；突出提速发展，打好上半年冲刺之战。要完善机制、转变作风，提高全面落实强首府战略、推动高质量发展的能力和水平，强化责任担当狠抓落实，全面落实强首府战略，推动“十四五”发展开好局起好步，以优异成绩庆祝中国共产党成立100周年。

【政府常务会议】 2021年，市政府召开政府常务会议32次，审议议题218个。审议《中国（南宁）跨境电子商务综合试验区发展规划（2021—2025）》《南宁市金融业发展“十四五”规划》《南宁市现代服务业发展“十四五”规划》《南宁市民政事业发展“十四五”规划》《南宁国家物流枢纽建设“十四五”规划》《数字南宁发展“十四五”规划》《南宁市人口发展规划（2021—2030年）》《南宁市新型城镇化规划（2021—2035年）》等规划，《南宁市最低生活保障办法》《南宁市互联网租赁自行车管理暂行办法》《南宁市电网建设促进办法》等办法，《南宁市服务业提升发展三年行动方案（2021—2023年）》《南宁市贯彻落实教育提质振兴三年行动计划（2021—2023年）实施方案》《南宁市促进养老托育健康服务三年行动方案（2021—2023年）》等方案，以及《南宁市促进金融业高质量发展若干政策》《南宁市人民政府关于促进南宁市现代物流高质量发展的支持政策》《南宁市提振消费促进商贸业高质量发展若干措施》等重大政策措施；研究部署南宁市春节及人大、政协“两会”期间重要民生商品保供稳价有关工作、2021年安全生产工作、新冠肺炎疫情防控、能源电力保供工作、南宁市落实国家统计督察整改工作、城市污水处理服务费价格调整、推进危旧房改项目办理不动产登记工作、给予南宁城市建设投资集团有限责任公司注资等有关问题；推荐参加第一届广西财税金融改革创新奖评选的先进集体、先进个人名单；听取安全生产专项整治三年行动情况汇报、新时期粤桂东西部协作工作情况汇报、中央生态环境保护督察组交办群众举报线索边督边改情况汇报、南宁市消防救援队伍改制转隶三周年工作情况汇报、南宁市老龄工作开展情况报告等工作汇报。

【经济运行分析会】 2021年，市政府召开经济运行分析会5次。4月19日，第一季度经济运行分析会要求加快工业提速发展步伐，拓展工业发展空间，抓好工业项目建设，加大工业招商力度；开展行业招商、专业招商、以商招商；做好服务业重点企业扶持培育，开展系列促消费活动，促进房地产市场平稳健康发展；加快推进乡村振兴，做好农产品产销对接，加快生猪产能恢复；推进强首府重大项目建设，开展“三企入桂项目落实”行动、“行企助力转型升级”加工贸易招商活动，承接以粤港澳大湾区等为重点的东部产业转移。6月7日，全市经济运行分析调度会议强调要围绕工业提速发展、服务业稳步回升、抓项目扩投资、农业增产增收聚力攻坚，强化重点企业服务、重点项目建设、企业培育入库；快速提振消费，稳定金融业增长，抓好其他营利性服务业；紧抓重大项目建设、基础设施投资；突出抓好拉动农业增长潜力点，加强农产品产销对接；全力稳外贸、稳外资。7月23日，全市上半年经济运行分析会强调要打好工业振兴攻坚战，聚力挖潜抓保障、发展抓服务、投资抓项目；打好稳服务业攻坚战，抓好生产性服务业发展，发展新经济新业态，扩内需促消费；打好扩大有效投资攻坚战，紧抓强首府重大项目建设、基础设施项目建设、招商引资不放松；打好农业稳产增收攻坚战，抓好规模养殖业发展，保持种植业增长势头，提高农业效益；要保持建筑业平稳发展，推动骨干企业做大做强。10月25日，第三季度经济运行分析会强调要冲刺打好工业增产增效硬仗，加快工业重大项目建设，深入实施补链强链专项行动，做好四季度及跨周期工业稳增长工作；打好项目投资增速硬仗，抓基础设施项目建设，统筹做好项目谋划、储备、前期等工作；打好三产提质提速硬仗，促进房地产市场平稳健康发展，推动消费回升、金融业平稳发展、交通物流业加快发展，培育服务业发展新动能；打好农业稳产增收硬仗，稳定粮食生产，挖掘果蔬等经济作物增长潜力，强化农产品产销对接；打好开放引领扩外贸硬仗，打赢外贸进出口“冲千亿”攻坚战；打好强化要素保障硬仗，加强电力供应保障和项目建设用地保障。12月8日，全市2021年“冲刺四季度打好收官战”经济运行分析调度会强调坚持以增量提质量，落实目标总控、责任到人；形成大抓项目、抓大项目浓厚氛围，建立项目为王考核机制，强化项目库建设和重大项目集中攻坚；围绕目标细化支撑，挖潜力、补空缺，确保完成全年目标任务，实现“十四五”良好开局。

【南宁市新冠肺炎疫情防控工作推进会】 2021年12月24日以电视电话会议形式召开，市委市政府会议中心设主会场，县（市、区）、开发区设分会场。会议传达学习中央、自治区领导关于新冠肺炎疫情防控工作的批示指示精神，总结前一阶段南宁市疫情防控工作，对下一步打好打赢常态化疫情防控攻坚战持久战进行再动员再部署再落实。自治区党委常委、市委书记、市疫情防控工作领导小组组长徐海荣强调，南宁市疫情防控形势依然严峻复杂，疫情输入和传播的风险仍在加大，要严密外防输入措施，严把外防输入关口，织密织牢防控网络；强化重点人群排查管控，做好相应健康监测管理；严格社会面管理，严格管理人员聚集活动，加快推进疫苗接种工作，构建人群免疫屏障；加强组织领导，确保疫情防控责任落细落实；抓好疫情防控基础建设，提高大规模核酸检测能力，配备社区、村等基层疫情防控队伍，做好防疫物资储备。

（市政府办公室）

重大决定

【长期护理保险制度试点】 2021年1月8日，市政府印发《关于南宁市长期护理保险制度试点的实施意见》，把长期护理保险制度（“长护险”）作为惠及民生、解决重度失能人员基本生活照料及医疗护理难题的社会保险制度，明确“长护险”基金构成、参保范围、基金筹集方式和标准、基金管理和待遇支付、享受待遇的条件、保险待遇范围、定点护理服务机构管理。3月1日起，以南宁市职工基本医疗保险参保人群为实施对象开展试点，条件成熟后逐步扩大覆盖人群及保障范围。

【建设中国（南宁）跨境电子商务综合试验区】 2021年2月25日，市政府印发《中国（南宁）跨境电子商务综合试验区发展规划（2021—2025）》，提出建设中国（南宁）跨境电子商务综合试验区的发展定位、主要目标、“1+N”产业发展格局（一个产业核心区、多个跨境电商重点功能集群发展区）、重点建设项目清单等，提出加快线上平台建设、完善线下园区功能、加强服务体系建设、整合多边数据等主要任务10条，明确到2025年，建成跨境电子商务产业园一批，培育引进跨境电子商务产业链企业300家以上；加快外贸产业转型升级，跨境电子商务交易额超60亿元；培育跨境电子商务集群，将南宁跨境电子商务综合试验区建成中国—东盟贸易新通道。

【推进工业振兴】 2021年3月7日，市政府制定《南宁市人民政府关于推进工业振兴的若干政策意见》，实施工业固定资产投资补助、企业技术改造补助、品牌建设对标诊断、支持企业技术创新体系建设、支持“专精特新”（中小企业专业化、精细化、特色化、新颖化）企业发展、鼓励加快绿色制造体系建设、鼓励租赁标准厂房等23条措施，从支持新引进工业项目、企业技术改造、企业租赁购买标准厂房、企业科技创新和品牌建设、工业绿色发展、工业互联网发展等方面推进工业振兴。3月9日，市委、市政府印发《南宁市推进工业振兴三年行动方案（2021—2023年）》，提出坚持强龙头、补链条、聚集群，坚持优化结构、转型升级、提质增效，坚持创新驱动、开放合作、绿色发展，持续做好产业发展、园区建设、企业培育三篇文章，抓项目做大增量、扩投资增强后劲、调结构促进转型、优环境服务企业，推进产业基础高级化，提升产业链供应链现代化水平，加快构建现代工业产业体系，推动全市工业高质量发展迈上新台阶。

【促进服务业高质量发展】 2021年3月8日，市政府印发《南宁市促进金融业高质量发展若干政策》，提出支持建立和完善金融组织体系、支持金融改革创新、鼓励金融业支持涉农和小微企业发展、支持资本市场高质量发展、提升金融生态环境等19条措施。3月16日，市政府印发《南宁市促进现代物流业高质量发展若干政策》，提出加大物流招商引资力度、加大物流用地支持、强化金融（融资）扶持、鼓励物流企业做大做强、培育国际物流大通道、支持物流业转型升级等28条措施，加快构建高效率、低成本、多层次的物流服务体系。10月27日，市政府印发《南宁市服务业提升发展三年行动方案（2021—2023年）》，提出全力构建金融业、大数据产业、现代物流业等支柱产业，布局科技服务业、商务服务业、人力资源服务业、健康养老托育服务业、电子商务业、会展服务业、服务外包业、邮政电信业、家政服务业等新兴产业，提升商贸服务业、房地产业、文化旅游业等优势传统产业，实施服务业要素聚集、服务业集聚区提质升级、服务业企业培育壮大、服务业“邕系品牌”打造、服务业招商攻坚五大专项行动。11月2日，市政府印发《南宁市提振消费促进商贸业高质量发展若干措施》，提出鼓励商贸企业上统入库、引进和培育商贸企业总部、支持商贸主体扩大经营、发展首店经济、发展商贸新业态新模式、支持餐饮业发展线上业务、鼓励开展促消费活动等9条措施。

【加快建设交通强市】 2021年3月12日，市政府印发《关于大力推进南宁市多式联运发展的若干政策》，提出构建高效便捷的多式联运体系目标，实施给予多式联运经营主体入驻奖励、给予多式联运主体购置标准化设备补贴、鼓励企业在南宁集结货物、鼓励开行铁路班列、鼓励发展水运集装箱运输等措施22条。12月11日，市政府印发《关于加快建设交通强市构建现代综合交通运输体系的若干措施》，提出加快建设交通强市，推进构建安全、便捷、高效、绿色、经济的现代综合交通体系目标，实施深化交通建设和运营机制改革、强化综合交通运输发展资金保障、强化交通基础设施建设资源要素保障、强化交通基础设施建设管理、提升行业治理能力、提升服务保障能力、强化激励和跟踪问效等7个方面20条措施。

【实施南宁市“十四五”时期经济和社会发展规划】 2021年5月20日，市政府印发《南宁市国民经济和社会发展第十四个五年规划和2035年远景目标纲要》，阐明南宁市发展战略意图，明确政府工作重点，引导规范市场主体行为，提出南宁市经济社会2035年远景目标和“十四五”时期发展主要目标，其中“十四五”时期发展主要目标是努力实现“六个明显提升”（经济综合实力、改革开放水平、社会文明程度、生态宜居水平、人民生活品质、社会治理效能明显提升）。明确9大领域重大战略任务：聚力“强首府”，厚植现代化经济体系新根基；聚焦“高质量”，构建现代产业体系；全面实施乡村振兴战略，加快推进城乡融合发展；优化国土空间布局，高标准建设南宁都市圈；深化体制机制改革，推动有效市场和有为政府更好结合；坚持治水建城为民，进一步打响“中国绿城”品牌；提升首府文化软实力，创建国家历史文化名城；坚持以人民为中心，不断增强人民群众获得感幸福感安全感；统筹发展和安全，推进首府治理现代化。围绕重大平台、交通物流、产业发展、数字经济、创新发展、乡村振兴、新型城镇化等领域，提出重点建设的重大项目、重点工程、重大改革举措近500项。印发《南宁市全面推进社会治理现代化“十四五”规划（2021—2025年）》《南宁市生活垃圾分类“十四五”发展规划》《南宁市食品安全“十四五”规划（2021—2025年）》《南宁市民政事业发展“十四五”规划》《南宁市气象事业发展“十四五”规划》《南宁市应急体系建设“十四五”规划》《南宁市现代服务业发展“十四五”规划》《南宁市教育事业发展“十四五”规划》《南宁国家物流枢纽建设“十四五”规划》《南宁市金融业发展“十四五”规划》《数字南宁发展“十四五”规划》《南宁市人口发展规划（2021—2030年）》《南宁市新型城镇化规划（2021—2035年）》等专项规划。

【天然林保护修复】 2021年12月30日，市政府印发《南宁市天然林保护修复制度实施方案》，实施完善天然林管护制度、建立天然林用途管制制度、健全天然林修复制度、落实天然林保护修复监管制度、完善天然林保护修复支持政策等重点任务5项，明确全市天然林保护修复制度实施重点任务分解表。主要目标：到2022年，摸清全市天然林资源底数，优化南宁市公益林和天然林落界范围，确保落界成果全面衔接森林资源管理“一张图”；规范天然林的档案管理，落实天然林管护责任，指导各县（市、区）编制天然林保护修复制度实施方案。到2035年，全市重点区域天然林面积保持稳定，质量实现根本好转，功能逐步提升，实现天然林和公益林并轨管理。

【教育提质振兴】 2021年12月30日，市政府印发《南宁市贯彻落实教育提质振兴三年行动计划（2021—2023年）实施方案》，实施教育提质振兴十大工程，即新时代立德树人发展工程、学前教育优质普惠发展工程、义务教育优质均衡发展工程、普通高中高品质发展工程、职业教育提质培优工程、高等教育创新发展工程、新时代教师队伍素养提升工程、教育资源扩容提质工程、智慧教育品质提升工程、教育服务能力提升工程。基本目标：到2023年，更高水平普及各级各类教育，学前教育毛入园率97.8%，九年义务教育巩固率99%以上，高中阶段毛入学率98.9%；全市优质教育资源更加丰富，教育质量进一步提高，教育治理能力进一步提升，打响“品质教育学在南宁”品牌，推动南宁教育从“学有所教”向“学有优教”跨越。

【发展养老托育健康服务】 2021年12月31日，市政府印发实施《南宁市促进养老托育健康服务发展实施方案》。主要任务：建立健全养老托育服务体系、扩大养老托育服务供给、提升养老托育服务质量、建立养老托育综合监管体系。主要目标：到2023年，南宁市养老托育设施基本保障能力显著提升，产业发展更具活力，综合监管不断强化，养老托育服务体系初步形成；养老机构护理型床位占比53%以上，城市街道综合性养老服务机构（中心）覆盖率80%以上，每千人口拥有3岁以下婴幼儿托位数3.5个以上，0.5万～1.2万人口规模的完整居住社区托育服务覆盖率60%以上，打造国内一流、国际知名的宜居康养城市。（市政府办公室）

主要活动

【重大项目开（竣）工】 2021年，南宁市举行重大项目开（竣）工现场会5次。南宁市五象投资创新型信息产业基地三期、五象投资大数据产业园、绿港·金阳产业城、广西桂台现代农机产业服务园、南宁市文骅小学、龙光东盟生鲜食品智慧港、广西五象粮食储备库公司粮食应急加工项目、东盟李宁中心、中国智能骨干网申通南宁智慧物流产业园、南宁市亭子冲流域治理工程（一期）、南宁市城西生活垃圾中转站、南宁市石埠水厂一期工程、南宁市核心城区缆线管廊工程等268个重大项目开（竣）工，总投资827亿元。3月26日，广西“双百双新”产业项目发展工程指挥部在南宁举行2021年一季度广西“双百双新”产业项目集中开（竣）工活动，开（竣）工项目61个，其中南宁市项目9个，分别为“葫芦娃”品牌系列药品南宁生产基地二期工程、中国—东盟贸易枢纽数字供应链公共服务平台、东创精密南宁扩产项目、年产1.2吉瓦时锂离子动力电池项目、新型触控显示一体化产品生产线、中药健康产业工程（一期）、南宁·中关村电子信息产业园、广投数字经济示范基地等。

【广西（南宁）碳金融与绿色发展创新联合实验室揭牌】 2021年5月25日，市政府与广西北部湾银行共同发起成立的广西（南宁）碳金融与绿色发展创新联合实验室在南宁揭牌，聚焦优化政府及金融资源配置，致力研究探索绿色金融服务新模式，为绿色金融产品及服务创新提供平台支撑。

【“壮美广西云数字峰会暨懂行中国行2021”活动】 2021年6月4日，市政府与自治区大数据发展局、华为技术有限公司在南宁共同主办“壮美广西云数字峰会暨懂行中国行2021”活动，有关部门、龙头企业、行业专家共同探讨数字经济发展新机遇，共享数字经济发展新成果。市政府与华为技术有限公司签订《华为广西区域总部项目投资协议》《深化南宁新型智慧城市建设合作协议》，共同揭牌“华为—南宁数字经济产业创新中心”。双方协议围绕城市智能感知交互体系建设、城市智能中枢建设、拓展新型智慧城市应用等，加强深入合作；华为技术有限公司支持南宁产业数字化转型，助力南宁城市智能体建设和信息化人才培养，助推南宁人工智能、大数据、工业互联网产业生态圈建设。

【“丝路互联”金融创新中心揭牌】 2021年9月3日，市政府与中国建设银行股份有限公司广西壮族自治区分行共同发起成立的“丝路互联”金融创新中心在中国（广西）自由贸易试验区南宁片区揭牌，通过探索与中国（广西）自由贸易试验区及面向东盟的金融开放门户建设相契合的金融服务模式、金融创新产品，开展金融创新政策试点，推动南宁数字金融创新。

【2021世界茉莉花（茶）发展研讨会暨国际花草茶联盟第三次会议】 2021年9月11日，该会议在南宁会展豪生大酒店召开。会议由中国茶叶流通协会、市政府联合主办，横州市政府承办，全国近20个省（区、市）政府机构、行业组织、茶企茶商代表200余人参会。会议通过现场或视频连线方式，围绕全国茉莉花茶产销形势、现代数字农业发展、用国际视野审视花草茶产业标准化进程、提升中国花茶产业健康内涵与物质外延等内容进行研讨，并为2021年全国茉莉花茶加工制作精英赛获奖选手代表、2021年全国茉莉花茶十大品牌企业代表颁奖。

【南宁市12345热线开通20周年历程展】 2021年11月11日，南宁市12345政务服务便民热线开通20周年历程展暨公众开放日活动在南宁市民中心举办。社会各界代表30人参观热线话务中心，听取热线开通20年发展变化介绍，参与跟听话务员接电过程，参加座谈会，对热线工作发展提出意见建议。南宁市12345政务服务便民热线于2001年11月11日正式开通，从单一电话受理渠道变成电话、网站、微信公众号、新闻媒体客户端等全方位受理平台，提供“7×24小时”接电服务，设置营商环境专席、医保专席、公积金专席及综合座席，20年累计接听群众有效来电逾218万通。

【南宁市与日本秋田市缔结友好城市】 2021年11月22日，南宁市与日本秋田市举行缔结友好城市视频签约仪式。秋田市成为南宁市与日本缔结的第一个友好城市。市长孙大光与秋田市市长穗积志通过视频连线方式签署两市建立友城关系协议书，深化农业、文化、教育、科技、旅游、医疗卫生、城市建设管理等领域合作。南宁市与秋田市自2011年起建立官方联系，10余年间，两市人文交流活跃，高级别官方代表团和青年企业家考察团开展互访，在对方城市互设物产店，经贸合作不断加强。

【RCEP专题讲座】 2021年12月27日，市政府举行RCEP（《区域全面经济伙伴关系协定》）专题讲座，邀请南宁海关关税处处长蒋志环讲授RCEP协定知识，RCEP自贸区建设、RCEP关税减让和原产地规则，就广西建设RCEP示范区特别是南宁建设高质量RCEP示范区提出建设性意见建议。讲座以电视电话会议形式举行，县（市、区）、开发区，五象新区管委会设分会场。

【为民办实事工程】 2021年，南宁市本级为民办实事项目到位资金9.82亿元，完成为民办实事工程10个大项30个子项，其中教育惠民3个子项、健康惠民7个子项、文化惠民4个子项、敬老惠民2个子项、强基惠民1个子项、社保惠民1个子项、市政惠民3个子项、畅通惠民3个子项、食安惠民2个子项、平安惠民4个子项。承办自治区为民办实事项目资金103.40亿元,完成为民办实事项目10个大项30个子项,其中社保惠民3个子项、健康惠民4个子项、教育惠民6个子项、水利惠民2个子项、安居惠民2个子项、农补惠民2个子项、生态惠民2个子项、文化惠民4个子项、巩固脱贫惠民2个子项、科技惠民3个子项。 (市政府办公室)

人事人才

【概　况】 2021年,南宁市统筹做好公务员职务与职级并行制度实施,科学合理使用职级职数,晋升公务员(参照管理人员)6875人次;分级分类开展公务员培训116期、1.03万人次。南宁市人力资源和社会保障局(简称"市人社局")印发实施《南宁市激励干部担当作为奖励办法(试行)》《南宁市激励干部担当作为奖励实施细则》,把事业单位统一考试招聘岗位条件向乡镇倾斜,支持县(市、区)自主招聘乡镇事业单位工作人员,鼓励乡镇及以下义务教育阶段学校放宽条件引进急需紧缺教师。加强人才引进培养,公开考试招聘事业单位工作人员、中小学教师等7411人,认定高层次人才35批次1034人、高技能人才7276人,引进急需紧缺人才15人,开展职称申报、认定、核验等4.13万人次,拨付人才项目资金5161.53万元。规范人事人才管理,将财政统发工资人员工资全流程纳入管理;推进绩效工资总量管理,出台部分行业事业单位试点薪酬改革政策,继续开展高层次人才薪酬制度改革试点;规范企业工资分配秩序,公布企业在岗职工工资指导价位。优化人才服务,打造全国首个"智慧人才"一体化服务平台,访问使用量28万人次。南宁市中长期人才规划评估报告获自治区党委政研系统"大学习大调研"活动调研成果二等奖。南宁市作为唯一设区市在自治区党委人才工作会议上作经验发言。市人社局获自治区激励干部担当作为"六稳""六保"专项奖励集体三等奖;11人获自治区激励干部担当作为"六稳""六保"专项奖励个人三等奖。主要存在引才留才力度有待增强,人才政策兑现落实精准度有待提高等问题。

【公务员管理】 2021年,南宁市统筹做好公务员职务与职级并行制度实施,科学合理使用职级职数,全市晋升公务员(参照管理人员)6875人次。严格贯彻落实公务员法及配套法规,开展公务员法律法规实施情况监督检查。统筹推进聘任制公务员招聘,招聘1名聘任制公务员入职五象新区管委会。围绕全面落实强首府战略加大紧缺专业公务员招录力度,面向社会公开考试录用公务员计划256人,录用253人。全市办理公务员(参照管理人员)登记898人,退出备案1212人。分级分类做好公务员培训,开展公务员培训项目6个,培训班次116期,培训人数1.03万人次。做好市直公务员(参照管理人员)年度考核备案和年度考核优秀奖励的审核,完成市直178个机关单位1.2万余人年度考核审核备案工作及2563人的年度考核嘉奖、384人记功奖励审核。选树推荐南宁市城市管理监督评价中心(南宁市城市管理指挥中心)副主任杨冰、青秀区人民法院执行局局长赵会获评自治区"最美公务员"。

(市委组织部　市人社局)

【事业单位人事管理】 2021年,南宁市加大事业单位人才引进,办理事业单位自主公开招聘方案备案50批,公开考试招聘事业单位工作人员、中小学教师等7411人;通过"绿色通道"引进《2020—2021年度南宁市事业单位急需紧缺专业人才目录》急需紧缺人才15人。深化事业单位岗位管理,市直党群系统非参照公务员法管理事业单位人事管理职能由市委组织部调整到市人社局;办理事业单位岗位设置方案备案560个,岗位聘用备案521批次1.20万人次,办理事业单位特设岗位备案2个单位3个岗位(专业技术四级1个、专业技术七级2个),办理2020年度事业单位考核备案206家1.94万人;开展县以下事业单位建立管理岗位职员等级晋升制度调研、培训,完成2021年度全市事业单位人员统计,按照《广西壮族自治区事业单位工作人员培训实施办法》,将事业单位工作人员培训纳入规范化管理;印发《关于给予全市事业单位及工作人员脱贫攻坚记功奖励的决定》,奖励先进集体50个、先进个人200人。加强基层人才扶持,将事业单位统一考试招聘岗位条件向乡镇倾斜,面向脱贫户家庭毕业生或当地生源定向招聘服务基层项目人员和村"两委"成员;支持县(市、区)自主招聘乡镇事业单位工作人员,鼓励乡镇及以下义务教育阶段学校放宽条件引进急需紧缺教师。落实非营利性服务业劳动者报酬政策,核定市本级行政类、公益一类事业单位123家4186人绩效工资额外增量,核定市本级财政统发工资事业单位186家1.54万人、非财政统发工资事业单位22家2072人的绩效工资总量(增量)增减调整。继续开展市直公立医院薪酬制度改革试点、高校和科研院所高层次人才薪酬制度改革试点,实施市本级职业院校试行绩效工资管理新政策。

【企业职工管理】 2021年,南宁市加强企业收入分配宏观调控,以自治区人社厅发布企业工资增长的基准线、预警线为依据,引导企业合理确定年度工资水平。开展2021年企业薪酬调查,调查企业2723家,发放调查样本2723份。整理分析18个行业2665家企业在岗职工工资样本,公布244个职业小类、部分职业小类分等级、分行业分职业大类、5类新参加工作等类别企业从业人员工资指导价位。落实"和谐同行"企业培育共同行动,市人社局联合市总工会、市企业联合会、市工商联制定实施《劳动关系"和谐同行"能力提升三年行动计划》《关于2021年"和谐同行"送法入企工作方案》,持续推进劳动人事争议源头预防治理。开展南宁市劳动关系和谐单位认定,累计认定"南宁市劳动关系和谐单位"78家。

【人事考试】 2021年,南宁市计划公开招录公务员岗位177个,人员256名;考试缴费2.64万人,参加笔试2.64万人;录用253人。计划事业单位统一公开招聘工作人员岗位2228个,人员2928名;考试缴费5.93万人,参加笔试5.93万人。二级建造师考试南宁考区(含南宁市、崇左市)考生2.71万人,执业药师职业资格考试南宁考区考生6254人。

【高技能人才队伍建设】 2021年,南宁市推进高技能人才队伍建设,评定南宁市第六批首席技师13人(广西南南铝加工有限公司陈仁桂、郑许,南宁轨道交通集团有限责任公司凌沛文,广西绿城水务股份有限公司易克稳,南宁华数轻量化电动汽车设计院有限公司郑松宁,广西农垦明阳生化集团股份有限公司潘肖宏,南宁邕城公共交通有限公司经绍林,广西兴之创汽车技术有限公司茹奕洪,南宁市青秀区万师傅餐饮店万都和,南宁职业技术学院许建豪,广西南宁技师学院王扬、石冰,南宁市绿城南方职业培训学校莫永芸),技能大师工作室4个(广西中烟工业有限责任公司南宁卷烟厂钟世乐技能大师工作室、广西二轻技师学院谭顺捷技能大师工作室、广西电网有限责任公司南宁供电局李炎技能大师工作室、广西南宁技师学院黄保养技能大师工作室)。新增高技能人才7276人,其中高级工5498人、技师1127人、高级技师201人。实施高技能人才"支撑计划",奖励获"全国技术能手"称号2人、获"广西技术能手"称号18人,奖金合计20万元;为155名新增技师高级技师发放社保补助资金94.6

2021 年 11 月 2 日，南宁市"绿城联合引智"秋季活动（桂林站）在桂林理工大学（雁山校区）举办　　　　市人社局提供

万元。8 月 26 日至 27 日，举办广西第一届职业技能大赛南宁市选拔赛，参赛单位 68 家、高技能人才 241 人，评出"南宁市技术能手"12 人，一等奖 6 人、二等奖 9 人、三等奖 12 人。10 月 19 日至 23 日，参加在柳州市举办的广西第一届职业技能大赛，选派 36 人参加全部项目，获金牌 3 枚、银牌 4 枚、铜牌 5 枚。皇氏集团华南乳品有限公司、万怡物业服务有限公司获企业自主职业技能等级认定试点资质。

【职称评定】 2021 年，南宁市开展专业技术职务任职资格评定 4.13 万人次，其中初级 3721 人、中级 5467 人、高级 8350 人；办理职称认定 1389 人，重新确认 96 人，职称核验 2.41 万人，补办证书 23 人；审验发出职称电子证书 1.05 万本。分类推进职称制度改革，加大评审权限下放力度，发挥用人单位人才评价作用；支持条件成熟的企事业单位单独开展高级职称评审，把卫生系列副高级职称评审权下放市第一人民医院医疗集团、市第二人民医院医疗集团。　　（市人社局）

【人才服务】 2021 年，南宁市加快释放深化人才发展体制机制改革行动计划及配套政策、"强首府人才 18 条"等人才政策红利，加速优秀人才集聚。组织修订《南宁市高层次人才认定参考目录（2021 年）》。在自治区率先推行高层次人才"同行举荐"办法，出台《南宁市高层次人才举荐制实施细则》，以才引才；3 名南宁市 A 类高层次人才举荐 B 类高层次人才、医药农药专家张立新为 A 类高层次人才，经认定，张立新成为南宁市首位高层次人才举荐的 A 类人才，做法获中组部宣传推介。全年认定高层次人才 35 批次 1034 人（A 类 2 人、B 类 6 人、C 类 45 人、D 类 234 人、E 类 747 人）。实施"邕江计划"重大引才项目，集聚领军人才团队 24 个，资助经费 2600 万元，领军人才中博士学历占 66.7%；完成南宁市创新创业领军人才"邕江计划"人才（团队）项目验收 26 个（2018 年度 19 个、2017 年度 6 个、2014 年度 1 个）；开展 2020 年度"邕江计划"项目申报评审，确认资助项目 24 个，拨付专项资助资金 1300 万元。助力南宁市 A 类高层次人才、广西博世科环保科技股份有限公司王双飞当选中国工程院环境与轻纺工程学部院士。落实市领导联系服务人才制度，细化落实人才安居、生活补贴、医疗优诊等人才服务保障，人才发展生态进一步优化。审核发放人才安家费补贴 66 万元，32 名特聘专家（第七批、第八批、第九批）专项经费 860 万元，22 名 2020 年度南宁市培养新世纪学术和技术带头人专项资金资助 166 万元，30 个 2020 年度南宁市人才小高地资金资助 280 万元，729 名产业领域急需紧缺青年人才生活补助 1417 万元。累计拨付人才项目资金 5161.53 万元。采取"线上 + 线下"方式举办 2021 年南宁·东盟人才交流活动月系列活动，超过 42.25 万人次参与，促成包括中国工程院宋宝安院士在内的 9 个重大人才项目签约。举办第四届中国·南宁海（境）外人才创新创业大赛，吸引全球 516 个人才（团队）携项目参赛，55 个决赛项目负责人中学历为博士占 58.2%。开展人才交流、招才引智活动，北京大学、同济大学等高校选派 36 名在校学生到南宁市开展暑假社会实践活动。开展"绿城联合引智"秋季活动。桂林站活动在桂林理工大学举办，参会单位 53 家，提供就业岗位 1000 多个，现场收取简历 564 份，达成就业意向 158 人，线上收取简历 452 份；南宁站活动在广西民族大学举办，参会单位 156 家，提供岗位 5818 个，线上线下收取简历 4693 份，达成就业意向 645 人。

【南宁市"智慧人才"一体化服务平台上线运行】 2021 年 7 月 28 日，南宁市"智慧人才"一体化服务平台正式上线。平台整合 39 家单位 72 项事项，提供人才政策宣传、待遇测评、打包办事、求职招聘"一体化"服务等 53 项服务内容。至年末，访问使用量 28 万人次，其中受理青年人才生活补助、高层次人才首次购房补贴、社工人才奖励数量分别为上年同期南宁市受理数量的 11 倍、32 倍、67 倍。项目被市委全面深化改革委员会、市委组织部评为 2021 年度南宁市优秀改革创新项目。

（市委组织部　市人社局）

民族事务

【概　况】 2021 年，南宁市民族工作坚持以铸牢中华民族共同体意识为主线，以全国民族团结进步示范市复核为引领，推动民族团结进步创建提质扩面。举办民族团结进步宣传月活动，获新华社、中新社、中国民族报社等国内主流媒体宣传报道；开展民族团结进步创建，全市国家级、自治区级、市级民族团结进步示范区（单位）创建覆盖率 90%。建设铸牢中华民族共同体意识基地，打造广西铸牢中华民族共同体意识研究基地 1 个，命名南宁市铸牢中华民族共同体意识实践教育基地 8 个、南宁市铸牢中华民族共同体意识教育试点学校 16 所。开展城市民族事务依法治理基层联系点工作，设立基层联系点 1 个、基层联系站 10 个，征集各族群众社情民意 510 多条，解决问题 135 个。深化提升民族事务服务体系，累计建立民族之家和少数民族流动人员服务站 362 个，协助少数民族流动人员解决就业、住房、随迁子女入学、优生优育等问题。办理民族成份变更审批 853 件，其中 0 周岁～18 周岁 233 件、18 周岁～20 周岁 620 件，汉族变更为少数民族 820 件、少数民族变更为汉族 5 件、少数民族变更为其他少数民族 28 件。南宁市、南宁市横州市被国家民委命名为第九批全国民族团结进步示范单位（示范市）。南宁市民族宗教事务委员会（简称"市民宗委"）报送的《南宁市 2019 年民族关系监测评价报告》被国家民委评为 2020 年度全国民族工作优秀调研报告二等奖。主要存在铸牢中华民族共同体意识大宣教格局需进一步加强，城市民族工作模式需进一步提升，民族团结进步示范创建激励机制需进一步完善，壮文翻译力量有所削弱,县(市、区)民族语言文字工作出现断层等问题。

【铸牢中华民族共同体意识基地建设】 2021年,南宁市把铸牢中华民族共同体意识作为民族工作的主线,印发《南宁市创建全国民族团结进步示范市铸牢中华民族共同体意识工作方案》,明确7项主要任务。确定命名昆仑关战役旧址、邓颖超纪念馆等8个单位为首批"南宁市铸牢中华民族共同体意识实践教育基地"。市民宗委、市教育局印发《关于在全市中小学开展铸牢中华民族共同体意识教育试点工作的通知》,在全市中小学开展铸牢中华民族共同体意识教育试点工作;命名横县民族中学、宾阳县思恩民族中学、上林县城关中学、马山县古寨瑶族乡民族初级中学、隆安县民族中学、南宁市天桃实验学校教育集团银杉校区等16所中小学为"南宁市铸牢中华民族共同体意识教育试点学校"。中共南宁市委党校被自治区民宗委命名为首批"广西铸牢中华民族共同体意识研究基地"。

【民族团结进步创建】 2021年,南宁市以全国民族团结进步示范市复核为引领,加大民族团结进步示范市创建宣传,编印发放《习近平论民族团结金句》《民族团结进步示范单位名录》等宣传资料,制作创建民族团结进步示范市宣传片,营造宣传氛围。推动民族团结进步创建提质扩面,开展第五批南宁市民族团结进步创建"五比五争"评比活动[比稳定发展,争当民族团结进步模范县(区)、模范乡(镇、街道);比重视支持,争当民族团结进步模范单位(企业);比团结和谐,争当民族团结进步模范村(社区);比文明守法,争当民族团结进步模范家庭;比互助友爱,争当民族团结进步模范个人],命名横州市平马镇等10个乡镇(街道)、宾阳县甘棠镇高棠村委冯村等9个村(社区)、横州市民族宗教事务局等143个单位、闭俊姬家庭等80个家庭、潘柳静等79人为"五争五比"活动模范。命名上林县、横州市校椅镇等93家单位为第四批南宁市民族团结进步示范区(单位)。12月16日,南宁市、南宁市横州市获国家民委命名为第九批全国民族团结进步示范单位(示范市)。全市获自治区民族团结进步命名的示范县(市、区)40%以上;市直机关单位、乡镇(街道)、村(社区)、学校等重点单位场所民族团结进步创建覆盖率90%以上。

【民族团结宣传教育】 2021年,南宁市围绕学习贯彻中央、自治区民族工作会议精神和习近平总书记视察广西重要讲话精神,在市属媒体发布专刊《民族团结一家亲 石榴花开美邕城——南宁市民族团结进步事业行稳致远》,宣传南宁市民族团结进步创建工作成效,在《广西日报》《南宁日报》刊登《铸牢中华民族共同体意识 携手同心共迎美好未来》《让民族团结之花在邕城常开长盛》等宣传文章,在南宁广播电视台《南宁新闻》栏目播放《民族团结一家亲 石榴花开美邕城》《牢记习近平总书记嘱托 建设新时代中国特色社会主义壮美广西》等采访报道。4月8日至5月8日,市民宗委举办"铸牢中华民族共同体意识·永远跟党走"民族团结进步宣传月活动,在东盟商务区地铁站口设置民族团结进步主题宣传墙,在南宁轨道交通1号线、3号线、4号线LED巨屏联播网点、站口灯箱设置民族团结进步宣传栏;在《中国民族报》、《广西日报》、《南宁日报》、南宁广播电视台及相关网站等设置民族团结进步宣传专版、专栏2800多个;通过网络制作发布"民族团结进步创建工作应知应会知识答题",参与30多万人;开展中小学"听党话感党恩 谱写民族团结情"主题征文大赛活动,收到560所学校征文6377篇;举办南宁市第三届"和美校园 同心筑梦 永远跟党走"民族团结进步创建进校园文艺展演暨征文颁奖活动,参加活动300多人;宣传月开展主题活动9880多场次,编印发放《民族政策法规知识100问》1万份,悬挂使用宣传标语8800多条、横幅2900多条,制作板报4100多个,发放宣传单2.50万张,发送短信240万条,公益宣传片点击观看量2.30万人次,信息投稿2400多篇。南宁市民族团结进步宣传月活动获新华社、学习强国平台、《人民日报》(海外版)、《中国民族报》、《广西日报》、《广西民族报》、《南宁日报》等报道,中新社、中国民族报社、广西日报社、广西民族报社、南宁日报社、南宁广播电视台等组成新闻采访团到上林县镇圩瑶族乡、马山县古寨瑶族乡和里当瑶族乡开展"党的民族政策在南宁市民族乡的实践"集中采访报道活动,刊登《南宁市举行"党的民族政策在南宁市民族乡的实践"媒体集中采访报道活动》《产业领跑瑶乡致富有门路,科技赋能乡村振兴有盼头》《赶上好政策,致富念党恩》《凝聚团结奋进力量 绽放民族繁荣之花》等文章。

【民族关系监测评价】 2021年,市民宗委有民族关系监测点53个,民族工作信息员200人。依托"13456"民族事务服务体系建设平台,由南宁市少数民族流动人员服务中心统筹协调,民族工作干部骨干、少数民族联谊会会员、社区"民族之家"成员、民族工作信息员、民族工作协调员、专家顾问、志愿者等800多人组成服务队伍,协助开展民族关系监测评价,排查和化解涉及民族关系的不稳定因素,充实少数民族社团信息资料库。《南宁市2019年民族关系监测评价报告》被国家民委评为2020年度全国民族工作优秀调研报告二等奖。9月26日至27日,广西民族关系状况分析暨城市民族工作会议在南宁召开,与会人员参观考察西乡塘区北湖街道万秀村网格化模式管理流动人员工作情况、西乡塘区扶壮小学外来务工子女入学教育情况、南宁市少数民族流动人口服务中心城市流动人口服务管理情况、南宁市第一职业技术学校各族青年就业培训情况、江南区二桥西社区基层民族事务治理工作情况等,南宁市代表发言介绍城市民族工作经验。全年未发生涉及民族因素的矛盾纠纷。

2021年6月11日,南宁市"和美校园 同心筑梦 永远跟党走"民族团结进步创建进校园文艺展演在武鸣区举行 潘浩 摄

【民族事务服务体系深化提升】 2021年，南宁市把少数民族流动人员服务管理向社区一线拓展，搭建各族群众交往交流交融平台，累计建立民族之家和少数民族流动人员服务站362个。累计打造少数民族流动人员创业街9条，“跳蚤市场”10个，创业孵化站49个，孵化少数民族创业型“小老板”和创业先锋38人。实施完成“同心文化载体”（同心文化广场、同心文化长廊、同心文化艺术团、同心体育队）建设项目61个。组织各族群众代表开展非遗技艺湿画沙龙讲座，组织到邕各族流动人员代表开展游邕江红色主题活动，在粤东会馆开展“同庆壮族三月三”民俗体验活动等，增加各族群众生活幸福感和民族认同感。开展少数民族流动人员“五星”评比活动，命名“团结星、文明星、守法星、诚信星、敬业星”33人。南宁市少数民族流动人员服务中心及下设20个社区民族之家示范点接待来访少数民族流动人员1100多人次，提供就业帮助6330人次，帮助解决住房问题1.47万人次，提供法律咨询2.29万人次，解决5.14万名随迁子女入学问题，提供优生优育服务5500多人次。

【城市民族事务依法治理基层联系点建设】 2021年4月21日，市民宗委被国家民委确定为城市民族事务依法治理基层联系点。制定印发《关于开展国家民委城市民族事务依法理基层联系点的工作方案》，以市民宗委为基层联系点，市司法局、兴宁区望仙坡社区、江南区二桥西社区、青秀区新竹社区、良庆区三选石社区、邕宁区红星社区、武鸣区红岭社区、南宁市师范学校附属小学、西乡塘区北湖街道办万秀村、广西万益律师事务所10个单位为联系站，建立“1+10”点站联建联动工作体系，制定工作制度、座谈会制度、调研工作制度、收集社情民意工作制度、信息报送工作制度、普法宣传工作制度、创新工作总结推广制度7项工作制度。搭建“逢四说事”和“老友议事会”工作交流平台，组建“红石榴”专家组、“红石榴”法律援助小分队，创新“三社联动”（以社区为平台、以社会组织为载体、以社会工作者为骨干）社区基层治理平台，在联系点站与各族群众之间搭建起联系沟通的渠道。开展“民族团结　法治九进”活动，帮助各族群众解读党和国家的民族政策法律法规，解决群众实际问题27个；开展主题文化活动47次，普法、培训活动66次，集中走访征求意见109次，征集基层群众社情民意510多条，解决问题135个。

【民族经济社会发展扶持】 2021年，南宁市落实中央、自治区、市级少数民族发展资金5952万元，实施项目115个。深入广西金穗农业集团有限公司、广西金壮锦艺术文化有限公司等13家企业调研，组织举办民贸民品工作培训班，宣传解读民贸民品政策法规。全市民贸民品企业享受贴息3451.02万元，落实市级民族特需商品生产发展专项扶持资金210万元。申报广西民族特色村寨18个，被命名为2021年广西民族特色村寨11个。马山县古零镇乔老村小都百屯被自治区民宗委列入广西2021年民族特色村寨农旅融合发展试点名单；隆安县那桐镇定江村定典屯、西乡塘区石埠街道忠良村（美丽南方）被列入广西2022年民族特色村寨农旅融合发展试点名单。

【民族文化传承发展】 2021年，南宁市安排少数民族教育补助资金187万元，实施项目34个，其中民族团结宣传进校园活动项目2个，铸牢中华民族共同体意识教育进校园（试点学校）活动项目17个，民族文化“三进”（民族传统体育健身项目进机关、民族风情进校园、民族歌曲进酒店）活动及学校民族团结教育项目3个，少数民族传统体育训练基地建设项目9个，提升市少数民族流动人口创业就业培训基地建设项目1个，铸牢中华民族共同体意识实践教育基地建设项目1个，中华优秀传统文化传承主题项目1个。举办“山歌颂党恩　奋进新时代”短视频音频征集活动，征集作品近60件，刊发稿件22篇，全网点击量突破10万人次，评选出优秀短视频、音频作品15件，在南宁新闻网、南宁云客户端等全媒体平台推送。开展民族山歌魅力体验及培训，邀请广西山歌协会原会长覃祥周讲授壮族山歌知识并现场教唱，《壮族传扬歌100首》作者黄凤显、南宁师范大学双语教育系主任梁春莲等专家与现场观众交流壮族山歌文化，广西警花山歌队现场演唱壮文版《唱支山歌给党听》和壮族山歌，现场观众参与山歌演唱、民间剪纸、壮族织锦、壮族刺绣等体验活动。筹备南宁市第十二届少数民族传统体育运动会，落实专项经费300万元，召开工作协调会7次。市民宗委与市委市直机关工委联合举办2021年南宁市直机关“民族团结”健身运动会，60个单位900多人参加民族传统体育竞技活动。市民语服务中心与武鸣区民族宗教事务局在武鸣区五彩壮乡非遗文化传承基地、仙葫镇举办少数民族山歌传承体验活动2期，开展少数民族山歌技艺传承培训、山歌体验交流展示，参加活动100多人。上林县城关中学（珍珠球、抛绣球、三人板鞋）、南宁市第十九中学（跳绳）、马山县白山镇大同小学（壮鼓）、南宁市第二中学（书法）、南宁市沛鸿小学（书法）、南宁市江南小学（制陶）入选第三批全国中小学中华优秀传统文化传承学校；武鸣区壮族五色糯米饭制作技艺传承基地、壮族歌圩传承基地被自治区教育厅纳入广西第三批自治区级中小学生研学实践教育基（营）地。

【民族语言文字工作】 2021年，市民宗委支持、帮助横州市民族宗教事务局做好横县撤县设横州市的牌匾、公章等壮汉文字翻译工作，翻译市、乡镇机关单位名称380个，事业单位名称680个，村委、社区名称1610个。为机关和企事业单位翻译牌匾、公章2820（块）枚，会标、横幅、宣传海报等200条，地名、路牌等指示牌80块，文字片段约6000字。推进南宁轨道交通4号线、5号线导向标识、站牌使用汉壮两种文字。市民语服务中心与南宁广播电视台在南宁新闻综合频道《新闻夜班》栏目开播“学习民族语言文化　促进民族团结和谐”系列节目10期，内容涵盖壮族文字、壮语山歌、壮汉双语教学、稻作文化、特色村寨、壮族会鼓、壮锦服饰、糯饭美食、神奇壮医等，同期在南宁头条新闻客户端、南宁老友网上发布。5月24日至28日，市民语服务中心、市民宗委办公室一行7人赴柳州市市区、融水苗族自治县、三江侗族自治县等地，学习考察柳州市“双语双向”少数民族语言文字工作品牌做法、少数民族语言文字挖掘保护和翻译工作经验。7月23日，中国民族语文翻译局向南宁市图书馆、壮汉双语学校、县（市、区）少数民族语言文字工作部门赠送《抗击新冠肺炎疫情的中国行动（壮文版）》9000册。

【庆祝建党100周年暨“壮族三月三·和谐在八桂”系列活动】 2021年4月9日，“感党恩　跟党走　铸牢中华民族共同体意识——南宁市爱国主义教育基地民族团结进步主题活动”在市国家档案馆举办；开设壮文化展示馆，邀请专家、非遗传承人等主持壮族山歌培训、壮族织锦、壮族刺绣、剪纸文化体验活动、民族文化图书分享会等，集中展示民族传统文化。3月至4月，市民宗委与广西文学艺术界联合会、广西民间文艺家协会、贵州省民间文艺家协会、云南省民间文艺家协会、湖南省民间文艺家协会、广西山歌学会等单位在武鸣区以线上与线下相结合方式联合举办“同庆三月三·山歌颂党恩”2021年桂黔滇湘优秀山歌作品云展演及山歌擂台赛，广西、贵州、云南、湖南等地的民间山歌王（手）60余人参加活动，用山歌同庆三月三，颂党百年恩，角逐“广西歌王”“王中王”；同期举办“山歌唱党史”

广西山歌人才培训班、"再唱山歌给党听"桂黔滇湘优秀山歌演唱会暨创作交流会，推进西南山歌文化的传承与发展。采取"以奖代补"方式，补助兴宁区虹桥小学、青秀区桂雅路小学、武鸣区太平镇庆乐小学、西乡塘区秀厢小学、南宁市第四十一中学等部分县(市、区)、学校开展庆祝"壮族三月三"系列活动。 (刘建安)

宗教事务

【概　况】 2021年，南宁市有批准登记开放的宗教活动场所42处，符合建档登记的民间信仰活动场所369处，登记备案宗教教职人员85人。市民宗委抓好宗教(民间信仰)活动场所新冠肺炎疫情常态化防控、消防安全等工作，不定期督促检查重点场所落实重大事故事件防范报告制度。依法加强宗教事务管理，开展宗教政策法规学习月活动、宗教慈善周活动等。在自治区率先开展"和谐寺观教堂"和"五进"(国旗国歌、宪法和法律法规、社会主义核心价值观、中华优秀文化、民族团结进步创建进宗教活动场所)活动示范场所创建、命名活动，命名南宁市第一批"和谐寺观教堂"2处、"五进"活动示范场所3处。加强宗教团体自身建设、宗教界代表人士队伍建设，完成宗教团体换届3个。主要存在宗教领域不稳定因素依然存在，防渗透防线需进一步筑牢等问题。

【宗教(民间信仰)活动场所规范管理】 2021年，南宁市按照新冠肺炎疫情常态化防控要求，有序恢复开放宗教(民间信仰)活动场所，严格控制活动规模，暂不开放大型、跨地区、非通常等集聚性活动。市民宗委会同市纪检监察部门实地检查、督促宗教(民间信仰)活动场所做好疫情防控、消防安全，督促宗教活动场所健全卫生防疫、消防安全、文物保护、外事接待等管理制度，建立重大事故事件防范报告制度、场所负责人民主评议制度、信教群众参与监督管理场所制度。做好宗教教职人员备案审核，推动宗教活动场所加强对宗教教职人员的教育引导和规范管理。5月18日，开展南宁市首届"和谐寺观教堂"和"五进"活动示范场所评选推荐命名工作；12月6日，命名南宁市清真寺、广西基督教以马内利教堂为第一批"和谐寺观教堂"，命名南宁市观音禅寺、宾阳县莲华寺、邕宁区蒲庙基督教堂为第一批"五进"活动示范场所。

【宗教政策法规学习月活动】 2021年6月，市民宗委安排资金1.8万元，开展宗教政策法规学习月活动。支持市佛教协会、市伊斯兰教协会、市天主教爱国会、市基督教"三自"爱国运动委员会、市基督教协会等市级宗教团体，通过线上线下方式开展宣讲、观看《广西壮族自治区宗教事务办法》视频，邀请自治区民宗委领导专家作辅导学习，编印发放《宗教政策法规汇编》、《宗教工作知识问题(2021年版)》、宗教工作知识宣传单等学习资料2.15万册(张)；组织专题文艺活动演出23场、演讲会或专题宣讲252场，参加7000多人；组织宗教政策法规知识微信有奖竞答，参与11.07万人。县(市、区)、开发区设置LED电子显示屏流动播放宣传标语9000多条，举办专题培训班135期、培训6000多人，制作墙报82块、宣传展报380块，悬挂宣传横幅600余条，发放宣传手册(单)5.58万册(张)，现场咨询800余次。

【宗教慈善周活动】 2021年，市民宗委以"五教同行助力乡村振兴"为主题开展宗教慈善周活动。9月26日，在隆安县那桐镇定江村定典屯举办2021年宗教界助推乡村振兴慈善活动，市级宗教界向定典屯捐赠体育健身器材价值8万元。马山县灵阳寺捐款1万元助力马山县乡村振兴工作，为马山中学困难学子捐资助学2万元；圆觉寺、普陀寺、居士林、基督教堂为特殊学校、困难农民、学生等开展慈善捐助活动；兴宁区以马内利礼拜堂、基督教共和堂、角声堂宗教人士慰问困难居民、环卫工人210户(人)，发放月饼、大米、油等物品价值4.30万元；南宁天主教组织信教群众参与"99公益日"春蕾计划网上捐款行动，为乡村困境女童捐款约1000元。

【宗教界代表人士队伍建设】 2021年1月29日，市民宗委首次举办宗教团体负责人2020年度工作述职会议，传达学习国家有关政策，研究部署年度工作计划，各宗教团体主要负责人参加并进行年度工作述职。7月13日，市民宗委召开"党的宗教政策在我市的实践"座谈会，各宗教团体负责人参加并畅谈学习贯彻习近平总书记在庆祝中国共产党成立100周年大会上的重要讲话精神的体会。9月27日至30日，市民宗委在广西社会主义学院举办南宁市2021年宗教界人士代表培训班，宗教团体、场所负责人、教职人员、骨干等27人参加。

【宗教团体换届】 2021年12月28日，南宁市伊斯兰教协会第九次代表会议在南宁清真寺召开；会议总结协会第八次代表会议以来工作，提出之后工作任务和目标，选举产生协会第九届领导机构，何春光为会长。12月29日，南宁市基督教第十次代表会议在南宁饭店召开；会议总结基督教第九次代表会议以来工作，提出之后工作任务和目标，选举产生南宁市基督教"三自"爱国运动委员会第十届领导机构，李力平为主席；选举产生南宁市基督教协会第五届领导机构，赵红梅为会长。12月31日，南宁市佛教协会第九次代表会议在南宁市明园饭店召开；会议总结协会第八次代表会议以来工作，提出之后工作任务和目标，选举产生第九届领导机构，慧全法师任会长。

【农村宗教治理专项培训】 2021年，市民宗委推动开展全市农村宗教治理专项培训工作，提高基层依法治理宗教事务能力。安排专项补助资金7.4万元给各县(市、区)、开发区开展培训；编印《南宁市2021年宗教政策法规学习宣传资料》5000册，涵盖习近平总书记关于宗教工作的重要论述、《中华人民共和国国家安全法》、《宗教事务条例》、《广西壮族自治区宗教事务办法》及宗教工作基本知识等内容。县区结合实际，开展整合联训，在实施乡村振兴战略和乡村治理工作培训会中将《宗教事务条例》解读、宗教工作政策、民族团结和谐等内容融入培训，提高村"两委"换届后基层依法治理宗教事务能力。年内，江南区、武鸣区、上林县举办农村宗教治理培训3场，培训农村统战工作、宗教工作联络员700多人。

(刘建安)

政务服务

【概　况】 2021年，南宁市行政审批局(简称"市行政审批局")围绕深化"放管服"改革优化营商环境主线，推进行政审批和政务服务改革，通过线上线下形式受理政务服务申请422.01万件，办结409.76万件，其中南宁市民中心受理政务服务申请233.57万件，办结230.93万件，完成联合审查或现场勘验核查项目5034件，工程建设项目审批实现"拿地即开工"，办理群众现场工单满意率99.7%，网上工单满意度97.1%。国家发展改革委通报全国营商环境评价结果，南宁市被评为"优秀"等次，其中登记财产、政务服务2项指标获评"全国标杆"。市行政审批局被自治区大数据发展局评为2020年度全区政务服务工作突出贡献奖集体。南宁市民中心被自治区政务服务监督管理办公室评为2021年广西政务服务综合标杆大厅。主要存在营商环境指标改革成效不够均衡、全流程营商环境指标监测机制仍需加强、政务服务“一件事一次办”“跨省通办”横向数据共享不够、跨地区跨行业信息资源共享共用与业务协同有待进一步增强、政务服务信息化投入不足等问题。

【行政审批】 2021年，市行政审批局推进工程建设项目审批制度改革，梳理项目开工涉及建筑垃圾排放、排水许可等相关上下游审批事项，优化再造审批流程，形成“拿地即开工”服务模块，建设项目方可在同一窗口同步办理基坑支护施工许可、城市建筑垃圾处置(排放)核准、城镇污水排入排水管网许可、施工临时用电和临时用水等相关审批手续，审批时限平均压缩88%，惠及项目67个。8月31日，完成自治区首家施工许可证“零纸质材料”全程网办，12月被自治区住房城乡建设厅工程建设项目审批制度改革办公室列为工改创新亮点面向自治区推广。优化城市建筑垃圾处置(消纳)核准事项，出台《南宁市城市建筑垃圾处置(消纳)核准事项征求意见环节审查清单》，通过选址方案36个，缓解建筑垃圾消纳场严重不足局面。完成建设项目林地审批210个，涉及长期使用林地1870.67公顷，临时占用林地267.75公顷。配合做好南宁轨道交通5号线一期工程验收及初期运营评估，发放施工许可证78份，特种设备使用登记证书266份，公共场所卫生许可证34份。

【政务服务改革】 2021年，市行政审批局推进企业登记注册便利化改革，在中国(广西)自由贸易试验区南宁片区试行企业住所(经营场所)申报承诺制改革，降低企业准入门槛；与中国银行、交通银行、工商银行探索建立企业注册登记协同工作机制，企业可到银行营业网点设置的“企业注册登记自助申报区”办理企业开户手续，领取营业执照、免费印章等，实现企业开办“就近能办”“多点可办”“开办即开户”；减免新开办企业印章费用，赠送印章5枚，惠及企业2.44万户，节约企业成本801.74万元。扩大“跨省通办”规模，与粤赣湘闽黔宁辽苏等8省17个城市建立“跨省通办”合作关系，开展点对点“跨省通办”服务，梳理公布南宁市通办事项183项，办件量17.67万件。推行“一站式一窗办”，将文化、市政、食品药品监督等20种类别537个事项纳入“一窗综合服务区”全科无差别受理；深化“一件事一次办”，简化部门申请材料，优化审批流程，实行套餐式办理并推出精品套餐服务256个；设置办事绿色通道，为老年人、孕妇、残障人士、现役军人、消防队员等特殊群体提供优先叫号、帮办代办等服务；梳理承诺审批事项清单，整理公布南宁市本级承诺审批事项164项；市县两级政务服务中心设置“办不成事”反映窗口，反馈不良问题。

【营商环境优化】 2021年，市行政审批局对标国内先进水平，制定持续优化营商环境行动方案，细化年度具体任务280项，实行任务销号和定期通报制度。学习借鉴全国标杆城市做法，复制推广典型经验87条，列入优化营商环境特色任务清单。落实市委2021年度持续优化营商环境工作专题协商座谈会精神，制定任务分工表，形成举措103条。配合市委巡察组做好优化营商环境机动式巡察，组织被巡察单位开展问题专项整改，全部完成问题整改7个。开展2020年国家、自治区、南宁市营商环境第三方评估反馈问题专项整改，梳理问题109个，督促全部完成整改销号。建立政企沟通桥梁，设立营商环境监测点22个，选聘营商环境观察员27人，组织营商环境政企座谈会、服务企业活动4次。在自治区率先推出“12345+营商环境”企业服务专席，受理诉求工单5639件，工单办理满意率99.05%。推进企业登记注册便利化改革，探索政银合作服务新模式，实现企业开办“就近能办”“多点可办”“开办即开户”。纵深推进工程建设项目审批制度改革，推出“拿地即开工”2.0版本，审批时限平均压缩88%以上，惠及项目67个。落实减税降费政策，“桂惠贷”投放金额541.6亿元，惠及市场主体1.40万户。新登记市场主体16.1万户，比上年增长20.7%。中国(广西)自由贸易试验区南宁片区试行企业住所(经营场所)申报承诺制改革，推广使用惠企惠民一站通系统，新增注册企业2.06万户，增长215%。

【电子政务】 2021年，市行政审批局加强“互联网+政务服务”建设，部署数字政务一体化平台，市县两级政务服务事项网上可办率99.40%。推广电子印章使用，制作配置政务服务专用电子印章762枚，可与南宁市电子印章公共服务平台互联互通。扩大电子证照关联，关联电子证照1.14万条，可通过广西数字一体化平台共享调用。以高频事项为“小切口”推进便民利民“微改革”“微创新”，36项高频勘验事项制作生成现场勘验指南二维码，办事群众只需“扫一扫”即可快速查询，在全国率先实现“巡游出租汽车驾驶员从业资格证核发(新办)”“网络预约出租汽车驾驶员从业资格证核发(新办)”两个年办量万件以上的政务服务事项“零材料”“扫脸即办”。10月18日，发放自治区首张网约车驾驶员从业资格电子证照。

【政务公开】 2021年，南宁市通过市政府门户网站公开政府信息2.61万条，解读热门政策53条，回应热点问题43个。依法依规代办市政府依申请公开材料65份，申请事项167个，办理市行政审批局依申请公开材料25份，申请事项30个，主动公开政府信息(纸质文件)6800多份。作为自治区4个整合政务热线试点城市之一，整合政务服务类热线及部门公开电话47条，统一由12345热线对外提供24小时人工接听、受理服务，与110报警台搭建“话务引导+工单流转+三方通话”联动机制，接听群众来电87.35万通，比上年增长299%，按时办结率96.54%，工单办理满意率97.4%；开设“南宁12345”微信公众号，开设“直通南宁12345”南国早报客户端栏目，提供诉求受理、在线查询、政策推送等服务。10月起，每月安排热线成员单位一把手做客

2021年6月10日，市行政审批局在南宁市民中心信息发布大厅举行首次“跨省通办”网络“云签约”仪式　　肖瑛　摄

12345热线接听群众来电1次,在自治区率先建立常态化热线成员单位主要负责人轮流值班接电制度。牵头推出联动桂林、玉林、百色、崇左等城市跨市热线,接听跨市联动热线电话2152通。

(滕宗良)

公共资源交易

【概　况】 2021年,南宁市公共资源交易中心(南宁市政府集中采购中心,简称"市公共资源交易中心")推进公共资源交易平台信息化建设与资源整合共享,推行工程建设项目网上开标直播,配合推动政府采购全流程电子化,推行电子见证,优化交易工程流程,完成公共资源交易项目5695宗,交易金额1016.16亿元,节约或溢价73.96亿元。推动营商环境提档升级,推行"一窗办、一网办、马上办"等措施,实现招标采购"零门槛、零费用、零跑腿"。取消电子投标服务费、交易服务费,免收招标采购投标保证金、政府采购履约保证金,减免2.95万家投标人投标保证金30.66亿元,减免4639家中标人(供应商)履约保证金5.74亿元,清退到期历年滞留保证金97.1万元。工程招标投标全流程电子化工作、工程项目远程异地评标工作分别在自治区公共资源交易平台整合共享改革现场会、自治区工程建设项目远程异地评标现场会作经验介绍,中国(广西)自由贸易试验区南宁片区公共资源交易"降低成本+创新制度+信用管理"改革模式作为首批自治区制度创新成果推广。国家发展改革委公布全国80座城市营商环境评价结果,南宁市招标投标、政府采购考评指标获评"优秀"。主要存在改革创新力度不够,交易平台公共服务定位优势不够突出,干部队伍素质和能力还不完全适应公共资源交易改革发展新形势、新任务和新要求等问题。

【交易项目】 2021年,南宁市公共资源交易项目完成5695宗,交易金额1016.16亿元,节约或溢价73.96亿元。其中,工程建设项目1343宗,交易金额446.53亿元,节约7.85亿元;政府采购项目3362宗,交易金额183.64亿元,节约6.06亿元;国土资源交易类项目199宗,交易金额355.73亿元,溢价56.89亿元;国有产权交易类项目791宗,交易金额30.22亿元,溢价3.15亿元。接受采购人委托完成代理政府采购项目223个,预算金额111.69亿元,成交金额109.49亿元,节约财政资金2.2亿元。

【交易信息公开】 2021年4月30日,市公共资源交易中心印发《关于进一步规范南宁市公共资源交易网站信息发布工作的通知》,规范交易项目信息发布。12月29日,与市机关事务管理局联合举办南宁市首个公共资源交易开放日活动,活动主题"推动利企便民、优化营商环境",邀请部分市人大代表,市政协委员,行业主管部门单位负责人,以及招标人、投标人、代理机构、群众代表、媒体代表等40余人参加。开设"南宁市公共资源交易"微信公众号,发布公共资源交易政策文件、交易信息。通过市公共资源交易中心网站,公布工程建设项目招标投标信息6528条、政府采购信息8900条、国有土地使用权和矿业权出让信息336条、国有产权交易信息969条。

【交易服务】 2021年,市公共资源交易中心适应新冠肺炎疫情防控常态化形势,组织"不见面开标"招标采购项目2068个,交易金额468.65亿元。推行"四优先服务",对重大项目、乡村振兴、民生保障项目,优先办理项目进场登记,优先安排开评标时间场地,优先发布招标公告,优先抽取评标专家,最大限度压缩交易时长。启用广西壮族自治区公共资源交易平台"桂交易移动CA"App,引进CA数字证书认证机构3家,接受免费办理电子投标CA数字证书、网上下载招标文件等服务事项的企业146家;投标人可通过手机进行CA登录、签章、投标文件加密等。全面推行交易账号注册、项目进场、信息发布、招标文件下载、合同网上备案、网上公示等交易事项"一网通办",办理事项3.43万件,其中建设工程类0.9万件、政府采购类1.58万件、国土资源类591件、国有产权类0.19万件、其他类0.7万件。完成市级重点项目招标277个,成交金额122.13亿元;完成政府和社会资本合作PPP项目12个,成交金额155.37亿元。9月23日,以钦州市公共资源交易中心为主场,南宁市公共资源交易中心为副场,联合开展自治区首个工程项目跨区域远程异地评标,完成中国(广西)自由贸易试验区钦州港片区"钦州市六村街(滨江西大道—下埠路)、金一街[滨江西大道—金鼓江疏港(钦海)大道]工程(一期)第三方检测项目"招标。

【交易见证】 2021年,市公共资源交易中心现场见证公共资源交易活动6594场,向自治区公共资源交易服务平台推送交易信息1.78万条。印发《南宁市公共资源交易中心评标电子见证室管理规定(试行)》,启用工程建设项目评标"电子见证"平台,开启交易电子见证新模式。运用公共资源交易大数据分析,向监管部门移交围标串标问题线索5起。向市信用信息平台推送交易主体信息870条;市信用信息平台向市公共资源交易平台推送"失信被执行人"信息208.4万条。

【交易信息化建设】 2021年,市公共资源交易中心推进工程建设项目交易信息化建设,实现工程招标投标全流程电子化、评标"电子见证"和网上开标直播,完成建设工程项目全流程电子招投标1092个,交易金额375.91亿元,节约资金6.72亿元;7月,工程招标投标全流程电子化工作在自治区公共资源交易平台整合共享改革现场会作经验介绍。配合财政部门实现南宁市政府采购全流程电子化,9月1日起,市本级所有政府采购项目实行全流程电子化开标评标;完成政府采购全流程电子化项目891个,成交金额26.33亿元,节约资

2021年12月29日,2021年南宁市公共资源交易开放日活动在市公共资源交易中心举行

李秋实　摄

金1.24亿元。联合钦州市完成首个自治区政府采购远程异地评标项目;12月,工程项目远程异地评标工作在自治区工程建设项目远程异地评标现场会上作经验介绍。启用新版南宁市自然资源网上交易系统。2021年市公共资源交易平台新增注册企业2411家,其中本地企业1089家、外地企业1322家,外地企业占54.83%。

【招标采购领域营商环境优化】 2021年,南宁市深化“放管服”改革,取消投标报名制,实施全流程电子化招标项目网上投标、跨市远程异地评标,取消电子投标服务费、交易服务费,免收招标采购投标保证金、政府采购履约保证金,实现招标采购“零门槛、零费用、零跑腿”,减免2.95万家投标人投标保证金30.66亿元,减免4639家中标人(供应商)履约保证金5.74亿元,清退到期历年滞留保证金97.1万元。推行“减流程、减材料、减时限”和“一窗办、一网办、马上办”易办快办模式,交易流程从12个减至7个,招标代理机构首次进场资格核验材料从6项减至3项,采购文件编制时限从3日减至2日。设立公共资源交易在线“直通车”,开展“招标投标领域服务企业”政策解读公益活动、公共资源交易开放日活动,多方调查了解招标采购领域交易各方诉求,提供帮扶、指导、服务等。3月,中国(广西)自由贸易试验区南宁片区公共资源交易“降低成本+创新制度+信用管理”改革模式作为首批自治区制度创新成果推广。10月,国家发展改革委公布全国80个城市营商环境评价结果,南宁市招标投标、政府采购考评指标获评“优秀”。

(韦苡旭)

机关事务管理

【概　况】 2021年,南宁市机关事务管理局(简称“市机关事务管理局”)做好市委、市政府办公区和市委、市人大、市政府、市政协宿舍区新冠肺炎疫情防控、安全保卫、资产管理,以及环境卫生、水电维护、房屋维修、食堂就餐供应等服务保障工作,承接市委、市政府会议会务服务2417场次,保障就餐60万人次,保障公务用车7167台次81.49万千米,无安全事故发生。推进公共资源交易“降低成本+创新制度+信用管理”改革,取消房建市政、交通、水利项目投标保证金,部署使用自治区公共资源交易平台系统,在自治区率先实现房建市政、交通公路、水利等工程建设项目全流程电子化招标投标。开展办公用房使用情况现场检验面积1.56万平方米,继续完善危旧房改住房改造项目3个。建设绿色机关,新建充电桩284个,改造既有建筑节能改造面积26.11万平方米,创建节约型机关345家,建设公共机构生活垃圾分类示范单位11个。主要存在办公用房资源紧缺、统一权属登记工作需进一步加强、公务用车发展不平衡、机关事务专业化高层次人才缺乏、后勤保障服务满意度有待提高等问题。

【公共资源交易监管】 2021年,市机关事务管理局推进招标投标领域营商环境优化,实施公共资源交易“降低成本+创新制度+信用管理”改革,取消房建市政、交通、水利项目投标保证金;部署使用广西壮族自治区公共资源交易平台系统,以政府购买服务的方式为投标人免费办理CA数字证书,在自治区率先实现房建市政、交通公路、水利等工程建设项目全流程电子化招标投标;协调其他项目进入系统开展交易、受理答疑,实现公共资源交易“应进必进”。印发《南宁市公共资源交易监督管理委员会办公室关于启用新版评标评审专家廉洁自律承诺书的通知》,强化评标专家廉政自律。清理公共资源交易制度文件,废止3项,修订5项。

【办公用房监管】 2021年,市机关事务管理局做好市本级办公用房使用情况统计,督促县(市、区)、开发区完成办公用房使用情况年度统计。开展办公用房使用情况现场检验,核验办公用房1.56万平方米,督促有关单位落实整改核验发现问题。梳理机关事业单位(不含医院、学校)和市属平台公司接管的土地373宗、房产878处,首批无偿划转土地198宗、房产361处,其中办结土地3宗、建筑物6处,土地面积7.84万平方米,房屋建筑面积6.97万平方米。

【公务用车监管】 2021年,市机关事务管理局推进公务用车管理平台建设,模块升级优化4次,平台数据接口参数与自治区公务用车平台保持一致。严格公务车辆编制管理,审核办理公务用车定编销编申请300多个。申请新购公务用车215辆,车辆价值3866.56万元;车辆定编408辆,注销309辆。引导新购公务用车优先采购地产车和新能源汽车,新增地产公务用车152辆,新能源汽车30辆。完成工作用车保障任务7167台次,车辆行驶里程81.49万千米,行车安全无重大事故发生,出车准点零延误。

【危旧房改住房】 2021年,市机关事务管理局推进新民路65号小区危旧房改住房改造项目建设,开展申购工作,基本完成市直机关单位购房指标分配、非还建户选房工作。开展淡村路4号小区、新民路8号和10号小区、东葛路28号小区危旧房改住房改造3个项目商铺和剩余车位销售。

【后勤服务保障】 2021年,市机关事务管理局抓好辖区新冠肺炎疫情防控,将集中办公单位及其干部职工纳入并建立机关防控网格管理,形成联防联控、群防群治机制;坚持疫情防控常态化管理,强化措施,确保辖区2000多职工、来访人员2万多人次“零感染”。做好办公区环境美化、会议服务、机关食堂、安全保卫、卫生保洁、水电设备设施日常维护保养等,承接市委、市政府会议会务服务2417场次,保障就餐60万人次,无食品、安全事故发生。妥善处置市委、市政府办公区群体上访130起,接待上访群众1066人。

【公共机构节能管理】 2021年,市机关事务管理局推进既有建筑节能改造,投入1355万元,实施市司法局、市第五中学等7家公共机构综合节能改造,改造面积26.11万平方米,超额完成自治区节能目标任务。督促公共机构按照既有停车位10%以上比例配备安装新能源汽车充电桩,新建充电桩284个,其中接入自治区“八桂充”平台138个。建设绿色机关,创建节约型机关345家,超过自治区任务175家;遴选建设公共机构生活垃圾分类示范单位11家,形成“区—市—县”三级示范体系;把制止餐饮浪费纳入2021年公共机构节能绩效内容考评重点,开展机关食堂反食品浪费工作成效评估;严格落实“限塑令”、禁止和限制采购使用一次性办公用品及全面推行绿色办公和采购。召开南宁市公共机构生活垃圾源头减量暨万人志愿者行动推进会,启动万人志愿者行动,组织志愿者进医院、进学校、进社区开展源头减量志愿服务活动,向居民宣传生活垃圾源头减量,发放海报2500套、宣传环保袋1万个。

(黄培伟)

涉港澳事务

【概　况】 2021年,南宁市加快“东融”步伐,全面对接粤港澳大湾区建设,推进南宁市与港澳经贸、科技、人才、教育、医疗卫生等交流合作。新核准(备案)港资或含港资项目28个、澳资项目3个;新设港澳企业153家,投资总额87.59亿美元,合同外资额30.76亿美元;邕港贸

2021 年 6 月 19 日至 23 日，南宁职业技术学院桂港现代职业教育发展中心与香港职业训练局共同举办第七期广西职业院校师资培训班。图为培训现场　　荣徽微　摄

易总额 337.99 亿元，同比增长 5.7%，邕澳贸易总额 15.46 亿元，增长 101.05 倍；新申办居住证的港澳居民 370 人。主要存在邕港澳交流合作项目和领域有待拓展、受新冠肺炎疫情影响邕港澳线下交往减少等问题。

【邕港澳交流合作】 2021 年，南宁市与香港、澳门地区开展科技创新、人才、教育、医疗卫生等领域交流合作。受新冠肺炎疫情影响，未到香港、澳门地区开展招商引资活动。桂润环境科技股份有限公司等 3 家企业引进培育香港籍人才 3 人，入选自治区"港澳台英才聚桂计划"项目，获资助 69 万元；市第五人民医院邀请澳门大学教授项玉涛进行临床科研系列培训讲座，合作发表 SCI 论文（科学引文索引数据库 Science Citation Index 收录）2 篇。7 月 23 日，市港澳事务办公室（简称"市港澳办"）、市科技局在广西华润大厦联合主办 2021 年南宁市港澳台籍人才引进支持政策宣讲会，现场解读自治区"港澳台英才聚桂计划"和南宁市人才政策，线上开通同步直播和直播回放，观看直播 1.4 万人次。南宁职业技术学院桂港现代职业教育发展中心与香港职业训练局高峰进修学院开发"餐饮业管理专业证书"课程，采取在线教学模式举办"南宁职业技术学院'餐饮业管理专业证书'课程师资培训班"，参训教师 33 人；举办广西职业院校师资培训班 3 期，广西 90 多所中高职院校 181 名教师参训。继续开展学历教育合作，国际经济贸易、酒店管理、艺术设计 3 个合办专业招收学生 55 人。南宁职业技术学院桂港现代职业教育发展中心举办 2021"讲"东·"讲"西——桂港两地网上文化交流及演讲比赛、桂港校园文化节等活动，开设增润课程和人文讲座，持续推进邕港澳青年人文交流。市卫健委举办"共建共享全民健康"南宁市大健康医疗产业专场推介会，吸引粤港澳大湾区优质医疗产业项目、高层次医学人才。市文广旅局组织南宁市文化旅游企业赴澳门参加第九届澳门国际旅游产业博览会，做好"港澳青少年内地游学推荐产品"征集推广工作。全市 129 家企业通过广西 CEPA（《内地与香港关于建立更紧密经贸关系的安排》）先行先试示范基地——广西产品质量检验研究院认证的 135 款产品中，获香港优质"正"印认证证书 116 款，获香港绿色标志认证证书 17 款，获香港安全标志认证证书 2 款。

【为港澳服务】 2021 年，南宁市为港澳企业提供精准投资服务，完成投资信息报告 281 份。通过 CEPA 项目绿色通道设立港澳企业 116 家，同比增长 127.45%。办理南宁港澳居民居住证的港澳居民 370 人（香港 358 人、澳门 12 人），累计 1401 人（香港 1344 人、澳门 57 人）。8 月，市港澳办、市公安局出入境管理支队、市人社局、市税务局、南宁公积金管理中心等 12 个单位收集整理香港、澳门地区在邕投资创业、生活学习相关政策法规，汇编《南宁市港澳居民公共服务指南》，通过香港特别行政区政府驻广西联络处、广西香港商会、香港青年（内地）创业服务中心等渠道发布。　　（唐若溪）

涉台事务

【概　况】 2021 年，中国共产党南宁市委员会台湾工作办公室（简称"市台办"）引导、协助台企做好新冠肺炎疫情防控和稳步发展，支持台商台企融入南宁高质量发展，依法维护台商台胞合法权益，走访慰问、服务 850 人次；组织台商台胞接种新冠病毒疫苗 651 剂次。创建邕台青年就业创业服务站 5 个。支持在邕台湾青年投身乡村振兴，举办"百名台青体验在八桂"、邕台青年助力乡村振兴直播实训交流活动等。以视频连线、线上线下相结合方式举办邕台"云交流"活动，组织在邕台商台胞举办中华民族传统节日联谊会。南宁市台湾同胞联谊会完成换届选举。市台办被中共中央台办宣传局评为 2021 年度中央台办"两刊"（《两岸关系》《台湾工作通讯》）宣传工作先进单位。主要存在部分对台工作受疫情影响较大，探索涉台交流新形式需要加强等问题。

【台商台胞合法权益维护】 2021 年 6 月 11 日，市发展改革委、市工信局、市台办等 12 部门联合印发《关于在疫情防控常态化形势下促进南宁台资企业稳步发展的若干措施》，推出统筹协调推进重大台资项目、促进台企高质量发展、引导和帮助台企拓展市场、税费减免、金融支撑、保障用地、员工稳岗、加强服务等 8 个方面 23 条措施，支持南宁台企应对疫情、复工复产和投资发展。市委、市政府领导及自治区、南宁市两级台办领导深入台企生产一线，针对台企发展创新开展现场调研指导，与重要台商座谈交流，指导南宁市台湾同胞投资企业协会、在邕台商台企抓住发展新机遇、拓展市场。市台办开展服务台胞台企"六个一"活动（走访一批台资企业，召开一批台商座谈会，兑现一批惠台政策，推进一批桂台合作项目，化解一批涉台投诉案件，解决一批台资企业发展问题），开展在邕台商台胞座谈会、在邕台胞台属陆配代表座谈会、防疫健康知识讲座、法律和禁毒知识讲座、台企税务知识讲座、"农林 22 条措施"（《关于支持台湾同胞台资企业在大陆农业林业领域发展的若干措施》）宣讲会、在邕台胞急救知识培训等活动；走访服务台商台企 450 人次，收集反馈问题 43 条，全部妥善处理。利用春节、端午节、中秋节等节庆假日，慰问台胞台商 400 余人次；协助 2 名困难台胞返台。在兴宁区、江南区、青秀区、西乡塘区、广西—东盟经开区创建邕台青年就业创业服务站 5 个。制定涉台企业疫情防控工作方案，对全市近 300 家涉台企业逐一实地走访和电话沟通，指导做好在邕台胞台企疫情防控和复工复产，未出现台商台胞感染病例。组织台商台胞接种新冠病毒疫苗 651 剂次，接种人次、剂次为自治区最多。

【邕台交流合作】 2021年，南宁市克服新冠肺炎疫情影响，创新邕台交流合作方式，以视频连线、线上线下相结合方式举办多场邕台"云交流"活动。利用经贸易平台推进邕台经贸交流合作，邀请台商台胞约20人参加在南宁举办的第18届中国—东盟博览会、中国—东盟商务与投资峰会(连续第18年邀请)，协助自治区台办接待台商台胞约50人参加在南宁举办的第17届桂台经贸文化合作论坛(连续第17年邀请)，组织台资企业广西南宁金之都农业发展有限公司、广西永江食品工业有限公司、广西南宁泰萌农业有限公司、南宁市百果香农业投资有限公司等赴东莞、广州、桂林等地参加名特优农产品展销会(交易会)。加大对台招商引资，推动台资企业思维特优贸易(深圳)有限责任公司与横州市签订横州市茉莉花产业综合拓展项目战略合作框架协议；支持在邕台湾青年出任全国台湾同胞投资企业联谊会领导职务。支持在邕台湾青年投身乡村振兴。6月4日，市台办在隆安县那桐镇定江村定典屯举行"台师看南宁 携手共前行"助力乡村振兴建设结对共建活动签约仪式，武鸣区城厢镇和锣圩镇、横州市校椅镇、隆安县那桐镇与在邕台籍教师顾问团签订结对共建协议，颁发顾问聘书；6月16日至19日，承办自治区台办"百名台青体验在八桂"活动，主办"台青助力乡村振兴直播实训"活动，自治区、南宁市相关单位、全国台湾同胞投资企业联谊会青年委员会干部、自治区内外在邕台湾青年代表近150人参加活动；12月8日至11日，举办邕台青年助力乡村振兴直播实训交流活动，邀请来自江苏、广东、浙江等地台商、台湾青年60多人参加。11月，市台办在广西民族博物馆、马山县、宾阳县举办"南宁市·花莲县交流10周年"系列纪念活动，花莲县同步开展纪念活动，花莲县7个乡镇市的代表参加；录制南宁市领导祝贺花莲县联合丰年节活动、邕台两地同胞近200人同唱《我们都是一家人》、宾阳县和马山县少数民族民俗节目等系列节目视频，与花莲县、嘉义县等地同胞开展"云交流"联谊。利用中华民族传统节日，组织在邕台商台胞等举办联谊会，加强"以台联台"。12月18日，南宁市举办"邕有爱 心联心"两岸婚姻家庭联心会，10多户在南宁工作生活的两岸婚姻家庭开展座谈交流；联心会为两岸婚姻家庭赠送《中华人民共和国简史》《我们的母亲叫中国》等书籍7本。

【对台宣传】 2021年，南宁市协办第三十届时报金犊奖比赛(全球华人地区规模最大的学生广告活动)，发布以"中华昆仑关 海峡两岸情——展现伟大的中华民族精神"为题的设计奖创作命题，收到投稿作品1490件，其中中国台湾地区作品466件；《昆仑关险》《抗战历史的传播者——容杰》《广西学生军》等获评大陆地区优秀作品。挖掘邕台融合发展、台商台企生产生活素材，报道在邕台胞黄源荣、陈燕儒等典型事迹。开通"邕台之音"抖音账号，发布短视频6条，其中首条短视频《邕台情深送祝福，台商壮乡过大年》累计浏览量70.8万人次、点赞量4026次。12月31日，广西实施"四心工程"(为台湾同胞提供安心、顺心、信心、暖心服务)摄制组制作的南宁市对台工作、为台胞办实事解难题节目获中央电视台中文国际频道《海峡两岸》栏目播出。市台办、横州市台办被中共中央台办宣传局评为2021年度中央台办"两刊"宣传工作先进单位；南宁市采写专题报道《助力乡村振兴台青在行动——记"百名台青体验在八桂"活动》在中央台办刊物《台湾工作通讯》2021年第9期刊登。

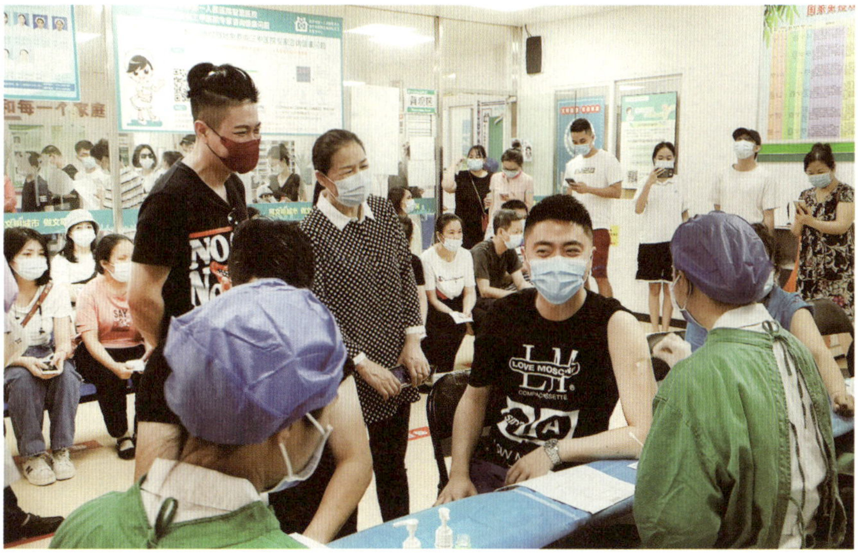
2021年5月26日，南宁市组织在邕台商台胞接种新冠病毒疫苗　　　市委统战部提供

【南宁市台湾同胞联谊会第三次代表大会】 2021年10月23日在沃顿国际大酒店召开。市委常委、统战部部长严丽萍，自治区党委统战部二级巡视员、广西台湾同胞联谊会会长黎建康出席开幕式并讲话，城区台胞代表、特邀代表等90多人出席。会议学习贯彻习近平总书记关于对台工作的重要论述，中央、自治区和南宁市相关决策部署；审议通过南宁市台联第二届理事会工作报告；为郑雄麟颁发纪念全国台联成立40周年荣誉奖章；选举产生第三届理事会19人。同期召开南宁市台联第三届理事会第一次会议，黎芷宏当选会长，苏毅、杨丽娜、郝璐楠当选副会长，林妍聘为秘书长。　　（伦俊芝）

外　事

【概　况】 2021年，南宁市外事办公室(简称"市外事办")做好涉外新冠肺炎疫情常态化防控，推进国际抗疫合作，向国际友好(交往)城市捐赠防疫物资和药品，举办线上抗疫经验交流会，分享抗疫成果。开展外事服务需求调研，走访马山县、隆安县、兴宁区、青秀区、西乡塘区调研特色参观点及社区国际化建设情况。接待外宾团组11批173人次；协助处置涉及南宁籍人员在境外的安全案(事)件32起，向129人提供帮助；审核审批因公出国(境)团组和邀请外国人来华事项，为赴境外开展医疗援助、招商推介的团组开设"绿色通道"；为21场涉外活动提供现场口译，翻译文字材料3万字。牵头整合外事、外资、外贸、外管、外侨"五外"资源，建立"五外融合促开放"工作机制并设立南宁市国际合作服务工作站，建立平台共享、渠道联通、衔接顺畅的"大外事"体系。开启"云上"交往新模式，通过视频连线、视频录制、线上会议等方式保持对外交往热度。举办2021年中国—东盟创业挑战营活动2期，协助办好第四届中国—东盟新型智慧城市协同创新大赛、2021南宁市青秀区国际传统舞龙邀请赛等涉外人文交流活动。利用中外媒体扩大国际友城人文交流宣传，与南宁广播电视台共同制作《外眼看南宁》节目5期，完成《南宁朋友圈 跨国云访谈》节目录制。南宁市新增国际友好城市1个(日本秋田市)，累计26个；新增国际友好交往城市1个(墨西哥莫雷利亚市)，累计36个。完成2021—2022年度南宁市国际友好城市留学生奖学金项目招生，来自泰国、智利的5名留学生获南宁市国际友好城市留学生奖学金。加强涉外管理和海外安全知

识宣传，召开2021年南宁市涉外管理联席会议和驻邕领事机构安保联席会议，制定《南宁市外事办公室涉外突发事件应急预案》；编印《南宁市外国和港澳记者采访管理指导手册》。主要存在受全球新冠肺炎疫情影响，线下对外交往工作难以开展，影响总体成效；国际友城交往中存在人文多、经贸少不均衡现象，友城关系向深层次发展难度大等问题。

【国际抗疫合作】 2021年，南宁市应柬埔寨西哈努克省、尼泊尔博卡拉市、老挝万象市、菲律宾达沃市、泰国孔敬市等国际友好(交往)城市有关防控新冠肺炎疫情物资援助请求，向柬埔寨金边市和西哈努克省、老挝万象市和占巴塞省、马来西亚霹雳州和怡保市、缅甸仰光市、菲律宾达沃市、尼泊尔博卡拉市、冈比亚班珠尔市等10个国际友好(交往)城市，以及柬埔寨王国外交与国际合作部、缅甸驻南宁总领事馆捐赠医用呼吸机2台、小型制氧机50台、一次性医用口罩10万个、医用防护口罩2.8万个、连花清瘟胶囊1万盒、医用手套1万双、防护服1250套、防护面罩4000个。5月19日，市政府、智利伊基克市政府、中国驻伊基克总领馆共同主办南宁—伊基克线上抗疫经验交流会，中国驻智利伊基克总领事傅新蓉，南宁市委常委、副市长王群，市直相关部门负责人，智利卫生部派驻第一大区代表费尔南德斯，伊基克市市长索里亚，伊基克市卫生健康协会主任莫雷诺，以及智利圣托马斯大学、阿图罗·普拉特国立大学、塔拉帕卡大学等3所高校的校长、师生代表出席交流会；南宁市疾病预防控制中心的两名主任医师潘利花、唐金芳介绍中国疫苗知识、南宁市抗疫经验等，与智利观众互动分享抗疫成果。

表15　2021年南宁市国际友好城市一览表

国家城市中文名称	英文名称	结好时间
冈比亚班珠尔市	Banjul, Gambia	1987年6月22日
澳大利亚班达伯格市	Bundaberg, Australia	1998年5月12日
美国普罗沃市	Provo, U.S.A.	2000年9月27日
奥地利克拉根福市	Klagenfurt, Austria	2002年6月13日
泰国孔敬市	Khon Kaen, Thailand	2002年8月25日
韩国果川市	Gwacheon, Korea	2005年4月18日
英国诺斯利市	Knowsley, UK	2005年8月16日
越南海防市	Hai Phong, Vietnam	2006年3月26日
菲律宾达沃市	Davao, the Philippines	2007年9月3日
柬埔寨西哈努克省	Preah Sihanouk, Cambodia	2007年10月30日
智利伊基克市	Iquique, Chile	2008年2月20日
法国马恩河谷省	Val-de-Marne, France	2008年10月23日
印度尼西亚茂物县	Bogor Regency, Indonesia	2008年12月17日
缅甸仰光市	Yangon, Myanmar	2009年10月21日
美国商业市	Commerce, U.S.A	2009年10月21日
加拿大维多利亚市	Victoria, Canada	2010年7月9日
老挝占巴塞省	Champasak, Laos	2010年10月21日
马拉维利隆圭市	Lilongwe, Malawi	2011年10月22日
波兰格鲁琼兹市	Grudziądz, Poland	2011年10月22日
马达加斯加塔那那利佛市	Antananarivo, Madagascar	2015年1月21日
意大利克雷马市	Crema, Italy	2017年9月19日
乌克兰伊万诺－弗兰科夫斯克市	Ivano-Frankivsk, Ukraine	2019年5月3日
西班牙穆尔西亚市	Murcia, Spain	2019年9月21日
巴西费利斯港市	Porto Feliz, Brazil	2019年12月3日
乌拉圭派桑杜省派桑杜市	Paysandú, Uruguay	2020年6月1日
日本秋田市	Akita, Japan	2021年11月22日

【国际友好(交往)城市交流】 2021年2月春节前夕，南宁市给菲律宾达沃市、泰国孔敬市、日本秋田市、澳大利亚班达伯格市等国际友好(交往)城市发送春节“大礼包”，内容包括新春贺词视频、《春天的旋律·2021》跨国春晚中英双语版、南宁市民主路小学的中国传统民族文化节目视频与新春祝福视频等；澳大利亚班达伯格市政府在当地的中国春节庆祝活动现场播放视频，并通过新闻网推广跨国春晚。澳大利亚班达伯格市、菲律宾达沃市、加拿大维多利亚市、柬埔寨西哈努克省、老挝乌多姆塞省、泰国孔敬市、乌拉圭派桑杜市、意大利克雷马市和拉斯佩齐亚市9个国际友好(交往)城市，以及越南、老挝等东盟六国驻南宁总领馆向南宁市发送新春祝福视频及贺信。市外事办为菲律宾达沃市第84届城市日、波兰格鲁琼兹市建市730周年录制祝福视频。4月，市外事办与自治区文学艺术界联合会、青秀区共同主办2021年南宁市青秀区国际传统舞龙邀请赛，邀请泰国孔敬市、马来西亚怡保市、澳大利亚班达伯格市以视频方式参赛，泰国孔敬市龙队获金奖，马来西亚怡保市龙队获铜奖，澳大利亚班达伯格市龙队获优秀奖。5月，市政府与墨西哥莫雷利亚市政府签订《建立友好城市关系意向书》，拓宽南宁在拉美地区对外友好交往渠道。6月中国共产党百年华诞之际，老挝乌多姆赛省省长、泰国孔敬市市长、匈牙利布达佩斯第16大区市长、新西兰黑斯廷斯市议员、老挝驻南宁总领事、泰国驻南宁总领事、波兰格鲁琼兹市文化体育局负责人、美国犹他州国际文化经贸协会主席、日本秋田市秋田—南宁友好协会事务局局长、英国广西社团联合总会会长、马来西亚先进霹雳(州)机构总经理等10余位友好人士向南宁市致电致函，高度评价中国共产党领导中国人民取得的举世瞩目成就，祝贺中国共产党成立100周年。9月29日，南宁市与冈比亚班珠尔市举办第四届中非地方政府合作论坛分论坛暨南宁市与班珠尔市视频会晤，双方围绕友城合作、抗疫经验分享、城市治理等议题进行交流；举行抗疫物资捐赠仪式，南宁市向班珠尔市提供制氧机、医用口罩、医用手套等物资援助。11月22日，南宁市与日本秋田市举行“中国南宁市与日本秋田市缔结友好城市视频签约仪式”，两市市长通过视频连线方式同步签署《建

立友好城市关系协议书》(南宁市首次与友好城市"云上"签约),南宁市与日本秋田市正式成为友好城市,填补南宁市在日本友好城市交往渠道的空白。12月11日,南宁市邀请法国普罗旺斯地区、意大利克雷马市、奥地利克拉根福市、马达加斯加塔那那利佛市参加线上第23届南宁国际民歌艺术节"大地飞歌·2021"录制,共演《赶圩归来阿哩哩》《蓝色多瑙河》等歌曲;12月20日,节目在广西广播电视台、南宁广播电视台和网络平台播出。

【世界城市和地方政府联合组织工作】2021年2月24日至25日,南宁市参加世界城市和地方政府联合组织(简称"世界城地组织")亚太区理事会线上会议,会上选举产生世界城地组织亚太区2020—2022届联合主席、执行局、理事会成员。10月20日,南宁市参加欧亚经济论坛"面向未来——地方政府治理与可持续发展"视频会议,会上成立世界城地组织亚太区旅游委员会,南宁市成为31个初始会员城市之一。

【中国—东盟博览会·商务与投资峰会外事服务】 2021年9月6日,市外事办、南宁广播电视台举办第18届东博会"南宁朋友圈·跨国云访谈"特别节目,邀请老挝占巴塞省、意大利拉斯佩齐亚市、奥地利克拉根福市、乌拉圭派桑杜市的领导线上录制,节目围绕"在全球经济社会恢复发展背景下,南宁与友城如何加强在经贸、文化、教育等方面的合作,构建更为紧密的人类命运共同体"主题进行深入讨论,时间60分钟,中途安排超过15分钟的专门环节"友城进东博",详细介绍友好城市的参展商品,并由在场的领导进行品鉴、推荐。9月10日,节目在南宁新闻频道播出;12月,节目老挝语版在老挝国家电视台播出。第18届中国—东盟博览会、中国—东盟商务与投资峰会期间,市外事办组织举办第三届"南宁国际友城进东博"活动,马来西亚怡保市、越南海防市、泰国孔敬市、老挝乌多姆塞省、意大利克雷马市等12个国际友好城市集中展销食品、农业、高新制药、酒水、日化、手工、艺术等特色商品30多种,成为博览会组委会重点推荐巡展首位展位,参观人数超过5万人;组织南宁国际友好城市代表团与广西桂贸天下企业管理服务有限公司、广西汇贸通商贸有限公司等重点外贸服务平台企业进行对接洽商,收到乌拉圭红酒、法国薰衣草精油、越南鱼露等商品合作意向信息80余条。活动获《中国日报》特别报道,获中央广播电视台、中阿卫视、广西广播电视台、南宁广播电视台、《南宁日报》等主流媒体,以及巴基斯坦、泰国等境外媒体报道30余篇次,获博览会组委会新媒体账号"中国—东盟博览会"专门报道4次。完成接待美国普罗沃市、澳大利亚班达伯格市、乌拉圭派桑杜市、马来西亚怡保市、法国普罗旺斯地区等国际友好城市外宾13人;会见宴请新加坡驻华大使一行、日本贸易振兴机构代表团、大韩贸易投资振兴公社一行;邀请老挝、缅甸驻南宁总领事馆参加第三届世界茉莉花大会开幕式,邀请加拿大维多利亚市市长、法国普罗旺斯地区阁来屋市市长等作大会视频致辞;协助自治区博览局完成巴基斯坦馆揭牌仪式的礼宾工作;配备4名英语翻译完成博览会活动的口译工作,完成临空经济论坛宣传片等材料的审校翻译。

【涉领事务】 2021年,南宁市组织"纪念中国—东盟建立对话关系30周年——南宁市人民政府与各国驻南宁总领事馆共植友谊树"活动、"驻邕领事机构看南宁——走进南宁市党建和廉洁文化基地"活动、领保助力企业"走出去"暨驻邕领事机构投资贸易合作推介会、"驻邕领事机构看南宁——乡村振兴隆安行"活动共4场"领事机构看南宁"系列活动,内容涉及人文交流、廉政建设、投资贸易推介、对外经贸投资交流合作等,参加活动的外国驻南宁总领事馆官员75人次。接待外国驻华使领馆来访17批105人,包括韩国、新加坡、奥地利、科摩罗等国驻华大使,韩国、缅甸、泰国、新加坡、印度尼西亚、以色列、乌克兰、匈牙利、英国、法国等国驻广州、重庆、南宁总领事馆官员,交流内容涉及经贸、农业、科技、人才、人文、招商引资、交通运输、保税仓储与物流、友好城市结好等。主要接待活动:1月8日,接待会见法国驻广州总领事馆、法国交通发展集团一行4人,与法国交通发展集团签署战略合作框架协议;10月29日,会见乌克兰驻广州总领事馆代理总领事德米特里·卡姆科夫一行3人,商谈开通中乌货运专列事宜;12月14日至15日,与匈牙利驻重庆总领事葛凯达一行4人洽谈科技交流合作、共同建立科技合作机构事宜。与外国驻南宁总领事馆开展交流合作活动26批次,拜访老挝、越南、柬埔寨、泰国、马来西亚驻南宁总领事馆,协助南宁职业技术学院、哈罗礼德学校、市中小企业服务中心、农夫山泉股份有限公司等与外国驻南宁总领事馆开展文旅、教育、经贸交流等。协助处置涉及南宁籍人员在境外安全案(事)件32起,为企业、有关人员与国内亲属等129人提供帮助。协助外国驻南宁总领事馆官员及随任亲属9批17人抵达南宁后转运、医学隔离、核酸检测、疫苗接种信息录入等,安排各国驻南宁总领事馆办公区和生活区消毒2次。召开2021年南宁市涉外管理联席会议、驻邕领事机构安保联席会议。开展领事保护宣传,协调发布"帮帮侠领事保护"动画、外交部"非必要 非紧急 不出国"公益广告、《领事保护宣传手册》等。

表16 2021年南宁市接待外国驻华使领馆来访团组一览表

日期	团组	人数	主要活动内容
1月8日	法国驻广州总领事馆、法国交通发展集团	4	签署战略合作框架协议
1月29日	以色列驻广州总领事劳霈乐一行	4	探讨农业、科技、人才、友好城市结好
3月2日	英国驻广州总领事馆华南外交联络领事诺杰一行	2	访问英国—广西侨商总会(南宁办事处),探索发挥侨商总会作用,促进英国与广西之间的经贸交流与合作
3月16日	科摩罗驻华使馆临时代办穆罕默德·马贝一行	2	访问南宁博物馆
3月18日至19日	乌干达驻广州总领事索罗曼·鲁提嘉一行	5	与市贸促会交流,到广西铂洋果业科技有限公司、广西金穗农业集团总部基地等地调研
3月31日	奥地利驻华大使石迪福一行	17	探讨经贸、人文、友城交往等领域友好合作;赴南宁综合保税区参观考察,了解招商引资政策信息

续表 16

日 期	团 组	人 数	主要活动内容
7 月 16 日	缅甸驻南宁总领事党梭登一行	4	交流经贸文化合作及抗疫合作
7 月 22 日	新加坡驻广州总领事馆杨惠琦	1	了解南宁市产业发展和对外合作情况
8 月 14 日至 15 日	泰国驻广州总领事馆农业领事周伟弘一行	4	参观横州市、广西海吉星农产品国际物流有限公司,了解泰国水果进入市场的管理方式
9 月 9 日	新加坡驻华大使吕德耀一行	7	探讨双方借助西部陆海新通道建设加强各领域交流合作
10 月 19 日	韩国地方政府驻华代表机构代表团一行	32	参加南宁市经贸推介会
10 月 27 日	印度尼西亚驻广州代总领事玛雅一行	3	交流印度尼西亚商务联络部办公入驻、办公楼权属及管理问题
10 月 29 日	乌克兰驻广州总领事馆代理总领事德米特里·卡姆科夫一行	3	商谈开通中乌货运专列事宜
11 月 3 日	韩国新任驻广州总领事韩在爀一行	5	商谈加强各领域交流合作
11 月 11 日	尼泊尔驻广州总领事馆一行	14	参观青秀山风景区
12 月 14 日至 15 日	匈牙利驻重庆总领事葛凯达一行	4	交流建立科技合作机构,参观中国—东盟新型智慧城市协同创新中心、广西新外贸孵化基地(桂贸天下公司)、青秀山风景区
12 月 15 日	美国驻广州总领事馆领事史明修一行	2	参观南宁综合保税区跨境电商物流园,了解南宁市跨境电商产业发展情况

【来访团组接待】 2021 年,南宁市接待外宾团组 11 批 173 人次。1 月 29 日,以色列驻广州总领事劳霈乐到南宁交流探讨农业、科技、人才、友好城市结好等。3 月 31 日,奥地利驻华大使石迪福到南宁交流探讨工业、商贸、文化、友好城市交往等,考察南宁综合保税区。9 月 9 日,市长孙大光会见新加坡驻华大使吕德耀一行,双方共同探讨合作领域。10 月 8 日、18 日,市委常委、副市长王群分别会见新任越南驻南宁总领事杜南忠、韩国驻华使馆公使衔参赞兼文化院院长金辰坤。10 月 27 日,印度尼西亚驻广州总领馆代总领事玛雅一行到南宁交流印度尼西亚商务联络部入驻、办公楼权属及管理问题。10 月 29 日,市委常委、副市长王群会见乌克兰驻广州总领馆代总领事德米特里·卡姆科夫,交流开通货运专列、友城交往、制造业及农产品合作事宜。11 月 3 日,韩国驻广州总领事韩在爀一行到南宁交流探讨加强经贸合作、深化友好城市及人文领域交流。

【中国—东盟创业挑战营】 2021 年 1 月、6 月,市外事办与市发展改革委、云宝宝大数据产业发展有限责任公司、新加坡新跃社科大学联合举办首届、第二届中国—东盟创业挑战营活动,为创新创业教育国际融合发展、创新创业资源要素汇聚共享及各国大学生合作交流搭建新平台,中国、越南、柬埔寨、马来西亚、新加坡、菲律宾、印度尼西亚等 10 个国家近 300 名学生通过网络连线方式报名参加,南宁学院、南宁职业技术学院等高校学生 10 多人参与。

【"五外融合促开放"工作机制建立】 2021 年 7 月 8 日,南宁市建立涉及外事、外资、外贸、外管、外侨"五外"领域的"五外融合促开放"工作机制,由市外事办、市商务局、市投促局、市侨联、市贸促会、市工商联、市公安局出入境管理支队等部门共同打造,并在中国—东盟经贸中心设立"五外融合促开放"工作机制运转载体——南宁市国际合作服务工作站。工作机制以强化联动、整合渠道资源为手段,以聚合国际要素、营造一流营商环境为目的,强化部门合作,形成各部门间"平台共享、渠道联通、资源整合、衔接顺畅"正向联动;凝聚部门力量,用好用活国际友城网络、海外商协会和友华人脉、各国驻广州驻南宁领馆的联络渠道、亚太经合组织商务旅行卡(APEC 卡)申办审核职能、高水平翻译服务等优势外事资源,以及外贸、外经、外资资源;深入开展企业走访与服务活动,架设政企联动的桥梁,为外向型企业提供帮助。工作站开展企业孵化、经贸投资指导与咨询、全产业链大数据应用及服务、涉外行政职能跟踪服务、海外政策信息数据发布解读、国际资源项目对接共享、对外人才教育与培训等业务。 (唐若溪)

编辑 覃涓铌 唐柯杰

2021 年 7 月 8 日,南宁市国际合作服务工作站在中国—东盟经贸中心设立 市外事办提供

中国人民政治协商会议南宁市委员会

综　述

【概　况】2021年，中国人民政治协商会议南宁市委员会（简称“市政协”）有政协委员490人，由31个界别构成；常务委员会组成人员88人；有提案委员会、经济委员会、农业和农村委员会、人口资源环境与城乡建设委员会、教科卫体委员会、社会法制委员会、海外联谊民族宗教委员会、文化文史和学习委员会8个专门委员会。市政协把政治引领贯穿履职始终，向市委常委会专题汇报6次，召开党组会议21次，组织各类学习、研讨活动50余次。按市委统一部署，选派机关干部14人担任换届风气巡回督察员，加强对县（市、区）政协换届工作的督察指导；完成换届选举工作，产生政协第十二届南宁市委员会主席、副主席、秘书长、常务委员。以助推首府经济社会高质量发展为履职主线，举办重要协商26次，有8篇材料在全国政协、自治区政协作为经验交流和大会发言，连续3年获评自治区政协最佳大会发言。以助力乡村振兴作为履职重点，向全体政协委员发出《“乡村振兴　委员行动”倡议书》，举办“弘扬脱贫攻坚精神　践行政协委员担当”专题报告会，动员政协委员投身乡村振兴伟大实践；组织政协委员开展“三下乡”服务活动，开展职业技能培训200多场次，捐款、捐物约500万元；重点督办一批涉及乡村振兴的提案；召开全市“乡村振兴　委员行动”现场经验交流会。做好服务统筹新冠肺炎疫情防控和经济社会发展、争创全国文明典范城市、迎接国家卫生城市复审、重大项目建设等工作。开展新任委员全员培训，举办培训班、学习讲座21期。加强制度建设，修订完善制度11个。加强机关信息化建设，建立南宁政协微信公众号，完成门户网站改造提升。编纂出版《南宁市政协志（2000—2001）》文史史料，出版《坚持和完善中国共产党领导的多党合作和政治协商制度论文集》《政协第十一届南宁市委员会优秀提案及办理成效选编》。市政协“推动党建与履职深度融合的实践探索”经验做法在全国政协、自治区政协党建经验交流会上作典型发言。市政协委员刘宗晓、苏秀清获“全国脱贫攻坚先进个人”称号，市政协办公室获“全区脱贫攻坚先进集体”称号，市政协机关获“南宁市模范机关示范单位”称号。主要存在凝聚共识方法有待进一步探索，协商议政能力有待进一步提高，界别优势作用有待进一步发挥，“两个薄弱”（基层政协工作基础薄弱、人员力量薄弱）问题有待进一步解决等问题。

【协商议政】2021年，市政协召开全体会议2次、专题议政性常委会议2次、专题协商会3次、双月协商座谈会5次、提案办理协商会9次、主席会议22次。重点打造“双月协商座谈会”履职品牌，培育与时代和任务相适应的“平等议事、畅所欲言、求同存异、体谅包容、务实管用、合法依章”南宁协商文化。探索“互联网＋政协”履职新途径，利用“南宁市政协”App组织港澳委员开展远程协商、网络议政、云端参会等，确保新冠肺炎疫情防控常态化条件下履职活动不松、不乱、不断。聚焦全面落实强首府战略、“六个全面提质”、乡村振兴等重大部署和民生热点建言资政，形成调研报告54份，提出意见建议269条。围绕农村水环境综合治理、城市二次供水管理、医保定点民营医疗机构监督管理、河长制落实情况等问题开展专项民主监督，提出意见建议35条，整改落实21条。党派团体提出集体提案117件，占集体提案总数86%；提交政协会议发言30篇、社情民意信息338条。市政协收到提案997件，立案737件，并案处理47件，不予立案213件（转为社情民意99件），其中涉及民生提案占60%以上，24件重点提案分别获市委、市政府、市政协领导领衔督办。立案提案全部交由96个单位办理。立案提案按期办复率100%，其中所提建议已采纳或正在解决的占95%，列入计划拟采纳和解决的占4.5%，难以解决无法采纳占0.5%，提案办理满意率99.9%。

【政协第十一届南宁市委员会五年工作回顾】2016年至2021年，政协第十一届南宁市委员会建立完善以政协党组理论学习中心组学习为引领，主席会议集体学、常委会议专题学、政协讲坛系统学等学习制度体系；创建党建双线管理机制，建立完善机关党建工作座谈会制度，专委会党员委员活动小组制度，党员委员联系党外委员制度等，实现党的组织对党员委员的全覆盖、党的工作对政协委员的全覆盖。把服务全市工作大局作为履职主线，开展专题议政性常委会议10次、专题协商会11次、双月协商座谈会29次、对口协商会39次、提案办理协商245次；政协委员提交社情民意信息1023条，编报《社情民意信息》151期；形成调研报告181份，提出意见建议905条，“关于打造环大明山生态旅游圈”“将南宁打造成为西部陆海新通道重要枢纽城市”等5项重大协商成果转化为自治区政协重点提案，获自治区、市领导批示；形成民主监督报告19份，提出针对性意见建议54条，整改落实问题32个；65篇大会发言材料获市委、市政府主要领导批示；委员提交提案2980件，立案2404件，办复率100%；提交民生类提案1172件，解决热点难点问题135个。在政协机关为各民主党派提供固定活动场所,在大会发言、专题协商中优先安排党派团体发表意见。党派团体提出集体提案378件,占集体提案总数88%;提交各类大会发言60篇,社情民意信息853条,被民主党派中央采用68条。全市建立委员联络站(室)88个。推荐、选派委员参加脱贫攻坚、电视问政、政府行政效能等监督活动788人次。市政协改进大会发言工作,创新开展提案办理清单制和提案办理"回头看"工作,协助市委出台《中共南宁市委员会关于新时代加强和改进人民政协工作的实施意见》等文件5份;建立完善政协协商、委员履职管理、政协机关内部运行管理等制度规定41个;围绕"充分发挥专门协商机构作用"等问题开展理论研讨5次,出版论文集5本,在自治区级以上媒体发表理论文章136篇。全市政协委员1545人投身脱贫攻坚战,为脱贫攻坚捐款捐物价值4117万元;选派41名优秀年轻机关干部和政协委员担任深度贫困村和贫困村第一书记,如期实现帮扶贫困村"整村脱贫摘帽"目标。新冠肺炎疫情防控期间,政协委员和政协机关干部1372人投身抗疫一线,捐款捐物价值1227万元。

重要会议

【政协第十一届南宁市委员会第六次会议】 2021年4月10日至11日在南宁人民会堂召开,应出席委员488人,实际出席委员428人。会议学习中共十九届五中全会精神,中央、自治区党委和市委政协工作会议精神;听取和审议政协第十一届南宁市委员会常务委员会工作报告,常务委员会关于市政协十一届五次会议以来提案工作情况的报告;列席南宁市第十四届人民代表大会第六次会议,听取并讨论政府工作报告,讨论其他有关报告;审议通过政协第十一届南宁市委员会第六次会议政治决议,常务委员会工作报告决议,政协第十一届南宁市委员会提案委员会关于提案审查情况的报告。会议期间,举行全体会议3次,列席1次市十四届人大六次会议;分成21个小组集中讨论3次。因新冠肺炎疫情防控需要,住香港、澳门的委员不出席会议,会前已提交大会发言稿件、提案、社情民意信息等,以书面形式对大会审议的有关文件提出意见建议。会议期间,收到提案549件,立案414件,并案处理16件,不予立案119件(转为社情民意67件),立案率75.41%。立案提案中,委员提案335件,党派团体、工商联、界别小组、专门委员会等集体提案79件;经济建设类195件,政治建设类12件,文化建设类69件,社会建设类110件,生态文明建设类28件。

【政协第十二届南宁市委员会第一次会议】 2021年10月19日至21日在南宁人民会堂召开,应出席委员490人,实际出席委员451人。听取和审议政协第十一届南宁市委员会常务委员会工作报告、提案工作情况报告;列席南宁市第十五届人民代表大会第一次会议开幕会,听取并讨论政府工作报告及其他有关报告;以无记名投票方式,选举杜伟为政协第十二届南宁市委员会主席,魏凤君、黎琳(女,仫佬族)、梁鸿(壮族)、唐咸兴、潘永钟(壮族)、边作新、梁平江(壮族)、蒋晓筠(女,壮族)为政协第十二届南宁市委员会副主席,李兵为政协第十二届南宁市委员会秘书长,王玉丽(女)、韦杰鹏、韦泽伦(壮族)、邓华、刘文忠等78人为政协第十二届南宁市委员会常务委员;审议通过政协第十二届南宁市委员会第一次会议政治决议,常务委员会工作报告决议,政协第十二届南宁市委员会提案委员会关于提案审查情况的报告。会议期间,收到提案448件,立案323件,并案处理31件,不予立案94件(转为社情民意32件),立案率72.1%。立案提案中,委员提案(含联名提案)272件,占84.2%;各民主党派、工商联、界别小组、专门委员会等集体提案51件,占15.8%。

【政协第十一届南宁市委员会常务委员会会议】 2021年,政协第十一届南宁市委员会召开常务委员会会议7次。

第30次会议 1月18日在市政协多功能厅召开。传达学习习近平总书记在全国政协新年茶话会上的讲话精神,中国共产党南宁市第十二届委员会第十一次全体(扩大)会议精神;审议政协第十一届南宁市委员会常务委员会关于召开政协第十一届南宁市委员会第六次会议的决定(草案),政协第十一届南宁市委员会第六次会议议程(草案),政协第十一届南宁市委员会第六次会议日程(草案),政协第十一届南宁市委员会常务委员会工作报告(草案),政协第十一届南宁市委员会常务委员会关于政协十一届五次会议以来提案工作情况报告(草案),政协第十一届南宁市委员会第六次会议各次全体会议主持人建议名单(草案),政协第十一届南宁市委员会第六次会议秘书长、副秘书长名单(草案),政协第十一届南宁市委员会第六次会议编组办法及各委员小组组长名单(草案),关于《中国人民政治协商会议第十一届南宁市委员会常务委员会工作报告》报告人的建议(草案),关于《中国人民政治协商会议第十一届南宁市委员会常务委员会关于提案工作情况的报告》报告人的建议(草案),《中国人民政治协商会议第十一届南宁市委员会常务委员会2021年工作要点(草案)》,《政协南宁市委员会2021年协商计划(草案)》。

第31次会议 3月5日在市政协多功能厅召开。学习贯彻习近平总书记在党史学习教育动员大会上的重要讲话精神、全国脱贫攻坚总结表彰大会精神;学习贯彻自治区党史学习教育动员大会精神、自治区"两会"精神;审议人事事项。

第32次会议 4月11日在市政协A419会议室召开。听取小组讨论情况综合汇报;通过政协第十一届南宁市委员会第六次会议关于常务委员会工作报告的决议(草案),政协第十一届南宁市委员会第六次会议政治决议(草案);审议通过政协第十一届南宁市委员会提案委员会

2021年10月19日,政协第十二届南宁市委员会第一次会议在南宁人民会堂开幕

市政协办公室提供

关于政协十一届六次会议提案审查情况的报告(草案)。

第 33 次会议　6 月 10 日至 11 日在市政协多功能厅召开。学习贯彻习近平总书记视察广西时的重要讲话和重要指示精神,传达学习市委十二届十二次全体会议精神;围绕“完善新能源汽车配套政策　促进产业发展”开展协商,建言献策;通报南宁市 2021 年上半年经济社会发展情况及下半年主要工作安排,2021 年上半年市政协常委会主要工作情况;听取各视察组汇报 2021 年上半年市政协常委及部分委员视察情况;市政协办公室、各专委会、研究室、选举联络工作办公室汇报 2021 年上半年工作情况及下半年工作安排;讨论市政协“乡村振兴　委员行动”工作方案;审议通过人事事项。

第 34 次会议　7 月 5 日在市政协多功能厅召开。传达学习习近平总书记在庆祝中国共产党成立 100 周年大会上的讲话精神;审议通过人事事项。

第 35 次会议　9 月 6 日至 7 日在市政协多功能厅召开。传达学习全国政协委员学习习近平总书记“七一”重要讲话精神交流会精神,自治区政协委员学习习近平总书记“七一”重要讲话精神交流会精神,自治区党委常委、市委书记王小东在南宁市学习贯彻习近平总书记“七一”重要讲话和视察广西时的重要讲话精神专题学习班开班式上讲话精神,中共南宁市第十三次代表大会精神;市政协委员学习习近平总书记“七一”重要讲话精神交流发言;围绕“培育发展住房租赁市场,增加保障性租赁住房供给”开展协商,建言献策;审议通过人事事项。

第 36 次会议　9 月 29 日在市政协多功能厅召开。学习贯彻国家主席习近平致第 18 届中国—东盟博览会和中国—东盟商务与投资峰会的贺信,王岐山副主席在开幕式上的致辞精神;学习贯彻落实李克强总理考察广西时的重要讲话和指示精神;市委统战部对政协第十二届南宁市委员会界别设置、委员名额、委员建议人选名单(草案)作说明;协商决定政协第十二届南宁市委员会界别设置、委员名额、委员建议人选名单(草案);审议政协第十二届南宁市委员会第一次会议有关材料,政协第十一届南宁市委员会常务委员会工作报告(草案)、提案工作情况报告(草案);听取市政协十二届一次会议筹备领导小组办公室材料组组长、提案组组长分别作起草说明;审议关于授权主席会议审议政协第十一届南宁市委员会常务委员会第三十六次会议未尽事宜的决定(草案)。

【政协第十二届南宁市委员会常务委员会会议】 2021 年,政协第十二届南宁市委员会召开常务委员会会议 2 次。

第 1 次会议　10 月 29 日在市政协多功能厅召开。学习南宁市第十五届人民代表大会第一次会议精神,政协第十二届南宁市委员会第一次会议精神;审议通过《中国人民政治协商会议第十二届南宁市委员会常务委员会关于设置专门委员会的决定(草案)》《中国人民政治协商会议第十二届南宁市委员会副秘书长任职名单》《中国人民政治协商会议第十二届南宁市委员会各专门委员会主任、副主任任职名单》。

第 2 次会议　12 月 9 日至 10 日在市政协多功能厅召开。学习贯彻中国共产党第十九届中央委员会第六次全体会议精神,中国共产党广西壮族自治区第十二次代表大会精神;听取南宁市 2021 年经济社会发展情况及 2022 年主要工作安排,市政府系统办理市政协十一届六次会议提案的工作情况,2021 年党风廉政建设工作情况,2021 年市中级人民法院、市检察院工作情况,市政协各视察小组汇报 2021 年下半年住邕自治区政协委员与市政协常委、部分委员视察工作情况,市政协各重点课题调研组汇报 2021 年重点课题完成情况;市政协秘书长李兵通报 2021 年下半年市政协常委会主要工作情况(书面);审议《市政协办公室、各专委会、研究室、选联办 2021 年工作总结及 2022 年主要工作思路》;向政协第十二届南宁市委员会委员智库成员颁发聘书。

【市政协专题议政性常委会议】 2021 年,政协第十一届南宁市委员会召开专题议政性常委会议 2 次。6 月 10 日,第 1 次会议在市政协多功能厅召开,围绕“完善新能源汽车配套政策　促进产业发展”开展协商。市政协党组成员、副主席陈世平作主题发言,针对南宁市新能源汽车产业发展的现状和问题,提出强化政策引导和支持、快速补齐新能源汽车推广使用短板、培育新能源汽车使用服务生态链、加强人才队伍建设等建议。青秀区政协主席、邕宁区政协主席及部分市政协常委、市政协委员、行业代表提出做好新能源汽车产业布局、构建全产业链生态体系、加大新能源汽车配套产业链项目扶持力度、开设新能源汽车项目整车生产资质备案绿色通道、完善新能源汽车财政补贴地方政策、培育优化充电设施建设运营主体、基于消费者角度需找准市场定位、推动新能源汽车金融服务、加强相关人才引进和培养等对策建议。9 月 6 日,第 2 次会议在市政协多功能厅召开,围绕“培育发展住房租赁市场,增加保障性租赁住房供给”开展协商。市政协副主席魏凤君作主题发言,针对南宁市住房租赁市场和保障性租赁住房的基本现状、存在困难和问题,提出统筹做好“十四五”住房建设规划编制实施工作、培育住房租赁市场供应主体、加强全过程监管、推进“租购同权”等建议。部分市政协常委、市政协委员与相关部门互动交流,提出修改完善国有资产出租管理办法、完善南宁市住房租赁管理服务平台建设、合理控制保障性租赁住房建设标准、新增用地建设租赁住房、在新建商品住房项目中配建租赁住房等对策建议。

主要工作

【政治协商】 2021 年,市政协抓好年度协商计划制定和实施,组织召开政协第十一届南宁市委员会第六次会议、政协第十二届南宁市委员会第一次会议,召开常务委员会会议 9 次、专题议政性常委会议 2 次、专题协商会 3 次、双月协商座谈会 5 次、提案办理协商会 9 次、主席会议 22 次。举办重要协商 26 次,重点打造“双月协商座谈会”履职品牌,邀请民主党派、政协委员、专家学者和有关人士围绕“发挥村庄规划在乡村建设行动中的引领作用”“加快创建国家历史文化名城”“保护利用革命文物传承首府红色基因”“进一步优化创业创新生态,提升我市营商环境竞争”“以数字化提升社区治理水平”等议题,与市领导、有关部门负责人互动协商、建言献策。探索“互联网 + 政协”履职新途径,搭建线上履职平台,利用“南宁市政协”App 组织港澳委员线上履职,开展远程协商、网络议政、云端参会等。推进政协协商与基层协商相衔接工作,加强对县(市、区)政协常态化的联系指导。调整政协委员智库人员,为提升协商质量提供智力支撑。年内,有 8 篇材料在全国政协、自治区政协作为经验交流和大会发言,连续 3 年获自治区政协最佳大会发言。

【民主监督】 2021 年,市政协围绕农村水环境综合治理、城市二次供水管理、医保定点民营医疗机构监督管理、河长制落实情况等问题开展专项民主监督,提出意见建议 35 条,整改落实 21 条;围绕“十三五”城建项目完成情况、农村科技服务、交通运输工作情况等开展视察监督;围绕《加快打造全国健康城市典范建议》等 24 个重点提案,开展提案办理监督;围绕《抢占生物医药产业制高点　助推实施强首府战略》等重点提案,开展提案办理“回头看”跟踪问效。组织委员参加电视问政、乡村振兴、提升政府行政效能等监督活动 164 人次。

【参政议政】 2021年，市政协把助推首府经济社会高质量发展作为履职主线，聚焦全面落实强首府战略、“六个全面提质”等重大部署，精准选题、建言资政。收集社情民意信息496条，获自治区政协采用12条；编发《社情民意信息》24期，服务市委、市政府决策施策。发挥人民政协作为实行新型政党制度重要政治形式和组织形式作用，通过提案、大会发言、调研视察、参与协商等途径，为各民主党派、工商联和无党派人士参政议政搭建平台。党派团体提出集体提案117件，占集体提案总数86%；提交政协会议发言30篇、社情民意信息338条。政协委员、各民主党派代表在市政协第十一届六次会议上作题为《加快新通道建设 助推我市成为国际国内双循环重要节点枢纽》《积极培育主导产业，实现南宁自贸区高质量发展的建议》等大会发言，在市政协第十二届一次会议上作题为《科学规划建设南宁市东部产业新城 打造强首府战略新增长极》《开展补链强链专项行动 培育新能源汽车产业集群》《抓住碳达峰、碳中和发展机遇 充分发挥资本市场作用推动我市经济高质量发展》《政企协同发力 持续优化我市营商环境》《营造有利条件和氛围 支持我市民营企业参与乡村振兴》《推进绿色家居产业发展 打造工业新增长点》等大会发言。利用“南宁市政协”App等信息化手段搭建线上履职平台，组织港澳台侨委员和特邀嘉宾“云端参会”履职。举行“港澳委员活动日”暨学习习近平总书记“七一”重要讲话精神线上交流会，通过观看视频学习贯彻习近平总书记“七一”重要讲话和视察广西时的重要讲话精神，通报政协第十一届南宁市委员会港澳委员履职情况，市政协港澳委员9人发言。市政协第十二届一次会议上，港澳委员聚焦人工智能、文化旅游、紧抓碳中和大战略机遇、加强南宁与港澳间的交流与合作等方面建言献策，线上提交《关于完善吸引海外高质量人才相关政策，打造高端人才事业发展平台的建议》《关于大力发展现代特色农业，推动乡村产业振兴的建议》《做好新经济、新业态的培育，打造新的经济增长点的建议》《关于促进文旅产业融合发展，推进全域旅游提质升级的建议》《关于加快对“老友南宁”文旅品牌形象的宣传推广的建议》《关于设立南宁市人工智能应用场景试验区的建议》《关于着力解决养老和托幼难问题的建议》《关于做好建筑施工安全生产工作建议》等提案18件。

【调研与视察】 2021年，市政协根据年度重点课题调研计划，组织委员深入基层一线开展调研，围绕“加强我市医保定点民营医疗机构监督管理”“加强南宁市城市二次供水管理”等议题开展重点民主监督活动6次；围绕“挖掘边疆少数民族文化资源助推民族文化与旅游融合发展”“加快推进我市城中村改造提升”“推进体校发展 建设体育强市”等议题开展重点课题调研9项、视察活动16次。形成调研报告54份，提出意见建议269条。

【提案征集与办理】 2021年，市政协制定政协第十一届南宁市委员会第六次会议、政协第十二届南宁市委员会第一次会议提案工作方案，做好提案线索征集工作；印发“关于征集市政协全会提案的一封信”，引导政协委员围绕全市经济社会发展大局和民生问题撰写提案，通过“智慧政协”信息平台，以信息发布形式推动政协委员开展调研、撰写提案。政协第十一届南宁市委员会第六次会议收到提案549件，比政协第十届南宁市委员会第六次会议提案多184件，增长33.5%，为历届届末全会提交提案数量最多的一次；政协第十二届南宁市委员会第一次会议收到提案448件，比政协第十一届南宁市委员会第一次会议提案多85件，增长23.4%，为历届届初全会提交提案数量最多的一次。市政协全年收到提案997件，立案737件，并案处理47件，不予立案213件(转为社情民意99件)，其中涉及民生提案占60%以上，24件重点提案获市委、市政府、市政协领导领衔督办。立案提案全部交由96个单位办理。全年立案提案按期办复率100%，其中所提建议已采纳或正在解决的占95%，列入计划拟采纳和解决的占4.5%，难以解决无法采纳占0.5%，提案办理满意率99.9%。其中，围绕创新发展、大力推动工业振兴、拓展产业发展空间、乡村振兴、推进新型城镇化建设等方面提出提案142件，围绕推进拓宽“南宁渠道”、深化重点领域和关键环节改革、营商环境改善、平安南宁、法治南宁建设等方面提出提案21件，围绕挖掘、保护和利用历史文化资源，落实“双减”政策，破解“学区房”“择校热”等方面提出提案64件，聚焦着力保障和改善民生、城市更新、新型智慧城市、“住有所居”、“互联网＋医疗健康”、疫情防控等社会关注的热点难点问题提出提案71件，围绕加强生态环境保护、营造人与自然和谐发展提出提案25件。《关于科学规划建设南宁市东部产业新城，打造强首府战略新增长极》《推进绿色家居产业发展 打造工业新增长点》的建议被市发展改革委、市工信局采纳；《以优质促均衡 铸就“学在南宁”》《落实“双减”政策 引导课外培训行业健康发展》的建议，引起市教育局等部门重视，在相关实施方案中采纳，推动市第三中学教育集团、市第十四中学教育集团、南宁沛鸿民族教育集团挂牌成立；《以城市体检为抓手 精准推进城市更新》《加强保障性租赁住房供给 更好落实“住有所居”》等建议，获市委、市政府领导批示，相关建议被市政府采纳；《关于加强我市臭氧污染防治及精细化管控的建议》《加强农村水环境治理提升农民生活品质》等建议，促进有关部门加快研究、出台新举措；《关于规范房地产行业发展及对疫情后经济发展提供助力的相关意见》推动破解房产办证难问题，实现商品房“交房即办不动产权证书”，获《人民日报》、《人民政协报》、“全国党媒信息公共平台”、《广西日报》、《广西政协报》等媒体报道。

2021年10月21日，市政协组织开展政协第十二届南宁市委员会第一次会议特邀人士(港澳)委员线上讨论会 市政协办公室提供

【文史活动与学习宣传】 2021年，市

政协编纂出版《南宁市政协志(2000—2021)》,出版《坚持和完善中国共产党领导的多党合作和政治协商制度论文集》《政协第十一届南宁市委员会优秀提案及办理成效选编》。在南宁政协文史馆建立市委党校学员培训基地和政协委员培训基地,接待参观、培训50批次1000多人次。在南宁新闻综合频道、《南宁日报》创新打造“邕有协商”“政协建言 委员心声”“政协故事”栏目,制作《图说政协这五年》宣传画册。举办“诵读红色经典 汲取奋斗力量——书香政协诗歌朗诵会”、“同心向党 凝心聚力”读书活动交流座谈会、“南宁市政协讲坛”9期;编印《书香增言值、履职促实效——南宁市政协委员读书心得体会》,设立书香政协展示厅,建立读书角,营造浓厚学习氛围。举办“同心向党 凝心聚力”庆祝中国共产党成立100周年系列活动,包括“学习党史 同心向党 凝心聚力”——加强新时代政协党建工作专题培训班、专题讲座、红色资源现场教学、“弘扬脱贫攻坚精神 践行政协委员担当”主题报告会、书画摄影作品展、文艺会演等活动,选树优秀共产党员20人、优秀党务工作者5人、中共党员委员履职先锋20人,党建工作优秀集体6个。新闻媒体宣传报道市政协履职新闻360篇次。

2021年6月20日,“同心向党 凝心聚力”南宁市政协庆祝中国共产党成立100周年文艺汇演在南宁市群众艺术馆举行

市政协办公室提供

【理论研究】 2021年,市政协不断完善以政协党组理论学习中心组学习为引领的学习制度,推进理论学习常态化、制度化,组织中心组专题学习4次、党组会议20次和主席会议集中学习。围绕“坚持和完善中国共产党领导的多党合作和政治协商制度”主题,开展理论征文活动,收到县(市、区)政协、政协各参加单位、市政协机关部门、政协委员、理论研究会会员的理论文章156篇。召开“坚持和完善中国共产党领导的多党合作和政治协商制度”理论研讨会,评出优秀论文50篇、优秀组织单位12个。在自治区级刊物上发表理论文章13篇,编辑完成《心桥》内刊4期、《政协工作参考》10期。

(市政协办公室)

编辑 覃涓铌

中国共产党南宁市纪律检查委员会 南宁市监察委员会

综　述

【概　况】2021年，中共南宁市纪律检查委员会机关、南宁市监察委员会合署办公，简称“市纪委监委”，一套机构、两个机关。市纪委监委综合运用“四种形态”（党内关系要正常化，批评和自我批评要经常开展，让咬耳扯袖、红脸出汗成为常态；党纪轻处分和组织处理要成为多数；对严重违纪的重处分、作出重大职务调整应当是少数；严重违纪涉嫌违法立案审查的只能是极少数）批评教育帮助和处理6440人次，第一、第二、第三、第四种形态分别占比70%、24.1%、3.1%、2.8%。全市查处违反政治纪律问题12起，处分23人。严把党员干部政治关、廉洁关，出具干部廉政鉴定138份1980人次，坚决防止“带病提名”“带病提拔”。全市纪检监察机关立案查处违纪违法案件1772件，党纪政务处分1862人，移送司法机关54人。查处违反中央八项规定精神问题175起，党纪政务处分246人。其中，查处形式主义、官僚主义问题38起，党纪政务处分51人；查处享乐主义、奢靡之风问题137起，给予党纪政务处分195人。查处失职失责问题32个，其中党内问责问题22个，问责党员干部26人，给予党纪处分22人。查处腐败和作风问题123起，给予党纪政务处分87人；查处整治群众身边腐败和作风问题299个，处理414人；立案查处工程建设领域腐败问题127起，给予党纪政务处分72人，移送司法机关13人，其他处理16人。针对中央第二巡视组巡视广西反馈问题制定整改措施101项，完成整改99项；针对自治区党委巡视组巡视反馈问题制定整改措施301项，完成整改300项。市纪委监委创建模范机关经验做法在中央、自治区级媒体刊登，获“全区先进基层党组织”称号；机关党建“金花茶经验”入围第一届“新时代全国机关基层党建新成就”“十佳作品奖”。主要存在纪检监察干部素质能力与高质量发展要求还有差距，纪律作风与打铁必须自身硬要求还有差距，理论学习不够透彻、不重视监督、不愿监督、不敢监督、不会监督及纪法贯通能力不够强等问题仍不同程度存在。

【“两个责任”落实】2021年，市委以习近平新时代中国特色社会主义思想为指导，全面贯彻党的十九大和十九届二中、三中、四中、五中、六中全会精神，深入贯彻落实习近平总书记视察广西“4·27”重要讲话和对广西工作系列重要指示精神，贯彻十九届中央纪委五次全会部署，落实自治区纪委十一届七次全会要求，立足新发展阶段，完整、准确、贯彻新发展理念，服务和融入新发展格局，统筹常态化疫情防控和经济社会发展，运用党的百年奋斗历史经验，永葆自我革命精神，坚决将反腐败斗争进行到底。市委主要领导多次听取全市党风廉政建设和反腐败工作情况汇报，研究部署全面从严治党工作，对查处违纪违法案件、纠“四风”（形式主义、官僚主义、享乐主义和奢靡之风）树新风、粮食购销领域腐败问题专项整治等工作作批示、提要求，切实担负起管党治党政治责任，团结带领各族人民，凝心聚力建设新时代中国特色社会主义壮美广西首善之地，实现“十四五”良好开局。市纪委监委深入学习贯彻习近平新时代中国特色社会主义思想，贯彻落实习近平总书记视察广西“4·27”重要讲话和对广西工作系列重要指示精神，在自治区纪委监委和市委正确领导下，牢记初心使命、忠实履行职责，坚持严的主基调，持之以恒正风肃纪反腐，以落实“十项重点任务”（强化理论武装、推进政治监督、构建“三不”一体推进体制机制、纠“四风”树新风、整治群众身边腐败和作风问题、健全“四项监督”贯通协调机制、破解“一把手”监督和同级监督难题、加强上级纪委监委对下级纪委监委领导、强化严管厚爱、强化自身建设）为主抓手，推动纪检监察工作高质量发展，充分发挥监督保障执行，促进完善发展作用，为全市“十四五”开好局起好步提供坚强保障。

重要会议

【中共南宁市第十二届纪律检查委员会第七次全体会议】2021年2月3日在市委、市政府会议中心召开。市纪律检查委员会常务委员会主持。出席会议的市纪委委员42人，列席201人。自治区党委常委、市委书记王小东出席并讲话。会议以习近平新时代中国特色社会主义思想为指导，全面落实党的十九大和十九届二中、三中、四中、五中全会精神，贯彻落实十九届中央纪委五次全会、自治区纪委十一届七次全会和市委十二届十一次全会工作部署，回顾2020年纪检监察工作，部署2021年任务，审议通过《以高质量党建推动纪检监察工作高质量发展为首府“十四五”发展开好局提供坚强保障》工作报告。

【中共南宁市第十二届纪律检查委员会第八次全体会议】2021年8月21日在市委、市政府会议中心召开。市纪律检查委员会常务委员会主持。出席会议的市纪委委员42人，列席46人。审议通过中国共产党南宁市第十二届纪律检查委员会向中国共产党南宁市第十三次代表大会的工作报告，同意提请中国共产党南宁市第十三次代表大会审查。

【中共南宁市第十三届纪律检查委员会第一次全体会议】 2021年8月31日在市政协多功能厅召开。缪佃江主持会议。市纪委委员43人出席。选举中国共产党南宁市第十三届纪律检查委员会常务委员会委员和书记、副书记，提请中国共产党南宁市第十三届委员会第一次全体会议通过。

主要工作

【政治监督】 2021年，市纪委监委聚焦重大决策部署抓监督。紧盯中央巡视反馈意见整改、推进污染防治攻坚战、巩固拓展脱贫攻坚成果同乡村振兴有效衔接、常态化疫情防控、换届风气、违建别墅专项清查整治、违规乱占耕地建房、共建西部陆海新通道、全面对接粤港澳大湾区发展、全面落实强首府战略、创建全国文明典范城市和国家卫生城市等重点工作强化监督，确保党中央、自治区党委和市委重要决策部署落地见效。紧盯"两个责任"(党委主体责任、纪委监督责任)落实抓监督。协助市委落实全面从严治党主体责任，针对自治区党委主要领导点评2020年度南宁市党风廉政建设工作有关问题，协助市委制定4大项15小项整改具体措施，逐项落实责任领导、牵头单位、责任单位，明确整改时限。完善各级党委书记听取点评所辖单位党委(党组)主要负责人落实主体责任制度，协助市委对12个县(市、区)、各开发区党工委和部分市直单位党组织主要负责人进行述职评议。开展全市年度落实党风廉政建设责任检查考核，开展贯彻执行《党委(党组)落实全面从严治党主体责任规定》专项检查。严明党的政治纪律和政治规矩，严肃查处"七个有之"(搞任人唯亲、排斥异己的有之，搞团团伙伙、拉帮结派的有之，搞匿名诬告、制造谣言的有之，搞收买人心、拉动选票的有之，搞封官许愿、弹冠相庆的有之，搞自行其是、阳奉阴违的有之，搞尾大不掉、妄议中央的也有之)问题，查处违反政治纪律问题12起，处分23人。严把党员干部政治关、廉洁关，出具干部廉政鉴定138份1980人次，坚决防止"带病提名""带病提拔"。明确全年10个方面37项政治监督重点任务，推动政治监督深入化实效化。结合"书记引航担使命"主题活动，推行每月"一清单一检查一报告一例会"的监督清单管理工作模式，通过监督清单部署监督任务168项，涉及监督内容391项，发现并督促整改问题3179个，确保政令畅通、令行禁止。

【一体推进"三不"】 2021年，南宁市各级纪检监察机关坚持系统施治、标本兼治，构建"三不"(不敢腐、不能腐、不想腐)一体推进体制机制，推动党风廉政建设和反腐败斗争向纵深发展。持续强化"不敢腐"的震慑力度。保持严的氛围、惩的力度，紧盯"关键少数"，加强对"一把手"和领导班子监督，坚持受贿行贿一起查，推进"信访举报质量强化提升年""案件质量提升年"活动，进一步提高全市纪检监察机关信访举报和案件办理质量。全市纪检监察机关立案查处违纪违法案件1772件，党纪政务处分1862人，移送司法机关54人，其中查处"一把手"违纪违法案件105件，查处受贿行贿案件67件。系统扎牢"不能腐"的笼子。市纪委监委进一步健全监督体系，贯通协同"四项监督"(纪律监督、监察监督、派驻监督、巡视监督)，协助市委制定出台《关于促进党内监督同其他监督贯通协同的意见》，出台市纪检监察机关与市审计机关、财政部门、市委巡察机构等部门单位的协作配合工作办法、协作配合机制，探索构建具有首府特色的大监督工作格局。累计向各级党委(党组)发出工作提示51个，督促推动党委(党组)领导班子及"一把手"强化责任担当，规范履职用权。逐步增强"不想腐"的自觉。深化警示教育，建立旁听庭审警示教育长效工作机制，组织开展旁听庭审典型案件等警示教育活动4次，接受教育1000余人次。发挥南宁市廉洁文化主题园廉洁教育作用，到青秀山廉洁文化主题园接受教育的党员干部365批次1.89万人。做实同级同类领导干部警示教育，收集整理严重违纪违法党员干部典型案件剖析材料编印《忏悔录》；坚持常态化点名道姓通报曝光涉及查处的违反中央八项规定精神问题、群众身边的腐败和作风问题、巩固脱贫攻坚成果同乡村振兴有效衔接过渡期违纪违法问题等典型案例，发挥查处一案、警示一片、规范一域综合效应。

【作风建设】 2021年，市纪委监委开展"以竹倡廉・树清廉家风"南宁市家风家教廉洁主题活动，营造出风清气正、清正廉洁的家庭氛围。开展"颂党恩・传家风"主题宣传教育活动，以优良家风带党风促政风。全市查处违反中央八项规定精神问题175起，党纪政务处分246人。其中，查处形式主义、官僚主义问题38起，党纪政务处分51人；查处享乐主义、奢靡之风问题137起，给予党纪政务处分195人。深入开展集中纠治"四风"突出问题"六项行动"(开展基层减负行动、开展激励基层干部担当作为行动、开展享乐主义奢靡之风突出问题纠治行动、开展各类监督贯通融合行动、开展深化通报曝光和警示教育行动、开展树新风扬正气行动)，聚焦为基层减负、违规吃喝、违规发放津贴补贴、酒驾醉驾背后的"一桌餐""不吃公款吃老板"等突出问题，细化实化18项具体措施，推动"小切口"整治取得新成效，强化监督质效。紧盯重要节点开展明察暗访，点名道姓通报曝光违反中央八项规定精神问题典型案例47批次72起，持续释放执纪必严强烈信号。依托《电视问政》等媒体监督作用，聚焦职责履行和作风问题，集中曝光和推动整改不担当、不作为等作风问题49起，问责11人。

【持续整治群众身边腐败和不正之风】 2021年，南宁市开展"我为群众办实事"实践活动；开展"系民心、听民声、纾民困"活动。紧盯责任落实、"四个不摘"(摘帽不摘责任、摘帽不摘政策、摘帽不摘帮扶、摘帽不摘监管)政策落实、政策项目资金、产业发展、国有平台公司、乡风文明建设、干部作风强化监督；查处腐败和作风问题123起，给予党纪政务处分87人；做好"后半篇文章"，抓好干部教育鼓劲，提升专项监督工作实效。聚焦群众"急难愁盼"问题，紧盯教育、医疗、供销、就业创业、养老社保、环境污染、救灾资金、安全生产、征地补偿、食品药品安全等领域，查处整治群众身边腐败和作风问题299个，处理414人。聚焦政法队伍教育整顿，加大案件线索查办力度，立案查处政法干警违纪违法案件217件，保持正风肃纪、反腐强警的高压态势。聚焦扫黑除恶，依纪依法深挖彻查为黑恶分子站台撑腰、提供庇护的"保护伞"及工作推动不力等失职失责问题27起，给予党纪政务处分26人。聚焦粮食购销领域腐败问题开展专项整治，对粮食收购、储存、销售等关键环节开展监督，立案查处权钱交易、利益输送等"靠粮吃粮"问题34起，坚持边查边改边治，推动根治粮食购销系统性腐败，促进粮食工作高质量发展。聚焦工程建设领域腐败问题开展专项治理，紧盯工程建设项目背后的责任、作风、腐败问题，立案查处工程建设领域腐败问题127起，给予党纪政务处分72人，移送司法机关13人，其他处理16人。

【政治巡察】 2021年，南宁市把"两个维护"作为巡察根本任务，推动巡视整改。将中央和自治区党委巡视反馈问题整改情况纳入市委巡察监督重点内容，针对中央第二巡视组巡视广西反馈问题制定整改措施101项,完成整改99项;针对自治区党委巡视组巡视反馈问题制定整改措施301项,完成整改300项。对尚未完成整改的问题加强跟踪督办,确保每个问题按期整改到位。出台《南宁市委巡察整改效果评价办法(试行)》。开展十二届市委第八轮、第九轮巡察及十三届市委第一轮巡察,对市市政园林局党组、市住建局党组等开展巡察“回头看”,并开展优化营商环境建设机动式巡察、涉粮专项巡察,聚焦基层贯彻落实党的路线方针政策和党中央决策部署情况,聚焦群众身边腐败问题和不正之风,聚焦基层党组织软弱涣散、组织力欠缺问题,以及解放思想不够、责任担当不足、工作作风漂浮、办事效率低下、政策支持落地难等问题开展监督,不断提升巡察质效。建立市委巡察机构联系指导县级巡察机构常态化机制,制定《关于建立健全市委巡察机构与市纪检监察机关协作配合机制的实施办法》《关于进一步加强市委巡察机构与市委组织部协作配合的实施办法》等,重点加强巡察与纪律、监察、派驻、组织等监督统筹衔接,与审计、统计、信访等监督协调协作,形成系统集成、协同高效的监督工作机制。

【深化纪检监察体制改革】 2021年,市纪委监委一体推进深化“三项改革”(党的纪检体制改革、国家监察体制改革、纪检监察机构改革),以改革实效推动提高工作质效。围绕监督检查、审查调查关键环节,推动上级纪委监委对下级纪委监委、派出机关对派驻机构领导具体化、制度化。继续推进监察工作向基层延伸,开展“乡镇纪委规范化建设年”活动,进一步规范派出乡镇(街道)监察办公室职责权限和工作程序,促进依法履职、规范管理。配齐配强工作力量,推动监督下沉到乡镇、到村(社区),不断提升基层监督能力。强化国有企业纪检体制改革,出台市直企业纪检监察机构监督检查审查调查措施使用管理办法等制度,规范市直企业纪检监察机构审查调查流程,探索“室组”(纪委监委监督监察室和派驻纪检组)“室组企”(纪委监委监督室和派驻纪检组、企业纪委)联动监督等方式,解决企业内设纪委权威性不足、独立性不强难题。开展各级监委向同级人大报告专项工作,提升监察工作法治化规范化水平。

【激励干部担当作为】 2021年,市纪委监委准确把握纪检监察证据适用条件,精准规范问责,旗帜鲜明为担当作为者撑腰鼓劲、解除后顾之忧。加强对容错纠错工作的领导和监督,做到严肃问责、规范问责、精准问责、慎重问责,全市查处失职失责问题32个,其中党内问责问题22个,问责党员干部26人,给予党纪处分22人。突出严管厚爱结合、激励约束并重,坚持“三个区分开来”,对明知故犯和无心之过、肆意违规和改革失误、蓄意谋私和因公差错等区别对待、恰当处理,对被反映人运用诫勉、批评教育、警示谈话、提醒谈话等第一种形态774人次。抓早抓小、“治病救人”综合效应彰显。做好被问责、受处分干部常态化跟踪回访,对500多名受处分、被问责干部开展跟踪回访,进一步消除思想顾虑,不断激发党员干部干事创业内生动力。旗帜鲜明为敢闯敢试者撑腰鼓劲,为170名受到诬告、错告的党员干部在一定范围内澄清或消除影响。

(叶　鹏)

编辑　李燕燕

民主党派 工商联

中国国民党革命委员会南宁市委员会

【概　况】 2021年，中国国民党革命委员会南宁市委员会（简称“民革南宁市委会”）设兴宁区、江南区、青秀区、西乡塘区4个总支部，邕宁区、良庆区等21个基层支部，党员493人（新发展19人）。党员中具有高级、中级专业技术职务任职资格264人；经济界133人，科技、教育界108人，医卫界86人，行政机关100人，新的社会阶层人士57人，其他9人。党员中担任中国国民党革命委员会广西壮族自治区委员会（简称“民革广西区委会”）副主委1人，常委1人；当选自治区人大代表1人，市人大代表6人，城区人大代表5人（常委1人）；担任自治区政协委员1人，市政协委员18人（常委3人），城区政协委员39人（常委8人）；市政府参事1人；受聘担任各级特邀监察员、执法监督员、行风评议员14人。提交集体提案14件，上报社情民意信息、统战信息等100余条，开展社会服务活动30余次，参与活动党员400人次，投入物资和经费近30万元，受益群众1000人次。民革南宁市委会获民革中央评为民革助力脱贫攻坚工作先进集体、民革全国机关工作先进集体；良庆支部获民革中央评为民革示范支部；唐祯泽获民革中央授予“民革全国机关工作先进个人”称号。主要存在履职能力需进一步加强，干部队伍建设力度需进一步加大等问题。

【思想建设】 2021年，民革南宁市委会开展庆祝中国共产党成立100周年系列活动，开展中共党史学习教育。召开主委会、常委会10多次，学习贯彻习近平总书记视察广西重要讲话和系列重要指示精神，学习贯彻中共十九届六中全会、自治区第十二次党代会、南宁市第十三次党代会精神等。围绕“每日一学、每周一谈、每月一讲、每人一篇”等“四个一”内容，引导广大民革党员和机关干部进行中共党史学习，深刻领会中国共产党百年非凡历程，重温中国共产党和民革风雨同舟、携手前行的历史；组织开展学习活动40余次，参与人数700多人次，举办“同心”大讲坛7次。各（总）支部开展包括中共党史学习教育在内的各类学习教育80多次，参与人数1000多人次。短视频作品《守护星星的孩子》《为爱守护》分别获民革中央“记录身边美好生活——民革短视频大赛”二等奖、三等奖；征文《学党史悟思想伴我行》获民革中央“百年中国梦，风雨同舟情”征文比赛优秀征文；选送节目《歌伴舞：唱支山歌给党听》在“同心向党·凝心聚力”市政协庆祝中国共产党成立100周年文艺会演中获“优秀表演奖”等。组织机关专干走访老党员、慰问患病党员20多人次，参与基层组织支部生活30多次；7月，青秀五支部“民革党员之家暨广西泳达心智障碍者法律帮扶中心”揭牌；11月，民革区直公交总支部、民革南宁市江南总支部“民革党员之家”揭牌。定期出版报纸，在网站、微信公众号发表报道300多篇、图片800多张、视频20多个，获民革中央网站、民革广西区委会网站采用80多篇，《南宁统战》采用40多篇，在《团结报》《南宁日报》《华声晨报》刊登10多篇。

【中国国民党革命委员会南宁市第十四次代表大会】 2021年1月13日至14日在广西沃顿国际大酒店召开，出席代表104人。听取和审议黎琳代表民革南宁市第十三届委员会作《不忘合作初心　继续携手前进　奋力开创南宁民革事业新征程》工作报告；审议通过民革南宁市第十三届委员会工作报告、民革南宁市第十四次代表大会决议；选举产生民革南宁市第十四届委员会委员25人，常务委员9人；黎琳当选主任委员，廖志、曾庆钻、韦隽群、陈洁当选副主任委员；任命唐祯泽为民革南宁市委会秘书长。

【参政议政】 2021年，民革南宁市委会按照“举全党之力抓参政议政”的要求，聚焦全市中心工作和人民群众普遍关注的热点难点问题，开展调研，建言献策。完成重点调研课题“精准发力　深化医改　推动南宁市公立医院高质量发展”。参与撰写民革广西区委会向自治区“两会”提交8件集体提案并全部立案。全国“两会”期间，通过民革广西区委会、中共南宁市委统战部报送“两会”反映类、建议类信息超过30条。向市政协十一届六次会议、十二届一次会议提交14件集体提案并全部立案。南宁市及各城区“两会”期间提交提案、议案100多件；《关于加强我市东盟国家友好城市建设的建议》等2件集体提案被评为市政协优秀提案，《关于促进乡村旅游高质量发展，推动我市乡村振兴的建议》等3件集体提案被列为市级重点督办提案。优化《南宁民革社情民意工作量化考核方案》，组织党员开展调查研究，撰写社情民意，上交提案建议近200篇，上报社情民意信息、统战信息等100余条，获民革中央采用1条，中共广西区委统战部采用18条，自治区政协采用1条，民革广西区委会采用74条，中共南宁市委统战部采用30条。

【社会服务】 2021年，民革南宁市委会开展社会服务活动30余次，参与活动民革

2021年1月13日至14日，中国国民党革命委员会南宁市第十四次代表大会在广西沃顿国际大酒店召开　何鹰　摄

党员400人次，投入物资和经费近30万元，受益群众1000人次。组织党员、爱心企业家到隆安县都结乡普权村开展“学党史·感党恩·办实事·润童心”六一慰问活动，为普权小学捐赠学习、体育用品；青秀总支部到伶俐镇独岭村为困难群众捐赠生活物资及慰问金；良庆支部联合无疆传媒到那陈镇开展中秋国庆慰问活动，为孤寡、空巢老人赠送生活物资。春节、重阳节开展以“传承红色精神·致敬抗战老兵”为主题的慰问抗战老兵活动，慰问老兵60多人次。响应民革中央办公厅中山博爱基金会“博爱·牵手”关爱困难党员活动，黎琳主委带队看望困难党员李宝任，带去全国人大常委会副委员长、民革中央主席万鄂湘致困难党员的慰问信和慰问金1万元并送去生活物资。做好民革全国企业家广西交流合作大会后续对接服务，获民革中央授予“民革助力脱贫攻坚工作先进集体”称号。

【祖国统一工作】2021年，民革南宁市委会学习贯彻习近平总书记关于深化两岸经济文化交流合作重要思想，坚守民族大义，坚决反对“台独”，立场坚定，与中共中央保持高度一致。关注台湾局势变化，开展对台理论研究和思想教育，不断提高党员对台海新问题、新形势的认识。开展涉台参政议政工作，发挥特色和优势，加强与台湾认同“两岸同属一个中国”的团体接触、交流和交往。组织支部党员和到访民革党员，赴昆仑关开展“学习党史国史·缅怀抗战先烈”“永远跟党走”等系列主题活动，发挥昆仑关战役旧址“海峡两岸教育基地”“民革党员教育基地”作用。开展昆仑关民俗文化旅游活动，划拨1万元支持昆仑关建设。组织两人加入民革广西区委会祖统委专家组，深入学习交流对台理论知识，开展涉台参政议政工作。　（何　鹰）

中国民主同盟南宁市委员会

【概　况】2021年，中国民主同盟南宁市委员会(简称“民盟南宁市委会”)设兴宁区、江南区、青秀区、西乡塘区4个基层委员会，邕宁区、良庆区、武鸣区、横州市4个总支部，34个支部。有盟员799人(新发展27人)。盟员中具有高级、中级以上专业技术职务任职资格612人；教育界476人、医卫界88人、科技界10人、行政界72人、经济界69人、法律界13人、非公经济类63人、其他8人。盟员当选市人大代表7人，县(市、区)人大代表8人；担任自治区政协委员2人，市政协委员23人，县(市、区)政协委员44人。完成换届选举，产生民盟南宁市第十五届委员会。提交集体提案13件。报送宣传稿件165篇，完成理论研究课题5个，撰写社情民意信息160条，建设民盟参政议政调研基地4个，社会服务工作基地1个。开展“同心·农村教育烛光行动”6次，受益师生超过2000人次，开展“同心·关爱社会”新春活动4次。获评民盟中央脱贫攻坚先进集体、民盟中央群言杂志社优秀发行单位、民盟中央庆祝民盟80周年微视频宣传工作优秀集体、民盟广西区委会参政议政工作先进单位、反映社情民意信息工作先进单位一等奖、庆祝中国共产党成立100周年暨中国民主同盟80周年文艺演出优秀组织奖、南宁市政协庆祝中国共产党成立100周年文艺会演优秀组织奖。主要存在履职实效需要增强，基层组织活力有待进一步激发等问题。

【思想建设】2021年，民盟南宁市委会以习近平新时代中国特色社会主义思想为指引，深入学习贯彻中共十九大和十九届历次全会精神，深入学习贯彻习近平总书记对广西工作系列重要指示精神特别是视察广西“4·27”重要讲话精神，围绕“庆祝中国共产党成立100周年”“庆祝中国民主同盟成立80周年、民盟南宁市级组织成立70周年”“党史、盟史学习教育”系列主题，举办庆祝民盟南宁市级组织成立70周年暨第37个教师节座谈会、“学党史忆盟事　跟党走开新篇”重阳节座谈会、同心运动会气排球比赛、三八妇女节活动、中国民主同盟成立80周年暨民盟南宁市级组织成立70周年纪念大会等活动。编印《纪念中国民主同盟南宁市级组织成立七十周年》图文集，制作《南宁民盟70年行而不辍》宣传视频，编印《南宁民盟》庆祝中国民主同盟成立80周年专刊、庆祝民盟南宁市级组织成立70周年专刊。举办参政议政培训座谈会、新盟员培训班，新一届市委委员暨基层负责人(遵义)培训班等。组织采写报送宣传稿件165篇、党史学习感想6篇、“我与民盟”主题征文10篇、其他类文章15篇，在《南宁日报》发布专题稿件4篇，获南宁广播电台报道3次。以“庆祝中国共产党成立100周年”为主题的多幅作品入选民盟广西区委会、南宁市政协、中共南宁市委统战部等单位举办的作品展。完成理论研究课题5个，报送人民政协论文5篇、统战理论政策研究创新成果2篇；组织开展中华人民共和国成立前南宁民盟历史的挖掘工作，形成《叶生发与南宁市民盟支部》等盟史文稿4篇。

【中国民主同盟南宁市委员会第十五次代表大会】2021年1月8日至9日在南宁饭店召开，出席代表106人。听取和审议潘永钟代表民盟南宁市第十四届委员会作《不忘合作初心　勇于担当实干　为推动首府南宁高质量发展再做新贡献》工作报告；审议通过民盟南宁市第十四届委员会工作报告决议、民盟南宁市第十五次代表大会决议；选举产生民盟南宁市第十五届委员会委员27人，常务委员9人；潘永钟当选主任委员，林海、黄振飞、韦娜、覃勇当选副主任委员；任命黎安宁为民盟南宁市第十五届委员会秘书长。

【参政议政】2021年，民盟南宁市委会参加中共南宁市委召开的协商座谈会3次，就“加强自闭症儿童康复救助工作”“促进制糖企业再振兴”“促进中小微企业稳健发展”等内容建言献策。完成课题28

2021 年 12 月 11 日，中国民主同盟成立 80 周年暨民盟南宁市级组织成立 70 周年纪念大会在市群众艺术馆剧场举行　　薛冉　摄

项，“关于加强我区城市黑臭水体治理的提案”“关于推进广西全面对接粤港澳大湾区建设的建议”获评为民盟广西区委会参政议政优秀成果。协助民盟广西区委会和山东德州，广西梧州、防城港等地民盟到邕开展课题调研。在市政协十一届六次会议上，提交集体提案 8 件，其中大会书面发言 4 件（含重点发言 1 件），获评市政协优秀提案 2 件，获市委领导督办 1 件，获市政府领导督办 1 件；盟员政协委员提交个人提案 18 件，参加联组讨论发言 3 人次。在市政协十二届一次会议上，提交集体提案 5 件，其中大会口头发言 1 件、书面发言 3 件；盟员政协委员提交个人提案 23 件，参加联组讨论发言 8 人次。撰写社情民意信息 160 条，其中《新能源汽车动力锂电池回收迫在眉睫》获中共自治区党委肯定，《加快推进户籍制度改革　助力构建新发展格局》等 9 条信息获中共广西区委统战部肯定。报送第九届民盟教育论坛征文 1 篇、民盟全国副省级城市第十七次盟务工作会议参会文稿 2 篇；报送 2021 民盟法治论坛征文 1 篇，获优秀论文二等奖。建设民盟参政议政调研基地 4 个。

【社会服务】 2021 年，民盟南宁市委会在兴宁区三塘镇那笔村、隆安二中、隆安县那桐镇镇流村小学、乔建镇中心学校开展“同心·农村教育烛光行动”4 次，受益师生超过 2000 人次，安排隆安二中 40 余名骨干老师分别到市第二十六中学、市新阳中路学校开展校际教研和教师培训活动。开展“同心·关爱社会”新春活动 4 次，到社区送春联，开展义诊、理发、法律咨询等活动，送出春联近千副，义诊人数 300 人，为群众理发 300 余人次。“八一”建军节到军民共建单位广西军区南宁市第二离职干部休养所开展慰问活动。开展解决民营经济突出问题攻坚年活动，举办 2021 年民盟企业家座谈会，帮助企业向党委政府反馈存在困难，提出优化营商环境意见和建议；开展民营企业调研，走访盟员企业 5 家。助力乡村振兴，深入联系村和社区，指导开展村“两委”换届工作；与宾阳县露圩镇露圩社区签订统一战线联系帮扶协议；在定点帮扶村隆安县那桐镇镇流村开展以“烛光教育行动”为主的支教帮扶、捐资助学、慰问困难群众等活动；派出 1 名机关干部到市乡村振兴办工作。　　（刘雪莹）

中国民主建国会南宁市委员会

【概　况】 2021 年，中国民主建国会南宁市委员会（简称“民建南宁市委会”）设直属、兴宁区、江南区、青秀区、西乡塘区、良庆区总支部 6 个，支部 21 个；有会员 562 人（新发展 20 人、转入 10 人）。会员中具有高级、中级专业技术职务任职资格 258 人；在职会员 437 人，其中公有经济界 80 人，新的社会阶层人士 218 人（含非公经济人士 109 人），其他 139 人。会员担任中国民主建国会广西壮族自治区委员会（简称“民建广西区委会”）委员 5 人（常委 1 人）；当选全国人大代表 1 人，市人大代表 7 人（常委 1 人），城区人大代表 6 人（副主任 1 人）；担任自治区政协委员 5 人（常委 2 人），市政协委员 19 人（常委 4 人），城区政协委员 48 人（副主席 2 人、常委 8 人）；受聘担任各级特邀监察员、执法监督员、行风评议员 15 人。召开民建南宁市第十三次代表大会，选举产生新一届领导班子。提交集体提案 16 件，其中获评市政协优秀提案 2 件。主要存在理论学习、组织队伍建设还有待增强，参政议政依靠力量有待进一步释放，机关建设有待完善等问题。

【思想建设】 2021 年，民建南宁市委会学习贯彻中共十九大和十九届历次全会精神，学习习近平关于多党合作的重要论述和《统一战线工作条例》，学习贯彻习近平“七一”重要讲话精神和对广西工作系列重要指示精神特别是视察广西“4·27”重要讲话精神，学习自治区、南宁市党代会精神、各级“两会”精神，以及民建中央、民建广西区委会有关会议精神。召开“学党史、跟党走”座谈会；参加民建广西区委会、南宁市政协、中共南宁市委统战部举办的庆祝中国共产党成立 100 周年书画摄影展；组织百名会员在老南宁·三街两巷开展“不忘初心跟党走·同心筑梦新时代”党史学习教育暨“唱支山歌给党听”快闪活动；40 多名会员参加在广西社会主义学院举办的 2021 年“学党史　跟党走”暨履职能力提升班；组织会员赴全州湘江战役纪念馆、南宁市邓颖超纪念馆、广西革命纪念馆、李明瑞、韦拔群等革命烈士纪念馆等党史学习教育基地参观学习。向市政协报送主题为“坚持和完善中国共产党领导的多党合作和政治协商制度”论文 8 篇，向民建中央、民建广西区委会报送主题为“民建在新发展阶段进一步凝聚共识的体制机制研究”“中国政党制度的发展道路”论文 12 篇，报送“学百年党史　守合作初心”论文 10 篇，向中共南宁市委统战部报送统战理论政策研究和实践创新成果 8 篇。其中《重温“五一口号”历史　不忘合作初心》《坚持中国共产党领导的多党合作和政治协商制度　全面否定西方所谓的多党制》《新发展阶段民建围绕中心工作担当好政治责任的思考》3 篇论文获评市政协优秀论文。报送宣传稿 90 多篇，被民建中央网站采用 14 篇、民建广西区委会网站采用 67 篇、民建广西区委会杂志采用 44 篇、市政协网站采用 52 篇，《南宁统战信息》刊物采用 11 篇、南宁统战网采用 11 篇、南宁统战微信公众号采用 23 篇。获“同心向党　凝心聚力”南宁市政协庆祝中国共产党成立 100 周年文艺会演优秀表演奖、“坚持和完善中国共产党领导的多党合作和政治协商制度”理论征文“优秀组织奖”、民建广西区委会“百年伟业同心唱”庆祝中国共产党成立 100 周年合唱比赛一等奖。

【中国民主建国会南宁市第十三次代表大会】 2021 年 1 月 16 日至 17 日在南

2021 年 6 月 13 日，民建南宁市委会在老南宁·三街两巷中华大戏院前开展“不忘初心跟党走　同心筑梦新时代”党史学习教育暨“唱支山歌给党听”快闪活动　　邓行　摄

宁饭店召开，出席代表 97 人。听取和审议卢秋凌代表民建南宁市第十二届委员会作《凝聚共识·奋发有为　再创南宁民建新业绩》工作报告；审议通过《民建南宁市第十二届委员会作工作报告》《民建南宁市第十三次代表大会决议》；选举产生民建南宁市第十三届委员会委员 27 人，常务委员 4 人；梁满红当选主任委员，杨屹、蔡家雄、蒋延荣、梁永发当选副主任委员，甘善泽、黄超、罗诗明、苏凤云当选常务委员；任命张丽明为民建南宁市委会秘书长。

【参政议政】 2021 年，民建南宁市委会开展重点课题“职业教育助推乡村振兴人才队伍建设研究”调研。参加政党协商、政协协商、专题协商等会议，就“优化新兴产业布局，提升创新驱动能力”“优化营商环境”“加快开发区和工业园区建设”“加快发展数字经济”“加快发展特色农业产业”等议题提出意见和建议；在市人大会议上提交议案、建议 5 件，在市政协会议上提交集体提案 16 件、委员提案 53 件；其中，作为市政协大会发言 2 件(《抢抓全面注册制新机遇　支持企业在资本市场做优做强》《抓住碳达峰、碳中和发展机遇　充分发挥资本市场作用推动我市经济高质量发展》)，作为市政协大会书面发言材料 3 件，《抢抓全面注册制新机遇　支持企业在资本市场做优做强》《关于推进南宁市初中学校义务教育优质均衡发展的建议》被评为市政协优秀提案。向民建广西区委会投标议政调研课题 8 篇，其中“构建广西上市公司产业集群　支持我区上市公司做优做强”入选民建广西区委会重点课题，“推进智能财务机器人创新应用·提升数智财务核心竞争力研究”入选民建广西区委会中标课题，“关于推进专项金融产品创新·助力乡村振兴建设的建议”“职业教育助推乡村振兴人才队伍建设研究”入选中共自治区党委重点课题子课题，“加强新能源汽车推广，科学管理新能源汽车专用停车位的对策与研究”“成立知识产权转化基金，实现知识产权市场转化的研究”“智慧城市共同配送解决方案的研究”入选民建南宁市委会年度议政调研课题。组织民建、科协界别委员小组赴桂林开展“推动乡村文旅产业发展　助力乡村振兴”考察调研，联合民建广西经济委赴南宁市江南区开展西部陆海新通道专题调研，联合民建南宁市法律委赴南宁市家居行业协会开展家居行业发展专题调研，联合共同帮扶单位赴帮扶点隆安县布泉乡高峰村、上林县西燕镇岜独村开展乡村振兴调研。组织会内专家参与中共南宁市委统战部开展的持续优化营商环境调研活动，报送社情民意信息 52 条，其中获民建中央采用5条、市领导批示9条。

【社会服务】 2021 年，民建南宁市委会通过“政企平台”服务会员企业，邀请市发展改革委、市工信局、市商务局、市科技局等部门到广西叫酒网络科技有限公司、广西筑波智慧科技有限公司走访，促成江南区法院经开区法庭与经开区商会成立挂牌全市首个“法庭＋商会”涉企纠纷诉调对接中心。协助民建广西区委会、市金融办在南宁中关村创新示范基地举办 M20 主题荟暨南宁市“邕城创投会”学讲话·办实事　助推上市后备企业发展主题路演活动。携手市红十字会、民建会员企业广西大饭桌供应链管理有限公司赴马山县白山镇兴华村开展“同心”脱贫攻坚慰问及调研活动，向 20 户脱贫户和困难家庭提供价值 6000 元的暖心包及慰问品。赴帮扶点隆安县布泉乡高峰村小学开展公益助学活动并捐赠一批价值约 7500 元的书籍和文具，帮助布泉乡高峰村 1 名困难家庭学生参加李锦记厨师培训计划，帮助布泉乡高峰村、上林县西燕镇岜独村 4 名困难家庭同学申请盛邦助学金和国悦助学金 3 万元。　（邓　行）

中国民主促进会南宁市委员会

【概　况】 2021 年，中国民主促进会南宁市委员会(简称“民进南宁市委会”)设兴宁区、江南区、青秀区、西乡塘区、邕宁区、良庆区总支部 6 个，支部 33 个，下辖经济科技、文化教育、社会法制三个专门委员会；有会员 573 人(新发展 17 人)。会员中具有高级、中级专业技术职务任职资格 441 人；高等教育界 73 人，基础教育界 292 人，科学技术界 5 人，医疗卫生界 25 人，文化艺术界 13 人，出版传媒界 1 人，经济界 44 人，新的社会阶层人士 32 人，人大、政府、政协、党派、司法等机关 67 人[(政府副县(区)长 2 人)]，社会团体 9 人，其他 12 人。会员中当选市人大代表 7 人(人大常委会副主任 1 人)，县(市、区)人大代表 10 人；担任自治区政协委员 2 人(常委 1 人)，市政协委员 24 人(常委 5 人)，县(市、区)政协委员 40 人(副主席 2 人，常委 7 人)；有全国模范教师 1 人，全国优秀教师 1 人，全国维护妇女儿童权益先进个人 1 人，自治区特级教师 8 人，广西五一劳动奖章获得者 1 人，自治区劳动模范 1 人，自治区先进工作者 1 人，自治区“三八”红旗手 2 人，自治区道德模范 1 人，南宁市劳动模范 2 人，南宁市专业技术拔尖人才 1 人，南宁市巾帼建功标兵 1 人。召开民进南宁市第十二次代表大会，选举产生第十二届委员会领导班子。提交市政协大会发言 5 件、集体提案 17 件，获市领导督办提案 2 件。获评民进全国反映社情民意信息工作先进集体，广西民进市级组织思想政治工作先进单位、机关建设工作先进单位；南宁民进“同心讲堂”获评民进全国社会服务暨脱贫攻坚工作优秀成果。会员黄子琳获“民进全国反映社情民意信息工作先进个人”称号，郑紫匀获“民进全国社会服务暨脱贫攻坚工作先进个人”称号，李雪红获“民进为全面建成小康社会作贡献先进个人”称号、广西五一劳动奖章，梁巧恩获“第六届自治区道德模范”称号、“广西三八红旗手”称号。主要存在履职基础不够牢固，后备人才梯队比较匮乏，制度化建设有待提速，基层参与面亟待扩大等问题。

【思想建设】 2021年，民进南宁市委会学习中共十九届六中全会、自治区第十二次党代会、南宁市第十三次党代会精神，领会习近平总书记视察广西“4·27”重要讲话和对广西工作系列重要指示精神，学习《中国共产党统一战线工作条例》及民进中央系列制度条例。实行“班子集体领学＋线上联动互学”模式，常委理论学习中心组集体学习4次，学习小组微信群学习重要文章30篇，班子成员、常委、机关科室负责人撰写学习体会、理论文章20篇，班子成员深入基层组织开展政治理论学习宣讲活动10次。举办新一届人大代表、政协委员培训班，基层骨干培训班，新会员学习班，推荐会员参加各类培训班35人次。开展南宁民进庆祝中国共产党成立100周年暨“学党史、感党恩、跟党走”主题教育活动，策划“百年红旗扬·同心新征程”健步走等系列主题活动。组织骨干会员到百色市、梧州市开展主题教育，发动会员1804人次参加“学习中共党史、守正合作初心”网上竞答活动，基层组织深入红色革命遗址、纪念馆、展览馆、革命人物故居等看展品、学党史、诵经典、谈感悟，市委会及各总支部开展主题学习教育活动45场次。将“品读经典·守正初心”读书学习活动融入党史学习教育，15名会员获“广西民进2021年读书学习活动积极领读者”称号。组织会员创作排演诗朗诵节目获市政协庆祝中国共产党成立100周年优秀表演奖，会员创作庆祝中国共产党成立100周年主题文艺作品54件。调整经济科技、文化教育、社会法制三个专委组成人员和参政党理论研究会成员。召开参政党理论研究会议，获市政协“坚持和完善中国共产党领导的多党合作和政治协商制度”理论征文优秀组织奖，3篇文章获评优秀论文。召开《南宁民进》创刊百期座谈会，改版会刊。依托“同心讲堂”平台开展“党史故事大家讲”活动，展出系列党史学习宣传板报，加强“四史”和多党合作史、民进会史宣传；在南宁民进网站、微信公众号、会刊开辟党史学习教育主题专栏，登载活动信息、学习体会、图片报道等148篇次，阅读量超过4000人次，评选年度南宁民进“十大会务要闻”。

【中国民主促进会南宁市第十二次代表大会】 2021年1月12日至13日在南宁饭店召开，出席代表101人。听取和审议黄均宁代表民进南宁市第十一届委员会作题为《凝聚共识　履职有为　为全面落实强首府战略贡献智慧和力量》工作报告。审议通过《民进南宁市第十一届委员会工作报告决议》《民进南宁市第十二次代表大会决议》；选举产生民进南宁市第十二届委员会委员27人、常务委员9人、主任委员1人、副主任委员4人；黄均宁当选主任委员，曾健、李华汉、黄海燕、杨隽当选副主任委员；任命黄子琳为民进南宁市委会秘书长。

【参政议政】 2021年，民进南宁市委会聚焦发展产业经济，围绕自治区“十四五”规划实施建言，报送《关于进一步发展壮大我区农村集体经济的建议》被民进广西区委会采纳为提交自治区政协十二届四次会议集体提案并列为自治区领导重点督办提案；与国内知名智库合作，就“我市国有企业混合所有制改革研究”开展年度政党调研协商重点课题调研；围绕“强工业、补短板”开展调研，在市政协十二届一次会议上作题为《开展补链强链专项行动　培育新能源汽车产业集群》大会发言，就《强化资本支撑　赋能工业振兴》作政党协商专题发言。围绕“持续优化营商环境”开展系列调研活动，与市政协海外联谊民族宗教委合作撰写《“支持民营企业发展”专项督察报告》在中共南宁市委全面深化改革委员会会议上作专题汇报；在南宁市政党专题协商会上作题为《让行业协会商会成为营商环境建设的重要力量》发言；在市政协“进一步优化创业创新生态，提升我市营商环境竞争力”双月协商座谈会上建言献策；会员提案《关于提升高层次人才服务力度，激发高层次人才活力的提案》得到市领导重点督办。围绕全面落实强首府战略，面向专委、基层组织立项重点课题3个、普通课题10个，形成政协大会发言4件、政党协商发言2件、政协提案8件，其中专门委员会承担课题6项，形成研究成果8项获市委会重点转化。参加市委、市政府召开的征求意见座谈会，从城市安全、农村基层建设、防范化解金融风险、抓好疫情防控、促进房地产市场平稳健康发展、加快中国—东盟科技城建设等方面提出意见建议。发挥民进界别特色，围绕提升文化品质建言，提交自治区政协十二届三次会议的集体提案《关于推进“三月三”文旅品牌发展的提案》被评为自治区政协优秀提案；“广西文旅品牌叙事策略研究”获民进广西区委会2021年议政调研课题立项，成果被采纳为提交自治区政协十二届五次会议集体提案；集体提案《关于保护利用革命文物、传承首府红色基因的建议》得到市政府分管领导重点督办；就“加快创建国家历史文化名城”“保护利用革命文物”在市政协双月协商座谈会上建言献策。在政协十一届六次会议、十二届一次会议期间，民进界会员在联组讨论上就加快医疗综合体建设、加快建设RCEP先行示范区、提高行政效能等建言；市委会及会员中的市级人大代表、政协委员在2021年南宁市“两会”上提交大会发言5件、集体提案17件、第五委员小组（民进界）提案2件、人大建议7件、委员提案42件，获得市领导重点督办政协提案2件。围绕职业教育与就业、落实“双减”政策等9个专题开展社情民意信息约稿，报送社情民意信息123条（自治区级及以上信息66条），获采用45条次。

【社会服务】 2021年，民进南宁市委会围绕巩固拓展脱贫攻坚成果同乡村振兴有效衔接，到定点帮扶村隆安县南圩镇南兴村、马山县白山镇立星村走访调研3次；开展“同心圆梦”行动，发动会员企业家为南兴村4名家庭困难大学新生捐赠助学金8000元；发挥界别优势开展“红歌颂党恩，同心助振兴”教育帮扶活动，捐赠红色教育爱心图书352册；组织医生入户义诊、慰问防返贫监测户和脱贫户，组

2021年3月7日，民进南宁市委会召开《南宁民进》创刊百期座谈会　　杨雪榕　摄

织律师参与统一战线“三下乡”活动,机关工会开展消费帮扶,为南宁市精准防贫基金捐款971元。到江南区江西中学开展调研活动,做好“同心·扶教”教育发展共同体服务工作确标定向;与民进广西区委会联合到民进中央帮扶点贵州安龙县万峰湖中学开展支教活动。开展“春联万家”“同心奋进新征程·新春情暖环卫工”等文化惠民活动8场,义务送春联800余副。推动南宁民进“同心讲堂”文化品牌进校园,“同心讲堂”深入5所学校宣讲。（陈 蓉 杨雪榕）

中国农工民主党南宁市委员会

【概 况】 2021年,中国农工民主党南宁市委员会(简称“农工党南宁市委会”)设兴宁区、江南区、青秀区、西乡塘区、邕宁区、良庆区总支部6个,基层支部35个;党员747人(新发展28人)。党员中具有高级、中级专业技术职务任职资格530人;医卫界390人、生态环境界8人、人口资源界3人、教育界98人、法律界9人、金融界17人、机关134人、非公经济类42人、其他46人。党员任中国农工民主党广西壮族自治区委员会(简称“农工党广西区委会”)委员5人(常委1人);当选自治区人大代表1人,市人大代表6人,县(市、区)人大代表6人(副主任1人、常委2人);担任自治区政协委员2人,市政协委员24人(常委4人);城区政协委员45人(副主席2人、常委4人);担任市政府参事1人,受聘担任各级特邀监察员、执法监督员、行风评议员等9人。召开农工党南宁市第十三次代表大会。提交集体提案17件,报送社情民意信息161条。获评为农工党全国脱贫攻坚工作先进集体,农工党广西区委会“为所在单位建良言”活动优秀组织奖、理论研究工作优秀组织奖。党员周小军、王世雄获“农工党全国脱贫攻坚工作先进个人”称号。主要存在基层组织活力不足、党员人才储备不足、机关效能有待加强等问题。

【思想建设】 2021年,农工党南宁市委会以习近平新时代中国特色社会主义思想为指导,学习中共十九届六中全会精神和习近平总书记视察广西系列重要讲话精神。开展中共党史学习教育,夯实多党合作共同思想政治基础,组织各基层组织和广大党员深入学习习近平总书记在庆祝中国共产党成立100周年大会、党史学习教育动员大会、在党外人士座谈会等会议上重要讲话精神;以中共党史教育专题学习为重点,开展“学党史·跟党走 主委每月一讲”专题活动,讲授中共党史学习课10多场,参加党员300多人。开展“写好一篇文章”活动,选送35篇论文参加农工党中央“庆祝中国共产党成立100周年”征文活动;选送56篇论文参加市政协“坚持和完善中国共产党领导的多党合作和政治协商制度”理论研究征文活动,其中14篇被评为优秀论文,获“优秀组织奖”。组织参加市政协举办的“同心向党 凝心聚力”庆祝中国共产党成立100周年文艺会演,选送表演唱节目《灯火里的中国》获“优秀表演奖”。选送12幅书画作品、13幅摄影作品参加市政协举办的庆祝中国共产党成立100周年书画摄影展。获评农工党全国脱贫攻坚工作先进集体,农工党广西区委会“为所在单位建良言”活动优秀组织奖、理论研究工作优秀组织奖。党员周小军、王世雄获“农工党全国脱贫攻坚工作先进个人”称号。11月22日至26日,在百色学院举办中共党史学习教育暨2021年骨干党员履职能力提升培训班,参加培训骨干党员及机关专干47人。选派16名党员参加其他培训。

【中国农工民主党南宁市第十三次代表大会】 2021年1月11日至12日在南宁明园饭店召开,出席代表111人。听取和审议黄玉燕代表农工党南宁市第十二届委员会作《凝心聚力重实效·履职尽责显作为·为我市全面建设社会主义现代化而努力奋斗》工作报告;审议通过农工党南宁市第十三次代表大会各项决议;选举产生农工党南宁市第十三届委员会委员27人,常务委员9人;黄玉燕当选主任委员,金轮、周小军、何雪映、林健燕当选副主任委员;任命黄文杰为农工党南宁市委会秘书长。

【参政议政】 2021年4月,农工党南宁市委会在各级人大、政协“两会”上提交议案、提案、建议92件,其中自治区人大2件、自治区政协2件、市人大11件、市政协42件(集体提案13件)、城区人大2件、城区政协33件。10月,在南宁市及城区人大、政协“两会”上,提交各级提案、建议55件,其中市级政协25件(集体提案4件)、城区政协30件。在市政协十一届六次会议上的发言《关于加快新通道建设 助推我市成为国际国内双循环重要节点枢纽的建议》获市领导重点督办,在市政协十二届一次会议上的发言《政企协同发力 持续优化我市营商环境》获市委主要领导批示。《关于抢占生物医药产业制高点·助推实施强首府战略的建议》《关于支持我市涉外律师服务“一带一路”建设的建议》《关于规范我市人民陪审员制度的建议》《关于加快新通道建设,助推我市成为国际国内双循环重要节点枢纽的建议》提案被评为优秀集体提案。完成中共南宁市委重点课题“南宁市现代医药产业交易市场建设对策研究”,课题获中共南宁市委肯定并督促成果转化。完成农工党广西区委会课题“我区高端医疗器械产业发展调研”,课题获全区优秀课题成果二等奖。调研成果《南宁市现代医药产业交易市场建设对策研究》被农工党广西区委会评为2021年全区优秀调研报告一等奖,《南宁市推进“双减”工作中存在的问题与对策》被评为二等奖,《南宁市县域经济产业转型发展的问题与思考》等5篇被评为三等奖。报送社情民意信息161条,其中《关于全面推动狂犬病防控机制的建议》《关于规范我国人民陪审员制度的建议》《关于加强农村污水设施运维、助力乡村振兴的建议》获农工党中央采用,《工业限电能否

2021年12月3日,农工党南宁市委会到隆安县乔建镇龙淰村开展乡村照明帮扶活动,送去并安装太阳能路灯20盏　　班莉　摄

不搞一刀切》获市领导批示,《我市政务服务热线亟待整合优化》《关于加强社区卫生服务中心建设的建议》《互联网普惠金融风险控制不容忽视》等信息获市政协领导批示。

【社会服务】 2021年,农工党南宁市委会成立帮扶小组并组织专家党员到定点帮扶村、结对共建村开展乡村振兴帮扶活动4次,为帮扶村安装太阳能路灯和协调解决人饮问题。成立农工党南宁市企业家联谊会及基金会,筹集8万元用于乡村振兴等社会服务工作;在各基层组织中开展“统一战线助力村卫生室提质升级活动”,发动党员助力村卫生室提质升级捐款5.46万元。　（黄文杰）

中国致公党南宁市委员会

【概　况】 2021年,中国致公党南宁市委员会(简称“致公党南宁市委会”)设基层委员会1个,总支部9个,支部20个;党员466人。党员中具有高级、中级专业技术职务任职资格325人;归侨、侨眷、港澳台属及其他有海外关系人士380人;中上层人士387人;科技教育界123人、医药卫生界63人、文艺及新闻出版界6人、国有经济界74人、非公有制经济界80人、党政机关22人、新的社会阶层人士及其他98人。党员中任致公党中央委员1人;致公党广西区委会委员2人(副主委1人);当选市人大代表5人,县(市、区)人大代表7人;担任自治区政协委员2人,市政协委员18人(副主席1人、常委4人),县(市、区)政协委员44人(副主席1人、常委7人);受聘担任各级行风评议员、特约监督员3人。召开中国致公党南宁市第十次代表大会。提交集体提案13件,报送各类社情民意55条,完成基层组织调研课题7项。在中央统战部和各民主党派中央、全国工商联2021年联合开展的“各民主党派、工商联、无党派人士为全面建成小康社会作贡献”评选表彰活动中获评先进集体,被广西区委授予“抗击新冠肺炎疫情先进集体”称号,被南宁市政协授予“坚持和完善中国共产党领导的多党合作和政治协商制度”理论论文优秀组织奖称号。参与致公党中央“建立健全经常性社会心理服务疏导和干预机制,防范化解个人极端风险”课题联合调研,调研报告和相关建议获中共中央领导同志批示,《关于加快中国(广西)自由贸易试验区南宁片区智慧物流建设的建议》和《关于解决稳定和扩大就业问题的建议》在市十二届五次会议获评优秀提案在市十一届五次会议获评优秀提案,选送节目一歌伴舞——《在灿烂的阳光下》在南宁市政协庆祝中国共产党成立100周年文艺会演中获得优秀表演奖。主要存在新形势下对党员教育引导方式比较单一,全面加强自身建设有待进一步提高等问题。

【思想建设】 2021年,致公党南宁市委会以习近平新时代中国特色社会主义思想为指导,学习贯彻中共十九大和十九届历次全会精神、自治区第十二次党代会和南宁市第十三次党代会精神,把致公党的侨海特色转化为履职优势。组织专题学习中共十九届五中全会精神、中国共产党党史、《中国共产党统一战线工作条例》、习近平总书记视察广西重要讲话精神。参加致公党广西区委会组织的全国“两会”精神学习,庆祝中国共产党成立100周年暨纪念辛亥革命110周年理论研讨会。以庆祝中国共产党成立100周年为主线,开展“学党史,感党恩,跟党走”和“学雷锋　为民办实事”等主题活动,参加党员400人次。组织党员参加市政协“同心向党　凝心聚力”庆祝中国共产党成立100周年文艺会演并获“优秀表演奖”。加强组织建设,对党员骨干和专家资源进行重新调整分类,成立参政议政工作委员会、思想宣传和理论研究工作委员会、青年和妇女党员工作委员会、文化教育卫生工作委员会、海外联谊和留学归国人员工作委员会、经济和科技工作委员会6个专门委员会。开展基层走访调研,推动基层组织建设规范化。

【中国致公党南宁市第十次代表大会】 2021年1月14日至15日在南宁明园饭店召开,出席代表94人。听取和审议蒋晓筠代表致公党南宁市第九届委员会作《把“侨”“海”特色转化为履职优势,为推动首府经济社会高质量发展贡献智慧和力量》工作报告;审议通过致公党南宁市第十次代表大会各项决议;选举产生致公党南宁市第十届委员会委员25人,常务委员9人;蒋晓筠当选主任委员,张健威、梁红英、裴俭、莫志刚当选副主任委员;表决产生致公党南宁市第十届委员会监督委员会;任命蔡涓涓为致公党南宁市委会秘书长。

【参政议政】 2021年,致公党南宁市委会完成“党委出题、党派调研”重点调研课题“关于南宁工业融入国内国际双循环新发展格局的对策研究”,提出“培育壮大产业集群,提升融入竞争力”等建议。与致公党中央联合调研形成《建立健全经常性社会心理服务疏导和干预机制,防范化解个人极端风险》调研报告获中共中央领导批示。完成专题调研4个。在市政协十一届六次会议提交大会发言3件、集体提案10件,其中立案9件,提交委员提案24件;在市人大十四届六次会议提交人大建议5件,其中作为议案处理1件。在市政协十二届一次会议提交大会发言3件、集体提案3件,其中关于RCEP主题的大会发言获自治区党委常委、市委书记王小东批示。报送各类社情民意信息55条,其中全国“两会”期间报送信息35条,《关于成立自治区国土空间规划委员会的建议》获自治区领导批示。完成基层组织调研课题7项。2020年重点调研成果中有6项建议得到政府相关部门梳理转化,其中3项建议完成成果转化。

【社会服务】 2021年,致公党南宁市委会响应致公中央号召,“以购代捐、以买

2021年12月12日,“同心筑梦·情系桑梓”海外华裔青少年网上冬令营开营仪式在广西华侨学校举行　李茜　摄

代帮”助力重庆市酉阳县的致公电商平台——“酉好货”开展消费扶贫，发动400多名致公党员购买农产品价值1.25万元。到帮扶村隆安县丁当镇红阳村开展村屯风貌建设调研，慰问村孤寡老人12人。参加南宁市统一战线助力乡村振兴主题实践行动，在兴宁区五塘镇沙平村举办“黑皮花生种植及病虫害处理讲座”，为30多户村民发放花生种苗价值3200元。赴上林县民族乡开展专题调研，向上林县乔贤镇中心学校恭睦教学点、镇圩瑶族乡洋造小学捐赠图书和文具，为18户生活困难群众送上米、面、油等生活用品。到致公党员企业开展“解决民营企业经济突出问题”专题调研，收集整理民营企业意见建议并向中共南宁市委统战部反映，助力企业渡过难关。

【海外联谊】 2021年，致公党南宁市委会探索新冠肺炎疫情防控常态化下开展海外联谊工作新方法。12月12日，由致公党广西区委会主办，致公党南宁市委会、广西华侨学校承办“同心筑梦·情系桑梓”2021年海外华裔青少年网上冬令营在南宁举行云端开营仪式，160多名来自马来西亚、泰国、印度尼西亚、加拿大的海外营员参加活动；网上冬令营活动为期7天，安排具有广西特色的《竹竿舞》《广西三月三》《广西非遗文化》等课程，以及具有国学经典魅力的《汉服汉礼文化体验》课程，通过“音频+视频”“直播+微课”等教学模式，让营员们深入学习、感受和体验中华优秀文化和广西壮乡特色文化。收集整理有密切联系的海外侨团、侨胞在2020年支持国内抗疫和支援所在国抗疫的情况，协助致公党中央寄送抗疫合作纪念品6份。接待日本企业对中国投资促进会等海外侨社团负责人到南宁市就“持续优化营商环境”议题开展调研，召开“抢抓RCEP机遇，加快构建南宁对外开放新格局”专题座谈会，邀请文莱广西总商会、柬埔寨广西总商会等10多位海外侨社团负责人开展座谈。 （李 茜）

九三学社南宁市委员会

【概 况】 2021年，九三学社南宁市委员会（简称“九三学社南宁市委”）设基层委员会2个、支社12个，基层组织14个；在册社员432人（新发展17人）。社员中具有高级、中级以上专业技术职务任职资格369人；科学技术界166人、医药卫生界76人、政府机关69人、教育界40人、财政经济39人、新的社会阶层人士24人、文化艺术1人、人大政协机关3人、司法机关4人、党派机关9人、其他1人。社员当选市人大代表7人（专委会委员3人），城区人大代表6人；担任自治区政协委员2人，市政协委员19人（副主席1人、常委4人），城区政协委员40人（副主席2人、常委9人）；担任监督员6人，其中南宁市第一批市委督查专家库成员3人、市执法监督员1人、市检察院人民监督员1人、市政府督学1人。提交集体提案13件，报送社情民意信息51条，获国家领导人批示及中共中央统战部《零讯》采用1条，获九三学社中央、自治区党委统战部、九三学社广西区委等采用24篇。获评九三学社中央2018—2020年参政议政先进集体、九三学社广西区委2021年度信息工作先进集体一等奖、九三学社广西区委2021年度理论征文优秀组织奖。主要存在建言献策水平仍需提高、参政议政切入点不够精准、基层组织活力激发不足、社会服务工作中党派界别特色不够彰显等问题。

【思想建设】 2021年，九三学社南宁市委组织社员学习贯彻习近平新时代中国特色社会主义思想，开展中共十九届六中全会、《中国共产党统一战线工作条例》、习近平总书记在庆祝中国共产党成立100周年大会的重要讲话、习近平总书记对广西工作系列重要指示特别是视察广西“4·27”重要讲话、李克强总理视察广西重要讲话、自治区第十二次党代会、市第十三次党代会精神等专题学习活动21次。开展打卡红色教育基地、传唱红色经典歌曲、中共党史专题讲座、重走红军路等学习活动25次。在网站开设学习中共党史等专栏，利用微信群组推送《致敬先贤》系列科学家故事、《百炼成钢》微纪录片等学习材料。在九三学社西部片区思想政治建设工作调研座谈会上，九三学社南宁市委就如何做好社员思想动态调研、开展好“五史”学习特别是中共党史学习教育做专题交流发言。开展“回顾百年历史·汲取奋进力量”学习宣讲活动暨“不忘初心共携手，凝心聚力再出发”——庆祝中国共产党成立100周年读书分享会，举办“学党史、颂祖国”骨干社员培训班，到龙州县红八军龙州起义纪念馆红色教育基地现场教学等活动7次。参与九三学社中央、九三学社广西区委、市政协、市统战系统庆祝活动。报送信息稿件112篇，获采用101篇。在《南宁日报》刊发信息稿件1篇，刊登《发挥科技界优势·助推高质量发展》专版1个。做好《九三南宁》编辑出版，制作宣传板报3版，出版社讯5期。报送理论文章34篇，获九三学社中央庆祝中国共产党成立100周年征文活动三等奖1篇，九三学社广西区委2021年理论征文一等奖2篇、二等奖2篇、三等奖9篇，市政协2021年“坚持和完善中国共产党领导的多党合作和政治协商制度”理论征文活动优秀奖2篇。

【九三学社南宁市第九次代表大会】 2021年1月14日至15日在南宁饭店召开，出席代表85人。听取和审议梁鸿代表九三学社南宁市第八届委员会作《同心同行 固本求新 为全面落实强首府战略凝聚强大合力》工作报告；审议通过九三学社南宁市第八届委员会工作报告、九三学社南宁市第九次代表大会决议；选举产生九三学社南宁市第九届委员会委员25人、常务委员9人，梁鸿当选主任委员，廖建山、苏春蓉、王冬梅、杨海翔当选副主任委员；任命邓华为九三学社南宁市委会秘书长。

【参政议政】 2021年，九三学社南宁市委参加政党专题协商座谈会，提交关于强工业、补短板，加速增长动能转换、改善营商环境等方面建议10条；参加中共南宁市第十三次代表大会工作报告征求意见座谈会、《政府工作报告》征求意见座谈会、市政协常委会工作报告征求意见座谈会等议政协商会议，提交修改建议20条；提出《南宁市城市绿化条例》修改意见14条。在市政协十一届六次会议上提交集体提案10件，其中《积极培育主导产业，实现南宁自贸区高质量发展的建议》作为大会发言，获市长孙大光批示；《关于南宁市数字经济高质量发展的建议》等2个集体提案被确定为重点提案获市政府主要领导督办。在市政协十二届一次会议上提交集体提案3件，其中大会发言《推进绿色家居产业发展 打造工业新增长点》获自治区党委常委、市委书记王小东批示。集体提案《关于加快良庆区那马特色小镇建设的建议》《关于我市电子信息产业集群发展需要重视的问题与建议》《积极培育主导产业，实现南宁自贸区高质量发展的建议》《关于南宁市数字经济高质量发展的建议》获市政协评为优秀提案奖。完成2021年“党委出题·党派调研”重点调研课题“关于南宁市沃柑产业绿色高质量发展的对策建议”，完成九三学社广西区委参政议政招标课题“乡村振兴背景下我区种业发展现状及其对策研究”。做好基层组织参政议政招投标课题组织工作，完成11项中标课题并召开课题成果宣讲会。与南宁铁路运输中级法院联合到南宁仲裁委员会、市中级人

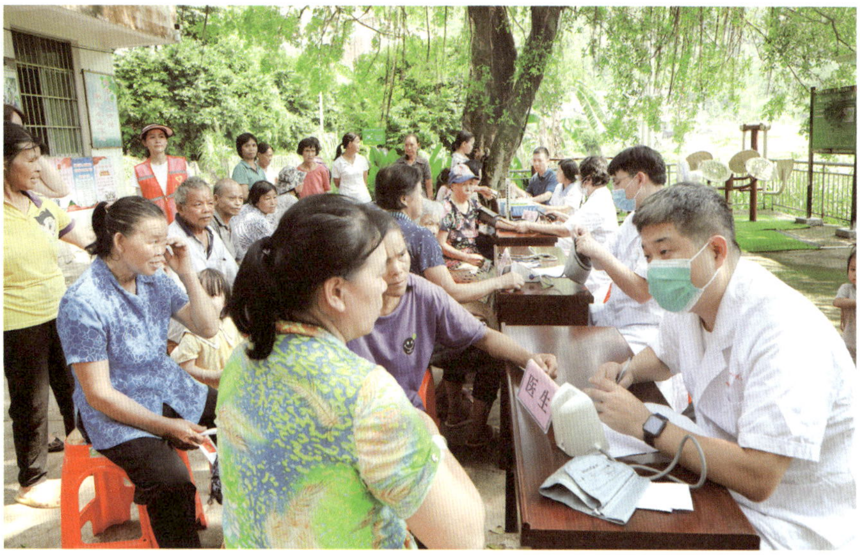

2021年8月5日，九三学社南宁市委到隆安县都结乡平养村开展“学先进谈奉献暨我为群众办实事”送医送药、法律咨询志愿服务活动　　刘潇潇　摄

民法院开展诉源治理调研，助推南宁市诉源治理与多元化纠纷解决机制建设。报送社情民意信息51条，获国家领导人批示及中央统战部《零讯》采用稿件1篇，获九三学社中央、中共广西区委统战部、九三学社广西区委会等采用稿件24篇。

【社会服务】 2021年，九三学社南宁市委到隆安县都结乡平养村开展乡村振兴调研，组织社内医务专家、律师及机关专干等志愿服务者开展“学先进谈奉献暨我为群众办实事”送医送药、法律咨询志愿服务活动；联合中共江南区委统战部、南安商会到江南区江西镇锦江村开展乡村振兴调研；联合广西南宁水电设计院有限公司到邕宁区那楼镇中山村开展帮扶活动2次，向村委捐赠花卉苗木价值4500元。对照“我为群众办实事”活动要求，开展基层群众帮扶活动3次，梳理群众“急难愁办”问题，撰写社情民意，为群众排忧解难。召开营商环境建言选题会，组织骨干社员、非公企业家为南宁市打造高质量营商环境讨论交流；走访调研广西展通建设工程集团有限公司、广西华夏壹号商城股份有限公司，为企业融资难、用工成本高等营商环境“瓶颈”问题出谋献策。

（刘潇潇）

南宁市工商业联合会

【概　况】 2021年，南宁市工商业联合会（南宁商会）简称“市工商联”，有县（市、区）工商联（商会）12个，所属商会281个，其中乡镇商会、街道商会109个，异地商会105个，行业商（协）会45个，其他商会22个，会员1.60万人。会员当选自治区人大代表1人，市级人大代表14人，县（市、区）人大代表42人；担任自治区政协委员12人，市政协委员53人，县（市、区）政协委员574人。提交集体提案10件，为民营企业协调解决会员维权事项12起，成立商会人民调解委员会261家，动员全市商会、民营企业、非公经济人士向河南灾区捐款捐物1065.83万元，发动民营企业向“霞光天使”计划捐款100万元，发动商会、民营企业为南宁市村卫生室捐款520.23万元，发动会员企业投入资金8.23万元开展帮扶活动。主要存在为民营企业提供人才招聘、法律维权、融资贷款、政策宣传等服务不够，效果不明显问题。

【参政议政】 2021年，市工商联完成市委重点课题调研，形成《关于大力培育邕系工业品牌，为工业振兴注入内生动力的建议》调研报告。与市发展改革委、市工信局、市市场监管局、市统计局、市税务局等联合编制《2020年南宁市非公有制经济发展报告》。向市政协十一届六次会议提交集体提案5件；向市政协十二届一次会议提交集体提案5件并作题为《营造有利条件和氛围支持我市民营企业参与乡村振兴》大会发言。会员中人大代表提交议案30件，其中自治区人大代表提交3件、市人大代表提交2件、区县人大代表提交25件；政协委员提交提案440件，其中自治区政协委员提交15件、市政协委员提交61件、区县政协委员提交364件。组织所属会员参与“民营企业政策落实情况和运行状况调查”“企业运行状况和涉企政策落实情况调查”“民营企业绿色低碳发展基础和成效调查”“民营企业运行状况调查”“2021年度全国工商联万家民营企业评营商环境问卷调查”等活动，参与调查的企业1367家次；组织92家企业参与全国工商联上规模民营企业调研。入围“2021年广西民营企业100强”30家。

【会员服务】 2021年，市工商联为民营企业协调解决会员维权事项12起，开展“小微企业法律服务直通车”活动，在青秀区、西乡塘区开展“企业合同管理及法律风险防范”培训2期。推进全市商会人民调解工作，成立商会人民调解员会261家，在自治区率先实现商会人民调解委员会全覆盖。与市人社局、市总工会、市企业和企业家联合会开展2021年劳动关系和谐单位认定及“和谐同行”企业培育工作。配合市发展改革委开展“信易贷”平台企业名单推荐。举办税企座谈会，邀

2021年6月6日至12日，市工商联与市委统战部在厦门大学举办南宁市民营企业家综合素质提升培训班。图为培训班学员合影　　市工商联提供

请市税务局专家为会员企业进行纳税信用知识培训。与市税务局共同举办“学史力行　春雨润苗”暨全面推行“税务—商会”党员联络机制座谈会,联合打造“税+联+会+代”合作新模式。与市委统战部共同组织132名非公经济代表人士赴厦门大学举办“厚植爱国情　奋进新时代”南宁市新时代非公经济创新发展培训班。与市发展改革委、市工信局联合举办“2021年南宁市第三期信用修复”专题线上直播培训,帮助150多家民营企业进行信用修复。

【招商引资】 2021年,市工商联跟进南宁市在2020年12月全国知名民营企业助推“建设壮美广西　共圆复兴梦想”大会上签约的8个项目落地注册、开工建设、竣工投产情况,建立跟进档案。4月,赴汕头、惠州、深圳、广州等地开展招商引资活动,推进“民企入桂”项目落地。组织会员参加阿里巴巴国际站云桂区域跨境商家开年盛典、首届中国国际消费品博览会、第四届中国国际进口博览会、第十八届中国—东盟博览会等经贸活动,为会员“走出去、请进来”提供帮助。接待全国工商联汽摩配商会、东莞市工商联、南昌市工商联等到南宁市考察投资环境。

【光彩事业】 2021年,市工商联动员全市商会、民营企业、非公经济人士向河南灾区捐款捐物1065.83万元。发动民营企业向“霞光天使”计划捐款100万元,表彰为南宁市卫生健康工作做出贡献的优秀医务工作者。9月28日,与市发展改革委、市工信局、市农业农村局、市商务局、市文化和旅游局、市乡村振兴局、市投促局、市光彩事业促进会、中国农业发展银行南宁分行、中国农业银行南宁分行联合召开南宁市“万企兴万村”行动启动大会、“万企兴万村”行动村企共建签约仪式,499家商会、民营企业与465个脱贫村、乡村振兴重点村签订结对共建协议(市本级有151家商会、民营企业与141个脱贫村结对共建),其中100多家商会、民营企业与共建村初步商定共建项目,涉及金额1800多万元。10月18日,与深圳市工商联在南宁签署《“十四五”时期粤桂工商联推进“万企兴万村”行动协作框架协议》,深圳市企业与南宁市签约项目总投资30.9亿元。响应中共广西区委统战部号召,发动商会、民营企业为南宁市村卫生室捐款520.23万元,助力村卫生室提质升级。组织会员企业到邕宁区蒲庙镇华康村开展帮扶活动,投入资金8.23万元。

(李照刚)

编辑　唐柯杰

群众团体

南宁市总工会

【概　况】 2021年，南宁市有南宁市总工会（简称“市总工会”）及12个县（市、区）总工会、广西—东盟经济技术开发区总工会，工会工作委员会5个（南宁高新技术产业开发区工会工作委员会、南宁经济技术开发区工会工作委员会、市直机关工会工作委员会、南宁青秀山风景区工会工作委员会、广西南宁五象新区工会工作委员会），产业工会3个（市教育工会、市财贸工会、市建设工会），其中驻会产业工会2个（市教育工会、市财贸工会）；乡镇（街道）总工会60个，工会联合会76个；基层工会1.39万个，工会会员95.77万人。市总工会加强政治思想文化建设，开展“学党史　守信念　绿城职工跟党走”主题活动、“中国梦·劳动美——永远跟党走、奋进新征程”群众性主题宣传教育，建成开放南宁市红色工运教育体验馆；发挥工人阶级主力军作用，开展“勇当主力军、建功新时代”主题劳动竞赛；健全职工维权服务体系，建立市总工会协调劳动关系专家工作室、市法院劳动争议巡回法庭；助力乡村振兴，基层工会购买消费帮扶产品价值3120.62万元。市总工会获评全国工会财务会计工作先进单位、自治区城市困难职工解困脱困工作先进集体、2016—2020年自治区普法工作先进单位，自治区总工会重大专项绩效考评一等奖。主要存在“三新”（新产业、新业态、新商业模式）领域工会组织覆盖面不够广泛，职工思想政治工作的方式方法不够灵活创新等问题。

【组织建设】 2021年，南宁市新建工会组织606个，新发展工会会员2.10万人。开展“新就业形态劳动者入会集中行动”，成立全国首家盲人按摩行业工会联合会、自治区首家网约车行业工会联合会，推动新就业形态劳动者1.51万人加入工会组织。持续抓好基层工会规范化建设，以“六有”（有依法选举的工会主席、有独立健全的组织机构、有服务职工的活动载体、有健全完善的制度机制、有自主管理的工会经费、有会员满意的工作绩效）基层工会建设为重点，选树“党建带工建、工建服务党建”工作示范点5个，评选确认南宁市先进职工之家112家、先进职工小家133家、优秀工会工作者133人。推进“会、站、家”一体化，补助新建基层工会“职工之家”40家130万元。推进工会会员实名制信息采集，录入基层工会组织1.04万家、工会会员53.67万人。

【技术创新】 2021年，市总工会推进劳模、工匠人才创新工作室创建，123家创新工作室组织开展活动533场次，提出创新合理化建议251条，完成技术攻关656项，技术改造1468项，申请专利357项，创造经济效益30.9亿元。开展南宁市职工“五小”（小发明、小创造、小革新、小设计、小建议）创新成果评比，获一等奖5项（南宁市第九人民医院自制便捷式多功能洗头车、广西电网有限责任公司南宁供电局新型紧线器、广西电网有限责任公司南宁马山供电局实用新型小型断路器、广西建工集团第二建筑工程有限责任公司脚手架工程定型化工具式上人通道、南宁恒枫饮料有限公司车间灌装联动剔除装置改进提升）、二等奖16项、三等奖24项。

【就业服务】 2021年，市总工会联合市人社局等部门开展“春送岗位”活动，举办招聘会51场，组织1256家用人单位参加，达成就业意向2509人；开展在岗职工技能提升培训、职业技能等级培训、高技能人才培训、“送教到基层”等，培训职工1.64万人次；开展“送培创工程”，组织1617名下岗失业人员、困难职工、农民工及其子女、困难职工（农民工）家庭高校毕业生参加技能培训、创业培训、家政培训30多场次，帮助600多人次解决就业、创业、培训、维权和生活等困难。

【民主管理】 2021年，市总工会完善企事业单位民主管理制度，全市已建工会组织的公有制企业厂务公开、职代会建制率均100%，非公企业厂务公开率96.30%、职代会建制率96.60%。新建职代会制度涵盖单位302家，新实施厂务公开涵盖单位202家。培育选树厂务公开民主管理示范单位7个，补助每个单位经费6000元。参加民主管理专题培训105人，参加职工代表专题培训4089人。

【职工权益维护】 2021年，市总工会建立劳动领域政治安全和劳动关系监测点26个，推进工资集体协商，建会企业集体合同、工资专项集体合同、女职工专项集体合同签订率90%，组队参加自治区集体协商竞赛，获第一名。成立市总工会协调劳动关系专家工作室、市法院劳动争议巡回法庭，建立“法院仲裁＋工会＋N”劳动争议纠纷多元化解联动机制，实现矛盾纠纷化解“一窗式”办理、“一条龙”服务。在广西顺丰速运有限公司，建立自治区首个为新就业形态劳动者提供工会法律服务点。接待、处理信访求助、咨询事项157件，涉及职工1157人，帮助职工（农民工）追回被拖欠的工资、经济补偿金128.92万元。开展“尊法守法·携手筑梦”农民工公益法律服务行动，向农民工发放宣传手册和维权手册5000多份。开展“美好生活·民法典相伴”普法宣传活动，赠送民法典法律读物1万多本。免费为4406名困难职工、农民工及矿区、粉尘、有毒有害企业一线职工提供体检服务。完成职工医疗互助保障参保28.4万人次,补助6593人次672.96万元。新建"工会爱心驿站"5家,开展工会爱心驿站星级创建评定151家,在朝阳商业区建设南宁市首家外卖(快递)小哥"工会爱心驿站";建成"司机之家"2家,在南宁国际空港综合枢纽项目建设自治区首个工地上的"司机之家",广西大汇投资有限公司"司机之家"申报成为全国AAAA级"司机之家";建成华尔街工谷产业园区"职工之家"。建成开放市总工会职工心理健康服务幸福空间,免费为1.16万名职工开展心理测试及心理咨询,形成南宁市职工心理健康调查报告。联合市文广旅局印发《南宁市职工疗休养基地(点)认定和管理办法》,新认定自治区级职工疗休养基地1家(美丽南方紫薇庄园),市级疗休养基地(点)10家(荔园维景大酒店、九曲湾温泉度假村、良凤江森林旅游区、名都山居精品酒店、养心谷大酒店、大明山茶园、古岳文化艺术村、大王滩大酒店、易珑山庄、水锦顺庄酒店),组织2387名一线职工分批次疗休养。保护女职工合法权益和特殊利益,新建女职工关爱室5家。

【职工帮扶】 2021年,市总工会开展"夏送清凉"慰问活动,走访企业、工地138家,慰问农民工3.66万人次,发放防暑降温物品价值165.83万元;"金秋助学"资助困难职工子女126人,发放助学金65.68万元;元旦、春节"送温暖"活动慰问职工群众1.26万人次,发放慰问款物253.98万元。建立健全困难职工家庭常态化帮扶机制,实现困难职工微心愿103例,发放困难职工生活救助(补贴)398.40万元。开办职工子女爱心托管班,招收3岁至6岁年龄段职工子女700人,为500多名女农民工免费提供"两癌"筛查。开展"六一"儿童节关爱活动,关怀抗击新冠肺炎疫情一线医护人员子女,慰问90名职工子女、建档脱贫户儿童、留守儿童和困境儿童,赠送图书、文具袋等节日礼物价值3万元。

【安全生产】 2021年,市总工会开展"安康杯"竞赛活动,企业参赛面96.60%。通报表扬2020年度南宁市"安康杯"竞赛优胜单位40个、优胜班组40个、优秀组织单位10个、优秀组织个人20人。获评2020年度广西"安康杯"竞赛优胜单位3个(南宁青岛啤酒有限公司、南宁中建西部建设有限公司、广西电网有限责任公司南宁横县供电局),优胜班组4个(南宁青岛啤酒有限公司易拉罐班组、南宁中建西部建设有限公司屹桂厂生产科、广西电网有限责任公司南宁横县供电局六景供电配电维护班、南宁市弘力电业有限责任公司安全监察部),优秀组织单位1个(宾阳县应急管理局),优秀组织个人1人(宾阳县应急管理局江子云)。参与企事业安全隐患大排查72.30万人次,查出隐患5.39万个,整改隐患5.39万个、整改率100%,参与排查职工61.63万人。依法参加由市应急局牵头的广昆高速西乡塘区"1·2"道路交通事故、白沙大道"1·24"道路交通事故、省道514武鸣区灵马镇"2·25"道路交通事故、轨道交通1号线百花岭至埌东客运站下行区间"1·22"侵限事故、西乡塘区饮用水源地(白沙坡)污水收集工程"5·31"中毒溺亡事故调查,完成横县402乡道"11·4"交通事故、省道211马山县段"3·9"交通事故、江南区苏圩镇吴上连线"5·15"道路交通事故责任追究和整改措施落实情况评估,维护职工合法权益,保障社会和谐稳定。

【职工职业技能大赛】 2021年,市总工会开展"勇当主力军、建功新时代"主题劳动竞赛,31个企业、69个重点项目参赛。举办2021年南宁市职工职业技能大赛,设置精密结构件装配、机器人自动焊接、网络与信息技术、智慧家庭工程、礼仪风采等35个竞赛工种,参赛职工26万人次、获奖308人。协办"桂有技能、产业振兴"广西职工"建功'十四五'、奋进新征程"劳动和技能竞赛誓师大会。组织南宁市职工参加2021年自治区职工职业技能大赛,获5个赛项(钳工、网络与信息安全管理员、中式面点师、货运代理、质量检验员)第一名。推荐5名选手代表广西参加第七届全国职工职业技能大赛,其中广西建工投资有限公司钳工王健获钳工项目第7名。

【职工文化】 2021年,市总工会开展"中国梦·劳动美——永远跟党走奋进新征程"群众性主题宣传教育、"网聚职工正能量 争做中国好网民"主题活动、"我为党来唱支歌"职工歌唱大赛、"百年党史天天读"职工网上读书活动、"百年征程铸辉煌·砥砺奋进谱新篇"庆祝建党百年图片展、"劳动畅想曲"工间操百人展演推广等文体主题活动932场,服务职工16.80万人次。在网站、微信公众号等媒体平台发布信息2600多条,点击量59.60万人次;在抖音发布信息57条,浏览量1537.67万人次。组织劳模工匠宣讲团深入企业、校园等开展主题宣讲175场次,聆听人员1.70万人;在《南宁日报》、南宁电视台等媒体平台开设劳模专版宣传报道,拍摄"劳动成就梦想 建功百年伟业"劳模工匠宣传片,在轨道交通媒体上宣传劳动模范先进事迹。各级工会关心关爱劳模,发放劳模慰问金127.20万元、困难劳模补助金52.38万元、劳模荣誉津贴277.06万元,为271名劳模进行体检。组织开展"献血知党恩 同心齐抗疫"全市职工无偿献血活动、抗疫爱卫"五大清洁行动"、"新时代文明践行"学雷锋月便民维修、法律援助、健康义诊、植树造林等志愿服务活动,参与职工5475人。

【评先活动】 2021年,市总工会推荐评选全国和广西五一劳动奖状、奖章、工人先锋号。获全国五一劳动奖状1个:南宁市第四人民医院。获全国五一劳动奖章1人:南宁富桂精密工业有限公司研发课长、工程师林蔚。获全国工人先锋号3个:广西南南铝加工有限公司熔铸制造中心、南宁侨虹新材料股份有限公司仓储部周转仓、中国建筑第八工程局有限公司广西分公司南宁华润中心东写字楼项目部。

2021年9月17日,南宁市职工职业技能大赛横州赛区焊工工种比赛现场 市总工会提供

获广西五一劳动奖状6个：中银金融服务（南宁）有限公司、市工业和信息化局、南宁市疾病预防控制中心、南宁威宁投资集团有限责任公司、南宁娃哈哈恒枫饮料有限公司、南宁侨虹新材料股份有限公司。获广西五一劳动奖章10人：云宝宝大数据产业发展有限责任公司董事长周勃，广西南南铝加工有限公司主任工程师郑许，南宁职业技术学院教师钟海雄，广西申龙汽车制造有限公司技术中心管理部标准化工程师杨镇铭，广西电网有限责任公司南宁上林供电局西燕供电所配电线路维护班班长覃光宝，广西壮方生物科技有限公司设备生产部长曾剑先，广西富凤农牧集团有限公司副总经理苏立燧，南宁市东葛路小学校长李雪红，南宁急救医疗中心主任护师、北湖急救站党支部书记兰卫华，南宁双汇食品有限公司总经理曹晓杰。获广西工人先锋号10个：广西南宁五象新区规划建设管理委员会制度创新局、广西电网有限责任公司南宁横县供电局六景供电所、南宁市殡葬服务管理处殡仪馆、南宁中关村信息谷科技服务有限责任公司运营管理部、中国建筑第五工程局有限公司广西分公司南宁水塘江综合整治工程PPP项目部、南宁北排水环境发展有限公司那考河班组、广西洁邦环保科技有限公司经开区环卫A标项目部、广西金福农业有限公司保湾基地、南南铝业股份有限公司汽车组件第一事业部家电组件工程部把手机加二班、广西舒雅护理用品有限公司生产车间。选树命名2021年"广西工匠"2人：宾阳县湘光织锦坊总经理谭湘光，广西中烟工业有限责任公司南宁卷烟厂副主任、工程师韦文。命名2021年"南宁工匠"19人，命名2020年度南宁工人先锋号100个、工人先锋岗100个。

【南宁市红色工运教育体验馆建成开放】2021年6月27日，南宁市红色工运教育体验馆建成开放。位于民主路20号南宁市工人文化宫综合楼左侧，建设面积840平方米，由广西中园风土生态科技有限公司、广西宝之星文化传媒有限公司承建，5月27日开工建设，总投资300多万元。以"讲解式普及＋参与式体验＋总结式提升"的方式创新推出沉浸式情景党课教育，展示1919年至1949年中共党史和中国工运史的重要历史交汇事件，列入自治区党委组织部、广西旅游发展集团联合打造的"一键游广西"红色打卡教育基地。是自治区首个从工人运动角度讲述党史、实现党史与工运史深度结合的教育基地，首个以南宁本土红色文化为根基、扎根南宁红色土壤的党史工运史教育基地，首个深度融合、跨界嫁接历史展陈、戏剧演绎、推理互动等教育手段的沉浸式党史工运史教育基地。至年底，接待机关企事业单位160多批次5000多人。

（师　吕　赵振套）

共青团南宁市委员会

【概　况】2021年，南宁市有中国共产主义青年团南宁市委员会（简称"团市委"）及12个县（市、区）团委，有团市委派出机构17个，其中新增市住房城乡建设行业团工委、市民办医疗行业团工委、市民办职业培训行业团工委、市工商业行业团工委、市交通运输行业团工委、市社会组织综合团工委、市体育行业团工委、市律师行业团工委8个团市委派出机构，有基层团组织1.35万个，其中团委416个、团工委70个、团（总）支部1.08万个。有团员18.02万人，占14周岁至28周岁青年10.5%，机关团干部64人，基层团干部1.85万人。团市委打造南宁市青年人才驿站服务青年就业创业经验，获《中国青年报》头版报道。推选12组选手参加广西青年职业技能大赛，获优秀组织奖。在媒体报道共青团工作148篇（条）。主要存在服务青年的方式方法距离精细化、专业化、科学化要求有差距，市、县（市、区）投入青少年事务社工经费减少，导致青少年事务社工流失等问题。

【青少年思想引领】2021年，团市委依托青年讲师团开展党的十九大和十九届历次全会精神、习近平总书记"七一"重要讲话精神、自治区第十二次党代会精神等宣讲256场次。推进"青年大学习·一起学党史"网上主题团课签到学习，参与团员青年664万人次。举办"党史知识大家答——青年大学习·一起学党史"知识竞赛，34个团组织通过线上主题团课参与率综合排名，决出8个基层团组织24名团员青年代表参加5月17日现场比赛，获一等奖1个、二等奖3个、三等奖4个。抓好新媒体引领，录制《壮乡首府青少年唱支山歌给党听》音乐短片，被自治区党委党史学习教育领导小组办公室评为"感党恩　跟党走"红色歌曲大家唱快闪优秀作品；"南宁青年圈"微信公众号发文章1095篇（原创推文84篇），阅读量超560万人次，粉丝量突破70万人；录制南宁青年榜样宣传微课程2门，剪辑制作微视频32个，在"南宁共青团"微博宣传，浏览量62.5万人次，播放量38.8万人次。在《中国青年报》、人民网广西站、《南宁日报》等刊发团组织工作动态148条，在《中国青年报》头版刊发《南宁构建全方位青少年事务社工管理体系　照亮迷途少年返航路》《为来南宁求职的外地青年解决"住宿难"人才驿站让"政策阳光"照进青年心里》2篇，在《南宁日报》刊发《矢志不渝跟党走不负韶华筑梦行》庆祝建党100周年主题专版1个。

【基层组织建设】2021年，团市委组织全市1.08万个团（总）支部开展学习党史、党的十九届六中全会精神、"请党放心，强国有我"等主题团日活动，覆盖团员青年超180万人次。发展团员1.82万人，5384个团（总）支部100%完成对标定级。全市"学社衔接"率99.9%，建立非公企业团支部3290个，新增社会组织团支部851个。南宁市作为团中央推进全团行业系统团建试点城市，创新组建行业团工委8个，团指委1个（南宁市互联网行业共青团工作指导和推进委员会），团支部49个，覆盖团员近2000人；加强全市团干部协管，考察11名县（市、区）团委书记、4名市直属单位（企业）团委书记拟任人选，县（市、区）、直属团组织团委书记配备率100%，1820个村（社区）团组织完成换届；加强团市委"专兼挂"干部队伍建设，选派11名县（市、区）、7名二层单位或企业年轻干部到团市委机关挂职、跟班学习。推进团属阵地建设，全市89个"青年之家"开展活动1198场，服务青少年5.3万人次。推动市、县（市、区）共建12355青少年服务台，组建234人的专业志愿者队伍。

【希望工程】2021年，南宁市希望工程办公室实施希望工程助学兴教、健康守护、素质提升、紧急救助、铸魂育人"五大计划"，打造多层次、立体化、社会化的公益体系，形成公益生态圈。开展希望工程"圆梦行动""希望课堂"等活动，筹集爱心善款物资156.5万元，为希望小学等农村学校送去"希望厨房""希望书屋"等生活文体用品、教学设备、书籍；将声乐、美术、故事主持、戏剧等300节"希望课堂"专业课程送至乡村学校及易地扶贫搬迁安置点配套学校，惠及农村青少年4558人。

【青年就业创业行动】2021年，团市委成立"南宁市青年人才驿站"，为非南宁户籍全日制高校本科及以上学历毕业生、公务员选调生、挂职干部、重点企业拟录用的高校毕业生等青年人才免费提供最长5天的短期住宿、政策解读、就业指导、城市融入等综合服务。驿站审核入住200人，其中110人在南宁就业。开展"2021年南宁市青年创新创业活动月"活动，提供平台促进创新创业要素聚集对接，覆盖

2021年9月2日，南宁市服务第18届中国—东盟博览会、中国—东盟商务与投资峰会志愿者上岗仪式在南宁市世纪君悦大酒店四楼大会议室举行　　团市委提供

青年3500余人，涌现优秀创业项目32个，其中与投资企业对接25个。举办“南宁市农村青年致富带头人联谊会”等活动4场，参与活动农村青年致富带头人1120余人。成立由30名优秀青年企业家组成的青年创业导师团，指导青年创业创新。开展南宁市“青年岗位能手”评选，授予104名青年工匠“青年岗位能手”称号。组织63家企业参加2021年南宁春季高校毕业生双选会，提供岗位超2700个。

【青年志愿者行动】 2021年，南宁市有注册志愿者146万人，其中18周岁至35周岁青年志愿者68万人。团市委组织青年志愿者参与新冠肺炎疫情防控、文明交通劝导、创城宣传教育、城乡环境整治、垃圾分类、保护母亲河、植绿护绿、第18届中国—东盟博览会、中国—东盟商务与投资峰会、社区青春志愿行、助力中考高考、“暖冬行动”、“七彩假期”、“金晖助老”、“阳光助残”等志愿服务活动5000余场，参与志愿者5.5万人，服务时长30.7万小时。

【青少年服务与维权】 2021年，市政府投入150万元专项资金购买“引航青春——青少年社会工作服务”“守护未来——青少年成长发展服务”“筑梦计划——城市新兴青年群体服务”等青少年服务项目6个，开展青少年文化建设、社会参与、志愿活动、未成年人保护、青少年维权、心理咨询等系列主题活动364场，服务青少年9.58万人次。“青空间”来访2.50万人次，服务青少年5.77万次。落实预防青少年违法犯罪人员813人(专职人员143人、兼职人员670人)，专项经费326.91万元，其中市级20.91万元、县(市、区)60万元、乡镇(街道)246万元。推进青少年“零犯罪零受害”社区(村)创建，围绕青少年普法宣传、自护教育、重点群体关爱帮扶等开展活动30场次，服务青少年1.2万人次。

【中长期青年发展规划】 2021年10月9日，团市委召开南宁市中长期青年发展规划实施工作联席会议第二次全体会议，印发《南宁市中长期青年发展规划2021年实施工作要点》。青年发展工作纳入《南宁市国民经济和社会发展第十四个五年规划和2035年远景目标纲要》。年内，围绕青年思想道德、青年教育、青年健康等十大重点领域，落实中长期青年发展规划，开展青年思想道德主题教育活动1437场，受教育青年168.6万人，开展青年健康科普活动550场，青年婚恋服务8388人，开展技能培训8.27万人次，公租房补助102万元，打造文化精品8个，培养城市友好留学生5人，发放创业补贴2536万元，服务200名外地大学生到南宁求职，压减学科类校外服务机构37.42%，组建1649人的普法志愿团队伍，开展法律进校园活动1000余次，资助残疾学生107人，帮助355名残疾青年就业，培训残疾青年313人。

【共青团基层组织改革】 2021年，团市委围绕县域共青团基层组织改革的主要任务和目标，选定横州市、宾阳县、青秀区、西乡塘区作为县域共青团基层组织改革试点，强化团干部配备管理，确保“团员青年在哪里，团组织就建立在哪里”，推动全市行业系统和“两新组织”(新经济组织和新社会组织)团建；把优化团员发展、团员教育管理、推优入党作为改革工作基础工程，建立起团教协作和党团衔接机制；推动成立以县(市、区)委书记为组长、相关部门参与的改革工作领导小组，以党委名义印发县域共青团基层建设改革工作推进方案，试点县(市、区)党政支持保障不断增强，带动全市县域共青团基层组织改革纵深推进。深化学校共青团改革和少先队改革，加强团教协作，普遍建立市、县(市、区)两级教育团工委和中学团校，巩固拓展少先队组织工作体系，实现全市中小学少先队组织全覆盖，建设校外少先队活动阵地25个。

(蔡竞辉　张语宸)

南宁市妇女联合会

【概　况】 2021年，南宁市有南宁市妇女联合会(简称“市妇联”)及12个县(市、区)妇联，3个开发区妇联(妇委会)，有党政机关、科教文卫等事业单位妇委会543个，有直属管理女性联谊会、协会4个(南宁女企业家协会、南宁市离退休女干部联谊会、南宁市家庭教育协会、南宁市巾帼志愿者协会)，乡镇(街道)妇联128个，社区妇联260个、村妇联(含农村社区)1560个。有市、县(市、区)、开发区妇联主席14人，执委338人；乡镇(街道)妇联主席120人、专兼职副主席488人，执委1810人；村(社区)妇联主席1820人，专职副主席7423人，执委2.02万人。市妇联强化思想政治引领，“宁宁姐党史微课堂”进基层进机关活动26场次；《立足妇女儿童需求推动党建与业务融合》经验文章在全国妇联系统核心期刊《中国妇运》刊载；思想意识形态、家庭教育、巾帼志愿服务3项工作在自治区专项会议上作典型发言。市妇联被自治区党委宣传部、自治区全面依法治区委员会办公室、自治区司法厅表彰为2016—2020年全区普法工作先进单位，获广西妇女儿童维权项目成果评比二等奖。主要存在城乡之间、不同群体之间妇女发展不平衡，妇女权益保障仍面临困难，妇女儿童群体和家庭服务精准度需提升等问题。

【妇女儿童“两规划”实施】 2021年，南宁市人民政府妇儿工委组织开展实施中国妇女发展纲要(2011—2020年)、中国儿童发展纲要(2011—2020年)，广西妇女儿童发展规划(2011—2020年)和南宁市妇女儿童发展规划(2011—2020年)(简称“两纲”“两规划”)终期评估。妇女儿童在健康、教育、经济、决策管理、社会保障、福利、环境法律等领域得到全面进步，孕产妇住院分娩率、妇女常见病筛查率、村委会成员女性比例、村委会主任女性比例等指标实现突破性进展。婴儿死亡率、5岁以下儿童死亡率降至10年来最低，城市公办及农村公办幼儿园数量实现4至8倍增长,九年义务教育巩固率102%,儿童之家建设覆盖98%以上城乡社区。市妇女发展规划74项指标、儿童发展规划46项指标绝大多数达标,通过自治区2011—2020年“妇女儿童发展规划”终期评估检查。

【妇联组织机构改革】 2021年,市妇联推动妇联组织改革向纵深发展,做好市、县(市、区)、乡、村四级妇联组织换届选举。全市1820个村(社区)妇联主席100%进入村(社区)“两委”(村党支部委员会、村民委员会);村委会主任女性246人、占15.77%,比上届提高9.33%;村委会女性成员3183人、占34.98%,提高10.48%;居委会女性成员1507人、占75.58%,提高17.68%;三类指标均超过“两规划”提出目标任务。全市村(社区)配备妇联主席1820人、增加2.8%,副主席7423人、减少11.46%,执委2.02万人、增加24.84%。推动新群体新领域女性集中的地方新建妇联组织示范点10个。创建南宁市壮锦印象文化艺术有限公司、南宁小娴助理电子商务有限公司、上林县山歌文化园等“妇女微家”示范点19个。打造“执委履职小课堂”品牌,策划拍摄教学视频3部。

【妇女思想引领行动】 2021年,市妇联开展以“党史微故事+有奖知识问答+红歌同唱+心得分享”为载体的“宁宁姐党史微课堂”进基层进机关活动26场次,活动经验在《中国妇女》、学习强国、“绿城党旗红”党建信息平台等平台刊载。依托市妇女儿童活动中心、南宁家风馆、女党员志愿服务中心等妇联阵地举办线下展演,以及通过网络直播巾帼岗位建功风采、红色歌曲大家唱、“万张笑脸迎百年”等方式开展巾帼大宣讲活动430场次。打造南宁女性公共服务平台,在“南宁女性网”、南宁女性微信公众号开设“建党百年”“百名优秀女性风采展”“宁宁姐学党史”“宁宁姐健康生活”“民族团结一家亲”等系列专栏,宣传推广“全国三八红旗手”代表——林汉文,“广西三八红旗手(标兵)”代表——韦彩云、苏黔玲、张清秀等新时代奋斗女性典型。新增“三八红旗手·王芳工作室”“三八红旗手·安琪之家工作室”,累计有广西“三八红旗手工作室”3个。联合南宁日报社等主流媒体,开展100名优秀女性风采展示系列访谈、建党百年巡礼特刊宣传等。全年对外编发各类稿件2500多条,被市级以上媒体、单位采用200多篇(条)。

【巾帼乡村振兴行动】 2021年,市妇联发展“邕”字号乡村基地,将巾帼脱贫示范基地转型升级打造乡村振兴巾帼示范基地15个,打造横州市广西庭宇茶业有限公司、宾阳县恒生工艺品有限责任公司、上林县广西桂茂工艺品有限公司等“壮乡巧娘”工作站9个。向中国妇女发展基金会争取扶持资金20万元,在横州市、马山县打造南宁市“壮乡巧娘”居家灵活就业刺绣培训基地,培训壮乡巧娘200人。配合市委、市政府做好防止返贫监测和帮扶工作,重点做好易地扶贫搬迁妇女的后续帮扶。打造“邕”字号家政服务品牌,培育选树100名“最美邕嫂”。开展巾帼家政培训“大篷车”进脱贫村活动,指导家政培训机构到55个脱贫村开展家政培训、宣传活动55场,带动妇女创业2000多人。

【妇女就业创业服务】 2021年,市妇联落实399万元专项资金实施乡村振兴智慧女性成才计划,通过招投标方式委托3家定点培训机构,开展育婴、小儿推拿、催乳、养老、电商、手工编织、特色小吃制作7个项目职业技能培训93期,培训女农民工4000人。培育乡村振兴巾帼领头雁,举荐21名新型女农民参加在上海、义乌举办的电商培训班。组织县(市、区)代表队24名选手参加在横州市体育馆举办的“巾帼心向党　奋斗新时代”家政技能竞赛,设育婴、养老2个竞赛工种,获一等奖2人、二等奖2人、三等奖18人。举办妇女创业就业招聘会、妇女家政技能推介会15场次,免费服务2530人,介绍女性就业205人。

【妇女儿童权益维护】 2021年,市妇联完善婚姻家庭纠纷预防和多元化解机制,在江南区玉芳红娘志愿者服务中心、青秀区红色中山教育基地新建2个婚姻家庭辅导教育工作站,举办婚姻家庭教育辅导讲座30场,“转角遇到爱”公益相亲交友婚恋沙龙活动16场,参与群众1500多人次。联合市检察院到马山县、邕宁区等脱贫村小学开展未成年人保护普法宣教活动,联合市检察院、市公安局、市民政局等单位在青秀区中山派出所红色中山教育基地成立广西首个市级未成年人一站式保护中心和反家暴服务中心。开展防范涉妇女儿童重大案(事)件专项排查行动,妇联系统发现风险隐患线索47条,排查、调处矛盾纠纷事件65起,开展关爱帮扶活动334次。接待、调解、处理来电、来信、来访618件,女性信访者占总人数90%以上,调处率100%。配合处置11岁女孩失学、教师猥亵女生、13岁女孩疑遭性侵水库溺亡事件等7例侵害妇女儿童权益舆情个案,帮助2名家暴受害者向法院申请人身安全保护令,帮助10名上访求助妇女申请困难妇女临时救助金2.6万元。“为家暴受害人申请人身安全保护令”经验获自治区反家暴联动机制工作会议推广。以宣传《中华人民共和国民法典》为主线,制作编写《幸福婚姻家庭密码》《我与民法典》等普法宣传手册和宣传动漫视频。通过在《南宁晚报》、南宁女性微信公众号等开设妇女儿童维权、“宁宁姐民之法典”等专栏和线下开展68场次妇女儿童维权“两进两送”(进社区进家庭、送法律送服务)宣传讲座及咨询活动等,引导妇女和家庭成员参与社会和谐稳定建设。

【妇女儿童活动阵地建设】 2021年,市妇联抓好市、县(市、区)、乡、村四级妇女儿童活动阵地建管用,打造妇女活动阵地、儿童成长乐园、中国—东盟妇女儿童交流平台。江南区、邕宁区妇女儿童中心建设列入市政府为民办实事项目并完成建设。加强青秀区、武鸣区、横州市、宾阳县、上林县、隆安县6个建成妇女儿童中心的运营指导。完成自治区为民办实事267个村(社区)“儿童家园”项目创建,举办“儿童之家”管理员培训,培训管理员180人。市妇女儿童中心开设校外教育班级558个、招生6303人次,开发公益研学活动9场,组织250名小学生开展体验式学习。

【家庭教育】 2021年,市妇联以“六个一”(立德树人一条主线、宣传一套教材、打造一支队伍、建设一批基地、搭建一个平台、构建一个机制)为重点,探索家庭、学校、社会协同育人机制,承接线下线上“学党史　颂党恩　传家风”广西家风家教大巡讲活动30多场次,受益家庭5500多户。联合南宁市各场馆开展“走进场馆科学伴成长”主题活动18场。举办“童心向党　快乐成长”“书香八桂　父母同行”等亲子活动,16个亲子作品获自治区妇联表扬。开展家庭教育大讲堂活动,举办“父母成长计划”20场,受益家庭6520户;以南宁励志专门学校为阵地,合作共建家风家教基地,开设特殊家长课堂,为80多户问题未成年人家庭提供帮扶。完善常态化寻找“最美家庭”机制,龙如宏、苏小兰、刘卫连、邓敬兰、黄彦安、韦雪霜、檀亚凤、黄媚荣、丁特强、吕忠其10户家庭被评为广西“最美家庭”。依托“家家幸福安康工程”成立“环保妈妈志愿服务队”,参与“美丽中国　我是行动者”五年计划,组织“环保妈妈”参加“关爱山川河流·保护母亲河”志愿服务,6支“环保妈妈”队伍获自治区“环保妈妈志愿服务队示范点”称号。以“颂党恩　传家风”为主线,联合市纪委等部门开展“最美家庭新风尚　家风家教进万家”“以竹倡廉·树清廉家风”“红星耀我·安全童行”等家风

2021年9月25日，巾帼志愿者在“颂党恩·传家风”2021年“绿色家庭”环保知识普及宣传活动中分享环保经验　　市妇联提供

家教主题宣传活动6场次。依托市家风馆，开展“知书达理好家风”公益讲座活动39场次，服务2000多人次。

【“三留守”人员关爱】 2021年，市妇联联合市民政局、市关工委、南宁北海商会、南宁女企协举办第二届“阳光儿童励志奖”“困难儿童关爱之星”表扬仪式，表扬孤儿(事实无人抚养儿童)24人、村(居)儿童主任(妇女主任)19人。“六一”、春节等节假日，联合市检察院、市红十字会、南宁女企协到易地扶贫搬迁点马山电白小学、结对帮扶点邕宁区新乐村小学开展“童心向党　快乐成长”六一主题活动，慰问留守困难儿童170人，向两所小学赠送一批文体器材文具价值6万元。探索农村儿童“防溺水＋未成年人预防犯罪＋预防性侵＋环保童行”等主题班会宣教模式，开展留守流动、困境儿童关爱服务。组织3家社会组织以“妇联＋高校＋社会组织＋爱心人士”模式向48家“儿童之家”提供志愿服务140多场次，服务儿童5000多人次。构建妇女“两癌(宫颈癌、乳腺癌)”“宣传＋检查＋保险”关爱服务体系，开展“两癌”防治知识宣传205场，购买关爱女性健康“两癌”保险妇女22.92万人，免费为城镇、农村困境妇女15.84万人购买“两癌”保险。

【妇女干部培养】 2021年，市妇联落实干部培训配套资金89.39万元，其中自治区级31万元、市本级58.39万元，举办基层妇女“领头雁”专项培训班44期，培训女干部5478人。推荐妇联系统34名妇女干部参加自治区专题培训班。首次举办妇联执委综合素质和能力提升班，市、县(市、区)执委100人参加。组织18名领导干部参加机关干部全员培训及在线培训，参训率100%。促进女干部、女企业家、女能人、女专业技术人才4支队伍学习交流，在朱槿女子书院举办团扇DIY活动、“为美护航”医学美容科普等活动8场，参加活动480多人。评选南宁市最美基层妇女干部50人、自治区最美基层妇女干部9人。

【巾帼志愿服务】 2021年，市妇联开展“朱槿之约”——公交车站点公共文明引导志愿服务活动，参与志愿者1.8万人次，志愿服务时长约5400小时，劝导服务群众约100万人次。开展“阳光行动”巾帼志愿服务活动，创建国家级巾帼志愿阳光站1个(南阳镇巾帼志愿阳光站)、自治区级巾帼志愿阳光站1个(广西巾帼志愿阳光站青秀区新竹社区)、市级巾帼志愿阳光站5个(良庆区坛板坡巾帼志愿阳光站、西乡塘区安琪之家巾帼志愿阳光站、江南区扬美村巾帼志愿阳光站、宾阳县中华镇“代理妈妈”巾帼志愿阳光站、兴宁区燕子岭社区巾帼志愿阳光站)。开展“爱国卫生”“垃圾分类”“民族团结”“安全生产”“全民建身”“信用宣传”等主题活动20多场次。建立健全巾帼志愿服务管理机制，完善组织机构，完成巾帼志愿者协会换届选举。巾帼志愿服务项目在全国妇联专题培训班上作经验交流。

【巾帼建功创先活动】 2021年，市妇联创建培育全国巾帼文明岗4个(广西电网有限责任公司南宁供电局青秀营业班、南宁市绿城南方职业培训学校、南宁市第四人民医院内科、南宁市第十四中学班主任导师工作室)，获“全国巾帼建功标兵”称号3人(邓洪涛、许永风、苏秀清)，培育选树全国巾帼建功先进集体2个(市检察院、市民政局)，获“全国三八红旗手”称号1人(林汉文)。创建自治区“妇女维权岗”10个(兴宁区人民法院家事和少年审判团队、青秀区人民检察院第五检查部、西乡塘区人民法院高新人民法庭、西乡塘区人民检察院、南宁市公安局西乡塘分局出入境管理大队、邕宁区人民法院那楼人民法庭、上林县人民检察院、马山县人民法院古零人民法庭、隆安县人民法院那桐人民法庭、隆安县人民检察院)，获“广西三八红旗手(标兵)”称号21人(韦彩云、黄日娟、刘玉柳、张清秀、覃小慧、韦丽娜、苏秀清、潘小宁、梁彩丽、覃毓宁、陈金莲、潘凤谦、朱泓静、苏家珍、岑平、陈子丽、郭艳秋、莫永芸、苏黔玲、檀亚凤、陆美术)，获“广西三八红旗集体”称号9个[横州市妇联、邕宁区委区政府督查考评办公室、武鸣区疾病预防控制中心、市财政局国库科、南宁云全媒体中心(南宁新闻网)、邓颖超纪念馆、南宁孔庙博物馆、南宁交通投资集团有限责任公司审计部、市妇女儿童活动中心]。组织80名市级以上巾帼文明岗骨干开展“巾帼文明岗‘两学两增’”(学本领、学党史，增活力、增效能)活动。　　(周燕丽　施春霞)

南宁市科学技术协会

【概　况】 2021年，南宁市有南宁市科学技术协会(简称“市科协”)及12个县(市、区)科协，乡镇(街道)科协127个，社区科协130个，市级学会、协会36个，企事业科协87个；科普示范社区102个(国家级16个、自治区级11个)，农村专业技术协会74个，科普示范基地65个(国家级10个、自治区级7个)；建有“科普中国”校园e站51个、“科普中国”社区e站33个、“科普中国”乡村e站21个。市科协系统总结“十三五”南宁市全民科学素质工作经验，编撰《南宁市全民科学素质行动规划纲要(2021—2035年)》，组织开展科普活动615场次；组织开展自然科学优秀论文评选，评出获奖论文32篇；推动“科创中国”试点城市建设工作列入南宁市“十四五”规划；召开市科协第九次代表大会，选举产生新一届领导机构。市科协获全国科普日活动优秀组织单位、中国创新方法大赛广西赛区总决赛优秀组织奖、广西科协科技工作者状况调查站点A级优秀区域责任部门、第三届广西青少年科普知识竞赛活动优秀组织奖。市科技馆获青少年科学调查体验活动优秀组织单位、中国(上海)国际发明创新展览会优秀组织奖，获批国家基层科普行动计划重点项目科普教育基地、广西第二批中小学生研学实践教育基地、南宁市首批中小学生研学实践教育基地。主要存在科普基础设施建设不够完善、“科创中国”试点城市建设需求挖掘不够等问题。

【科普活动】 2021年，市科协编撰《南宁市全民科学素质行动规划纲要(2021—2035年)》。实施全民科学素质提升行动，由市全民科学素质工作领导小组牵头，各成员单位配合，以科普讲座、报告会、现场科技咨询等形式开展全国科普日、南宁市绿城科普大行动、科技活动周等科普活动615场次，参与活动36万人次，发放科普读物、资料10.54万份。9月15日至11月15日，组织市全民科学素质工作领导小组成员单位、县(市、区)科协、企业科协、科普教育基地等单位开展全国科普日南宁市活动。活动期间，在全国科普日网站注册上报科普活动47场，浏览量20.50万人次。“2021南宁市金花茶公园快乐科普校园行”“南宁市动物园2021年全国科普日暨绿城科普大行动系列活动”“2021年全国科普日南宁市兴宁区活动暨绿城科普大行动启动仪式”被评为2021年全国科普日优秀活动，市科协、市卫健委被评为2021年全国科普日优秀组织单位。实施“科普服务乡村振兴”培训工程，以“百名专家进百村(社区)”科普服务、绿城科普大行动、农民科学素质网络知识竞赛、农业生产管理技术“云课堂”等活动为载体，向创业致富带头人、村级集体经济发展领头人、村干部和脱贫户开展实用技术培训超200场次，覆盖1.2万人次。

【学术交流】 2021年，市科协组织企业参加中国创新方法大赛，获全国三等奖3个(广西中烟工业有限责任公司《提高卷烟设备软盒硬化适应性能力》、南宁供电局《提升主变压器停电试验工作效率》《引领新一代单相电能表功耗测试装置的研制》)；获广西赛区一等奖2个(广西中烟工业有限责任公司《提高卷烟设备软盒硬化适应性能力》、南宁供电局《引领新一代单相电能表功耗测试装置的研制》)、二等奖3个、三等奖1个、优秀奖6个，市科协获广西赛区优秀组织奖。9月25日，以“科技创新与数字经济”为主题的南宁市第十一届学术年会开幕式在广西科技馆举行，邀请自治区内外专家学者90人参加交流、研讨；首届南宁市计算机大会、输血(蚊媒)传播病原体国际研讨会、第五届中国—东盟精神医学国际交流与合作论坛、桥梁工程技术学术会议暨广西桥梁监测及加固工程技术研究中心第七届学术会议、广西ICT行业人才生态建设2021年会5项活动列入年会活动，涉及计算机科学技术、医疗卫生、信息通信技术、交通运输4个学科；论坛采用“线上+线下”双线交流、会议座谈、主题培训、专题报告等形式，搭建多层次交流平台。开展南宁市科协智库建设，支持南宁学院、华蓝设计(集团)有限公司、南宁市知识产权协会、南宁市城乡规划设计研究院有限公司开展“广西自贸试验区南宁片区金融营商环境建设研究”“实施强首府战略，提高南宁城市更新技术水平——关于南宁市老旧小区改造工程建设对策研究”“南宁市国家知识产权示范城市建设发展现状及对策建议研究”“乡村振兴，南宁市城郊乡村义务教育规划布局研究”4个课题研究并完成结题，为党委、政府提供决策参考。

【自然科学优秀论文评选】 2021年，南宁市自然科学优秀论文评选收到参评论文121篇，涉及公共卫生、医学遗传学、机械工程、计算机科学与技术等22个学科。经市自然科学优秀论文评审委员会审定，评出获奖论文32篇，其中《鉴别潜在预后小核仁RNA生物标志物用于预测肉瘤患者的总生存时间》《基于车辆时空轨迹的快速路合流瓶颈附近交通相变预测与特性分析》《半连铸7055铝合金扁锭偏析瘤缺陷分析及工艺优化》3篇论文获一等奖，《LncRNA FEZF1-AS1通过miR-34a介导的NOTCH1的上调促进非小肺癌细胞迁移和侵袭》《利用加权基因相关网络分析综合鉴定糖尿病相关致动脉粥样硬化发生的关键基因》《基于生长因子和细胞因子表达的三种胶质母细胞瘤亚型和六基因预后风险指数的鉴定》等9篇论文获二等奖，《瑶鸡生长发育规律、屠宰性能及肉品质评价的研究》《一种新的基于特定脑区基因甲基化有统计学意义的精神分裂症诊断模型》《VR激光成像噪声过滤技术研究》等20篇论文获三等奖。

2021年9月18日，市科协在市科技馆开展全国科普日南宁市活动。图为学生参观消防装备器材
市科协提供

表17　　2021年南宁市自然科学优秀论文评选结果情况一览表

奖项	论文题目	作者	单位
一等奖	鉴别潜在预后小核仁RNA生物标志物用于预测肉瘤患者的总生存时间(Identification of Potential Prognostic Small Nucleolar RNA Biomarkers for Predicting Overall Survival in Patients with Sarcoma)	刘剑伟、廖锡文、朱显泽	南宁市第二人民医院
	基于车辆时空轨迹的快速路合流瓶颈附近交通相变预测与特性分析(Spatiotemporal Trajectory Characteristic Analysis for Traffic State Transition Prediction Near Expressway Merge Bottleneck)	万千、彭国庆、李志斌	华蓝设计(集团)有限公司

续表 17

奖　项	论文题目	作　者	单　位
一等奖	半连铸 7055 铝合金扁锭偏析瘤缺陷分析及工艺优化	韦修勋、陈愿情、贾桂龙	广西南南铝加工有限公司
二等奖	LncRNA FEZF1-AS1 通过 miR-34a 介导的 NOTCH1 的上调促进非小肺癌细胞迁移和侵袭(LncRNA FEZF1-AS1 Promotes Non-small Lung Cancer Cell Migration and Invasion Through the Up-regulation of NOTCH1 by Serving as a Sponge of miR-34a)	黄尚校、李春君、黄剑锋	南宁市第二人民医院
	利用加权基因相关网络分析综合鉴定糖尿病相关致动脉粥样硬化发生的关键基因(Comprehensive Identification of Key Genes Involved in Development of Diabetes Mellitus-Related Atherogenesis Using Weighted Gene Correlation Network Analysis)	黄颀、邓国雄、韦荣国	南宁市第一人民医院
	基于生长因子和细胞因子表达的三种胶质母细胞瘤亚型和六基因预后风险指数的鉴定(Identification of Three Glioblastoma Subtypes and a Six-gene Prognostic Risk Index Based on The Expression of Growth Factors and Cytokines)	胡北泉、阮玉山、魏凤	南宁市第一人民医院
	我国柯萨奇病毒 A 组 6 型 VP1 区基因分子流行病学特征	范云燕、欧嵩凤、陈敏玫	南宁市疾病预防控制中心
	冻融周期中单囊胚与双囊胚移植的妊娠结局分析	李宁、杨华、李春苑	南宁市第二人民医院
	地下矿山多夹层难采矿体矿废分离协同采矿方法研究	韦才寿、牛文静、潘桂海	南宁学院
	基于 RKW 理论的广西一次飑线过程演变特征分析	李渝平、农孟松、梁维亮	南宁市气象局
	基于 NB_IoT 的桥梁健康远程监测系统设计	杜立婵、王文静、韦冬雪	南宁职业技术学院
	白切鸭肉质感官评价预测模型的建立	韦云伊、唐榕、刘容	南宁学院
三等奖	瑶鸡生长发育规律、屠宰性能及肉品质评价的研究	唐燕飞、巨晓军、章明	广西富凤农牧集团有限公司
	一种新的基于特定脑区基因甲基化有统计学意义的精神分裂症诊断模型(A Novel Schizophrenia Diagnostic Model Based on Statistically Significant Changes in Gene Methylation in Specific Brain Regions)	邹东华、邱玉芬、李荣杰	南宁市第一人民医院
	VR 激光成像噪声过滤技术研究	苏叶健、张叶茂	南宁职业技术学院
	单细胞测序分析卵裂期优质胚胎染色体情况研究:探讨卵裂期胚胎中非整倍体的起源和机制(Next-generation Sequencing Analysis of Each Blastomere in Good-quality Embryos: Insights into the Origins and Mechanisms of Embryonic Aneuploidy in Cleavage-stage Embryos)	史秋雯、丘映、许常龙	南宁市第二人民医院
	3.0T 1H-MRS 在食蟹猴不同程度肝纤维化中的对比研究	丁可、刘满荣、黄瑞岁	南宁市第二人民医院
	TRAF5 通过激活 PI3K/AKT/NF-κB 信号通路促进结肠癌的发生和发展(TRAF5 Promotes the Occurrence and Development of Colon Cancer Via the Activation of PI3K/AKT/NF-κB Signaling Pathways)	孙桂丽、郑长民、邓志杰	南宁市第二人民医院
	髓内钉闭合置钉导向器的研制及临床应用	黄华、梁毅、谭智怀	南宁市中医医院
	中西医结合治疗新型冠状病毒肺炎临床效果评价	谢周华、唐献柯、董文逸	南宁市第四人民医院
	位于 CD36 基因剪切位点的 2 个新突变及其导致 CD36 缺失的分子基础	李丽兰、陈洁润、蒋丽红	南宁输血医学研究所
	原花青素 B2 对黄曲霉毒素 B1 致大鼠急性肝损伤的保护作用(Protective Effect of Procyanidin B2 on Acute Liver Injury Induced by Aflatoxin B1 in Rats)	邓志杰、赵静芳、黄丰	南宁市第二人民医院
	广西南宁市少数民族居民健康素养水平与健康状况的关系研究	何秋平、唐驰、陈燕萍	南宁市疾病预防控制中心
	脑卒中后偏瘫患者焦虑抑郁原因的质性研究	李兰、陈琼珍、黄秋芳	南宁市第二人民医院
	基于带跳随机波动率模型的双币种重置期权定价研究	韦铸娥、何家文	南宁学院
	酸化铜铌酸铯催化剂下 5-羟甲基糠醛的制备	黄广君、李永红、莫嘉欣	南宁学院
	云计算平台下舰船航行应急响应资源需求预测分析	赵朝辉	南宁职业技术学院

续表 17

奖 项	论文题目	作 者	单 位
三等奖	鸡白细胞介素2和白细胞介素18基因的原核及真核表达	张艳雯、张鹤曦、覃静	南宁学院
	基于变论域自适应模糊PID的压铸机压射速度控制研究	张叶茂、苏茜	南宁职业技术学院
	基于图论和矩阵方程的七挡三自由度行星齿轮自动变速器传动性能研究(Research on Transmission Performance of A Seven-gear Three-degree-of-freedom Planetary Gear Automatic Transmission Based on Graph Theory and Matrix Equation)	范毅	南宁学院
	自动化生产线装配单元三维仿真平台的构建	李光平、唐月夏	南宁学院
	多金属3D打印的SLM设备工艺参数库试验研究	伍贤洪、吴泊良	南宁职业技术学院

【"科创中国"试点城市建设】 南宁市"科创中国"试点城市建设以"企业提需求、学会送服务、科协搭平台、地方汇资源"为路径,全力打造具有南宁辨识度的科技赋能、开放合作、科普为民新场景,把优质创新要素引入南宁,助力强工业、强创新、强开放,服务南宁市经济高质量发展。2021年,南宁市进一步加大试点城市建设推进力度,建立由市领导领衔的工作领导小组,制定年度工作要点,明确工作责任分工,试点建设工作列入南宁市"十四五"规划,作为市政府重点工作任务有序推进。围绕重点产业提升,完成广西南南铝加工有限公司——张新明专家团队(航空航天铝合金新材料)协同创新中心、广西博世科环保科技有限公司——赵汝和院士团队(固体废弃物资源化利用)协同创新中心、广西富凤农牧集团有限公司——印遇龙院士团队(富凤优质鸡)协同创新中心、南宁市第四人民医院——王福生院士团队(重大感染性疾病免疫机制和细胞治疗研究)协同创新中心4家首批高层次专家团队协同创新中心,广西博世科环保科技股份有限公司、广西金福农业有限公司、广西时宜农业科技有限公司、广西启迪创新跨境电子商务有限公司、南宁北部湾人才金港有限公司、广西南南铝加工有限公司6家首批"科创中国·南宁"科技经济融合样板间认定,支持中国有色金属学会广西南南铝加工有限公司学会专家工作站建设。南宁泽威尔饲料有限责任公司入选广西"科技搭桥"行动计划,获支持资金300万元。组织160家企业登录使用"科创中国"平台,发布企业技术、项目、人才需求,为企业家和科学家搭建对接平台。依托南宁·中关村天合科技成果转化分中心举办科技成果推介会2场、科技成果需求挖掘会4场,推动本土科技企业与全国同行开展转型升级、技术创新合作。南宁试点城市建设获"科创中国"平台·试点城市(园区)推介传播前十强(第五名),是广西唯一入选排行榜的试点城市,"科创中国"南宁科技经济融合发展区域科技服务团获全国优秀科技服务团。

【科技创新与服务】 2021年,市科协主动服务科技经济融合,依托南宁·中关村天合科技成果转化分中心举办科技成果推介会2场、科技成果需求挖掘会4场,推动本土科技企业与全国同行开展转型升级、技术创新合作。在广西富凤农牧集团有限公司成立南宁市第5家中国农技协科技小院,搭建农民与农技专家人才交流、学农联合创新、不同服务主体协作平台。深化与对口支持学会合作,与中国有色金属学会签署框架合作协议,引入2021有色金属新材料大会7月30日至8月1日在南宁召开,以"有色金属新材料协同发展"为主题,设矿物材料、能源材料、现代硅基材料技术及应用、医用金属材料及其先进制造等27个分会场,中国工程院丁文江、谢建新、彭寿等7位院士出席,其中5位院士作专题报告,国内外高等院校、科研院所、大型企业的专家、学者、企业管理者等1000余人参加。大会期间,南宁市服务科技经济融合发展行动试点城市工作小组和中国有色金属学会共同举办"科创中国"试点城市·南宁工业振兴之有色金属新材料产业发展院士专家座谈会,邀请院士专家为南宁市"科创中国"试点城市建设、有色金属新材料产业高质量发展建言献策。

【国际交流与合作】 2021年,市科协加强海外人才离岸创新创业基地建设,南宁市基地服务空间扩增至5600平方米,承办第四届中国·南宁海(境)外人才创新创业大赛、第八届南宁市海内外高层次人才与项目云上对接会及海外人才项目路演等招才引智活动,海外项目团队入驻12个,累计入驻项目29个,引进海外人才60多人。加强海外人才服务,协助"复杂曲面的高效高质磨粒流超精密加工技术与装备""一种用于即时检测的全自动生物芯片系统""抗肿瘤小分子纳米药物研发平台建设""广西数字化旅游景区VR建设平台"4个海外项目团队申请获得创新创业资助金250万元,协助9个海外项目团队在基地内注册成立企业。9月24日,承办南宁·东盟人才交流活动月开幕暨第八届南宁市海内外高层次人才与项目"云上"对接会,海内外高层次人才代表57人、相关行业领域企业代表67人和部门代表57人参加"云上"对接,市发展改革委、五象新区、南宁高新区、南宁经开区、广西—东盟经开区、青秀区分别作发展情况和需求推介,海内外人才、企业提出人才培养与资政建议13项,达成合作意向23项,其中产业化项目落地意向21项、科研合作意向2项。10月9日,与中欧生命科学联盟联合举办中欧数字健康研讨会,以"线上+线下"形式开展,中国、美国、欧洲地区的专家、代表100多人参加,中美欧国家和地区的6名相关领域专家围绕"数字健康"作主题报告。11月20日,协助市政府承办第五届"一带一路"青少年创客营与教师研讨活动,科技部国际合作司、中国科协青少年科技中心、经济合作组织科学基金会、非洲科学院、阿拉伯联盟教科文组织科技交流中心等单位领导线上出席并致辞,自治区政协及相关部门、市政府等相关单位领导、嘉宾,以及柬埔寨、老挝、马来西亚、缅甸、泰国驻南宁总领事馆领导出席开幕式,53个国家、地区和国际组织100余万名师生实时连线交流,打造沿线国家科技教育实践新方式。与市科技局、市外事办等单位联合举办第四届中国·南宁海(境)外人才创新创业大赛,全球参赛项目516个,进入决赛55个,获一等奖5个("顺风耳千米无线传音硬科技·开启一个AI智能新篇章""抗菌肽的研发与应用""'无屏触控'智能机器人技术在阅读和教育领域应用""高比能高安全动力固态电池""悦牧智慧养殖场监测系统")、二等奖7个、三等奖12个,决赛采取现场路演与"云上"路演形式,点击量14.7万人次。

【青少年科技教育】 2021年，市科协依托青少年科学工作室，探索课程内容和教学新方法，涵盖机器人、科学制作、创意木工坊、科漫达人、生命科学等系列课程677个课时，参与学生4500多人；在航天日、“三月三”、六一、全国科普日等节假日，开展“用心关爱·呵护成长”“万家团圆迎中秋，四海欢腾庆国庆”“畅想科技，点亮梦想”等系列主题科普活动315场次，参与超3万人次。市科技馆开展“科普下基层活动”58场，推动科普大篷车、科普主题展览、科普剧、科学实验秀等科普资源进基层，受益师生6万人；策划开展“众心向党，自立自强——南宁市科技工作者先进事迹展览”“致敬最闪亮的星——七一勋章获得者先进事迹展”等主题科普展览；年内接待观众超23万人次，其中未成年观众约10万人次。开展青少年科技赛事活动。组织参加第36届广西青少年科技创新大赛，获奖100个(一等奖40个、二等奖32个、三等奖28个)，优秀科技辅导员3人，科技教育创新优秀学校1所，优秀组织单位6个，优秀组织工作者1人；组织参加中国(上海)国际发明创新展览会暨“未来发明家国际选拔赛”，获4金4银2铜，市科技馆获优秀组织奖；举办以“创新、体验、成长”为主题的市青少年科技创新大赛，收到县(市、区)选送七类参评作品1065件，比上年增长17%，评出获奖作品645件(一等奖103件、二等奖220件、三等奖322件)，优秀科技辅导员23人，科技教育创新优秀学校8所。

【组织与阵地建设】 2021年10月27日至28日，南宁市科协第九次代表大会召开，选举产生新一届领导机构，设主席1人，副主席11人，其中专职副主席3人、兼职副主席8人，新当选97名委员中基层一线科技工作者80人，占委员总数82.5%，“三长”(医院院长、学校校长、农技站站长)13人，占委员总数13.4%。建设新时代文明实践志愿服务团队，依托市科技馆展厅特色资源，开展“学雷锋·志愿服务满绿城”科普活动、“公共文明引导志愿服务”实践活动、“学党史，传科普”等品牌志愿服务活动，发布志愿服务项目22个，招募志愿者2000多人次，服务总时长近2万小时。推进学会(协会)、企事业科协建设，培育南宁学院建成广西科协“海智计划”工作站，指导成立南宁市卒中学会，新建云宝宝大数据产业发展有限责任公司科协、广西智宇科技有限公司科协、广西南宁先进育成产业科技服务中心有限公司科协3家企业科协。新成立南宁市消防救援科普教育基地、广西北斗科普教育基地、兴宁区白蚁防治科普教育基地3家市级科普教育基地，建有国家级科普教育基地6个、自治区级科普教育基地13个、市级科普教育基地9个。实施“基层科普行动计划”，组建科普人才队伍，完善科普基础设施，有农村专业技术协会1个(西乡塘区肉鸽养殖协会)、科普示范村1个(隆安县那桐镇那重村)、科普教育基地2个(市科技馆、兴宁区三峰能源教育基地)、科普示范社区1个(武鸣区城厢镇红岭社区)、科普示范学校2个(市鑫利华小学、上林县中学)，获国家及自治区级项目资助资金70万元；有农村专业技术协会10个、科普示范(教育)基地7个、科普示范社区10个、科普示范村6个，获市级资助56万元。 (蒙蓓禹)

2021年南宁市国家级、自治区级、市级科普教育基地名录

国家级科普教育基地(6个)：广西药用植物园、南宁市蔬菜研究所、南宁海底世界、广西中医药大学博物馆、南宁市动物园、广西自然资源博物馆(原地质博物馆)

自治区级科普教育基地(13个)：广西药用植物园、广西绿城水务股份有限公司埌东污水处理厂、南宁市图书馆、南宁市蔬菜研究所、南宁海底世界、广西中医药大学博物馆、南宁青岛啤酒有限公司、广西自然资源博物馆(原地质博物馆)、南宁市动物园、南宁市青少年活动中心、南宁市气象局、南宁市金花茶公园、南宁市狮山公园

市级科普教育基地(9个)：南宁市环境宣传教育中心、广西壮牛水牛乳业有限责任公司、广西中医药大学第一附属医院、南宁海王健康生物科技有限公司、南宁市巴比树文化传媒有限公司、南宁市消防救援支队、南宁市白蚁防治所、广西北斗天宇航天科技有限公司、南宁海底世界

南宁市归国华侨联合会

【概　况】 2021年，南宁市有南宁市归国华侨联合会(简称“市侨联”)及12个县(市、区)侨联、广西—东盟经开区侨联，13个社区级、华侨农林场(含分场)、厂矿企业侨联；直属团体会员17个。南宁市辖华侨农林场4个(广西—东盟经济技术开发区、邕宁区五合华侨林场、隆安华侨管理区、武鸣白合华侨农场)。全市有南宁籍及与南宁有渊源的海外华侨华人等近100万人，分布于世界五大洲80多个国家和地区。有归侨侨眷14万多人，其中新老归侨2万多人。市侨联在“正培·侨胞之家”举行市侨界庆祝中国共产党成立100周年暨欢度国庆群众性主题宣传教育活动，现场参与活动归侨侨眷代表100人，通过市侨联官网公众号、微博关注参与活动的社会各界人士7000多人次。组织南宁华商人才代表、南宁华商会侨心基金会联合党支部部分党员赴百色市、河池市开展爱国主义教育暨党史学习教育红色之旅；与致公党广西区委直属经济科技基层委员会、南宁留学归国人员暨眷属联谊会联合举办“菁英人才中共党史学习分享会”，市侨界菁英人、留学归国人员代表和在邕部分海外顾问参与。协助各级侨联或自发组织侨界群众利用“侨胞之家”平台开展党史学习教育、侨法宣传、传统文化(文体)活动等50余次。主要存在基层党组织建设力度需加强，党建与侨联工作需进一步融合，部分县(市、区)侨联组织架构不完善等问题。

【深化侨联改革】 2021年，市侨联推动完善县(市、区)、开发区侨联组织架构，良庆区、西乡塘区召开第一次归侨侨眷代表大会，选举产生城区侨联第一届委员会和领导班子，12个县(市、区)、开发区拥有完善组织架构的侨联增至10个。横州市、马山县、上林县侨联因人选问题未能完善组织架构。侨联组织向基层延伸拓展，新成立邕宁区蒲庙镇五合华侨社区、红星社区2个社区侨联，全市社区级侨联组织13个。加强基层侨联组织建设，召开南宁市“侨胞之家”建设提升推进会，兴宁区、西乡塘区、邕宁区、武鸣区、广西—东盟经开区侨联作典型发言，新挂牌成立“五合华侨社区侨胞之家”“江南公园馨园侨胞之家”。改版市侨联网站，开通微博、微信公众号等新媒体平台，“邕江侨韵”“侨法知识”等专题

2021年10月18日，市侨联联合广西华侨爱心基金会、兴宁区侨联等部门开展“‘睛’彩世界·看见未来——侨爱心关爱青少年爱眼公益活动”。图为医生为澳华小学学生检查视力

市侨联提供

专栏，点击量超7万人次；青秀区侨联建成“祥云会侨”网络平台。

【为侨服务】 2021年，南宁市各级侨联组织走访慰问困难归侨侨眷、侨界代表人士、侨界困难党员、贫困生等1613人次，发放慰问金（救助金）、慰问品价值128.72万元。开展送医送药义诊12次、归侨侨眷技能知识培训（课堂）13期。到归侨侨眷居住社区、华侨农场调研7次，了解归侨侨眷就业收入、住房、饮水、社保等情况。市委常委、统战部部长严丽萍到“正培·侨胞之家”调研“侨胞之家”建设、运营情况，慰问陈政陪、吴全满、曹松龄等侨界代表人士。配合南宁新华侨华人眷属联谊会，协助南宁籍华人谭女士（美国亚特兰大枪击案遇害者之一）亲属在美国寻求法律援助并妥善解决。拨付191万元用于归侨侨眷困难及特殊群体补助、基层组织建设、惠侨服务及发展产业、脱贫致富等项目34个。广西—东盟经开区侨联推动开发区与国有平台公司联合推出华侨城归侨侨眷创业街项目，在华侨城小区腾出50多间商铺打造“华侨创业街”，对归侨侨眷居民减免2年租金。与“正培·侨胞之家”共同承办广西侨界“侨心向党·同心逐梦”书画摄影作品展，采用线上线下、海内外相结合方式，展出精选作品240幅，线下观展侨胞和社会各界人士2.5万人次，在百度、今日头条等线上平台参与点评的国内外网民200多万人次。

【侨界人才服务】 2021年，市侨联加强海外引智工作站建设，继续发挥美东广西青年学友会海外引智工作站作用，与东南亚国家的侨社团与人才机构联络。走访海归精英人才创办的企业，帮助协调解决融资、跨境电商合作、海运费暴涨等实际困难，做好调查摸底，掌握侨界人才基本情况。向市委人才办推荐桂籍海外杰出人才7人（博士3人），涉及教育、医疗、机电设计等专业。组织40名留学归国人才与华商人才代表赴武鸣区纳天党建文化园举行侨界人才沙龙活动，参观中新南宁国际物流园，开展党史学习和爱国主义教育。

【侨心慈善基金会公益事业】 2021年，市侨心慈善基金会捐赠收入75.17万元，捐赠支出73.92万元，主要用于医疗扶贫、捐资助学、支持侨界群众文化活动等。协助广西协力扶助基金会向隆安县浪湾华侨小学捐赠价值5万元书籍。联合广西华侨爱心基金会、兴宁区侨联等部门开展“‘睛’彩世界·看见未来——侨爱心关爱青少年爱眼公益活动”，为澳华小学、中兴小学、燕子岭小学等5所学校6000名学生检测视力、开展护眼讲座等。广西人人想食品有限公司董事长刘筱瑾出资10万元升级建设“人人想·侨胞之家”，用于开展食品加工、面点制作等职业技能培训。 （廖嗣松）

南宁市青年联合会

【概　况】 2021年，南宁市青年联合会（简称“南宁青联”）第九届委员会有委员240人，由会员团体推荐、协商产生的代表和特别邀请的各族各界青年代表出任。有界别11个（教育、农业、文艺、社会科学、经济与金融、医药卫生、律师、科学技术、社会组织和社会中介、技能人才、特邀团体）。年内，南宁青联组织青联委员80余人次到脱贫村开展爱心帮扶活动，捐赠学习用品价值9.50万元。号召各行业组织及广大青年投身新冠肺炎疫情防控，团体会员市青年企业家协会向广西青少年发展基金会捐款63.50万元用于疫情防控，捐赠基层防疫一线人员口罩、测温仪、护目镜、消毒液等防疫物资价值超60万元；团体会员青年志愿者协会组织超1万名青年志愿者参与防控排查、秩序维护、便民服务、心理疏导、学业辅导、消杀灭害、义务献血、防境外输入等志愿服务，组建防疫服务心理疏导团队，每日值守热线，帮助市民舒缓心理压力；组织医疗卫生、交通运输、供电、通信行业一线青年成立抗“疫”青年突击队239支。主要存在受新冠肺炎疫情影响，外出学习交流机会少，组织新兴青年参与乡村振兴调研活动偏少等问题。

2021年12月17日，“学党史、强信念、跟党走”八桂青联在行动暨2021年“冬暖童心 圆梦微心愿”南宁青联筑梦活动在马山县古棠小学举行

南宁青联提供

【爱心帮扶】 2021年，南宁青联组织青联委员100余人次，开展"中国青年年货节——广西专场"直播5场，观看量6万余人，成交额30余万元。进校园开展青春自护等课程培训，受益学生300人左右。组织青联委员80余人次，到脱贫村开展"八桂青联在行动""圆梦微心愿""爱心助学""街舞公益课堂"等活动，捐赠学习用品价值9.50万元，惠及留守儿童1000余人次；为马山县古寨瑶族乡古棠村建档立卡户孩子筹集价值3万元壹基金"温暖包"75个，"温暖包"有羽绒服、棉鞋、帽子、围巾、书包、儿童防护口罩、新冠肺炎预防和家庭减灾画册、袋鼠公仔、护手霜等12种物品；12月17日，"学党史、强信念、跟党走"八桂青联在行动暨2021年"冬暖童心·圆梦微心愿"南宁青联筑梦活动在马山县古棠小学举行，市青联委员、爱心企业为古棠小学和加显小学215名学生捐赠冬被与爱心食品价值约3万元，活动邀请马山县非遗文化壮族会鼓传承人和"瑶族剪刀歌"表演队现场表演和教学，青联委员、青年企业家与孩子们一起学习表演壮族会鼓、制作壮鼓手工艺品，感受传统文化魅力。 (李　雄)

南宁市文学艺术界联合会

【概　况】 2021年，南宁市有南宁市文学艺术界联合会(简称"市文联")及12个县(市、区)文联，11个全市性文艺家协会(市作家协会、市戏剧曲艺家协会、市音乐家协会、市美术家协会、市舞蹈家协会、市摄影家协会、市书法家协会、市广播电影电视艺术家协会、市民间文艺家协会、市文艺评论家协会、市文艺志愿者协会)，1个产业文联(市公安文联)，会员3252人。有自治区文联命名文艺村243个、文艺户494户。市文联启动南宁书画院装修改造项目，6月底完成，修缮后总建筑面积约1500平方米。12月，为庆祝市文联成立70周年，在《中国艺术报》《广西日报》《南宁日报》等媒体设置专版，反映市文联70年来党的建设、精品创作、名家队伍、文艺惠民、对外交流等方面成就。《红豆》杂志发行12期，每期刊发原创文学作品约10万字。主要存在新形势下做好文艺工作的思想还不够解放、思路不够开阔，对文艺精品的创作引导力度不足，各艺术门类发展还不够均衡等问题。

【文艺品牌创建】 2021年，市文联持续深耕南宁市少年儿童"书法成长课堂"、"我家春联我书写"、绿城文学公益讲堂等文艺品牌，以及"绿城玫瑰"女作家群、"邕州才子"男作家群、"绿城翰墨"南宁书法家群、"绿城画韵"南宁工笔画家群、"绿城乐风"音乐家群等绿城系列文艺群体品牌。1月31日，"我们的中国梦"——文化进万家2021年迎新春"我家春联我书写"楹联书法作品展在市文化宫举办，展出楹联作品110副。3月8日，以"诗意绿城，抒写华章"为主题的"绿城玫瑰"作家群成立10周年主题文学沙龙活动暨《"绿城玫瑰"作家优秀作品系列文丛(三卷)》发布会在南宁国际会展中心城市书房举行，系列文丛包括诗歌卷、散文卷、小说卷，收录南宁市女作家近年来创作、发表、获奖的近70万字作品。举办"绿城公益文学讲堂"3期，由中国作家协会会员潘大林作"流萤起自山间"专题讲座，市作协副主席梁肇佐、李宗文分别讲授"文艺创作如何从民间文学中汲取营养和灵感""如何写既接地气又有艺术性的诗歌"，广西民族大学文学院教授陈爱中分享"如何欣赏一首现代诗"，受益群众800人次；累计举办49期。少年儿童"书法成长课堂"(2015年办学)持续免费为小学生提供为期1年的书法学习，累计参加学习小学生近600人。

【文艺特色主题活动】 2021年5月7日，市文联组织全市性文艺家协会代表开展"感党恩·跟党走·红色歌曲大家唱"主题音乐党课、庆祝中国共产党成立100周年主题"山歌颂党恩"快闪活动。7月29日，与市委宣传部联合举办"不忘初心、牢记使命"南宁市庆祝中国共产党成立100周年美术书法作品展，并举办专题研讨会。与自治区文联联合主办"八桂书风·童心向党"——南宁市百名儿童百米书法长卷现场书写活动及南宁市百名儿童百米书法长卷作品展，100多名学生、书法家在南湖公园三月三广场同台挥毫，共同完成180米书法长卷。举办盛世墨缘——齐邕书法名家展、"壮美广西·魅力南宁"2021年广西南宁美术优秀作品展(青岛站、武汉站)等。11月12日至14日，"红心向党"第十二届"朱槿花"舞蹈展演在南宁举行，5500多名舞蹈爱好者参演。12月11日，举办"感党恩·跟党走"南宁市庆祝中国共产党成立100周年主题摄影作品展，分"沧海桑田展新颜""砥砺前行创辉煌"2个篇章，回顾中国共产党筚路蓝缕、艰苦奋斗的峥嵘岁月。

【文艺志愿服务活动】 2021年，元旦、春节期间，市文联组织广大文艺志愿者，以红色轻骑兵文艺志愿小分队形式，到社区、车站、企业、单位、学校、乡镇、村屯等开展"我们的中国梦"——文化进万家新春惠民文艺志愿服务活动，为群众书写赠送春联、福字、绘年画、剪纸等。举办"永远跟党走·奋进新时代"2021年南宁市文化、科技、卫生"三下乡"暨"我们的中国梦"——文化进万家活动，到县(市、区)开展慰问演出、文化帮扶、交流辅导等活动。3月11日，举办"我们的中国梦"——文化进万家"学雷锋·志愿服务满绿城""我为群众办实事·志愿服务满绿城"活动，为残疾人艺术团成员举办声乐、舞蹈、剪纸等专题公益讲堂。运用微信、抖音等社交网络平台开展"文艺进万家"舞蹈、美术、摄影等文艺志愿服务辅导线上直播讲座，组织南宁文艺志愿小分队开展"文艺进社区""文艺进校园""文艺鉴赏在基层"等文艺志愿辅导。市戏剧曲艺家协会在邕州剧场、新会书院开展邕州剧场地方戏曲月月演5场，

2021年6月11日，庆祝中国共产党成立100周年"文艺鉴赏在基层"专场"永远跟党走文艺进校园"活动在南宁市智兴路初级中学举办　　曹正文　摄

"邕州神韵"新会书院地方戏曲周周演活动20场，惠及群众约3000人次。市文艺评论家协会到广西—东盟经开区华侨中学、南宁市智兴路初级中学、上林县民族中学、上林县大丰镇拥军村、横州市马毕村等地开展"五讲座一展演""永远跟党走·文艺进校园""传承红色血脉·文艺助力老区""相思湖畔冬之春诗歌唱诵晚会"等特色主题文艺活动。

【文艺创作成果】 2021年，市文联聚焦重要时间节点、重大主题，组织全市性文艺家协会加强文艺创作。围绕庆祝中国共产党成立100周年主题，市美术家协会组织42名画家创作《"治水、建城、为民"——"百里秀美邕江"百米国画长卷》；市民间文艺家协会组织12名织娘编织一幅长12米、高2.3米的"美丽壮锦献给党"作品；市广播电影电视艺术家协会打造党史学习教育红歌献给党系列快闪《赞歌献给党》《新的天地》《我们的答卷》，系列音乐电视《邕江组曲》，广播剧《少年黄大年》《一根扁担》，纪录片《南宁·桥》，短视频《旗帜》，动画片《壮壮美美红色记忆之旅》等广播影视与网络视听精品。围绕弘扬社会主义核心价值观，市作家协会吴烜民族民间原创蜡染图画书系列作品《百褶裙》《牛角梳》，李明媚报告文学集《向着生命的彼岸》，朱千华生态文学作品集《稻作原乡》、长篇生态随笔《万物共鸣》，赵志权长篇小说《黎塘龙岩山传奇》，韦秀观诗歌集《又见村庄》，张群力儿童文学《小棱龟历险记》，李雪育儿指导书《如何做个好爸爸》9部专著出版；市戏剧曲艺家协会、市舞蹈家协会创作排演小品《梦想》《左林右李》，小戏《夫妻抗疫》《催房租》，新彩调剧《大樟树下》，小品《明天会更好》《贴心人》《情系同心坡》，歌舞剧《石牌·瑶》参加自治区展演比赛；市音乐家协会改编谭小萍长篇报告文学《绝地阳光》，选取杜丽群及其团队十多年来护理艾滋病人的故事片段，制作6集广播剧《我在你身旁》，12月1日在广西各地市广播台播出。围绕全面落实强首府战略、民族团结进步创建，市舞蹈家协会策划创编《壮乡美景等你来》《广西尼的呀》《美丽姑娘赶歌圩》《壮锦献给毛主席》4个节目，参演"感党恩·跟党走"2021年"壮族三月三·八桂嘉年华"南宁会场活动文艺演出。广播剧《少年黄大年》，书法家姜铁篆刻作品《姜铁朱迹》，梁绍武作词、梁政效作曲的歌曲《阿秀》，电视动画片《海豚帮帮号》4部作品获第十届广西文艺创作铜鼓奖。朱震冬国画作品《偏称晚风花气长》获第九届广西美术作品展优秀奖（最高奖），市美术家协会11人的美术作品入展；冯周斌隶书作品《忠诚奉献集联》、周焕俭行书作品《瞿秋白·浣溪沙梦回》获第九届广西书法篆刻作品展优秀奖（最高奖），市书法家协会23人的书法作品入展；毕荣星摄影作品《中国工程机械行业的排头兵（组照）》、罗培敏摄影作品《邕城新貌》、于宏摄影作品《风雨无阻》获第四届广西摄影作品展优秀奖（最高奖），市摄影家协会28人的摄影作品入展。音乐家刘长武、书法家姜铁获第二届广西文艺花山奖·新人奖，音乐家何镇国、民间文艺家蓝桂义获第二届广西文艺花山奖·贡献奖，市书法家协会《书法与文学融合性主题创作》获第二届广西文艺花山奖·创新奖。王勇英文学作品《奔跑的叉叉房》（阿拉伯文）入选2021年丝路书香工程项目；《忠诚》《壮乡儿女跟党走》《不变的色彩》在广西"庆祝中国共产党成立100周年"主题歌曲征集活动中评为优秀歌曲；群舞《血色七星山》获第十一届广西音乐舞蹈比赛表演一等奖，群舞《壮锦献给党》获第九届自治区基层群众文艺会演舞蹈类一等奖；中国画作品《山里的节日》（韦贵敏绘）入选抱石风骨·首届中国画双年展，中国画作品《中国武汉战疫》（韦贵敏绘）入选"凝聚新力量，筑梦新时代"庆祝中国共产党成立100周年自由职业艺术家作品展，中国画作品《笙歌行》（韦继毛绘）入选"丝路·新纽带"中国画青年扶持计划双年展；刘小静、潘文志书法作品入展"伟业：庆祝中国共产党成立一百周年书法大展"；摄影作品《希望在田野上》（卢炳有摄）、《田园新歌》（陈维摄）、《种植香菇致富路》（陈雪华摄）、《运动场上》（卢伊琳摄）、《棋乐融融》（尹庆南摄）等入选第十四届中国西南六省区市摄影作品联展；贺定钰组织创作的壮锦作品《美丽壮锦献给党》获2021年"广西有礼"文化旅游创意设计大赛"献礼建党百年诞辰"红色专题组银奖，进入全国妇女创新创业大赛全国30强；郑天雄、周建孟编排，青秀区长塘镇楞仲村青龙江农民艺术团表演的《过桥龙》代表广西入选江西省石城县举办的"第十五届中国民间文艺山花奖——舞龙初评决赛"，在"2021南宁青秀传统舞龙邀请赛"中获金奖；壮族歌手梁铭在"同庆三月三山歌颂党恩"2021桂黔滇湘山歌作品云展演及山歌擂台赛活动获"最佳新人"称号；短视频《守护吴哥的微笑》获中国外文出版发行事业局颁发2021第三届"第三只眼看中国"国际短视频大赛最佳摄影奖，为广西唯一获奖作品；张明学《抗战时期漫木艺术研究》在第十二届高校美术作品年展中获学术论文类一等奖。

（梁乐欣　马德威）

中国国际贸易促进委员会南宁市支会

【概　况】 2021年，中国国际贸易促进委员会南宁市支会（简称"市贸促会"）接待乌干达共和国驻广州总领事馆总领事代表团及客商9批35人，举办、参加经贸洽谈及展览会21场，为会员企业举办及组织企业参加国际化经营合规、RCEP《（区域全面经济伙伴关系协定）》项下知识产权法律风险解读、国际破产法形势变化、经贸预警情况分析会、中国贸促会海外常年法律顾问（美国片区）形势报告会、东南亚投资形势分析等专业知识培训32场。新发展南宁国际商会会员3家，累计86家。编印《南宁贸促信息》12期1200多份，报送经贸信息45条，获市委、市政府采用5条。促成会员企业与缅甸企业签约螺蛳粉出口及缅甸农产品进口，交易额450万元；协助会员企业促成陕西重型汽车有限公司与安哥拉企业签订意向合同金额92万美元；促成会员企业与广西柳工集团有限公司、陕西重型汽车有限公司合作，交易额400多万美元；促成会员企业进口巴西牛肉、大豆到国内销售，销售额1.7亿元。6月2日，市贸促会一般原产地证签证点挂牌启用，6月至12月，签出一般原产地证1191份，FOB（离岸价）金额约7999万美元，做到"零差错""零投诉"。12月，向中国贸促会递交商事证明书授权请示，推进商事认证服务实现"一站式"办理。发布预警信息156期1816条。主要存在贸促会职能和作用宣传力度不够；县（市、区）、开发区没有设立基层贸促机构（国际商会）；缺乏外贸、涉外法律、外语人才；受新冠肺炎疫情影响开展对外交流受限，无法满足企业要求等问题。

【会员管理与服务】 2021年，市贸促会通过组织企业参展、参会、培训、投融资洽谈会等渠道发展南宁国际商会会员3家。5月，自主举办RCEP项下知识产权法律风险解读及企业国际化经营合规实务培训班；组织企业参加由中国贸促会、商务部举办的"经贸预警情况分析会""RCEP协定助力中国中小制造企业出口线上培训会""中国贸促会海外常年法律顾问（美国片区）形势报告会""东南亚投资形势分析""国际破产法形势变化""线上RCEP政策解读与利用培训班（云南专场）"等线上线下法律培训30次，参加约3000人次。6月，与中国贸促会法律事务部、广西贸促会共同举办"企业国际化经营合规实务培训暨南宁市贸促会一般原产地证签证点揭牌仪式”,市委常委、副市长王群出席并致辞,会员企业、律师团队280余人参加,市贸促会一般原产地签证点列为党史学习教育“我为群众办实事”项目之一。7月至9月、12月先后组织会员企业拜访青岛市贸促会、柳州市贸促会、南宁漳州商会、柳工集团、大湾区会展行业协会等。组织会员企业到中国—东盟经贸中心及五象新区企业考察调研,促成2家会员企业进驻中国—东盟经贸中心开展业务。12月15日,市贸促会在线上线下举办南宁国际商会会长办公会暨三届六次理事会,以及2021南宁国际商会会员企业产品信息交流会。疫情防控期间免除会员企业会费。

【经贸交流活动】 2021年,市贸促会自主举办南美、中东市场信息交流会及银企对接会等市场信息交流活动5场,参加78人次。组织96家企业参加其他经贸交流活动16场,主要有广西外贸企业出口纾困宣讲会暨广西自贸试验区服务中心线上培训会、中国(广西)自由贸易试验区南宁片区对接RCEP先期行动计划推进会、领保助力企业“走出去”暨驻邕领事机构投资贸易合作推介会、RCEP青岛经贸合作先行创新试验基地推介交流会、2020年迪拜世博会中国馆广西活动日开幕式暨中国(广西)商机推介会、“行企助力转型升级——2021中国纺织服装百强企业八桂行”活动、中国—东盟博览会、中国—东盟商务与投资峰会系列活动之RCEP背景下贵阳经贸合作交流会、广西南宁—海南三亚合作共赢大会、2021中国—东盟会展业合作发展论坛、中国—东盟商事法律合作研讨会、“桂荣马耀·建联智合”中马企业线上经贸对接会等。

【对外交流与合作】 2021年,市贸促会参加第四届中国国际进口博览会、首届中国国际消费品博览会、第十七届中国(深圳)国际文化产业博览交易会·2021中国文化贸易发展论坛。组织企业参加第二届湖南(岳阳)口岸经贸博览会、第四届中国国际进口博览会、2021广州国际电子及电器博览会、第七届中国(连云港)丝绸之路国际物流博览会、2021年第三届中韩贸易投资博览会。赴重庆拜访新加坡企业发展局重庆办事处并考察相关企业;赴广州拜访日本贸易振兴机构广州代表处、韩国大韩贸易投资振兴公社广州韩国贸易馆等;赴青岛、大连拜访中日韩商务理事会联络办公室(青岛)、韩国中小企业活动中心、大连元坤机械设备有限公司等。陪同市委副书记、市长孙大光会见日本贸易振兴机构北京代表处所长高岛龙佑、广州代表处所长清水显司一行和韩国大韩贸易投资振兴公社中国地区总部总代表洪彰杓、广州韩国贸易馆金柱澈馆长一行,并陪同洪彰杓一行参观五象新区总部基地。与缅甸驻南宁总领事馆商务处共同牵线搭桥,促成会员企业与缅甸公司Myanmar Honey Food Factory Co., Ltd.Kaung Ya Nant International Trading Co., Ltd.联合举办的泛东国际“故乡情”螺蛳粉出口缅甸签约仪式暨中缅双边跨境电商、跨境贸易项目合作启动仪式。接待乌干达共和国驻广州总领事馆总领事索罗曼·鲁提嘉一行参观考察广西金穗农业集团及其控股企业广西铂洋果业科技有限公司、南宁糖业下属明阳糖厂、南宁农业大数据基地及其建设运营的南宁优易大数据有限责任公司。与市外事办、市商务局、市投促局、市侨联、市工商联、市公安局出入境管理支队等涉外职能部门(即外事、外资、外贸、外管、外侨“五外”)共同建立“‘五外’融合促开放”工作机制。7月,“五外”职能部门共同举办“领保助力企业‘走出去’暨驻邕领事机构投资贸易合作推介会”。(覃 觅)

2021年7月18日至22日,市贸促会、南宁国际商会赴青岛、大连贸促会考察调研。图为考察团成员在青岛韩国中小企业支援中心韩国优秀商品旗舰店与韩方商谈 市贸促会提供

南宁市残疾人联合会

【概 况】 2021年,南宁市有南宁市残疾人联合会(简称“市残联”)及12个县(市、区)残联、3个开发区残联、5个专门协会(南宁市盲人协会、南宁市聋人协会、南宁市肢残人协会、南宁市智力残疾人亲友协会、南宁市精神残疾人亲友协会),有乡镇(街道)残联组织127个,村(社区)残疾人协会1727个,乡镇(街道)兼职理事长124人,选聘残疾人专职委员1785人。全市有残疾人63.30万人,其中持“中华人民共和国残疾人证”18.60万人。聚焦脱贫攻坚与乡村振兴有效衔接,开展残疾人康复、就业、培训、教育、帮扶等工作,开展残疾人宣传文化体育活动,保障残疾人合法权益。主要存在残疾人就业形势严峻,就业面不广,就业率不高,残疾人兜底保障水平待提高等问题。

【残疾人权益维护】 2021年,南宁市完成贫困残疾人家庭无障碍改造968户。其中,中央、自治区下达指标868户,补助资金347.20万元;兴宁区、马山县自筹资金37万元,扩面改造100户。核查中国残联下达“十四五”期间重度残疾人无障碍改造6424户,核实需求2073户。市残联督促县(市、区)残联下乡设点、上门评残办证,摸排建档立卡疑似残疾人、边缘户疑似残疾人及残疾证到期的残疾人3800余人,为3000多名疑似残疾人及到期换证残疾人进行评定,办理残疾人证2987本。接待残疾人及亲属来电来信来访和承办上级交办信访件81件次,受理率、办结率均100%。为残疾人机动轮椅车车主发放燃油补贴842辆21.89万元。组织41名残疾人参加机动车驾驶培训,每人补贴900元。聘请广西谦行律师事务所担任法律顾问,引导律师参与残疾人法律救助公益服务,到基层、社区广场开展法律咨询服务、普法讲座3期,发放普法宣传资料2000多册。

【残疾人康复服务】 2021年,南宁市完成基本康复服务1.71万人,基本辅具适配服务4437人;安排3134名残疾儿童到定点机构入训。开展市儿童康复机构第三方评审材料整理归档、评分排名、督促整改等工作,实地走访安琪之家、春暖、智乐等康复机构18家,督查机构规范化建设。

【残疾人教育资助】 2021年，南宁市资助残疾学生和残疾人子女1750人173.45万元。其中，残疾学生中高等教育资助项目资助中高等教育残疾学生92人16.95万元、残疾人子女366人72.45万元，标准为本科生3000元/人、专科生2000元/人、高中中职中专生1500元/人；“阳光助学计划”项目资助特殊教育学校义务教育段残疾学生1281人81.95万元；残疾人大专学历教育资助项目资助在南宁职业技术学院艺术设计学院就读的2019—2021级残疾学生和残疾人子女10人2万元；残疾人远程高等教育“阳光班”资助在广西开放大学接受远程高等教育的残疾学生1人1000元。

【残疾人就业】 2021年，南宁市实名制信息系统录入就业年龄段持证残疾人7.73万人，就业残疾人4.17万人，就业率53.96%，其中新增残疾人就业1486人(城镇555人、农村931人)。登记招聘残疾人企业355家，求职登记残疾人421人，推荐就业残疾人1025人次，成功就业499人，其中市本级130人、第三方311人、县(市、区)58人。举办“送岗位·促就业”“学党史、守初心、办实事”“就业帮扶，同心同梦”“服务劳动密集型企业”等主题的残疾人专场招聘会10场，组织140多家用工单位参加，提供就业岗位5201个，达成就业意向283人。建成残疾人辅助性就业机构11家，安置智力、精神和重度肢体三类残疾人185人。开展高校毕业生专项就业服务，对50名有就业意愿和创业意向的毕业生提供“一对一”就业服务和创业政策支持，就业44人，就业率88%。鼓励残疾人个体就业创业和参加企业职工养老保险，发放个体工商户和灵活就业残疾人参加企业职工养老保险补贴757人350.39万元，扶持个体创业47人23.50万元、微型企业1个2万元、盲人按摩机构8个15.03万元。

【残疾人文化体育】 2021年，市残联举办第十届南宁市残疾人艺术会演，采取录评形式，从26个参评节目中选出7个节目参加第十届自治区残疾人艺术会演。投入20万元，联合市群艺馆、市特殊教育学校创作、排练6个精品艺术节目参加第十届自治区残疾人艺术会演，获一等等次2个、二等等次2个，南宁市获团体一等等次。8月24日至9月5日，南宁市盲人田径运动员刘翠青参加第16届东京残奥会，获400米T11级、200米T11级金牌，100米T11级银牌，打破奥运会纪录1项。组织15名运动员赴陕西西安参加第十一届全国残疾人运动会暨第八届特殊奥林匹克运动会，获5金7银10铜，打破全国纪录1项。9月6日至10月10日，投入集训经费约60万元，组织40名残疾人运动员进行为期35天集训，项目包含田径、游泳、乒乓球、羽毛球等，备战自治区第十届残疾人运动会。

【残疾人综合服务设施建设】 2021年，市残疾人活动中心对外免费开放室内外运动场馆及棋牌室、桌球室、康复训练室、手工活动室、形体训练室、阅览室等场馆，为残疾人群众和老年人、妇女儿童、青少年提供文化体育运动和文艺娱乐活动场地，受益群众4.25万人次，其中残疾人1.31万人次。开展日常坐式排球、滚球、盲人乒乓球、基础康复锻炼、脑瘫儿童康复训练、手工训练等服务，受益群众3.41万人次，其中残疾人7333人次。开展体育比赛、文艺会演、义诊、健康知识讲座等服务，受益群众3141人次，其中残疾人1972人次。组织开展滚球、轮椅太极、飞镖、手工编织、手工串珠、二胡、古筝、葫芦丝、笛子、电钢琴、非洲鼓、盲人按摩体验等训练班(活动)21个类别30期次，参加人数4631人次，其中残疾人3768人次。开展盲人按摩体验活动6期，参加群众129人次，其中残疾人60人次。

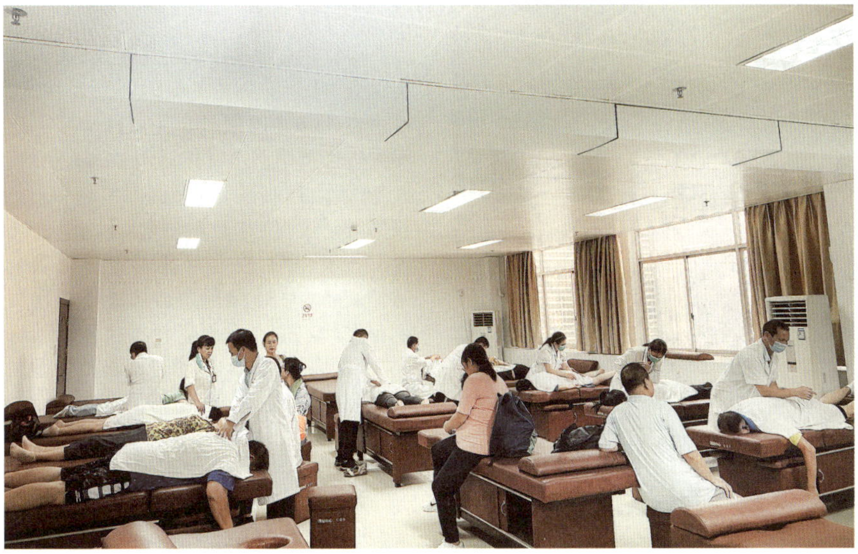

2021年，南宁市残疾人活动中心组织开展盲人按摩体验活动　　郑琰　摄

【扶残惠民工程】 2021年，南宁市实施“阳光家园计划”项目，为6583名智力、精神和重度肢体残疾人开展托养服务，补助资金987.45万元。各县(市、区)开展日间照料、居家托养服务，服务时间不少于6个月。实施“阳光助残基地”项目，投入资金462万元，扶持1720名残疾人发展种养殖生产，每名残疾人获扶持资金1750元。全市14个基地(含市级基地2个)为残疾人发放种苗、生产资料价值301万元，并对受扶持残疾人开展种养殖技术培训。南宁市残疾人康复托养基地项目，明确不再以PPP模式(政府和社会资本合作)建设，重新纳入政府年度预算内基建，由财政每年编列预算投资建设。

(郑　琰)

南宁市法学会

【概　况】 2021年，南宁市法学会(简称“市法学会”)管理中国法学会个人会员2500多人，团体会员41个。建有“八五”普法讲师团、法学会专家库、“法商助企”专家团队、重大疑难信访案件会商专家团队、首席法律咨询专家团队等法学法律专家队伍200多人。推动建立稳定的志愿者队伍和服务依托平台，上林县、青秀区、良庆区法学会“会员之家”建立法律咨询值班队伍。健全法律专家会商制度，在青秀区、上林县、宾阳县法学会试点推行首席法律咨询专家工作制度。市法学会、市委政法委联合自治区法学会举办习近平法治思想“双百”报告会(百名法学家百场报告会)，邀请全国杰出青年法学家薛凌刚教授作专题辅导，市、县两级领导干部1000多人参加。通过举办习近平法治思想“双百”报告会、组织会员专家送法、编撰《南宁政法》内刊等形式开展法治宣传宣讲。选派1名科级干部担任首府工业振兴特派员，驻点服务民营企业广西美斯达集团公司。市法学会被自治区司法厅、自治区法学会评为2016—2020年广西法治建设先进集体，市法学会办公室主任班正杰被评为2016—2020年广西法治建设先进个人。主要存在对团体会员、个人会员的管理不够到位，县法学会发挥作用不平衡、不充分，推动干部交流轮岗、培养法治人才比较薄弱等问题。

【课题研究】 2021年，市法学会组织开展学习贯彻习近平法治思想、政法队伍教育整顿、创新首府市域社会治理等课题调查研究，征集全市政法调研成果110篇。继续开展“南宁市社区网格公共应急管理问题”研究，以《打造韧性社区，提升南宁市社区公共应急管理水平》为题向市委、市政府提出对策建议，获市政府领导批示。开展“心蕾”项目研究，对南宁未成年涉案人进行心理跟踪，支持出版《未成年涉案人心理干预案例研究》，为教育矫正不良未成年心理提供教材参考。组织会员、理事单位选送法学论文、调研成果80篇，参加全国性、区域性法治论坛征文活动，在“西部法治论坛”“泛珠法治论坛”等征文评选中获奖15篇，市法学会获“西部法治论坛”“北部湾法治论坛”征文活动优秀组织奖。

【重大疑难信访积案化解】 2021年，市法学会开展会员“百日百案”包案化解重大信访积案活动。组织案件所涉及辖区法学会开展包案，化解自治区交办的重大疑难信访积案7件。县（市、区）法学会、司法局搭建法律服务站、会员之家、调解委员会等平台，组织96名法学法律专家在物业、医疗、交通、商会等领域开展法律咨询、矛盾调处、信访化解等调解服务。

【“法商助企”活动】 2021年，市法学会以“我为群众办实事　法商护航助民企”为主题，组织市政法部门、市市场监管局、市金融办等单位和广西东盟法商促进会专家团队开展“法商助企”暨政法机关服务重点企业和重大项目活动，为企业解难题办实事15件。市、县两级法学会组织法律服务团队，围绕上林县大庙江旅游开发项目（自治区重点旅游项目）与当地林地纠纷问题，开展法治攻坚行动，打通搁置停工近4年的村道和景区环山旅游公路最后1.3千米“堵点”。做法成效获自治区法学会主要领导批示肯定，自治区法学会转发各地学习借鉴。

【法治宣传教育】 2021年，市法学会深化校园法治教育实践基地建设，组织市北湖北路学校、市第二十一中学、上林县中学等12所学校在法治教育基地强化毒品预防教育专区建设，完善模拟法庭，打造校园法治教育、毒品预防教育“双基地”。新增市第五十四中学、上林县中学、兴宁一中、良庆区五象湖初级中学4所学校被评为自治区级校园法治教育实践基地。联合市妇联、市律师协会，组织20名青年普法志愿者参与未成年人励志专门学校法治教育、心理辅导，加强对未成年人不良行为的矫治教育及未成年人家长法治教育，形成部门联动、志愿者主动参与的共建共治机制。推进法治政府建设持续优化营商环境，举办学习贯彻习近平法治思想“双百”政法系统专题报告会、南宁市领导干部法治讲座等，承办自治区级专场报告会1场，举办市级“双百”暨“法治南宁讲堂”专场报告会8场，参会领导干部5000多人次。联合自治区法学会行业党委，与县（市、区）法学会共同组织党员法律服务团队，开展法律咨询、入户送法、校园法治报告会等法治宣传、服务，惠及3000人。市两级法学会联合政法单位开展法治文化基层行宣传活动430次，普法志愿者参加2300多人次，受众人数近5万人。　（韦云高）

2021年10月9日，市法学会组织市北湖北路学校开展法治教育基地现场授课活动
市法学会提供

南宁市红十字会

【概　况】 2021年，南宁市有南宁市红十字会（简称“市红十字会”）及12个县（市、区）红十字会，专兼职干部82人，其中市本级专职干部24人、兼职干部9人，县（市、区）专职干部38人、兼职干部11人。乡镇（街道）、村（社区）、大中专院校和中小学基层红十字会组织645个，红十字会医院等团体会员单位67个，会员4547人。红十字会志愿者5070人。市红十字会配合自治区红十字会依托桂林银行农村普惠金融综合服务点，合作共建“红十字博爱驿站”100个；推进高校红十字文化基地建设，组建南宁职业技术学院红十字会、南宁学院红十字会；发掘、培育新的红十字阵地，帮助广西医科大学红十字会、广西中医药大学红十字会、广西经贸职业技术学院红十字会等5所学校红十字会争取到广西红十字志愿服务第四期发展项目资金支持。结合“红十字‘救’在身边”主题，开展“感党恩跟党走”防溺水宣传，造血干细胞捐献、人体器官捐献十周年纪念活动，参加“讲好红色故事·担当时代使命”红色故事演讲比赛等主题活动11次。依托“红十字博爱家园”等人道救助项目开展无偿献血、应急救护、关爱艾滋病致孤儿童等实践活动13次。推进红十字会改革，建立健全监事会运行机制；成立南宁市红十字会志愿服务工作领导小组，促进红十字志愿服务；推动完善青秀山红十字救护站。在《南宁日报》推出整版报道2篇。主要存在治理结构不完善，监事会刚成立不久，发挥监事会监督、指导的途径、方法待探索，红十字救护员持证人员普及率不高，红十字志愿者队伍建设中党建引领作用不够充分等问题。

【红十字志愿服务】 2021年，市红十字会结合“我为群众办实事”实践活动主题，推进红十字志愿服务。开展红十字志愿服务进学校防溺水宣传活动19场。完善人身保险、补助等志愿者保障机制和志愿服务激励机制，为应急救援水上分队志愿者配备救生圈、救生衣、救生绳索等安全防护装备，为50名应急救援志愿者购买人身保险。举办志愿者骨干技能培训班3期、培训110人。推动志愿服务管理网络平台建设、使用。组织志愿者在邕江开展学雷锋邕江环保清洁、现场传授心肺复苏术防溺水知识技能等志愿服务活动，举办“公益集市”“学党史·感党恩·跟党走”法治大篷车基层行等系列活动，参与志愿者4254人次，服务时长1.13万小时，服务群众 3.30 万人次。市红十字会应急救护志愿服务队水上分队副队长郭慧仁获首届中国红十字会总会“十大最美救护员”称号，南宁市红十字搜救救援队副队长何力入选全国红十字志愿服务先进典型。

【人道救助】 2021 年，市红十字会开展“博爱送万家”春节送温暖活动，筹集款物价值 119.53 万元，慰问困难家庭 4487 户；实施“小天使基金”“天使阳光基金”等专项救助项目，帮助 83 名大病患儿申请救助金 199.4 万元；关爱器官捐献家庭，向 170 户器官捐献困难家庭提供救助金 170 万元。为定点帮扶村上林县乔贤镇龙头村争取广西红十字会备灾减灾项目资金 16 万元，在下槽庄建设红十字应急避险广场，11 月底验收并投入使用。推动上林县农业农村局在兰干庄建设渡槽项目，解决下游农田灌溉用水需求。

【社会募捐】 2021 年，市红十字会探索“互联网 + 公益”筹资模式，“99 公益日”设立“霞光天使同心计划”“关爱无偿献血者”公益项目，动员爱心人士筹集善款 21 万余元。“霞光天使同心计划”收到广西威壮房地产有限责任公司捐款 100 万元；该公司获中国红十字会总会颁发的 2021 年度“中国红十字奉献奖章”。向市第三人民医院副主任护师黄瑞莲，市第五人民医院森田病区（抑郁症病区）主任助理、主治医师刘雁庭，南宁市第六人民医院妇科主任、副主任医师黄小艳等 20 名医务人员发放慰问金 20 万元。开展河南洪灾救灾募捐，全市红十字系统接收捐赠款物 53.50 万元，其中捐款 27.96 万元、捐物价值 25.54 万元。

【红十字“三献”】 2021 年，市红十字会以“5·8 世界红十字日”“6·11 中国器官捐献日”等为契机，开展“三献”（无偿献血、造血干细胞捐献、人体器官捐献）公益宣传活动 6 场。加入中华骨髓库成为造血干细胞捐献志愿者 650 人，成功捐献造血干细胞志愿者 10 人，电话回访造血干细胞捐献志愿者 2252 人，造血干细胞成功捐献人数位列自治区第一。受理器官捐献登记 4 人，遗体捐献登记 37 人；完成人体器官捐献 172 例、眼角膜捐献 3 例、遗体捐献 25 例，位列自治区第一。

【应急救护培训】 2021 年，市红十字会投入资金 301.4 万元，推动应急救护培训进社区、进农村、进学校、进机关、进企业。开展应急救护培训 474 场，培训 7.31 万人；开展红十字救护员、救护师资培训 15 期 1160 人，应急救护培训工作位列自治区第一。到市第一职业技术学校、市第三职业技术学校、市江南小学等学校，开展防溺水进校园宣传 19 场，受众 1.49 万人次，发动志愿者 250 人次；开展防溺水活动 51 场，其中到邕江南岸公园亲水码头开展江边防溺水宣传活动 32 场，受众近 2 万人次，发动志愿者 410 人次。

【应急救援】 2021 年，市红十字会加强应急救援队伍建设，举办综合、专业训练 3 次，参加上级红十字会演练 4 次。5 月 8 日，在青山大桥观景台举行红十字搜救救援队联合演练，内容包括无人机抛投救生圈救援、翻船自救、现场救护、空投医疗物资等救援技术。9 月 23 日至 24 日，在西乡塘区罗伞岭水库开展物资装运、营地建设、餐车使用、灾情收集、灾后消杀、应急救护培训等红十字赈济救援队演练。接到市应急联动中心转来救援请求 68 次，出动救援队员 550 人次，救援志愿服务时长 9005 小时。派出红十字搜救救援队驰援河南省鹤壁市浚县洪灾后卫生防疫消杀，消杀面积 10 万平方米。市红十字搜救救援队获交通运输部办公厅 2020 年度贡献突出社会搜救力量奖。

【公益宣传】 2021 年，市红十字会成立红十字宣传志愿队，探索“志愿服务 + 红十字宣传”模式。利用世界红十字日、防灾减灾日开展线上宣传活动，在市红十字网站、微信公众号发布宣传稿 1600 条，浏览量 1 万人次。在南宁电视台、南宁电台播放应急救护、防溺水、无偿献血公益宣传片；组织志愿者 300 人次在北湖中社区、南宁职业技术学院、青秀万达广场开展造血干细胞、器官和遗体捐献知识宣传，发放宣传折页 1500 份。 （韦江华）

2021 年 5 月 9 日，市红十字会联合青秀山管委会在青秀山西门广场举办“五·八”世界红十字日暨学党史“我为群众办实事”红十字救在身边活动 市红十字会提供

南宁市计划生育协会

【概　况】 2021 年，南宁市有南宁市计划生育协会（简称“市计生协会”）及 12 个县（市、区）计生协会、3 个开发区计生协会，乡镇、街道计生协会 129 个，村（居）计生协会 1617 个，乡级计生协会配备专兼职工作人员 180 人，村级计生协会专兼职工作人员 2181 人。市计生协会持续打造“生育关怀 · 圆梦工程”亮点品牌，援助治疗不孕不育患者 160 对，每对援助 1 万元，53 名患者怀孕；开展医疗帮扶活动 30 场次，参加免费体检育龄群众 5000 人。到学校开展青春健康教育 31 场次，受益青少年 1.27 万人。投入 530.38 万元，为 5.70 万户独生子女家庭、农村双女家庭，4138 名失独家庭父母、独生子女伤残家庭父母及子女，39.88 万户计生家庭成员购买保险，获理赔 1.64 万件 1638.85 万元。主要存在基层计生协会组织建设机制需强化，服务群众的理念和方式创新不足等问题。

【计生宣传服务】 2021 年 5 月 29 日，全国第 23 个计生会员集中活动日，市计生协会以“永远跟党走，奋进新征程”为主题，联合市革命老区促进会、武鸣区计生协会开展文艺表演、趣味体育比赛、现场义诊等广场宣传服务活动，向 10 户计生困难家庭发放慰问金、健康礼包价值 3500 元，参加群众 300 多人。青秀区计生协会开展线下计生宣传服务活动 67 场次，服务 9000 人次；通过网站、微信公众号参与“5·29 随手拍”等网络互动活动发布卫生健康知识宣传 33 篇。到南宁技师学院、市第二十九中学、市园艺路小学、邕宁高级中学、横州中学、上林县西燕中学、马山中学等学校开展青春健康教育培训31场次，发放宣传手册、活动小礼品4000份，受益青少年1.27万人。

【生殖健康咨询服务】 2021年，市计生协会投入经费30万元，开展“生育关怀·医疗帮扶”活动30场次，到乡村(社区)为5000多名育龄群众免费开展子宫附件彩色阴道B超、高频乳腺彩超、宫颈液基细胞学检查、阴道镜、妇检等生殖健康项目检查和提供妇科咨询，参与生殖保健、优生优育、计划生育政策等咨询1000多人次，发放优生优育、生殖保健、预防艾滋病等宣传资料8000多份。

【优生优育指导】 2021年，市计生协会开展“生育关怀·圆梦工程”主题活动，投入经费160万元，举办不孕不育免费筛查、优生优育咨询活动9场次；从485对报名的农村不孕不育家庭筛选160对进行援助治疗，每对援助1万元，53名患者怀孕。在西乡塘区卫健局、南罐社区、大学西路社区举办计生家庭优生优育专题讲座3场，100余名育龄群众和60多名计生干部参加；在兴宁区昆仑镇举办优生优育宣传服务活动，发放宣传资料、小礼品100份，参加100人。青秀区在广西壮族自治区卫生健康委员会幼儿园组织实施“向日葵亲子小屋”项目，开展亲子活动20场次，参与婴幼儿家庭235个，举办家长课堂22次，参与400人次；武鸣区在武鸣区妇幼保健院组织实施“向日葵亲子小屋”项目，开展家长课堂、户外亲子活动、亲子早教课等。实施“微笑行动”项目，免费治疗计生贫困家庭唇腭裂患者25人。

【计划生育家庭帮扶】 2021年，市计生协会投入保费284.86万元，为5.70万户独生子女家庭、农村双女家庭购买爱心保险，557户计生家庭获理赔255.39万元。提供市级财政保费补贴80万元，为独生子女家庭、双女户家庭、建档立卡贫困家庭购买关爱保险16万份，其他计生家庭自费购买23.88万份，结案1.47万件，获理赔金额1063.74万元。投入保费165.52万元，为4138名失独家庭父母、独生子女伤残家庭父母及子女购买计生特殊家庭综合保险，结案1152件，获理赔319.72万元。投入经费20万元，在武鸣区实施计生家庭发展项目，其中投入16万元扶持17户计生家庭发展种养业；举办沃柑种植、养猪技术培训班2期，参加培训32人次。

2021年11月14日，市计生协会在广西壮族自治区卫生健康委员会幼儿园的向日葵亲子小屋开展活动　　市计生协会提供

【流动人口服务】 2021年，市计生协会投入20万元，在南宁经开区实施流动人口计生协会示范点建设，在广西联讯投资有限公司、金凯社区成立流动人口计划生育协会2个，开展流动人口健康教育培训4场次，举办集中宣传、健康促进、维权咨询服务活动6场次，关怀关爱流动人口文艺会演1场。中秋节、重阳节等重大节日走访慰问困难家庭、留守老人40户，发放慰问金及慰问品价值1.6万元。联合教育部门开展“关爱流动人口计生家庭助学行”活动，资助困难家庭及“三留守”人员(留守儿童、留守妇女、留守老人)12人共计5000元。

【老龄服务】 2021年，市计生协会开展关心关爱老龄工作，办理老龄险1.64万份、孝心险3133份。广西—东盟经开区计生协会联合市第十人民医院、里建社区卫生服务中心进农场、社区开展免费健康体检活动，受益老人2033人；开展健康知识讲座4场，受益老人119人次；免费为侨胞老人开展送医送药义诊活动，参加活动300人次；重阳节走访慰问百岁老人、困难老人、孤寡老人36户，发放慰问金、慰问品价值8000余元。　(黎程婧)

编辑　郑小娟

法　治

综　述

【概　况】 2021年，南宁市设有市、县(市、区)两级党委政法委机关13个(市级1个、县级12个)，每个乡镇配备政法委员1名。有公安机关18个[市公安局1个、公安分局12个、县(市)公安局5个]，市森林公安局1个，监管场所9个，人民警察训练学校1所，派出所205个。检察机关13个[市检察院1个、县(市、区)检察院12个]。市审判机关13个[市中级人民法院1个、县(市、区)法院12个]，基层法院派出法庭32个。司法行政机关16个[市司法局1个、县(市、区)司法局12个，开发区司法局3个]，基层司法所127个。市政法部门坚持法治南宁、法治政府、法治社会一体建设，坚持法治建设与改革发展同步推进。推动法治南宁建设提档升级，坚持科学立法、严格执法、公正司法和全民守法，全面提升法治服务保障能力，打造法治南宁品牌。深化法院、检察院、司法责任制综合配套改革，推进警务运行机制、行政执法“三项制度”(行政执法公示制度、行政执法全过程记录制度、重大执法决定法制审核制度)、行政复议体制、合作制公证机构等改革，提升执法司法质效。推进市域社会治理现代化试点，推动形成“党委领导、政府负责、民主协商、社会协同、公众参与、法治保障、科技支撑”的社会治理体系。整治电信网络诈骗，组建“绿城反诈联盟”力量，建设自治区首个综合预警平台，处置预警数据45万条，避免群众经济损失1.1亿元，宾阳县重点整治取得成效，实现由“乱”转“治”。创建毒品治理“南宁模式”，建成全国首个地级市毒品治理监测信息化平台，上林县实现“摘帽”，被自治区禁毒委评为全区禁毒重点整治示范县(区)。坚持标本兼治传销违法犯罪活动，国家市场监督管理总局不再将南宁市列为传销重点整治城市。制定《法治南宁建设规划》《南宁市法治社会建设实施方案》，实施“八五”普法规划，健全社会公平正义法治保障制度，整改中央依法治国办督察反馈问题37个。南宁市社会安全稳定动态十项工作考评排名自治区第一，群众安全感98.29%，执法满意度91.81%，为历史新高。 (傅荣华)

【依法治市】 2021年，市委全面依法治市委员会科学组织谋划依法治市工作。审议南宁市“十四五”时期法治建设“一规划两方案”；出台南宁市2021年度依法治市工作要点、南宁市2021年度法治政府建设工作要点、南宁市2021年度普法依法治理工作要点。完善依法治市工作机制，出台《关于进一步落实国家机关普法责任清单制度的实施方案》《南宁市非人大常委会任命领导干部任职前法律知识考试办法》《中共南宁市委员会全面依法治市委员会办公室会议制度》《南宁市法治督察员工作规则》。加强法治队伍建设，以“关键少数”为切入点，举办法治政府建设专题讲座、2021年南宁市“谁执法谁普法”暨法治督察工作专题培训班、2021年全面依法治市暨习近平法治思想专题研讨班。加强法治建设督察考核评价体系建设，组织各级各部门党政主要负责人履行推进法治建设第一责任人职责情况专门述法工作，组织全市落实中央依法治国办实地督察反馈意见整改情况“回头看”工作，对县(市、区)、开发区和市级60个单位开展法治督察，首次将立法、司法机关纳入督察范畴，实现全覆盖，建议整改法治建设问题24个。12月31日，印发实施《法治南宁建设规划(2021—2025年)》《南宁市法治社会建设实施方案(2021—2025年)》。

【法治调研与督察】 2021年，市司法局围绕法治南宁、法治政府、法治社会建设规划制订，赴县(市、区)、市中级人民法院、市检察院等部门和单位开展法治建设规划调研，召开“我为群众办实事·法治南宁建设征求意见座谈会(基层代表专场)”。出台《南宁市司法行政系统法治理论研究工作规定(试行)》，建立司法行政系统开展法治理论调研长效机制。完成自治区司法厅理论研究课题“司法行政服务中国(广西)自由贸易试验区南宁片区建设研究”及《南宁市地方性法规、规章和规范性文件汇编(2020)》，完成法规规章文本英文翻译7个。开展中央依法治国办督察反馈37个问题的整改和“回头看”工作。组织2021年度南宁市法治督察，对象涵盖党政、立法、司法机关和行政部门，持续推进第三方评估，通过网络检索、问卷调查、随机查访、实地核验等方式分析南宁法治建设存在的问题和不足。 (袁姝涵)

【法治营商环境优化】 2021年，市政法部门秉持依法惩处与平等保护相结合、打击犯罪和保障发展相统一，持续优化法治营商环境。市委政法委、市法学会联合广西东盟法商促进会、《人民法治》杂志社、市市场监管局、市金融办等有关单位及广西民营企业家协会开展法商助企活动，听取企业家意见，为民企排难解困。市公安局推出交通管理、户籍办理等便利措施30项，提供普惠均等、智能精准服务。市两级检察院组织开展严防金融风险、服务创新发展等专项监督，批捕破坏社会主义市场经济秩序类犯罪321件553人、起诉381件730人；批捕传销、非法集资等涉众型犯罪144件281人,起诉181件384人,助力南宁市传销"脱榜摘帽";依托办案参与金融监管治理,牵头与人民银行南宁中心支行召开反洗钱工作联席会议,在信息共享、衔接配合、依法惩治等方面达成共识,批捕6人,起诉4人,涉案金额1223万余元;批捕知识产权犯罪9件24人,起诉11件30人,对知识产权权利人实行"一案一告知";构建"亲清"(为企业着想、为企业服务,并与企业保持清白联系的政与企关系)检商关系,在辖区民营企业设立检察官联络室25个,制定服务民营经济发展联系机制12项;举办"检察护航民企发展"等检察开放日活动13场次,邀请200余名民营企业家开展座谈交流。制定《规范办理涉民营经济刑事案件十条措施》,办理涉民营企业刑事案件171件,专项排查清理久拖未决涉民营企业刑事"挂案"138件;开辟涉非公企业"绿色通道"受理控告申诉案件446件,办结429件,其中最高检交办涉非公经济控告申诉案件3件;印发《关于进一步加强南宁市检察机关与工商联沟通联系工作机制的实施意见》,制定服务保障民营企业发展具体措施13项;市检察院驻自贸区检察室制定涉及"四大检察"业务、检企对接、检察听证、预防宣传等工作机制,提供精准法律服务。市两级法院依法平等保护各类市场主体,严格区分经济纠纷与经济犯罪,营造公平公正法治环境,审结商事纠纷案件10.34万件。健全商事纠纷快立快审快执机制,商事案件当场立案率99.83%;推行诉前、诉中调解,加大简易程序、小额诉讼程序适用力度,加强评估鉴定管理,最大限度降低商事纠纷诉讼成本;江南区法院成立"法庭+商会"涉企纠纷诉调对接中心;服务供给侧结构性改革,审结破产案件174件,市中级人民法院成功重整德宁房地产公司、广西煤炭进出口公司等企业,推动涉案标的24亿元的恒元贸易公司破产案和解;开展涉民营企业执行案件集中攻坚行动,执结1423件,执行到位2.1亿元;走访调研重点项目、重点工程104次,帮助企业解决法律问题133个;审结知识产权案件2508件,审结的永福县供水公司滥用市场支配地位案,入选全国法院反垄断和反不正当竞争十大典型案例;审结银行、证券、期货、保险等金融类案件1.74万件;开展涉农村合作金融机构执行案件清理专项活动、防范化解金融风险集中执行攻坚行动,执结2581件,执行到位7.6亿元;凝聚防范化解金融风险合力,与银行业协会、金融消费权益保护联合会等行业组织建立金融纠纷诉调对接机制;市中级人民法院联合广西证监局、中证法律服务中心成立自治区首个证券期货纠纷多元化解诉调对接调解工作站;加大防范和打击民间借贷涉套路贷与虚假诉讼力度,依法严惩"套路贷"、"校园贷"、非法高利放贷等违法犯罪,规范民间融资市场秩序;审结涉外民商事案件167件、涉外商独资企业商事案件1733件,办结涉外司法协助67件。市司法局提请市政府出台《关于加强中国(广西)自由贸易试验区南宁片区法治服务保障工作的通知》,为涉及南宁片区的政策文件、协议措施出具法律意见6件,为2021年标志性重大产业项目建设责任单位提供精准法律服务;深化"放管服"改革,组织编制公布全市涉及7个领域56项证明事项告知承诺制目录;市司法局49项政务服务事项中,列入同城通办1项,列入北部湾经济区政务服务跨城通办6项,列入自治区通办7项,列入跨省通办23项,解决服务对象办事难、慢等问题;组织市直执法部门编制、公布涉及11个领域76项轻微违法行为免罚清单,城管、交通运输领域4项违法行为不实施行政强制措施,对市场主体实行包容审慎监管;创新商事调解纠纷机制,成立中国(广西)自由贸易试验区南宁片区矛盾纠纷调解中心;建立商会人民调解组织261个,实现商会人民调解委员会100%全覆盖,成功调解案件18件,金额1000多万元。

(傅荣华　黄静洁　韦景春
潘伟坚　袁姝涵)

2021年3月26日,市委政法委到南宁经开区雅力富公司开展"我为群众办实事"活动,推动政法助企,优化首府营商环境。图为活动现场　傅荣华提供

地方立法

【人大立法】2021年,市人大常委会推进科学立法、全民守法,把制度优势转化为治理效能,推动法治南宁建设。承办自治区人大常委会2021年基层立法联系点工作现场观摩会。开展社会信用条例、历史文化名城保护管理条例、历史街区保护管理条例(修改)、违法建设查处条例(修改)、农贸市场管理条例、奖励和保护见义勇为人员条例(修改)、志愿服务条例(修改)、爱国卫生条例(修改)、消防条例(修改)、地方性法规制定条例(修改)立法调研。启动市十五届人大常委会五年立法规划编制,由常委会领导带领6个小组开展专项调研,提出一类项目30个、二类项目26个。拓宽开门立法渠道,通过基层立法联系点听取意见建议,以问卷调查、视频连线、网络留言互动等形式收集意见建议500多条,采纳20多条。发挥高校和律师事务所专业优势,设立地方立法咨询服务基地3个,常态化参与法规起草、论证。委托第三方起草《南宁市邕江两岸滨水区域条例(草案)》,开展《南宁高新技术产业开发区管理规定》《南宁经济技术开发区条例》《南宁—东盟经济开发区条例》等法规修改和项目论证,对自贸区立法及改善营商环境、推进乡村振兴等领域立法进行研究,探索服务改革发展法治良方。审议地方性法规8件(《南宁市扬美古镇保护管理条例(草案)》《南宁市全域旅游促进条例(草案)》《南宁市城市绿化条例(修订草案)》《南宁市扬尘污染防治条例(草案)》《南宁市邕江两岸滨水区域条例(草案)》《南宁市城镇排水与污水处理条例(草案)》《南宁横州市茉莉花保护发展条例(草案)》《南宁市献血条例(修订草案)》),通过5件(《南宁市扬美古镇保护管理条例》《南宁市扬尘污染防治条例》《南宁市城镇排水与污水处理条例》《南宁市献血条例》《南宁市人民代表大会常务委员会关于修改〈南宁市燃气管理条例〉等十六

件地方性法规的决定》)。法规颁布施行5件(《南宁市停车场管理条例》《南宁市水土保持若干规定》《南宁市献血条例》《南宁横州市茉莉花保护发展条例》《南宁市扬尘污染防治条例》)。推进地方性法规“三入”(进入执法、融入司法、列入普法)工作,听取5件实施满两年的地方性法规执行情况报告,督促指导各级政府修改完善涉及法规实施考核指标,将法规实施情况列入职能部门权责清单。组织法规颁布施行新闻发布会5场,首次将新闻发布会安排在县域举行,在横州市开展茉莉花保护发展条例宣传;首次制作动画宣传片宣传扬尘污染防治条例;首次通过设立二维码征集法规草案修改意见,扩大人大立法信息受众。修改地方性法规16件(《南宁市燃气管理条例》《南宁市环境噪声污染防治条例》《南宁市清真食品管理条例》《南宁市社会急救医疗管理条例》《南宁市养犬管理条例》《南宁市城市桥梁管理条例》《南宁市历史街区保护管理条例》《南宁市城市供水节水条例》《南宁市五象岭保护条例》《南宁市城市轨道交通管理条例》《南宁市水库管理条例》《南宁市西津国家湿地公园保护条例》《南宁市大明山保护管理条例》《南宁市昆仑关保护管理条例》《南宁市公园条例》《南宁市出租汽车客运管理条例》),废止5件(《南宁市公共食(饮)具卫生管理条例》《南宁市征用集体土地条例》《南宁市城市房地产交易管理条例》《南宁市统计管理条例》《南宁市河道与堤防建设管理条例》),推动立法和决策改革衔接,维护国家法治统一。首次开展市地方性法规配套文件备案审查,健全衔接联动机制,增强审查科学性。 (梁新莲)

【政府立法】 2021年,市政府办公室印发《南宁市人民政府办公室关于印发2021年立法工作计划的通知》。市政府向市人大常委会提出《南宁市扬美古镇保护管理条例(草案)》《南宁市全域旅游促进条例(草案)》《南宁市城市绿化条例(修改草案)》3项地方性法规案;出台《南宁市居民住宅生活饮用水二次供水管理办法》《南宁市行政规范性文件制定监督管理办法》《南宁市人民政府关于废止和修改部分政府规章的决定》3件政府规章。坚持立改废并举,完成涉及行政处罚法、野生动物保护、长江流域保护、民族工作、外商投资、人口与计划生育管理等内容的地方性法规、规章和规范性文件专项清理,以及政府规章中设立不合理罚款专项清理,“打包”废止政府规章2件、修改政府规章2件。落实科学民主依法立法工作制度,听取各方面意见,立法草案一律书面征求人大代表、政协委员及36个市政府立法基层联系点意见,通过新闻媒体、市行政立法和决策公开征求意见平台、市司法局网站、“南宁普法在线”微信公众号等向社会公开征求意见建议,邀请人大代表、政协委员参加立法座谈论证,组织召开立法工作会议45次。加强立法宣传,在《南宁政报》《南宁日报》及市政府门户网站登载新出台规章文本3件,同步发布规章解读文本,召开立法新闻通气会2次。持续推进规章立法后评估,完成11件规章立法后评估。 (袁姝涵)

社会治安防控

【概　况】 2021年,南宁市社会治安防控体系建设纳入强首府战略和“十四五”规划,列入年度政府工作报告,作为“一把手工程”强力推进,确保以全市安全稳定为主线,推进社会治安防控工作,全力防风险、保安全、护稳定、促发展,建设高水平平安南宁。完成习近平总书记视察南宁、建党100周年、第18届中国—东盟博览会、中国—东盟商务与投资峰会、自治区第十二次党代会、南宁市第十三次党代会期间安保维稳任务。打造点线面结合围闭的城市安全防控圈。全市刑事案件、治安案件、群体性事件、道路交通事故四项指标大幅下降。摘掉传销、毒品、电诈“三顶帽子”。

【社会治安防控体系建设】 2021年,南宁市与中科院、华为等科技互联网领军企业开展战略合作,打造出入城道路公安检查站、电子卡口查控,内部核心警务站、巡逻车网格布局,点线面结合围闭的城市安全防控圈,全面覆盖入邕道路及中心城区重点目标、人员密集场所、治安复杂地区,形成巡防区域相互交织、立体重叠,巡防警力一体联动、协同作战快速反应机制,构建从外到内、点线面相结合的社会面立体化防控。升级原有警务站28个,新建新型便民警务站6个。依托智慧巡防抓获犯罪嫌疑人1739人,调解纠纷、救助群众2.55万人次,抓获网上在逃人员95人,查扣被盗电动车923辆、管制刀具542把。投入使用南宁东、那洪、安吉东智慧公安检查站。加强环邕17个公安治安检查卡口巡查,检查车辆51万辆次,检查人员69万人次,查获网逃人员10人、吸贩毒人员32人。设置专职警务助理1511人,派驻社区民警221人兼任社区(村)副书记,建成城中村数据采集点355个、智慧安防小区26个、智慧社区警务室18个,实现109个智慧安防小区出入信息数据接入平台、精准采集、动态更新。72个重点单位完成反恐怖防冲撞设施建设;建成三级医院警务室21家,医院重点部位电子监控覆盖100%。推动警民共建共治,专职治安巡防队伍纳入“南宁义警”平台统一管理。全市1820个基层社区(村)均成立治保会,设有群防群治组织6925个,实现城区每楼栋、乡村每20户至少配备治安信息员1人。

【见义勇为】 2021年,市、县(市、区)、开发区见义勇为工作领导小组加强组织、协调职能,将见义勇为工作与平安建设同部署、同推进、同奖惩。推荐见义勇为英模参加自治区评选,表彰2020年度“邕城勇士”4人、“邕城勇士”群体2个、“见义勇为模范”4人、“见义勇为模范群体”3个、“见义勇为”先进个人7人、“见义勇为”先进群体2个,颁发奖金67.5万元。春节期间,市本级慰问见义勇为人员或家属159人,发放慰问金31.8万元;县(市、区)、开发区配套发放慰问金10.28万元;向见义勇为人员子女16人发放助学金6万元。帮助良庆区见义勇为人员黄美雨等解决优先安排政府公共租赁住房等问题。市发展改革委牵头,市直各相关部门配合推进南宁市诚信卡正式在“爱南宁APP”上线,见义勇为人员获“南宁诚信卡”,享受免费乘坐公共交通、景区免门票、免收市级医院就医诊查费、体育场所健身消费折扣、“绿色通道”优先办理行政审批事项等优待服务。11家理事成员单位向市见义勇为基金捐款71.3万元。

【禁　毒】 2021年,市委政法委加强公检法沟通协调,统一毒品案件证据采信标准、量刑标准,严把证据标准和证据充分性,客观认定犯罪事实,敢捕敢诉。市公安局创新毒品治理“南宁模式”,建成全国首个市级毒品治理监测信息化平台,完善平台功能模块、监测指标及数据分析功能,定期向市委、市政府和县(市、区)通报监测考评结果,实现毒情治理监测的实时信息智能化,第三季度南宁污水监测,千人均毒品消费量比上年下降62%,成功摘除毒品问题国家级通报警示地区“帽子”。上林县公安局利用高科技手段,多途径固定证据,解决“三无”(无口供、无现场、无毒品)毒品犯罪案件办案难问题,形成“上林经验”,被评为2021年度全区禁毒重点整治示范县(区)。开展青少年禁毒预防教育、新型毒品预防教育、防止外流贩毒宣传教育及“6·26”禁毒宣传月活动。利用春节、清明节、五一劳动节等外出务工人员返乡高峰时段，在车站、广场等开展禁毒宣传活动。市检察院创新打击毒品犯罪机制，出台《南宁市检察机关刑事抗诉工作规定》。加强青少年涉毒预防，通过专题讲座、案例展评、旁听庭审、设置展板、发放宣传资料等形式开展禁毒宣传，根据不同年龄段学生特点，采用适合其心理特征的语言和方式宣传毒品的危害、拒绝毒品的技巧及相关法律规定，提高青少年识毒、防毒、拒毒意识。

【流动人口与特殊人群管理】 2021年，市委政法委依托平台数据流量检查相关职能部门服务管理流动人口与特殊人群情况。维护南宁政法云基层治理信息系统严重精神障碍患者管理子系统模块，督促责任县（市、区）智能部门管理服务到位。与市公安局、市卫健委联合，加强信息摸排，核实、录入精神障碍患者身份信息数据。全市录入在库严重精神障碍患者8473人，管理服务流动人口130万人。与精神障碍患者辖区精神病防治医生、综治网格员、村（居）委会等联动，实施精准服务管理，预防和制止精神障碍患者肇事肇祸行为发生。

【城乡综合网格化管理】 2021年，市委政法委加强综合治理建设，推进"全科网格"（指行政执法等社会管理服务事项纳入基层治理网）运行模式。试行规范实施市域网格化服务管理，以乡镇（街道）综治中心为平台，完善村（社区）综治视联网建设，127个乡镇（街道）综治视联网建成率100%，1820个村（社区）建成率34.95%，细化全市6262个网格，将城市管理、矛盾化解、消防救援、安全生产、环境保护、民生服务等网格整合为统一网格管理。设立兴宁区朝阳街道、青秀区仙葫开发区、隆安县那桐镇综治中心试点，接入数字城管、公安治安、消防救援、安全生产、环境保护等信息系统，实现部门"人、地、事、物、情、组织"等基础信息数据共享。

【矛盾纠纷排查化解】 2021年，市委政法委印发《关于进一步加强重大复杂矛盾纠纷事（案）件化解工作的通知》，县（市、区）、开发区制定工作方案，落实"谁主管，谁负责"和属地管理等工作原则。以调处化解为中心，调整完善调解方式和内容，成立调处中心171个，调处矛盾纠纷3.57万起，调解率94.2%，涉及金额5026.1万元，排查隐患6113处。化解宾阳县太乡村委河淡村与下乡村土地纠纷等3件1000人以上重大矛盾纠纷，隆安县南圩镇连安村土地权属问题500人以上矛盾纠纷，江南区保联村土地权属问题500人以上矛盾纠纷。市公安局完善派出所多元化解矛盾纠纷机制，推行"警民联调"，开展"百万警进千万家"活动，依托警民联合人民调解委员会开展矛盾纠纷排查化解工作，调解矛盾纠纷2.25万起，调解达成协议1.17万起，调解成功率94.1%。

【青少年犯罪预防】 2021年，南宁市推进开展"法制进校园"活动，公检法司干警兼职担任中小学校法制副校长和辅导员；政法干警、专业人士组建青年法律志愿服务队伍，动态管理和跟踪帮扶重点青年群体。优化青少年成长环境，扫除危害未成年人身心健康的有害信息、出版物，保障青少年合法权益。制止打架斗殴321起，帮教1838人次，服务（教育）未成年人848人次，服务乡村"三留守"人员2566人次。推动《中华人民共和国社区矫正法》落地落实，社区矫正对象重新犯罪率0.1%，低于全国平均水平。市委、市政府成立市专门教育指导委员会，建成市励志专门学校，教育矫治200人，矫治率100%。

【校园环境治理】 2021年，南宁市实施全市中小学幼儿园安全防范专项行动。全市中小学幼儿园按时按要求完成安防设置，中小学幼儿园专职保安员配备率100%、学校封闭管理率100%、一键式紧急报警和视频监控系统达标率100%、学校护学岗配备率100%。政法系统、教育部门等单位联合开展中小学幼儿园"护校安园"专项活动，针对上下学时段的校园周边"高峰勤务"，以辖区民警、交警、巡警和协辅警为主，学校保安员、教职工、家长志愿者、治保会、综治网格员为辅，联合治理校园及周边环境，清理和整顿校园周边流动商贩和饮食摊点及违法违规娱乐场所，督促幼儿园、看护点办理中华人民共和国民办学校办学许可证648所，净化校园周边环境。市公安局查处涉校治安案件4起，抓获涉校违法犯罪嫌疑人8人；排查化解涉校矛盾纠纷21起；排查校园内部安全隐患1089处、整改隐患852处；排查校园周边治安乱点382处、整治乱点246处；稳控高危人员225人；设立校园警务室1764个、设立"护校岗"3874个。 （傅荣华）

公　安

【概　况】 2021年，南宁市有公安机关18个，其中南宁市公安局（简称"市公安局"）1个，公安分局12个（兴宁分局、青秀分局、江南分局、西乡塘分局、邕宁分局、良庆分局、武鸣分局、南湖分局、高新分局、青秀山分局、东盟分局、地铁公交分局），县（市）公安局5个（横州市公安局、宾阳县公安局、上林县公安局、马山县公安局、隆安县公安局）；市森林公安局1个，监管场所9个（市第一看守所、市第二看守所、市第三看守所、市第四看守所、市拘留所、市第一强制隔离戒毒所、市第二强制隔离戒毒所、收容教育所、市强制医疗所），人民警察训练学校1所。有派出所205个，其中市区派出所115个、五县（市）派出所90个。全市公安机关围绕中国共产党成立100周年安保维稳工作主线及强首府战略目标任务，抓好疫情防控、社会稳定、城市安全"三件事"，推进"固稳、利剑、云网、法治、强基、砺警"六大工程。命案、"两抢"（抢夺、抢劫）、八类严重暴力犯罪现案全破，

2021年3月18日，市法学会联合自治区法学研究行业党委、市委政法委机关到乡镇开展法治文化基层行活动。图为青年普法志愿者与学生开展普法互动　　傅荣华提供

社会治安稳定，无恐怖暴力犯罪事件发生，完成习近平总书记视察广西、中国共产党成立100周年庆祝活动及第18届中国—东盟博览会等安保维稳任务。组织重大警务活动督察75项、专项督察35项；受理群众投诉1363件，办结1218件；开展网上督察视频巡查1550次，检查单位3.28万次；督促指导办理维权案件45件，对侵权责任人追究刑事责任3人、行政处罚48人，其他处理2人，抚慰被侵权民警52人，发放抚慰金20万元。中山派出所获中共中央授予“全国先进基层党组织”称号，刑侦支队九大队、交警支队车管所获公安部授予集体一等功，西乡塘区衡阳派出所入围全国公安机关第二批拟命名“枫桥式公安派出所”名单。主要存在与新冠肺炎疫情相关的偷渡案件侦办难度增大，面对新型违法犯罪的应对措施仍需加强的问题。

【接警处警】 2021年，市公安局创新推出“情指勤舆督”（情报研判、指挥调度、勤务行动、舆情导控、警务督察）合成化机制，将指挥中心与情报支队合署办公，依托南宁市合成作战指挥联动系统完成合成联动2282次，其中发起跨市合成联动4次，接收处理跨市合成联动6次。推出舆情防控“三六”（六必要、六必报、六必问）工作法，明晰舆情应对措施，规范处置流程，在派警时同步启动分析研判，将防炒作、防扩散、防失密工作前移，变被动应对为主动应对，提升舆情处置能力。排查关注人员4077人；发布重大事件预警防范信息3089条，转发涉稳线索5091条，核查稳定5074人次，无重点人员失控情况发生。贯彻新修订的《110接处警工作规则》，推动接处警规范化建设。受理警情229.55万起，110报警服务台形成警情59.91万起，122交通事故报警电话形成警情35.12万起。推进民意警务建设，协调沟通市应急联动中心及12345市政务服务热线建立非警务警情分流机制。接非警务类事项51.17万件，有效分流29.40万件，分流率57.46%，比上年上升7.90%，系统分流有效处置率、反馈率均100%。

【治安管理】 2021年，市公安局建成使用“南宁市大型活动安保系统”“大型群众性活动互联网端许可系统”，试点使用“南宁市智慧保安监管信息系统”，推动娱乐特行管控应用模块及可视化数据分析平台建设，实现娱乐场所和特种行业管理信息全要素全覆盖采集和信息化动态管理。受理治安案件8.01万起，比上年增长12.85%。查处治安案件6.81万起，增长3.89%。查处治安违法人员1.78万人，下降11.75%。采集娱乐特行企业信息5265条，从业人员3.27万个，行业业务数据1.72亿条，接入498路视频数据，其中重点人员预警1039次；开展娱乐场所和特种行业专项整治，查处娱乐场所39家，依法停业整顿25家，取缔3家，行政警告11家。接收黄赌警情举报2141条、下降21.46%，查处黄赌治安案件3185起，行政拘留6496人。与市检察院、市中级人民法院等部门联合出台《南宁市打击涉黄涉赌领域犯罪联席会纪要》。处罚违反实名登记旅馆业103家次，查处无证旅馆业22家次，行政拘留6人，罚款19人。开展整治枪爆违法犯罪专项行动，销毁旧炮弹82枚、雷管1470发、枪支183支、仿真枪321支、管制刀具1942把，索类火工品362米。强化民爆物品安全监管，审批行政许可材料1729份，检查爆破作业现场8个，爆破作业单位13家，民爆仓库5个，下达整改通知书2份，处罚爆破作业单位1家，罚款5万元。加强烟花爆竹管控措施，排查安全隐患批发企业28家、零售企业1390家。加强枪支弹药管理，公务用枪支采集率、人员采集率、指纹采集率均100%，信息化管理推进工作位居自治区前列；摸排民用枪支从业单位7家，核查枪支2413支、子弹851.13万发。检查涉剧毒化学品和易制爆危险化学品从业单位438家，备案395家。制假贩假案件立案395起，行政拘留170人。查处广西南宁滕某等生产销售有毒有害食品案，入选全国公安食药系统2020年典型案例十大精品案件（全国公安机关唯一入选案例），获《中国纪检监察》杂志第22期报道。拒不支付劳动报酬案件立案85起，成功处置国务院督察室关于“邕宁区一起工程款纠纷的情况通报”督办件，获公安部表扬。采集机动车修理门店数796家，采集从业人员3610人，新增采集车辆信息22.87万辆。强化寄递物流业日常管理，检查寄递网点1521家次，下发整改通知书105份，破获违反公共安全案件57起，抓获嫌疑人86人。开展“低慢小”航空器专项整治行动3次，涉及93家单位1687人，核查无人机2457台，查处违规飞行8架次。整治保安服务业违法违规行为，检查保安服务公司17家、武装押运企业4家，行政处罚36家，限期整改202家，转办保安服务违规违法线索6条。犬只专项整治联合执法32次，查处违法饲养470起，办理新登记5179只，按期年检免疫6988只。大型群众性活动实行动态信息化审批监管，无治安灾害性事故和重大治安、刑事案件发生。完成保障大型活动及其他活动安保任务404场1040次，其中5000人以上的19场59次。

【治安巡防】 2021年，市公安局加强社会面巡防管控，推进警务工作服务站、智慧公安检查站、“智慧街面巡防系统”和“智慧公安检查站系统”项目建设，完善全市防控体系建设。市区划分快反区9个、责任区31个、巡区151个、要害部位10个，建成警务工作服务站6个，累计34个。开展巡逻防范及备勤日投入警力2000余人。落实“1、3、5分钟”快速反应机制，开展测试43次，组织模拟紧急警情演练115次，检查派出所值班岗在岗在位71次。接收处理单位报送动态信息2.17万条，传达落实领导批示326件次，向市委、市政府报送公安动态信息1538条，向自治区公安厅报送动态信息1292条。采取“线上巡查、线下检查、及时通报”方式常态化督导检查中心城区巡防勤务，线上检查街面警务站1.57万次，检查街面巡组5.22万次，发现问题3708个，实地检查88次，

2021年8月25日起，南宁市全面启动15个环邕公安检查站，对车牌、驾驶员及乘客快速识别比对，最快仅需10秒可完成安检，提高车道安检效率　　宋延康　摄

视频点名390次，发出巡防勤务检查通报33份。

【刑事犯罪案件侦查】 2021年，市公安局刑事案件立案5.66万起，比上年上升2.29%；破案3.04万起，上升55.77%，破案率53.78%，上升18.46%。持续严厉打击黑恶势力犯罪，开展"大扫除"打击整治行动，打掉黑恶团伙20个，刑拘109人，侦破涉黑涉恶案件197起，新增查封、扣押、冻结涉黑恶团伙涉案资产2896.2万元。严厉打击涉枪涉爆犯罪，加强情报信息研判预警及落地查控，涉枪爆案件立案59起，破案率100%，抓获犯罪嫌疑人78人。整治电信网络诈骗，建设自治区首个综合反诈预警平台，整合"绿城反诈联盟"力量，形成"全警反诈、全社会反诈"打击防控电信诈骗犯罪新格局。反诈预警平台日均推送预警劝阻信息7000条，提醒潜在被骗群众145万余人，紧急止付涉案账号4.15万个，冻结涉案账号1.72万余个；开展"资金查控大比武"活动，日均处置电诈警情60余起，累计为群众避免损失1440.9万元，返还被骗群众资金390笔、金额2777.14万元(含在办)；联合银行等金融机构建立"断卡"行动工作机制，抓获涉"黑灰产"类犯罪嫌疑人2300余人；破获损失百万元以上重特大案件44起，破案率100%。严厉打击放火、爆炸、劫持、杀人、伤害、强奸、绑架、抢劫八类严重暴力案件，立案926起，破案率100%，破案率居自治区第一，其中命案47起，破案率100%。破获拐卖儿童积案2起(公安部督办案件1起、公安厅督办案件1起)，抓获犯罪嫌疑人2人(已移送起诉)，经DNA鉴定找回被拐失踪儿童32人，组织认亲18场次。

【毒品犯罪案件侦查】 2021年，市公安局破获毒品刑事案件709起，其中破获公安部目标案件5起，破获公安厅目标案件6起，破获3人以上团伙案件111起、比上年上升1.83%，破获聚众吸毒案件45起、上升2.27%；抓获毒品刑事犯罪嫌疑人1154人，依法逮捕1228人、上升9%，移送起诉1528人；缴获毒品37.77千克，易制毒化学品419.9千克；查获吸毒人员3544人，新发现吸毒人员1270人，强制隔离戒毒1477人。开展"邕江3号"专项整治行动，开展公路查毒，逮捕毒品犯罪嫌疑人683人、上升94.08%，破获聚众吸毒类案件33起、上升73.33%。5月，调集警力5000多人，多警种协调配合，以良庆区、西乡塘区为主战场，县(市、区)设立分战场32个，排查嫌疑人6916人，查处行政案件294起，破获刑事案件85起，抓获刑事犯罪嫌疑人125人、在逃犯2人，缴获毒品253.64克，查处吸毒人员356人，强制隔离戒毒138人。开展"净边2021"行动，发挥"德邕"情报站作用，建立联侦联办机制，加强专案经营，运用高科技研判和侦破，联合柳州、崇左等地公安部门破获公安部"2021—91"目标案件，打掉特大贩毒团伙1个，抓获贩毒团伙成员46人、吸毒人员105人，缴获毒品海洛因2.1千克。开展寄递渠道禁毒百日攻坚战，检查寄递企业173家次，背景审查"快递小哥"5912人，信息核查3000多人，举办从业人员培训51次，破获寄递渠道贩毒案件9起。11月，联合福建等地公安部门破获部级"2021—319"目标案件，打掉特大制造麻黄碱犯罪团伙1个，捣毁制毒工厂1个，抓获涉案嫌疑人13人，缴获麻黄碱419.6千克、毒品甲卡西酮1.52千克，缴获制毒原料800千克，查获涉案车辆5辆、涉案资金740万元，获公安部通令嘉奖。

【经济犯罪案件侦查】 2021年，市公安局以自治区公安厅"亮剑2021"专项行动为着力点，打击各领域突出经济犯罪，遏制经济犯罪高发势头。经济犯罪案件立案1877起，破案947起，比上年上升26.94%，刑事拘留1853人、上升10.10%，逮捕661人，移送起诉833人。开展打击传销犯罪活动"清源行动"17次，查获传销人员4193人，留置审查2357人，打掉传销团伙14个，查处传销窝点35个，查封出租屋43间，立案496起、上升15.35%，破案343起，刑事拘留1343人、上升30.9%，逮捕260人，移送起诉344人。3月，国家市场监督管理总局不再将南宁市列为全国传销重点整治城市，实现"脱榜摘帽"。非法集资案件立案23起，侦破26起，刑事拘留犯罪嫌疑人45人，逮捕43人，移送起诉48人，依法查处"钱盆网""迈左林"等影响重大的非法集资案件。破获涉税犯罪案件37起，刑事拘留21人，逮捕29人，移送起诉29人。5月，江南公安分局经侦大队破获"04·01"特大虚开增值税专用发票案，为国家税务总局推行增值税专用发票电子化后自治区首次破获利用税务Ukey虚开增值税发票案件。

【道路交通安全管理】 2021年，南宁市新增汽车26.44万辆，机动车保有量283.15万辆；新增驾驶人12.59万人，累计持有驾驶证人数311.72万人；新增电动自行车16.38万辆，电动自行车保有量375.30万辆。南宁市交通健康指数在全国50个大中城市中排名第六。市公安局持续强化交通事故预防工作，排查隐患路段57处，逾期未检验、未报废车辆5.3万辆，违法未处理车辆5.1万辆，处罚、约谈企业105家，"黑榜"曝光企业76家，查获重点隐患清零车辆133辆；向市应急局、市交通运输局抄告重点车辆交通违法、交通事故30批次。查处交通违法215.3万起，其中机动车违法警告15.22万起，非机动车违法警告8.75万起，现场执法76.6万起，非现场执法114.5万起，查处机动车酒驾醉驾1.28万起、飙车飙声194起，农村面包车违法超员、违法载人3928起，货车交通违法28.2万起，城市工程类运输车辆违法11.1万起。坚持精细化管理，优化铜鼓岭桂花路口等29个路口设计，完成交通拥堵点段改造76个，首批整治后的堵点高峰期拥堵指数下降3.7%；部分道路试行交通信号控制"集装箱式放行"，平均拥堵指数下降13%、平均通行延误下降19%。发生交通一般程序事故2955起(死亡事故528起)、死亡人数551人、受伤2932人，直接财产损失

2021年9月1日起，南宁、广州等28座城市成为全国第一批推广应用电子驾驶证的城市。图为市公安局民警向媒体和群众宣讲相关政策　黄静洁提供

1043.3万元，与2019年同期相比分别下降13.34%、13.36%、17.25%和38.01%。坚持服务疫情防控大局，全面强化交通应急保障，在8个环邕检查站、23个主要进出城口开展新冠肺炎疫情防控查缉，累计检查车辆15万辆次；部署警力1.3万余人次、警车4000余辆次，到新冠病毒疫苗接种点周边开展交通疏导；持续简化车辆通行证办理流程。

【人口管理】 2021年，市公安局继续推进户政"放管服"改革，开通户籍业务"全城通办"服务窗口58个，在人口居住密集区设立户籍业务预受理点1169个，引导群众办理户籍业务从"线下办"转为"线上办"。为年满60周岁的户籍居民和享受市民政部门补贴的残疾人优先办理身份证1804张，提供免费寄递居民身份证2611次；自助设备受理居民身份证13.97万张，发放居民身份证20.31万张，提供查询服务1.3万次，打印证明文书17.3万张；南宁市成为自治区首个居民身份证首次申领、换领、补领等事项均可在非户籍地公安派出所办理的城市。推进人口管理信息化建设，建成智慧安防小区26个、智慧社区警务室18个；建成平安"城中村"智能门禁系统数据采集点355个，数据接入公安天网平台；升级建成派出所综合指挥调度室75个。推进卫健、公安、医保、人社、税务等数据互通共享，实现"出生即入户"一站式服务。

【出入境管理】 2021年，市公安局出入境管理部门严厉打击妨害国（边）境管理犯罪。与市外事办、市卫健委、机场等部门实现数据共享。新增"三非"（非法入境、非法居住、非法就业）人员集中隔离医学观察点2个，建成隔离点4个，有隔离房间233间，累计隔离1454人。查处"三非"人员1336人，妨害国（边）境管理类刑事案件立案106起，抓获犯罪嫌疑人317人，逮捕犯罪嫌疑人248人。加强新冠肺炎疫情防控，严格出入境审批制度，加强对跨境涉赌重点群体、对象及法定不准出境人员的管控，侦破跨境赌博案件71起，逮捕犯罪嫌疑人228人，直诉犯罪嫌疑人12人，行政处理参赌人员及出入境黑名单列控人员319人。

【经文保管理】 2021年，市公安局对高校、医院、金融机构、大型商超、公交、客运及供水、供电、供油、供气等重点单位内部、重点要害部位集中开展安全大检查6次，检查重点单位268个次、重点要害部位286个，发现整改隐患问题43处。广西大学完成摄像头安装800多处，重点要害部位全覆盖，人脸识别协助公安机关抓获嫌疑人52人，配备冲锋舟、巡逻车，成立应急处置突击队，校园应急处突水平提升。63家二级以上医院配备专职安保人员1739人，"三防"配置达标率95%。定期开展风险评估和专题研判，安排警力值守医院警务室，指导医院保卫部门做好24小时值班守护。监督检查全市公交企业26家、运营车辆4509辆、运营线路220条、一级客运站5个。加强散装汽油购销管控，联合市商务局开展专项行动，检查在营加油站348座。落实散装汽油购销制度，推进使用"智慧内保"散油购销手机应用，完成自治区公安厅部署的散装汽油购销管控系统100%安装率。以第七轮银行业金融机构安全评估为切入点，全覆盖检查42家银行营业网点2215个、自助银行1024个、自助ATM机4126台。

（黄静洁）

检　察

【概　况】 2021年，南宁市检察机关设南宁市人民检察院（简称"市检察院"）1个、县（市、区）检察院12个，完成茅桥地区检察院直管直派改革。市检察院设置派出机构2个（派驻市第一看守所检察室、派驻市第三看守所检察室），设驻院纪检监察组1个。发出社会治理类检察建议34份，均获采纳。邀请市人大代表、政协委员视察检察工作705人次；走访市人大代表、政协委员，通报检察工作140人次；邀请人民监督员参加案件公开审查、公开听证249人204次；接受人民监督员监督评议案件439件；案件信息公开1.64万条；听取律师意见建议677次，办理律师职业权利保障案件3件，邀请律师参与"四大检察"（刑事检察、民事检察、行政检察、公益诉讼检察）履职6899次。办理案件入选全国检察机关典型案例3件。市检察院获"全国巾帼建功先进集体"称号，获国家级荣誉集体11个，获自治区级荣誉集体27个，获国家级荣誉个人7人，获自治区级荣誉个人24人。主要存在检察业务发展不够全面，现代科技应用与检察工作融合力度仍需加强等问题。

【刑事检察】 2021年，市两级检察院监督公安机关立案149件，监督后公安机关立案146件304人。监督公安机关撤销刑事案件284件，监督后公安机关撤案278件364人。受理审查逮捕案件7171件1.07万人，批准逮捕4814件6788人，不批准逮捕2303件3862人，纠正公安机关遗漏提请批准逮捕311人。刑事犯罪诉前羁押率67.55%。受理审查起诉案件9902件1.32万人，提起公诉7795件1.03万人，决定不起诉1257件1710人，撤回起诉9件15人，纠正公安机关遗漏移送审查起诉297人，纠正公安机关遗漏罪行150人。针对侦查活动违法活动提出纠正意见494件，已纠正491件。公安机关撤回移送审查起诉28件50人。提出刑事抗诉31件，法院同期审结抗诉案件21件49人，其中改判12件48人，发回重审2件2人。发出纠正审判活动意见书26件，均获法院采纳。检察长列席或检察长委托副检察长列席法院审判委员会会议42人次。受理审查逮捕涉黑恶案件6件11人，批准逮捕3件5人，受理审查起诉5件32人，提起公诉7件38人。结合政法队伍教育整顿，倒查涉黑恶案件线索35件，新发现并移送"保护伞"线索1条。批准和决定逮捕妨害新冠肺炎疫情防控犯罪4件9人，起诉5件7人。批准逮捕职务犯罪1件1人，起诉46件67人，其中地厅级5人、县处级9人、乡科级9人，办理自治区农业农村厅原党组书记李某涉嫌受贿案1.72亿元、南宁综合保税区管委会原常务副主任周某受贿2357万元等影响重大的职务犯罪案件。批捕盗抢骗等多发性侵财犯罪2126人，起诉2541人。批准逮捕邪教案件5件17人，提起公诉9件21人。批准逮捕涉爆涉枪、重大安全事故等犯罪39件40人，起诉60件65人。批准逮捕电信网络诈骗、帮助信息网络犯罪活动案等涉诈涉卡犯罪628人，起诉1997人。批准逮捕抢劫、杀人、以危险方法危害公共安全犯罪案件129件188人，起诉140件205人。批准逮捕毒品犯罪案件829件1100人，起诉837件1165人，吕某等人贩卖毒品案入选最高人民检察院依法惩治新型毒品犯罪典型案例。批准逮捕组织、领导传销活动案115件239人，起诉144件334人。批准逮捕侵犯知识产权和制售假冒伪劣商品案件25件46人，起诉26件59人。批准逮捕涉食品药品安全犯罪案件2件4人，起诉7件11人。批准逮捕破坏金融管理秩序犯罪45件65人，起诉56件81人。适用认罪认罚从宽程序办理1.04万人，适用率88.05%，提出量刑建议7218人，法院采纳7148人。继续推行"案－件比"（指发生在人民群众身边的案，与案进入司法程序后所经历的有关诉讼环节统计出来的件相比，形成的一组对比关系）办案质量评价指标体系，全年"案－件比"为1:1.0777。办理的曾某运输毒品案和李某等18人组织、领导传销活动案获评2021年度广西检察机关"精品刑事抗诉案件"，刘某拒不支付劳动报酬案获评2021年广西检察机关"化解社会矛盾精品刑事案件"，韦某等制造运输毒品案获评 2021 年度广西检察机关“精品纠正漏捕漏诉案件”。

【刑事执行检察】 2021 年，市两级检察院开展集中清理犯罪嫌疑人、被告人未依法收押和判处实刑犯罪未依法交付执行刑罚专项监督，纠正 195 人，居自治区首位。加强羁押期限监督，排查、上报久押不决案件 943 件，发函提示看守所换押、延押 95 次。向看守所发出纠正违法通知书 390 件，比上年提升 97%，已全部采纳。检察发现监管不当行为，向看守所发出纠正违法通知书 190 份，口头建议 14 件。开展重大案件侦查终结前讯问合法性核查 65 件 66 人。纠正“减刑、假释、暂予监外执行”不当 101 人。纠正刑事执行活动违法 389 件，纠正财产刑执行履职不当 737 件，监督意见采纳率 100%。纠正监外执行和社区矫正监管履职不当或违法 1010 人，居自治区首位，纠正刑事执行违法 389 件。向社区矫正机构发出纠正违法通知书 887 件，已全部采纳。发出检察建议 30 件，已全部采纳。办理在押人员死亡案件 10 起。受理司法人员相关职务犯罪线索 75 件，立案侦查 4 件 7 人，有罪判决 2 件 3 人。办理的黄某、韦某虐待被监管人职务犯罪侦查案获评自治区刑事执行检察和司法工作人员相关职务犯罪侦查精品案件。

【民事检察】 2021 年，市两级检察院受理民事生效裁判、调解监督案件 556 件，比上年上升 15.4%，提请抗诉 92 件，增长 135.9%，提出抗诉 28 件，增长 21.7%，提出再审检察建议 9 件，下降 57.1%。受理民事审判程序违法监督案件 445 件，增长 117.1%，提出检察建议 123 件，法院采纳 124 件（含上年积案），采纳率 100.81%。受理民事执行监督案件 364 件，下降 30.7%，提出检察建议 194 件，法院采纳 196 件（含往年积案），采纳率 101.03%。民事检察建议采纳率超 95%。开展虚假诉讼监督，摸排虚假诉讼线索 28 条，监督虚假诉讼案件 22 件，其中提请抗诉 3 件，提出抗诉 4 件，法院全部改判，改判总标的 6000 余万元；发出再审、审判程序违法等检察建议 15 件，其中再审检察建议 2 件，审判程序违法 6 件，执行违法 7 件。开展民事监督案件公开听证 52 件，办理支持起诉案件 20 件。入选自治区检察机关民事检察典型案例 8 件，位居自治区之首。入选服务民企典型案例 2 件。办理的桂林某房地产公司被错误执行申请民事执行监督案入选最高人民检察院第二批检察机关涉非公经济控告申诉典型案例。

【行政检察】 2021 年，市两级检察院受理行政生效判决、裁定、调解书监督案件 34 件，比上年下降 46.03%，审结 23 件，举办听证 1 件。受理审判活动中审判人员违法监督案件 7 件，上升 133.3%，审结 7 件，提出检察建议 5 件，法院采纳 5 件，采纳率 100%。受理行政执行活动监督案件 275 件，上升 219.8%，审结 274 件，提出检察建议 267 件，法院或行政机关采纳 267 件，采纳率 100%，举办听证 7 件。开展土地执法查处领域行政非诉执行专项监督，收到行政机关移送案件线索 363 条、案件 71 件，发出检察建议 197 件，督促恢复违法占用土地 143 万平方米。实质性化解行政争议案件 28 件。向行政机关发出社会治理类检察建议 13 件，其中举行听证会 6 件。

2021 年 9 月 23 日，市检察院检察官对民事监督案件中的当事人开展司法救助

韦景春提供

【公益诉讼检察】 2021 年，市两级检察院受理公益诉讼案件线索 946 条，比上年上升 34.38%。立案 861 件，上升 39.32%。其中，民事公益诉讼案件 212 件，上升 198.6%；行政公益诉讼 649 件，上升 18.6%。发出民事公益诉讼诉前公告和发出行政公益诉讼诉前检察建议 681 件，上升 57.27%。其中，民事公益诉讼公告 136 件，上升 122.95%；行政公益诉讼诉前检察建议 545 件，上升 46.51%。开展行政公益诉讼诉前磋商 46 件，提起公益诉讼 47 件，其中刑事附带民事公益诉讼 47 件，法院对提起公益诉讼案件一审裁判 43 件（含积存数）。办理生态环境和资源保护领域公益诉讼案件 474 件，发出行政诉前检察建议 237 件，提起生态环境和资源保护领域公益诉讼 34 件。通过办理涉生态环境保护案件督促恢复被毁损耕地、林地、土壤 211.73 公顷，督促治理恢复被污染水源地面积 74.8 公顷，回收和清理垃圾、固体废物 9133 吨，追偿修复生态、

2021 年 5 月 26 日，市良庆区检察院检察官开展公益诉讼检察。图为检察官到屯六水库被滥伐林地现场取证

韦景春提供

治理环境费用223万元。办理食品药品安全领域公益诉讼案254件,发出行政诉前检察建议185件,提起刑事附带民事公益诉讼8件。办理英烈保护领域案件40件,督促相关职能部门管理维护烈士纪念设施88处,推动政府相关部门投入150.1万元开展英烈纪念修缮工作。办理国有财产保护和国有土地使用权出让领域案件41件,督促保护、收回国家所有财产和权益价值1468万余元,追缴国有土地出让金1013万余元。召开112个公益诉讼案件听证会93次。办理群众反映强烈的个人信息保护、易燃易爆物品、违法建设施工等新领域案件38件。良庆区检察院在自治区率先使用无人机开展3D建模技术精确勘验取证公益诉讼现场。办理的广西南宁某房地产有限公司侵害消费者个人信息安全案入选广西消费维权十大典型案例;督促综合治理八尺江流域生态环境行政公益诉讼系列案和督促整治机制砂行业污染环境行政公益诉讼案获评2021年度广西检察机关公益诉讼精品行政公益诉讼案件。

【未成年人检察】 2021年,市两级检察院受理审查批捕涉未成年人刑事案件685件1076人,批捕416件603人,不批捕266件468人,起诉446件620人,不起诉53件70人,生效判决轻缓率75.6%。受理逮捕未成年人犯罪嫌疑人398件656人,批准逮捕186件288人,不批准逮捕211件366人,起诉213件331人,不起诉44件55人,附条件不起诉117件189人。受理审查逮捕侵害未成年人犯罪214件332人,批准逮捕177件264人,起诉236件296人。监督公安机关立案11件,撤案2件,提出纠正违法46件。纠正漏捕9人,纠正遗漏罪行21人,纠正遗漏同案犯5人。制发检察建议22份。落实未成年人特别程序,为未委托辩护人的未成年犯罪嫌疑人提供法律援助176人次,开展亲职教育1654次,帮助教育5159次,开展社会调查2509人次,开展心理测评329人次,心理疏导831人次,适用犯罪记录封存142人。对未成年人开展救助101件,发放救助金119.88万元。开展一般预防法治教育受众695次12.59万人。市检察院与团市委、市绿城青少年事务社会工作服务中心共同构建未成年人保护社会支持体系,成为最高人民检察院、共青团中央开展未成年人检察社会支持体系示范建设单位。

【控告申诉检察】 2021年,市两级检察院受理信访1132件,比上年下降46.35%。受理不服检察机关处理决定刑事申诉案件33件,办结维持原决定23件,变更原决定2件。受理不服法院生效刑事判决裁定申诉案7件。落实群众信访件件有回复制度,办理群众信访3642件,均在7日内告知“收到了、谁在办”,3个月内办理过程或结果答复率100%。检察长接待群众信访165件次。受理国家赔偿申请26件,决定赔偿25件,完成支付赔偿金242.48万元。办理阻碍辩护人、诉讼代理人依法行使诉讼权利案件3件。办理自治区检察院、市委政法委、市人大交办案件11件。受理国家司法救助316件,发放救助302件376人,发放救助金582.05万元,上升40.86%。救助建档立卡脱贫户41户57人,救助金116.15万元;救助军人军属16人,救助金43.3万元;救助未成年人120人,救助金194.35万元;救助残疾人26人,救助金83.35万元。推进检察听证改革,组织听证案件797件(公开听证705件、不公开听证92件),听证数量居自治区第一。其中,审查逮捕案件32件,羁押必要性审查8件,拟不起诉案件310件,刑事申诉案件25件,民事诉讼监督案件78件,行政诉讼监督案件23件,民事公益诉讼案件46件,行政公益诉讼案件70件,单独申请司法救助案件97件,其他类型案件108件。市检察院、兴宁区检察院控告申诉检察部门获全国检察机关“文明接待室”称号。

【检察技术】 2021年,市两级检察院技术部门办理案件988件,居自治区之首。其中,检验鉴定15件,技术性证据审查608件(同意原鉴定意见605份、不同意原鉴定意见0份、其他意见3份),技术协助350件,勘验检查15件。完成远程讯问犯罪嫌疑人2872人次,远程庭审1912人次。参与现场勘验1次,尸体解剖临场监督4次,重大案件讯问合法性核查询问犯罪嫌疑人同步录音录像37件43人次。参与公益诉讼现场无人机取证116件。市两级检察院完成听证室建设率92.31%。配合广西巡回检察组开展跨省巡回检察工作受最高人民检察院第五检察厅表彰。黄某、韦某虐待被监管人案、武鸣区督促矿山地质环境恢复治理行政公益诉讼案获评2016—2021年度自治区检察机关检察技术精品案件。市检察院建成智慧电子图书馆。实施驻市羁押中心检察室信息化基础建设。

【案件选介】 2021年,市两级检察院办理吕某等人贩卖毒品案、桂林某房地产公司被错误执行申请民事执行监督案、督促综合治理八尺江流域生态环境行政公益诉讼系列案、唐某和覃某司法救助案等。

吕某等人贩卖毒品案 2020年7月6日,被告人黎某收到赵某欲购买一包“神仙水”的微信信息和微信转款毒资400元。黎某遂以350元价格向被告人吕某购买一包毒品“神仙水”。赵某在拿取毒品时被公安人员当场抓获,公安人员从赵某处查获“神仙水”一包,净重1克,从中检出尼美西泮成分。8月13日,江南区检察院以涉嫌贩卖毒品罪依法批捕吕某,发出《应当逮捕犯罪嫌疑人意见书》,要求追捕黎某,公安机关将黎某抓捕归案。江南区检察院依托派驻公安机关执法办案管理中心检察室,依法主动提前介入,与公安机关建立信息互通机制,及时掌握新型毒品案件处置、侦查情况,引导其注重收集、固定客观性证据,加强联合会商,统一证据标准,全面审查证据,督促公安机关追捕遗漏同案犯,依法开展认罪认罚工作,促使二被告人自愿认罪悔过,提高诉讼效率,打击全案毒品销售网,实现全链条打击该毒品犯罪。该案入选最高人民检察院依法惩治各类新型毒品犯罪典型案例。

桂林某房地产公司被错误执行申请民事执行监督案 2019年3月11日,西乡塘区检察院控告申诉检察部门民营企业法律服务“绿色通道”接到桂林某房地产公司提交民事执行监督申请书,经初审确认符合受理条件,移送民事检察部门办理。经调查核实:2018年4月15日,被执行人广西某工贸有限公司实际控制人黄某擅自以桂林某房地产开发有限责任公司的名义,为其实际控制的广西某工贸有限公司提供担保,涉案担保书系由黄某私下制作、加盖盗取的桂林某房地产开发有限责任公司公章,未经该房地产开发公司决议。西乡塘区法院在该房地产公司不具备对外承担担保责任条件下,错误认定该房地产公司为保证人,冻结、查封该房地产公司银行账户及名下房产,启动拍卖程序。10月17日,该房地产公司向西乡塘区法院提出执行异议;但法院未作出裁定。执行法院存在错误认定本案构成执行担保,违法追加被执行人、执行案外人财产,未依法按期对该房地产公司提出的书面异议进行审查等问题。2019年4月28日,西乡塘区检察院向西乡塘区法院发出检察建议,建议法院解除对该房地产公司名下不动产采取的违法执行措施。西乡塘区法院采纳该建议,于5月14日作出解除查封裁定。2021年12月20日,该案入选最高人民检察院第二批涉非公经济控告申诉典型案例。

督促综合治理八尺江流域生态环境行政公益诉讼系列案 2021年1月,良庆区检察院在履职中发现八尺江流域良庆段存在水葫芦泛滥、畜禽违法养殖污染、河道违法围垦种植、沿岸公益林被滥伐等生态环境污染问题。4月,良庆区检察院分别向市生态环境局、良庆区农业农村局等5家行政机关制发检察建议,督促相关行政机关依法履行监管职责,加强综合治理八尺江流域生态环境问题。相关职能部门收到检察建议后,联合开展八尺江流域生态环境专项整治工作,查处非法捕捞船1艘,收缴违法网具25张,批评教育5人次,发放限期整改通知书59份,投入清理八尺江水葫芦专项经费178.45万元,清理八尺江水葫芦9423.5吨、面积517.19平方千米。11月23日,南宁、钦州、防城港三市五地检察院共同启动八尺江(库)流域生态环境和资源保护协作机制,破解区域治理不统一、协同力不足难题,形成同防同治监督合力,推动八尺江全流域生态环境保护综合治理。该案入选2021年度广西检察机关公益诉讼精品行政公益诉讼案件。

唐某和覃某司法救助案　2015年起,武鸣区救助申请人唐某(对越自卫反击战退伍军人)夫妇因其儿子被伤害致死不服法院判决等诉求,多次向自治区检察院、市检察院等提出申诉;自治区检察院、市检察院经立案复查,均作出不予支持其申诉决定;但唐某夫妇仍不服复查决定,案件未能息诉息访。2021年2月,最高人民检察院将此重复信访积案交由市检察院化解。自治区、南宁市、武鸣区三级检察院采取院领导包案化解方式,三级检察院领导多次组织城区单位、村委开展化解工作,到唐某夫妇所在地走访调查,了解其生活情况,主动约访,倾听其诉求,换位分析案情,从法理、情理等探讨其诉求合法、合理性;信访人消除对立情绪,表示不再上访。市检察院依法向申请人唐某夫妇发放司法救助金。该申诉案件成功息诉息访。　(韦景春)

法　院

【概　况】 2021年,南宁市审判机关设南宁市中级人民法院(简称"市中级人民法院")1个,县(市、区)基层法院12个、基层法院派出法庭32个。市两级法院受理案件25.01万件,审执结21.13万件,分别比上年上升12.09%、7.46%,员额法官人均结案328.6件。其中,市中级人民法院受理案件3.58万件,审执结2.82万件,员额法官人均结案251.7件。市两级法院获国家级表彰集体3个,获自治区级表彰集体31个,获地市级表彰集体135个。市中级人民法院审结的永福县供水公司滥用市场支配地位纠纷案,入选全国法院反垄断和反不正当竞争十大典型案例。主要存在司法理念、司法能力与新时代新要求相比还有差距,案多人少矛盾未从根本上解决,智慧法院建设和基层人民法庭建设有待加强;法院内部监督、队伍管理、监督管理机制有待完善等问题。

【审判管理与司法改革】 2021年,市两级法院常态化开展员额法官遴选,深化司法责任制综合配套改革,坚持有序放权与有效监督相结合,推动审判权规范运行。实行案件在线监管、进度管控,强化"四类案件"(涉及群体性纠纷,可能影响社会稳定的案件;疑难、复杂且在社会上有重大影响的案件;可能与类案判决发生冲突的案件;有关单位或者个人反映法官有违法、违纪行为的案件)自动识别、跟踪预警机制。院庭长带头办案常态化,审执结案件11.44万件,占结案总数54.12%。完善类案检索初步过滤、专业法官会议研究咨询、审判委员会讨论决定的法律适用分歧解决机制,统一法律适用标准和裁判尺度。深化以审判为中心的刑事诉讼制度改革,严格执行"三项规程"有关要求,落实庭审实质化。贯彻落实认罪认罚从宽制度,审结认罪认罚案件5024件,认罪认罚适用率79.91%。深化繁简分流改革,强化速裁团队建设、优化审判流程、简化法律文书,适用简易程序审结一审民商事案件7.44万件,占一审民商事结案总数65.05%,其中适用小额诉讼程序审结案件2.18万件,平均审理时间55天。聚焦智能化办案、无纸化办公、集约化送达等重点项目,提升智慧法院建设水平。市中级人民法院在五塘羁押中心建成驻所科技法庭5个,解决疫情防控期间提讯难、开庭难等问题。

【刑事审判】 2021年,市两级法院审结刑事案件8624件。审结杀人、伤害、抢劫等暴力犯罪案件883件。审结危害公共安全犯罪案件2290件。审结危害食品药品安全犯罪案件21件。审结涉黑恶犯罪案件11件43人。坚持"打财断血",涉黑恶财产执行到位1.45亿元。坚决"打伞破网",审结黑恶势力保护伞案件2件2人。审结组织、强迫、容留卖淫等犯罪案件215件442人。审结开设赌场、赌博等犯罪案件213件605人。审结毒品犯罪案件960件1449人,判处5年以上有期徒刑130人,市中级人民法院审结涉案毒品160余千克的韦某、郭某制造、运输毒品案,依法判处二被告人死刑。严厉打击涉众型经济犯罪,审结传销、集资诈骗、非法吸收公众存款等犯罪案件289件1053人。审结电信网络诈骗犯罪案件339件386人。审结妨害国(边)境管理犯罪案件56件210人。审结贪污、贿赂、渎职等职务犯罪案件77件108人。市中级人民法院公开开庭审理自治区农业农村厅原党组书记李某受贿案,审结钦州市人大常委会原副主任徐某受贿案,依法判处徐某无期徒刑。加强人权司法保障,落实宽严相济刑事政策,判处5年有期徒刑以上刑罚779人,判决适用非监禁刑1356人,其中免予刑事处罚10人,对未成年人犯罪案件适用缓刑23人。办理减刑假释案件2364件。坚持罪刑法定、疑罪从无,依法宣告无罪被告人9人,裁定准许公诉机关撤回起诉7件。

【民(商)事审判】 2021年,市两级法院受理民商事案件16.21万件,比上年上升29.31%,审结13.21万件(一审11.85万件、二审1.36万件),结案率81.49%,其中调解结案1.95万件,上升25.28%,诉讼标的金额775.53亿元。依法平等保护各类市场主体,严格区分经济纠纷与经济犯罪,公司类纠纷案件收案1060件,

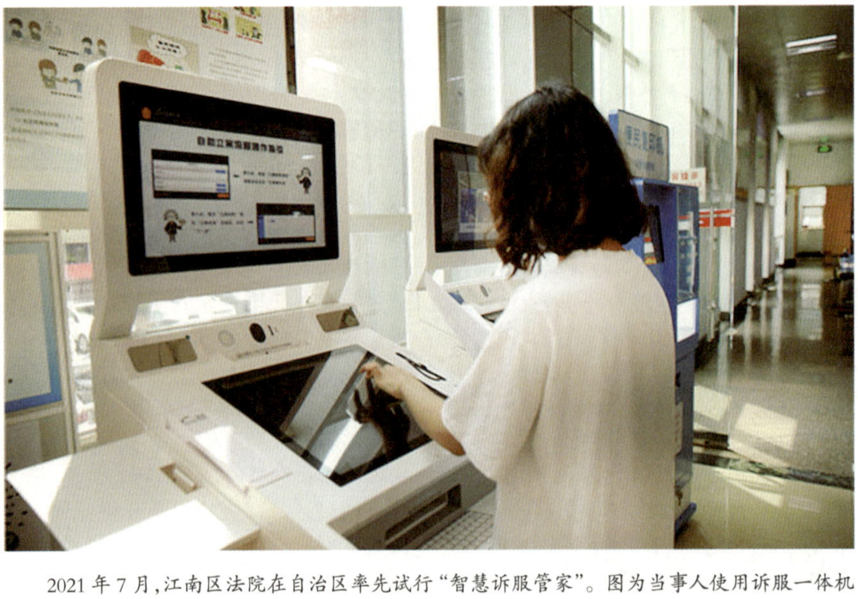

2021年7月,江南区法院在自治区率先试行"智慧诉服管家"。图为当事人使用诉服一体机自助立案　潘伟坚提供

结案 721 件，法定审限内结案率 99.86%；证券类纠纷案件收案 548 件，结案 477 件，法定审限内结案率 100%。健全商事纠纷快立快审快执机制，商事案件当场立案率 99.83%。推行诉前、诉中调解，加大简易程序、小额诉讼程序适用力度，加强评估鉴定管理，最大限度降低商事纠纷诉讼成本。服务供给侧结构性改革，审结破产案件 174 件。开展涉民营企业执行案件集中攻坚行动，执结 1423 件，执行到位 2.1 亿元。走访调研重点项目、重点工程 104 次，帮助企业解决法律问题 133 个。审结知识产权案件 2508 件；审结的永福县供水公司滥用市场支配地位案，入选全国法院反垄断和反不正当竞争十大典型案例。审结环境资源案件 273 件，其中环境公益诉讼案件 15 件。审结农村土地流转、林权转让等案件 724 件。审结银行、证券、期货、保险等金融类案件 1.74 万件。开展涉农村合作金融机构执行案件清理专项活动、防范化解金融风险集中执行攻坚行动，执结 2581 件，执行到位 7.6 亿元。审结涉外民商事案件 167 件、涉外商独资企业商事案件 1733 件，办结涉外司法协助 67 件。市中级人民法院自贸区巡回法庭正式受理案件，良庆区法院设立知识产权审判庭，跟进服务自贸区南宁片区建设。市中级人民法院与南宁仲裁委员会（南宁国际仲裁院）建立涉外商事案件联络机制，共同研究制定涉外商事仲裁的司法审查规则。青秀区法院成立广西自贸区首家商事争议诉调对接中心，成功调解标的 4224 万元的两起关联纠纷，被中国贸促会作为典型案例推广。

【行政审判】 2021 年，市两级法院审结行政诉讼案件 1723 件，办结行政非诉执行案件 687 件。加强协调沟通，促进行政争议实质性化解，推动行政机关负责人出庭应诉，行政机关负责人出庭应诉 201 次。落实市人大常委会《关于全面推进地方性法规进入执法融入司法列入普法工作的决定》，加强市地方性法规的适用。兴宁区法院建立行政争议实质性化解“三个一”（一次诉讼贯全程、一次到位释清楚、一揽子解决管到底）工作方法，审结的管道燃气特许经营纠纷案，入选广西法院一次性实质解决行政争议典型案例。邕宁区法院对徐某介绍诱骗他人加入传销组织行政处罚案，依市场监督管理部门申请，依法裁定准予强制执行，支持行政机关依法行政。

【未成年人（刑事）案件审判】 2021 年，市两级法院受理未成年人刑事案件 367 件，结案 327 件。一审案件受理 333 件（市中级人民法院受理 6 件、基层法院受理 327 件），结案 299 件（市中级人民法院结案 4 件、基层法院结案 295 件）；二审受理 34 件，结案 28 件。2 月 23 日，市中级人民法院举办全市法院少年法庭统一授牌仪式，实现少年法庭全覆盖。

【申诉复查与再审】 2021 年，市两级法院受理审查申诉、申请再审案件 1022 件，结案 966 件。受理再审案件 444 件，办结 295 件。再审维持率 45.76%，再审改判、发回重审率 26.44%。

【国家赔偿与司法救助】 2021 年，市两级法院受理国家赔偿案件 47 件，审结 37 件，决定赔偿 9 件、金额 280.62 万元。其中，市中级人民法院受理国家赔偿案件 33 件（含上年度未结案件 9 件），审结 25 件，决定赔偿 5 件、金额 124.53 万元。办结司法救助案件 546 件 674 人，发放救助金 1084.71 万元，为困难当事人送去司法温暖；依法缓减免诉讼费 1448.14 万元，让困难当事人打得起官司。

【案件执行】 2021 年，市两级法院执结案件 6.10 万件，执行到位 65.91 亿元。组织开展“邕城风暴”系列执行行动，推进执行指挥中心实体化运行。强化网络司法拍卖，节约执行成本、提高执行效率、增强执行透明度，网络司法拍卖 1.18 万次，拍卖标的物 6786 件，成交 30.16 亿元，为当事人节省佣金 9447.81 万元。兴宁区法院成立执行事务集约中心，集中办理核对信息、财产查控等 8 类事务性工作。西乡塘区法院联合交警部门开通“一键通”车辆查控网络平台，快速办理查询、查封、解封车辆等执行事项。良庆区法院建立被执行人不动产托管机制，解决暂时无法变现不动产闲置与贬值问题。市中级人民法院执结广西农垦糖业公司等企业申请执行天成纸业、华成纸业公司案，整体拍卖被执行人 9.6 亿元资产，推动当事人达成执行款分配和解协议，保障 500 余名职工安置补偿款和 220 家供应商货款。宾阳县法院强制执行永凯大桥纸业公司欠缴社会保险费案，为 258 名职工追缴社保费 559 万元。加大失信惩戒威慑力度，公布失信被执行人 2.28 万人。完善正向信用激励机制，为 8917 名履行债务被执行人修复信用。

【阳光司法】 2021 年，市两级法院落实人民陪审员制度，选任人民陪审员 1439 人。人民陪审员参与审理案件 4.28 万件。强化司法公开，直播庭审 1.56 万场，公布裁判文书 10.46 万份，接受社会监督。

【司法监督】 2021 年，市两级法院依法接受各级人民代表大会及其常委会监督。市中级人民法院向市人大常委会专项报告知识产权审判工作，落实审议意见。按时办结人大代表建议 4 件、政协委员提案 13 件。邀请人大代表视察工作 4 次 73 人、旁听庭审 27 件 65 人、监督执行 3 件 7 人，邀请政协委员视察工作 3 次 46 人、旁听庭审 24 件 50 人、监督执行 3 件 7 人。依法接受检察机关法律监督，审结抗诉案件 47 件，邀请检察长列席审判委员会 32 次。

【便民利民诉讼机制建设】 2021 年，市两级法院加强民生司法保护，解决群众急难愁盼问题，审结涉民生案件 2.57 万件。采用“互联网＋诉讼”方式，建设一站式诉讼服务体系，网上立案 11.13 万件、跨域立案 341 件、网上交费 6449 件、电子送达 670.52 万次、在线调解 1.42 万件。推

2021 年 9 月 27 日，广西首创的南宁市法院劳动争议巡回法庭挂牌成立并首次开庭。图为开庭现场

宋延康 摄

进非诉讼纠纷解决机制，主动融入党委领导、政府负责、社会协同、公众参与、法治保障的社会治理体制。与房屋产权交易中心、工会、仲裁委、商会等主管部门、行业组织签订诉调对接、裁审衔接合作协议47个，搭建“专业调解＋司法确认”多元解纷平台34个，引进特邀调解组织46个，促进纠纷多元化解、源头化解；诉前调解收案3.83万件，调解成功1.39万件，依当事人申请司法确认1580件。市中级人民法院在市总工会设立“劳动争议巡回法庭”，推动法院与工会搭建诉调对接平台，建立民生保护协同机制。10月，西乡塘区法院与劳动监察部门联合成立全国首个灵活就业人员合法权益保障中心，为灵活就业人员劳务报酬类纠纷提供快速解决机制，至年底，为489名灵活就业人员确认劳务报酬720.23万元，获央视《新闻联播》报道。邕宁区法院推动设立“三产房”纠纷专项整治工作领导小组，化解“三产房”纠纷。兴宁区法院探索信息化、集约化、社会化送达，“法院＋邮政”送达模式入选广西法院2021年改革培育亮点。横州市法院推出“就近能办、同城通办、异地可办”立案服务举措，隆安县法院、武鸣区法院设立午间立案、咨询服务专窗，上林县法院开展夜间立案、夜间开庭、夜间调解，为群众提供便利诉讼服务。

【案件选介】 2021年，市两级法院受理、审结米某等3人销售有毒、有害食品刑事附带民事公益诉讼案，王某高空抛物案，黄某等13人帮助信息网络犯罪活动案，广西某全食品有限公司与南宁市某味香食品有限公司、高某侵害商标权纠纷案，韦某与冯某健康权纠纷案，邕宁区市场监督管理局申请强制执行徐某行政处罚案等案件。

米某等3人销售有毒、有害食品刑事附带民事公益诉讼案 2018年2月起，米某、梁某通过淘宝网店销售有毒、有害减肥胶囊。杨某知情并委托米某、梁某帮忙销售减肥胶囊，截至2019年9月26日，销售减肥胶囊67.86万元。经检验，该减肥胶囊检测出西布曲明、N—单去甲基西布曲明、N，N—双去甲基西布曲明成分，均不符合食品中西布曲明等化合物的测定。2021年4月28日，江南区法院开庭审理该案；9月3日以销售有毒、有害食品罪，分别判处米某、梁某、杨某有期徒刑1年4个月至10年6个月不等刑期，并处3万元至35万元不等罚金；米某、梁某连带支付销售价款10倍赔偿金678.37万元。被告人不服提起上诉。二审法院经审理，驳回上诉，维持原判。

王某高空抛物案 2020年2月6日，王某在青秀区中束路某小区20楼某房间内饮酒后与妻子发生争吵，先后从20楼某室、21楼某室将衣柜门板、凳子等物品从窗口往楼下抛掷，物品掉落于该栋楼前广场及人行道。2021年4月23日，青秀区法院开庭审理该案，认为被告人王某从建筑物高层抛掷物品，情节严重，其行为构成高空抛物罪。王某行为虽未造成严重后果，但考量其抛掷物品的楼层较高，物品体积重量较大，数量较多，情节严重，结合王某自愿认罪、认罚等情节，判处王某有期徒刑6个月，并处罚金2000元。判后，王某表示服判，不上诉，判决已发生法律效力。该案是广西法院审结的首例高空抛物案。

黄某等13人帮助信息网络犯罪活动案 2020年6月至12月，黄某从事代付赌资给赌客业务。何某、何某生等12人明知是为网络赌博资金转账，仍按黄某要求用自己的银行卡为网络赌博资金转账，合计转账1.39亿元，分别从中获利几千元至几万元不等。2021年9月2日，横州市法院开庭审理该案；12月10日，横州市法院以犯帮助信息网络犯罪活动罪，判处黄某等13人有期徒刑7个月至2年6个月不等刑期，并处5000元至30万元不等罚金。判决后，被告人服判不上诉，该判决已发生法律效力。

广西某全食品有限公司与南宁市某味香食品有限公司、高某侵害商标权纠纷案 广西某全食品有限公司是“尙花”系列图文商标权利人，拥有“荷花”注册商标专用权。高某、南宁市某味香食品有限公司生产“荷茈”牌味精，曾因假冒、侵权行为被处刑事处罚、行政处罚。广西某全食品有限公司起诉请求南宁市某味香食品有限公司、高某立即停止侵权、销毁库存、登报致歉并赔偿经济损失100万元及合理开支2万元。2020年12月15日，市中级人民法院开庭审理该案，综合考虑南宁市某味香食品有限公司、高某侵权主观恶意程度高，侵权行为持续时间长，“荷茈”牌味精谷氨酸钠项目不合格对人体健康有害等因素；于2021年4月12日，判决南宁市某味香食品有限公司、高某立即停止生产、销售侵害广西某全食品有限公司注册商标专用权的味精产品，并连带赔偿广西某全食品有限公司经济损失30万元及其为制止侵权行为的合理开支2万元。判决后，南宁市某味香食品有限公司、高某不服，提出上诉。2021年11月27日，二审驳回上诉，维持原判。

韦某与冯某健康权纠纷案 韦某与冯某及其他人员在南宁某羽毛球馆打羽毛球。双方在进行羽毛球混合双打时，韦某的右眼被冯某回击的球反弹击伤，后韦某自行委托鉴定，伤情结果为右眼九级伤残，遂起诉要求冯某赔偿各项费用23.93万元。2020年8月19日，西乡塘区法院开庭审理该案，判决驳回韦某诉讼请求。韦某不服，上诉至市中级人民法院；市中级人民法院二审认定双方均为完全民事行为能力人，两人均自愿参加羽毛球运动，对可能存在的危险及损害结果具有相应的认知，属于“自甘风险”的行为；2021年11月16日，依照《中华人民共和国民法典》第一千一百七十六条规定，市中级人民法院判决驳回韦某上诉，维持原判。

邕宁区市场监督管理局申请强制执行徐某行政处罚案 2020年11月9日，邕宁区市场监督管理局查明徐某参加“移民工程”传销体系，违反《禁止传销条例》有关规定，决定对其作出行政处罚，罚款15万元。徐某未履行缴款义务，亦未在法定期限内提起复议或行政诉讼，该行政处罚决定依法发生法律效力。经依法催告，徐某仍未缴纳罚款。邕宁区市场监管局遂向邕宁区法院申请强制执行罚款15万元，加处罚款15万元，共计30万元。2021年7月28日，邕宁区法院立案受理，经审查后，依法准予强制执行。执行到位金额8.6万余元，并依法查封徐某名下房产一套。 （潘伟坚）

司法行政

【概 况】 2021年，南宁市司法行政系统有南宁市司法局（简称“市司法局”）1个，县（市、区）司法局12个，开发区司法局3个，基层司法所127个。市司法局下辖南宁仲裁委员会秘书处、市法律援助中心、市桂南公证处3个二级机构。推进市域社会治理现代化试点，建立中国（广西）自由贸易试验区南宁片区矛盾纠纷调解中心，指导成立商会人民调解组织261个，实现商会人民调解委员会100%覆盖，妥善处置涉疫医疗纠纷等重大突发矛盾纠纷。与市中级人民法院建立仲裁与诉讼衔接机制。推动律师党建工作从有形到有效覆盖，市两新组织党工委在广西律师行业党支部标准化、规范化建设工作推进会上作经验交流。实施“八五”普法，市司法局获评全国“七五”普法工作先进单位。推进法治乡村建设，村（居）法律顾问、“法律明白人”100%覆盖，市法律援助中心获司法部评为“法援惠民生 扶贫奔小康”品牌活动表现突出单位，马山县古零镇羊山村、江南区福建园街道淡村、青秀区刘圩镇团黄村、西乡塘区石埠街道忠良村获命名为第八批“全国民主法治示范村（社区）”。主要存在防范化解矛盾风险能力不足、人员队伍结构不合理、基层基础设施和信息化建设滞后等问题。

【行政规范性文件审查】 2021年，市政府制定行政规范性文件19件，集中在促进企业发展、生态环境保护、完善社会保障体系、用地效益提高、重大项目建设管理等方面，按规定全部履行征求意见、合法性审查、集体审议、对外公布等程序，向自治区政府、市人大常委会报备。备案审查县(市、区)政府、市政府工作部门及开发区管委会制定的行政规范性文件177件，准予备案175件，书面纠正备案规范性文件合法性问题2件。

【行政复议与应诉】 2021年，南宁市深化行政复议体制改革，印发《南宁市行政复议体制改革实施方案》，出台《南宁市人民政府行政复议委员会工作规则》等工作制度。调整市级复议机构的行政复议与应诉科为行政复议立案科，增设行政复议一科、行政复议二科、行政诉讼应诉科，增加人员编制，实现事编匹配。推出系列便民利民措施，在南宁铁路运输法院成立自治区第一个行政争议调解中心，设置行政复议代办点130个。办理行政复议案件960件，作出复议决定432件，行政复议综合纠错率26.38%；办理市政府行政应诉、应复案件421件，涉及山林土地确权、政府信息公开、征收拆迁补偿、行政处罚、行政强制、投诉举报等领域。7月，市司法局在自治区行政复议体制改革总结大会上作经验发言。

【行政执法协调监督】 2021年，南宁市持续推进行政执法公示制度、执法全过程记录制度、重大执法决定法制审核制度，强化乡镇执法人员履职能力建设，举办新修订《中华人民共和国行政处罚法》培训班和南宁市2021年度行政执法人员线上培训班，培训行政执法人员1.20万人次。协调解决城管综合执法、交通运输、生态环境保护等行政执法问题，加强教育培训、交通运输、城市管理、食品药品等重点领域执法，专项监督地方性法规和规章执行情况3件，运用信息化平台实时监督行政处罚案件3.14万件、行政强制案件3317件，查办行政执法投诉案件14件。

【政府法律事务】 2021年，市司法局履行重大行政决策程序规定，完成重大决策和一般政策性文件合法性审查，对市政府及有关部门重大决策、拟签订的重大合同及其他政策性文件提出合法性审查意见或者一般征求反馈意见、建议586件次，参加市政府及有关部门涉法事务会议307次。

【普法宣传教育】 2021年，南宁市构建“大普法”格局，实施“八五”普法规划。

2021年5月21日，市司法局行政复议与应诉科在上林县大丰镇山林土地确权纠纷现场开展勘查工作 袁姝涵提供

组织市政府常务会议学法，举办“法治南宁讲堂”暨“双百”法治宣讲，修订印发《南宁市非人大常委会任命领导干部任职前法律知识考试办法》《南宁市非人大常委会任命领导干部任职前法律知识考试办法》，组织15.45万人参加国家工作人员学法用法考试，是自治区唯一参考率和合格率均达100%的地级市。举办2021年南宁市“宪法宣传周”主题活动，观看网络直播10.57万人，开展“宪法山歌大家唱”抖音赛。加强青少年普法教育，印发《南宁市励志专门学校学生离校后教育帮教工作实施方案》，巩固离校后的学生矫治教育成效。推进农村“法律明白人”培养工程，发展1820个村(社区)“法律明白人”5490人。落实“谁执法谁普法”责任制，创新开展法治宣传活动3700余次，发放宣传资料75.81万份，法律咨询1.25万人次。运用普法新媒体，推出“阿洛小智”法治品牌文创项目，禁毒动漫作品被司法部抖音号采用展播，借助轨道交通电视、公交电视、商业广场LED大屏等平台播放动漫普法公益片5293.96万次，推送法治资讯4.03万次。市司法局、中共上林县委依法治县办公室获评全国“七五”普法工作先进单位。马山县古零镇羊山村、江南区福建园街道淡村、青秀区刘圩镇团黄村、西乡塘区石埠街道忠良村获命名为第八批“全国民主法治示范村(社区)”。

【社区矫正】 2021年，南宁市在自治区率先完成市本级、12个县(市、区)社区矫正管理局挂牌。市司法局举办社区矫正管理教育培训班，培训业务骨干160人，社区矫正工作人员、挂职监狱(戒毒)人民警察考试合格率98%。开展社区矫正执法司法专项整改，组织县(市、区)开展

2021年11月30日，市司法局组织法律服务机构到良庆区金象社区开展“中华民族一家亲，同心共筑中国梦”主题普法宣传活动 袁姝涵提供

档案自查2轮,彻查全部案卷1.30万件,整改率100%。依法追查自治区重点案件评查通报的瑕疵案件138件,追究13件问题案件责任人责任,行政处分1人、诫勉谈话6人、提醒谈话72人。市、县(市、区)两级法院、检察院、公安机关委托调查评估1384次,参与社区矫正宣告60余次,开展联合执法检查30余次,决定收监执行21人,追逃5人。开展《中华人民共和国社区矫正法》颁布实施一周年宣传活动。开展社区矫正对象集中教育、心理辅导600余次。集中清理未依法收押和交付执行刑罚问题,纠正未执行刑罚罪犯4人。强化隐患排查,列为重点监管社区矫正对象58人。持续推进"智慧矫正"共建试点,宾阳县、青秀区司法局完成自治区司法厅县区"智慧矫正中心"共建试点任务。新接收社区矫正对象2145人,解除矫正2137人,在册社区矫正对象2189人。全市累计接收社区矫正对象1.54万人,累计解除矫正1.32万人,社区矫正对象在矫正期间累计再犯罪12人,累计再犯罪率0.1%,低于全国0.2%平均水平,无重大恶性案件和社会影响事件发生。

【司法鉴定】 2021年,市司法局监督管理司法鉴定机构17家(广西金桂司法鉴定中心、广西公明司法鉴定中心、广西科桂司法鉴定中心、广西公众司法鉴定中心、广西公仆司法鉴定中心、广西天宏司法鉴定中心、广西正廉司法鉴定中心、广西众邦司法鉴定中心、广西壮族自治区妇幼保健院司法鉴定所、广西华森林业司法鉴定中心、广西壮族自治区林业科学研究院司法鉴定中心、南宁市第五人民医院司法鉴定所、南宁市金盾司法鉴定所、南宁市社会福利医院司法鉴定所、南宁狮山机动车检测有限公司、南宁市中一司法鉴定所、广西壮族自治区环境保护科学研究院司法鉴定中心),执业司法鉴定人员246人。司法鉴定机构办理案件3.05万件。市司法局受理审查司法鉴定机构、司法鉴定人设立、变更、延续、注销等事项150件,办理涉及司法鉴定投诉47件。组织司法鉴定机构及执业人员开展2020年度信用等级评定工作,评定鉴定机构AAA级8家、AA级8家,评定鉴定人员AAA级71人、AA级146人、A级1人,无失信及以下等级。

【公证事务】 2021年,南宁市有执业公证机构12家(桂南公证处、西乡塘公证处、武鸣公证处、邕江公证处、横县公证处、宾阳县公证处、上林县公证处、马山县公证处、隆安县公证处、华强公证处、北部湾公证处、南方公证处),其中事业编制公证机构9家(桂南公证处、西乡塘公证处、武鸣公证处、邕江公证处、横县公证处、宾阳县公证处、上林县公证处、马山县公证处、隆安县公证处),合作制公证机构3家(华强公证处、北部湾公证处、南方公证处)。办理公证案件3.57万件,其中国内公证2.98万件(涉港澳台公证377件)、涉外公证5890件,公证收费2154.37万元。市司法局开展公证行业突出问题专项治理,推出便民服务举措10项,其中开展"公证宣传进社区"活动55次,受理网上公证申请518件,为老弱病残孕等群众提供公证上门服务817次,办理"绿色继承"及代办服务事项122件,受理"零接触"远程视频公证申请311件,受理公证法律援助案件35件,减免经济困难群众公证费用2万元,"跨省通办"受理学历公证等高频服务事项1017件。

【律师工作】 2021年,市司法局主管律师事务所257家、公职律师办公室4家,有律师3190人(公职律师269人、法律援助律师26人、公司律师53人、社会律师2842人)。律师代理刑事案件2949件、民事案件2万件、行政案件955件,办理非诉讼法律事务5392件。开展律师参与化解和代理涉法、涉诉信访案件工作,组织248名律师到市信访局接待涉法、涉诉信访群众445人次;组织42名律师到市检察院接待群众信访128人次,处理接访案件98件;组织法律援助值班律师团参与市法援中心接待大厅、12348公共法律服务热线大厅及公安、检察院、法院、劳动仲裁院等法援工作站值班,配合法院开展调解工作。

【人民调解】 2021年,市司法局开展特殊人群排查整治专项工作,建立重大突发矛盾纠纷和紧急敏感案件信息报送机制;开展矛盾纠纷排查2.72万次,调解矛盾纠纷2.38万件、调解率100%、调解成功率97.1%,处置重大突发矛盾纠纷、紧急敏感、个人极端案件4件。西乡塘区司法局成立自治区首个街道级"警民联调中心",良庆区司法局成立征地拆迁法律服务室,横州市司法局成功调解自治区督办坟山纠纷案。

【基层法律服务】 2021年6月,市司法局组织开展2020年度基层法律服务机构和基层法律服务工作者年审,全市基层法律服务机构43家,基层法律服务工作者336人通过年审。基层法律服务代理民事案件2278件,参与仲裁169件,参与公益法律服务606件,参与信访接待和处理案件82件;收到投诉10件,其中办结及作出行业处分2件,不予立案2件,撤诉4件。

【法律援助】 2021年,市司法局加强法律援助经费保障,组织制定南宁市法律援助补贴标准。办理司法救助案件22件,发放司法救助金50.8万元。受理法律援助案件5932件,援助6910人,解答法律咨询2.06万人次,挽回经济损失4442.84万元。市法律援助中心获司法部评为"法援惠民生扶贫奔小康"表现突出单位。

【国家统一法律职业资格考试】 2021年,市司法局建立健全"市委市政府领导、市司法局牵头、成员单位协同、考点学校操作、公司技术服务"协同负责机制,制定考试工作方案、预算方案、突发事件应急处置预案和疫情防控工作方案,召开考试工作联席会和协调动员会,组织全员培训和全要素测试演练。南宁考区客观题报名应试人数7666人,主观题报名应试人数3797人。审核发放2020年法律职业资格证书954本(A类证书919本、C类证书35本),2021年应届生2020年法律职业资格证书210本(A类证书191本、C类证书19本),同步开展法律职业资格证书初始备案。

【人民监督员管理】 2021年,市司法局抽选人民监督员参加检察开放日、调研座谈会等活动。抽选人民监督员207人参加市、县(市、区)检察院开展的171件案件公开听证活动。7月,举办2021年度人民监督员业务培训班,参训人民监督员69人。组织开展人民监督员2021年度履职情况考核,评选年度市级优秀人民监督员11人,合格人民监督员58人。

【安置帮教】 2021年,市司法局加强刑满释放人员释前对接工作,落实社会救助措施,利用过渡性安置帮教基地,安置临时性、特殊困难刑满释放人员。接收刑满释放人员4875人,其中重点帮教对象585人,安置刑满释放人员4875人,帮教刑满释放人员4875人。推进远程视频会见帮教探访平台建设,建成自治区内远程视频会见帮教探访平台38个。

【村(居)法律顾问】 2021年,市司法局组织550名律师、86名基层法律服务工作者担任村(居)法律顾问。办理法律事务1.89万件,提供法律服务10.10万小时,开展普法宣传活动1631场次,参与调解矛盾纠纷3073件,协助村(居)委员会起草、审核、修订村规民约和其他管理规定2263件,为村(居)民提供法律咨询、解答、引导等其他法律服务2.39万件。

(袁姝涵)

仲 裁

【概　况】2021年，南宁仲裁委员会（南宁国际仲裁院）受理民商事仲裁案件2303件，比上年增长49.93%；受案标的21.02亿元，增长24.7%；实收仲裁费1628.2万元，增长22.8%；审结案件2131件，增加946件，增长79.83%；实现仲裁受理数量、受案标的额、仲裁收费、审结数量稳步提升。市劳动争议调解组织和仲裁机构落实裁审衔接机制，加强劳动争议源头治理合力，增加委托广西同望律师事务所、市青秀法律事务中心开展调解。处理劳动人事争议案2.18万件，涉案标的8574.17万元，仲裁结案率96.23%，调解成功率70.31%。广西南宁甘露法律事务所劳动人事争议调解中心获"自治区金牌劳动人事争议调解中心"称号。主要存在仲裁机构体制、机制不够灵活，尚未能很好地适应新形势发展需要的问题。

（袁姝涵　廖书恒）

2021年5月19日，南宁仲裁委员会（南宁国际仲裁院）与市中级人民法院建立诉讼与仲裁衔接机制联席会议制度。图为第一次裁审衔接工作联席会议场景　　袁姝涵提供

【民商事仲裁】2021年，南宁仲裁委员会（南宁国际仲裁院）召开第三次全体会议，增聘仲裁员60人，有在册国内仲裁员539人，其中港澳台籍9人，在册外籍仲裁员17人。修订《南宁仲裁委员会仲裁规则》《南宁仲裁委员会专家咨询委员会工作制度》。开展仲裁先行调解，调解率100%。与市中级人民法院构建诉讼与仲裁衔接机制，联合出台《关于南宁市推进诉讼与仲裁衔接机制工作暂行意见》《关于全面推进南宁市诉讼与仲裁衔接机制联席会议制度》等相关文件，推动矛盾纠纷多元化解。增强便民措施，设立立案首问负责制及预约制度，推行网上立案，开发使用远程视频开庭系统，设立金融仲裁专窗，开通精准对接金融机构、金融案件绿色通道。提升仲裁案件审理质效，完善仲裁案件管理系统，出台《南宁仲裁委员会秘书处推进仲裁案件审理办法》《南宁仲裁委员会秘书处仲裁队伍培训暂行办法》《南宁仲裁委员会推进仲裁案件审理工作的规定》等制度，未发生因仲裁案件导致群众到有关部门集体上访情形，未收到所裁决案件被法院撤销或不予执行反馈。

（袁姝涵）

【劳动人事争议仲裁】2021年，南宁市劳动争议调解组织和仲裁机构处理劳动人事争议案2.18万件，涉案标的8574.17万元。仲裁机构立案受理1.01万件，上年转521件；不予受理1160件；仲裁机构结案1.01万件（裁决结案6274件、调解结案3858件）；工会、部分大中型企业、乡镇街道和商会（协会）劳动争议调解组织调解劳动争议案件1.12万件。仲裁结案率96.23%，调解成功率70.31%。在自治区率先搭建劳动维权一体化系统平台，依托南宁"智慧人社"系统，实现劳动维权全业务"一次告知、一表申请、一窗受理、一网办结、一体管理"，打造集风险精准预警、案件智能分派、矛盾多元化解于一体的"劳动纠纷终点站"。探索构建劳动监察协查员"协助调处＋仲裁确认"模式，建立覆盖各城区的劳动监察与劳动仲裁联动调解机制，形成联动维权合力；9月试行至年底，成功调解案件519件。设立快审速裁专庭，推动快审速裁小组整合优化试点案件繁简分流、简案快审速裁，部分案件开庭当日作出仲裁裁决送达当事人，承办案件2506件，审结2393件，结案率95.49%。

（廖书恒）

编辑　卢景林

军事

中国人民解放军广西壮族自治区南宁警备区

【概　况】 2021年，中国人民解放军广西壮族自治区南宁警备区（简称“南宁警备区”）党委坚决贯彻党中央、中央军委、习近平主席和上级党委决策部署，聚焦庆祝中国共产党成立100周年，完成年度任务，部队全面建设保持向上向好发展势头。民兵工作在广西军区检查考评中排名第一。第三干休所党委被中央军委国防动员部表彰为先进基层党组织。受军以上单位表彰7人，立三等功5人，获嘉奖干部、战士、文职人员60人，其中被评为“四有”（有灵魂、有本事、有血性、有品德）优秀军官6人、“四有”优秀文职人员11人、“四有”优秀士兵8人、机关服务基层优秀个人1人。

【思想政治建设】 2021年，南宁警备区抓好理论武装，召开两级党委民主生活会，考核团级单位党委班子。围绕庆祝中国共产党成立100周年，深入学习习近平总书记“七一”重要讲话精神、党的十九届六中全会精神；推进党史学习教育走深走实，集体过“七一”主题党日，组织“做新形势下合格共产党员”党课辅导，开展“赓续优良传统，争当强军先锋”主题演讲、“两优一先”评选表彰、颁发“光荣在党50年”纪念章、走访慰问系列活动；组织2支参赛队参加广西军区歌咏比赛分获二等奖、三等奖，参加军区党史知识竞赛获三等奖。党管武装坚强有力，落实市委议军会议议定事项；结合换届开展培训，提升专职人民武装干部思想政治素质。

【战备训练】 2021年，南宁警备区修订完善战备总案及分支方案计划，研究拟定应急应战预案。推进群众性战法创新研究，研究成果获南部战区三等奖1篇、优秀成果1篇，获广西军区一等奖1篇、二等奖1篇。在军内媒体发表文章281篇。分层级开展基干民兵群众性实战化练兵比武，参加广西军区比武获金银铜牌数第一、奖牌总数第一。民兵工作在广西军区检查考评中排名第一。参加上级组织的重大演练集训活动，提升指挥员能力素质。

【部队管理】 2021年，南宁警备区完成战备秩序、训练秩序、工作秩序、生活秩序“四个秩序”规范化建设任务，6个人武部完成改建，5个人武部新营房建设项目及第二干休所综合整治工程开工建设，市国防教育训练基地进入建设前期准备阶段。开展干休所达标建设，组织交叉考评，开展“双争”“三先”评选表彰活动，定期走访慰问老干部及遗孀。按照“三个不降”（确保服务保障力度不降、标准不降、质量不降）标准要求，做好老干部服务保障，提升老干部满意度。第三干休所党委被中央军委国防动员部表彰为先进基层党组织。做好常态化新冠肺炎疫情防控，按照应接尽接要求完成全员新冠病毒疫苗接种。开展“净网”、微信清理专项整治行动，每周常态开展“保安全四要求”安全教育训练活动，提高官兵职工安全意识、安全素质和干部骨干安全组织力。

【国防动员】 2021年，南宁警备区适应“一年两征”新常态，完成新兵征集任务，“五率”（报名率、上站率、合格率、择优率、退兵率）量化考评位列自治区第一，被广西军区推荐为“全国征兵工作先进单位”。完成国防动员专业保障队伍编组任务。完善“退役军人作战型骨干人才数据库”。完成8个领域18万条潜力统计调查，持续加强4个国民经济动员中心规范化建设。基本完成智慧动员信息网络系统建设。

2021年8月，南宁警备区组织民兵集训。图为医疗救护演练　　南宁警备区提供

【综合保障】 2021年，南宁警备区聘请地方审计公司多点同步进行工程审计、资产清查，对照通报自查自纠，完成问题整改、清退违规款项任务；提前完成重复购房清理整治，获中央军委国防动员部检查组高度评价；成立突击专班，推进地方绩效清退工作；天堂岭停偿项目移交历史遗留问题12个，实现问题清零。

【拥政爱民】 2021年，南宁警备区发挥驻军牵头作用，促成退役军人和随军家属充分就业、高质量就业，协调安置随军家属，落实军人子女入学任务。开展“军事日”、军营开放日、国防专题讲座等活动，培育群众爱国情怀。邀请党政军领导为立功受奖家庭送立功喜报，发放奖励金，并在媒体上宣传报道。军地开展“党旗引领党员进乡村·军民鱼水情深办实事”专题党日活动，为帮扶村捐赠物资，协调解决困难，加强军民团结。

（凌才弢　朱英杰）

2021年6月24日，武警南宁支队组织官兵到广西革命纪念馆开展主题党日活动

武警南宁支队提供

中国人民武装警察部队广西壮族自治区总队南宁支队

【概　况】 2021年，中国人民武装警察部队广西壮族自治区总队南宁支队（简称“武警南宁支队”）坚持以习近平新时代中国特色社会主义思想为指导，深入贯彻党的十九大和十九届历次全会精神，贯彻习近平强军思想，坚决落实军委、武警部队和广西总队党委决策部署，坚持统思想、强能力、固基层、正风气、抓落实，部队建设呈现稳步稳固、向上向好发展势头，完成以执勤、处突、反恐维稳为中心的各项任务。武警南宁支队参谋部被武警广西总队评为先进参谋部。

【武警思想政治建设】 2021年，武警南宁支队深入学习习近平总书记在庆祝中国共产党成立100周年大会重要讲话精神和党的十九届六中全会精神，抓好理论服务走基层和“双百”（习近平新时代中国特色社会主义思想100句经典论述和习近平强军思想100句经典论述）微课活动，强化官兵坚定捍卫“两个确立”，坚决做到“两个维护”的政治自觉。落实全军思想政治教育工作会议精神，优化组教模式，推进主题教育、党史学习教育和经常性教育，提升教育质效。注重以文化人，拓展文化共建共享资源，与市文广旅局签订文化建设军民融合发展协议，彰显以文育人聚力作用。抓好意识形态领域斗争，规范政治考核，净化网络涉军环境，探索优化“三互”活动（互帮、互学、互教）方式方法，确保部队纯洁巩固。贯彻落实武警部队党建法规培训会议精神，修订完善党委常委会议事决策细则，开展党员发展、党费收缴使用管理和奖励表彰专项清查整治，提升各级党组织政治功能和组织力。开展党规党纪教育，抓实基层风气监察联系点建设和廉政进基层活动，落实风气监督员交叉派驻制度，纠治官兵身边“微腐败”和不正之风，优化部队政治生态。

【武警练兵备战】 2021年，武警南宁支队贯彻军委、武警部队军事训练会议精神，落实党委议战议训制度，以“四考四带”（考主官带班子、考班子带机关、考机关带基层、考干部带战士）为抓手，组织演训比武考核，提高实战化水平。围绕全面建设、体系防控、科技强勤、确保安全的执勤思路，以推进执勤工作高质量发展为抓手，以中心工作零失误为目标，常态抓好执勤隐患排查治理，确保目标绝对安全。加强战备体系建设，开展“学研用”纲要和“修学推”方案活动，提升部队实战实备水平。完成第18届中国—东盟博览会、中国—东盟商务与投资峰会警卫安保任务。

【武警基层建设】 2021年，武警南宁支队分层制定按纲建队计划，组织《军队基层建设纲要》培训、“双争”（争创铁一般信仰、铁一般信念、铁一般纪律、铁一般担当先进单位，争当有理想、有道德、有文化、有纪律优秀个人）评比、季度考评和“法规学习周”活动，立起大抓基层鲜明导向。坚持精准帮建，制定“一队一策”抓建措施，基层发展不平衡问题逐步改观。常态开展大练基本功活动，如期完成警官等级转换，推动新的干部政策制度平稳落地。

2021年9月10日至13日，武警南宁支队在第18届中国—东盟博览会、中国—东盟商务与投资峰会会场执行警卫安保任务

武警南宁支队提供

注重抓安全建安全，以争创“六无”（无政治性问题、无严重违纪、无等级事故、无刑事案件、无失泄密、无自杀）先进单位为抓手，推进各类安全活动，纠治“三个不放心”（不放心的人、不放心的事、不放心的部位）问题，稳固部队安全基础。

【武警后勤保障】 2021年，武警南宁支队紧跟军事行动进程修正方案，规范战勤编组和编携配装，落实野战饮食快餐化保障，与地方保障单位签订代储代运协议，提升前勤保障能力。常态抓实新冠肺炎疫情防控，组织核酸检测、疫苗接种，实现“零感染”目标。办好利军惠兵实事，安排专款用于配套设施建设，为基层单位配发衣物烘干设备，完成官兵被装发放、体检、评残等事项。 （杨肖飞）

国防教育

【国防教育基地】 2021年，南宁市贯彻落实《新时代爱国主义教育实施纲要》，广泛开展国防宣传教育。从市级爱国主义教育基地中，遴选上林县南陔革命旧址、江南区沙井乡抗日战争时期遇害者千人坟、宾阳县“中国好人”韦曰坚纪念馆、南宁市近现代国防历史文化陈列馆4个教育基地，补助28.1万元建设完善基础设施。2021年6月，昆仑关抗日战役纪念地被中央宣传部列入“全国爱国主义教育示范基地”名单，成为南宁市首个全国爱国主义教育示范基地。

【国防教育活动】 2021年，南宁市利用户外LED电子屏、高杆广告牌、文化墙、工地围挡、地铁电视、楼宇电视、宣传栏、公交车候车亭广告牌、出租车顶屏等宣传平台，利用“八一”、“九一八”、烈士纪念日、征兵宣传活动等时间节点，设置或播放宣传片、宣传画、宣传标语等公益广告，其中利用中国人民解放军空军成立72周年纪念日，开展室外楼宇灯光主题宣传活动，在全社会营造关心国防、支持国防、热爱国防的社会氛围。9月17日，自治区党委宣传部、广西军区政治工作局、自治区国防教育办公室主办，市委宣传部、市国防教育办公室承办“感党恩·跟党走”——第21个全民国防教育日主题活动在广西军区机关大礼堂举行，主办单位、自治区国防教育委员会成员单位、市“两优一先”、道德模范、群众代表及广西军区官兵代表300余人参加活动。

（市委宣传部）

人民防空

【概　况】 2021年，南宁市人民防空办公室（简称“市人防办”）辖市人防指挥信息保障中心、市人防平战管理处、市人防监察所、南宁人防基地管理所4个事业单位，市人防新华经营公司、广西南宁人防科研设计院有限公司2个企业。市人防办强化主体责任，坚持备战牵引，坚持统筹兼顾，贯彻“长期准备、重点建设、平战结合”方针，履行“战时防空、平时服务、应急支援”使命任务，承办全国人防集训活动，加强全市公共人防工程安全管理，组织公共人防工程督导检查101次，督导问题27个；开展消防演练5次、防洪防内涝检查7次、防汛演练4次，夯实人防工程安全基础。人防事业保持平稳发展势头。市人防办被《中国人民防空》杂志社评为2021年度人民防空通讯报道先进单位。主要存在对新时代人民防空建设主要目标、措施、手段调查研究不够深入，人防干部忧患意识需加强等问题。

【人防战备训练】 2021年，市人防办以提高基于信息系统的体系防护能力为出发点和落脚点，抓好信息化条件下的军事斗争准备，改造完成值班信息系统供电线路和数字程控交换机系统，维护、检测、检修完成全市防空警报系统，完成24小时战备值班和重大节假日值班。开展防空警报器管理人员培训350人次，指挥系统日常训练50次，电台联络训练69次，机动指挥信息系统训练总时长约230小时，确保人防指挥网络处于良好战备状态。组织开展人防专业队整组训练，组建人防工程平战转换专业队伍1支；完成疏散体系项目试点，东线疏散体系得到实战化检验；组织开展“9·18”防空警报试鸣暨指挥部实战化演练活动，参演人员超10万人，警报鸣响率99%以上；在上林县组织2021年度南宁人防疏散集结地域通信保障训练，在横州市组织2021年广西人防（中片区）应急抢险通信保障协同演练，在青秀区开展南宁市人防工程平战转换演练；赴北海市参加2021年自治区人防信息化建设培训，人防专业队伍遂行保障能力提升。

【人防法治化建设与宣传教育】 2021年7月26日，《南宁市人防领域轻微违法行为免罚清单》出台，是市人防办在“十四五”出台的首个规范性文件；包含“人防工程建设从业单位不按照有关规定和技术标准实施业务”“人防工程维护管理责任人未履行维护管理义务或者维护管理未达到规定要求”等5项“初次违法且危害后果轻微并及时改正的，不予行政处罚”免罚事项，明确全市各级人防主管部门应当坚持处罚与教育相结合原则，通过批评教育、约谈提醒等措施，促进市场主体依法合规开展经营活动；自2021年8月1日起施行，有效期两年。开展人防宣传教育“五进”活动，在全市297所初级中学开设人防知识教育课，组织近10万名初一新生开展人防知识教育，实现初级中学人防知识教育全覆盖。通过《中国国防报》、《中国人民防空》、市委组织部“绿城党旗红”党建信息平台等媒体，优化创新南宁人防宣传，在国家级纸质媒体《中国国防报》刊登稿件4篇、《中国人民防空》6篇、《广西武装》6篇、《广西人防边海防》11篇，获广西电视台报道2次。

【人防执法监察】 2021年，市人防办办理防空地下室质量监督登记项目140个，

2021年9月18日，昆仑关抗日战役纪念地全国爱国主义教育示范基地揭牌

周桂芬　摄

2021 年 4 月 21 日至 23 日，市人防办在上林县开展 2021 年度南宁人防疏散集结地域通信保障训练　　市人防办提供

办理竣工验收备案项目 142 个。线上线下监督检查人防工程 1890 项次，其中现场检查 632 项次；完成南宁市轨道交通某工程人防工程的质量监督、验收监督。核实拆除人防工程 7 项。处罚违反《中华人民共和国人民防空法》项目 2 个，处罚金额 12 万元，缴纳人防工程易地建设费 235.65 万元。

【全国人防集训】 2021 年 6 月 21 日至 24 日在南宁市举行，参加集训军地人员 450 余人。南宁市以城市人民防空为课题，以平战转换、人口疏散掩蔽、重要经济目标防护为重点，组织人防专业队伍开展示范性演练，在全国人防集训活动播放演习录像片；练兵备战成果和集训保障得到军委国防动员部首长、国家人防办主要领导肯定；市政府、南宁警备区收到国家人防办感谢信。　　（乐清林）

退役军人事务

【概　况】 2021 年，南宁市退役军人事务局（简称“市退役军人局”）有事业单位 7 个（市退役军人服务中心、南宁军用供应站、南宁市军队离休退休干部福建园休养所、南宁市军队离休退休干部植物路休养所、南宁市军队离休退休干部望州路休养所、南宁市军队离退休干部服务管理中心、南宁军供服务大厦），县（市、区）退役军人事务局 12 个，开发区社会事务（业）局 2 个，开发区退役军人和社区网格化管理服务中心 1 个。持续推进退役军人服务保障体系建设，建成市、县（市、区）、乡镇（街道）、村（社区）四级服务中心（站）1967 个，应建率 100%；通过全国示范型退役军人服务中心（站）创建验收的基层服务中心（站）202 个。完成年度军转干部、退役士兵、军休干部等接收安置任务，做好退役军人就业创业、军休服务、优待抚恤、烈士褒扬等工作。市军队离休退休干部望州路休养所获退役军人事务部、中央军委政治工作部评为军休工作先进单位；青秀区建政街道退役军人服务站获退役军人事务部评为全国百家红色退役军人服务站；市军队离退休干部服务管理中心主任廖春红获退役军人事务部、中央军委政治工作部评为退役军人服务保障先进个人；武鸣区太平镇庆乐村党总支部书记、退役军人服务站站长、退役军人黄谦获中共中央、国务院评为“全国脱贫攻坚先进个人”。主要存在就业创业扶持力度待加强，优抚优待水平待提升等问题。

【权益维护】 2021 年，南宁市推进常态化联系退役军人工作制度，由市退役军人局领导包片联系生活困难、伤病残、功臣模范、参战参试和遗属等联系对象 95 人。为困难企业军转干部发放困难补助金，组织困难企业军转干部健康体检；慰问功臣模范、伤残军人等退役军人代表，全国模范退役军人、“最美退役军人”、“优秀退役军人”、生活困难退役军人党员、退役军人老党员、烈士遗属等。

【移交安置】 2021 年，南宁市完成自治区下达的转业军官安置计划，安置到自治区以上单位的转业军官占 47%，安置在南宁市的转业军官占 53%。完成符合政府安排工作条件退役士兵安置计划，安置到自治区机关企事业单位和央企的退役士兵占 41%，安置在兴宁区、江南区、青秀区、西乡塘区、邕宁区、良庆区的退役士兵占 31%，由武鸣区、横州市、宾阳县、上林县、马山县、隆安县独立安置的退役士兵占 21%，选择货币化安置（自谋职业）的退役士兵占 7%。完成接收 2021 年秋冬季自主就业退役士兵任务。

【就业创业】 2021 年，市退役军人局搭建对接平台，开展线上线下招聘活动 50 余场，提供就业岗位 4.8 万个，达成就业意向 1200 余人；推动 36 个事业单位岗位定向招考随军家属，安置 29 名符合条件的在编在岗驻邕部队随军家属。举办南宁市第二届退役军人创业创新大赛暨首届退役军人创业创新产品展销会，晋级决赛项目 18 个，参展项目 51 个；推选参加自治区级大赛的优秀企业项目 11 个，推荐参加自治区级展销会优秀企业 47 家；获参赛项目一等奖 1 个、二等奖 1 个、三等奖 1 个、优秀奖 3 个，参展企业项目获金奖 1 个、银奖 4 个。搭建政校合作平台，成立南宁市退役军人学院，

2021 年 4 月，军休干部通过“小度”机器人终端远程咨询医生　　市退役军人局提供

开设技能、学历提升班30个，建立学历教育和职业教育并行的培养体系，其中第一期35名技能培训班学员实现就业。举办“无人机培训班”“短视频拍摄与制作培训班”等培训班10余期，培训自主就业退役士兵，实现职业技能拿证率95%以上，推荐就业率100%，就业率90%以上。组织在校退役大学生成立“南职军梦”退役军人协会，涵盖专业82个。完成退役士兵社会保险补缴初审，认定困难人员，核查养老保险、医疗保险；养老保险办结率100%。成立退役军人创业创新基地14家(退役军人创业就业孵化基地12家、退役军人创业就业实训基地孵化基地2家)，引入退役军人创业企业70家，带动就业300人。

2021年3月23日，南宁市退役军人学院在南宁职业技术学院揭牌，为自治区首个退役军人学院　　市退役军人局提供

【军休服务】 2021年，南宁市接收移交政府安置军队离退休干部、退休士官。成立军休干部讲军史“五老宣讲团”，156人次参与宣讲78场，听众3.73万人。举办“光荣在党50年”纪念章颁授仪式4场，为308名军休干部颁发纪念章，观礼200多人。创新“军休智慧居家养老新模式”，引进“小度智慧养老服务信息平台”，为军休干部配备“小度”机器人终端，提供三甲医院实时在线医生咨询、挂号、体检、预约专家、预约病床等服务。“小度”机器人配置军休干部比率81.2%，每月服务军休干部近100人次。军休机构多点打通医养结合内外联通渠道，与市第一人民医院等三甲专业医疗机构、民族宫社区卫生服务中心等社区医疗服务机构签订合作协议，形成全方位、全周期的闭环式健康服务体系，为军休干部急诊、住院提供优先挂号、优先就诊及其他医疗优先优待服务。市第一医院挂牌设立拥军病区。

【拥军优属】 2021年，南宁市制定《南宁市双拥工作领导小组工作规则》《南宁市双拥工作领导小组成员单位工作职责》《南宁市双拥工作领导小组办公室职责和工作制度》，形成统筹推进、分工负责、齐抓共建的工作格局。建立健全军地互提要求、互办实事“双清单”(部队与地方互相提出需要解决的事项清单，一份是地方解决清单，一份是部队解决清单)制度，合力推动南部战区陆军机关新营区建设，完成广西军区大门修缮、围墙翻建、周边环境整治工程等。开展“立功喜报送上门，拥军优属暖人心”系列活动，送出立功喜报176份，赠送奖励金33.49万元，增强军人荣誉感。联合成员单位开展“学党史进军营忆峥嵘促双拥”等双拥献礼建党100周年系列活动。创新宣传载体，利用大型商场等户外LED大屏滚动播放庆祝八一建军节标语，制作播放争创全国双拥模范城“八连冠”公益广告。微视频微电影公益广告类作品《中秋节》获全国双拥主题文艺作品征集评选活动二等奖，歌曲类作品《心和心在一起》获三等奖。

【优抚褒扬】 2021年，南宁市为优抚对象发放抚恤补助，拨付入伍大学生一次性奖励金；慰问各类对象9万人次，发放慰问金(品)。市财政配套春节专项慰问经费113.5万元，走访慰问1级至4级伤残军人及1900名困难优抚对象。支出优抚对象医疗保障金910.4万元，其中医疗救助报销2435人次414.17万元；为重点优抚对象1639人提供免费体检。整合使用资金884.11万元，整修徐汉林烈士陵园等324处烈士纪念设施。完成梁小霞评定烈士工作，举办向梁小霞烈士遗属颁授烈士光荣证仪式。通过新闻媒体开展“为烈士寻亲”活动，找到南宁籍烈属23人。配合广西援越抗美修路工程部队老战士口述史料抢救收集采访组完成15名老战士采访。　(李　辰)

编辑　李敬江

教育

综述

【概况】2021年，南宁市有幼儿园、普通中小学、特殊教育学校3119所，在校生171.72万人，专任教师10.30万人。其中，幼儿园1642所，在校生32.69万人，专任教师2.01万人；小学1086所，在校生79.86万人，专任教师4.57万人；普通初中272所，在校生32.34万人，专任教师2.29万人；普通高中82所，在校生16.87万人，专任教师1.12万人；中等职业学校27所，在校生10.35万人，专任教师2683人；特殊教育学校10所，在校生1460人，专任教师383人。有驻邕高校37所，在校生65.90万人；自治区直属中职学校29所，在校生7.80万人。年内，建成并投入使用公办中小学校22所，新增学位4.04万个；新开办公办幼儿园26所，新增学位8640个。有多元普惠幼儿园523所，普惠性幼儿园覆盖率90.87%，自治区级和市级示范性幼儿园188所。有自治区示范性普通高中26所、自治区特色高中3所。有全国文明校园5所、自治区文明校园59所、市文明校园543所（新增191所），全市学校创建文明校园参与率100%。出台《南宁市推进中小学校幼儿园集团化办学工作实施方案》，市本级成立优质基础教育集团5个，在8个县（市、区）、开发区培育教育集团37个，参与学校（校区）122个。推进“双减”（全面压减作业总量和时长，减轻学生过重作业负担）改革，全市义务教育阶段学校应开展课后服务461所，实际开展461所，实现课后服务100%全覆盖；应参与课后服务学生62.34万人，实际参与55.18万人，参与率88.52%；压减学科类校外教育培训机构641家，压减率84.45%。市第一中学等17所学校获批为普通高中新课程新教材实施自治区级示范校。实施南宁工匠后备人才培育工程，成立产业学院7个，全市职业教育集团增加到7个。制定《南宁市教育事业发展“十四五”规划》《南宁市贯彻落实教育提质振兴三年行动计划实施方案（2021—2023年）》《品质教育学在南宁——南宁市新时代教育高质量发展总体方案（2021—2023年）》等专项教育规划，启动编制《南宁市教育设施布局专项规划（2021—2035年）》。继2019年后再次入选“广西职业教育改革成效明显市”。在2020年度设区市人民政府履行教育职责评价中，南宁市排名自治区首位，12个县（市、区）获评优秀等次。市教育局被评为2016—2020年全国普法工作先进单位、2021年国家义务教育质量监测实施市级优秀组织单位、全区脱贫攻坚先进集体，获全区中小学实验教学说课优秀组织奖、广西学生信息素养提升实践活动优秀组织奖；“南宁教育云平台”获教育部2020年度网络学习空间应用普及活动优秀区域奖。主要存在教育资源配置与优质均衡发展的要求之间存在差距、提高教育质量需求与师资队伍力量衔接还不够紧密等问题。

【思政课建设】2021年，南宁市成立市大中小幼思政课一体化建设指导委员会，举办“感党恩　跟党走”全市大中小幼思政课一体化建设研讨活动，完成《习近平新时代中国特色社会主义思想学生读本》教师全员培训和全区精品示范课录制。市第三中学《高中思想政治课与生涯规划双向融合育人的十年实践研究》、市第二中学《中学思政课“一核四环三贴近”主体探究教学模式的构建与实践》等成果获2020年南宁市基础教育教学成果一等奖。中小学校党组织覆盖率99.80%，党的工作实现全覆盖，培育“一校一党建品牌”（一所学校创建一个党建品牌）。开展全市教育系统“书记引航担使命　凝心聚力强教育”专项活动，打造党风廉政示范点6个，推行片区纪检监察监督协作工作机制。通过开展志愿服务、节庆活动、开学典礼、《红色传奇》进校园等活动，将习近平新时代中国特色社会主义思想和社会主义核心价值观融入教育教学全过程。

【教育经费投入】2021年，南宁市落实一般公共教育支出“两个只增不减”政策（即一般公共预算教育支出逐年只增不减，按在校学生人数平均的一般公共预算教育支出逐年只增不减），一般公共预算安排教育支出158.71亿元，较上年年初预算增长6.58%。全市教育经费总收入242.54亿元，比上年增长9.36%。教育经费总支出246.11亿元，增长10.06%。投入640万元，完成全市中小学校教室灯光改造项目，为800间教室更换节能护眼灯具。国家、自治区下达城乡义务教育阶段专项补助资金9.47亿元；全市义务教育阶段学校学生享受“两免一补”（免学杂费、免教科书费，补助家庭经济困难学生生活费）政策，107.51万名城乡义务教育阶段学生享受国家免除学杂费政策和免费教科书，核拨义务教育生免杂公用经费8.03亿元。市本级预算内生均学生公用经费定额为幼儿园每生每年500元，小学每生每年360元，初中每生每年410元，高中每生每年500元，中等职业学校每生每年600元。投入资金28.91亿元推进学校基本建设项目93个。

【教育政策研究与安全法治建设】2021年，南宁市印发《南宁市贯彻落实〈深化新时代教育评价改革总体方案〉任务分工方案、工作任务清单和负面清单的通知》《南宁市“双减”工作政策解读问答50条》、开辟“双减”专栏、开展记者进校园及督学入校督导等活动,做好“双减”宣传和督导工作。建立学校课后服务日报和半月报监测机制,印发《南宁市教育局关于“一校一案”全面落实课后服务工作的通知》《南宁市义务教育学校课后服务正面、负面清单》。印发《全市中小学幼儿园安全防范专项行动实施方案》,成立市中小学幼儿园安全防范工作专班;印发《南宁市学校安全风险防控清单》,明确风险隐患点326个。建设学校平安智慧校园项目,投入7896万元,全市中小学幼儿园均完成安防建设“4个100%”(专职保安员配备率、封闭化管理率、一键式紧急报警和视频监控系统达标率、“护学岗”配备率均100%)达标任务。举办南宁市“学宪法 讲宪法”演讲比赛等系列活动,学生参加2021年第六届全国学生“学宪法 讲宪法”活动知识竞赛、演讲比赛广西赛区决赛,演讲比赛获高中组二等奖1人、初中组三等奖2人、小学组三等奖1人,知识竞赛获高中、初中、小学组三等奖各1人。在五象新区第三实验小学设立2021年国家宪法日教育系统宪法晨读活动广西分会场,自治区1万多所学校近700万名师生通过网络与北京主会场同步开展“宪法晨读”活动。自治区检察院党组书记、检察长、二级大检察官茅仲华担任市第三中学法治副校长,以检察长带头担任法治副校长等方式持续深化“法治进校园”工作。市教育局、市司法局、市律师协会联合组织开展“党旗领航,守护成长,法治同行”法治进校园系列活动,利用安全教育日、“六一”儿童节、宪法宣传日、开学散学典礼等时间节点,加强青少年法治教育。市教育局和市中级人民法院联合开展“护苗2021”普法宣传教育活动,通过教育网络云端平台在线听课学习的初中学生5.28万人。

【促进教育公平】2021年,南宁市无失学、辍学学生,保持控辍保学“双清零”工作成效。印发《南宁市教育系统巩固拓展教育脱贫攻坚成果同乡村振兴有效衔接工作方案》《南宁市教育局巩固拓展脱贫攻坚成果建立健全防止返贫致贫工作机制实施方案》《南宁市巩固拓展脱贫攻坚成果同乡村振兴有效衔接过渡期学生资助工作实施方案的通知》。投入义务教育阶段学生资助金1.66亿元,惠及学生35.73万人次。使用中央、自治区支持学前教育专项新建迁建及改扩建幼儿园奖补资金土建项目资金1.02亿元,使用自治区义务教育薄弱环节改善与能力提升补助资金、农村义务教育学校校舍安全保障长效机制资金土建项目资金4.44亿元,用于农村幼儿园及义务教育学校建设。实施农村义务教育学生营养改善计划,累计下达中央、自治区和市本级农村义务教育学生营养改善计划补助资金3.55亿元,受益学生超45万人。市本级拨付乡村教师生活补助专项配套资金355.56万元,受益教师5926人。选派40名骨干教师赴隆安县、马山县支教。开展粤桂教育协作,广东省深圳市福田区选派33名教师到上林县、马山县、隆安县支教帮扶,南宁市选派88名骨干教师、学校领导赴深圳市福田区学校跟岗学习交流。举办南宁市粤桂教育协作县区骨干教师能力提升高级研修班,投入资金57.75万元,培训县(市、区)教师207人。发放学生资助项目资金10.30亿元,受惠学生83.26万人次。其中,资助建档立卡脱贫户学生31.62万人次,发放和拨付建档立卡脱贫户学生免、助、奖学金2.53亿元。开展全市“学生资助政策宣传月”暨“诚信教育宣传月”系列活动,向初三、高三毕业生发放《致毕业生家长一封信》15.30万份,向高考学生免费发放《求学·助学助考手册》5.10万册,印发《学生资助政策宣传折页》18.80万份。

【教师队伍建设】2021年,南宁市印发《南宁市中小学(幼儿园、中等职业学校)教师培训“十四五”规划》。新增专任教师8442人。全国模范教师、优秀教师42人,特级教师121人,广西教学名师14人,自治区优秀教师、班主任、教育工作者121人,均居自治区首位。完成164名卓越校长培养对象、163名“扬帆计划”培养对象轮训。开展以“感党恩、立师德、强队伍、谋新篇”为主题的师德师风建设专项活动和“万名教师访万家”活动,累计入户家访7.50万次。评选表扬市优秀教师450人、市优秀班主任350人、市优秀教育工作者100人。深化“县管校聘”管理改革,各县(市、区)义务教育学校交流轮岗校级领导310人和专任教师3761人。开展体育美育教师专项培训及教学技能大练兵等展示活动30余次,参加人数6000余人次。在2021年自治区级基础教育教学成果评定中,市教育科学研究所莫海冰《基于提升民族地区音乐教育质量的“431”教学资源创新开发与实践》、市第十四中肖艳莉《基于民族音乐文化传承与创新的中学音乐特色课程十五年探索与实践》率先在广西实现音乐学科获评一等评定的突破。新建特级教师工作室9个,资助特级教师工作室41个,培训教师21万人次。遴选学校领导、骨干教师15人赴深圳市开展跨区域交流学习活动。深化职称制度改革,新增副高级专业技术职务任职资格教师2805人、正高级教师33人(正高级教师累计79人)。对任职年限较长特别是涉及重点岗位、分管后勤总务工作的学校领导干部进行交流轮岗,交流干部15批次58人次。建立“三名(名师、名班主任、名校长)”工程协同保障工作机制,新建名师工作室8个、名班主任工作室3个、名校长工作室5个,“三名”工程工作室主持人共49人。

【学生综合素质提升】2021年,南宁市开展家庭教育主题活动,7个中小学家庭教育案例被评为自治区优秀案例。举办南宁市第六届“千里杯”校园足球联赛,127支球队2100多名中小学生参赛,参赛队伍及人数突破历年纪录。新增全国青少年校园足球特色学校、幼儿园21所;南宁

2021年12月2日,广西第七届中小学生艺术展演活动在钦州市北部湾大学开幕,南宁市第五中学特色艺教泥塑工作室代表南宁市参加艺术作品展暨学生艺术实践工作坊展演活动。图为展演现场 市教育局提供

沛鸿民族中学、市第一中学、市五象新区第二实验小学 3 所学校获评广西体育特色示范学校。举办“特色艺教工作室”汇报展示、中小学艺术节等活动；在广西第七届中小学生艺术展演活动中，学生获一等奖 47 个，市教育局获优秀组织奖。市第二中学等 6 所学校被评为全国中小学中华优秀文化艺术传承学校。实施全市儿童青少年近视防控行动，举办爱眼主题班会 5.15 万场，惠及师生 170 万人次。开展“生活・生命・生涯”心理健康教育教研活动与实践研究。组织中小学生心理健康教育大排查，参与中小学生 133 万人。与广西大学、广西民族大学、南宁师范大学 3 所高校签订“对口支援”协议，成立市心理健康教师工作室 31 个。印发《南宁市中小学生研学实践教育基(营)地管理办法》《南宁市教育局关于组织全市中小学生开展“双馆双进”活动的工作方案》，研发建设南宁市中小学研学实践教育管理平台。审核认定首批市级研学实践教育基地 36 个，遴选自治区级研学实践教育基(营)地 13 个；南宁市有国家级研学基(营)地 5 个、自治区级 46 个、市级 36 个。组织师生、家长到市博物馆、市科技馆参观学习，参与 10.90 万人。打造南宁市“三馆六训九赛”校外教育实践育人品牌，举办南宁市中小学生航空航天模型比赛、南宁市中小学生“学党史、强信念、筑梦想”车辆和建筑模型比赛、“百年荣光续梦启航”南宁市青少年科技运动会、“感党恩、跟党走、喜拍南宁新变化”南宁市中小学师生摄影大赛等文体艺科技类比赛 13 场，参与 10.82 万人次。南宁市获 2021 年广西中小学劳动教育活动优秀案例 9 个，其中小学组 5 个、初中组 2 个、高中组 2 个。

【教育督导】 2021 年，南宁市在 2020 年度设区市人民政府履行教育职责评价中排名自治区第一、青秀区在县级排名第一，12 个县(市、区)均获评优秀等次，市、县(市、区)共获自治区奖励资金 6000 万元。承办全区县域学前教育普及普惠自治区督导评估启动现场会，青秀区、良庆区成为广西首批通过自治区验收的县(市、区)。印发《南宁市中小学校常规管理评估办法(试行)》，开展中小学校常规管理评估，市第八中学、市第四十三中学、市华侨实验高中等 5 所学校通过评估并获得优秀等次。完成 2021 年国家义务教育质量监测组织实施工作，市教育局获教育部基础教育质量监测中心授予“市级优秀组织单位”称号，兴宁区教育局、青秀区教育局、西乡塘区教育局、邕宁区教育局、良庆区教育局、横州市教育局、宾阳县教育局、马山县教育局分别被授予“县级优秀组织单位”称号。

【教育科研】 2021 年，南宁市制定《南宁市品质课堂教学评价体系》，形成具有南宁特色的“品质课堂”。制定《南宁市学前教育教研工作指导手册(试行)》促进区域教研和园本教研常态化、制度化，基本构建形成覆盖所有公办、民办幼儿园的教研指导网络。制定《南宁市幼儿园一日活动指南(试行)》，指导幼儿园科学实施一日保教活动。推动普通高中新课程新教材国家级试验区建设，制定年度“双新”(新课程、新教材)实验区实施方案、举办“双新”实施学科教学指导专家培训活动、编写南宁市普通高中各学科教学指导意见等，组织高中学校进行课程管理、学校建设等培训，与教学改革先进发达地区建立合作协议。在基础教育各类教学评比、比赛中，获全国一等奖 6 个、二等奖 10 个、三等奖 4 个，自治区级一等奖 148 个，二等奖 135 个、三等奖 132 个。在 16 所基地校开展国家级优秀教学成果推广应用工作，组织开展“戴启猛‘四度六步’教学法”“兴宁区‘品学兴宁’教学成果”“武鸣区‘125 课堂’”等优秀教学成果展示交流活动。南宁市教学成果获 2021 年广西基础教育自治区级教学成果等次评定特等等次 4 项、一等等次 14 项、二等等次 34 项；获 2021 年广西职业教育教学成果等次评定一等等次 4 项、二等等次 7 项。

【教育信息化建设】 2021 年，南宁市投入 4800 万元，完成南宁市中小学平安智慧校园建设项目(二期)，为公办中小学校、幼儿园(含教学点)1080 所安装一键式音视频报警系统、1060 所安装身份核验识别系统、470 所安装升降防冲撞柱或拒马、10 所安装出入闸机系统等安防设施。推进中小学校互联网带宽双千兆入校，市直属学校 61 个校区完成互联网总出口带宽 20GB(吉字节)，85 个单位完成点对点千兆互联的高速网络环境建设。全市 676 个教学点实现数字教育资源全覆盖。依托国家教育资源公共服务平台和南宁教育云平台，实现多学科资源互联到校。推广以市第二中学为样本的智慧校园建设成果。学生参加全国青少年信息学奥林匹克竞赛广西区赛，超过省一线 18 人、超过省二线 17 人；参加全区信息素养提升实践活动，电脑机器人竞赛项目获一等奖 16 项、二等奖 12 项、三等奖 16 项，获奖 71 人，获奖率 85.5%。

【招生考试】 2021 年，南宁市小学招生 14.21 万人，初中招生 11.15 万人，普通高中招生 6.04 万人。义务教育免试就近入学比例 100%。义务教育学校接收进城务工人员随迁子女入学超 17 万人，约占自治区总人数三分之一，居自治区首位。组织国家教育考试 11 次，报名研究生考试 4689 人、普通高考 10.23 万人、普通高考外语口试 1.40 万人、成人高考 2.67 万人、高中学业水平考试 2 场共 54.89 万科次、中考 9.35 万人、高等教育自学考试 4.69 万人、教师资格笔试考试 3.15 万人次。

【社区教育】 2021 年，南宁市增加社区教育学院、学校、基地 101 个，把社区教育延伸至县城、乡镇。举办以“庆建党百年华诞　谱终身学习新篇”为主题的全民终身学习活动周，举办公益培训活动 300 多场，包含活动项目 70 多种，参训人数约 2 万人，宣传发动居民约 6 万人次；市级社区教育学院、学校、基地开展社区教育活动 1651 场次，受益居民 4.30 万人次；组织职教中心社区教育志愿者之家开展“学雷锋　送教进社区”活动 5 场次，服务居民 435 人次；举办“学党史，贺华诞百场公益进社区”活动，受益居民约 4000 人次。南宁高新区获评第四批自治区社区教育实验区，青秀区、西乡塘区获评首批自治区级社区教育示范区，南宁高新区、青秀区、西乡塘区共获自治区级支持经费 700 万元；青秀区教育局“‘和谐之家’家长学校”项目被评为全国“终身学习品牌项目”；市社区教育学院有 2 人被评为全国“百姓学习之星”；市第一职业技术学校“礼艺学堂”等 5 个项目被评为广西“终身学习品牌项目”，青秀区凤翔社区有 3 人被评为广西“百姓学习之星”。职教中心课题组出版广西职教改革重大招标课题研究成果《广西社区发展研究与实践》。

【民办教育】 2021 年，南宁市有民办学校 1451 所，在校生 33.17 万人，专任教师 1.82 万人。4 月，召开南宁市民办教育协会第二届换届大会暨第三届会员大会，完成民办教育协会换届。开展 2020—2021 学年度全市民办学校年度检查，市教育局直属管理民办学校参检 27 所(中职学校 14 所，普通高中、初中学校 13 所)，年检合格 24 所(中职学校 12 所，普通高中、初中学校 12 所)、基本合格 2 所(中职学校 1 所，普通高中、初中学校 1 所)、不合格 1 所。印发《南宁市教育局直属公办民办学校结对帮扶工作方案》，组织优质公办学校对民办学校在学校管理、校园文化、师资建设、教育教学等方面开展指导与帮扶。印发《南宁市教育局关于进一步加强民办学校管理工作的通知》，组织开展民办学校管理工作情况专项检查。

【学科类校外培训机构治理】 2021 年，南宁市印发 2 批次校外培训机构“黑白名单”,发放致家长一封信,宣传引导广大家长选择合法合规校外培训机构。印发《南宁市“双减”工作领导小组关于印发南宁市全面深化治理校外培训机构工作方案的通知》,明确校外培训机构治理工作任务、部门职责,7月起不再审批新的学科类培训机构。印发《南宁市“双减”领导小组办公室关于做好学科类校外培训机构登记为非营利性机构相关工作的通知》,全市学科类培训机构于12月31日前完成“营改非”工作。教育、公安、民政、市场监管、城管等部门联合开展培训机构专项整治行动,出动联合执法人员975人次,全覆盖检查学科类培训机构,查处培训机构经营中的违规行为,周末、节假日开展突击“双随机”检查。各县(市、区)、开发区教育局与银行开展合作,要求学科类培训机构开设预收费监管专用账户,通过预收费银行托管或风险保证金的方式实现监管。教育、市场监管、城管等部门及时清理各类公共场所和平台刊播的校外培训广告,同步加大校内监管力度,查处校内发布培训广告行为。至12月,原有学科类培训机构759家压减641家,压减率84.45%,剩余学科类培训机构118家。

基础教育

【学前教育】 2021年,南宁市有幼儿园1642所,在园幼儿32.69万人,专任教师2.01万人。公办幼儿园在园幼儿占比52.54%。新认定自治区多元普惠幼儿园51所,多元普惠幼儿园累计523所,普惠性幼儿园覆盖率90.87%。新认定自治区示范幼儿园4所、市级示范幼儿园17所,累计自治区示范幼儿园66所、市级示范性幼儿园122所。江南区和青秀区入选自治区幼小科学衔接试验区,五象新区第一实验幼儿园等13所幼儿园入选自治区试点园,五象新区第四实验小学等11所小学入选自治区试点校。印发《南宁市学前教育教研工作指导手册(试行)》《南宁市幼儿园一日活动指南(试行)》。开展全市幼儿园规范核查治理专项工作和全市民办幼儿园安全防范专项检查。

【义务教育】 2021年,南宁市有小学1086所,在校生79.86万人,专任教师4.57万人;普通初中272所,在校生32.34万人,专任教师2.29万人。推进义务教育学区制改革和集团化办学,印发《南宁市进一步推进中小学校幼儿园集团化办学工作实施方案》,明确教育集团申报管理办法,挂牌成立南宁市天桃实验学校、南宁市第二中学、南宁市第三中学、南宁市第十四中学、南宁沛鸿民族中学5个市本级教育集团,共培育优质教育集团37个,参与学校(校区)122个,覆盖8个县(市、区)、开发区,服务近700个小区居民。建立健全南宁市“双减”工作机制,出台《关于推进落实南宁市义务教育阶段学校作业管理的指导意见》《“双减”形势下幼小、小初、初高衔接工作方案》《“双减”形势下义务教育学校质量提升工作方案》,推动学校优化作业管理办法;印发《南宁市教育局关于“一校一案”全面落实课后服务工作的通知》,鼓励学校在满足学生课业辅导的基础上,开设多元化特色校本课程,满足学生多样化发展需求,全市义务教育阶段学校应开展课后服务461所,实际开展461所,实现课后服务100%全覆盖;应参与课后服务学生62.34万人,实际参与55.18万人,参与率88.52%;印发《南宁市义务教育学校常规管理办法评估细则(试行)》《南宁市教研员定点帮扶市教育局直属公办学校质量提升工作方案》《中共南宁市委教育工作领导小组办公室关于推进落实南宁市义务教育阶段学校作业管理的指导意见》,召开南宁市义务教育阶段学校作业管理工作现场会、义务教育学校教育教学质量协同提升工作会、南宁市初中毕业班“五育并举”教育教学工作质量分析会等,推进义务教育质量提升工作。

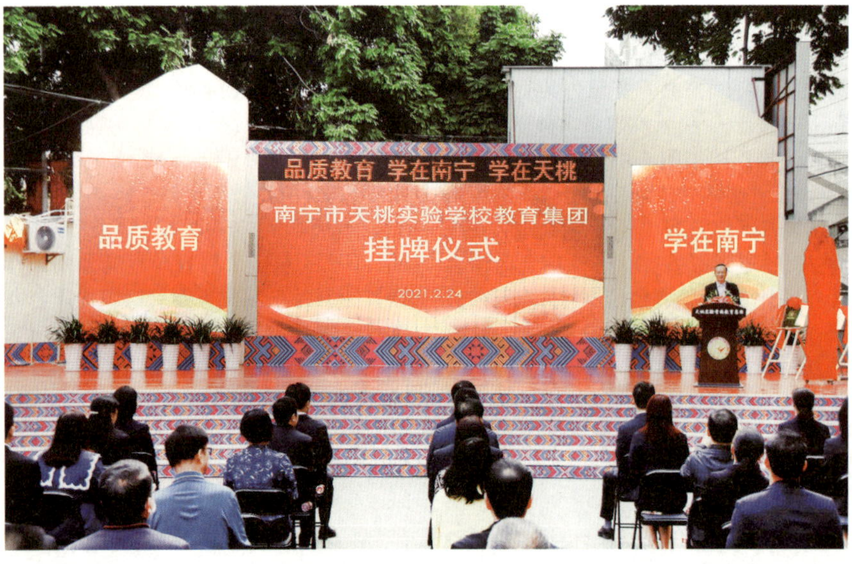

2021年2月24日,南宁市天桃实验学校教育集团举行成立挂牌仪式　　市教育局提供

【普通高中教育】 2021年,南宁市有普通高中82所,在校生16.87万人,专任教师1.12万人;其中,自治区示范性普通高中26所,自治区特色普通高中3所。出台《南宁市高品质高中建设指导意见》《南宁市推进高品质高中建设实施方案》,组织开展高品质高中立项建设学校申报评选,市第四中学、横州市横州中学通过自治区教育厅评估分别新增确认为自治区示范性普通高中、自治区特色普通高中,市第十中学获批自治区示范性普通高中立项建设学校。召开南宁市深化普通高中课程改革暨新课程新教材实施国家级示范区建设推进会,出台《南宁市普通高中新课程新教材实施国家级示范区建设三年工作规划(2021—2024年)》;市第一中学等17所学校获批普通高中新课程新教材实施自治区级示范校。12月,成立市高考综合改革工作领导小组,市教育局设立工作专班,推进高考综合改革各项工作。印发《南宁市教育局关于下达2021年消除普通高中大班额目标任务的通知》,大班额占比5.44%、超大班额占比0.75%,比上年分别降低17.43个百分点、2.97个百分点,完成自治区下达目标任务。高考成绩取得历史性突破,本科第一批录取最低控制分数线上线人数首次突破1万人。

【特殊教育】 2021年,南宁有特殊教育学校10所,在校生1460人,专任教师383人。开展适龄残疾儿童少年入学排查,做好全国适龄残疾儿童少年入学情况监测系统填报,全市适龄残疾儿童入学安置率99.94%。组织开展南宁市特殊教育课堂教学比赛,盲教育、聋教育、康复教育、培智教育4个组共评出一等奖8人、二等奖13人、三等奖19人,优秀组织奖10个。横州市特殊教育学校通过自治区示范性特殊教育学校评估验收。研究制订《南宁市励志专门学校学生离校后教育帮扶工作机制》,市励志专门学校累计矫治学生5批次200人。

【民族教育】 2021年,南宁市在兴宁区、青秀区、邕宁区、武鸣区、横州市、宾阳县、上林县、马山县、隆安县9个县(市、区)126所学校开展壮汉双语教育教学。在全市中小学校开展“听党话感党恩　谱写民族团结情”主题征文活动,收到560所中小学校征文来稿6377篇。举办南宁市第三届“和美校园　同心筑梦　永远跟党走”民族团结进步创建进校园文艺展演暨征文颁奖活动。在自治区语言文字会议上,南宁市作《提升语言文字服务能力　助力全面落实强首府战略》经验发言。完成南宁市县域语言文字工作督导评估。

中等职业教育

【概　况】 2021年,南宁市有中等职业学校(不含技工学校)27所,其中公办学校13所、民办学校14所;在校生10.35万人,其中全日制学生7.83万人、非全日制学生2.52万人;教职工3493人,其中专任教师2683人,“双师型”教师1334人。成立市第一职业技术学校广西特色小吃产业学院、市第三职业技术学校华数智能制造产业学院、市第四职业技术学校新能源汽车产业学院、市第六职业技术学校华六信息技术产业学院、市卫生学校晶钻齿科产业学院、广西南宁技师学院高端制造产业学院、横州市职业技术学校茉莉花产业学院7个产业学院,商贸旅游、电气技术、信息技术、交通运输、文化艺术体育、加工制造、智慧商务7个职业教育集团。开设加工制造、交通运输、信息技术、财经商贸、旅游服务、文化艺术、公共管理与服务等13大专业门类77个专业,在第一、二、三产业中专业占比分别为7.79%、14.29%、77.92%。教师参加广西职业院校教师教学技能大赛课堂教学比赛,南宁市成绩位居首位;中等职业学校学生参加广西职业院校学生专业技能比赛获奖322项,获奖成绩连续11年保持自治区首位。市第三职业技术学校“计算机平面设计”专业、市第六职业技术学校“电子商务”专业入选2021年自治区级职业教育专业教学资源库立项建设项目名单;市第六职业技术学校“市场营销综合实训”课程、横州市职业技术学校“学前儿童数学教育”课程被认定为2021年自治区级职业教育在线精品课程;市第四职业技术学校“城市轨道交通运营服务虚拟仿真实训基地”、市第六职业技术学校“计算机网络技术(5G)虚拟仿真实训基地”被确定为自治区第一批职业教育示范性虚拟仿真实训基地建设项目。

【招生就业】 2021年,南宁市超额完成自治区下达中等职业教育招生送生任务,完成全日制招生3.06万人、非全日制招生1.01万人,完成全口径送生3.19万人。全市中等职业学校毕业生2万人,就业学生1.95万人,其中直接就业5037人、对口就业4142人;就业率98.04%,与上年基本持平;对口就业率82.23%,比上年提高10.76%。就业分布在第三产业最多,占直接就业学生人数84.92%,其次是第二产业。就业专业类型按人数从多到少排列依次为交通运输类、医药卫生类、财经商贸类、信息技术类、旅游服务类、教育类、文化艺术类、加工制造类等。对直接就业的学生进行满意度调查,表示“比较满意”“满意”“非常满意”4643人,占参与调查人数92.18%。

【校企合作】 2021年,南宁市编制《南宁市深化产教融合推动职业教育高质量发展三年行动计划》指导意见和实施方案。推进《南宁市中职、高职、企业三方联合贯通培养应用型人才试点工作实施方案》实施,指导7所试点校探索“校校企合作”。指导3个现代学徒制试点学校推进校企共建实训室、课程体系和教学资源库开发、师资培训、校企文化融合等相关工作,探索建立校企联合招生、联合培养、双主体育人的长效机制。指导7所国家级“1+X”(在获得学历证书的同时取得多类职业技能等级证书)证书制度试点学校推进58个项目试点工作。印发《南宁市中等职业学校现代特色产业学院建设方案》,7所职业学校联合企业共建产业学院7个,建立新型产教结合纽带,推进“引企入教”。

【技能比赛】 2021年,南宁市中等职业学校学生参加广西职业院校学生专业技能比赛,获一等奖68项、二等奖120项、三等奖134项,合计获奖322项,获奖成绩连续11年保持自治区各地市首位;其中,一等奖数量占自治区14个地市总数45.03%,获奖总数占自治区14个地市总数31.85%。市第一职业技术学校、市第三职业技术学校、市第四职业技术学校、市第六职业技术学校、横州市职业技术学校共有9个赛项代表广西参加2021年全国职业院校技能大赛,电梯维修保养、模特表演、计算机检测维修与数据恢复、新能源汽车检测与维修、电子电路装调与应用、手工制茶6个项目获全国二等奖,酒店服务、网络布线2个项目获全国三等奖。在2021年广西职业院校教师教学技能大赛中,南宁市参赛队获一等奖3项、二等奖8项、三等奖18项,获奖总数居自治区首位。在2021年广西中等职业学校教师职业技能大赛中,南宁市参赛教师获一等奖8项、二等奖13项、三等奖10项,获奖总数居自治区首位。在2021年自治区“少年工匠心向党青春奋进新时代”主题教育活动中,马山县民族职业技术学校“崇德尚品播大爱春风化雨育英才”项目被评为优秀案例,市第一职业技术学校、市第三职业技术学校、市第四职业技术学校、市第六职业技术学校、市卫生学校、横州市职业技术学校获评优秀组织奖。

【职校诊改】 2021年,南宁市组织中等职业学校参加自治区教育厅开展的职业院校内部质量保证体系诊断与改进制度建设优秀案例征集活动,市第一职业技术学校《以目标为抓手,打造诊改动力引擎》获优秀案例。修订《2021年度南宁市教学诊断与改进专家手册》,在武鸣区职业技术学校、市第三职业技术学校、市第四职业技术学校、市第六职业技术学校、广西南宁技师学院、市卫生学校、市信息工程学校举办南宁市中等职业学校教学诊改工作样本校建设现场经验交流会7场。

（市教育局）

高等教育

南宁学院

【概　况】 南宁学院的前身是中国国民党革命委员会广西壮族自治区委员会1985年创办的邕江大学;2009年,南宁威宁集团以股份制形式参与办学;2012年学院升格为本科高校,更名为南宁学院。是国家应用技术大学试点高校,首批广西新建本科学校转型发展试点学校,自治区首批深化创新创业教育改革示范高校,全国非营利性民办高等学校联盟盟员。位于市龙亭路8号,为国家AAA级景区;占地面积75.21万平方米,建筑面积43.02万平方米,其中教学行政用房面积22.47万平方米。2021年,学院有专任教师631人,外聘教师361人;专任教师中具有副高级及以上专业技术职务任职资格266人,硕士及以上学位381人,“双师双能型”(有较高教育教学水平和较强专业操作示范技能,具备教师专业技术职务任职资格证书和相应职业资格证书或技术等级资格证书的复合型专业人才)教师205人。全日制在校生1.74万人,其中本科生1.62万人、专科生0.11万人。2021届本科毕业生2913人,就业率91.35%;专科毕业生429人,就业率87.65%。学院设机电与质量技术工程学院、土木与建筑工程学院、交通学院、信息工程学院、管理学院、艺术设计学院、会计与审计学院、高博软件学院、马克思主义学院、通识教育学院、创新创业学院、继续教育学院、网络信息中心、图书馆等教学与教辅机构14个。设本科专业32个,覆盖工学、管理学、艺术学、经济学4大学科门类。教学科研仪器设备总值1.92亿元;图书馆建筑面积2.58万平方米,馆藏纸质图书141.04万册,电子图书250.84万册,数据库28个。建有智能交通实训室、VBSE(虚拟商业社会环境)跨专业综合实训室等实验实训室207个、自治区级示范性实验实训中心1个。有教育部—中兴通讯ICT(信息和通信技术)产教融合创新基地、原国家质检总局中国质量研究与教育(南宁)基地等高端协同育人平台;有自治区级大学生校外实践教学基地1个、校外实习基地170个。获"2021年度广西高校毕业生就业创业工作突出单位"称号,获批广西2021—2025年立项建设新增硕士学位授予单位;学院党委案例"民办高校'三微一金'党魂育才工程"获评首批广西高校党建创新典型案例。主要存在人才培养关键环节抓不细,专业建设质量有待全面提升,科研管理机制有待创新,科研团队建设有待加强,重大科研平台、国家级项目有待突破,应用型课程改革有待深化等问题。

【教育教学】 2021年,学院新增本科专业1个,为新能源汽车工程;《财务管理基础》《混凝土结构基本原理》《创新创业基础》3门课程入选自治区级一流本科课程,《社会实践》《创新创业基础》2门课程获自治区推送申报国家一流本科课程,《创新创业基础》课程入选2021年自治区级课程思政示范课程;课程团队入选自治区级教学团队,其中5名教师入选自治区级课程思政教学名师。获批自治区级教改项目21项,新增广西高等教育教学成果奖一等奖2项(《校政协同,创新质量专业人才培养的探索与实践》《"双主体、共利益、深融合"产业学院建设的探索实践》),二等奖1项(《土木工程专业基于"两性一度"的"四真五合"实践教学新模式的构建与应用》)。组织学生参加第七届中国国际"互联网+"大学生创新创业大赛、国家工程训练综合能力大赛全国总决赛、全国大学生先进成图技术与产品信息建模创新大赛、2021年全国三维数字化创新设计大赛、正大杯第十一届全国大学生市场调查与分析大赛等学科竞赛,获国家级比赛特等奖1项、一等奖18项、二等奖40项、三等奖60项,自治区级比赛特等奖1项、一等奖52项、二等奖82项、三等奖102项;其中,参加第七届中国国际"互联网+"大学生创新创业大赛获全国总决赛银奖2项、铜奖3项,广西区级金奖13项、银奖18项、铜奖57项。

【师资队伍建设】 2021年,学院新聘教职工60人;1人获聘南宁市特聘专家岗,88名教师被认定为"南宁市高层次人才";开展职称自主评审工作,取得职称晋升43人,其中正高级5人、副高级22人;新聘任专业技术资格职务教职工104人,其中高级职称42人;开展校内全员覆盖培训16场,累计参加1780人次。教职工获校级以上荣誉551项,其中课程团队获广西首届全区高校教师教学创新大赛一等奖1项、三等奖1项,被推选为广西代表队之一参加国赛获三等奖;获第八届全区高校青年教师教学竞赛一等奖1人、二等奖1人、三等奖2人;获全区高校教育教学信息化大赛二等奖1项、三等奖2项;获全区高校思政课教师教学基本功大赛暨"精彩一课"比赛青年组一等奖1人、2021年全区高校习近平新时代中国特色社会主义思想示范课堂比赛《形势与政策》课程本科组一等奖1人、广西高校2021年军事理论课教学竞赛一等奖1人。

2021年10月,南宁学院参加第七届中国国际"互联网+"大学生创新创业大赛获全国总决赛银奖2项、铜奖3项。图为10月13日,南宁学院参赛代表队在总决赛现场合影 南宁学院提供

【科研与社会服务】 2021年,学院中国—东盟综合交通国际联合重点实验室获批广西重点实验室。科研项目立项136项,进校科研经费(合同金额)1402.11万元,比上年增加726.63万元。纵向科研项目70项(省部级项目4项),进校科研经费678.7万元;横向科研项目立项66项,合同金额634.78万元;其他进校科研经费88.63万元。实现转化专利(技术)22件,转让金额37.6万元。入选2021年广西科技专家库教师26人、入选2021年玉林市科技专家库教师13人,科技特派员教师在2020年度科技服务工作考核中获得良好等级2人,涉农高级职称教师入选自治区科技厅组织的乡村科技特派员4人。

【产教融合】 2021年,学院与广西华威混凝土有限公司等16家企业联合申报自治区科技厅、南宁市等科技计划项目13项,签订校企合作协议21项。与自治区产品质量检验研究院、防城港澳加粮油工业有限公司、北京普析通用仪器有限责任公司共建的食品质量与安全现代产业学院获批广西普通本科高校示范性现代产业学院。

【思想政治教育】 2021年,学院印发《南宁学院"三全育人"综合改革实施方案》,明确育人任务10项。遴选立项课程进行课程思政试点改革57门,组织课程思政培训10期,开展学生成长咨询服务活动12次。围绕"四史"(中共党史、新中国史、改革开放史、社会主义发展史)学习打造党史学习教育思政课程特色品牌,开发"青年红色筑梦之旅"路线3条,开发录制《红色主题领航·献礼建党百年》系列微党课10讲,录制课程思政精品课程《广西红色传奇》第一季共5期,打造"青春献礼建党百年"微视频微电影6期。组织学生开展"学雷锋""青春建功新时代,志愿服务暖八桂"等主题系列志愿服务活动;暑期期间组建大学生"三下乡"社会实践队伍10支,164名师生赴广西各地开展实地调研与志愿服务;学院青年志愿者服务队获"南宁市青年志愿服务工作优秀支持单位"称号。组织开展公益献血活动,参与献血师生898人,累计献血量289.45升。

【交流与合作】 2021年,学院修订《南宁学院学生赴海外交流学习管理办法(试行)》等制度文件,初步建立“校园互动,部门协同”对外交流运行机制。获广西科协 2021 年海智工作站建设项目 1 个;与乌克兰文尼察国立技术大学等 4 所高校签订合作备忘录,包含本科升硕士、硕士升博士等合作内容。组织艺术设计学院师生参加 2021 中国—东盟职业教育联展暨论坛,举办留学宣讲会 3 场、海外交流会或学术报告会 2 场。

南宁职业技术学院

【概　况】 南宁职业技术学院是市政府举办,自治区政府、市政府共建的全日制综合性高等职业院校。前身是 1984 年创建的南宁职业大学,2009 年成为全国首批、自治区首家国家示范性高等职业院校,2019 年入选国家“双高”(中国特色高水平高职学校和专业建设)计划名单,是广西唯一入选高水平学校建设单位的高职院校。占地面积 118.87 公顷,建筑面积 54.68 万平方米。2021 年,学院在职教职工 917 人;有市级以上高层次人才 376 人,其中享受国务院特殊津贴、国家教学名师、全国优秀教师等国家级高层次人才 19 人,自治区教学名师、广西高层次人才、广西技术能手等自治区级高层次人才 34 人,南宁市特聘专家、南宁市首席技师等市级高层次人才 323 人。有国家级教学团队 1 个、省级教学创新团队 9 个,自治区技能大师工作室 1 个、南宁市技能大师工作室 3 个,南宁市人才小高地 1 个。全日制在校生 2.19 万人,年内招录新生 7867 人,2021 届毕业生 5291 人;推荐到自治区内 19 所本科院校读本科的优秀毕业生 1605 人,升本比例占毕业生总数 30.30%。就业 5027 人,就业率 95.01%。设智能制造学院、建筑工程学院、健康与旅游学院、商学院、财经学院、国际学院、人工智能学院、艺术设计学院、传媒学院、高等职业技能培训学院(社区教育学院)、马克思主义学院、人文教育学院等教学部门 12 个,广西南职教育科技有限公司 1 个校办企业。设招生专业 62 个(含专业方向),比上年增加 3 个。学院获自治区教育厅评为“全区高校毕业生就业创业工作突出单位”,获“2020 年度驻邕大中专院校无偿献血促进单位一等奖”;学院办公室(乡村振兴办公室)获评自治区脱贫攻坚先进集体。主要存在教城融合、校城融合的创新成效不够明显等问题。

【教育教学】 2021 年,学院设招生专业 62 个(含专业方向),涵盖建筑室内设计、软件技术、智能制造、新能源汽车、智慧金融(智慧财经)、智慧物流、文化传媒、健康旅游(酒店管理)、国际服务、创新设计 10 个专业群。年内参加“1+X”证书试点 41 个;建成国家级现代学徒制试点专业 4 个,在建国家级及自治区级高水平专业群项目 2 个(建筑室内设计专业群、软件技术专业群)、自治区级现代学徒制试点专业 7 个、校级现代学徒制试点专业 7 个。有国家精品专业 2 个、国家示范重点建设专业 6 个,中央财政支持建设专业 2 个,自治区职业教育示范特色专业及实训基地 6 个、自治区职业教育专业发展研究基地 3 个,建筑室内设计等自治区级专业教学资源库 3 个。建有国家级精品课程 9 门、国家级精品共享课程 7 门、自治区级精品课程 25 门,自治区级职业教育在线精品课程 4 门。《基于少数民族优秀传统文化传承创新的“非遗工坊”模式探索与实践》《高职校企合作、工学结合的课程体系改革与实践》《室内设计技术专业“工教结合先导工学结合”人才培养模式的创新与实践》《服务欠发达地区产业升级的高职重点专业建设》4 个教学成果获国家级教学成果二等奖。组织教师参加 2021 年广西职业院校教师教学能力大赛,获一等奖 3 项、二等奖 3 项、三等奖 5 项。组织学生参加 2021 年全国职业院校技能大赛,获一等奖 1 项、二等奖 2 项、三等奖 2 项。其中,获高职组“导游服务”赛项一等奖,分别获高职组“软件测试”“物联网技术应用”2 个赛项二等奖;获中国广告行业和广告教育领域最高奖项中国大学生广告艺术节学院奖全国金奖和全场大奖,成为该赛事举办 22 年来全国第一家问鼎全场大奖的高职院校。组织学生参加 2021 年广西高职院校技能大赛,获一等奖 20 项、二等奖 25 项、三等奖 19 项。“新一代切削液——国内首创制造切削液新技术工艺服务商”项目获第七届中国国际“互联网 +”大学生创新创业大赛广西区赛金奖,代表广西参加全国总决赛获铜奖。

【思想政治教育】 2021 年,学院构建“4(必修课)+1(思政选择性必修课)”思想政治理论课课程体系,开设以“四史教育”(学习中共党史、新中国史、改革开放史、社会主义发展史)为核心的思政选择性必修课 5 门,选修学生近 7000 人。出台《南宁职业技术学院马克思主义学院建设方案》《南宁职业技术学院新时代思想政治理论课教师队伍建设实施方案》《南宁职业技术学院新时代思想政治理论课改革创新实施方案》等文件,完善制定《南宁职业技术学院思想政治理论课“金课”建设标准》。有 2021 年自治区高校学习习近平新时代中国特色社会主义思想示范课堂 7 个,2021 年广西高校思想政治工作质量提升工程项目 1 项。组织学生参加高校习近平新时代中国特色社会主义思想大学习领航计划系列主题活动——大学生讲思政课公开课展示活动,获全国三等奖、自治区一等奖;参加自治区高校大学生“四史”网络故事讲述展示活动,获二等奖 1 项。组织教师参加自治区高校“四史”类思政课研究性学习与实践性教学优秀成果评选,获一等奖 1 项、三等奖 3 项;参加自治区高校各类教学比赛,获一等奖 6 项、二等奖 1 项、三等奖 14 项、优胜奖 1 项,其中首次获得粤桂琼滇赣五省(区)思想政治理论课教师教学基本功比赛暨“精彩一课”比赛一等奖,连续三年获广西高校思想政治理论课教师教学基本功比赛暨“精彩一课”比赛一等奖。教师入选教育部课程思政教学名师和教学团队 1 人。宣讲报告《山歌似水赞英雄　理想如炬耀壮乡》被中宣部

2021 年 6 月 24 日,南宁职业技术学院学生刘冬梅(右五)获 2021 年全国职业院校技能大赛高职组·导游服务赛项一等奖　　南宁职业技术学院提供

评为“优秀理论宣讲报告”，是广西唯一获得表彰的优秀理论宣讲报告。

【科研与社会服务】 2021年，学院教职工获市厅级以上课题立项108项(省部级课题6项)，结题66项，获外来资助科研经费10.20万元；校级课题结题33项。企业委托横向科技项目11项，获企业资助经费641万元。出版学术专著3部，发表学术论文195篇(核心期刊35篇)，获专利授权251项(发明专利授权10项)。技术服务产生经济效益6370万元。科研成果获市自然科学优秀论文奖一等奖1项、三等奖4项。学院获广西社科联认定为“广西社会科学普及基地”。《南宁职业技术学院学报》获评“第九届广西优秀期刊”及“广西高校名刊”。通过投入乡村振兴专项资金，开展乡贤人才培训项目，支持文化、科技、卫生“三下乡”项目，通过工会福利、“832平台”(全国脱贫地区农副产品网络销售平台)消费、教职工自发购买扶贫产品等帮扶方式，助力巩固拓展脱贫攻坚成果同乡村振兴有效衔接。《“南职优选”扶贫助农党建品牌平台》获评首批广西高校党建创新典型案例。年职业培训人次超过全日制在校生规模的2倍，学院非学历培训服务55万人日，培训收入1532万元。开展线上培训类别18个、课时100个。举办社区教育培训班1412期，参训学员2.56万人次，学费收入35.8万元。获第六届NERC杯全国社区教育优秀微课程评选三等奖课程2门，南宁市终身学习品牌项目2个，打造具有南职特色社区教育课程5门。面向社会推出“走进红色教育基地”等党史学习教育活动。学员获全国事迹特别感人的百姓学习之星1人、自治区百姓学习之星1人、南宁市百姓学习之星3人；教师获广西社区教育先进工作者1人、南宁市社区教育先进工作者1人。开设国画花鸟、软笔书法、声乐、合唱、手机摄影、民族舞蹈、运用智能技术等培训班546期，培训老年市民2万人次。运营管理广西职业技能公共实训基地，与学校、企业联合开展数控车床实训、机电一体化实训、“1+X”工业机器人集成应用、SYB创新创业、职业认知和机械操作手等项目培训，培训数量20万人日，培训项目到款额644万元。与市退役军人事务局合作共建南宁市退役军人学院，挂牌成立南宁市退役军人就业创业孵化基地、南宁市退役军人就业创业实训基地，面向退役军人开设低压电工、烹饪等职业技能培训，培训量570人日；承办2021年南宁市退役军人和随军家属夏季专场招聘会，参加100多人次。

【校企合作】 2021年，学院实施“十五一”校企合作计划(10家紧密联系企业、5家校外实践基地企业、1家产教深度融合合作龙头企业)，持续推进“一专一企、一群一色、一院一品”(每个专业至少有一个优质合作企业，每个专业群与龙头企业共建一个特色项目，每个学院与优质龙头企业至少建成一个优质品牌或产教融合体)建设，新增合作企业46家，全校62个专业(含方向)“一专一企”完成率100%，与华中数控、李宁体育、奇安信公司、广西建工集团、广西电视台等知名龙头企业合作。建立“国家—自治区—校级”三级现代学徒制培养体系，投入经费支持建设国家试点专业4个、自治区试点专业7个、校级试点专业7个，国家级现代学徒制试点专业通过验收。新增广西餐饮职业教育集团，牵头成立职业教育集团4个，其中广西民族技艺职业教育集团获评自治区第二批示范性职业教育集团。校企合作共建校外实习实训基地累计189个，年度企业投入(含捐赠与准捐赠)金额402万元。与企业合作开发课程累计196门，校企共同开发教材121部。

【交流与合作】 2021年，学院与马来西亚、越南、英国、德国、柬埔寨、老挝等国家和中国香港地区召开网络会议，推进双方合作。引进德国资源，吸收德国职业教育标准和经验，开展工业机器人、新能源汽车2个专业的创新改革试点。引进英国国家学历学位评估认证中心，对学院2个“双高”专业(建筑室内设计专业、软件专业)开展标准认证。深化与老挝专业合作项目，推动标准共建共享，举办2021年中老国际专业师资培训及研讨班，学院“中老跨国专业合作项目”入选中国教育国际交流协会第四批“中国—东盟高职院校特色合作项目”。推进柬埔寨国立技术大学海外办学点建设，建立中柬职业院校专业建设联合指导委员会，合作开发建筑室内设计、跨境电子商务、人工智能、软件技术、大数据5个专业教学标准及19个核心课程标准。与广州赛时集团合作共建国际商务海外人才技能培训基地和海外汽车维修技术支持中心，依托海外基地开展人才培养超1000人日。举办培训班7次，为企业开展跨境电商、建筑技术等专业人才培训。年内，获实施广西东盟留学生奖学金项目资格，招收15名东盟国家留学生。在籍外国留学生253人，规模位居广西高等职业院校前列。举办“邕有爱，桂友来”——2021年中国传统技艺体验交流活动，参与活动的在邕高校留学生代表和国内师生代表460多人。增加艺术设计专业招生，酒店管理与数字化运营专业、国际经济与贸易专业、艺术设计专业3个桂港合办专业累计招生81人。联合实施广西职业院校师资培训项目，培训广西90所院校教师181人。与中国香港合作举办人工智能技术、BIM(建筑信息模型)技术、餐饮管理等专业讲座、技术竞赛文化交流等活动，参与人数近1500人。引进中国香港课程为学院教师开展认证培训33人。

【校园文化建设】 2021年，学院举办学生德养活动1.35万场，参与人数166万人，累计创建网络课程资源138个；依托学生德养工程平台开展政治素养、文化素养、专业素养、实践素养、公益素养、健康素养、双创素养、职业素养、网络素养九大模块活动，人均参与活动次数79次。修订《南宁职业技术学院学生社团校院两级管理办法(修订)》，制定《党建引领学生社团改革实施方案》；制定学生社团示范社团评比细则，评选出第一批示范社团5个。校院两级76个社团组织2839项社团活动、孵化61项精品项目，参与人数2.30万人。立项志愿服务精品项目17项，组织志愿服务500余次，参与人数1.50万人次；开展无偿献血活动8期，参与师生2143人，献血量59.21万毫升。组建重点实践团队29支，发动7281名学生分赴区内各地开展暑期社会实践活动，在校内外媒体发表宣传报道460余篇，其中在中青网等主流媒体发表408篇，获评2021年全国大中专学生志愿者暑期“三下乡”社会实践活动优秀单位。开展大学生实习“扬帆计划”，推选优秀学生黎娟伶赴西乡塘区团委开展政务实习。举办职业生涯规划41场；参加第十届“挑战杯”广西大学生课外学术科技作品竞赛获一等奖1项、二等奖2项、三等奖14项。组织开展庆祝中国共产党成立100周年学生系列活动80多场次，获自治区青年大学习党史知识挑战赛优秀奖、广西高校大学生党史知识大家答暨四史学习教育知识竞赛三等奖。（苏婷婷）

广西南宁技师学院

【概　况】 广西南宁技师学院是市人社局管理的唯一一所国家级重点技工院校。占地面积29.48公顷，建筑面积23.72万平方米。2021年，有教职工661人，其中具有中级及以上专业技术职务任职资格320人，“双师型”专任教师256人，技师、高级技师308人；有全国优秀教师1人、全国技术能手1人，自治区专业带头人7人、自治区技术能手9人，南宁市技术能手23人、南宁市首席技师13人、南宁市教学骨干4人，“南宁市五一劳动奖章”获得者1人。在校生1.24万人(年内招

2021 年，南南铝业股份有限公司、浪潮（南宁）计算机科技有限公司、美斯达集团广西柯瑞机械设备有限公司给广西南宁技师学院技能大师颁发聘书　　广西南宁技师学院提供

录新生 2705 人），2021 届毕业生 5171 人，就业率 98.30%。设汽车技术与运用系、机械制造加工系、医药化工系、机电工程系、商贸服务系、信息技术系、非学历培训管理科等教学教辅机构 7 个，专业 40 多个。建有实训车间 154 间，实训教学仪器设备实习工位 6158 个，总价值 1.60 亿元；培训设备 9344 台（套），总价值 520.52 万元。有国家级、自治区级高技能人才培训基地各 1 个，自治区中等职业教育示范特色专业及实训基地 2 个，国家级技能大师工作室 1 个、自治区级技能大师工作室 1 个、南宁市技能大师工作室 4 个。被自治区教育厅、自治区人社厅认定为 2021—2025 年广西壮族自治区五星级中等职业学校。主要存在创新运用习近平新时代中国特色社会主义思想指导和推进学院高质量发展的新思路、新办法、新措施不够多，高水平专业（群）紧密对接南宁区域产业的匹配度还需要进一步提高，产教融合的深度性和校企合作的高端化还需要进一步提升，科技研发与服务的引领力还不够强，校区多点分散办学，高素质“双师型”师资队伍数量不足，拔尖的高技能人才严重不足，基层党建工作亮点不突出等问题。

【教育教学】 2021 年，学院承办南宁市教师比赛项目 3 个，学生技能比赛项目 7 个。教师参加全国第四届智能制造应用技术大赛广西选拔赛、全国工业设计职业技能大赛广西选拔赛、广西第一届职业技能大赛、广西中职院校教师技能大赛、南宁市中等职业学校教师教学能力课堂教学等比赛，获自治区级一等奖 2 人次、二等奖 3 人次、三等奖 7 人次，市厅级奖 88 人次；学生参加全国第四届智能制造应用技术大赛广西选拔赛、广西职业院校学生技能大赛、广西第一届职业技能大赛、2021 年乡村振兴职业技能大赛、广西青年职业技能大赛、南宁市中等职业学校学生专业技能比赛等比赛，获省部级一等奖 18 人次、二等奖 34 人次、三等奖 51 人次，市厅级奖 196 人次，3 名学生代表广西参加国家级比赛。教师参加“请进来”“走出去”师资培训 60 多人次，累计参训 600 余天。

【思想政治教育】 2021 年，学院开展党史学习教育，推进“匠心铸师魂·校园党旗红”等党建品牌建设；开展庆祝中国共产党成立 100 周年活动、“党建带扶贫·扶贫促党建”活动、“职业教育活动周”活动。开展“开学第一课”主题活动 2 次，开展舞蹈、绘画、书法、篮球、演讲与口才、创新创业、糖艺制作、面塑、电子技术应用等第二课堂活动。针对学生处在道德养成阶段和年龄特点，将课堂德育与“三月三”民族大联欢、学雷锋志愿服务、五四成人礼、校园文化艺术节等学院常规主题活动相结合，开展“诚实与守信”“爱心与奉献”“明理与感恩”“青春与责任”“生命与安全”“服务与实践”“立志与成才”“爱国与守法”“运动与健康”“收获与展望”主题班会活动；开展民族团结进步主题教育活动和学雷锋活动。

【科研与社会服务】 2021 年，学院获校外课题立项 8 项，结题 11 项；校内课题立项 9 项，结题 18 项。学院配套科研经费 16.50 万元。教职工编写出版教材 64 本，发表论文 539 篇，获专利授权 4 项，获广西职业教育自治区级教学成果奖一等奖 1 项、二等奖 1 项。根据首府企业人才缺口情况，组织企业员工开展岗位技能培训及评价，重点推进企业新型学徒制培训及评价，优先服务市重点企业及战备新兴产业企业员工，兼顾社会失业人员。组织开展职业技能培训 567 人次、职业技能等级评价 7303 人次，为社会培养一线急需技能人才 7800 人。

【政校企合作】 2021 年，学院助力“强首府、强工业、强产业”实施，与南南铝业股份有限公司、美斯达集团广西柯瑞机械设备有限公司等重点企业建立产教融合校企合作基地 69 个，为企业培养 80% 的技师和高级技师。与隆安县政府、隆安县重点企业南宁市三礼电子有限公司合作，探索“政、校、企”产教融合校企合作新思路，成立隆安产业学院，形成以共同培养技能人才、开设知名企业订单班、强化职业技能培训、助力乡村振兴、助推县域经济高质量发展的“隆安模式”。　（黄志龙）

老年教育

【概　况】 2021 年，南宁市有市级老年大学 1 所，为多学科、多层次、多功能的市级老年教育中心。市老年大学创办于 1989 年 4 月，占地面积 1.83 万平方米，总建筑面积 8765 平方米，教学场所面积 3000 多平方米，有专用教室 18 间、多功能厅 1 间，教学设备配置完善。设 11 个系、58 个专业、188 个教学班级，有专业教师 76 人、在校学员 5100 人次。被中国老年大学协会评为全国老年大学信息化建设优秀单位。

【教育教学】 2021 年，市老年大学开设电子琴系、钢琴系、健身保健系、器乐系、声乐系、书画系、舞蹈系、书法文学摄影系、美术系、英语系、戏剧时装系 11 个系、58 个专业；新开设电萨克斯、柔力球、美术（速写）等专业。开展“智慧助老”行动，开设计算机、摄影、PS 等信息化课程，举办老年人运用智能技术专场讲座，组织开展互联网反诈骗知识培训、抖音 App、剪映 App 使用培训 3 场。设计搭建网上老年大学录播演播室，丰富“互联网 + 老年教育”模式；录播课程 12 节，在原有声乐、舞蹈、时装、瑜伽、二胡、国画 6 门课程基础上，扩增手机应用等课程，通过市老年大学网站、微信公众号、“网上老年大学”App 免费向社会开放，累计播放课程 68 节、点击量 2.5 万人次。选送声乐系、舞蹈系 2 名优秀教师教学视频参加中国老年大学协会优秀教师观摩课评选。

【校园文化建设】 2021 年，市老年大学以中国共产党成立 100 周年为契机，组织引导离退休干部开展党史学习教育。开展“开学第一课”活动,录制思政课视频通过多媒体滚动播放,开展思政课教育。邀请市党史宣讲团成员、专家教授开展“中国共产党与中国文化自信”“学习习近平总书记在庆祝中国共产党成立100周年大会上的重要讲话精神”主题讲座,参训离退休党员300余人。组织参加离退休干部党史学习教育专题报告会、“十场名家云直播”党课,参训师生及离退休党员4000余人次。建设共享式党建活动阵地“老党员驿站”“金秋家园”,配置党建智慧云屏2台。利用校园文化长廊展示学员书画摄影作品42幅,板报26幅;利用LED宣传视窗展示学员作品、视频、文艺演出成果110个;利用“南宁市老年大学”微信公众号刊载学员活动信息23篇,出版校刊第32期,征集文稿39篇、书画摄影作品64幅。举办为期一周的“学党史　感党恩　跟党走”百年红色电影展,展映经典红色影片10部,观影500余人;举办“学党史　强信念　跟党走”党史知识竞赛;举办诗歌朗诵会,80余名市老年大学师生表演15个节目;举办庆祝建党100周年文艺会演,参演师生800余人,表演节目18个;举办“感党恩　听党话　跟党走”主题书画摄影展和征文活动,征集并展出师生书画作品210幅、摄影作品243幅、文章22篇、诗歌13首;录制“最美的祝福献给党”微视频,收集到祝福微视频150个,通过学校LED显示屏、微信公众号和市老年大学网站展播119个,累计观看2.30万人次。　（市老年大学）

2021年4月23日,市老年大学在市老干部活动中心开展“智慧助老”抖音App使用培训
市老年大学提供

编辑　温燕聪

科学

综述

【科学技术概况】2021年，南宁市新增国家科技型中小企业1011家；通过高新技术企业认定企业649家，高新技术企业保有量1378家；引进新型产业技术研究机构17家，带动24项前瞻性技术成果转化；新增瞪羚企业14家，瞪羚企业保有量45家，累计64家。南宁·中关村新增创新主体111家，累计490家，辐射带动效应进一步凸显。广西首家"飞地孵化器"南宁市—中关村深圳协同创新中心正式启用，南宁市第二家"飞地孵化器"南宁—宝地双园项目签约；新增国家级创新创业平台3个，累计35个。南宁市实施市本级科学研究与技术开发计划项目66项，其中重大计划专项24项、重点研发计划项目33项、科技基地专项9项，总投资2.26亿元，其中财政科技经费投入3715万元。完成自治区重大科技成果转化项目224项，超额完成年度任务。南宁市"人才飞地"深圳人才工作站、广州人才工作站正式运营，举办第四届中国·南宁海(境)外人才创新创业大赛，新增引进国家级人才2人，累计引进院士等国家级人才14人，引进13个优质企业和人才团队落地南宁，认定31名青年科技人才为市级高层次人才。依托项目获专利15件、专利授权25件。广西南宁国家农业科技园区建设完成投资1.3亿元，实现目标任务130%。南宁市获自治区科技成果登记1005项，获广西科学技术奖49项，完成广西重大科技成果转化项目224项，技术交易额43.35亿元，开展科普活动20场次，受益群众6万多人次。主要存在促进全社会加大研发经费投入机制有待优化，高新技术企业保有量增长率面临下滑趋势，创新创业孵化链条仍待完善等问题。

【科技体制改革】2021年，南宁市出台《关于进一步深化科技体制改革全面落实强首府战略的若干措施》《南宁市企业科技成果转化后补助暂行管理办法》《南宁市促进全社会加大研发投入实施方案》等政策文件，建立促进全社会加大研发投入机制，探索科技项目"揭榜挂帅"等制度，开展科技成果权属改革等试点改革，深化科技创新"放管服"改革。从强化创新型企业梯级培育体系、支持高水平创新平台建设、加速科技成果转化和产业化、推进高校科研院所科技改革试点等10个方面推进改革。对科技成果转化项目按三类标准予以阶梯式补助，单项科技成果最高补助50万元。从优化政府财政投入引导、强化企业投入主体作用、加强金融资本投入支撑等方面，激励全社会加大研发投入。开展南宁市企业2020年度研发经费投入奖补资金申报，1149家企业获2020年激励企业研发投入财政奖补金额8980.31万元。市级规模以上企业研发投入总量20.37亿元，比上年增长1.67亿元，增长8.93%。出台《南宁市落实科技强桂行动实施方案》《促进南宁高新技术产业开发区高质量发展实施方案》等政策文件，围绕产业高质量发展，深入实施创新驱动发展战略。

【社会科学发展】2021年，市社科院、市社科联完成年度社科课题60项。其中，市社科院完成14项(重点课题6项、院级课题8项)，市社科联完成46项。市社科院编辑出版《南宁蓝皮书·经济发展报告(2021)》《南宁蓝皮书·社会发展报告(2021)》，收录研究报告39篇50多万字，发表理论文章26篇，研究重点课题6项，分别为"南宁市发展都市消费工业对策研究""南宁市扩大内需对策研究""南宁市推进临空经济示范区建设研究""打造环南宁现代都市农业与旅游融合发展带研究""南宁市脱贫地区特色产业发展研究""RCEP背景下南宁市加快打造面向东盟的经贸中心研究"。全市社科界举办社会科学普及活动60余次，重点宣传中国共产党百年建党史、中国共产党十九届六中全会精神，受益群众10余万人；开展学术交流7次。市发展研究中心围绕南宁市发展重点难点问题开展南宁市经济社会研究；完成年度课题19项(重大课题1项、重点课题14项、一般性课题4项)；刊发内部信息资料50期，撰写文稿50余份；市咨询专家开展调研30余次，提出意见建议89条。市委党史研究室编纂出版党史书籍4部(《中共南宁市委执政纪事2021》《南宁市大事记2019》《南宁市改革开放纪实(第三卷)》《中国共产党南宁历史百年大事记(1921—2021)》)；开展党史国史宣传教育，集中宣讲340多场次，听课4万多人次；筹办南宁市百年党史图片展览，展出照片400余幅，接待参观团体270批次，观展16万余人。《马山县志(1986—2005)》《上林县志(1986—2005)》正式出版发行；市方志办完成首轮、第二轮《南宁市志》质量评估；全市编纂出版综合年鉴13部，《南宁年鉴(2020)》获评第八届全国地方志优秀成果(年鉴类)特等市级综合年鉴。

科学技术

科技创新体系建设

【概况】2021年，南宁市新增国家科技型中小企业1011家，占自治区31.52%。

新增649家企业通过高新技术企业认定，高新技术企业保有量1378家。加快建设南宁力合科技创新中心等开放合作创新平台。南宁·中关村新增创新主体111个，累计入驻创新主体490个。新增自治区级科技企业孵化器3家、市级3家，新增自治区级众创空间3家、市级2家，投入1020万元进行孵化平台补助奖励。引进新型产业技术研究机构17家，带动24项前瞻性技术成果转化，实现营收超1.8亿元。农业科技园区建设项目14项，完成投资1.3亿元，实现目标任务130%。科技金融创新完成项目投资16个，项目总规模595.07亿元，帮助168家科技企业获得金融机构贷款支持26.76亿元，为科技企业减少融资成本7472.14万元。

【南宁·中关村科技创新建设】 2021年，南宁·中关村(基地+科技园)按照"一基地(三片区)、一园区、一中心、一飞地、一平台"业务布局加快发展。创新示范基地包括明月湖片区、相思湖片区、综保区片区3个片区，新引进广西易事特智能科技有限公司、广西科玛智能科技有限公司等创新主体111个，累计聚集创新主体490个。科技园一期1.77平方千米工程建设完成，聚集浪潮、世纪创新、联东U谷、香港三润等产业化项目19个；二期1.55平方千米工程建设开始施工，落地东创精密、柯瑞机械二期、世纪创新二期等产业项目，三一重工、东方雨虹、农工商科创产业园等项目加快推进；三期3.68平方千米工程开展国土空间规划编制和产业规划研究；科技园累计落地项目136个。南宁信息谷科技园项目一期工程7号楼、8号楼取得预售许可证并封顶，二期工程6号楼基础施工完成60%，广西芸耕科技有限公司等10余家企业落地一期项目。南宁·中关村深圳协同创新中心启用，城市会客厅、项目路演厅、开放办公场地和独立办公场地等功能区域投入使用；与深圳市广西商会等10余家专业机构建立合作，储备创新项目50多个；深圳智标云信息科技有限公司等27家企业入孵办公，深圳市湘鑫光电有限公司等22家企业意向落地南宁，深圳曼瑞德科技有限公司等9家企业落地南宁，其中3家工业企业逐步投产。云平台启动运营，录入涉及政策、金融、人才等数据4500余条，注册用户1100多个，线上服务企业1500余次，其中提供政策服务500余次，线上辅导南宁高新区企业获自治区、南宁市、高新区等各类奖补6000余万元；收集企业融资需求1.02亿元，提供银企撮合服务30余次，广西圣尧智能科技有限公司、万航星空科技发展有限公司获知识产权抵押融资350万元。 (黄　敏)

【科技创新企业培育】 2021年，南宁市通过高新技术企业认定企业649家，高新技术企业保有量1378家，比上年增长20.49%，占自治区41.67%，居各地市首位。落实2020年度高新技术企业认定后补助奖励1880万元，惠及认定企业376家。新增广西瞪羚企业14家，瞪羚企业保有量45家，累计64家企业获批为广西瞪羚企业，另有16家企业进入南宁瞪羚企业培育库、74家企业进入广西瞪羚企业培育库。入库国家科技型中小企业1011家，占自治区31.52%。

【创新创业平台建设】 2021年，南宁市坚持以招才引智、孵化培育为中心，加强激励政策支持，建设一批能力突出、服务设施完备的科技企业孵化器、创客空间。新增自治区级科技企业孵化器3家、市级科技企业孵化器3家，新增自治区级众创空间3家、市级众创空间2家。累计通过认定科技企业孵化器31家，其中国家级7家、自治区级11家、市级13家；众创空间34家，其中国家级5家、自治区级25家、市级4家。全年投入孵化平台补助奖励1020万元。新增国家海外人才离岸创新创业基地1个，累计3个；通过自治区级工程技术研究中心认证14家，累计104家；新增自治区级星创天地6家，累计16家，停止国家级认定。

【新型产业技术研发机构建设】 2021年，南宁市加快以产业创新为主导的新型产业技术研发机构建设，新引进广西智能驾驶研究院、广西精准医学产业技术研究院、广西卫星导航与时空服务研究院、南宁市新型功能材料技术创新中心、南宁—宝地创新中心等5家新型产业技术研究机构，累计引进17家，拨付2020年度新组建的4家机构首批支持建设经费1100万元。依托研究机构在本地组建高水平研发团队，引进国家级人才14人，搭建近250人团队，其中研发人员超160人，15人获市高层次人才认定，获各类技术成果40多项、转化成果24项，实现营收超1.8亿元。广西先进铝加工创新中心承担首个国家重大短板装备项目，完成"国内首台(套)大型铝合金热处理气垫炉"研发；11月，单原子催化产业研究院成立，实现营收近3000万元，在污水处理、环保建材等领域开发新产品6项，通过单原子技术将产品中金属材料用量降低到原同类产品的30%以下，形成成本优势和技术壁垒。

【农业科技创新平台建设】 2021年，南宁市推进广西南宁国家农业科技园区建设，实施园区产业技术攻关和平台建设项目14项，投入科技经费1200万元，首次拨款960万元，启动沃柑产业标准体系建设。引入中国工程院院士邓秀新柑橘团队与自治区水果生产技术指导站合作，成立广西果业技术研究院。引进华中农业大学、广西大学、广西农科院等专家团队与园区企业开展技术合作和技术攻关。园区完成投资1.3亿元，实现目标任务130%。组织各县(市、区)申报创建广西农业科技园区，开展创新型县(市、区)申报创建。9月，广西隆安农业科技园区、广西横州农业科技园区、广西良圻农场农业科技园区获自治区科技厅认定为自治区级农业科技园区，横州市生猪产业星创天地、隆安县金穗特色水果星创天地等6家星创天地获自治区认定。南宁市累计获认定自治区级农业科技园区4家、星创天地16家。

【科技金融创新】 2021年，南宁市推进科技创新产业投融资新平台建设，探索"国有资本运营平台+N支基金"投资模式，支持科技成果转化快的创新型项目。南宁产投科技创新投资有限公司参与设立股权投资基金6支，基金规模16.74亿元。落实金融支持科技创新政策，发动全市企业申领广西科技创新券1500.5万元，发放南宁市科技创新券538.3万元，助力企业降低创新创业成本。为35家科技企业提供科技保险保费补贴221.51万元。向科技和知识产权信贷风险资金池增资200万元，资金池规模2965万元，为32家科技企业提供贷款增信，帮助企业获得金融机构贷款2.29亿元。落实"桂惠贷"政策，帮助168家科技企业获得金融机构贷款支持26.76亿元，为科技企业减少融资成本7472.14万元。

科学研究与技术开发

【概　况】 2021年，南宁市实施市本级科学研究与技术开发计划项目66项，总投资2.26亿元，下达科技经费3715万元。其中，组织实施科技重大专项24项，总投资1.62亿元，下达科技经费2560万元；实施重点研发计划33项，总投资5628万元，下达科技经费955万元；实施科技基地专项9项，总投资745万元，下达科技经费200万元。创新财政科技经费投入方式，围绕企业研发经费投入奖补等10个方向实施技术创新引导专项，下达科技经费1.24亿元。推广农业新品种7个、新技术8项、新产品5个。

【科技重大专项】 2021年，南宁市组织实施科技重大专项24项，总投资1.62亿元，下达科技经费2560万元。围绕电子信息、先进装备制造、生物医药三大重点产业，实施重大科技项目15项，总投资9415.5万元，下达科技经费1350万元。其中，“面向智慧物流的物联网操作系统开发工具研究及应用示范”项目研发有效解决物联网连接设备现场差异大、设备连接不稳定、设备接入过程复杂等问题，支持大量设备低成本快速接入、万物互联设备稳定运行和应用系统模块化开发；“血小板免疫生物学重点实验室的建设”项目研发的血小板免疫学诊断核心实验技术和相关试剂，广泛应用于现代输血医学和临床医学等生命科学领域。围绕沃柑等特色水果产业，推进广西南宁国家农业科技园区建设，实施重大科技项目7项，总投资5143万元，下达科技经费950万元。其中，“广西南宁国家农业科技园区大数据运营中心建设及沃柑质量溯源平台研发”利用大数据挖掘、区块链等技术，研发果园信息采集系统、大数据可视化平台、交易子平台、金融超市、质量溯源子平台等，有效解决亚热带水果销售流通的一系列问题。实施战略性新兴产业重大科技项目2项，总投资1662万元，下达科技经费260万元。其中，“纳米碳酸钙分散技术研究及其产业化应用”项目研发通过攻克碳酸化反应制备纳米碳酸钙分散技术，实现纳米碳酸钙的绿色高效生产。

【重点研发计划】 2021年，南宁市围绕电子信息、先进装备制造、生物医药三大重点产业及传统优势产业的“有中出新”，培育“蛙跳”产业、推进新兴产业“无中生有”等产业发展需求，实施重点研发计划33项，总投资5628万元，下达科技经费955万元。聚焦南宁市三大重点产业，实施“充电枪电连接器用高效阻燃PBT复合材料的研究与产业化示范”等工业科技创新重点研发项目5项，总投资1400万元，下达科技经费180万元；聚焦南宁市传统优势产业、“蛙跳”产业、新兴产业，实施“鲜榨沃柑汁和百香果汁的非热加工技术研究与应用”等重点研发计划28项，总投资4228万元，下达科技经费775万元。

【科技基地专项】 2021年，南宁市实施科技基地专项9项，总投资745万元，下达科技经费200万元。实施科技创新平台（基地）建设示范6项，完成拨付5家自治区工程技术研究中心认定后补助，总投资555万元，下达科技经费110万元；实施“邕城创客行”科技创新创业路演3项，举办2021年“邕城创客行”科技创新创业路演系列活动9场，总投资190万元，下达科技经费90万元。

【技术创新引导专项】 2021年，南宁市围绕企业研发经费投入奖补等10个方向实施技术创新引导专项79项，下达科技经费1.24亿元。实施激励企业加大研发投入财政奖补1项，发放享受财政奖补企业1149家，下达财政科技经费8980.31万元；实施高新技术企业认定补助1项，财政科技经费补贴1880万元；实施科技创新券1项，财政科技经费补贴538.3万元；实施科技保险保费补贴1项，财政科技经费补贴221.51万元；实施技术转移示范机构服务能力建设1项，财政科技经费补贴20万元；实施科技成果转移转化应用后补助69项，财政科技经费支持610.04万元；实施技术转移服务机构促成技术交易奖励性后补助4项，财政科技经费支持4.64万元；实施创新创业大赛1项，财政科技经费资助135万元。

【农业科技研究】 2021年，南宁市下达农业科技攻关类项目，研发、引进、示范推广农业新品种7个、新技术8项、新产品5个，重点开展长粒香型优质三系杂交稻、沃柑、百香果、魔芋等新品种新技术开发，百香果新品种选育及种苗繁育关键技术研发、长粒香型优质三系杂交稻新品种选育取得一定成果。研究团队从澳大利亚、巴西、南苏丹、乌干达、塞舌尔等育种机构收集保存百香果育种衍生中间材料及近缘西番莲属种质资源80份，鉴定一批耐高温、抗病毒、抗茎腐病等特性的种质，选出23份7种类型（耐热、抗寒、自交可育性高、抗病毒、果汁加工、特殊香气、Panana类型）优良株系，选育出新品种2个（“钦蜜9号”“令当1号”），其中耐高温型百香果新品种“钦蜜9号”成为中国低纬度低海拔地区的主栽黄金百香果品种；利用自选优良三系不育系“上A”与自主创新选育的长粒香型优质恢复系“恒恢8号”“馥香占”等广泛测配，在不同生态区域进行产量、抗性、适应性等测试，选育长粒香型优质三系杂交稻新品种参加广西区域试验，申报品种审定及植物新品种保护。开展新育成杂交稻新品种高产栽培技术研究，建立优质新品种高产栽培示范区200.1公顷，实现良种良法配套，推进新品种大面积推广应用。

科技人才引育

【概　况】 2021年，南宁市新增引进国家级人才2人，累计引进14人。“人才飞地”深圳人才工作站、广州人才工作站正式运营；第四届中国·南宁海（境）外人才创新创业大赛决出获奖项目24个，达成产业化项目落地意向21项、科研合作意向2项。31名青年科技人才获市级高层次人才认定，资助优秀青年科技人才18人，引进13个优质企业和人才团队落地南宁。做好外国专家引进服务保障，促进国际人才交流。服务中国工程院院士欧阳平凯参股的拜欧生物工程公司实施顶尖人才“突破计划”，支持中国工程院院士王双飞及其团队开展环保领域项目研发。依托项目获得专利15件、专利授权25件。

【国内科技人才引育】 2021年，南宁市继续加强科技人才引育、集聚和培养，壮大科技人才队伍，新增引进国家级科技人才2人，累计引进14人；31名青年科技人才获得市级高层次人才认定。服务中国工程院院士欧阳平凯参股的拜欧生物工程公司实施顶尖人才“突破计划”；公司建成示范工程生产线，完成产品技术开发3个，申请发明专利12件、实用新型专利4件，与3家企业签订技术产品应用合作协议，预计带动企业年增产值8000万元。支持中国工程院院士王双飞及其团队开展环保领域项目研发，先后给予项目资助经费1140万元。组织开展优秀青年科技创新创业人才培育项目申报和评审，资助优秀青年科技人才18人，资助经费425万元，涉及电子信息、先进装备制造等重点产业。通过飞地孵化器、人才工作站孵化科技企业26家，引进13个优质企业和人才团队落地南宁，搭建面向粤港澳大湾区的引才平台。新增认定田园生化高工效农药及施用技术郑州研究中心为南宁市“人才飞地”，在郑州就地集聚培养企业研发人才。

【外国专家引进】 2021年，南宁市做好复工复产急需紧缺外国人返桂到桂审核。对从事商务、物流、生产、科研和技术服务等工作的急需紧缺外国人返桂到桂申请材料进行初审，完成初审54人次。动态更新外国专家人才留邕离邕情况，定时向自治区科技厅报告。为保障外国专家人才健康安全，与市新冠病毒疫苗接种工作专班共同组织外国专家人才到指定医院免费接种疫苗。实施A类外国高端人才无犯罪记录证明告知承诺制，市科技局、市外国专家局、市公安局、市行政审批局联合印发《关于外国人来华工作许可事项实施A类外国高端人才无犯罪记录证明告知承诺制的通知》；采用告知承诺的，仅需在网上办理，无须提交外国人才无犯罪记录证明。

【中国·南宁海（境）外人才创新创业大赛】 2021年，南宁市围绕重点产业和领域科技创新需求，实施创新驱动发展战略，举办第四届中国·南宁海(境)外人才创新创业大赛,20多个国家和地区516个海(境)外人才团队携项目报名参赛。通过资格审查和初选评审会,选拔晋级预赛项目135个;预赛分别在北京清华科技园、深圳科兴科学园、南宁·中关村创新示范基地(相思湖片区)等科技园区举办,选拔晋级决赛项目55个(博士领衔项目32个、硕士领衔项目19个、学士领衔项目4个);决赛在南宁举办,决出获奖项目24个,达成产业化项目落地意向21项、科研合作意向2项。

科技合作与交流

【国际科技合作与交流】 2021年,南宁市利用"南宁渠道"优势,推进国际科技合作交流,设立国际科技合作专项,支持企业技术交流。"一带一路"科技合作与成果转化项目、国际科技合作基地培育与建设项目等国际科技合作专项立项3项,科技经费支持60万元。联合市海外引智工作站(德国海德堡站)通过线上线下方式举办2021年科技企业"全新工业4.0智能制造"专题讲座,邀请德国弗劳恩霍夫研究院教授霍尔格·科尔,为市科技企业全面解析智能企业、智能工厂的标准建设,以及产业升级4.0解决方案的成功案例分析,100多名企业代表参加。

【区域科技合作与交流】 2021年,南宁市在广西率先创新研究机构组建模式,引进国内知名高校科研院所、龙头企业或国家级人才团队到南宁建设新型产业技术研究机构。主动融入粤港澳大湾区,在深圳创建的广西首家"飞地孵化器"——南宁·中关村深圳协同创新中心正式运营,引进10家企业落地南宁,其中2家企业完成入规,1家企业产值超1亿元。对接长江三角洲地区,与中国宝武钢铁集团旗下公司上海吴淞口创业园签约共建"南宁—宝地(上海)"两地双园飞地孵化器项目。"人才飞地"南宁市广州人才工作站、深圳人才工作站正式启动,组织粤港澳大湾区人才及创新项目交流活动8次,落地人才项目6项。

【产学研合作】 2021年,南宁市加强与知名高校产学研合作,促进科技成果转化应用。引进5家(广西智能驾驶研究院、广西精准医学产业技术研究院、广西卫星导航与时空服务研究院、南宁市新型功能材料技术创新中心、南宁—宝地创新中心)新型产业技术研究机构;引进院士等国家级顶尖人才14人,带动24项前瞻性技术成果在南宁转化,实现营收超1.8亿元。桂林电子科技大学、桂林理工大学两家在邕产教融合基地引进科研团队13个,培养研究生203人,引进和孵化企业21家,申请发明专利22件;深圳清华大学研究院南宁力合科技创新中心累计引进创新项目31个,组建2000万元力合天使基金投入运营,启动2亿元力合产业基金募集;华中科技大学科技园南宁众创空间、南宁孵化器正式运营,入驻企业30家,获批为南宁市创业孵化基地。与清华大学深圳国际研究生院签署战略合作协议,在创新平台建设、人才引育、产业孵化等方面合作,组建智能制造研究院、智能制造研究中心、科技合作基地等产教研平台。引导企业与中国科学院、华中农业大学、西南大学、华南农业大学、广西大学、南宁学院等开展产学研合作,在电子信息、先进装备制造、生物医药三大重点产业等领域实施产学研合作项目39项,投入科技经费1975万元。针对高校院所科技成果向企业转移转化中的供需双方"信息不对称""资本对接难"等问题,聚焦高校院所优势技术领域,组织意向双方洽谈对接,建立良好沟通机制。

表18　　2021年南宁市产学研合作项目(39项)情况一览表

项目名称	承担单位
高端柜式空调铝合金面板产品开发及产业化控制	南南铝业股份有限公司、广西大学
广西职业院校大数据内诊平台研发及关键技术研究	南宁市迈越软件有限责任公司、广西财经学院
百香果新品种选育及种苗繁育关键技术研发与应用	华香(南宁)种苗有限公司、广西作物遗传改良生物技术重点开放实验室、广西勤德科技股份有限公司
治疗慢性乙型肝炎创新药满山红疏肝颗粒的研制及产业化	广西中医药大学制药厂、广西中医药大学
纳米碳酸钙分散技术研究及其产业化应用	广西华纳新材料科技有限公司、广西科学院、广州市白云化工实业有限公司
铝碳酸镁混悬液一致性评价	广西南宁百会药业集团有限公司、广西大学
污水处理厂剩余污泥碳梯级资源化利用技术集成与示范	广西北投环保水务集团有限公司、广西大学、中国科学院生态环境研究中心
生物医疗植入材料的研制、精确3D打印和临床应用	南宁市第二人民医院、华南农业大学、东莞一迈智能科技有限公司
充电枪电连接器用高效阻燃PBT复合材料的研究与产业化示范	广西华锑科技有限公司、广西大学
基于微生物工程技术的猪饲膳食纤维创制与应用	广西商泰生物工程有限公司、广西大学
鲜榨沃柑汁和百香果汁的非热加工技术研究与应用	广西和谊食品有限公司、广西大学
广西特色果树绿色环保型生物杀螨剂的研发	广西田园生化股份有限公司、广西大学
优质三系杂交水稻品种"南珍优8号"在越南的推广应用	广西万川种业有限公司、广西壮族自治区农业科学院水稻研究所
新型有机肥发酵工艺研发与示范应用	南宁市博发科技有限公司、广西壮族自治区农业科学院农业资源与环境研究所、广西颜合农业科技有限公司
魔芋种质资源收集利用及新品种选育	南宁市农业科学研究所、广西大田魔芋产业投资有限公司
肉鸽新品种引进及种群扩繁关键技术研究与示范	南宁市顶哈肉鸽养殖农民专业合作社、广西壮族自治区兽医研究所、广西金诚双丰农牧科技有限公司、广西南宁强微农牧科技有限公司

续表 18

项目名称	承担单位
南宁市奶牛产业安全高效标准化养殖关键技术集成应用与示范推广	广西农垦金光乳业有限公司、广西壮族自治区兽医研究所、广西大学
基于外泌体诊断技术的基础研究及加味逍遥散治疗肝癌的临床应用	广西中医药大学、广西中医药大学制药厂
基于区块链的学校食材供应链可信溯源系统应用示范	广西综合交通大数据研究院、南宁威耀集采集配供应链管理有限公司、南宁学院
南宁市"邕城创客行"科技创新创业路演	广西绿地投资有限公司、北部湾产权交易所集团股份有限公司、广西深意知识产权运营有限公司
"微生物＋高架"马山里当鸡生态养殖示范	广西农业职业技术大学、广西布洛王健康产业有限公司
宾阳县露圩镇油茶优良品种早实丰产示范区建设	宾阳县露圩镇正杨林下经济专业合作社、广西大学
上林县高产高糖高抗黑穗病甘蔗新品种引进种植示范与推广	广西壮族自治区农业科学院甘蔗研究所、上林县木山乡泓博种植养殖专业合作社
澳洲坚果有机生态立体种养技术研究与示范	马山县品良种养农民专业合作社、广西壮族自治区药用植物园
邕宁区那利农业科技示范基地建设	广西世塬绿色农业有限责任公司、广西壮族自治区亚热带作物研究所、广西壮族自治区水产科学研究院
上林县黑皮冬瓜优良新品种引进、标准化高产高效栽培技术集成创新与示范	广西壮族自治区农业科学院蔬菜研究所、南宁恒丰生态农业开发有限公司
特色高品质南瓜新品种引进与示范基地建设	广西金天地农业发展有限公司马山分公司、广西大学
马山黑山羊乡村振兴产业示范基地建设与示范	马山县里当乡老豪种养专业合作社、马山县动物疫病预防控制中心
隆安县易地扶贫搬迁就业培训科技示范基地建设	广西金穗农业集团有限公司、隆安县科学技术情报研究所
家禽球虫病的无抗防治关键技术研发与示范应用	隆安凤翔家禽有限责任公司、广西大学
柑橘及特色水果新品种引进评价和示范基地建设	广西壮族自治区农业科学院园艺研究所、广西壮族自治区水果技术指导站、广西桂洁农业开发有限公司
柑橘高效高品质栽培和病虫害防控示范基地建设	广西起凤橘洲生态农业有限公司、广西壮族自治区农业科学院园艺研究所、华中农业大学、西南大学、广西嘉彩生态农业发展有限公司
特色作物新品种新技术引进试验示范推广及其配套设施建设	广西壮族自治区农业技术推广站、华香(南宁)种苗有限公司、广西慧云信息技术有限公司、广西北海市银海区兴友瓜果农民专业合作社
沃柑NFC果汁低温加工关键技术研究及应用	广西冰客食品有限公司、广西壮族自治区亚热带作物研究所
沃柑的农药残留高通量侦测技术研究与示范	南宁海关技术中心、广西南宁市武鸣嘉沃农业专业合作社、南宁市食品药品检验所、广西—东盟食品检验检测中心
沃柑中杀菌剂类农药残留关键检测技术的研究	广西博测检测技术服务有限公司、南宁市武鸣区经济作物技术服务中心
预防沃柑僵果关键技术研究和集成示范	广西南宁宇花灵科技发展有限公司、广西壮族自治区农业科学院园艺研究所
柑橘园土壤培肥改良及根腐性黄化综合防治技术研究与示范	南宁宇益源农业科技发展有限公司、广西壮族自治区农业科学院园艺研究所
沃柑＋广地龙立体种养生态循环新模式研发与应用	广西起凤橘洲生态农业有限公司、广西大学

科技成果与应用

【科技成果登记】 2021年，南宁市获自治区科技成果登记1005项(工业类342项、农业类146项、社会发展类517项)。吸纳类技术合同登记3132项，合同成交金额161.39亿元，其中技术交易额67.04亿元，占自治区31.53%；输出类技术合同登记3199项，合同成交金额229.55亿元，其中技术交易额62.43亿元，占自治区50.5%。

【科技成果获奖】 2021年，南宁市获广西科学技术奖49项，占自治区30.25%。其中，获科学技术合作奖1项，企业科技创新奖1项，自然科学三等奖1项，科学技术进步奖39项(一等奖3项、二等奖18项、三等奖18项)，技术发明奖7项(一等奖2项、二等奖2项、三等奖3项)。南宁市水果生产技术指导站、广西鸣鸣果业有限公司、广西南宁市武鸣嘉沃农业专业合作社等8家单位联合完成的"沃柑引进及配套技术创新与产业化应用"获科学技术合作奖，广西博世科环保科技股份有限公司获企业科技创新奖。获奖项目按行业分：工业类项目22项、农业类项目

14 项、社会发展类项目 12 项、其他类项目 1 项。

【科技成果转化与示范推广】 2021 年，南宁市开展科技成果转化大行动，完成广西重大科技成果转化项目 224 项，技术交易额 43.35 亿元。其中，100 万元以上重大项目 154 项，技术交易额 43.03 亿元。持续提升国家科技成果转化服务（南宁）示范基地等公共科技服务平台建设，国家科技成果转化（南宁）示范基地微信公众号推送相关科技成果 970 条；征集企业技术需求 42 项，通过对接达成初步合作意向 24 项，促成项目合作 9 项、合同金额 790.8 万元；开展南宁市科技成果转化等科技政策培训、宣讲活动 20 场（线上和线下），参加培训企业 2871 家、5.80 万人次；印发科技创新券、研发奖补等宣传资料 9600 余册。

科学技术普及

【概 况】 2021 年，南宁市科学技术局（南宁市外国专家局）（简称“市科技局”）以科技活动周、“绿城科普大行动”及“科技服务春耕生产活动”等活动为契机，以南宁市科普联席会议为平台，联合高等院校、青少年科技教育基地、科研机构及部分科技型企业，开展科技政策、“宜居乡村”科普宣传、产业富民技术培训和惠民科普系列服务，提高企业科技创新政策知晓率及民众科技创新意识。选派 669 名乡村科技特派员下乡；举办农村实用技术培训 1664 场次；培训农民 6.38 万人次；主办“企业发展　科技先行”系列科技专题培训班 20 期，线上线下培训学员 5.8 万人次；开展科普活动 20 场次，展出科普展板 100 多块，发放农业实用栽培技术书籍和科普宣传小册子、宣传单 7000 份，受益群众 6 万多人次。

【科技下乡活动】 2021 年，南宁市以乡村科技特派员为主要力量，送科技下乡服务乡村振兴，实现全市有技术需求的村和农业企业（含农民合作社）科技服务全覆盖。通过双向供需对接方式，分两批选派乡村科技特派员 802 人，服务各县（市、区）乡村科技振兴，其中江南区 22 人、兴宁区 15 人、青秀区 36 人、西乡塘区 87 人、邕宁区 51 人、良庆区 19 人、武鸣区 131 人、横州市 54 人、宾阳县 54 人、上林县 106 人、马山县 93 人、隆安县 134 人，乡村科技特派员开展科技下乡、科普宣传培训教育等活动，服务群众 2.42 万人次。

【科技培训】 2021 年，市科技局针对科技型中小企业、高新技术企业、瞪羚企业培育认定、申报等政策，主办“企业发展科技先行”系列科技专题培训班 20 期，线上线下培训学员 5.8 万人次，发放政策资料 9604 份。6 月 11 日，由市科技局、市市场监管局联合主办，市科技成果转化服务中心、市科技企业孵化基地共同承办的广西专利奖申报实务与科技企业奖补政策专题培训班在孵化基地开班，部分县（区）科技部门、市辖区高校院所及企业代表等 168 人参加培训，发放折页材料 840 份。11 月 24 日，广西南宁国家农业科技园区组织开展以“沃柑课堂”系列专题之“发展农村电商·助力乡村振兴”主题培训，广西南宁国家农业科技园区各公司、合作社沃柑管护人员及种植大户、广西—东盟经开区各中小企业负责人、武鸣区中小企业负责人约 60 人参加。全市开展农村实用技术培训 1664 场次，服务农民 6.38 万人次。

2021 年 5 月 26 日，南宁市科技文化卫生“三下乡”暨民族团结共建活动在上林县镇圩瑶族乡排红村排岜庄启动。图为活动现场发放科普宣传资料　　市科技局提供

【科普活动】 2021 年，南宁市科普联席会议成员单位向公众免费开放各类科普场馆、科普基地、青少年科技教育基地，向民众开展送政策、送文明、送服务等科普创新系列活动 20 场次，展出科普展板 100 多块，内容包括南宁市创新驱动发展成就、科技文化卫生“三下乡”、科技成果转移对接、科技精准帮扶和创新政策大宣讲等。5 月 26 日，南宁市科技文化卫生“三下乡”暨民族团结共建活动在上林县镇圩瑶族乡排红村排岜庄正式启动，25 家市科普工作联席会议成员单位及企业参加活动，通过发放科普资料、科技讲解、现场咨询、有奖知识竞答、义诊、推介图书等宣传方式，向群众科普科学技术、健康生活、环境保护、防震减灾、种养殖技术、防诈知识、司法、计生等知识；其间，开展蚕桑种养实用技术培训、民族团结政策宣传，与少数民族群众开展共建等活动；参加活动 400 多人，发放各类科普宣传资料 7000 余份。

【科技活动周活动】 2021 年，市科技局以科普联席会议为平台，联合高等院校、青少年科技教育基地、科普教育基地、科研机构等，以“2021 年全国科技活动周广西活动暨第三十届广西科技活动周·广西创新驱动发展成果展”为契机，围绕“聚心凝力强首府　科技创新邕未来”主题在南宁国际会展中心集中宣传展示南宁市实施创新驱动发展战略、打造南宁“六大升级工程”所取得的科技创新成就，以及科技进步和科技成果转化推动首府经济社会发展和行业进步成效。5 月 22 日至 28 日南宁市科技活动周期间，组织 25 个市政府直属部门，县（区）、开发区，以及 30 余家科研院所、医疗卫生机构及园林绿化、国土规划、农业扶贫、教育环保、地震救灾等单位，参与市政府主办的“2021 年全国科技活动周南宁市科技文化卫生‘三下乡’暨民族团结共建活动”；10 余家青少年科技教育基地、青少年科技活动中心、科普教育基地和科普示范平台利用自有科普设施、设备开展科普活动；通过展示图文、实物和互动相融方式，展示南宁市自主创新的“智造”能力和科技创新成果，主要内容涉及装备制造、新材料、现代农业、生物医药、环保与新材料、电子信息等 6 大领域 20 家企业 22 个项目。　（董玉洁）

气　象

【概 况】 2021 年，南宁市气象局（简称“市气象局”）辖横州市、宾阳县、上林县、马山县、隆安县气象局及武鸣区、邕宁区气象局。《南宁市气象事业发展“十四五”规划》列入市级专项规划并印发实施。市气象局、武鸣区气象局被列为广西高质量气象现代化建设先行试点。实施“我为群众办实事”项目11项，重点推进“公园天气元素为公众旅游添彩”“特色农产品气候品质认证”项目。酸雨样品考核结果均为优秀；雷达业务可用性、雷达基数据传输及时率、雷达产品传输及时率排名自治区第一。与市委政法委推进预警信息传播融入网格化管理，气象预警信息直达全市4000多名网格员；与市应急局、市生态环境局建立以天气预警为导向的城市内涝和大气污染防治等灾害应急联动机制，发布防内涝预警近50次。诚信建设常态化，被信用中国（广西南宁）录用信用信息12条。开展防雷安全巡查400家次，跟踪督查60家存在问题或隐患单位整改情况；与市应急局、市市场监管局、市消防救援支队等部门加强信息共享和部门联动，做好雷电灾害防御，通过“双随机，一公开”（在监管过程中随机抽取检查对象，随机选派执法检查人员，抽查情况及查处结果及时向社会公开）联合抽查重点单位18家次；组织市防雷减灾管理中心完成市轨道交通5号线雷电防护装置验收。第二届“5G+防灾减灾”应用征集大赛首次开设气象智能观测赛道，征集来自全国82个项目，比首届增加49%。市气象局获全国气象部门公务员集体记一等功，被评为全国文明单位。主要存在科技创新能力不强，科研人才储备不足；新一代天气雷达站搬迁项目建设速度偏慢；基层台站发展不平衡不充分等问题。

【气象设施建设】 2021年，南宁市有国家地面观测站8个、区域自动气象站315个、国家高空气象观测站1个、国家天气雷达站1个、L波段风廓线雷达站1个、国家农业气象试验站1个、国家应用气象观测站1个、酸雨观测站2个、辐射观测站1个、雷电观测站1个、卫星接收站8个、地基导航卫星水汽探测系统基准站（GNSS/MET）1个、国家空间天气观测站1个、自动土壤水分观测站4个、大明山生态立体观测站1个、大气负氧离子观测站4个、石漠化监测站1个、农田小气候站6个、回南天观测站8个。在邕宁区蒲庙镇张村新建中国—东盟南宁气象智能观测示范基地，打造广西唯一面向“一带一路”国家的气象计量合作中心；安装第三代国家级自动站、微型智慧气象自动观测站等智能观测设备；新增1个8要素航道站；全市60个站点被认定为志愿气象观测站；全国首批、自治区首个气象计量检定标准化实验室投入使用；新一代天气雷达搬迁项目开工建设；南宁市人工影响天气基地建设项目委托代建公司推进开展。

【决策气象服务】 2021年，南宁市气象部门对所有重大天气过程均能准确预报，实现防灾减灾服务零失误，气象灾害零伤亡。启动应急响应5次，发布决策气象服务材料369期，提供气象短信159条，接收气象短信95万人次。完成习近平总书记视察广西，李克强总理考察南宁，南宁市人大、政协“两会”，中国—东盟博览会等气象保障服务。

【公众气象服务】 2021年，南宁市气象部门向社会公众发送灾害天气预警信号1357次，发送预警短信超5000万条。发布靶向预警信息85次，为超2000万人次提供气象灾害预警信息。首席预报员接受南宁电视台、南宁电台、南宁日报社等新闻媒体采访近百次，与南宁广播电台进行专家连线18次。南宁气象融媒体微信公众号关注量103万人，在全国241个气象公众号影响力排名前十五，发布天气过程推送图文206篇，阅读量858万人次。市气象局推进“公园天气元素为公众旅游添彩”服务，将“扫码知天气”二维码融入南湖公园、人民公园、动物园、金花茶公园、石门森林公园及花卉公园6个公园的导览图、指示牌等标识牌，方便游客扫码获取即时气象信息。发布林火遥感监测专项气象服务信息24期，提供森林防火气象服务信息19期，每日向市应急局、市防火办提供未来两天的森林火险气象等级预报。与市生态环境局、市林业局、广西大明山管理局、人保财险南宁分公司等单位签订行业气象服务合作协议，为大明山风景旅游区提供雾凇雨凇预报，开展大明山山花、避暑宣传，以及青秀山景区桂花赏花、登山节等服务与宣传，宣传效果是景区自有渠道的5倍至10倍。为沙吴（沙井—吴圩）高速、光大水务（南宁）有限公司、南宁北排排水管网运营管理有限公司等提供气象数据支持与服务。

【乡村振兴气象服务】 2021年，市气象局完成2020年马山县、上林县、横州市、武鸣区乡村振兴专项气象服务建设验收。发布为农服务材料36期，为384家新型农业主体提供农业气象服务，直通式服务覆盖率100%。召开气象农业联席会议，与市农业农村局签订新一轮农业气象服务合作协议，调整“南宁市气象为农服务专家联盟”成员名单，为新一届专家成员19人颁发聘书。为武鸣沃柑颁发“特优”气候品质证书，让首个“气候好产品”标志走出国门、走向东盟；完成邕宁火龙果“气候好产品认证”。

【人工影响天气作业】 2021年，南宁市开展增雨防雹、除尘降霾、蓄水抗旱、改善江河水质人工影响天气增雨作业87次，为历年最多。2月8日至10日，市各级人工影响天气机构开展人工增雨作业缓解气象干旱，作业次数是常年平均作业次数的50%。10月至11月，在左江、右江、郁江流域内开展大规模人工增雨，增加水库蓄水，缓解发电用水不足，西津电厂10月发电量创历史新高。人影作业护卫“南宁蓝”，南宁环境空气质量综合指数实现“三年攻坚”最好水平，南宁水环境质量排名保持全国前列。

【气象科研】 2021年，市气象局实现广西对流尺度数值预报模式本地化，可逐12分钟获取广西区域内水平分辨率为1千米的短临预报分析产品；与百度公司合作开展灾害性天气识别和分类本地化研究；开展暴雨预警精细到乡镇业务。建成市气象局“创客空间”，提供局校、局企合作及部门科研人员创新场所；与南宁师范大学共建创新创业实践基地，签订科研合作协议。提升5G车载应急指挥系统性能，完成南宁市综合应急救援演练、横县撤县设市仪式气象保障、雷达站搬迁项目航拍、人影作业站选址航拍、五塘农业观测基地航拍等防灾减灾应急保障。自主研发的“基于多模式的气温动态回归预报技术”代表广西参加第二届全国智能预报方法大赛暨第八届全国气象行业天气预报职业技能竞赛智能预报技术方法单项比赛，获温度单项全国第三名；靶向预警信息发布平台获2021年广西信息化公共服务类优秀案例。

【气象科普宣传】 2021年，市气象局与市教育局、市科协、南宁日报社联合举办“珍爱生命、远离溺水”防溺水知识有奖问答活动，参加学校700多所，参与竞答52.10万人；与市住建局联合开展防一氧化碳中毒有奖问答，参与竞答43万人。《南宁晚报》抖音号发布人工增雨主题视频播放量1001万次，点赞12.40万人次；系列本土创意漫画《南小天侃天》正式发布；南宁气象智慧导览大屏和智慧园区小程序部署完成。市气象局被中国气象局授予“2021年度优秀全国气象科普教育基地”，科普短视频《追云的射水座》获广西十佳科普视频大赛一等奖，《探空气球背后的风云变幻》获2021年第三届全国气象短视频创作大赛（湖南分赛区）三等奖。

（谭容梅）

水 文

【概 况】 2021年,南宁水文中心(南宁水环境监测中心)辖南宁、隆安、武鸣、上林、宾阳、横县、马山7个水文中心站,南宁、隆安等27个水文站,邕宁、峦城等13个水位站,232个雨量站,3个泥沙站、2个墒情站、4个地下水站和7个蒸发站。南宁水文中心水文监测备汛完成率100%,启动Ⅳ级水文应急响应5次,高洪以上洪峰预报合格率100%,水情预警发布率100%,合格率100%,预警预报质量属甲级。完成马山县姑娘江洪水水面线勘绘及成果应用,将原来水文站断面水情预警预报服务深化拓展至邕江、右江、清水河、姑娘江沿线40多个断面。服务河湖长制,巡河工作有序开展。12月,南宁水文中心搬迁至西乡塘区邕隆路,南宁水文巡测基地在南宁水文中心挂牌启用。主要存在水文科技创新能力还不够强,水文服务领域仍有待拓展等问题。

(黄兰清)

【水文与汛期洪水特点】 2021年1月至3月,南宁市辖区降水量比历年均值偏少38.9%。4月至9月汛期,各县(市、区)降水量781.1毫米~1181.7毫米,与历年均值相比偏少14.2%,属正常偏枯年景。10月至12月,降水量比历年均值偏多39.7%。年内,主要江河没有发生大洪水,过境主干流郁江年度最大洪水发生在10月中旬,郁江控制站南宁水文站10月9日11时起涨水位66.83米,起涨流量526立方米/秒,10月13日11时出现洪峰水位67.31米,洪峰流量3780立方米/秒,为常遇洪水。辖区内中小河流涨幅最大河段为武鸣区香山河城厢镇定珠大桥河段,6月2日3时起涨水位96.72米,3日8时40分洪峰水位102.79米,涨幅6.07米,6小时最大涨幅2.22米,洪水相当于5年一遇。入汛后洪水出现时间正常,结束时间推迟。4月至5月,大部分中小河流都发生不同程度的涨水过程;10月中旬,受17号台风“狮子山”影响,11个站点发生涨幅1米以上洪水过程,其中郁江、渌水江发生年最大洪水过程。各江河洪水场次少,时空分布不均匀。4月至9月,33个主要监测站涨幅超1米的洪水过程69站次,平均每站2.1次,其中前汛期(4月至6月)洪水47场次,主汛期及后汛期洪水22场次,汛后枯水季10月11场;4月至10月,有邹圩、河渚、露圩、濑琶、五塘5个站超1米涨幅的洪水超过5场次,其他28个站场次均为0~4次,未达平均数5~7场次,其中有8个站全年未出现涨幅超1米的洪水过程。郁江未发生全流域性大洪水,局部小流域发生较大洪水,年度影响范围较大的洪水发生在6月初,府城河、武鸣河、香山河、清水河、狮螺河、双联河6条河8个站发生超警洪水,其中双联河杨树站为2016年建站以来最大超警洪水。洪水受水利工程调节影响大。郁江最大洪水发生在10月中旬,南宁水文站的流量从526立方米/秒增加至3780立方米/秒,但由于受老口、邕宁两座电站调度影响,水位变动小,起涨从66.83米上涨至67.31米,涨幅0.47米(如还原为天然河道,则为62.4米上涨至67.4米,涨幅5米)。7月至9月郁江径流总量74.8亿立方米,比历年同期均值偏少63%,为1947年以来最小值,属重旱年景。

(李必元)

【水文监测】 2021年,南宁水文中心所属7个水文中心站施测流量375次,满足水位流量关系定线要求;泥沙测验站点为南宁、隆安、邹圩站,其中南宁站施测输沙率17次,隆安、邹圩站输沙率停测,南宁、隆安、邹圩站施测单沙912次;对22个专用水文(位)站开展水文监测,施测流量152次。地下水观测有宾阳帽子泉、武鸣灵水、武鸣甲泉、马山弄逼4个站,每日自动监测6次,每4小时监测1次,流量测验3站次,弄逼站没有流量监测任务;丁当、都结2个墒情站每日自动监测24次,每1小时监测1次。汛期南宁市先后受3次局部强降雨影响,造成部分中小河流水位快速上涨,全年启动Ⅳ级应急响应5次,先后派出应急监测组25个,对16条河流实施应急监测36站次,其中对8个超警戒水位的水文站施测流量29次,应急监测率100%;对辖区内23条河流30个站点进行常态监测339站次,常态巡测率100%。辖区33个有应急预案的水文(位)站中有30个站完成警戒水位以上水位流量关系定线,为中小河流洪水预报积累率定水位流量关系数据741站次。

【水文资料整编】 2021年,南宁水文中心依托“广西水文云”平台在线整编水文资料,在线资料整编率100%,向自治区水文中心提交完整的基本站水文资料成果,其中有7个站年水位资料、8个站年流量资料、3个站年泥沙资料、46个站年降水量资料、3个站年水温资料、6个站年蒸发量资料、3个站年岸温资料。审查水文数据整编项目17项238站次,资料错情率低于万分之一,资料质量达优秀等级,位列自治区水文系统第三。完成中小河流的30个专用水文(位)站、182个雨量站资料整编成果录入广西水文数据库,完成年度水资源公报、河流泥沙公报资料统计。

(阮川平)

【水文情报预报】 2021年,南宁水文中心启动Ⅳ级水文应急响应5次,发送水情服务短信息23.9万条次,发送水情公益短信覆盖150万人次,洪水预警16次,日常化、台风水情、洪峰预报112次,高洪以上洪峰预报合格率100%,水情预警发布率100%,合格率100%,预警预报质量属甲级。报送水情信息专报178份,水情快报17份,水文信息月报168期,水情纸质信息报送363份,发布会商报告186期(汛期每天1期)。向自治区水文中心、南宁市防汛办等单位发送雨水情信息94万条,其中30分钟内到报92.3万条,到报率98.2%。报汛大、中型水库站水情信息0.79万份,30分钟到报0.72万份,到报率91.1%。

2021年11月15日,位于西乡塘区江北大道石埠段6号扩建后的南宁水文站观测场

黄福培 摄

【水文科研】2021年,南宁水文中心开展的“移动预测法在洪水预测预报中应用的研究”课题,经广西水利学会评选,获广西天湖水利科学技术奖三等奖。在马山县喀斯特易洪易涝区雨量监测薄弱区域,补充完善监测站点,开展岩溶流域洪涝水文模拟研究。探讨受水库影响水文站的水位流量关系,自主创新应用一维水动力模型模拟确定南宁水文站水位与流量关系。向市科协申报“南宁市邕江洪水预报及河库联合调度关键技术研究”作为2022—2023年度科研课题。

（李必元）

【水文基础设施建设】2021年,南宁水文中心固定资产投资460.6万元。其中72.6万元用于南宁水文科技示范与研究基地工程。201万元用于广西国家基本水文站提档升级改造(一期)工程。187万元用于建设南宁水文巡测基地附属工程。

（劳高尚）

表19　2021年南宁市江河主要控制站汛期(4月至9月)最高水位统计表　单位:米

江河	站名称	月份						年度最高水位	年最高水位多年均值	2020年最高水位	警戒水位
		4	5	6	7	8	9				
右江	隆安	76.48	77.69	78.23	76.82	76.87	76.75	78.23	84.06	80.62	85
武鸣河	武鸣(四)	99.14	99.36	103.85	99.3	99.25	99.28	103.85	101.78	105.1	103.1
郁江	南宁(三)	67.33	67.43	67.34	67.3	67.35	67.26	67.43	72.37	69.02	73
东班江	露圩	70.81	70.03	71.48	72	70.51	70.61	72	72.99	73.16	73.9
郁江	横县	44.13	44.82	45.22	44.57	45.13	44.61	46.01	49.40	48.73	54
镇龙江	镇龙	126.61	126.08	127.31	126.43	126.27	126.93	127.31	127.96	127.27	129
姑娘江	马山	162.62	163.03	163.34	162.89	163.04	162.61	163.34	163.58	163.61	164.5
清水河	上林(二)	106.92	107.01	109	106.77	106.09	106.15	109	108.56	107.72	108.3
清水河	邹圩(二)	85.72	85.95	88.47	86.23	84.32	84.07	88.47	88.94	87.69	88

（阮川平）

社会科学

社会科学研究

【概　况】2021年,南宁市社会科学院(简称“市社科院”)完成年度社科研究重点课题6项,院级课题研究8项;出版《创新》杂志6期,刊发文章68篇;编辑出版《南宁蓝皮书·经济发展报告(2021)》《南宁蓝皮书·社会发展报告(2021)》。被全国城市社科院第三十一次院长联席会议评为全国城市社科院先进单位。主要存在科研管理体制机制还不够活,有社会影响力的精品力作不多,服务决策的针对性和实效性有待进一步增强等问题。

南宁市社会科学界联合会(简称“市社科联”)有会员单位31个,其中县(市、区)社科联12个、市级学会19个(学会8个、协会2个、研究会9个),会员2.30万人。学会年检合格率73.68%。课题立项46项。申报广西哲学社会科学规划研究课题(省部级)获立项8项。开展大型广场科普宣传活动1场、科普进社区(农村)活动2场、科普报告会6次、调研工作6次。新建宾阳县丰山书院社会科学普及基地、宾阳县稻花香里社会科学普及基地、南宁市地方志办公室社会科学普及基地3个科普基地。开展学术研讨活动3次,学术座谈会1次。评出年度工作表现突出学会10个、工作成绩突出个人13人。主要存在社科研究有“数量”缺“质量”,学术精品力作、知名学者与领军人物不多,社科普及广度和深度有待拓展,群众参与度还不够高等问题。

【课题研究】2021年,市政府确定市社科院年度社科研究重点课题6项,分别为“南宁市发展都市消费工业对策研究”“南宁市扩大内需对策研究”“南宁市推进临空经济示范区建设研究”“打造环南宁现代都市农业与旅游融合发展带研究”“南宁市脱贫地区特色产业发展研究”“RCEP背景下南宁市加快打造面向东盟的经贸中心研究”,形成课题成果并通过专家评审,获优秀等次1项(“南宁市扩大内需对策研究”)、良好等次5项。立项院级课题8项,分别为“2020—2021年南宁市经济发展形势分析及展望”“2020—2021年南宁市社会发展形势分析及展望”“南宁市加快培育文化产业新业态的对策研究”“推动南宁市上市企业做优做强对策研究”“南宁市现代特色农业核心示范区发展研究”“南宁市推进面向东盟的跨境电商高质量发展研究”“南宁市住宅小区物业管理服务质量提升对策研究”“高质量发展视域下学术期刊‘核心’导向的风险防范”,形成课题成果并通过专家验收,获优秀等次3项(“2020—2021年南宁市经济发展形势分析及展望”“南宁市加快培育文化产业新业态的对策研究”“南宁市住宅小区物业管理服务质量提升对策研究”),良好等次5项。课题研究成果刊发《领导参阅》,获市领导批示4项。市社科联立项课题46项,资助金额19万元;组织社科专家申报广西区2021年度哲学社会科学研究规划课题项目,获立项8项,分别为“边疆治理视阈下的历史记忆与国家认同:明清时期广西王阳明历史遗迹的整理与研究”“马克思主义在广西百年传播的历史进程与经验启示研究”“习近平关于社会治理重要论述在广西的实践研究”“新民主主义革命时期中国共产党形象建构的基本经验研究”“中国—东盟劳权保障与救济法律制度比较研究”“壮族文化融合白头叶猴生态资源旅游文创IP产业发展研究”“全媒体时代突发公共卫生事件信息发布与舆论引导研究”“广西康养产业养老服务能力提升机制与政策研究”；结题2020年度研究课题42项。

【编书办刊】 2021年，市社科院出版《创新》期刊6期，刊登文章68篇。有基金项目支持的文章58篇，占文章总数85.30%，其中国家级基金项目29篇、省部级基金项目26篇、其他基金项目3篇。围绕庆祝中国共产党成立100周年、国家治理体系和治理能力现代化、区域协调发展、参与全球经济治理体系改革等重大主题、热点问题开设专栏，刊发文章31篇，占全年发文量45.60%。3月，《创新》期刊获评第九届广西优秀期刊。7月，《南宁蓝皮书·经济发展报告(2021)》《南宁蓝皮书·社会发展报告(2021)》由社科文献出版社出版，图书电子版在中国皮书网、皮书数据库同步发行，两书收录研究报告39篇50多万字。

【理论宣传】 2021年，市社科院鼓励科研人员围绕改革发展稳定等工作撰写理论文章，在各类期刊、报纸上公开发表26篇、核心期刊发表1篇。其中，院党组理论学习中心组在《南宁日报》发表《科学系统构建首府现代化经济体系》《深入贯彻以人民为中心的发展思想》，周博等在《人民论坛》发表《发挥头雁效应提升致富带富能力——基于南宁市上林县“两培两带两促”模式的思考》，覃洁贞等在《当代广西》发表《在双循环背景下推动广西文化产业高质量发展》，梁瑜静在《传承》发表《中国共产党开展理想信念教育的主要历史经验及新时代启示》。组织干部职工围绕学习贯彻习近平“七一”重要讲话精神、中共十九届六中全会精神撰写理论文章，《以实践担当诠释对党忠诚》《始终坚持人民至上理念，奋力谱写城市高质量发展新篇章》等文章在《当代广西》《南宁日报》发表，《在学习党史中汲取前进力量》《做新时代“三实”型年轻干部》2篇文章获当代广西网刊发。

【社会科学普及活动】 2021年5月17日至23日，市社科联联合市教育局、市民政局等11家单位及各县(区)开展“学习百年党史　建设壮美广西”2021年南宁市社会科学普及活动周。活动周期间，开展党史知识报告会，党史学习教育进社区、进校园、进机关、进企业，线上党史知识宣传等活动60多场次，投入经费50多万元，受益干部群众10万多人次。5月18日，举办全市社会科学界党史学习教育宣讲报告会，市委党校、市社科院、南宁职业技术学院、桂林理工大学南宁分校、南宁学院，以及市直有关单位社科界专家、学者122人参加学习。5月19日，联合南宁市兴宁区社科联在望仙坡社区开展科普进社区活动，参与群众200多人，展出宣传板报20块，发放宣传资料800份。7月上旬，联合宾阳县社科联等单位摄制“民族心　山歌情——铭记百年党历程”(壮族)、“民族心　山歌情　多谢中国共产党”(回族)山歌视频，用山歌形式宣传党的政策，获自治区社科联推送至新华网客户端；“民族心　山歌情　多谢中国共产党”(回族)山歌短视频点击量超过100万人次，“民族心　山歌情　多谢中国共产党”(壮族)山歌短视频点击量50万人次。9月15日，组织社科专家到横州市石塘镇开展科普宣讲报告会，参会领导干部200多人。12月14日至15日，组织社科专家到隆安县开展中共十九届六中全会宣讲活动，参加活动120多人。

2021年3月29日，柳州市社科联到南宁市交流学习。图为市社科联人员陪同考察“三街两巷”　李国燕　摄

【学术交流】 2021年，市社科联开展学术交流7次。4月25日至27日，参加自治区市县社科联智库建设工作交流会并作经验发言；6月24日，与市委党校、市委党史研究室联合举办“学党史　悟思想　担使命：推动南宁高质量发展”理论研讨会，参会社科专家140多人；6月29日至30日，组织各县(区)社科联业务骨干20人到柳州市、桂林市开展学术交流；7月15日，举办全市社科界学习贯彻习近平总书记在庆祝中国共产党成立100周年大会上重要讲话精神座谈会，参会社科专家学者40人；9月24日，组织1名专家参加自治区社科联在南宁市举办的第三届北部湾城市群发展论坛并发言；11月12日至14日，市社科联1名专家参加自治区社科联在钦州市举办的第九届广府文化论坛；12月9日至10日，派出调研组到百色市开展党史学习教育、课题研究、学会管理、社科普及、换届工作等交流。年内，有柳州市、百色市社科联到访交流。　（宁春园　李国燕）

党史工作

【概　况】 2021年，中共南宁市委党史研究室(简称“市委党史研究室”)编纂出版《中共南宁市委执政纪事·2021》《南宁市大事记·2019》《砥砺奋斗四十年——南宁市改革开放纪实(第三卷)》《中国共产党南宁历史百年大事记(1921—2021)》等党史书籍；开展党史集中宣讲340多场次，受众4万多人次；筹办南宁市百年党史图片展览；服务全市党史学习教育，整理中共南宁重大党史事件、重要党史人物和重要会议等党史资料，审读审核涉及南宁地方党史题材作品和相关材料，提供并指导相关部门开展党的历史、重大理论成果和实践经验的宣传和报道；制作《南宁兵变的时代意义》获2016—2020年全国党史和文献部门优秀科研成果影视音像作品类三等奖。10月，横县县委党史研究室更名横州市委党史研究室；12月10日，市委党史研究室被重新认定实行参照公务员法管理。主要存在党史业务开展还不够平衡，精品成果还不够多等问题。

【党史资料征集】 2021年，市委党史研究室编纂出版《砥砺奋进四十年——南宁市改革开放纪实(第三卷)》，全书约55万字、配图70多张，由20个专题资料组成，系统记述南宁市改革开放以来各领域取得的成就。编纂红色题材党史人物长篇纪实文学作品《革命理想高于天——追寻雷经天的光辉足迹》。征集《南宁市大事记·2021》资料，共28万字，图片

873张。联合市乡村振兴局征集全市脱贫攻坚工作口述史料、图片资料，记载、总结、研究南宁市脱贫攻坚工作实践、成就和经验，挖掘扶贫先锋人物在产业扶贫、教育扶贫、科技扶贫、健康扶贫等方面的先进事迹，完成整理扶贫先进人物访谈稿件6篇。开展“广西三线建设”课题资料征集，征集到著作1本、档案文献资料57份。撰写《中共广西区委执政纪事·2021》南宁市委年度工作纪事。审核报送马山县乔老村、青秀区新竹社区、南宁轨道交通集团3篇党建经验材料至自治区党委党史研究室。

【课题研究】 2021年，市委党史研究室继续修改完善《中国共产党南宁历史(1949—1978)》；组织编撰《中国共产党南宁历史(1978—2012)》，收集、整理改革开放和社会主义现代化建设时期图片、专题资料，修改完善编撰大纲。编纂出版《中共南宁市委执政纪事·2021》，全书150万字、配图246张，设亲切关怀、重要决策、重要文献、工作纪事、党建经验等栏目，收编119个单位稿件。编纂出版《南宁市大事记·2019》，全书24万字、大事条目2077条、配图121张。形成《南宁市大事记·2020》送审稿，收录文字约25万字、大事条目2437条，配图150张。指导横州市、宾阳县等6个县(市、区)修改完善《革命老区县发展史》书稿和出版工作。

【《中国共产党南宁历史百年大事记(1921—2021)》出版发行】 2021年，市委党史研究室紧扣庆祝中国共产党成立100周年重要历史节点开展课题编研，梳理南宁百年党史事件，编纂出版《中国共产党南宁历史百年大事记(1921—2021)》，全书约50万字，分为新民主主义革命时期、社会主义革命和建设时期、改革开放和社会主义现代化建设新时期、中国特色社会主义新时代四个时期，系统记录1921年7月至2021年6月一百年来南宁市在政治、经济、军事、文化、社会等方面的大事，全面反映南宁市各族人民在中国共产党领导下的奋斗历程与伟大成就。

【资政服务】 2021年，市委党史研究室选派3人参与南宁市党史学习教育领导小组办公室及简报组工作，整理中共南宁重大党史事件、重要党史人物和重要会议等党史资料，提供并指导相关部门开展党史宣传报道和采访。协同相关部门开展“永不褪色的红色印记——党史故事大家讲”主题活动录制10期；采制“奋斗百年路启航新征程——寻访南宁红色足迹”系列节目10集；制作重温建党百年大事的《红色日历》56期，在南宁广播电视台微信公众号、视频号等平台推送，浏览量超100万人次。参与打造“邕江红色主题游船”“感党恩跟党走——地铁红色主题专列”流动党史展馆等。与市委宣传部、市文广旅局等部门联合开展革命历史类纪念设施普查，掌握南宁市红色遗址、革命文物和纪念设施的基本情况，对重要党史人物故居、旧居、活动地及党的重要机构旧址、重大战役战斗遗址、具有重要影响的革命烈士事迹发生地等信息资料进行核查，提出保护利用规划方案。处理涉及党史内容的市政协会议提案和市人大代表有关议题，对《关于加强南宁市新民主主义革命遗址保护利用的建议》《南宁市深入开发和利用红色资源的建议》《结合党史教育，打造园博园红色文化和民族风情旅游资源》等提案提出意见。

【党史国史宣传教育】 2021年，市委党史研究室围绕“四史”(党史、新中国史、改革开放史、社会主义发展史)组建一支由36人组成的宣讲队伍，深入机关、企业、校园、社区、农村开展党的百年辉煌历史、伟大建党精神宣讲，宣讲340多场次，受众4万多人次。与市关工委等部门开展“百名五老进校园，我为下一代讲党史”主题活动，宣讲400余场，受众20多万人次。与市委党校、市社科联、市党的建设研究会联合开展“学党史 悟思想 担使命:推动南宁高质量发展”理论征文活动，收到论文142篇，评出获奖论文38篇；召开理论研讨会，研究和阐述好中国共产党的初心和使命。为全市领导干部、各级党组织、社区群众赠送《为了初心和使命——中国共产党一路走来的故事》《百年大党正年轻》《文献中的百年党史》《中国共产党南宁历史(第一卷)》《砥砺奋进四十年——南宁市改革开放纪实(第三卷)》5类书籍3000多册。4月20日至7月31日，联合广西新华书店邕华公司开展“百年伟业铭党史 红色经典传八桂”南宁党史书籍联展活动，展陈《中共南宁党史人物传略》《南宁市大事记》等南宁地方党史书籍26类300册。

【庆祝中国共产党成立100周年南宁党史图片展】 2021年6月30日，市委党史研究室与市档案局、市国家档案馆、南宁博物馆联合举办的“百年风华正茂 奋斗铸就辉煌——庆祝中国共产党成立100周年南宁党史图片展”，在南宁博物馆开展。展览分为“新民主主义革命时期”“社会主义革命和建设时期”“改革开放和社会主义现代化建设新时期”“奋进新时代”四个部分，展出珍贵新老照片400多幅，展陈4个月，参观团体270多批次，观展16万人次。 (杨 茜)

2021年6月30日，“百年风华正茂 奋斗铸就辉煌——庆祝中国共产党成立100周年南宁党史图片展”在南宁博物馆开展。图为10月27日，群众参观南宁党史图片展 李康 摄

地方志

【概 况】 2021年，南宁市人民政府地方志编纂办公室(简称“市方志办”)举办地方志业务培训班3期，培训260余人，编纂出版《南宁年鉴(2021)》，征集2020年地方志资料年报131份，出版内部期刊《南宁方志》4期，刊登文章45篇。《南宁通史》编写组完成古代卷、近现代卷出版社二审后修改并报三审，当代上卷出版社定稿，开展当代下卷出版社二审后修改。《南宁年鉴(2020)》获评第八届全国地方志优秀成果(年鉴类)特等市级综合年鉴，是广西唯一连续两年获特等年鉴的市级综合年鉴。主要存在地方志人才队伍专业结构不够合理，政治素质、业务能力与

新时代新要求还有差距;部分县(市、区)第三轮修志顶层设计进度较慢,年鉴编辑出版质量不高等问题。

【地方志书编纂与出版】 2021年,《南宁市第三轮新方志编修顶层设计工作方案》印发实施。市方志办继续修改完善第三轮编修《南宁市志》篇目框架,分3个业务指导小组赴12个县(市、区)指导第三轮修志顶层设计。12月1日,举办南宁市第三轮修志篇目框架搭建培训会,培训市、县(市、区)地方志机构编修人员50余人。邀请浙江省地方志办公室、自治区地方志办公室等专家及南宁市地情专家对首轮、第二轮《南宁市志》进行质量评估,形成评估报告,为第三轮修志提供经验借鉴。《马山县志(1986—2005)》《上林县志(1986—2005)》出版发行。

【地方志资料年报收集】 2021年,市方志办举办南宁市地方志资料年报培训班1期,培训承报单位新编写人员55人。修改完善地方志资料年报承报单位编写提纲60多个,征集2020年地方志资料年报131份,文字720万字,图片2125张。12月,完成地方志资料年报审查。

【地方综合年鉴编纂出版】 2021年10月,市方志办完成《南宁年鉴(2021)》编纂,方志出版社出版;12月,印刷发行800册。全书157.6万字、图片301幅、表格39个,设部类41个,从经济建设、政治建设、文化建设、社会建设、生态文明建设五个方面记述2021年度南宁市自然、政治、经济、文化、社会、生态等领域的发展情况、重大成就和深刻变化。特别设置“南宁市‘十三五’经济社会发展成就”“全面落实强首府战略”“脱贫攻坚”“抗击新冠肺炎疫情”等反映地方特色、年度特色的专题。持续开展南宁网络年鉴编纂。开展县(市、区)年鉴编纂质量五年行动,分3个业务指导小组赴12个县(市、区)指导年鉴编纂。11月30日,举办2021年《南宁年鉴》编纂业务培训会,培训编写人员156人。

【方志馆建设】 2021年,市方志办充实馆藏,采购中国名镇(名村)志丛书等地情书籍97册。归类整理新增地方志书籍1200套。接待市民到馆查阅资料173人次。出版内部期刊《南宁方志》4期,刊登文章45篇。开展方志文化宣传活动,向市直部门赠送《南宁年鉴(2020)》355册,向广西—东盟经济技术开发区团结小学、宾阳县甘棠镇八德小学、五象湖社区、盛邦珑湖小区物业公司等单位赠送《南宁市志》《南宁年鉴》《南宁历史人物传略》160多册。

2021年8月24日,市方志办组织人员到五象湖社区盛邦珑湖小区开展“我为群众办实事 共建共享文明城市”新时代文明实践志愿服务暨“方志文化进社区”活动 李康 摄

【“智慧方志”优化】 2021年,市方志办更新南宁地情网信息671条(篇),其中志鉴动态信息66条、其他信息354条、一周大事251条。扩充地情全文数据库,新增广西和全国部分获奖年鉴、广西旧志、第二轮志书等689册,累计总收录5659册。定期更新搭载在南宁市数字方志馆的县(市、区)虚拟方志馆信息。“方志南宁”微信公众号每个工作日推介南宁地情资讯1条。

【地方志行政执法检查】 2021年12月,南宁市人民政府办公室开展全市地方志行政执法检查,重点检查12个县(市、区)开展第三轮新方志编修顶层设计工作、2021卷综合年鉴编纂完成情况、地方志工作机制落实情况,以及全市承编单位《南宁年鉴》、地方志资料年报供稿情况。

(钟婉悦)

经济与社会发展研究

【概　况】 2021年,南宁市人民政府发展研究中心(简称“市发展研究中心”)完成市政府确定的重大课题1项、年度重点课题14项、一般性课题4项;参与市党代会报告、市政府工作报告及全市政策文件起草;刊发内部信息资料《调研参阅》11期(获市领导批示10人次)、《南宁市专家咨询委员会专报》24期(获市领导批示10人次)、《南宁市专家咨询委员会简报》15期(获市领导批示7人次);撰写多篇反映南宁市经济工作成绩的文章在中央、自治区级媒体发表刊登;定点帮扶工作经验在人民网广西频道、《广西日报》、中新网南宁专栏等媒体发表转载。市发展研究中心获评自治区脱贫攻坚先进集体。主要存在因全市事业单位机构改革影响,人员只出不进、被外单位借调过多,造成研究力量单薄等问题。

【课题研究】 2021年,市发展研究中心完成南宁市发展研究重大课题“‘十四五’时期南宁市法治政府建设规划研究”1项,重点课题“南宁市突出创新驱动,在创新型广西现代产业体系建设中发挥示范引领作用研究”“补齐拉长产业链,进一步做大做强南宁市电子信息产业的路径研究”“推动南宁服务业高质量发展,打造国际消费中心城市研究”“南宁市加快‘东融’步伐,建设北部湾城市群与粤港澳大湾区融合发展的核心城市研究”“加快发展大健康产业,全面推进健康南宁建设的实现路径”“完善基本医疗保险,建设南宁市多层次医疗保障体系对策研究”“加快推进市域社会治理现代化试点工作,建设更高水平的平安南宁”“南宁市农产品、林产品加工产业和园区建设研究”“贯彻落实习近平总书记视察广西重要讲话精神,全面落实强首府战略,促进南宁高质量发展”“南宁市城市IP研究”“国家级开发区体制机制改革对策研究”“南宁与周边省会城市经济发展比较研究”“应对南宁人口快速增长措施研究——以医疗、教育为例”“落实企业研发费用加计扣除政策的建议”14项,一般课题“迈向低碳社会的绿色节能技术——基于相变储能的墙体自保温技术”“南宁基础教育基线调研及质量提升策略实施研究”“南宁市筹建工科院校路径研究”“完善南宁社区多样化服务的建议”4项。2020年度重大课题“南宁市与东盟十国国别经贸合作系列分析”获国务院发展研究中心评定的“中国发展研究奖”三等奖。

【决策咨询与文稿服务】 2021年，市发展研究中心围绕南宁市发展热点难点问题开展研究，《关于提速建设临空经济示范区的建议》获自治区政府信息、《广西经济》、市政府信息采用；纪实文章《帮扶单位牵线搭桥 引进农业龙头企业助力乡村振兴》《创建乡村振兴调研基地 打造乡村振兴“帮扶样板”》在人民网广西频道、《广西日报》、中新网南宁专栏等媒体发表转载；调研报告《关于发展注意力经济助力“强首府”的建议》获中新网、国务院发展研究中心《经济参考》采用。参与起草市第十三次党代会文稿10余份及市第十五届人民政府工作报告；牵头起草《南宁市巩固拓展脱贫攻坚成果同乡村振兴有效衔接的实施方案》《南宁市巩固脱贫攻坚成果建立健全防返贫工作实施方案》《南宁市外事工作“十四五”规划》等政策文件；为市政府代拟《南宁市专家咨询委员会管理办法(修订)》《南宁市专家咨询委员会经费管理办法(修订)》；撰写2020年度及2021年度南宁市绩效分析考核表、南宁市绩效考评自评总结、南宁市绩效报告经验材料等文稿；核改中央领导视察南宁市汇报材料、南宁市向国家民委汇报全市民族团结进步示范创建工作总结材料《牢记习近平总书记殷切嘱托 推动民族团结进步示范创建工作在壮乡首府落地生根开花结果——广西南宁市深化创建全国民族团结进步示范市工作汇报》《广西综合交通运输发展“十四五”规划》《南宁市2020年国民经济和社会发展计划执行情况与2021年国民经济和社会发展计划草案的报告》《南宁市国土空间总体规划(2021—2035年)》《南宁市大力实施强首府战略解读材料》《南宁市关于深化改革创新 推动经济高质量发展的若干措施》等文稿50余份。

【专家咨询】 2021年，市咨询专家到南宁调研30余次，提意见建议89条，编辑成专报、简报和呈送阅件送市领导审阅，获批示14条。5月11日，市发展研究中心、市专家咨询委员会召开南宁市专家咨询委员会工作情况新闻发布会，央广网、广西日报社、南宁日报社等10家媒体记者出席发布会。5月22日至23日，市专家咨询委员会2021年工作会议在南宁五象山庄召开，南宁市相关领导，市发展改革委、市科技局、市住建局、市民政局、市金融办、市商务局等31个部门负责人出席会议，中国工程院院士周济、侯立安、任南琪，俄罗斯工程院和宇航科学院院士张新明等48位市咨询专家参会。市咨询专家、对外经济贸易大学副校长王敬波提出的校地战略合作协议，获7月5日市十四届人民政府第160次常务会议审议通过。市咨询专家、中国农科院研究员谢庭生，市咨询专家、湖南大学副教授曾文海到南宁开展速生槐引种、甘蔗优化种植试验。市咨询专家、凤凰卫视时事评论员朱文晖提出《关于进一步办好城市围棋联赛助力南宁建设国际大都市的建议》，推动城市围棋联赛——唯一一个南宁走出去的国际体育赛事回归南宁。9月30日，市咨询专家、广西大学教授秦建文在市委市政府会议中心，向全市领导干部开展“深化与东盟经贸合作 推动南宁市质量开放发展”主题讲座。

【优化营商环境调研】 2021年，市发展研究中心根据《关于印发2021年南宁市持续优化营商环境行动方案的通知》开展营商环境调研，形成调研问效报告。研究制定《2021年全市持续优化营商环境行动调研问效工作方案》。9月22日至30日，组织第三方评估反馈问题涉及的19个整改责任单位，针对反馈的109个问题整改情况进行自查；组成3个调研问效小组采取明察与暗访相结合，到基层、到现场、到办事大厅，通过核查自查报告、核验印证资料、电话询问、现场核验、模拟线上办理业务或陪同群众实地办理业务、随机访谈办事群众等方式，对反馈问题整改落实情况进行全面核查，形成调研问效报告上报市政府。定期跟进市直相关部门落实《2021年南宁市优化营商环境工作任务清单》完成情况。 (林绍贤)

编辑 方 明

文　化

综　述

【概　况】 2021 年，南宁市文化广电和旅游局（简称“市文广旅局”）有局属事业单位 10 个（南宁市文化市场综合行政执法支队、南宁市群众艺术馆、南宁市图书馆、南宁市民族文化艺术研究院、南宁市博物馆、南宁市少年儿童图书馆、南宁孔庙管理所、南宁市旅游发展服务中心、南宁市艺术剧院有限责任公司、南宁市顶蛳山遗址博物馆）。有市级广播电视台 1 家、县级广播电视台（融媒体中心）6 家。有公共图书馆 14 个［市级公共图书馆 2 个、县（市、区）公共图书馆 12 个］，市级公共图书馆分馆 34 家，馆外流通服务点 125 个，市级群众艺术馆 1 个。有不可移动文物 596 处，其中全国重点文物保护单位 6 处、自治区级 42 处、市（县）级 252 处、未定级 296 处。有国家级非物质文化遗产代表性项目 9 项，代表性传承人 5 人；自治区级非物质文化遗产代表性项目 159 项，代表性传承人 94 人；市级非物质文化遗产代表性项目 252 项，代表性传承人 234 人。有文化产业示范基地 130 家。年内，开展精品文艺演出、群众文化、特色旅游、文博及传统文化四个大类 25 项庆祝中国共产党成立 100 周年系列文化旅游活动。举办第 23 届南宁国际民歌艺术节、南宁市 2021 年“壮族三月三·八桂嘉年华”文化旅游活动、2021 年中国—东盟（南宁）戏剧周等活动。“老友南宁”形象宣传片获国家广播电视总局、文化和旅游部首届全国旅游公益广告优秀作品。深入乡镇、社区、企业开展送戏下基层演出 500 场，到校园演出儿童剧、卡通剧、地方戏曲 129 场，到高校演出传统戏曲、精品剧目 50 场，惠及群众 23.5 万人次，形成“不设门槛、不问城乡、贯穿全年、覆盖全市”的文化惠民新局面。扶持 213 支文艺队完成演出 5747 场，惠及群众 211 万人次。歌曲《心与心在一起》获 2021 年双拥主题文艺作品征集评选三等奖；歌曲《仰望星空》入选“庆祝中国共产党成立 100 周年——‘百年百首’”全国优秀新创歌曲；歌曲《追梦的萤火虫》《春雨尼呀呢》入选“唱响百年”爱国主义原创歌曲征集活动优秀歌曲。主要存在受新冠肺炎疫情影响，“文化走亲东盟行”等对外交流活动暂停举办，文化活动的影响力略有下降等问题。

（王靖中　黄红婷）

【文化惠民工程】 2021 年，南宁市市属文艺院团创新演出内容和形式，围绕庆祝中国共产党成立 100 周年等主题，融会歌舞、器乐、戏曲、小品、曲艺、魔术等艺术种类，创作歌曲《壮乡儿女跟党走》、舞蹈《中国红》、情景诗朗诵《革命英烈的家书》等节目；挑选粤剧《江姐》、舞剧《刘三姐》、话剧《大山壮歌》、红色歌曲专场交响音乐会等剧目及专场音乐会进行演出。文化惠民演出同当地节庆、民俗活动相结合，在演出现场与地方文艺队员、在校师生等交流互动，传授歌舞乐、戏剧曲艺等知识，设置知识问答环节，将民族团结、平安南宁、垃圾分类、卫生健康、禁毒等知识融入其中，提升宣传效能。深入乡镇、社区、企业开展送戏下基层演出 500 场，到校园演出儿童剧、卡通剧、地方戏曲 129 场，到高校演出传统戏曲、精品剧目 50 场，惠及观众 23.5 万人次。中国戏剧梅花奖得主梁素梅、国家一级演员潘春竹，首席舞蹈演员张旭等演员参加“送戏下基层、进校园”演出。　（李　冰）

【承办为民办实事项目】 2021 年，南宁市承办 2021 年自治区为民办实事公共文化基础设施场所免费开放项目，围绕庆祝中国共产党成立 100 周年等重大主

2021 年，《春天的旋律·2021》跨国春节晚会录制现场　　潘浩　摄

题组织群众文化活动和阅读推广活动，推进全民艺术普及和全民阅读，扶持213支文艺队演出5747场，惠及群众211万人次。（黄红婷）

【重大文化旅游项目建设】2021年，南宁市获2023年广西文化旅游发展大会承办权，承办2023年文化旅游发展大会重点项目建设。7个重大旅游项目有南宁牛湾文化旅游岛、南宁右江湾水乡康养旅游项目、万有（南宁）国际旅游度假区、上林县大庙江生态旅游景区项目、南宁水锦·顺庄旅游综合开发项目、南国乡村·农村综合旅游景区项目（一期）、南宁·桃李春风·健康颐养文旅项目，完成年度投资44.57亿元，完成率243.55%。

【文化产业建设】2021年，市文广旅局推荐的“壮族五色糯米饭制作技艺”传承基地获评自治区级文化产业示范基地，南宁嘉丰文化创意产业园列入自治区文化产业示范园区创建单位，广西文化艺术中心、非遗生活馆列入自治区文化产业示范基地创建名单。全市有各级示范园区130家，其中国家级文化产业示范基地2家，自治区级文化产业示范园区6家、文化产业示范基地40家、文化创意产品开发示范基地4家，市级文化创意和设计服务业集聚区3家、文化产业示范园区1家、文化产业示范基地72家。（黄小芸）

【对外及中国港澳台地区文化交流】2021年12月2日至6日，“携手奋进新征程·合作共赢谱新篇”2021年桂—粤港澳群众文化活动周在南宁举办。活动周分为6大板块，包括粤语金曲音乐会、群众文艺精品展演、艺术鉴赏沙龙、乡村社区和谐文艺展演、舞蹈大赛、“绿城歌台”视频集锦线上展播等。活动周期间，市群众艺术馆与7地群众艺术馆签订战略合作协议。12月15日至31日，由市政府、自治区文旅厅主办的第九届中国—东盟（南宁）戏剧周活动以线下录播、线上展播方式举办；活动汇聚新加坡、越南等5个东盟国家，北京、浙江等19个省（自治区、直辖市）38个艺术团体，约1300名艺术家和演职人员参演，演出39场，线上平台点击量670多万次。推进澜湄旅游城市合作联盟工作，市委常委、副市长王群应邀参加澜湄旅游城市合作联盟大会暨澜湄市长文化旅游论坛并在“澜湄城市合作与内陆城市国际化”市长分论坛上，作《南宁渠道提质升级文旅合作共谋发展》主题发言。加强与中国港澳地区文化旅游交流合作，征集2021年度“港澳青少年内地游学推荐产品”，推选昆仑关、青秀山游学课程，组织有关单位申报文化和旅游部2022年度内地与港澳文化和旅游交流重点项目。

（黄红婷　吴小雪）

【工艺美术作品与行业管理】2021年，南宁市二轻集体工业联社获批自治区级工艺美术大师精品创作工程创作组37个，组建南宁市工艺美术精品创作组36个，指导2家大师工作室完成申报，推荐3家大师工作室申报精品创作融合重点扶持项目，覃岭大师工作室获第一批2021年广西工艺美术大师工作室建设与精品创作融合重点扶持项目资金扶持10万元。参加南宁市非物质文化遗产项目申报，传统技艺“横州铜器制作技艺”“宾阳瓷器制作技艺”“南宁古建筑营造技艺”3项技艺入选南宁市第九批市级非物质文化遗产代表性项目名录；南宁剪纸技艺的钟昀睿、南宁竹刻制作技艺的覃岭、壮刀制作技艺的黄冬鹏、宾阳织锦技艺的黄爱群、宾阳邹圩陶器制作技艺的沈建红、上林渡河公制作技艺的覃晓燕6名广西工艺美术大师或工艺美术从业者入选南宁市第八批市级非物质文化遗产代表性传承人名单。组织传统工艺美术技艺传承传授工作。协调扶持经费5万元，给国家非遗传承人、中国工艺美术大师谭湘光在宾阳县、南宁职业技术学院举办3期传承传授培训班，宾阳县乡镇、农村妇女、残疾人60人，南宁职业技术学院专业学生20人参加培训；陪同市政府参事针对“那灵古陶”产业发展研究课题，到北流、横州市杨村、魏振荣工作室、卢权智大师工作室考察；设立“南宁工艺美术发展扶持项目”，申请项目扶持资金20万元，确立《南宁红陶制作技术规程》团体标准制定项目、宾阳县湘光织锦坊展厅升级改造项目2个扶持项目；指导宾阳县通过自治区“广西小五金之乡”特色产业区域复评考核；指导市工艺美术协会完成年检；组织市内工艺美术大师（精品创作组）、工艺美术企业、驻邕高等院校等参加全国、自治区工艺美术专业展会4批次，获第56届全国工艺品交易会“2021中国工艺美术‘金凤凰’创新产品设计大奖赛”专业奖项94项，其中金奖14项、银奖23项、铜奖27项、优秀奖30项。获第十五届中国（莆田）海峡工艺品博览会2021年“中匠杯”工艺美术优秀作品大赛银奖1项、铜奖3项。参加2021年广西艺术作品展览工艺美术作品暨广西工艺美术作品“八桂天工奖”评比，获广西工艺美术大师精品创作工程“精品奖”金奖5项、银奖3项、铜奖5项，工艺美术作品“八桂天工奖”（大师组）金奖1项、银奖3项、铜奖4项，广西工艺美术作品“八桂天工奖”（非大师组）金奖15项、银奖14项、铜奖23项，其中7件作品入选2021广西艺术作品展览优秀作品；推荐《壮刀——盛世华章》《一鹭祥和》参评自治区第十届铜鼓奖；协助市文广旅局举办2021“南宁礼物”征集大赛，征集工艺美术参赛作品300多件。（张夏芸）

群众文化

【概　况】2021年，南宁市有公共文化设施近1500余家，其中公共图书馆14家（市级2家、县级12家），国有博物馆（纪念馆）7家，文化馆13家（市级1家、县级12家），乡镇文化站102个，村级公共服务中心1352个全部面向社会免费开放。以“永远跟党走”为主题开展南宁市乡村社区和谐文艺大展演活动，扶持213支文艺队完成演出5747场，惠及群众211万人次。南宁市“5·23全民艺术普及日”系列活动以“艺术点亮生活”为主题，在全市持续开展近10天，以市群众艺术馆为龙头，12个县（市、区）组织开展群众性文化活动近50项，活动场次近100场，参与人数近20万人次。“与明星同唱”南宁百姓歌圩活动举办10场，培训人数1.5万人次。主要存在受新冠肺炎疫情影响，免费开放场馆到馆人次较疫情前有所下降等问题。（黄红婷　彭知之）

【第23届南宁国际民歌艺术节】2021年12月20日，南宁市庆祝中国共产党成立100周年群众文化活动暨第23届南宁国际民歌艺术节“大地飞歌·2021”晚会通过电视、广播、网络等平台播出。作为南宁市庆祝中国共产党成立100周年群众文化的重要活动之一，该届民歌节晚会将红色文化与民歌艺术融合，弘扬伟大建党精神，赓续红色血脉。南宁国际友好城市的朋友通过线上“云合唱”方式参与节目录制，用海内外优秀民歌架起文化交流与合作的桥梁。晚会首次在南宁园博园山水园林实景上演，将井冈山精神、遵义会议精神、延安精神、西柏坡精神等呈现于舞台，带领观众继承革命传统、赓续红色血脉、弘扬共产党人精神谱系。

（李　冰）

【大型民歌专场演出活动】2021年，“相约民歌湖畔·共眷天下民歌”2021大型民歌专场演出举办4场，包括合唱专场、民族木偶剧专场、经典红色歌曲专场、广西原创歌曲专场，集中展示各民族文化精粹，向外推介壮乡文化和特色旅游资源。

（群艺馆）

【民歌湖大舞台周周演群众文化活动】2021年，民歌湖大舞台周周演群众文化

2021 年 12 月 11 日,“好日子　歌里过”南宁市庆祝中国共产党成立 100 周年群众文化活动暨第 23 届南宁国际民歌艺术节“大地飞歌·2021”民族歌曲联唱《大山之歌》在南宁园博园录制　　黄红锦　摄

活动以“永远跟党走”为主题,围绕庆祝中国共产党成立 100 周年,结合党史学习教育,开展群众文化活动,组织重大节庆活动、县(市、区)及开发区专场演出、文艺类赛事、优秀电影展播等,实现周周有活动、月月有精品。开展 2021 年南宁市交响音乐会、“壮族三月三·八桂嘉年华”2021 年南宁青秀国际传统舞龙邀请赛民俗展演、南宁青春艺术节、南宁市少儿艺术节、夕阳秀文化艺术节、社区文化艺术节、外来务工人员专场等文化活动 50 多场,参与群众近 8 万人次,加上南宁广播电视台录播和网络直播,覆盖群众近 50 万人次。　（黄红婷）

【“老南宁·三街两巷”周周演音乐角】 2021 年每周五、周六晚,市群众艺术馆组织“绿城文艺轻骑兵”志愿服务队,在三街两巷文化广场举办音乐角、群众文化惠民演出活动,内容包括“老南宁·三街两巷音乐角”和“学党史颂党恩”经典红歌大家唱、党史学习快闪活动等,将三街两巷历史文化街区打造成为继民歌湖大舞台之后又一个广西文化和旅游深度融合的活动品牌。全年开展演出 50 多场,平均每场参与群众超 1000 人次,覆盖游客 5 万人次。“老南宁·三街两巷”公益演艺活动获评 2021 年“春雨工程”全国示范性志愿服务项目,是广西唯一入选志愿服务项目。　（黄红婷）

【“文化志愿春风行”培训】 2021 年,南宁市“文化志愿春风行”培训服务活动在隆安县开展,分三个阶段推进。3 月至 4 月,对隆安县符合培训条件地点摸底调查,确立 13 个帮扶村屯;5 月至 11 月,开展舞蹈、声乐、器乐、戏曲(曲艺)等门类艺术培训;9 月,组织专家组到培训点指导,强化提升培训质量。其间,市群众艺术馆选派业务能手、艺术骨干和表演名家作为文化志愿者,同时发动社会力量和文化志愿者,组成志愿服务小组,深入基层开展结对帮扶。市群众艺术馆和隆安县文化馆文化志愿者在隆安县南圩镇、丁当镇、屏山乡、务成屯、震东社区、宝塔小学等乡镇村屯、学校建立 13 个培训服务点,组建舞蹈、合唱、曲艺、服饰秀等艺术表演队 15 支,培训人数 800 多人次。文化志愿者结合中国共产党成立 100 周年主题和隆安县“那”文化特色,创编和辅导歌曲《那人那乡》、舞蹈《喜气秧秧》《红色摇篮》《红军你曾来过》、快板《点赞“那”里的新生活》等主题文艺作品 13 件。11 月 11 日,2021 年南宁市“文化志愿春风行”培训服务活动成果汇报演出在隆安县新时代文明实践站那桐镇定典屯举办。　（黄红婷）

【南宁市数字文化馆体验中心建成揭牌】 2021 年 12 月 8 日,南宁市数字文化馆体验中心揭牌仪式在市群众艺术馆举行。市数字文化馆体验中心利用文化云一体机、智慧钢琴、数字书法机、数字唱吧、数字留声机、智能触摸屏、电子大屏幕等数字化设备终端,传播数字文化资源,实现公共数字文化服务全媒体多终端覆盖,为群众提供互动式文化艺术体验。　（彭知之）

专业文艺

【概　况】 2021 年,南宁市有市属专业艺术团体 2 家(南宁市民族文化艺术研究院、南宁市艺术剧院有限责任公司)。南宁市民族文化艺术研究院(南宁市戏剧院、南宁市非物质文化遗产保护中心)专业从事艺术生产、研究,非物质文化遗产保护传承,有职工 90 人;南宁市艺术剧院有限责任公司是集精品剧目创作、歌舞话剧表演、文化创意策划、舞台舞美设计、剧目演出运营“五位一体”的国有文化企业公司,有职工 186 人。开展演出活动 807 场次。持续开展舞剧《刘三姐》、话剧《大山壮歌》、邕剧《顶蛳山人》的修改提升及复排工作,参加第十三届全国舞蹈展演、“永远跟党走”庆祝中国共产党成立 100 周年广西优秀舞台艺术作品展演等国家级、自治区级艺术赛事和展演、艺术研究及艺术项目申报并获得各类奖项 24 个。

【艺术创作】 2021 年,南宁市打造歌舞剧《山水之约》、邕剧《梁小霞》《南国赤子》《浴血千秋》、粤剧《茉莉天香》、话剧《寻路》等精品剧目;组织复排舞剧《刘三姐》、话剧《大山壮歌》、邕剧《顶蛳山人》等大型剧目,指导市属文艺院团与广西艺术学校合作儿童邕剧《骄傲的画眉鸟》;推动传统剧目保护与传承,组织市民族文化艺术研究院指导民营远声粤剧团排演红色经典粤剧《山乡风云》;围绕庆祝中国共产党成立 100 周年等主题,组织创作排演小品《左林右李》《脱贫致富奔小康》,戏剧《夫妻战疫》《催房租》,歌曲《风雨百年》《仰望星空》《壮乡儿女跟党走》《我的名字》《这条路》《永远跟党走》,舞蹈《中国红》《血色七星山》《母亲的天路》等作品。完成新春音乐会、第 23 届南宁国际民歌艺术节“大地飞歌·2021”晚会等大型精品文化文艺演出活动。

【艺术成果】 2021 年,南宁市组织市属文艺院团参加国家级、自治区级艺术赛事和展演,获国家级奖项 7 个、自治区级奖项 75 项。其中,舞剧《刘三姐》获第十三届全国舞蹈展演优秀剧目;中国—东盟(南宁)戏剧周入选文化和旅游部 2021 年“文化和旅游科研院所优秀实践案例”;壮族末伦作品《何时再相见》参加由中国曲艺家协会主办的第四届中国西部优秀曲艺节目展演;歌曲《心与心在一起》获 2021 年双拥主题文艺作品征集评选活动三等奖;歌曲《仰望星空》入选“庆祝中国共产党成立 100 周年——‘百年百首’”全国优秀新创歌曲;歌曲《追梦的萤火虫》《春雨尼呀呢》入选“唱响百年”爱国主义原创歌曲征集活动优秀歌曲;宋良慧获第十三届中国音乐金钟奖声乐比赛(民族组)广西选拔赛三等奖。“永远跟党走”庆祝中国共产党成立 100 周年广西优秀舞

台艺术作品展演暨第十一届广西剧展(大型剧目)话剧《大山壮歌》获桂花银奖、桂花剧作奖、桂花表演奖等4个单项奖;邕剧《顶蛳山人》获桂花铜奖、桂花表演奖等3个单项奖;邕剧《骄傲的画眉鸟》获桂花银奖、桂花舞美设计奖、桂花表演奖等4个单项奖。“永远跟党走”庆祝中国共产党成立100周年广西优秀舞台艺术作品展演暨第十一届广西剧展(小戏小品)小品《左林右李》获桂花金奖、桂花剧作奖、桂花表演奖等5个单项奖;粤剧《催房租》获桂花银奖、桂花剧作奖、桂花表演奖等3个奖项;粤剧《夫妻战疫》获桂花表演奖1个奖项。《壮乡儿女跟党走》获评2021年广西壮族自治区重大主题歌曲创作项目——“庆祝中国共产党成立100周年”主题歌曲征集活动优秀获奖歌曲;舞剧《刘三姐》《妈勒访天边》,话剧《大山壮歌》,歌曲《相信中国》,曲艺《船夫·老师》,粤剧《夫妻战疫》,舞蹈《中国红》,美术《征程》等10个作品入选广西艺术精品创作扶持计划重点扶持项目;邕剧《梁小霞》获广西当代文学艺术创作工程三年规划(2022—2024年)首批扶持项目;南宁国际民歌艺术节获评中华优秀传统文化传承发展工程广西“十佳案例”;“山水有梦广西有戏”第十一届广西音乐舞蹈比赛南宁市选送推荐的舞蹈《血色七星山》、歌曲《风雨百年》等节目获一等奖1个、二等奖2个、三等奖2个,市文广旅局获优秀组织奖;南宁市推荐青年演员参加第八届广西戏曲青年演员比赛获一等奖2人、二等奖2人、三等奖2人、优秀辅导奖4名,市文广旅局和市民族文化艺术研究院获优秀组织奖;市非物质文化遗产保护中心参加第九届全区基层群众文艺会演获声乐类二等奖。

【演出活动】 2021年,市民族文化艺术研究院、市艺术剧院有限责任公司组织开展或参加演出907场。春节期间,在新会书院举办“邕州神韵”地方戏曲周周演春节戏曲专场——优秀地方戏曲剧目展演活动3场,在孔庙开展“文旅+演艺”跨界融合演艺项目《大成礼乐》16场。3月,组织举办“永远跟党走 奋进新时代”2021年南宁文化科技卫生“三下乡”暨“我们的中国梦”——文化进万家活动南宁启动仪式、“巾帼心向党 奋斗新征程”2021年南宁市“三八”国际妇女节纪念活动。4月,开展“感党恩 跟党走”2021年“壮族三月三·八桂嘉年华”南宁会场活动文艺演出。5月,粤剧《江姐》参加“永远跟党走”庆祝中国共产党成立100周年广西优秀舞台艺术作品展演暨第十一届广西剧展演出活动;5月12日至19日,开展2021年南宁市新时代文

2021年3月19日,2021年南宁市文化科技卫生“三下乡”暨“我们的中国梦”——文化进万家活动启动仪式在马山县古零镇羊山村三甲屯举行 林朝毅 摄

明实践道德模范基层巡演9场。6月,完成“永远跟党走”广西各族群众庆祝中国共产党成立100周年歌会演出、南宁市庆祝中国共产党成立100周年大型交响合唱音乐会等演出活动。7月,话剧《大山壮歌》、粤剧《山乡风云》、儿童邕剧《骄傲的画眉鸟》、邕剧《顶蛳山人》在邕州剧场参加由自治区党委宣传部、自治区文化和旅游厅主办的“永远跟党走”庆祝中国共产党成立100周年广西优秀舞台艺术作品展演暨第十一届广西剧展(大型剧目)展演活动。8月,为“中国好人榜”百色发布活动录制节目《血色湘江》。9月,承办“永远跟党走,书写新时代雷锋故事”2021年南宁市第五届志愿服务项目交流洽谈会——启动仪式。10月,市艺术剧院有限责任公司编导参加全国第十一届残疾人运动会暨第八届特殊奥林匹克运动会开闭幕式文艺演出;第九届中国—东盟(南宁)戏剧周系列活动、第八届广西戏曲青年演员比赛决赛在邕州剧场举行;10月28日,舞剧《刘三姐》作为“永远跟党走”庆祝中国共产党成立100周年广西优秀舞台艺术作品展演剧目在广西文化艺术中心大剧院演出。12月,“好日子 歌里过”南宁市庆祝中国共产党成立100周年群众文化活动暨第23届南宁国际民歌艺术节在南宁园博园录制。邕州剧场、新会书院作为驻场演出地标,开展地方戏曲月月演12场,“邕州神韵”地方戏曲周周演20场。南宁孔庙博物馆、市艺术剧院有限责任公司等联合打造的“文旅+演艺”跨界融合演艺项目——《大成礼乐》,在南宁孔庙博物馆驻场演出21场。市属文艺院团走进南宁园博园、“老南宁·三街两巷”历史文化街区和百益·上河城街区,开展创新性文化活动及演出,激活文化旅游市场消费潜力。

【艺术人才培养】 2021年,南宁市选派11人参加文化和旅游部深化国有文艺院团改革培训班、2021年全国文化和旅游研究院所科研骨干培训班、2021年广西文化旅游演艺发展管理人员培训班、2021年广西基层旅游演艺骨干培训班、广西“三区”人才支持计划基层戏剧编导人才培训班、广西基层声乐骨干人才研修班。市民族文化艺术研究院黄俊成入选2021年戏曲百戏(昆山)盛典——“天下第一团”表演英才传习班。

【艺术研究】 2021年,市民族文化艺术研究院开展对邕剧艺术的抢救性保护,组织开展南宁市第一部详细介绍邕剧锣鼓的著作《邕剧锣鼓音乐》编写;开展《南宁市非物质文化遗产图典(2016—2020)》编辑出版;《邕剧传承研究和线上传播模式探索》(许燕滨)入选2021年度广西文化和旅游研究院所青年科研人才扶持计划;“乡村振兴背景下民族文化在文旅融合发展中的地位和作用——以南宁市三个瑶族乡为例”(陈晓钰)获2021年度广西壮族自治区文化和旅游研究课题立项。加强对濒危剧种邕剧的保护,组织市民族文化艺术研究院、宾阳县、高新区管委会做好戏曲公益性演出,根据邕剧、丝弦戏、师公戏的艺术特色,从唱腔特点、表演特色等对邕剧《一张表》、丝弦戏《夜袭昆仑关》、师公戏《送鸡米》修改提高。

(李 冰)

非物质文化遗产保护

【概 况】 2021年,南宁市新增国家级非物质文化遗产代表性项目2项,自治区

级非物质文化遗产代表性项目代表性传承人 17 人,市级非物质文化遗产代表性项目 41 项,市级非物质文化遗产代表性传承人 53 人。有国家级非物质文化遗产代表性项目 9 项(壮族百鸟衣故事、壮族三声部民歌、邕剧、粤剧、壮族歌圩、宾阳炮龙节、壮族三月三、壮族会鼓习俗、壮族抢花炮)、自治区级 159 项、市级 252 项;国家级代表性传承人 5 人,自治区级代表性传承人 94 人,市级代表性传承人 234 人。市级非物质文化遗产代表性项目基本同步建立传承基地或传承示范户,并给予传承基地、传承人一定经费扶持,鼓励传承人开展传习活动,培养后继人才。推进南宁市非物质文化遗产展示中心、壮族歌圩文化(南宁)生态保护区建设。开展"非遗过大年　文化进万家"南宁年俗文化宣传推介活动。春节期间,利用政务新媒体、市民族文化艺术研究院微信公众号,发布"南宁开年习俗""南宁元宵花灯节"等 16 期南宁年俗非物质文化遗产项目相关报道。举办"壮族三月三""文化和自然遗产日"等特色节庆活动及对外交流活动。实施"南宁市非物质文化遗产宣传推广"项目,开展为期一年的非物质文化遗产宣传推广活动。召开南宁市非物质文化遗产工作成果新闻发布会,宣传南宁市贯彻落实《中华人民共和国非物质文化遗产法》情况及在非遗事业方面取得的成就。主要存在非物质文化遗产代表性传承人扶持经费偏低、队伍不稳定、缺少专业人才等问题。

【非物质文化遗产代表性项目及代表性传承人申报】 2021 年,南宁市组织申报国家级、自治区级、市级非物质文化遗产代表性项目及代表性传承人。5 月,国务院公布第五批国家级非物质文化遗产代表性项目名录,南宁市壮族会鼓习俗、壮族抢花炮列入第五批国家级非物质文化遗产代表性项目名录,南宁市国家级非物质文化遗产代表性项目增至 9 项。12 月,自治区文化和旅游厅公布第七批自治区级非物质文化遗产代表性项目代表性传承人名单,南宁市 17 名代表性传承人被认定为第七批自治区级非物质文化遗产代表性项目代表性传承人。10 月,第九批市级非物质文化遗产代表性项目名录和第八批市级非物质文化遗产代表性传承人名单由市人民政府办公室公布,新增市级非物质文化遗产代表性项目 41 项,市级非物质文化遗产代表性传承人 53 人。

【传承基地建设】 2021 年,南宁市推进非物质文化遗产展示中心建设。5 月 13 日,项目经市发展改革委审批立项;7 月,确定项目代建公司,采购 PPP 工程咨询公司;12 月,确定项目展陈设计公司,完成项目可研性报告评审,进入文物勘察、工程设计及展陈设计筹备阶段。推进壮族歌圩文化(南宁)生态保护区建设,修改完善《壮族歌圩文化(南宁)生态保护区总体规划》。市文广旅局对全市壮族歌圩传承基地建设和管理开展年度检查。扶持 8 个传承基地,每个基地下拨扶持经费 2 万元。挂牌成立万国传统菜肴制作技艺传承基地、南宁酸嘢制作技艺传承基地等非物质文化遗产示范性传承基地,指导壮族五色糯米饭、宾阳织锦、壮族会鼓、横州市踖僧簸箕粉制作技艺、上林糯米酒酿造技艺等非遗传承基地参与乡村振兴、扶贫、文化旅游、研学等活动,探索非遗保护和传承发展的新途径。推荐瑶族壁和骨伤疗法工作站、滴水观音艾灸疗法传统工艺工作站、广西织绣技艺发展工作站成功申报第二批自治区级传统工艺工作站。

【"文化和自然遗产日"活动】 2021 年 6 月 12 日,市文广旅局分别在"三街两巷"历史文化街区、南宁市狮山公园举行南宁市 2021 年"文化和自然遗产日"非遗宣传展示活动启动仪式、非遗展示展销活动、"非遗保护　我们在行动"骑行宣传活动。集中展示《非物质文化遗产法》颁布实施 10 年来,南宁市非遗保护取得的成效。邀请南宁生榨粉、金狮巷传统打金技艺、隆安壮族织锦技艺等非遗项目或传承人参加活动,举办线下非遗购物节。向相关单位赠送《南宁市非物质文化遗产代表性项目名录图典》《老南宁记忆》等图书。

【"壮族三月三"活动】 2021 年 4 月 9 日,市文广旅局与市档案局、市国家档案馆、市民宗委在市国家档案馆共同举办南宁市"壮族三月三·和谐在八桂"壮族文化(南宁)档案陈列展活动。组织剪纸技艺、壮族织锦技艺、壮族刺绣、山歌参加陈列展开幕活动。4 月 14 日,组织开展"壮族三月三·八桂嘉年华"南宁会场活动。以壮乡民族文化为主题,设"南宁有韵""南宁有味""南宁有爱""南宁有礼""相约游广西"五大板块,涵括民族歌舞迎宾、"红色歌舞大家唱"快闪、民族特色歌舞、大型歌舞"唱支山歌给党听"、非遗展演和特色美食等。活动期间,组织"百人媒体团走进三月三",云南广播电视台、广东广播电视台、江西广播电视台、四川广播电视台等 13 家自治区外省级媒体,广西广播电视台、《南宁日报》、《南宁晚报》等自治区内媒体到华南城会场,通过电视和新媒体直播方式,报道南宁市三月三活动。　　(梁　敏)

公共图书服务 图书经营

【概　况】 2021 年,南宁市有公共图书馆 14 家,其中市级馆 2 家(南宁市图书馆、南宁市少年儿童图书馆),县(市、区)级馆 12 家,市级公共图书馆分馆 34 家,馆外流通服务点 125 个(图书流通站 94 个、图书小站 7 个、村级公共服务中心图书室 12 个、社区 24 小时自助图书馆服务站 10 个、经典书房 1 个、阅读换书中心 1 个),基本实现公共文化基础设施全覆盖。全市公共图书馆图书藏量 343 万册,总流通 275.4 万人次,书刊文献外借 68.7 万册次。县级以上图书馆有从业人员 247 人,其中具有高级专业技术职务任职资格 17 人、中级 85 人,接受培训 260 人次。南宁市图书馆实施"北部湾经济区公共图书馆服务联盟"项目,实现南宁、北海等 6 市 22 家公共图书馆互联互通"一卡通用"。全年购书专项经费 271.45 万元,其中普通图书 150 万元、报刊 30.05 万元、地方文献 16 万元、电子资源 75.40 万元。新增纸质图书 3.9 万册、订购报刊 1458 份 982 种、电子图书 0.75 万册,累计总藏量 122.48 万册。新办借书证 1.1 万张,累计有效借书证 11.22 万张;接待到馆读者 106.30 万人次,文献借阅册次 48.66 万册,外借 8.08 万人次。开展活动 596 场,其中线上活动 390 场、线下活动 206 场,参与人数 21.17 万人次。获 2021 网上咨询联盟优秀服务组织奖一等奖、广西公共图书馆业务技能大赛信息技术项目集体二等奖、广西公共图书馆业务技能大赛图书编目项目集体二等奖、广西公共图书馆业务技能大赛图书排架项目集体三等奖、广西公共图书馆业务技能大赛信息检索项目集体优秀奖、广西少年儿童"童心向党　青春追梦"第三届原创绘本设计大赛获组织奖、"党旗高高飘扬·走读广西"优秀创新案例、"党旗高高飘扬·走读广西"优秀组织奖、2021 年度全国图书馆参考咨询联盟先进单位等奖项。南宁市少年儿童图书馆购书专项经费 67 万元,其中普通图书 55 万元、报刊 6 万元、电子资源 6 万元。新增入藏纸质图书 2.24 万册、纸质期刊 708 册、报纸 40 册、电子图书 500 册,累计总藏量 81.66 万册。新办借书证 3403 张,累计有效借书证 4.3 万张;接待借阅读者 60.36 万人次,图书外借 40.20 万册次、12.89 万人次,总流通人次 60.36 万人次。开展活动 530 场,其中线上活动 155 场、线下活动 375 场,参与人数 4.98 万人次。完成"蒲公英书屋"建设,有阅览座席 709 个。获 2021 年广西公共图书馆业务技能大赛信息检索项目三等奖、2021年广西公共图书馆业务技能大赛信息技术项目三等奖、2021年广西公共图书馆业务技能大赛图书编目项目三等奖、2021年广西公共图书馆业务技能大赛图书排架项目优秀奖、“少儿礼仪”训练营获2021年南宁市新时代文明实践志愿服务优秀项目等奖项。主要存在现代化公共文化服务体系建设有待提升等问题。

（黄红婷　杨粒彬　周　明）

【公共图书阅读服务】 2021年，南宁市公共文化场馆在新冠肺炎疫情常态化防控形势下，持续做好对公众免费开放服务。围绕庆祝中国共产党成立100周年等重大主题组织群众文化活动和阅读推广活动，推进全民艺术普及和全民阅读。结合党史学习教育开展“走读广西·广西人游广西”走读研学系列活动、“童阅森林·童心向党”系列红色经典阅读活动、“绿城讲坛·书香献礼”系列庆祝中国共产党成立100周年全民阅读推广活动，以及“我们的节日”“爱薇园”品牌活动等线上线下阅读推广活动。全年举办阅读推广活动1036场次，参与群众23.3万人次。南宁市以市图书馆为总馆（中心馆），社区24小时自助图书馆、机关单位、中小学校、企业、军警营、社区图书室和社会公益书院为分馆的公共文化服务体系基本架构，形成“人员互通、优势互补、设施成网、资源共享、服务联动”的服务体系。实施“北部湾经济区公共图书馆服务联盟”项目，实现南宁、北海等6市22家公共图书馆互联互通“一卡通用”。南宁市图书馆对“汽车图书馆”进行升级改造，增加红色文献资源，组织“党员先锋服务队”走进社区、乡村、校园、工地等，把“汽车图书馆”打造成“流动的党史学习教育红色公益课堂”，为社区居民、青少年、外来务工人员等讲述红色故事，把图书馆公共文化服务送到群众身边；办理借书证1.1万张，累计有效借书证11.22万张；接待阅览人次64.63万次，文献借阅册次48.66万册，外借人次8.08万次，到馆人次106.30万次，总流通人次107.08万人次。南宁市少年儿童图书馆举办“童心向党快乐成长”系列活动，开展少儿主题创作、少儿主题朗诵、亲子戏剧共演、“六一”儿童节主题展演和红色主题移动图书馆巡展等活动；举办少儿主题创作大赛、少儿主题朗诵大赛和亲子戏剧共演等活动12场次，参与群众3185人次；加工分编入库图书6770种2.24万册，其中连环画628种1914册，订购2022年报刊423种；总藏量81.64万册（电子图书22.59万册）；图书外借40.20万册次、12.89万人次，总流通人次60.36万人次。

（杨粒彬　周　明）

【农家书屋出版物配送】 2021年，南宁市1442个农家书屋、13个易地扶贫搬迁集中安置点农家书屋全部完成书籍补充更新，每个农家书屋配送图书95册，配送图书总量13.82万册、价值424.58万元；获“中国新闻出版广电报”微信公众号、“中国农家书屋”微信公众号报道。

（市委宣传部）

【图书经营】 南宁市从事图书经营的企业主要是南宁市新华书店有限责任公司；部分个体工商户聚集南宁文化综合市场等专业市场从事图书经营。2021年，南宁市新华书店有限责任公司主营业务有图书、报刊、教材、电子出版物、音像制品销售等，有员工198人，经营总面积2万多平方米，下辖南宁书城新华店、南宁书城金湖店、南宁书城邕宁分店3个经营网点，实现销售总额约1亿元，国有资产保值增值率108.92%。南宁书城新华店是全国首家由企业自筹资金兴建的大型书城，在全国新华书店系统率先使用BIMS图书营销管理系统进行图书进、销、存、调、退管理；经营面积约6000平方米，经营出版物近10万种；年内销售图书7.03万种108.93万册，其中社科类图书1.26万种8.90万册，文学类图书0.69万种13.37万册，科技类图书0.97万种4.02万册，少儿类图书1.23万种22.39万册，文教类图书1.66万种35.47万册，其他类图书1.22万种24.78万册。南宁书城金湖店是南宁市新华书店有限责任公司自筹资金投资建设的第二座大型书城，经营面积1.1万平方米，经营出版物近10万种；年内销售图书7.11万种91.52万册，其中社科类图书1.46万种9.68万册，文学类图书0.73万种10.38万册，科技类图书0.77万种2.36万册，少儿类图书1.31万种22.35万册，文教类图书1.60万种27.14万册，其他类图书1.24万种19.61万册。开发南宁书城微商城营销，开展微信公众号和订阅号宣传，持续投入资金优化书城实体店阅读体验环境。南宁书城新华店、金湖店开展“书香墨韵漫佳节·迎春纳福品书香”“阅读改变生活·共创文明城市”“让书香溢满邕城，让心灵徜徉书海”“忆百年峥嵘·读红色经典——庆祝中国共产党成立100周年”“书香礼赞新中国·阅读追梦新时代”等主题读书活动，设置“奋进新时代·喜迎新征程”“持卷迎新·享国韵之美”“好书伴我成长”“壮乡三月，秀美广西”“党史学习教育”“传承红色经典”“新阶段、新理念、新格局”“中国梦·强军梦”“喜迎华诞·红心献党”“品国学经典，传承中华传统文化”等100多个主题展台；举办“科普小课堂——我们的身体”“我爱古诗词”“南宁书城读书会”“忆百年峥嵘·读红色经典”“我想对党说”“小小图书管理员”等读书沙龙活动40余场次，参与读者3000余人次。倡导和推广全民阅读，开展作家进校园活动。邀请著名儿童文学作家段立欣、黑鹤进入华衡小学、平乐小学、五象小学、园湖路小学等20余所校园举办“让阅读展开想象的翅膀”“做大地的孩子，在自然的怀抱中成长”等主题公益讲座20余场次，参加师生2万多人次。南宁市新华书店有限责任公司联合广投医药健康集团龙象谷公司开展职工书屋启动仪式暨文化沙龙活动，邀请中国作家协会会员、中国作家协会第九届全国委员会委员，广西作家协会副主席王勇英开展“如何阅读一本书及读书的意义”专题讲座。协助

2021年6月，南宁书城金湖店设置庆祝中国共产党成立100周年党史学习教育图书专台
市新华书店提供

广西大学新闻与传播学院共建马克思主义新闻观书屋，向学院捐赠《马克思主义新闻观经典文献研究》等图书 200 册，价值 1.6 万元。全年销售《论中国共产党历史》《毛泽东邓小平江泽民胡锦涛关于中国共产党历史论述摘编》《中国共产党简史》《习近平新时代中国特色社会主义思想学习问答》《中国共产党广西历史》等党史学习教育相关图书近 100 种、54.28 万册；销售第十三届全国人民代表大会第四次会议、全国政协十三届常委会第四次会议等重要文件、文献近 200 种、30.21 万册；销售《新华字典(第 12 版)》5205 册、《现代汉语词典(第 7 版)》3186 册。销量图书 10.12 万种、260.24 万册，其中销量 100 册～300 册的图书 3196 种、51.48 万册，300 册～500 册的图书 520 种、19.85 万册，500 册～1000 册的图书 324 种、22.07 万册，1000 册以上的图书 117 种、73.41 万册。

（李滨成）

文物　博物馆

【概　况】 2021 年，南宁市有综合性博物馆、专题性博物馆(陈列馆)22 家。国有博物馆 19 家，分别是南宁博物馆、南宁孔庙博物馆、横州市博物馆、南宁市共青团纪念馆、南宁市昆仑关战役旧址博物馆、南宁建制博物馆、南宁顶蛳山遗址博物馆、南宁邓颖超纪念馆、南宁市近现代国防历史陈列馆、韦拔群李明瑞烈士纪念馆、毛主席接见广西各族人民纪念馆、邕宁区历史文化展示馆、宾阳县传统工艺陈列馆、隆安县那文化展示馆、中国好人韦日坚纪念馆、南宁警察博物馆、横县会议纪念馆(含中共广西省工委横县会议旧址)、广西土改历史博物馆、那马革命烈士纪念馆；非国有博物馆 3 家，分别是广西建林博物馆、南宁市霁霖阁金丝楠乌木博物馆、瓯骆汉风陶瓷博物馆。7 月 1 日，广西土地改革历史博物馆对外开放。有文物管理机构 11 个(市级 4 个、县级 5 个、城区 2 个)，分别为南宁市博物馆(南宁市文物考古研究所)、南宁孔庙管理所(南宁孔庙博物馆)、顶蛳山遗址博物馆、昆仑关战役博物馆、横州市博物馆(横州市文物管理所)、宾阳县文物管理所、上林县文物管理所、隆安县文物管理所、马山县文物管理所、武鸣区文物管理所、邕宁区文物管理所。有不可移动文物 596 处，其中全国重点文物保护单位 6 处、自治区级文物保护单位 42 处、市(县)级文物保护单位 252 处、尚未公布为文物保护单位的不可移动文物 296 处。全年接待观众 200 多万人次。

（张　伟　房诗琪）

【文物调查】 2021 年，南宁市有不可移动文物 596 处，其中全国重点文物保护单位 6 处、自治区级文物保护单位 42 处、市县级文物保护单位 252 处、尚未公布为文物保护单位的不可移动文物 296 处。市文广旅局组织开展兴宁区 NNCR0101202100001 号地块房地产开发项目、南宁屯渌村一队棚户区改造项目二期创业路西侧出让地块、南宁屯渌村一队棚户区改造项目二期创业路东侧出让地块、兴宁区三塘镇片区城市更新项目、高新区石牌坡城中村城市更新项目、高新区四联村旧城区改造(城市更新)项目、沙井街道办事处片区旧城改造项目一期地块、西乡塘区衡阳东路 2 号片区旧改项目、平阳片区旧城改造(城市更新)项目、高新区连畴村旧城改造(城市更新)项目、高新区高新大道北侧城中村城市更新项目、高新区环明月湖部分区域旧城改造(城市更新)项目、采矿权设置等 18 项重大工程文物调查，出具文物调查意见 18 份。

【文物维修与保护】 2021 年，市文广旅局投入资金 38.1 万元，完成黄氏炮楼抢救性修缮(一期)工程，对炮楼主体进行局部落架加固维修，恢复房顶和二楼、三楼楼板。组织城区文物行政管理部门调查核实本辖区内不可移动文物保护标志碑情况，完成 20 处不可移动文物保护标志碑、说明牌的设计、制作与安装。配合"三街两巷"核心片区改造(二期)项目策划，组织调查仓西门、人民剧院历史名称，提出仓西门、人民剧院定名方案；组织"三街两巷"(二期)文化内涵挖掘策划方案编制；参加"三街两巷"核心区(二期)项目技术组方案专业评审会议，对相关技术方案进行评审；配合市住建局开展中山路片区及蒲庙老街片区更新改造前期工作，参与历史建筑甄别及改造方案审核。

（房诗琪）

【文物捐赠与征集】 2021 年，南宁市博物馆征集各类藏品 187 件(套)，其中玉石器 41 件(套)，社会捐赠书画、民国时期马褡子和马刀、"二战"时期廓尔喀刀及其他历史图文资料等藏品 146 件(套)。南宁孔庙博物馆从江西省文物交流中心征集晚清至民国瓷碗、瓷瓶、瓷壶等文物 64 件(套)。南宁市顶蛳山遗址博物馆征集新旧石器时代藏品 258 件(套)。

【物质文化遗产宣传】 2021 年，南宁市博物馆围绕中国共产党成立 100 周年开展系列宣传教育活动，组织党史学习教育课程走进校园和社区，授课 5 次，约 2000 人次参加；开展"讲好党史故事，传承红色基因"党史学习教育线上答题活动 5 期，8 万余人次参与；举办红色主题文艺演出 10 余场，近 2000 人次观看，直播点击量 5 万人次。南宁市博物馆新增广西妇女干部学校、广西工商职业技术学院马克思主义学院 2 家共建单位，累计共建单位 28 个，举办共建活动 2 场，110 人次参与。通过微信平台发布活动信息 230 余期，微博累计阅读量 127.51 万人次，抖音账号发布短视频 32 条，累计播放量 1.09 万次。9 月 28 日，南宁孔庙博物馆举办纪念孔子诞辰 2572 周年祭孔仪式，200 人参加；联合市图书馆举办"党旗高高飘扬——广西人游广西·走读南国抗战之旅"系列活动之"走读广西·阅拥绿城——走读南宁，学习传统家风"；举办"颂党恩传家风"党员活动日主题活动、"知书达理好家风"讲座、"书香女性·传承文明好家风"——母亲节亲子活动等 16 场次，参与活动 1000 余人。南宁孔庙博物馆举

2021 年 6 月 14 日，2021 年南宁市博物馆"文化和自然遗产日"及端午节活动在南宁博物馆举办

市文广旅局提供

办端午节民俗体验、重阳节敬老礼、传统文化进校园等活动，为130多个中小学、幼儿园、社会团体举办誓师礼、拜孔子礼、开笔礼等传统礼仪活动，参与活动3.14万人次，其中未成年人1.5万人次。在顶蛳山考古遗址公园举行“5·18国际博物馆日”南宁主会场启动仪式，展演大型邕剧《顶蛳山人》、自治区级非遗“邕宁壮族八音”等，举办南宁考古成果展、文化创意与衍生作品展等主题展览，推出模拟考古、狩猎及原始垂钓等4项体验项目。 （张 伟）

【南宁市博物馆】 2021年，南宁市博物馆开馆310天，参观人数33.58万人次，其中未成年人8.6万人次，参观团体455个。举办党史教育、历史文化、非遗文化、科普教育、国家安全教育、党风廉政教育、诗书、绘画等临时展览12个，开展宣传教育活动200余场次，媒体平台发布或者转载宣传报道360余次。邓颖超纪念馆开放310天，参观人数23.7万人次，其中未成年人5.5万人次，参观团体531个。年内，南宁市博物馆被命名为“南宁市铸牢中华民族共同体意识实践教育基地”；邓颖超纪念馆获“广西三八红旗集体”称号。围绕庆祝中国共产党成立100周年主题，策划“百年风华正茂 奋斗铸就辉煌——庆祝中国共产党成立100周年南宁市党史图片展”“礼赞美丽新时代 喜迎建党一百年——南宁市第十九届教育系统师生迎春艺术作品展”“庆祝中国共产党成立100周年 钟家佐百幅诗书展”3个专题展；引进“意匠神雕——潮州木雕艺术展”“安和常乐——吉祥文物精品展”“金牛献瑞——辛丑年牛文物联展”3个文物精品展；联合举办“中国古代科技之光”“八桂清风——广西廉政文化展”“心迹小帧——广西书画院学术小品展”“快意丹青——李永平书画作品展”“总体国家安全观主题展览”“不忘初心 同心同行——庆祝中国共产党成立100周年暨中国民主同盟成立80周年书画作品展”6个展览。 （周梅清）

【南宁孔庙博物馆】 2021年，南宁孔庙博物馆接待中外游客15.9万人次，其中未成年人3.1万人次。举办传统文化活动190场次，参与人数3.6万人次，接待团体讲解62场次。分管的南宁建制博物馆接待观众4万人次，其中未成年人7800人次；接待团体讲解57场次，其中自治区外团体2个、未成年团队1个。在“三月三”“五一”和国庆期间，招募志愿者17人，服务总时长217.5小时。9月28日，南宁孔庙博物馆举办纪念孔子诞辰2572周年祭孔仪式，参与人数200人。 （黄祥值）

【顶蛳山遗址博物馆】 2021年，南宁市顶蛳山遗址博物馆接待游客8.6万人次，参观团体108个，其中社会团体75个、学校团体33个。开展“考古家体验营”研学实践教育活动，推出“我在顶博学考古”“顶蛳山的奇妙世界”等研学品牌课程。在端午、国庆、中秋等节假日，以及“5·18国际博物馆日”“6·12文化和自然遗产日”等文化节日举办线上线下系列活动80余场，参加人数4.1万人次，其中青少年1.6万人次。 （黄强 张伟）

【昆仑关战役博物馆】 2021年，南宁市昆仑关战役博物馆接待游客近16万人次，参观团体1106个，开展公益讲解605场次。有志愿者68人（新增1人）。围绕中国共产党成立100周年主题引进、策划举办专题展。引进中国人民抗日战争纪念馆“为抗战吹响号角——中国共产党与抗战文化”主题展，举办开展仪式及抗战专题讲座；引进广西革命纪念馆庆祝中国共产党成立100周年暨“百年英烈”全区巡回展览；举办“勿忘国耻 铭记历史 珍爱和平 开创未来”纪念“九一八”事变90周年专题展；策划展出“八桂的星星之火——中国共产党与广西抗战”主题展；4个主题展接待团队635个，观展人数26.21万人次，满意度95%以上。在元旦、春节、“五一”、端午、国庆等节假日开展活动19场次，参与活动近5000人次；结合中国共产党成立100周年、“七一”、烈士纪念日等，开展答题抽奖、“云祭奠”献花等线上活动4次，参与活动2593人次。与南宁学院、南宁市顶蛳山博物馆、宾阳县文物所、南宁市印象汽车职业培训学校、广西电力职业技术学院5家单位签署共建协议，开展资源共享、教研互动合作。走进南宁市东湖学校、南宁市青少年活动中心、广西民族影城等，举办研学公益课10堂。文化创意产品“隔热雷杯垫”获2021年“广西有礼”文化旅游创意设计大赛“献礼建党百年诞辰”红色专题组入围奖。 （农华霞）

档 案

【概 况】 2021年，南宁市有综合档案馆［含县（市、区）］13个，专业档案馆1个（南宁市城市建设档案馆），部门档案馆1个（南宁市国土资源档案馆）。各级国家档案馆累计馆藏档案88.15万卷又671.50万件，年内接收档案10.92万卷又146.83万件。市委办公室、市政府办公室印发实施《南宁市档案事业发展“十四五”规划》。在自治区档案局设区市综合档案馆业务建设评价中，南宁市国家档案馆（简称“市国家档案馆”）位列“好”等次第1名。南宁市档案局（简称“市档案局”）创新档案专项检查方式，以12个县（市、区）交叉互检形式，开展“两类档案”（脱贫攻坚档案、新冠肺炎疫情防控档案）归集工作质量检查和2021年度县（市、区）档案工作目标管理考评。协调推进兴宁区、青秀区国家档案馆新馆建设。主要存在档案人才队伍建设有待加强，档案工作人员整体业务水平有待提高，档案服务中心大局能力有待提升，档案信息化建设步伐有待加快等问题。

【档案资源体系建设】 2021年，市国家档案馆制定并完善档案移交指南、档案接收手册。市国家档案馆馆藏纸质档案16.32万卷，照片档案2.46万张，录音录像带678盘，数字化光盘1128张，实物档案2068件，图书8322册。接收58个全宗纸质档案7222卷又50.18万件（折合5.74万卷），照片档案1.28万张，录音录像带242盘，数字化光盘574张，实物档案1077件。接收脱贫攻坚和新冠肺炎疫情防控纸质档案1.17万件，数字化成果41.04万页，照片档案858张，实物档案53件，电子目录数据1.71万条。全市各级国家档案馆持续推进脱贫攻坚和新冠肺炎疫情防控档案数字化，归集进馆脱贫攻坚文书档案107.38万件，项目档案7382卷，完成数字化697.54万页，数字化率53.64%；归集进馆新冠肺炎疫情防控档案文书档案3.69万件，完成数字化17.44万页，数字化率55.93%。征集脱贫攻坚档案、南宁党史档案资料等专题档案资料5000多件。市国家档案馆开展庆祝中国共产党成立100周年南宁市优秀共产党员、优秀党务工作者口述档案采集，以口述访谈的形式记录优秀共产党员吴锋耀、优秀党务工作者谢华娟等10人事迹，录制专题视频10部。采集马山壮族三声部民歌、上林四六联民歌、良庆壮族嘹啰山歌、武鸣壮族山歌、邕宁壮族嘹啰山歌5个非物质文化遗产项目，录制专题视频5部。

【档案安全体系建设】 2021年，南宁市加强档案安全工作，开展档案安全风险隐患自查整改，确保馆室藏档案实体安全和信息安全。继续加强人防、物防、技防“三位一体”综合防范体系，落实库房安全管理责任制，按照库房“八防”（防盗、防光、防高温、防火、防潮、防尘、防鼠、防虫）的标准，进行节假日馆库安全检查，开展档案安全风险排查整治、保密安全检查、硬件设备和操作系统定期维护等，无档案安全事故发生。加强各级档案网站管理，落实网上公开信息审核机制，加强档案网站安全监控，定期开展机房巡检、网络、信息化设备及系统和计算机安全检查。市国家档案馆开展机房维保服务续保工作，安装机房UPS(不间断电源)系统电池监控系统，解决电子政务外网故障18次，更换机房UPS系统蓄电池128块，确保"三网"(互联网、局域网、政务网)安全运行。对馆藏重点档案进行抢救保护，完成国家重点档案修裱98卷、1.74万页。

(市档案局　市国家档案馆)

【档案利用体系建设】 2021年，市国家档案馆接待查档1540人次，提供档案1.4万件次，复制档案资料1.45万页。对1991年至1996年到期馆藏档案进行开放鉴定，将符合开放条件的88个全宗2008卷3.38万件档案正式向社会开放。编写、上报《南宁年鉴(2021)》《南宁市地方志资料年报》档案部分材料和1—12月南宁市国家档案馆工作大事记；创新开展口述采集利用，完成《建党100周年优秀共产党员口述历史档案采集成果汇编》，以现代音画视频，通过档案馆微信公众号展播；建立2007年至2020年南宁非物质文化遗产档案目录211项、市国家档案馆2020年壮族文化采集项目目录21项；编写《2021年度档案利用实例30例》。

(市国家档案馆)

【机关和企事业档案管理】 2021年，市档案局对全市104个机关单位、273个企事业单位的档案工作进行年检，机关单位年检优秀率53.85%、合格率100%，企事业单位年检优秀率24.54%、合格率92.31%。统计报送全市1061个单位的2020年度全国档案事业统计调查数据；完成全市机关、企事业单位档案工作的监督指导600余个次；完成108个涉及2019年全国机构改革单位的归档范围和保管期限审批。指导并完成10个机关单位档案室等级认定、科技事业单位档案管理等级认定。

【农业农村与社区档案管理】 2021年，市档案局继续推广"村档乡(镇)管村用"模式，规范指导乡镇、村级档案管理。联合农业农村部门做好农村土地承包经营确权登记颁证档案的监督指导，各县(市、区)土地确权档案陆续移交进当地国家档案馆，武鸣区、宾阳县、上林县等区县逐步开展土地确权档案数字化。

(市档案局)

【城建档案】 2021年，南宁市城市建设档案馆(简称"市城建档案馆")接待查档4730批次、6289人次，调阅档案1.78万卷，利用文件6.47万份。接收各类纸质档案6.78万卷。其中，接收房屋建筑类竣工档案326个项目、1.57万卷；市政基础设施竣工档案160个项目、1.4万卷；五象新区、南宁高新区规划审批档案1.77万卷；市自然资源局和原市城乡建委业务审批档案2.03万卷。围绕全市重点项目和城市记忆点开展拍摄，跟踪拍摄城市记忆点20次、无人机航拍12次、会议及活动65次；接收市政项目声像档案160个、房建项目声像档案326个。开展市政工程档案验收，参加五象大道—玉象路立交、南宁轨道交通5号线等市政工程档案验收333次，参加房屋建筑工程项目联合验收418次、市政工程联合验收100次。编撰《南宁城建档案》2期(总第31期、32期)。落实档案库房"八防"要求，坚持巡查登记制度，消毒档案6.34万卷；修复整理馆藏20世纪30年代至70年代的珍贵老档案，修复大型图纸1440幅，A4幅面文字资料2.5万张。依托城建大数据平台管理系统，通过提取档案基础数据与BIM(建筑信息模型)和三维地质数据库挂接，完成城区26平方千米、13.3万卷档案的数据提取挂接。完成国家档案局科技项目《基于时空数据的智慧城建档案知识图谱构建及应用服务体系研究》，并在《未来城市设计与运营》刊发论文《基于时空信息的城建档案大数据平台实践》。

(市住建局)

【重大项目档案】 2021年，市档案局深入邕江综合整治和开发利用工程、龙潭水库除险加固工程等项目指导建设方、施工方和监理方等立卷归档和管理，配合自治区做好轨道交通5号线一期工程验收及初期运营前安全评估等有关工作。完成580个重大建设项目登记备案，以及邕江上游引水工程一期心圩江泵站、可利江泵站工程，邕江综合整治和开发利用工程(南岸：清川大桥—五象大桥)景观工程(桃源大桥—滨江丽景花园、清川大桥—北大桥、亭子滨江公园—白沙大桥标段工程)，龙潭水库除险加固工程，邕江综合整治和开发利用工程(南岸：五象大道北兴斌沙场—三岸大桥滨水步道工程)4个重大建设项目档案专项验收。

(市档案局)

【档案信息化建设】 2021年，市国家档案馆、市城建档案馆、良庆区国家档案馆和市勘察测绘地理信息院4家单位列入自治区数字档案馆(室)第二期试点单位，市自然资源局通过自治区级数字档案室测评。全市各级国家档案馆完成馆藏传统载体档案数字化扫描697.93万页(折合A4画幅)。市国家档案馆2020年度馆藏档案数字化扫描项目完成30万页整改；2021年度馆藏档案数字化扫描项目扫描档案150万页，引入项目监理服务，馆藏档案数字化率超90%。开展目录数据校对，校对完善进馆档案目录11.5万条。南宁市电子文件(档案)备份中心有全文数据906.97万画幅，折合A4幅面1038.1万页，数据容量5873.71吉字节。"南宁市国家档案馆"网站增加党史学习教育专栏，更新、发布信息126条，网站总访问量247万次。市国家档案馆与广西民族大学联合开展课题"乡村振兴战略下档案资源精准化服务模式研究"，并申报国家档案局科研项目；良庆区国家档案馆申报科研项目"区块链技术在电子档案管理中的研究"通过国家档案局立项审批。

【档案宣传工作】 2021年，市档案局和市国家档案馆以"档案话百年"为主题开展"6·9"国际档案日宣传活动，在《南宁日报》推出南宁市档案工作宣传专版；邀请自治区档案局专家到市国家档案馆开展新修订《中华人民共和国档案法》专题讲座；举办档案馆开放日及档案保护体验活动，开放档案展厅、档案查阅利用大厅、

2021年4月9日，"壮族文化(南宁)档案陈列展"在市国家档案馆开展。图为观众参观展览

市国家档案馆提供

档案修裱室等供市民参观，制作展出“档案话百年”宣传专题展板、横幅等，发放宣传资料、宣传用品近5万份。全市机关、团体、企事业单位和社会公众征订《中国档案报》和《中国档案》杂志1389份。在市级以上报刊、网站刊发信息报道112篇，采用数量居自治区各地市首位。市档案局、宾阳县档案局被评为2021年度《中国档案》宣传工作先进单位；市国家档案馆副馆长粟盛民被评为2021年度《中国档案》宣传工作先进个人。举办“百年风华正茂　奋斗铸就辉煌”——庆祝中国共产党成立100周年南宁市党史图片展等专题展览23场，观展17.47万人次。

（市档案局　市国家档案馆）

【档案馆爱国主义教育基地】 2021年4月9日，市国家档案馆联合市档案局、市民宗委、市文广旅局共同主办“念党恩跟党走　铸牢中华民族共同体意识”南宁市爱国主义教育基地民族团结进步主题活动，自治区民宗委、广西民族语文研究中心、广西民族出版社、广西三月三杂志社、南宁师范大学初等教育学院，市级及城区统战部门、民族宗教部门、文化广电和旅游部门等相关部门负责人、非遗项目代表性传承人和群众代表200多人参加，开展民族图书分享会、壮语山歌、非遗剪纸、壮族织锦等民族文化体验活动，通过南宁新闻网、云平台等新媒体同步播出。同日，“壮族文化（南宁）档案陈列展”在市国家档案馆开展，分为“南宁民族文化工作”“南宁壮族文化”2部分，展出图片83张、档案资料17件、实物66件、视频1个。7月1日至10月30日，市国家档案馆联合市委党史研究室、市档案局、南宁市博物馆共同主办的“百年风华正茂　奋斗铸就辉煌——庆祝中国共产党成立100周年南宁市党史图片展”在南宁博物馆展出，展出中华人民共和国成立前后照片、党史资料440件，观展单位团体264个，观众16.4万人次。

（市国家档案馆）

【档案职称评定】 2021年，南宁市档案系列职称改革工作领导小组办公室为2020年度南宁市档案系列中（初）级职称51人颁发职称证书；组织开展2021年度档案系列职称评审，增补更新南宁市档案系列职称评委库及评审委员会成员52人，审核职称申报材料350份（次），经南宁市档案系列职称评审委员会评审并报市职称改革工作领导小组办公室审批，共评定中级职称21人、初级职称34人。

【档案业务培训】 2021年，南宁市举办档案业务培训班36期，培训2273人次，其中市档案局举办档案年检业务培训、全市各主管部门档案业务培训、2021年县（市、区）档案业务骨干培训和2021年馆藏传统载体档案数字化数据报送培训4期，累计培训147人次。　（市档案局）

报　刊

【概　况】 2021年，南宁日报社旗下有纸媒《南宁日报》《南宁晚报》和网络平台南宁新闻网，以及新媒体平台“南宁云”App、“南宁宝”App、南宁日报App等客户端。《南宁日报》每周7刊，对开8版，彩色印刷，被中国报业协会印刷工作委员会评为“精品级报纸”，是自治区唯一连续8年获该荣誉的报业印刷企业；《南宁晚报》每周7刊，4开16版，彩色印刷；南宁新闻网形成“网、端、屏、微”（南宁新闻网官网、“南宁云”App、屏幕、官微、抖音）一体化全媒体传播格局。发展和优化融媒体产品。“南宁云”App累计装机量10万次以上，抖音账号粉丝167万人以上，累计点赞量5806万次以上，播放量超35亿人次；“每月新闻日历”全网点击量超10亿人次。“南宁宝”App粉丝量超4.7万人；南宁晚报微信公众号粉丝量超20万人，微博粉丝量超55.6万人，今日头条账号、抖音账号粉丝量超50万人；南宁晚报新媒体矩阵粉丝量超150万人。南宁日报App直播系统实现突发事件、各类新闻发布会移动直播功能，全年直播23场，单场直播浏览量1万人次以上，最高15万人次以上；抖音账号粉丝量24.4万人，浏览量近2亿人次，点赞量536万次。

【南宁日报社重要宣传报道】 2021年，南宁日报社继续报道贯彻落实习近平总书记视察广西重要讲话和指示精神。《南宁日报》刊发“习近平总书记在广西考察时的重要讲话在我市广大干部群众中引起热烈反响”系列报道6篇、刊发评论文章5篇，并在“深入学习贯彻习近平总书记‘七一’重要讲话精神”等专栏专版及重要版面刊发学习贯彻习近平总书记“七一”重要讲话精神动态报道160篇、相关稿件800篇。《南宁晚报》开设“牢记总书记嘱托　建设壮美广西　共圆复兴梦想”“担当实干强首府　提速争先开新局”等专栏。南宁新闻网、“南宁云”App等平台开设“在习近平新时代中国特色社会主义思想指引下——迎建党百年　谱八桂新篇”专栏。围绕庆祝中国共产党成立100周年活动开展重点宣传。《南宁日报》开设“在习近平新时代中国特色社会主义思想指引下——迎建党百年　谱八桂新篇　党史学习教育”专栏，刊发稿件1600多篇；策划出版“庆祝中国共产党成立100周年纪念特刊”——百版大型报道《奋斗百年路　启航新征程——首府南宁庆祝建党百年巡礼》；开设“感党恩跟党走　党史知识大家答”栏目。《南宁晚报》开设“奋斗百年路　启航新征程”专栏，刊发稿件1500多篇；开设“牢记总书记嘱托　建设壮美广西　共圆复兴梦想”“担当实干强首府　提速争先开新局”专栏，刊发稿件130多篇。南宁新闻网制作党史学习教育专题专栏7个、“我的入党故事”系列微访谈25个、原创手绘栏目“党史漫漫说”系列长图4幅，开展“我为群众办实事”实践活动集中采访活动网络直播活动，推出“百年恰是风华正茂——线上档案文献展”；南宁新闻网全媒体矩阵推出的党史学习教育系列专题专栏，点击量超80万人次，系列融媒体产品阅读量、播放量、点赞量超50万次。南宁云全媒体中心、南宁新闻网微视频作品“我的入党故事”系列微访谈在“壮丽航程写新篇”——庆祝中国共产党成立100周年全区新媒体作品大赛中获二等奖。开展创建全国文明典范城市、国家卫生城市重点宣传。《南宁日报》采编部门每月根据责任内容查漏补缺，每天不间断宣传报道；《南宁晚报》开设“争创全国文明典范城市　实现国家卫生城市‘四连冠’”专栏，刊发稿件800多篇（含图片）；南宁新闻网开设“争创全国文明典范城市　实现国家卫生城市‘四连冠’”专栏。南宁日报社“两报一网”及全媒体端口，持续推出“精彩‘十三五’　南宁新发展”专栏，其中《南宁日报》推出“这五年，南宁巨变——首府‘十三五’新发展巡礼”号外特刊28版。跟进新冠肺炎疫情防控报道，开设“疫情防控权威发布”“疫情防控最前线”等专栏，发布疫情发展信息、专家权威解读、疫情防护知识等。针对推动乡村振兴、政法队伍教育整顿、中央环保督查、污染防治、打击电信诈骗、聚焦“双减”政策等方面，开设“巩固拓展脱贫攻坚成果全面推进乡村振兴”“贯彻习近平法治思想　锻造新时代政法铁军”“打好‘三大攻坚战’”等专栏专版。开展公益宣传，《南宁日报》《南宁晚报》刊发庆祝中国共产党成立100周年等公益广告210个版（次），南宁新闻网更新公益广告近300幅（条）；《南宁日报》“践行社会主义核心价值观”“诚信建设万里行”“学习先进模范　弘扬时代精神”等专题专栏刊发稿件1200多篇，每月刊发“文明健康　绿色环保”、预防新冠肺炎、防艾控烟等公益广告80版、120幅。　（南宁日报社）

【《红豆》杂志发行】 2021年，南宁市文学艺术界联合会主办的《红豆》杂志设主编荐读、小说长廊、散文空间、诗歌部落、文化随笔、发轫、特约专栏、翰墨丹青等栏目，发行12期，每期刊发原创文学作品约10万字，刊出作品约120万字。围绕“庆祝中国共产党成立100周年”主题，策划推出反映中国共产党百年征程专题稿件，其中第5期刊发当代作家、编剧衣向东长篇纪实小说《身份》，被《中篇小说选刊》转载，由言实出版社出版单选本，获方志敏文学奖。第5期推出“长篇小说专号”，推介长篇小说3篇；第10期和第11期合刊推出“广西本土作家专号”，刊发广西本土作家在小说、散文、诗歌等方面文学作品；第12期推出散文专号，集中反映广西本土及全国散文作家队伍创作实绩。全年入选各种选刊、年选作品80篇次，《红豆》杂志微信公众号关注用户近3万人。《红豆》杂志联合市作协、市图书馆举办绿城公益文学讲堂、文学培训班、文学交流会、文学进校园等线上线下活动20多场次。（梁乐欣　马德威）

广播电视电影与网络视听

【概　况】2021年，南宁广播电视台有广播频率4套，电视频道4套，《南宁广播电视报》1份，新媒体账号7个。武鸣区、横州市、宾阳县、上林县、马山县、隆安县分别开通县级电视频道1套，横州市、宾阳县、隆安县分别开通广播频率1套。融媒体矩阵总用户量1300多万人，日均总点击量破亿次。完成4个频道高清化改造并实现高标清同播，是自治区首家全部电视频道实现高标清同播的广播电视台。4个广播频率、4个电视频道、网站高清频道、融媒体24小时直播频道安全播出超6.5万小时。向中央广播电视总台报送稿件876条，采用235条，其中《新闻联播》采用22条；向广西广播电视台报送稿件1759条，采用808条，其中《广西新闻》采用209条。通过全国城市电视台新闻交换平台等送稿1341条，《中国城市报道》采用209条；通过学习强国平台发稿508条，其中在全国平台发稿54条。策划推出特别节目《奋斗百年路　启航新征程　庆祝建党100周年大型融媒体直播——百年风华　今朝“邕”容》；制作2021年“壮族三月三　八桂嘉年华——感党恩　跟党走”主题报道及融媒体直播；宣传报道第23届南宁国际民歌艺术节，在各新媒体平台推出同步直播、短视频、推文，总播放量、阅读量超3000万人次；播出《向人民承诺——电视问政》直播8期，《问政观察室》38期。创新推出沉浸式全实景“人月两团圆　千里共婵娟”——跨国中秋诗歌晚会，在全球150多个国家和地区落地播出。制作《春天的旋律》跨国春节晚会第6次入选国家重点外宣项目，《春天的旋律·2021》入选文化和旅游部2021年“欢乐春节”涉外线上演播项目库；广播剧《少年黄大年》获第十届广西文艺创作铜鼓奖，在中央广播电视总台文艺之声、中国之声播出；《“老友云”智媒＋服务云平台》入选2021年全区广播电视媒体融合创新案例。短视频《带着妈妈孩子去扶贫》被国家广播电影电视总局评为2020年度优秀网络视听作品推选活动优秀作品；广播公益广告《旅行　给精神“补钙”》获首届全国旅游公益广告作品遴选暨展播活动（“红色旅游主题”广播类）一类作品；短视频《守护吴哥的微笑》获2021第三届“第三只眼看中国”国际短视频大赛最佳摄影奖，是自治区唯一获奖作品；短视频《宾阳炮龙》《邕菜江湖》获2020“讲好中国故事”创意传播大赛三等奖；系列片《与共和国同行——壮美南宁》在2019—2020年度中国广播电视大奖电视新闻初评中获系列片类一等奖；广播消息《一场隔离病区里的入党宣誓仪式》获2020年度广西新闻奖（广播电视作品）一等奖、2020年度广西广播电视和网络视听优秀作品（广播新闻短消息）一等等次；音乐电视《命运与共》获2020年度广西新闻奖（媒体融合作品）国际传播一等奖、2020年度广西广播电视和网络视听优秀作品（电视音乐节目）一等等次、2020年广西健康文化宣传服务月健康传播文化作品征集活动视频类一等奖3个奖项；创意互动作品《彩霞绚烂　茉莉芬芳——追忆南宁女儿梁小霞》被评为2020年度广西广播电视和网络视听优秀作品媒体（创意互动）二等等次；网络视听作品《从“无手”到“好手”——黄立温的扶贫故事》、广播电视论文《融媒体工作室推动媒体融合的路径探析》、音乐节目《陆坚：“云上”民歌节——民歌文化在传承中历久弥新》等5个作品获2020年度广西广播电视和网络视听优秀作品一等等次；广播剧作品《生如“霞”花》被评为2020年度广西广播电视和网络视听优秀作品（广播剧）二等等次；纪录片《南宁·桥》入选自治区广电局精品扶持库，被自治区广电局推荐申报国家广电总局“网络视听节目精品创作工程”扶持项目；动画片《壮壮美美红色记忆之旅》获广西第四届社会主义核心价值观动画片创作大赛优秀作品；短视频《沃壤育甘甜》获“红色记忆·唱支山歌给党听”第三届“三月三”网络短视频大赛二等奖；电视新闻专题《邕江》获广西新闻奖电视专题二等奖。主要存在媒体融合建设部分项目遇到瓶颈、频率频道专业化建设有待深化，事业产业与政务结合不够紧密等问题。

【广播频率】2021年，南宁广播电视台有FM99.0综合广播、FM107.4交通音乐广播、FM104.9乡村生活广播和FM89.5故事广播4套广播频率。平均收听率2.59%，占南宁收听市场份额38.6%。FM107.4交通音乐广播平均收听率1.1%，占南宁收听市场份额16.4%；FM99.0综合广播平均收听率0.83%，占南宁收听市场份额12.3%；FM104.9乡村生活广播平均收听率0.54%，占南宁收听市场份额8.1%；FM89.5故事广播平均收听率0.12%，占南宁收听市场份额1.8%。在南宁地区11个落地频率平均收听率排名中，FM107.4交通音乐广播排名第二，FM99.0综合广播排名第三，FM104.9乡村生活广播排名第八，FM89.5故事广播排名第九。4套广播频率播出自办栏目2.32万小时，安全播出2.77万小时，停播率零秒，无技术或人为责任事故发生。FM99.0综合广播围绕中国共产党成立100周年、党史学习教育等主题，推出专栏《党史百年天天听》《党史故事100讲》《红色故事会》《红色光影　永恒记忆》；在多平台、多端口播出理论大众化宣讲融媒体节目《中国精神公开课》。FM107.4交通音乐广播，在早、晚高峰节目《焕然一新早高峰》《下班早一点》开设专栏“聚焦建党百年”和“党史知识100问”；结合应急广播特点，围绕“争创全国文明典范城市”“迎接国家卫生城市复审工作”策划多个宣传主题。FM107.4交通音乐广播联合市公安局推出以全国首批100所“枫桥式派出所”——南宁市公安局青秀分局中山派出所为原型创作的广播剧《一根扁担》。FM107.4交通音乐广播主持人黄欣被中共广西壮族自治区委员会政法委员会、自治区应急管理厅评为广西应对突发事件突出贡献先进个人。FM104.9乡村生活广播以助力乡村振兴和公益事业为主题，推出防疫、科普专题人物故事、公益广告等特别编排节目；联合中国石油广西销售分公司打造普通话不普通融媒体工作室，推出“助力乡村振兴，共享美好生活”直播带货融媒体直播；根据乡村生活广播定位，以“振兴吧，乡村”报时宣传展示民族特色和壮乡风采。4月，FM89.5故事广播将对外品牌宣传名改为“快乐895”，节目偏向脱口秀类，主要自办节目有《老友笑8》《动感车生活》等，其中《老友笑8》通过“听见广播”App视频直播、南宁广播电视台抖音账号二次传播等方式提高节目影响力和传播力；拓展政务合作，代理运营南宁交通执法抖音账号，与市公安局反诈中心合办专栏节目《全民反诈》。

【电视频道】2021年，南宁广播电视台有新闻综合频道、都市生活频道、影视娱乐频道和公共频道4个电视频道。收视率1.82%，占南宁收视市场份额9.65%。新闻综合频道平均收视率0.95%，占南宁收视市场份额4.99%；影视娱乐频道平均收视率0.62%，占南宁收视市场份额3.28%；都市生活频道平均收视率0.2%，占南宁收视市场份额1.08%；公共频道平均收视率0.05%，占南宁收视市场份额0.28%。在南宁地区98个落地频道平均收视率排名中，新闻综合频道排名第二，影视娱乐频道排名第七，都市生活频道排名第二十三，公共频道排名第三十六。4套标清电视频道安全播出2.64万小时、4套高清电视频道安全播出2.47万小时。新闻综合频道探索“新闻＋服务＋政务”模式，继续办好老牌时政新闻节目《南宁新闻》和民生新闻节目《新闻夜班》，《南宁新闻》平均收视率1.56%，《新闻夜班》平均收视率1.44%，在同时段98个落地频道的新闻时事类节目中均排名第一。节目《电视问政》《政法在线》与市纪委监委、市委政法委保持联动，根据节目定位创新节目样态。都市生活频道《看南宁》《嗨南宁》等节目升级改版，节目自采量提升、收视效果提高。都市生活频道制作的首档运动类融媒体直播节目《嗨南宁》，在都市生活频道、南宁广播电视台抖音账号、微信小程序、老友网等平台同步直播；开设“南宁春季美景打卡”“国庆出游推荐”“南宁出游省钱攻略”等板块，推广南宁旅游。影视娱乐频道创新制作沉浸式全实景“人月两团圆　千里共婵娟”——跨国中秋诗歌晚会覆盖全球150多个国家和地区。公共频道进行频道专业化建设，深化媒体融合改革，推出《全能好少年》《青春由你》《宝藏少年》《向往的同年》《叻仔出发》等新节目；策划《红领巾的领路人》《校园党旗红》《讲述红色故事·传承红色基因》等系列专题节目，设立全媒体小记者站超70个。

【媒体融合发展】2021年，南宁广播电视台关停并转新媒体账号，新媒体账号由170多个减至7个（南宁广播电视台微信公众号、南宁广播电视台抖音账号、南宁广播电视台微信视频号、南宁广播电视台快手账号、南宁广播电视台微博、南宁头条客户端、老友网），有综合平台160余个。融媒体信息系统平稳安全运行，平均每日抵御网络攻击10万次以上。重点打造“老友云”系列拳头账号，“老友云”传播矩阵全网粉丝数量超1300万人，日均总点击量破亿人次；打造“直播南宁”品牌，开展直播活动100余场，24小时慢直播播出时长7500小时，观看量近6000万人次；“五星连珠”公益天文科普直播活动单场直播观看量1113.4万人次，创下南宁广播电视台所有台属平台单场直播观看量之最。4个广播频率进行广播可视化建设，实现广播频率新媒体平台由“播”到“视”的初级搭建。完成2021年“壮族三月三　八桂嘉年华——感党恩　跟党走”主题报道及融媒体直播特别节目制作，形成“一次采编多屏分发”功能，新媒体矩阵播放量351.2万次。首次开设转播站点云播站，打通南宁广播电视台全媒体平台协作通道，“第18届中国—东盟博览会南宁广播电视台全媒体云播站”项目，视频直播点击量182.1万人次，各平台相关视频、推文的总播放量、点击量830万人次。《“5”动南宁　智行未来——南宁广播电视台融媒体直播南宁地铁5号线开通特别节目》在央视频App及南宁广播电视台等新媒体平台同步直播，总观看人数超23.1万人次，相关推文阅读量近20万人次。

【重大项目与大型活动宣传】2021年，南宁广播电视台推进党史学习教育宣传，在各广播电视栏目及网络新媒体平台开设“在习近平新时代中国特色社会主义思想指引下——迎建党百年　谱八桂新篇·党史学习教育”等专题专栏近10个，播发新闻稿件超3700篇次，网络点击量超350万人次；制作融媒体特别节目及精品节目20个，各平台播发超1740期。1月1日，精品广播剧《少年黄大年》在中央广播电视总台文艺之声播出；6月7日，“邕江组曲”系列音乐电视作品（《绿水青山都是歌》《邕江》《我在寻找》《邕江流过一座城》《大美邕江》）正式发布，并在央视频、新华网、中新网、人民日报海外网、今日头条等平台上线；7月4日，4集系列纪录片《南宁·桥》在新闻综合频道《故事》栏目和老友网、南宁头条客户端首播，并在央视频、学习强国、腾讯视频等网络平台推送；7月27日，9集系列短视频《旗帜》在电视频道及网络新媒体平台同步播发，并在学习强国全国平台上线，总点击量8.8万人次；在南宁广播电视台抖音官方账号开设“党的儿女”“党史百年”合集，发布短视频151个，点击量超1.2亿人次。新闻综合频道开设“红色经典”电视剧场，播出《十送红军》《觉醒年代》等主旋律电视剧19部。南宁广播电视台联合南宁交通投资集团公司建设邕江红色主题游船，开行220趟，300多家单位1.7万人次登船接受党史学习教育。开展“我为群众办实事”活动3600场次，走进社区、学校等地开展志愿服务、物资捐赠活动，惠及群众数十万人。承办南宁市庆祝建党百年大型文艺晚会、歌咏比赛、快闪活动、主题演讲等大型活动超15场次。围绕习近平总书记“七一”重要讲话精神，各广播电视栏目及网络新媒体平台开设“深入学习贯彻习近平总书记‘七一’重要讲话精神”等专题专栏，播出稿件190篇次。围绕中国共产党成立100周年庆祝大会主题，策划推出特别节目《奋斗百年路　启航新征程　庆祝建党100周年大型融媒体直播——百年风华　今朝“邕”容》，全平台点击量超359万人次；推出《南宁灯光秀霸屏央视！来一起感受盛世繁华》推文及短视频，总浏览量超68万人次；配合央视《东方时空》栏目现场直播南宁市庆祝中国共产党成立100周年主题灯光秀；新闻夜班抖音账号制作推出中国共产党成立100周年相关短视频超60条，总播放量超1000万人次。针对中国—东盟建立对话关系30周年主题，各广播电视栏目及网络新媒体平台开设“聚焦东博会”“共享陆海新通道新机遇　共建中国—东盟命运共同体”“关注第18届东博会”“服务第18届东博会”“飞虎队看东博”“我和我的‘东博’”“护航盛会”7个专题专栏，刊播相关报道、推文1400篇次；南宁广播电视台微信视频号、南宁广播电视台抖音账号发布短视频56条，点击量超820万人次；策划融媒体直播4场，总点击量突破36万人次；策划“共享陆海新通道新机遇　共建中国—东盟命运共同体·数说30年”系列报道，宣传中国—东盟建立对话关系30周年来通过“南宁渠道”进行多领域合作交流成果。围绕自治区第十二次党代会主题，在广播电视栏目及网络新媒体平台开设“深入学习贯彻自治区第十二次党代会精神”等专栏，播发相关稿件190篇次；推出“中国共产党广西壮族自治区第十二次代表大会开幕会”“中国共产党广西壮族自治区第十二次代表大会新闻发布会”2场融媒体直播，点击量超16万人次；南宁广播电视台抖音账号开设专辑“自治区第十二次党代会”，发布短视频11条，播放量超18万人次。使用“云上丝路”外宣平台，通过“云上丝路　魅力南宁”系列海外账号开设自治区第十二次党代会系列互动话题，采用消息、图集、视频等形式报道发布自治区第十二次党代会最新消息及自治区五年来取得成就。在各频率、频道滚动播出“以优异成绩迎接自治区第十二次党代会召开”等宣传标语、游底字幕超600条次；与广西广播电视台联合推出“以优异成绩迎接自治区第十二次党代会召开”特别直播节目《奋进五年路　阔步新征程——南宁篇》；《南宁广播电视报》刊登《中国共产党广西壮族自治区第十一届委员会第十二次全体会议公报》等专版报道3期。开展市第十三次党代会宣传,在广播电视栏目及网络新媒体平台开设“以优异成绩迎接南宁市第十三次党代会召开”等专题专栏6个,刊播相关稿件超350篇次;在南宁广播电视台微信公众号发布H5作品《数说南宁这五年》,推出《南宁这五年!》《未来五年,南宁这样做!》2篇推文,开设视频专栏发布vlog系列短视频;南宁广播电视台抖音账号发布相关短视频24条,南宁广播电视台微博官方账号发布相关微博6条;与广西云客户端合作推出融媒体产品《南宁:增强辐射带动 建设“四个城市”》。相关新媒体推文、视频在各平台总点击量超过250万人次,在各频率、频道全天滚动播放党代会系列公益广告超700条次。围绕全面落实强首府战略开展宣传报道,各广播电视重点栏目及网络新媒体平台开设“全面落实强首府战略 打造引领全区高质量发展核心增长极”“担当实干强首府 提速争先开新局”“强首府·筑平安”3个专栏,播发新闻稿件超1000篇次,策划制作推出融媒体产品4个,各频率频道滚动排播相关公益宣传片超5000条次,在南宁广播电视台微信公众号推文后刊播相关宣传海报或视频。开展新冠肺炎疫情防控宣传,各广播电视栏目及新媒体平台开设“聚焦疫情防控”“疫情防控权威发布”“关注新冠病毒疫苗接种”“抗击疫情 我们在一起”专题专栏4个,播发《我区启动3至11岁人群新冠疫苗接种》等稿件4000篇次;推出融媒体直播“抗击疫情 我们在一起 南宁广播电视台实时关注”,超120万人次观看;南宁广播电视台抖音官方账号、南宁广播电视台微信公众号、南宁广播电视台微信视频号制作发布相关短视频超190个,总播放量2000万次;在各频率、频道滚动播出相关公益广告、游底字幕及口播宣传,并在网络新媒体平台播发相关公益宣传海报、长图及视频等2.5万条次。在各广播电视栏目及网络新媒体平台开设“争创全国文明典范城市 实现国家卫生城市‘四连冠’”“弘扬社会主义核心价值观”“南宁正能量”“我们的节日”4个专题专栏,刊播相关新闻稿件1600篇次。南宁广播电视台抖音账号开设互动话题“南宁创城 没你不行”,播放量近6000万次;推出网络新媒体平台直播6场,发布短视频超40条;FM107.4交通音乐广播在阿基米德App推出“争创全国文明城,南宁在行动”网络音频专题290期,《看南宁》栏目推出“文明南宁 你我共建共享”访谈节目14期;制作播出《携手共创全国文明城市》等广播电视公益广告超14万条次。围绕国家卫生城市创建,在重点广播电视栏目及网络新媒体平台开设“争创全国文明典范城市 实现国家卫生城市‘四连冠’”“中国公民健康素养知识”“中央生态环境保护督察在广西”3个专题专栏,刊播《南宁市总工会开展“迎国庆助创城 促文明我争先”环境卫生清扫志愿服务活动》等稿件2500篇次;《向人民承诺——电视问政》大型直播节目推出“城市治理”主题2期;首档运动健康类融媒体节目《嗨南宁》在电视频道、老友网、南宁广播电视台抖音账号及微信小程序播出550余期;FM107.4交通音乐广播《健康南宁》栏目播出“新冠疫苗接种知识”等科普专题180余期;南宁广播电视台抖音账号开设抖音话题“‘邕’护卫生”点击量突破2000万人次。制作播出《垃圾分类系列公益广告》等广播电视公益广告5.2万次。播出《向人民承诺——电视问政》大型直播8期、《问政观察室》38期,南宁问政微信公众号发布推文200多条,其中《微问政》专栏115期;创造性设置协调分会场板块,增设“举一反三看整改”环节。

【精品节目创作】 2021年,南宁广播电视台参与2020年度广西广播电视和网络视听优秀作品评选活动90多项,报送作品600多件次,获奖167项。其中,获省部级以上奖项24项、市厅级奖项132项、县处级奖项11项。策划创作建党100周年系列纪录片“四部曲”——《南宁·桥》《复兴路上》《群起》《堡垒》;策划制作《邕江组曲》系列音乐电视、音乐电视《我的祖国》《赞歌献给党》《新的天地》红色歌曲快闪视频等文艺作品,多部作品登录学习强国、央视频、人民日报海外网、新华网客户端等平台;聚焦乡村振兴,策划制作五集短视频《建党百年 喜看家乡新变化》。制作宣传片70部,其中围绕中国共产党成立100周年主题策划制作《学党史宣传片》《百》《习近平金句宣传》等宣传片12条,围绕市委、市政府中心工作推出《红绿灯下守秩序 斑马线上讲文明》《垃圾分类儿童顺口溜篇》《文明用餐,适量点单》公益宣传片。11月17日,由市委宣传部指导、南宁广播电视台承制的微电影《梁小霞》在南宁广播电视台8号演播厅举行开机仪式。

【技术应用创新】 2021年,南宁广播电视台完成4个频道高清化改造并实现高标清同播,成为自治区首家实现全部电视频道高标清同播的广播电视台。8月31日,南宁广播电视台4个电视频道高标清信号入网广西电信IPTV平台,实现南宁广播电视台所有电视频道入网广西电信IPTV平台网络播出。

【国际传播能力建设】 2021年,南宁广播电视台与13个国家和地区的29家媒体机构联合制作播出《春天的旋律·2021》跨国春节晚会,以南宁为主会场,通过“云上”与“线下”结合,连接印度尼西亚、马来西亚、菲律宾、泰国4个国家分会场。9月,创新推出沉浸式全实景“人月两团圆 千里共婵娟”——跨国中秋诗歌晚会,以“百里秀美邕江”为主线,在青秀山、老南宁·三街两巷历史文化街区等地标实地取景拍摄,在新西兰Channel33、泰国TAP TV、香港国际卫视、广西广播电视台(国际频道、北部湾之声)、南宁广播电视台等境内外媒体平台播出,覆盖全球150多个国家和地区。连续6年开展“南宁渠道 丝路交响”大型跨国采访行动,在原有品牌“南宁朋友圈 跨国云访谈”——东博会特别节目基础上,推出子品牌“云上友城”项目;9月,录制播出第18届中国—东盟博览会特别节目。推进“云上丝路”国际传播项目计划,建设中文、英文、泰语、越南语、马来语、缅甸语、柬埔寨语7个语种版本的网站及手机版网站页面,中文、英文版本建设完成,“云上丝路·魅力南宁”系列Facebook、Instagram、Twitter、Youtube、TikTok5个海外账号上线。 (南宁广播电视台)

【电影管理】 2021年,南宁市有影院73家,银幕511块,票房收入3.82亿元。农村公益电影放映超1.66万场,观影人数超166万人次;社区公益电影放映超5208场,观影人数超57万人次。在南宁宣传网公告栏设置《中华人民共和国电影产业促进法》《电影管理条例》等法律法规内容,在全市影院电子屏滚动播放电影相关法律法规普法宣传标语。加强电影市场监管,组织对辖区内的电影放映场所(含点播影院)开展专项执法检查,检查电影放映场所76家次,出动执法人员180多人次。 (市委宣传部)

新闻出版

【版权管理】 2021年,南宁市加强推进软件正版化,将使用正版软件工作纳入2021年度意识形态工作巡视巡察范围和2021年度精神文明建设专项考评。印发《2021年南宁市推进使用正版软件工作方案》,组织市直机关单位、县(市、区)、开发区采购和使用正版操作系统及办公软件,提高正版软件使用率。市县两级政府机关投入财政资金 172.7 万元，采购操作系统、办公软件、杀毒软件等 2.66 万套。

【印刷发行】 2021 年，南宁市通过年度报告印刷企业 482 家，其中出版物印刷企业 69 家，内部资料性出版物印刷企业 4 家、排版制版装订专项企业 8 家、数字印刷企业 32 家，包装装潢印刷企业 201 家，其他印刷品印刷企业 168 家。通过 2020 年出版物发行单位年度核验 1089 家，其中出版物批发单位 295 家、零售单位 794 家，出版物发行网点 3259 个。市委宣传部与全市各印刷企业分别签订《安全生产责任书》，提升印刷企业安全生产责任意识，落实印刷企业主体责任。组织县(市、区)、开发区对辖区印刷企业开展安全生产大排查大检查行动 2 次，出动检查人员 360 人次，车辆 130 车次，检查印刷企业 480 家次，发现安全生产隐患 83 处，完成整改 83 处，隐患类型主要集中在灭火器过期失效、杂物堵塞安全通道、员工消防安全培训不到位等情况。 (市委宣传部)

【公益广告监管】 2021 年，南宁市广播电视播出机构制作公益广告 50 多条，播出公益广告 1 万余条次，播出时长 6 万多分钟。市文广旅局推送《老友南宁》获评首届全国旅游公益广告作品遴选暨展播活动电视作品类三类作品，南宁广播电视台推送《旅行 给精神"补钙"》获评公益广告类一类作品，并被纳入"全国优秀广播电视公益广告作品库"。南宁广播电视台推送《致敬抗疫英雄梁小霞》《决战全面小康、决战脱贫攻坚——行走在希望的田野上》《人民艺术为人民》《共筑美好时代》4 部公益广告作品分别获自治区广电局"弘扬核心价值观、优化营商大环境"广西广播电视公益广告大赛扶持优秀作品一等奖、二等奖、三等奖及入围奖。南宁广播电视台选送《时代精神系列宣传片》获自治区广电局"恰是百年风华"广播电视公益广告大赛视频类二等扶持优秀作品，《我的妈妈是书记》《文明是最美的风景》获三等扶持优秀作品。 (韦春燕)

【内部资料性出版物监管】 2021 年，南宁市新闻出版局继续执行内部资料性出版物审读制度，规范内部资料性出版物监管，确保内部资料性出版物不出现原则性问题，完成内部资料性出版物审读 51 种、240 期(批)、268 份(册)。

【少儿出版物有害信息专项整治】 2021 年，南宁市组织开展中小学校园周边文化市场清查整治行动，重点对中小学校园周边 300 米范围内书店、报刊摊点及文具店、打字复印店、电子产品维修店等场所开展明察暗访，重点对含有妨害未成年人身心健康内容的"口袋本"图书、卡通漫画、游戏卡片、淫秽色情视频等有害出版物，以及侵权盗版的中小学教材教辅读物进行查缴，清理无证销售出版物及销售非法出版物的店铺、游商。全年检查校园周边出版经营单位 600 余家次，收缴非法出版物 210 多册(份)，向各学校及街道社区发放"扫黄打非"宣传资料 3000 多份。 (市委宣传部)

文化市场与管理

【概　况】 2021 年，南宁市文化市场经营场所数量、规模位居自治区前列，形成互联网上网服务营业场所、娱乐场所等全面发展格局，其中互联网上网服务营业场所(网吧)266 家、歌舞娱乐场所 137 家、游戏游艺场所 19 家。各级文化市场综合行政执法机构出动检查人员 3.87 万人次，检查经营单位 1.74 万家次，立案调查 114 件，警告 38 家次，责令停业整顿 8 家次，罚款金额 104.21 万元，全年无重特大文化市场投诉事件和安全责任事故发生。 (刘秋园)

【文化市场】 2021 年，南宁市有文化娱乐经营场所 422 家，其中互联网上网服务营业场所(网吧)266 家、歌舞娱乐场所 137 家、游戏游艺场所 19 家。有印刷企业 482 家；出版物发行单位 1089 家(出版物批发单位 295 家、零售单位 794 家)，出版物发行网点 3259 个。有各级文化产业示范基地 130 家，其中国家级文化产业示范基地 2 家，自治区级文化产业示范园区 6 家、文化产业示范基地 40 家、文化创意产品开发示范基地 4 家，市级文化创意和设计服务业集聚区 3 家、文化产业示范园区 2 家、文化产业示范基地 73 家。市文广旅局督促文化市场经营场所严格落实新冠肺炎疫情防控措施，按要求规范有序开放、经营；指导文旅企业按复工复产要求办理复工手续，加强安全防范管理。受理文化市场举报投诉 174 起，其中擅自从事娱乐场所经营活动、噪声扰民 120 起，网吧接纳未成年人投诉举报 42 起，超时经营 12 起。开展文化娱乐场所转型升级，指导南宁市玩域网咖有限公司、南宁市吉米网吧、横县壹号网吧、南宁市马山县湖人网咖馆、马山县网轩网咖俱乐部 5 家上网服务营业场所完成转型升级。 (刘秋园　黄小芸)

【"扫黄打非"专项整治】 2021 年，南宁市组织开展"扫黄打非·新风"集中行动，推进"净网 2021""护苗 2021""秋风 2021"专项行动，集中整治网络淫秽色情信息、非法有害少儿出版物及信息、新闻敲诈和假媒体假记者站假记者、侵权盗版行为 4 类问题。组织开展全国"两会"、元旦、春节、中秋、国庆"扫黄打非"专项保障行动，对出版物印刷企业、出版物集中交易市场、繁华街区出版物经营单位及问题多发场所等重要点位开展执法检查。查办案件 297 起(刑事案件 31 起、行政案件 266 起)，收缴违法出版物 3.5 万件，删除网络低俗及有害信息 214 条。开通"南宁扫黄打非"微信公众号，专栏点击量 18.9 万人次，视频点击量 3.49 万人次。 (市委宣传部)

【文化市场监管】 2021 年，南宁市文化市场综合执法机构检查娱乐场所 4092 家次，立案调查 12 起；检查互联网上网服务营业场所 9857 家次，立案调查 45 起。建立文旅市场全域监管机制，进一步整顿和规范文化市场秩序，开展净化社会文化环境、文化市场"健康暑期"、2021 年文化市场秩序整治等专项整治行动，加强上网服务营业场所、娱乐场所、营业性演出市场等监管。健全违法线索移交和信息共享机制，加强对严重失信行为联合公开曝光，并在市文广旅局官网公示，将失信主体相关信息推送市公共信用信息共享平台。持续开展行业扫黑除恶专项斗争，查处文化旅游市场中违法违规行为，行业监管长效机制进一步完善。 (刘秋园)

编辑　李敬江　班　铭

体　育

综　述

【概　况】2021年，南宁市以办好“百项便民体育设施”“百场利民健身活动”“百场亲民体育赛事”“百场惠民体育培训”为轴线，推动群众体育、竞技体育、体育产业“三位一体”齐头并进，实现全市体育“十四五”发展开好局、起好步。年内，南宁市获评自治区级全民健身和全民健康深度融合示范市，为全区唯一获此殊荣的设区市；体育产业获各级各类荣誉一批。

【主要工作成效及存在问题】2021年，南宁市继续克服新冠肺炎疫情造成的不利影响，结合实际，组织开展相关工作，推进体育事业发展取得一定成效。推出“百项便民体育设施”“百场利民健身活动”“百场亲民体育赛事”“百场惠民体育培训”活动，践行体育为民服务宗旨。全民健身公共服务体系更加完善，城市社区“10分钟健身圈”进一步构建，市、县（市、区）、乡镇（街道）、行政村（社区）四级公共体育设施体系建设持续健全。承办自治区级为民办实事全民健身工程项目，新建3个标准或非标准篮球场、1个门球场、配建2套体育健身器材；做好市本级体育为民办实事工程项目，各县（市、区）、开发区的公园、街道、社区、街头绿地、行政村新增或更换40套户外全民健身路径器材（30套一代健身路径器材，10套二代健身路径器材）。举办线上线下各类体育赛事活动约500项次，经常参加体育锻炼的人数比例保持在46%以上。各级各类社会体育指导员总数26000多人，超额完成每千人拥有2名社会体育指导员的目标要求。南宁市籍运动员韦筱圆代表中国队参加第50届世界体操锦标赛，获女子高低杠冠军；培养输送的50名南宁市籍运动员代表广西参加中华人民共和国第十四届运动会（简称“第十四届全运会”），获2金1银3铜的优异成绩。“体育+”“+体育”进一步融合，全市体育产业累计获国家级荣誉15个、自治区级荣誉43个，打造自治区星级体育综合体12家；体育彩票销售各项指标在自治区均排名第一。组织开展高危险性体育项目经营场馆专项执法检查工作，对全市范围内高危险性体育项目（游泳）经营场所进行抽查检查，发出6份行政处罚决定书，对6家经营主体擅自经营高危险性体育项目的违法行为进行处罚。存在问题主要有人均体育场地面积增长速度跟不上常住人口增长速度；因竞赛总规程未印发，赛事的规模、形式、比赛项目、时间安排，南宁市需要承接的比赛项目场馆改造标准等均未明确及其他因素影响，给第一届全国学生（青年）运动会筹办工作造成一定的困难；受新冠肺炎疫情影响，重大赛事暂停举办，体育赛事影响力大打折扣，体育场馆开放时间和接待人数受限，以运动聚集、运动体验和运动消耗为主的体育产业受到冲击。　（唐　芬　张宗千）

【筹（举）办重大赛事】

配合筹办首届学青会　2021年，根据部署，南宁市结合实际做好将于2023年在广西举办的第一届全国学生（青年）运动会南宁赛区各项相关筹备工作。青运村、南宁市体育运动学校项目建设，大型活动、综合保障的准备等稳步开展。青运村项目整体形象进度完成67%，年内累计完成投资12.07亿元。南宁市体育运动学校新校区项目年内完成投资17951万元。

举办南宁马拉松线上赛　2021年11月29日至12月12日，2021南宁马拉松暨解放日长跑线上赛举行。南宁市体育局、南宁市体育总会主办。设新手1公里、3公里、5公里、10公里、半程马拉松和全程马拉松6个组别。有全国31个省（自治区、直辖市）及港澳台地区共236181名选手报名参赛。经确认，完赛率超过80%，完赛选手获颁电子虚拟奖牌和电子证书。　（潘建辉　羊婷婷）

竞技体育

【概　况】2021年，南宁市籍运动员参加国际体育比赛获金牌1枚、银牌1枚、铜牌2枚；参加全国体育比赛获金牌18枚、银牌15枚、铜牌13枚；参加广西各单项青少年锦标赛获金牌187枚、银牌159枚、铜牌175枚。年内，审批国家二级运动员86人，审批二级裁判员616人、三级裁判员899人。

【参加第21届世界蹼泳锦标赛】2021年7月3日至8日，第21届世界蹼泳锦标赛在俄罗斯举行。南宁市籍运动员许艺川获女子100米蹼泳亚军、女子200米蹼泳季军和女子4×100米蹼泳接力季军。

【参加第50届世界体操锦标赛】2021年10月18日至24日，第50届世界体操锦标赛在日本举行。南宁市籍运动员韦筱圆获女子高低杠冠军。

【参加第十四届全运会】2021年9月15日至27日，第十四届全运会在陕西省举行。南宁市籍运动员韦筱圆在体操比赛

2021 年 9 月 15 日至 27 日，第十四届全运会在陕西省举行。南宁市籍运动员韦筱圆、黄明淇代表广西参加体操比赛，分获女子个人全能冠军和男子跳马冠军。图为韦筱圆（左图右）、黄明淇（右图右）在颁奖仪式中　　市体育局提供

中获女子个人全能冠军和女子高低杠季军；黄明淇在体操比赛中获男子跳马冠军；玉玲珑在举重比赛中获女子 55 公斤级亚军；黄小惠在跳水比赛中获女子 3 米板季军；刘宇嘉在跆拳道比赛中获女子 67 公斤级季军。

【备战自治区运动会】 2021 年，南宁市切实做好备战广西壮族自治区第十五届运动会的相关工作。每季度组织召开一次备战工作会议，总结备战情况，解决备战过程中存在的问题和不足。强化科技助力保障服务，聘请体能专家团队针对比赛项目运动员制定体能训练计划，安排专家到项目运动队指导教练员和运动员开展体能训练。与防城港、桂林等市进行备战工作交流；推动南宁市体育运动学校与广西壮族自治区体育局武鸣体育训练基地共建射箭队、与北海市体育运动学校共建海上项目、与南宁市羽毛球协会共建羽毛球队。邀请国家体育总局、云南省体育科学研究所、武汉体育学院、北京市体育科学研究所、山东省体育局的专家为相关人员就重大赛事备战、反兴奋剂、青少年运动心理调节、赛场医务监督、体能训练及康复运用等内容进行授课，进一步提升教练员执教能力。（潘建辉　羊婷婷）

群众体育

【概　况】 2021 年，南宁市以理念、机制、政策、规划、组织、设施、队伍、活动、信息技术“九融合”为主线，以体育运动全民化、体育健身生活化、健身设施便利化、体育锻炼科学化、体育工作制度化、健身服务智能化、健身组织社会化、国民体质健康化“八化”为目标，组织开展形式多样、群众喜闻乐见的全民健身赛事和活动，打造群众身边的体育设施、体育组织，进行健身指导，弘扬健身文化，不断完善全民健身公共服务体系建设，推动“体卫（医）融合”发展，提升市民获得感、幸福感。截至年底，全市人均体育场地面积 2.02 平方米，逐步建成城市社区“10 分钟健身圈”。

【民族体育】 2021 年，南宁市组织开展“壮族三月三・民族体育炫”活动。4 月 13 日至 15 日，在武鸣区举办“壮族三月三・民族体育炫”南宁主会场活动，4 月 14 日在武鸣区文化宫举行南宁主会场开幕式，现场进行体育项目展演。活动期间，开展武术散打擂台赛、抢花炮比赛及武术展演、竹竿舞展演，以及抛绣球、板鞋、滚铁环、打陀螺、顶竹竿等民族体育趣味活动。“壮族三月三”期间，各县（市、区）、开发区，结合实际，组织开展各分会场活动。利用民族传统体育资源，组织进行抢花炮、板鞋、陀螺、珍珠球、毽球、龙舟、舞龙、舞狮、抛绣球、斗牛、斗马、斗鸡等各种群众喜闻乐见的民族体育赛事和民俗活动，使“壮族三月三”活动更加符合现代过节方式，满足人们日益增长的体育需求，促进地方体育旅游文化消费。其间，具有代表性的活动有 2021 年中国壮乡・武鸣“壮族三月三”歌圩暨骆越文化旅游节、“感党恩　跟党走　奋进新征程 2021 年‘壮族三月三・八桂嘉年华’”（民族体育炫）横县线上线下民俗文化体育大展演活动、宾阳县“壮族三月三・民族体育炫”（抛绣球、三人板鞋、盲人敲锣等）、上林县健身气功八段锦比赛、马山县 2021 年“壮族三月三・民族体育炫”壮族会鼓斗鼓比赛、隆安县 2021 年“壮族三月三・民族体育炫”活动（香火龙、抛绣球、竹竿舞等）、兴宁区凤凰谷“三月三”壮乡民俗体育活动、江南区 2021 年“壮族三月三・民族体育炫”展演活动（竹竿舞、板鞋、抛绣球等）、2021 南宁青秀国际传统舞龙邀请赛、2021 年西乡塘区“壮族三月三・八桂嘉年华”文化旅游商贸主题活动暨“壮族三月三・民族体育炫”西乡塘区分会场、邕宁区 2021 年“壮族三月三・民族体育炫”活动（传统舞狮表演、竹竿舞表演、民族体育趣味活动）、良庆区 2021 年“壮族三月三・民族体育炫”活动。

【老年人体育】 2021 年，南宁市以促进老年人身体健康，提高老年人生活质量为出发点，组织开展不同主题的老年体育系列赛事活动。上半年，举办“迎春杯”“巾帼杯”、端午节门球交流活动；下半年，举办南宁市第九届老年人体育健身大会，设置健身气功、太极拳（器械）、柔力球、健身球操、健身秧歌、门球、乒乓球、气排球、中国象棋、围棋 10 个项目，为全市约 4000 名老年体育健身爱好者提供交流展示平台。年内，举办健身秧歌、健身球操、排舞广场舞、柔力球等骨干培训班 6 期，400 余人参训。开展老年体育进社区活动，在 4 个社区开设太极拳、八段锦、广场舞兴趣培训班 57 班（次），惠及社区 2000 名老年人。在新冠肺炎疫情防控常态化下，举办深受老年人体育爱好者欢迎的运动项目，使参加体育锻炼成为日常生活的组成部分，推动老年人健身活动普及化、常态化，宣传“我运动、我快乐、我健康”的健身科学生活理念。

【社团活动】 2021 年，南宁市有市级单项体育协会 51 个，单项俱乐部 208 个，各级社会体育指导员 26000 多人。审批二级社会体育指导员 1624 人，举办象棋、足球、太极拳、田径、八段锦、健身气功、体医融合、救生等二级社会体育指导员培训班。健全扶持体育社会组织参与体育公共服务的机制，完善向体育社会组织购买公共服务的制度措施，鼓励体育社会组织兴办全民健身活动。不断推进体育社会组织制度化、规范化建设，提高依法自治水平，推动体育社会组织运行管理提档升级。培养体育社会组织管理人员队伍、赛事活动运营队伍、健身指导专业队伍，提高体育社会组织承接公共体育服务职能的水平和比例。社团通过开展相关工作，引导市民在运动健身中增强体质、愉悦身心、丰富生活、展示自我，激发全社会热爱体育、崇尚运动的良好风尚。

2021年7月，南宁市在邕宁区、江南区举办第六届南宁市社区全民健身运动会及系列活动。图为在邕宁区蒲庙镇红星社区开展活动的情形　　市体育局提供

【社区体育】 2021年7月，南宁市在邕宁区、江南区举办第六届南宁市社区全民健身运动会及系列活动。赛事设气排球、广场舞，以及抛绣球、企鹅漫步、摸石头过河、足式保龄球、脚踏实地等趣味运动项目，举办党史知识问答竞猜活动，并在邕宁区蒲庙镇红星社区开展“民族之家”结对共建活动。各项活动均利用周末时间在群众家门口进行，收到较好效果，既培养市民的健身兴趣，又起到增强体质，科学运动的作用。

【城乡体育设施建设】 2021年，南宁市切实抓好基层公共体育设施建设，为市民日益增长的健身需求提供保障。印发《南宁市落实〈关于加强全民健身场地设施建设发展群众体育的实施意见〉任务清单》，加强全民健身场地设施建设，推动群众体育蓬勃开展。推进《南宁市辖区城乡体育设施专项规划》编制工作，充分衔接国民经济与社会发展规划、城乡规划和土地利用总体规划，有机衔接水利、交通、旅游、教育、农业、林业、环保等相关规划，优化空间布局，有效配置土地资源，科学规划新建体育设施，盘活存量、做大增量。中央、自治区、南宁市投入资金1.89亿元（建设体育场地和设施项目50个），全市完成百项体育设施项目建设。成立市体育局“全民健身设施建设工作专班”，做好五象新区、邕江两岸、心圩江、相思湖等板块的体育项目规划，包括各板块拟引进的体育项目布点布局规划和运营方案等，解决市民“去哪儿健身”的问题。同时，在兴宁区、江南区、青秀区、西乡塘区、邕宁区、良庆区、武鸣区，以及南宁高新区、南宁经开区、广西—东盟经开区各选一个地块，实施建设主题公园（体育公园）。开展全市公共体育场馆开放使用试点工作，继续推动机关、企事业单位和学校体育设施向社会开放；推动大型场馆免费、低收费开放，获中央大型体育场馆免费、低收费开放补助资金及奖励资金920万元，惠及李宁体育园、宾阳县体育馆、马山县体育馆、武鸣体育馆等大型体育场馆。引导7家社会性健身场馆合作设立社区全民健身活动中心。做好公共体育设施的监管，完善和落实日常巡查、维护维修、管理责任人等制度，鼓励社区、行政村依托文体协管员，加强对公共体育设施管理和维护工作。逐步构建城市社区“10分钟健身圈”，市民健身锻炼有更多的去处和选择。

【国民体质监测】 2021年5月至11月，南宁市组织开展国民体质监测工作。监测抽样人群覆盖全市所有县（市、区），内容包括体质检测和问卷调查两部分，完成抽样17000多人，并开具运动处方17000多份。同时，做好体质监测数据存储、分析，建立完善“健康数据管理”。

【科学健身指导】 2021年，南宁市继续探索“体医融合”新模式，前置健康干预关口，乐享科学健身促健康。进一步发挥南宁市国民体质监测中心、南宁市全民健身和全民健康指导中心及各县（市、区）国民体质监测站功能作用，组织权威运动医学专家团队实地坐诊，为群众开具个性化运动处方；做好体质监测中心、监测站固定时段对外开放工作。举办2021年南宁市体卫融合运动处方培训班暨公益社会体育指导员培训班，市级医疗机构、各区（开发区）疾控中心和社区卫生服务中心，各类执业医师资格证的健康教育骨干、预防保健医生、专业治疗师、康复师等70多人参训，培养可以开医疗处方和运动处方的复合型人才。利用市体育局官网、运动绿城App等新媒体平台，持续推出居家健身指导视频和文章，推动科学健身知识进机关、进企业、进课堂、进家庭，培养市民运动健身、文明健康的生活方式。拍摄《肩颈操》《弹力带操》科学健身宣传片，编印《慢性病及办公室人群科学健身宣传手册》《南宁市全民健身和全民健康科普读物系列——一平米健康肩颈操》口袋书等科学健身宣传资料，为市民开展体育锻炼提供科学指导。

（王一冰　黄宝菊）

青少年体育

【体教融合】 2021年，南宁市围绕加强学校体育工作、完善青少年体育赛事体系、加强体育传统特色学校建设、深化体校改革、规范社会体育组织、大力培养体育教师和教练员队伍、强化政策保障、加强组织实施八大重点任务，制定35项具体措施，明确责任部门和完成时限，印发《南宁市落实〈关于深化体教融合促进广西青少年健康发展的实施意见〉任务清单》，推动全市体教融合工作开展。建立南宁市足球改革发展局际联席会议制度，调整完善南宁市运动员文化教育和保障工作联席会议组成人员，制定《南宁市青少年体育俱乐部星级评定工作制度》。通过推动县级标准体校建设、鼓励社会力量与体校合作共建、继续完善基层体校与中小学共建联办等措施，夯实后备人才输送基础。向自治区体校和优秀运动队输送运动员205人；累计注册运动员5710人，教练员423人。组织开展星级评定工作，全面提升青少年俱乐部整体服务水平和自我监管能力。开展2021年南宁市“奔跑吧·少年”儿童青少年主题健身活动、2021年南宁市青少年阳光体育大会暨自治区第十五届运动会南宁市代表队选拔赛、南宁市中小学体态筛查等青少年体育赛事活动。

【体校建设】 2021年，南宁市体育运动学校新校区项目作为列入自治区和南宁市两级重点项目统筹推进，项目总投资11.82亿元，占地面积21.98万平方米，计划招生规模近3000人，2021年项目完成投资17951万元，项目建成后将成为全自治区最高规格的设区市体校。推动县级标准体校建设，不断优化体校运动训练软硬件环境。创新“政府＋社会”融合发展战略，构建市县级体校、体育传统项目学校、青少年体育俱乐部“三位一体”的竞技体育人才培养阵地。各级体校引进35

家社会力量合作共建，与17所中、小学开展共建联办，实现学校课余训练与体校专项训练有机结合。

（唐　芬　张宗千）

体育交流

【外出活动与交流】 2021年7月7日，市体育局派员到北海市星岛湖、北海市水上运动训练基地慰问在训的南宁市赛艇、帆板、风筝板、帆船项目运动员和教练员。9月15日，市体育局组织人员到陕西省观摩第十四届全运会。参观渭南市体育中心全运会举重比赛场地和主体育场，与渭南市体育局就赛事筹备、组织，场馆建设等进行座谈交流，并到渭南市大荔县西北足球训练基地考察学习。

【到访活动与交流】 2021年3月1日，百色市政府有关人员到南宁市考察调研大型体育场馆运营管理工作。4月6日，自治区副主席蔡丽新率有关人员到马山县古零攀岩特色体育小镇开展大健康产业调研工作，对马山县依托户外体育资源和民族特色文化，举办系列重大体育赛事，打造中国首个攀岩特色小镇取得的成效表示肯定，并对下一步招商引资、聚力发展提出要求。5月17日，新疆维吾尔自治区老年人体育协会主席铁力瓦尔迪·阿不都热西提一行3人到南宁市调研新形势下老年体育事业发展情况，考察南湖公园晨练站、南宁市老年人活动中心等场所。6月10日，湖南省益阳市文化旅游广电体育局有关人员到南宁市对国民体质监测工作开展情况、推行"体卫融合"和科学健身指导等工作进行考察交流。6月22日，十三届全国人大民族委员会副主任委员李康率有关人员到马山县开展实地调研，组织召开《关于统筹力量保持领先优势打造马山国际攀岩小镇的提案》办理协商座谈会。7月14日至15日，江苏省淮安市体育局考察组到南宁市对体教融合、体育产业相关工作进行考察，参观青秀山研学基地、马山弄拉环广西公路自行车世界巡回赛赛道、山地马拉松比赛赛道、古零镇初级中学攀岩馆、古零镇羊山村三甲屯攀岩小镇等，观摩国家少年攀岩队（马山组）训练，座谈交流体育产业发展情况，并表示下一步将就运动员培养、体育产业市场培育等进行深入交流合作。7月7日，广西举重运动发展中心有关人员到南宁吴数德举重学校开展"服务基层和贯彻新发展理念积极构建举重项目高质量发展新格局"调研活动。7月26日至28日，自治区体育局有关人员到南宁市调研《广西体育产业"十四五"规划》编写工作。8月3日，广西体育运动学校有关人员到南宁市，对市体育运动学校新校区建设项目情况进行调研。11月16日，南宁市政协副主席潘永钟率"推进体校发展，建设体育强市"调研组到市体育运动学校、吴数德举重学校，以及马山县和宾阳县调研相关工作情况。12月3日，自治区体育局调研组到市体育运动学校就青少年体育后备人才培养和发展情况进行调研。

（卢业锋　赵兰梅）

体育产业

【概　况】 2021年，南宁市持续做大做强体育产业，不断丰富体育产业品牌，打造一批体育特色鲜明、服务功能完善的体育服务综合体。培育体育市场主体，强化重点体育企业指导服务，助推体育企业高质量发展。推动"体育+""+体育"融合发展，完善体育统计，精确掌握体育产业情况，切实做好体育彩票销售工作。截至年底，体育产业总规模158.77亿元，各项指标均排名全区第一。

【体育产业品牌打造】 2021年，南宁市加快推动东盟李宁中心、三塘智力综合体、上林马术康养基地等重大项目，稳步推进马山攀岩小镇建设，提高全市体育产业竞争力。城市围棋联赛入选2021中国体育旅游精品项目，乔老河片区休闲体育旅游线路获评广西体育旅游精品线路，2021年"奔跑吧广西"生态马拉松系列赛暨广西启迪·南宁生态半程马拉松比赛、城市围棋联赛2021赛季获评广西体育旅游精品赛事。

【体育市场主体培育】 2021年，南宁市建立体育服务业重点企业联络库，并压实责任分工，对重点企业实行"一对一"的服务方式，精准对接企业所需所盼，解决企业所难。开展服务企业走访活动及座谈会近30次，强化惠企政策宣传，切实减轻企业运营成本，助推企业高质量发展。全市体育行业规模以上营利性服务业企业在库7家，营业收入总量1.52亿元。

【"体育+"融合多元发展】 2021年，南宁市继续加强体育与旅游、文化、康养、教育培训、商住、会展、科技的深度融合，培育打造昆仑大道、环青秀山、环大明山等体育旅游精品线路，组织推荐李宁体育园、马山县攀岩特色小镇申报2021年度国家体育旅游示范基地。各县（市、区）结合当地传统节庆活动和特色自然人文资源举办体育旅游文化节庆活动，持续打造"一地一品"。体育企业、协会俱乐部等社会力量组织开展户外拓展等多种主题形式的游学、研学活动，发展青少年运动培训业态。

【体彩销售】 2021年，南宁市有体育彩票销售网点1062个，其中年内新增网点282个。全年体育彩票销售9.03亿元，累计产生公益金约1亿元。

（唐　芬　张宗千）

编辑　李志楠

卫生健康

综 述

【概 况】 2021年,南宁市卫生健康委员会(简称“市卫健委”)推进常态化新冠肺炎疫情防控,科学处置“1·14”“5·25”“9·25”入境人员核酸检测复阳事件等突发疫情。新冠肺炎阳性病例均得到有效治疗,专业救治医院医务人员“零感染”。累计接种新冠病毒疫苗1756.5万剂次,为自治区率先实现“3个100%”(12岁至14岁、15岁至17岁、18岁及以上人群新冠病毒疫苗接种超额完成自治区下达任务)的地级市之一,单日接种量、总接种剂次自治区排名第一。完成自治区、南宁市下达的13项(市本级11项、自治区级2项)为民办实事项目,精神障碍患者救助、贫困肺结核患者救助项目分别完成任务数110.05%、111.5%,患者规律服药12个月后病情稳定率高于自治区下达目标值。加快推进城区级二级公立医院建设,投入2700万元,新建1个、改扩建4个社区卫生服务中心;支持和推动社会办医,前海人寿广西医院、南宁医院先后投入使用。推进智慧医疗建设,电子健康卡使用覆盖33家二级以上公立医院,一卡通发卡量超过415万人。试点开展“互联网+护理服务”工作,为有需求的老弱群体提供上门护理服务2000多人次。继续完善流感、手足口等重点传染病监测系统,及时掌握本地重点传染病变化趋势,采取防控措施。结核病防控5项指标连续两个季度满分,放射诊疗机构监测率、尘肺病主动监测率等12项考核指标提升至满分。推进城市医疗集团建设,市第一人民医院集团的“三塘模式”、市第二人民医院集团的“延安模式”得到自治区肯定。牵头起草《南宁市促进中医药传承创新发展实施方案》,建立自治区中药材产业示范基地3个。广西大明山风景区、九曲湾温泉度假村获命名自治区第二批中医药健康旅游示范基地,市中医医院新华国医堂获命名广西中医药文化宣传教育基地,广西医大仁爱养老服务中心、南宁市家丽怡康馨园获命名广西第二批中医药特色医养结合示范基地。开展普惠托育专项行动,备案托育机构55家、托位数2407个,14个项目获得国家普惠托育专项补助资金1020万元。推进国家级医养结合试点城市建设,医养结合机构突破60家,西乡塘区新阳街道万力社区、青秀区新竹街道新竹社区、隆安县城厢镇震东社区、良庆区那马镇坛良村、青秀区南湖街道凤岭北社区、江南区江南街道二桥西社区6个社区获评首批示范性全国老年友好型社区,南宁市“三元”联动社区医养结合服务模式、市第八人民医院整合资源提供“五有”(有“医”服务、有“养”服务、有“动”服务、有“食”服务、有“乐”服务)医养结合服务2个医养结合经验获国家卫健委《卫生健康工作交流》刊登。统筹推进19个市级层面重大项目和强首府战略重点项目,推进市第二人民医院门急诊内科综合楼、市第四人民医院传染病门诊住院综合楼、市中西医结合医院等项目建设。实施全市公共卫生防控救治能力建设三年(2020—2022)行动计划,筹措资金11.21亿元,完成投资8.41亿元。实现全民健身和全面健康深度融合发展,居民健康素养水平位居自治区首位;实施民生、健康城市“细胞”和水环境综合治理等工程,实现国家卫生城市“四连冠”;在全国城市健康环境指数评比中获优秀等级,在西部城市中排名第一。主要存在新冠肺炎疫情防控依然严峻复杂,医改工作面临新挑战,疾病预防控制体系改革尚未取得实质性进展等问题。

医疗卫生机构总量 市辖区有医疗卫生机构4895个。其中,医院159家(公立医院67家、民营医院92家),基层医疗卫生机构4662家(乡镇卫生院120家、社区卫生服务中心59个、社区卫生服务站71个、诊所和医务室2750个、村卫生室1425个、门诊部237个),专业公共卫生机构51个(疾病预防控制中心17个、专科疾病防治所1个、健康教育所1个、妇幼保健院9家、急救中心1个、采供血机构5个、卫生监督所16个、计划生育技术服务机构1个),其他卫生机构23个。市属医疗卫生机构4861家。其中,医院140家,乡镇卫生院120家,疾病预防控制机构16个,卫生监督所15个,妇幼保健机构8个,社区卫生服务中心(站)130个,专科疾病防治所1个,急救中心1个,采供血机构5个,门诊部、诊所、卫生所、医务室2987个,村卫生室1425个,计划生育技术服务机构1个,其他卫生机构12个。

医疗卫生机构床位数 市辖区医疗卫生机构床位6.06万张,比上年增加3825张,增长6.74%。每千常住人口有医疗卫生机构床位6.86张,增长5.64%。医院床位5.20万张,增加3261张,增长7.64%。其中,中医民族医医院床位9726张,增加401张,增长4.30%;民营医院床位9294张,增加1882张,增长25.39%。乡镇卫生院床位1.06万张,增加522张,增长5.20%。市属医疗卫生机构床位4.02万张(医院2.88万张、卫生院1.06万张、社区卫生服务中心779张),增加3208张,增长8.25%。

医疗卫生人力总量 市辖区有医疗卫生人员10.31万人,比上年增加6206人,增长6.41%;卫生技术人员8.55万人,增加5321人,增长6.64%;执业医师、执业助理医师3.10万人(中医类别6328人),

增加2050人，增长7.10%。每千常住人口卫生人员、卫生技术人员、执业医师和执业助理医师分别为11.67人、9.68人、3.50人，分别增加0.59人、0.51人、0.20人。全科医生2054人，增加381人，增长22.77%；每万常住人口有全科医生2.33人，增加0.42人。注册护士4万人，增加2822人，增长7.62%；每千常住人口有注册护士4.51人，增加0.27人。乡镇卫生院卫生人员1.10万人，增加456人，增长4.34%；乡镇卫生院卫生技术人员9292人，增加363人，增长4.07%；乡镇卫生院执业医师和执业助理医师2898人，增加213人，增长7.93%；乡镇卫生院注册护士3656人，增加275人，增长8.13%。市属医疗卫生机构卫生人员7.23万人，卫生技术人员5.98万人，其中执业（助理）医师2.19万人、注册护士2.71万人；卫生人员、卫生技术人员、执业（助理）医师、注册护士分别增加6.93%、7.02%、6.52%、9.29%。

【医疗卫生体制改革】 2021年，南宁市创新医疗联合体建设，开创县域医共体“一盘棋”运营管理的“上林模式”；在城区组建城市医疗集团和专科联盟，形成“三塘模式”和“延安模式”。1月，南宁市城市医疗集团改革举措入选自治区党委改革办优秀改革案例；6月，医疗集团改革项目被评为市委、市政府2020年度优秀改革创新项目。深化公立医院综合改革，通过推进现代医院管理制度建设，推行人事薪酬制度改革，实施按疾病诊断相关分组（DRG）付费等医保支付方式改革，强化考核监督等；8月，南宁市获自治区政府办公厅评为公立医院综合改革成效明显的城市。

【卫生项目建设】 2021年，市卫健委承担全市重点项目19个，其中续建项目5个、新开工3个、储备项目11个。重点推进市第二人民医院门急诊内科综合楼、市第四人民医院传染病门诊住院综合楼、江南区人民医院二期工程、市中西医结合医院项目、市中医医院石柱岭医养结合等项目。加强对中央预算内资金、抗疫特别国债使用监管。全市发热门诊（发热哨点诊室）项目147个（发热门诊74个、发热哨点诊室73个），完工项目137个（发热门诊64个、发热哨点诊室73个）；中央预算内资金涉及5个县7个项目，完工1个、在建6个，中央预算内资金全部支出。2018—2021年南宁市中央投资项目和自治区财政投资建设项目264个，总投资26.17亿元，其中中央补助18.25亿元，完工234个，完成投资23.67亿元，完成投资额90.04%。

【公共卫生服务】 2021年，南宁市基本公共卫生服务项目按照人均补助79元标准，筹措资金5.80亿元，为681.34万居民建立电子健康档案，电子档案建档率92.76%。适龄儿童国家免疫规划疫苗接种率99.03%，0岁至6岁儿童健康管理率94.90%，孕产妇系统管理率94.74%，老年人健康管理率72.04%，高血压患者规范管理率80.19%，糖尿病患者规范管理率78.58%。通过建档、随访、干预、体检、监测、指导、宣教、治疗等手段，引导群众预防重大疾病。

【卫生保障】 2021年，南宁市卫生健康系统妥善处置“1·24白沙大道重大交通事故”“2·5横县六景重大交通事故”“2·19亭洪路火灾事故”“2·25双定镇和强村和平坡沼气中毒事件”“3·17武鸣区贵南高铁施工车辆坠落事件”等Ⅳ级及以上突发事件紧急医学救援35起，派出救护车、指挥车90余车次，救治伤病员119人。完成新型冠状病毒感染、人感染动物源性流感（H5N6）、流行性感冒、手足口病等疫情防控应急处置。新冠肺炎疫情防控常态化期间，处置“闭环管理工作人员核酸检测阳性事件”“涉疫巴基斯坦大米事件”“金陵镇一例核酸阳性病例事件”“上林县一名异地入境解除隔离人员核酸异常事件”等涉疫事件36起，组织协调市特勤转运组转运确诊病例、疑似病例、密切接触者1452车次、2849人。新规划建设急救小屋6个，乡镇卫生院急救示范点15个。7月，与桂林市卫健委、恭城县卫健局联合开展“两市三地”卫生应急队伍联合拉练；9月，组织市新冠肺炎特勤转运医务人员培训班，开展服务“中国—东盟两会”环邕检查站疫情防控演练、现场疫情防控和医疗保障演练；11月，组织市卫生应急队伍参加2021年粤桂卫生应急联合演练；12月，组织开展机场疫情防控桌面推演。完成自治区及市人大、政协“两会”，南宁市第十三次党代会、第18届中国—东盟博览会和中国—东盟商务与投资峰会等重要会议活动疫情防控及医疗保障。协调保障考场450余个，派出医务人员500余人。保障高考、中考、事业单位招考、公务员招考、研究生考试等考试30余场，保障考生100多万人。

医政管理

【概　况】 2021年，南宁市成立医疗机构感染预防与控制专项指挥部，统筹协调医疗机构新冠肺炎疫情感染预防与控制工作，固化《南宁市进一步规范医疗机构常态化疫情防控实施方案》等系列防控措施。实施城市核酸检测基地项目建设和提升核酸检测能力项目建设，新冠病毒核酸检测能力满足2天完成主城区近600万人口的核酸检测任务，代表广西接受国家检查组对广西开展城市新冠病毒核酸检测组织实施能力验收抽查获好评。安排专项资金180多万元，开展院感防控等培训16次，线上培训8万余人，线下培训6000余人。做好5684人医师资格实践技能考试和综合笔试“一年两试”工作。出台《南宁进一步规范医疗行为促进合理医疗检查实施方案》，启动民营医院管理年活动。新增设置消化内科等8个专业医疗质量控制中心，完善医疗质量控制体系建设。市属13家二级公立综合医院通过DRGS（疾病诊断相关分类系统）医疗管理系统平台完成2020年度绩效考评，7家三级公立医院参加全国2020年度绩效考评。制定《南宁市2021年医疗质量安全改进目标实施方案》，推动落实十大医疗质量安全改进目标；继续创建“平安医院”，在自治区率先开展人脸识别试点。

【医疗机构新冠肺炎防控管理】 2021年，南宁市抽调自治区级、市级专家99人组成联合督导组开展市本级二级以上（含二级）医疗机构新冠肺炎疫情防控常态化督导14轮，县（市、区）、开发区新冠肺炎疫情防控交叉检查9轮，医疗机构新冠肺炎疫情常态化防控专项督查3轮，定点医院疫情防控与设置管理情况排查2轮、发热门诊排查1轮。出台《南宁市新冠肺炎疫情常态化防控与医疗救治“六严格”工作职责》《南宁市进一步规范医疗机构常态化疫情防控实施方案》等，为做好新冠肺炎医疗救治、规范全市医疗机构管理提供制度保障。安排专项资金180多万元，依托市级专业质量控制中心，对各级各类医疗机构开展院感、疾病救治、核酸采样检测等专项培训及应急演练，其中组织培训16次，线上培训8万余人，线下培训6000余人。推进新冠病毒城市检测基地建设，投入1644.64万元，以市第一人民医院、市第二人民医院、市第四人民医院、市第八人民医院为依托，建设青秀、兴宁、江南、西乡塘4个城市检测基地，每个检测基地日最大检测量3万管。修订《南宁市新冠病毒全员核酸检测应急预案》，建立健全网格化管理体系，主城区设采样点6238个，采样通道1.21万条，采样人员1.3万余人，储备具备上岗资质采样人员3.3万人。全市有核酸检测机构61家，最大日检测能力28.25万管。组织1月14日、5月25日、9月7日、9月25日、12月5日突发疫情人群核酸采样检测，派出采样人员近6000人，采样检测110万余人份。组织自治区、市两级专家排查评估51家发热门诊设置管理情况，督导医疗机构整改问题。设立新冠肺炎救治定点医院4家（市第四人民医院、自治区人民医院北院院区、横州市人民医院、邕宁区人民医院），其中邕宁区人民医院为后备定点医院；指定市级三级传染病专科医院——市第四人民医院收治新冠肺炎病毒阳性患者，总床位700张，可收治床位597张。制定医疗救治定点医院分级响应实施方案、医疗救治定点医院腾空和患者转运工作方案，建立健全分级响应下医院腾空与患者转运接收机制流程。11月24日，举办市新冠肺炎定点救治医院腾空与患者转运一级响应桌面推演。建立医疗保障救治队伍，其中市级专业医疗救治专家组20个；组织51家二级及以上医疗机构开展医疗保障全员培训，组建疫苗接种医疗保障应急预备队伍13个，配合做好重点人群、18岁及以上、12岁至17岁、3岁至11岁人群疫苗接种医疗保障。常态化支援边境口岸地区新冠肺炎疫情防控，派出医疗卫生队员126人支援凭祥市，213人支援防城港市。制作《南宁市大规模人群新冠肺炎病毒核酸检测示教片》。

【医疗安全管理】 2021年，市卫健委联合市公安局制定《加快推进南宁平安医院建设“4+N”三年行动计划方案》，推进平安医院建设；出台《南宁进一步规范医疗行为促进合理医疗检查实施方案》，规范医疗行为，促进合理检查。4月、8月，市卫健系统分别开展防范个人极端案（事）件风险隐患排查专项行动、医疗机构医疗纠纷预防处理和新冠病毒疫苗接种隐患大排查专项行动。8月，市卫健委、市公安局组成3个联合督查组对17家医疗机构开展医院安保主体责任落实情况、医疗纠纷预防处理情况督查；8月26日，市卫健委、市公安局联合召开南宁市2021年平安医院建设工作推进会暨医疗纠纷应急处置培训会，县（市、区）、开发区卫健局分管领导，市辖区二级及以上医疗机构分管领导及负责“平安医院”工作科室负责人126人参加培训。全市37家二级及以上公立医院均设置医疗纠纷医患沟通办公室或指定医院投诉管理部门，有专职或兼职人员负责接受医疗服务投诉和处理。年内，市医疗机构发生医疗纠纷169起，自行调解16起，卫生健康行政部门调解11起，法院受理29起，医疗纠纷人民调解委员会调解109起，其他途径调解4起。37家二级及以上公立医疗机构全部参加医疗责任保险，178家基层医疗机构有148家参加医疗责任保险，覆盖率83.15%，27家基层医疗机构参加医疗风险互助金，85家基层医疗机构参加医疗意外险。

【医院临床路径管理】 2021年，南宁市加强公立医院以电子病历为核心的医院信息化建设，通过信息化开展临床路径管理。把医疗机构临床路径管理情况纳入医疗机构考核指标体系，作为医疗机构评审、评价的重要指标，提高入径率，引导医疗机构和医务人员规范诊疗行为，控制不合理医疗费用。全市三级公立医院临床路径管理均率55.30%，二级公立医院临床路径管理均率33.04%。

【医院感染管理】 2021年，南宁市成立医疗机构感染预防与控制专项指挥部，统筹协调医疗机构开展新冠肺炎疫情感染预防与控制，推动落实医疗机构感控措施。组织举办院感管理培训班4期，培训内容涵盖新冠院感防控、医疗废物处理、重点部门院感管理、环境卫生学采样方法讲解演示等，现场培训学员约600人次，线上学习超6万人次。编辑《医院感染管理工作手册》模板，统一完善各医疗机构感控工作记录。依托市医院感染管理控制中心督促各级各类医疗机构完善医疗废物管理制度、规范医疗废弃物暂时储存、交接运输等，确保有专人负责医疗废物收集、分类、交接、登记等工作。收集医疗废物1.52万吨，交由中节能（广西）清洁技术发展有限公司无害化处理。

【医疗机构药事管理】 2021年，市卫健委把抗菌药物临床应用管理、重点监控药品使用情况、麻醉药品管理情况纳入考核指标，对医疗机构进行目标管理考核。组织医疗机构继续按照2020年版广西抗菌药物分级目录进行抗菌药物供应目录备案，备案医疗机构235家。对县（市、区）、开发区二级及以上医院（含民营医院）开展抗菌药物临床应用管理专项督查，督促医疗机构加强抗菌药物临床应用管理技术支撑体系建设，落实抗菌药物临床应用管理有关要求，完成抗菌药物临床应用各种指标。督促二级以上医疗机构加入“两网”（抗菌药物临床应用监测网、细菌耐药监测网），原来未入“两网”的15家二级以上医疗机构（含民营机构）全部加入“两网”，督促医务人员规范使用抗菌药物。举办市民营医院药学服务暨中药饮片管理培训班1期，培训109人；组织157人参加自治区卫生健康委举办的2021年医疗机构药品使用监测培训班，62人参加药物政策视频培训班。

【护理管理】 2021年，南宁市探索建立“互联网＋护理服务”的卫生健康管理体制和运行机制，为有需求的老弱群体提供上门护理服务2000多人次。强化市护理质控中心监督职能，推进“降低血管内导管相关血流感染发生率”“提高静脉血栓栓塞症规范预防率”两项医疗质量安全改进目标落实，助推医疗机构静脉血栓栓塞症防治管理体系建设，督促医疗机构按时按量完成血管内导管相关血流感染防控。举办护理质量管理培训班2期、大规模人群核酸采样检测队伍护理骨干培训班2期，线下培训700余人、线上培训2.30万人次。5月10日，承办自治区卫生健康系统庆祝第110个“5·12”国际护士节启动仪式，现场展示自治区级3家、市级9家医院护理成果；组织开展护士节大型义诊活动，有自治区级4家、市级10家医院共73名医务工作者现场为300余名群众义诊；举办市卫生健康系统纪念“5·12”

2021年1月17日晚，兴宁区疾控中心工作人员在虎邱村隔离核心区上门为行动不便居民做核酸检测采样　　罗晗祯　摄

国际护士节庆祝大会，表彰2021年度南宁市“百名优秀”护士。

【“服务百姓健康”义诊】 2021年9月12日至18日，市卫健委组织三级医院15家、二级医院16家、其他医疗机构38家，参与“服务百姓健康行动”大型义诊活动周活动。参加义诊医务人员1442人，其中院士20人、主任医师48人、副主任医师140人、主治医师140人、住院医师212人、药(剂)师187人、护士695人，开展线上线下义诊5.37万人次，服务退役军人等优抚对象1116人次；参加邕宁区人民医院健康大讲堂群众1.04万人次收住院130人次，义诊手术2台次，减免患者费用1.03万元。发放医药卫生、健康保健知识等宣传资料6.08万份，发放义诊药品价值数万元。

疾病预防控制

【概 况】 2021年，南宁市有传染病诊疗机构296家，传染病诊疗机构网络正常运行率100%。无甲类传染病疫情。乙类传染病报告发病率237.51/10万，死亡率5.98/10万，病死率2.52%(发病20762例、死亡523例)，无传染性非典型肺炎、脊髓灰质炎、人感染高致病性禽流感、麻疹、流行性出血热、狂犬病、乙脑、炭疽、流行性脑脊髓膜炎、白喉、钩体病、血吸虫病和人感染H7N9禽流感的发病和死亡报告。乙类传染病报告发病率比上年下降7.63%，死亡率下降28.89%，主要是肺结核和艾滋病报告死亡率下降。乙类传染病发病率居前五位的病种依次为病毒性肝炎、肺结核、淋病、梅毒、艾滋病，病死率前三位的病种依次为艾滋病、肺结核、病毒性肝炎。丙类传染病报告发病率1035.60/10万，无死亡病例(发病90528例)。丙类传染病占法定传染病总数81.34%，手足口病(发病56245例)占法定传染病总数50.54%。报告传染病卡片14.92万张，及时报告14.91万张，及时报告率99.99%；审核卡片15.07万张，及时审核率100%。报告突发公共卫生事件73起，其中较大事件1起、一般事件67起、未分级事件5起。接收预警信号3073条，排除2675条，疑似事件398条，均及时通知相关业务部门处置。

【新冠肺炎疫情常态化防控】 2021年，南宁市新冠肺炎疫情防控指挥部成立12个工作组，24小时值守集中办公，实行“日会商会”“日报告”和“零报告”制度，强化四级疫情防控指挥体系建设，细化优化各类应急预案，建立应急处置流程，召开专家分析会，编制《疫情协查信息》，为市委、市政府疫情研判提供参考依据。加强疫情动态监测，及时分析研判，发布疫情信息，协调新闻媒体播报疫情防控信息7500多篇(条)，推出短视频作品800余个，播放宣传片1.3万条(次)。建立“两公一局一委”(公共卫生、公安、大数据局、政法委)流调队，组建5支市级新冠肺炎疫情流调特勤队，指导各县(市、区)、开发区组建15支105人县级流调特勤队。严格执行“2+4+24”(流调队伍2小时内达到现场，4小时内完成核心信息调查，24小时内完成感染者全面信息调查)工作机制，24小时办理各类重点人员协查函，通过“大数据+网格化”手段，对在邕人员开展“敲门行动”(社区摸排队伍一对一认领任务，逐户敲门，面对面开展“地毯式”入户摸排，精确掌握相关人员信息，建立台账，组织检测)，落实管控措施。日常日均排查200人至300人，疫情期日均排查500人至600人，春运期间日均排查1200人至2000人。5月15日至12月31日，异地入境解除隔离到邕返邕人员4292人，均按规范落实管控。全年办理协查函1593份，涉及密接者545人、次密接者2222人。制定《南宁市集中隔离医学观察点标准化建设工作规范手册(第三版)》等，科学做好集中隔离点选址，规范工作流程，对密接者、次密接者严格落实集中隔离医学观察，全年累计隔离密接人员及次密接人员7241人、异地入境返邕人员2336人、中高风险地区到邕返邕人员1.24万人、境外到邕返邕人员1.16万人、其他人员1804人。重点场所应管尽管，加大对定点医院、医疗机构、集中隔离点等重点场所管控，制定印发《南宁市新冠肺炎疫情常态化防控与医疗救治“六严格”工作职责》等政策文件，改造定点医院平战结合楼病房高流量供氧管道和设备。对集中隔离人员分类精准管理，做好隔离人员医疗生活保障和心理疏导，发挥中医药优势，加大隔离点中医药汤剂配送力度，做好环境采样、核酸筛查，降低风险等级，创造解除隔离条件，落实各项防控措施。建立健全分级响应下医院腾空与患者转运接收机制流程，组建市级医疗救治专家组、多学科和重症核心团队、医疗救治预备队，坚持中西医并重，实行“一人一案一策”，对确诊病例和疑似病例进行科学救治。支持自治区边境口岸疫情防控医疗救治工作，在组建10支医疗救治队185名医务人员基础上，再组建5个整建制医疗救治预备队并配备医务人员290人。南宁市有190名医务人员、19名卫生监督人员、27名流调队员进驻边境口岸医疗点开展疫情防控工作。建立健全医院感染管理组织体系，落实医院法人为院感第一责任人，发热门诊提级管理，制定《南宁市进一步规范医疗机构常态化疫情防控实施方案》，明确院感防控“六严格”(严格预检分诊、严格过渡病房、严格陪护管理、严格“应检尽检”、严格院感防护、严格贯彻落实《南宁市应对秋冬季新冠肺炎疫情医疗救治工作方案》)职责，制定医务人员接诊“三详细两告知”制度(详细进行预检分诊并记录，详细询问病史并记录，详细进行体格检查并记录；充分告知未接种疫苗者必须尽快接种，充分告知做好个人健康监测和防护，不适随诊，来自中高风险地区所在县区未做核酸检测者必须检测)和患者就诊“十大流程图”。常态化抓实医务人员院感培训，采取全系统视频培训会、专项培训、实操演训等措施，提高医务人员疾病筛查识别能力，安排专项资金180多万元，开展院感防控等培训16次，线上培训8万余人，线下培训6000余人。强化预检分诊制度、首诊负责制落实，预检分诊关口前移，首推“入门三动作”(除本医院人员外，进入医院大门的人员要测量体温、督促佩戴口罩，实行三码联查)核查措施，执行信息登记报告制度，强化重点部门重点环节管理，按照闭环管理转运流程，强化探视和陪护管理。发挥发热门诊预警排查作用，定期开展发热门诊规范化设置核查，整改发热门诊留观室提升至500间，年内全市发热门诊接诊76万余人。持续开展医疗机构常态化疫情防控督导，整合专家资源创新出台院感检查大督导机制，开展院感三级督查工作模式，组建“百名督导专家库”和“县级交叉检查专家团队”，建立联合督查、交叉检查工作制度，首创《医疗机构督查表》获自治区推广。组织开展15轮市内二级及以上医疗机构、9轮各县(市、区)医疗机构疫情防控常态化督查及其他针对定点医院、发热门诊、核酸实验室等专项督查。

【新冠病毒核酸检测】 2021年，南宁市投入近7000万元建设19个核酸检测实验室、4个城市核酸检测基地，市疾控中心、市第一人民医院、市第二人民医院和市第四人民医院分别购置一批快速检测设备。在全区率先建立新型冠状病毒基因组数据库，开展大规模核酸检测信息预登记。组建核酸采样队伍1.3万余人，储备核酸检测人员1006人，对核酸采样医务人员、检验人员和2.3万名乡村干部开展全员核酸检测轮训，提升采样检测能力，全市最大核酸检测量由28.25万单管/日提升到33.49万单管/日，按1:10混检最高达

334.9万人次/日。5月24日开始,常态化开展风险职业人群核酸检测,年内,全市四大类(共19小类)风险职业人群累计新冠病毒核酸检测90.89万人次,检测结果均为阴性。累计派出医务人员3940人次,驻点南宁机场、南宁东站、南宁站做好入境人员和国内中高风险地区来邕返邕人员的核酸采样工作,完成采样31.57万人份。建设运行"智慧防疫"大规模核酸检测信息系统,实现核酸检测工作全流程信息化管理,发动540.6万名群众做好预登记。突发疫情及涉疫事件发生后,第一时间启动大规模核酸检测预案,迅速在全市范围内铺开大规模核酸采样工作。年内有序组织1月14日、5月25日、9月7日、9月25日和12月5日突发疫情人群核酸采样检测工作,派出近6000名采样人员,采样检测110万余人份。

【新冠病毒疫苗接种】 2021年,南宁市成立由分管市领导担任组长的新冠病毒疫苗接种工作领导小组,组建市县两级疫苗接种工作专班,实行疫苗接种"一县(市、区)一策""三码联查"(健康码、行程码、新冠病毒疫苗接种记录)网格化管理,建立从市领导到户"五级分区分片包干"责任机制。疫苗接种实行月计划、周方案、日安排,坚持大规模临时接种点和常规接种点为主,常规接种点采用巡回接种模式,推行"团队预约、上门接种、夜间接种",设老年人专场、农忙专场、学生专场、夜场服务等。流动接种车上门接种,各县(市、区)政府包车、计生服务车免费接送村民接种疫苗。发挥"互联网+大数据"优势,依托自治区免疫规划信息管理平台,利用"爱南宁APP",首创研发上线"南宁市新冠病毒疫苗第二剂次接种预约平台",新增"余号预约"功能,实现即约即得。通过微信平台、张贴标语、村级广播、走村入户等"线上+线下"相结合的科普宣传模式,在公共场所实行"三码联查",推进疫苗应接尽接标识申领发放等措施,提高人群接种依从性,助推适龄无禁忌人群"应接尽接"。实施"三级督导"(市疫情防控指挥部组织纪律督查,市疫苗专班成立指导督查组督查,疫苗专班联合市纪委监委、市市场监管局、市疾控中心、市卫生计生监督所等部门不定期督导)工作机制,坚持红黑榜通报制度,定期分析通报县(市、区)、开发区疫苗接种情况。年内,接种新冠病毒疫苗1756.5万剂次,建成疫苗储存冷库39座,投入储存医用冰箱1502台,冷链车21辆,组建移动接种队34支,可上岗接种工作人员7371人,日接种能力最高达33.4万剂次。南宁市在12岁至15岁、15岁至17岁以及18岁以上人群疫苗接种均超额完成任务,成为自治区率先实现"3个100%"的地级市之一;单日接种量、总接种剂次自治区均排名第一。

【传染病防控】 2021年,南宁市组建大规模联合流调队,强化"公安—社区—卫生"多部门联合流调工作机制,科学控制本地、输入性、复阳及"三非"(非法入境、非法居留、非法就业人员)疫情,未造成疫情进一步传播。市疾控中心检测霍乱标本4440份,其中重点人群511份、医院腹泻病人3267份、外环境662份,均为阴性,无病例报告。报告流感样病例暴发疫情68起,其中达突发公共卫生事件标准22起;流感哨点医院监测、采集标本2305份,阳性202份,阳性率8.76%,其中A型流感病毒核酸阳性(未分型)1份、B型流感病毒阳性201份。报告手足口病病例5.63万例,重症48例,无死亡病例;报告手足口病暴发疫情15起,聚集性疫情2239起;手足口病轻症病例检测1220例,阳性1005例,阳性率89.73%;重症病例检测48例,阳性44例,阳性率91.67%;重点场所外环境监测、采集外环境标本1.86万份,阳性104份。报告人感染禽流感病例4例(H5N6病例、H9N2病例各2例),均为散发病例,其中死亡1例;采集职业暴露人群血清标本39份,均为阴性;采集外环境标本374份,阳性165份,其中禽流感病毒H9核酸阳性69份,禽流感病毒H5核酸阳性26份,禽流感病毒H5、H9核酸阳性10份,禽流感病毒非(H5、H7、H9)核酸阳性60份。报告人间布鲁氏菌病病例27例,为散发病例,所有患者治愈出院;采集职业人群血清标本286份,布鲁氏菌病抗体检测结果阳性6例,阳性率2.10%。报告登革热病例1例,为印度尼西亚输入性病例,无续发病例,累计监测发热病人血清标本506份,其中登革热IgM阳性5例,经流行病学调查、核酸及抗体检测排除登革热,其余标本均为阴性。无狂犬病发病病例。开展第15个"世界狂犬病日"宣传,举办狂犬病防控技术培训班1期,培训医务人员130人。

【免疫规划】 2021年,南宁市常规免疫冷链运转12次以上。适龄儿童建卡8.72万人,出生上卡率11.25‰。基础免疫接种情况:卡介苗接种率99.37%,乙肝疫苗接种率99.43%,乙肝疫苗首针及时接种率92.04%,脊灰疫苗接种率99.07%,百白破疫苗接种率99.10%,麻腮风疫苗接种率99.28%,A群流脑接种率99.08%,A+C群流脑接种率98.69%,甲肝疫苗接种率99.10%,乙脑疫苗接种率99.08%,白破疫苗接种率98.28%。无麻疹病例,无脊灰野毒株引起的脊灰病例;报告AFP(急性弛缓性软瘫)病例31例,报告率2.26/10万;完成预防接种异常反应调查处理1820人次。

【结核病防治】 2021年,南宁市为1195名生活困难的肺结核患者提供肝功能、肾功能、血常规及护肝药等免费救治;加强对非结核病定点医疗机构指导,强化结核病归口管理;在兴宁区、江南区、南宁经开区、上林县4个结核病疫情高发地区老年人中开展结核病筛查;印发实施《南宁市新生入学体检结核病筛查工作方案(2021版)》,规范开展新生入学结核病筛查。结核病发病率比上年下降8.86%。

【慢性病综合防治】 2021年,南宁市建成国家级慢性病综合防控示范区2个、自治区级1个;建设健康支持性环境444家(个),其中健康社区167家、健康学校90家、健康小屋(健康自助检测点)89个、健

2021年5月,市疾控中心工作人员在广西体育中心为市民接种新冠病毒疫苗　黄震雷　摄

康单位56家、健康步道26条、健康食堂11个、健康主题公园5个。为84家试点基层医疗卫生机构配置简易呼吸功能检测仪，组织基层医务人员进行集中理论学习及到市第一人民医院、市第二人民医院跟班实践学习，培训合格率100%，县（市、区）、开发区培训覆盖率100%，提升基层呼吸系统疾病早期筛查干预能力。通过微信、公交电视、短视频等开展“肿瘤防治宣传周”“全民健康生活方式月”“高血压日宣传”“慢性呼吸系统疾病防治日”等系列宣传，参与活动23.5万人。在国家级监测点宾阳县、兴宁区，以及自治区级监测点青秀区、邕宁区开展死因监测漏报调查，提高南宁市死因监测数据准确性。完成《南宁市防治慢性病中长期规划（2017—2025年）中期评估报告》。

【重点疾病监测】 2021年，南宁市疟疾防控完成未外出居民血检8550人，未检出疟原虫阳性病人；完成流动人口血检1410人，阳性病人24例（恶性疟3例、间日疟3例、卵形疟18例），阳性率1.70%（24/1410），均为输入性病例，阳性病例比上年（59例）下降59.32%。市疾控中心采集鼠血400份，鼠疫F1抗体检测结果均为阴性；采集狗血50份，鼠疫F1抗体检测结果均为阴性；解剖活鼠200只，鼠脏器培养结果均为阴性；检查染蚤鼠数35只，获蚤总数36匹，鼠体蚤染蚤率8.75%，总蚤指数0.09，室内游离蚤指数为0.001（1/750）；在固定监测点每月进行一次室内鼠密度监测，根据捕获率计算鼠密度，鼠密度7.37%。未发现血吸虫病例，查螺面积307.80万平方米，仅横州市残存螺点面积3.16万平方米，无感染性钉螺；人群查病2454人，均为阴性，包括血检检测625人，均为阴性；粪检检测1829人，均为阴性；家畜粪检803头，均为阴性。

【地方病防控】 2021年，南宁市制定《2021年南宁市重点地方病防治工作方案》，完成地方病相关实验室质控考核数据上报、“5·15防治碘缺乏病日”宣传活动，完成碘缺乏病监测现场调查、采样及实验室检测、数据上报。完成2663名8岁至10岁儿童调查，完成率100.87%（2685/2640），其中对652名儿童进行甲状腺B超检查；完成1331名住院孕妇调查，完成率100.83%（1331/1320），采集尿样3987份，盐样3988份。南宁市碘盐覆盖率99.45%。8岁至10岁儿童尿碘中位数234微克/升，甲状腺肿大率0.46%；孕妇尿碘中位数190.2微克/升。武鸣区完成地方性饮水型氟中毒病区村降氟改水工程水样采集、检测，完成8岁至12岁儿童氟斑牙患病检查，完成率100%，水氟含量符合国家生活饮用水卫生标准，达到国家饮水型氟中毒控制标准。

【精神疾病防治】 2021年，南宁市登记在册严重精神障碍患者3.37万人，在册患者检出率4.58‰，在管患者3.15万人，管理率93.45%。报送危险性评估3级以上高风险患者信息525例，累计8877例，配合开展社区严重精神障碍患者网格化管理和落实患者监护责任以奖代补政策。在市第五人民医院开通南宁市首条专业免费心理援助热线电话“0771-3290001”，制作“南宁心身健康自测微信App”，为市民提供便捷的心理服务平台。实施南宁市救助生活困难且伴有严重精神障碍患者为民办实事项目，为4182例符合条件的患者提供免费药物治疗，在综合治疗中心设立心理咨询服务室35个，为市民提供心理援助服务。市第五人民医院牵头组建由19家医疗机构组成的南宁精神卫生专科医疗联合体，统筹整合精神卫生资源，提升精神卫生服务能力。建立全市精神疾病对口联系工作制度，实行分片管理，落实每个县（市、区）都有1所或多所精神卫生医疗机构对口帮扶。国家基本公共卫生服务项目和中央补助地方严重精神障碍管理治疗项目在全市范围覆盖，各基层医疗机构均成立公共卫生科，设专（兼）职精防工作人员开展严重精神障碍患者管理服务，建立基层精神卫生防治网络。

【职业病防治】 2021年，南宁市报告职业病8例（尘肺病7例、职业性耳鼻喉口腔疾病1例），疑似职业病43例，未发生重大职业病危害事故。监测企业303家，县（市、区）监测覆盖率100%，完成工作场所职业病危害因素监测评估。监测职业健康指标8.72万人，尘肺病主动监测402人，其中返乡尘农民工100人；完成职业性尘肺病患者随访调查与管理878人，随访率99.66%。开展《中华人民共和国职业病防治法》宣传周活动，宣传受众1万人，培训用人单位负责人及劳动者200人、培训县（市、区）支撑机构人员76人、监管人员25人、其他体检机构人员15人。

【学校卫生监测】 2021年，南宁市儿童口腔疾病综合干预项目窝沟封闭任务数1万颗，完成第一恒磨牙免费窝沟封闭10433颗，完成率104%。全市儿童、青少年近视眼筛查30044人，近视人数15938人，总体近视率53.05%，其中幼儿园近视率8.32%、小学生近视率36.20%、初中生近视率69.81%、高中生（含职高）近视率77.76%。

【放射卫生监测】 2021年，南宁市监测放射诊断设备9台，性能检测117项次，合格率100%；检测7个医疗放射工作场所61个放射防护点，合格率100%；检测14个非医疗放射工作场所，合格率100%。职业性放射性疾病监测县（市、区）覆盖率100%。

卫生监督

【概　况】 2021年，南宁市组织开展医疗机构预检分诊，发热门诊及医疗废物处置，新冠病毒核酸检测实验室生物安全，打击非法行医，打击“两非”（非医学需要的胎儿性别鉴定、非医学需要的人工终止妊娠），打击非法医疗美容机构等专项卫生监督检查。对消毒产品，疫苗流通和预防接种，学校、校外培训机构和校外托管机构卫生等开展专项整治。开展卫生监督4.86万家次，其中医疗机构1.07万家次、公共场所1.92万家次、传染病防治1.18万家次、生活饮用水单位1437家次、采供血23家次、学校卫生3265家次、消毒卫生579家次、放射卫生464家次、职业卫生1135家次。立案处罚970起，处罚金额638.61万元，没收违法所得14.88万元，警告501家，责令停产停业5家，吊销许可证2家，吊销执业证2家，不良执业行为记分43家，投诉举报规范处理率100%。市卫生监督部门完成食品监测3309份，其中有现行有效国家标准1618份，合格1520份，合格率93.94%。编写的《陆某某违反卫生行政规章制度案》得到国内卫生监督专家认可。

【卫生行政处罚】 2021年，南宁市卫生行政处罚立案964起，其中医疗卫生483起、公共场所卫生268起、学校卫生66起、消毒卫生39起、饮用水卫生26起、放射卫生21起、职业卫生61起。罚款638.61万元，没收违法所得15.99万元，警告501家，责令停产停业5家，吊销许可证2家，吊销执业证2家。

【医疗机构监督】 2021年，南宁市卫生监督部门联合市市场监管局、市生态环境局开展打击非法行医、打击“两非”、打击非法医疗美容机构等专项监督执法。监督检查医疗卫生机构1.07万家次，发出卫生监督意见书2008份，立案处罚483起，罚款541.64万元，没收违法所得15.49万元。依照《广西医疗机构不良执业行为记分管理办法》给予医疗机构不良执业记分43家次。

【放射卫生监督】 2021年，南宁市对放射

2021年,南宁市对隔离点进行精细化风险防控监督。图为1月19日市疾控中心工作人员在沃沃酒店采集化粪池内壁污水样　　黄震雷　摄

卫生机构建设项目管理情况、放射诊疗场所管理及其防护措施、放射诊疗设备管理情况等进行监督检查。监督检查放射卫生技术机构464家次,发出卫生监督意见书124份,立案处罚21起,罚款5.24万元。

【公共场所卫生监督】 2021年,南宁市实施公共场所卫生监督量化分级管理739家(处),量化率100%。全市卫生信誉度A级、B级单位数量大幅增加,将A级、B级单位建成公共场所卫生安全示范单位。开展春节前公共场所卫生安全、游泳场所、公共场所艾滋病防治等专项监督检查,监督检查公共场所1.92家次,发出卫生监督意见书3474份,立案处罚268起,罚款27.06万元。创新公共场所卫生监管模式及方法,选取20家酒店、宾馆,在布草间、洗消间等重点场所安装摄像头,实行全过程在线监控。

【生活饮用水卫生监督】 2021年,南宁市推进水污染防治,强化对集中式供水单位、二次供水设施单位、涉水产品生产企业等卫生监督检查。设置水质监测点114个,监测任务456份,实际监测520份,合格515份,合格率99.04%,任务完成率114.04%。监督检查生活饮用水单位1437家次,发出卫生监督意见书329份,立案处罚26起,罚款5.88万元。

【学校卫生监督】 2021年,南宁市开展学校肺结核、手足口病等重点传染病防控措施落实情况专项监督检查,市卫生监督所联合市教育局、市市场监管局等部门开展学校采光照明,学校、校外培训机构、校外托管机构疫情防控专项检查。监督检查学校3265家次,发出卫生监督意见书1102份,立案处罚66起,罚款0.1万元。

【职业卫生监督】 2021年,南宁市监督检查职业健康检查机构、职业病诊断机构、放射卫生技术服务机构68家次,监督检查存在职业病危害因素的用人单位1135家次,发出卫生监督意见书437份,立案处罚61起,罚款30.77万元,没收违法所得0.5万元。

【消毒卫生监督】 2021年,南宁市监督检查餐饮具集中消毒服务单位579家次,发出卫生监督意见书225份,立案处罚39起,罚款10.95万元。抽检餐饮具样品220份,合格214份,合格率97.27%,给予抽检不合格单位行政处罚2家。

【传染病卫生监督】 2021年,南宁市开展隔离酒店规范化设置、闭环管理及卫生监督,明确新良港大酒店、凯天四季酒店、沃沃酒店、龙锦大酒店作为市本级隔离点,在隔离点推行标准化建设,制定隔离人员卫生防疫管理制度、工作流程和工作手册,建立"集中隔离点库"和"应急队员库",对隔离点启用前中后各关键环节进行精细化风险防控监督指导。开展肺结核、登革热、手足口病、流感等重点传染病防控监督执法。开展病原微生物实验室生物安全管理监督检查,被检机构均通过自治区临检中心考评验收,完成生物安全实验室备案和新冠病毒核酸检测备案登记。

【卫生监督应急保障】 2021年,市卫生监督部门完成市人大、政协"两会",壮族三月三·八桂嘉年华活动、市"两优一先"(优秀党务工作者、优秀共产党员、先进基层党组织)表彰大会、第18届中国—东盟博览会、市党代会等10余次重大活动卫生应急保障和疫情防控监督指导。开展卫生监督保障和新冠肺炎疫情防控技能培训7次,培训700余人。安排卫生监督员进驻酒店,指导重点接待酒店应对突发事件;加强卫生监督巡察暗访,增强医疗卫生机构疫情防控力度,主要检查发热门诊、医疗废物、实验室生物安全及医务人员个人防护等情况,发现问题立即责令整改。

基层卫生

【概　况】 2021年,南宁市有基层卫生院(卫生服务机构)247家,其中乡镇卫生院120家、社区卫生服务机构130个。从事基层卫生工作1.29万人,其中卫生技术人员1.28万人。下达各级财政补助资金5.16亿元,资金到位率100%;投入8500万元,建设重点中心乡镇卫生院综合救治体系项目7个;投入4700万元,新建1个、购置1个、改扩建8个社区卫生服务中心,为14个社区卫生服务中心购置基本医疗设备。组织33家二级以上医院对口支援50家乡镇卫生院,招聘428人到基层医疗卫生机构工作,组织基层医务人员到市属医院培训258人。

【农村卫生】 2021年,南宁市有乡镇卫生院120家。乡镇卫生院从事卫生工作1.10万人,增加456人,增长4.34%。其中,卫生技术人员9292人,增加363人,增长4.07%;执业医师和执业助理医师2898人,增加213人,增长7.93%;注册护士3656人,增加275人,增长8.13%。政府投资建设的村卫生室1384个,配备乡村医生2542人;投入8500万元,实施7个重点中心乡镇卫生院综合救治体系建设项目;建设15个乡镇卫生院标准化急救点,配置抢救监护型救护车、车载急救设备和院内抢救治疗设备,升级改造急救场所,培训急救骨干人员,建立健全长效管理机制等。完成标准化发热诊室(哨点)卫生院建设118个。

【社区卫生】 2021年,南宁市有社区卫生服务机构130个(社区卫生服务中心59个、卫生服务站71个),从事社区卫生服务医务人员3566人。其中,卫生技术人员3171人(执业医师1120人、执业助理医师174人、注册护士1301人、其他卫生技术人员576人),非卫生技术人员395人。市财政投入4700万元,新建1个、购置1个、改扩建8个社区卫生服务中心,为14个社区卫生服务中心购置基本医疗设备。

【卫生对口支援】 2021年,南宁市组织

33家二级以上医院对口支援50家乡镇卫生院，通过临床带教、病例讨论、巡回医疗、专题讲座、免费接收人员进修培训、推广新项目和新技术、扶持基础设施建设、开展健康扶贫等形式，提升基层医疗卫生服务能力。二级以上医院派出248人到对口支援乡镇卫生院工作，其中副高以上专业技术职务任职资格16人、中级116人、初级96人，挂职副院长39人；赠送仪器设备96件，药品64种，设备、药品价值48.78万元；开展各类培训679次；完成教学查房1670次；完成门诊20.87万人次，急诊4239人次，住院2.81万人次；建设特色科室7个，开展适宜新技术108项；参与卫生院环境改造投入11.2万元。未发生二级及以上医疗事故。

【基层卫生能力建设】 2021年，南宁市开展"优质服务基层行"活动和社区医院创建，基层医疗卫生机构达"基本标准"60个，达"推荐标准"25个，创建"社区医院"16个。做细家庭医生签约服务，组建家庭医生团队1712个，一般人群签约率41.46%，重点人群签约率72.11%。以上林县为试点推进紧密型县域医共体建设，21个县级公立医院、99个乡镇卫生院实现县域医共体建设，118个乡镇卫生院开展远程心电和影像诊断，实现"基层检查、上级诊断"，解决基层群众"看病贵、看病难、看病远"问题。完善基层医疗卫生机构招聘机制，实行"定编定岗不定人"的用人新机制，将基层医疗卫生机构人员招聘权限下放到县级人民政府。县(市、区)、开发区组织公开招聘16次，招聘428人到基层医疗卫生机构工作。落实"乡聘村用"政策，市、县财政每年投入约7500万元，按当地村(居)民委员会副主任补助标准发放乡村医生基本工资，解决乡村医生身份及待遇问题，稳定乡村医生队伍。招聘2542名乡村医生到村卫生室执业；招录农村订单定向医学生77人，其中本科生38人、专科生39人。投入134万元实施基层卫生人才能力提升培训，组织基层临床骨干医师31人、全科医生7人、新毕业的订单定向村医220人到市属医院培训学习。

妇幼保健

【概　况】 2021年，南宁市妇幼健康主要指标持续向好，户籍分娩产妇6.16万人，户籍活产6.23万人，建卡6.01万人，建卡率97.52%，孕产妇死亡率11.24/10万，婚检率99.70%，住院分娩率100%；5岁以下儿童死亡率3.68‰，婴儿死亡率2.49‰，新生儿疾病筛查率99.56%，新生儿听力筛查率99.62%，重症地中海贫血胎儿干预率99.32%，0岁至6岁儿童健康管理人数69.72万人，管理率94.90%；邕宁区、上林县、隆安县、马山县继续实施贫困地区儿童营养改善项目，免费领取营养包1.76万人。

【孕产妇健康管理】 2021年，南宁市户籍分娩产妇6.16万人，活产6.23万人；建卡6.01万人，建卡率97.52%；产前健康检查5次以上5.69万人，产前健康管理率91.32%；产后访视5.95万人，访视率95.51%；住院分娩活产6.23万人，住院分娩率100%；孕产妇系统管理5.65万人，系统管理率90.76%；产妇行产前筛查4.27万人(含无创DNA筛查)，产前筛查率91.29%。

【新生儿疾病筛查】 2021年，南宁市户籍活产6.23万人，其中进行采血筛查8.32万人，新生儿疾病筛查率99.56%；新生儿听力初筛6.21万人，筛查率99.62%。南宁市辖区各级医疗保健机构活产8.79万人，新生儿先天性心脏病筛查8.63万人，筛查率98.23%。

【儿童健康管理】 2021年，南宁市户籍活产6.23万人，新生儿访视5.95万人，访视率95.47%。0岁至6岁儿童73.47万人，健康管理69.72万人，管理率94.90%；0岁至3岁儿童33.87万人，系统管理31.59万人，管理率93.22%。其中，城市儿童22.31万人，系统管理20.69万人，管理率92.76%；农村儿童11.58万人，系统管理10.90万人，管理率94.11%。婴儿死亡155人，死亡率2.49‰，5岁以下儿童死亡229人，死亡率3.68‰。无新生儿破伤风发生。

【婚(孕)前医学检查】 2021年，南宁市结婚登记5.81万人，免费婚检5.79万人，免费婚检率99.70%。检查项目有地中海贫血、HIV(艾滋病病毒)、梅毒筛查；为检查中发现的53例HIV阳性、164例梅毒阳性、2277对地贫初筛双阳夫妇等人群提供保健指导、治疗建议、优生咨询、追踪随访服务。实行免费孕前优生检查惠民政策，免费检查计划怀孕的新婚夫妇1.84万对，完成率115.07%。

【增补叶酸】 2021年，南宁市辖区各级医疗保健机构为计划怀孕、早孕的13.43万名育龄妇女免费发放叶酸，其中服用叶酸人数8.92万人，服用率100%；服用依从人数11.43万人，结案人数11.49万人，服用依从率99.43%；增补叶酸知识调查13.43万人，知晓率99.97%。出生缺陷医院监测发现神经管缺陷50例，其中围产儿神经管缺陷儿2例，围产儿神经管缺陷发生率0.23/万(2/88271)，比上年下降41.03%。

【妇女"两癌"检查】 2021年，南宁市宫颈癌延续项目检查8.23万人，结案人数8.22万人，完成率114.93%；马山县宫颈癌检查HPV(人乳头瘤病毒)检测试点项目完成检测5000人，结案人数5000人。宫颈癌组织病理学应查1253人，实查1216人，确诊宫颈癌前病变211人，确诊宫颈微小浸润癌和浸润癌26人。HPV检测阳性610人，阳性率12.20%，组织病理学检查应查10人，实查10人，确诊宫颈癌前病变3人，无微小浸润癌。全市乳腺癌项目检查8.72万人，结案人数8.71万人，组织病理学检查应查996人，实查414人，组织病理学检查确诊乳腺癌84人。

【地中海贫血防控】 2021年，南宁市婚前检查地中海贫血筛查5.79万人，孕妇地中海贫血筛查9.57万人。已孕双阳夫妇6094对，其中进行地贫基因诊断5983对，需进行地贫产前诊断孕妇1765人，实际诊断1687人，确诊为重型地贫胎儿146例，终止妊娠145例，干预率99.32%。为2750对夫妇进行免费血红蛋白分析复筛，补助27.50万元；为4572对双阳夫妇进行地中海贫血基因诊断，补助457.2万元；为3101名孕妇进行地贫产前诊断，补助573.69万元；为240名孕妇进行免费重型地贫胎儿医学干预，补助83.87万元；为393例地贫筛查对象进行罕见地贫基因诊断，补助29.48万元；为22例疑似地贫患者进行地贫基因诊断，补助1.1万元。

【艾滋病、梅毒和乙肝母婴传播预防】 2021年，南宁市接受初次产前保健的孕妇HIV抗体检测率99.99%，发现HIV感染孕妇82人，均进行抗病毒治疗。HIV感染产妇95人，HIV感染孕产妇抗病毒应用比例98.95%，所生儿童抗病毒应用比例100%；HIV暴露儿童死亡1例，艾滋病母婴传播率0.39%。孕妇梅毒检测率99.72%，梅毒感染孕妇381人，均进行预防性治疗。梅毒感染产妇267人，梅毒感染孕产妇规范用药率95.13%，所生儿童预防性用药率98.15%。乙肝表面抗原阳性孕产妇所生新生儿乙肝免疫球蛋白注射率99.95%。

血液采供

【概　况】 2021年，南宁市14.1万人捐献全血 22.15 万个单位，符合“南宁市无偿献血荣誉卡”办理条件的献血者、志愿者 1.77 万人。南宁中心血站制备血液产品 34.74 万袋，检测常规血液标本 15.77 万份；刊发、播放无偿献血相关新闻报道 1072 篇次，印制、发放无偿献血宣传资料 17 万余份(册)，宣传海报 2 万多张。南宁中心血站采血科第二次获评全国表现突出采血班组，朝阳捐血屋获第 20 届“全国青年文明号”称号，南宁中心血站被评为南宁市防治艾滋病攻坚工程(2015—2020 年)突出成绩集体；被评为 2020 年度南宁市抗击新冠肺炎疫情先进个人 1 人，南宁市 2021 年度百名优秀医师 1 人、百名优秀护士 1 人，南宁市防治艾滋病攻坚工程(2015—2020 年)突出成绩个人 1 人。重新修订《南宁市献血条例》，11 月 1 日正式施行。

【血液采集与临床供血】 2021 年，南宁市 14.1 万人次捐献全血 22.15 万个单位，分别比上年增长 5.99%、4.76%，其中初次献血者 6.7 万人次，固定献血者 4.9 万人次；1.66 万人次捐献血小板 2.98 万个治疗量，分别增长 16.2%、14.97%，其中初次献血者为 849 人次，固定献血者 1.5 万人次。街头献血 5.86 万人次，占 41.54%。采集 400 毫升率 43.76%。南宁中心血站向临床供应红细胞 22.23 万个单位，增长 8.13%；机采血小板 2.97 万个治疗量，增长 15.23%；血浆 24.65 万个单位，增长 10.27%；冷沉淀 9.94 万个单位，增长 17.8%。

【血液制备与检验】 2021 年，南宁中心血站制备血液产品 34.75 万袋，比上年增长 8.91%；检测常规血液标本 15.77 万份，核酸标本 17.79 万份(含检测崇左市中心血站送检标本 2.05 万份)。采集血液 15.76 万人次，其中 ALT(丙氨酸氨基转移酶)检测不合格 244 例，占 0.15%；酶免检测不合格 1050 例，占 0.67%；首次献血者的 ALT、酶免不合格率均高于非首次献血者；核酸检测 15.57 万例，不合格 177 例，占 0.11%。

【无偿献血宣传】 2021 年，南宁中心血站在媒体刊发、播放无偿献血相关新闻报道 1072 篇次；利用网站、微信等媒体平台宣传无偿献血，网站点击量 3445 万人次，微信关注量 21.1 万人，阅读量 46.3 万人次；微博粉丝 5.2 万人，阅读量 7785.3 万人次；抖音粉丝 3 万人，点赞量 61.5 万人。发布抖音原创作品 116 个，比上年增长 103%，总播放量 2549 万次；印制、发放无偿献血宣传资料 17 万余份(册)，宣传海报 2 万多张；结合壮族特色及邕城元素创新设计卡通形象“邕小献”。“血液的奥秘”智慧科普馆(南职院分馆)正式启用，成为全国首个设立在高校的无偿献血专业科普馆，也是中国输血协会“伙伴计划”合作项目之一。持续开展“捐血迎新春”“医务人员献血季”“公务员献血季”“工商联献血活动月”“学雷锋月”“无偿献血乡镇行”“捐血屋周年庆”等主题献血活动，结合进校园、进单位、进乡镇开展系列宣传。举办庆祝世界献血者日系列活动，邀请媒体全程直播，点击量 122 万人次，观看量 117.6 万人次，实时在线观看 6.4 万人。

【献血服务】 2021 年，南宁中心血站为 1298 名献血者办理优先调血手续，办理用血费用报销 1680 人次、106.98 万元。966614 献血服务热线接听电话咨询 1.3 万次，接待现场咨询约 4000 人次，献血者电话回访 2.7 万人次。开展献血者满意度调查，接受调查的献血者覆盖范围 50% 以上，献血者满意率 99.9% 以上。

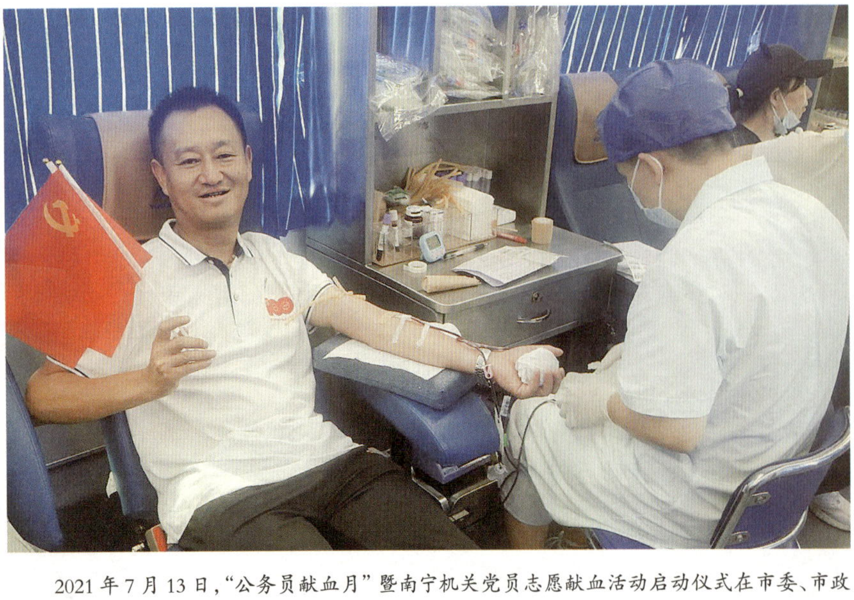

2021 年 7 月 13 日，“公务员献血月”暨南宁机关党员志愿献血活动启动仪式在市委、市政府会议中心举行。图为献血活动现场　李敬江提供

【血液质量管理】 2021 年，南宁中心血站检查血液质量 443 袋次，抽检合格率 98%；检查血袋、试剂、机采耗材、消毒物品等质量 295 批次；检查纯水机、冷链设备等关键设备质量 1041 台次；比对校准采血秤、温度计、微量加样器、天平、砝码等一般使用计量器具 644 台次，审核所有强制检定和校准结论报告；监测采血车、捐血点、成分制备室、储血冰箱、血液运输箱、工作人员、献血者等染菌数和消毒效果 1018 频次。

中医药民族医药

【概　况】 2021 年，南宁市出台《南宁市促进中医药传承创新发展实施方案》，明确市中医药发展方向。11 个社区卫生服务中心、乡(镇)卫生院建成中医馆，100% 的社区卫生服务中心、乡(镇)卫生院、社区卫生服务站和 97.19% 的村卫生室能提供中医药服务。上林县中医医院经过评审晋升二级甲等中医医院，马山县中医医院完成新院搬迁。市中医医院老年病科、肺病科获评自治区级中医重点专科；市中医医院建设获广西名中医传承工作室建设项目；横州市、上林县、隆安县入选全国基层名老中医药专家传承工作室建设项目；横州市获“全国基层中医药工作先进单位”称号。

【中医医院改革与管理创新】 2021 年，南宁市开展中医药特色医养结合，推动公立医疗机构与养老机构深度合作，市中医医院与南宁广济高峰医院、南宁市夕阳红养护院组建中医联盟，12 月开始运营；市中医医院派驻南宁广济高峰医院副主任医师、副主任护师各 1 人，分别任中医科主任、护士长。中医科开展中医外治治疗 20 余种、适用性中医护理技术 7 项，收治患者 625 人，出院 76 人，病床利用率 68%，完成出院回访率 100%，患者满意度 99.5%。

【中医科研】 2021 年，南宁市有“益气养阴汤对 2 型糖尿病血清(IGF-1)、胰岛素对抗因子表达影响”“药棒循经推按法治疗股粗隆间骨折骨牵引导致膝关节僵硬的临床研究”“子午流注择时中医五行音疗对不孕症患者焦虑、抑郁状态的护理干预研究”3 项自治区中医类自筹科研项目结题。新增 42 项中医类自筹科研项目、1 项中医药适宜技术开发与推广项目获自治区中医药管理局立项。南宁市中西医结合医院编写医学专著

《项痹病的中医治疗策略》获广西医药卫生适宜技术推广奖二等奖、中国民族医药协会科技进步奖三等奖，市妇幼保健院获广西医药卫生适宜技术推广奖二等奖。中医类论文获SCI(美国《科学引文索引》)收录2篇，核心期刊发表10篇，获发明专利3项。

【中医药文化科普】 2021年5月21日、6月18日，市卫健委分别在青秀区长塘镇天堂村、航洋国际商业广场牵头承办"中医中药中国行暨广西中医药系统'我为群众办实事'实践活动"2期，活动包含中医药文化广场宣传、展览展示、健康咨询(义诊)、互动体验、健康讲座、科普宣传等，为400余名群众义诊，发放宣传资料2000余份。5月24日，在青秀区长塘镇天堂村小学、玉兰路小学开展中医药科普进校园活动，向学校师生讲解中医药壮瑶医药相关知识，带动学生参与壮医绣球操、壮医三气养生操，宣传中医药文化及强身健体，参与活动学生100余人。

【中医药壮瑶医药产业发展】 2021年，南宁市生物医药产业有规模以上工业企业56家，其中中药工业企业27家(中药饮片加工企业6家、中成药生产企业21家)，中药工业产值占生物医药工业产值46.21%(中药饮片加工15.23%、中成药生产30.98%)。全市中药材种植面积1.66万公顷，种植(养殖)品种主要是铁皮石斛、八角、佛手、莪术、郁金、牛大力、金银花、吴茱萸、鸡血藤等。全市中药材产量3.70万吨、总销售额3.40亿元。位于南宁经开区的七坡林场鸡血藤种植示范基地、隆安县广西砂仁生态种植示范基地获评自治区中药材种植示范基地，南宁经开区广西医大仁爱养老服务中心、兴宁区家丽怡康馨园获评自治区中医药特色医养结合示范基地，大明山、兴宁区九曲湾获评自治区健康旅游示范基地，隆安桂杰农业科技有限公司和培力(南宁)药业有限公司获评自治区第二批"定制药园"。

【中医药服务能力建设】 2021年，南宁市加强基层中医药人才建设，实施南宁市为民办实事基层中医药服务能力提升项目(第二期)，培训基层医生933人，为村卫生室配备中医诊疗设备400间。首批5名广西名中医在南宁市开展"名中医八桂行"项目，培训当地医务人员250人次。组织4名南宁市名中医开展"名中医基层行"项目，在4个基层医疗机构建设工作室，到基层指导业务20次。加强基本公共卫生中医药健康管理，65岁及以上老年人中医药健康管理服务率68.19%，36个月以内儿童中医药健康管理服务率73.46%。

医学科研与医学教育

【概　况】 2021年，南宁市市级医疗机构在承担疾病诊断、救治的同时承担医学科研、医学教育职责，主要有南宁市第一至第九人民医院、市红十字会医院、市中医医院、市妇幼保健院、市疾病预防与控制中心、市中心血站、市卫生学校、市第二妇幼保健院、南宁急救医疗中心等。医学科研获省部级、厅局级科研立项180项。其中，省部级3项，厅局级177项。医疗卫生单位发表SCI论文51篇，在核心期刊发表论文121篇，撰写医学著作18部；获专利285项。医学教育主要有市卫生学校承担卫生职业教育，中职和高职在校生1.3万人；国家住院医师规范化培训基地市第一人民医院、市第二人民医院、市中医医院承担全市住院医师规范化培训，自治区助理全科医生培训基地市第八人民医院、市第九人民医院、横州市人民医院及宾阳县中医医院承担全市助理全科医生培训。加强全科医生培养，新招收订单定向本科、专科生77人，68人经规范化培训结业返岗服务，落实履约毕业订单生编制76名。继续医学教育主要通过"互联网+医学教育"，开展远程继续医学教育及电子学分授予，扩大继续医学教育覆盖面，推动继续医学教育公平、可及。

【医学科研】 2021年，南宁市确定公布第四周期医学重点学科16个，医学重点实验室3个，培育重点学科2个，培育重点实验室1个。推动市第二人民医院生殖健康科等15个学科申报年度自治区卫生健康委医疗重点学科。自筹经费科研课题立项157项，比上年增长18.93%。获"广西医药卫生适宜技术推广奖"20项，广西科学技术奖1项，市自然科学优秀论文16项；获省部级自然科学资金立项2项，国家科技重大专项1项；获专利285项。医疗卫生单位发表SCI论文51篇，在核心期刊发表论文121篇，撰写医学著作18部。市第八人民医院获批广西高等医学院校A级教学医院。开展医学科研诚信作风建设，全市15家市级、18家县级医疗机构进行论文自查科研人员5859人；加强医学伦理专家委员建设及自查，落实临床研究系统登记备案84项。

【卫生学校教育】 2021年，市卫生学校有护理(助产方向、口腔护理方向)、口腔修复工艺(口腔医生助手方向)、药剂、中药、中医康复技术、中医养生保健、康复技术、医学检验技术、医学影像技术等专业9个，专业方向3个，校企合作订单班5个。有正高级专业技术职务任职资格教师3人，市级新世纪学术和技术带头人3人，市级学科带头人5人，市级骨干教师35人，"双师型"教师140人、占专任教师比例82.35%。有全日制中职和高职在校生1.3万人，其中中职学生10063人，与广西医科大学、广西卫生职业技术学院等院校联合办学的高职学生3314人。有实训基地12个，实践教学工位3500个，生均教学设备价值1.2万元；有广西中职学校首个现代化医学标准化考试基地，建成现代化口腔数字化实训中心。护理、口腔修复工艺、中医康复3个专业继续推进南宁市现代职业教育"双师型"教师培养基地和名师工作室建设。学校承担市卫健委委托的南宁市为民办实事乡村医生轮训和提升基层中医药服务能力培训2200人次；服务南宁辖区卫生医技人员执业资格和职称晋升考试，以及北海、钦州、防城、崇左、百色五市医师资格操作技能考试，完成4.3万人考试考务工作。

【医学生毕业后教育】 2021年，市财政核拨323万元，用于市住院医生培训基地和助理全科医生培训基地建设。组织市住院医生培训基地专家到助理全科医生培训基地核查调研，指导助理全科医生培训基地规范化运行。在培住院医师规范化培训学员728人，在培助理全科医生培训学员109人；参加住院医师培训结业考试249人，合格229人，通过率91.97%；参加助理全科医生结业考试52人，合格48人，通过率92.3%。在第四届广西住院医师(助理全科医生)规范化培训临床技能竞赛中，市第一人民医院获非手术组二等奖、手术组三等奖；市第九人民医院获助理全科组三等奖。

【继续医学教育】 2021年，南宁市重点向农村和城市社区开展继续医学教育活动。坚持将继续教育学术活动，落实国家、自治区继续教育项目纳入对三级、二级医疗机构的年度考核，将学分管理纳入县(市、区)年度目标考核，确保继续医学教育电子学分的覆盖。市级医疗机构有医务人员1.11万人，参加继续教育学习1.10万人，覆盖率98.79%，学分达标人员1.06万人，达标率94.78%；组织逾6000名医务人员参加自治区继续医学教育学习。

健康南宁

【概　况】 2021年，南宁市爱国卫生运动办公室(简称"市爱卫办")印发《南宁市民健康公约》，倡导市民践行"每个人是自己健康第一责任人”理念，提升南宁市民健康素养。印发关于开展爱国卫生运动助力疫情防控的通知，联合市文明办制定《南宁市开展倡导文明健康绿色环保生活方式活动的实施方案》，组织开展周末大扫除、环境卫生大清扫、农贸市场环境卫生专项整治等以强化病媒生物防制为重点的爱国卫生专项行动。开展爱国卫生专项督导，重点检查农贸市场、客运站、城中村、城乡接合部等重点场所和薄弱部位。全市农贸市场开展休市市场 589 个次，市场消毒 1.16 万个次，整治农贸市场 1621 个次；开展市场环境卫生集中清理 810 次，清理垃圾 3 万余吨，疏通下水道 133 处，整治公厕 396 次；开展市场集中除“四害”（苍蝇、蚊子、老鼠、蟑螂）1268 次，处理市民投诉创建国家卫生城市案件 32 起。全国爱国卫生月期间，全市开展科普宣传活动 625 场次，发放宣传资料 27 万余份，电视媒体报道 42 条，新媒体发布文章 155 篇，线上参与 41 万人次。第 34 个世界无烟日，市爱卫办联合多部门在青秀山风景区开展以“承诺戒烟，共享无烟环境”为主题的宣传教育活动，邀请 49 个无烟机关代表参与；组织主题活动 324 次，发放控烟知识宣传材料等 14.45 万份，新媒体发布文章 60 篇，线上参与 7.43 万人次，受众 23.31 万人。开展“爱国卫生·你我同行”微信有奖健康知识学习竞答活动 2 期，参与竞答 36 万人次。

【健康南宁行动】 2021 年，南宁市制定健康南宁行动专项行动实施方案 19 个，细化、量化具体措施 430 多项，其中 24 项指标优于国家或自治区要求。开展健康细胞工程建设，通过市级考核验收获命名的健康细胞单元 218 个，其中健康社区 20 个、健康村 44 个、健康学校 60 所、健康企业 7 家、健康机关 61 个、健康促进医院 20 家、健康主题公园 6 个，累计建成健康细胞 481 个。通过考核验收的无烟机关 684 家，创建比例 50%，其中自治区级 61 家、市级 66 家、县（市、区）级 557 家；累计建成无烟机关 758 家，建成率 83.70%，其中自治区级 90.91%、市级及县（市、区）级 82.80%；隆安县、宾阳县、武鸣区、南宁高新区、开发区无烟机关建成率 90% 以上。市爱卫办继续强化自治区人民医院、广西医科大学第一附属医院、市第一人民医院戒烟门诊建设，保障有专门的戒烟指导医生，实行常态诊疗、咨询和随访。戒烟门诊服务 2922 人次，首诊 362 人，戒烟热线接听 580 次，随访 257 人次。

【健康医疗产业】 2021 年，南宁市推动大健康医疗产业发展，启动“行企助力转型升级”行动，组织招商小分队赴深圳等地招商，拜访、对接、服务保障康佳集团、中南集团、云康集团等卫生企业 15 批 80 余家；引进签约落地上海云舜等项目 6 个，计划投资总额 21.3 亿元；协同南宁经开区、南宁高新区引进总投资 4 亿元的中药材初加工产业生产基地、数字化智能制造中心和 3D 打印外固定系统设备及耗材生产项目。自治区人民医院东院、南宁悦年华康复医院、宾阳弘明眼科医院等医疗机构建成投入使用。

【健康教育与健康促进】 2021 年，南宁市健康促进与教育基地馆（占地面积约 240 平方米）投入使用。开展健康主题宣传活动，各县（市、区）、开发区举办“健康中国行”等健康宣传活动 13 场次。创新健康教育宣传模式，举办体医融合培训班、赛事广场宣传等活动，结合社会体育指导员培训班开展健康主题宣传，推动健康促进与全民健身深度融合。结合广西民族特色，推出阿牛哥系列科普短片在微信公众号、视频号、抖音号推广；在送戏下基层进校园演出活动点开展健康科普宣传 150 余场，在周末群众舞台、新会书院、邕州剧场等平台开展线上宣传。编制文字、图文、视频等 11 类宣传材料 150 多份，发放近 45 万份；根据新冠肺炎疫情防控形势，利用媒体开展健康科普宣传，印制、发放宣传指南 1.20 万册，宣传折页 8 万份，海报 1.60 万张，宣传板报 120 张，宣传横幅 180 条。县（市、区）通过手机短信宣传覆盖 1000 万人次，电视台播放新冠肺炎疫情防控健康教育节目总时长 3000 小时，电视台及各类电子屏播放健康教育公益广告时长 12.42 万小时，在印象城户外大屏等平台发布为期 90 天的健康科普宣传，内容包括健康素养 66 条，慢病防治、结核病防治、职业病防护、食品安全、病媒防治、新冠防控常识、疫苗接种等健康系列科普短片，在南宁电视台新闻频道播出 90 天 20 秒共 540 次；在地铁电视、公交电视、IPTV（交互式网络电视）13 频道、印象城户外大屏播放健康宣传片 3870 次，开展健康知识巡讲 29 场次，参与 2800 余人。以社区、工地、学校、企业、农村为重点场所，开展以健康素养 66 条为主题的健康巡讲，市级巡讲 16 场，县（市、区）巡讲 168 场，覆盖 3.95 万人次。利用“5·31”世界无烟日、健康中国行、世界艾滋病日等重大卫生宣传日开展健康主题宣传 12 场、相关宣传 400 多场，发放宣传资料 30 万余份，覆盖超 50 万人次。控烟监督检查医疗机构 1125 家次、酒店 2600 家次、车站 23 家次、“四小行业”（小旅店、小浴室、小歌舞厅、小理发美容店）5300 家次，发出整改通知书 52 份。横州市、兴宁区、武鸣区启动健康促进城区建设。市居民健康素养水平 24.8%（未加权），比上年提高 3.22%。南宁市 15 岁及以上人群烟草流行率 17.72%，降低 3.42%。

【病媒生物防制】 2021 年，市爱卫办通过购买病媒生物应急和保障服务，在城区、开发区的老旧小区、无物业小区、城中村进行除“四害”消杀，投入消杀经费 1415.4 万元，组织 2.94 万人次对 2589.4 万平方米区域开展消杀，消杀面积 8.95 万平方米，受益 1.50 万人次。做好重点场所外环境病媒生物监测评估和防制应急保障服务，病媒防制密度控制水平达国家 C 级标准以上。市级投入经费 602 万元，购买除“四害”药品 68 吨；县（市、区）、开发区投入经费 472.36 万元，购买除“四害”药品 69.3 吨；清理蚊虫滋生地 2.73 万处，集中开展除“四害”535 次，消杀覆盖面积 1344.3 万平方米，完善除“四害”设施 3987 处。

【基层卫生创建】 2021 年，南宁市命名卫生乡（镇）1 个、卫生村 106 个、卫生先进单位 49 个。申报创建自治区卫生乡（镇）2 个、卫生村 83 个、卫生先进单位 35 个；12 个自治区卫生镇、313 个自治区卫生村、125 个自治区卫生先进单位通过市级复审，报自治区重新确认命名。

【国家卫生城市巩固提升】 2021 年，南宁市成立创建国家卫生城市总指挥办公室（简称“市创卫办”），印发《2021 年首府南宁创建全国文明城市、国家卫生城市医疗机构工作任务及指标标准》，根据测评体系调整印发《2021 年全国文明城市测评实地考察医疗机构工作指南及具体标准（2021 版）》，明确工作标准，将创卫、创城指标进行细化分解。邀请国家、自治区、市级国家卫生城市评审专家进行专业指导，组织全市创卫业务培训 6 期，派出技术专家指导 2813 人次。联合市文明办、市教育局、市生态环境局、市市政园林局等部门明察暗访 15 个县（市、区）、开发区环境卫生专项整治情况。市创卫办出动督导人员 1.35 万人次，车辆 3519 台次，检查单位 1.89 万家次，印发城区（开发区）每月考评得分及排名通报 12 份，市级报刊公布城区月考评排名 12 篇，发出督办函 24 份。

（市卫健委）

责任编辑　方　明

社会民生

综　述

【概　况】 2021年，南宁市持续增进民生福祉。居民人均可支配收入32679元，城镇居民人均可支配收入41394元，城镇居民生活消费支出20584元，农村居民人均可支配收入17808元，农村居民生活消费支出14276元。城镇登记失业率2.80%。每千人口拥有执业(助理)医师3.50人。每千名老年人拥有床位数28张。每千人口拥有3岁以下婴幼儿托位数2.7个。全市有7.90万家参保单位和1656.27万人参保。基本养老保险入库参保率91.72%。全市发放低保、特困人员供养资金165.12万户次、362.45万人次、11.67亿元，临时救助资金6.78万人次、2055.91万元。医疗救助66.79万人次，救助资金支出2.81亿元。全市新开工建设市本级公共租赁住房(简称"公租房")2275套，市本级公租房新增申请家庭2.63万户，新增分配1.39万套，累计市本级政府管理的公租房分配入住4.88万套，公租房工作经验在全国推广。 (钟婉悦)

【创业就业促进】 2021年，南宁市在自治区创新打造一体化求职平台。探索打造具有壮乡特色的直播带岗、多点直播、多端面试等多功能一体化的"邕"抱南宁"职"播间，创新打造"招聘小屋"，提供在线交流、简历投递、视频面试等服务。开展"春风行动""就业援助月""百日千万网络招聘专项行动""民营企业招聘月"等招聘活动，举办各类招聘会532场，发布企业招聘岗位70.33万个(次)。全市新认定市级创业孵化基地2家，新增1家创业孵化基地被认定为自治区级创业孵化示范基地。落实创业担保贷款政策，全市发放创业担保贷款862笔、1.21亿元。南宁市作为广西唯一受邀特展城市参加在长春市举办的第三届全国创业就业服务展示交流活动并获"城市创业精品展示项目"称号。采取"点对点"包专车把农民工精准送岗到位，发车136车次，输送农民工5065人，其中脱贫人口920人。

【全民参保推进】 2021年，南宁市以灵活就业、新业态、进城务工人员和城乡居民参保扩面为重点，推动入户调查常态化，动员应保尽保。重点推动基本养老保险扩面参保，南宁市基本养老保险入库参保率91.72%。放开灵活就业参保户籍限制，自8月17日起，灵活就业人员到南宁市参加企业职工养老保险，凭身份证到任一南宁市人力资源社会保障服务大厅即能办理参保，也可用手机在"南宁人社"微信公众号、南宁智慧人社App办理参保，无需提供居住证或其他证明材料，保障灵活就业群体社保权益；年内，新增1.37万名灵活就业人员在南宁市参保。全市有7.90万家参保单位和1656.27万人参保，其中参加基本养老保险521.71万人、基本医疗保险744.75万人、生育保险156.12万人、失业保险111.31万人、工伤保险122.38万人。

【南宁人社"一门式"服务改革】 2021年，南宁市在全国率先建成人社全业务一体化经办系统和"线上一网通、线下一门办"服务网络，建立人社政务服务通办体系。248个人社公共服务事项中实现"一网通"247项，办事企业和办事群众登录"南宁人社"微信公众号、南宁智慧人社App、南宁人社网上办事大厅均可办理，业务网上可办率99.5%，实现同城通办、自治区通办、跨省全国通办。在线下办理的业务中，南宁人社"一门式"233项公共服务事项实现同城通办，65项公共服务事项实现自治区通办，30项公共服务事项依托全国人力资源和社会保障政务服务平台、国家社会保险公共服务平台等系统实现跨省通办。开展"减证便民"行动，2月，市人社局制定公布《证明材料告知承诺制事项清单》，对市本级办理的经营性人力资源服务机构备案等17个公共服务事项、55件次证明材料实行告知承诺制，减少企业群众办事所需的材料、时间和往返次数，提升办事效率。推广应用人社领域电子证照，全市453.8万人次生成或领取电子社保卡、南宁英才卡、职称(专业技术资格)证、职业资格证、就业创业证、南宁市流动人员档案托管证等电子证照。开展人社快办行动，编印《南宁市人社服务快办行动公共服务资料汇编》《南宁市人社服务快办行动工作指导资料汇编》《南宁市人社服务快办行动技术开发资料汇编》，重新编印打包快办办事指南，完善打包快办标准化导引材料。制定《南宁"智慧人社"系统平台服务模块设置指引》《南宁"智慧人社"系统平台服务模块目录指引》，统一规范人社公共服务事项经办流程和服务模块设置，形成规范统一的命名规则、功能标识和服务逻辑。开展打包办服务全流程检验工作，规范受理单、反馈单、短信等各环节文字表述，提高工作人员实际操作能力，优化业务流程。推动建设全国首个且唯一的"部市共建"智慧人社联合创新实验室；1月18日，人社部信息中心与南宁市政府签约共建"智慧人社联合创新实验室"，推出智能柜台、"智慧人才"一体化平台等9项在全国、自治区具有首创性或示范性的标杆创新项目，成为全国人社领域科技创新标杆。打造全国首个"智慧人才"一体化服务平台，实现全市人才政策宣传、待遇测评、打包办事、求职招聘"一体化"服务,企业或个人登录“南宁智慧人社”小程序可办理“找政策”“办业务”“领待遇”“找工作”等。在全国、自治区人社系统率先布局“智能柜台”,面向全市配备81台“自助申报、自动受理、智能审核”终端,为全市700多万名市民和7万多家用人单位提供240项人社公共服务事项的智能受理,提供“政务服务可视化”智能生态集成新体验。在自治区率先搭建劳动维权一体化系统平台,全市依托“智慧人社”系统,实现劳动维权全业务“一次告知、一表申请、一窗受理、一网办结、一体管理”,打造集风险精准预警、案件智能分派、矛盾多元化解于一体的“劳动纠纷终点站”。将“好差评”工作纳入年度系统行风建设重点,依托南宁“智慧人社”系统,建立政务服务意见收集体系,实现一事一评。全年收集政务服务评价意见315.56万条,其中好评意见315.44万条,好评率99.96%;动态跟踪管理差评意见,强化“问题收集—调查研究—整改落实—意见反馈”工作闭环,做到“事事有调查、件件有回复”。依托“南宁人社”微信公众号设立在线民情“直通车”,收到群众提出问题536件,解决、回复问题536件。在自治区率先推出进一步服务老年人等各类群体的7个方面18条便民服务举措,融合传统服务与智能化服务,线上线下为各类群体提供人社便民服务。1月22日,市人社局印发《南宁市人力资源和社会保障局关于进一步做好特殊困难群体等上门服务的通知》,在自治区率先明确不便出门的高龄老人、工伤人员、孕妇、残疾人等8类人社重点上门服务对象,梳理出待遇资格认证、社保卡申领、职业介绍等20项以上的重点上门服务事项,公布预约上门服务指南,对出门办事不便的老年人,特别是高龄、空巢、失能、留守等重点群体,以及残疾人等特殊群体,提供暖心上门服务。全市人社系统上门服务特殊困难人员106人次。3月16日,市人社局印发《南宁市人力资源社会保障服务大厅“暖心服务”规范(试行)》,在全国首推“人社爱心帮帮侠”等人社服务特别“角色设定”,明确服务方式规范、服务设施规范、服务角色规范、服务行为规范、服务用语规范、服务公开规范、服务文档规范、服务监督规范等。推出“人社政务服务电子地图”,在“高德地图”中展现1972个人社基层服务网点信息,群众可通过“南宁人社”微信公众号、“高德地图”网页端和手机客户端查询全市所有人社服务网点分布情况。(廖书恒)

【救助实施】2021年,南宁市完善社会救助政策体系。巩固拓展脱贫攻坚兜底保障成果同乡村振兴有效衔接,建立健全困难群众主动发现排查机制。12月,市政府办公室印发《南宁市人民政府关于印发南宁市最低生活保障办法的通知》,公布南宁城乡低收入家庭收入标准,建立健全城镇困难群众常态化救助帮扶机制。南宁市纳入农村低保和农村特困人员供养的脱贫不稳定户、边缘易致贫户、突发严重困难户0.87万户、2.48万人。全市发放低保、特困人员供养资金165.12万户次、362.45万人次、11.67亿元,临时救助资金6.78万人次、2055.91万元。医疗救助66.79万人次,救助资金支出2.81亿元。救助流浪乞讨人员7148人次,其中救助流浪未成年人135人次、流浪成年人7013人次;救助精神、危重病人460人。(梁　敏　李群峰)

民政事务

【概　况】2021年,南宁市民政局(简称“市民政局”)做好横县撤县设市相关工作,开展政府驻地管理问题排查整改,完成年度第四轮县级行政区域界线联检和平安边界建设,编纂出版《南宁市标准地名图集》《南宁市城区标准地名录》。全市1820个村(社区)“两委”、村(居)务监督委员会完成换届选举。推动社区居委会服务用房项目、城乡社区服务设施示范项目建设,试点开展村级议事协商。市民政局获“全国农村留守儿童关爱保护和困境儿童保障工作先进集体”“全国巾帼建功先进集体”称号;南宁市“探索居住地申办低保等社会救助改革”被民政部办公厅评为2021年度社会救助领域创新实践优秀案例并在全国推广。主要存在基层民政工作人手不足、基层民政服务能力不强等问题。(黄彦霞)

【区划地名管理】2021年1月20日,民政部批复同意广西壮族自治区撤销横县设立县级横州市;2月3日,自治区政府撤销横县设立县级横州市;7月29日,横州市正式挂牌成立。全市开展政府驻地管理问题排查整改,完成1个镇政府驻地变更、9个街道办事处办公地址变更整改报批。隆安县开展震东扶贫移民集中安置点设立街道申报。开展第四轮县级行政区域界线联检和平安边界建设,完成南宁市与崇左市6条毗邻县界,以及江南区、青秀区、西乡塘区、良庆区、武鸣区5个城区5条毗邻县界555.25千米的市内外县界联检任务。清理整治市区20个小区不规范地名。新命名“民族大道(西起泉南高速公路原埌东收费站,东至南宁东收费站段)”“庆玉快速路”2条市政道路。市区增设路名标志牌460块,更新路名标志牌235块。《南宁市标准地名图集》《南宁市城区标准地名录》编纂完成。加强地名文化传承保护和命名规划研究,开展“南宁市地名文化故事”征稿活动,评出“南宁市地名文化故事”获奖作品100篇。(彭佳富)

【基层政权建设】2021年,南宁市辖102个乡镇(10个乡、3个民族乡、89个镇)、25个街道(办事处),有村民委员会1386个,社区居民委员会434个。1月31日、2月3日,全市1820个村(社区)“两委”换届选举、村(居)务监督委员会换届选举分别完成。新一届村(社区)党组织书记均为55岁以下,其中40岁以下的村(社区)党组织书记占比超27%,村(社区)党组织书记大专及以上学历40.70%;有大专及以上学历干部的村超77%;村(居)民委员会成员中女性占41.50%,比上届提高7.50%;“一肩挑”村(社区)书记兼任村(居)委员会主任99.95%;民主参选率91.37%。多渠道落实新任村(社区)干部和村(居)务监督委员会主任培训全覆盖。做好移民搬迁基层组织重构优化等后续管理,持续深化易地扶贫搬迁集中安置社区治理;隆安县震东社区在全国易地扶贫搬迁集中安置社区治理培训班上做典型经验发言,经验做法获《全国社区建设部际联席会议简报》转发推广。完善全国基层政权建设和社区治理信息系统信息,实现数据一次填报、多方共享,减轻基层工作负担。武鸣区双桥镇伏林村、良庆区大沙田街道银沙社区分别获评自治区“十佳村规民约”“十佳居民公约”。(涂豫湘)

【社区治理】2021年,南宁市补助资金1040万元,用于兴宁区、江南区、青秀区、西乡塘区、良庆区、横州市13个社区居民委员会服务用房项目建设,其中亲民化改造(装修)项目8个、新建项目5个。使用2021年自治区福彩公益金290万元,补助6个县(市、区)用于城乡社区服务设施示范项目建设,其中补助良庆区40万元、横州市50万元、宾阳县50万元、上林县50万元、马山县50万元、隆安县50万元;使用自治区福彩公益金资金40万元,补助横州市替桥村、上林县云灵村、马山县福兰村、隆安县那重村试点开展村级议事协商,马山县福兰村、上林县云灵村被确认为全国村级议事协商创新试验试点单位。按照每个社区20万元标准[市本级,县(市、区)、开发区两级财政1∶1比例支出],在260个城市社区、7个新成立社区易地扶贫搬迁安置点实施社区惠民资金项目。推动良庆区以“民族团结亲邻社”为主题,争创全国社区治理和服务创新实验区。投入资金300万元，在兴宁区、良庆区、横州市、马山县、隆安县14个村购买乡村治理社会工作服务项目和督导项目，推广“乡贤+”模式，探索脱贫攻坚与乡村振兴有效衔接实践路径。推进青秀区津头街道南湖小区社区、江南区江南街道五一中路社区“三社联动”（以社区为平台、社会组织为载体、专业社会工作为支撑的“三社”互相融合、互相协同、互相促进的运行机制）服务模式。（马仕东）

计划生育

【概　况】2021年，南宁市人口自然增长率3.37‰，人口覆盖率、全员人口信息准确率均95%。计划生育家庭奖励扶助金兑现率100%，计划生育特殊家庭“双岗”联系人[为每户计生特殊家庭确定一名乡镇（街道）领导干部和一名村（居）委会干部为帮扶“双岗”联系人]、就医绿色通道、家庭医生签约服务覆盖率100%，母婴设施场所配置率100%。主要存在计生基层基础工作发展不平衡，县（市、区）计生人员人手不足、计生工作人员服务能力不强，计生政策宣传不到位，出生、死亡人口监测不到位等问题。

【人口信息管理】2021年，南宁市出生总人数67198人，比上年同期减少10037人，同比降低13%，其中男婴36123人、女婴31075人。一孩出生人数26232人，二孩出生人数30445人，三孩出生人数9392人。市卫健委定期与市发展改革委、市公安局、市人社局、市市场监管局、市教育局、市民政局、市统计局、市住建局等部门开展人口信息交换、比对和审核，将人口信息共享工作纳入市政府政务信息共享工作中统一规划、整体推进。全市执行乡、村例会制度，村计生专干（人口管理员）每月定时上报出生、死亡、婚嫁迁移等信息，定期进村入户采集核实独生子女家庭等重点基础信息；加强村级信息直报平台建设，为335个信息采集直报终端建设点配发信息采集直报设备。开展全员人口平台补漏、纠错、去重工作，完善全员人口信息库，全市清理独生子女及家庭信息1450条、死亡人口信息2.22万条、重复人口信息2.23万条、户口迁移信息2.02万条，信息补登纠错20.68万条。全员人口覆盖率、全员人口信息准确率均95%。

【“三孩”政策实施】2021年，南宁市推进公共场所、娱乐场所、机关单位和医疗机构的母婴设施建设。全市经常有母婴逗留且建筑面积超过1万平方米或日客流量超过1万人的应配置母婴设施的交通枢纽、商业中心、医院、旅游景区及游览娱乐等公共场所383个，已配置母婴设施的公共场所383个，公共场所母婴设施配置率100%；应配置母婴设施的用人单位23个，已配置母婴设施的用人单位23个，用人单位母婴设施配置率100%。落实生育服务证办理规范化，推进广西计划生育业务信息系统网上办证服务，全市办理生育登记5.17万份，其中一孩生育登记2.22万份、二孩生育登记2.49万份、三孩生育登记4512份。

【计生家庭奖励扶助】2021年，南宁市对全面二孩政策实施前实行计划生育并符合计生奖励扶助政策的家庭，继续按原规定审核发放奖励扶助金。全市审核确认奖励扶助对象4.45万人次，兑现奖扶金9947.76万元，兑现率100%。其中，符合国家部分农村计划生育家庭奖励扶助政策对象1.10万人、奖扶金1584.58万元，国家计划生育家庭特别扶助制度对象3358人、特扶金3859.96万元；符合自治区农村部分计划生育家庭扩面扶助政策对象1.69万人、奖扶金1213.34万元，自治区农村计划生育家庭奖励扶助政策对象2435人、奖扶金277.77万元，自治区城镇居民独生子女父母年老奖励政策对象3391人、奖励金747.64万元；南宁市农村计划生育奖励扶助对象3364人、奖扶金275.29万元，南宁市计划生育特别扶助对象4111人、特扶金1989.18万元。符合高考加分的农村计划生育家庭子女1080人、符合中考加分的计划生育家庭子女1282人。计划生育各项利益导向政策兑现率100%。

【计划生育特殊家庭关怀扶助】2021年，南宁市关怀扶助计生特殊家庭。全市新增计划生育特别扶助对象474人。落实联系人制度，全市纳入国家特扶对象3358人全部配备“双岗”联系人。开展优先便利医疗服务，特扶对象凭广西壮族自治区计划生育特殊家庭成员就诊服务卡到定点医疗机构就诊，在挂号、诊疗、检查、住院、护理、结算等方面可享受优先照顾，住院对象可享受“惠民病房”优惠减免政策。全市为561名计生特扶对象减免住院诊疗费71万元。开展家庭医生签约服务，各县（市、区）、开发区将计划生育特殊家庭成员全部纳入家庭医生签约服务，提供入户走访、健康知识宣传咨询、日常医疗诊治、护理保健、康复指导及必要的心理干预等基本医疗服务，实现签约家庭医生每月上门随访一次，每次给予签约家庭上门服务补贴20元～25元。为3268名计生特殊家庭老年人提供养老照护服务，建立健康档案率、家庭医生签约服务率均100%。其中，获医疗优先优待服务754人；获住院医疗补贴156人，补贴金额5.31万元；享受惠民病房政策87人，减免诊疗费用2.67万元；获住院护理补贴16人，补贴金额4.80万元；获政府给予居家或入住机构养老补贴3358人，补贴金额3.36万元。（龚可奉）

【3岁以下婴幼儿照护服务】2021年，南宁市将婴幼儿照护服务工作纳入市委、市政府重点工作内容，建设公办示范性托育机构项目，开展普惠托育专项行动。全市有0岁～3岁婴幼儿30万人。在国家托育机构信息管理系统新增备案42家，累计备案58家。市级财政投入专项资金200万元，打造公办示范性托育机构2个（市妇幼保健院鲤湾院区托育园、第四人民医院托育园）。全市婴幼儿托位数2.34万个，每千人口拥有3岁以下婴幼儿托位

2021年7月9日，南宁急救中心工作人员在2021年世界人口日暨“我为群众办实事”实践活动中为群众讲授婴儿急救知识　　南宁急救医疗中心提供

数2.7个。开展支持社会力量发展普惠托育服务专项行动,全市14个项目获国家普惠托育专项补助资金1020万元,新增托位1020个。5月中旬至6月中旬,全市组织开展婴幼儿照护服务政策宣传月活动;各县(市、区)、开发区走进社区、机构开展婴幼儿照护机构设置标准、管理要求、相关政策、疾病预防、优生优育、膳食营养等方面宣传,咨询人数4万多人,发放宣传资料3万多份,开展讲座60多场。6月22日晚,以“发展托育服务　南宁在行动”为主题,市卫健委主办的2021年托育服务宣传月主题活动在会展·航洋城举行,活动现场通过文艺会演、知识互动、设立托育机构展台及现场咨询等方式加深群众对托育服务的认知,并对促进婴幼儿照护服务发展的政策法规体系、标准规范体系和服务供给体系进行宣传。7月9日,自治区卫生健康委员会主办,市卫健委、青秀区人民政府承办的2021年世界人口日暨“我为群众办实事”实践活动在仙葫东方广场举行,向群众进行健康科普,开展免费检测、义诊服务等惠民活动,发放健康科普宣传资料2365份,义诊人数1200余人次。(龚可奉　李　静)

就业创业

【概　况】2021年,南宁市以服务企业、服务人才、服务就业为目标,通过线上培训、职业培训券、企业新型学徒制、以工代训等举措提高就业质量。全市城镇新增就业7.73万人,城镇失业人员再就业2.16万人,就业困难人员实现就业8750人,城镇登记失业率2.80%,农村劳动力新增转移就业5.77万人。制定出台《南宁市人民政府办公室关于印发南宁市服务劳动密集型重点企业用工支持方案的通知》等政策。全市就业补助资金支出6.46亿元。全市脱贫人口外出务工27.13万人,其中到省外务工9.71万人;乡村振兴帮扶重点县马山县脱贫人口务工人数6.56万人。全市28个易地扶贫搬迁安置点,有劳动能力且有就业意愿的搬迁脱贫劳动力1.48万户3.30万人,实现就业1.48万户3.24万人,实现一户至少一人以上就业的目标任务。为9824人核发高校毕业生就业见习补贴6079.42万元。全市开发机关事业单位公益性岗位安置就业困难人员就业2193人;利用就业补助资金开发乡村公益性岗位安置脱贫劳动力就业1244人,鼓励企业开发公益性岗位吸纳就业困难人员就业,认定59家企业开发公益性岗位主体资质,开发企业公益性岗位855个。依托“南宁智慧人社”系统“免申即办”方式,为4.66万家企业的30.93万人发放新增岗位社保补贴1.61亿元;为1.32万人发放灵活就业社会保险补贴6686.84万元。通过推进就业见习工作、开展“点对点”返岗复工服务、开发公益性岗位等举措,促进重点群体就业。全市累计认定就业帮扶车间370家,其中新增认定就业帮扶车间19家。开展“就业援助月”“春风行动”等就业专项服务活动,在自治区创新打造一体化求职平台,创设具有壮乡特色的直播带岗、多点直播、多端面试等多功能一体化的“邕”抱南宁“职”播间;打造“招聘小屋”,提供在线交流、简历投递、视频面试等服务。实施劳动合同和集体合同制度,加大劳动保障行政和刑事衔接力度,全面治理拖欠农民工工资支付。全市累计举办各类招聘会532场,提供岗位70.33万个。召开脱贫劳动力专场招聘会40场;扶持脱贫劳动力创业687人。全国“就业服务基层行”首场启动仪式暨专场招聘会在南宁市隆安县震东集中安置区启动,南宁市就业帮扶经验做法获人社部推广。主要存在受新冠肺炎疫情影响,全市就业创业压力增大,劳动力供需矛盾突出的问题。

【创业扶持】2021年,南宁市促进和扶持高校毕业生、城镇登记失业人员、就业困难人员、复员转业退役军人、刑满释放人员和返乡创业农民工、自主创业农民等群体就业创业。全市发放创业担保贷款862笔、1.21亿元。新认定创业孵化基地2个,新增自治区级创业孵化示范基地1个,累计创业孵化基地51个,进驻孵化基地企业2560家,创业带动就业近2万人。为4家众创空间型创业孵化基地发放房租和宽带接入费补贴264.34万元,为9家创业孵化基地发放创业管理服务补助资金130.4万元,为1家自治区级创业孵化示范基地发放创业奖补资金30万元;为符合条件的孵化企业发放水电补贴1138.29万元、社会保险补贴868.7万元、一次性创业补贴14.6万元。通过“南宁人社”微信公众号、南宁市人社局网站等宣传就业政策。10月14日至16日,南宁市参加在长春市举办的第三届全国创业就业服务展示交流活动,获“城市创业精品展示项目”称号。12月18日,市人社局主办2021年南宁市第三届农民工创业大赛在南宁广告产业园举办决赛,22个项目参赛,奖金32.6万元,其中广西其垄农业技术服务有限公司的“一种宜机化的糖料蔗‘四高’种植技术”项目获创业新星组一等奖,广西花米范生物科技有限公司的“花小饱彩米饭团”项目获创业明星组一等奖,广西旱藕食品科技开发有限公司的“芭蕉芋(旱藕)深加工”项目获创业华星组一等奖;6个单位获大赛优秀组织奖。12月19日,市人社局主办2021年南宁市第六届创业大赛决赛在南宁·中关村创新示范基地举行,“高通量蛋白质组检测中心”等20个项目分获大赛社会组、学生组一、二、三等奖及优秀奖,奖金40.2万元;6个单位获大赛优秀组织奖。树立乡村振兴创业典型,从两个创业大赛决赛项目中评出“专注甜玉米种植加工”等3个项目为“乡村振兴创业奖”。

【人力资源市场管理】2021年,南宁市办理经营性人力资源服务机构备案76家,办理人力资源服务许可证的人力资源服务机构320家,累计652家。新增上规入统人力资源服务机构22家,累计52家。举办人力资源服务行业中、高级人才培训班2期,84家人力资源服务机构116名管理人才参训。加强诚信建设,兑现6家

2021年12月18日,2021年南宁市第三届农民工创业大赛决赛在南宁广告产业园举行
市人社局提供

获评2020—2022年广西人力资源诚信服务示范单位奖励金12万元。强化政策扶持，受理并兑现中智广西人力资源服务有限公司（知名人力资源服务企业）迁入南宁奖补资金20万元。支持人力资源产业发展，常态化调研走访人力资源重点企业。全市发放职业中介补助706.05万元，促进群众就业20万人次以上。

【劳动合同管理】 2021年，南宁市运用“区块链电子劳动合同平台”，为用人单位提供在线签署、存储、查验等服务。全市累计签订电子劳动合同3.13万份，在线查验2377人次。

【劳动保障监察】 2021年，南宁市开展涉嫌欠薪线索源头整治“春雷行动”、根治欠薪夏季专项行动等行动，为1268名劳动者追发劳动报酬1051.28万元；全市劳动保障监察举报投诉案件结案率100%，拖欠农民工工资举报投诉案件结案率100%。各级劳动保障监察机构书面审查用人单位1.24万户，涉及劳动者17.82万人；检查用人单位1.60万户，涉及劳动者25.64万人，查处各类案件立案42件，结案42件，其中欠薪36件；协调解决156件，其中建筑业81件。给予21个严重违反劳动法律法规的用人单位行政处罚，将8起涉嫌拒不支付工资案件移送公安机关处理。将12家用人单位列入拖欠农民工工资“黑名单”。劳动监察机构与基层法院继续开展“绿色支付令”劳动维权联合工作，通过支付令方式和手段解决案件36起，为666名农民工追回工资745.63万元。建立灵活就业人员劳务报酬联合调处机制，通过劳动监察执法和人民法院司法联动，以司法确认调解协议书的方式快速解决拖欠灵活就业人员劳务报酬问题，在西乡塘区法院高新法庭挂牌成立全国首个灵活就业人员合法权益保障联动化解中心，获11月25日中央广播电视总台CCTV-1《新闻联播》报道。通过灵活就业人员合法权益保障联动化解中心办理司法确认530件，为530名灵活就业人员确认给付劳务报酬调解协议有效，涉及金额811.73万元。在自治区率先搭建劳动维权一体化系统平台，依托“智慧人社”系统，实现劳动维权全业务“一次告知、一表申请、一窗受理、一网办结、一体管理”，打造集风险精准预警、案件智能分派、矛盾多元化解于一体的“劳动纠纷终点站”。

【职业技能培训】 2021年，南宁市开展职业技能提升行动，重点推进创业培训、劳动预备制等培训。面向脱贫家庭劳动力、农村转移就业劳动者、应届毕业生、登记失业人员、未继续升学应届初中高中毕业生等就业重点群体及企业职工开展职业技能培训8.39万人次，其中培训脱贫劳动力6607人，农村转移就业劳动力1.53万人次。发放职业技能培训补贴2.75亿元；为4524人拨付劳动预备制培训补贴848.83万元；拨付722名“两后生”（未继续升学的适龄初、高中毕业生，含退学、辍学等）培训补贴172.47万元；拨付创业培训补贴9765人、1151.20万元。审核发放创业培训证书1.83万本，其中市级学员1.23万本、城区学员5990本。为4.80万人进行职业技能鉴定，获职业资格证书3.68万人（初级9794人、中级1.98万人、高技能人才7276人）。推进全市职业技能等级制度改革，推动市第一职业技术学校、市卫生学校、市绿城南方职业培训学校等10家单位获批成为社会培训评价组织职业技能等级认定机构，新增皇氏集团华南乳品有限公司、万怡物业服务有限公司2家企业获企业自主职业技能等级认定试点资质。开展广西第一届职业技能大赛南宁市选拔赛及考核选拔工作，68家单位241名选手参赛，27人分获一等奖、二等奖、三等奖，12名选手获“南宁市技术能手”称号。 （廖书恒）

收入与消费

【概　况】 2021年，南宁市居民人均可支配收入32679元，比上年增长8.5%。全市城镇居民人均可支配收入41394元，增长7.4%；兴宁区45211元、增长7.8%，江南区40660元、增长7.5%，青秀区53013元、增长6.8%，西乡塘区39706元、增长8.1%，邕宁区37670元、增长7.0%，良庆区36084元、增长7.9%，武鸣区40037元、增长8.0%，横州市39289元、增长7.1%，宾阳县38865元、增长7.2%，上林县31463元、增长7.6%，马山县32177元、增长7.4%，隆安县32117元、增长6.9%。全市城镇居民生活消费支出20584元，增长7.0%；兴宁区21736元、增长6.0%，江南区26089元、增长9.0%，青秀区35178元、增长6.8%，西乡塘区23913元、增长7.3%，邕宁区20648元、增长8.6%，良庆区17094元、增长8.1%，武鸣区15748元、增长8.3%，横州市15904元、增长8.3%，宾阳县12153元、增长9.4%，上林县17571元、增长6.7%，马山县17807元、增长8.4%，隆安县18339元、增长5.8%。全市农村居民人均可支配收入17808元，增长10.4%；兴宁区18939元、增长9.6%，江南区19511元、增长11.1%，青秀区19565元、增长9.9%，西乡塘区17741元、增长10.7%，邕宁区18385元、增长9.5%，良庆区19446元、增长10.5%，武鸣区20824元、增长10.9%，横州市17878元、增长10.0%，宾阳县18165元、增长11.3%，上林县14648元、增长10.4%，马山县14213元、增长10.6%，隆安县15465元、增长10.8%。全市农村居民生活消费支出14276元，增长11.5%；兴宁区13575元、增长11.2%，江南区12167元、增长12.9%，青秀区18467元、增长10.5%，西乡塘区16995元、增长11.7%，邕宁区13402元、增长11.6%，良庆区11528元、增长12.5%，武鸣区13829元、增长11.5%，横州市13136元、增长12.0%，宾阳县15360元、增长11.5%，上林县15592元、增长11.1%，马山县14935元、增长11.9%，隆安县12660元、增长10.9%。国家统计局南宁调查队（简称“南宁调查队”）强化主调查指标的跟踪监测和运行预警分析，关注调查指标的异常波动和敏感变化，第一时间发挥预警作用。利用《南宁日报》、《南宁晚报》、南宁新闻网等媒体及南宁调查队微信公众号解读调查数据。撰写调查信息208篇，调查报告25篇。“南宁调查”公众号编发微信图文232篇，其中国家统计局广西调查总队采用39篇，国家统计局采用6篇，6个月位居全国统计调查系统市级微信公众号综

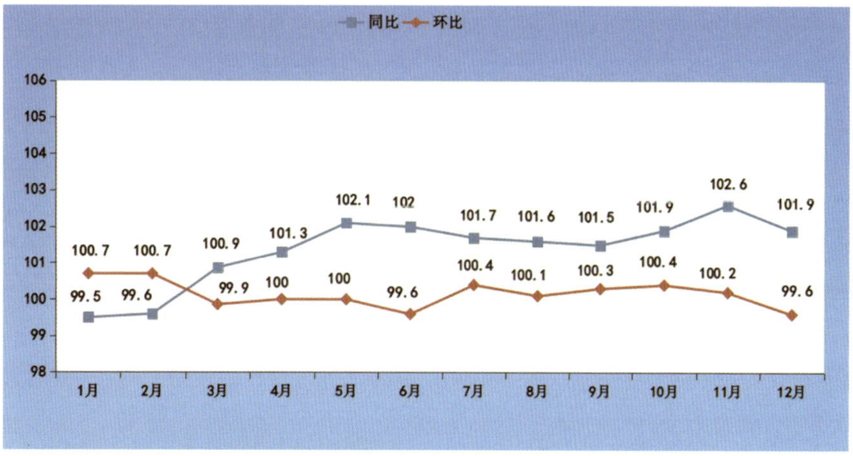

说明：上年同期=100；数据由南宁调查队提供

图3　2021年南宁市居民消费价格指数走势图

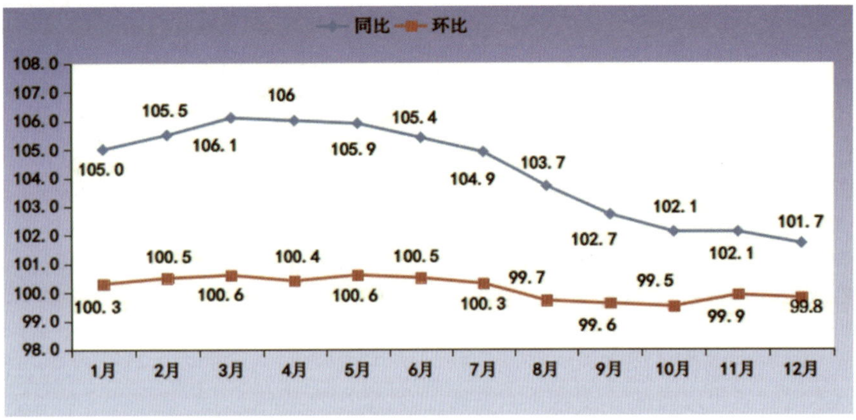

说明:上年同期 =100;数据由南宁调查队提供

图 4　2021 年南宁市新建商品住宅销售价格指数走势图

合影响力 TOP50 榜单,实现个性化制作、可视化呈现、互动式传播。南宁调查队抖音账号推送单篇内容浏览量均超 1 万次。主要存在调查人员人手不足,干部队伍结构待优化等问题。　(钟依霖)

【居民消费价格指数】 2021 年,南宁市居民消费价格指数(CPI)比上年同期上涨 1.4%,涨幅降低 0.9 个百分点,比全国指数高 0.5 个百分点,比自治区指数高 0.5 个百分点,涨幅在全国 36 个大中城市中排名第九,在西南地区省会城市中排名第一,在自治区 14 个地级市中排名第二。各月同比涨幅分别为 −0.5%、−0.4%、0.9%、1.3%、2.1%、2.0%、1.7%、1.6%、1.5%、1.9%、2.6%、1.9%,各月环比涨幅分别为 0.7%、0.7%、−0.1%、0%、0%、−0.4%、0.4%、0.1%、0.3%、0.4%、0.2%、−0.4%。八大类商品及服务价格中教育文化娱乐类、交通通信类、衣着类、居住类、医疗保健类、生活用品及服务类、其他用品及服务类价格分别上涨 6.4%、1.7%、1.7%、1.4%、1.0%、0.3%、0.3%。食品烟酒类价格下降 0.4%。　(林虹良)

【新建商品住宅销售价格指数】 2021 年,南宁市新建商品住宅价格各月同比涨幅分别为 5.0%、5.5%、6.1%、6.0%、5.9%、5.4%、4.9%、3.7%、2.7%、2.1%、2.1%、1.7%;环比涨幅分别为 0.3%、0.5%、0.6%、0.4%、0.6%、0.5%、0.3%、−0.3%、−0.4%、−0.5%、−0.1%、−0.2%。　(钟依霖)

社会保险

【概　况】 2021 年 1 月 28 日,南宁市社会保险事业局更名为南宁市社会保险事业管理中心。全年,南宁市实施“全民参保登记计划”,新增参保单位 0.87 万家、参保人员 106.76 万人次,累计有参保单位 7.90 万家、参保人员 1656.27 万人次。“城镇三险”征收 184.58 亿元,其中养老保险 176.40 亿元、工伤保险 2.32 亿元、失业保险 5.86 亿元。全市社保基金[不含企业职工基本养老保险、城镇职工基本医疗保险(含生育保险)基金]滚存结余 71.83 亿元(城乡居民养老保险 36.75 亿元、机关事业单位养老保险 15.55 亿元、工伤保险 8.29 亿元、失业保险 11.24 亿元)。企业承担的社会保险总体费率继续降低为 16.875%。全年发放基本养老保险、失业保险、工伤保险待遇 188.62 亿元,其中基本养老保险 181.89 亿元、失业保险 4.27 亿元、工伤保险 2.46 亿元,惠及群众 114.81 万人。全年减少机关事业单位职工基本医疗保险保费支出 3.7 亿元,为全市符合条件的参保企业降低人工成本 3.94 亿元,为灵活就业人员降低缴费负担 1.02 亿元。城乡居民养老保险实现脱贫人口全覆盖。对脱贫人口和低保对象、特困人员、重度残疾人等特殊困难群体,按规定继续由政府代缴部分或全部最低标准的养老保险费。全市符合条件的 43.55 万名脱贫人口 100% 参加基本养老保险,9.47 万名 60 周岁及以上脱贫人口 100% 领取养老保险待遇。实施工伤预防项目制度,首批 2 个工伤预防项目(南宁公共交通集团有限责任公司工伤预防项目、南宁市建设工程机械设备行业协会工伤预防项目)通过验收。主要存在受新冠肺炎疫情影响,社会保险筹资能力下降等问题。　(廖书恒　磨　嘉)

【基本养老保险】 2021 年,南宁市参加城乡居民基本养老保险 315.53 万人,全民参保入库参保率 91.72%。为 68.61 万人按时足额发放城乡居民基本养老保险待遇 12.9 亿元,为 13.05 万名符合条件的困难参保群众代缴保费 1068.22 万元;为 2.67 万人发放丧葬补助金 2137.54 万元。参加城镇职工基本养老保险 206.18 万人,其中企业职工基本养老保险参保 185.26 万人,企业职工基本养老保险费征缴收入 135.98 亿元;机关事业单位养老保险参保 20.92 万人,机关事业单位养老保险费征缴收入 35.33 亿元。城乡居民基本养老保险征缴收入 5.09 亿元。全市企业职工基本养老保险基金、机关事业单位基本养老保险基金、城乡居民基本养老保险基金分别支出 120.04 亿元、52.83 亿元、12.91 亿元。调整全市 41.85 万名企业和机关事业单位退休人员基本养老金,人均月基本养老金由 2975.76 元提高至 3115.68 元。全年为 8718 人发放企业职工基本养老保险丧葬补助金 4.14 亿元。　(廖书恒)

【基本医疗保险(含生育保险)】 2021 年,南宁市基本医疗保险参保 744.75 万人,其中职工基本医疗保险参保 156.12 万人,城乡居民基本医疗保险参保 588.63 万人。城乡居民医保就医结算 768.05 万人次,涉及医疗费用 82.97 亿元,其中统筹基金支出 47.29 亿元、大病保险支出 6.10 亿元。职工医保就医结算 364.03 万人次,涉及医疗费用 39.34 亿元,其中统筹基金支出 22.10 亿元、职工大额医疗费用统筹支出 1.47 亿元。生育保险参保 156.12 万人,比上年增加 71.25 万人,增长 83.95%。职工生育就医结算 5.02 万人次,生育医疗费用支出 1.01 亿元,生育津贴支出 2.28 亿元,大额医疗费用统筹支出 257.59 万元。职工基本医疗保险基金总收入 61.50 亿元,城乡居民基本医疗基金总收入 51.81 亿元。城乡居民基本医疗保险财政补助标准由年人均 550 元调至 580 元。职工医保、城乡居民医保统筹基金年度最高支付限额分别提高至 40.16 万元、20.84 万元。　(磨　嘉)

【失业保险】 2021 年,南宁市失业保险参保 111.31 万人,失业保险费征缴收入 5.86 亿元。全市发放失业保险待遇 4.27 亿元。执行国家、自治区降低失业保险降费率相关政策,全年为参保单位减负 5.46 亿元。落实扩大失业保险保障范围政策,全市年末在领失业保险金人数 1.87 万人,累计发放失业保险金 3.55 亿元;累计审核发放 8.81 万人失业补助金 1.23 亿元;依托智慧人社“免申即办”发放平台,为 4.39 万家企业发放失业保险稳岗返还 9809.18 万元,惠及 73.41 万人;发放失业保险提升职业技能补贴 933.63 万元,惠及企业职工 5602 人次。

【工伤保险】 2021 年,南宁市工伤保险参保 122.38 万人,工伤保险基金收入 2.52 亿元,其中工伤保险费征缴收入 2.32 亿元。全年享受工伤保险待遇 4544 人,支付工伤保险待遇 2.46 亿元。受理工伤认定申请 5342 件,办结 5365 件,其中认定工伤总数 5084 件,不予认定工伤总数

264 件，不予受理工伤认定申请 17 件，通过简易程序办结 4200 件，占工伤认定总数 78.53%，通过普通程序办结 1148 件，占工伤认定总数 21.47%。全面实施工伤保险管理、经办、服务一体化，实现工伤认定、劳动能力鉴定等信息互联共享。

（廖书恒）

【长期护理保险】 2021 年 3 月 1 日，南宁市实施长期护理保险制度试点，覆盖全市 156.12 万参保职工，依申请实施评估 5900 人次，其中符合享受待遇标准 4180 人。累计受理定点护理服务机构准入评估申请 110 笔，符合准入条件护理服务机构 87 家，吸引 24 家居家护理服务连锁机构首次进驻南宁市。（磨　嘉）

【社保基金监管】 2021 年，南宁市开展社会保险基金管理问题专项整治暨规范社会保险经办管理专项行动，聚焦重复领取、死亡冒领、服刑人员违规领取待遇和违规提前退休等重点问题，加强对疑点数据、重点业务的核查和跟踪管理。核查疑点信息数据 1.18 万条，追回基金损失 477.34 万元。

【社会保险经办服务】 2021 年，南宁市开展社保便民行动，实现 6 个事项“打包办”、7 个高频事项“提速办”、全部服务事项“简便办”，特殊情况“上门办”。推进“跨省通办”和“全区通办”工作，在 7 个人社服务大厅设置“跨省通办”窗口，通过全程网办、多地联办或代收代办的方式，实现城镇职工基本养老保险关系转移接续申请等 18 个高频社保事项跨省通办；实现自治区社保中心下发社会保险公共服务事项清单 88 个事项全区通办，其中通过信息系统办理 80 项、线下代收代办 8 项。依托国家和自治区社会保险公共服务平台，建立完善便捷的社保关系转移接续机制，其中企业职工基本养老保险关系转移实现全国联网办理，失业保险关系转移实现全区联网办理，办理跨省平台社会保险关系转移接续业务 3.28 万笔。推进用社保卡领取养老金工作，全市累计 19.4 万名退休人员使用社保卡领取养老金，占退休人员 45%。开展“人脸识别”养老保险待遇资格认证，应参加资格认证的退休人员和供养人员 43.70 万人，通过认证 38.65 万人，认证率 88.44%。开展“刷脸”申领失业保险金、失业补助金、失业保险提升职业技能补贴工作，全市 7850 人通过手机“刷脸”申领失业保险待遇，占当期申报人员的 36.37%；9941 人通过手机“刷脸”申领失业补助金，占当期申报人员的 30.21%。在全国率先推出人社“三暖”（为老年人提供“助暖”便民服务、为特殊群体提供“送暖”上门服务、制定完善“保暖”服务规范）服务，推出“助暖”便民服务举措 7 个方面 18 条，公布特殊群体“送暖”上门服务事项 20 项，首推“帮帮侠”“保暖”服务规范准则 35 条。南宁人社政务服务“好差评”的“非常满意”率保持 99.8% 以上。推进社保卡发放和电子社保卡签发，全年发放社保卡 8.26 万张，累计发放 710.81 万张，签发电子社保卡 162.99 万张，累计签发 387.12 万张。在全国人社系统率先布局“智能柜台”，面向全市配备 81 台“自助申报、自动受理、智能审核”终端；在自治区率先布局“智能柜台”服务，为全市 700 多万名市民和 7 万多家用人单位提供 240 多项人社公共服务事项的智能受理，提供“政务服务可视化”智能生态集成新体验。

【劳动能力鉴定】 2021 年，南宁市受理劳动能力鉴定申请 2473 人次，开展劳动能力鉴定 16 期，作出鉴定结论 2473 人次，其中工伤致残与职业病致残等级鉴定 2045 人次，非因工伤残或因病丧失劳动能力程度鉴定 428 人次。

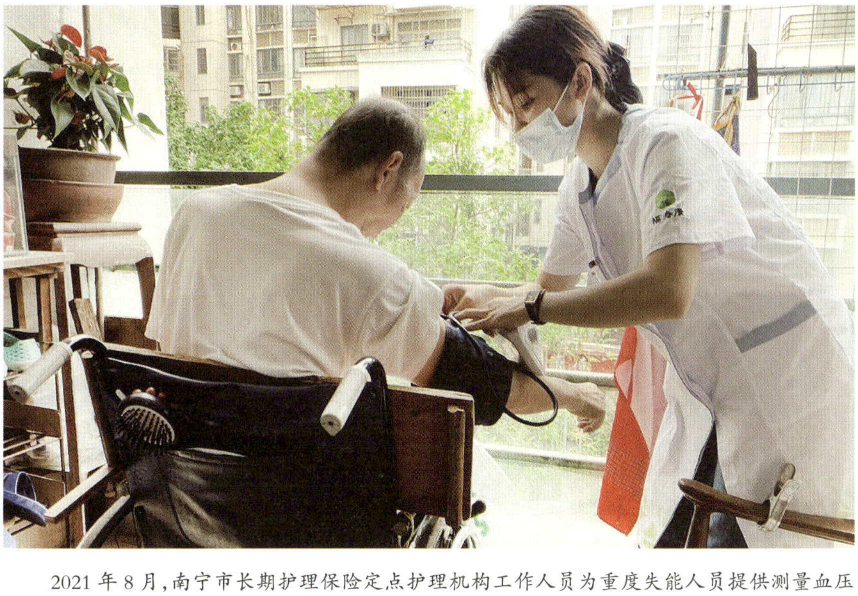

2021 年 8 月，南宁市长期护理保险定点护理机构工作人员为重度失能人员提供测量血压服务　　市医保局提供

【社保费率调整】 2021 年，南宁市执行国家、自治区降费率政策，企业承担的社会保险总体费率继续降低为 16.875%；并继续延长实施阶段性降低失业保险和工伤保险费率政策。各险种费率：职工基本养老保险（包括企业和机关事业单位基本养老保险）单位缴费比例 16%；失业保险费率 0.5%；工伤保险平均费率 0.375%。全年为全市企业降低职工失业保险、工伤保险二项社会保险费人工成本 8.33 亿元，其中失业保险 5.46 亿元，工伤保险 2.87 亿元。（廖书恒）

【医疗保障经办服务】 2021 年，南宁市医保部门推进医保领域“放管服”改革，提升医保公共服务标准化、规范化、便利化水平，打造南宁医保服务品牌。全市设立 23 个医疗保障经办机构线下窗口，各医保经办大厅配备医保服务自助一体机，开展“一次性告知”和“一站式受理”窗口服务，推动医保服务事项同城通办、全区通办和跨省通办，实现医保业务“就近可办”，为群众提供便捷自助服务。推进医保服务“网上、掌上可办”，依托“南宁医保”微信公众号、“爱南宁 APP”、“广西医疗保障网上服务大厅”等线上平台，实现职工参保登记、异地就医备案等 26 个高频医保服务事项 24 小时“全程网办、零跑腿”，线上线下无差别受理、同标准办理；10 月，全市村卫生室（所）开展“村医通”手持终端设备功能升级工作，通过识别医保电子凭证、社保卡、身份证等方式实现移动医保结算、医保退费、就诊信息和目录信息查询等功能，医保经办服务从“群众多跑腿”转变为“数据多跑腿”；提升适老化服务水平，配置引导岗指导协助老年人使用医保公众号、医保自助一体机自助办理业务，保留医保报销等线下办理渠道；推进政务服务“好差评”工作，协调自治区医保部门开发评价自建系统，落实政务服务“一次一评”“一事一评”，规范差评整改流程，加大有效差评整改力度。全年全市受理医保业务量 201 万笔，其中线上办理 103 万笔、线下服务大厅（窗口）办理 98 万笔。（李玲萍）

社会救助

【概　况】 2021 年，市民政局巩固社会救助兜底脱贫攻坚成果，开展民政系统社会救助领域腐败和作风问题专项治理暨

农村低保专项治理巩固提升行动和巩固社会救助兜底脱贫成果“回头看”摸排，给予符合条件的脱贫不稳定人口、边缘易致贫人口、突发严重困难人口兜底救助。市民政局完善社会救助制度，公布城乡居民低收入家庭收入标准，施行城市低保金分档发放；开展居住地申办低保等社会救助试点，启动低收入人口认定和动态监测。9月，市民政局印发《南宁市民政局关于加强困难群众主动发现工作的通知》，建立南宁市困难群众主动发现机制。完善社会救助信息系统生存认证功能，推行城乡低保、特困人员生存认证。年内，南宁市纳入农村低保和农村特困人员供养的脱贫不稳定户、边缘易致贫户、突发严重困难户 0.87 万户、2.48 万人。全市发放低保、特困人员供养资金 165.12 万户次、362.45 万人次、11.67 亿元，临时救助资金 6.78 万人次、2055.91 万元。医疗救助 66.79 万人次，救助资金支出 2.81 亿元。全市救助流浪乞讨人员 7148 人次。主要存在基层民政工作力量薄弱，信息化程度不高等问题。

【城乡低保】 2021 年，南宁市在全市范围内推行居住地申办低保等社会救助工作。印发实施《南宁市民政局关于做好低保对象、特困人员属地变更工作的通知》《南宁市民政局关于进一步做好居住地申办低保等社会救助试点工作的通知》，完善居住地申办低保等社会救助工作流程，符合条件的城乡困难群众可在居住地就近提交救助申请；全市在居住地领取低保 20.32 万人次、7798.28 万元；《南宁市打破社会救助的地区“隔阂”和户籍“壁垒”创新“居住地申办低保”模式》一文入选《广西民政工作简报》(2021 年第一期)，《探索居住地申办低保等社会救助改革》被民政部评为 2021 年度社会救助领域创新实践优秀案例。7 月 1 日起，南宁市城市低保金发放方式由补差发放改为分档发放，根据对象困难类型、困难程度分为 A1、A2、B1、B2、C1、C2 三类六档，A1 档每人每月 790 元，A2 档每人每月 690 元，B1 档每人每月 500 元，B2 档每人每月 340 元，C1 档每人每月 230 元，C2 档每人每月 155 元。全年发放城乡低保 135.35 万户次、332.68 万人次、9.40 亿元。其中：发放城市低保 35.63 万户次、76.61 万人次、3.22 亿元，月人均补助 421 元；发放农村低保 99.72 万户次、256.07 万人次、6.18 亿元，月人均补助 241 元。12 月，城市低保对象 2.85 万户、6.02 万人，城市低保覆盖率 2.19%；农村低保对象 8.20 万户、20.78 万人，农村低保覆盖率 4.85%。

【特困供养】 2021 年，南宁市发放特困人员救助供养金 29.77 万户次、29.77 万人次、2.27 亿元。其中：城市特困人员救助供养金 2.86 万户次、2.86 万人次、0.30 亿元；农村特困人员救助供养金 26.91 万户次、26.91 万人次、1.97 亿元。

（梁　敏）

【医疗救助】 2021 年，南宁市财政安排医疗救助资金(含彩票公益投入资金) 2.47 亿元，其中中央转移支付补助 1.62 亿元、自治区补助 1292 万元、市本级安排 3557.55 万元、县(市、区)配套 3669 万元。使用上年结余资金 3366.03 万元。医疗救助 66.79 万人次，救助资金支出 2.81 亿元，其中住院救助 12.55 万人次、支出 1.69 亿元，门诊救助 33.10 万人次、支出 3700.99 万元，资助参保 21.15 万人次，支出 7522 万元。南宁中心血站完成疾病应急救助申请材料审核 64 份，涉及疾病应急救助资金 188.44 万元；完成交通事故受害人社会救助申请材料审核 33 份，涉及道路应急救助垫付金额 175.53 万元。

（磨　嘉　龚可奉）

【临时救助】 2021 年，南宁市完善临时救助制度，推进临时救助网上审核认定。全年发放临时救助 6.78 万人次、2055.91 万元。

（梁　敏）

【流浪乞讨人员救助】 2021 年，南宁市开展生活无着的流浪乞讨人员救助管理服务质量大提升专项行动。救助流浪乞讨人员 7148 人次，其中救助流浪未成年人 135 人次、流浪成年人 7013 人次；跨省护送 127 人次，救助精神障碍、危重病人 257 人。开展照料服务达标行动，市救助管理站从托养机构接回受助人员 15 人进行站内照料。开展街面巡查和综合治理行动，出动救助专用车 485 辆次、工作人员 1455 人次，联合公安、城管部门及社会组织、志愿者上街综合治理 31 次，在南宁电视台、报刊等媒体宣传 3 次，劝导救助 2827 人次，治理不文明行为 164 人次，接回市救助管理站救助 134 人次，送至医院救治 73 人次，发放救助联系卡 211 张、衣服 461 件、方便面 157 盒。开展落户安置行动，解决长期滞留人员落户 37 人。推进源头治理行动，帮助有劳动能力的流浪乞讨人员 39 人找到工作。举办以“大爱寻亲，温暖回家”为主题的“开放日”暨滞留流浪乞讨人员集体认亲活动，为 583 人次提供寻亲服务，成功寻亲 223 人。《中国社会报》以《社工介入助流浪乞讨人员回家》为题进行宣传报道。南宁市救助管理站被北京字节跳动科技有限公司评为“头条寻人 5 周年荣誉合作救助机构”(“头条寻人”是民政部社会事务司与今日头条寻人公益合作项目)。

（刘海云）

社会福利

【概　况】 2021 年，南宁市有养老机构 184 家，其中社会福利院(公办养老机构) 9 家、乡镇敬老院 92 家、民办养老机构 83 家；有公办示范性养老福利机构 15 家，其中基本建成 10 家、在建 3 家、开展前期工作 2 家；有城市社区养老服务设施 188 个。新增备案养老机构 5 家、备案床位 2882 张。推动 19 个街道综合养老服务中心建设，覆盖率 76%。在自治区率先开展 2000 户特殊困难老年人家庭居家适老化改造试点。在社区开设 30 个“长者饭堂”服务站点，获《人民日报》《广西日报》等

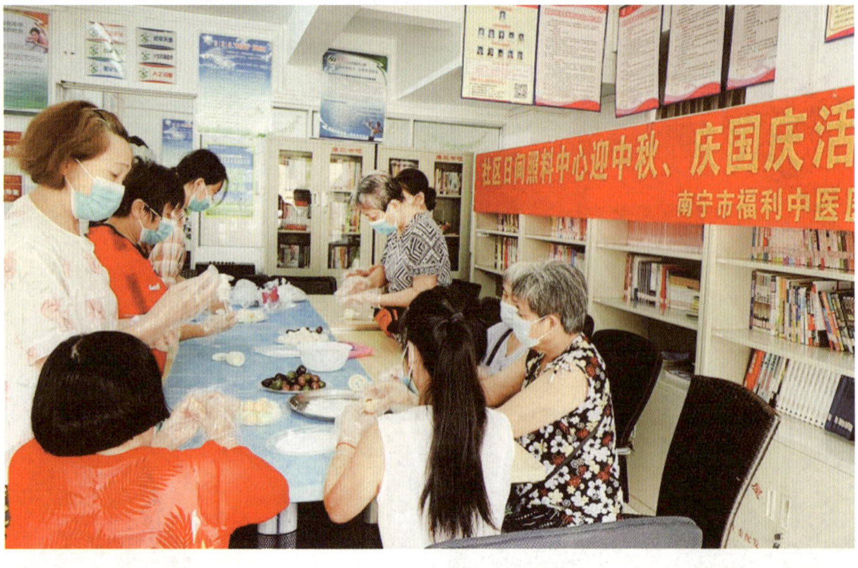

2021 年 9 月 14 日至 18 日，南宁市福利中医医院在高新区 6 间社区日间照料中心开展“为民中秋情，共享团圆月”花灯、月饼制作活动。图为高新区心圩街道梧桐苑社区日间照料中心老人和医护志愿者一起做月饼

覃秋玲　摄

媒体报道。在自治区率先推进新建住宅小区配套养老服务设施同步规划、同步建设、同步验收、同步交付"四同步"机制，126宗出让地块完成配套要求。全市大健康养老产业项目完成总投资11.20亿元，完成任务目标124%。发放80周岁及以上老人高龄补助18.30万人、1.92亿元；发放孤儿、事实无人抚养儿童保障金2.69万人次、2466.52万元。落实残疾人生活补贴、护理补贴制度，实施补贴标准动态调整机制及补贴申请"跨省通办"，全年发放残疾人"两项补贴"159.41万人次、1.27亿元。南宁市慈善总会接收社会各界捐赠防贫基金款645.38万元。主要存在养老服务城乡发展不平衡，农村养老服务体系薄弱，农村养老服务专业人才不足等问题。

（陆潇玲　马　翔　刘海云）

【养老服务】2021年，南宁市深化养老服务领域改革创新。编制完成《南宁市养老服务业发展规划(2021—2035年)》；印发实施《南宁市民政局关于印发养老服务信用信息管理办法(试行)的通知》，加快养老服务领域信用体系建设；实施《南宁市人民政府办公室关于印发南宁市促进养老托育健康服务发展实施方案的通知》，推动南宁市养老托育服务能力提质扩容。全市大健康养老产业项目完成总投资11.20亿元，完成任务目标124%。推进市第二社会福利院一期工程建设；推进15个县(市、区)、开发区各新建一所300张～500张床位的公办示范性养老福利机构，基本建成公办示范性养老福利机构10家(横州市示范性公办养老福利大楼、宾阳县健康养生城、马山县白山养老服务中心、隆安县那桐镇农村养老服务中心、兴宁区三塘公办养老示范机构、江南区民政综合园、青秀区福利养老院、西乡塘区坛洛镇第二卫生院养老服务中心及加层扩建、南宁高新区示范性公办养老院、广西—东盟经开区社会福利院)，在建3家(上林县养老院建设项目，武鸣区光荣院、福利院搬迁扩建项目，南宁经开区示范性养老院项目)，开展前期工作2家(邕宁区民政福利园、良庆区民政福利园)；为上林县养老院项目、南宁经开区公办示范性养老院项目申请中央资金9000万元；推动19个街道综合养老服务中心建设，覆盖率76%；在自治区率先开展2000户特殊困难老年人家庭居家适老化改造试点，老年人满意度97.90%；在社区开设30个"长者饭堂"服务站点，年满60周岁的南宁市户籍老年人(不包含入住养老机构的老年人)在"长者饭堂"用餐可享受每人每餐3元的用餐补助，每天只补1餐；推进新建住宅小区配套养老服务设施，要求新建住宅小区按每百户不少于30平方米的标准配套建设社区居家养老服务用房，且单处不少于300平方米，有126宗出让地块落实配套要求；华润悦年华颐养社区、前海人寿幸福之家等健康养老产业项目投入运营，泰康之家·桂园等康养项目加快推进建设。自治区下达民办养老机构补贴资金782.50万元。开展养老机构等级评定，获自治区级五级养老机构2家(广西医大仁爱养老服务中心、广西重阳老年公寓)，自治区级四级养老机构1家(宾阳县社会福利院)，市级二级养老机构2家(南宁市阳光护老院、南宁市曙光养老中心)。青秀区新兴苑社区、青秀区金葫社区、西乡塘区北湖安居社区、西乡塘区鲁班社区被评为广西老年人宜居社区。举办养老机构从业人员培训班3期，培训1000多人次；举办养老服务从业人员表彰大会，表彰养老机构优秀管理者5人、护理员之星20人、优秀助老员5人。选派15名选手参加2021年全国养老护理职业技能大赛广西赛区选拔赛，获一等奖1人、二等奖4人、三等奖4人，南宁市以第一名成绩获优秀组织奖。11月9日，市民政局与广西卫生职业技术学院合作成立广西卫生职业技术学院教学实训基地，推动养老服务人才培养。开展养老社保服务领域腐败和作风专项整治工作，养老机构安全管理检查；随机抽查养老机构10家，针对查出问题责令整改。新冠肺炎疫情常态化防控期间，给养老服务机构发放8.17万只口罩等物资。南宁市养老服务案例入选《中国(广西)自由贸易试验区首批自治区级制度创新成果汇编》。

【老年人福利】2021年，南宁市发放80周岁及以上老人高龄补助18.30万人、1.92亿元。其中，80周岁～89周岁老人高龄补助15.71万人、1.46亿元，90周岁～99周岁老人高龄补助2.50万人、4159.25万元，100周岁及以上老人高龄补助919人、403万元。慰问百岁老人784人，发放慰问品价值39.20万元。

（陆潇玲）

【儿童福利】2021年，南宁市做好儿童福利工作。投入资金140万元，实施农村留守儿童和困境儿童关爱保护服务项目7个。宾阳县组建34支820余人"代理妈妈"队伍，开展志愿服务时长累计13万多小时；4月27日，召开全市儿童福利暨"代理妈妈"工作模式推广会议。录入全国儿童福利信息系统留守儿童约2万人、困境儿童6.48万人。全市机构供养孤儿309人，社会散居孤儿554人；事实无人抚养儿童1686人，乡镇(街道)儿童督导员133人、村(居)委儿童主任1845人，开展未成年人保护业务培训24期。6月，市民政局、市财政局出台《关于明确南宁市孤儿基本生活保障标准的通知》，明确全市集中供养和散居孤儿基本生活最低养育标准分别提高至每人每月1400元和1000元。全市发放孤儿保障金1.04万人次、1256.86万元。市民政局、南宁市明天学校组织招收50名孤儿学生到南宁市明天学校免费就读。应收尽收符合报名条件的特殊儿童，解决特殊儿童入学难问题，协调相关部门解决南宁市培智学校教学场地、教学设备和师资问题，扩大招生规模，由一个班扩招为三个班。持续实施"福彩圆梦·孤儿助学"工程，全年为202名年满18周岁在大中专院校就读孤儿发放助学金175.04万元。发放事实无人抚养儿童保障金1.65万人次、1209.66万元。开展事实无人抚养儿童助学活动，为19名2021年度考入普通全日制本科院校和年满18周岁在读的大中专学生每人发放助学金5000元。7月1日，市社会福利院大龄残障孤儿爱心公寓楼投入使用，为101名成年孤儿提供保障住房。

（杨凯宁）

【残疾人两项补贴】2021年，南宁市全面落实残疾人两项补贴资格认定申请"跨省通办"，办理属地线上申请98件。全市发放残疾人两项补贴159.41万人次、1.27亿元，其中困难残疾人生活补贴69.93万人次、5612.78万元，重度残疾人护理补贴89.48万人次、7127.34万元。（刘海云）

【福利彩票发行】2021年，南宁市福利彩票发行中心销售"刮刮乐"即开型福利彩票(简称"即开票")68种，新增牛气十足(面值10元)、百年辉煌(面值20元)、辛丑牛(面值10元、20元)、超给力(面值10元、20元、50元)、花开中国梦等13种；停止销售2016—2017年印制的在销即开票23种。全年销售即开票2.61亿元，比上年增长121.45%，创即开票销量历史新高，为国家筹集福彩公益金5219.14万元。系统有效站点数1274个，实际销售即开票站点908个，非实际销售即开票站点366个；新增夜市即开票销售点4个，累计6个，全年销量636.54万元。第六届华南城"三月三"民俗文化节现场开展户外卖场活动，提升"刮刮乐"知晓度。

（徐辉龙）

【慈善捐助】2021年，南宁市新成立慈善组织1家，累计登记的慈善组织15家，其中基金会3家；有社会捐助站和慈善超市17家，乡镇(街道)社工站41个。各慈善组织开展助医、助学、助老、助困及乡村振兴活动，募集慈善款物2685.52万元，帮扶人数19万人次。开展2021年中华慈善日“助力脱贫攻坚、巩固脱贫成果”活动，发放宣传材料5万份；市慈善总会接收社会各界捐赠防贫基金款645.38万元，用于南宁市精准防贫保障金救助项目支出379.41万元。（李道松）

医疗保障

【概　况】 2021年，南宁市医疗保障局（简称“市医保局”）推进基本医疗保险住院费用按疾病诊断相关分组(DRG)付费（简称“DRG付费”）改革，全市85家二级及以上定点医疗机构住院医疗费用全部实现DRG付费。开展存量问题“清零”行动和以打“三假”（“假病人”“假病情”“假票据”）专项整治为重点的医保违法违规行为专项治理，检查全市2677家定点医药机构，发现问题1765家，追回医保基金1.93亿元。调整105项医疗服务项目的内涵、计价单位、除外内容、计价说明等规范。实施国家医疗保障信息平台切换上线，市本级受理业务201万件。主要存在医疗保障基金监管力度待加大、服务基层能力待提高、信息化建设待加强等问题。

【医保支付方式】 2021年，南宁市推进支付方式改革，建立健全“总额预算、结余留用、合理超支分担”责任共担机制，激励医疗机构建立行为规范和成本控制机制，引导医疗资源合理配置和患者有序就医。在市第二人民医院试点开展日间手术按病种付费，将14个日间手术病种纳入按病种付费范围，结算331人次，涉及医疗费用430.43万元，统筹基金支付307.4万元。推进基本医疗保险住院费用按DRG付费改革，全市91家二级及以上定点医疗机构住院医疗费用全部实现DRG付费。三级定点医疗机构2021年次均住院医疗费用1.41万元，比上年同期下降15.58%，平均住院日为每人次平均住8.20天，同比下降14.64%；二级定点医疗机构7月至12月次均住院医疗费用7472.21元，同比下降13.92%，平均住院日为每人次平均住8.90天，同比下降5.09%。完成三轮病案数据补充和DRG分组反馈，涉及医院85家，匹配病例数75.60万条、总体匹配率99.87%，入组病例数54.97万例、总体病例入组率99.96%、规范病例入组率99.90%。

【医疗保障基金监管】 2021年，南宁市巩固打击欺诈骗保专项整治成果，开展存量问题“清零”行动和以打“三假”专项整治为重点的医保违法违规行为专项治理。检查全市2677家定点医药机构，检查覆盖率100%，发现问题1765家，追回医保基金1.93亿元，其中追回（含拒付）违规使用医保基金5879.89万元，开展存量问题“清零”行动追回基金1.35亿元；约谈定点医药机构129家，通报批评135家，限期整改116家，暂停医保服务协议9家，解除医保服务协议7家，行政处罚2家，移交司法机关2家，移交纪检监察机关7家；处理参保人员1人。公开曝光医保违规违约典型案件95件次。办结转办南宁市欺诈骗取医疗保障基金行为举报案件6件，对9家存在医保违规行为的定点医药机构按规定给予协议处理决定，约谈或限期整改9家，其中通报批评2家；拒付违规费用54.27万元，追回违规金额127.30万元；举报奖励2件，奖励金5.51万元。5月8日，市医保局邀请医疗保障基金社会监督员参加2021年南宁市医疗保障基金监管业务培训班，学习5月1日起施行的《医疗保障基金使用监督管理条例》。

【药品和医用耗材招标采购】 2021年，南宁市推行药品和医用耗材集中带量采购，参与国家、自治区、省级联盟药品和医用耗材集中带量采购，推进12批（涉及325个品种）药品及5批医用耗材（涉及冠脉支架、冠脉球囊、人工晶体等8类耗材）在南宁市落地，完成年度采购任务。集中带量采购药品、医用耗材在南宁市落地后，价格平均降幅56.10%，实际减少采购资金5.46亿元，减少医保基金支出3.85亿元，减轻患者医疗费用负担，同步提升医保基金使用效率。

【医疗服务价格】 2021年，南宁市加强医疗服务价格管理，规范医疗服务价格行为。1月15日起，调整105项医疗服务项目的内涵、计价单位、除外内容、计价说明等规范。按照《自治区医保局关于新冠病毒检测医疗服务项目价格的补充通知》《自治区医保局关于调整新冠病毒核酸检测项目价格的通知》《自治区医保局自治区疫情防控指挥部疫情防控与医疗救治组关于进一步降低新冠病毒核酸检测价格的通知》，落实新冠病毒核酸检测项目价格调整政策，调整新冠病毒核酸检测相关项目价格，全市公立医疗卫生机构开展的新冠病毒核酸检测项目价格由每次60元调整为每次40元（含试剂等耗材），多人标本混合检测价格由每人次20元（含试剂等耗材）调整为每人次10元（含试剂等耗材）。新增医疗服务项目价格医疗机构8家，开展新增医疗服务项目49项。

【医保基金监管信用体系建设】 2021年，市医保局推进医保基金监管信用体系建设试点工作。6月，开展全市2609家定点医药机构2020年度信用评价并向社会公开评价结果，其中A级（信用优秀）1969家（占75.47%）、B级（信用良好）613家（占23.50%）、C级（信用关注）23家（占0.88%）、D级（信用异常）4家（占0.15%），各级医保部门将评价结果应用于定点医药机构的协议管理、监督检查、结算拨付、预算管理等方面，实现分级分类监管。9月，南宁市医保基金监管平台建成启用，综合运用移动稽核、远程查房、场景监控、智能监管，以及医保系统与定点医药机构进、销、

2021年5月14日，市医保局在兴宁区澳华中心花园举办主题为“扶残助残　有你有我　医疗保障　关爱一生”的2021年全国助残日活动暨南宁市医保政策进社区活动

市医保局提供

存数据实时对接等技术，实现对医保定点机构医药服务信息实时采集、行为实时监控、结果实时评价的全过程动态监管；医保基金监管平台与"信用南宁"系统（含"信用南宁"网站、"信用南宁"微信公众号、"爱南宁APP"的"信用南宁"模块）、南宁市公共信用信息共享平台联通，将医保信用监管纳入社会信用管理，实现信息共享、联合激励及惩戒，创建基于信用监管的创新型医保基金监管"南宁模式"，并以"良好"等级成绩通过国家医疗保障局试点工作终期验收。

【医疗保障信息化】 2021年11月26日至12月12日，南宁市实施国家医疗保障信息平台切换上线；12月13日，正式对外办理医保业务。年内，市本级受理业务201万件，其中线上办理103万件、线下服务大厅办理98万件。（磨 嘉）

住房保障

【概 况】 2021年，南宁市新开工建设市本级公租房2275套，完成年度目标任务113.75%；发放公租房货币补贴1.08万户，完成率135.48%；市本级公租房新增申请家庭2.63万户，新增分配1.39万套（含人才公寓1389套），累计市本级政府管理的公租房分配入住4.88万套。开始筹集保障性租赁住房，开工建设28个项目、1.35万套（间），完成年度筹集任务97.19%。市住建局组织开展全市农村房屋安全隐患排查整治，排查农房121.09万栋，初判存在隐患的农村房屋3856栋，采取措施完成整治。全市住房公积金个人账户103.87万户，比上年增长7.86%，超额完成账户增长率3%的年度目标任务；住房公积金缴存额121.38亿元，增长14.64%，完成年度目标任务109.36%；提取住房公积金84.13亿元，增长0.79%，完成年度目标任务107.86%；发放个人住房公积金贷款0.93万笔44.25亿元，增长9.82%，完成年度目标任务109.26%。住房保障方面存在公租房轮候量大、可供房源少的供求矛盾问题，公租房的后续动态管理、小区智慧化管理等问题日益凸显；住房公积金管理存在贷款逾期率控制压力较大，受新冠肺炎疫情等因素叠加影响，住房公积金贷款逾期率较高，催收难度大。（潘欣 潘莹）

【保障房建设】 2021年，南宁市开始筹集保障性租赁住房，实现应保尽保，逐步形成涵盖公租房、保租房、经济适用住房、限价商品住房在内的多层次住房保障体系。自治区下达南宁市新开工公租房任务2000套、公租房货币补贴任务8000户，南宁市新开工建设公租房2275套，完成年度目标任务113.75%；发放公租房货币补贴1.08万户（低收入家庭3572户、非低收入家庭7266户），完成率135.48%；市本级公租房新增申请家庭2.63万户，新增分配1.39万套（人才公寓1389套），累计市本级政府管理的公租房分配入住4.88万套。新增公租房资格审核2.63万户，其中低收入住房困难家庭1221户、非低收入住房困难家庭2.50万户。做好人才安居保障，启动高坡岭人才公寓普通人才住房分配5批次、1460套。分配经济适用房3173套，惠及住房困难群众9500人；审核经济适用房转全产权、上市交易1325套。12月31日，市本级公租房轮候家庭2.80万户，分配公租房房源不足4000套。自治区下达南宁市保租房筹集任务1.39万套（间），南宁市开工建设28个项目、1.35万套（间），其中建成11个项目、4000多套（间）。推出经济适用住房房源7095套。第二次修改《南宁市经济适用住房管理办法》（2015年发布实施）。9月17日，中共中央政治局常委、国务院总理李克强到南宁市仙葫苑公租房小区考察，对南宁市公租房建设管理做法给予肯定，要求总结推广。9月25日至27日，住房和城乡建设部会同国务院办公厅、国家发展改革委组成调研组到南宁市调研，形成《关于南宁市发展小户型公租房让更多住房困难群众得到兜底保障有关情况的调研报告》，总结南宁市公租房建设管理的6条典型经验做法：市委、市政府切实履行兜底保障职责，坚持户型小租金低，坚持保基本兜底线，坚持人性化智慧化运营，坚持严格退出管理，科学谋划"十四五"住房保障规划。9月30日，李克强总理在调研报告上批示：好的经验应予总结推广。南宁市公租房建设管理"南宁经验"获2021年度自治区绩效考评"一票肯定"。

【农村住房安全保障】 2021年，南宁市完成自治区下达农村危房改造（含抗震改造）任务1018户，保障农村低收入人口基本住房安全。市住建局组织开展全市农村房屋安全隐患排查整治，排查农房121.09万栋，初判存在隐患的农村房屋3856栋，采取措施完成整治。建立农村住房安全保障动态监测机制，重点监测房屋结构为土木、砖木及20世纪90年代以前建设的房屋、地质灾害易发隐患区域住房，发现问题及时处置；加强宣传引导，提高农户安全意识，组织各县（市、区）住建部门对辖区农村住房安全状况开展巡查，确保动态监测规范化、制度化、常态化。（潘 欣）

【住房公积金管理】 2021年10月，南宁住房公积金管理中心（简称"南宁公积金管理中心"）调整内设机构并优化相关职能。全市住房公积金个人账户103.87万户，比上年增长7.86%，超额完成账户增长率3%的年度目标任务；住房公积金缴存额121.38亿元，增长14.64%，完成年度目标任务109.36%；提取住房公积金84.13亿元，增长0.79%，完成年度目标任务107.86%；发放个人住房公积金贷款0.93万笔44.25亿元，贷款发放额同比增长9.82%，完成年度目标任务109.26%；回收个人住房公积金贷款18.70亿元，增长5.23%，完成年度目标任务101.08%；个人住房贷款率73.27%；住房公积金贷款逾期率0.07%，完成贷款逾期率控制在0.08%（含）以内的目标任务。

2021年，南宁住房公积金管理中心良庆营业部为缴存职工办理"跨省（城）通办"业务

南宁公积金管理中心提供

实现住房公积金增值收益4.74亿元,增长40.77%,完成年度目标任务103.09%。推进网上业务大厅、微信公众号线上办理业务,线上办理个人业务22.12万笔、住房公积金归集业务20.21万笔、住房公积金贷款预审180多笔,办理约定提取转款3万多笔、对冲还贷业务2000多笔。注册南宁公积金管理中心微信公众号人数突破75万人,市县(武鸣区、横州市、宾阳县、上林县、马山县、隆安县)业务办理离柜率60.12%,城区(兴宁区、江南区、青秀区、西乡塘区、邕宁区、良庆区)业务办理离柜率65.93%以上。优化服务网点业务大厅分区功能,设置综合业务柜、委贷银行服务柜,实现住房公积金提取、贷款等业务"一窗受理、一站式服务、一柜台办结"。落实首问负责制、一次性告知制和限时办结制,让群众"只跑一次,一次办结"。实施"延时服务""上门服务""现场办公"制度,满足企业群众多样化需求。推进住房公积金高频服务事项"跨省通办",开设"跨省通办"服务窗口17个,实现住房公积金单位登记开户、住房公积金单位及个人缴存信息变更、购房提取住房公积金、开具住房公积金个人住房贷款全部还清证明、提前结清住房公积金贷款5项服务事项"跨省通办"。推进住房公积金、人社业务"打包办",实现"一号登记,一网通办";实现企业设立(注销)登记与住房公积金缴存登记(注销)同步办结。

住房公积金缴存 3月1日起,南宁公积金管理中心开展灵活就业人员缴存住房公积金业务,将自由职业者、个体工商户、进城务工人员等灵活就业人员纳入住房公积金制度范围,引导灵活就业人员自愿缴存住房公积金,扩大住房公积金制度受益覆盖面。年内,有861名灵活就业人员办理住房公积金开户,缴存651.44万元。11月29日,《南宁住房公积金管理委员会关于印发南宁住房公积金缴存管理办法的通知》发布;明确南宁市住房公积金缴存范围、单位应当办理住房公积金缴存登记、缴存基数标准、缴存比例、困难单位降低缴存比例或缓缴住房公积金政策;自2022年3月1日起执行,有效期五年。7月13日,经南宁住房公积金管理委员会授权,南宁公积金管理中心调整2021年度住房公积金缴存基数上下限;明确全市2021年度住房公积金月缴存基数上限为24270元(比上年增加1524元),单位和个人月缴存额上限各为2912元,合计为5824元,住房公积金月缴存基数下限为1810元;企业可在5%~12%范围内自主确定住房公积金缴存比例;自2021年1月1日起执行。新开办企业同步通办住房公积金缴存登记6.46万家。1.32万个单位实现与社保数字证书共享。

住房公积金提取 11月29日,《南宁住房公积金管理委员会关于印发南宁住房公积金提取管理办法的通知》印发;明确住房公积金提取范围、异地房提取范围、提取额度,规范提取业务办理与审核,严惩违规提取住房公积金行为;自2022年3月1日起执行,有效期五年。落实"租购并举"(对具备购房能力的常住人口,支持其购买商品住房;对不具备购房能力或没有购房意愿的常住人口,支持其通过住房租赁市场租房居住;对符合条件的低收入住房困难家庭,通过提供公共租赁住房或发放租赁补贴保障其基本住房需求)住房制度,支持市无房缴存职工提取住房公积金支付房租,实现无房缴存职工享受制度普惠性。年内,全市办理租房提取11.48万笔、8.63亿元;办理约定提取业务3.08万笔、6.12亿元。办理住房公积金异地转入8137笔、1.16亿元,异地转出4498笔、1.04亿元。

住房公积金贷款 11月29日,《南宁住房公积金管理委员会关于印发南宁住房公积金个人住房贷款管理办法的通知》印发;明确个人住房贷款最高贷款额度从60万元提高至70万元,北部湾同城化贷款范围新增玉林市、崇左市,取消第二套房贷款房屋面积限制,引入"多存多贷""长存多贷"理念,实行存贷挂钩政策,合理调整住房公积金贷款存贷比例机制;2022年3月1日起执行,有效期五年。6月,中信银行实现商业贷款转住房公积金贷款顺位抵押贷款业务,南宁公积金管理中心的7家委贷银行(建设银行、农业银行、交通银行、工商银行、中国银行、广西北部湾银行、中信银行)及1家非委贷银行(招商银行)在兴宁区、江南区、青秀区、西乡塘区、邕宁区、良庆区实现商业贷款转住房公积金贷款顺位抵押贷款业务;推进商业贷款转住房公积金贷款顺位抵押贷款业务受理范围向武鸣区、横州市、宾阳县、上林县、马山县、隆安县扩展,实现全覆盖。年内,全市受理审批并发放商业贷款转住房公积金贷款顺位抵押贷款2316笔、10.49亿元。落实高层次人才使用住房公积金贷款政策,全市发放高层次人才住房公积金贷款21笔、1722万元。

住房公积金线上服务 6月30日起,南宁公积金管理中心开通售房企业网厅业务,实现楼盘封顶申请提交、贷款台账线上获取等功能,提高贷款办理效率。优化服务渠道(南宁公积金中心网站、12329服务热线、12329短信、网上业务大厅、查询终端、支付宝、微信公众号、微博、"爱南宁APP"),在网厅上新增"跨省通办"专栏和异地转入申请功能。完成12329服务热线与12345市民热线切换;接入全国住房公积金小程序,实现线上服务链接及住房公积金异地转移接续功能。实现缴存业务、购房提取、公积金贷款约定提取、商贷在线提取、租房提取、退休提取、离职提取、异地转移接续业务等全程网办;为缴存单位和个人提供"7×24"小时网上服务,实现"秒批"办结。市住房公积金提取业务离柜率61.60%。 (潘 莹)

水库移民

【概 况】 2021年,南宁市涉及移民安置水库51座,大中型水库移民后期扶持7.51万户41.40万人,纳入国家核定登记后期扶持人口指标41.40万人,分布在12个县(市、区)及南宁高新区、南宁经开区,涉及乡镇96个、村民委员会532个、村民小组3578个。市水利局开展水库移民后期扶持人口减员情况核查,自然减员3151人。核定登记市大中型水库移民后期扶持人口指标41.40万人。完成青秀库区那平江支流被淹土地签约2.14公顷,开展江南库区马巢河段5.61公顷土地剩余征地面积内分和计算工作;推进老口航运枢纽及邕宁水利枢纽工程库区项目一次性补偿工作。发放年度水库移民后期扶持补助资金2.45亿元,受益移民41.40万人。全市安排大中型水库移民后期扶持资金项目257个,总投资2.68亿元,受益人口15.26万人。主要存在病险水库等风险隐患问题。

【水库移民安置】 2021年,南宁市做好新建水电站建设征地移民安置规划前期工作。市水利局完成南宁抽水蓄能电站建设征地移民安置规划报告预审,组织项目业主、武鸣区政府、设计单位召开工作会议,研究解决实物指标调查与移民搬迁安置意愿调查工作问题,指导武鸣区开展4公顷移民安置点征地工作,组织商讨南宁抽水蓄能电站建设征地移民安置协议。做好乐滩水电站工程竣工、马山县库区建设征地移民安置验收遗留问题处理工作,完成乐滩水电站工程马山县库区道路工程施工图设计预算审查与批复;配合做好红水河岩滩水电站水库移民遗留问题处理规划资金专项审计,指导宾阳县整改岩滩水电站水库移民遗留问题处理规划项目问题。推进老口航运枢纽及邕宁水利枢纽工程库区淹没土地后续征收工作。完成青秀库区那平江支流被淹土地签约

2021年9月28日，横州市莲塘镇开展水库移民辣椒种植技术送教下乡现场教学

梁莹　摄

2.14公顷，开展江南库区马巢河段5.61公顷土地剩余征地面积内分和计算工作；推进老口航运枢纽及邕宁水利枢纽工程库区项目一次性补偿工作。完成西乡塘库区金陵镇东南村大滩坡水利设施拦水土坝、邕宁库区蒲庙镇光和村那降那犁水井一次性补偿2处，补偿费用15.29万元；推进老口航运枢纽及邕宁水利枢纽工程项目复改建工作。协调解决隆安库区白马、宁江电灌站复改建工程、邕宁库区蒲庙镇光和村绿碧桥工程、邕宁库区五一电站拆除工程、江南库区金鸡段库岸防护工程增加投资等问题，完成江南库区部队码头防护工程施工便道所占用护坡绿化修复、进港道路、灌注桩临时筑岛施工平台、消防设施设计变更4处，涉及投资101.11万元。

【库区移民维稳】 2021年，南宁市水库移民管理部门维护库区和移民安置区社会稳定，处理群众来信来访79件，比上年同期下降48.70%，其中来信7件、下降89.55%，来访53批136人，分别下降39.08%、31.66%。各县（市、区）、开发区水库移民部门信访案件办结率100%。处理自治区水库和扶贫易地安置中心转办信访件2件，办结率100%。开展水库移民政策法规宣传和领导接访，走访移民173户326人。

【水库移民后期扶持】 2021年，南宁市开展大中型水库移民后期扶持人口管理工作，发放年度后期扶持补助资金2.45亿元，受益移民41.40万人。申报2020年新增5772人纳入市大中型水库移民后期扶持范围获水利部批复，全市大中型水库移民后期扶持人口核定登记指标41.40万人。完成大中型水库移民后期扶持"十四五"编制规划、小型水库库区和移民安置区基础设施建设暨经济发展"十四五"编制规划，大中型水库"十四五"编制规划投资41.91亿元。全市安排大中型水库移民后期扶持资金项目257个，总投资2.68亿元，受益人口15.26万人（受益水库移民14.27万人）。其中，基础设施项目201个，总投资1.34亿元，受益人口11.33万人（受益水库移民11.09万人）；整村提升项目6个，总投资9760.57万元，受益水库移民5984人；乡村振兴（产业开发）项目50个，总投资3724.45万元，受益人口3.33万人（受益水库移民2.58万人）。安排大中型水库库区移民发展专项资金3323万元，安排市本级财政资金4000万元建设水库移民基础设施项目49个，受益3.60万人，其中交通建设项目44个、硬化道路75.68千米，其他项目5个。落实水库移民建设资金3.12亿元（含城区配套资金、市本级财政资金），建设水库移民项目284个，其中整村提升项目19个、产业项目18个、其他基础设施项目247个，受益17.59万人（受益移民11.72万人）。

【水库移民教育培训】 2021年，南宁市以县（市、区）为基本单元，组织开展水库移民培训。采取依托学校培训形式，重点做好农村种养实用技术培训、就业技能培训，提高移民群众生产、就业技能，促进移民群众就业。全市依托学校、移民培训基地、社会培训移民教育14批次，培训移民5719人，其中依托学校培训1009人、社会培训4710人，培训学员均获结业证书，部分学员获资格证书。全市组织水库移民干部52人到浙江省浙江大学开展水库移民安置和后期扶持工作管理专题培训。

（卢明发）

关心下一代工作

【概　况】 2021年，南宁市有关心下一代工作委员会（简称"市关工委"）组织4910个。其中，市级关工委1个，县（市、区）、开发区关工委15个，乡镇（街道）关工委124个，村（社区）关工委1708个，学校关工委963个，直属机关关工委106个，企业关工委10个，村民小组、居民楼栋、社区网格等关工委1983个，成员1.45万人。全市参加关心下一代工作"五老"（老干部、老战士、老专家、老劳模、老教师）志愿者3.42万人。印发《绿城新蕾》6期3000多册，征订《中国火炬》3451本。强化"互联网＋关工"模式，在南宁市关心下一代工作网站发布文章196篇，"爱南宁APP"新增"快乐成长"板块上线并发布活动文图320篇（幅）。市关工委、市检察院建立未成年人综合保护与法治教育工作合作机制，维护青少年合法权益。在"桂志愿"系统新注册关心下一代志愿团2个，累计3个。市关工委、县（市、区）关工委参加自治区级以上业务培训班7批次32人；县（市、区）关工委举办培训17期。被《中国火炬》杂志社评为"标兵单位"的关工委2个（市关工委、马山县关工委），评为先进集体的关工委7个（武鸣区关工委、青秀区关工委、隆安县关工委、横州市关工委、良庆区关工委、上林县关工委、西乡塘区关工委）。确定第二批南宁市关心下一代党史国史教育基地5个（中国人民解放军粤桂边区纵队第八支队、横县、上林县人民政府成立纪念馆，马山县那马革命老区、黄大年同志先进事迹教育基地、武鸣区狮子山烈士陵园、南宁市第五中学爱国主义教育基地）。主要存在联席会议制度待健全，县（市、区）关工委工作发展不平衡、工作条件待改善，"五老"队伍建设需加强等问题。

【青少年思想道德建设】 2021年，南宁市开展"百名五老进校园，我为下一代讲党史"主题教育活动，组织"五老"宣传员进校园、进社区给青少年开展党史学习教育560场，受教育青少年27万人次。推进传承红色基因工程，国家公祭日、清明节期间，组织青少年学生祭奠英烈、瞻仰革命遗址421次，参加活动青少年30多万人次。"七一"期间，组织青少年开展诗朗诵、红色故事演讲比赛、党史知识竞赛、文艺会演、观看电影等庆祝活动670场次，参与活动青少年32万人。

【青少年普法教育】 2021年，南宁市各级关工委组织"五老"志愿者、法治副校长进校园、社区开展禁毒、防范校园欺凌、安全等法治宣传教育283场次，受教育学生10.07万人；举办法治教育专题讲座231场；组织学生观看法治教育视频500多场次，受教育学生12万人；学校通过主题班会等活动宣传《中华人民共和国未成年人保护法》《中华人民共和国预防未成年人犯罪法》《中华人民共和国义务教育法》《中华人民共和国治安管理处罚法》等法律法规。组织青少年学生到禁毒教育基地参观学习4次，参加活动青少年2000多人；开展"模拟法庭进校园"4次，参加活动青少年3000多人；组织青少年学生到消防大队参观学习消防知识1次，参加活动青少年60人。全市开展青少年法治教育活动1179场，受益学生34万人。 (潘美玉)

【"三结合"教育网络】 2021年，南宁市开展家庭教育活动197场次，通过互联网、电话开展教师家访活动60万次。市教育局组织开展"万名教师访万家"活动，入户家访7.53万次，构建学校、家庭、社区"三位一体"交流平台。组织全市师生参加2021年中华校园经典诵读比赛活动，30多万人次诵读古代、近代及现代作品422篇。搭建"爱·悦·读"活动在线平台供全市师生学习和阅读；开展"亲近母语 快乐阅读""阅读红色经典 点燃红色初心""暑假读一本好书"等主题活动和暑期读书教育活动；组织全市1.66万名师生参加自治区"书香校园·阅读圆梦"活动，提交作品2756件。市滨湖路小学("四季童耕"劳动美禾下共圆中国梦)、市安宁路小学("家校政企贯通"式环保劳动实践探究)、五象新区第一实验小学(率真童年 快乐劳动)、市第十四中学(寻味节令美食 体验劳动乐趣 中华饮食文化系列课程青团制作)、市第二十六中学(树木树人同心向党)、市第八中学高二13班(做"强国五色糯米饭"，品壮乡多彩文化大餐)、市第八中学(三月三美食"做与思"劳动活动课)、市第三中学五象校区(班级绿植种养活动)获评广西中小学劳动教育优秀案例。市民乐路小学(正面管教家长工作坊)、高新小学北校区(承家训家风 筑精神家园)、市明秀西路学校(感党恩 与爱同行)、市明秀东路小学(书香润童心 红色基因代代传)、兴宁区九曲湾小学(家校各美其美 学生勤善和美)、市南湖小学(阳光、志愿、奉献、示范)、市凤翔路小学(学党史、听党话、跟党走)获评自治区优秀家庭教育案例。市关工委通过"南宁空中家长学校"、家庭教育专题讲座、"专家与家长面对面"交流、微课推送等方式开展教育活动173场次，参与家长82.91万人次；与南宁日报社联合开展"南宁家庭教育百校公益行"系列活动，通过微信公众号线上课堂和邀请家庭教育专家深入学校巡讲等方式开展家庭教育活动24场，参与家长1.61万人次。市妇联联合各场馆开展"走进场馆 科学伴成长"主题活动18场，举办"童心向党 快乐成长""书香八桂 父母同行"等亲子活动。开展"父母成长计划"家庭教育大讲堂20场，受益家庭6520户。市委宣传部组织全市中小学校观看2021年广西"新时代好少年"先进事迹发布会，制作"新时代好少年"先进事迹展板在全市1400多所中小学展示。广西大学附属中学洪量、市第四十七中学石唯颂当选2021年度广西"新时代好少年"；石唯颂当选2021年度全国"新时代好少年"。全市兴建乡村"复兴少年宫"15所。

(潘美玉 叶 康 周燕丽 李 强)

2021年4月24日，市关工委、马山县关工委、马山县教育局、合众人寿广西分公司到马山县龙琴小学开展"乡村振兴·播种希望"合众助学马山龙琴小学公益活动 市关工委提供

【关爱帮扶】 2021年，南宁市发动"五老"志愿者、爱心组织、爱心人士关爱帮扶困境青少年及农村创业青少年。4月24日，市关工委、马山县关工委、马山县教育局、合众人寿广西分公司到马山县龙琴小学开展"乡村振兴·播种希望"合众助学马山龙琴小学公益活动，捐赠善款3.39万元。5月28日，市民政局、市妇联、市关工委联合南宁北海商会、南宁女企业家协会在南宁市明天学校开展广西南宁市第二届"阳光儿童励志奖""困境儿童关爱之星"慰问活动，24名孤儿学生获"阳光儿童励志奖"，每人获南宁女企业家协会奖励1000元，18名村(居)委儿童主任获评"困境儿童关爱之星"，每人获南宁北海商会奖励2000元。市关工委为市励志专门学校学生举办思想品德和励志成才教育讲座，发动县(市、区)关工委参与励志专门学校前三期结业的120名学生离校后的矫治帮扶；联合广西红十字民族教育助学协会及其他爱心组织向武鸣区太平镇庆乐小学捐赠价值3万元的教学器材、书籍、校服；到邕宁革命老区汉林小学开展"老少牵手·情暖童心"慰问活动，赠送学校价值2万元的文体用品。邕宁区关工委开展关爱帮扶困境青少年活动，筹措资金12.68万元，帮扶523名困境青少年；邀请专家给农村创业青年进行种植沃柑、火龙果及养猪等技术培训10期，受益青年760人次；编印《乡村振兴 科普助力》《居民健康知识科普手册》等科普宣传教育读本3000多册，开展科普宣传技术咨询和"健康科普进社区"知识讲座7场，发放科普资料6000多份(册)，受益青年800多人次。上林县关工委组织爱心企业、爱心人士筹措资金18.10万元资助贫困学生；横州市关工委发动"五老"志愿者、爱心企业筹措资金6.18万元慰问困难学生403人；兴宁区关工委慰问进城务工人员子女338人；西乡塘区关工委组建志愿者队伍，结对帮扶130名孤儿；宾阳县关工委开展"送社会关爱""把爱带回家"等关爱留守儿童主题活动9次，参加活动3000人。广西红十字民族教育助学协会组织马山县、上林县、隆安县等7个县(市、区)偏远山区的59名优秀乡村小学教师参加第四届"祥梦园丁奖"优秀乡村小学教师夏令营活动；资助上林县、横州市25名困难学生助学金3.70万元。

(潘美玉)

社会事务

【概 况】 2021年，南宁市新登记成立社会组织307家，其中市本级128家。全

2021 年 7 月 28 日，2021 年南宁市民政局"幸福婚姻 · 美满家庭"系列主题讲座（良庆区）在良庆区那马镇政府五楼会议室举办 良庆区民政局提供

市社会组织 4897 家，其中市本级 1194 家，社会组织数位居自治区首位。推广乡镇（街道）社会工作服务站建设，建成乡镇（街道）社工站 41 个，占全市乡镇（街道）总数 32.28%。在自治区率先实现内地居民婚姻登记"全市通办"；全年办理婚姻登记 6.24 万件，合格率 100%，其中办理结婚登记 4.02 万对、离婚登记 1.20 万对、补领婚姻登记证 1.02 万件。办理收养业务 199 例。全市 60 岁及以上老年人口 128.93 万人，占全市人口 16.10%；有医养结合机构 60 所，数量居自治区首位；"三元"（医院—社区—家庭）联动医养结合服务模式获国家卫健委向全国推广。实施殡葬服务设施建设三年行动计划（2021—2023 年），推进城市公益性公墓建设。主要存在殡葬服务基础设施薄弱、有效供给不足，城市公益性公墓和经营性公墓较少等问题。

（赵　君　李道松　刘海云）

【婚姻登记】 2021 年，南宁市实施离婚冷静期制度，开展婚姻家庭辅导。全年办理结婚登记 4.02 万对（内地居民登记 4.02 万对、涉外登记 234 对），比上年下降 5.85%；办理离婚登记 1.20 万对（内地居民登记 1.20 万对、涉外登记 20 对），比上年下降 38%；补领婚姻登记证 1.02 万件（内地居民登记 1.02 万件、涉外 12 件）。"5·20"办理结婚登记 1521 对，比上年同期减少 264 对。6 月，全市开通婚姻登记网上预约服务，当事人可通过登录"爱南宁 APP"、"爱广西" App、市民政局网站、"南宁民政"微信公众号、自治区民政厅网站 5 个渠道预约办理婚姻登记。6 月 18 日，南宁市率先在自治区实现内地居民婚姻登记"全市通办"；至年底，为符合通办条件的 3681 对新人办理婚姻登记；市民政局开展内地居民婚姻登记"全市通办"经验做法获自治区民政厅向自治区推广。市民政局与市家元社会工作服务中心合作，在兴宁区、青秀区、江南区、西乡塘区、邕宁区、良庆区开展"幸福婚姻 · 美满家庭"系列主题讲座 12 场次，受教育群众 700 多人次。举办全市婚姻登记业务培训班 1 期，培训 28 人；组织 50 人参加自治区婚姻登记员、颁证员培训。 （李群峰）

【收养登记】 2021 年，南宁市 13 个收养登记处办理收养业务 199 例，其中收养登记 198 例，撤销收养登记 1 例；未办理涉华侨、港澳台收养登记。 （马　翔）

【社会工作】 2021 年 7 月，南宁市有社会工作服务机构 78 家（新登记 18 家），其中市本级 61 家（新登记 9 家），县（市、区）17 家（新登记 9 家）；有从业人数 1162 人。在全国社会工作信息系统注册社会工作服务机构 41 家，持证社工 1076 人。加强社工人才培养，开展 2021 年社会工作职业资格（初级）考前培训，培训 1200 多人；参加 2021 年社工资格考试报名 4022 人。启用南宁市"智慧人才"一体化服务平台，落实社工人才奖励政策，发放奖励金 143 人次、40 万元。推广乡镇（街道）社会工作服务站建设，建成乡镇（街道）社会工作服务站 41 个，占全市乡镇（街道）总数 32.28%，完成自治区任务 107.61%。乡镇（街道）社会工作服务站累计为 6474 人提供服务，其中服务社会救助领域 2248 人、养老服务领域 2685 人、儿童关爱领域 1476 人、其他领域 65 人；入户走访 399 户；开展个案服务 30 个；开展社区活动 72 场次；培育志愿者 258 人，累计服务时长逾 5000 小时。推广使用全国志愿服务信息系统 2.0 版，12 月 31 日，系统显示注册志愿者 158.96 万人，志愿队伍 5963 个，服务时长 1769.41 万小时。探索建立养老领域志愿服务时间银行制度，将市社会福利院、广西重阳老年公寓、市五象养老服务中心（市第二社会福利院）、市新阳真情养老院、南宁美好家园养老院 5 家养老服务机构列为养老志愿服务时间银行试点单位。 （李道松）

【社会组织登记管理】 2021 年，南宁市新登记成立社会组织 307 家，其中市本级 128 家（社团 40 家、民办非企业单位 88 家）。全市有社会组织 4897 家，其中市本级 1194 家；注销社会组织 106 家，其中市本级 12 家。取缔非法社会组织 2 家。登记审批异地商会 24 家，其中市本级 23 家。南宁市社会组织孵化基地以"孵化初创期社会组织"为核心，全年举办各类培训、座谈 18 场，培训约 800 人次，为入驻社会组织提供咨询服务 504 次；办理 9 家社会组织出壳手续，招募第 6 批共 7 家社会组织入驻孵化基地，累计入驻市社会组织孵化基地社会组织 22 家，其中社团 3 家、民办非企业单位 19 家，采取壳内孵化 16 家、壳外孵化 6 家。开展市本级社会组织评估，完成等级评估 16 家，评出 AAAAA 等级社会组织 7 家（市慈善总会、市民营企业家联合会、南宁衡阳商会、南宁湘潭商会、市乐益行社会工作服务中心、市彩虹社会工作服务中心、南宁商贸学校），AAAA 等级社会组织 5 家（市基层法律服务工作者协会、南宁宜春商会、青秀区竹溪社区老年养护中心、市吉宣亚职业培训学校、市丽竹职业培训学校），AAA 等级社会组织 4 家（南宁康之桥职业培训学校、市优势职业培训学校、南宁菏泽商会、市早期教育职业培训学校），给予获等级的社会组织 1000 元～10000 元奖励。委托第三方机构抽审 80 家社会组织年度财务情况；组织开展 2020 年度市本级社会组织年检，参检 692 家，合格 631 家、基本合格 60 家、不合格 1 家。 （赵　君）

【老龄事务】 2021 年，南宁市 60 岁及以上老年人口 128.93 万人，占全市人口 16.10%。全市百岁老人 850 人，比上年增加 105 人，增长 14.09%，其中男性 141 人、比上年增加 28 人、增长 24.78%，女性 709 人、比上年增加 77 人、增长 12.18%。兴宁区百岁老人 34 人，江南区百岁老人 28 人，青秀区百岁老人 69 人，西乡塘区百岁老人 45 人，邕宁区百岁老人 33 人，良庆区百岁老人 38 人，武鸣区百岁老人 92 人，横州市百岁老人 118 人，宾阳县百岁老人 120 人，上林县百岁老人 89 人，马山县百岁老人 120 人，隆安县百岁老人 54 人，南宁高新区百岁老人4人,南宁经开区百岁老人2人,广西—东盟经开区百岁老人4人。实施"智慧助老"行动,订购、发放《玩转智能手机》200本,开展智能手机助教活动1165场次,服务老年人1.89万人。全市投入199.81万元,开展"敬老月"主题活动。制发老年健康核心信息宣传折页1100份、敬老雨伞1100把、敬老帆布袋1000个、长者旅行洗漱杯500个等物品;开展"银龄行动",参加活动老年人569人。全市走访慰问老年人5310人次,其中慰问在党50年老党员403人;参与服务老年人志愿者1.89万人次;开展健康教育和国情教育71场次,受教育5029人次;开展义诊85场次,受益6167人次;制作宣传板报、横幅181个,发放宣传资料1.66万份。创建老年友好型社区,青秀区新竹社区、凤岭北社区、江南区二桥西社区、西乡塘区万力社区、良庆区坛良村、隆安县震东社区6个社区入选首批全国示范性老年友好型社区。

【老年健康与医养结合】2021年,南宁市开展老年健康宣传活动,利用世界卫生日、老年健康宣传周等普及老年健康科普知识,开展"百场老年健康教育进村(居)"活动。开展老年健康促进行动,全市65岁及以上老年人群体中实施老年人健康管理项目,老年人城乡社区规范健康管理服务率72.04%。推进老年友善医疗机构创建,在市第一人民医院、第二人民医院等医疗机构试点实施老年候诊专区、老年挂号专窗,普通门诊免诊查费等优待政策。将社区医养结合服务中心建设项目纳入2021年市政府为民办实事项目,完成建设任务并投入使用,提升社区医养结合服务供给能力;新建横州市陶圩镇中心卫生院、市军队离休退休干部望州路休养所、市安吉真情养老服务中心、邕宁区银龙社区卫生服务中心、广投颐嘉·金象苑养老服务中心5个社区医养结合服务中心。全市建成医疗机构执业许可证、养老机构设立许可证"两证齐全"医养结合机构60所,数量居自治区首位,其中养老机构35所(养中有医)、医疗机构21所(医中有养)、嵌入式医养结合机构4所。8月18日,国家卫健委第119期《卫生健康工作交流简报》刊登《广西壮族自治区南宁市探索"三元"联动医养结合服务模式》,向全国推广南宁市探索社区医养结合的经验做法。 (龚可奉　陆潇玲)

【殡葬服务】2021年,南宁市各殡仪馆火化遗体2.82万具,其中市殡仪馆1.66万具、武鸣区殡仪馆0.50万具、横州市殡仪馆0.30万具、宾阳县殡仪馆0.36万具。全市免除城乡困难对象基本殡葬服务费用1866.32万元。市殡葬服务管理处在媒体公示无人认领遗体201具,完成疑难遗体处置201具。新冠肺炎疫情防控常态化条件下,服务祭扫群众58万多人次,投入保障工作人员4638人次,疏导机动车辆10万多台次。4月、10月,举办公益花坛葬安葬仪式2次,安葬骨灰139具。实施殡葬服务设施建设三年行动计划(2021—2023年),推进城市公益性公墓建设。市马岭公益性公墓二期开工建设,马岭公墓业务大楼正式启用,销售收入5000万元;武鸣凤凰山陵园墓穴销售1688个。拨付福彩公益金20万元,支持开展全市32个红白事服务中心建设试点工作,其中武鸣区伏林村被列入自治区乡风文明建设十大典型案例。 (刘海云)

应急管理

【概　况】2021年,南宁市应急管理局(简称"市应急局")聚焦服务保障首府高质量发展,坚持问题、目标和结果导向,坚持创新驱动,在理论武装、责任体系、防控体系、指挥体系、机制创新、基层基础、队伍建设上下功夫,有效化解存量风险、防范增量风险。全市无重特大事故发生,安全生产形势总体稳定。南宁市被国务院安委办列为全国18个城市安全风险综合监测预警平台建设试点之一。市消防救援支队在2021年全区消防救援队伍"壮鹰竞桂"比武竞赛中获10个项目第一,7个项目第二,3个项目第三,团体总分第二名的成绩;在2021年全区火灾调查暨新闻宣传比武竞赛中获火调比武团体二等奖、新闻宣传比武团体一等奖。主要存在重点行业领域事故防控压力大,安全防范、监管执法和救援处置能力待提高,城中村、老旧小区、群租房等消防基层基础设施不完善,少数县(市、区)存在"重检查、轻处罚"现象等问题。

【应急监测预警与处置】2021年,市应急局按月编制《突发事件定期会商报告》;继续承担市新冠肺炎疫情防控指挥部应急联络组工作职责,协助卫健、公安、工信等部门核查掌握疫区人员动向,组织协调应急处置力量。市应急指挥中心全年受理电话1.24万个,处置突发事件1251起,其中较大或较为敏感事件27起,编制发送《应急信息直报》短信1.5万条,通过突发事件预警信息发布系统发布防汛、预警和提示类短信1200万条次。市应急局参与7次较大以上突发事件的应急调度和现场协调保障工作;点名检查市政府职能部门、基层单位、重要企业、应急队伍值班值守情况752次。市防汛抗旱指挥部启动市洪涝灾害四级应急响应3次、三级应急响应1次。南宁地震台网中心监测到广西区内地震84次,其中南宁市行政区内5次(11月28日23时55分江南区苏圩镇1.6级地震,11月30日17时38分上林县大丰镇2.0级地震,12月7日13时31分隆安县那桐镇1.7级地震,12月7日19时44分横州市3.0级地震,12月11日22时37分隆安县古潭乡2.1级地震)。市城市应急联动中心接听119、120报警电话46.83万个,日均1283个,其中120报警电话31.40万个、占报警总量67.04%,119报警电话15.44万个、占报警总量32.96%;接听咨询类电话1.75万个,日均48个,其中120咨询1.34万个、119咨询4030个;受理有效警情10.30万起,日均282起,其中120警情8.96万起、119警情1.33万起;应急联动系统受理联动警情4.57万起,日均125起。健全完善应急联动机制处置社会联动事项工作,将全市各县(市、区)政府及各开发区管委会纳入市社会应急联动体系。全年联动处置专席应急事件1.19万起,日均33起。完成应急联动系统巡检维护、故障处置790次,无线集群系统全年发起呼叫96万次,为第18届中国—东盟博览会、中国—东盟投资与商务峰会等重大活动,以及为公安出警、医疗急救、消防救援等提供600台对讲机应急保障通信。市消防救援支队接警出动1.13万次,抢救被困人员421人次,抢救财产价值0.34亿元;成功处置"2·28"笑笑建材市场火灾、"6·21"南乡镇红宜村坑洞救援、"10·12"五象大酒店火灾、"11·27"邕武路19号高峰花木篮市场火灾等灭火救援任务。创新推进市县两级城市火灾风险预警管控中心建设,整合物联网远程监管、网格化管理、电动车停放点监测、城市火灾高点监控和微信便民平台五大系统,构建"重点单位监管、火灾防控难点监测、社会末端巡查防控、发动群众参与防范、城市风险守夜巡防"五位一体的火灾风险监测预警体系。通过消防安全网格化管理系统,将全市7000多名基层网格员纳入消防巡防队伍,统筹指派网格员开展消防巡查10万次,处理隐患4.1万处。自主研发南宁消防便民平台,设立微信便民平台和96119举报投诉平台专门受理席,24小时受理、处置火灾隐患举报投诉;微信便民平台隐患随手拍3694处、96119受理群众举报投诉热线1981起。创新研发电动车车棚远程监控系统,动态巡管电动车停放点3500个、点式火灾自动报警装置5060个、电动车棚视频监控1.01万个,成功预警和处置电动车火灾事故8起。

（李松民　李诗婷　黄铭珩）

【应急救援队伍建设】 2021年，市应急局组建矿山、危险化学品专业救援队伍2支，队员59人；市住建部门组建地铁建设"两专一特"（两个专业化应急抢险队伍和一个特种作业队伍）抢险救援队，队员159人；市林业部门组建专业和半专业森林消防队16支，队员408人；市水利部门建立水上机动抢险队。市县两级救灾物资储备库根据实际储存保障受灾群众基本生活所需的应急物资。市消防救援支队组建100人的地震灾害消防救援重型专业队1支、40人的支队级抗洪抢险救援队1支、6人的站级抗洪抢险救援分队30支，完善石油化工灭火救援专业队、地下工程灭火救援专业队、高层建筑灭火救援队建设；招聘政府专职消防员183人。开展全市储能电站专项调研，做好储能电站火灾扑救灭火救援准备工作；组织支队级化工灭火救援专业队开展实战效能测试，提升化工灭火救援实战能力；组织537名基层指战员开展紧急救援小组、攻坚组、水域山岳救援、班长骨干、潜水救援、游泳等培训，年内新增资质认证航空索降员2人、激流安全救援5人、舟艇安全救援10人、潜水救援（达到AOW以上）7人、地震救援11人；完成各级灭火救援综合演练5次，开展地震、水域、石油化工、地下、大型综合体等综合实战拉动演练8次，"六熟悉"（熟悉辖区交通道路、消防水源情况，熟悉消防安全重点单位数量、分类和分布情况，熟悉消防安全重点单位建筑物结构和使用情况，熟悉消防安全重点单位重点部位情况，熟悉消防安全重点单位内部消防设施和消防组织情况，熟悉辖区主要灾害事故类型和处置对策、基本程序）及桌面推演22次，实战演练1680次，制定二维交互式预案756份。全市累计建成乡镇微型消防站72个；年内，全市微型消防站出警453起，抢救被困人员54人，挽救经济财产587.2万元。推进八桂应急先锋社区响应队示范点建设，在全市1820个村（社区）成立八桂应急先锋社区响应队，队员3.4万人；在青秀区南湖街道凤岭北社区、津头街道秀山社区、横州市那阳镇那市社区、西乡塘区石埠街道忠良村委举办培训班10期，培训2000人次，组织现场演练120场；市八桂应急先锋社区响应队排查灾害风险点3260处，治理事故隐患5364处，开展群众性防灾减灾宣传206场次，组织社区开展应急演练1536场次，先期处置突发苗头性事件63起。

（李松民　黄铭珩）

【应急预案体系建设】 2021年，市应急局修订突发事件总体应急预案及专项预案，明确各级各部门应对事故灾难和自然灾害的工作职责、协同机制和保障措施。督促编修县（市、区）应急预案107个、乡镇应急预案863个、社区应急预案9504个、企业应急预案9117个，形成覆盖市县乡社区（企事业单位）四级应急预案网络。市级层面建立总体应急预案1个，专项应急预案41个（自然灾害类11个、事故灾难类15个、公共卫生类6个、社会安全类9个），部门预案23个；县（市、区）层面建立总体应急预案15个，专项应急预案193个；企业层面按照"一企一案"，建立综合预案9077个、专项预案2.72万个、现场处置方案3.03万个，形成首府应对突发事件的总体"作战方案"。指导市直有关部门开展防汛抢险、轨道交通运营等突发事件综合演练7个；带动各级各部门、各企业开展综合或专项演练，其中县（市、区）演练15次、乡镇（街道）演练152次、村（社区）演练1347次、企业演练9218次，现场处置方案演练1.73万次。

2021年5月21日，南宁市2021年防汛抢险救援应急演练在邕宁区蒲庙镇八尺江龙岗大桥沿岸举行　　市应急局提供

【安全生产事故统计直报】 2021年，南宁市通过生产安全事故统计信息直报系统报送发生各类生产安全事故370起，造成282人死亡、233人受伤，直接经济损失7992.02万元。事故起数、死亡人数、受伤人数分别比上年减少62起、10人、78人，下降14.4%、3.4%、25.1%，直接经济损失增加2769.57万元，上升53%。全市发生较大事故4起（道路运输事故3起、建筑施工事故1起），造成14人死亡、17人受伤（重伤3人）。发生道路运输领域事故281起，造成197人死亡、213人受伤，事故起数、死亡人数、受伤人数分别下降19.7%、10.9%、25.5%。发生工矿商贸领域发生事故72起，造成68人死亡、16人受伤，事故起数、受伤人数分别减少4起、7人，下降5.3%、30.4%，死亡人数增加1人，上升1.5%。其中，金属非金属矿山事故2起、2人死亡、0人受伤，事故起数、死亡人数分别上升100%、100%，受伤人数与上年持平；建筑施工事故51起、49人死亡、14人受伤，事故起数、死亡人数、受伤人数分别上升18.6%、32.4%、16.7%；轻工事故6起、5人死亡、1人受伤，事故起数上升20%，受伤人数增加1人，死亡人数与上年持平；机械事故1起、1人死亡、0人受伤，事故起数、死亡人数、受伤人数分别下降83.3%、80%、100%；有色事故（有色金属冶炼和压延加工业事故）1起、1人死亡、0人受伤，事故起数与上年持平，死亡人数增加1人，受伤人数下降100%；建材事故4起、4人死亡、0人受伤，事故起数、死亡人数与上年持平，受伤人数下降100%；工商贸其他事故7起、6人死亡、1人受伤，事故起数、死亡人数、受伤人数分别下降56.3%、60%、75%。发生铁路运输领域事故3起，造成3人死亡、0人受伤，事故起数上升50%，死亡人数增加3人，受伤人数下降100%。发生农业机械领域事故2起，造成2人死亡、0人受伤，上年该领域无事故。其他领域事故12起，造成12人死亡、4人受伤，事故起数、死亡人数分别上升300%、300%，受伤人数增加4人。

【危险化学品、烟花爆竹、工矿商贸行业安全生产监管】 2021年，南宁市有6家危险化学品企业搬迁改造企业列入国家清单、3家列入自治区清单，均完成改造并通过安全专项验收和综合验收。市应急局与消防部门共建重大危险源企业联合监管机制,开展全覆盖专项督导2次、危险化学品安全风险隐患专项排查治理专项行动1次;推进16家重大危险源企业接入国家、自治区危险化学品安全风险监测预警系统,完成率100%;推动危险化学品企业完成隐患整改1002项;率先在自治区应急系统开展"小化工"安全专项整治,初步完成432家企业风险排查,筛选28家化工企业并完成安全状况评估。南宁市推进矿山机械化、自动化、信息化建设和煤矿"一优三减"(优化生产布局,减水平、减采区、减工作面)工作,对全市95家生产和基建矿山进行整体安全风险等级评估。持续开展煤矿淘汰落后产能、尾矿库、露天矿山、外包工程整治等专项行动,责令暂停施工矿山5家,清退不符合资质项目部1家,立案处罚承包单位1家、罚款2.50万元。检查危险化学品企业180家次,烟花爆竹批发企业80家次,督促烟花爆竹批发经营单位完成隐患问题整改85项,关闭不符合安全条件烟花爆竹零售店40余家。市应急管理系统监督检查生产经营单位3948家次,其中煤矿、非煤矿山309家次,危险化学品企业535家次,烟花爆竹企业278家次,工贸企业1955家次,其他类871家次;实施行政处罚540次,罚款2710.29万元(监督监察罚款857.77万元、事故罚款1852.52万元)。(李松民)

【安全事故查处与隐患督办】 2021年,市应急局完成4起较大事故调查和1起社会影响大的一般事故调查。严格落实事故责任追究,对7家事故责任单位及主要负责人进行行政处罚,罚款380.71万元,移交司法机关处理10人,问责相关行业监管人员38人,并将2个地方政府、4个有关部门及14名有关责任人员履职方面的问题、线索及相关材料移交市纪委监委处理。将武鸣区武鸣收费站至武华一级路道路安全隐患上报列为自治区重点监督整改的生产安全事故隐患项目,上林县新柳南高速上林东收费站至大丰进城道路项目3标段(K3+530—K3+710)挖山取土隐患等15项事故隐患列为南宁市重点监督整改隐患项目,并挂牌督办。市消防救援支队检查社会单位2.44万家,排查火灾隐患3.59万处,督促整改3.54万处;提请挂牌督办重大火灾隐患单位16家,其中自治区级2家、市级7家、县级7家;加强政法综治消防安全网格管理,派驻36名专职文员协管网格中心,全市7000名基层网格员开展消防网格排查7万余次;依托安全生产专项整治三年行动,重点开展"四大高危"(高层建筑、地下空间、大型商业综合体、石油化工企业)和"三大不放心"(居民自建房、少数民族村寨、电动自行车充电和停放)等场所专项整治10次,推进易地扶贫搬迁安置点消防安全治理,开展学校、大型综合体、电动自行车规范停放场所消防标准化创建活动。调整确定全市消防安全重点单位2064家(一级重点单位11家、二级重点单位2053家),完善分级管控。

(李松民 黄铭珩)

【预防控制体系建设】 2021年,市应急局实行形势分析报告制度,编写印制《南宁市安全生产形势分析》蓝皮书,坚持每个季度综合分析安全生产形势,以典型案例剖析、事故防范提示等形式,对各级各部门提出事故防控工作对策和建议。开展安全生产专项整治三年行动,全面排查、整治安全隐患,突出重点行业领域专项整治,加强安全风险防控,强化各个环节的安全责任措施落实。成立各类检查组2.69万个,开展督导检查8.55万次,检查企事业单位14.16万家,发现问题5.20万个,排查隐患9.14万处并督促整改。动态更新"两个清单"(问题隐患和制度措施两个清单),上报突出问题36个、重大隐患项目96项、制度措施183条。8845家企业开展隐患自查自报,排查治理隐患5.43万处,自查自报率99.87%,隐患整改率99.94%。市应急局将广西马山县远洋工贸有限责任公司安全隐患等15个隐患项目列为年度市级重点督促整改对象,实行挂牌督办;完成危险化学品重大危险源普查、登记、辨识和建档工作,健全完善市县两级危险化学品重大危险源数据库,入库企业16家23处。南宁安全生产责任险投保单位1292家,保费1336.7万元,提供风险保障(保额)84.02亿元;报案324起,结案242起,赔付707.25万元。(李松民)

【重大活动与节假日安全保障】 2021年,南宁市在重要会议和各类重大活动举办期间均未发生社会影响较大的安全事故。市消防救援支队完成重要等级勤务安保156项。第18届中国—东盟博览会、中国—东盟商务与投资峰会期间,市消防救援支队成立安保工作领导小组,制定总体方案、工作组方案及涉会场所子方案26份;在核心区成立14个场馆酒店安保团队,确保100余场论坛活动消防安全;将会展中心划分7大区域、37个网格,25辆消防车、315名指战员实施网格化管控,服务保障905个展位10.2万平方米现场消防安全。国庆期间,组织各级消防队伍修订灭火救援预案13份,开展辖区熟悉演练128次,设置临时执勤点35个,出动车辆40辆,投入执勤力量242人,组织基层队站深入各旅游景区、人员密集和大跨度场所开展全装灭火实战演练63次;全市微型消防站落实24小时值班备勤,深入人员密集场所和大型景区巡查47次,开展消防安全宣传24次。

(李松民 黄铭珩)

【自然灾害防治与应对处置】 2021年,南宁市发生森林火灾6起(一般森林火灾1起、较大森林火灾5起),过火面积97.47公顷,受害森林面积27.75公顷。无重特大森林火灾发生,森林受害率控制在0.025‰,低于自治区0.8‰的目标任务。森林火灾发生率比上年下降68.42%,过火面积上升13.34%,受害森林面积上升230.75%。市应急局派出工作组95个次350人次到乡镇指导防御强降雨工作,组织开展山洪灾害危险区、地质灾害隐患点、城市内涝易发点及受山洪地质灾害威胁的道路、桥梁、学校、工矿企业、旅游景区等重点区域隐患排查,排查地质灾害隐患点1048处、山洪危害灾害危险区2273处、城市易涝点82处。出动冲锋舟15艘次、橡皮艇2艘次、抽水设备745台次、车辆4952辆次、救援人员2.40万人次,组织受洪水影响和居住低洼区域的群众转移避险,紧急转移安置人口1166人,无人员伤亡。实施南宁市第一次全国自然灾害综合风险普查,完成普查区划及普查工作培训;统筹协调自然资源、水利、林业、气象、住建、交通运输等部门推进行业领域自然灾害普查工作;基本完成应急系统自然灾害风险普查的调查工作。开展防汛防涝隐患排查整治,排查水库744座、水电站85座、堤防106.08千米,掌握山洪灾害危险区2273个、内涝易发区82处、地质灾害隐患点1048处,并督促整改。做好汛期应急处置,指挥调度各级出动备勤人员2.55万人,车辆或装备5291辆/次,抽水设备779台/次,发送预警短信1.02万条,启动防内涝四级预警34次、三级预警15次、二级预警2次,报送雨情报告24期。

【自然灾害救助】 2021年,南宁市遭受台风影响6次、较强降雨13次,发生局部内涝21次、突发性地质灾害20起,受灾人口17.72万人,紧急避险转移1725人,紧急转移安置33人,无人员伤亡;农作物受灾面积7101.13公顷,其中成灾面积2653.74公顷、绝收面积647.07公顷;倒塌居民住房10户14间,严重损坏居民住房7户17间，一般损坏居民住房88户117间；直接经济损失8871.64万元，其中农林牧渔业损失6846.9万元、工矿商贸业损失164.8万元、基础设施损失1338.57万元、公共服务损失137.68万元、房屋及居民家庭财产损失366.34万元、其他损失17.35万元。市应急局调拨横州市、宾阳县、上林县、隆安县救灾物资1415件支持开展低温冷冻灾害救助工作；发放重建补助资金19.20万元，重建住房6户18间，发放维修补助资金2.20万元，维修住房11户17间。发放救助资金539.69万元，救助2020—2021年度冬春期间受灾群众3.81万人。

【社区减灾准备认证与综合减灾示范社区创建】 2021年，南宁市1820个村(社区)全部完成减灾准备认证。全市投入财政资金238万元，推进综合减灾示范社区建设。全市申报全国综合减灾示范社区15个、自治区综合减灾示范社区22个，青秀区申报全国综合减灾示范县；兴宁区朝阳街道秀和社区、青秀区津头街道秀山社区等22个社区获评为2021年度“广西壮族自治区综合减灾示范社区”；累计有全国综合减灾示范社区52个、自治区综合减灾示范社区103个。 (李松民)

【应急宣传和培训】 2021年，市应急局围绕全市应急管理、安全生产、防灾减灾工作重点，组织策划2021年南宁市“安全生产月”启动仪式暨安全宣传进企业活动、广西壮族自治区暨南宁市2021年全国安全生产月“6·16安全宣传咨询日”活动、安全生产月暨安全生产专项整治三年行动现场会3场大型现场宣传服务活动，开展“安全生产八桂行”、安全宣传“五进”、“百千万科普计划”、新《安全生产法》解读与宣贯、安全生产隐患曝光、“5·12”防灾减灾宣传等专题活动。全市开展各类安全科普宣传主题活动2210场，3305家单位、企业参与，受众2480万人次，增强全民公共安全和防范风险意识，提高全社会预防与应急、自救和互救能力。自治区、市级媒体报道市应急局相关新闻及采用市应急局信息113篇次，电视采访市应急局15次，市应急局组织网络直播5次，25万余人观看网络直播。市应急局“两微一站”(微博、微信、网站)发布信息1620篇，其中原创新闻信息203篇。完成安全生产资格考试培训5.09万人次，其中特种作业4.19万人次、高危行业安全管理8593人。南宁应急消防科普教育基地挂牌“全区校外实践基地”“南宁市科普教育基地”，举办“119”启动仪式暨消防救援队伍改革转制三周年成果展；全年接待参观635次，服务群众4万余人。市消防救援支队在542个社区党群服务中心建立“云平台”消防宣传显示终端，远程推送消防安全视频；在全市800块交通电子屏、15个交通安全岛、200个安全护栏滚动播放消防宣传提示；在三街两巷历史文化街区打造特色消防宣传阵地，承办全区2021年粉丝嘉年华活动；开展“小火亡人”消防安全培训、敲门行动、畅通生命通道曝光行动等精准化宣传。与政法、教育、应急、共青团、科技等部门建立联动宣传机制。组织3000名网格员、村委巡查人员、小区物业管理员参加“小火亡人”消防安全培训班20场次；推广学校消防安全辅导员制度，108名指战员成为首批198所中小学校校外消防安全辅导员；在广西民族大学举办“防范风险　火炬行动”消防志愿服务进学校活动，组建“蓝焰青春”消防志愿服务社团；联合共青团市委开展“社区志愿行”活动25场。全年在央视播发新闻5条，中央媒体发稿338篇，省级媒体发稿414篇，原创微视频《定倾扶危》获评应急管理部微博政务春节特辑“人民守夜人”系列优质视频。

(李松民　黄铭珩)

编辑　钟婉悦

城市建设与管理

综　述

【城市品质提升】 2021年，南宁市推进自治区与市级层面统筹推进的重大基础设施项目262个，完成投资511.58亿元，完成年度计划投资110.88%。城市建设项目493个，计划总投资275.86亿元，完成投资311.80亿元，完成年度计划113.03%；列入城建重大项目建设倒排计划表项目78个，计划投资121.43亿元，完成投资156.60亿元，完成率128.96%；打通“断头路”3条，建成人行过街天桥3座；建设贵阳至南宁高速铁路、南宁至崇左城际铁路、南宁至玉林城际铁路项目3个。完成供水管网建设改造138.4千米，在建水质净化厂2座。新增市政燃气主、干支管106.06千米，敷设小区庭院管网618.62千米。出台广西首个共享电动自行车管理办法《南宁市互联网租赁自行车管理暂行办法》，建立企业服务质量考核与车辆配额动态调节机制，实现“奖优惩劣”。南宁轨道交通5号线开通初期运营，与已建成使用1号、2号、3号、4号线形成“跨江连城、贯穿城市东西南北”线网格局，累计轨道交通运营总里程128.2千米。建成地下综合管廊主体12.5千米，新增运营管理16.03千米。建成及在建防洪堤107.04千米，建成防洪排涝闸61座，防洪工程抵御超设防洪水73次。完成城镇老旧小区改造项目95个，建成棚户区改造房1.34万套、危旧房改造房1510套。

（梁尹彦　潘　欣　裴春香　蒋　蓉　赵国军　徐燕莲）

【城市管理精细化】 2021年，南宁市完善“美丽南宁·整洁畅通有序大行动”治理体系，融合创建全国文明城市、国家卫生城市指标，修订“大行动”考评办法，调整压实网格责任单位479个，处置考评案件200.65万件，督办乱象问题3.79万件。实施《南宁市建筑垃圾消纳设施两年建设规划（2021—2022）》《南宁市建筑垃圾治理及资源化利用专项规划（2019—2035）》，建筑垃圾资源化利用总量241万立方米，土方平衡总量2353万立方米，资源化利用率7.58%。强化扬尘污染治理，建立大气污染应急响应机制，按照预警响应督促建筑垃圾消纳场及时停工；开展市区主要道路积尘负荷走航监测，启用机动车排气污染遥感监测系统，新增机动车排气污染遥感监测点2个，遥感监测过往机动车209万辆。加强科技治尘应用，扬尘治理“慧眼”系统应用，接入工地、场站等扬尘污染源头监控238个，累计1140个，视频发现并推送案件2914起。实行“人防＋技防”相结合，加强卫星遥感监控系统、铁塔视频监控系统应用，监管、处罚违反秸秆禁烧行为277起，禁烧智能化监控系统火点处理率80.3%；启动污染天气预警响应13次，消除化解预报污染19天。加强市政设备维护和市容环境建设，完成路面维修22.38万平方米，人行道维修9.13万平方米；城市道路清扫保洁总面积7670.70万平方米，处理垃圾173.12万吨，城市生活垃圾无害化处理率保持100%；市管路灯年均亮灯率99.48%，照明设施年均完好率超96%；推行生活垃圾定时定点投放工作制度小区156个，开展垃圾分类居民区3848个，生活垃圾回收利用率36.35%。强化市容环境治理，打造“门前三包”示范点30个，发现乱象71.76万处，立案查处乱摆卖案件2935起、非机动车乱停放行为1.92万起、共享单车（电单车）乱停放405起，违反广告条例行为26起、垃圾分类违法行为33起、工地乱象行为4792起，罚款2112.04万元。建成城管综合执法数字化系统，获评第三批数字广西建设标杆引领重点示范项目。应用南宁市数字化城市管理信息系统，接收市政设施案件2.3万起；完成数字化案件2882起，受理市长热线投诉案件658件，按时处置率、反馈率均为100%。城市管理监督员采集数字城管案件126.34万件，比上年增加60.55%。“南宁12319”微信公众号受理市民有奖举报案件232起，立案88起，奖励82起，发放奖金4100元。“12319”城市管理监督服务热线整合并入12345政务服务便民热线，接到市民来电3.75万个（咨询2.49万个）；受理立案1.26万起；回访市民0.92万人次，满意0.75万人次，满意度81.27%。

（陶薇　黄玲）

【村镇风貌提升】 2021年，南宁市完成全域基本整治村屯1.01万个，清理村庄垃圾38.5万吨，清理房前屋后乱堆乱放50.5万处，清理池塘、沟渠淤泥3.5万处，拆除乱搭乱盖2.9万处、49.5万平方米，拆除广告招牌1.1万块，拆除农村危旧房、废弃猪牛栏、露天茅厕、断壁残垣等8.04万处、330.28万平方米，改造“三微”（微果园、微菜园、微田园）和公共空间景观5.28万处，初步实现乡村环境从“清洁美”迈向“整洁美”。在兰（州）海（口）、广（州）昆（明）等7条高速公路，南（宁）昆（明）等2条高速铁路，以及机场航道沿线，建设示范村屯356个，改造农房31783栋，呈现桂风壮韵乡村特色风貌。

【村镇建设与古村落保护】 2021年，南宁市投资2400万元，完成横州市马山镇，平朗镇、邕宁区中和镇3个自治区乡改镇建设项目，提升乡镇镇区基础设施水平。投资6540万元，建成宾阳县露圩镇生态宜居特色小城镇项目。投资3086.78万元，启动青秀区南阳镇、横州市云表镇、南宁经开区吴圩镇生态宜居特色小城镇项目建设，横州市校椅镇茉莉特色小镇列入自治区特色小镇项目。开工村镇垃圾处理转运设施项目12个（村级8个、乡镇4个），建成村级项目1个。投资339.95万元，完成村屯公共照明项目160个。投资120万元，完成屯内道路硬化项目6个，总里程5.55千米。投资164.1万元，建成300户以上农村公厕13座。编制完成江南区扬美村、三江坡国家级历史文化名村保护规划2个，江南区麻子畲坡自治区级历史文化名村保护规划1个。完成第五批中国传统村落（江南区那马坡、西乡塘区那告坡、邕宁区那蒙坡、宾阳县下施村、宾阳县蔡村、上林县古民庄）一期保护发展项目建设，累计投资1260万元。（潘　欣）

重点工程建设

【概　况】2021年，南宁市统筹推进自治区与市级层面推进重大项目893个。计划开工项目212个（含提前开工项目），实际开工项目192个（含提前开工项目），开工率90.57%；计划投资951.65亿元，完成投资1094.32亿元，投资完成率114.99%；计划竣工项目121个（含提前竣工项目），实际竣工项目110个（含提前竣工项目），竣工率90.91%，南宁轨道交通5号线一期工程、南宁市朝阳溪河道综合整治工程（秀厢大道—罗伞岭水库）、良庆壇清岭风电场工程等一批重大项目竣工。

【自治区与市级层面统筹推进重大项目】2021年，南宁市统筹推进自治区与市级层面重大项目893个，计划投资951.65亿元，完成投资1094.32亿元，投资完成率114.99%。其中，产业项目398个，完成投资390.67亿元，完成年度计划投资122.72%；基础设施项目262个，完成投资511.58亿元，完成年度计划投资110.88%；社会民生项目193个，完成投资161.58亿元，完成年度计划投资110.43%；生态环保项目40个，完成投资30.49亿元，完成年度计划投资119.05%。计划开工项目212个（含提前开工项目），实际开工项目192个（含提前开工项目），开工率90.57%。自治区层面统筹推进重大项目242个，计划投资202.97亿元，完成投资371.47亿元，投资完成率183.02%；计划开工项目55个（含提前开工项目），实际开工项目54个（含提前开工项目），开工率98.18%。上林至横州公路一期工程、轨道交通4号线沿线道路维修整治工程、龙光东盟生鲜食品智慧港、海天调味品生产基地、南宁奥特莱斯购物广场、东盟李宁中心、南宁零公里空港产业园、隆安县震东扶贫生态移民与城镇化结合示范工程产城融合区（集中安置区后续产业扶持基地第5期）、广西民族大学相思湖学院转设投资项目、武鸣区第一人民医院新建项目等开工。

【重大项目竣工】2021年，南宁市重大项目计划竣工121个（含提前竣工项目），实际竣工110个（含提前竣工项目），竣工率90.91%。其中，自治区层面统筹推进重大项目计划竣工39个（含提前竣工项目），实际竣工39个（含提前竣工项目），竣工率100%。南宁轨道交通5号线一期工程、南宁市朝阳溪河道综合整治工程（秀厢大道—罗伞岭水库）、前海人寿南宁医院、南宁首创奥特莱斯、南宁宜家家居商场、广西主要支流郁江南宁市那平江堤工程、良庆壇清岭风电场工程、广西宾阳双桥门头岭风电场工程等重大项目竣工。

（裴春香）

城市基础设施建设

【概　况】2021年，南宁市城市建设项目493个，其中新建项目220个、续建项目273个（电网专项1个），计划总投资275.86亿元，完成投资311.80亿元，完成年度计划113.03%；列入城建重大项目建设倒排计划表项目78个，计划投资121.43亿元，完成投资156.60亿元，完成率128.96%。开展“三师”（规划师、建筑师、工程师）和建筑施工企业技术人才下乡服务、指挥部统筹奖优罚末等做法，获中央改革办和自治区肯定并推广。主要存在征地拆迁难度较大、电力迁改工期难以把控、土方消纳保障不足等问题。（市重点办　市住建局）

【打通“断头路”项目】2021年，南宁市打通“断头路”3条。其中，合坡路（昆仑大道—凤凰岭高速环路立交）长1771米，宽60米，12月建成；亭洪路延长线（规划一路—规划四路）长1470米，宽50米，12月建成；长湖路延长线（长堽路—衡阳东路）长1163.38米，宽40米，12月建成。

【人行过街天桥建设】2021年，南宁市建成人行过街天桥3座，即安阳路安吉华都小区天桥、昆仑大道人行天桥、五象壮锦立交配套人行过街天桥。其中，安阳路安吉华都小区天桥长36.52米，宽3米，12月建成；昆仑大道人行天桥长85米，宽3.6米，12月建成；五象壮锦立交配套人行过街天桥长59.5米，宽5.9米，6月建成。

【管廊管道】2021年，南宁市新建成地下综合管廊主体22.52千米，新增运维管理16.56千米；累计建成地下综合管廊102.37千米。入廊管线路76.99千米，累计302.49千米；入廊管线长度107.86千米，累计456.53千米。南宁市累计运维管理管廊长度63.63千米，其中接管运营40.88千米、提前介入管理22.75千米；入廊管线456.53千米，有偿使用收费5017.90万元（入廊费4270.47万元、日常维护费747.43万元）。南宁市城建管廊建设投资有限公司接收运营管廊21.25千米，提前介入管理管廊22.75千米。广西中建综合管廊有限公司负责运维南宁市地下综合管廊PPP项目19.63千米。（潘　欣）

【铁路建设】2021年，南宁市在建铁路项目3个，完成投资114.55亿元，占年度投资计划111.3%。其中，贵阳至南宁高速铁路项目完成投资36.3亿元，占南宁段年度投资计划91%，完成正线段设计红线内征地99.2%、拆迁面积100%，枢纽段征地拆迁全部完成；南宁至崇左城际铁路项目完成投资26.14亿元，占南宁段年度投资计划113.6%，完成设计红线内征地拆迁；南宁至玉林城际铁路项目完成投资52.11亿元，占南宁段年度投资计划130.1%，完成设计红线内征地面积98.1%，拆迁面积84.32%。（市重点办）

【县城道路建设】2021年，横州市开工建设横州镇长安大道改造工程（二期）Ⅱ标项目（长1.6千米，宽60米），推进横州大桥、西津水利枢纽二线船闸工程建设；建成横州市首座人行天桥——茉莉花大道人行天桥、茉莉花大道西段道路（规划一路）建设工程等项目；维修城区民生路、茉莉花大道、西城路、城北市场片区等沥青路面，修补面积1.8万平方米。宾阳县建成通车县城东环路（美食街至宾州镇政府路段）改扩建工程，基本完工风景路（黎塘转盘）至马潭路口道路改造工程、324国道（垃圾场至县职校段）改造工程。上林县投资6.78万元，建成进城大道、北归大道8.23千米路段；投资132万元，提升澄江河河堤路安全项目工程；投资74万元，硬化八寨路2号～20号道路。马山县投资1300多万元，建成易地扶贫搬迁后续配套产业道路、第三高级中学配套市政道路等，全长530米。隆安县在建西宁水厂一支路（江滨路至西宁水厂道路）、江滨路至西宁水厂道路、蝶城路改造项目。

【城镇基础设施建设】2021年，横州市敷设“横县县城天然气管网建设及供气项目”续建工程横州大道管网8.5千米,市政管道3千米;投资95万元,完成2021年中华茉莉园“花海”景观工程;推进城区香稻溪黑臭水体治理工程,敷设完成主管网、支管网。宾阳县投资360万元,改造宾州一中教职工宿舍、新桥中心校教职工宿舍、大桥中学教职工宿舍、和吉镇政府职工宿舍、县体校职工宿舍、老国土局职工宿舍、县政府一栋老职工宿舍、县税务局临浦路职工宿舍8个老旧小区;投资4500万元,推进宾阳县城市供水(二期)工程、国泰变电站配套电力管沟建设工程、宾阳县城市提质改造(一期)工程等13个项目前期工作;推进2022年度背街小巷综合整治提升工程、粮所路延长线改扩建等市政工程建设。上林县投资770万元,处理塘林山塘水质;投资33万元,建成马浦路右侧雨污水管道工程;投资130万元,建设大丰镇二桥活禽市场雨污水分流改造项目;投资3500万元,完善明亮、三里、西燕、乔贤、白圩5个乡镇污水处理厂,新增管网25千米;投资5598.14万元,整治1205个村庄人居环境;投资7200万元,完成澄泰乡、西燕镇9个庄889栋农房改造任务和环境整治;投资40万元,安装20个村太阳能路灯,受益6000多人。马山县投资600多万元,建设南蛇岭大道至第三高中市政道路6.3千米,整治县供电公司至人民医院河道,建设管网1.1千米;投入500万元,完善合作板伏易地扶贫搬迁安置点后续配套基础设施建设。隆安县推进县城扩容提质,实施蝶城路改造、西宁水厂产能扩充,推进“那城”配套建设,城北建材专业市场、商住小区、城北小学建设;建设震东集中安置区纵三路延长线、横六路延长线、应急医院配套道路,配套建设供水、污水管网项目及配套医院、社区服务中心等公共服务设施,建设第五期标准厂房及配套道路、创业园保障性租赁住房等。

(横州市　宾阳县　上林县
马山县　隆安县地方志办公室)

城市公用事业

供水排水节水

2021年9月5日,广西中医药大学仙葫校区林仙路污水管施工现场　韦军　摄

【城市供水】 2021年,广西绿城水务股份有限公司、南宁市大沙田供水有限责任公司承担南宁市主城区供水任务。完成供水量5.99亿立方米,比上年增长7.86%;售水量5.34亿立方米,增长8.11%;出厂水压力合格率100%,管网水压力合格率100%,水质综合合格率100%。用户总数44.09万户,增长3.46%,其中在用居民用户41.83万户、在用非居民用户1.95万户、在用特种用户811户、在用建筑用户2304户。

【供水设施建设】 2021年,市住建局推进石埠水厂一期工程、三津水厂一期扩建工程、中关村供水加压站等项目建设,以及邕江上游二期引水和应急引水工程、邕江上游引水工程一期工程—可心江原水专线工程、五象水厂一期工程、富宁供水加压站工程等项目前期工作。南宁市供水基础设施建设项目17个,全部开工建设,完成管网建设和改造138.4千米,年度计划投资4.5亿元,实际完成投资4.8亿元。

【城市污水处理】 2021年,南宁市投入运营污水处理厂14座。全市市级污水处理能力188万吨/日,实际污水处理量156万吨/日,建成区(不含武鸣区)生活污水处理需求134.9万吨/日,生活污水处理能力基本满足处理需求。市区在建水质净化厂2座,分别是仙葫水质净化厂(一期设计规模5万吨/日)、武鸣城南水质净化厂(一期设计规模5万吨/日)。南宁市市区污水处理率99.6%。建成区内有一体化污水处理设施25座,主要分布在可利江、凤凰江、仙葫半岛等污水集中处理能力有短板区域,总设计规模7.5万吨/日。城市污水集中收集率62.5%。

【城市排水管网建设】 2021年,南宁市开工雨水管网项目21个,年度计划投资3.65亿元,完成投资5.4亿元;开工污水管网项目50个,年度计划投资21.16亿元,完成投资24.87亿元。新建和改造雨水管网长度153.21千米,其中单独实施18.89千米、随道路新建134.32千米。新建和改造污水管网长度171.74千米,其中单独实施98.99千米、随道路新建72.75千米。全市建成区有市政排水管网5780.9千米,其中雨水管3569.7千米、污水管1967.1千米、雨污合流管244.1千米;建成区市政排水管道密度14.1千米/平方千米。小区内部排水管线1.5万千米。完成雨污管网清淤修复45.81千米,打通市政道路雨污水断头管50处。60家单位接入使用南宁市排水地理信息(GIS)系统。

【城市节水】 2021年5月9日至15日,市住建局开展节水在社区、节水在公共建筑、节水在校园、节水在企业等系列宣传活动。中小学开展线上线下节水宣传活动1960余场(次),发放节水宣传材料1.7万册,张贴宣传横幅、海报458幅,推送节水信息5490条,线上节水宣传活动点击量5.68万人次,覆盖29.6万人。至年末,全市累计有自治区级节水型企业(单位)184家,广西节水型居民小区71个。

(潘　欣)

供　气

【天然气供应】 2021年,南宁中燃城市燃气发展有限公司新增市政燃气主、干支管106.06千米,投资额5310万元。敷设小区庭院管网618.62千米,投资额2.97

亿元，主要敷设青秀区、兴宁区195.90千米，南宁高新区、西乡塘区82.48千米，邕宁区、良庆区、江南区340.24千米。完成工业煤改气项目102个，投资额1211万元。完成重点路段燃气管线迁改工程15个，迁改工程量2.79千米。完成危旧房改造项目4个，迁改工程量2.29千米。完成南宁市轨道交通5号线1个站点附属结构管线迁改0.24千米。累计建成运营燃气管道7782.83千米（埋地管2994千米、非埋地管4788.83千米）。销售管道燃气3.43亿立方米，比上年增长12.83%。开通居民用户116.7万户，增长12.36%；在用商业和公共福利用户5105家，增长6.50%；在用工业用户196家，增长10.73%。

【液化石油气供应】 2021年，南宁市有液化石油气企业15家（另有1家停业未纳入统计），建成液化石油气储配站15座，储气能力2708.86吨，供气总量11.07万吨，销售气量11.06万吨，比上年增加0.55吨、增长5.17%，居民家庭用气量4.95万吨，减少0.66吨、下降11.76%。用户48.39万户，下降1.7%，其中居民家庭用户40.58万户，下降3.89%，用气人口142.05万人，下降9.5%。随着天然气的快速发展，用气结构逐渐发生变化，部分原来使用液化气的用户转用天然气，液化石油气用量逐步减少。 （潘　欣）

公共交通

【概　况】 2021年，南宁市市区（不含武鸣区）8家公交企业有在营公共汽车3781辆（4396.3标台），其中空调公交车3753辆、占99.26%，清洁能源与新能源公交车3581辆，占94.71%；公交线路197条，定制公交250条，线路总长5805.7千米；公交场站总面积99.58万平方米，万人公交拥有量约15标台，公交站点500米覆盖率100%，公交客运量累计2.22亿人次，日均公交客运量60.95万人次。出租汽车行业办证车辆2.28万辆，巡游车占30.89%，网约车占69.11%；日均运营次数（单量）29.3万次，巡游车占43.28%，网约车占56.72%；全年累计客运量1.61亿人次，比上年下降17.63%。市区（含武鸣区）巡游出租汽车企业12家，有车辆7050辆（纯电车435辆），平均在营车辆6359辆，单车日均营运次数21.66次，单车日均成本272.76元，增长3.57%；单班车日均营收479元，增长12.44%；双班车日均营收523元，增长11.04%；从业人员1.10万人，减少483人。获得经营许可网约车平台公司18家（神州专车、首汽约车、滴滴出行、万顺叫车、斑马快跑、网路出行、365约车、曹操出行、蛋卷出行、约行打车、美团打车、风韵出行、呼我出行、旅程约车、民途出行、老兵出行、T3出行、携程专车），发放网约车驾驶员证4.08万本、车辆运输证1.58万本；以租代购车辆7995辆，新能源车辆2803辆；网约车日均订单16.62万单，日均接单车辆1.15万辆，增长0.8%；全职驾驶员日均营收345元、增长6.64%，兼职驾驶员日均营收110元、增长19.99%。公共自行车总量3万辆，智能停车柱3.56万个，月均投入运营车辆1.54万辆，年使用量555.13万人次，日均使用次数0.78次，月均营收2465.67元。共享单车企业3家（哈啰、青桔、美团），投放配额9万辆，全年投入使用6.89万辆，车辆日均使用次数1.58次，日均使用量10.87万人次，年营收2004.98万元。共享电动自行车试点运营企业7家（人民出行、南宁交投、青桔、哈啰、美团、小遛、喵走），投放指标数8万辆，全年投入使用4.76万辆，车辆日均使用次数4.81次，日均使用量22.88万人次，年营收2.06亿元。主要存在公交车辆适老化无障碍设施不足，部分公交站点盲道被座椅侵占，公交专用道设置率低影响公交车通行效率，城市交通拥堵治理、公交线网优化、公交智能化调度能力不足，部分公交线路乘客候车时间较长等问题。

【城市公共汽车运营管理】 2021年，南宁市引入第三方考核机构考核全市公交行业所有公交线路服务质量，完成快速公交BRT1号线、BRT2号线4次运营期考核，考核等级均为优秀。组织检查人员2126人次开展公交行业路检路查，发现1097辆次存在问题，涉及驾驶员不规范运营、标志标识不规范、车容车貌不整洁、设施设备破损等问题，全部责令限期整改。

【出租汽车运营管理】 2021年，南宁市开展出租汽车行业2020年服务质量信誉考核，考核涵盖12个县（市、区）出租汽车企业22家（巡游出租汽车企业18家、网络预约出租汽车企业4家）、驾驶员1.35万人（巡游车驾驶员1.22万人、网约车驾驶员1244人）。达到AAAA级巡游车企业4家、占比22.2%，达到AAA级巡游车企业8家、占比44.4%，达到AA级巡游车企业5家、占比27.8%，达到A级巡游车企业1家、占比5.6%；达到AA级网约车企业2家、占比50%，达到B级网约车企业2家、占比50%。协调市出租汽车协会整治重点场所出租汽车违法违规经营行为，出动检查人员371人次，开展随机暗访14次，暗访车辆1023辆次，查处问题车辆421辆次，对157名驾驶员给予行政处罚。开展出租汽车从业资格证考试221场次，通过考试取得从业资格7830人，其中取得巡游车驾驶员资格1123人、取得网约车驾驶员资格6707人。办结12345政务服务便民热线（12328交通运输服务监督热线11月30日以双号并行方式归并至12345热线）投诉4719件，比上年减少846件，其中涉及服务态度1226起、占比25.98%，涉及乱收费777起、占比16.47%。

【城市公共交通基础设施建设】 2021年，南宁市新购425辆新能源公交车辆并投放运营；建设完成公交充电桩206个，累计1072个（不含武鸣区）。

【网约定制公交线路运营】 2021年，南

2021年9月22日，W26路社区巴士正式开通运行。图为市民在民族金浦路口站乘车

黄维业　摄

宁市累计运营定制公交线路 250 条,其中护学定制公交线路 173 条,服务企业、工业园区等定制公交线路 77 条。

【共享电动自行车运营】 2021 年,《南宁市互联网租赁自行车管理暂行办法》出台,是广西首个共享电动自行车管理办法。《南宁市互联网租赁自行车服务质量考核办法(暂行)》实施,建立企业服务质量考核与车辆配额动态调节机制,实现"奖优惩劣"。开展互联网租赁自行车巡查督查,出动检查人员 869 人次对车辆投放、停放管理巡查督查 1690 次,发现问题 2691 个,整改率 100%。

【文明交通】 2021 年,南宁市开展"文明行车·礼让斑马线"活动,礼让率 99%;开展"绿色出行宣传月和公交出行宣传周"系列活动,推送微信宣传文章 9 篇;开展关爱司乘活动和"五个礼让"(斑马线前讲礼让、行车会车讲礼让、有序排队讲礼让、乘坐公交讲礼让、乘坐电梯讲礼让)文明交通安全出行活动;试点开行 W25 路、W26 路 2 条社区巴士,解决市民"最后一公里"出行难题。公交行业、巡游出租车行业开展"爱心送考"活动,其中公交企业开通南宁三中、沛鸿中学、邕宁高级中学等 42 所学校至市内各大考点高考公交专线,调配送考专车 248 辆,累计发送 1560 个班次,运送考生 4.87 万人次;在 100 多辆公交车上设置志愿服务点,为考生提供爱心文具袋、应急药品等服务。巡游出租车行业点对点送考车辆 4 辆次,接送考生 4 人次;一对一接送 23 辆次,接送考生 47 人次;随机接送考生车辆 105 辆次,接送考生 215 人次。

【公交票价换乘优惠】 2021 年 1 月 1 日,南宁市公交换乘票价政策正式实施。持南宁市普通实体市民卡或南宁市民卡·全国通(原邕桂通卡)的乘客,公共汽车上车首次刷卡后、快速公交进站闸机首次刷卡后,90 分钟内换乘享受"五折换乘优惠";乘坐轨道交通从首次出站闸机刷卡,60 分钟内换乘享受"五折换乘优惠"。全年发卡 15.93 万张,比上年增长 38.6%;使用公交换乘优惠市民卡活跃卡数量 47.2 万张,占比 42.4%;全年换乘优惠金额 660 万元。 (赵国军)

轨道交通建设运营

【概　况】 2021 年,南宁轨道交通运营线路有 1 号、2 号、3 号、4 号、5 号线,运营总长 128.2 千米,线网总运营里程 1288.81 万列千米,列车正点率 99.98%,运行图兑现率 99.99%,列车服务可靠度 143.2 万车千米/件,客运总量 2.89 亿人次,日均客运量 79.11 万人次,单日最高客运量 143.26 万人次,轨道交通客运量占公共交通客运总量 56.48%。在建轨道交通项目有 5 号线一期(国凯大道站—金桥客运站)工程,全长 20.2 千米,设站 17 座,工程概算 164.99 亿元。主要存在还本付息压力大,工程结算滞后,作价出资土地开发慢等问题。

【轨道交通线网规划】 2021 年 6 月 24 日,南宁市人民政府批复《南宁市城市轨道交通线网规划(2020—2035)》,规划期线网方案由 13 条线组成,包括 5 条轨道快线、8 条轨道普线,构建"环线 + 放射线"和"快线 + 普线"多层次线网结构,规模 592.6 千米。

2021 年 12 月 16 日,南宁轨道交通 5 号线开通,首批乘客在广西大学站换乘　　黄胤　摄

【轨道交通 5 号线建设与运营】 2021 年,南宁市在建轨道交通项目有 5 号线一期工程(国凯大道站—金桥客运站),概算 164.99 亿元,全长 20.2 千米,设站 17 座,与 1 号线换乘广西大学站、与 2 号线换乘明秀路站、与 3 号线换乘小鸡村站、与 4 号线换乘那洪立交站。项目于 2017 年 9 月开工建设,2021 年 3 月 5 日全线实现电通,3 月 31 日全线热滑,11 月 24 日通过运营前安全评估,12 月 16 日开通初期运营。5 号线南起国凯大道站,北至金桥客运站,是贯穿市区西南至东北方向的骨干线,与原有 1 号、2 号、3 号、4 号线形成"跨江连城、贯穿城市东西南北"线网新格局。线路平均站间距 1219 米,设置那洪车辆基地 1 座,仁和轨道主变电站(原旱塘主变电站)、业平轨道主变电站(原金桥主变电站)2 座,车辆采用 4 动 2 拖 6 节编组 B 型车,最高运行速度 80 千米/小时,配置列车 24 列,座席 232 个,定员载客量 1476 人,最大载客量 2102 人。运营时间 6:30—23:00,行车间隔 8 分钟,单程运行 35 分钟。单程票采用筹码式,支持现金、储值卡、微信支付、支付宝支付、银联 IC 卡等购票方式,全程票价 5 元。南宁轨道交通 5 号线是华南地区第一条全自动运行线路,全国第一条信号与综合监控深度集成线路,全国第一台气垫式直排双模盾构机建设线路。南宁轨道交通迈入智能地铁通行新纪元。

【轨道交通运营】 2021 年,南宁轨道交通运营线路有 1 号、2 号、3 号、4 号、5 号线,运营总长 128.2 千米,全年线网总运营里程 1288.81 万列千米,列车正点率 99.98%,运行图兑现率 99.99%,列车服务可靠度 143.2 万车千米/次,客运总量 2.89 亿人次,日均客运量 79.11 万人次,单日最高客运量 143.26 万人次,轨道交通客运量占公共交通客运总量 56.8%。1 号线运营里程 434.09 万列千米,列车正点率 99.97%,运行图兑现率 99.98%,客运量 1.39 亿人次,日均客运量 37.96 万人次,单日最高客运量 76.88 万人次;2 号线运营里程 321.15 万列千米,列车正点率 99.99%,运行图兑现率 99.99%,客运量 7787.89 万人次,日均客运量 21.34 万人次,单日最高客运量 39.32 万人次;3 号线运营里程 327.11 万列千米,列车正点率 99.99%,运行图兑现率 99.99%,客运量 5012.35 万人次,日均客运量 13.73 万人次,单日最高客运量 20.79 万人次;4 号线运营里程 197.90 万列千米,列车正点率 99.98%,运行图兑现率 99.99%,客运量 2074.75 万人次,日均客运量 5.68 万人次,单日最高客运量 9.62 万人次;5 号线运营里程 8.56 万列千米,列车正点率 99.90%,

运行图兑现率100%，客运量139.71万人次，日均客运量8.73万人次，单日最高客运量12.64万人次。

【"轨道+"产业布局】 2021年，南宁轨道交通集团有限责任公司推动土地开发、站城一体化(TOD)建设、轨道新城建设。实现土地注入42.46公顷，新开工面积61.7万平方米。与华润置地就五一中路片区站城一体化综合改造项目签订合资合作协议，成立合资公司，12月获项目熟化人资格；成立南宁铁路枢纽投资有限公司，完成南宁站、五象火车站铁路枢纽站城一体化项目前期策划方案及工作流程、TOD初步方案等编制；实现南宁轨道交通5号线广西大学站至广西财经学院地下空间利用工程主体施工；完成南宁北站综合交通接驳土建预留工程初步设计专家内审；完成南宁北站路改桥桥下空间项目建议书并获批复；完成凤凰路—银海大道综合交通工程初步设计并获批复；开展轨道交通机场线、武鸣线、3号线南延工程初步设计。开展轨道科技创新产业园项目可行性研究和轨道科技产业规划布局研究，完成南宁北站片区产业策划项目招标及初期成果；屯里轨道新城项目概念性规划方案通过市自然资源局评审，推动绿地集团与南宁市签订《合作框架协议》；调整完善新营房、2号线东延小镇概念性规划方案。

（冯　洁　徐燕莲）

城市防洪

【概　况】 2021年，南宁市建成及在建防洪堤107.04千米。建成并移交运行管理单位45.42千米(五十年一遇洪水标准38.75千米、二十年一遇洪水标准6.67千米)；建成未移交运行管理单位及在建61.62千米(五十年一遇洪水标准49.09千米、二十年一遇洪水标准12.53千米)，分别为邕宁堤、石埠堤、水塘江左岸堤、水塘江右岸堤、柳沙滨江堤、仙葫半岛堤、良庆堤等。建成并移交运行管理单位附属设施交通闸29座，穿堤管37条，护岸20.11千米。建成排涝泵站31座，其中市防洪中心管辖20座(投运机组99台、总装机容量4.08万千瓦、总排涝流量381.33立方米/秒)，项目业主管理11座；规划待实施排涝泵站20座。建成防洪排涝闸61座，其中移交运行管理单位23座，项目业主管理38座。西明江防洪排涝闸、心圩江防洪排涝闸通过自治区水利厅水闸工程标准化规范化管理示范创建验收。防洪工程建成至今累计抵御超设防洪水73次。主要存在调洪库容大幅减少、泵站排涝压力加大，防洪基础设施设备老化，防洪设施标准化规范化管理不够，机构改革导致人员紧缺和专业干部断档等问题。

【河道管理】 2021年，南宁市邕江防洪排涝工程管理中心(简称"市防洪中心")开展河道专项巡查52次，出动巡查人员420人次，处置水事案件49起，办理市长热线投诉11件、数字化投诉案件70起，劝离防洪工程范围内游泳、钓鱼等人员，制止车辆违停。推进沿河堤防、水闸确权划界，投入6.2万元完成设墩立桩，理顺与邕江沿岸公园管理重叠问题。加强沿江防洪范围安全管理，投入9.98万元，增设和维修"一点一杆一圈"防溺水救助设备，以及沿岸防洪宣传、通告、安全警示等牌匾。推进沿岸22座交通闸照明工程建设。

【防洪工程建设】 2021年，市防洪中心推进13座老旧泵站工程技改升级项目前期工作，计划投资3.89亿元。开展邕宁防洪堤一期、那平江堤等防洪工程设施移交前排查核验。完成竹排冲应急泵站提升工程规划设计及审批，以及南宁香港街二期临胜泵站拆除、中山泵站改造工程。市心圩江移动式和半移动式泵站扩建工程开工建设。西明江防洪排涝闸、心圩江防洪排涝闸通过自治区水利厅水闸工程标准化规范化管理示范创建验收。

【防洪设施维修与保养】 2021年，市防洪中心开展泵站操作技能培训、交通闸抢关演练、超标准洪水应急演练等，参与培训及演练394人次，闭环排查整治隐患135处。采购储备抢险应急、易损、电气备品备件等794项1.98万件。完成防汛指挥船项目设计。开展全线堤防泵站水闸等防洪设施巡查检查、维修维护，出动人员2万人次，保养水泵及配套电机198台(套)次，检查配电盘(柜)826面次、检查变压器56台次，保养防洪闸门58扇次，维护保养厂房起重设备98台次，大修泵站机组2台次，维修机械及电气设备180台次。汛期关键时段，中心关键设备完好，其中防洪闸门完好率100%，水泵和配套闸阀等水力机械设备完好率99%，主电机、配电盘、电缆及变压器等配电系统设备完好率97%。

【防洪信息化建设】 2021年，市防洪综合应用管理信息平台运行正常，集成视频会议系统、视频监控系统、广播对讲系统、调度系统、水文遥测系统和防洪排涝地理信息系统六大信息工程，为防汛决策提供信息支撑，闸泵自动化系统运行稳定。进一步优化完善调度指挥、办公平台、考勤打卡、内控平台、工程管护等防洪信息化系统模块，提升防汛应急和工作效能。初步建立防洪信息共享机制，防洪信息化系统纳入电子政务平台，与市应急局等部门实现信息联动。加强信息安全保护机制建设，"防洪泵站自动化远程控制系统三级保护改造"和"防洪联动预警水文遥测系统信息安全二级保护改造"项目通过市网信办验收。推进待建信息化自动化工程与老旧泵站升级改造项目整合建设。

【防洪排涝】 2021年，市防洪中心开展防洪应急预案培训及泵站运行操作技能培训1次，培训186人次；分别于3月3日至12日、8月16日至20日、11月15日至19日开展汛前、汛中、汛后防汛安全检查3次，发现并组织整改问题150个；开展防洪应急预案应急演练暨泵站超标准洪水防御应急预案演练，投入演练泵站

2021年3月9日，竹排冲管理所机电组工作人员在津头排水闸开展电机故障排查

李文英　摄

6座，演练人员139人次；开展防洪期间交通闸应急关闭预案演练，投入演练交通闸2座，演练人员69人次。防暴雨值班9次362人次，24小时防汛值班366人次。

（蒋　蓉）

城市更新

【城镇棚户区改造】 2021年，自治区下达南宁市棚户区改造开工目标任务9351户(套)，棚户区改造基本建成任务11793套。国家任务已开工建设9351户(套)(含货币化安置户数)，开工率100%；棚户区改造基本建成13427套，完成率113.86%。

【旧城改造】 2021年，南宁市出台《南宁市“三旧”改造工作领导小组及办公室议事规则》《南宁市旧城区改造范围内建构筑物“留改拆”有关工作的指导意见》《南宁市旧城区改造项目公开征集土地熟化投资人评标工作有关问题的指导意见》《南宁市城中村改造项目土地熟化投资人模式工作流程(试行)》等文件，编制印发《2021年南宁市重点推进城市更新改造项目计划》。完成青秀区二塘煤矿片区棚户区改造项目(二期地块三)等7个旧城改造项目地块出让，改造户数164户，拆迁面积55.60万平方米，出让面积28.26公顷，完成投资44亿元(征拆资金31亿元、建设资金13亿元)。

【老旧小区改造】 2021年，市住房和城乡建设局统筹推进514个城镇老旧小区改造项目，完成投资额9.73亿元，已完工95个小区。完善“老友议事会”议事代表选举程序和议事机制，形成小区改造工作标准化、制度化的“老友议事会”机制，选举成立“老友议事会”263个，累计486个；年内，“老友议事会”召开老旧小区改造方案协商会议469场，参加代表1607人，其中党员代表467人。

【危旧房改住房改造】 2021年，南宁市危旧房改造新开工1198套，完成率105.83%；基本建成市直危旧房改住房1510套，完成率100%；完成投资额6.64亿元，完成率166%。 （潘　欣）

市政市容管理

【概　况】 2021年，南宁市市政维护产值7509万元，完成路面维修22.38万平方米，人行道维修9.13万平方米。通过南宁市数字化城市管理信息系统接到市城市管理监督评价中心分派的市政设施案件2.3万起，核查驳回案件6863起，完成1.61万起。市管路灯年均亮灯率99.48%，照明设施年均完好率96%以上，全市有在职环卫工人4.1万人(主城区1.7万人、主城区外2.4万人)。有环卫清扫保洁作业车1.11万辆、生活垃圾收集转运车2076辆、生活垃圾转运站184座，累计处理生活垃圾292.92万吨，城镇生活垃圾无害化处理率100%，农村生活垃圾得到有效处理的建制村比例为99.35%。协调处理领导批示、市民投诉、媒体曝光环境卫生问题171个。建设平里静脉产业园生活垃圾焚烧发电工程、城南生活垃圾卫生填埋场渗滤液处理站、生活垃圾卫生填埋场、南宁三塘大件垃圾处理中心、中心城区粪便污水处理中心、餐厨废弃物资源化利用和无害化处理厂、双定循环经济产业园、生活垃圾清洁焚烧发电厂、城西生活垃圾中转站、城南生活垃圾卫生填埋场渗滤液处理站升级改造等工程。全市有3848个居民区开展垃圾分类，生活垃圾回收利用率36.35%。组织制定出台文件14份、专项实施方案21份，在156个小区推行定时定点投放工作制度，完成503个分类投放收集点改造，推行农村生活垃圾分类试点。印发实施《南宁市建筑垃圾消纳设施两年建设规划(2021—2022)》《南宁市建筑垃圾治理及资源化利用专项规划(2019—2035)》，举办建筑垃圾源头分类知识宣传培训。建筑垃圾总排放量5533万立方米，建立大气污染应急响应机制，对全市建筑垃圾消纳场使用情况开展专项排查。主要存在道路占用挖掘及路面修复问题严重，路面修复质量不高，执法力度不大，行业管理信息化水平偏低，精细化管理有待进一步加强等问题。

【市政设施管理】 2021年，南宁市按照区域分片管理要求，市管391条道路按区域划分为5个片区管理(快速路15条、主干路126条、次干路152条、支路92条、公路6条)；市管493座桥梁涵洞(跨邕江大桥17座、跨邕江铁路桥1座、道路立交桥75座、过街人行天桥90座、地下人行通道5座、隧道12座、一般桥梁191座、过路通道102座)实行专项管理；管理电梯21部、自动扶梯4部。所有片区由南宁市市政工程管理处和南宁市城市建设投资发展有限公司共同开展路网巡查，完成维修任务。全年完成路面维修22.38万平方米，人行道维修9.12万平方米，路缘石维修1.86万米，安装道路隔离桩7949个，维修城市家具椅子181张。桥隧钢栏杆或钢结构防腐处理3万平方米，栏杆、防撞墙修复1853米，伸缩缝保养与维修8.33万米，泄水孔疏通3.69万个，支座检查维修887个，桥面沥青、水泥砼铺装维修9079平方米。清理机场高速路垃圾、杂草、淤泥896平方米，疏通泄水孔、雨水井3433个，伸缩缝保养与清理4667米。推进数字化监督系统在市政设施管理日常工作中的应用，发挥数字化监督指挥中心监管作用，加强案件上传下派、核实分派、处理反馈、核查结案等环节流转程序。年内，市政工程管理处通过南宁市数字化城市管理信息系统接到市城市管理监督评价中心分派的市政设施案件2.3万起，核查驳回案件6863起，完成处置1.61万起；接到网上信访呈批单(市长热线)1859起，核查驳回案件213起，完成处置1646起；接到电话热线投诉72起；对接应急联动中心报警服务平台分派的社会联动事项处置56起。打造“光影绿城”，建设彰显南宁地域文化特色、体现“绿城”“水城”等城市风貌特色的夜间景观亮化体系，形成以南湖片区为中心、民族大道沿线、邕江沿岸及20千米精品线路为轴线、会展中心等为节点的“两带四中心”夜景综合体系。市管功能性照明灯杆4.94万杆，功能性照明灯具9.08万盏，楼宇亮化438栋(含邕江两岸楼宇207栋)，公共景观亮化节点49个，亮化设施43.83万套，箱变707台，纳入城市照明自动监控系统管理的终端2276台，城市道路装灯率100%。市管路灯年均亮灯率99.48%，照明设施年均完好率96%以上；处理路灯故障点4756处，更换故障路灯4175盏次，维修线路故障351处，清洗灯杆6575杆，灯杆喷漆7421杆，清理小广告255处，维修故障灯杆工作门416处，巡查公共景观亮化1.2万处，处理亮化故障点989处，更换亮化故障设施720套，处理亮化线路故障174处，清洗亮化设施922套，维修箱变故障142台，修复故障路灯井盖268处；完成数字化案件2882起，受理市长热线投诉案件658件，按时处置率及反馈率均100%。

【环境卫生管理】 2021年，南宁市在职环卫工人4.1万人，其中市区(七城区和广西—东盟经开区建成区，下同)1.7万人、县(市)2.4万人。市区道路清扫保洁总面积约7670.70万平方米、水域保洁面积379.63万平方米，道路机械化清扫率92.5%；设有环卫工人驿站50处；环卫公厕258座(一类公厕46座、二类公厕163座、三类公厕49座)，实现有水冲洗、有纸使用、有专人管护的“三有”管理，基本满足市民如厕需求。全市有环卫清扫保洁作业车1.11万辆，其中市区5248辆(机动车762辆、非机动车4486辆)、市区外5812辆(机动车444辆、三轮车5368辆)。

有生活垃圾收集转运车2076辆(市区1820辆、市区外256辆)。建成在用生活垃圾转运站184座,其中大型生活垃圾转运站1座(平里静脉产业园—生活垃圾大型转运站,设计规模2000吨/日)、中小型生活垃圾转运站183座(市区54座、市区外129座),基本满足生活垃圾日产日清要求。有厨余垃圾集中处理设施3座:南宁市餐厨废弃物资源化利用和无害化处理厂,总处理规模1000吨/日(餐厨600吨/日、厨余400吨/日);武鸣区餐厨垃圾收集运输及处置一体化运营项目,餐厨垃圾处理规模100吨/日;双定循环经济产业园有机垃圾处理厂一期项目,餐厨垃圾处理规模600吨/日(餐厨100吨/日、厨余500吨/日)。有自治区党校、自治区人民政府、兴宁区政府、高新区厨余垃圾处理中心、市行政审批局、南宁市第三中学等15个就近就地小型厨余垃圾处理设施,以及横州市、隆安县(含2个)、马山县、西乡塘区等5个黑水虻协同处理厨余垃圾项目。已建成生活垃圾焚烧发电厂2座,生活垃圾卫生填埋场6座,在用水泥窑协同处置项目1座。其中,市本级有平里静脉产业园生活垃圾焚烧发电厂、双定循环经济产业园生活垃圾清洁焚烧发电厂(一期)、平里静脉产业园生活垃圾填埋场;县(市、区)级有横州市第二生活垃圾填埋场、宾阳县华润水泥窑协同生活垃圾处置厂、上林县生活垃圾填埋场、马山县生活垃圾填埋场、隆安县生活垃圾填埋场、武鸣区生活垃圾填埋场。村镇级有片区垃圾处理设施93座。全市生活垃圾总处理量292.92万吨,其中市区厨余垃圾25.71万吨、其他垃圾147.73万吨,市区外其他垃圾119.48万吨。全市城镇生活垃圾无害化处理率100%,农村生活垃圾得到有效处理的建制村比例为99.35%。提升城市道路保洁精细化水平,采用专业尘土检测车辆装备对各城区(开发区)共80条示范路段及道路的"以克论净·深度清洁"落实情况开展量化考核(试行)及督查指导,抽检道路192条,道路达标率100%。创建全国文明城市期间,市环卫处派出督查人员2552人次开展环境卫生检查,巡检道路1.70万条次、检查生活垃圾转运站1057座次、公厕1154座次,发现问题2642个;协调处理领导批示、市民投诉、媒体曝光的环境卫生问题171个。组织各城区(开发区)环卫站出动环卫工人244.1万人次、车辆106.8万车次,用水量502万吨,清理卫生死角12.80万处,维修市政公厕3127处,生活垃圾转运站维修升级872处,维修果皮箱4821个,清理黑臭水体垃圾1710吨。市市政园林局出台《关于做好环卫行业新冠肺炎疫情防控工作的紧急通知》《关于做好环卫一线工作人员新冠病毒核酸监测相关工作的通知》《南宁市环卫行业疫情防控工作应急预案》《关于进一步加强环卫突发事件信息报送工作的通知》等系列文件,督促指导各县(市、区)环卫站及生活垃圾处理终端企业做好防疫抗疫工作,加强垃圾清运处置、规范废弃口罩无害化处理、落实环卫作业消杀,建立生活垃圾收运处全流程可追溯机制和管理工作台账,严格落实信息报送制度。全年平里静脉产业园生活垃圾焚烧发电厂接收处理防疫废弃口罩29.12吨(148车次),疫区生活垃圾1760.50吨(223车次),接收处理蒸煮消毒医疗废物6804.22吨(734车次)。

【生活垃圾处理设施建设】 2021年1月1日,南宁市餐厨废弃物资源化利用和无害化处理厂三期项目(设计处理规模为餐厨废弃物150吨/日,厨余垃圾400吨/日)进入正式试运行阶段,总投资4亿元,主要建设内容为增设2条厨余垃圾处理线和1条餐厨垃圾处理线。4月30日,城西生活垃圾转运站项目举行开工仪式,工程总占地8.87万平方米,处理规模为2000吨/日;至12月底,项目累计完成土方回填平整2.8万立方米,完成临时变压器安装。同日,武鸣及东盟经开区生活垃圾中转站项目开工建设,地块总面积4.33万平方米,处理规模为1000吨/日;至12月,累计完成进场道路及场地回填平整10.5万立方米,完成临时变压器及围挡安装。7月7日,南宁市城南生活垃圾卫生填埋场渗滤液处理站升级改造工程完成环保验收;至年底,渗滤液处理总量6.7万立方米。7月22日,位于平里静脉产业园生活垃圾大型转运站的南宁三塘大件垃圾处理中心项目竣工验收。10月27日、12月29日,双定循环经济产业园生活垃圾清洁焚烧发电厂(一期,处理规模为2250吨/日)、有机垃圾处理厂(一期,处理规模为600吨/日)分别进入试运行阶段;12月,生活垃圾清洁焚烧发电厂实现并网发电。

【生活垃圾分类】 2021年,南宁市建成区范围内有3848个居民区开展生活垃圾分类。生活垃圾回收利用率36.35%,在住建部对全国各地市生活垃圾分类工作考核中保持位居第一档,其中第三季度位居76个大城市第一档第7名,在自治区季度测评中保持全区首位。组织修订自治区地方标准《城市生活垃圾分类设施配置及作业规范》,制定出台《南宁市生活垃圾分类"十四五"发展规划》《进一步推进生活垃圾分类工作的实施方案》《建设工程配套生活垃圾分类设施建设指导意见》《2021年生活垃圾分类奖励工作方案》《"我为群众办实事"实践活动深入推进垃圾分类实施方案》等配套规划制度文件14份、专项实施方案21份。建立完善垃圾分类前端投放—中端收运—终端处置体系,在156个小区推行定时定点投放工作制度,完成503个分类投放收集点改造。淘汰不符合分类收运要求的运输车853辆,配置厨余垃圾车158辆、有害垃圾车19辆、可回收物车183辆、其他垃圾车1820辆;累计建设有害垃圾暂存点10个、可回收物分拣中心6个、标准化可回收驿站53个,54座生活垃圾转运站实现分类贮存,基本具备分类运输、计量、中转等功能。全年建成区清运厨余垃圾25.71万吨、可回收物56.56万吨、有害垃圾13.13吨、其他垃圾147.73万吨,转移处置荧光灯管类有害垃圾9.9吨。制定《南宁市2021年农村生活垃圾分类试点工作方案》,选择14个乡镇及下辖建制村

2021年12月6日,南宁市代表团在广东省深圳市罗湖区深圳香格里拉大酒店参加第20届国际花园城市竞赛决赛答辩　　市市政园林局提供

推行农村生活垃圾分类试点，建立“分类投放要定点、分类收集要定人、分类运输要定车、分类处理要定位”即“四分四定”的农村生活垃圾分类处理体系。各县（市、区）、开发区启动乡镇建成区生活垃圾分类投放设施建设和改造工作。至年底，试点乡镇各单位、场所及其辖区村屯新建、改造分类投放亭（棚）463个，配置分类收集容器674组。各县（市、区）、开发区结合生活垃圾分类收运需求，配置环卫保洁员和生活垃圾分类运输车辆，升级改造部分分拣站和转运站，新增分类运输车辆54辆，升级改造转运站2座，建成可回收物分拣站和有害垃圾暂存点各1座，基本实现试点乡镇建制村级以上收运队伍全覆盖。在完善“村收—镇运—县处理”模式基础上，探索农村厨余垃圾就地就近资源化、无害化处理，在横州市、马山县、隆安县（含2处）、西乡塘区建成5处利用黑水虻生物转化处理厨余垃圾试点并稳定运营，总日处理能力70吨。

【建筑垃圾治理】 2021年，南宁市助推建筑垃圾治理工作可持续发展。印发实施《南宁市建筑垃圾消纳设施两年建设规划（2021—2022）》和《南宁市建筑垃圾治理及资源化利用专项规划（2019—2035）》。全市建筑垃圾总排放量5533万立方米，建筑垃圾资源化利用总量241万立方米，土方平衡总量2353万立方米。举办建筑垃圾源头分类知识宣传培训活动。有619个小区配套设置装修垃圾临时收集点。印发实施《关于加强南宁市建筑垃圾资源化利用全过程管理工作的指导意见》，配套印发实施《南宁市建筑垃圾分类手册》《南宁市建筑垃圾资源化利用企业名单》。拓宽再生产品使用范围，开展C20再生骨料混凝土在道路工程中的应用研究。推进建筑垃圾存量治理，规范建筑垃圾消纳场管理制度和标准，组织修订《南宁市城市建筑垃圾管理办法》，编制《南宁市建筑垃圾消纳场建设技术规范》；建立大气污染应急响应机制，按照预警响应督促建筑垃圾消纳场及时停工，最大限度控制污染天气影响程度；督促和指导各建筑垃圾消纳场日常生产经营管理，定期约谈消纳场业主，要求消纳场开工前必须做好材料备案和相关设施建设，开工期间做好场内湿法作业及洒水降尘工作并及时对场内黄土裸露的区域进行复垦、复绿；对全市建筑垃圾消纳场使用情况开展专项排查，协调第三方开展无人机航拍监管，全年未发生消纳场地质灾害安全事故。

【重大活动社会氛围营造】 2021年，南宁市整合全市各类社会宣传资源和载体，做好重大主题、重大活动、重要会议社会宣传和氛围营造，设置POP旗3万多杆、小品造型358个，喷绘宣传画面超55万平方米，张贴悬挂宣传标语12.5万多条（幅），2万多块各类电子屏高密度播放宣传画面、宣传标语，6700多辆出租车顶灯每天播放宣传标语超480万条次，地铁线路8000多块LED电子屏每天播放超80万条次。 （陶　薇）

城市管理综合执法

【概　况】 2021年，南宁市城市管理综合行政执法局（简称“市城管综合执法局”）有二层机构2个（南宁市城市管理综合行政执法支队、南宁市智慧城管信息中心），代管南宁市城市管理监督评价中心（南宁市城市管理指挥中心）。围绕推进“中国绿城”全面提质主线，推进城市治理体系和治理能力现代化。巡查发现市容乱象71.76万处，立案查处乱摆卖案件2935起、非机动车乱停放行为1.92万起、共享单车（电单车）乱停放行为405起、违反广告条例行为26起、垃圾分类违法行为33起、工地乱象行为4972起，累计罚款2112.04万元。受理并派发处置“美丽南宁·整洁畅通有序大行动”考评案件200.65万件，督办乱象问题3.79万余件。打造“门前三包”示范点30个，采集“门前三包”案件2.44万件。推出“文明实践在身边”系列微专题27期、“文明大家谈”系列访谈4期，制作文明礼仪小课堂25期，开展文明实践活动5.10万场次。建成城管综合执法数字化系统。打造南宁市住宅小区、农贸市场、城中村创城示范点30个。出动执法船巡航2.2万余千米，联合公安、海事等部门开展水上联合执法行动15次，查获“三无”（无船名船号、无船舶证书、无船籍港）及违规船只55艘。清理拆除违法建设8020处（栋），清理违法用地面积463.44万平方米，拆除违法建设面积436.74万平方米。编发《南宁市数字城管运行情况分析报告》14期，报送全市共享单车数据分析报告12期。城市管理监督员采集数字城管案件126.34万件，比上年增加60.55%。向自治区级平台共享上传数字城管数据89.37万条、城市综合执法数据245条。“南宁12319”微信公众号受理市民有奖举报案件232起，立案88起，奖励82起，发放奖金4100元。南宁市“12319”城市管理监督服务热线整合并入12345政务服务便民热线，“12319”城市管理监督服务热线接到市民来电3.75万个（咨询2.49万个），受理立案1.26万起；回访市民0.92万人次，满意0.75万人次，满意度81.27%。修订《南宁市城市管理综合行政执法考核办法》，7月正式实施。推进“城管进社区”服务工作，选派城市管理执法人员下沉262个社区。向自治区、市各媒体推送稿件67篇次，在门户网站和微信公众平台推送宣传信息800余条。主要存在行业监管与行政执法联动机制匮乏，城市治理数据共享待加强，城市治理精细化程度待提高，大气污染防治待深化，“插花地”数字城管案件处置责任认定困难，城市管理问题采集尚未实现全覆盖等问题。

【“美丽南宁·整洁畅通有序大行动”】 2021年，南宁市“美丽南宁·整洁畅通有序大行动”指挥部办公室（简称市“大行动”办）完善治理体系，提升治理能力现代化。以重点线路区域及城中村、背街小巷等薄弱点为重点，组织开展乱摆乱卖、人行道乱停、垃圾乱扔、广告乱象、工地乱象专项执法整治行动。全市479个“大行动”网格责任进一步调整压实；融合创城创卫指标，完成2021年版“大行动”考评办法修订；受理并派发处置“大行动”考评案件200.65万件，督办乱象问题3.79万余件。深化机制砂行业扬尘治理，划定建成区禁止露天烧烤区域；扬尘治理“慧眼”系统新接入有土方工地、消纳场、搅拌站等扬尘污染源头监控238个。强化沿岸公园专项督查考评及邕江水上执法，发放奖补资金2252.39万元，确保“百里秀美邕江”江畅、水清、岸绿、景美。保障习近平总书记视察广西、李克强总理考察南宁、中国—东盟博览会和中国—东盟商务与投资峰会、自治区第十二次党代会等重大活动期间市容环境整洁、畅通、有序。出台工作指引、奖惩细则等标准，完成“门前三包”责任书签订，打造“门前三包”示范点30个，采集“门前三包”案件2.44万件。维修路面、人行道阶砖、路缘石26.42万平方米，维修城市家具127张、隔离桩4650根；更换故障路灯3600盏次、亮化设施690套，亮灯率达99.52%；维修更换带烟头收集器的果皮箱2699个、新增741个。累计开通护学定制公交线路达150多条，联系中小学270所，日均接送师生2万余人次，缓解集中自驾接送学生造成的交通拥堵。完成白沙大桥南等81个交通堵点及事故隐患点的交通组织优化，推动《南宁市停车场管理条例》落地实施。查处机动车违章148.60万起、非机动车违章46.60万起。实行共享车辆总量控制和配额动态调整管理，引导市民文明骑行，实际投放车辆12.50万辆，每日为36万人次提供共享骑行服务。推出“文明实践在身边”系列微专题27期、

“文明大家谈”系列访谈4期，制作文明礼仪小课堂25期。以“十大提升行动”之“弘扬文明新风、培育道德风尚”提升行动为主抓手，开展文明实践活动5.10万场次，惠及群众510.40万人次。开展“学雷锋·志愿服务满绿城”“我为群众办实事”文明实践等志愿服务活动100多场，组织9万余人次志愿者开展“公共文明引导”志愿服务活动。将扬尘关联指标PM10和PM2.5的考核纳入“大行动”考评体系；新增建设2个机动车排气污染遥感监测点，监测过往机动车187.10万辆；划定国三（中国第三阶段汽车排放标准）及以下柴油货车禁行区，停止办理国三及以下柴油货车“市内道路通行证”；治理挥发性有机物企业69家。巡查道路25.13万条次，检查消纳场2976处，检查工程车辆7.29万辆次，扣押违规工程车辆1626辆次。联合交警等部门，查处工程运输车辆1303辆次。处罚违法禁烧行为244起，罚款9.09万元，全市禁烧智能化监控系统火点处理率达80.3%。严控烟花爆竹零售点数量，春节期间市建成区限放区设置烟花爆竹临时销售点84个，同比下降44.3%。

【创城创卫实地测评与执法】 2021年，市城管综合执法局打造南宁市住宅小区、农贸市场、城中村示范点30个；实施创城三级督导体系，发现并督办整改问题135.32万个。开发并启用“美丽南宁拍”小程序，设置创城创卫检查类型30大类、检查内容384项可勾选问题，供检查人员随时随地对标对表，实现数字化上报督办；修订“大行动”专项考评办法，以考评杠杆推创城工作常态化。采集创城专项问题112.15万件并派遣责任单位落实解决；开展夜市、占道经营、临时摆卖摊点乱象、车辆乱停、户外广告乱象、噪音扰民等专项整治行动，加强乱象问题执法处置。强化市容环境、建设、住房、非法燃气经营、矿产及矿山资源、邕江水面等城市管理综合执法，组织开展专项执法行动，立案查处违法违规案件3.22万件，罚款6121.81万元。其中，立案工地乱象、乱摆卖、乱停车等市容环境案件3.15万件，罚款2564.54万元；立案办结建设及住房类案件562件，罚款3114.80万元；立案办结盗挖盗采矿产资源案件60起，罚款410.06万元；立案非法燃气经营案件33起，查扣非法燃气罐1.16万个，罚款32.41万元。出动执法船巡航2.2万余千米，联合公安、海事等部门开展水上联合执法行动15次，查获“三无”及违规船只55艘，拆除违法建设2987处。开展铁路沿线治理，兼顾新旧隐患，巩固整治成果；开展定期巡查整治行动，要求属地及涉及部门定期排查潜在安全隐患问题并自行整改，发现并督办整改问题24处；配合开展铁路沿线环境卫生综合整治及乡村风貌提升活动，印发《南宁市东站周边及铁路沿线风貌整治工作实施方案》，发现并督办整改问题72处。强化地铁协调联动处置机制，完成铁路部门及市级相关部门请求予以协调的铁路安全隐患及环境问题12处。

【“两违”整治】 2021年，南宁市深入开展“两违”治理，清理拆除违法建设8020处（栋），清理违法用地面积463.64万平方米，拆除违法建设面积437.05万平方米，完成年度违法建设326万平方米拆除任务的133.97%。其中，拆除存量违法建设4948处（栋），面积266.96万平方米；拆除新增违法建设3072处（栋），面积170.09万平方米。

【邕江沿岸综合整治】 2021年，南宁市强化邕江沿岸公园网格责任落实、属地各部门协调联动，完善沿岸区域网格管理，健全市级、城区级及公园管理机构“三级巡查制度”，提高绿化养护水平，完善设施配备，优化调整禁钓区设置，强化水源保护区执法，提高邕江沿岸公园管理水平。组织开展邕江沿岸公园暗访巡查考评12次，报送《邕江沿岸公园城区（开发区）案件合格结案率报告》4份；发放奖补资金2252.39万元，约谈不合格城区1次，以邕江沿岸公园为试点，推进无人机技术辅助沿岸公园考评。

【城市管理监督与评价】 2021年，南宁市城市管理监督评价中心围绕首府南宁开展争创全国文明典范城市、迎接国家卫生城市复审工作，履行数字城管工作职责，推进城市治理智能化、智慧化升级。完成“美丽南宁·整洁畅通有序大行动”暨扬尘污染治理工作目标专项考评12次，受理考评数据200.65万条（含关联数据），审核申诉数据14.85万条，参与申诉仲裁陈述12次，报送专项考评分析报告24份。组织开展邕江沿岸公园暗访巡查考评12次。编发《南宁市数字城管运行情况分析报告》14期，报送全市共享单车数据分析报告12期。约谈结案率偏低、整改不力的3个责任单位。城市管理监督员采集数字城管案件126.34万件，比上年增加60.55%，其中“美丽南宁·整洁畅通有序大行动”暨扬尘污染治理专项考评案件78.74万件、创文明城专项案件13.34万件、邕江沿岸公园专项案件2497件、网格外扬尘专项案件845件。受理数字城管案件130.55万件，比上年同期增加60.19%，其中立案110.21万件、上升106.85%。受理案件中，城市管理监督员采集上报126.34万件，占受理总数96.77%；公众举报4.21万件，占3.23%。数字城管系统派遣案件110.21万件，其中“五乱”案件36.67万件，“12319”城市管理监督服务热线受理案件1.25万件，扬尘治理案件9.45万件。发出督办函72份。通过数字城管系统催办案件9.60万件。指导协调责任不清类城市管理案件1244件，召开案件现场协调会14次。全年数字城管案件应结案106.01万件，已结案83.91万件，总结案率79.16%，同比增加0.75%。数字城管系统完善城管通“门前三包”等城市管理问题采集服务，采集上报“门前三包”案件3.16万件。完善微信扬尘有奖举报便民服务，开通微信红包奖励服务。推进数字城管地理信息普查更新，完成14.01平方公里区域约12万个城市管理部件信息普查并在数字城管系统更新应用，推进市级系统平台与各级平台联网、数据共享，向自治区级平台共享上传数字城管数据89.37万条、城市综合执法数据245条。实现与横州市、宾阳县、上林县平台联网和数据共享汇聚，市级平台汇聚县（市）级平台数据1.32万条，指导马山县、隆安县完成县级平台建设工作并实现与市级平台联通对接。“南宁12319”微信公众号受理市民有奖举报案件232起，立案88起，奖励82起，发放奖金4100元。完成“12319”城市管理监督服务热线整合归并至12345政务服务便民热线工作，共享接入全市电子视频监控点4万多个，完善视频截图采集立案服务。11月7日20时，南宁市“12319”城市管理监督服务热线正式整合并入12345政务服务便民热线。年内（至2021年11月7日20时），“12319”城市管理监督服务热线接到市民来电3.75万个（咨询2.49万个），受理立案1.26万起；回访市民0.92万人次，满意0.75万人次，不满意0.17万人次，满意度81.27%。“12319”热线平台受理媒体网络反映问题3633个。

【智慧城管建设】 2021年，市城管综合执法局推进城市综合管理服务平台建设，初步搭建市级城市综合管理服务平台，实现与国家、自治区平台联网，与部分县（市、区）平台互联。推进“慧眼”系统二期建设应用，建立扬尘治理大数据资源中心，初步实现扬尘违规行为智慧化监控管理。建成城管综合执法数字化系统，收录全市城管综合执法案件数据2.5万余条，初步实现执法信息云录入、执法程序云流转、执法活动云监督。11月，该系统获评第三批数字广西建设标杆引领重点示范项目。

2021 年 5 月 25 日,南宁市整治违法用地违法建设工作会议在市委市政府会议中心召开
李金洪　摄

【案例选介】 2021 年,市城管综合执法局办理"未取得施工许可证擅自施工案""不符合商品房销售条件,向买受人收取预订款性质费用案"等案件。

未取得施工许可证擅自施工案　南宁三塘智力运动综合体(福奕城)项目位于南宁市昆仑大道旁九曲湾农场范围内,分三期开发建设。该项目二期 S1 号、S2 号、S3 号、S5 号楼于 2020 年 12 月 25 日取得建设工程规划许可证,2021 年 1 月 25 日取得不动产权证书,2021 年 3 月 1 日开始施工,至 3 月 29 日,市城管综合执法局组织支队及兴宁区住建局对该项目检查时,二期 S1 号楼、S2 号楼、S3 号楼已建到主体 2 层半,S5 号楼已建一层。未能出示建设工程施工许可证,该行为违反《建筑工程施工许可管理办法》第三条规定。同时依据《建筑工程施工许可管理办法》第十二条、第十五条规定,对广西某体育文化发展有限公司处以罚款 38764 元,对项目负责人赵某付处以罚款 1938 元。

不符合商品房销售条件,向买受人收取预订款性质费用案　南宁市青秀区东葛路 117-1 号东葛汇贤居房地产项目 2 号楼 1 单元 18 层 1801 号房自 2015 年 8 月 18 日起先后被南宁市兴宁区人民法院、钦州市钦南区人民法院、南宁市中级人民法院等预查封、轮候预查封,未解封。2019 年 1 月 23 日,广西长某房地产开发有限公司在上述房屋被司法机关查封期间与客户黄某蓉签订《东葛汇贤居》认购协议书,并收取二十万元预付款。该公司的行为违反《中华人民共和国城市房地产管理法》第三十八条第二项、《商品房销售管理办法》第二十二条第一款的规定。同时依据《商品房销售管理办法》第四十二条第(六)项的规定,对当事人作出警告和罚款 1.5 万元的行政处罚。

(市城管综合执法局)

编辑　李　康　龙森林　唐柯杰

乡村振兴

综　述

【概　况】 2021年，南宁市做好巩固拓展脱贫攻坚成果同乡村振兴有效衔接，全面推进乡村振兴，加快农业农村现代化。3月30日，印发《南宁市巩固拓展脱贫攻坚成果建立健全防止返贫致贫工作机制实施方案》，成立南宁市防止返贫致贫工作领导小组，领导小组下设办公室，办公室设在南宁市扶贫开发办公室。6月11日，南宁市扶贫开发办公室重组为南宁市乡村振兴局，为市人民政府工作部门，机构规格为正处级，由市农业农村局统一领导。南宁市扶贫开发领导小组职能并入中共南宁市委员会农村工作（乡村振兴）领导小组，不再保留市扶贫开发领导小组。7月5日，南宁市防止返贫致贫工作领导小组将南宁市脱贫攻坚战前线指挥部改为南宁市乡村振兴和防止返贫致贫工作指挥部，由市委组织部选派10名优秀副处级干部和10名农村工作经验丰富、熟悉基层工作、曾担任第一书记的优秀年轻干部到指挥部，全脱产开展日常工作。7月8日，撤销中共南宁市委员会农村工作领导小组和南宁市乡村振兴（“美丽南宁”乡村建设）领导小组，合并成立中共南宁市委员会农村工作（乡村振兴）领导小组。12月30日，南宁市委农村工作（乡村振兴）领导小组调整南宁市乡村振兴和防止返贫致贫工作指挥部机构职能设置，整合市实施乡村振兴战略指挥部与市乡村振兴和防止返贫致贫工作指挥部机构和职能。整合调整后的市乡村振兴和防止返贫致贫工作指挥部受市委农村工作（乡村振兴）领导小组领导，指挥部办公室设在市委农办，与市乡村振兴局集中办公，统一指挥全市巩固拓展脱贫攻坚成果和全面推进乡村振兴工作。各县（市、区）扶贫开发办公室重组为乡村振兴局。由区县农业农村局管理的区县乡村振兴局4个（邕宁区乡村振兴局、上林县乡村振兴局、马山县乡村振兴局、隆安县乡村振兴局）；在县（市、区）农业农村局加挂“县（市、区）乡村振兴局”牌子，且为县（市、区）农业农村局内设机构的县（市、区）乡村振兴局8个（兴宁区乡村振兴局、江南区乡村振兴局、青秀区乡村振兴局、西乡塘区乡村振兴局、良庆区乡村振兴局、武鸣区乡村振兴局、横州市乡村振兴局、宾阳县乡村振兴局）。年内，印发实施《南宁市实现巩固拓展脱贫攻坚成果同乡村振兴有效衔接实施方案》《南宁市防止返贫动态监测和帮扶工作方案》等；12月31日，南宁市全国防返贫监测信息系统中未消除风险监测对象7995户2.58万人，均按照规定安排帮扶责任人、落实帮扶措施。创新开展市级乡村振兴重点帮扶乡镇和重点帮扶村工作，确定市级重点帮扶乡镇25个、重点帮扶村129个，动员182家企业结对帮扶129个重点帮扶村，落实2.54亿元衔接资金切块下达县（市、区），支持部分重点帮扶乡镇和重点帮扶村发展。南宁市扶贫信息中心获自治区人社厅授予“广西壮族自治区事业单位脱贫攻坚记大功奖励”。主要存在防止返贫压力大等问题。

（谭春兰　韦懿芳　黄　坚　胡淑媛）

【“两不愁三保障”成果巩固】 2021年，南宁市投入义务教育阶段学生资助资金1.66亿元，受惠学生35.73万人次，其中资助脱贫户和易致贫返贫家庭学生17.52万人次、6973.96万元。中央和自治区下达南宁市支持学前教育专项新建迁建及改扩建幼儿园奖补资金土建项目资金1.02亿元，开工率98.7%；自治区教育厅下达南宁市第一批义务教育薄弱环节改

2021年11月23日，隆安县丁当镇定坤村搬迁户在精准扶贫工作坊内编织特色藤制品
叶子榕　摄

善与能力提升补助资金、农村义务教育学校校舍安全保障长效机制资金土建项目资金4.44亿元，开工率98.5%。全市享受乡村教师生活补助2.9万人9852.51万元。全市应参加城乡居民基本医疗保险脱贫人口58.84万人，实际参保58.84万人，参保率100%，且同步参加城乡居民大病保险。基本医疗保险、大病保险、医疗救助三重保障待遇“一站式”即时结算平台为脱贫人口即时结算医疗费用(普通门诊、门诊特殊慢性病、住院)75.99万人次7.99亿元。全市救治患大病脱贫人口1.79万人，救治率99.53%；符合家庭医生签约条件的常住脱贫人口签约60.13万人。全市易地搬迁有劳动能力(16岁～59岁)且有就业意愿的搬迁户1.48万户，全部实现一户至少一人以上就业。投入1.64亿元专项衔接资金用于10个易地搬迁后续扶持项目。全市完成自治区下达农村危房改造(抗震改造)任务1018户；组织开展全市农村房屋安全隐患排查整治，排查农房121.09万栋，整治初判存在隐患的农村房屋3856栋。建成农村区域集中连片供水项目10个；建立项目管护长效机制，投入农村饮水安全工程维修养护资金3576.23万元，完成农村饮水安全维修养护项目441个；开展饮水安全排查4次，巩固饮水安全保障成果。

【乡村振兴重点帮扶县、镇、村】 2021年，国家确定马山县为国家乡村振兴重点帮扶县，自治区确定隆安县为自治区乡村振兴重点帮扶县，南宁市确定市级乡村振兴重点帮扶乡镇25个、乡村振兴重点帮扶村129个。由县(市、区)整合资源、统筹推进、优先支持，夯实重点帮扶乡镇、村发展基础，推动全市乡村振兴。市乡村振兴局、市委统战部、市住建局、市自然资源局、市工信局、市农业农村局、市商务局、市金融办、市国资委、市工商联动员全市(含驻邕)182个国有或国有控股企业、民营企业、社会团体，结对帮扶129个市级乡村振兴重点帮扶村。11月17日，印发《南宁市动员企业与乡村振兴重点帮扶村开展结对帮扶活动实施方案》，明确企业帮扶主要内容、方式方法及工作要求；结对企业到帮扶村了解村级集体经济及农业产业发展情况，制定帮扶工作计划，帮助谋划2022年产业发展规划。落实衔接资金2.54亿元，给予重点帮扶乡村倾斜并切块下达到县，重点支持12个乡村振兴示范乡镇、47个重点村培育壮大优势产业项目。 (黄　坚)

【平安乡村建设】 2021年，南宁市在横州市云表镇朝南村、武鸣区太平镇庆乐村开展农村“雪亮工程”试点工作，举办全市第二期基层社会治理创新经验交流会暨推进综治中心实体化及平安乡村建设现场会，推广农村“雪亮工程”及平安乡村建设经验。马山县古零镇羊山村、江南区福建园街道淡村、青秀区刘圩镇团黄村、西乡塘区石埠街道忠良村被命名为第八批“全国民主法治示范村(社区)”。市委政法委联合市委组织部、市委编办、市财政局、市人社局印发《南宁市加强和推进各级综治中心实体化建设的实施方案》，明确在乡镇相关综合性办公室及街道公共安全办公室加挂综合行政执法办公室牌子；全市25个街道、102个乡镇综治中心分别整合警务室、司法所等与综治中心合署办公。实施南宁市为民办实事平安惠民工程——农村“雪亮工程”提升项目，总投资499.27万元；安装摄像探头5.12万个，覆盖全市12个县(市、区)、3个国家级开发区，127个乡镇(街道、镇级开发区)及其下辖近1300个村(坡、屯、组、队)、社区、居民小区以及校园周边，实现全市联网互通。通过政府出资与电信、移动及营商联合，发动村民自建完成3.30万个“平安乡村”智能监控探头联网整合的任务。严厉打击“村霸”、宗族势力、“保护伞”、“软暴力”等犯罪，以及危害农村稳定、破坏农业生产等涉农犯罪，起诉15人，立案办理涉农公益诉讼案件201件，审结农村土地流转、林权转让等案件724件。开展整治农村地区违法犯罪专项督查，打掉涉及侵蚀农村基层政权黑恶势力犯罪团伙9个，刑拘214人。保障村(社区)“两委”换届选举工作，及时发现违法并督促纠正行使选举权17人。挂牌整治农村治安重点地区27个。实施“一村一警务助理”工作模式，全市1477个行政村均配置警务助理；警务助理配合派出所公安民警开展“百万警进千万家”活动，走访乡村6778个、家庭2.51万户3.92万人次、校园2280次，登记流动人口3624人；警务助理开展社区、村(屯)入户走访宣传1.08万次，协助采集社会信息7.77万条，收集治安信息2332条，协助排查矛盾纠纷信息1042条，化解矛盾纠纷946起。 (胡淑媛)

脱贫巩固与乡村振兴衔接

【概　况】 2021年，南宁市贯彻落实中央、自治区关于巩固脱贫成果和防止返贫致贫工作的决策部署，健全防止返贫动态监测和帮扶机制，着力巩固拓展脱贫攻坚成果。4月13日，印发《南宁市防贫监测工作方案》，成立南宁市防贫监测领导小组，常态化监测易致贫返贫人口，指导县(市、区)重点对所有脱贫户(含退出户)、边缘易致贫户，以及其他农户(因病因灾因意外事故等刚性支出较大或收入大幅缩减导致基本生活出现严重困难)进行全面排查，应纳尽纳、落实帮扶措施。依据防止返贫动态监测和帮扶工作方案，不断巩固脱贫攻坚成果，坚决守住不发生规模性返贫的底线，为衔接推进乡村振兴奠定坚实基础。12月31日，全国防返贫监测信息系统中未消除风险监测对象7995户2.58万人，均按照规定安排帮扶责任人，综合运用低保、临时救助、医疗救助、就业技能培训、产业指导等措施落实帮扶。全市摸排因病、因学、因灾、因意外事故有返贫致贫风险的四类对象，创新设立“防贫基金”精准救助，为672名符合条件的群众发放精准防贫基金435.24万元。集中开展大规模防贫监测数据清洗4次，累计筛查疑似重点关注数据6.73万条。筹措财政衔接推进乡村振兴补助资金19.63亿元。主要存在部分农村人口持续稳定增收能力不强，抗风险能力弱等问题。 (谭春兰)

【防止返贫致贫动态监测与帮扶】 2021年4月13日，南宁市扶贫开发领导小组办公室印发《南宁市防贫监测工作方案》，成立南宁市防贫监测领导小组，健全数据收集、共享、分析网络及平台，组织协调领导小组成员单位做好防贫监测数据的收集、共享、分析工作。7月5日，成立南宁市乡村振兴和防止返贫致贫工作指挥部数据监测组，主要负责指导各县(市、区)分析、统计防贫监测数据等工作。7月27日，市乡村振兴和防止返贫致贫工作指挥部办公室印发《南宁市防止返贫动态监测和帮扶工作方案》，指导各县(市、区)排查认定存在返贫致贫风险的农户，将符合条件的农户按照类别、标准和程序纳入监测对象，应纳尽纳。集中开展大规模防贫监测数据清洗4次，累计筛查疑似重点关注数据6.73万条。对已纳入的脱贫不稳定户由原帮扶责任人继续帮扶，新增1名乡镇包村干部或驻村工作队员或村“两委”干部，与原帮扶责任人共同帮扶该户，形成“二对一”帮扶模式；对新纳入的边缘易致贫户和突发严重困难户，每户落实1名干部帮扶，形成“一对一”帮扶模式；对纳入的监测对象，按规定提供教育、医疗、低保、特困人员救助供养、临时救助、购买社会服务等保障措施。继续实施公益性岗位等就业扶持政策，引导帮扶对象通过生产和就业实现持续增收。

（韦懿芳　黄　坚）

【财政衔接推进乡村振兴补助资金及项目管理】 2021年，南宁市保持衔接资金投入总体稳定。全市筹措财政衔接推进乡村振兴补助资金19.63亿元（绩效评价口径），其中中央资金7.92亿元、自治区资金4.81亿元、市本级资金6.90亿元。市本级财政衔接推进乡村振兴补助资金分配继续向脱贫摘帽县区倾斜，拨付马山县、上林县、隆安县、邕宁区4个脱贫摘帽县区补助资金3.89亿元，占市本级财政衔接推进乡村振兴补助资金56.37%。乡村振兴补助资金主要用于支持易地扶贫搬迁后续扶持、市级乡村振兴重点帮扶乡镇（村）、脱贫劳动力和监测帮扶对象跨省就业劳务对接、培育壮大特色优势产业等项目。加强审计监管专项资金，委托第三方对除马山县以外的11个县（市、区）开展2020年财政专项扶贫资金和2020年对口帮扶百色市（那坡县、靖西市）扶贫资金专项审计，资金总量13.85亿元。新增脱贫人口小额信贷4.16亿元。

（李　菁）

【易地搬迁后续扶持】 2021年，南宁市持续推进易地搬迁后续扶持，确保搬迁群众搬得出、稳得住、能致富。全市安置区配套建设义务教育学校11所，可提供义务教育阶段学位1.64万个，满足现阶段搬迁子女义务教育阶段的学位需求。配套新建或改扩建卫生医疗机构7个，实现安置区医疗机构全覆盖。全市有劳动能力（16岁～59岁）且有就业意愿的搬迁户1.48万户，全部实现一户至少一人以上就业。安排专项衔接资金1.64亿元，用于10个易地搬迁后续扶持项目，项目类型包括就业帮扶车间厂房、农产品集散中心、种植基地、农贸市场等，年内完成投资率98.55%。安置区配套成立党支部20个、党群服务中心22个、村（居）民委员会7个、村（居）民小组2个、108个“九个中心”［社区综合服务中心（站）、新时代文明实践中心、就业社保服务中心、文体活动中心、老年服务中心、儿童之家、平价购物中心（农贸市场）、社会治安综合治理中心、物业服务中心］均高效运转，安置区实现以党组织建设为核心，自治组织、群团组织相融合的社区组织架构。

（市发展改革委）

【扶贫项目资产管理与监督】 2021年，南宁市对2013年以来投入扶贫资金实施项目进行登记确权，建立项目台账，做好运营、管护和管理。完成全市2013—2020年度投入各级各类扶贫资金形成的扶贫项目资产2.42万个，涉及扶贫资金154.98亿元，其中确权登记经营性项目2958个20.36亿元，公益性项目1.68万个70.72亿元，到户类项目4455个63.89亿元。资产移交项目1.79万个（到户类资产4455个项目除外）。（何小清）

【脱贫人口稳岗就业】 2021年，市人社局建立健全巩固拓展人社脱贫攻坚成果防止返贫致贫工作长效机制。截至2021年底，全市累计认定就业帮扶车间370家，吸纳就业在岗人数2.39万人，全年发放就业帮扶车间带动就业补贴316万元；利用就业补助资金开发乡村公益性岗位，在岗1244人。依托全国首创的“免申即办”服务模式发放企业或社会组织吸纳建档立卡脱贫家庭劳动力社会保险补贴1996.47万元，惠及企业4102家次、脱贫家庭劳动力1.05万人次；发放企业或社会组织吸纳建档立卡脱贫家庭劳动力带动就业补贴1250.4万元，惠及企业2743家次、脱贫家庭劳动力6252人次。发放创业担保贷款862笔1.21亿元，其中脱贫人口10笔125万元。做好易地搬迁群众后续就业帮扶。持续打造“小梁送工”就业品牌（隆安县震东社区2020年3月创设，通过企业派单、居民点单、服务站送单模式，解决搬迁群众就业难问题；因实施负责人为社区居委会副主任、就业服务工作站站长梁佳为而得名），全年向隆安县内企业、农业基地送工535批3.9万人次，帮助搬迁群众增收约500万元。保障农民工平安返岗就业，全市“点对点”包车输送农民工返岗就业136车次5065人，其中脱贫劳动力920人。持续推进脱贫户职业技能提升培训，开展补贴类职业技能培训8.39万人次，发放补贴2.75亿元，其中培训脱贫劳动力6607人次，农村转移就业者1.53万人次、登记失业人员701人次。（廖书恒）

【新阶段粤桂协作】 2021年3月，自治区明确广东省深圳市福田区结对帮扶南宁市上林县、马山县和隆安县；广东省投入帮扶资金1.41亿元，重点聚焦基础设施、产业发展、劳务协作、教育扶持等项目42个。深圳市派出6名挂职干部、63名专业技术人员到上林县、马山县、隆安县开展帮扶，派1名挂职干部到市乡村振兴局开展工作；南宁市选派6名党政干部、98名专业技术人员到深圳市福田区挂职及跟岗学习。广东直接采购、帮助销售南宁市农畜牧产品和特色手工艺产品3.56亿元。鑫荣懋果业科技集团股份有限公司的沃柑（西乡塘基地沃柑、隆安基地沃柑、无核沃柑）、广西金福农业有限公司“伊蜜”红心火龙果、广西华兴食品集团有限公司的华兴鲜鸭、华兴冻鸭，3家企业6个产品获“圳品”认定。新增落地投产企业14家，实际到位投资12.27亿元，吸纳农村劳动力就业1312人，其中脱贫人口567人。共建产业园区5个，引导入驻园区企业4家，入园企业实际到位投资0.42亿元，吸纳农村劳动力72人，其中脱贫人口21人。援建帮扶车间8个，吸纳脱贫劳动力就业2021人，其中脱贫人口812人。举办劳务协作培训班26期，培训农村劳动力1135人，其中脱贫劳动力556人；帮助农村劳动力实现就业4.42万人，其中脱贫人口1.24万人。促进东西部劳务协作稳岗增收，市人社局分别与深圳市人社局、深圳市福田区人社局签订粤桂劳务协作《就业帮扶框架协议》；农村劳动力新增转移到广东省就业2.27万人，其中脱贫人口4487人。开展结对帮扶县赴粤返岗“点对点”运输服务，运送劳动力5065人。（钟昌霞）

2021年4月，宾阳县新圩镇上国村委脱贫群众在家门口的就业帮扶车间——南宁市九通电子科技有限公司电子零配件厂工作　　曾祥忠　摄

乡村产业振兴

【概　况】 2021年，南宁市扩大乡村产业规模，做强品牌建设。"隆安香蕉""良庆百香果"新获注册为国家地理标志商标，新增入选广西农业品牌目录15个，新增绿色食品认证产品15个，有效期内"三品一标"（无公害农产品、绿色食品、有机农产品和农产品地理标志）产品193个。横州市茉莉花和茉莉花茶综合品牌价值215.30亿元，连续多年蝉联广西最具价值农业品牌。新型经营主体快速发展，广西四野牧业有限公司、广西金福农业有限公司2家农业企业获评首批全国生态农场；新增国家农业产业化重点龙头企业2家、自治区农业产业化重点龙头企业10家、市农业产业化重点龙头企业24家，全市市级以上农业产业化重点龙头企业累计224家，数量位居自治区第一。全年在市市场监管局新增注册登记的农民专业合作社、家庭农场分别为327家、263家，分别累计5785家、1591家。宾阳县获批创建国家首批农业现代化示范区，横州市农村产业融合发展示范园入选第三批国家农村产业融合发展示范园创建名单，隆安县那桐镇入选2021年国家农业产业强镇创建名单，宾阳县古辣镇、武鸣区双桥镇、横州市校椅镇石井村分别入选第十一批全国"一村一品"示范村镇、2021年全国乡村特色产业十亿元镇、2021年全国乡村特色产业亿元村名单，马山县古零镇入选首批全国乡村旅游重点镇。横州市、宾阳县、上林县、马山县、隆安县均获批国家电子商务进农村综合示范县，累计获中央财政支持资金1.05亿元，建成县级电商服务中心5个、县级物流配送中心5个、农村电商产业园6个，农村电商服务覆盖率90%。引导村民将自家多余房屋改造成农家民宿；通过合作社方式运营管理旅游区，发展休闲农业和乡村旅游。主要存在农业产业发展用地受制约程度日趋严重等问题。 （陈晓琳）

【特色产业发展壮大】 2021年，南宁市推进特色农业产业发展，多项特色农业产业发展在全国领先，茉莉花（种植面积约8000公顷）、沃柑（种植面积6.13万公顷）、火龙果（种植面积1.17万公顷）、香蕉（种植面积2.95万公顷）产业规模均居全国之首。产业融合发展，建成农产品加工集聚区15个，全市规模以上农产品加工企业142家。宾阳县获批创建国家首批农业现代化示范区，横州市农村产业融合发展示范园入选第三批国家农村产业融合发展示范园创建名单，隆安县那桐镇入选2021年国家农业产业强镇创建名单，宾阳县古辣镇、武鸣区双桥镇、横州市校椅镇石井村分别入选第十一批全国"一村一品"示范村镇、2021年全国乡村特色产业十亿元镇、2021年全国乡村特色产业亿元村名单。新增获评"中国美丽休闲乡村"1个（宾阳县古辣镇马界村）、广西休闲农业与乡村旅游示范点2个（广西—东盟经济技术开发区祈福康养小镇休闲农业核心示范区、江南区邕博山康养旅游景区）；全市累计有"中国美丽休闲乡村"6个、全国休闲农业与乡村旅游示范点3个、广西休闲农业与乡村旅游示范点37个。市本级财政投入1.90亿元，落实中央和自治区专项资金7650万元，推动全市1560个村（含农村社区）集体经济收入全部达5万元以上（10万元以上759个、20万元以上347个、50万元以上129个），总收入5.26亿元，村均收入33.73万元。评选2020年市级示范性农村集体经济组织20个，发放奖励资金200万元（每个村10万元）。获评自治区发展壮大村级集体经济先进组织9个、先进个人18人，落实自治区集体经济办对获奖个人每人3000元奖励。

（市农业农村局　市委组织部）

【休闲农业与乡村旅游发展】 2021年，南宁市培育"旅游＋民宿"业态。部分条件成熟的县（市、区）结合创建全域旅游示范区制定旅游民宿管理办法及奖励措施。深度挖掘、开发农旅休闲体验旅游产品，引导村民将自家多余房屋改造成农家民宿，以"公司＋农户"方式入股等形式发展乡村民宿。加快培育马山县南院·艺墅、武鸣区伏唐璞居、西乡塘区美南原舍民宿、上林云松山宿等旅游民宿创建等级旅游民宿。引导、鼓励村民以资金、土地、房屋、非遗技艺等入股乡村旅游企业，探索完善乡村旅游利益联结机制。马山县弄拉景区26户居民通过以土地、山林入股成立旅游专业合作社，农民每年每户可从中获得分红；马山县乔老村小都百屯成立旅游服务公司，通过"公司＋基地＋农户"模式，带领群众发展旅游；青秀区古岳坡非遗文化艺术村吸纳有非遗技艺——南阳大鼓的村民为公司员工，共同打造乡村文化旅游新业态；宾阳县欧阳村乡村旅游区、陈平名山旅游区、龙德村乡村旅游区、大陆村稻田艺术景区、程思远故居等通过合作社方式运营管理旅游区，促进旅游区持续发展，农户直接受益。

【乡村旅游产业发展壮大】 2021年，南宁市加强品牌创建，推动乡村旅游业态融合发展。创建广西星级乡村旅游区（农家乐）、广西休闲农业与示范区等，促乡村旅游提质升级。上林振林（粤桂）生态产业园－渔火人家庄园、良庆区坛板坡乡村旅游区获评广西五星级乡村旅游区，宾阳县武陵镇龙德乡村旅游区、上林县归来·丘山里旅游区、南宁经开区中国广西·云舍度假村落、武鸣区南国乡村·农房建筑科技博览园、宾阳县广西龙劲休闲农庄5家单位获评广西四星级乡村旅游区；兴宁区原乡聚落·高峰获评广西五星级农家乐，西乡塘区吾院餐厅获评广西三星级农家乐。全市累计有广西星级乡村旅游区69家、广西星级农家乐91家。马山县古零镇入选首批全国乡村旅游重点镇，马山县古零镇乐平村水锦屯、马山县古零镇古零社区弄拉屯、上林县大丰镇东春村、武鸣区城厢镇大皇后村、西乡塘区石埠街道下灵村5个村（屯）入选2021年广西乡村旅游重点村。全市累计全国乡村旅游重点镇1个、全国乡村旅游重点村3个、广西乡村

2021年10月，邕宁区那楼镇那利村红心蜜柚特色产业扶贫示范园蜜柚喜获丰收，种植户忙着采摘、装车　　管少华　摄

旅游重点村5个。《马山县古零镇乔老村小都百屯:"共商、共建、共管、共享"的乡村旅游模式》入选《2021世界旅游联盟——旅游助力乡村振兴案例》。组织各县(市、区)、开发区文旅部门、乡村旅游企业参加广西乡村旅游嘉年华、广西乡村旅游电商大会、广西全域旅游大集市等活动,宣传、推广南宁市乡村旅游精品线路;持续开展"南宁市月月文化旅游节"系列活动;深入打造南宁市环大明山养生游、昆仑大道康养游、美丽南方田园游、武鸣壮乡风情游、横州市茉莉风情游等乡村旅游精品线路,提升"老友南宁"旅游品牌整体形象和知名度。改善旅游服务设施,提升乡村旅游服务水平。补助乔老河片区旅游项目建设500万元,主要用于骑行绿道、景区道路、登山步道等公共服务设施建设,提升乔老河片区旅游服务水平;补助广西土改历史博物馆二期改造提升项目50万元;安排资金451万元,对2020年创建的广西星级乡村旅游区(农家乐)等给予一次性奖励,推动南宁市乡村旅游产品提质升级;安排资金500万元,支持各县(市、区)乡村旅游点厕所建设。实行乡村旅游评星定级动态化进入退出机制,促进乡村旅游高质量发展。(白秀峰)

【电子商务进农村综合示范工作推进】2021年,横州市、宾阳县、上林县、马山县、隆安县均获批国家电子商务进农村综合示范县,累计获中央财政支持资金1.05亿元,建成县级电商服务中心5个、县级物流配送中心5个、农村电商产业园6个,农村电商服务覆盖率90%。各县(市、区)增强农村电商孵化、运营等能力,初步形成流通顺畅、服务能力强的农村电子商务服务体系。全区电子商务进农村综合示范县现场会在马山县召开,马山县电商进农村项目建设经验获推广。南宁市100家企业参加2021年广西壮族三月三直播电商节活动,入选电商直播节选品池产品57个,直播宣传、销售南宁老友粉、武鸣柠檬鸭、横州市茉莉花茶、上林大米、马山旱藕粉等南宁市特色产品。4月20日,商务部电子商务公共服务惠民惠企"走基层"活动在横县举行,市商务局组织100多家企业参加活动;阿里巴巴、京东培训讲师在电商平台助力乡村振兴、数字化人才培养方面开展主题培训,为企业、合作社通过平台免费获取电子商务合作伙伴,推动全市农产品上行发展。7月30日,自治区商务厅在广东省广州市举办"壮乡优品 桂品出乡"2021年广西农产品(广州)产销对接活动,邀请华润万家等百家知名大型采购商开展产销对接洽谈;市商务局组织企通宝(上林)电子商务有限公司、马山县山山农业科技有限公司等4家企业参加对接活动,推动南宁名特优农产品走进超市、卖场和其他零售终端。11月5日至7日,南宁市县(市、区)涉农流通企业参加广交会粤桂消费帮扶农产品对接活动,达成矿泉水、大米、加工农产品等农产品购销合作意向。12月3日至5日,南宁振企农业科技有限公司等37家参展企业、广西复记食品商贸有限公司等11家采购商参加2021全国农产品产销对接助力乡村振兴活动(广西站),集中展示广西名特优产品1000多种,签订南宁沃柑3万件等一批农产品购销合同。

(沈思明 潘贤新)

乡村人才振兴

【概 况】2021年,南宁市向421个脱贫村、7个易地扶贫搬迁安置村(社区)精准选派428名第一书记、860多名工作队员驻村开展帮扶工作,为巩固拓展脱贫攻坚成果同乡村振兴有效衔接提供坚强人才支撑。持续推进农村基层党建"整乡推进、整县提升"示范县乡创建行动,在自治区率先全面完成村(社区)"两委"换届选举工作,全市1560个村(社区)"两委"换届选举村干部1.10万人。"一肩挑"村(社区)书记兼任村(居)民委员会主任99.95%。畅通基层人才培养和晋升渠道,通过公务员考试录用、事业单位公开招聘分别面向村干部招录4人、28人,培养青年农场主55人、农村致富带头人4485人,培训乡村教师9680人次。(市委组织部)

【农村基层党组织带头人队伍建设】2021年,南宁市在自治区率先全面完成村(社区)"两委"换届选举,全市1560个村(社区)"两委"换届选举村干部1.10万人。"一肩挑"村(社区)党组织书记兼任村(居)民委员会主任99.95%;年龄55岁以下100%;大专及以上学历40.70%。实施农村党员大培训,开展新一届村党组织书记和村(居)民委员会主任岗前培训;开展16个专题专项培训,累计培训11万人次;推荐村干部参加中央、自治区培训214人;推荐村干部参加大专、中专学历教育136人。市本级财政划拨专项经费8405.89万元,持续提高村干部报酬待遇。村党组织书记基本报酬按照所在县(市、区)、开发区上一年度农民人均可支配收入的2.5倍确定,月报酬最高4162元;村干部最低年基本报酬在2020年的基础上每人每月增加200元。从农村优秀青年、返乡农民工、致富带头人等先进分子发展农村党员1040人,其中党员致富带头人127人。向421个脱贫村、7个易地扶贫搬迁安置村(社区)精准选派428名第一书记、860多名工作队员驻村开展帮扶工作。19名第一书记获评"2020年度南宁市脱贫攻坚先进个人",2名第一书记获评"2019—2020年度全区脱贫攻坚先进个人",24名第一书记获评"2018—2020年度全区优秀驻村第一书记",36名工作队员获评"2018—2020年度全区优秀工作队员",10名第一书记、6名工作队员获评"2018—2020年度全区脱贫攻坚先进个人"。

【农村青年致富带头人培育】2021年,南宁市畅通基层人才培养和晋升渠道。通过公务员考试录用、事业单位公开招聘分别面向村干部招录4人、28人。深化人才发展机制改革,聚焦农业主导产业发展,实施青年农场主托举项目,从55个青年农场主培养对象中遴选25名18周岁~45周岁的新型农业经营主体带头人、专业种养大户、家庭农场经营者、农民合作社骨干、返乡创业大学生、中高职毕业生、返乡农民工和退伍军人作为托举对象,以三年为托举周期,邀请自治区内外优秀涉农创业导师、成功创业人士、资深专业教师和熟悉产业发展人士授课,以各级各类农业园区、农业企业和农民合作社等作为实训教学基地,配备创业导师,分阶段组织集中培训、实训实习、参观考察和生产实践,提升托举对象的生产技能、经营管理水平和创业实践能力。培养农村致富带头人4485人。实施市级名师到乡村送教送培活动,培训乡村教师9680人次。(市委组织部 市农业农村局)

【返乡下乡创业人才培育】2021年,南宁市事业单位统一考试招聘岗位条件向乡镇倾斜,面向脱贫户家庭毕业生或当地生源定向招聘服务基层项目人员和村(社区)"两委"成员;鼓励县(市、区)自主招聘乡镇事业单位工作人员;鼓励乡镇及以下义务教育阶段学校放宽条件引进急需紧缺教师。落实各项创业扶持补贴。对毕业五年内的高校毕业生和就业困难人员在南宁市首次创办小微企业且正常经营满半年的,给予一次性创业扶持补贴5000元,创业地在脱贫县的,补贴标准提高至1万元;全年发放创业扶持补贴97笔49万元。对返乡入乡创业人员在乡镇以下创办小微企业、个体工商户等经营主体,自工商注册登记之日起正常运营6个月以上的,给予一次性创业扶持补贴5000元;全年发放创业扶持补贴81笔40.5万元。对农民工新创办的各类市场主体,给予一次性创业奖补5000元和创业带动就业奖补资金;全年发放农民工创业奖补 2217.27 万元,农民工创业带动就业奖补 36.52 万元。落实创业担保贷款政策,发放国家创业担保贷款 862 笔 1.21 亿元,其中返乡创业农民工 332 笔 4826 万元、自主创业农民工 418 笔 5548 万元。推进农民工创业园建设工作,宾阳县、上林县、马山县、隆安县农民工创业园列入自治区农民工创业园建设项目,吸纳企业 107 家,其中农民工创办企业 35 家,带动就业 9943 人,其中带动农民工就业 8723 人。 (廖书恒)

乡村文化振兴

【概　况】 2021 年,南宁市加快现代公共文化服务系统建设,以为民办实事工程文化惠民项目为重点,多措并举提升城乡公共文化设施水平,构建城乡一体化公共文化服务模式。全市开展“我们的中国梦”——文化进万家、戏曲进乡村进校园、乡村社区和谐文艺大展演等线上线下群众文化活动 7600 多场次,惠及群众 320 多万人次。开展文化惠民活动,举办南宁市第十二届乡村社区和谐文艺大展演;组织参加第九届全区基层群众文艺会演,获一等奖 4 个、二等奖 5 个、三等奖 9 个、优秀奖 2 个,其中一等奖总数居自治区第一。开展“我们的节日”春节、端午节等主题活动 2000 多场,弘扬优秀传统文化。放映公益电影 2.23 万场,惠及群众 224 万人次。全市基本实现市、县、乡、村四级公共文化设施网络全覆盖,全部面向社会实施免费开放,免费提供公共文化服务场馆,免费向群众提供阅读、培训、展览等公共文化服务及文化志愿服务活动。扶持乡村社区业余文艺队,开展“文化志愿春风行”培训服务活动,组织开展“送戏下基层”演出,繁荣基层文化建设。全年组织开展“我们的中国梦”文化进万家暨广西濒危剧种下基层文化惠民演出 300 场;南宁市为民办实事工程“送戏下基层”演出 500 场次。主要存在乡村文化水平仍需提升,乡村社区业余文艺队演出数量、质量与基层群众需求存在一定差距等问题。

(严　劲　黄红婷　李　冰)

【新时代文明实践中心建设】 2021 年 3 月 16 日,市委宣传部印发《关于深入扎实推进新时代文明实践中心建设的通知》,明确建设标准和规范要求,推动全面覆盖建设。年内建成三级文明实践中心(所、站)1980 个,初步构筑“全市覆盖、出户可及、群众便利”的文明实践服务网络。将新时代文明实践阵地延伸拓展至市民中心、市妇女儿童活动中心等公共服务机构,在 A 级旅游景区建设文明实践站 10 个。市税务局、邕州海关等全国文明单位建立文明实践站,面向社会提供服务。《15 分钟社区文明实践服务圈》《新时代文明实践大篷车》《“两中心”三融合》入选自治区文明办征集的文明实践创新案例。全市依托新时代文明实践阵地,开展理论宣讲活动 5 万多场,受众 180 万人次。开展新时代文明实践活动 1.15 万场次,惠及群众 125.63 万人。 (严　劲)

【乡村传统文化保护利用】 2021 年,南宁市坚持“保护为主,抢救第一,合理利用,传承发展”的指导方针,以“保护”为龙头,以“传承”为根本,以“发展”为目标,以非物质文化遗产保护工作为重点,实施乡村传统文化保护利用。壮族五色糯米饭、宾阳织锦、壮族会鼓、横州市替僧簸箕粉制作技艺、上林糯米酒酿造技艺等一批非遗传承基地参与到乡村振兴、扶贫、文化旅游、研学等活动中,加强示范带动,探索非遗保护和传承发展新途径。7 月,市文广旅局推荐的瑶族壁和骨伤疗法工作站、广西织绣技艺发展工作站申报并获第二批自治区级传统工艺工作站。 (梁　敏)

【乡村文化生活】 2021 年,南宁市加强乡村公共文化基础设施建设。推进 14 个乡村振兴产业发展基础设施公共服务能力提升三年行动计划项目建设,完成建设项目 13 个,其中武鸣区博物馆新建项目完成主体建设。持续开展南宁市为民办实事项目,扶持乡村社区业余文艺队工作,提升南宁市业余文艺队伍的文化艺术水平。超额完成扶持乡村社区业余文艺队工作任务,扶持乡村社区业余文艺队 213 支,其中十佳文艺队 10 支、一级文艺队 60 支、二级文艺队 68 支、三级文艺队 75 支;完成演出 5747 场,其中十佳文艺队 420 场、一级文艺队 1926 场、二级文艺队 1772 场、三级文艺队 1629 场;惠及 211 万余人,演出完成率 106.82%。南宁市群众艺术馆通过微信公众号放送各县(市、区)、开发区录制的优秀节目。市文广旅局将“中国民间文化艺术之乡”创建工作纳入公共文化服务体系,推动文化和旅游事业高质量发展,指导各县(市、区)发掘地方特色亮点和文化潜力,把创建工作与美丽乡村建设、乡村旅游重点村镇、文化品牌传承和创建等工作有机结合,促进优秀民间文化艺术更好地融入社会、生活、产业。马山县、武鸣区获文化和旅游部评为 2021—2023 年度“中国民间文化艺术之乡”。 (白秀峰　黄红婷)

2021 年 7 月 13 日,市委宣传部主办,市民族文化艺术研究院承办的“永远跟党走”2021 年南宁市“戏曲进乡村”活动在良庆区大塘镇锦亮村举行　陈峰　摄

乡村生态振兴

【概　况】 2021 年,南宁市以乡村振兴统揽新发展阶段“三农”工作,实施乡村建设行动和农村人居环境整治提升五年行动,持续塑造首府乡村“形、实、魂”,创新打造建设乡村振兴示范带 13 条。建立“三师”(规划师、建筑师、工程师)下乡服务乡村建设机制,推进乡村人居环境整治,推动村容村貌提升,获中央改革办肯定和推广。完成全域基本整治村屯 1.01 万个,开工建设农村“厕所革命”整村推进示范项目 20 个。主要存在农村生活污水治理落实项目用地困难的问题。

【乡村振兴示范带建设】 2021 年,南宁市按照“产业兴旺、生态宜居、乡风文明、治理有效、生活富裕”总要求,坚持全域化推进、规范化设计、特色化打造、创新化发展、长效化管理的原则，创新打造建设一批乡村振兴示范带。3月4日，印发《南宁市乡村振兴示范带创建工作实施方案》，将乡村振兴示范带创建工作纳入南宁市乡村环境综合治理工作目标专项考评。各县（市、区）、广西—东盟经开区围绕补齐提升农业设施现代化、农村基础设施网格化、农民生活设施便利化等短板，开展村容村貌提升、农村人居环境整治行动，重点在“三沿”（沿公路、沿高铁、沿航道）区域推动示范创建工作“串点成线、连线拓面”。初步建成横州市“好一朵横州茉莉花”乡村振兴示范带、宾阳县稻花香里乡村振兴示范带、上林县环大明山乡村振兴示范带（巷贤鼓鸣寨路口—西燕侯面高速路口段）、马山县“稻香橘红”兰海高速沿线乡村风貌提升示范带、隆安县“那果飘香”乡村振兴示范带、兴宁区“十里花卉长廊”乡村振兴示范带、江南区江韵扬美示范带、青秀区高速段沿线风貌提升改造示范带、西乡塘区美丽南方乡村振兴示范带、邕宁区邕灵二级公路蒲庙镇良勇村段乡村振兴示范带、良庆区“嘹啰歌乡”南向通道乡村振兴示范带、武鸣区伊岭岩—大明山全域旅游和特色产业示范带、广西—东盟经开区乡村振兴示范带13条。（陈晓琳）

【乡村人居环境整治】 2021年，南宁市推进乡村建设工作，创新开展规划设计企业规划师、建筑师、工程师和建筑施工技术队员下乡挂点服务活动，推动乡村风貌提升。完成“多规合一”实用性村庄规划编制95个，以及2个国家级（江南区扬美村、三江坡）、1个自治区级（江南区麻子畲坡）历史文化名村保护规划编制。开展高铁高速公路及机场航道沿线示范村庄建设，改造农房3.18万栋，完成量是上年72.70倍。加强增量农房风貌管控，完成编印农房建设通用图集143套。推进全域农村人居环境整治提升和质量提升。全市完成全域基本整治村屯1.01万个，实现自然村基本整治全覆盖。各村屯清理垃圾31.66万吨，清理房前屋后乱堆乱放61.86万处，清理池塘、沟渠淤泥2.96万处10.56万吨，拆除乱搭乱盖3.86万处54.25万平方米，拆除广告牌1.53万块，拆除农村危旧房、废弃猪牛栏及露天茅厕、断壁残垣等8.91万处319.68万平方米，改造“三微”（微菜园、微花园、微果园）和公共空间景观9.04万处128.38万平方米，乡村环境从“清洁美”迈向“整洁美”。马山县、上林县、隆安县4252个村屯完成全域环境整治。全市完善“村收、镇运、县（市、区）处理”模式的生活垃圾治理体系并形成长效机制；分别在邕宁区、良庆区、武鸣区、马山县、隆安县实施农村生活污水整治项目；委托第三方专业机构对全市1009套污水处理设施开展全覆盖监测与排查，发现、督办、整改问题226个。整治农村黑臭水体5条，其中国控4条（武鸣区2条、隆安县2条），省控1条（武鸣区）。实现“一个系统一张图一套表”监管，形成市、县（区）、乡（镇）三级污水治理项目统一管理。

（陈晓琳　张　心　曾　宇）

【农村“厕所革命”】 2021年，南宁市继续将农村“厕所革命”作为乡村振兴的一项重要工作，提升农村改厕质量和成效。开展农村公厕、农村厕所粪污和畜禽养殖废弃物一并处理并资源化利用试点项目建设，完成农村公共卫生厕所改建造项目13个、农村厕所粪污和畜禽养殖废弃物一并处理并资源化利用试点项目3个。因地制宜推进农村“厕所革命”整村推进示范项目建设，坚持改厕与污水处理同步推进。全市累计完成户厕无害化改造102.72万座，农村卫生厕所普及率96.98%。中央、自治区下达南宁市1000万元建设20个农村“厕所革命”整村推进示范项目，项目全部开工，惠及6个县（市、区）、18个乡镇、20个自然村屯、976户农户。开展农村户厕全面摸排：全市摸排农村户厕127.64万座，摸排率100%；全市卫生厕所123.79万座，农村卫生厕所普及率96.98%；无害化卫生厕所102.72万座，无害化卫生厕所普及率80.48%。

（韦农诚）

2021年11月23日，南宁市乡村旅游综合示范屯——马山县古寨瑶族乡本立村古朗屯风貌　叶子榕　摄

乡村组织振兴

【概　况】 2021年，南宁市发挥农村党员先锋模范带头作用，提升党员干部抓乡促村能力水平，增强农村党组织服务功能和组织力，带领群众致富。12月，市委组织部印发《“先锋引领·乡村振兴”大行动实施方案》，开展培根铸魂提升本领、选优配强激励担当、固本强基筑牢堡垒、外引内培汇智聚才、党建引领治村兴屯“五大专项行动”，提出22条具体措施，抓党建促乡村振兴。

【农村基层党组织星级化建设】 2021年，南宁市推进农村基层党建“整乡推进、整县提升”示范创建行动。全市累计获自治区党委组织部命名星级农村基层党组织769个，其中五星级党组织152个、四星级党组织264个、三星级党组织353个。完成960个达标村（农村社区）、873个达标屯党支部认定命名。

【党建引领乡村治理】 2021年，南宁市安排市本级财政资金4500万元，作为支持村党组织开展服务群众专项经费、村党组织活动和培训经费。督促指导1560个村（农村社区）开展党史学习教育，严格落实“三会一课”、组织生活会、民主评议党员等组织生活制度。全面推行村党组织书记通过法定程序担任村委会主任和村级集体经济组织负责人，推行村民委员会、村务监督委员会、村集体经济组织和群团组织向村党组织述职和报告工作制度，推动非村民委员会成员中的村党组织班子成员或党员兼任村务监督委员会主任，提高村委会、村民代表、村民小组长中党员比例，强化村党组织对村级各类组织的领导。全面落实村级重大事项决策“四议两公开”（党支部会提议、“两委”会商议、党员大会审议、村民代表会议或村民会议决议,决议公开、实施结果公开),在自然村推广“一组两会”(党小组+户主会+理事会)协商自治制度等基层民主协商自治机制,理顺村党组织和各类组织的权责关系,以党务公开带动村务、财务公开。开展“乡村振兴我先行”活动,通过村民说事、民情恳谈、百姓议事等协商载体,推广“枫桥经验”,常态化开展扫黑除恶斗争,健全村规民约,推进法治乡村建设。推行农村社会网格化管理模式,完善矛盾纠纷调处化解机制。宾阳县新圩镇坚持党建先锋引领,探索“党建引领+”模式,推动乡村振兴;该镇上国村采用“党支部+企业+集体经济”的发展模式,打造本土特色产业品牌——“齐古宴”红糖,将传统手工红糖加工升级为自动化生产线生产,为传统红糖产业升档提速夯实基础。

(市委组织部)

2021年12月,南宁市江南区扬美村乡村振兴文明实践爱心超市揭牌启用,通过“行动换积分,积分换物品”机制,激发村民参与文明乡村建设　陈峰　摄

【文明村镇建设】 2021年,南宁市组织开展第三十一批文明村镇创建命名活动,评选命名南宁市文明村镇75个,累计市县级以上文明村镇占比76.95%。全市开展农村精神文明建设工作,改进村规民约,宣传孝善美德,倡导婚事新办、丧事简办,引导群众摒弃高价彩礼、人情攀比、厚葬薄养、铺张浪费、封建迷信等不良风气。培育和挖掘一批乡风文明建设先进样板,组织自治区、市属媒体宣传报道江南区扬美村村规民约、三津村道德评议会等一批移风易俗先进做法,并在全市推广学习。6月,自治区文明委印发《自治区文明委关于推广乡风文明建设先进典型好经验好做法的通知》,南宁市武鸣区双桥镇伏林村通过创新推行“规范办便民”“简化办利民”和“特色办乐民”模式,推行壮族婚礼、丧事简办做法入选全区乡风文明建设十大先进典型案例,成为首批创建自治区级红白事服务中心建设示范点。11月,召开南宁市2021年乡风文明建设现场推进会,组织市乡村振兴领导小组乡风文明建设组10个成员单位、各县(市、区)、开发区文明办及5县乡镇宣委代表在良庆区大塘镇太安村、那陈镇和平村现场观摩新时代文明实践站和乡风文明建设成果,总结乡风文明建设成效,交流经验做法。

(严　劲)

编辑　钟婉悦

生态文明建设

综　述

【概　况】 2021年，南宁市区环境空气质量优良天数354天，优良率97%，在全国168个重点城市中排名第二十二，在省会城市（直辖市）中排名第六。主要流域水质优良比例100%，市、县两级饮用水水源水质达标率100%，黑臭水体治理经验入选生态环境部通报表扬典型案例，地表水水质排名全国地级以上城市前三十（水环境质量排名榜前三十，位列全国333个地级及以上城市第二十四、省会城市第二；水环境质量改善榜前三十，位列全国333个地级及以上城市第二十二、省会城市第一）。市区环境电离和电磁辐射水平正常，未发生突发环境事件。持续推进涉镉等重金属污染源排查整治，污染地块安全利用率100%，重大农产品质量安全事件零发生，疑似污染地块或污染地块再开发利用不当造成不良社会影响事件零发生。左右江流域山水林田湖草生态保护修复工程23个项目全部完工。环境信访投诉总量比上年下降2.2%，其中建筑施工噪声投诉量下降9.98%。新增环境保护挂牌重点服务企业128家；排污许可重点管理规模以上企业100%纳入重点服务管理；完成南宁市第二次全国污染源普查工作和“三线一单”（生态保护红线、环境质量底线、资源利用上线和生态环境准入清单）成果相关文件编制。获中央大气污染防治资金、水污染防治资金、农村环境整治资金3750万元，建设项目7个；获自治区生态环境保护专项资金、贯彻落实环境保护政策措施成效激励资金、农作物秸秆禁烧奖补资金3985万元，建设项目18个；获市本级环境保护专项资金1600万元，安排项目29个。开展生态环境宣传教育“进社区、进学校、进乡镇、进企业、进广场”活动28场次，1万人参与；原创海报《跟“小山”“小水”一起做环保行动派！》被生态环境部评为优秀生态环境宣传产品；“南宁市全国低碳日系列科普宣传活动”入选2021年“八桂科普大行动”优秀特色活动名单；市生态环境局被《中国环境报》评为2020年度《中国环境报》宣传工作先进单位。南宁市获2021年国际花园城市金奖。良庆区获“国家生态文明建设示范区”称号。南宁市位子渌小学和广西—东盟经济技术开发区（南宁市华侨投资区）直属幼儿园获2020年度（第十批）国际生态学校项目绿旗认证；累计获国际生态学校项目绿旗认证9所，其中小学8所、幼儿园1所。　　　（曾宇　张心）

【邕江综合整治与开发利用考评】 2021年，南宁市完善邕江沿岸公园网格管理工作机制，健全市级、城区级及公园管理机构“三级巡查制度”，做好绿化养护和水源区保护执法、完善设施配备、优化调整禁钓区设置。推进无人机技术辅助沿岸公园考评，邕江沿岸公园中心城区段由市市政园林局会同市“大行动”办开展月度考核24次（每月2次），季度考核4次，发放考评奖补资金2252.39万元，约谈不合格城区1次；邕江沿岸公园郊野段由市绿化工程管理中心月度考核24次（每月2次），联合PPP项目成员单位季度考核4次。邕江综合整治和开发利用景观及亮化工程获2020—2021年度中国建设工程鲁班奖（国家优质工程）。

（黄玲　陶薇）

【“中国绿城”建设】 2021年，南宁市推进园林绿化城建项目35个（新建项目6个，续建项目6个，前期项目16个，经费类项目7个），计划投资额6.87亿元，完成投资5.71亿元，完成率83.15%。完成南

2021年4月30日，市生态环境局联合广西环境保护宣传教育中心在青秀区秀山社区秀山花园小区举行“环境保护与民族团结宣传教育进社区”活动　　　市生态环境局提供

2021年11月26日,第二批广西生态环境宣传教育实践基地——南宁市隆安县七一公园(点灯山)全貌　　市生态环境局提供

宁市花卉公园提升改造工程、南宁市石门公园改造提升工程、人民公园绿地建设体育场地、机场第二高速中分带绿化整治工程、吴圩机场T2航站楼进场路周边绿化整治工程、火车东站片区绿化整治工程、凤凰岭路沿线绿化整治工程等项目建设。全市建成区(含武鸣区)绿地率31.76%、绿化覆盖率35.26%、人均公园绿地面积12.15平方米。南宁市申报参与第20届国际花园城市竞赛活动,9月29日,第一批入围决赛;12月6日,代表团赴深圳市参加线上决赛;12月8日,以第一名成绩夺得2021年国际花园城市金奖,同时获"艺术、文化和遗产管理""可持续规划和管理政策"2个单项奖,创造中国在国际花园城市竞赛史上同时拿下三项大奖新纪录。（陶　薇）

【生态环境教育实践基地】2021年2月20日,邕宁区绿水青山就是金山银山宣传教育基地、横县西津国家湿地公园科普教育基地入选第二批南宁市生态环保科普教育实践基地名单;10月12日,隆安县七一公园(点灯山)入选第二批广西生态环境宣传教育实践基地名单。至年底,南宁市有国家级生态环境教育实践基地5个:美丽南方、南宁青秀山风景名胜旅游区、南宁市三峰能源有限公司、广西壮族自治区药用植物园、广西壮族自治区辐射环境监督管理站。有自治区级生态环境宣传教育实践基地16个:南宁青秀山风景名胜旅游区、南宁园林博览园、邕江南岸公园、那考河湿地公园、美丽忠良旅游投资有限公司、青秀区花雨湖生态休闲旅游区、武鸣区大明山风景区、武鸣区花花大世界景区、马山县小都百综合示范村、宾阳县古辣稻花香里旅游区、宾阳县水生态环境教育馆、上林县大龙湖景区、上林县鼓鸣寨景区、隆安县龙虎山自然保护区、横县西津国家湿地公园、隆安县七一公园。有市级生态环保科普教育实践基地5个:三峰环境广西南宁生态环保科普教育实践基地、美丽南方·广西南宁生态环境教育基地、青秀山风景区生态环保科普教育实践基地、邕宁区绿水青山就是金山银山宣传教育基地、横县西津国家湿地公园科普教育基地。南宁市生态环境教育实践基地接待4万人次,线上"环保设施云开放""环保微课堂,邕小环开讲"等观看人数80多万人次。南宁青秀山风景名胜旅游区、广西壮族自治区药用植物园获国家生态环境科普基地综合评估"优秀",美丽南方综合评估"合格"。（曾宇　张心）

自然资源管理与规划

自然资源管理

【概　况】2021年,南宁市自然资源局(简称"市自然资源局")有南宁高新技术产业开发区分局、南宁经济技术开发区分局、广西—东盟经济技术开发区分局、五象新区分局、南宁青秀山风景名胜旅游区分局、南宁龙象谷国际旅游度假区分局6个分局,管理市国土资源执法监察支队、市土地储备中心、市国土资源出让服务中心、市土地开垦整理中心、市国土资源档案馆、市不动产登记中心、市城市规划编制研究中心、市城市规划展示馆8个直属事业单位,代管市建筑规划设计集团有限公司、市自然资源信息集团有限公司,指导县(市、区)自然资源管理业务。全市落实新增建设用地计划指标2585.34公顷。完成集体土地征收3625.98公顷,拆迁293.50万平方米。盘活存量土地3541.85公顷。兴宁区、江南区、青秀区、西乡塘区、邕宁区、良庆区、南宁高新区、南宁经开区、广西—东盟经开区"招拍挂"出让活动成交126期,成交面积490.73公顷,成交金额301.95亿元。主要存在自然资源管理监督手段不够高效、信息来源途径需拓宽,队伍建设需进一步强化等问题。

【自然资源调查与监测】2021年,南宁市开展第三次国土调查,完成各县(市、区)城镇村庄内部细化调查、农村土地利用现状调查、统一时点更新调查等,查清全市土地利用状况,形成以2019年12月31日为标准时点的第三次国土调查成果,通过国家级核查;第三次国土调查成果主要数据报自治区第三次国土调查领导小组办公室审核通过;南宁市及各县(市、区)均发布第三次国土调查主要数据成果。开展2020年度土地变更调查,重点查清全市实际新增建设用地、耕地等图斑位置、面积、地类变化等情况,变更调查成果通过国家、自治区审核。

【建设项目用地管理】2021年,南宁市审查新增用地报批报件270宗,取得用地批复224宗,其中单独选址用地批复32宗、批次用地批复192宗,获批用地总面积2459.45公顷。核发建设工程规划许可证3108份、涉及建筑面积3430.02万平方米,其中按承诺制核发建设工程规划许可证276份、涉及建筑面积362.65万平方米。

【国土空间用途管制】2021年,南宁市有纳入自治区层面统筹推进重大项目423个,涉及新增建设用地1.26万公顷。全市具备用地报批条件的自治区层面统筹推进重大项目实现应保尽保。落实新增建设用地计划指标2585.34公顷。在自治区自然资源交易中心交易出让贫困县区增减挂钩节余指标8宗。其中,马山县、隆安县增减挂钩节余指标出让108.96公顷,指标收入4.24亿元;购买脱贫县区增减挂钩节余指标16宗、152.95公顷,交易金额5.89亿元。非脱贫县在县级交易平台交易增减挂钩节余指标5宗。其中,横州市2宗91.87公顷,交易金额3.44亿元;宾阳县3宗99.25公顷,交易金额3.72亿元。开展97个单独选址项目纳入国土空间规划衔接方案踏勘论证审查,其中南宁抽水蓄能电站项目等74个项目通过市级审查并上报自治区自然资源厅审查;南宁抽水蓄能电站项目、贵港市西外环高速

公路项目等20个单独选址项目纳入国土空间规划衔接方案通过自治区自然资源厅审查或批复。

【矿产资源管理】 2021年，南宁市采矿权挂牌出让7宗，收益10.36亿元。其中，马脚山建筑石料用灰岩矿采用净采矿权出让方式，以8.76亿元成功挂牌出让，创下南宁市非金属矿矿权出让价格历史新高。第四轮矿产资源总体规划编制列入南宁市工作重点。市自然资源局完成3个专题研究报告编制及评审，报送自治区自然资源厅预审。

【地质灾害防治】 2021年，南宁市将462个地质灾害易发区、959处地质灾害隐患点纳入群测群防体系，按照“村屯—乡镇—县（市、区）—市”四级联动的地质灾害排查工作制度，开展地质灾害隐患排查，出动应急处置小组47组次，巡查排查地灾隐患点2637处，委托广西地质环境监测站强化技术巡查与指导监管。开展地质灾害宣传100场次，参与3601人次；开展培训26场次，培训1100人次；开展应急演练8场次，参与320人次；完成地质灾害危险性评估项目资质备案119宗，指导各县（市、区）、开发区等完成15个重点产业园区地质灾害危险性区域评估。

【自然资源开发利用】 2021年，南宁市盘活存量土地3541.85公顷，完成率97.05%。2016年至2020年平均供地率70.11%，超额完成自治区供地率69.5%目标任务。“增存挂钩”任务中，盘活批而未供土地1010.89公顷，完成率91.32%；消化闲置土地232.16公顷，完成率131.91%。

【耕地保护】 2021年，南宁市落实补充耕地数量指标3933.58公顷、水田指标1456.98公顷、粮食产能指标4259.35万千克，保障贺州至巴马公路（来宾至都安段）南宁段建设项目、桂林至钦州港公路（南宁六景至宾阳段）项目等229个项目耕地占补平衡；通过土地开垦、耕地提质改造等，新增入库补充耕地数量指标162.08公顷、水田指标1468.85公顷、粮食产能指标687.97万千克。南宁市补充耕地指标交易平台完成补充耕地指标交易33宗，涉及耕地指标523.07公顷、水田指标1126.57公顷、粮食产能指标599.59万千克，交易金额30.72亿元。

【土地征收】 2021年，南宁市完成集体土地征收3625.98公顷，比上年增长9.80%，拆迁293.50万平方米。其中，兴宁区、江南区、青秀区、西乡塘区、邕宁区、良庆区、南宁高新区、南宁经开区征地2206.19公顷，增长35.34%，拆迁281.22万平方米；横州市、宾阳县、上林县、马山县、隆安县、武鸣区、广西—东盟经开区征地1419.78公顷，拆迁12.28万平方米。办理涉及征地拆迁事务行政诉讼案件197件，办理信访9件。在市自然资源局网站公开征地拆迁信息31条，办理依申请公开39件。修订《南宁市征收集体土地补偿安置指导标准》，市自然资源局、市住建局、市财政局联合废止《南宁市征收集体土地及房屋拆迁补偿安置若干问题的意见》。

【土地储备与供应】 2021年，南宁市本级入库储备土地979.33公顷，完成率112.7%，比上年增长6%。完成储备土地供地529.40公顷，其中通过划拨方式供应储备土地74.13公顷，通过“招拍挂”方式出让储备土地455.27公顷，成交地价款254.35亿元。

【土地市场交易】 2021年，兴宁区、江南区、青秀区、西乡塘区、邕宁区、良庆区、南宁高新区、南宁经开区组织土地出让“招拍挂”活动126期，公告出让面积671.53公顷、成交490.73公顷，成交金额301.95亿元。土地出让金非税累计征收448.79亿元，其中“招拍挂”收入366.08亿元。

【不动产登记】 2021年，南宁市不动产登记办理99.6万宗，其中自助办理业务量89.60万宗，占总业务量90%。全国首创“互联网＋不动产登记”农村“房地一体”确权登记模式，设立农村不动产登记固定受理点348个。在自治区率先完成农村“房地一体”宅基地和集体建设用地颁证率90%的目标。创新推出新建商品房“即核即办”办理模式，实现新建商品房项目通过建设工程质量五方预验收和“不动产实核”业务后，即可线上“24小时不打烊”全自助办理不动产首次登记及转移登记业务，压缩新建商品房项目从交房到办证时间，实现新建商品房项目全域整体性“交房即交证”。全年发放电子证照97.1万份，实现新建商品房“交房即交证”房地产开发企业93个，涉及楼盘项目60个，购房业主5.30万户。解决56个历史遗留项目办理问题，占已掌握项目总数80%，涵盖住宅类项目40个、企业类项目8个、机关团体类项目8个，领取不动产权证书业主3.2万户。南宁市不动产登记中心受理市本级房屋、土地不动产登记业务99.51万宗（房产类95.14万宗）。完成登簿99.6万宗（房产类95.28万宗）。办理房屋转移登记业务24.49万宗。其中，新建商品房转移登记19.15万宗，办理存量房转移登记5.34万宗（买卖32781宗、赠与4340宗、继承4782宗、析产4582宗、拍卖2263宗、其他4676宗）。办理抵押登记40.02万宗。

【国土综合整治与生态修复】 2021年，南宁市组织编制《南宁市重要生态系统保护和修复重大工程实施规划》和《南宁市土地综合整治规划（2021—2035年）》。在兴宁区、青秀区、西乡塘区、横州市、宾阳县、上林县6个区域实施全域土地综合整治。完成耕地提质改造（旱改水）项目竣工验收67个、面积2848.16公顷，建成水田2657.63公顷。核查完成历史遗留矿山图斑2009个。

【自然资源所有者权益】 2021年，南宁市开展全民所有土地、矿产资源资产清查价格体系建设基础材料采集，指导各县

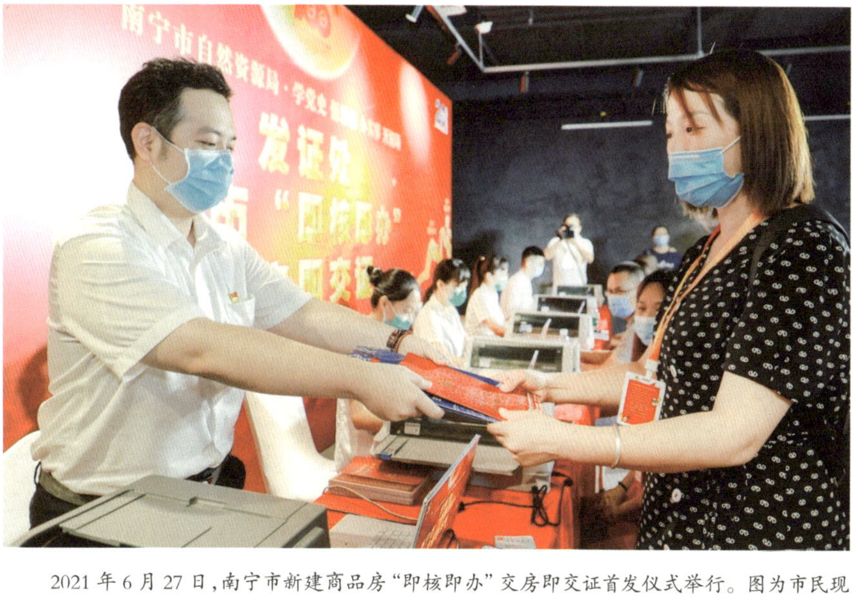

2021年6月27日，南宁市新建商品房“即核即办”交房即交证首发仪式举行。图为市民现场领证

市自然资源局提供

南宁年鉴

(市、区)统一各类基础数据平衡和收益价格标准。制定《南宁市本级2021年度国有建设用地供应计划》《南宁市地上地下空间建设用地使用权开发利用管理办法》;编制《南宁市2020年度国有自然资源资产管理情况的专项报告》并向市人大常委会报告国有自然资源资产情况,接受监督。

【测绘地理信息】2021年,南宁市"多测合一"信息系统上线,实现"多测合一"各类业务线上办理、智能化审批,单栋测绘业务审批耗时由10个小时缩短至30分钟内,不动产预核业务由3个工作日优化为即时办结。办理"多测合一"业务7993宗,节省测绘时间5.6万个工作日。允许符合条件单位进入测绘机构名录库,将测绘业务指令性计划转向市场化。统一汇聚测绘服务机构提供的工程建设项目各阶段测绘数据,共享成果支持住建部门完成商品房预售备案及现售备案,可作为建设工程竣工验收备案前置内容。南宁市建设项目"多测合一"改革成果经验获自然资源部发文推广,南宁市在自然资源部"多测合一"改革工作座谈会(视频)会上作典型经验交流发言,是唯一一个向全国作系统演示的城市。

国土空间规划

【国土空间总体规划】2021年,南宁市市级国土空间总体规划形成1套"文本+图件+附表"、1份"说明"、28个"专题研究报告"及国土空间规划"一张图"阶段性成果,中期成果9月17日通过专家评审,提交自治区自然资源厅。开展市级总规公众问卷调查,收回问卷3.4万份。完成市级总规草案公示。同步编制专项规划42个、专题研究28个、协同"十四五"专项20个,其中大部分专项规划完成初步成果,并衔接市级国土空间总体规划。编制《南宁市国土空间分区规划编制技术指南(试行)》,完成县级总规初步成果5个,形成城区开发区分区规划初步方案7个。土地利用总体规划和城市总体规划到期后,统筹市县开展过渡期城镇开发边界,市辖区方案和各县(市、区)方案均获自治区批准同意。完成生态保护红线划定方案调整优化、上报,生态保护红线面积3151.84平方千米、占市域面积14.26%。开展多轮城镇开发边界划定方案审查,完成新一版城镇开发边界划定方案,报送自治区自然资源厅审查。

【控制性详细规划】2021年,市自然资源局加快推进控制性详细规划及控制性详细规划修编维护编制,推动规划精细化管理,其中11个控规及控规修编维护获市政府批复,16个控规及控规修编维护通过市城市规划委员会审议。核发规划设计条件42份、出让用地蓝线图47份、储备用地蓝线图11份、一般用地蓝线图24份。

【村庄规划】2021年,南宁市编制村庄规划95个,超额完成自治区下达的87个村庄规划编制任务。获自治区财政行政村村庄规划乡村振兴补助资金1140万元。市自然资源局印发《关于进一步加强"乡村规划师"在农房管控、村庄规划编制等工作中专业指导作用的通知》,发挥"乡村规划师"在乡镇级国土空间规划、村庄规划编制及农房建设管控等方面技术指导作用,完善"规划师、建筑师、工程师"下乡挂点服务活动中规划师工作内容。南宁市"乡村规划师"驻乡镇覆盖率100%。

【市政交通规划】2021年,市自然资源局开展新一轮南宁市综合交通规划编制,编制市政交通专项规划13项(交通专项规划9项、市政专项规划4项),包括《南宁市路网专项规划》《南宁市综合交通规划(2020—2035)》《南宁市规划路网GIS数据建库项目》《南宁市道路交通安全管理规划(2021—2035)》《南宁临空经济示范区综合交通规划(2021—2035)》《南宁北站核心区交通工程详细设计》《南宁北站片区道路竖向与场地土石方工程专项规划》《南宁市快速环路交通综合整治规划》《南宁市东西快速沿线区域路网衔接及交通组织》《市政工程方案设计编制导则》《南宁市轨道沿线TOD规划设计导则》《南宁临空经济示范区电力专项规划(2021—2035)》《南宁北片区集中供冷供热及储能蓄能工程专项研究》。编制《南宁市综合交通规划(2020—2035)》《南宁市轨道沿线TOD规划设计导则》,打造便捷高效综合交通枢纽体系。研究城市快环及其衔接交通提质、区域交通改善,优化城市路网。编制《南宁临空经济示范区电力专项规划(2021—2035)》,优化城市电力设施的均衡配置及电力供给。

【其他专项规划】2021年9月24日,《南宁市城市修补总体规划》经南宁市城市规划委员会第十二次会议审议,阶段性成果纳入在编的《南宁市国土空间总体规划(2021—2035年)》。《牛湾郊野公园概念性规划》完成终期成果编制,《天堂岭郊野公园概念性规划》《南宁市建筑风貌研究及控制导则(2019年修编)》《南宁教育园区西片区城市家具设计导则(含设计图集)》《南宁教育园区景观专项规划(含景观设计导则)》《南宁市中山路、蒲庙老街、陈东村、宾州古城历史街区城市设计及保留改造建筑概念方案设计》《新建建筑概念方案设计》通过终期成果专家评审。《新时代南宁建筑文化元素符号图例》《南宁市密度分区专项规划(2020—2035年)》《雁江古镇历史文化街区城市设计及保留改造建筑概念方案设计》通过初期成果评审。《南宁市户外标识设施设置规划指引》通过项目成果验收。

(市自然资源局)

勘测

【概况】2021年9月17日,南宁市勘测设计院集团有限公司(简称"市勘测院",前身是南宁勘察测绘地理信息院)揭牌,是南宁市住房和城乡建设局直属管理的国有独资企业。年内,承接工程4146项,生产收入超2亿元。勘测成果合格率100%,勘测资料归档率100%,勘测产品数字化成图率100%。承接测绘工程项目3483项,其中建筑规划核实完成418项、市政规划核实完成187项。完成倾斜摄影实景三维364.63平方千米,正射影像453.46平方千米,全景影像制作474个。参建的南宁市青山大桥工程获2018—2019年度国家优质工程奖,南宁市厂网河湖一体化管控平台项目获2021年智慧城市先锋榜优秀案例一等奖;获广西优秀工程勘察设计成果工程勘察与岩土工程奖8项等。主要存在人才储备不足,对外宣传工作力度不够等问题。

【城市测量】2021年,市勘测院承接测绘工程项目3483项,其中建筑规划核实完成418项、市政规划核实完成187项,包括控制测量、地形测量、地下管线测量、不动产测绘等。完成南宁市测绘地理信息科技研发及展示中心项目主体沉降监测,已有道路污水管网建设等黑臭水体治理项目竣工规划核实测量、排水管网竣工测量,轨道交通4号线、5号线竣工规划条件核实测量,良庆区、邕宁区缆线管廊一期工程管线测量,那马片区路网工程地形和断面测量等城市路网建设和改造重大项目;完成南宁—东盟农业科技开发企业总部基地研发楼人防测绘,南宁市抗洪救灾物资储备中心一期工程、五象新区核心区商务街、自治区重大公益性项目片区保障性住房、中新南宁国际物流园、南宁宝能城市广场项目、南宁华润五象康养项目等房建项目规划核实测量。

【地理信息数据生产】2021年,市勘测

院完成倾斜摄影实景三维364.63平方千米，正射影像453.46平方千米，全景影像制作474个。航拍老旧小区改造、南宁市乡村风貌改造项目、邕江北岸（老口—托洲）景观工程设计等重点项目照片、视频，维护更新城市数据资源。承担的南宁市城市排水设施地理信息系统（即厂网河湖一体化管控平台）项目获2021年智慧城市先锋榜优秀案例一等奖，实现南宁市排水设施“一张图、一个平台”建设运营、维护管理。完成南宁市房产信息管理服务中心二、三维GIS（地理信息系统）数据更新项目，调查小区房屋信息18.80平方千米；完成青秀区高速段沿线风貌提升改造示范带项目测量，测量建筑外立面约84万平方米；完成2021—2023年度广西区域旧改项目研判数据集中采购项目，统计房屋建筑面积793万平方米，完成实景三维模型13.21平方千米。获南宁市BIM（建筑信息模型）技术运用管理平台、城市信息模型（CIM）基础平台、厂网河湖一体化管控平台、智慧物业管理平台、政务协同一体化办公系统等18项软件著作权。12月5日，市勘测院自主研发的“邕有家”房地产业综合服务平台正式上线，设有媒体运营、房地产综合服务、数据研究三大业务板块，覆盖新房、二手房、租赁房业务及公租房报名、物业投票、快检快修等涉房类服务和功能，向社会呈现南宁市房地产市场的动态及变化趋势，提供便捷的房产综合服务。

【测绘地理信息】 2021年，市勘测院完成地形图测量138.26平方千米，市政道路排水管网排查8212.91千米，地块内部排水管网普查1.67万千米，错混接点复核跟测销号4925个，制作黑臭水体治理专题地图16幅，管线覆土前跟测130千米，城市地理信息部件普查12万个，为水环境综合整治和黑臭水体治理提供数据支持。完成地图编制70多项，输出地图产品逾400幅，主要涉及轨道交通、招商引资、水环境治理、市政桥梁、乡村振兴等专题。

【工程地质勘察】 2021年，市勘测院承接工程勘察项目163项，完成进尺27.33万米，其中重点工程28项；地质灾害危险性评估项目5项，压覆矿产评估1项、设计11个。项目包括南宁北站市政配套工程项目（一期），东盟李宁中心项目（一期）钎探勘察，南宁产投汽车邕宁产业园初步勘察及详细勘察，那马镇东片区基础设施PPP项目（一期）B标勘察设计，高速公路东环改造二期工程（三岸大桥改造工程）详细勘察，振良大道—平乐大道立交桥工程、上林农夫山泉项目、相思湖（可利江大道—江北大道段）综合整治（含相思湖北桥）PPP项目勘察。（蒙　林）

环境质量

【概　况】 2021年，南宁市区环境空气质量优良率97%，细颗粒物平均浓度28微克/立方米，二氧化硫、二氧化氮、一氧化碳浓度达到国家一级标准，可吸入颗粒物、细颗粒物、臭氧浓度达到国家二级标准，未发生重度及以上污染天气。南宁市主要流域地表水水质优良比例100%，地表水监测断面均达到国家考核目标，连续三年全优，其中5个监测断面优于考核目标；市、县两级饮用水水源水质达标率100%；原有38段黑臭水体水质抽测达标率88%，比上年上升16.1个百分点，黑臭水体治理经验入选生态环境部通报表扬典型案例。南宁市声功能区昼夜总点次达标率91.9%，上升6.2个百分点。市区环境电离和电磁辐射水平正常，未发生突发环境事件。良庆区获“国家生态文明建设示范区”称号。南宁市生态环境局被国家机关事务管理局、中共中央直属机关事务管理局、国家发展和改革委员会、财政部评为“节约型机关”；获副部级以上集体表彰1次、个人表彰5次；获厅级集体表彰5次、个人表彰8次。主要存在发展需求导致水环境保护压力增大、生活源和农业面源污染制约水质改善、部分重要湖库水质和综合营养状态下降的问题。

【环境空气质量】 2021年，南宁市区空气质量优200天，良154天，轻度污染11天，市区AQI优良率97%，比上年下降0.5%。市区环境空气中二氧化硫、二氧化氮、可吸入颗粒物、一氧化碳、臭氧、细颗粒物平均浓度分别为8微克/立方米、25微克/立方米、47微克/立方米、1毫克/立方米、129微克/立方米、28微克/立方米，均达到《环境空气质量标准》（GB 3095—2012）二级以上标准，其中二氧化硫、二氧化氮、一氧化碳达到一级标准，可吸入颗粒物、臭氧、细颗粒物达到二级标准；二氧化硫、一氧化碳平均浓度与上年持平，二氧化氮、可吸入颗粒物、臭氧、细颗粒物分别上升4.2%、2.2%、9.3%、7.7%。综合指数3.28，上升5.1%。市区3个降水监测点收集降水样品数264个，酸雨频率13.3%，下降14.9个百分点；远郊降水监测点收集降水样品数82个，酸雨频率26.8%，与上年持平。上林县、马山县、隆安县、横州市及武鸣区收集降水样品383个，横州市监测到酸雨1次，其余未监测到酸雨。南宁市区环境空气质量在全国168个重点城市中排名第二十二，在省会城市（直辖市）中排名第六。

【水环境质量】 2021年，南宁市主要流域水质优良比例100%，持续实现“二类水入境、二类水出境”；地表水三类水质达标率100%，被考核的8个国控断面达到或优于二类水质，其中都安断面为一类水质，叮当、老口、六景、南岸、廖平桥、白马、莲山断面为二类水质。国家地表水考核断面水质综合指数为2.8025，比上年同期降低0.4176（变好），降幅12.97%。5个市级在用饮用水水源（三津、陈村、西郊、中尧、河南）及8个县级在用饮用水水源（隆安县那降水库、马山县六朝水库、上林县北仓河水源地、横州市英地取水口、宾阳县清平水库、武鸣县县城饮用水水源地、宾阳县商贸城供水公司、宾阳县新宾供销有限责任公司水厂）达标率100%。主要水库水质总体保持优良，其中大王滩水库为三类水质，比上年（二类水质）下降；西津水库为二类水质，与上年持平。除峙村河水库因除险加固工程施工未开展监测，其余7个备用、规划水源水库（天

表20　　2021年南宁市区环境空气质量及同比情况统计表

项　目	2021年	同比(%)
二氧化硫(微克/立方米)	8	0.0
二氧化氮(微克/立方米)	25	4.2
可吸入颗粒物(微克/立方米)	47	2.2
一氧化碳(毫克/立方米)	1.0	0.0
臭氧(微克/立方米)	129	9.3
细颗粒物(微克/立方米)	28	7.7
综合指数(无量纲)	3.28	5.1
优良率(%)	97	−0.5

雹水库、凤亭河水库、老虎岭水库、龙潭水库、大王滩水库、西云江水库、东山水库)水质达标率100%;与上年相比,天雹水库、凤亭河水库、大王滩水库水质由二类下降为三类,其余均持平。按综合营养状态评价,老虎岭水库、龙潭水库轻度富营养,其余水库均处于中营养状态;民歌湖、五象湖轻度富营养,南湖处于中营养状态。国家级水功能区18个监测断面(下颜、隆安、国泰渡口、那桐、丁当镇白马村、金陵、南宁、豹子头、蒲庙、长塘、伶俐、六景、峦城、飞龙、西津、蒙垌、平福渡口、智信)达标率100%,自治区级水功能区5个监测断面(廖平、邹圩、洋渡、丁当、华岳)达标率100%。

表21　2021年南宁市主要河流断面年均水质达标一览表

断面类型	断面名称	考核城市	河流名称	水质考核目标	年均水质类别	水质评价	超标项目(超标倍数)	上年同期水质类别
国控断面	叮　当	南宁市	武鸣河	二类	二类	优	—	二类
	老　口	南宁市	邕　江	二类	二类	优	—	二类
	六　景	南宁市	郁　江	三类	二类	优	—	二类
	南岸(南宁—贵港)	南宁市	郁　江	三类	二类	优	—	二类
"十四五"新增国控断面	廖平桥(南宁—来宾)	南宁市	清水河	三类	二类	优	—	二类
	白　马	南宁市	右　江	二类	二类	优	—	二类
	莲　山	南宁市	八尺江	三类	二类	优	—	三类
	都安(南宁—河池)	南宁/河池	红水河	二类	一类	优	—	二类
上游来水国控断面	上中(崇左—南宁)	崇左市	左　江	二类	一类	优	—	一类
	雁江(百色—南宁)	百色市	右　江	二类	二类	优	—	二类

表22　2021年南宁市国家地表水考核断面水质综合指数统计表

断面名称	水质综合指数排名	水质综合指数			水质综合指数变化率(%)	
		本　期	上　期	本　期	比上期	比上年同期
叮　当	6	2.8174	2.8538	3.3017	-1.28	-14.67
老　口	2	2.3015	2.3277	2.9282	-1.13	-21.40
六　景	4	2.7081	2.7382	3.1268	-1.10	-13.39
南岸(南宁—贵港)	5	2.7763	2.7955	2.8853	-0.69	-3.78
白　马	3	2.6758	2.6846	3.0124	-0.33	-11.17
莲　山	8	3.6123	3.6071	4.3227	0.14	-16.43
廖平桥(南宁—来宾)	7	3.2294	3.2713	3.5951	-1.28	-10.17
都安(南宁—河池)	1	2.2991	2.2474	2.5882	2.30	-11.17
南宁市	—	2.8025	2.8157	3.2201	-0.47	-12.97
上　中	—	2.5543	2.5940	2.3095	-0.55	10.60
雁　江	—	2.7007	2.7088	2.7886	0.39	-3.15

表 23　　2021 年南宁市主要湖库水质与上年对比一览表

类　别	点位名称	2021 年			2020 年		
		水质类别	综合营养状态指数	级　别	水质类别	综合营养状态指数	级　别
备用、规划水源	龙潭水库	三类	53.7	轻度富营养	三类	44.1	中营养
	天雹水库	三类	47.4	中营养	二类	34.1	中营养
	老虎岭水库	三类	51.6	轻度富营养	三类	44.1	中营养
备用、规划水源	峙村河水库	—	—	—	二类	41.9	中营养
	大王滩水库	三类	48.5	中营养	二类	35.6	中营养
	西云江水库	三类	48.6	中营养	三类	45.8	中营养
	东山水库	三类	48.7	中营养	三类	44.3	中营养
	凤亭河水库	三类	48.3	中营养	二类	36.4	中营养
内　湖	南　湖	三类	39.0	中营养	三类	40.4	中营养
	五象湖	四类	51.1	轻度富营养	四类	56.2	轻度富营养
	民歌湖	劣五类	57.9	轻度富营养	劣五类	63.3	中度富营养

【声环境质量】 2021 年，南宁市城市区域布设区域声环境测点 114 个，昼间城市区域声环境质量平均值 56.1 分贝，比上年上升 2.8 分贝；昼间城市区域声环境质量三级，处于一般水平。宾阳县、隆安县、马山县、横州市区域声环境质量监测网格均为 100 个，监控面积分别为 12.25 平方千米、4 平方千米、4 平方千米、9 平方千米；上林县区域声环境质量监测网格 101 个，监控面积 4.04 平方千米。县(市)昼间区域声环境平均等效声级 54.5 分贝～57.7 分贝；隆安县昼间区域声环境质量一级，处于好水平；横州市、上林县、马山县、宾阳县昼间区域声环境质量二级，处于较好水平。城市区域布设道路交通声环境测点 100 个，昼间城市道路交通噪声平均等效声级 68.0 分贝，比上年下降 0.5 分贝；监测路段超 70 分贝比例 20.0%，比上年下降 12 个百分点；昼间道路交通噪声环境质量一级，处于好水平。县(市)布设道路交通声环境测点 20 个；宾阳县、隆安县、上林县、马山县、横州市监测道路总长分别为 27.06 千米、24.07 千米、10.02 千米、48.28 千米、31.04 千米。县(市)昼间道路交通平均等效声级 65.5 分贝～70.0 分贝；上林县、隆安县、横州市昼间道路交通声环境质量一级，处于好水平；宾阳县、马山县昼间道路交通声环境质量二级，处于较好水平。城市区域布设功能区环境测点 20 个，监测 160 点次(昼间、夜间各 80 点次)；昼夜总达标 147 点次，达标率 91.9%，其中昼间总达标 79 点次、达标率 98.8%、上升 2.4 个百分点，夜间总达标 68 点次、达标率 85%、上升 10 个百分点；1 类区昼间和夜间、2 类区夜间、3 类区昼间达标率与上年持平，3 类区夜间、4 类区昼间达标率比上年上升，2 类区昼间、4 类区夜间达标率比上年下降。县(市)布设功能区环境测点 7 个，监测 56 点次(昼间、夜间各 28 点次)；昼间达标率 89.3%～100%，夜间达标率 39.3%～85.7%。

表 24　　2020—2021 年南宁市城市各类功能区昼间/夜间平均等效声级比较一览表

功能区类别	1 类区域(分贝)		2 类区域(分贝)		3 类区域(分贝)		4 类区域(分贝)	
	以居住、文教为主的区域		居住、商业、工业混杂区		适用于工业区		交通干线道路两侧区域	
	昼　间	夜　间	昼　间	夜　间	昼　间	夜　间	昼　间	夜　间
2021 年	48	42	52	45	54	48	66	62
2020 年	49	41	50	45	58	52	66	58
变　化	−1	1	2	0	−4	−4	0	4
环境噪声标准限值	≤ 55	≤ 45	≤ 60	≤ 50	≤ 65	≤ 55	≤ 70	≤ 55

表 25　　2021 年南宁市各县(市)功能区声环境监测点次达标情况表

县(市)	横州市		宾阳县		上林县		马山县		隆安县	
	昼　间	夜　间	昼　间	夜　间	昼　间	夜　间	昼　间	夜　间	昼　间	夜　间
监测点次	28	28	28	28	28	28	28	28	28	28

续表 25

县(市)	横州市		宾阳县		上林县		马山县		隆安县	
	昼 间	夜 间	昼 间	夜 间	昼 间	夜 间	昼 间	夜 间	昼 间	夜 间
达标点次	27	11	27	23	26	23	25	13	28	24
达标率(%)	96.4	39.3	96.4	82.1	92.9	82.1	89.3	46.4	100	85.7

【辐射环境质量】 2021年，南宁市区辐射环境质量安全。市区γ(伽马)辐射空气吸收剂量率监测值范围(扣除宇宙射线响应值)无异常变化，年平均值43纳戈瑞/小时；市内29个监测点年平均值范围15纳戈瑞～85纳戈瑞/小时。市区环境电磁辐射年平均值电场强度1.03伏/米，功率密度0.004瓦/平方米；市区10个监测点位环境电磁辐射综合场强监测值均低于公众暴露控制限值(30兆赫兹～3000兆赫兹)。 (曾宇 张心)

生态保护

【概 况】 2021年，南宁市左右江流域山水林田湖草生态保护与修复工程23个项目全部完工，实际完成投资34.61亿元。市生态环境局与崇左市生态环境局探索建立跨市自然保护地联合监管模式。建立统一的农村污染治理系统平台，推进农村黑臭水体综合治理，委托第三方专业机构对全市建成设施开展全覆盖监测与排查2068次，发现并督办问题226个，全部完成整改。将49个“千吨万人”以上农村人饮水源地统一纳入水质监测范围。宾阳县典型材料《广西：宾阳开展秸秆利用补偿，以“小切口”带动“大成效”》被收入农业农村部科技教育司2021年第12期农业农村科教动态，并在6月全国“三夏”秸秆综合利用现场交流活动中作典型发言。宾阳县、青秀区获自治区农作物秸秆综合利用奖补二等奖，各获奖励500万元。南宁市获自治区“十三五”时期实行最严格水资源管理制度成绩突出通报表扬。主要存在基础设施短板明显，地下水污染防治基础薄弱，农村生活污水处理设施运维及农村生活污水治理项目征地难等问题。

【自然生态保护】 2021年，南宁市持续推进广西左右江流域革命老区(百色、崇左、南宁)山水林田湖草生态保护与修复工程项目收尾验收，项目计划总投资39.73亿元，累计完成34.61亿元，完成率87.11%。市生态环境局联合林业、农业农村、交通运输、水利等部门开展自然保护地监督管理；完成“绿盾2021”自然保护地监督检查巡查组现场检查发现问题整改；指导各县(市、区)自然保护区管理机构开展遥感监测线索实地核查；与崇左市生态环境局签订《跨市行政区域自然保护地生态环境联合监管备忘录》，探索开展跨市自然保护区联合监管，实现西大明山自治区级自然保护区生态环境执法信息、遥感监测核查信息共享。开展“5·22国际生物多样性日”系列宣传，组织科普进校园、科普讲座、户外观鸟及植物自然观察、图片展览、环保市集、自然戏剧体验等活动。巩固生态文明示范成果，良庆区获“国家生态文明建设示范区”称号。

(曾宇 张心)

2021年5月23日，市生态环境局在青秀山举办亲子观鸟活动 市生态环境局提供

【农村环境保护】 2021年，南宁市有农村黑臭水体51条，开展综合治理5条(国控农村黑臭水体治理4条、省级农村黑臭水体治理1条)，坚持改厕与污水处理同步推进。9月，完成市级农村污染治理综合管理平台建设，形成“市、县(区)、乡(镇)”三级统一管理模式，开展“一个系统一张图一套表”精准监管。推进马山县、隆安县、邕宁区、武鸣区、良庆区农村生活污水整治项目建设。委托第三方专业机构对全市建成农村生活污水处理设施开展全覆盖监测与排查2068次，核查1009套，发现并督办问题226个，全部完成整改。推进农村人居环境整治，完成农村厕所粪污和畜禽养殖废弃物一并处理并资源化利用试点项目3个、农村公共卫生厕所改建造项目13个，农村卫生厕所普及率96.98%；累计完成户厕无害化改造102.72万座，无害化卫生厕所普及率80.48%。

(曾宇 张心 韦农诚)

【农业生态保护】 2021年，南宁市落实市本级专项资金1435万元用于推进农用地安全利用，完成率100%，建立面上推进区100个、项目区36个、联合攻关区8个、村级服务站37个。完成秸秆还田46.27万公顷，秸秆收购加工企业80多家，建立区域性秸秆利用产业体系、技术体系、收储运体系。推广测土配方施肥技术57.45万公顷次、完成自治区下达任务108.4%，施用有机肥27.21万公顷，推广节水农业技术33.46万公顷(水肥一体化技术8.75万公顷)。主要粮食作物统防统治面积18.2万公顷，覆盖率45.1%；绿色防控面积41.2万公顷，覆盖率44.08%。病死猪无害化处理比例100%，无害化处理生猪28.38万头。推进畜禽养殖粪污资源化利用，鼓励支持畜禽养殖户进行粪污处理或就近资源化利用，畜禽规模养殖场粪污处理设施装备配套率99.08%，大型规模养殖场粪污处理设施装备配套率100%，畜禽粪污综合利用率87.48%。推进宾阳县实施中央财政畜禽粪污资源化利用整县推进项目。475个畜禽规模养殖场通过自治区生态养殖认证,累计畜禽现代生态养殖场928个;22个猪场通过自治区高架网床环保猪舍建设项目验收。

(梁克非)

【水资源管理】 2021年,南宁市水资源总量97.64亿立方米,比上年减少17.8%,比多年平均值偏少30.3%。年度总用水量41.90亿立方米,比上年增加3.95亿立方米;其中农业用水23.88亿立方米、增加0.27亿立方米,工业用水6.88亿立方米、增加0.86亿立方米,生活用水8.11亿立方米、增加0.67亿立方米,人工生态环境补水3.03亿立方米、增加2.15亿立方米。按照2021年最严格水资源管理制度考核口径,总用水量33.30亿立方米,比年度用水总量控制目标(39.14亿立方米)低5.84亿立方米。万元地区生产总值(当年价)用水量81.8立方米,比上年(80.3立方米)增加1.5立方米;万元工业增加值(当年价)用水量[不含火(核)电直流冷却水]18.3立方米,比上年(19.9立方米)减少1.6立方米;农田灌溉水有效利用系数0.511;主要江河湖泊水功能区考核断面水质达标率100%;跨市河流交界断面水质水量达标率100%;年度取水计划14.69亿立方米。完成南宁市龙潭水库饮用水水源地整治工程等3个饮用水水源地保护工程建设;对南宁市集中式饮用水水源地、非饮用水水源地水库及各县(市、区)中型以上水库及4个果蔬产地土壤安全利用示范区(武鸣区双桥镇佳年火龙果基地、兴宁区三塘那考河、宾阳县新桥镇科甲村、西乡塘区石埠街道忠良一队和乐洲村十二队)灌溉水配合城市黑臭水体治理;对南宁市18条内河入邕江河口处开展水质监测,将49个"千吨万人"以上农村人饮水源地统一纳入水质监测范围。配合河湖长制管理设置31套水质自动监测站,实现流域水质监测管控。印发《南宁市重要河流(右江、郁江)生态流量(水量)保障方案(试行)》,确定右江和郁江生态流量管理目标和保障责任主体。完成隆安县域节水型社会达标建设;完成88个市直机关64个办公区机关统一开展节水改造,推进直属事业单位节水型单位创建;建成广西水电职业技术学院武鸣校区和江南区富宁小学节水教育基地;开展"节水中国、你我同行"活动宣传,发放节水宣传海报1000多张;组织学生代表队参加2021年广西节约用水科普知识大赛,获亚军。完成第二水源工程可行性研究初稿并上报;开展邕北灌区和宾阳县水资源配置工程前期工作。4月,那考河PPP项目入选国家发展和改革委员会绿色政府和社会资本合作(PPP)项目典型案例。征收水资源费2749.26万元,核发取水许可证存量29本,在全国取用水管理专项整治信息系统平台登记取水口数量3850个(整改提升2986个)。至年底,在全国取用水管理专项整治信息系统平台整改销号386项,完成纳入自治区绩效考评问题整改31个、自治区水资源监督检查发现问题整改49个;完成628本取水许可电子证照转化;组织水资源管理专项检查3次,发现问题16个、涉及单位(部门)11家,整改完成率100%。

【中小河流治理】 2021年,南宁市实施中小河流治理项目8个,完成堤岸治理21.1千米,完成投资6537.26万元,保护人口11.1万人,保护耕地3800公顷。其中,横州市镇龙江流域整治工程河段治理工程完成堤岸治理1.1千米,完成投资145万元,保护人口7.3万人,保护耕地1000公顷;横州市大埠江百高渡槽至大炉河河口段整治工程河段护岸工程完成堤岸治理0.8千米,完成投资200万元,保护人口1.56万人,保护耕地900公顷;横州市蒙江河治理二期木祥、辘轭河段护岸工程完成堤岸治理0.8千米(累计6.51千米),完成投资160万元(累计1114.63万元),保护人口0.4万人,保护耕地900公顷;武鸣区两江镇剑江河道治理工程累计完成堤岸治理7.69千米,完成投资2808.83万元,保护人口0.4万人,保护耕地800公顷;宾阳县新桥河思陇镇南关、太守河段整治工程完成堤岸治理2.94千米,完成投资869.49万元,保护人口0.53万人,保护耕地117公顷;宾阳县南河石狗河段整治工程完成堤岸治理3.24千米,完成投资373.94万元,保护人口0.48万人,保护耕地80公顷;马山县乔老河治理工程(二期古春段)完成堤岸治理4.64千米,完成投资1500万元,保护人口0.5万人,保护耕地4.2公顷。

【水土保持管理】 2021年,南宁市颁布实施《南宁市水土保持若干规定》。审批生产建设项目水土保持方案580个,均录入全国水土保持监督管理系统,录入率100%;受理生产建设项目水土保持设施自主验收报备各级水行政主管部门备案215个。征收水土保持补偿费8991.8万元。开展水土保持监督检查6613次,检查生产建设项目544个,发出整改通知441份。完成水利部、自治区水利厅下发的1073个年度疑似违法违规图斑现场复核、认定、查处,对201个涉及违法违规行为生产建设项目发出限期责令整改通知;至年底,完成整改186个,持续推进整改15个。开展水土保持目标责任考核工作,对12个县(市、区)、2个开发区(南宁经济技术开发区、广西—东盟经济技术开发区)水土保持履职情况进行专项督查,印发"一县一单"督促整改落实到位。投入200多万元建设老虎岭饮用水水源保护区水土保持监测场,填补南宁市水土流失监测点空白。推进武鸣坡耕地水土保持综合治理项目、横州市宝华江生态清洁型小流域水土保持综合治理项目、隆安县龙尧畔河小流域综合治理项目、隆安县布泉乡欧亚小流域水土保持综合治理工程、隆安县乔建镇龙弟村龙弟小流域水土保持综合治理工程等5个项目竣工验收。兴宁区五塘工业集中区241.76公顷水土保持区域评估方案获市行政审批局批复。

(卢明发)

【自然保护地】 2021年,南宁市有自然保护地21处,其中自然保护区8处(森林和野生动物类型自然保护区7处、地质遗迹自然保护区1处)、自然公园13处(国家级湿地公园2处、森林公园8处、风景名胜区2处、石漠化公园1处)。自然保护地批复面积7.93万公顷,占南宁市国土面积3.59%。自然保护区8处,总面积6.26万公顷。其中,广西大明山国家级自然保护区,面积1.70万公顷,主要保护多样性山地森林生态系统以及珍稀濒危特有动植物资源;广西龙虎山自治区级自然保护区,面积2255.70公顷,主要保护以猕猴、石山苏铁、毛瓣金花茶、珍贵药用植物为主的野生动植物及石灰岩生态系统;广西上林龙山自治区级自然保护区,面积1.08万公顷,保护大明山南亚热带山地森林生态系统和珍稀濒危动植物资源;广西三十六弄—陇均自治区级自然保护区,面积1.28万公顷,主要保护蚬木、南亚热带石灰岩森林生态系统;弄拉自治区级自然保护区,面积8481公顷,主要保护南亚热带岩溶森林生态系统、珍稀濒危野生动植物及其生境、喀斯特地貌;西大明山自治区级自然保护区(南宁辖区)面积1.09万公顷,主要保护冠斑犀鸟及其生境;南宁那兰鹭鸟市级自然保护区,面积346.67公顷,主要保护白鹭、夜鹭、绿鹭、池鹭;横县六景泥盆系地层标准剖面自治区级自然保护区,面积20.99公顷,主要保护泥盆纪地层剖面。国家湿地公园2处:横县西津国家湿地公园,总面积1855.69公顷,其中湿地面积1619.93公顷;广西南宁大王滩国家湿地公园,总面积5520公顷,其中湿地面积3800公顷。森林公园8处,分别为广西九龙瀑布群国家森林公园(批复面积1639.9公顷)、良凤江国家森林公园(批复面积1321.3公顷)、南宁市五象岭自治区级森林公园(批复面积561.8公顷)、广西朝燕自治区级森林公园(批复面积340公顷)、南宁老虎岭自治区级森林公园(批复面积306.67公顷)、金鸡山自治区级森林公园(批复面积610.53公顷)、广西七坡自治区级森林公园(批复面积495.2公顷)、广西高峰自治区级森林公园(批复面积1237.07公顷)。风景名胜区2处,分别为南宁青秀山自治区级风景名胜旅游区(批复面积1354公顷)、广西龙虎山自治区级风景名胜区(批复面积839公顷,与广西龙虎山自治区级自然保护区面积重叠)。石漠公园1处,为广西宾阳八仙岩国家石漠公园(批复面积620公顷)。

【野生动植物保护与疫源病源监测】 2021年,南宁市接收救护野生动物356只(国家一级重点保护野生动物4只、国家二级重点保护野生动物190只、广西重点保护野生动物148只、国家三有保护野生动物14只),其中放生253只、无害化处置11只、送自治区救护中心和动物园救护42只。出动执法人员8531人次,执法车辆1117台次,检查野生动物栖息地24次、人工繁育场所163次、经营利用场所261次;野生动物案件立案19起(刑事案件16起、行政案件3起),破案20起(含年前案件6起);收缴野生动物818只(头/条),蛇类1120千克;收缴国家级保护动物制品169件,穿山甲鳞片29.90千克。建成陆生野生动物疫源疫病监测站5个(国家级1个),陆生野生动物疫源疫病监测点4个(均为自治区级),对陆生野生动物栖息地、采食点及候鸟迁徙往返路线进行监测。至年底,网上直报1567次,未发现陆生野生动物重大疫源疫病和重大动物资源破坏案件。 (张佩华)

【大王滩国家湿地公园试点建设与综合整治】 2021年,南宁市大王滩水库管理处落实那枧坡生态鸟岛用地约18公顷;完成新坡江上游生态整治工程和派江水域水生态浮床养护;开展湿地公园内野生动物资源及植物植被等生物多样性监测,清理水葫芦、蟛蜞菊等入侵物种;完成饮用水水源保护区水上隔离防护栏安装;实施水库主坝及二副坝之间植被恢复项目;大王滩国家湿地公园科普长廊、湿地学校建设工程竣工验收;开展湿地知识科普和《南宁市大王滩国家湿地公园保护条例》宣传;举办专题摄影作品征集活动。12月29日,大王滩国家湿地公园及水环境工程项目一期(含明阳湿地恢复工程一期、湿地科普宣教中心、那花饮用水源监测保护管理站等建设内容)通过竣工验收;项目二期完成招标采购并开工。持续开展水源保护工作,大王滩水库水质总体达到地表环境质量标准三类标准。进行水源地水质监测和水生态修复,水库水质监测分析每月1次,全方位监控明阳工业园区新坡江入口排污口;启动水生态修复净水渔业科研试点及增殖放流活动,投放鳙鱼、鲢鱼等鱼种45万尾;六免库汉水生态修复技术示范工程竣工验收;开展水源保护巡查监控,出动巡查监控船1200余艘次;开展违法违规捕鱼巡查执法行动,制止非法载客80余次。开展水库确权划界工作,涉及大王滩水库管理处国有土地8宗,其中新城坡宗地和那造岭宗地部分地块取得不动产权证书;明确采用总登记方式开展办证。继续推进大王滩水库环境综合整治,开展明阳工业园区雨污管网错混接未接排查工程、明阳工业园区明阳四路新坡江水质监测项目;建设良庆区那马镇、经开区吴圩镇等村屯污水集中处理设施;开展那陈镇大王滩农业面源污染整治项目、大王滩水库周边村屯集中式生态污水处理设施建设等项目;大王滩水库环境综合整治2018年交通用途库汊拦坝架设桥涵建设工程竣工验收;大王滩水库一号楼岸坡挡墙维修及道路修复工程完成初步设计并取得批复;大王滩水库取水泵道路生态挡墙工程项目取得初步设计批复和水土保持批复;大王滩人饮巩固提升工程基本完工。 (卢明发)

污染防治

【概　况】 2021年,南宁市启动污染天气预警响应13次,开展研判66次,制定实时管控措施295条,消除化解自治区预报污染19天。完成69家涉挥发性有机物企业治理。建成重型柴油货车OBD远程在线监控系统并在自治区经验交流会推广。管控秸秆焚烧、扬尘污染等面源污染,年内新建秸秆禁烧视频监控点47个,禁烧智能化监控系统火点处理率82.24%,累计开展道路积尘负荷走航监测3100千米。22家重点碳排放企业完成年度碳排放报告,4家发电企业进入全国碳排放权交易市场。市生态环境局联合市统计局等相关部门建立碳排放数据定期调度制度;治理水环境问题52个;调整划定市级备用饮用水水源保护区,向县(市、区)交办55个水源地178个环境问题。立案查处内河流域环境问题13件,罚款387.17万元。开展功能区噪声、区域环境噪声、道路交通噪声监测,声环境状况总体较好,建筑施工噪声投诉总量下降9.98%。启动环境应急预警并应对处置15起,生态环境安全可控。主要存在水电发电量减少、燃煤发电量快速增长等因素影响单位GDP二氧化碳排放实现降低目标,建设用地土壤污染状况调查及农用地安全利用工作的部门联动和信息共享欠缺等问题。

【大气污染防治】 2021年,南宁市印发《南宁市2021年度大气污染防治攻坚实施计划》《南宁市2021年夏季臭氧污染防治攻坚行动方案》《南宁市2021—2022年秋冬季大气污染防治攻坚行动方案》,市生态环境局检查企业落实大气污染防治措施情况,出动检查人员1.10万人次,检查企业4700余家次,发出整改通知书170余份。印发《南宁市挥发性有机物企业排查整治工作方案(2021—2022年)》,完成涉挥发性有机物(VOCs)排放企业治理69家,举办VOCs治理培训班2期;开展水泥窑炉烟气深度治理,争取中央资金1000万元支持华润水泥(南宁)有限公司实施烟气脱硝工程升级改造。启用机动车排气污染遥感监测系统,建立生态环境部门检测取证、公安交警部门处罚机制,新建机动车排气污染遥感监测点2个,遥感监测过往机动车209万辆,移交330辆抓拍黑烟超标车证据材料至交警部门处理。交警部门停止受理国三及以下柴油货车办理"市内道路通行证"。建成柴油车远程在线监控项目并验收,建设非道路移动机械实时监控项目,抽测抽查非道路移动机械649台。开展油气回收系统监督检查,抽查加油站181个、储油库4家,督促企业限期整改存在问题。开展新能源汽车推广应用行动,新能源汽车增加3万辆,任务完成率279.93%;建成充电桩3982个,任务完成率130%。控制秸秆露天焚烧,落实网格员1.12万人,出动巡查人员16.40万人,发现并处置火点6200余处,处罚违法行为277起,罚款13.75万元,取消耕地地力补贴0.87万元。推进秸秆禁烧智能化视频监控点建设,新建监控点47个,累计建成186个,禁烧智能化监控系统火点处理率82.24%。控制烟花爆竹燃放,刊播禁燃宣传信息1241条,发放宣传单53万份,发送短信6万多条;春节期间建成区限放区设置烟花爆竹临时销售点84个,比上年同期减少67个,下降44.3%;出动4万余人次、9000余车次,查处违法违规燃放烟花爆竹行为135起,拘留2人,罚款136人、罚金1.65万元,劝阻群众254人。污染天气应对期间,实时防控精准到小时,每日巡查督查应急响应措施落实情况,发现问题立行立改;启动污染天气预警响应13次,

2021 年 7 月 27 日，市生态环境执法人员在中国石化南站北加油站对油气回收装置进行执法检查　　市生态环境局提供

开展研判 66 次，制定实时管控措施 295 条，消除化解自治区预报污染 19 天。

（曾宇　张心）

【扬尘污染治理】 2021 年，南宁市制定《南宁市扬尘污染防治条例》，督促建筑工地落实周边围挡、土方开挖湿法作业、物料堆放覆盖、路面硬化、出入车辆清洗、渣土车辆密闭运输“六个百分百”措施。检查在建工地 1.8 万个次，巡查道路 25.13 万条次，检查消纳场 2976 个，检查工程车辆 7.29 万辆，扣押违法违规工程车辆 1626 辆，巡查发现扬尘污染点（扬尘隐患）4958 处；开展市区主要道路积尘负荷走航监测 3100 千米，洒水降尘用水 773 万吨；市、城区两级交警、城管等部门开展工程运输车辆联合执法行动，查处违法违规车辆 4 万余辆；整治机制砂行业扬尘污染，检查机制砂场 886 个次，拆除非法砂场 77 个；扬尘“慧眼”监控系统接入土方建筑工地 963 个、消纳场 92 个、搅拌站 60 个、采石场 16 个、联合执法卡点 9 个，推送案件 2914 起，办结案件 2783 起，处置率 95.5%。

（曾宇　张心　黄玲）

【水污染防治】 2021 年 9 月 30 日，南宁市第十四届人大常委会第三十九次会议通过《南宁市城镇排水与污水处理条例》，并报自治区人大常务委员会批准施行。持续开展八尺江流域整治，累计清理水葫芦面积 303.1 万平方米，排查整治养殖场（户）157 家，发出限期整改通知书 80 份。开展清水河流域污染源排查，清理非法畜禽养殖 12 家，开展 6 家大型养殖场土地消纳粪污承载力评估报告编制，完成清水河流域宾阳县洋桥镇生活污水截污纳管整治。南宁市与钦州市、贵港市签订跨市流域上下游突发水污染事件联防联控合作协议，会同百色市、崇左市在南宁市三江口开展应急监测联合演练。新增运行市级微型水质自动监测站 27 座，与原有 23 座水质自动站，实现主要流域水质自动监测网格全覆盖；每月发布水质分析预报，开展流域污染防控巡查和水质监测；自治区对南宁市原有 38 段黑臭水体开展监督性监测 2 次，达标率分别为 97.4%、89.5%；黑臭水体治理经验入选生态环境部通报表扬典型案例。南宁市污水处理能力 188 万吨/日；城市污水集中收集率 62.5%，比上年增长 10.22%；新建污水管网 171.74 千米，完成雨污管网清淤修复 45.81 千米，打通市政道路雨污水断头管 50 处；排查污水处理（水质净化）厂 14 座，存在外水入渗情况 5 座，整改完成外水量 10.32 万立方米/日；开展定点医院、隔离点以及污水处理厂监管抽查 107 次，并进行废水监测。至年底，完成农村千人以上集中式饮用水水源保护区划定；市级在用饮用水水源水质常年达标率 100%，县级饮用水水源水质连续 5 年达标率 100%。2020 年“水十条”终期考核南宁市水污染防治重点工作任务成绩位列自治区第一，连续 3 年“水十条”考核成绩排名自治区第一。

【噪声污染防治】 2021 年，南宁市印发《关于开展 2021 年南宁市第二批建筑施工噪声扰民联合整治试点工作的通知》《2021 年南宁市建筑施工噪声污染专项整治工作方案》《关于印发南宁市夜市餐饮油烟、噪声专项整治方案的通知》《南宁市餐饮娱乐业油烟和噪声污染整治“120 天攻坚战”执法工作方案》《关于开展 2021 年高考中考期间建筑施工噪声污染专项整治行动的通知》《南宁市人民政府关于 2021 年高考中考期间严格控制环境噪声污染的通告》《关于印发南宁市 2021 年度大气、水、土壤、噪声污染防治计划（方案）的通知》等文件，开展噪声专项整治行动。全市出动生态环境执法人员 1.3 万人次，发出整改通知 300 余份，查处噪声扰民违法行为 146 起，罚款 169.61 万元。投入 253.51 万元对 45 家工业企业实施噪声治理，责令 2 家场界噪声超标工业企业整改，并将工业噪声超标信息移交税务部门征收环境保护税。组织实施隔音降噪设施建设和沥青桥面薄层及伸缩缝改造工程，投入 3500 万元增设声屏障 6936 米，投入 240 万元改造沥青桥面薄层及伸缩缝面积 2.23 万平方米，投入 12 万元安装禁鸣牌 120 套，投入 11 万元安装限速牌 110 套，投入 1057 万元安装限制车种标志 496 套，投入 100 万元安装机动车违法鸣笛抓拍系统 3 套，投入 5436.85 万元铺设横州市区低噪声路面 5.97 万平方米。市区 412 个建筑面积 5000 平方米以上施工工地安装噪声自动监测系统，安装率 92.79%；使用低噪声施工设备、隔声罩、隔声棚、移动声屏障 325 套；市区范围内办理夜间建筑连续施工工地数 403 个，查处噪声扰民违法行为 149 起，罚款 171.77 万元；建筑施工噪声投诉总量比上年下降 9.98%。“宁静街区”交通管理试点由南湖片区向主城区和城市新区扩展延伸，由夜间整治为主延伸至 24 小时勤务；查处不按规定鸣喇叭违法行为 2018 起；查获城市工程运输车辆涉嫌“飙车”“飙声”违法 7100 余起。市区公共场所设置噪声自动监测和显示屏 19 套，社会生活噪声处罚 52 件次，完成中高考、公务员（选调生）笔试等 26 场考试声环境质量保障，绿色护考覆盖考生数量 44.5 万人。受理噪声污染举报投诉 6.3 万件次，处理率、办结率均 100%；其中，社会生活噪声举报投诉 4.05 万件次、占 64.31%，建筑施工噪声举报投诉 2.16 万件次、占 34.26%，工业噪声举报投诉 643 件次、占 1.02%，交通噪声举报投诉 259 件次、占 0.41%。推进涉噪声污染扰民问题案件整改，组织 5 个现场督导组对案件进行现场督导核查；至年底，中央及自治区生态环境保护督察反馈涉及噪声信访举报问题 243 件，完成整改 185 件，完成率 76.13%。

【土壤及重金属污染防治】 2021 年，南宁市持续开展涉镉污染源排查整治，排查重点区域 89 个，涉及企业 140 家，南宁市龙景热镀锌有限公司、宾阳县矿贸公司列入整治清单，完成隐患排查和自行监测企业 56 家（含 6 家关停或停产无须开展自行监测企业）；列入 2020 年整治清单的马山县林圩镇塘马锰砂滤料厂、马山县红祥

2021年6月17日，南宁市会同百色市、崇左市在南宁市三江口开展水环境应急监测联合演练。图为联合演练采样组在左江点位采集水样　　市生态环境局提供

滤材厂按要求完成整改并销号。推进建设用地土壤污染状况调查，开展建设用地土壤污染状况调查地块41个；排查辖区内疑似污染地块，建立并公布疑似污染地块名单，宾阳县有疑似污染地块1个（南宁市恒丰化肥有限责任公司地块）、10.63万平方米，其他辖区均无疑似污染地块。污染地块安全利用率100%。

【固体废物污染防治】 2021年，南宁市一般工业固体废物产生量179.82万吨；综合利用量164.25万吨（综合利用往年贮存量0.18万吨），处置量15.34万吨（处置往年贮存量0.62万吨），一般工业固体废物综合处置利用率99.43%；贮存量1.04万吨。工业危险废物产生量3.72万吨，利用处置量3.69万吨（利用处置往年贮存量0.14万吨），工业危险废物利用处置利用率为95.60%，年末贮存总量0.19万吨，无倾倒丢弃。市医疗废物集中处置单位收运并安全处置医疗废物、涉疫生活垃圾1.51万吨，集中处置率100%。南宁市废弃电器电子产品拆解处理企业为广西桂物再生资源有限公司，拆解处理废旧电视机43.43万台、废旧冰箱22.37万台、废旧洗衣机26.93万台，废旧空调10.20万套，废旧电脑8925套，产生拆解产物2.78万吨，处理2.775万吨。厨余垃圾总清运量25.24万吨，日清运量691吨；其中，餐厨垃圾清运量（含废弃油脂）18.66万吨，日清运量511吨，餐厨垃圾无害化处理率100%。其他生活垃圾处置量147.73万吨，日清运量4047吨，无害化处理率100%。危险废物收集、处置设施建设发展规划纳入《南宁市“十四五”土壤污染防治规划》；印发《进一步严厉打击危险废物环境违法犯罪和重点排污单位自动监测数据弄虚作假违法犯罪工作实施方案》《2021—2022年度南宁市危险废物规范化环境管理评估工作方案》。市生态环境局出动执法人员993人次，检查涉及危险废物单位479家次，查处危险废物环境违法案件5起（移送公安部门4件）；11月，完成市级危险废物规范化环境管理自查评估；12月，通过自治区生态环境厅2021年度危险废物规范化环境管理评估，被抽查产废企业合格率94%，经营单位合格率100%。中节能（广西）清洁技术发展有限公司基本完成医疗废物集中处置设施升级改造项目建设；12月29日，新建50吨/日焚烧生产线点火试运行。至年底，有危险废物经营许可证持证单位34家，其中收集贮存单位27家，废铅蓄电池类收集能力66.16万吨/年，废矿物油类收集能力17.19万吨/年；处置利用单位7家，处置能力涉及21大类、19.194万吨/年。

【污染排放许可】 2021年，南宁市开展2020年度排污许可证执行报告内容规范性审核和排污许可证质量审核。排污许可证执行报告内容规范性审核3个典型行业（火电、造纸、污水处理及再生利用）及其他行业10%排污单位166家，完成率100%；排污许可证质量审核318家（包含污水处理及其再生利用、造纸、水泥、平板玻璃制造、电力生产等10个重点行业及部分其他行业），完成率100%。

（曾宇　张心）

节能减排

【概　况】 2021年，南宁市万元地区生产总值能耗0.27吨标准煤/万元。主要污染物总量控制约束性指标为氮氧化物、挥发性有机物、化学需氧量、氨氮4项，氮氧化物、挥发性有机物、化学需氧量、氨氮重点工程减排量分别为1781.16吨、1243.23吨、3650吨、365吨，超额完成自治区下达的氮氧化物减排0吨（无减排任务）、挥发性有机物减排130吨、化学需氧量减排1418吨、氨氮减排137吨的年度目标任务。规模以上工业企业综合能源消费量482.99万吨标准煤，比上年上升6.45%；规模以上万元工业增加值能耗下降0.98%。完成建筑节能24.03万吨标准煤、交通运输节能3.10万吨标准煤。投入1355万元，对市司法局、市第五中学等7家公共机构进行综合节能改造，改造面积26.11万平方米。新开工自治区层面统筹推进重大项目24个，完成环保手续项目22个，完成率92%；“双百双新”（投资超过百亿元或产值超过百亿元的重大产业项目以及投资亿元以上的新产业、新技术）产业项目57个，完成环保手续40个，完成率70%。主要存在对做好碳达峰碳中和工作等重点领域研究不够深入等问题。

（曾　宇　张　心　张慧丹）

【工业节能】 2021年，南宁市规模以上工业企业综合能源消费量482.99万吨标准煤，比上年上升6.45%，规模以上万元工业增加值能耗下降0.98%。广西纵览线缆集团有限公司、广西申龙汽车制造有限公司、广西丰林木业集团股份有限公司、广西建工集团智慧制造有限公司、广西华润红水河水泥有限公司、广西白云山盈康药业有限公司、广西家友电缆科技有限公司、南宁赢创美诗药业有限公司8家企业进入自治区级绿色工厂名单，广西丰林木业集团股份有限公司、广西华润红水河水泥有限公司、广西纵览线缆集团有限公司、广西太古可口可乐饮料有限公司、广西伊利冷冻食品有限公司、广西彩星科技有限公司、广西博世科环保科技股份有限公司7家企业进入国家级绿色工厂名单。推动列入自治区高耗能行业节能技术改造计划编制名单的49家企业制定节能技改方案。南宁糖业股份有限公司东江糖厂、明阳糖厂，南宁侨虹新材料股份有限公司、广西华润红水河水泥有限公司通过清洁生产复审换证，广西科佳装备科技有限公司进入自治区清洁生产企业名单。在化工、纺织、造纸、制糖等重点用水行业持续开展节水型企业创建活动，认定广西隆安南华糖业有限公司南圩糖厂为2021年度南宁市级节水型企业。

（戴晓敏）

【建筑节能】 2021年，南宁市完成建筑节能24.03万吨标准煤，完成自治区下达目标任务 109.23%。城市规划区内新建民用建筑项目在设计阶段全面执行绿色建筑标准，竣工验收阶段绿色建筑占比 87%，超过自治区下达目标任务 27 个百分点。可再生能源建筑应用年均超 300 万平方米。（潘　欣）

【交通运输节能减排】 2021 年，南宁市交通运输节能减排年度目标 3 万吨标准煤，完成 3.10 万吨标准煤。新能源汽车新增 3 万辆，保有量 5.40 万辆、占全市汽车保有量 2.40%。建成充电桩 3819 个，完成年度任务数 124.7%。公共交通机动化出行分担率 50.09%。市区在营公交车 3781 辆，其中新能源和清洁能源公交车 3581 辆，占市在营公交车总数 94.71%。巡游出租车 7050 辆，其中新能源车辆 435 辆，其余均为清洁能源车辆，实现 100% 清洁化。完成新能源公交车采购并交付 425 辆，完成率 100%；建设公交充电桩 206 个，公交充电桩保有量 1072 个（不含武鸣区）。LNG（液化天然气）动力船舶保有量 22 艘；南宁港安装岸电设施 49 套，船舶进港装卸均使用岸电，进一步实现低碳作业。全市港口企业均配套建设生活垃圾、生活污水和含油污水接收设施。建设南宁吴圩国际机场三期充电桩项目，规划建设 44 台，建成 40 台。

（夏秋峥　赵国军　陈　雄）

【公共机构节能管理】 2021 年，南宁市以机关、学校、医院节电、节水为重点，投入 1355 万元，对市司法局、市第五中学等 7 家公共机构进行综合节能改造，改造面积 26.11 万平方米，超额完成自治区下达的节能目标。公共机构新建充电桩 284 个，其中接入自治区"八桂充"平台充电桩 138 个。创建节约型机关 345 家，超额完成自治区下达创建任务 102.9%。建设首批公共机构生活垃圾分类示范单位 11 个；将制止餐饮浪费纳入南宁市 2021 年公共机构节能绩效内容重点考核。召开南宁市公共机构生活垃圾源头减量暨万人志愿者行动推进会，启动公共机构万人志愿者行动，发放生活垃圾分类宣传海报 2500 套、生活垃圾分类宣传环保袋 1 万个，进医院、进学校、进社区等开展源头减量志愿服务活动。（黄培伟）

环境监管

【概　况】 2021 年，南宁市生态环境局查处环境违法案件 240 件，处罚金额 1345.8 万元。其中，贯彻落实《中华人民共和国环境保护法》四个配套办法查处 30 件（查封扣押 12 件、限产停产 2 件、移送公安行政拘留 8 件、移送涉嫌污染环境犯罪 8 件）。开展武鸣河流域和大明山专项排查整治，联合市检察院、市公安局、市工信局、市住建局、市城管综合执法局等部门，针对危险废物非法处置、在线数据弄虚作假、机制砂、建筑施工噪声、餐饮油烟等领域开展联合执法。南宁市危险废物规范化评估预估考核结果 A，企业抽查合格率 90% 以上。启动环境应急预警并应对处置 15 起，生态环境安全可控。环境信访投诉总量比上年下降 2.2%。主要存在"两高"（高耗能、高污染）项目管控不力，矿山开采生态破坏、自然保护地保护不力管理不严等问题。

【环境应急管理】 2021 年，南宁市启动环境应急预警并应对处置涉突发环境事件 15 起，分别为 1 月 8 日绕城高速（玉洞往高岭服务区）高岭段交通事故造成少量轻质循环油泄漏事件、3 月 26 日西乡塘区高峰林场内废弃农药倾倒事件、4 月 20 日南宁师范大学化学与材料学院实验室废液泄漏事件、4 月 26 日武鸣区百隆陶瓷厂酚水泄漏事件、5 月 16 日吴圩高速入口装载树酯胶水车辆侧翻造成胶水泄漏事件、5 月 28 日武鸣区南武大道伊岭旧收费站附近疑似废树脂丢弃事件、6 月 21 日青秀区七星路旧梦之岛商场门口发现无主氢氟酸事件、6 月 26 日广昆高速往南宁方向过坛洛服务区约 2 千米处双氧水罐车交通事故造成双氧水泄漏事件、7 月 11 日广昆高速南宁段石埠北互通往百色方向运输废矿物油车辆发生泄漏事件、7 月 14 日宾阳县广西永凯大桥纸业有限责任公司生产废水导流沟倒塌导致污水外排事件、8 月 2 日青秀区那平江水质异常事件、8 月 16 日邕宁区蒲庙镇洲同村储雄建材有限公司柴油储罐泄漏事件、8 月 17 日上林县广西御华沥青有限公司沥青油罐燃烧事件、8 月 22 日南百高速路那桐镇定林大桥段附近稀硝酸罐车泄漏事件、12 月 28 日青秀区南阳镇朗加水库拖拉机侧翻溢油事件，均妥善处置，事件影响控制在有限范围，未演变成突发环境事件。全市重点环境风险源管理目录清单企业 304 家。开展医疗废物运输交通事故引发突发环境事件应急演练。

【环境执法】 2021 年，南宁市生态环境执法部门执行环境执法正面清单，推进排污许可证后监管执法，落实"双随机"抽查制度，出动执法人员 2 万多人次，检查企业 6000 多家次，开展环境专项执法 40 余项，行政处罚案件 240 件，罚款 1345.8 万元。整治"回头看"县级以上水源地 29 个，排查整治"千吨万人"水源地 49 个，并延伸至农村千人以上水源地，整改环境问题 186 个；开展入河排污口监测超标问题溯源执法，下达整改文书 8 份，依法立案查处超标排污企业 1 家；开展机制砂、沥青混凝土、陶瓷、采石场、生活垃圾焚烧处理、挥发性有机污染物企业等 10 多个领域环境问题专项执法检查，关停取缔或动员拆除机制砂企业 116 家，完成沥青混凝土企业现场验收 23 家次，完成武鸣区陶瓷企业环境问题整治 10 家；组织开展秸秆禁烧巡查执法，推进乡镇政府落实秸秆焚烧查处，处罚 277 件、罚款 13.75 万元，取消补贴 0.87 万元；开展机动车检测机构执法检查 81 家，非道路移动机械冒黑烟情况检查建筑工地 30 家，非道路移动机械大气污染物排放情况抽测企业 40 家、机械 307 台，完成非道路移动机械备案登记 9646 台、非道路移动机械安装实时监控系统 641 台。联合市检察院、市公安局等部门开展专项违法犯罪打击行动，检查涉危险废物单位 479 家次，立案查处非法倾倒铝灰渣等危险废物环境违法案件 5 起，督促 946 家存在问题企业落实整改。派出 5 个现场督导核查组，核查督察交办信访件 777 件。开展环境噪声专项执法检查 7 次，餐饮娱乐业油烟污染专项执法检查 2 次；开展建筑施工噪声扰民联合执法试点 2 批次。开展大明山国家级自然保护区专项执法检查，排查、整改问题 5 个。

【环境信访】 2021 年，南宁市 12345 政务服务便民热线、微信、直接来电等受理环境信访案件 3.01 万件，比上年下降 2.2%。其中，建筑施工噪声污染投诉 2.16 万件，下降 9.98%。案件处理率、办结率均 100%，12345 政务服务便民热线绩效考核群众回访满意率 95.31%。

【核与辐射安全监督管理】 2021 年，南宁市有核技术利用单位 515 家，数量居自治区首位。其中，涉源单位 58 家（不含生态环境部直管单位 1 家、放射源 80 枚），持有密封放射源 185 枚、非密封放射性物质许可 46 项（实际在用 18 项）；纯射线装置使用单位 380 多家，在用射线装置 1200 多台（套）。开展辐射安全监督检查和辐射安全隐患排查，检查核技术利用单位 101 家，完成国家核技术利用监管系统数据完善和问题整改超过 1800 项；查处涉嫌环境违法核技术利用单位 2 家，责令改正环境违法行为并处罚款。辐射类信访投诉 9 件，比上年下降 67.9%，投诉办结率 100%。配合自治区完成防城港核电厂核应急联合演习；组织核与辐射应急值班备勤。未发生核与辐射安全事故，核与辐射环境安全可控。

【环保督察问题整改】 2021年，第二轮中央生态环境保护督察反馈意见南宁市主动认领问题18个，其中个性问题5个(南宁市五象岭自治区级森林公园内违规设施久拖不改问题、广西固体废物处置中心环境问题、广西新又鲜畜禽有限公司环境问题、南宁市将中央海绵城市试点资金超范围用于小区美化和公园亭廊景观工程问题、横州市第二生活填埋场渗滤液问题)，共性问题13个。至年底，完成问题整改6个，持续推进整改12个。督察交办环境信访件777件，办结569件，阶段性办结208件，整体办结率100%。

(曾宇　张心)

城市水环境治理

【概　况】 2021年，南宁市主要流域二类以上水质占比100%，连续三年实现国家考核断面水质全优；地表水水质优良比例100%；各监测断面均达到或优于水质目标要求，地表水水质达标率100%，连续三年国家考核断面水质全优；进入国家地表水考核、断面水环境质量状况排名"双红榜"。市境内主要流域保持"二类水入境、二类水出境"；全年保持地表水水质在省会城市中排名前2名。市区污水日处理能力达188万吨，城市污水集中收集率62.58%。各级河(湖)长开展巡河(湖)14.89万人次、督查检查116次，自查自纠"四乱"(乱占、乱采、乱堆、乱建)台账问题销号率100%。发出水污染防治通知、通报、督办函27份，针对主要流域开展执法检查，立案处罚28件，处罚金额511.59万元。主要存在市区河道旁缺少休闲运动场所及文体设施，无法满足人民群众日益增长的生活需求问题。

(卢明发)

【黑臭水体治理】 2021年，南宁市城市污水集中收集率62.58%。消除南宁高新区、心圩江和五象新区污水管网空白区，基本消除青秀区4片空白区。完成新建污水管网171.74千米，雨污管网清淤修复45.81千米，打通市政道路雨污水断头管50处。完成"厂—网—河(湖)"一体化管理机制，2月上线运行管网"一张图"信息化管控平台，实现建成区内排水管网实时更新维护、动态可视、监测预警、联合调度等功能。4月，那考河PPP(政府和社会资本合作)项目入选国家发展改革委推广的绿色政府和社会资本合作(PPP)项目典型案例，为全国水环境治理PPP项目工作提供"南宁经验"。9月30日，市第十四届人大常委会第三十九次会议通过《南宁市城镇排水与污水处理条例》，并报自治区人大常务委员会批准施行。

【海绵城市建设】 2021年，南宁市建成区面积316.56平方千米。完成增加海绵城市目标达标面积7.03平方千米，实现海绵城市目标达标面积74.51平方千米，占建成区面积23.36%。有试点区外海绵城市建设项目1097个，涉及试点区外排水分区95个，筛选排水分区8个，重点推进良庆河、楞塘冲等流域综合治理项目建设。针对天然水域面积变化率、年径流总量控制率、可透水地面面积比例、黑臭水体消除比例、合流制溢流污染年均溢流频次、内涝积水点消除比例和内涝防治标准达标率等海绵城市建设指标进行自评，指标均达标。

【城市内河管理】 2021年，南宁市住建局召开内河治理方面工程推进例会23次，协调解决相关项目推进问题276个；召开现场协调会89次，协调解决问题91个。日常检查管辖的18条内河共38个河段河道岸线卫生清理、排口溢流情况，参与巡查537人次，会同市河长制办公室联合巡查6次、防汛节点排查5次。处理网络舆情、南宁市12345政务服务便民热线工单436件、南宁市数字化城市管理案件564件、市委督查室及市政府督查室派发案件13件，发出提醒函25份。协同第三方机构开展建成区38个黑臭水体一体化处理设施出水水质检测。

(潘　欣)

【河长制湖长制推行】 2021年，南宁市河(湖)长开展巡河(湖)14.89万人次、督查检查116次。完成左江(南宁段)、清水河、武鸣河、八尺江、罗兴江、南江和南湖的河湖划界及水域岸线保护与利用规划编制并获批复，完成编制1400条流域面积50平方千米以下的河湖管理范围划定任务，划定成果电子标绘上图入库。完成广西河道采砂"互联网+"监管系统平台信息录入，严查严打河道非法采砂行为。新建水质自动化监测站点27个，提升重要江河湖库水质监控的时效性和精准度。联合开展"河长+检察长"巡河检查，推进思灵江坛板坡段黑臭水体、水葫芦等突出问题整治。出台《南宁市畜禽养殖禁养区排查整治工作方案》，制定《八尺江"流域共治"长效机制实施方案》，精细化治理八尺江流域水葫芦泛滥等突出问题。打造竹排江(南湖街道段)、沙江河(竹排江A段)、大王滩水库等12条(段、个)美丽幸福河湖，其中马山县乔老河治理成效获中央广播电视总台、新华网、人民网等媒体宣传，成为新农村"乡村振兴+治水"优秀样板。

(卢明发)

【污水处理设施建设】 2021年，南宁市市区污水日处理能力188万吨，总体满足城市生活污水处理需求。污水处理厂平均进水BOD(生化需氧量)浓度70.20毫克/升，城市污水集中收集率62.58%。市区投入运营的水质净化厂15座，其中建成区范围14座(污水日处理能力183万吨)，武鸣区1座(污水日处理能力5万吨)。市区在建水质净化厂2座(仙葫水质净化厂、武鸣城南水质净化厂)。市区污水处理率99.60%。建成区内有一体化污水处理设施25座，主要分布在可利江、凤凰江、仙葫半岛等污水集中处理能力有短板的区域，总设计规模为污水日处理能力7.50万吨。排查污水处理(水质净化)厂14座，存在外水入渗情况5座，整改完成外水量10.32万立方米/日。

(潘　欣)

2021年6月，南宁市开工建设心圩江综合整治工程PPP项目明月湖段。图为治理后的心圩江明月湖段　市住建局提供

园林绿化

【概　况】2021年，南宁市市政和园林管理局(简称“市市政园林局”)二层机构南宁市市容管理中心更名南宁市市容事务服务中心。年内，完成市区管辖道路绿化日常养护管理348条，合计876.58千米，绿化面积1157.62万平方米。完成乔木、灌木施肥37.45万株，地被施肥418.05万平方米；修剪乔木、孤植灌木542.25万株，片植灌木1110万平方米；清除杂草1337.38万平方米；补种乔木0.80万株、孤植灌木1.16万株，片植灌木31.27万平方米。建立绿化应急抢险队伍28个、有抢险人员105人，出动人工1602工日，货车、高空作业车等抢险车辆264辆，处理倒树535株、树木断枝1008株。有公园建设项目6个，其中在建项目2个、竣工项目4个，涉及市金花茶公园、市人民公园、市石门公园、市花卉公园、市体育休闲公园、市南湖公园、市动物园。完成公共绿地建设项目6个。市市政园林局科研人员发表科技论文5篇，获授权实用新型专利4项。2021南宁市金花茶公园快乐科普校园行、2021年全国科普日暨绿城科普大行动系列活动被评为2021年全国科普日优秀活动。市人民公园毛主席接见广西各族人民纪念馆、南宁革命烈士碑被自治区党委办公厅确定为第二批广西中共党史教育基地。市金花茶公园、市花卉公园被自治区林业局评为第十届中国花卉博览会广西筹展参展工作先进单位。市市政园林局在2021年全区住房城乡建设系统职工职业技能大赛(园林绿化业)中获优秀组织奖。主要存在“口袋公园”用地保障难度较大，老城区公园绿地服务半径覆盖率不足，绿道建设空间不足等问题。

【园林规划】2021年，南宁市编制完成《南宁市市政和园林发展“十四五”规划》(报审稿)、《南宁市城市绿地系统规划(2021—2035)》(中期成果)、《南宁市绿道专项规划》(中间成果)、《南宁市城市公园体系专项规划》(中间成果)等规划。

【园林科研】2021年，市市政园林局科研人员发表科技论文5篇，分别为《绿化植物废弃物堆肥改良高速公路绿地土壤效果研究》《朱槿茎腐病病原鉴定》《南宁市新建城市绿地土壤质量评价》《朱槿夏季高温期扦插基质配方的筛选》《广西扁桃适生区土壤碳氮磷生态化学计量特征》。获授权实用新型专利4项，分别为“一种朱槿种子剥壳装置”“一种便携式种子收集袋”“一种可调节的朱槿主干防倒伏支撑装置”“一种绿化废弃物堆肥施肥装置”。“锦葵科木槿属优异种质资源收集与品种选育”科技项目完成结题验收；“南宁市绿化植物废弃物资源化处理关键技术研究和应用示范”项目完成现场查定；《绿化植物废弃物资源化处理技术规程(草案)》完成编制，并申报立项广西团体标准。利用市花卉公园科研楼建立昆虫室、组织培养无菌室、土化室等专业实验室8个。

【街道绿化与养护】2021年，南宁市完成市区管辖道路绿化日常养护管理348条，合计876.58千米，绿化面积1157.62万平方米。完成道路绿化养护政府采购项目16个共35个标段，累计中标金额8143.80万元。外包道路日常养护出动人工28.72万工日；完成乔木、灌木施肥37.45万株，地被施肥418.05万平方米；修剪乔木、孤植灌木542.25万株，片植灌木1110万平方米；清除杂草1337.38万平方米；补种乔木0.80万株、孤植灌木1.16万株，片植灌木31.27万平方米。接收数字化城市管理案件2.16万件，驳回1.13万件、完成处理1.03万件；处理南宁市12345政务服务便民热线工单798件、市民投诉822件。市绿化工程管理中心完成两个“绿化抢险待命点”建设，建立应急抢险队伍28个，有抢险人员105人，统一抢险装备、防护设施。对茶花园路、银海大道、白沙大道、明秀西路等道路展开应急抢险，出动人工1602工日，货车、高空作业车等抢险车辆264辆，处理倒树535株、树木断枝1008株。建设广西首个园林病虫害测报站，通过自动虫情测报灯、性诱智能检测仪、孢子捕捉仪等现代化装备和信息处理手段，对病虫害情况、周围环境墒情、为害情况及周围植物生长苗情进行智能监测；定期开展巡查，及时发布病虫害防治预警信息，明确各个时期防治重点，发布园林植保预警信息7期；组织开展植物保护技术、化学除草剂防控、乔木整修等培训9次，培训约400人。

【公园建设】2021年，南宁市有公园建设项目6个，其中在建项目2个、竣工项目4个。人民公园等公园应急避险场所二期建设项目涉及市金花茶公园、市人民公园、市石门公园、市花卉公园、市体育休闲公园5个公园，1月开工建设，11月竣工并移交使用，总投资604万元、累计完成投资375.64万元(不含前期费用，下同)；建设市政消防给水系统工程室外消火栓29个、给水管4170米及附属管件、阀门井13座；监控、广播系统安装工程完成管线7700米、监控摄像头48套、广播音柱59台、手孔井51座、系统后台设备、安防配电箱5台。石门公园改造提升工程项目6月开工建设，12月主体完工(除曲桥外)并验收；建设范围为公园中心湖景观区(核心区明湖)周边及休闲活动区(公园东侧果园区)，涉及面积20.35万平方米，总投资1600万元，累计完成施工建设投资1172.10万元；改造绿化面积2.05万平方米，新建二级沥青路面面积2869.30平方米、三级登山步道面积2539.80平方米，广场铺装面积2528.90平方米，新建弧形廊、听雨亭、公共厕所等建筑217.58平方米，安装灯具478套、视频安防监控55套等。南湖公园变压器维修工程项目9月开工建设，12月完工，总投资52万元，累计完成投资52万元，更换锈蚀箱变外壳4台、损坏电容补偿柜19台、温控器17台，加装排气扇39台等。市动物园2021年动物馆舍设施和老旧围墙应急维修维护工程项目10月开工建设，12月竣工，批复

2021年，机场第二高速中分带绿化整治工程建成后场景　　市市政园林局提供

总投资124万元、累计完成投资109万元，完成黑猩猩馆电网及河马馆地坪、室外栏杆、铁门维护维修，新猛兽馆铁网维修，水獭馆水池翻新，新建参观廊亭、运动场玻璃护栏，维修大化路路段围墙等。人民公园绿地建设体育场地项目10月开工建设，12月竣工，建设面积约2050平方米，总投资200万元、累计完成投资153万元，建设篮球场1个、气排球场(含羽毛球场)4个、乒乓球场2组和临时管理用房，并在场地周边设4米高铁丝网及6米高隔音墙。人民公园亭廊维修改造工程项目10月开工建设，建筑面积53.84平方米，总投资30万元、累计完成投资24万元，主要拆除有安全隐患的木结构风雨廊并重建，年内完成主体建设及部分装饰装修工程。

【公共绿地建设】 2021年，南宁市有公共绿地建设项目6个。2021年城市道路沿线挡墙护坡绿化工程项目建设总面积5507平方米，总投资200万元，累计完成施工建设投资132.31万元；主要对厢竹大道、民族大道、五象平乐立交、江南大道、南站大道、望州南路、南梧路、沙井大道、英华路等14个道路沿线挡墙护坡进行绿化改造，完成墙面处理646.30平方米，种植地被1108.79平方米、乔木21株、攀缘植物3563株，修砌路缘石125米。机场第二高速中分带绿化整治工程项目建设长度9.05千米、面积1.57万平方米，总投资400万元，累计完成施工建设投资299.85万元；主要为机场第二高速中央分车带绿化整改、服务区绿化修复及新建绿化取水泵站房等，种植乔木31株、灌木2811株、地被片植1.29万平方米，回填种植土1572.23立方米。吴圩机场T2航站楼进场路周边绿化整治工程项目建设面积3.90万平方米、实际绿化面积1.50万平方米，进场两侧行道树木区域长度2900米，边坡绿化面积1.10万平方米，总投资400万元，累计完成施工建设投资306.06万元；主要栽植乔木398株、灌木1779株、地被片植6539.53平方米、马尼拉草2594.72平方米，回填种植土2059.9立方米、腐殖肥882.93立方米，铺设河沙251.75立方米，清除草皮9809.21平方米，迁移乔木412株、棕榈类87株、灌木412株。火车东站片区南广场区地块绿化整治工程项目总投资400万元，累计完成施工建设投资316.70万元；主要建设范围为火车东站南广场西侧，凤凰岭路、站南西路、凤岭北路、站南四支路围合区域，以及站南西路、站南四支路、通达西路围合区域北侧地块，站南西路北侧东站运营综合楼及员工宿舍一带，长虹路、那庙路、凤凰岭路、高坡岭路围合区域等绿化整治，种植乔木144株、灌木3848株、地被片植1.77万平方米、马尼拉草590平方米，修剪杂草3.25万平方米，清除枯萎乔木305株，外墙喷漆3143.5平方米。火车东站片区北广场区地块绿化整治工程项目涉及面积15.60万平方米，总投资191万元，累计完成投资163万元；种植苹蒌38株、马占相思3280株、非洲茉莉311株、黄金榕111株、散尾葵520株、鹅掌柴1682.70平方米、矮化朱槿257.30平方米、蜘蛛兰147.30平方米，修剪地被10.76万平方米、砍伐乔木2175株，清理场地表面2087.31平方米、清理垃圾2.56万平方米等。凤凰岭路沿线绿化整治工程项目总投资101万元，累计完成施工建设投资82.06万元；凤凰岭路(民族大道—站北西路)沿线绿地及站北东路周边绿地新种绿化面积3308平方米，种植绿化苗木品种6个，其中乔木150株、棕榈科40株、灌木7550株，灌木地被1136平方米，草皮2344.4平方米，回填种植土1086立方米，清理修剪7.63万平方米。

【第十三届中国(徐州)国际园林博览会南宁展园】 2021年6月，第十三届中国(徐州)国际园林博览会南宁展园项目开工，10月完成实地检查验收。占地4000平方米，其中绿化用地面积2509平方米、水体面积465平方米、园路及铺装面积859平方米、建筑面积167平方米。以“八桂绿韵，壮乡天境”为主题，聚焦广西铜鼓文化展示，以鼓向四方宾客传递喜乐之情，从铜鼓延伸出“自然崇拜”“那文化”“生态山水”等壮乡风采，并将“壮汉一家亲”的“兄弟情”元素植入其中；以金鼓迎宾门、贝侬桥、同心楼、天籁池为主要景点，运用自然景观(岩溶景观、水体景观等)和古建筑构成别具一格的园林艺术空间。 (陶　薇)

编辑　龙森林　温燕聪　梁富鑫

县（市、区）概览

区

【兴宁区】 位于南宁市东北部。土地面积751平方千米。2021年，辖镇3个、街道3个，有村民委员会37个、社区居民委员会38个。年末，户籍总人口39.32万人，人口自然增长率8.97‰。耕地面积1.06万公顷，林地面积4.02万公顷，森林覆盖率57.40%。河流主要有竹排冲、三塘河、沙江河等。有桂海高速公路、湘桂铁路、南昆铁路、国道322线过境。南宁民航总站、金桥汽车客运站、南宁火车站在辖区内。旅游景区（点）主要有国家AAAA级旅游景区7家（广西药用植物园、南宁嘉和城景区、南宁九曲湾温泉景区、南宁市人民公园、南宁昆仑关旅游风景区、广西高峰森林公园、南宁市乡村大世界景区），国家AAA级旅游景区3家（南宁海底世界景区、南宁市狮山公园、南宁市凤凰谷景区），以及那考河湿地公园、三街两巷、十里花卉长廊等。市区旧迹有邓颖超纪念馆、望火楼、水塔脚、新会书院、共青团南宁地委旧址、古炮台、朝阳溪铁桥、镇北桥等。矿产资源主要有褐煤、石英砂矿、砂砾石矿、磷矿、金矿、钨矿、高岭土、花岗岩、水晶、黄铁矿等。地方特产主要有罗非鱼、甘蔗、苦瓜、茄子、淮山等。黑臭水体治理获南宁市"红榜"通报2次。"老南宁·三街两巷"历史文化街区获评国家级文化旅游休闲街区、国家级夜间文化和旅游消费集聚区。高峰·原乡聚落获评自治区五星级农家乐。广西高峰森林公园、九曲湾温泉度假村获评自治区级中小学生研学实践教育基地，广西高峰森林公园获评广西生态旅游示范区。广西药用植物园、九曲湾温泉获"南宁市十大中医药健康旅游品牌"称号。主要存在产业结构不合理，工业化现代化水平不高，大项目少，经济发展压力增大；新的财源增长点少，财政收支矛盾突出，公共服务、民生保障、社会治理等方面存在短板弱项等问题。

地区生产总值393.76亿元，比上年增长5.60%。第一产业增加值17.36亿元，增长6.40%；第二产业增加值62.05亿元，下降1%（规模以上工业增加值下降5.10%）；第三产业增加值314.35亿元，增长6.80%。城镇居民人均可支配收入45211元，增长7.80%；农村居民人均可支配收入18939元，增长9.60%。财政收入38.88亿元，下降18.22%（一般公共预算收入8.98亿元，下降11.77%）；一般公共预算支出19.83亿元，下降11.97%。固定资产投资下降13.50%。农林牧渔业总产值27.35亿元，其中农业14.92亿元、林业5.08亿元、牧业4.09亿元、渔业2.77亿元、农林牧渔服务业0.49亿元。规模以上工业总产值下降5.9%，规模以上工业企业28家，其中产值超亿元企业13家。社会消费品零售总额555.35亿元，增长14.10%。区外境内（"区"指自治区，下同）实际到位资金41.70亿元，实际利用外资154.60万美元。接待国内外游客2060.83人次，增长12.26%；旅游总消费257.42万元，增长19.92%。

巩固脱贫成果，推进乡村振兴。新增纳入监测对象31户81人，累计纳入监测对象93户247人。其中，边缘易致贫户50户128人，脱贫不稳定户43户119人，无突发严重困难户。截至12月31日，消除风险监测户36户95人（边缘易致贫户26户69人、脱贫不稳定户10户26人），未消除风险监测户57户152人（边缘易致贫户24户59人、脱贫不稳定户33户93人），全部落实针对性帮扶措施。安排资金119.19万元，差异化补助脱贫人口缴纳医疗保险4253人，脱贫户和监测户医疗参保率100%。发放义务教育阶段家庭经济困难学生生活费补助7299人次242.68万元，其中兴宁区户籍脱贫户家庭学生867人次35.70万元；免除幼儿保教费843人次86.49万元，其中兴宁区户籍脱贫户家庭幼儿186人次27.38万元。组织脱贫劳动力外出务工1889人次。13家供应商、58个消费帮扶产品进入全国扶贫产品目录，申报产品价值8.68亿元，实现销售总额6.66亿元。安排各级衔接推进乡村振兴补助资金5268万元，实施产业项目47个，以奖代补拨付资金98.50万元。新增脱贫人口小额信贷50户248万元。投入1773.94万元，扶持壮大村级集体经济项目15个。投资5403万元，开展农村人居环境全域基本整治，建成农村生活污水处理设施57套，拥有农村生活污水治理系统或接入市政管网的建制村占62%，服务1.98万人；卫生厕所普及率96.90%，无害化卫生厕所普及率92.70%。安排危房改造资金42万元，实施危房改造14栋。实施全域乡村风貌提升工程，完成高铁、高速公路沿线22个自然村3232栋农房改造，335个自然村达到整治型标准。

科研经费投入475万元，完成重大科技成果转化应用11项，培育自治区级科技企业孵化器1家（慧灏创业孵化器有限公司）、国际科技合作示范基地1家（中铝广西有色稀土开发有限公司），高新技术企业保有量60家。发明专利拥有量217件，每万人口发明专利拥有量6.88件。落实强创新各项奖励资金118.50万元。有幼儿园68所，在园幼儿1.73万人，专任教师1140人；小学51所，在校生4.92万人，教师2734人；初中17所，在校生1.28万人，教师969人。新开公办幼儿园开园招生4所，新增学位1710个，扩建公办中小学2所,新增学位1200个。交流教师107人,其中支教43人;新增教师152人,其中乡村教师29人,招聘退休支教教师4人,招聘农村教育硕士3人。图书馆馆藏图书8.5万册次(含乡镇),接待读者3.6万人次,外借图书5.1万册次。举办"三月三"文化旅游节、"绿城歌台"兴宁文化旅游节、非遗文化节等活动,"万国传统菜肴制作技艺""万国传统糕点制作技艺""南宁插花传统技艺""苏绒故事"4个项目列入南宁市第九批非物质文化遗产代表性项目名录。举办第四届体育旅游休闲大会暨体育旅游消费节,发放消费券10万元,促成消费额236.60万元,参与游客近10万人次。举办第四届兴宁体育旅游休闲大会,开展庆祝建党100周年·兴宁区职工百人拔河比赛、青少年跳绳大赛等,参与3000人。有医疗卫生机构317家,卫生技术人员7583人,医疗病床6412张。投资5.40亿元,完善医疗卫生基础设施建设。兴宁区卫生综合服务大楼、兴宁区卫生计生监督所、兴宁区疾控中心、兴宁区妇幼保健院(兴宁区金禾湾社区卫生服务中心)、三塘镇四塘卫生院、昆仑镇卫生院用房改扩建项目建成并投入使用。总投资约600万元,打造婴幼儿照护服务试点托育机构2个(兴宁区五村岭婴幼儿照护服务中心、三塘卫生院婴幼儿照护服务中心)、托位数300个。发放城乡低保金9.91万人次3292.96万元,发放80周岁以上高龄补助3.34万人次898.81万元。发放优抚对象抚恤补助金531.71万元,发放优抚对象慰问金1740人次87.69万元。城镇新增就业1.75万人,城镇登记失业率2.82%;农村劳动力转移就业1522人。城乡居民基本养老保险参保9.03万人,参保率92.23%,发放养老金23.93万人、3789.49万元;城乡居民基本医疗保险参保19.73万人,征缴5574.32万元,支出2.02亿元。（黄肖靖）

【江南区】 位于南宁市西南部。土地面积1183平方千米。2021年,辖镇4个(吴圩镇由南宁经开区代管)、街道5个(那洪街道、金凯街道由南宁经开区托管),有村民委员会68个(南宁经开区22个)、社区居民委员会49个(南宁经开区19个)。年末,户籍总人口59.64万人(南宁经开区19.9万人),人口自然增长率3.77‰。耕地面积3.06万公顷,林地面积4.24万公顷(含经开区及林农场),森林覆盖率42.01%。有湘桂铁路、黔(贵州)桂(广西)铁路、南(宁)防(城港)铁路、沙井至吴圩高速公路、吴圩机场至隆安高速公路、吴圩机场至大塘高速公路、吴圩机场第二高速公路、南宁至友谊关高速公路、邕江河道过境,以及南宁吴圩国际机场、南宁铁路南站。有邕江大桥、中兴大桥、白沙大桥、清川大桥、永和大桥、葫芦鼎大桥、北大桥、桃源桥、凌铁大桥、英华大桥横跨邕江两岸。旅游景区(点)主要有国家AAAA级旅游景区3家(广西百益上河城旅游景区、融晟天河海悦城、南宁市良凤江森林旅游区),国家AAA级旅游景区7家(南宁市华南城景区、南宁市江南区扬美古镇景区、南宁市江南公园、亭子码头、南宁剧场、广西农垦明阳向阳红现代农业庄园、南宁海王生命与健康科普馆),国家历史文化名村2家(江西镇扬美村、江西镇同江村三江坡)。广西旅游休闲街区1家(百益·上河城),广西五星级乡村旅游区2家(四季那廊生态园、大王滩旅游区),广西四星级乡村旅游区4家(南宁邕博山康养旅游景区、金谷乐苑、台湾花卉产业园、云舍度假村落),广西休闲农业与乡村旅游示范点2家(四季那廊生态园、南宁邕博山康养旅游景区),四星级旅游饭店1家(南宁荣荣大酒店)。矿产资源主要有煤、石灰石等。地方特产主要有"扬美三宝"(豆豉、梅菜、沙糕)、扬美木瓜丁,特色农产品有甜糯玉米、辣椒、西瓜、沃柑、豆角、金菠萝等。建成广西首个土地改革历史博物馆,扬美古镇、三江坡等景区文化品质进一步提升。泉港·江南企业总部获评自治区特色小微企业示范园区,产投江南企业公园获自治区小型微型企业创业创新示范基地认定,邕江南岸片区列入国家级夜间文化和旅游消费集聚区,南宁剧场获评国家AAA级旅游景区,百益·上河城入选广西旅游休闲街区。主要存在工业增速回升缓慢、产业链延伸不足、重大项目储备不足、项目建设瓶颈、城乡基本公共服务与居民收入水平差距较大,就业、教育、医疗卫生与群众期盼还有差距等问题。

地区生产总值569.53亿元,比上年增长5.1%。第一产业增加值34.35亿元,增长6.1%;第二产业增加值197.94亿元,增长7.1%(规模以上工业增加值增长5.2%);第三产业增加值337.25亿元,增长3.9%。居民人均可支配收入36695元,增长8.2%;城镇居民人均可支配收入40660元,增长7.5%;农村居民人均可支配收入19511元,增长11.1%。财政收入27.29亿元(一般公共预算收入7亿元),一般公共预算支出23.05亿元。固定资产投资下降0.3%。农林牧渔业总产值42.36亿元,其中农业33.16亿元、林业1.28亿元、牧业4.49亿元、渔业1.77亿元、农林牧渔服务业1.66亿元。规模以上工业总产值下降3.5%,规模以上工业企业49家,其中产值超亿元企业16家。社会消费品零售总额237.97亿元,增长4.7%。区外境内实际到位资金55.19亿元,实际利用外资1500万美元。接待国内外游客911.53万人次,增长2.75%;旅游总消费114.5亿元,增长16.38%。

巩固脱贫成果,推进乡村振兴。新增纳入监测对象61户188人,累计纳入监测对象187户541人。其中,边缘易致贫户116户323人,脱贫不稳定户47户131人,突发严重困难户24户87人。截至12月31日,消除风险的监测户81户237人(边缘易致贫户70户198人、脱贫不稳定户9户30人、突发严重困难户2户9人),未消除风险监测户106户304人(边缘易致贫户46户125人、脱贫不稳定户38户101人、突发严重困难户22户78人),全部落实针对性帮扶措施。安排资金131.2万元,差异化补助脱贫人口2325户7756人缴纳医疗保险,脱贫监测户医疗参保率100%。28家供应商、

2021年7月30日,第四届兴宁体育旅游休闲大会暨体育旅游消费节开幕式在南宁首创奥特莱斯举行　　兴宁区地方志办公室提供

81个消费帮扶产品进入全国扶贫产品目录，申报产品价值总量5491万元，实现销售总额5115.93万元。筹集衔接乡村振兴补助资金6293万元，实施项目100个，开工率100%，完工率100%，资金支出率100%。投入400万元，扶持壮大村级集体经济项目8个。新增农民专业合作社9家、家庭农场9家。培育国家级、自治区级、市级农业产业化重点龙头企业19家，其中新认定国家级农业产业化龙头企业1家（广西立腾农牧发展有限公司）。发放助学金2万元，惠及脱贫户学生2人次。发放脱贫人口小额信贷152户751万元。在各镇、村建立服务示范基地10个，科技特派员到江南区开展服务138次，服务村民300多人次。在各镇举办实用西瓜栽培技术、蔬菜病虫害绿色防控技术等培训班6期，培训251人次。脱贫劳动力转移就业3178人，发放农民工创业奖补金149万元。推进全域乡村风貌提升行动，投入2490.6万元，对321个村坡开展“三清三拆”及全域环境提升“扫一遍”行动，清运建筑垃圾1.4万吨、农村生活垃圾约200吨；完成基本整治型村庄建设120个，设施完善型村庄建设10个，完成率100%；建成自然村公厕1座（江西镇锦江村）、村级垃圾转运设施4个、公共照明项目5个。拨付补助资金61.56万元，开展农房危房改造35户，竣工33户。总投资5037.83万元，实施农村道路提升改造工程项目建设6个，完成2个。投资3338.4万元，开展农村人居环境全域基本整治，建成农村生活污水处理设施3套，拥有农村生活污水治理系统（或接入市政管网）的建制村占80.5%，受益群众1.5万人，卫生厕所普及率97.2%。

科研经费投入246.93万元，市级科技立项4项，获认定科技成果10项；发明专利拥有量278件，每万人口发明专利拥有量7件。高新技术企业保有量41家。有公办幼儿园11所，有证民办幼儿园37所，在园幼儿1.94万人，教师1265人，幼儿在公办园在园率53.18%；小学59所，在校生5.61万人，教师3395人；初中24所，在校生1.43万人，教师1109人。开展农村公益电影放映552场，社区放映348场。图书馆馆藏图书28万册，订阅期刊66种，接待读者5万余人次，外借图书5.04万册，社区24小时自助图书馆正常开放；图书馆开展“江南读书人”系列全民阅读推广活动，免费开展讲座、培训、展览、阅读线上线下活动100场次，服务读者1.26万人次。文化馆（站）举办活动103场次、讲座1场、培训193次，服务约10万人次。扶持32支乡村社区业余文艺队开展文艺演出866场次。组队参加体育比赛3场。南宁酸嘢制作技艺列入南宁市第九批非物质文化遗产代表性项目名录，龚滨智、张栋汉、奚钟宁、梁渊、黄卫忠5名传承人为南宁市第八批非物质文化遗产代表性传承人，李映浩、梁碧云2名传承人为第七批自治区级非物质文化遗产代表性项目代表性传承人。有医疗卫生机构487个，卫生技术人员5737人，医疗病床2988张。发放城乡低保金11.29万人次、3723.35万元；发放拥军优属资金、定补金1.42万人次、904.69万元；发放高龄补贴8896人、920.59万元。城镇新增就业8769人，城镇登记失业率3.05%以内；农村劳动力转移就业3425人。城乡居民基本养老保险参保9.19万人，参保率73.03%，发放养老金2.82万人次、5575.11万元。城乡居民基本医疗保险参保22.92万人，征缴1.96亿元，支出1.77亿元。

（苏杨漪堤　李　娜　陈忠柯）

2021年4月24日，江南区在壮锦初级中学举办第三届中小学生少数民族传统体育运动会开幕式。图为少数民族传统体育项目“竹竿舞”　　江南区教育局提供

【青秀区】 位于南宁市东南部。土地面积872平方千米。2021年，辖镇4个、街道5个，有村民委员会47个、社区居民委员会71个（街道社区68个、乡镇社区3个）、园艺场3个，自治区级经济开发区1个（仙葫经济开发区）。年末，户籍总人口86.17万人，人口自然增长率8.04‰。耕地面积1.79万公顷，林地面积4.34万公顷，森林覆盖率49.39%。有邕江航道和湘桂铁路、南（宁）广（州）铁路、南（宁）钦（州）铁路、贵（阳）南（宁）铁路、泉（州）南（宁）高速公路、南宁外环高速公路过境，有南宁东、伶俐、长塘互通3个高速公路出入口，以及南宁东站、凤岭客运站、埌东汽车站。旅游景区（点）主要有国家AAAAA级旅游景区1家（青秀山风景旅游区），国家AAAA级旅游景区7家（广西民族博物馆、会展·东博文化旅游区、广西科技馆、南宁市凤岭儿童公园、南宁市民歌湖景区、南宁金花茶公园、南宁花雨湖生态休闲旅游区），国家AAA级旅游景区4家（南宁金湖地王云顶观光旅游景区、卡拉奇遇工业旅游景区、南宁289上海天地、南宁孔庙博物馆）。矿产资源主要有页岩、重晶石、石英砂、灰岩、砖瓦用黏土等。地方特产主要有富硒米、花生、甘蔗、竹笋、火龙果、香芋、甜瓜、龙眼等。获评全国市辖区旅游综合实力百强区，青秀区伶俐镇伶俐村、刘圩镇那度村、南阳镇雄会村、长塘镇长塘村获评第三十一批南宁市文明村镇。主要存在创新支撑产业高质量发展动能不够强，教育、医疗等民生供给与群众期待还有差距等问题。

地区生产总值1324.77亿元，比上年增长6.1%。第一产业增加值22.91亿元，增长4.6%；第二产业增加值126.24亿元，增长2.3%（规模以上工业增加值增长22.1%）；第三产业增加值1175.62亿元，增长6.5%。居民人均可支配收入50632元，增长7.2%；城镇居民人均可支配收入53013元，增长6.8%；农村居民人均可支配收入19565元，增长9.9%。财政收入189.03亿元，下降6.92%（一般公共预算收入36.35亿元，增长0.61%）；一般公共预算支出49.46亿元，增长10.59%。固定资产投资增长0.8%。农林牧渔业总产值39.80亿元，其中农业17.20亿元、林业4.04亿元、牧业10.58亿元、渔业1.49亿元、农林牧渔服务业6.49亿元。工业总产值增长17.53%（规模以上工业总产值增长17.94%），规模以上工业企业33家，其中产值超亿元企业10家。社会消费品零售总额546.37亿元，增长9.81%。区外境内实际到位资金106.17亿元，实际利用外资466万美元。接待游客4083.17万人次，增长33.69%；旅游消费448.45亿元，增长35.7%。

巩固脱贫成果，推进乡村振兴。新增纳入监测对象60户155人，累计纳入监测对象133户352人。其中，边缘易致贫户49户124人，脱贫不稳定户60户168人，突发严重困难户24户60人。截至12月31日，消除风险监测户28户76人（边缘易致贫户23户54人、脱贫不稳定户5户22人、无突发严重困难户），未消除风险监测户105户276人（边缘易致贫户26户70人、脱贫不稳定户55户146人、突发严重困难户24户60人），全部落实针对性帮扶措施。差异化补助脱贫人口缴纳医疗保险5730人，脱贫户和监测户参保率100%。学前和义务教育阶段投入助学金627.46万元，惠及家庭经济困难学生1.07万人次，其中资助建档立卡脱贫家庭学生3470人次、204.58万元。发放城乡义务教育阶段家庭经济困难学生生活补助458.46万元，受益学生8222人次，其中受益脱贫户学生2926人次。组织脱贫劳动力外出务工2482人次。20家供应商、87个消费帮扶产品进入全国扶贫产品目录，申报产品价值总量6.67亿元，实现销售总额6.68亿元。安排各级衔接推进乡村振兴补助资金5996万元，实施产业项目47个，以奖代补拨付资金87.14万元。新增脱贫人口小额信贷资金503万元，受益103户。投入3050万元，扶持壮大村级集体经济项目10个。投资1.63亿元，开展农村人居环境全域基本整治，建成农村生活污水处理设施142套，拥有农村生活污水治理系统或接入市政管网的建制村占89%，受益群众3.8万人；卫生厕所普及率98.5%，无害化卫生厕所普及率95%。安排危房改造资金180.3万元，实施危房改造43栋。实施全域乡村风貌提升工程，完成高速公路沿线16个自然村1591栋农房改造，16个自然村达到整治型标准。

科研经费投入751万元，立项17项。发明专利拥有量1267件，每万人口发明专利拥有量15.29件。有幼儿园151所（公办16所、企事业办15所、民办120所），在园幼儿3.59万人，在编教师378人；小学91所（公办78所、企事业办2所、民办11所），在校生8.43万人，在编教师3963人；中学16所[普通初中8所，九年一贯制8所（含民办3所）]，在校生2.06万人，在编教师1180人；创建特殊教育资源教室3个。图书馆藏书量57万册次，接待读者约4万人次，借阅图书、期刊和其他文献资料约4万册，线上资源浏览量约3万人次。城区开展系列阅读活动175场次，接待读者2.34万人次，受众2.53万人次。开展社区公益电影放映852场、农村公益电影放映564场次，戏曲进乡村活动5场。“鸡茸燕制作技艺”“茶艺”2个项目列入南宁市第九批非物质文化遗产代表性项目名录。有医疗机构819个（含自治区直属及市直医疗卫生机构），卫生技术人员2.69万人，医疗床位1.58万个。开展文体活动936场，惠及群众5.5万人次。举办“三月三”国际传统舞龙邀请赛，国内外舞龙队350余人参加；主办、承办老年体育赛事活动580场。新发展“广电云”用户2012户。发放城乡低保金17.29万人次、5917.90万元。发放高龄补助7.40万人次、1981.56万元。发放抚恤金、生活补助金2.71万人次、2264.02万元。城镇新增就业1.01万人，城镇登记失业率2.95%；农村劳动力转移就业2641人。城乡居民基本养老保险参保10.35万人，参保率91.69%，发放养老金5653.04万元；城乡居民基本医疗保险参保30.61万人，参保率100%，征缴8424.77万元，支出2.13亿元。　（熊雅琴　庞春玲）

2021年10月29日，创意青秀·2021广西设计周特装展位　　青秀区委宣传部提供

【西乡塘区】 位于南宁市中西部。土地总面积1076平方千米。2021年，辖镇3个、街道10个（心圩和安宁街道由南宁高新区托管），有村民委员会79个、社区居民委员会74个。年末，户籍总人口85.64万人（含南宁高新区），人口自然增长率6.29‰。耕地面积3.15万公顷（含南宁高新区），林地面积2.8万公顷（含国有高峰林场），森林覆盖率30.74%。南宁高新区驻城区内。有湘桂铁路、南（宁）昆（明）铁路贯穿境域，以及南宁火车站、南宁西站、武康站。南宁至昆明、兰州至海口高速公路，南宁外环高速公路、快速环城路贯通辖区，高速公路设安吉、安吉东、石埠、坛洛出入口。邕江、左江、右江航道过境，广西郁江老口航运枢纽位于邕江上游。有“南宁开埠第一街”之称的百年老街——水街，有“南宁开埠商贸会所”之称的百年会馆——粤东会馆，有“南宁原住民居建筑群代表”之称的黄氏家族民居、陈东老村。旅游景区（点）主要有国家AAAA级旅游景区4家（南宁市动物园、广西八桂田园、龙门水都、秀美邕江·邕州古韵旅游景区），国家AAA级旅游景区4家（西乡塘区美丽南方老木棉·匠园、西乡塘区芦仙山风景区、南宁市花卉公园、南宁市新秀公园），以及石埠“美丽南方”景区（广西五星级乡村旅游区）、金沙湖风景区（广西三星级乡村旅游区）、青瓦房古村落（广西五星级农家乐）、南宁希望田野（广西现代农业科技示范园）、坛洛金满园（广西甘蔗果树良种繁育中心）、下楞民俗文化村、南宁育才学校旧址等。矿产资源主要有石灰岩、方解石、页岩矿、石英砂矿、水泥配料用黏土矿，水泥配料用硅质岩矿6种，其中石灰岩为主要矿种。地方特产主要有香蕉、柑橘、蔬菜、生猪、三黄鸡、乳鸽、鳗鱼、龟鳖、罗氏虾等。美丽南方、金陵鸡、顶哈鸽、群南柑橘、和安渔业、老口休闲农业、三景特色水果、大兴循环农业等67个现代特色农业示范区提质升级，美丽南方休闲农业核心示范区、金陵鸡产业示范区获评广西现代特色农业示范区（五星级），顶哈鸽产业核心示范区、群南柑橘产业示范区获评广西现代特色农业示范区（四星级）。主要存在产业实力不强，产业链、创新链、人才链融合度不高；城乡发展不平衡不充分，财政收支矛盾突出；社会治理、民生保障等存在短板弱项等问题。

地区生产总值893.52亿元，比上年增长7.2%。第一产业增加值41.97亿元，增长10.6%；第二产业增加值252.33亿元，增长3%（规模以上工业增加值下降2.1%）；第三产业增加值599.22亿元，增长8.8%。城镇居民人均可支配收入39706元，增长8.1%；农村居民人均可支配收入17741元，

2021年12月17日,西乡塘区坛洛镇同富村坛民坡果农在采摘柑橘　　朱宜祺　摄

增长10.7%。财政收入41.23亿元(一般公共预算收入11.64亿元),下降10.03%;一般公共预算支出32.78亿元。固定资产投资下降17%。农林牧渔业总产值62.88亿元,其中农业38.09亿元、林业0.86亿元、牧业19.93亿元、渔业1.78亿元、农林牧渔服务业2.24亿元。规模以上工业总产值下降7%,规模以上工业企业40家,其中产值超过亿元企业17家。社会消费品零售总额283.63亿元,增长8.9%。区外境内实际到位资金59.17亿元,实际利用外资1594万美元。接待游客1598.41万人次,旅游总消费197.01亿元。

巩固脱贫成果,推进乡村振兴。新增纳入监测对象41户125人,累计纳入监测对象215户701人。其中,边缘易致贫户85户268人,脱贫不稳定户56户194人,突发严重困难户74户239人。截至12月31日,消除风险的监测户95户316人(边缘易致贫户43户129人、脱贫不稳定户44户161人、突发严重困难户8户26人),未消除风险监测户120户385人(边缘易致贫户42户139人、脱贫不稳定户12户33人、突发严重困难户66户213人),全部落实针对性帮扶措施。安排资金71.6万元,差异化补助脱贫人口缴纳医疗保险6011人,脱贫户、监测户医疗参保率100%。发放助学金1056.05万元,惠及脱贫户学生1.46万人次。组织脱贫劳动力外出务工,对163个农民工创办的市场主体发放一次性农民工创业奖补资金94.1万元。投入就业、乡村振兴等资金72.51万元,开发乡村公益性岗位安置脱贫、监测对象155人。32家供应商、104个消费帮扶产品进入全国扶贫产品目录,申报产品价值总量7.27亿元,实现销售总额3.12亿元,其中销往广东地区2678万元,带动脱贫人口1861人增收。安排各级衔接推进乡村振兴补助资金8019.5万元,实施产业项目30个,以奖代补拨付资金289.87万元。投入1370万元,扶持壮大村级集体经济项目10个。新增农民专业合作社23家、家庭农场4家,累计农民专业合作社268家,家庭农场55家;发展农业生产(加工)企业532家,国家级、自治区级、市级农业产业化重点龙头企业8家,其中新认定自治区级农业龙头企业2家。推进农村人居环境整治和乡村风貌提升三年整治行动,以农村污水处理和"厕所革命"为重点,建成农村生活污水处理设施108套,拥有农村生活污水治理系统(或接入市政管网)的行政村占52.8%,受益群众8.5万人;卫生厕所普及率97.6%,无害化卫生厕所普及率86.8%。推进乡村风貌提升五年行动,完成高铁、高速公路沿线示范带27个自然屯2608栋农房改造,城区370个自然村全部达标,实现全域基本整治,在全市质量效果评比中获嘉奖6次,在自治区乡村风貌提升考评验收中获评第二档。

科研经费投入1251.3万元,获市级科技立项12项;发明专利拥有量1402件,每万人口发明专利拥有量47.28件(含南宁高新区)。有幼儿园148所,其中公办46所、企业办11所、民办91所,在园幼儿3.20万人,教师2177人;小学73所(不含市直属学校和高新区学校、社会办8所),在校生10.36万人,教师4475人;中学35所(普通初中11所、九年一贯制学校24所),在校生2.72万人,教师3499人。储备建立广西博士后创新实践基地5个,南宁市人才小高地25个,市级以上博士后科研工作站3个。图书馆馆藏图书5.53万册,接待读者3万人次,外借图书2.5万册次。组织开展"壮族三月三·八桂嘉年华"民俗文化节、红色歌曲十大歌手比赛、健康科普惠民服务文化演出、乡村社区和谐文艺大展演、"学雷锋·志愿服务满绿城"活动、"4·23世界读书日"宣传和阅读活动、"童心向党·快乐成长"儿童阅读分享会、"家国情怀·快乐端午"主题活动等。滴水观音艾灸疗法列入第七批自治区级非物质文化遗产代表性项目名录,钟昀睿、宁善秀、苏荣森、黄翠芳、郑远杰、农俊宁、覃岭、黄冬鹏、梁维真9名传承人为南宁市第八批非物质文化遗产代表性传承人。新增数字广西"广电云"用户3353户,完成率101.61%;完成24个村智慧乡村电视公共服务平台"一村一屏"建设。组织、承办2021年西乡塘区健身气功八段锦春节网络大赛、"壮族三月三·民族体育炫"西乡塘区分会场活动、2021年广西青少年滑板锦标赛等体育赛事活动;协办五月汇业余足球联赛、五月汇第七届群邦篮球联赛、"美丽乡村"篮球交流赛等体育活动230场次,承接完成800人的国民体质监测。有医疗卫生机构751个,卫生技术人员1.79万人,医疗病床9790张。发放城市低保金13.46万人次、6804.93万元;农村低保金10.72万人次、2582.53万元。发放定补金、优待抚恤金2000人、1476.08万元。发放80周岁及以上高龄补助5.98万人次、1564.53万元。城镇新增就业1.36万人,城镇登记失业率3.32%;农村劳动力转移就业2719人。城乡居民社会养老保险参保14.6万人,参保率91.82%,发放城乡养老金6014.13万元;城乡居民基本医疗保险参保36.42万人,征缴9746.82万元,支出3.43亿元。　　(罗海贤　刘　云)

【邕宁区】 位于南宁市东南部。土地面积1231平方千米。2021年,辖镇5个,有村民委员会65个、社区居民委员会16个。年末,户籍总人口39.41万人,人口自然增长率5.07‰。耕地面积3.29万公顷,森林面积3.99万公顷,森林覆盖率46.5%。有南宁至钦州高铁、云南至广西高铁(云桂铁路)南环线、省道101线、南宁至北海高速公路、邕宁至浦北二级公路、邕江河道过境。南宁外环高速公路经过蒲庙镇、新江镇;途经城区的2条高速公路设蒲庙、八鲤、新江3个出入口。南宁港中心城港区牛湾作业区位于邕宁邕江河段。开通优化公交线路5条(708路、70路、702路、36路、105路),建制村全部通客车。旅游景区(点)主要有国家AAAA级旅游景区5家(南宁园博园景区、南宁万达茂景区、南宁市那贵坡樱花园、邕宁区蒲津公园、顶蛳山田园风光区),国家AAA级旅游景区4家(南宁不孤湖景区、徐汉林红色教育基地示范点、广西香流溪谷农业生态旅游区、桂合蚕桑丝绸生产体验园),以及自治区文物保护单位五圣宫、黄赐桥、雷婆岭摩崖石刻，南宁市文物保护单位那莲古戏台和北帝庙，英雄水库，龟山滨江公园等。矿产资源主要有石灰石、泥岩等。地方特产主要有芝麻鸭、淮山、火龙果、沃柑、富硒大米、桑蚕茧等。有广西名小吃邕宁生榨米粉。有新能源汽车、铝精深加工、先进装备制造、电子信息制造等优势工业产业。是第六批广西特色旅游名县，第十二届中国(南宁)国际园林博览会举办地，中国八音文化之乡。获评2020年度自治区平安县(市、区)，连续13年被评为自治区平安县(市、区)。教育局获评国家义务教育质量监测县级优秀组织单位，并在第二十八届全国青少年爱国主义读书教育活动中获组织特等奖，司法局获评2016—2020年全区普法工作先进单位，那楼镇获评全区发展壮大村级集体经济工作先进集体，新江镇获评第五批自治区民族团结进步示范区示范单位，蒲庙镇获评自治区群防群治工作突出集体，中和镇获评全区脱贫攻坚先进集体，百济镇红星村坛里坡获评广西少数民族特色村寨。主要存在经济总量偏小，下行压力仍未缓解；产业结构不优，创新驱动发展动力不足，整体竞争力不强；"三保"(保基本民生、保工资、保运转)压力较大，社会民生事业存在不少短板等问题。

地区生产总值170.95亿元，比上年增长2.0%。第一产业增加值40.68亿元，增长5.1%；第二产业增加值45.86亿元，增长2.7%(规模以上工业增加值下降9.5%)；第三产业增加值84.42亿元，增长0.4%。居民人均可支配收入26328元，增长9.1%；城镇居民人均可支配收入37670元，增长7.0%；农村居民人均可支配收入18385元，增长9.5%。财政收入17.04亿元(一般公共预算收入5.23亿元)，下降10.1%；一般公共预算支出29.29亿元。固定资产投资增长24.7%。农林牧渔业总产值60.82亿元，其中农业36.80亿元、林业3.09亿元、牧业18.65亿元、渔业1.60亿元、农林牧渔服务业6690万元。工业总产值下降4.4%(规模以上工业总产值下降1.70%)，规模以上工业企业42家，其中产值超亿元企业23家。社会消费品零售总额33.54亿元，增长6.6%。区外境内实际到位资金58.47亿元，实际利用外资为零。接待游客873.05万人次，增长8.74%；旅游总消费95.50亿元，增长15.79%。

巩固脱贫成果，推进乡村振兴。新增纳入监测对象254户888人，累计纳入监测对象991户3343人。其中，边缘易致贫户300户951人，脱贫不稳定378户1289人，突发严重困难户313户1103人。截至12月31日，消除风险的监测户288户1043人(边缘易致贫户131户441人、脱贫不稳定户112户430人、突发严重困难户45户172人)，未消除风险监测户703户2300人(边缘易致贫户169户510人、脱贫不稳定户266户859人、突发严重困难户268户931人)，全部落实针对性帮扶措施。收到衔接推进乡村振兴补助资金8批1.65亿元(含少数民族资金)，主要安排畜禽养殖基地、产业示范园配套项目、产业道路、以奖代补等项目，补助资金用于产业项目比重50.84%。全国防返贫监测信息系统项目库录入项目105个，开工105个，完工63个，项目完工率60%，资金支出9096.55万元，支出率55.25%。新增452户脱贫户小额信贷资金2239万元，完成率107.44%。安排资金1147.5万元，差异化补助脱贫人口缴纳医疗保险4.1万人，脱贫户和监测户医疗参保率100%。发放义务教育家庭经济困难学生生活补助895.42万元，受助学生1.89万人。补助1500万元，开设农村义务教育营养改善计划试点学校69所，受益学生1.79万人次。组织劳动力外出务工588人次，免费运送群众复工58人，发放交通补贴32万元。46家供应商、128个消费帮扶产品进入全国扶贫产品目录，申报产品价值5.5亿元，实现销售总额3.18亿元。现代特色农业提质发展，贵德沃柑示范区获评广西五星级现代特色农业示范区，百济坛里示范区通过广西三星级现代特色农业示范区监测认定，广西南宁桂柑果业科技发展有限公司获评自治区级农业龙头企业，新增农业新型经营主体53个。286个乡村基本达到整治型标准。实施水利项目15个，4.46万人的安全饮水得到巩固提升。推进"四好农村路"(把农村公路建好、管好、护好、运营好)建设，改造升级百济至屯王、新江新乐至那楼等通村道路，基本建成农村污水治理项目6个。投入资金114万元，完成"厕所革命"整村推进建制村示范项目4个、新建农村户厕所改造641户。重点领域改革实现新突破，城区本级69项改革任务基本完成，发展壮大村集体经济助推乡村振兴经验做法获评南宁市优秀改革创新项目，那楼镇三江村获评2020年度自治区乡村振兴改革集成优秀试点村，首创"基层药柜"改革模式在南宁市复制推广，龙象社区综治中心创新推行"四单"(居民点单、中心派单、网格员接单、群众评单)工作机制获广西电视台都市频道《八桂之窗》专题报道，"基层社会治理""治保专职警务助理一体化"等自主改革经验获中央、自治区主流媒体宣传推介。

科技经费投入2606.76万元，组织实施2020年度科技项目1项，结题7项；发明专利拥有量229件，每万人口发明专利拥有量7.71件。有幼儿园51所(含私立幼儿园)，附设幼儿园63所，在园幼儿1.33万人，教职工1361人；小学74所，在校生2.78万人，教职工2087人；初中14所(民办九年一贯制学校2所)，在校生1.56万人，教职工1421人；特殊教育学校1所，在校生127人，教职工57人；新建投入使用学校3所(邕宁区民族中学龙华西校区、邕宁区龙翔路幼儿园、邕宁区永福路幼儿园)。邕宁区图书馆藏书量19.40万册(新增藏量4247册)、接待读者14.39万人次，建设24小时免费对外开放蒲津城市智慧书房邕宁区图书馆分馆1座。放映公益电影4133场，受益37.33万人次；举办群众文化活动42场次、组织文艺巡演30场次，《邕宁老字号》微纪录片开机拍摄。邕宁壮族抢花炮列入第五批国家级非物质文化遗产代表性项目名录，蒲庙花婆节传承人张月珍为第七批自治区级

2021年10月1日，游客在顶蛳山田园风光区的星空帐篷营地休闲娱乐

邕宁区文体旅游局提供

非物质文化遗产代表性项目代表性传承人，邕宁生榨米粉制作技艺列入南宁市第九批非物质文化遗产代表性项目名录，李秀娟、杨世强、王永甫、孙世雄4人为南宁市第八批非物质文化遗产代表性传承人。完成15个（累计71个）建制村、126个（累计412个）自然村“广电云”联网，发展广电云用户6061户（累计1.59万户），建设镇广播电视综合服务站5个，建设乡镇机房（含村级机房）11个。有医院4家（南宁市第二妇幼保健院、邕宁区人民医院、邕宁区中医医院、前海人寿广西医院），镇卫生院6家、社区卫生服务机构3家，医疗卫生机构编制床位2057张（开放床位2516张），卫生技术人员2996人。新建村级篮球场17个，健身路径29条；举办体育竞赛活动200余次（项），参与4.96万人次。发放城乡低保金17.70万人次4443.19万元。发放80周岁以上高龄补助9.03万人次821.67万元。发放优抚金（抚恤金）、定期生活补助金2261人次1203.46万元。城镇新增就业1809人，城镇登记失业率2.10%；农村劳动力转移就业2419人。城乡居民社会养老保险参保17.74万人，参保率93%，发放养老金6835.18万元；城乡居民基本医疗保险参保28.93万人，参保率98%，征缴8099.70万元，支出235.29万元。（覃燕萍）

【良庆区】 位于南宁市南部。土地面积1369平方千米。2021年，辖镇5个、街道2个，有村民委员会57个、社区居民委员会28个，自治区级经济开发区1个（良庆经济开发区）。年末，户籍总人口36.8万人（乡村人口15.7万人），人口自然增长率7.9‰。耕地面积3.66万公顷（含山坡蔗地），林业面积7.04万公顷，森林覆盖率57.84%。有南宁至北海高速公路、南宁外环高速公路、南宁至北海二级公路、南宁至防城铁路、湘桂铁路过境，以及良庆、那马、玉洞3个高速公路出入口，宁村、那铺、大拟、百浪4个火车站。旅游景区（点）主要有国家AAAA级旅游景区2家（广西规划馆景区、五象湖公园），国家AAA级旅游景区6家（南宁市大王滩风景区、南宁博物馆、广西美术馆、广西文化艺术中心、绿地缤纷天地特色街区、那马那居康养旅游度假区），以及五象岭森林公园、凤亭湖、绿温泉、竹泉岛、那兰生态自然村（白鹭村）、蕾帽岭摩崖石刻等。三星级汽车旅游营地2个（良庆区振企特色农耕文化汽车旅游营地、良庆区南宁那马八尺江汽车旅游营地）。矿产资源主要有铁、铅、锌、铜、钛、重晶石、花岗岩、石灰石等。地方特产主要有南晓土鸡、芝麻鸭、小龙虾、水库鱼、龙眼、荔枝、杧果、西瓜、火龙果、沃柑、菠萝、柠檬、澳洲坚果、淮山、彩色蚕茧等。获评第五批国家生态文明建设示范区、2020年度广西高质量发展先进城区、2020年度自治区脱贫攻坚先进集体、广西全域旅游示范区、广西特色文艺之乡（钱鞭舞）、自治区“四好农村路”示范县（市、区）等，被认定为第二批广西可持续发展实验区。获评2020年度自治区乡村振兴改革集成工作先进县（市、区），为南宁市唯一获评县（市、区）；那陈镇邕乐村获“2020年度自治区乡村振兴改革集成优秀试点村（社区）”“第二批全国乡村治理示范村”称号，入选“壮美广西乡村振兴”年度特色案例。主要存在经济结构不够优化，产业链条不够完善，投资过度依赖房地产，财政收支矛盾日趋明显，乡村振兴任务艰巨，教育卫生等民生工作存在短板弱项，少数党员干部勇于担当的精气神有待增强等问题。

地区生产总值434.14亿元，比上年增长2.3%。第一产业增加值32.53亿元，增长5.0%；第二产业增加值166.58亿元，增长3.9%（规模以上工业增加值5.6%）；第三产业增加值235.03亿元，增长1.0%。居民人均可支配收入31578元，增长8.6%；城镇居民人均可支配收入36084元，增长7.9%；农村居民人均可支配收入19446元，增长10.5%。财政收入99.46亿元（一般公共预算收入20.73亿元），一般公共预算支出32.8亿元。固定资产投资增长0.4%。农林牧渔业总产值47.7亿元，其中农业32.0亿元、林业5.9亿元、牧业7.7亿元、渔业1.6亿元、农林牧渔服务业0.5亿元。规模以上工业总产值增长20.4%，规模以上工业企业74家，其中产值超亿元企业26家。社会消费品零售总额77.63亿元、增长8.3%。区外境内实际到位资金98.6亿元，实际利用外资4.47亿美元。接待国内游客711.27万人次，增长12.62%；国内旅游消费89.45亿元，增长25.84%。

巩固脱贫成果，推进乡村振兴。新增纳入监测对象117户317人，累计纳入监测对象300户870人。其中，边缘易致贫户53户147人，脱贫不稳定户107户288人，突发严重困难户140户435人。截至12月31日，消除风险监测户151户473人（边缘易致贫户21户67人、脱贫不稳定户36户110人、突发严重困难户94户296人），未消除风险监测户149户397人（边缘易致贫户32户80人、脱贫不稳定户71户178人、突发严重困难户46户139人），全部落实针对性帮扶措施。安排资金306.43万元，差异化补助脱贫人口缴纳医疗保险1.09万人，脱贫户和监测户医疗参保率100%。发放普通高中国家助学金项目50.23万元，惠及贫困户学生337人次。发放脱贫人口跨省务工交通补贴7.6万元。新增脱贫户小额信贷213户997万元，完成率100%。创建乡村振兴示范带3条、乡村振兴试点示范村（坡）37个、现代特色农业示范区3个，实施农业产业联合体试点项目3个，引进农业产业项目3个。授权辖区20家农业企业使用“良庆良品”农业品牌，组织开展农产品展销，“良庆良品”农业品牌优质产品线上成交额35万元。“良庆百香果”获准注册国家地理标志商标。新增“广西好嘢”农业企业品牌1个（广西石埠乳业有限责任公司）、农产品品牌1个（广西石埠乳业有限责任公司“石埠”乳制品），新增自治区农业龙头企业1个（南宁市泽威尔饲料有限责任公司）、自治区农业产业化重点龙头企业1个（广西与农共赢农业发展有限公司）。聘任乡村医生69人，选派4名农村定向免培医学毕业生到镇卫生院工作；选派18名乡村科技特派员并支持创办领办集体经济科研项目。完成257个全域基本整治村庄建设、2436栋农房风貌改造提升；实施28个农村公路项目、4个农村“厕所革命”整村推进示范项目建设，198套农村生活污水治理设施正常运行。完成62个村级集体经济组织换届，在玉洞街道玉洞村试点建设市级农村集体“三资”（货币资金、资产、资源）管理服务平台并上线。

科研经费投入3700万元，获市级科技项目立项6项，获补助260万元，重大科技成果转化项目通过认定40项；发明专利拥有量263件，每万人口发明专利拥有量6.69件。落实科技政策奖补资金3700万元，组织实施城区本级科技项目19项。获评国家科技型中小企业113家，高新技术企业保有量127家，市级以上瞪羚企业入库8家。新增市级以上创新创业平台14个，累计65个。签约良庆区第一家“飞地孵化器”“南宁—宝地”两地双园项目。4项科技成果获2020年度广西科学技术奖，其中广西路桥工程集团有限公司的“超大跨混凝土拱桥设计施工与材料、成套关键技术体系”获技术发明奖一等奖。有幼儿园116所，在园幼儿2.12万人，教职工1310人；小学53所，在校生4.76万人，教职工3245人；中学13所（九年一贯制学校11所、十二年一贯制学校2所），在校初中生1.87万人，高中生4009人，教职工1301人。新建并投入使用学校7所，完成总投资5.12亿元，新增学位4770个。其中，小学2所（南宁市良玉小学、南宁市海晖路小学），新增学位2970个；幼儿园5所（百灵路幼儿园、金海路幼儿园、歌海路幼儿园、凤凰路幼儿园、庆林路幼儿园），提供学位1800个。在自治区实施深化新时代教育督导体制机制改革市县政府履职评价中，获2020

年度县级人民政府履行教育职责评价第三名。图书馆馆藏图书8.39万册，接待读者2.96万人次，外借图书5582册，社区24小时自助图书馆正常开放。“南晓壮族斑鸠舞”“那陈美昌豉油”2个项目列入南宁市第九批非物质文化遗产代表性项目名录。南宁五象科技企业孵化器有限公司入选广西首批文化“双创”孵化示范基地，广西文化艺术中心列入自治区级文化产业示范基地创建单位，五象汽车生活广场被评为南宁市文化产业示范园区。组织开展大型文体活动23场、体育赛事367场；开展民俗文化旅游节、中国农民丰收节等节庆活动227场次，受众2万多人次。良庆区文化馆被评为国家三级文化馆。有医疗卫生机构371个(含个体)，卫生专业技术人员(含个体)5093人，医疗床位3563张，编制床位3699张。发放城乡低保金1.04万人3976.19万元。发放高龄补助5121人548.20万元。发放优抚金1670人610万元。城镇新增就业4664人，城镇登记失业率1.25%；农村劳动力转移就业1375人。城乡居民社会养老保险参保7.89万人，参保率100%，发放养老金2.77万人5142.85万元；城乡居民基本医疗保险参保23.96万人，征缴6718.4万元，支出2.45亿元。

(潘艳明)

2021年10月28日，邕乐村村民在对歌台上唱山歌　　良庆区宣传部提供

【武鸣区】　位于南宁市北部。土地面积3388.99平方千米。2021年，辖镇13个，有村民委员会198个、社区居民委员会22个(不含广西—东盟经开区所辖社区5个)。年末，户籍总人口73万人，人口自然增长率2.6‰。耕地面积6.31万公顷，林地面积16.09万公顷，森林覆盖率51.65%。有伊岭工业园区。广西—东盟经开区、国营广西农垦东风农场驻城区内。河道主要有武鸣河。有都安至南宁高速公路、贵港至隆安高速公路、国道210线、省道20321线过境，南宁至武鸣城市大道一级公路。旅游景区(点)主要有国家AAAA级旅游景区4家(南宁市武鸣区伊岭岩景区、南宁市大明山风景旅游区、南宁花花大世界景区、江宇梦想小镇)，国家AAA级旅游景区4家(武鸣区大明山汉江欢乐谷、明秀园、雪松灵水壮乡文化小镇、起凤山)，广西四星级乡村旅游景区3家(武鸣嘉沃农庄、武鸣邑旺·楠木水乡、南国乡村·农房建筑科技博览园)，以及灵水、春霞园、黄道山、三十六弄自然保护区等；纳天山庄(广西五星级乡村旅游景区、广西休闲农业与乡村旅游示范点)获评南宁市中医药健康旅游示范基地。矿产资源主要有铜、锰、钨、金、铁、铅、锌、煤、磷等。地方特产主要有沙糖橘、武鸣沃柑、茂谷柑、那羊香米、石牛干笋、旋力威辣椒、大明山白砂糖、古府白砂糖、玉泉土鸡、骆越山鸡、灵马鲶鱼等。创建以武鸣沃柑为主导的广西特色农产品优势区，沃柑种植面积3.5万公顷，挂果投产3万公顷，产量120万吨，产值100亿元，实现行业劳动力务工薪酬9亿多元。武鸣沃柑上线阿里淘菜菜平台，首次出口东盟国家和中东、北美地区。武鸣区与数字广西集团合作签约武鸣沃柑大数据中心一期项目，助力沃柑产业数字化转型。是全国第六批率先基本实现主要农作物生产全程机械化示范县(市、区)，全国信访工作“三无”(无进京越级上访、无大规模集体上访、无因信访问题引发的极端恶性事件)县(市、区)，广西全域旅游示范区，第五批自治区民族团结进步示范区，广西开展食用农产品达标合格证示范市、县(市、区)创建项目区。武鸣“壮族‘三月三’民俗”品牌入选2021—2023年度“中国民间文化艺术之乡”。双桥镇获评全国乡村特色产业十亿元镇，城厢镇大皇后村获评广西乡村旅游重点村，宁武镇伏唐村、两江镇英俊村邑旺屯获“广西民族特色村寨”命名，城厢镇红岭农贸市场获评南宁市“十佳”乡镇农贸市场。广西医科大学附属武鸣医院通过三级甲等综合医院现场评审，是广西首家以新标准、全流程通过医院等级现场评审的三级甲等综合医院，国家级胸痛中心(标准版)在该院正式揭牌。太平镇庆乐村党总支书记黄谦获“全国脱贫攻坚先进个人”称号。主要存在产业结构仍处于深度调整期，工业增加值偏低、农业产业化水平有待提高、现代服务业占比不高，城市建设品质有待提升，教育园区建设资金缺口较大，民生领域仍然存在不少短板，公共服务优质资源供给不足，部分党员干部思想、能力、作风还不够适应新时代新要求等问题。

地区生产总值354.26亿元，比上年增长8.9%(城区本级地区生产总值

2021年10月20日，武鸣区宁武镇伏唐村获“广西民族特色村寨”命名。图为伏唐村新貌　　梁挺　摄

301.67亿元,增长8.2%)。第一产业增加值136.17亿元,增长8.1%;第二产业增加值86.75亿元,增长9.7%(城区本级规模以上工业增加值增长0.5%);第三产业增加值131.34亿元,增长9.5%。居民人均可支配收入29951元,增长9.5%;城镇居民人均可支配收入40037元,增长8%;农村居民人均可支配收入20824元,增长10.9%。城区本级财政收入20.23亿元,增长0.58%,其中一般公共预算收入12.12亿元,下降8.2%;一般公共预算支出(城区本级)46.78亿元。固定资产投资(城区本级)下降3.7%。农林牧渔业总产值194.3亿元,其中农业147.81亿元、林业8.92亿元、牧业26.07亿元、渔业6.01亿元、农林牧渔服务业5.49亿元。城区本级规模以上工业总产值增长14.5%,城区本级规模以上工业企业116家,其中产值超亿元企业25家。城区本级社会消费品零售总额36.54亿元,增长6.1%。区外境内实际到位资金40.2亿元,实际利用外资为零。接待国内外游客823.6万人次,旅游总消费71.94亿元。

巩固脱贫成果,推进乡村振兴。新增纳入监测对象291户809人,累计纳入监测对象600户1716人。其中,边缘易致贫户242户687人,脱贫不稳定户234户655人,突发严重困难户124户374人。截至12月31日,消除风险的监测户96户288人(边缘易致贫户59户153人、脱贫不稳定户36户130人、突发严重困难户1户5人),未消除风险监测户504户1428人(边缘易致贫户183户534人、脱贫不稳定户198户525人、突发严重困难户123户369人),全部落实针对性帮扶措施。衔接推进乡村振兴各级财政资金1.37亿元,其中中央和自治区级5849万元、市级4037.2万元、城区本级3860万元,实际支出1.37亿元。派驻第一书记40人、驻村工作队员80人到40个脱贫村开展帮扶工作。实施全域乡村风貌提升工程,完成兰海高速公路沿线48个自然村、3053栋农房改造,1591个自然村达到整治型标准。安排危房改造资金135万元,扶持危改户54户,其中新建42户、维修加固12户。投资350.82万元,实施饮水安全改造提升工程11个并全部投入使用。投入7191.46万元,实施村屯和产业道路升级硬化107条150.14千米,全部竣工验收。春季学期发放义务教育阶段困难生活补助1338.62万元,受益脱贫户学生6371人次。参加基本医疗保险的脱贫人口参保率100%。新增小额信贷贷款2427.9万元,惠及脱贫户523户;拨付产业奖补资金410.01万元,受益脱贫户2135户。年度外出务工脱贫人口1.19万人。完成各级财政、社会捐赠、对口帮扶等资金投入形成的扶贫项目确权登记3153个6.99亿元。筹措合作发展资金4250万元,鼓励脱贫村通过"村企合作"模式发展壮大村级集体经济,220个村(社区)集体经济收入全部达到5万元以上,其中10万元以上111个(含脱贫村40个)、20万元以上49个、50万元以上12个。扶贫开发领导小组、太平镇庆乐村、陆斡镇、卫生健康局4个单位获"全区脱贫攻坚先进集体"称号。扶贫开发领导小组、教育局、民政局、陆斡镇4个单位获"南宁市脱贫攻坚先进集体"称号。

科研经费投入1626万元,完成科技成果转化7项,高新技术企业27家;新增获授权发明专利18件,发明专利拥有量152件,每万人口发明专利拥有量5.31件(含广西—东盟经开区)。有幼儿园186所,在园幼儿2.83万人,专任教师1938人,幼儿在公办园在园率51.52%;小学99所,在校生4.39万人,专任教师2821人;初中20所,在校生2.04万人,专任教师1715人;高中7所,在校生9898人,专任教师796人;特殊教育学校1所,学生115人,专任教师32人。九年义务教育巩固率109.4%。7所院校入驻南宁教育园区(武鸣东片区),广西医科大学、广西安全工程职业技术学院、南宁师范大学等5所院校招生办学,在校师生5.3万人。农村(社区)公益电影放映2640场,武鸣图书馆接待读者23.07万人次,外借图书14.87万册次,图书馆新馆正式对市民开放。生榨米粉、壮族五色糯米饭、柠檬鸭、府城红糖、灵马旱藕粉5个项目的5名代表性传承人获第七批自治区级非物质文化遗产代表性项目代表性传承人认定;获南宁市第八批非物质文化遗产代表性传承人认定10人,列入南宁市第九批非物质文化遗产代表性项目名录8个;自治区级非遗"武鸣壮族抛绣球"传承基地落户武鸣区民族中学。有村级公共服务中心36个。有医疗卫生机构396个,在岗卫生技术人员4958人,实际开放医疗病床4494张。城区公立医院全部纳入医疗集团管理,县域就诊率89%。武鸣区散打队代表南宁市参加在广西崇左市举行"中国体育彩票杯"广西青少年武术散打锦标赛,获3金4铜;武鸣区轮滑队代表南宁市参加广西青少年轮滑锦标赛,获2金1铜;武鸣区被市政府评为南宁市参加自治区第十四届运动会有功单位。审批城乡低保对象、特困对象32.96万人次、发放补助金9982.58万元。发放高龄补助7.05万人次、1888.52万元。发放优抚金和生活补助金5780人、2959万元。城镇新增就业、再就业3463人,城镇登记失业率3.11%;农村劳动力转移就业8364人。建有农村电商服务站点240多个,100%覆盖建制村。城乡居民社会养老保险参保33.34万人,占预计目标(31.56万人)105.64%,发放养老金8.58万人、1.43亿元;城乡居民、干部职工基本医疗保险参保64.39万人,征缴3.65亿元,各级财政补助3.44亿元,医疗基金支出7.03亿元。　(廖振培)

县(市)

【横州市】 位于南宁市东部。2021年2月,经国务院批准,民政部批复同意广西撤销横县,设立县级横州市,由广西壮族自治区直辖,南宁市代管。以原横县行政区域为横州市行政区域。横州市人民政府驻横州镇江滨西路9号。土地面积3464平方千米。辖镇16个、乡1个,有村民委员会276个、社区居民委员会32个。年末,户籍总人口126.94万人,其中少数民族人口50.84万人;人口自然增长率1.4‰。耕地面积8.36万公顷,林地面积16.84万公顷,森林覆盖率49.65%。有六景工业园区(自治区级)。广西农垦良圻农场有限公司驻市境内。郁江上通南宁、百色,下通广东、香港、澳门。有横州港、六景港2个港口。湘桂铁路、黎钦铁路穿越境内,设六景、横州、沙江、新福4个车站;泉南、广昆、六景至钦州高速公路,国道209线、324线,省道210线、310线贯通东西南北,有六景、校椅、云表、峦城、平朗、新福6个高速公路出入口。旅游景区(点)主要有国家AAAA级旅游景区1家(九龙瀑布景区),国家AAA级旅游景区7家(横州市西津湖景区、横州市中华茉莉园景区、横州市莲塘圣茶谷景区、广西金花茶业工业旅游园、横州市西津国家湿地公园沙埠景区、横州市顺来茉莉花茶展览馆、伏波景区),五星级乡村旅游区1家(圣种茶博园),以及宝华山旅游风景区、六景泥盆系标准剖面保护区等。矿产资源主要有金、铜、芒硝、膨润土、石灰石、三水铝等。地方特产主要有茉莉花、优质稻、糖料蔗、桑蚕、蘑菇、甜玉米、水产畜牧、商品林等。是世界茉莉花和茉莉花茶生产中心、世界茉莉花都、中国茉莉之乡、中国甜玉米之乡、中国大粽美食之乡。有地理标志证明商标1个(横县茉莉花茶)、地理标志保护产品4个(横县茉莉花、横县茉莉花茶、横县大头菜、横县南山白毛茶);有地理标志保护农产品2个(横县茉莉花、横县甜玉米)。被命名为全国民族团结进步示范市,获评全国基层中医药工作先进单位、2021年度全国信访工作示范县(市、区)。获中国茶叶流通协会授牌"2021年度茶业百强县”“2021年度茶旅融合特色县域”。获认定为茉莉花产业国家外贸转型升级基地，入选全国文明城市提名城市名单。“横县茉莉花茶”蝉联广西最具价值农产品品牌，校椅镇石井村获评全国乡村特色产业亿元村。主要存在工业以传统产业为主，农业产业链较短；投资结构不优、产业投资偏弱；创新驱动发展的动力不强，营商环境有待提升；城市基础设施与市的标准、群众期盼还有差距，城乡公共服务有待提高等问题。

地区生产总值354.43亿元，比上年增长5.4%。第一产业增加值98.97亿元，增长6.6%；第二产业增加值107.02亿元，增长2.1%(规模以上工业增加值下降1.1%)；第三产业增加值148.43亿元，增长7%。城镇居民人均可支配收入39289元，增长7.1%；农村居民人均可支配收入17878元，增长10%。财政收入18.12亿元(一般公共预算收入8.99亿元)，增长7.97%；一般公共预算支出56.15亿元。固定资产投资增长63.8%。农林牧渔业总产值161.54亿元，其中农业95.54亿元、林业7.67亿元、牧业47.21亿元、渔业6.72亿元、农林牧渔服务业4.4亿元。规模以上工业总产值增长23%，规模以上工业企业158家(新增38家)，其中产值超亿元企业59家。有国有企业68家、私营企业6242家(新增1452家)，从业人员2.65万人；个体工商户3.58万户(新增5016户)，从业人员7.17万人；微型企业254家，农民专业合作社648家(新增31家)。社会消费品零售总额83.84亿元，增长1.2%。区外境内实际到位资金62.49亿元，实际利用外资23万美元。接待国内外游客479.98万人次，旅游总消费47.09亿元。

巩固脱贫成果，推进乡村振兴。新增纳入监测对象738户2285人，累计纳入监测对象1585户5193人。其中，边缘易致贫户520户1792人，脱贫不稳定户804户2561人，突发严重困难户261户840人。截至12月31日，消除风险的监测户660户2317人(边缘易致贫户300户1046人、脱贫不稳定户330户1162人、突发严重困难户30户109人)，未消除风险监测户925户2876人(边缘易致贫户220户746人、脱贫不稳定户474户1399人、突发严重困难户231户731人)，全部落实针对性帮扶措施。发放助学金6666.05万元，惠及脱贫户学生10.60万人次。新增脱贫人口小额信贷资金6033.4万元、受益1164户。6家供应商、7个消费帮扶产品进入全国扶贫产品目录，申报产品价值总量2556万元，实现销售总额550万元。安排各级衔接推进乡村振兴补助资金1.88亿元。投入3205万元，打造村级集体经济扶贫产业园56个、“能人领办”试点村2个，实施中央和自治区财政扶持项目26个，308个村(社区)集体经济年收入全部达到5万元以上，其中10万元以上106个、20万元以上26个、50万元以上9个。实施全域乡村风貌提升工程，完成高铁、高速公路沿线2430栋农房改造，1403个自然村达到整治型标准，生活垃圾收集、转运和处置实现全覆盖。完成行政村应急广播建设308个，“一村一屏”平台建设150个，新发展广电云用户1.42万户。

科技经费投入5698万元，实施科技项目3个(自治区级2个、市级1个)；有效发明专利324件，每万人口发明专利拥有量3.54件。有幼儿园350所(公办园225所、民办园125所)，在园幼儿4.17万人，教师1755人；小学203所，教学点143个，在校生9.77万人，教师5950人；初中33所(市体校1所，九年一贯制学校3所)，在校生4.36万人，教师3274人；普通高(完)中4所，在校生2.21万人，教师1428人；职业技术学校1所，在校生5821人，教师241人；特殊教育学校1所，在校生176人，教师47人。图书馆馆藏图书23.5万册，接待读者18.2万人次，外借图书9.02万册次。举办第三届世界茉莉花大会暨第十二届全国茉莉花茶交易博览会、2021年中国(横州)茉莉花文化节。扶持农村业余文艺团队16个，电影进村放映3312场次、社区放映384场，“送戏下基层、进校园”演出30场。“南山白毛茶的传说”“白氏十八械武术”“横州铜器制作技艺”“六堡茶四金钱冷发酵技艺”“蒙氏正骨疗法”“横州市平朗镇三皇信俗”6个项目列入南宁市第九批非物质文化遗产代表性项目名录，谢兴建、黄桂珍、黄家勤、潘吉泰4名传承人为南宁市第八批非物质文化遗产代表性传承人，梁肇儒、李秀连2名传承人为第七批自治区级非物质文化遗产代表性项目代表性传承人。有医疗卫生机构565个，卫生技术人员4741人(含市属2080人)，医疗病床4596张(含市级医院1958张、乡镇卫生院1366张)。推进县域医共体建设，建成乡镇卫生院业务综合楼5个，“乡聘村用”乡村医生555人。建设体育健身工程项目47个，开展全民健身系列体育活动180场次。举办、组织体育赛事23场次，获自治区级金牌4枚、银牌7枚、铜牌7枚，市级奖牌16枚。审批城镇最低生活保障对象9.98万人次，发放保障金3895.62万元；农村低保对象49.20万人次，发放保障金1.17亿元。发放高龄补助11.1万人次、2968.78万元。发放抚恤金、定补金6.99万人次、4150.7万元。城镇新增就业3046人，城镇登记失业率2.08%；农村劳动力转移就业8513人。城乡居民社会养老保险参保67.21万人，参保率90.69%，发放养老金177.79万人次、2.67亿元；城乡居民基本医疗保险参保110.65万人，参保率95.79%，征缴3.42亿元，支出5.67亿元。 (韦斯步)

2021年7月29日，广西横县举行撤县设市揭牌仪式，正式宣告成立横州市。图为揭牌仪式现场 黄汝德 摄

【宾阳县】 位于南宁市东北部。土地面积2298平方千米，县政府驻宾州镇。2021年，辖镇16个，有村民委员会192个、社区居民委员会45个。年末，户籍总人口105.06万人(农村人口71.04万人)，人口自然增长率2.6‰。耕地面积7.12万公顷，林地面积9.47万公顷，森林覆盖率45.9%。有黎塘工业园区。湘桂铁路、黎塘至湛江铁路、黎塘至钦州铁路在县内黎塘镇交汇，南柳、南广高速铁路在县境内并轨；桂海、贵港至隆安2条高速公路、国道322线、358线、242线过境；有宾阳至上林、宾阳至横县2条省县道二级公

路。旅游景区(点)主要有国家AAAA级旅游景区1家(古辣稻花香里旅游区),国家AAA级旅游景区3家(程思远故居、古辣镇大陆村稻田艺术景区、宾阳县白鹤观旅游度假区),广西四星级乡村旅游区6家(新埠乡村生态园、品绿留香乡村旅游示范区、欧阳村、名山生态旅游区、龙劲休闲农庄、龙德村),露圩水彩画农文旅融合体项目获评广西文化旅游产业重大项目。矿产资源主要有铅、锌、三水铝、建筑石料用灰岩、建筑用砂、高岭土、膨润土、页岩矿等。地方特产主要有瓷器、小五金、壮锦、莲藕、香米等。是全国商品粮生产基地县、广西"小五金之乡"。入选首批国家级农业现代化示范区和自治区农业现代化产业园创建名单,获批全国农业社会化服务创新试点县、自治区农业现代化产业园试点县、自治区级先行推进农村集体经营性建设用地入市试点县。获评全国科普示范县,宾阳县农业农村局获评全国粮食生产先进集体,古辣镇获评全国"一村一品"示范村镇、全国乡村治理示范镇,中华镇妇联被评为全国妇联系统先进集体,新桥司法所获评全国模范司法所。主要存在产业规模偏小,结构不优,招商引资质量有待提高;城市功能布局有待完善,基础设施仍然薄弱;社会治理工作成效有待加强;民生保障存在短板弱项,教育、医疗、养老等领域与群众期盼还有差距等问题。

地区生产总值315.54亿元,比上年增长7.9%。第一产业增加值70.95亿元,增长9.4%;第二产业增加值94.35亿元,增长7.3%;第三产业增加值150.23亿元,增长7.5%。城镇居民人均可支配收入38865元,增长7.2%;农村居民人均可支配收入18165元,增长11.3%。财政收入15.72亿元(一般公共预算收入8.65亿元),增长1.1%;一般公共预算支出42.41亿元。固定资产投资增长8.7%。农林牧渔业总产值104.56亿元,其中农业64.33亿元、林业5.31亿元、牧业28.51亿元、渔业4.73亿元、农林牧渔服务业1.69亿元。规模以上工业总产值增长15.4%,规模以上工业企业119家(新增21家)。有国有企业74家,私营企业7806家(新增1318家),从业人员4.48万人;个体工商户3.27万户(新增4279户),从业人员7.06万人;农民专业合作社901家(新增44家),限额以上商贸企业(单位)103家(新增7家)。社会消费品零售总额106.78亿元,增长6.8%。区外境内实际到位资金68.1亿元,实际利用外资1220万美元。接待游客509.1万人次,增长21.69%;旅游总消费51.52亿元,增长25.58%。

巩固脱贫成果,推进乡村振兴。新增纳入监测对象529户1583人,累计纳入监测对象1242户3788人。其中,边缘易致贫户630户1947人,脱贫不稳定户550户1632人,突发严重困难户62户209人。截至12月31日,消除风险监测户355户1146人(边缘易致贫户228户722人、脱贫不稳定户121户403人、突发严重困难户6户21人),未消除风险监测户887户2642人(边缘易致贫户402户1225人、脱贫不稳定户429户1229人、突发严重困难户56户188人),全部落实针对性帮扶措施。发放助学金·小额信贷职业学历教育和技能培训补助6217人、648.68万元,其中职业学历教育补助4327人、591.21万元。发放脱贫人口小额贷款699户、3302万元。消费帮扶产品进入国家扶贫产品目录121个,实现销售额3.63亿元,带动脱贫人口就业732人。安排各级衔接推进乡村振兴补助资金1.63亿元,实施产业项目360个。安排财政衔接资金2572.52万元,建设产业路36条、扶贫道路安防设施24条,受益1.44万户、5.97万人。48个脱贫村发展村集体经济项目225个,全部实现村集体经济收入5万元以上,其中10万元以上41个、20万元以上24个、50万元以上5个。

科研经费投入6203.9万元,实施科技项目3项(自治区级1项、市级2项);发明专利拥有量96件,每万人口发明专利拥有量0.91件。有幼儿园237所,在园幼儿3.72万人,教职工4095人(专任教师2000人);小学116所(社会办2所),在校生7.82万人,教职工5704人(专任教师4086人);初中24所(九年一贯制4所、社会办4所),在校生3.26万人,教职工2537人(专任教师2258人);高中8所(社会办3所),在校生2.05万人,教职工1483人(专任教师1320人);特殊教育学校1所,在校生141人,教职工53人(专任教师37人);中等职业技术学校1所,在校生5286人(全日制2023人),教职工149人(专任教师121人)。图书馆馆藏图书18.86万册,订阅期刊400种,接待读者13万人次,外借图书10.36万册。县群众艺术馆、县体育学校运动场竣工验收并投入使用。开展送戏下基层、进校园活动134场,扶持村(社区)文艺队117支。新建篮球场5个、健身路径13条。"宾阳踩高跷""宾阳陶瓷制作技艺"2个项目列入南宁市第九批非物质文化遗产代表性项目名录,黄爱群、张万朣、吴成昌、沈建红、叶承舟5名传承人为南宁市第八批非物质文化遗产代表性传承人,宾阳油纸伞制作技艺传承人陆云岗为第七批自治区级非物质文化遗产代表性项目代表性传承人。有医疗卫生机构428家,卫生技术人员5282人,医疗病床4933张。发放城乡低保金47.65万人次、1.26亿元;发放高龄补助9.39万人、2538.01万元;发放抚恤金、优待金8.69万人次、3919.45万元。城镇新增就业2700人、再就业570人,城镇登记失业率控制在3.5%以内,低于自治区平均水平;农村劳动力转移就业8792人。城乡居民基本养老保险参保56.24万人,参保率98.94%,发放养老金11.98万人、2.06亿元;城乡居民基本医疗保险参保88.31万人,征缴2.61亿元,支出5.81亿元。 (马祥泽)

2021年11月10日,宾阳县古辣镇入选第11批全国"一村一品"示范村镇。图为古辣镇晚稻田风光 黄维业 摄

【上林县】 位于南宁市东北部。土地面积1871平方千米,县政府驻大丰镇。2021年,辖镇7个、乡4个(瑶族乡1个),有村民委员会115个、社区居民委员会19个。年末,户籍总人口49.97万人,其中壮族人口38.31万人;人口自然增长率17‰。耕地面积4.79万公顷(基本农田面积3.74万公顷),林地面积10.91万

公顷，森林覆盖率 57.56%。有武宣至平果、三江至南宁 2 条高速公路过境，忻城至宾阳、迁江至古零、宾阳至马山 3 条二级公路过境。旅游景区(点)主要有国家 AAAA 级旅游景区 3 个(南宁上林县大龙湖景区、上林县金莲湖景区、上林县大庙江生态旅游景区)，国家 AAA 级旅游景区 6 个[上林县鼓鸣寨养生旅游度假区、上林县霞客桃源壮乡旅游度假区、上林县禾田农耕文化园、上林县万古茶园景区、振林(粤桂)生态产业园—渔火人家庄园、福人湖生态旅游区]，以及三里・洋渡风景区、石门龙母圣殿、不孤村人文景区、唐智城垌古城垌遗址、东红湿地公园等。四星级乡村旅游区 1 家(归来・丘山里旅游区)。自治区级旅游度假区 1 个(上林壮韵线城旅游度假区)、自治区级生态旅游示范区 2 个(大龙湖景区、三里・洋渡景区)、自治区级休闲农业与乡村旅游示范点 5 个(霞客桃源、云里湖现代农业观光园、上林万古茶园休闲农业与乡村旅游示范点、上林县清水河鱼王生态农庄特色农业观光园、上林淘金乐园)。矿产资源主要有黄金、煤炭、钒矿、石煤、滑石、锰矿、水晶石、石英石、大理石、花岗岩、铁、铅、铜、锌等 31 种，其中钒矿探明储量 2.7 亿吨，属全国较大钒矿矿床之一。地方特产主要有优质米、茶叶、果蔗、八角、小龙虾、食用菌、“上水源”天然饮用水等，“上林大米”“上林八角”为国家地理标志保护商品，“杰乐菌”木耳、“广老大”香辣酱、“广老大”大米入选广西农业品牌目录。获联合国老龄所积极老龄化专家委员会认证为世界长寿乡。入选首批国家级水产健康养殖和生态养殖示范区，通过国家生态文明建设示范县指标自治区级复核、广西特色旅游名县复核，获评自治区禁毒重点整治示范县。4 月，国家禁毒委对上林县取消通报警示。主要存在经济发展较慢，实体经济不强，产业链条短、发展层次低；产业结构不优，工业短板突出，“三产”融合不够；城乡协调发展、民生保障、营商环境等领域仍存在短板弱项，巩固拓展脱贫攻坚成果和全面推进乡村振兴任务艰巨；党建引领作用有待加强，基层党组织政治功能发挥不足等问题。

地区生产总值 101.99 亿元，比上年增长 7.60%。第一产业增加值 31.95 亿元，增长 11%；第二产业增加值 18.57 亿元，增长 2%(工业增加值下降 3.90%)；第三产业增加值 51.48 亿元，增长 7.6%。城镇居民人均可支配收入 31463 元、增长 9.6%，农村居民人均可支配收入 14648 元、增长 10.4%。财政收入 5.61 亿元(一般公共预算收入 3.53 亿元)，一般公共预算支出 35.09 亿元。固定资产投资下降 3.9%。农林牧渔业总产值 47.2 亿元，其中农业 28.97 亿元、林业 2.2 亿元、牧业 12.87 亿元、渔业 2.98 亿元、农林牧渔服务业 0.18 亿元。规模以上工业总产值增长 13.1%，规模以上工业企业 21 家，其中产值超亿元企业 6 家；有工业企业 333 家、从业人员 2594 人；个体工商户 2.12 万户、从业人员 4.2 万人；农民专业合作社 748 家、从业人员 6817 人。社会消费品零售总额 24.95 亿元，增长 7.6%。区外境内实际到位资金 6.4 亿元，实际利用外资为零。接待游客 716.18 万人次，增长 16.4%；国内旅游消费 79.8 亿元，增长 26.84%。

巩固脱贫成果，推进乡村振兴。新增纳入监测对象 635 户 2240 人，累计纳入监测对象 2505 户 9228 人。其中，脱贫不稳定户 1550 户 5931 人，边缘易致贫户 869 户 3038 人，突发严重困难户 86 户 259 人。截至 12 月 31 日，消除风险监测户 1402 户 5492 人(脱贫不稳定户 971 户 3962 人，边缘易致贫户 431 户 1530 人，无突发严重困难户)，未消除风险监测户 1103 户 3736 人(脱贫不稳定户 579 户 1969 人，边缘易致贫户 438 户 1508 人，突发严重困难户 86 户 259 人)，全部落实针对性帮扶措施。安排各级衔接推进乡村振兴补助资金 3.28 亿元，实施项目 675 个，竣工 675 个，其中实施基础设施类项目 348 个，竣工 348 个；产业开发类项目 308 个，竣工 308 个；其他项目 19 个，竣工 19 个。安排资金 1381 万元，差异化补助脱贫人口缴纳医疗保险 12.31 万人，脱贫户、监测户医疗参保率 100%。发放助学金 4486.81 万元，惠及脱贫户学生 4.67 万人次。划拨 3696 万元，覆盖实施义务教育阶段营养改善计划。新增脱贫人口小额信贷资金 8099.39 万元、受益 1662 户，完成自治区、南宁市“保三”(2021 年全区脱贫人口小额信贷实现“保 30 亿”)6308 万元目标任务 128.4%。组织脱贫劳动力外出务工 5.97 万人，免费运送群众复工 226 人，发放交通补贴 1103.75 万元。举办线上线下专场招聘会 12 场次，推送就业岗位 4.32 万个，帮助 785 名劳动者与用人单位达成就业意向。新认定就业帮扶车间 59 家，带动就业 3456 人。发放农民工创业补贴 501.5 万元、返乡入乡创业扶持补贴 23 万元；发放国家创业担保贷款 1025 万元。组织 25 家企业 40 多个消费帮扶产品参与展销活动。新获国家认定消费帮扶产品企业(合作社)19 家、产品 58 种，累计认定 74 家、产品 168 种，实现销售额 2.64 亿元。完成安置小区社区化建设，100% 完成安置房不动产登记。获粤桂帮扶资金 4937 万元、中国宝武武钢集团帮扶资金 850 万元，其中投入 357.3 万元用于大丰镇云蒙村风貌提升、产业发展和基础设施建设等。中国宝武武钢集团资助秋季入学大学新生 160 人 80 万元，深圳市诺邦灯饰有限公司捐赠 468 盏太阳能庭院灯价值 18.62 万元。发放以奖代补资金 2548.83 万元。134 个村(社区)集体经济年收入超 5 万元。发展中医农业，推广“稻—渔”“鸡—鱼—果”等“生态 +”循环种养模式，种养面积 628.07 公顷，申报中医农业项目 37 个。新增自治区级农业产业重点龙头企业 1 家(上林县中兴丝业有限公司)、市级农业产业重点龙头企业 1 家(上林县鸿栖高森农业开发有限公司)，新增农产品入选广西农业品牌目录 3 个(“杰乐菌”木耳、“广老大”香辣酱、“广老大”大米)。投入 93.1 万元，完善村级公共服务中心文化设施设备 51 个，行政村广播电视光缆联网率 100%，广播电视综合覆盖率 99.67%。投资 1.28 亿元，开展农村人居环境全域基本整治村庄 1205 个，完成农房改造 889 栋，危房改造 156 户，

2021 年 10 月 26 日，上林县举行 2021 年上林县“壮美青春，绿色无毒”青少年禁毒知识竞赛
黄爱萍　摄

农村住房达标率100%;完成农村卫生厕所改造项目13个,农村饮水安全维修养护项目292个,开工建设农村区域集中连片供水项目13个。

科研经费投入217万元,申报市级科技项目2项,立项2项,完成重大科技成果转化4项;新增国家高新科技型中小企业11家,新增高新技术企业4家,高新技术企业保有量6家;发明专利拥有量70件,每万人口发明专利拥有量1.90件。有幼儿园97所,在园幼儿1.8万人,教师784人;小学66所,在校生3.5万人,教师1955人;初中13所(含九年一贯制学校),在校生1.5万人,教师1031人;高中3所,在校生8544人,教师647人;特殊教育学校1所,在校生86人,教师22人。图书馆接待读者19.15万人次,图书借阅量12.3万人次。举办"圆梦新时代·启航新征程"网络春晚、"中国旅游日"南宁主会场暨上林生态旅游养生节开幕式文艺演出、"健康人生·绿色无毒"、"乡村振兴·文化惠民"主题文艺宣传巡回演出等190场次,观众约40万人次。开展"戏曲进乡村"活动82场次。文化共享和文化惠民工程投资321.47万元,其中扶持乡村社区业余文艺队经费31.80万元、演出经费84.97万元,村公共服务中心改造提升经费16.60万元,公共文化基础设施场所免费开放专项资金95万元,完善50个村级公共服务中心文化设施设备经费93.1万元。新增雷桂丰为第七批自治区级非物质文化遗产代表性项目代表性传承人,覃晓燕、罗坚生、覃华宁、蒙建才、覃敏秀5人为南宁市第八批非物质文化遗产代表性传承人,上林淘金技艺列入南宁市第九批非物质文化遗产代表性项目名录。有医疗卫生机构242家,卫生技术人员2569人,医疗病床2802张。上林国际马术运动康养基地和文体(市民)活动中心2个项目列入自治区统筹推进重大项目;投资4343万元,建设上林县工人文化宫、县体校综合体育馆、城南社区全民健身中心;投资19万元,实施全民健身工程村(屯)级篮球场1个,安装室外健身路径2套;投资20万元,新建篮球场2个;举办群众体育赛事11场次,观众1.65万人次。举重代表队参加广西青少年举重锦标赛获金牌12枚、银牌7枚、铜牌4枚。发放城乡低保金33.79万人次、8683.96万元。发放高龄补助5.15万人次、1388.87万元。发放优待金、抚恤金1256人次2339.27万元。城镇新增就业1797人,城镇登记失业率3.38%;农村劳动力转移就业6600人。城乡居民基本养老保险参保28.42万人,参保率100%,发放养老金78.89万人次、1.15亿元;城乡居民基本医疗保险参保47.88万人,参保率98.64%,征缴3.88亿元(含中央、自治区补助),支出3.51亿元。 (樊守辉)

【马山县】 位于南宁市北部。土地面积2340.76平方千米,县政府驻白山镇。2021年,辖镇7个、乡4个(瑶族乡2个),有村民委员会134个、社区居民委员会22个。年末,户籍总人口56.95万人,其中壮族人口41.43万人、瑶族人口4.82万人,人口自然增长率3.45‰。耕地面积3.65万公顷,林地面积17.16万公顷,森林覆盖率71.62%。有苏博工业集中区。有水任(河池)至南宁、来宾至马山、马山至平果高速公路、贺州至巴马在建高速公路,马山至大化、马山至上林、周鹿至凤梧(马山段)二级公路、国道210线过境。主要河道有一级河红水河,二级河清波河、乔利河、周鹿河、兴科河、姑娘江、府城河、仙湖河、杨圩河、小明山河9条。旅游景区(点)主要有国家AAAA级旅游景区3家(南宁马山金伦洞、水锦·顺庄、广西马山弄拉生态自然风景区),国家AAA级旅游景区4家(马山县三甲攀岩小镇、马山县小都百旅游景区、马山县灵阳寺旅游景区、马山县古朗瑶乡金银花公园),广西四星级乡村旅游区1家(小都百乡村旅游区),广西三星级乡村旅游区4家(古朗瑶乡金银花公园、三甲乡村旅游区、思恩园乡村旅游区、桃李乡村旅游区),以及红水河百里画廊、中国玄河(永州暗河)、金钗石林城堡等。矿产资源主要有煤、锰、铁、钨、铜、滑石、重晶石、方解石、叶蜡石、石灰石、高岭土等23种。地方特产主要有黑山羊、金银花、旱藕粉、八角、黑豆、里当鸡等。5月24日,马山县壮族会鼓习俗入选国家级非物质文化遗产代表性项目(民俗类);11月3日,马山县入选文化和旅游部2021—2023年度"中国民间文化艺术之乡",连续五次获"中国民间文化艺术之乡"称号。马山县列入2021—2023年周期全国文明城市提名城市名单,是广西9个全国提名城市之一。挂牌成立马山县现代种业科技创新中心,12月15日,广西金卡农业科技有限公司签约入驻,为首家入驻企业。主要存在经济总量小,农业产业链条较短,工业缺乏标志性、引领性产业项目支撑,服务业档次水平还不够高,民生保障仍旧存在弱项,营商环境有待进一步优化等问题。

地区生产总值95.17亿元,比上年增长7.4%。第一产业增加值29.85亿元,增长7.7%;第二产业增加值16.20亿元(规模以上工业增加值5.56亿元),增长6%;第三产业增加值49.12亿元,增长7.70%。城镇居民人均可支配收入32177元,增长7.4%;农村居民人均可支配收入14213元,增长10.6%。财政收入3.91亿元(一般公共预算收入2.21亿元),增长8.2%;一般公共预算支出40.73亿元。固定资产投资增长14.4%。农林牧渔业总产值44.39亿元,其中农业22.8亿元、林业3.33亿元、牧业16.67亿元、渔业1.46亿元、农林牧渔服务业0.13亿元。规模以上工业总产值19.75亿元,增长20.7%。有企业2671家,从业人员9462人;个体工商户1.93万户,从业人员3.97万人;农民专业合作社994户,成员1.08万人。社会消费品零售总额21.18亿元,增长7.80%。区外境内实际到位资金7.48亿元,实际利用外资为零。接待国内外游客550.16万人次,增长21.84%;旅游消费38.51亿元,增长23.12%。

巩固脱贫成果,推进乡村振兴。新增纳入监测对象1558户5503人,累计纳入监测对象3714户14107人。其中,脱贫不稳定户2395户9464人,边缘易致贫户823户2850人,突发严重困难户496户1793人。截至12月31日,消除风险的监测户1558户6648人(脱贫不稳定户1283户5660人、边缘易致贫户257户928人、突发严重困难户18户60人),未消除风险监测户2156户7459人(脱贫不稳定户1112户3804人、边缘易致贫户566户1922人、突发严重困难户478户1733人),全部落实针对性帮扶措施。安排资金1219.8万元,差异化补助脱贫人口缴纳医疗保险9.3万人,脱贫户和监测户医疗参保率100%。发放助学金4983.52万元,惠及脱贫户学生8.29万人次。划拨4571.21万元,全覆盖实施义务教育阶段营养改善计划。新增小额信贷9938.35万元。组织脱贫劳动力外出务工6.55万人,免费运送群众复工1354人,发放交通补贴329.61万元。推动达成就业协议433份,安排一次性创业资金助力农民工创业,带动就业近800人。投入消费帮扶6400万元,组织24家企业35个消费帮扶产品参与展销活动;消费帮扶产品累计认定129个,实现销售额1.15亿元。完成安置小区社区化建设,100%完成安置房不动产登记。12月,自治区易地搬迁后续扶持工作现场会在马山县召开。深圳福田区、东风集团投入对口帮扶资金5818万元,安排项目35个,组织人才培训1187人次。安排各级衔接推进乡村振兴补助资金2.90亿元,实施产业项目194个;以奖代补拨付资金5742.82万元。投入3418万元实施村级集体经济项目40个,培育农民专业合作社和家庭农场62家。投入800多万元,扩建县文化馆、图书馆,行政村广播电视光缆联网率100%,广播电视综合覆盖率99.67%。开展农村人居环境全域基本整治,完成高铁、高速公路沿线示范带54个自然屯5455栋农房改造;建

2021 年 4 月 12 日，马山县在天润城广场举办“壮族三月三　八桂嘉年华”“民族体育炫”壮族会鼓斗鼓比赛。图为开幕式千人斗鼓场面　马山县融媒体中心提供

成农村生活污水处理设施 116 套，拥有农村生活污水治理系统（或接入市政管网）的建制村占 8.5%，受益群众 6.15 万人；卫生厕所普及率 98.9%，无害化卫生厕所普及率 91.1%。在南宁市质量效果评比中，马山县先后 7 次获嘉奖；在自治区乡村风貌提升考评验收中，马山县获评第一档，相关做法被自治区列入经验汇编；在自治区农村人居环境整治三年行动工作考核中，是南宁市唯一获评优秀等次的县（市、区）。

科研经费投入 127.67 万元，实施市级科技项目 4 个，通过上级验收科技项目 2 个，推广应用新技术项目 8 个，建立科技示范基地 16 个。发明专利拥有量 61 件，每万人口发明专利拥有量 1.46 件。有幼儿园 181 所（新增自治区多元普惠幼儿园 5 所），在园幼儿 1.88 万人，教师 683 人（在编 124 人、聘用 559 人），公办园幼儿在园率 55.87%；小学 100 所、教学点 58 个，在校生 3.70 万人，教师 2180 人；初中 17 所，在校生 1.77 万人，教师 1231 人；高中 3 所，在校生 9230 人，教师 621 人；特殊教育学校 1 所，在校生 121 人，教师 35 人；中等职业学校 1 所，在校生 358 人，教师 41 人。投入 4.2 亿元实施教育基础设施项目 75 个，马山县第三高级中学、马山福田幼儿园招生办学。在自治区 2020 年度县（区）政府履行教育职责考核中获评“优秀”等次，排名自治区第九。开展“戏曲进乡村”“送戏下基层”等惠民演出活动 113 场，各村（社区）开展文化活动 580 场；利用节假日组织举办各类文化活动，线上线下参与 100 多万人次；放映公益电影 1872 场；举办“学党史感党恩跟党走”暨庆祝中国共产党成立 100 周年“红色歌曲大家唱”等文化演出活动 580 多场次。图书馆馆藏图书 12 万册次、接待读者 1.3 万人次，外借图书 1.2 万册次。县文化馆、图书馆、乡镇综合文化站实现无障碍、零门槛、全天候免费开放，县文化馆被评为国家一级文化馆。“马山何氏三部灸”“瑶医眼疾疗法”“潘氏藤蔓骨伤疗法”“黄氏跌打内伤疗法”“马山黑山羊全羊宴制作技艺”5 个项目列入南宁市第九批非物质文化遗产代表性项目名录，温建业、陈猛儒、潘庆林、潘立国、韦金荣 5 名传承人为南宁市第八批非物质文化遗产代表性传承人，梁耀京、廖玉兰 2 名传承人为第七批自治区级非物质文化遗产代表性项目代表性传承人。《马山县志（1986—2005）》出版发行。县文化广电旅游体育局被评为 2017—2020 年度全国群众体育工作先进单位。攀岩进校园推广计划被推选为自治区体教融合先进案例。完成“广电云”联网 7068 户，新建村级全媒信息室 1 个、累计 6 个，完成 56 个村“一村一屏”建设。有医疗卫生机构 230 个，卫生技术人员 2471 人，医院病床 2113 张。组织攀岩运动员参加各级比赛，获金牌 10 枚、银牌 5 枚、铜牌 9 枚；组织举重运动员代表南宁市参加在玉林市举办的广西青少年举重锦标赛，获金牌 7 枚、银牌 8 枚、铜牌 13 枚。审批城乡最低生活保障对象 36.27 万人次，发放保障金 9288.44 万元。发放高龄补助 5.2 万人次、1305.53 万元。发放各类优抚对象抚恤金和生活补助金 3.31 万人、1495.2 万元。城镇新增就业 1850 人，城镇登记失业率 2.33% 以内。城乡居民社会养老保险参保 37.65 万人，参保率 93.89%，发放养老金 1.04 亿元。城乡居民基本医疗保险参保 49.76 万人，参保率 98.0%，征缴 1.39 亿元，支出 2.30 亿元。　（陆惠华）

【隆安县】 位于南宁市西北部。土地面积 2305.59 平方千米，县政府驻城厢镇。2021 年，辖镇 6 个、乡 4 个，有村民委员会 118 个、社区居民委员会 14 个。年末，户籍总人口 42.05 万人，其中壮族人口 39.95 万人，人口自然增长率 0.44‰。耕地面积 6.23 万公顷，林地面积 13.51 万公顷，森林覆盖率 58.6%。有宝塔医药产业园区、华侨管理区 2 个工业园区。南宁至昆明客运专线、南宁至昆明铁路、南宁至百色二级公路、南宁至百色高速公路、贵港至隆安高速公路、国道 324 线、358 线，省道 309 线、215 线、211 线及右江水路过境。旅游景区（点）主要有国家 AAAA 级旅游景区 1 家（隆安县龙虎山旅游景区），以及渌水江、布泉河景区、雁江古镇、金穗生态园乡村旅游区。矿产资源主要有金、银、煤、水晶石，其中凤凰山银矿藏量居全国第三、自治区第一。地方特产主要有板栗、荔枝、龙眼、香蕉、火龙果、叮当鸡等。有“中国板栗之乡”“‘那’文化之乡”之称。2 月，首批 400 千克隆安火龙果出口荷兰，是南宁市首批出口的火龙果，也是首次走出国门、走向欧洲。4 月 12 日至 14 日，中央广播电视总台农业农村频道摄制组到隆安县拍摄“那”文化节目。4 月 25 日至 5 月 5 日，举办南宁市 2021 年“巩固脱贫成果助力乡村振兴供销大集”扶贫产品巡展（隆安县专场）。5 月 11 日至 13 日，广西广播电视台《广西故事》节目组到隆安县拍摄红七军隆安战斗相关专题节目。12 月，隆安桂杰农业科技有限公司获评广西中药材示范基地和“定制药园”建设基地。“绿水江”香蕉、“伊蜜”火龙果、雁江香米等入选广西农产品品牌，“隆安香蕉”国家地理标志商标获准注册。城厢镇震东社区案例列入第三批全国农村公共服务典型案例，城厢镇震东社区获命名为 2021 年全国示范性老年友好型社区。隆安县易地扶贫搬迁震东集中安置区、广西金福农业有限公司是被国务院扶贫办设为首批“全国脱贫攻坚考察点”。隆安县扶贫办被中共中央、国务院授予“全国脱贫攻坚先进集体”称号，南圩镇联伍村等 11 个单位被自治区授予“全区脱贫攻坚先进集体”称号。主要存在防止返贫任务重，产城融合发展带动力不强，农业产业链较短，民生保障仍有短板，易地搬迁后续扶持有待加强等问题。

地区生产总值 112.12 亿元，比上年增长 7.9%。第一产业增加值 48.87 亿元，增长 10.6%；第二产业增加值 24.71 亿元，增长 4.5%（规模以上工业增加值增长 8.8%）；第三产业增加值 38.53 亿元，增长 6.8%。城镇居民人均可支配收入 32117 元，增长 6.9%；农村居民人均可支配收入 15465 元，增长 10.8%。财政收入 5.71 亿元(一般公共预算收入3.33亿元),增长6.5%;一般公共预算支出32.62亿元。固定资产投资下降9.6%。农林牧渔业总产值72.16亿元,其中农业53.91亿元、林业3.27亿元、牧业10.62亿元、渔业2.47亿元、农林牧渔服务业1.89亿元。工业总产值91.93亿元,增长32.8%(规模以上工业总产值增长33.4%);规模以上工业企业60家,其中产值超亿元企业26家。有企业2784家(新增389家),从业人员1.81万人;个体工商户1.59万户(新增2121户),从业人员2.26万人;农民专业合作社336家(新增26家),从业人员1691人。社会消费品零售总额12.95亿元,增长4.9%。区外境内实际到位资金8.81亿元,实际利用外资284.28万美元。接待游客435.83万人次,旅游消费38.04亿元。

巩固脱贫成果,推进乡村振兴。新增监测对象846户2895人,累计纳入监测对象2295户8207人。其中,边缘易致贫户771户2776人、脱贫不稳定户1115户4054人、突发严重困难户409户1377人。截至12月31日,消除风险的监测户1135户4334人(边缘易致贫户441户1640人、脱贫不稳定户680户2640人、突发严重困难户14户54人),未消除风险监测户1160户3873人(边缘易致贫户330户1136人、脱贫不稳定户435户1414人、突发严重困难户395户1323人),全部落实针对性帮扶措施。安排乡村振兴衔接补助资金3.86亿元,实际支出3.69亿元;广东财政帮扶资金4587万元,支出4547万元。实施项目230个,竣工212个,其中基础设施类项目93个,竣工88个;产业开发类项目12个,竣工10个;其他项目125个,竣工114个。消费帮扶产品累计认定193个,实现销售额3.61亿元。发放临时救助184户、539人次、148.80万元,其中脱贫户73户、208人次、53.96万元。安排资金996.57万元,差异化补助脱贫人口7.38万人缴纳医疗保险,脱贫户和监测户医疗参保率100%。发放雨露计划补助金859.05万元,资助6562名春季学期符合雨露计划学历教育补助条件学生;全年减免、发放助学金4361.47万元,资助学生7.08万人次。支出营养膳食资金4005.02万元,受惠学生9.6万人次。建成使用隆安县农民工创业园配套九年一贯制学校,新增学位2100个。新增贷款6531.75万元,用于扶持1539户贫困户扩大产业规模。发放自治区外务工交通补贴8454人、422.70万元,支持企业国家创业担保贷款2613万元,向带动脱贫劳动力就业259人以上的帮扶车间发放奖补金49.6万元,发放农民工一次性创业及带动就业奖补金350.3万元,乡村公益岗位在岗人员1434人;落实1059.39万元,培训劳动力3396人次。建设村屯文化室2个、村屯篮球场3个,为60个村(屯)配备篮球架、乒乓球桌、健身器材、舞台灯光音响、广场舞音响等文体设施设备。培育打造"那果飘香"乡村振兴示范带1条、重点村(屯)乡村振兴示范带6个;投入3389万元,开展村庄风貌改造整治,完成6个重点村(屯)640栋农房外立面改造。投入806万元开展"两高"(高铁、高速公路)沿线乡村风貌提升示范村(屯)污水处理设施建设,受益群众705户、3768人。有污水处理厂6座(县城1座、镇级5座),处理生活污水994.36万吨,受益群众1.32万户、6.89万人。

2021年,隆安县大力发展特色水果产业,实现水果规模化种植、标准化生产、产业化经营。图为12月广西金福农业有限公司的火龙果基地喜迎丰收　　叶子榕　摄

科研经费投入120万元,申报市级科技项目3项,获立项3项;重大科技成果转化项目通过认定1项。有效发明专利64件,每万人拥有量2件。9月30日,广西隆安农业科技园区被自治区科技厅认定为2021年广西农业科技园区。有幼儿园140所(公办园46所、民办园94所),自治区示范幼儿园1所,市级示范幼儿园4所,在园幼儿1.56万人,教师80人;小学42所、教学点56个,在校生3.19万人,教师1261人;初中14所、九年一贯制学校1所,在校生1.6万人,教师774人;普通高中3所(含分校区)、十二年一贯制学校1所,在校生7841人,教师390人;中等职业技术学校1所,全日制在校生647人,教师39人;特殊教育学校1所,在校生104人,教师16人。教育经费支出7.13亿元,学前三年毛入园率98.04%,义务教育巩固率106.8%。补充教师129人。图书馆馆藏图书12.15万册次,接待读者3.21万人次,外借图书6820册次。送戏下乡37场、送儿童剧目进校园10场,扶持村屯社区文艺队17支,免费开放县图书馆、文化馆(站)。"隆安壮族稻作技艺""壮族姜黄鸡制作技艺""隆安社日"3个项目列入南宁市第九批非物质文化遗产代表性项目名录,"隆安壮族织锦技艺"项目传承人黄英兰为南宁市第八批非物质文化遗产代表性传承人。有医疗卫生机构19家,卫生技术人员1749人,医疗病床1572张、实际病床2115张。向市体校输送运动员8人,组织参加自治区、南宁市比赛,获金牌6枚、银牌7枚、铜牌8枚。举办"壮族三月三·民族体育炫"隆安县分会场活动,开展"体育进社区"活动2场、隆安县第六届广西万名全民健身志愿者服务百县千乡活动4场。发放城市低保金4.62万人次、1805.72万元,农村低保金22.40万人次、5467.79万元。发放高龄补助4.41万人次、1140.96万元。城镇新增就业1531人,城镇登记失业率2.83%;农村劳动力转移就业5444人次。城乡居民基本养老保险参保4.22万人,参保率91.78%;发放养老金6.36万人、6.80亿元;城乡居民基本医疗保险参保36.40万人,征缴3.13亿元,支出4.03亿元。　　(黄东明)

编辑　郑小娟

模范(先进)人物

全国优秀共产党员

韦 球 壮族,1981年3月生,中共党员,广西都安人,现任南宁市第一人民医院副院长、主任医师,临床医学博士。2020年2月4日,韦球主动报名参加广西第二批援助湖北抗疫医疗队支援武汉江汉方舱医院,担任广西第二批医疗队第一临时党支部支委、江汉方舱医院医疗队队长和临时党支部书记。韦球不畏危险、身先士卒,冲锋在抗击新冠肺炎疫情一线,所带领的医疗队伍获"全国卫生健康系统新冠肺炎疫情防控工作先进集体"称号。2021年1月14日,南宁市新增1例确诊病例并开展核酸检测工作,韦球作为南宁市第一人民医院副院长,充分运用丰富的方舱医院工作和管理经验,担负起核酸采样现场总指挥职责,圆满完成8.5万人次采样检测任务。此后,在多次区域性人群核酸采样检测、疫苗接种等工作中,韦球始终践行初心,担当使命,充分发挥党员先锋模范带头作用。获全国抗击新冠肺炎疫情先进个人、全国卫生健康系统新冠肺炎疫情防控工作先进个人、广西壮族自治区先进工作者、广西激励干部担当作为一等奖、广西勤廉先进个人等荣誉。2021年6月,获中共中央授予"全国优秀共产党员"称号。

(市委组织部)

第八届全国道德模范

梁小霞 女,1992年1月生,中共党员,生前系广西第七批援湖北省抗疫医疗队员、南宁市第六人民医院内一科护士。2020年年初,武汉突如其来新冠肺炎疫情,梁小霞主动请缨参加抗疫,并向党组织递交入党申请书;2月21日,梁小霞作为广西第七批援鄂医疗队队员奔赴武汉支援抗疫;在连续多日高强度、超负荷工作后,2月28日,梁小霞累倒在抗疫一线;5月26日,经全力救治无效后逝世,年仅28岁。梁小霞被自治区党委追认为中共党员,被授予(追授、追记)中国青年五四奖章、广西青年五四奖章、自治区激励干部担当作为一等奖、记大功,获全国三八红旗手、白求恩式好护士、"中国好医生、中国好护士"抗疫特别人物、自治区先进工作者、八桂楷模、广西三八红旗手、广西优秀战"疫"护士、"全国抗击新冠肺炎疫情先进个人"等称号,上榜中国好人榜——敬业奉献好人。2021年11月,被中央精神文明建设指导委员会授予"第八届全国道德模范敬业奉献道德模范"称号。

(李 强)

全国五一劳动奖章获得者

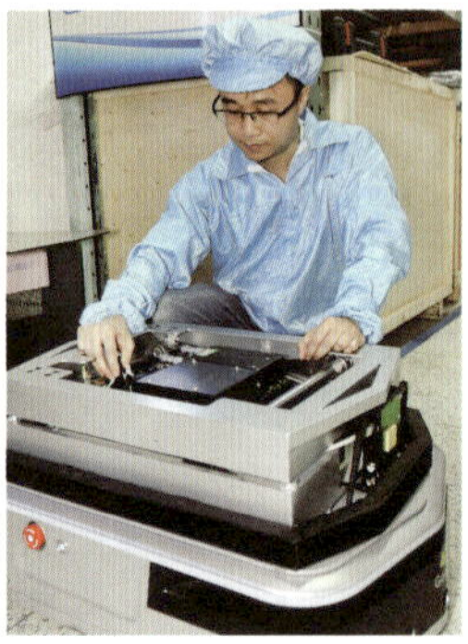

林 蔚 1986年9月生,中共党员,广西百色人,南宁富桂精密工业有限公司研发课长、工程师。参与和主持的超高清3D一体机电视等集团本地自主知识产权项目研发,研发5G工业应用及工业互联网制造平台等项目,取得显著成绩。2014年,完成本地自主"超高清3D一体机电视"项目研发。2015年,负责南宁园区"两化融合"项目建设,实现综合增效降本20%,单车间年综合成本降低约45万元。2016年,主导研发2套影音云服务平台并上线运营,拥有自主知识产权3项。2017年,主持研发智能家居系列产品,通过国家认证并量产上市。2018年,主持RTLS和ESOP两套工业互联网智慧工厂管理套件研发,参与建设富士康"熄灯工厂"入选达沃斯世界经济论坛"制造业灯塔工厂"。2019年,参与清华大学共同研发高精度协同室内定位系统,精度及成本控制达到国内顶尖水平。获"广西壮族自治区劳动模范"称号、南宁市高层次创业创新人才(团队)奖。2021年4月,被中华全国总工会授予全国五一劳动奖章。

(赵振套)

全国脱贫攻坚先进个人

（9人，2021年2月党中央、国务院授予）

吴朝晖　中共党员，市人大常委会党组成员、副主任，隆安县委书记

刘宗晓　中共党员，市扶贫开发办公室党组书记、主任，市政府副秘书长（兼）

毛　鑫　女，瑶族，中共党员，马山县加方乡龙开村驻村第一书记，广西南宁五象新区规划建设管理委员会协调指导局副局长

覃翠东　壮族，中共党员，马山县古零镇党委书记

黄　谦　壮族，中共党员，武鸣区太平镇庆乐村党总支部书记、村委会主任

苏秀清　女，广西金福农业有限公司总经理

赖运升　壮族，邕宁区远升食用菌种植农民专业合作社董事长兼会长

韦忠勇　上林县白圩镇光华农民种养专业合作社理事长

陶树记　壮族，宾阳县洋桥镇凌达村村民

（梁佳和）

全国应急管理系统先进工作者

（2人，2021年11月，人力资源和社会保障部、应急管理部授予）

杨　懿　中共党员，市应急管理局综合协调科科长

（李松民）

张章煌　中共党员，市消防救援支队特勤大队一站站长

（黄铭珩）

全国市场监管系统抗击新冠肺炎疫情先进个人

（1人，2021年1月国家市场监督管理总局、国家药监局、国家知识产权局授予）

刘国石　中共党员，市市场监管局药品流通监管科科长

（陈筱澜）

2021年度全国新时代好少年

（1人，2021年1月中央文明办、教育部、共青团中央、全国妇联、中国关心下一代工作委员会授予）

石唯颂　女，市第四十七中学学生

（李　强）

自治区优秀共产党员

（18人，2021年6月中共广西壮族自治区委员会授予）

徐　华　中共党员，市第二中学党委书记、副校长

潘庆标　壮族，中共党员，广西起凤橘洲生态农业有限公司党支部书记

玉燕玲　女，中共党员，西乡塘区环境卫生管理站清保综合队片区副队长

黄海保　中共党员，市生态环境局党组成员、市生态环境保护综合行政执法支队支队长

林艳荣　女，壮族，中共党员，市第四人民医院结核病科主任、结核病科四病区主任（兼）

黄　诚　中共党员，宾阳县司法局古辣司法所所长、二级主任科员

朱　英　女，中共党员，南宁邕城公共交通有限公司营运一分公司洪运车队驾驶员

覃翠东　壮族，中共党员，马山县四级调研员

何　鸿　中共党员，横州市人民医院党委宣传委员、重症医学科主任

黄凤群　女，壮族，中共党员，隆安县布泉乡巴香村特色种养专业合作社社长

肖黎明　女，中共党员，兴宁区朝阳街道人民北二里社区党总支部书记、居委会主任

林　蔚　中共党员，南宁富桂精密工业有限公司研发课长、工程师

华红勤　中共党员，广西八桂女子就业服务中心党支部书记、副主任

李卫国　中共党员，广西田园生化股份有限公司党委书记、董事长、研发中心总监

李德祥　壮族，中共党员，南宁青秀山风景名胜旅游区管理委员会风景园林管理局局长

黄小钊　女，中共党员，南宁职业技术学院智能制造学院学生党支部书记、学生管理中心主任、团委书记

李　博　中共党员，瑞声科技（南宁）有限公司党支部书记、副总经理

黄志彪　中共党员，良庆区卫生健康局党组书记、局长、一级主任科员

自治区优秀党务工作者

（13人，2021年6月中共广西壮族自治区委员会授予）

毛　鑫　女，中共党员，瑶族，广西南宁五象新区规划建设管理委员会［中国（广西）自由贸易试验区南宁片区管理委员会］协调指导局副局长

廖春红　女，中共党员，南宁市军队离退休干部服务管理中心党委书记、主任

张清秀　女，中共党员，宾阳县中华镇育才村党委副书记、村委会副主任

谢小燕　女，中共党员，南宁市滨湖路小学党委书记、校长，滨湖学区学区长，青秀区教育局机关党委委员

黄　谦　中共党员，武鸣区太平镇庆乐村党总支部书记、村委会主任

赵　颖　女，中共党员，兴宁区委区直机关工委副书记

潘晓梅　女，中共党员，马山县古寨瑶族乡古棠村党总支部书记、村委会主任

韦齐福　中共党员，隆安县丁当镇定坤村党支部副书记、村委会副主任

陆贵宙　中共党员，横州市新福镇彭岭村党委书记、村委会主任

卢英光　中共党员，上林县西燕镇岜独村党支部书记、村委会主任

唐　凤　女，中共党员，邕宁区蒲庙镇红星社区党委书记、居委会主任

杨芳洁　女，中共党员，西乡塘区北湖街道明秀南社区党委书记、居委会主任

李　潮　女，中共党员，江南区江南街道二桥西社区党委书记、居委会主任

（市委组织部）

第六届自治区道德模范

（3人，2021年11月自治区精神文明建设委员会授予）

宁华任　横州市陶圩镇陶圩社区宁村村民，见义勇为模范

梁巧恩　女，民进会员，广西巧恩茶业有限公司董事长、横州市巧娘之家志愿服务中心理事长，诚实守信模范

潘秀英　女，壮族，横州市马岭镇莲新村村民，孝老爱亲模范

（李　强）

广西五一劳动奖章获得者

（10人，2021年4月自治区总工会授予）

周　勃　云宝宝大数据产业发展有限责任公司董事长

郑　许　中共党员，广西南南铝加工有限公司主任工程师

钟海雄　中共党员，南宁职业技术学院教师

杨镇铭　广西申龙汽车制造有限公司技术中心管理部标准化工程师

覃光宝　壮族,广西电网有限责任公司南宁上林供电局西燕供电所配电线路维护班班长

曾剑先　广西壮方生物科技有限公司设备生产部部长

苏立燧　壮族,广西富凤农牧集团有限公司副总经理

李雪红　女,民进会员,市东葛路小学校长

兰卫华　女,瑶族,中共党员,南宁急救医疗中心主任护师、北湖急救站党支部书记

曹晓杰　南宁双汇食品有限公司总经理

广西工匠

(2人,2021年12月31日自治区总工会、自治区工信厅、自治区科技厅、自治区人社厅授予)

谭湘光　女,广西宾阳县湘光织锦坊、广西南宁市那家一锦文化传播有限公司总经理、国家级工艺美术大师

韦　文　广西中烟工业有限责任公司南宁卷烟厂副主任、工程师

(赵振套)

新闻人物

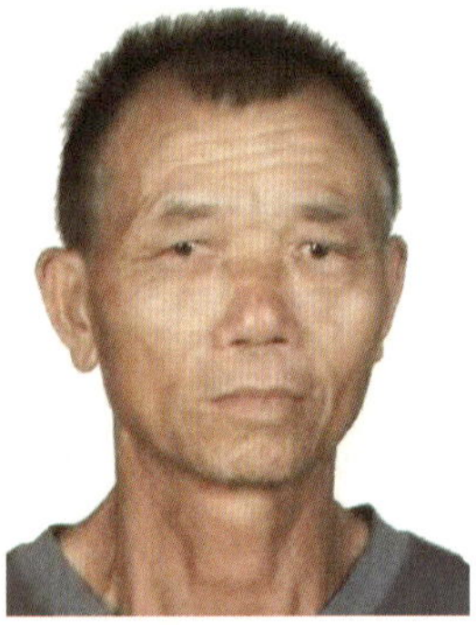

黎长才

黎少华

黎长才、黎少华　黎长才1950年生,黎少华1982年生,均为南宁市宾阳县大桥镇长范村委长岭村村民。2021年2月19日,大桥镇丰州村委凤山村村民一家5口乘车途经大桥江廖平坝桥路段时,车辆失控坠江。在旁的黎长才见状立即跳入水中救人,但在救最后一人时因体力不支沉入江中。黎少华恰巧骑车路过,见状接力救援。落水的5人获救,但黎长才因溺水时间过长不幸逝世。2021年4月,黎长才、黎少华上榜中央精神文明建设指导委员会主办的中国好人榜——见义勇为好人。

韦彩云　女,1963年9月15日生,市第四人民医院护理部主任。从事传染病护理工作37年,参加1986年南宁市局部暴发霍乱疫情、2003年严重急性呼吸综合征疫情、2009年甲型H1N1流感疫情等突发传染病疫情救治工作,先后护理过艾滋病、肝炎、痢疾等20多种传染病患者。2020年,新冠肺炎疫情突如其来,韦彩云组队成立抗疫小组,调配护士人力及培训护士近400人,落实规范操作,修订新冠肺炎护理工作指引,指导发热门诊、基层疫情防控工作,作为南宁市卫健系统抗疫宣讲团成员赴各地宣讲20多场。主持或参与多项科研课题,获广西科技进步二等奖1项;主编、参编书籍3本,发表论文20多篇。获"中国红十字总会优秀红十字志愿者""广西三八红旗手标兵""广西艾滋病防控先进个人"等称号。2021年5月,上榜中央精神文明建设指导委员会主办的中国好人榜——敬业奉献好人。

苏秀清　女,1980年6月生,广西金福农业有限公司总经理。带领团队在隆安县培育优质火龙果品种,打造火龙果种植基地——隆安县那之乡火龙果产业示范区,被评为自治区现代特色产业(核心)示范区。多年来,苏秀清与隆安县贫困村签订企业帮扶计划,增加贫困村集体经济收入,通过土地租金、务工工资、入股分红、公益援助等方式,帮扶贫困户3561户1.27万人,带领更多的人走上脱贫致富路。被评为广西女商会爱心企业家、2015年度广西女商会优秀企业家、第十届"全国农村青年致富带头人"、广西壮族自治区劳动模范、全国脱贫攻坚先进个人、全国巾帼建功标兵。2021年6月,上榜中央精神文明建设指导委员会主办的中国好人榜——助人为乐好人。

何光民　1963年4月生,中共党员,中国摄影家协会会员,南宁青秀区摄影协会主席,南宁佳茵文化传播有限公司总经理。先后资助云南省曲靖市会泽县10名贫困生,为磨盘卡小学240多名学生送去保暖手套;资助百色市隆林各族自治县100名孤儿学生,帮助南宁市上林县贫困户;资助贵州省从江县加榜乡中心小学资金和学习文体用品。2017年开始,每年资助南宁市石埠中学1名贫困学生读书。2018年,救助1名摔断腿且家境贫困的女孩,多次组织摄影家协会会员到医院看望。2020年初,购买4万多元的口罩、消毒液捐给南宁市13个社区和小区的抗疫一线工作人员,积极协办广西"抗击新冠肺炎疫情"影像作品展。20多年来,累计为助学、助孤、助贫等公益事业捐款捐物60余万元。2021年7月,上榜中央精神文明建设指导委员会主办的中国好人榜——助人为乐好人。

吕　鹏　2001年2月6日生,生前为广西外国语学院艺术学院2019级舞蹈表演专业本科1班学生。2021年6月26日凌晨,吕鹏作为副班长劝慰因感情问题、情绪低落的同班同学,不料发生意外状况,同学不慎落水。吕鹏不顾自身安危毅然纵身跃入水中施救,但因江边光线不足,水流絮乱,暗流、漩涡较多,二人在江中不断沉浮挣扎。在体力耗尽的最后时刻,吕鹏奋力把同学推向岸边,自己却慢慢沉入江底,献出宝贵的生命,年仅20岁。2021年8月,上榜中央精神文明建设指导委员会主办的中国好人榜——见义勇为好人。

(李　强)

黄秀明家庭　2003年，黄秀明夫妻作为全国第一批西部计划志愿者带着孩子到隆安县，开始帮扶贫困家庭的义工之路。2012年，他们一家为组织起更多的爱心人士、汇聚更多的爱心力量，创建璐曦爱心之家，在县民政局正式注册，有118名义工加入扶贫济困、奉献爱心队伍。18年来，他们为无数贫困家庭儿女实现读书的梦想，坚持行走在为群众排忧解难的慈善公益道路上，帮助农村中小学校100多所、贫困学生4000多名、困难户8万多户。2021年11月28日，被中共中央宣传部、中央文明办、全国妇联授予“全国最美家庭”称号。

吴香妹家庭　吴香妹现任林渌村村委副主任，进入村委工作29年，先后任林渌村党支部书记、主任、妇联主席等职。丈夫林进邦在村里经营一家农资小店，理解、支持妻子繁忙的村务工作，照顾好小家，教育好子女，让妻子全身心扎根于基层扶贫工作中。吴香妹带领林渌村争取上级补助资金3216万元改造村容村貌，组织党员群众集资捐资392万元、义务投入5万多个劳动日，完成人饮工程5处、受益群众2800人，硬化全村巷道90%、水利渠道21千米，建设机耕道17千米、篮球场4个、广场1800平方米、西红柿交易市场8个，安装太阳能路灯54盏，完成水库除险加固4个，带领弄排屯、敢生屯、坡利上屯整体异地搬迁，建设下岜屯为百村示范精品村，为60户五保户、低保户、特困户重建危房。吴香妹一家，家庭成员和睦，为人行事恪守“诚、善、勤、俭”的文明家风，先后获评广西“最美家庭”、广西“五好家庭”。2021年11月28日，被中共中央宣传部、中央文明办、全国妇联授予“全国最美家庭”称号。

张海坚家庭　张海坚是南宁邕城公共交通有限公司公交车修理工。父亲曾经是公交修理工人，妻子是车队站务员。张海坚家庭以“敬业奉献、尊老爱幼、廉洁齐家”为家训，对外敬业奉献，全心全意服务城市公交事业；对内修身齐家，一家人和谐幸福。张海坚家庭把公交当成自己第二个家，舍小家、为大家，每天起早贪黑地坚守，成就着市民乘客的出行便利。新冠肺炎疫情防控期间，张海坚主动请缨，坚守工作岗位，加班加点。在夫妻二人影响下，女儿独立自主自信，学习成绩优异，多次被评为“三好学生”。有幸福和谐家庭做后盾，张海坚全身心投入公交事业中，先后获“广西工匠”“广西五一劳动奖章”“第十五届全国职工职业道德建设先进个人”等荣誉。2021年11月28日，被中共中央宣传部、中央文明办、全国妇联授予“全国最美家庭”称号。

（市妇联）

2021年组织机构负责人

中共南宁市委员会

书　记：王小东　2015年5月—2021年11月
　　　　徐海荣　2021年11月—
副书记：周红波　2009年11月—2021年3月
　　　　孙大光　2021年3月—2021年11月
　　　　（原副书记）2021年11月—
　　　　杨维超　2018年2月—
常　委：张文军　2015年10月—2021年4月
　　　　（空缺）2021年4月—2021年5月
　　　　朱会东　2021年5月—
　　　　严丽萍（女）2020年3月—
　　　　谭向光　2015年12月—2021年12月
　　　　缪佃江　2019年7月—
　　　　黄　宁　2014年11月—
　　　　邓亚平　2018年2月—
　　　　刘胜友　2021年7月—
　　　　邱明宏　2019年4月—2021年7月
　　　　茹　雷　2020年7月—
　　　　杨　鸿（挂职）2020年6月—
　　　　王　群（挂职）2021年1月—
秘书长：黄　宁　2014年11月—2021年8月
　　　　刘胜友　2021年8月—

南宁市人民代表大会常务委员会

主　任：冯学军　2020年5月—
副主任：阮兆丰　2011年10月—2021年7月
　　　　杨宏博　2021年10月—
　　　　黎　琳（女）2016年2月—2021年10月
　　　　黄均宁　2021年10月—
　　　　周如斯　2016年10月—
　　　　刘志烈　2016年10月—
　　　　吴朝晖　2019年2月—2021年10月
　　　　陈　尧（女）2020年5月—
　　　　范卫东　2021年10月—
秘书长：范卫东　2020年5月—

南宁市人民政府

市　长：周红波　2011年10月—2021年4月
　　　　孙大光　2021年4月—
副市长：张文军　2015年11月—2021年10月
　　　　朱会东　2017年3月—
　　　　邓亚平　2018年2月—2021年10月
　　　　刘胜友　2021年10月—
　　　　杨　鸿（挂职）2020年6月—
　　　　王　群（挂职）2021年2月—
　　　　李建文　2018年2月—
　　　　秦运彪　2018年5月—2021年1月
　　　　陈荣茂　2021年1月—
　　　　丁　伟　2021年10月—
　　　　刘为民　2014年12月—2021年10月
　　　　张自英（女）2020年10月—
　　　　刘宗晓　2021年10月—
秘书长：黄宗成　2016年7月—

政协南宁市委员会

主　席：杜　伟　2016年10月—
副主席：黎四龙　2009年2月—2021年10月
　　　　魏凤君　2016年10月—

黎　琳(女)　2021年10月—
黄均宁　2011年10月—2021年10月
陈世平　2016年10月—2021年10月
梁　鸿　2016年10月—
唐咸兴　2019年2月—
邓娟娟(女)　2020年5月—2021年10月
潘永钟　2020年5月—
边作新　2021年10月—
梁平江　2021年10月—
蒋晓筠(女)　2021年10月—
秘书长:李　兵　2020年5月—

中共南宁市纪律检查委员会
书　记:缪佃江　2019年7月—

南宁市监察委员会
主　任:缪佃江　2020年5月—

中共南宁市委办公室
主　任:黄　宁　2019年2月—2021年8月
刘胜友　2021年8月—

中共南宁委组织部
部　长:谭向光　2015年12月—

中共南宁市委宣传部
部　长:邓亚平　2018年2月—

中共南宁市委统一战线工作部
部　长:严丽萍(女)　2020年3月—

中共南宁市委政法委员会
书　记:邱明宏　2019年4月—2021年7月
黄　宁　2021年7月—

中共南宁市委政策研究室
主　任:梁国禄　2017年11月—2021年6月
(空缺)　2021年6月—2021年10月
梁智忠　2021年10月—

中共南宁市委网络安全和信息化委员会办公室
主　任:冯　力(女)　2019年2月—

中共南宁市委机构编制委员会办公室
主　任:黄振生　2019年2月—

原南宁市直属机关工作委员会
书　记:黄　宁　2014年11月—2021年2月

中共南宁市委市直属机关工作委员会
书　记:黄　宁　2021年2月—8月
刘胜友　2021年8月—

中共南宁市委巡察工作办公室(市委巡察工作领导小组办公室)
主　任:邱卫新　2019年10月—2021年4月
晏　尔(女)　2021年4月—

中共南宁市委、市人民政府信访局
局　长:黄威铭　2016年4月—

中共南宁市委老干部局
局　长:邝　涤　2019年2月—2021年10月
(空缺)　2021年10月—

中共南宁市委机要保密办公室
主　任:杨宇鹏　2019年10月—

市人大常委会办公室
主　任:范卫东　2019年12月—

市人大常委会调查研究室
主　任:严景平　2015年3月—2021年8月
(空缺)　2021年8月—2021年9月
黄浩邦　2021年9月—

市人大常委会选举联络工作委员会
主　任:徐晓光　2012年5月—

市人大常委会法制工作委员会
主　任:陆沾鹏　2013年7月—

市人大法制委员会
主任委员:钟建国　2010年2月—2021年10月
周向华　2021年10月—

市人大监察和司法委员会
主任委员:周向华　2019年2月—2021年10月
钟建国　2021年10月—

市人大财政经济委员会
主任委员:张　彬　2011年10月—

原市人大农业与农村委员会
主任委员:顾安家　2016年10月—2021年10月

市人大农业与农村委员会
主任委员:何　蓉(女)　2021年10月—

市人大城乡建设环境保护委员会
主任委员:陆彦明　2016年10月—

市人大教育科学文化卫生委员会
主任委员:黄孝林　2016年10月—

市人大民族华侨外事宗教委员会
主任委员:梁新莲(女)　2016年2月—2021年10月
黄国树　2021年10月—

市人大社会建设委员会
主任委员:魏永泉　2019年2月—2021年10月
农云安　2021年10月—

市人民政府办公室
主　任:黄宗成　2019年3月—

市发展和改革委员会
党组书记:丁　伟　2016年5月—
主　任:丁　伟　2016年5月—

市教育局
党组书记:汪述斌　2017年7月—
局　长:汪述斌　2020年6月—

市科学技术局
党组书记:王亚楠　2019年2月—2021年6月
(空缺)　2021年6月—2021年8月
张　军　2021年8月—
局　长:梁　展　2014年7月—

市工业和信息化局
党组书记:汪东明　2019年2月—2021年8月
卢　晴(女)　2021年8月—
局　长:汪东明　2019年3月—2021年8月
(空缺)　2021年8月—2021年9月
卢　晴(女)　2021年9月—

市民族宗教事务委员会
党组书记:苏志刚　2016年7月—2021年6月
吴秀红(女)　2021年6月—
主　任:苏志刚　2016年9月—2021年8月
吴秀红(女)　2021年8月—

市公安局
党委书记:陈荣茂　2020年12月—
局　长:秦运彪　2018年5月—2021年1月

陈荣茂 2021年1月—
政治委员:农 健 2020年12月—

市民政局
党组书记:黄菊如(女) 2013年6月—2021年6月
唐小若 2021年6月—
局 长:黄菊如(女) 2013年7月—2021年7月
唐小若 2021年7月—

市司法局
党组书记:黄有光 2015年2月—
局 长:黄有光 2019年12月—

市财政局
党组书记:边作新 2016年5月—
局 长:边作新 2016年5月—

市人力资源和社会保障局
党组书记:刘德宁 2016年6月—
局 长:刘德宁 2016年7月—

市自然资源局
党组书记:林 兢 2020年4月—
局 长:林 兢 2020年4月—

市生态环境局
党组书记:韦好鹏 2019年3月—2021年9月
黄衍全 2021年9月—
局 长:韦好鹏 2019年3月—2021年12月
黄衍全 2021年12月—

市住房和城乡建设局
党组书记:宁世朝 2020年4月—
局 长:宁世朝 2020年4月—

市交通运输局
党组书记:蔡友清 2016年5月—
局 长:蔡友清 2016年5月—

市水利局
党组书记:李伟进 2014年10月—
局 长:李伟进 2014年11月—

市农业农村局
党组书记:杨 敏(女) 2019年2月—2021年6月
舒善隆 2021年6月—
局 长:杨 敏(女) 2019年3月—2021年7月
舒善隆 2021年7月—

市商务局
党组书记:梁培正 2012年5月—
局 长:梁培正 2012年5月—

市文化广电和旅游局
党组书记:黄永久 2019年2月—
局 长:黄永久 2019年12月—2021年1月
韦 娜(女) 2021年1月—

市卫生健康委员会
党组书记:谢宗务 2019年2月—2021年8月
唐 驰 2021年8月—
主 任:谢宗务 2019年3月—2021年9月
唐 驰 2021年9月—

市退役军人事务局
党组书记:陈欣善 2019年2月—
局 长:陈欣善 2019年3月—

市应急管理局
党委书记:黄展邦 2020年5月—
局 长:黄展邦 2019年3月—

市审计局
党组书记:徐铭斯 2016年6月—
局 长:徐铭斯 2016年7月—

市外事办公室
党组书记:彭 健(女) 2019年2月—
主 任:彭 健(女) 2019年3月—

市市场监督管理局
党组书记:李善钦 2019年12月—
局 长:李善钦 2019年3月—

市体育局
党组书记:杨雪敏(女) 2019年2月—2021年5月
吴 豫(女) 2021年5月—
局 长:杨雪敏(女) 2019年3月—2021年5月
吴 豫(女) 2021年5月—

市统计局
党组书记:黄南方 2010年12月—
局 长:黄南方 2010年12月—

市林业局
党组书记:许强初 2019年12月—
局 长:许强初 2020年4月—

市金融工作办公室
党组书记:曾肄业(女) 2019年2月—
主 任:曾肄业(女) 2019年3月—

市人民防空办公室
党组书记:董红兵 2012年5月—2021年6月
蒋立新 2021年6月—
主 任:董红兵 2012年3月—2021年8月
蒋立新 2021年8月—

原市扶贫开发办公室
党组书记:刘宗晓 2016年6月—2021年6月
主 任:刘宗晓 2016年7月—2021年6月

市乡村振兴局
党组书记:刘宗晓 2021年6月—
局 长:刘宗晓 2021年7月—

市医疗保障局
党组书记:陆 勤(女) 2019年2月—
局 长:陆 勤(女) 2019年3月—

市市政和园林管理局
党组书记:蓝 岚(女) 2019年2月—2021年6月
庄 凯 2021年6月—
局 长:蓝 岚(女) 2019年3月—2021年7月
庄 凯 2021年7月—

市城市管理综合行政执法局
党组书记:梁 勇 2019年2月—
局 长:梁 勇 2019年3月—

市投资促进局
党组书记:梁 枫(女) 2013年9月—2021年6月
(空缺) 2021年6月—2021年10月
邝 涤 2021年10月—
局 长:梁 枫(女) 2013年9月—2021年8月
(空缺) 2021年8月—2021年12月
邝 涤 2021年12月—

市行政审批局
党组书记:黄 定 2016年9月—
局 长:黄 定 2016年12月—

市北部湾经济区规划建设管理办公室
党组书记:张文军 2019年2月—2021年6月
朱会东 2021年6月—
主 任:张文军(兼) 2019年3月—2021年7月

朱会东(兼) 2021年7月—

市粮食和物资储备局

党组书记:肖 宁 2019年2月—
局 长:肖 宁 2019年3月—

市机关事务管理局

党组书记:文华寿 2019年2月—
局 长:文华寿 2019年3月—

市大数据发展局

局 长:尹 平 2019年3月—2021年8月
(空缺) 2021年8月—2021年12月
熊 华 2021年12月—

市人民政府国有资产监督管理委员会

党委书记:宋日正 2015年4月—
主 任:宋日正 2015年4月—

广西南宁五象新区规划建设管理委员会

党工委书记:周红波(兼) 2013年8月—2021年3月
孙大光(兼) 2021年3月—2021年11月
(原党工委书记)(兼) 2021年11月—
主 任:周红波(兼) 2013年9月—2021年4月
孙大光(兼) 2021年4月—2021年12月
(原主任)(兼) 2021年12月—

南宁高新技术产业开发区管理委员会

党工委书记:李 耕 2020年11月—
主 任:李 耕 2016年5月—2021年2月
何尚汉 2021年2月—

南宁经济技术开发区管理委员会

党工委书记:何尚汉 2016年6月—
主 任:何尚汉 2016年6月—

广西—东盟经济开发区管理委员会(南宁华侨投资区管理委员会)

党工委书记:熊瑞光 2016年6月—2021年2月
左 伟(女) 2021年2月—
主 任:熊瑞光 2016年6月—2021年2月
左 伟(女) 2021年2月—

南宁青秀山风景名胜旅游区管理委员会

党工委书记:张振宇 2020年7月—
主 任:张振宇 2020年7月—

市政协办公室

主 任:李 兵 2019年11月—

市政协研究室

主 任:江振华 2015年3月—

市政协选举联络工作办公室

主 任:韩艳斌(女) 2010年10月—

市政协提案委员会

主 任:(空缺) 2020年9月—2021年3月
韦杰鹏 2021年3月—

市政协经济委员会

主 任:(空缺) 2020年10月—2021年6月
赵雄鹰(女) 2021年6月—

市政协农业和农村委员会

主 任:叶 盛 2019年2月—

市政协文化文史和学习委员会

主 任:赵伟波 2019年3月—

市政协教科卫体委员会

主 任:陆益斌 2019年2月—2021年6月
杨雪敏(女) 2021年6月—

市政协海外联谊民族宗教委员会

主 任:杨晓钊 2017年9月—2021年7月
杨 敏(女) 2021年7月—

市政协人口资源环境与城乡建设委员会

主 任:韦杰鹏 2019年2月—2021年3月
李海光 2021年3月—

市政协社会法制委员会

主 任:黄 芳(女) 2016年11月—

市中级人民法院

党组书记:张培健 2016年6月—2021年8月
韦武斌 2021年8月—
院 长:张培健 2016年10月—2021年10月
韦武斌 2021年10月—

市人民检察院

党组书记:黄建波 2009年12月—2021年8月
梁 毅 2021年8月—
检察长:黄建波 2010年2月—2021年10月
梁 毅 2021年10月—

中国国民党革命委员会南宁市委员会

主任委员:黎 琳(女) 2011年5月—

中国民主同盟南宁市委员会

主任委员:潘永钟 2016年5月—

中国民主建国会南宁市委员会

主任委员:卢秋凌(女) 2009年8月—2021年1月
梁满红(女) 2021年1月—

中国民主促进会南宁市委员会

主任委员:黄均宁 2009年8月—

中国农工民主党南宁市委员会

主任委员:黄玉燕(女) 2016年5月—

中国致公党南宁市委员会

主任委员:蒋晓筠(女) 2016年5月—

九三学社南宁市委员会

主任委员:梁 鸿 2012年12月—

市工商业联合会

党组书记:李忠南 2016年9月—
主 席:黎四龙 2007年12月—

市总工会

党组书记:伦 建 2009年7月—
主 席:陈世平 2019年9月—2021年9月
唐咸兴 2021年9月—

共青团南宁市委员会

书 记:文 瑞 2019年7月—

市妇女联合会

党组书记:李 伟(女) 2017年7月—
主 席:李 伟(女) 2017年8月—

市文学艺术界联合会

党组书记:程小华 2019年11月—
主 席:程小华 2019年12月—

市科学技术协会

党组书记:王 洲 2010年4月—2021年6月
潘智嫦(女) 2021年6月—

主　　席:王　洲　2010 年 6 月—2021 年 10 月
　　　潘智嫦(女)　2021 年 10 月—

市归国华侨联合会

党组书记:陈章雄　2015 年 3 月—
主　　席:杨　隽(女)　2018 年 9 月—

中国国际贸易促进委员会南宁市支会

党组书记:谭　漓(女)　2010 年 7 月—
会　　长:谭　漓(女)　2010 年 2 月—

市残疾人联合会

党组书记:田家全　2018 年 5 月—2021 年 9 月
　　　杨修凯(女)　2021 年 9 月—
理 事 长:田家全　2018 年 6 月—

市红十字会

党组书记:桂文志　2015 年 3 月—
会　　长:邓亚平　2018 年 3 月—

市社会科学界联合会

党组书记:谭耀武　2013 年 6 月—
主　　席:谭耀武　2013 年 7 月—

市法学会

党组书记:邱明宏　2019 年 4 月—2021 年 8 月
　　　黄　宁　2021 年 8 月—
会　　长:邱明宏　2019 年 6 月—

中共南宁市委党校(市经济干部学院、市行政学院、市社会主义学院)

中共南宁市委党校校长:
　杨维超(兼)　2018 年 3 月—
市经济干部学院院长:
　施日全　2012 年 2 月—2021 年 8 月
　黄东耿　2021 年 8 月—
市行政学院院长:
　张文军(兼)　2015 年 11 月—2021 年 6 月
　朱会东(兼)　2021 年 6 月—
市社会主义学院院长:
　黎琳(女,兼)　2017 年 2 月—
市社会主义学院党组书记:
　李海光　2020 年 7 月—2021 年 2 月
　(空缺)　2021 年 2 月—

市国家档案馆

馆　长:张清亮　2020 年 4 月—

中共南宁市委党史研究室

主　任:李刘科　2010 年 10 月—

南宁日报社

社　长:刘　复　2019 年 2 月—
总编辑:刘　复　2016 年 9 月—

中共南宁市委、市人民政府接待办公室

主　任:王合新　2016 年 8 月—2021 年 8 月
　　　(空缺)　2021 年 8 月—2021 年 10 月
　　　梁盛华　2021 年 10 月—

市人民政府发展研究中心

党组书记:梁智忠　2020 年 12 月—2021 年 10 月
　　　(空缺)　2021 年 10 月—
主　　任:梁智忠　2020 年 12 月—2021 年 10 月
　　　(空缺)　2021 年 10 月—

南宁住房公积金管理中心

党组书记:(空缺)　2020 年 8 月—2021 年 2 月
　　　陆清明　2021 年 2 月—
主　　任:(空缺)　2020 年 8 月—2021 年 2 月
　　　陆清明　2021 年 2 月—

市人民政府地方志编纂办公室

党组书记:王德宾　2010 年 10 月—
主　　任:王德宾　2010 年 11 月—

市二轻集体工业联社

党组书记:司马平　2013 年 7 月—
主　　任:司马平　2013 年 8 月—

市社会科学院

党组书记:韦振豪　2010 年 10 月—
院　　长:胡建华　2010 年 12 月—

南宁昆仑关战役遗址保护管理委员会(南宁昆仑关旅游风景区管理委员会)

党组书记:蒋宁华　2015 年 3 月—
主　　任:蒋宁华　2015 年 4 月—

原市社会保险事业管理局

党委书记:唐　明　2017 年 2 月—2021 年 5 月
局　　长:唐　明　2017 年 3 月—2021 年 5 月

市社会保险事业管理中心

党委书记:唐　明　2021 年 5 月—
主　　任:唐　明　2021 年 5 月—

市公共资源交易中心

党组书记:卢绍宁　2019 年 2 月—
主　　任:卢绍宁　2019 年 3 月—

市城市管理监督评价中心(市城市管理指挥中心)

党组书记:(空缺)　2016 年 4 月—2021 年 6 月
　　　梁开景　2021 年 6 月—
主　　任:(空缺)　2016 年 4 月—2021 年 6 月
　　　梁开景　2021 年 6 月—

市城市应急联动中心

党组书记:黄展邦　2019 年 2 月—
主　　任:黄展邦　2019 年 3 月—

南宁广播电视台

党委书记:程弘帅　2019 年 2 月—
主　　任:程弘帅　2019 年 3 月—

南宁职业技术学院

党委书记:黄明瑞　2016 年 9 月—
院　　长:周　旺　2019 年 7 月—

广西大明山国家级自然保护区管理局(南宁大明山风景旅游区管理委员会)

党 组 书 记:黄　宁　2017 年 7 月—
局长(主任):黄　宁　2015 年 4 月—

市供销合作联社

党 组 书 记:李孔全　2015 年 3 月—
理事会主任:李孔全　2015 年 5 月—
监事会主任:杜　成　2017 年 3 月—

原中共横县委员会

书　记:黄海韬　2018 年 2 月—2021 年 6 月

中共横州市委员会

书　记:黄海韬　2021 年 6 月—

原横县人大常委会

主　任:蒋小旗　2011 年 8 月—2021 年 6 月

横州市人大常委会

主　任:(空缺)　2021 年 6 月—2021 年 9 月
　　　黄冬丽(女)　2021 年 9 月—

原横县人民政府

县　长:曾鹏鑫　2016 年 8 月—2021 年 6 月

横州市人民政府

市　长:(空缺)　2021 年 6 月—2021 年 9 月
　　　梁　枫(女)　2021 年 9 月—

原政协横县委员会

主　席:薛　文　2016 年 8 月—2021 年 6 月

政协横州市委员会

主　席:(空缺)　2021年6月—2021年9月

薛　文　2021年9月—

中共宾阳县委员会

书　记:朱亚明　2016年4月—2021年1月

（空缺）　2021年1月—2021年3月

施　杰　2021年3月—

宾阳县人大常委会

主　任:罗宏周　2016年8月—

宾阳县人民政府

县　长:穆贤清　2016年8月—2021年7月

（空缺）　2021年7月—2021年9月

梁展凡　2021年9月—

政协宾阳县委员会

主　席:张昭平　2011年8月—2021年9月

麦阳明　2021年9月—

中共上林县委员会

书　记:梁平江　2016年4月—2021年6月

蓝宗耿　2021年6月—

上林县人大常委会

主　任:李玉辉　2017年2月—

上林县人民政府

县　长:蓝宗耿　2014年1月—2021年7月

（空缺）　2021年7月—2021年9月

王　鹏　2021年9月—

政协上林县委员会

主　席:覃祯威　2014年1月—2021年9月

韦泽伦　2021年9月—

中共马山县委员会

书　记:唐咸兴　2015年3月—2021年6月

穆贤清　2021年6月—

马山县人大常委会

主　任:谢显术　2011年8月—2021年9月

许安健　2021年9月—

马山县人民政府

县　长:张自英(女)　2016年8月—2021年7月

（空缺）　2021年7月—2021年9月

韦　佳　2021年9月—

政协马山县委员会

主　席:韦　佳　2018年7月—2021年9月

罗　锋　2021年9月—

中共隆安县委员会

书　记:吴朝晖　2012年12月—2021年6月

甘　诚　2021年6月—

隆安县人大常委会

主　任:刘文式　2011年8月—2021年9月

许扬卫　2021年9月—

隆安县人民政府

县　长:甘　诚　2016年8月—2021年7月

（空缺）　2021年7月—2021年9月

王亚楠　2021年9月—

政协隆安县委员会

主　席:许扬卫　2019年9月—2021年9月

刘文式　2021年9月—

中共南宁市兴宁区委员会

书　记:舒善隆　2016年4月—2021年6月

高　鑫　2021年6月—

南宁市兴宁区人大常委会

主　任:霍镇兴　2013年7月—2021年9月

（原主任）　2021年9月—

南宁市兴宁区人民政府

区　长:林　涛　2019年9月—

政协南宁市兴宁区委员会

主　席:黄敏丽(女)　2019年9月—

中共南宁市江南区委员会

书　记:梁开景　2016年2月—2021年6月

谢文华　2021年6月—

南宁市江南区人大常委会

主　任:黄　英(女)　2010年3月—2021年9月

潘耿华　2021年9月—

南宁市江南区人民政府

区　长:谢文华　2018年7月—2021年7月

（空缺）　2021年7月—2021年9月

尹　平　2021年9月—

政协南宁市江南区委员会

主　席:潘长能　2009年3月—2021年9月

李海波　2021年9月—

中共南宁市青秀区委员会

书　记:唐小若　2018年2月—2021年6月

黄　瑜　2021年6月—

南宁市青秀区人大常委会

主　任:李柏林　2011年8月—2021年9月

雷小聪(女)　2021年9月—

南宁市青秀区人民政府

区　长:黄　瑜　2020年5月—2021年7月

（空缺）　2021年7月—2021年9月

曾鹏鑫　2021年9月—

政协南宁市青秀区委员会

主　席:岳凤军(女)　2011年8月—2021年9月

韦虎新　2021年9月—

中共南宁市西乡塘区委员会

书　记:廖伟福　2016年2月—2021年6月

李秋果(女)　2021年6月—

南宁市西乡塘区人大常委会

主　任:周少剑　2016年8月—

南宁市西乡塘区人民政府

区　长:陆广平(女)　2016年3月—2021年4月

韦鬻钰　2021年4月—

政协南宁市西乡塘区委员会

主　席:费　勇　2011年8月—2021年3月

李东红(女)　2021年3月—

中共南宁市邕宁区委员会

书　记:邓娟娟(女)　2015年4月—2021年6月

梁国禄　2021 年 6 月—

南宁市邕宁区人大常委会

主　任:黄壮章　2016 年 8 月—

南宁市邕宁区人民政府

区　长:何　翔　2020 年 5 月—2021 年 7 月

（空缺）　2021 年 7 月—2021 年 9 月

陶岳彬　2021 年 9 月—

政协南宁市邕宁区委员会

主　席:陈增强　2016 年 8 月—

中共南宁市良庆区委员会

书　记:施　杰　2016 年 6 月—2021 年 3 月

陆广平(女)　2021 年 3 月—

南宁市良庆区人大常委会

主　任:(空缺)　2021年1月—2021年 4月

梁　莉(女)　2021 年 4 月—

(原主任)　2016 年 8 月—2021 年 1 月

南宁市良庆区人民政府

区　长:王　川　2016 年 8 月—2021 年 1 月

（空缺）　2021 年 1 月—2021 年 4 月

李　冉　2021 年 4 月—

政协南宁市良庆区委员会

主　席:覃良川　2018 年 7 月—

中共南宁市武鸣区委员会

书　记:黄伟光　2019 年 7 月—2021 年 7 月

陈文胜　2021 年 7 月—

南宁市武鸣区人大常委会

主　任:黄国录　2016 年 8 月—

南宁市武鸣区人民政府

区　长:陈文胜　2019 年 9 月—2021 年 7 月

（空缺）　2021 年 7 月—2021 年 9 月

尹玉林　2021 年 9 月—

政协南宁市武鸣区委员会

主　席:赵祖明　2016 年 8 月—2021 年 9 月

韦华清　2021 年 9 月—

逝世人物

（副厅级、享受副厅级以上待遇）

钟士贤　(1924 年 11 月至 2021 年 1 月)中共党员,广西马山人。1948 年 7 月,参加工作。1948 年 7 月,加入中国共产党。历任庆远中学组织学生工作人员,宜山地区游击队队员,环江县宜北办事处主任,宜山专区农民协会秘书,宜山城关区委书记,宜山专区土改队组长,宜山专区土改委编报员,宜山专区生产办公室秘书,南宁建筑公司第四工地支书、木工厂副厂长,南宁市委工交部巡视员,南宁市冶金局副局长,南宁市委政策研究室研究员,南宁市水泥厂厂长,南宁市人委办公室副主任,南宁制糖造纸厂行政秘书科副科长,南宁市邕江防洪大堤指挥部供应科副科长,南宁市建筑工程局副局长,中共南宁市委组织部副部长。1985 年 6 月离休。

李　锷　(1933 年 4 月至 2021 年 6 月)中国民主建国会会员,广西大新人。1956 年 1 月,参加工作。1985 年 12 月,加入中国民主建国会。历任沈阳市计划委员会综合计划处、长期计划处科员,广西南宁市计划委员会工交科科员,天等县都康公社教惠大队副队长,南宁市计划委员会科员,南宁市邕江大堤修建指挥部工作人员、总调度,南宁市基本建设委员会基建科、施工科科员,南宁市计划经济研究所副所长、所长,南宁市经济信息中心副主任,民建广西区委副主任委员,民建南宁市委专职副主任委员、主任委员,南宁市人大常委会副主任,民建广西区委副主任委员,民建南宁市委主任委员。2002 年 11 月退休。

左玉田　(1926 年 11 月至 2021 年 12 月)中共党员,河北乐亭人。1945 年 1 月,参加工作。1945 年 1 月,加入中国共产党。历任河北省乐亭县四区左庄村党支部书记,四区区委组织干事、副组织委员、组织委员,第一区委书记,县委秘书,县委宣传部副部长、部长,南下工作大队组织科干事,广西宾阳地委、南宁地委组织部组织科、干部科科长,南宁市委组织部副部长,南宁市郊区党委书记,永宁区委第一书记,南宁市委副秘书长,南宁市农委副书记,南宁市委农村部副部长,南宁市委财贸部副主任,南宁市南岸砖瓦厂革委会副主任,南宁市建工局党委书记、局长,南宁市建委副主任,南宁市纪委副书记。1985 年 6 月离休。

（市委组织部）

编辑　梁富鑫

附录

2021年南宁市国民经济和社会发展统计公报

2021年，全市各级各部门坚持以习近平新时代中国特色社会主义思想为指导，深入学习贯彻习近平总书记对广西工作系列重要指示精神特别是视察广西“4·27”重要讲话精神，紧紧围绕自治区第十二次党代会提出的建设壮美广西“1+1+4+3+N”目标任务体系，坚持政策为大、项目为王、环境为本、创新为要，统筹疫情防控和经济社会发展，全面落实强首府战略，稳住了经济基本盘，保持了社会大局和谐稳定，“十四五”开局良好。

一、综合

经济增长：初步核算，全年地区生产总值5120.94亿元，按可比价格计算，比上年增长6.1%。三次产业中，第一产业增加值606.76亿元，增长7.9%；第二产业增加值1198.76亿元，增长4.3%；第三产业增加值3315.42亿元，增长6.3%。

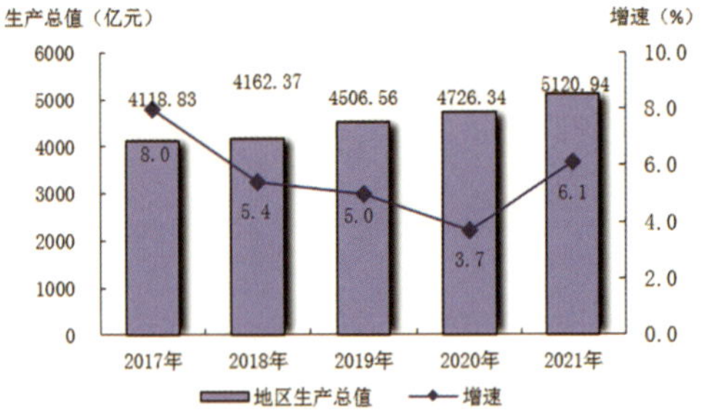

2017年至2021年全市地区生产总值及增长速度

三次产业的比重为11.9:23.4:64.7。与2020年比较，第一产业比重提高0.55个百分点，第二产业比重上升0.51个百分点，第三产业比重下降1.06个百分点。

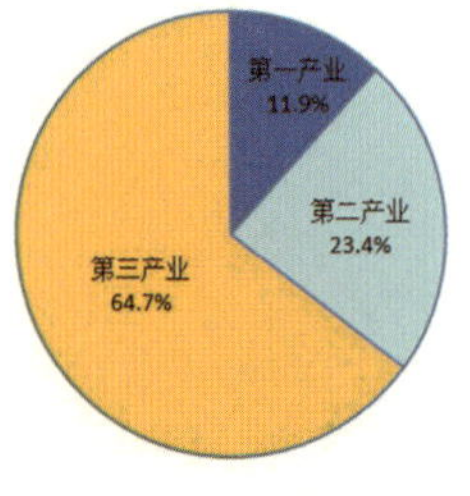

2021年三次产业增加值占全市地区生产总值比重

人口：2021年，年末全市户籍人口800.94万人，比上年增加9.56万人，增长1.2%，其中市区人口419.98万人，增加10.66万人，增长2.6%。年末全市常住人口883.28万人，比上年末增加8.03万人，其中城镇人口616.4万人，常住人口城镇化率为69.79%，比上年末提高0.88个百分点。全市人口出生率为8.62‰，比上年下降2.95个千分点；人口死亡率5.3‰，比上年下降1.9个千分点；人口自然增长率3.37‰，比上年下降2.8个千分点。

价格：全年居民消费价格比上年上涨1.4%，分类别看，八大类消费价格指数“七升一降”。

2021年居民消费价格指数

指　标	2021年	比上年涨跌(%)
居民消费价格总指数	101.4	1.4
食品烟酒	99.6	-0.4
衣着	101.7	1.7
居住	101.4	1.4
生活用品及服务	100.3	0.3
交通和通信	101.7	1.7
教育文化和娱乐	106.4	6.4
医疗保健	101.0	1.0
其他用品和服务	100.3	0.3

2017年至2021年居民消费价格涨跌幅度

二、农业

产值:全年全市实现农林牧渔及服务业总产值907.67亿元,比上年增长9.1%。其中,农业产值584.68亿元,比上年增长6.4%;林业产值52.56亿元,比上年增长6.5%;畜牧业产值208.42亿元,比上年增长17.7%;渔业产值35.97亿元,比上年增长4.1%;农林牧渔服务业产值26.04亿元,比上年增长9.0%。占农林牧渔及服务业产值的比重分别为:农业64.4%,比上年下降2.1个百分点;林业5.8%,比上年上升0.4个百分点;畜牧业23.0%,比上年上升1个百分点;渔业4.0%,比上年上升0.7个百分点;农林牧渔服务业2.9%,比上年上升0.1个百分点。

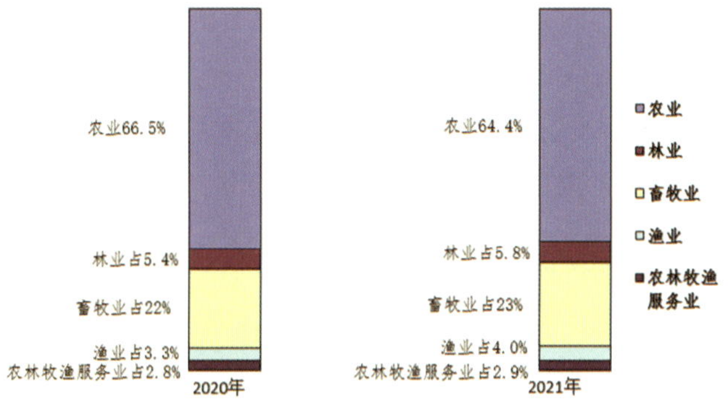

2020年至2021年农林牧渔及服务业总产值构成(%)

农作物种植面积:全年农作物播种面积1458.7万亩,比上年下降0.4%。其中,粮食种植面积638.31万亩,比上年增长0.26%。经济作物种植面积820.39万亩,比上年下降0.87%,其中,甘蔗种植面积186.62万亩,比上年下降4.6%;油料种植面积73.61万亩,比上年下降2.7%;蔬菜种植面积416.46万亩,比上年增长1.7%。各类经济作物种植面积占农作物总播种面积的比重为56.2%,全年粮食作物和各类经济作物的种植面积比例为1∶1.3。

农作物产品产量:全年粮食总产量211.55万吨,比上年增长1.1%;蔬菜产量683.69万吨,比上年增长4.06%;水果产量453.91万吨,比上年增长13.1%;甘蔗产量1049.62万吨,比上年下降3.9%;花生产量14.95万吨,比上年下降1.3%;木薯产量19.81万吨,比上年下降6.7%。

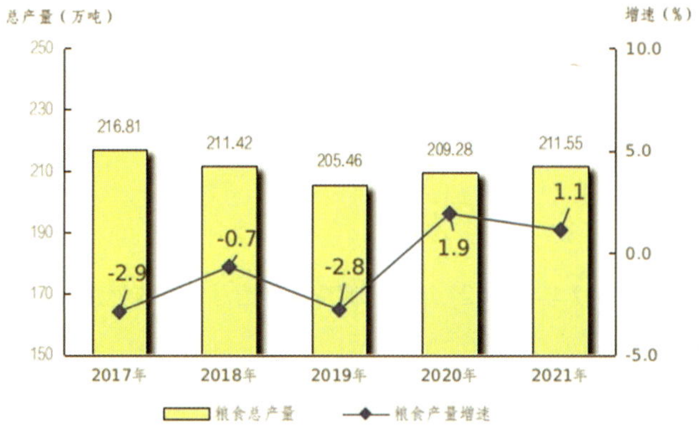

2017年至2021年全市粮食总产量及增长速度

养殖业产品产量:全年肉类产量64.73万吨,比上年增长13.5%,其中,猪肉产量34.21万吨,比上年增长41.2%;全年生猪出栏432.41万头,比上年增长35.4%;生猪存栏265.56万头,比上年增长16%;禽蛋产量2.98万吨,比上年增长6.3%;牛奶产量1.3万吨,比上年下降10.7%;水产品产量23.42万吨,比上年增长4.1%。

林业生产:全社会木材采伐量695.42万立方米,比上年增长10.4%。

三、工业和建筑业

工业:全年全部工业增加值比上年增长7.4%,规模以上工业增加值比上年增长7.5%。在规模以上工业增加值中,分经济类型看,国有企业比上年下降84.5%,集体企业比上年增长13.8%,股份制企业比上年增长7.8%,外商及港澳台投资企业比上年增长10.5%;分轻重工业看,轻工业比上年增长10.6%,重工业比上年增长4.9%,轻工业增速快于重工业5.7个百分点。

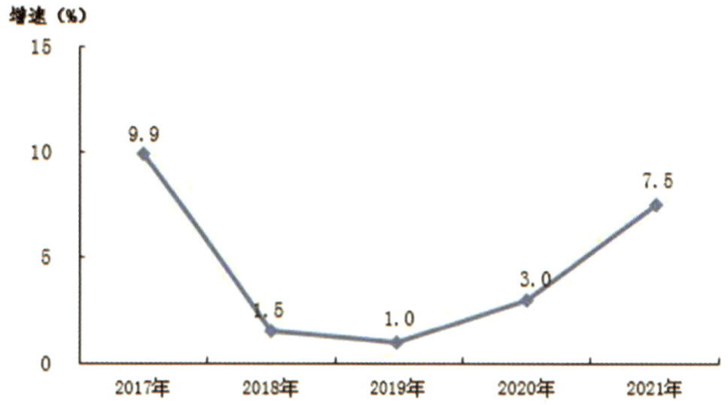

2017年至2021年全市规模以上工业增加值增长速度

全年全市规模以上工业中,烟草制品业增加值比上年增长10.2%;计算机、通信和其他电子设备制造业增加值比上年增长19.6%;非金属矿物制品业增加值比上年下降9.3%;农副食品加工业增加值比上年增长16.4%;电力、热力生产和供应业产值比上年增长22.2%;木材加工和木、竹、藤、棕、草制品业增加值比上年增长31.1%。

全市规模以上工业企业营业收入2684.09亿元,比上年增长9.48%;利润115.91亿元,比上年下降7.55%。全年规模以上工业产销率97.3%,与上年持平。

年末全市拥有规模以上工业企业1274家,比上年增加178家。其中工业产值超亿元的企业447家。

2021年主要工业产品产量及增长速度

产品名称	单 位	产 量	比上年增长(%)
配混合饲料	万吨	634.01	33.6
成品糖	万吨	86.94	-11.9
饮料	万吨	200.08	9.6
啤酒	千升	269641	-1.5
卷烟	亿支	358.29	1.4
人造板	万立方米	917.90	34.1
纸浆	万吨	30.37	44.8
机制纸及纸板	万吨	30.41	33.8
硅酸盐水泥熟料	万吨	1008.30	-16.4
水泥	万吨	1555.11	-6.2
铝材	万吨	26.01	-8.0
钢材	万吨	80.05	-41.9
电力电缆	千米	306576	-2.3
乳制品	万吨	13.08	28.3
合成复合肥	万吨	89.99	16.2
塑料制品料	万吨	26.19	-2.3

建筑业:年末,全市具有资质等级的建筑企业545个,比上年增加48个。全年建筑业增加值比上年增长2.0%。全市建筑企业完成施工产值2647.71亿元,比上年增长18.3%。

四、固定资产投资

2021 年,全市固定资产投资比上年增长 3.1%。其中,第一产业投资比上年下降 26.0%;第二产业投资比上年增长 20.2%,其中工业投资比上年增长 21.2%;第三产业投资比上年增长 1.5%。民间投资比上年下降 2.8%。

分投资主体看,国有经济投资比上年同比增长 9.9%,集体经济投资比上年下降 55.4%,私营个体投资比上年增长 4.6%,港澳台商投资比上年增长 70.8%,外商投资比上年下降 51.6%,其他经济投资比上年下降 73.5%。

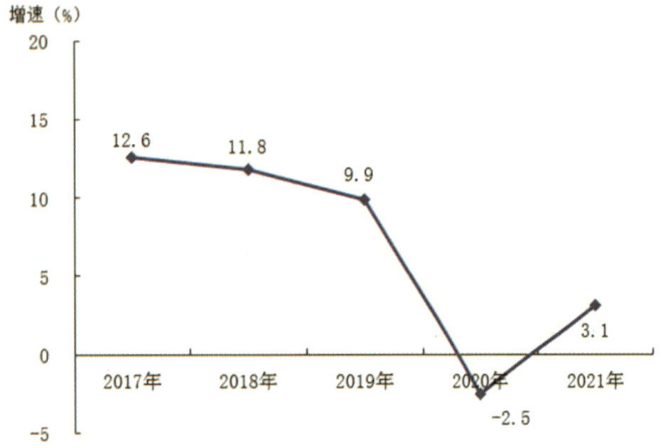

2017 年至 2021 年固定资产投资增长速度

2021 年分行业固定资产投资增长速度

行　业	比上年增长(%)
固定资产投资	3.1
农、林、牧、渔业	-25.1
采矿业	-27.4
制造业	30
电力、燃气及水的生产和供应业	1.3
建筑业	5.8
批发和零售业	2.8
交通运输、仓储和邮政业	47.1
住宿和餐饮业	-45.5
信息传输、软件和信息技术服务业	-36.7
金融业	-18.6
房地产业	15.5
租赁和商务服务业	-22.5
科学研究和技术服务业	-25.9
水利、环境和公共设施管理业	-32.1
居民服务、修理和其他服务业	196.7
教育	15.7
卫生和社会工作	-28.5
文化、体育和娱乐业	-10.2
公共管理、社会保障和社会组织	-20.6

全年全市房地产开发投资 1359.95 亿元,比上年下降 1.3%。其中,商品住宅投资 975.17 亿元,比上年下降 1.4%;办公楼投资 53.05 亿元,比上年增长 5.4%;商业营业用房投资 84.50 亿元,比上年下降 11.8%。商品房施工面积 11246.52 万平方米,比上年增长 5.0%;商品房竣工面积 977.41 万平方米,比上年增长 22.2%;商品房销售面积 1494.08 万平方米,比上年下降 18.7%;商品房销售额 1240.28 亿元,比上年下降 21.6%。

2021 年房地产开发和销售主要指标及增长速度

指　标	单　位	绝对数	比上年增长(%)
房地产开发投资	亿元	1359.95	-1.3
其中:住宅	亿元	975.17	-1.4
商品房施工面积	万平方米	11246.52	5.0
其中:住宅	万平方米	7330.91	6.0
商品房新开工面积	万平方米	1363.67	-34.4
其中:住宅	万平方米	939.41	-30.1
商品房竣工面积	万平方米	977.41	22.2
其中:住宅	万平方米	706.32	41.0
商品房销售面积	万平方米	1494.08	-18.7
其中:住宅	万平方米	1125.46	-24.3
商品房销售额	亿元	1240.28	-21.6
其中:住宅	亿元	1008.39	-26.2
本年实际到位资金小计	亿元	1857.30	-10.3
其中:国内贷款	亿元	309.00	-21.5
自筹资金	亿元	583.82	27.2
定金及预付款	亿元	599.12	-22.2
个人按揭贷款	亿元	310.72	-14.5

五、国内贸易

全年全市社会消费品零售总额 2364.17 亿元,比上年增长 8.4%。按经营单位所在地统计,城镇消费品零售额 2153.16 亿元,比上年增长 8.4%;乡村消费品零售额 211.01 亿元,比上年增长 9.1%。按消费形态统计,商品零售额 2147.06 亿元,比上年增长 7.8%;餐饮收入 217.11 亿元,比上年增长 15.6%。

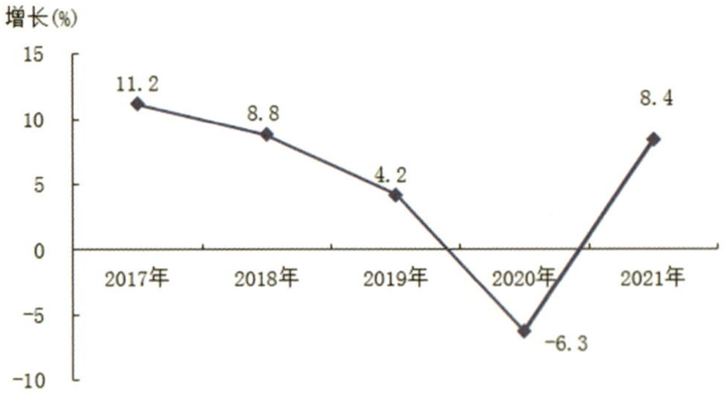

2017 年至 2021 年社会消费品零售总额增长速度

在限额以上企业商品零售额中,汽车类零售额比上年增长 2.5%,家用电器和音像器材类比上年增长 55.7%,通信器材类比上年下降 4.3%,体育娱乐用品类比上年增长 18.4%,文化办公用品类与上年持平,家具类比上年增长 155.2%,建筑及装潢材料类比上年下降 17.7%,日用品类比上年增长 0.7%,粮油、食品类比上年下降 0.2%,饮料类比上年下降 6.9%,烟酒类比上年增长 48.7%,服装、鞋帽、针纺织品类比上年下降 1.9%,化妆品类比上年下降 14.4%,金银珠宝类比上年增长 21.4%,中西药品类比上年增长 3.8%。

六、对外开放

对外贸易:全年外贸进出口总值 1231.92 亿元,比上年增长

24.9%。其中，出口总值 581.95 亿元，比上年增长 23.6%；进口总值 649.97 亿元，比上年增长 26.0%。

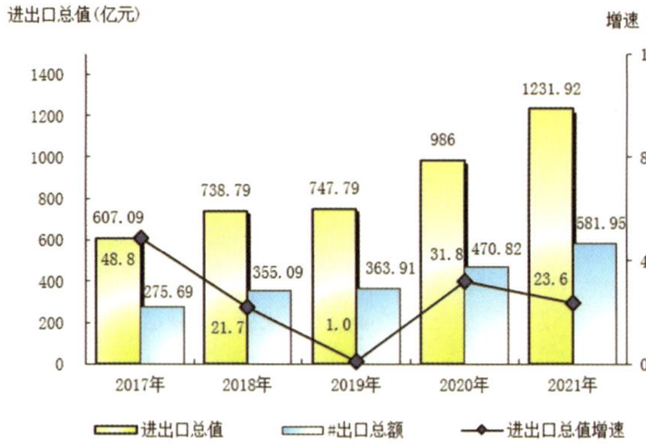

2017 年至 2021 年全市进出口总值及增长速度

招商引资：2021 年实际到位资金 881.07 亿元，比上年下降 24.2%。全年实际利用外资 5.78 亿美元，比上年增长 31.3%。

开发区：南宁高新技术产业开发区、南宁经济技术开发区和广西—东盟经济技术开发区年末累计入园企业 43724 家，比上年末增加 6604 家；财政收入 110.7 亿元，比上年增长 8.4%；规模以上工业总产值比上年增长 16.6%；固定资产投资比上年增长 17.8%。

七、财政、金融和保险

财政收入：全年财政收入 828.84 亿元，比上年增长 4.1%。其中一般公共预算收入 391.77 亿元，比上年增长 5.2%。一般公共预算收入中，税收收入 277.95 亿元，比上年下降 5.4%。全年一般公共预算支出 775.4 亿元，比上年下降 5.8%。财政支出中，商务服务业、卫生健康、科学技术支出增长较快，其中，商务服务业等支出 7.18 亿元，比上年增长 23.8%；卫生健康支出 91.02 亿元，比上年增长 6.72%；科学技术支出 13.65 亿元，比上年增长 3.41%。

金融：年末全市金融机构人民币各项存款余额 11996.48 亿元，比上年增长 4.3%。其中，住户存款余额 4878.80 亿元，比上年增长 10.5%。金融机构人民币贷款余额 17660.59 亿元，比上年增长 11.3%。

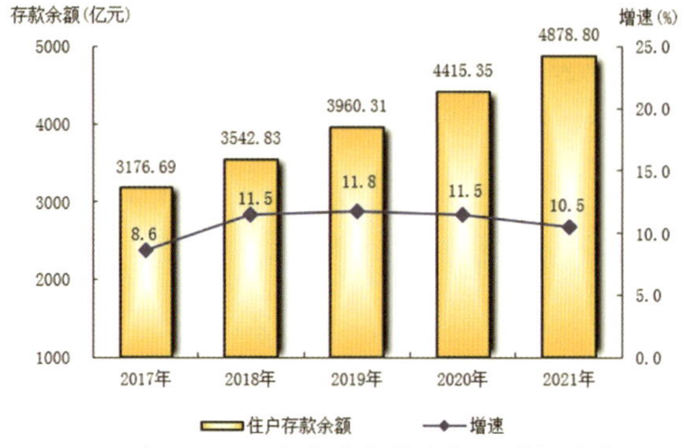

2017 年至 2021 年住户存款余额及增长速度

2017 年至 2021 年金融机构贷款余额及增长速度

保险：全年保费收入 268.81 亿元，比上年增长 9.2%。其中，财产险保费收入 100.15 亿元，比上年下降 6.2%；寿险、健康险和意外伤害险保费收入 168.7 亿元，比上年增长 20.8%。全年各项保险赔款及给付 85.53 亿元，其中，财产险业务赔款及给付 60.03 亿元；寿险、健康险和意外伤害险赔款及给付 25.5 亿元。

八、交通运输

货物运输：全年货物运输总量 42928.55 万吨，比上年增长 16.8%，其中，铁路货物运输量 210.46 万吨，比上年增长 17.66%；公路货物运输量 38098.38 万吨，比上年增长 17.2%；水路货物运输量 4607.3 万吨，比上年增长 12.9%；航空货邮吞吐量 12.41 万吨，比上年增长 16%。

旅客运输：旅客运输总量 7083.39 万人，比上年增长 2.8%，其中，铁路旅客运输量 2873.63 万人，比上年增长 17.8%；公路旅客运输量 3636 万人，比上年下降 6.8%；水路旅客运输量 18.96 万人，比上年增长 138.2%；航空旅客运输量 554.4 万人，比上年增长 2.2%。

公共交通：年末实用公共汽(电)车营运 4515 辆，比上年增加 203 辆，增长 4.7%；公共汽车客运总量 2.27 亿人次，比上年增长 0.5%。年末轨道交通运营线路总长度 128.2 公里，比上年增加 20.2 公里，增长 18.8%；轨道交通客运总量 2.89 亿人次，比上年增长 38.6%。

九、居民收入消费和社会保障

城乡居民生活：全年全市居民人均可支配收入 32679 元，比上年增加 2565 元，增长 8.5%。按常住地分，城镇居民人均可支配收入 41394 元，比上年增加 2852 元，增长 7.4%；农村居民人均可支配收入 17808 元，比上年增加 1678 元，增长 10.4%。

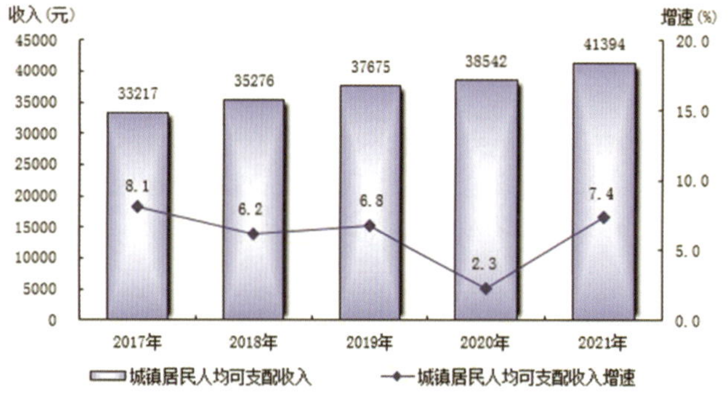

2017 年至 2021 年城镇居民人均可支配收入及增长速度

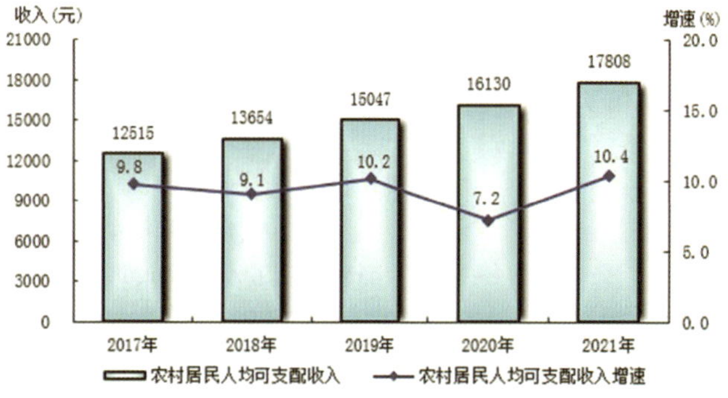

2017 年至 2021 年农村居民人均可支配收入及增长速度

社会保障：年末参加城镇职工(包括企业和机关事业单位)基本养老保险人数 521.71 万人，比上年末增加 54.26 万人。其中，参加城镇职工基本养老保险人数 206.18 万人，比上年末增加 18.16 万人；参加城乡居民基本养老保险人数 315.53 万人，比上年末增加 36.11 万人。参加失业保险人数 111.31 万人，比上年末增加 25.65 万人。年末全市领取失业保险金人数 3.68 万人。参加工伤保险人数 122.38 万人,比上年末增加 26.84 万人。

十、教育科技和卫生健康

教育:职业中学招生 3.83 万人,在校生 9.81 万人,毕业生 2.57 万人。普通高中招生 6.04 万人,毕业生 4.87 万人。普通初中招生 11.15 万人,毕业生 9.81 万人。普通小学招生 14.21 万人,在校生 79.86 万人,毕业生 11.01 万人。特殊教育招生 238 人,在校生 1460 人,毕业生 231 人。在园幼儿 32.691 万人,学龄儿童入学率为 100%。普通中学 354 所,普通小学 1086 所,幼儿园 1642 所,特殊教育学校 10 所。普通中学专任教师数 34183 人,普通小学专任教师数 45660 人,幼儿园专任教师数 20099 人,特殊教育专任教师数 383 人。

科技:年末重点成果推广项目 224 项,安排市级科技项目 67 项,市级科技项目总投资 2.27 亿元,全年共签订各类技术合同 6331 项,技术合同成交金额 390.94 亿元,比上年增长 31.4%。

卫生健康:年末卫生机构 4895 个,其中医院 279 个,诊所(门诊部、所)2987 个,村卫生室 1425 个。年末全市卫生专业技术人员 8.55 万人,其中执业医师和执业助理医师 3.09 万人,注册护士 3.99 万人。医疗卫生机构床位 6.06 万张,其中医院 4.59 万张。

十一、体育、文化和广播电视

体育:全市公共体育场 12 个,体育馆 86 个,篮球场 12454 个,足球场 679 个,排球场 1477 个,游泳场 267 个。年内举办各类体育赛事活动 288 次。

文化:年末县级以上公共图书馆 14 个,文化馆 13 个,博物馆 5 个,乡镇文化站 102 个。公共图书馆藏书量 343.16 万册。

广播电视:年末调频、电视转播发射台共 65 座,其中电视发射台 53 座,年末广播节目综合覆盖率为 99.65%,电视节目综合覆盖率为 99.92%。

十二、能源生产和其他

全年四上企业发电量 130.74 亿千瓦时,比上年增长 27.88%,其中,火力发电量比上年增长 31.75%,新能源(风能、太阳能、生物质、垃圾焚烧)发电量比上年增长 55.5%。

年末管道燃气用户 124.44 万户,比上年增长 12.9%;液化石油气用户 85.95 万户,比上年增长 0.03%;供水总量 7.19 亿立方米,比上年增长 7.3%。

全年道路交通事故 2925 起,比上年下降 0.4%;刑事案件立案数 5.66 万件,比上年增长 2.3%;民事案件 13.41 万件,比上年增长 23.5%。

注:1. 本公报中数据均为初步统计数。

2. 地区生产总值、三次产业增加值、工业增加值、农业产值增速按可比价格计算;工业总产值增速按现行价格计算。

3. 规模以上工业企业是指年主营业务收入 2000 万元及以上的全部法人工业企业;限额以上批发零售企业是指年主营业务收入 2000 万元及以上批发企业和年主营业务收入 500 万元及以上零售企业。

4. 部分数据因四舍五入的原因,存在着总项与分项合计不等的情况。

5. 资料来源:本公报中户籍总人口数据、道路交通事故和刑事案件立案数来自南宁市公安局;财政数据来自南宁市财政局;物价、居民收入数据来自国家统计局南宁调查队;进出口数据来自南宁海关;招商引资数据来自南宁市投资促进局;金融数据来自中国人民银行南宁中心支行;保险数据来自中国银行保险监督委员会广西监管局;文化数据和广播电视数据来自南宁市文化广电和旅游局;教育数据来自南宁市教育局;旅客、货物运输量数据来自南宁市交通运输局、南宁铁路局、广西沿海铁路公司和广西机场管理集团有限责任公司南宁吴圩国际机场;人口出生率、人口死亡率、人口自然增长率数据和卫生健康数据来自南宁市卫生健康委员会;开发区数据来自南宁高新技术产业开发区、南宁经济技术开发区和广西—东盟经济技术开发区;社会保障数据来自南宁市人力资源和社会保障局;管道燃气用户、液化石油气用户和供水总量数据来自南宁市住房和城乡建设局;民事案件数据来自南宁市中级人民法院;体育数据来自南宁市体育局;科技数据来自南宁市科技局;其他数据均来自南宁市统计局。

统计资料

说明

1. 统计资料中收录的统计表来源于《南宁统计年鉴 2021》。
2. 历年全市口径数据中,2000 年以后均为现行行政区划的数据,其余年份数据统计口径请注意表格的注脚。
3. 采用的广西及各省会城市数据均为年快报数。
4. 统计表中,"空格"表示该项指标无数据;"…"表示该数据极小,不足计量单位;"#"表示其中的主要项。
5. 由于小数位四舍五入,某些指标分项合计数与总计数尾略有出入。

表 26　2020 年南宁市国民经济主要指标占全区比重

Main Indicators of Nanning' s National Economy as Percentage in Guangxi

指标名称 Item	单位 Unit	南宁市 Nanning	广西 Guangxi	南宁市占广西的比重(%) Nanning as Percentage in Guangxi
年末总人口 Population at Year-end	万人 (10000 persons)	791.38	5718	13.84
生产总值 Gross Domestic Product	亿元 (100 million yuan)	4726.34	22156.69	21.33

续表 26

指标名称 Item	单位 Unit	南宁市 Nanning	广西 Guangxi	南宁市占广西的比重(%) Nanning as Percentage in Guangxi
第一产业 Primary Industry	亿元 (100 million yuan)	534.36	3555.82	15.03
第二产业 Secondary Industry	亿元 (100 million yuan)	1084.32	7108.49	15.25
#工业 Industry	亿元 (100 million yuan)	583.81	5221.24	11.18
第三产业 Tertiary Industry	亿元 (100 million yuan)	3107.67	11492.38	27.04
固定资产投资 Investment in Fixed Assets	亿元 (100 million yuan)			
#第一产业投资 Primary Industry Investment	亿元 (100 million yuan)			
第二产业投资 Second Industry Investment	亿元 (100 million yuan)			
第三产业投资 Third Industry Investment	亿元 (100 million yuan)			
#项目投资 Project Investment	亿元 (100 million yuan)			
房地产开发投资 Real Estate Development	亿元 (100 million yuan)			
社会消费品零售总额 Total Retail Sales of Consumer Goods	亿元 (100 million yuan)	2180.36	7831.01	27.84
海关进出口总额 Total Value of Exports and Imports	亿元 (100 million yuan)	986.00	4861.34	20.28
#出口总额 Exports	亿元 (100 million yuan)	470.82	2708.21	17.38
财政收入 Financial Revenue	亿元 (100 million yuan)	796.09	2800.61	28.43
#一般公共预算收入 Public Budget Income	亿元 (100 million yuan)	372.25	1716.94	21.68
一般公共预算支出 Public Budget Expenditure	亿元 (100 million yuan)	822.79	6155.42	13.37
金融机构存款余额 Urban & Rural Savings Deposits	亿元 (100 million yuan)	11498.25	34515.57	33.31
金融机构贷款余额 Total Wages Bill of Staff & Workers on the Job	亿元 (100 million yuan)	15868.84	34738.99	45.68

表 27　　全市各时期主要经济指标平均增长率　　单位：%

Average Growth Rate of Main Economic Indicators in Each Period

时期 Period	生产总值 Gross Domestic Product	第一产业 Primary Industry	第二产业 Secondary Industry	第三产业 Tertiary Industry	全社会固定资产投资 Total Investment in Fixed Assets	地方财政收入 Local Government Revenue	地方财政支出 Local Government Expenditure	社会消费品零售总额 Total Retail Sales of Consumer Goods
“一五”时期(1953–1957) “First Five–Year Plan” Period	9.5	4.4	29.5	16.5	42.2	24.9	14.9	12.5
“二五”时期(1958–1962) “Second Five–Year Plan” Period	5.3	–1.3	8.8	10.0	5.4	–2.3	2.5	7.1
调整时期(1963–1965) Period of Adjustment	10.8	11.4	22.7	4.7	28.1	7.5	11.2	3.9
“三五”时期(1966–1970) “Third Five–Year Plan” Period	6.9	7.6	13.1	3.1	–7.6	9.6	4.2	2.8
“四五”时期(1971–1975) “Fourth Five–Year Plan” Period	9.0	9.2	11.2	5.9	13.6	14.6	9.0	8.4
“五五”时期(1976–1980) “Fifth Five–Year Plan” Period	8.0	3.2	13.9	8.2	12.9	7.3	13.2	11.9
“六五”时期(1981–1985) “Sixth Five–Year Plan” Period	8.6	6.9	9.1	11.5	20.3	9.0	18.2	16.8
“七五”时期(1986–1990) “Seventh Five–Year Plan” Period	9.4	3.5	10.4	15.9	11.6	14.3	20.2	16.3
“八五”时期(1991–1995) “Eighth Five–Year Plan” Period	14.6	8.5	16.6	18.0	51.7	8.3	16.1	25.0
“九五”时期(1996–2000) “Ninth Five–Year Plan” Period	10.5	7.2	8.4	14.4	9.7	12.9	15.1	14.3
“十五”时期(2001–2005) “Tenth Five–Year Plan” Period	11.5	5.5	14.2	12.3	26.2	23.7	20.4	12.2
“十一五”时期(2006–2010) “Eleventh Five–Year Plan” Period	15.6	6.5	19.2	15.9	32.5	24.6	28.9	19.0
“十二五”时期(2011–2015) “Twelve Five–Year Plan” Period	10.6	4.8	14.2	9.2	24.4	13.7	19.2	14.4
“十三五”时期(2016–2020) “Thirteen Five–Year Plan” Period	5.7	4.9	2.4	7.2	8.9	6.8	9.3	5.4

注：2016年起，全社会固定资产投资统计口径改为固定资产投资

表 28

全市历年主要指标

Main Indicators of Nanning City Over the Years

年份 Year	年末户籍人口（万人） Population at Year-end (10000 persons)	生产总值（万元） Gross DomesticProduct (10000 yuan)	第一产业 Primary Industry	第二产业 Secondary Industry	第三产业 Tertiary Industry	生产总值指数（%） Indices of Gross Domestic Product(%)	第一产业 Primary Industry	第二产业 Secondary Industry	第三产业 Tertiary Industry
1950	228.55	14272	10376	587	3309	100	100	100	100
1951	233.89	16885	12045	844	3996	113.2	110.1	147.6	119.0
1952	239.35	19369	13449	1228	4692	112.7	109.2	146.4	116.0
1953	245.81	22355	14565	2283	5507	115.3	108.1	199.9	117.8
1954	251.68	23675	14713	2557	6405	108.4	103.7	112.6	119.7
1955	254.93	25529	15113	3053	7363	108.3	102.9	118.6	118.0
1956	261.44	28189	15404	4048	8737	109.9	102.3	129.6	118.5
1957	266.89	30015	16262	4163	9590	105.6	104.9	105.2	109.0
1958	279.89	34627	15512	7887	11228	112.4	96.3	158.0	114.4
1959	286.78	43541	16522	12986	14033	127.9	106.3	170.1	128.1
1960	290.98	46193	14144	15527	16522	109.7	89.2	123.6	117.8
1961	292.75	36679	13623	8305	14751	79.9	94.2	52.7	95.3
1962	298.48	37274	14913	7279	15082	102.5	109.0	87.1	104.3
1963	309.93	39195	15925	7771	15499	104.3	106.5	102.9	103.0
1964	318.88	44568	17948	10157	16463	111.6	112.7	136.0	101.5
1965	329.84	53362	21483	13309	18570	116.8	115.2	132.0	109.6
1966	338.72	59518	23441	16911	19166	113.2	109.0	125.2	111.1
1967	345.70	59634	25458	15366	18810	101.2	108.0	92.8	102.4
1968	352.82	55120	25297	11956	17867	93.0	99.2	79.0	94.7
1969	361.74	67743	29168	20006	18569	118.4	109.7	172.4	103.6
1970	368.74	75982	33585	23099	19298	110.7	112.9	117.1	104.3
1971	380.39	82528	37749	25116	19663	107.1	108.7	107.7	104.3
1972	390.19	92412	43136	27863	21413	112.1	113.0	115.0	108.0
1973	401.91	103457	48440	31523	23494	111.5	113.9	113.6	104.8
1974	413.16	109354	49650	34988	24716	106.4	103.2	109.8	107.6
1975	423.38	117937	52955	38654	26328	107.9	107.6	110.3	104.8
1976	432.37	121775	51557	42621	27597	103.2	97.0	109.7	107.0
1977	440.08	130702	54687	46009	30006	107.9	103.5	112.7	109.8
1978	451.77	147407	61866	52192	33349	111.5	110.3	112.1	112.6
1979	460.86	166868	66443	64096	36329	112.4	100.3	127.9	110.2
1980	470.05	180111	70093	70017	40001	105.5	105.3	108.0	101.7
1981	480.27	194836	75578	72684	46574	109.0	107.0	107.5	117.4
1982	490.35	225795	96967	79171	49657	114.9	125.3	110.1	106.2
1983	497.86	241907	100133	84744	57030	106.9	103.6	108.0	113.3
1984	509.27	247810	98513	84852	64445	100.2	97.2	99.2	107.9
1985	519.06	309278	118263	108351	82664	112.7	103.4	122.1	113.1

注：本表数据均为2003年行政区划调整后大南宁范围口径的数据

续表 28

年份 Year	年末户籍人口（万人）Population at Year-end (10000 persons)	生产总值（万元）Gross Domestic Product (10000 yuan)	第一产业 Primary Industry	第二产业 Secondary Industry	第三产业 Tertiary Industry	生产总值指数（%）Indices of Gross Domestic Product(%)	第一产业 Primary Industry	第二产业 Secondary Industry	第三产业 Tertiary Industry
1986	529.34	351522	126421	127214	97887	107.9	101.4	111.7	114.1
1987	538.79	420513	146358	156696	117459	112.6	105.2	117.6	114.2
1988	540.52	537786	178831	191331	167624	109.7	92.8	109.0	129.6
1989	547.50	620446	191616	219227	209603	107.4	107.7	102.8	114.9
1990	558.20	708788	231018	248354	229416	109.6	111.1	111.6	107.8
1991	563.74	793241	239063	274634	279544	106.3	100.6	106.9	111.6
1992	571.55	918098	277741	304726	335631	112.7	115.1	109.3	114.3
1993	579.54	1346171	344360	499312	502499	123.5	106.9	134.4	128.3
1994	587.86	1872259	491029	675122	706108	116.5	107.7	119.6	120.7
1995	594.92	2358085	615225	807943	934917	114.5	112.6	114.9	115.7
1996	601.95	2671991	690541	845891	1135559	111.4	105.9	110.4	116.5
1997	607.19	3044914	785856	922155	1336903	112.5	113.9	108.8	115.2
1998	612.20	3395532	834421	997314	1563797	111.5	108.4	110.3	114.8
1999	615.11	3569886	852645	1019933	1697308	109.4	107.4	108.1	111.7
2000	625.27	3779364	876615	1053679	1849070	107.7	100.7	104.6	113.9
2001	629.75	4181684	907401	1131645	2142638	108.8	102.2	106.4	113.2
2002	634.68	4631795	943479	1255606	2432710	110.9	107.7	112.2	111.6
2003	641.67	5217793	997023	1523485	2697285	110.9	103.7	119.3	109.4
2004	648.85	6191189	1076785	1933768	3180636	113.2	105.9	118.2	113.1
2005	659.54	7279032	1242538	2312059	3724435	113.4	108.2	115.6	114.0
2006	671.89	8801064	1443354	2973069	4384641	116.8	108.4	125.3	114.4
2007	683.51	10890730	1780002	3722713	5388015	117.4	107.3	121.1	117.9
2008	691.69	13204348	2031087	4579360	6593901	114.7	105.3	114.8	117.4
2009	697.90	15247144	2123780	5274575	7848789	115.1	105.8	117.0	116.3
2010	707.37	18002613	2444349	6518841	9039423	114.2	105.7	117.8	113.7
2011	711.49	22114358	3055458	8296138	10762762	113.5	105.7	118.3	112.2
2012	713.50	25031812	3229563	9607494	12194755	112.3	105.2	118.1	109.6
2013	724.43	28455976	3367878	11082707	14005391	110.3	104.8	114.6	108.1
2014	729.66	31483154	3546903	12515400	15420851	108.5	104.2	109.9	108.2
2015	740.23	31479150	3709659	8812264	18957227	108.6	104.1	110.5	108.0
2016	751.74	34059878	3957746	8889715	21212417	106.6	104.6	101.9	109.1
2017	756.87	38043331	4060839	9461180	24521312	108.0	104.7	102.8	110.8
2018	770.82	41623699	4320500	9953487	27349712	105.4	105.3	98.0	108.3
2019	781.97	45065576	5072701	10449719	29543157	105.0	105.3	104.4	105.2
2020	791.38	47263421	5343563	10843178	31076680	103.7	104.7	105.3	102.9

续表 28

单位：万元(10000 yuan)

年份 Year	全社会固定资产投资 Total Investment in Fixed Assets	财政收入 Financial Revenue	#一般公共预算收入 Public Budget Income	一般公共预算支出 Public Budget Expenditure	农业总产值 Gross Output Value of Farming, Forestry, Animal, Husbandry & Fishery	工业总产值 Gross Industrial Output Value	社会消费品零售总额 Total Retail Sales of Consumer Goods
1950	388	781	774	317	14674	1223	5834
1951	458	1648	1624	545	17009	1932	7482
1952	547	1898	1850	1084	19131	2967	9021
1953	2287	2733	2680	1184	20602	4941	11127
1954	1682	3464	3454	1298	20769	5981	13165
1955	1697	3468	3416	1322	21545	7290	13434
1956	3621	4659	4617	1939	22043	9151	16912
1957	3178	5676	5618	2168	23144	9678	16248
1958	6860	5744	5645	4037	22060	18666	18312
1959	14569	7654	7604	4446	23646	30235	23701
1960	16761	6725	6616	5933	20471	36901	25139
1961	6162	4613	4561	3442	19772	19501	20949
1962	4126	5058	5006	2456	21665	17648	22843
1963	4649	5205	5140	2648	23266	18857	22905
1964	7710	5339	5263	3548	26084	23917	22851
1965	8662	6293	6212	3377	31782	32618	25626
1966	7217	7402	7286	3538	34898	44529	27943
1967	3709	6435	6310	3493	37765	40518	26755
1968	2725	5081	4839	3196	37156	31260	22728
1969	4764	7946	7858	4223	43077	53287	29638
1970	5851	9930	9819	4142	50570	63861	29429
1971	6615	12178	12023	4692	56731	65930	29591
1972	8515	14032	13628	8047	64208	75342	32041
1973	8848	16591	16175	5748	70500	86364	36544
1974	9725	19180	18711	6645	71747	96037	39891
1975	11062	19813	19405	6381	75695	106363	43954
1976	12086	19461	19270	6581	73039	117477	45133
1977	11396	21537	21273	7579	76148	127749	49347
1978	20349	23188	23184	10879	81632	136758	54365
1979	28550	24008	23992	9962	91527	144489	62380
1980	20248	27538	27538	11833	97019	157057	76941
1981	18437	28864	28864	12399	106454	168984	83388
1982	22813	31563	31563	13174	126695	182935	92740
1983	24934	32792	32757	13577	136535	198420	104626

续表 28

单位：万元(10000 yuan)

年份 Year	全社会固定资产投资 Total Investment in Fixed Assets	财政收入 Financial Revenue	#一般公共预算收入 Public Budget Income	一般公共预算支出 Public Budget Expenditure	农业总产值 Gross Output Value of Farming, Forestry, Animal, Husbandry & Fishery	工业总产值 Gross Industrial Output Value	居民消费价格指数 (%)	社会消费品零售总额 Total Retail Sales of Consumer Goods
1984	28394	33915	33813	16635	143894	211645	104.4	123936
1985	51008	42633	42321	27267	172481	260770	118.3	167304
1986	67233	47723	47376	39718	184142	305786	105.2	186098
1987	78940	55007	54675	45438	215076	376240	111.1	224707
1988	108827	64246	64246	60931	272515	490246	121.6	294082
1989	84519	74593	74593	60261	286725	607592	119.4	339300
1990	88386	82478	82478	68441	361702	671708	98.0	356467
1991	103255	89637	89637	71913	379696	766803	104.1	410693
1992	147118	94542	94542	75287	444538	938925	106.7	493513
1993	288531	141425	141425	107415	563494	1337414	125.1	669925
1994	447150	193018	107076	128398	791925	1774347	124.8	828756
1995	711065	219576	122823	144050	995180	1984448	118.6	1088523
1996	825818	240141	138598	155555	1116908	2044709	103.3	1293125
1997	969255	273637	159742	178987	1242108	2159248	100.2	1464026
1998	1049861	308392	178092	202323	1317691	2332161	96.7	1618304
1999	1111761	339803	201008	245770	1342494	2311969	95.9	1724235
2000	1131659	375390	225728	290667	1377932	2417251	100.0	2124265
2001	1214061	452926	291860	348556	1407186	2608100	102.8	2313462
2002	1455615	525341	312805	452120	1455675	2911858	99.4	2567758
2003	1903567	610594	362435	524981	1519259	3341979	100.8	2884483
2004	2627634	746328	432526	621191	1798585	4040693	104.2	3191846
2005	3628975	1002186	451954	735508	2045862	4909198	101.1	3658768
2006	4472211	1203603	566191	930781	2384753	6392812	102.5	4206948
2007	5602200	1508393	701510	1180007	2944579	8302142	104.4	4988185
2008	6934353	1911682	928812	1660830	3380719	10598632	108.4	6202910
2009	10439120	2313664	1204628	2035519	3511968	11757647	98.2	7209601
2010	14830158	3008756	1560958	2612785	4032427	15011824	102.5	8684461
2011	20189453	3635192	1862928	3018491	5071561	20002301	105.7	10241898
2012	25851818	4219938	2297183	3765096	5345172	22827319	102.9	11883979
2013	24750080	4736625	2562467	4172858	5772670	26591777	102.1	13587834
2014	29338739	5265905	2748518	4657665	6094853	29550538	101.6	15180676
2015	34184261	5724781	2970501	5267231	6386212	33238249	101.9	16733639
2016	38247267	6138706	3127921	5869793	6891485	36280744	101.4	18465449
2017	43079465	6879808	3321500	6463707	7004068	37941377	102.3	20533283
2018		7532000	3589560	6979853	7092330		102.5	22342673
2019		8006868	3709285	7891986	8037403		103.4	23277990
2020		7960879	3722520	8227910	8855069		102.3	21803598

注：1. 社会消费品零售总额 2000 年以后不含制造业零售和农业生产零售，2005—2008 年数根据二经普结果相应调整。2. 2013 年起，固定资产投资起报点从计划总投资 50 万元调整为计划总投资 500 万元起报。3. 2016 年起，全社会固定资产投资统计口径改为固定资产投资

表 29

全市历年人均主要指标

Per Capita Main Indicators of Nanning City Over the Years

单位：元(yuan)

年份 Year	生产总值 Gross Domestic Product	财政收入 Financial Revenue	全社会固定资产投资 Total Investment in Fixed Assets	社会消费品零售总额 Total Retail Sales of Consumer Goods	住户存款余额 Savings Deposit of Urban and Rural Househoulds	在岗职工年平均工资 Average Annual Wage of Staff and Workers	农村居民人均可支配收入 Per Capita Annual Net Income of Rural Residents
1950	62	3	2	26	…	338	54
1951	73	7	2	32	…	356	56
1952	82	8	2	38	1	427	63
1953	92	11	9	46	1	458	61
1954	95	14	7	53	2	461	62
1955	101	14	7	53	2	488	60
1956	109	18	14	66	2	527	67
1957	114	21	12	62	2	551	68
1958	127	21	25	67	4	510	62
1959	154	27	51	84	6	448	56
1960	160	23	58	87	5	435	49
1961	126	16	21	72	3	457	56
1962	126	17	14	77	2	502	58
1963	129	17	15	75	3	535	51
1964	142	17	25	73	4	549	64
1965	165	19	27	79	4	539	66
1966	178	22	22	84	5	507	68
1967	174	19	11	78	5	537	70
1968	158	15	8	65	6	518	72
1969	190	22	13	83	5	490	70
1970	208	27	16	81	6	516	68
1971	220	33	18	79	6	482	74
1972	240	36	22	83	7	499	82
1973	261	42	22	92	8	528	87
1974	268	47	24	98	9	540	80
1975	282	47	26	105	10	549	81
1976	285	45	28	105	10	519	74
1977	300	49	26	113	11	528	76
1978	331	52	46	122	13	565	88
1979	366	53	63	137	16	612	105
1980	387	59	44	165	22	730	107
1981	410	61	39	175	28	746	135
1982	465	65	47	191	34	791	158
1983	490	66	50	212	43	818	239
1984	492	67	56	246	62	963	316
1985	602	83	99	325	84	1051	367

注：1. 本表中人均城乡居民储蓄存款余额、在岗职年平均工资、农民人均纯收入 1950—1999 年为原南宁口径的数据，2000 年以后为行政区划调整后的数据。2. 自 2016 年起，农民人均纯收入统计口径更改为农村居民人均可支配收入

南宁年鉴

续表 29

单位：元(yuan)

年份 Year	生产总值 Gross Domestic Product	财政收入 Financial Revenue	全社会固定资产投资 Total Investment in Fixed Assets	社会消费品零售总额 Total Retail Sales of Consumer Goods	住户存款余额 Savings Deposit of Urban and Rural Househoulds	在岗职工年平均工资 Average Annual Wage of Staff and Workers	农村居民人均可支配收入 Per Capita Annual Net Income of Rural Residents
1986	671	91	128	355	116	1292	404
1987	787	103	148	421	153	1428	461
1988	997	119	202	545	185	1685	521
1989	1141	137	155	624	253	1784	574
1990	1282	149	160	645	354	2111	624
1991	1414	160	184	732	459	2331	683
1992	1617	167	259	869	598	2720	778
1993	2339	246	501	1164	890	3786	912
1994	3208	331	766	1420	1365	4976	1093
1995	3987	371	1202	1841	1889	5668	1326
1996	4465	401	1380	2161	2392	6009	1553
1997	5036	453	1603	2422	2665	6508	1788
1998	5569	506	1722	2654	3269	7315	1942
1999	5817	554	1812	2810	3562	8077	2079
2000	6086	605	1825	3425	4700	8185	1791
2001	6656	722	1935	3687	5287	9572	1954
2002	7327	831	2302	4062	6170	11363	2111
2003	8176	957	2983	4520	7036	13172	2231
2004	9595	1157	4072	5146	7949	15447	2467
2005	11127	1532	5547	5778	9070	17520	2680
2006	13220	1808	6718	6542	10142	20650	3033
2007	16070	2226	8266	7608	10458	24789	3462
2008	19204	2780	10085	9354	12924	29377	4001
2009	21945	3330	15025	10896	16065	32596	4385
2010	27069	4524	22298	13621	20687	37042	5538
2011	33017	5427	30143	16022	23605	40120	6471
2012	37016	6240	38229	18567	27561	43847	7498
2013	41711	6943	36278	21266	31613	48188	8503
2014	45735	7650	42620	23489	33728	54826	9489
2015	41740	8237	49186	25708	38854	63820	10409
2016	43928	8739	54451	28194	41636	68560	11398
2017	47597	9679	60609	31011	44693	75481	12515
2018	50613	10456		30744	49181	83452	13654
2019	53424	10969		31890	54255	90986	15047
2020	54669	9208		25220	51072	97079	16130

注：1. 自 2010 年起人均指标按常住人口计算。2. 自 2016 年起，农民人均纯收入统计口径更改为农村居民人均可支配收入。3.2016 年起，全社会固定资产投资统计口径改为固定资产投资

表 30

全市社会经济主要指标

Main Social Economic Indicators of Nanning City

指标名称 Item	单位 Unit	2020 年	2019 年	2020 年为 2019 年% Rate of Development (%)
人口、土地面积 Population, Land Area				
年末户籍人口 Population at Year-end	人 (person)	7913770	7819667	101.2
#男性人口 Male	人 (person)	4104693	4062268	101.0
女性人口 Female	人 (person)	3809077	3757399	101.4
#城镇人口 Town Population	人 (person)	3684505	3531093	104.3
乡村人口 Rural Population	人 (person)	4229265	4288574	98.6
年平均人口 Annual Average Population	人 (person)	7866719	7763945	101.3
自然增长率 Natural Growth Rate of Population	‰	7.56	6.72	0.84 ▲
年末常住人口 Residents Population	万人	875.25	853.83	102.5
#城镇人口 Town Population	万人	603.10	577.16	104.5
城镇化率 Urbanization Rate	%	68.91	67.60	1.31*
土地面积 Land Area	平方公里 (sq.km)	22099	22099	100.0
#建成区面积 Urban Area	平方公里 (sq.km)	411	403	101.9
生产总值(当年价) Gross Domestic Product	万元 (10000 yuan)	47263421	45065576	103.7
第一产业 Primary Industry	万元 (10000 yuan)	5343563	5072701	104.7
第二产业 Secondary Industry	万元 (10000 yuan)	10843178	10449719	105.3
工业 Industry	万元 (10000 yuan)	5838094	5834774	102.6
建筑业 Construction	万元 (10000 yuan)	5027126	4633997	108.8
第三产业 Tertiary Industry	万元 (10000 yuan)	31076680	29543156	102.9
人均生产总值(当年价) Per Capita Gross Domestic Product	元 (yuan)	54669	53424	101.1
生产总值构成 Composition of Gross Domestic Product	%	100	100	
第一产业 Primary Industry	%	11.31	11.26	0.05*
第二产业 Secondary Industry	%	22.94	23.19	−0.25*
工业 Industry	%	12.35	12.95	−0.6*
建筑业 Construction	%	10.64	10.28	0.35*
第三产业 Tertiary Industry	%	65.75	65.56	0.2*

注：1. 生产总值发展速度按可比价计算。2. “▲”为增减千分点，“*”为增减百分点

续表 30

指标名称 Item	单位 Unit	2020 年	2019 年	2020 年为 2019 年% Rate of Development (%)
农业 Agriculture				
农林牧渔业总产值(当年价) Gross Output Value of Agriculture, Forestry, Animal Husbandry and Fishery	万元 (10000 yuan)	8855069	8037403	104.8
农业 Farming	万元 (10000 yuan)	5751429	5316254	106.2
林业 Forestry	万元 (10000 yuan)	466321	398836	115.3
牧业 Animal Husbandry	万元 (10000 yuan)	2089820	1803139	98.7
渔业 Fishery	万元 (10000 yuan)	310460	292314	105.0
服务业 Services in Support of Agriculture	万元 (10000 yuan)	237039	226859	102.6
粮食总产量 Output of Grain	吨 (ton)	2092837	2054565	101.9
油料产量 Output of Oil-bearing Grops	吨 (ton)	152884	155699	98.2
蔬菜产量 Output of Vegetables	吨 (ton)	6570227	6339526	103.6
甘蔗产量 Output of Sugarcane	吨 (ton)	10919356	11818247	92.4
水果产量 Output of Fruits	吨 (ton)	4012153	3369630	119.1
肉类产量 Output of Meat	吨 (ton)	570164	588034	97.0
水产品产量 Output of Aquatic Products	吨 (ton)	224889	219959	102.2
农村用电量 Electricity Consumed in Rural Areas	万千瓦时 (10000 kwh)	184815	141207	130.9
农用化肥施用量(折纯量) Consumption of Chemical Fertilizers	吨 (ton)	471697	461576	102.2

续表 30

指标名称 Item	单位 Unit	2020 年	2019 年	2020 年为 2019 年% Rate of Development (%)
工业 Industry				
全部工业总产值增速 ALL Included Gross IndustrialOutput Value	%	0.8	4.3	−3.5★
#规模以上工业总产值 Above Designated Size	%	1.4	4.9	−3.5★
规模以上工业企业主要指标 Main Indicators of Industrial Enterprises above Designated Size				
企业单位数 Number of Enterprises	个 (unit)	1155	1000	115.5
#亏损企业 Loss−making Enterprises	个 (unit)	267	217	123.0
规上工业总产值 Gross Industrial Output Value	%	1.4	4.9	−3.5★
内资企业 Domestic Funded	%			
国有企业 State−owned Enterprises	%	−0.9	8.0	−8.9★
集体企业 Collective−owned Enterprises	%	−17.1	12.9	−30★
股份合作企业 Cooperative Enterprises	%			
股份制企业 Share−holding Enterprises	%	2.9	−21.6	24.5★
外商及港澳台商投资企业 Enterprises with Funds from Foreign, Hong Kong, Macao and Taiwan	%	1.1	42.4	−41.3★
按轻重工业分 Grouped by Light & Heavy Industries	%			
轻工业 Light Industry	%	−7.8	−0.7	−7.1★
重工业 Heavy Industry	%	6.2	8.0	−1.8★
按企业规模分 Grouped by Size of Enterprises	%			
大中型企业 Large and Medium−sized Enterprises	%	−31.2	2.1	−33.3★
#国有及国有控股大中型企业 State−owned and State−controlled Large and Medium−sized Enterprises	%	0.8	5.5	−4.7★
主营业务收入 Revenue from Principal Business	万元 (10000 yuan)	23520469	23110378	101.8
利润总额 Total Profits	万元 (10000 yuan)	1197484	1148416	104.3
亏损企业亏损额 Total Losses of Loss−making Enterprise	万元 (10000 yuan)	213865	256233	83.5

注："★"为增减百分点

续表 30

指标名称 Item	单位 Unit	2020 年	2019 年	2020 年为 2019 年% Rate of Development (%)
交通、邮电、电力 Transport, Postal and Telecommunication Services				
货运总量 Freight Traffic	万吨 (10000 tons)	36769	41324	89.0
客运总量 Passenger Traffic	万人 (10000 persons)	6893	9520	72.4
内河港口货物吞吐量 Volume of Freight Handled in Major Ports of Inland Rivers	万吨 (10000 tons)	845	796	106.2
邮电业务总量(2010 年价) Business Volume of Postal and Telecommunication Services (2010 constant prices)	万元 (10000 yuan)	8774174	7813409	112.3
年末电话用户数 Number of Telephone Subscribers at Year-end	户 (subscribers)	13536276	13721305	98.7
#移动电话用户数 Number of Mobile Telephone Subscribers at Year-end	户 (subscribers)	11231754	10835559	103.7
全年用电量 Electricity Consumption	万千瓦时 (10000 kwh)	2627133	2503122	105.0
#工业用电量 Industry	万千瓦时 (10000 kwh)	837660	822399	101.9
城乡居民生活用电量 Residentrial Consumption	万千瓦时 (10000 kwh)	825938	793790	104.0
固定资产投资增速 Investment in Fixed Assets				
#固定资产投资 Investment in Urban Fixed Assets	%	-2.5	9.9	-12.4*
#项目投资 Project Investment	%	1.0	-9.4	10.4*
房地产开发投资 Real Estate Development	%	-5.7	32.1	-37.8*
第一产业 Primary Industry	%	27.0	30.8	-3.8*
第二产业 Secondary Industry	%	14.6	-2.4	17*
工业 Industry	%	8.1	4.1	4*
第三产业 Tertiary Industry	%	-5.1	9.7	-14.8*
民间投资 Private Investment	%	-13.5	22.0	-35.5*
非公投资 Non-Public Ownership Investment	%	-10.5	16.8	-27.3*

注：1. 年末互联网用户为宽度用户数。2.2013 年起，固定资产投资起报点从计划总投资 50 万元起报调整为计划总投资 500 万元起报，发展速度按可比口径计算。3. 房屋施工、竣工面积不含私人建房。4. “*” 为增减百分点

续表 30

指标名称 Item	单位 Unit	2020 年	2019 年	2020 年为 2019 年% Rate of Development (%)
商业、外贸、旅游 Domestic Trade				
社会消费品零售总额 Total Retail Sales of Consumer Goods	万元 (10000 yuan)	21803598	23277990	93.7
批发零售贸易业商品销售总额 Sale Values of Enterprises of Wholesale and Retail rades	万元 (10000 yuan)	69801335	62153291	112.3
外贸进出口总值(海关数) Total Exports & Imports	万元 (10000 yuan)	9860038	7482151	131.8
进口总值 Exports	万元 (10000 yuan)	5151851	3838884	134.2
出口总值 Imports	万元 (10000 yuan)	4708186	3643266	129.2
外商直接投资 Direct Foreign Investments	万美元 (10000 USD)			
旅游者人数 Number of Tourists	万人次 (10000 person-times)	11585	15210	76.2
#国际旅游人数 International Tourists	万人次 (10000 person-times)	4.28	68.99	6.2
旅游收入 Earnings from Tourism	万元 (10000 yuan)	12154900	16990200	71.5
#国际旅游收入 International Tourism	万美元 (10000 USD)	1384	37956	3.6
财政、金融 Finance, Banking&Insurance				
全部财政收入 Financial Revenue	万元 (10000 yuan)	7960879	8006867	99.4
#一般公共预算收入 Public Budget Incomee	万元 (10000 yuan)	3722520	3709285	100.4
一般公共预算支出 Public Budget Expenditure	万元 (10000 yuan)	8227910	7891986	104.3
金融机构各项存款余额 Total Deposits of Financial Institutions	万元 (10000 yuan)	114982547	107183153	107.3
#住户存款余额 Householder Savings Deposits	万元 (10000 yuan)	44153458	39603083	111.5
金融机构各项贷款余额 Total Loans of Financial Institutions	万元 (10000 yuan)	158688371	139643528	113.6

续表 30

指标名称 Item	单位 Unit	2020 年	2019 年	2020 年为 2019 年% Rate of Development (%)
劳动工资 Employment and Wages				
年末在岗职工人数 Number of Staff & Workers on the Job at Year-end	人 (person)	783749	784033	100.0
在岗职工工资总额 Total Wages Bill of Staff & Workers on the Job	万元 (10000 yuan)	8163735	7510813	108.7
在岗职工年平均工资 Average Wage of Staff & Workers on the Job	元/人 (yuan/person)	97079	90986	106.7
城乡居民收入 The Income of Urban and Rural Residents				
居民年人均可支配收入 Per Capita Disposable Income of Residents	元/人 (yuan/person)	30114	28929	104.1
#城镇居民年人均可支配收入 Disposable Income of Urban Residents	元/人 (yuan/person)	38542	37675	102.3
农村居民年人均可支配收入 Per Capita Disposable Income of Rural Residents	元/人 (yuan/person)	16130	15047	107.2
居民消费价格指数 Consumer Price Index	%	102.3	103.4	102.3

表 31

各县(市、区)社会经济主要指标

指标名称 Item	单位 Unit	隆安县			马山县		
		2020 年	2019 年	2020 年为 2019 年%	2020 年	2019 年	2020 年为 2019 年%
人口、土地面积 Population, Land Area							
年末户籍人口 Population at Year-end	人 (person)	421915	424471	99.4	571282	574434	99.5
男性人口 Male	人 (person)	224792	225723	99.6	301865	302845	99.7
女性人口 Female	人 (person)	197123	198748	99.2	269417	271589	99.2
年平均人口 Average Annual Population	人 (person)	423193	424474	99.7	572858	574803	99.7
年末常住人口 Residents Population	万人	32.55	32.19	101.1	38.29	38.4	99.7
#城镇人口 Town population	万人	11.04	10.57	104.5	11.63	11.22	103.7
城镇化率 Urbanization Rate	%	33.93	32.84	1.08★	30.38	29.22	1.16★
土地面积 Land Area	平方公里 (sq.km)	2306	2306	100.0	2341	2341	100.0
生产总值(当年价) Gross Domestic Product	万元 (10000 yuan)	993852	942651	103.0	901272	858363	103.0
第一产业 Primary Industry	万元 (10000 yuan)	420542	382721	103.7	260896	228418	106.7
第二产业 Secondary Industry	万元 (10000 yuan)	224632	221192	105.3	199326	198671	103.7
工业 Industry	万元 (10000 yuan)	152432	149677	107.2	123741	122508	106.2
建筑业 Construction	万元 (10000 yuan)	72457	71781	101.3	76465	77963	98.5
第三产业 Tertiary Industry	万元 (10000 yuan)	348678	338738	100.5	441051	431273	100.5
人均生产总值(当年价) Per Capita Gross Domestic Product(current prices)	元 (yuan)	30703	29371	102.1	23504	22324	103.2
生产总值构成 Composition of Gross Domestic Product	%	100	100		100	100	
第一产业 Primary Industry	%	42.31	40.60	1.71★	28.95	26.61	2.34★
第二产业 Secondary Industry	%	22.60	23.46	-0.86★	22.12	23.15	-1.03★
工业 Industry	%	15.34	15.88	-0.54★	13.73	14.27	-0.54★
建筑业 Construction	%	7.29	7.61	-0.32★	8.48	9.08	-0.6★
第三产业 Tertiary Industry	%	35.08	35.93	-0.85★	48.94	50.24	-1.31★

注：1. 生产总值发展速度按可比价计算。2. “▲”为增减千分点，“★”为增减百分点

南宁年鉴

续表 31

指标名称 Item	单位 Unit	隆安县			马山县		
		2020 年	2019 年	2020 年为 2019 年% Rate of Development (%)	2020 年	2019 年	2020 年为 2019 年% Rate of Development (%)
农业 Agriculture							
农林牧渔业总产值(当年价) Gross Output Value of Agriculture, Forestry, Animal Husbandry and Fishery	万元 (10000 yuan)	687568	605477	103.6	429600	355818	106.8
农业 Farming	万元 (10000 yuan)	511743	441024	102.4	211857	196037	106.2
林业 Forestry	万元 (10000 yuan)	26687	22554	115.9	33319	32411	105.0
牧业 Animal Husbandry	万元 (10000 yuan)	111956	103617	107.2	170479	113331	109.0
渔业 Fishery	万元 (10000 yuan)	20588	21922	101.6	12729	12887	103.1
农林牧渔服务业 Services in Support of Agriculture	万元 (10000 yuan)	16595	16360	99.6	1216	1152	103.7
工业 Industry							
规模以上工业企业主要指标 Main Indicators of Industrial Enterprises above Designated Size							
企业单位数 Number of Enterprises	个 (unit)	56	50	112.0	19	19	100.0
#亿元工业企业 Above 100 Million Yuan	个 (unit)	19	17	111.8	5	5	100.0
#亏损企业 Loss-making Enterprises	个 (unit)	11	11	100.0	7	7	100.0
规模以上工业总产值增速 Above Designated Size	%	5.8	13.7	-7.9★	8.3	23.9	-15.6★
固定资产投资增速 Investment in Fixed Assets							
固定资产投资 Investment in Fixed Assets	%	1.8	16.7	-14.9★	10.2	23.7	-13.5★
#项目投资 Project Investment	%	-2.9	17.6	-20.5★	11.6	23.2	-11.6★
房地产开发投资 Real Estate Development	%	27.7	12.1	15.6★	0.1	27.2	-27.1★

注：“★”为增减百分点

续表 31

指标名称 Item	单位 Unit	隆安县			马山县		
		2020 年	2019 年	2020 年为 2019 年% Rate of Development (%)	2020 年	2019 年	2020 年为 2019 年% Rate of Development (%)
商业 Domestic							
社会消费品零售总额 Total Retail Sales of Consumer Goods	万元 (10000 yuan)	123435	170449	72.4	196468	249238	78.8
财政、金融 Finance, Banking&Insurance							
财政收入 Financial Revenue	万元 (10000 yuan)	53642	52703	101.8	36095	36736	98.3
#一般公共预算收入 Public Budget Income	万元 (10000 yuan)	29595	28892	102.4	20120	19994	100.6
一般公共预算支出 Public Budget Expenditure	万元 (10000 yuan)	439988	330358	133.2	412692	398461	103.6
金融机构各项存款余额 Total Deposits of Financial Institutions	万元 (10000 yuan)	1426109	1187020	120.1	1042261	938336	111.1
#住户存款余额 Householder Savings Deposits	万元 (10000 yuan)	1056795	941139	112.3	846557	755407	112.1
金融机构各项贷款余额 Total Loans of Financial Institutions	万元 (10000 yuan)	987612	786911	125.5	757051	611400	123.8
城乡居民收入 The Income of Urban and Rural Residents							
全体居民年人均可支配收入 Per Capita Disposable Income of All Residents	元/人 (yuan/person)	18985	17818	106.5	17560	16409	107.0
#城镇居民年人均可支配收入 Disposable Income of Urban Residents	元/人 (yuan/person)	30044	29197	102.9	29960	29031	103.2
农村居民年人均可支配收入 Per Capita Disposable Income of Rural Residents	元/人 (yuan/person)	13958	12876	108.4	12851	11844	108.5

续表 31

指标名称 Unit	单位 Unit	上林县			宾阳县		
		2020 年	2019 年	2020 年为 2019 年% Rate of Development (%)	2020 年	2019 年	2020 年为 2019 年% Rate of Development (%)
人口、土地面积 Population, Land Area							
年末户籍人口 Population at Year-end	人 (person)	500987	502610	99.7	1053924	1062183	99.2
男性人口 Male	人 (person)	264583	264949	99.9	566359	568830	99.6
女性人口 Female	人 (person)	236404	237661	99.5	487565	493353	98.8
年平均人口 Average Annual Population	人 (person)	501799	502370	99.9	1058054	1061371	99.7
年末常住人口 Residents Population	万人	35.98	35.92	100.2	80.24	80.16	100.1
#城镇人口 Town Population	万人	12.26	11.93	102.7	36.32	35.42	102.5
城镇化率 Urbanization Rate	%	34.07	33.23	0.85★	45.27	44.19	1.08★
土地面积 Land Area	平方公里 (sq.km)	1871	1871	100.0	2298	2298	100.0
生产总值(当年价) Gross Domestic Product	万元 (10000 yuan)	905743	810876	109.6	2799583	2719591	103.4
第一产业 Primary Industry	万元 (10000 yuan)	276228	261680	103.9	609525	587936	104.3
第二产业 Secondary Industry	万元 (10000 yuan)	167348	122319	129.3	831909	803727	107.3
工业 Industry	万元 (10000 yuan)	57835	54027	96.7	547871	534662	108.0
建筑业 Construction	万元 (10000 yuan)	109832	68718	160.3	285773	270834	105.9
第三产业 Tertiary Industry	万元 (10000 yuan)	462167	426877	106.8	1358150	1327928	100.6
人均生产总值(当年价) Per Capita Gross Domestic Product(current prices)	元	25195	22593	109.4	34908	33957	103.2
生产总值构成 Composition of Gross Domestic Product	%	100	100		100	100	
第一产业 Primary Industry	%	30.50	32.27	-1.77★	21.77	21.62	0.15★
第二产业 Secondary Industry	%	18.48	15.08	3.39★	29.72	29.55	0.16★
工业 Industry	%	6.39	6.66	-0.28★	19.57	19.66	-0.09★
建筑业 Construction	%	12.13	8.47	3.65★	10.21	9.96	0.25★
第三产业 Tertiary Industry	%	51.03	52.64	-1.62★	48.51	48.83	-0.32★

续表 31

指标名称 Item	单位 Unit	上林县			宾阳县		
		2020 年	2019 年	2020 年为 2019 年% Rate of Development (%)	2020 年	2019 年	2020 年为 2019 年% Rate of Development (%)
农业 Agriculture							
农林牧渔业总产值(当年价) Gross Output Value of Agriculture, Forestry, Animal Husbandry and Fishery	万元 (10000 yuan)	451744	413862	104.1	993827	918406	104.0
农业 Farming	万元 (10000 yuan)	273471	243340	112.3	618865	576647	105.2
林业 Forestry	万元 (10000 yuan)	19993	18270	108.4	42393	40110	104.5
牧业 Animal Husbandry	万元 (10000 yuan)	131496	127121	87.8	273914	241747	101.9
渔业 Fishery	万元 (10000 yuan)	25181	23642	103.0	43804	45865	99.9
农林牧渔服务业 Services in Support of Agriculture	万元 (10000 yuan)	1603	1489	105.7	14852	14037	103.9
工业 Industry							
规模以上工业企业主要指标 Main Indicators of Industrial Enterprises above Designated Size							
企业单位数 Number of Enterprises	个 (unit)	23	20	115.0	106	88	120.5
#亿元工业企业 Above 100 Million Yuan	个 (unit)	6	6	100.0	52	47	110.6
#亏损企业 Loss-making Enterprises	个 (unit)	7	3	233.3	17	13	130.8
规模以上工业总产值增速 Above Designated Size	%	1.1	6.2	-5.1★	13.0	20.7	-7.7★
固定资产投资增速 Investment in Fixed Assets							
固定资产投资额 Investment in Fixed Assets	%	19.4	56.3	-36.9★	1.5	16.1	-14.6★
#项目投资 Project Investment	%	22.1	79.3	-57.2★	1.2	4.6	-3.4★
房地产开发投资 Real Estate Development	%	12.5	17.4	-4.9★	2.7	88.7	-86★

注："★"为增减百分点

续表 31

指标名称 Item	单位 Unit	上林县			宾阳县		
		2020 年	2019 年	2020 年为 2019 年% Rate of Development (%)	2020 年	2019 年	2020 年为 2019 年% Rate of Development (%)
商业 Domestic							
社会消费品零售总额 Total Retail Sales of Consumer Goods	万元 (10000 yuan)	231946	266768	86.9	999615	1058327	94.5
财政、金融 Finance, Banking&Insurance							
财政收入 Financial Revenue	万元 (10000 yuan)	52292	48379	108.1	155541	201265	77.3
#一般公共预算收入 Public Budget Income	万元 (10000 yuan)	29808	29976	99.4	98220	137453	71.5
一般公共预算支出 Public Budget Expenditure	万元 (10000 yuan)	418180	381225	109.7	555022	559140	99.3
金融机构各项存款余额 Total Deposits of Financial Institutions	万元 (10000 yuan)	1289145	1117946	115.3	2922459	2521815	115.9
#住户存款余额 Householder Savings Deposits	万元 (10000 yuan)	1001299	877481	114.1	2921656	2000738	146.0
金融机构各项贷款余额 Total Loans of Financial Institutions	万元 (10000 yuan)	911446	772131	118.0	1985404	1707338	116.3
城乡居民收入 The Income of Urban and Rural Residents							
全体居民年人均可支配收入 Per Capita Disposable Income of All Residents	元/人 (yuan/person)	18553	17491	106.1	24945	23961	104.1
#城镇居民年人均可支配收入 Disposable Income of Urban Residents	元/人 (yuan/person)	29241	28528	102.5	36255	35544	102.0
农村居民年人均可支配收入 Per Capita Disposable Income of Rural Residents	元/人 (yuan/person)	13268	12251	108.3	16321	15470	105.5

续表 31

指标名称 Unit	单位 Unit	横州市			兴宁区		
		2020 年	2019 年	2020 年为 2019 年% Rate of Development (%)	2020 年	2019 年	2020 年为 2019 年% Rate of Development (%)
人口、土地面积 Population, Land Area							
年末户籍人口 Population at Year-end	人 (person)	1272506	1278226	99.6	378986	364748	103.9
男性人口 Male	人 (person)	678060	680544	99.6	188036	182567	103.0
女性人口 Female	人 (person)	594446	597682	99.5	190950	182181	104.8
年平均人口 Average Annual Population	人 (person)	1275366	1276404	99.9	371867	357081	104.1
年末常住人口 Residents Population	万人	89.72	89.64	100.1	61.63	59.23	104.1
#城镇人口 Town Population	万人	37.27	36.08	103.31	54.13	51.74	104.6
城镇化率 Urbanization Rate	%	41.54	40.25	1.29★	87.84	87.35	0.49★
土地面积 Land Area	平方公里 (sq.km)	3448	3448	100.0	723	723	100.0
生产总值(当年价) Gross Domestic Product	万元 (10000 yuan)	3204449	3288958	94.9	3664392	3903059	99.4
第一产业 Primary Industry	万元 (10000 yuan)	862647	770895	101.8	146679	134568	108.1
第二产业 Secondary Industry	万元 (10000 yuan)	999201	1249755	82.4	583946	771515	112.3
工业 Industry	万元 (10000 yuan)	805464	961026	87.0	132330	135984	101.2
建筑业 Construction	万元 (10000 yuan)	195098	290478	67.4	452099	636066	116.1
第三产业 Tertiary Industry	万元 (10000 yuan)	1342601	1268308	102.5	2933767	2996976	96.7
人均生产总值(当年价) Per Capita Gross Domestic Product(current prices)	元 (yuan)	35732	36717	94.8	60639	67294	95.4
生产总值构成 Composition of Gross Domestic Product	%	100	100		100	100	
第一产业 Primary Industry	%	26.92	23.44	3.48★	4.00	3.45	0.56★
第二产业 Secondary Industry	%	31.18	38.00	−6.82★	15.94	19.77	−3.83★
工业 Industry	%	25.14	29.22	−4.08★	3.61	3.48	0.13★
建筑业 Construction	%	6.09	8.83	−2.74★	12.34	16.30	−3.96★
第三产业 Tertiary Industry	%	41.90	38.56	3.34★	80.06	76.79	3.28★

续表 31

指标名称 Unit	单位 Unit	横州市			兴宁区		
		2020 年	2019 年	2020 年为 2019 年% Rate of Development (%)	2020 年	2019 年	2020 年为 2019 年% Rate of Development (%)
农业 Agriculture							
农林牧渔业总产值(当年价) Gross Output Value of Agriculture, Forestry, Animal Husbandry and Fishery	万元 (10000 yuan)	1511552	1288085	102.1	255613	216744	108.0
农业 Farming	万元 (10000 yuan)	907755	823687	100.1	135885	132900	99.3
林业 Forestry	万元 (10000 yuan)	60404	54212	107.1	52881	32515	162.5
牧业 Animal Husbandry	万元 (10000 yuan)	440231	315336	104.3	41738	39132	90.8
渔业 Fishery	万元 (10000 yuan)	62698	55493	115.0	20554	8426	107.9
农林牧渔服务业 Services in Support of Agriculture	万元 (10000 yuan)	40464	39357	101.0	4556	3771	118.6
工业 Industry							
规模以上工业企业主要指标 Main Indicators of Industrial Enterprises above Designated Size							
企业单位数 Number of Enterprises	个 (unit)	132	115	114.8	27	25	108.0
#亿元工业企业 Above 100 Million Yuan	个 (unit)	55	62	88.7	13	11	118.2
#亏损企业 Loss-making Enterprises	个 (unit)	21	13	161.5	1	1	100.0
规模以上工业总产值增速 Above Designated Size	%	-31.6	4.4	-36★	2.9	13.4	-10.5★
固定资产投资增速 Investment in Fixed Assets							
固定资产投资额 Investment in Fixed Assets	%	2.8	10.3	-7.5★	-4.0	13.3	-17.3★
#项目投资 Project Investment	%	4.8	5.2	-0.4★	1.3	9.4	-8.1★
房地产开发投资 Real Estate Development	%	-6.2	41.6	-47.8★	-6.8	15.5	-22.3★

注："★"为增减百分点

续表 31

指标名称 Item	单位 Unit	横州市			兴宁区		
		2020 年	2019 年	2020 年为 2019 年% Rate of Development (%)	2020 年	2019 年	2020 年为 2019 年% Rate of Development (%)
商业 Domestic							
社会消费品零售总额 Total Retail Sales of Consumer Goods	万元 (10000 yuan)	828050	937294	88.3	4867200	5191910	93.7
财政、金融 Finance, Banking&Insurance							
财政收入 Financial Revenue	万元 (10000 yuan)	167793	195430	85.9	475424	480240	99.0
#一般公共预算收入 Public Budget Income	万元 (10000 yuan)	94905	115993	81.8	101800	103456	98.4
一般公共预算支出 Public Budget Expenditure	万元 (10000 yuan)	578752	563522	102.7	225246	239990	93.9
金融机构各项存款余额 Total Deposits of Financial Institutions	万元 (10000 yuan)	3337612	2980443	112.0			
#住户存款余额 Householder Savings Deposits	万元 (10000 yuan)	2797241	2480171	112.8			
金融机构各项贷款余额 Total Loans of Financial Institutions	万元 (10000 yuan)	2097451	1867100	112.3			
城乡居民收入 The Income of Urban and Rural Residents							
全体居民年人均可支配收入 Per Capita Disposable Income of All Residents	元/人 (yuan/person)	24658	23347	105.6	38592	37520	102.9
#城镇居民年人均可支配收入 Disposable Income of Urban Residents	元/人 (yuan/person)	36684	35720	102.7	41940	41158	101.9
农村居民年人均可支配收入 Per Capita Disposable Income of Rural Residents	元/人 (yuan/person)	16253	15091	107.7	17280	16256	106.3

续表 31

指标名称 Item	单位 Unit	青秀区			江南区		
		2020 年	2019 年	2020 年为 2019 年% Rate of Development (%)	2020 年	2019 年	2020 年为 2019 年% Rate of Development (%)
人口、土地面积 Population, Land Area							
年末户籍人口 Population at Year-end	人 (person)	832003	796322	104.5	579157	559590	103.5
男性人口 Male	人 (person)	408780	392369	104.2	291496	283567	102.8
女性人口 Female	人 (person)	423223	403953	104.8	287661	276023	104.2
年平均人口 Average Annual Population	人 (person)	814163	781620	104.2	569374	550864	103.4
年末常住人口 Residents Population	万人	112.58	108.25	104.0	99.11	94.67	104.7
#城镇人口 Town Population	万人	105.23	100.88	104.3	82.64	78.21	105.7
城镇化率 Urbanization Rate	%	93.47	93.19	0.28★	83.38	82.61	0.77★
土地面积 Land Area	平方公里 (sq.km)	865	865	100.0	1183	1183	100.0
生产总值(当年价) Gross Domestic Product	万元 (10000 yuan)	12552590	11885760	105.0	5228504	5059426	102.7
第一产业 Primary Industry	万元 (10000 yuan)	200834	202677	101.0	289995	290656	104.4
第二产业 Secondary Industry	万元 (10000 yuan)	1145526	1066303	111.5	1717569	1638503	105.8
工业 Industry	万元 (10000 yuan)	109740	105364	149.9	1012293	1071311	95.9
建筑业 Construction	万元 (10000 yuan)	1039504	964581	108.1	706517	568831	124.6
第三产业 Tertiary Industry	万元 (10000 yuan)	11206231	10616780	104.4	3220940	3130267	101.0
人均生产总值(当年价) Per Capita Gross Domestic Product(current prices)	元 (yuan)	113686	111855	101.0	53963	54741	98.0
生产总值构成 Composition of Gross Domestic Product	%	100	100		100	100	
第一产业 Primary Industry	%	1.60	1.71	-0.11★	5.55	5.74	-0.2★
第二产业 Secondary Industry	%	9.13	8.97	0.15★	32.85	32.39	0.46★
工业 Industry	%	0.87	0.89	-0.01★	19.36	21.17	-1.81★
建筑业 Construction	%	8.28	8.12	0.17★	13.51	11.24	2.27★
第三产业 Tertiary Industry	%	89.27	89.32	-0.05★	61.60	61.87	-0.27★

续表 31

指标名称 Item	单位 Unit	青秀区			江南区		
		2020 年	2019 年	2020 年为 2019 年% Rate of Development (%)	2020 年	2019 年	2020 年为 2019 年% Rate of Development (%)
农业 Agriculture							
农林牧渔业总产值(当年价) Gross Output Value of Agriculture, Forestry, Animal Husbandry and Fishery	万元 (10000 yuan)	389278	375459	101.7	462384	451917	106.4
农业 Farming	万元 (10000 yuan)	173998	175582	101.1	327278	343312	95.7
林业 Forestry	万元 (10000 yuan)	35225	31079	109.5	39160	25835	243.8
牧业 Animal Husbandry	万元 (10000 yuan)	108531	96521	102.6	61834	50388	127.1
渔业 Fishery	万元 (10000 yuan)	10271	1171	93.7	17062	16083	124.4
农林牧渔服务业 Services in Support of Agriculture	万元 (10000 yuan)	61253	60506	99.4	17051	16299	107.6
工业 Industry							
规模以上工业企业主要指标 Main Indicators of Industrial Enterprises above Designated Size							
企业单位数 Number of Enterprises	个 (unit)	30	27	111.1	187	167	112.0
#亿元工业企业 Above 100 Million Yuan	个 (unit)	6	7	85.7	64	62	103.2
#亏损企业 Loss-making Enterprises	个 (unit)	5	5	100.0	40	31	129.0
规模以上工业总产值增速 Above Designated Size	%	56.4	11.1	45.3★	-5.7	-7.4	1.7★
固定资产投资增速 Investment in Fixed Assets							
固定资产投资额 Investment in Fixed Assets	%	-9.8	16.2	-26★	9.3	16.0	-6.7★
#项目投资 Project Investment	%	40.7	-37.2	77.9★	19.0	2.1	16.9★
房地产开发投资 Real Estate Development	%	-30.3	77.6	-107.9★	1.9	29.3	-27.4★

注："★"为增减百分点

续表 31

指标名称 Item	单位 Unit	青秀区			江南区		
		2020 年	2019 年	2020 年为 2019 年% Rate of Development (%)	2020 年	2019 年	2020 年为 2019 年% Rate of Development (%)
商业 Domestic							
社会消费品零售总额 Total Retail Sales of Consumer Goods	万元 (10000 yuan)	4975718	5164092	96.4	3613836	3849004	93.9
财政 Finance							
财政收入 Financial Revenue	万元 (10000 yuan)	2030920	2091667	97.1	311628	318347	97.9
#一般公共预算收入 Public Budget Income	万元 (10000 yuan)	361289	363270	99.5	72511	67793	107.0
一般公共预算支出 Public Budget Expenditure	万元 (10000 yuan)	447294	482158	92.8	252251	210882	119.6
城乡居民收入 The Income of Urban and Rural Residents							
全体居民年人均可支配收入 Per Capita Disposable Income of all Residents	元/人 (yuan/person)	47219	45655	103.4	33928	33113	102.5
#城镇居民年人均可支配收入 Disposable Income of Urban Residents	元/人 (yuan/person)	49638	48286	102.8	37823	37264	101.5
农村居民年人均可支配收入 Per Capita Disposable Income of Rural Residents	元/人 (yuan/person)	17803	16811	105.9	17562	16552	106.1

续表 31

指标名称 Item	单位 Unit	西乡塘区			良庆区		
		2020 年	2019 年	2020 年为 2019 年% Rate of Development (%)	2020 年	2019 年	2020 年为 2019 年% Rate of Development (%)
人口、土地面积 Population, Land Area							
年末户籍人口 Population at Year-end	人 (person)	841277	827543	101.7	347617	323193	107.6
男性人口 Male	人 (person)	419103	413509	101.4	178510	167489	106.6
女性人口 Female	人 (person)	422174	414034	102.0	169107	155704	108.6
年平均人口 Average Annual Population	人 (person)	834410	820439	101.7	335405	314180	106.8
年末常住人口 Residents Population	万人	164.57	159.6	103.1	58.84	56.23	104.6
#城镇人口 Town Population	万人	149.24	144.17	103.5	49.16	46.08	106.7
城镇化率 Urbanization Rate	%	90.68	90.33	0.35★	83.54	81.96	1.59★
土地面积 Land Area	平方公里 (sq.km)	1076	1076	100.0	1369	1369	100.0
生产总值(当年价) Gross Domestic Product	万元 (10000 yuan)	8160465	7891184	102.2	4060364	3364238	113.7
第一产业 Primary Industry	万元 (10000 yuan)	375998	326405	111.3	280409	272316	106.0
第二产业 Secondary Industry	万元 (10000 yuan)	2308208	2362687	99.7	1505683	978348	125.7
工业 Industry	万元 (10000 yuan)	1469119	1554377	97.6	707044	524244	140.0
建筑业 Construction	万元 (10000 yuan)	841944	811403	104.1	804542	458592	114.6
第三产业 Tertiary Industry	万元 (10000 yuan)	5476259	5202093	102.9	2274273	2113574	107.4
人均生产总值(当年价) Per Capita Gross Domestic Product(current prices)	元 (yuan)	50347	50143	99.2	70572	61279	108.5
生产总值构成 Composition of Gross Domestic Product	%	100	100		100	100	
第一产业 Primary Industry	%	4.61	4.14	0.47★	6.91	8.09	-1.19★
第二产业 Secondary Industry	%	28.29	29.94	-1.66★	37.08	29.08	8★
工业 Industry	%	18.00	19.70	-1.69★	17.41	15.58	1.83★
建筑业 Construction	%	10.32	10.28	0.03★	19.81	13.63	6.18★
第三产业 Tertiary Industry	%	67.11	65.92	1.18★	56.01	62.82	-6.81★

续表 31

指标名称 Item	单位 Unit	西乡塘区			良庆区		
		2020 年	2019 年	2020 年为 2019 年% Rate of Development (%)	2020 年	2019 年	2020 年为 2019 年% Rate of Development (%)
农业 Agriculture							
农林牧渔业总产值(当年价) Gross Output Value of Agriculture, Forestry, Animal Husbandry and Fishery	万元 (10000 yuan)	630236	521628	134.4	455580	428193	105.9
农业 Farming	万元 (10000 yuan)	379806	366368	110.9	301893	275122	109.5
林业 Forestry	万元 (10000 yuan)	7742	5026	230.4	43645	42731	99.8
牧业 Animal Husbandry	万元 (10000 yuan)	206920	114110	229.9	90664	90498	99.0
渔业 Fishery	万元 (10000 yuan)	16306	18751	78.9	14527	15316	100.3
农林牧渔服务业 Services in Support of Agriculture	万元 (10000 yuan)	19463	17373	123.2	4851	4526	105.2
工业 Industry							
规模以上工业企业主要指标 Main Indicators of Industrial Enterprises above Designated Size							
企业单位数 Number of Enterprises	个 (unit)	239	211	113.3	67	60	111.7
#亿元工业企业 Above 100 Million Yuan	个 (unit)	72	63	114.3	23	19	121.1
#亏损企业 Loss-making Enterprises	个 (unit)	76	65	116.9	15	18	83.3
规模以上工业总产值增速 Above Designated Size	%	18.7	11.3	7.4★	8.4	1.7	6.7★
固定资产投资增速 Investment in Fixed Assets							
固定资产投资额 Investment in Fixed Assets	%	15.2	16.6	-1.4★	-3.0	13.1	-16.1★
#项目投资 Project Investment	%	29.7	13.8	15.9★	-30.9	15.3	-46.2★
房地产开发投资 Real Estate Development	%	6.1	18.4	-12.3★	11.1	12.1	-1★

注:“★”为增减百分点

续表 31

指标名称 Item	单位 Unit	西乡塘区			良庆区		
		2020 年	2019 年	2020 年为 2019 年% Rate of Development (%)	2020 年	2019 年	2020 年为 2019 年% Rate of Development (%)
商业 Domestic							
社会消费品零售总额 Total Retail Sales of Consumer Goods	万元 (10000 yuan)	4515126	4921170	91.7	716668	712670	100.6
财政 Finance							
财政收入 Financial Revenue	万元 (10000 yuan)	458264	474661	96.5	719592	692111	104.0
#一般公共预算收入 Public Budget Incomee	万元 (10000 yuan)	117434	117852	99.6	145985	139715	104.5
一般公共预算支出 Public Budget Expenditure	万元 (10000 yuan)	395204	373646	105.8	310384	246241	126.0
城乡居民收入 The Income of Urban and Rural Resident							
全体居民年人均可支配收入 Per Capita Disposable Income of All Residents	元/人 (yuan/person)	34929	33969	102.8	29064	27933	104.0
#城镇居民年人均可支配收入 Disposable Income of Urban Residents	元/人 (yuan/person)	36731	35940	102.2	33442	32658	102.4
农村居民年人均可支配收入 Per Capita Disposable Income of Rural Residents	元/人 (yuan/person)	16026	15147	105.8	17598	16234	108.4

续表 31

指标名称 Item	单位 Unit	邕宁区			武鸣区		
		2020 年	2019 年	2020 年为 2019 年% Rate of Development (%)	2020 年	2019 年	2020 年为 2019 年% Rate of Development (%)
人口、土地面积 Population, Land Area							
年末户籍人口 Population at Year-end	人 (person)	385151	379345	101.5	728965	727002	100.3
男性人口 Male	人 (person)	203176	200880	101.1	379933	378996	100.2
女性人口 Female	人 (person)	181975	178465	102.0	349032	348006	100.3
年平均人口 Average Annual Population	人 (person)	382248	375299	101.9	727984	725042	100.4
年末常住人口 Residents Population	万人	33.27	32.64	101.9	68.47	66.9	102.3
#城镇人口 Town Population	万人	18.45	17.17	107.4	35.73	33.68	106.1
城镇化率 Urbanization Rate	%	55.44	52.60	2.84★	52.18	50.34	1.84★
土地面积 Land Area	平方公里 (sq.km)	1231	1231	100.0	3389	3389	100.0
生产总值(当年价) Gross Domestic Product	万元 (10000 yuan)	1608061	1547029	105.0	3193408	3033260	105.9
第一产业 Primary Industry	万元 (10000 yuan)	333984	336543	103.5	1285828	1241102	105.8
第二产业 Secondary Industry	万元 (10000 yuan)	421067	406509	105.9	739265	699515	108.8
工业 Industry	万元 (10000 yuan)	260405	244277	110.8	458821	450249	106.6
建筑业 Construction	万元 (10000 yuan)	162523	164013	99.4	281873	250738	112.7
第三产业 Tertiary Industry	万元 (10000 yuan)	853010	803977	105.1	1168315	1092644	104.2
人均生产总值(当年价) Per Capita Gross Domestic Product(current prices)	元 (yuan)	48796	47903	102.9	47180	45823	103.6
生产总值构成 Composition of Gross Domestic Product	%	100	100		100	100	
第一产业 Primary Industry	%	20.77	21.75	−0.98★	40.27	40.92	−0.65★
第二产业 Secondary Industry	%	26.18	26.28	−0.09★	23.15	23.06	0.09★
工业 Industry	%	16.19	15.79	0.4★	14.37	14.84	−0.48★
建筑业 Construction	%	10.11	10.60	−0.5★	8.83	8.27	0.56★
第三产业 Tertiary Industry	%	53.05	51.97	1.08★	36.59	36.02	0.56★

续表 31

指标名称 Item	单位 Unit	邕宁区			武鸣区		
		2020 年	2019 年	2020 年为 2019 年% Rate of Development (%)	2020 年	2019 年	2020 年为 2019 年% Rate of Development (%)
农业 Agriculture							
农林牧渔业总产值(当年价) Gross Output Value of Agriculture, Forestry, Animal Husbandry and Fishery	万元 (10000 yuan)	551227	535057	103.1	2036461	1926757	112.2
农业 Farming	万元 (10000 yuan)	313895	314235	100.3	1594985	1428002	126.6
林业 Forestry	万元 (10000 yuan)	23731	20216	114.6	81142	73878	118.5
牧业 Animal Husbandry	万元 (10000 yuan)	193162	180053	106.7	258897	331285	58.3
渔业 Fishery	万元 (10000 yuan)	14152	14500	101.5	52589	47657	122.9
农林牧渔服务业 Services in Support of Agriculture	万元 (10000 yuan)	6288	6052	102.0	48849	45936	111.0
工业 Industry							
规模以上工业企业主要指标 Main Indicators of Industrial Enterprises above Designated Size							
企业单位数 Number of Enterprises	个 (unit)	35	31	112.9	231	184	125.5
#亿元工业企业 Above 100 Million Yuan	个 (unit)	22	18	122.2	52	41	126.8
#亏损企业 Loss-making Enterprises	个 (unit)	11	10	110.0	55	39	141.0
规模以上工业总产值增速 Above Designated Size	%	12.0	47.1	-35.1★	15.2	9.7	5.5★
固定资产投资增速 Investment in Fixed Assets							
固定资产投资额 Investment in Fixed Assets	%	-45.5	13.2	-58.7★	15.6	12.7	2.9★
#项目投资 Project Investment	%	-51.8	-16.7	-35.1★	8.0	-6.3	14.3★
房地产开发投资 Real Estate Development	%	-41.5	46.1	-87.6★	28.5	72.0	-43.5★

注："★"为增减百分点

续表 31

指标名称 Item	单位 Unit	邕宁区			武鸣区		
		2020 年	2019 年	2020 年为 2019 年% Rate of Development (%)	2020 年	2019 年	2020 年为 2019 年% Rate of Development (%)
商业 Domestic							
社会消费品零售总额 Total Retail Sales of Consumer Goods	万元 (10000 yuan)	314544	302412	104.0	420992	454656	92.6
财政 Finance							
财政收入 Financial Revenue	万元 (10000 yuan)	189432	227580	83.2	201088	188426	106.7
#一般公共预算收入 Public Budget Income	万元 (10000 yuan)	50380	52149	96.6	132042	104486	126.4
一般公共预算支出 Public Budget Expenditure	万元 (10000 yuan)	333105	291031	114.5	454676	426759	106.5
城乡居民收入 The Income of Urban and Rural Residents							
全体居民年人均可支配收入 Per Capita Disposable Income of All Residents	元/人 (yuan/person)	24129	22874	105.5	26977	25774	104.7
#城镇居民年人均可支配收入 Disposable Income of Urban Residents	元/人 (yuan/person)	35206	34652	101.6	37071	36309	102.1
农村居民年人均可支配收入 Per Capita Disposable Income of Rural Residents	元/人 (yuan/person)	16790	15460	108.6	18777	17483	107.4

表 32

广西主要年份国民经济主要统计指标

指标名称	单位	2016 年	2017 年	2018 年	2019 年	2020 年
地区生产总值	亿元	16116.55	17790.68	19627.81	21237.14	22156.69
第一产业	亿元	2800.29	2878.3	3021.09	3389.67	3555.82
第二产业	亿元	5620.96	6138.25	6692.87	7046.43	7108.49
# 工业	亿元	4307.32	4680.06	5101.92	5246.57	5221.24
第三产业	亿元	7695.30	8774.13	9913.85	10801.04	11492.38
地区生产总值指数	%	107	107.1	106.8	106.0	103.7
第一产业	%	103.4	104.2	105.5	105.6	105.0
第二产业	%	104.9	104.1	103.8	105.5	102.2
# 工业	%	104.3	104.0	104.2	104.0	101.2
第三产业	%	110.0	110.3	109.3	106.4	104.2
社会消费品零售总额	亿元	6349.76	7037.98	7663.52	8200.87	7831.01
全社会固定资产投资	亿元	18236.78	20499.11			
指数	%	112.4	112.4	110.8	109.5	104.2
地方财政收入	亿元	2454.08	2604.32	2790.32	2969.22	2800.61
指数	%	105.20	106.1	107.1	106.4	94.3
城镇居民人均可支配收入	元	28324	30502	32436	34745	35859
指数	%	107.2	107.7	106.3	107.1	103.2
农村居民人均可支配收入	元	10359	11325	12435	13676	14815
指数	%	109.4	109.3	109.8	110.0	108.3
居民消费价格指数(城市)	%	101.6	101.6	102.3	103.7	102.8

注：1. 地区生产总值、农林牧渔业总产值、工业总产值绝对值按当年价算，指数按可比价计算（以上年为 100）。2. 2018 年起，公布固定资产投资数据。根据国家要求不公布总量数据，只公布增速

表 33　　各省会城市年末总人口　　单位：万人

城市名称	2016 年	位次	2017 年	2018 年	位次	2019 年	位次	2020 年	位次
南　宁	751.74	9	715.33	725.41	16	734.48	15	874.16	15
昆　明	559.79	17	678.30	685.00	17	695.00	16	846.01	16
成　都	1398.90	1	1604.50	1633.00	1	1658.10	1	2093.78	1
贵　阳	401.35	19	480.2★	488.19	19	497.14	18	598.70	19
西　安	824.93	7	905.68★	1000.37	7	1020.35	8	1295.29	3
兰　州	324.23	21	372.96	375.36	21	379.09	20	435.94	21
乌鲁木齐	267.87	22	350.40	350.58	22	355.20	21	405.44	22
呼和浩特	241.00	23	311.50	312.60	23	313.7	22	344.61	23
银　川	219.11	24	222.54	225.06	26	229.31	25	285.91	25
西　宁	203.28	25	235.50	237.10	24	238.71	23	246.80	26
拉　萨	53.78	27	54.36★	55.44★		55.89★		86.79	27
广　州	870.49	4	1449.84	1490.44	2	1530.59	2	1867.66	2
福　州	687.06	14	766.00	774.00	13	780.00	14	829.13	17
杭　州	736.00	10	946.80	980.60	8	1036.00	6	1193.60	6
南　京	662.79	15	833.50	843.62	9	850.00	10	931.47	11
海　口	167.03	26	227.21	230.23	25	232.79	24	287.34	24
沈　阳	734.40	11	829.40	831.60	10	832.20	12	907.01	13
哈尔滨	962.10	3	1092.90	1085.80	5	1076.30	4	1000.99	9
长　春	753.40	8	748.9★	751.30	14	753.8★		906.69	14
石家庄	1078.46	2	1087.99	1095.16	4	1039.42	5	1123.51	7
太　原	370.25	20	437.97	442.14	20	446.19	19	530.41	20
合　肥	729.83	12	796.50	808.70	12	818.90	13	936.99	10
南　昌	522.79	18	546.35	554.55	18	560.06	17	625.50	18
济　南	632.83	16	732.12	746.04	15	890.87	9	920.24	12
郑　州	827.10	6	988.10	1013.60	6	1035.20	7	1260.06	4
武　汉	833.84	5	1089.29	1108.10	3	1121.20	3	1232.65	5
长　沙	696.00	13	791.81	815.47	11	839.45	11	1004.79	8

注：1. 带“★”统计口径为户籍人口（不参与排位），其余为常住人口。2. 因 2017 年各市人口统计口径不统一，故不进行排位。3. 因第七次全国人口普查，2020 年暂缺年末总人口数，2020 年数据为第七次全国人口普查数据

表 34

各省会城市地区生产总值

单位:亿元

城市名称	2016 年	位次	2017 年	位次	2018 年比 2017 年增长 (%)	位次	2019 年	位次	2020 年	位次
南宁	3703.33	18	4118.83	18	5.4	24	4506.56	18	4726.34	18
昆明	4300.43	17	4857.64	17	8.4	9	6475.88	12	6733.79	12
成都	12170.2	2	13889.4	2	8.0	12	17012.65	2	17716.68	2
贵阳	3157.7	20	3537.96	19	9.9	1	4039.60	19	4311.65	19
西安	6257.18	10	7469.85	8	8.2	10	9321.19	11	10020.39	10
兰州	2264.23	23	2523.54	23	6.5	22	2837.36	22	2886.74	22
乌鲁木齐	2459.0	22	2743.82	21	7.6	15	3413.26	21	3337.32	21
呼和浩特	3173.59	19	2743.72	22	3.9	27	2791.46	23	2800.68	23
银川	1617.28	24	1803.17	24	7.2	19	6.6★		1964.37	24
西宁	1248.16	26	1284.91	26	9.0	4	7.5★		1372.98	26
拉萨	424.95	27	479.25	27	9.3	2	617.88	25	678.16	27
广州	19610.9	1	21503.2	1	6.2	23	23628.60	1	25019.11	1
福州	6197.77	11	7104.02	11	8.6	6	9392.30	10	10020.02	11
杭州	11050.5	4	12556.2	4	6.7	21	15373.00	4	16106.00	3
南京	10503	5	11715.1	5	8.0	12	14030.15	5	14817.95	5
海口	1257.67	25	1390.48	25	7.6	15	1671.93	24	1791.58	25
沈阳	5460	15	5865	15	5.4	24	6470.30	13	6571.56	14
哈尔滨	6101.6	12	6355	14	5.1	26	5249.40	17	5183.80	17
长春	5928.5	13	6530	12	7.2	19	5904.10	14	6638.03	13
石家庄	5857.8	14	6460.9	13	7.4	17	5809.90	15	5935.10	15
太原	2955.6	21	3382.18	20	9.2	3	4028.51	20	4153.25	20
合肥	6274.3	9	7213.45	9	8.5	7	9409.40	9	10045.72	9
南昌	4354.99	16	5003.19	16	8.9	5	5596.18	16	5745.51	16
济南	6536.12	8	7201.96	10	7.4	17	9443.40	8	10140.90	8
郑州	7994.16	7	9130.2	7	8.1	11	11589.70	6	12003.04	7
武汉	11912.6	3	13410.3	3	8.0	12	16223.21	3	15616.06	4
长沙	9323.7	6	10535.5	6	8.5	7	11574.22	7	12142.52	6

注：1. 因 2018 年各市 GDP 总量不公布使用，故用增速代替。2. 2019 年带“★”为增速（不参与排位），单位为“%”

表 35　　各省会城市第一产业增加值　　单位:亿元

城市名称	2016 年	位次	2017 年	位次	2018 年比 2017 年增长 (%)	位次	2019 年	位次	2020 年	位次
南　宁	395.93	5	404.18	6	4.3	5	507.27	4	534.36	4
昆　明	200.51	16	210.13	16	6.3	2	270.29	15	312.35	13
成　都	474.94	4	500.9	3	3.6	8	612.18	1	655.17	1
贵　阳	137.14	19	147.33	19	6.6	1	161.34	18	178.31	18
西　安	232.01	15	281.12	11	3.3	10	279.13	14	312.75	12
兰　州	60.36	22	61.47	22	6.0	3	51.68	22	57.43	23
乌鲁木齐	28.37	26	29.62	26	2.2	19	27.69	24	27.05	26
呼和浩特	113.49	20	107.74	20	2.1	21	114.21	20	126.46	20
银　川	58.61	23	61.38	23	3.6	8	2.0★		75.72	22
西　宁	39.15	24	41.80	24	4.2	7	4.2★		57.17	24
拉　萨	15.12	27	17.54	27	3.0	15	20.10	25	22.54	27
广　州	240.04	14	233.49	15	2.5	17	251.37	16	288.08	16
福　州	492.65	2	519.49	2	4.3	5	526.47	3	560.70	3
杭　州	304.84	10	311.67	10	1.8	23	326.00	10	326.00	11
南　京	252.51	13	263.01	14	0.6	26	289.82	12	296.80	15
海　口	67.68	21	63.72	21	4.5	4	71.18	21	79.88	21
沈　阳	266.4	12	268.20	13	3.2	11	284.00	13	303.58	14
哈尔滨	691.2	1	688.80	1	−0.1	27	569.50	2	615.80	2
长　春	323.5	8	315.10	9	1.7	24	348.10	8	533.82	5
石家庄	480.9	3	480.50	4	3.2	11	449.50	5	498.60	6
太　原	38.22	25	40.82	25	0.7	25	42.48	23	32.24	25
合　肥	270.2	11	272.75	12	2.2	19	291.90	11	332.32	10
南　昌	181.77	17	192.13	17	3.2	11	212.89	17	235.28	17
济　南	317.31	9	317.40	8	2.5	17	343.10	9	361.70	9
郑　州	156.35	18	158.60	18	2.1	21	140.90	19	156.87	19
武　汉	390.62	6	408.20	5	2.9	16	378.99	6	402.18	8
长　沙	370.95	7	379.45	7	3.2	11	359.69	7	423.46	7

注：1. 因 2018 年各市 GDP 总量不公布使用，故用增速代替。2. 2019 年带“★”为增速（不参与排位），单位为“%”

表 36

各省会城市第二产业增加值

单位：亿元

城市名称	2016 年	位次	2017 年	位次	2018 年比 2017 年增长(%)	位次	2019 年	位次	2020 年	位次
南 宁	1426.5	18	1599.5	18	2.2	27	1044.97	20	1084.32	20
昆 明	1660.46	17	1866	16	10.0	3	2078.75	15	2102.93	15
成 都	5232.02	2	5998.2	2	7.0	13	5244.62	3	5418.50	3
贵 阳	1218.79	19	1375.2	19	7.9	10	1496.67	18	1552.59	17
西 安	2197.81	14	2596.1	13	8.5	6	3167.44	11	3328.27	11
兰 州	790.09	23	881.74	22	4.9	23	945.38	21	933.42	21
乌鲁木齐	704.94	24	827.63	23	5.4	21	906.14	22	907.89	22
呼和浩特	884.43	21	755.75	24	2.4	26	823.84	23	815.73	24
银 川	825.46	22	908.6	21	5.5	20	6.1★		832.62	23
西 宁	595.64	25	556.44	25	8.8	5	6.1★		418.72	25
拉 萨	162.8	27	189.38	27	17.4	1	236.14	25	290.44	26
广 州	5925.87	1	6015.3	1	5.4	21	6454.00	1	6590.39	1
福 州	2598.31	11	2962.9	10	8.4	8	3830.99	8	3840.77	8
杭 州	3977.39	6	4387.2	6	5.8	17	4875.00	5	4821.00	5
南 京	4117.2	5	4454.9	5	6.5	15	5040.86	4	5214.35	4
海 口	233.56	26	252.22	26	6.0	16	276.00	24	269.56	27
沈 阳	2135.6	15	2261.4	15	5.7	18	2178.60	14	2160.41	14
哈尔滨	1896.7	16	1820.7	17	2.7	25	1127.30	19	1144.50	19
长 春	2926.2	9	3175.2	9	7.3	12	2495.40	13	2758.12	12
石家庄	2638	10	2913.9	11	4.8	24	1831.70	16	1745.50	16
太 原	1068.04	20	1271.4	20	10.3	2	1518.64	17	1504.19	18
合 肥	3189.2	8	3643.1	8	9.5	4	3415.30	9	3579.51	9
南 昌	2307.24	13	2666.1	12	8.5	6	2653.82	12	2676.89	13
济 南	2368.9	12	2569.2	14	7.8	11	3265.20	10	3530.70	10
郑 州	3780.68	7	4247.5	7	8.1	9	4617.00	6	4759.54	6
武 汉	5227.05	3	5861.4	3	5.7	18	5988.88	2	5557.47	2
长 沙	4513.23	4	4998.3	4	6.8	14	4439.32	7	4739.27	7

注：1. 因 2018 年各市 GDP 总量不公布使用，故用增速代替。2. 2019 年带“★”为增速（不参与排位），单位为“%”

表 37　各省会城市第三产业增加值　单位：亿元

城市名称	2016年	位次	2017年	位次	2018年比2017年增长(%)	位次	2019年	位次	2020年	位次
南　宁	1880.89	18	2115.15	18	7.8	17	2954.32	17	3107.67	17
昆　明	2439.46	16	2781.54	16	7.3	23	4126.84	12	4318.51	12
成　都	6463.27	3	7390.30	3	9.0	10	11155.86	2	11643.00	2
贵　阳	1801.77	21	2015.45	20	11.3	1	2381.59	21	2580.75	20
西　安	3827.36	9	4592.65	8	8.3	13	5874.62	8	6379.37	8
兰　州	1413.78	23	1580.34	23	7.4	22	1840.30	23	1895.90	22
乌鲁木齐	1725.67	22	1886.56	21	8.6	12	2479.43	19	2402.38	21
呼和浩特	2175.67	17	1880.23	22	4.6	26	1853.41	22	1858.49	23
银　川	733.21	25	833.18	25	9.2	7	6.5★		1056.03	25
西　宁	613.37	26	686.67	26	9.4	6	9.3★		897.09	26
拉　萨	247.04	27	272.33	27	4.6	26	361.64	25	365.27	27
广　州	13445.03	1	15254.37	1	6.6	24	16923.23	1	18140.64	1
福　州	3106.81	11	3621.60	11	9.2	7	5034.84	11	5618.55	11
杭　州	6768.26	2	7857.30	2	7.5	19	10172.00	3	10959.00	3
南　京	6133.31	5	6997.22	5	9.1	9	8699.47	5	9306.80	5
海　口	956.43	24	1074.54	24	8.1	15	1324.75	24	1442.14	24
沈　阳	3058	12	3335.40	12	5.4	25	4007.60	13	4107.57	13
哈尔滨	3513.8	10	3845.50	10	7.5	19	3552.60	14	3423.50	15
长　春	2678.8	15	3039.70	15	7.8	17	3060.60	16	3346.09	16
石家庄	2738.9	14	3066.40	14	10.2	3	3528.70	15	3691.00	14
太　原	1849.34	20	2069.94	19	8.8	11	2467.39	20	2616.82	19
合　肥	2814.8	13	3297.62	13	8.0	16	5702.20	10	6133.89	10
南　昌	1865.98	19	2144.96	17	10.1	4	2729.47	18	2833.35	18
济　南	3849.91	8	4315.34	9	7.5	19	5835.10	9	6248.60	9
郑　州	4057.14	7	4724.10	7	8.3	13	6831.80	6	7086.63	6
武　汉	6294.94	4	7140.79	4	10.1	4	9855.34	4	9656.41	4
长　沙	4439.52	6	5157.80	6	10.7	2	6775.21	7	6979.79	7

注：1. 因2018年各市GDP总量不公布使用，故用增速代替。2. 2019年带“★”为增速（不参与排位），单位为“%”

表 38

各省会城市人均地区生产总值

单位：元

城市名称	2016 年	位次	2017 年	位次	2018 年	位次	2019 年	位次
南　宁	52723	27	57948	25	55901	25	61738	22
昆　明	64162	21	71906	19	76387	20	93853	12
成　都	76960	13	86911	13	94782	12	103386	9
贵　阳	67771	18	74493	18	78449	18	81995	17
西　安	71357	15	78346	15	85114	16	92256	13
兰　州	61207	23	67882	21	73042	22	75217	20
乌鲁木齐	69565	16	78306	16	88441	14	94813	11
呼和浩特	102739	6	110561	6	93200	13	89138	15
银　川	74269	14	81656	14	84964	17		
西　宁	53800	26	54800	26	54400	27		
拉　萨	64803	20			76700	19	86750	16
广　州	142394	1	150678	1	155491	1	156427	2
福　州	82253	9	93290	8	102037	6	120879	5
杭　州	121394	4	134607	4	102037	6	152465	3
南　京	127264	2	141103	2	152886	2	165681	1
海　口	56284	24	61583	23	66042	23	72218	21
沈　阳	65851	19	70722	20	75766	21	77777	19
哈尔滨	63445	22	66301	22	57837	24	55175	23
长　春	78667	12	86931	12	95663	11	78456	18
石家庄	54526	25	59645	24	55723	26	52859	24
太　原	68234	17	77536	17	88272	15	90698	14
合　肥	80136	11	91113	11	97470	9	115623	6
南　昌	81598	10	93145	9	95825	10	100415	10
济　南	90999	7	98967	7	106302	5	106416	8
郑　州	82872	8	93143	10	101349	8	113139	7
武　汉	111468	5	123831	5	135136	4	145545	4
长　沙	123681	3	135388	3	136920	3		

注：因第七次全国人口普查，2020 年暂不公布各省会城市人均地区生产总值数据

表 39

各省会城市固定资产投资

城市名称	2016 年（亿元）	位次	2017 年（亿元）	位次	2018 年比 2017 年增长 (%)	位次	2019 年比 2018 年增长 (%)	位次	2020 年比 2019 年增长 (%)	位次
南 宁	3824.73	17	4307.95	16	11.8	6	9.9	9	−2.5	23
昆 明	3920.07	16	4217.9	17	5.5	23	2.8	17	8.1	9
成 都	8370.5	1	9404.2	1	10.0	13	10.0	8	9.9	4
贵 阳	3380.73	18	3850.6	18	15.0	3	1.5	21	2.7	20
西 安	5191.36	10	7556.47	5	8.5	18	1.1	22	12.8	1
兰 州	1990.95	20	1315.35	25	12.1	5	−4.7	24	3.4	18
乌鲁木齐	1607.78	24	2020	19	10.0	13	2.0	20	0.3	22
呼和浩特	1849.2	21	1490.8	22	−26.5	27	5.2	16	−8.5	24
银 川	1723.31	22	1719.05	20	−21.9	26	−6.2	25	1.1	21
西 宁	1399.3	25	1600.03	21	9.0	17	2.6	19	−25.9	27
拉 萨	582.27	27	611.73	27	13.1	4	−3.1	23	5.3	13
广 州	5703.59	8	5919.83	9	8.2	19	16.5	1	10.0	3
福 州	5184.36	11	5823.39	11	11.7	7	9.0	11	9.6	6
杭 州	5842.42	7	5856.65	10	10.8	11	11.6	4	6.8	10
南 京	5533.56	9	6215.2	8	9.4	16	8.0	13	6.6	11
海 口	1271.73	26	1415.5	24	−6.2	24	−15.4	26	9.9	4
沈 阳	1631.6	23	1484	23	15.3	2	13.2	2	4.1	15
哈尔滨	5040.1	12	5395.5	12	−7.2	25	7.3	14	2.8	19
长 春	4659	13	5194.8	13	6.7	21	−19.0	27	8.8	7
石家庄	5916	6	6310.1	7	6.4	22	6.2	15	−19.9	26
太 原	2027.71	19	964.86	26	26.2	1	10.2	5	11.3	2
合 肥	6501.17	5	6351.43	6	7.1	20	9.0	11	4.7	14
南 昌	4540.26	14	5115.18	14	10.9	9	10.2	5	8.8	7
济 南	3974.3	15	4363.6	15	9.6	15	12.6	3	4.0	16
郑 州	6998.6	3	7573.44	3	10.9	9	2.8	17	3.6	17
武 汉	7093.17	2	7871.66	2	10.6	12	9.8	10	−11.8	25
长 沙	6693.32	4	7567.77	4	11.5	8	10.1	7	6.2	12

注：2018 年起，固定资产投资统计方法改变，统计口径发生变化，根据国家要求不公布总量数据，只公布增速，不可用 2017 年总量和 2018 年增速推算 2018 年总量

表 40

各省会城市社会消费品零售总额

单位:亿元

城市名称	2016 年	位次	2017 年	位次	2018 年比 2017 年增长 (%)	位次	2019 年	位次	2020 年	位次
南　宁	1980.36	17	2204.16	17	9.0	14	2307.4	14	2180.4	17
昆　明	2310.09	16	2590.95	16	10.0	5	3056.6	12	3070.4	13
成　都	5647.4	2	6403.5	2	10.0	5	7478.4	1	8118.5	2
贵　阳	1195.34	23	1335.28	22	8.0	18	1380.4	19	2188.3	16
西　安	3730.7	11	4329.51	7	9.6	10	6.0★		4989.3	7
兰　州	1263.33	21	1358.72	21	7.4	20	1454.9	17	1641.2	19
乌鲁木齐	1236.69	22	1317	23	5.0	25	1389.2	18	1043.5	20
呼和浩特	1481.46	20	1570.95	20	5.6	24	1646.5	16	1032.9	21
银　川	514.19	25	562.31	25	4.8	26	6.2★		770.9	23
西　宁	513.07	26	560.79	26	6.7	21	592.6	21	573.6	24
拉　萨	229.67	27	258.76	27	14.2	1	322.2	22	369.4	25
广　州	8706.49	1	9402.59	1	7.6	19	7.8★		9218.7	1
福　州	3763.14	9	4193.87	8	11.3	2	5120.3	7	4225.6	11
杭　州	5176.2	4	5717.43	4	9.0	14	6215.0	3	5973.0	5
南　京	5088.2	5	5604.66	5	8.4	16	6135.7	4	7203.0	3
海　口	653.89	24	726.12	24	5.9	23	785.6	20	835.9	22
沈　阳	3985.9	7	3989.8	12	9.2	11	4479.6	9	3637.6	12
哈尔滨	3744.2	10	4044.8	11	4.2	27	5.6★		−11.3★	
长　春	2650.3	14	2922.8	14	6.2	22	3.9★		−6.5★	
石家庄	2975.2	13	3296	13	9.1	12	3545.4	10	2279.6	15
太　原	1666.24	19	1767.82	19	8.1	17	1952.8	15	1655.1	18
合　肥	2445.7	15	2728.51	15	9.1	12	3234.5	11	4513.8	8
南　昌	1868	18	2096.96	18	11.1	3	2369.3	13	2452.7	14
济　南	3764.8	8	4146.1	9	10.0	5	5162.2	6	4469.1	10
郑　州	3665.83	12	4057.22	10	9.7	9	4671.5	8	5076.3	6
武　汉	5610.59	3	6196.3	3	10.5	4	7449.6	2	6149.8	4
长　沙	4117.4	6	4547.68	6	9.9	8	5247.0	5	4469.8	9

注：1. 因 2018 年各市社会消费品总额不公布使用，故用增速代替。2. 2019 年、2020 年带“★”为增速（不参与排位），单位为“%”

表 41　　各省会城市海关进出口贸易总额

城市名称	2016 年	单位	2017 年	单位	2018 年	单位	2019 年	单位	2020 年	单位
南　宁	416.23	亿元	607.09	亿元	738.79	亿元	747.79	亿元	986.00	亿元
昆　明	66.81	亿美元	78.18	亿美元	131.20	亿美元	131.87	亿美元	160.59	亿美元
成　都	2713.4	亿元	3941.8	亿元	4983.20	亿元	5822.70	亿元	7154.21	亿元
贵　阳	39.04	亿美元	29.92	亿美元	34.94	亿美元	41.51	亿美元	60.00	亿美元
西　安	1828.46	亿元	2545.41	亿元	3303.87	亿元	3243.06	亿元	3473.84	亿元
兰　州	281	亿元	125.11	亿元	133.18	亿元	119.41	亿元	102.50	亿元
乌鲁木齐	323.73	亿元	460.34	亿元	513.50	亿元	512.64	亿元	455.87	亿元
呼和浩特	13.09	亿美元	15.99	亿美元	116.70	亿元	124.30	亿元	147.00	亿元
银　川	163.47	亿元	270.62	亿元	168.83	亿元	157.60	亿元	62.96	亿元
西　宁	85.08	亿元	32.91	亿元	31.28	亿元	26.38	亿元	16.81	亿元
拉　萨	41.21	亿元	44.27	亿元	40.96	亿元	41.08	亿元	15.95	亿元
广　州	8566.92	亿元	9714.36	亿元	9810.15	亿元	9995.81	亿元	9530.06	亿元
福　州	2082.2	亿元	2336.06	亿元	2452.75	亿元	2525.80	亿元	2504.80	亿元
杭　州	4485.97	亿元	5085.08	亿元	5245.30	亿元	5597.00	亿元	5934.20	亿元
南　京	3315.33	亿元	4143	亿元	4317.20	亿元	4828.15	亿元	5340.21	亿元
海　口	258.18	亿元	210.22	亿元	341.17	亿元	331.38	亿元	368.32	亿元
沈　阳	113.3	亿美元	128.5	亿美元	149.50	亿美元	1072.80	亿元	1028.10	亿元
哈尔滨	39.7	亿美元	33.5	亿美元	209.70	亿美元	251.50	亿元	255.90	亿元
长　春	141.6	亿美元	952.5	亿元	1054.60	亿元	995.80	亿元	1027.60	亿元
石家庄	116.1	亿美元	862.2	亿元	915.50	亿元	1178.80	亿元	1341.10	亿元
太　原	879.38	亿元	915.25	亿元	1086.29	亿元	1119.56	亿元	1211.47	亿元
合　肥	186.87	亿美元	249.59	亿美元	308.13	亿美元	2221.20	亿元	2597.25	亿元
南　昌	619.7	亿元	669.2	亿元	787.55	亿元	1061.77	亿元	1151.46	亿元
济　南	639.7	亿元	708.1	亿元	825.00	亿元	1103.30	亿元	1382.70	亿元
郑　州	3645.66	亿元	4015.65	亿元	4105.00	亿元	4129.91	亿元	4946.40	亿元
武　汉	1570.1	亿元	1936.2	亿元	2146.00	亿元	2440.20	亿元	2704.30	亿元
长　沙	746.75	亿元	938.02	亿元	1283.34	亿元	2002.03	亿元	2350.46	亿元

表 42

各省会城市一般公共预算收入

单位：亿元

城市名称	2016 年	位次	2017 年	位次	2018 年	位次	2019 年	位次	2020 年	位次
南　宁	312.79	20	332.15	20	359.0	21	370.93	20	372.25	20
昆　明	530	13	560.86	13	595.6	14	630.03	13	650.47	13
成　都	1175.4	5	1275.5	4	1424.2	5	1483	5	1520.4	4
贵　阳	366.32	19	377.77	18	903.3	7	417.26	18	398.13	17
西　安	641.1	9	654.5	11	684.7	12	702.55	11	724.13	11
兰　州	215.5	23	234.2	22	253.3	22	233.23	22	247.13	22
乌鲁木齐	369.67	18	400.78	17	458.3	18	472.46	16	392.64	18
呼和浩特	269.7	22	201.63	23	204.7	23	203.12	23	217.1	23
银　川	173.2	24	177.46	24	181.2	24	154.7	25	157.25	25
西　宁	75.22	26	79.2	27	92.9	27	101.79	27	133.51	26
拉　萨	70.79	27	89.63	26	110.1	26	117.04	26	107.26	27
广　州	1393.85	2	1533.06	2	1632.3	2	1697.21	2	1721.59	2
福　州	598.91	12	634.16	12	680.4	13	668.08	12	675.61	12
杭　州	1402.38	1	1567.42	1	1825.1	1	1966	1	2093	1
南　京	1142.6	6	1271.91	5	1470.0	4	1580.03	3	1637.7	3
海　口	115.51	25	125.36	25	169.9	25	185.34	24	186.05	24
沈　阳	620.9	10	656.2	9	720.6	10	730.3	10	736.08	10
哈尔滨	376.2	17	368.1	19	384.4	19	370.9	21	339.6	21
长　春	415.5	14	450.1	15	478.0	16	420	17	440.4	16
石家庄	410.7	15	460.7	14	519.7	15	569.1	14	605	14
太　原	282.69	21	311.85	21	373.2	20	386.62	19	378.44	19
合　肥	614.85	11	655.9	10	712.5	11	745.99	9	762.9	9
南　昌	402.18	16	417.08	16	461.8	17	476.08	15	483.86	15
济　南	641.2	8	677.2	8	752.8	9	874.2	8	906.1	8
郑　州	1011.2	7	1056.67	6	1152.1	6	1222.53	6	1259.21	5
武　汉	1322.1	3	1402.93	3	1528.7	3	1564.12	4	1230.29	6
长　沙	1231.02	4	800.35	7	879.7	8	950.23	7	1100.09	7

表 43　各省会城市一般公共预算支出　单位:亿元

城市名称	2016 年	位次	2017 年	2018 年	位次	2019 年	位次	2020 年	位次
南　宁	586.98	18	646.31	697.9	18	789.2	18	822.79	18
昆　明	689.14	16	775.9	756.8	16	820.86	17	875.1	16
成　都	1597.2	2	1759.6	1837.5	3	2006.80	3	2158.00	3
贵　阳	525.61	19	578.08	627.5	20	718.72	19	676.4	19
西　安	942.52	8	1045.1	1151.6	8	1248	8	1352.7	8
兰　州	424.16	20	434.53	465.7	22	456.66	22	485.7	22
乌鲁木齐	417.56	23	458.58	659.8	19	620.28	20	536.9	21
呼和浩特	420.9	22	402.27	357.0	24	421.70	23	435.70	23
银　川	397.04	24	341.53	370.8	23	346.60	25	335.80	25
西　宁	287.81	25	560.79	297.5	26	328.04	26	329.5	26
拉　萨	248.48	26	257.47	300.1	25	366.01	24	349.66	24
广　州	1943.7	1	2186	2505.8	1	2865.1	1	2953	1
福　州	831.24	11	940.82	923.4	14	952.17	14	950.2	15
杭　州	1404.3	4	1540.9	1717.1	5	1952.90	4	2070.00	4
南　京	1173.8	6	1354	1532.7	6	1658.60	6	1754.60	5
海　口	206.17	27	198.5	237.4	27	265.18	27	305.40	27
沈　阳	829.4	12	848	964.9	12	1048.20	13	1074.10	13
哈尔滨	876.3	9	958.5	962.2	13	1101.10	11	1162.20	11
长　春	770.6	13	875.7	894.3	15	896.00	15	1084.10	12
石家庄	746.1	14	804.2	994.7	11	1051.40	12	1068.00	14
太　原	424.07	21	479.06	542.5	21	610.62	21	647.40	20
合　肥	859.85	10	965.34	1004.9	10	1122.67	10	1164.80	10
南　昌	587.69	17	654.28	752.1	17	834.11	16	838.1	17
济　南	741	15	834.2	1018.3	9	1197.30	9	1288.80	9
郑　州	1321.6	5	1514.9	1763.3	4	1910.60	5	1721.30	6
武　汉	1524.7	3	1728.3	1929.5	2	2237.10	2	2407.00	2
长　沙	1041.4	7	1186.6	1329.5	7	1425.98	7	1480.20	7

表 44

各省会城市居民消费价格总指数

单位：%

城市名称	2016 年	位次	2017 年	位次	2018 年	位次	2019 年	位次	2020 年	位次
南 宁	101.4	21	102.3	5	102.5	4	103.4	1	102.3	12
昆 明	101.7	16	100.5	27	101.7	22	102.3	23	103.1	1
成 都	102.2	11	102	8	101.4	26	102.8	12	102.5	5
贵 阳	101.1	25	101	26	101.7	22	102.7	14	102.4	7
西 安	100.9	26	102	8	101.9	19	102.7	14	102.1	17
兰 州	100.8	27	101.5	16	101.7	22	102.2	24	102	19
乌鲁木齐	101.5	20	102.8	3	102.2	13	102.0	27	100.9	27
呼和浩特	101.4	21	101.4	17	102.1	15	102.6	18	102	19
银 川	101.7	16	101.7	15	102.2	13	102.2	24	101.8	23
西 宁	102.1	12	101.4	17	102.7	2	102.5	20	102.7	2
拉 萨	102.6	5	101.4	17	101.1	27	102.2	24	102	19
广 州	102.7	2	102.3	5	102.4	6	103.0	8	102.6	3
福 州	102.3	9	101.1	25	101.5	25	102.5	20	102.4	7
杭 州	102.6	5	102.5	4	102.3	10	103.1	5	102.1	17
南 京	102.7	2	101.9	11	102.4	6	103.1	5	102.4	7
海 口	103.0	1	103.3	2	102.4	6	103.3	2	101.6	25
沈 阳	101.7	16	101.4	17	103.0	1	102.4	22	102.3	12
哈尔滨	101.8	15	103.5	1	102.5	4	102.6	18	101.4	26
长 春	101.4	21	101.3	23	102.0	16	102.9	9	101.9	22
石家庄	101.6	19	101.4	17	102.3	10	102.7	14	102.3	12
太 原	101.2	24	101.8	13	101.8	21	102.7	14	102.6	3
合 肥	102.6	5	101.4	17	102.0	16	102.9	9	102.3	12
南 昌	102.1	12	102.1	7	102.3	10	102.8	12	102.5	5
济 南	102.7	2	102	8	102.6	3	103.3	2	102.4	7
郑 州	102.3	9	101.8	13	102.4	6	103.1	5	102.3	12
武 汉	102.4	8	101.9	11	101.9	19	103.2	4	102.4	7
长 沙	101.9	14	101.3	23	102.0	16	102.9	9	101.8	23

表 45　　各省会城市城镇居民人均可支配收入　　单位：元

城市名称	2016 年	位次	2017 年	位次	2018 年	位次	2019 年	位次	2020 年	位次
南　宁	30728	20	33217	19	35276	23	37675	25	38542	25
昆　明	36739	10	39788	10	42988	10	46289	10	48018	11
成　都	35902	11	38918	11	42128	11	45878	11	48593	9
贵　阳	29502	25	32186	25	35115	24	38240	21	40305	18
西　安	35630	12	38536	12	38729	16	41850	16	43713	14
兰　州	29661	23	32331	24	35014	25	38095	23	40152	20
乌鲁木齐	34200	15	37028	15	40101	14	42667	14	42770	17
呼和浩特	40220	6	43518	6	46565	7	49397	7	49789	7
银　川	30478	21	32981	21	35586	20	38217	22	39416	24
西　宁	27539	27	30043	27	32500	27	34846	27	36959	27
拉　萨	29383	26	32408	23	35842	19	39686	18	43640	15
广　州	50941	2	55400	2	59982	2	65052	2	68304	2
福　州	37833	9	40973	9	44457	8	47920	8	49300	8
杭　州	52185	1	56276	1	61172	1	66068	1	68666	1
南　京	49997	3	54538	3	59308	3	64372	3	67553	3
海　口	30775	19	33320	18	36137	18	38977	19	40049	21
沈　阳	39135	8	41359	8	44054	9	46786	9	47413	12
哈尔滨	33190	17	35546	17	37828	17	40007	17	39791	23
长　春	31069	18	33168	20	35332	22	37844	24	40001	22
石家庄	30459	22	32929	22	35563	21	38550	20	40247	19
太　原	29632	24	31469	26	33672	26	36362	26	38329	26
合　肥	34852	13	37972	13	41484	12	45404	12	48283	10
南　昌	34619	14	37675	14	40844	13	44136	13	46796	13
济　南	43052	5	46642	5	50146	5	51913	5	53329	5
郑　州	33214	16	36050	16	39042	15	42087	15	42887	16
武　汉	39737	7	43405	7	47359	6	51706	6	50362	6
长　沙	43294	4	46948	4	50792	4	55211	4	57971	4

表 46

各省会城市农村居民人均可支配收入

单位：元

城市名称	2016 年	位次	2017 年	位次	2018 年	位次	2019 年	位次	2020 年	位次
南 宁	11398	25	12515	25	13654	24	15047	24	16130	24
昆 明	12555	21	13698	20	14895	18	16356	18	17719	19
成 都	18605	6	20298	6	22135	6	24357	6	26432	5
贵 阳	12967	18	14264	18	15648	17	17275	17	18674	17
西 安	15191	12	16522	12	13286	25	14588	25	15749	25
兰 州	10391	26	11305	26	12368	26	13605	26	14652	26
乌鲁木齐	16400	9	17839	10	19623	9	21448	9	22827	9
呼和浩特	14517	15	15710	14	17190	13	18974	13	20489	12
银 川	12037	23	13087	23	14160	23	15282	23	16428	23
西 宁	9678	27	10548	27	11504	27	12577	27	13487	27
拉 萨	11448	24	12994	24	14369	21	16216	19	18268	18
广 州	21449	3	23484	3	26020	3	28868	3	31266	3
福 州	16347	10	17865	9	19419	10	21320	10	22669	10
杭 州	27908	1	30397	1	33193	1	36255	1	38700	1
南 京	21156	4	23133	4	25263	4	27636	4	29621	4
海 口	12679	19	13763	19	14886	19	16116	20	17405	20
沈 阳	14445	16	15461	17	16530	16	18124	16	19598	16
哈尔滨	14439	17	15614	15	16934	14	18238	15	19631	15
长 春	12576	20	13431	21	14237	22	15455	22	16636	22
石家庄	12345	22	13345	22	14518	20	15853	21	16947	21
太 原	14591	14	15595	16	16860	15	18377	14	19655	14
合 肥	17059	8	18694	8	20389	8	22462	8	24282	7
南 昌	14952	13	16364	13	17866	12	19498	11	20921	11
济 南	15346	11	16594	11	17924	11	19454	12	20432	13
郑 州	18426	7	19974	7	21652	7	23536	7	24783	6
武 汉	19152	5	20887	5	22652	5	24776	5	24057	8
长 沙	25448	2	27360	2	29714	2	32329	2	34754	2

注：2015 年以前指标口径为农民人均纯收入

表 47

《南宁政报》2021 年总目录

续表 47

类　型	文　件	发文字号	期　数	页　码
南府发	南宁市人民政府关于印发南宁市企业职工基本养老保险自治区级统收统支政府责任分担办法的通知	南府发〔2020〕21号	1	22
	南宁市人民政府关于表扬2020年度见义勇为“邕城勇士(群体)”的决定	南府发〔2021〕2号	2	1
	南宁市人民政府关于印发南宁市国民经济和社会发展第十四个五年规划和2035年远景目标纲要的通知	南府发〔2021〕6号	11	1
	南宁市人民政府关于“三线一单”生态环境分区管控的实施意见	南府发〔2021〕8号	16	1
	南宁市人民政府关于政府领导工作分工调整的通知	南府发〔2021〕9号	17	1
	南宁市人民政府关于政府领导工作分工调整的通知	南府发〔2021〕10号	21	1
	南宁市人民政府关于印发南宁市专家咨询委员会管理办法(修订)的通知	南府发〔2021〕12号	23	1
南府字	南宁市人民政府　南宁警备区关于在全市试鸣防空警报的通告	南府字〔2021〕1号	17	4
南府办	南宁市人民政府办公室关于印发《南宁市人民政府行政复议委员会工作规则》《南宁市人民政府行政复议案件审理办公会工作规则》《南宁市人民政府行政复议案件审理评议组工作规则》的通知	南府办〔2021〕1号	1	24
	南宁市人民政府办公室关于印发南宁市城市区域声环境功能区划(2020年修订)的通知	南府办〔2021〕3号	2	2
	南宁市人民政府办公室关于印发南宁市促进全社会加大研发经费投入实施方案的通知	南府办〔2021〕5号	4	1
	南宁市人民政府办公室关于印发南宁市应急救援领域市以下财政事权和支出责任划分改革实施方案的通知	南府办〔2021〕6号	4	4
	南宁市人民政府办公室关于印发中国(南宁)跨境电子商务综合试验区发展规划(2021—2025)的通知	南府办〔2021〕7号	5	3
	南宁市人民政府办公室关于印发2021年政府立法工作计划的通知	南府办〔2021〕15号	9、10(合刊)	1
	南宁市人民政府办公室关于聘任陈仁桂等13名同志为第六批南宁市首席技师的通知	南府办〔2021〕16号	8	14
	南宁市人民政府办公室关于印发南宁市生态环境领域市县财政事权和支出责任划分改革实施方案的通知	南府办〔2021〕17号	9、10(合刊)	3
	南宁市人民政府办公室关于印发南宁市全面推行农村公路“路长制”实施方案的通知	南府办〔2021〕18号	12	3
	南宁市人民政府办公室关于印发南宁市公共文化领域市以下财政事权和支出责任划分改革实施方案的通知	南府办〔2021〕19号	12	7
	南宁市人民政府办公室关于做好我市国家综合性消防救援队伍职业优待保障工作的通知	南府办〔2021〕22号	13	1
	南宁市人民政府办公室关于做好有序用电保障生活生产正常秩序的紧急通知	南府办〔2021〕25号	14	7
	南宁市人民政府办公室关于印发南宁市水上搜救奖励和补偿管理办法的通知	南府办〔2021〕28号	17	5
	南宁市人民政府办公室关于印发南宁市防止耕地“非粮化”稳定粮食生产工作方案的通知	南府办〔2021〕29号	18	1
	南宁市人民政府办公室关于印发南宁市12345政务服务便民热线管理办法的通知	南府办〔2021〕30号	18	6
	南宁市人民政府办公室关于印发南宁市中药材产业高质量发展实施方案的通知	南府办〔2021〕31号	19	1
	南宁市人民政府办公室关于公布第九批市级非物质文化遗产代表性项目名录和第八批市级非物质文化遗产代表性传承人的通知	南府办〔2021〕32号	21	8

续表 47

类　型	文　件	发文字号	期　数	页　码
南府办	南宁市人民政府办公室关于印发市人民政府秘书长、副秘书长和办公室主任、副主任等工作分工的通知	南府办〔2021〕33 号	21	11
	南宁市人民政府办公室关于印发南宁市全面推进社会治理现代化“十四五”规划(2021—2025 年)的通知	南府办〔2021〕36 号	22	8
	南宁市人民政府办公室关于表扬 2021 年自然科学优秀论文的通报	南府办〔2021〕39 号	23	6
	南宁市人民政府办公室关于对“十三五”时期实行最严格水资源管理制度成绩突出的县级人民政府予以表扬的通报	南府办〔2021〕40 号	24	1
	南宁市人民政府办公室关于印发南宁市生活垃圾分类“十四五”发展规划的通知	南府办〔2021〕43 号	24	2
南府办函	南宁市人民政府办公室关于印发南宁市落实广西大众创业万众创新三年行动计划(2021—2023 年)工作任务分解表的通知	南府办函〔2021〕46 号	7	1
	南宁市人民政府办公室关于印发南宁市公共卫生防控救治能力建设三年行动计划(2020—2022 年)实施方案的通知	南府办函〔2021〕101 号	13	3
南府干	南宁市人民政府关于陈竑等同志任免职的通知	南府干〔2021〕1 号	2	21
	南宁市人民政府关于黄永久、韦娜同志任免职的通知	南府干〔2021〕2 号	2	21
	南宁市人民政府关于陈荣茂、秦运彪同志任免职的通知	南府干〔2021〕3 号	2	21
	南宁市人民政府关于尹建华等同志退休的通知	南府干〔2021〕4 号	4	15
	南宁市人民政府关于宁汝平等同志任免职的通知	南府干〔2021〕5 号	4	15
	南宁市人民政府关于阎巍同志挂职的通知	南府干〔2021〕6 号	5	42
	南宁市人民政府关于吴新华等同志任免职的通知	南府干〔2021〕7 号	5	42
	南宁市人民政府关于徐丹红、李子华同志退休的通知	南府干〔2021〕8 号	6	18
	南宁市人民政府关于何尚汉同志任职的通知	南府干〔2021〕9 号	6	18
	南宁市人民政府关于葛春同志退休的通知	南府干〔2021〕10 号	6	18
	南宁市人民政府关于薛东光等同志免职的通知	南府干〔2021〕11 号	7	22
	南宁市人民政府关于孙大光同志任职的通知	南府干〔2021〕12 号	7	22
	南宁市人民政府关于颜雪海同志免职的通知	南府干〔2021〕13 号	7	22
	南宁市人民政府关于韦嵩钰、陆广平同志任免职的通知	南府干〔2021〕14 号	7	21
	南宁市人民政府关于吴保民等同志试用期满正式任用的通知	南府干〔2021〕15 号	8	20
	南宁市人民政府关于王戒辉等同志任免职的通知	南府干〔2021〕16 号	8	21
	南宁市人民政府关于李灼同志自愿退休的通知	南府干〔2021〕17 号	8	21
	南宁市人民政府关于孙椿睿等同志任职的通知	南府干〔2021〕18 号	8	21
	南宁市人民政府关于李文三、韦宇汕同志免职的通知	南府干〔2021〕19 号	9、10(合刊)	15

续表 47

类　型	文　件	发文字号	期　数	页　码
南府干	南宁市人民政府关于唐明等同志任免职的通知	南府干〔2021〕20 号	9、10（合刊）	15
	南宁市人民政府关于苏元辉、唐纯建同志退休的通知	南府干〔2021〕21 号	9、10（合刊）	15
	南宁市人民政府关于韦莉娜等同志任免职的通知	南府干〔2021〕22 号	12	32
	南宁市人民政府关于蒋宾、黄勐虎同志任职的通知	南府干〔2021〕23 号	12	32
	南宁市人民政府关于邱丽萍同志任职的通知	南府干〔2021〕24 号	12	32
	南宁市人民政府关于朱会东等同志任免职的通知	南府干〔2021〕25 号	12	33
	南宁市人民政府关于韦火清等同志试用期满正式任用的通知	南府干〔2021〕26 号	12	33
	南宁市人民政府关于梁开景、何翔同志任免职的通知	南府干〔2021〕27 号	12	34
	南宁市人民政府关于吕林等同志退休的通知	南府干〔2021〕28 号	12	34
	南宁市人民政府关于陶今同志免职的通知	南府干〔2021〕29 号	13	64
	南宁市人民政府关于王春梅等同志任免职的通知	南府干〔2021〕30 号	13	64
	南宁市人民政府关于李文进等同志任免职的通知	南府干〔2021〕31 号	13	65
	南宁市人民政府关于宁志忠、李民同志任免职的通知	南府干〔2021〕32 号	13	65
	南宁市人民政府关于王洪波等同志任免职的通知	南府干〔2021〕33 号	13	65
	南宁市人民政府关于孙志宇等同志任职的通知	南府干〔2021〕34 号	13	66
	南宁市人民政府关于梁枫等同志任免职的通知	南府干〔2021〕35 号	14	8
	南宁市人民政府关于宁敏升等同志任免职的通知	南府干〔2021〕36 号	14	8
	南宁市人民政府关于张乐群等同志试用期满正式任用的通知	南府干〔2021〕37 号	14	9
	南宁市人民政府关于陈超汉同志退休的通知	南府干〔2021〕38 号	14	10
	南宁市人民政府关于刘宗晓同志免职的通知	南府干〔2021〕39 号	16	15
	南宁市人民政府关于蒙善恩、梁驰同志退休的通知	南府干〔2021〕40 号	18	44
	南宁市人民政府关于农云安同志免职的通知	南府干〔2021〕41 号	19	22
	南宁市人民政府关于张旭州等同志免职的通知	南府干〔2021〕42 号	20	21
	南宁市人民政府关于雷光财、伍业光同志退休的通知	南府干〔2021〕43 号		
	南宁市人民政府关于伍美新同志试用期满正式任用的通知	南府干〔2021〕44 号		
	南宁市人民政府关于张军同志任职的通知	南府干〔2021〕45 号		
	南宁市人民政府关于黄文中等同志任免职的通知	南府干〔2021〕46 号		
	南宁市人民政府关于李桂等同志任免职的通知	南府干〔2021〕47 号	22	29
	南宁市人民政府关于李小波同志退休的通知	南府干〔2021〕48 号		
	南宁市人民政府关于黄胜等同志任免职的通知	南府干〔2021〕49 号		
	南宁市人民政府关于陈挺同志免职的通知	南府干〔2021〕50 号		
	南宁市人民政府关于章庆梅等同志试用期满正式任用的通知	南府干〔2021〕51 号	23	26
	南宁市人民政府关于黄品文、林红华同志退休的通知	南府干〔2021〕52 号		

表 48

2021 年南宁市重点项目建设情况表

建设阶段	名称	总投资（万元）	建设规模和内容	年计划投资（万元）	项目业主
新开工	南宁零公里空港产业园项目	117000	建设西区地块为国内一级货运设施区，东区地块为南宁空港保税物流中心 B 型和分拨中心，总建筑面积 5.80 万平方米	20000	广西临空投资发展有限公司
	中国—东盟国际先进环保产业合作中心［原博世科东盟环保科技产业园（三期）］	30737	建设 7 栋厂房，创新研发大楼、生活配套楼和成果展示及示范中心等，总建筑面积 7.6 万平方米	5000	广西博世科环保科技股份有限公司
	南宁市良庆区固废处理资源化处置中心项目	23856	建设有机废物暂存库、无机废物暂存库、甲类废物暂存库、焚烧车间、固化车间及污水处理站、安全填埋场等，总建筑面积 1.59 万平方米。日处理处置固废为 3.45 万吨	5000	南宁市良庆区城市管理局
	南宁·桃李春风·健康颐养文旅项目	400000	建设养老养生社区、全龄颐养服务中心、智慧颐养体验中心、健康颐养公寓等，总建筑面积 85 万平方米	20000	广西云天绿城文化旅游有限公司
	周顺来·中国茉莉花文化产业园一期项目	18000	新建商场车、物流仓储基库、企业技术研发中心、游客服务中心等，扩建加工示范区，总建筑面积约 5 万平方米	8000	广西顺来茶业有限公司
	兴宁联讯智谷科技企业孵化器	25000	建设 13 万平方米高标准厂房	8000	广西联讯智谷投资有限公司
	江南 39 号路(江南 7 号路—9 号路)	26300	道路长约 1754 米，宽 60 米	10000	广西南宁晟宁资产经营投资有限公司
	南宁六景工业园区景江产城开发及配套建设项目	35724	道路总长 2.75 千米	1000	南宁交投六景园区开发有限责任公司
	南宁六景工业园区景春产城开发及配套建设项目	53251	道路总长度 4.063 千米，总建筑面积 7.9 万平方米	5000	南宁交投六景园区开发有限责任公司
	南宁六景工业园区八联产城开发及配套建设项目	32138	道路总长度 4.56 千米	1000	南宁交投六景园区开发有限责任公司
	南宁六景工业园区承朴产城开发及配套建设项目	31907	道路建设总长度 3.39 千米	1000	南宁交投六景园区开发有限责任公司
	广西万硕电商(仓储)物流园(原东南现代电商产业园)	57000	建设电商仓储物流中心，建筑面积约 17 万平方米	10000	广西万硕投资有限公司
	海天调味品生产基地建设项目	200000	新建 21 个车间，同时建设制曲机、发酵罐、包装线等，建筑面积约 62 万平方米	30000	佛山市海天(南宁)调味食品有限公司
	南宁市兴宁区坛勒昆仑镇 50 兆瓦风电项目	45000	建设装机规模为 50 兆瓦的风力发电机组及其配套附属设施	2000	特变电工新疆新能源股份有限公司
	广西新谊新能源汽车产业园项目(原德颐众鑫车用新能源产业配套项目)	26000	建设零部件生产及整车改装园区，总建筑面积约 12 万平方米	8000	广西德颐众鑫投资有限公司
	中国智能骨干网申通南宁智慧物流产业园	50000	新建自动化分拣车间、物流仓库、研发中心及附属设施等，总建筑面积 8.5 万平方米	1000	南宁申通供应链管理有限公司
	广西宾阳蓝衣壮水彩画农文旅融合体项目	100000	建设民族特色主题演绎广场、蓝衣壮文化博物馆、水彩画研学展览馆等配套设施	4000	广西蓝衣故里投资发展有限公司
	隆安县震东扶贫生态移民与城镇化结合示范工程产城融合区(集中安置区后续产业扶持基地第 5 期)	43229	建设标准厂房、生产生活配套用房等，总建筑面积 9.9 万平方米	20000	广西隆安公共投资有限公司

续表 48

建设阶段	名 称	总投资（万元）	建设规模和内容	年计划投资（万元）	项目业主
新开工	农艺机械装备及新能源专用研发生产暨搬迁升级改造项目	14092	建设办公楼、研发厂房等设施，建筑面积 1.7 万平方米	1000	南宁市武拖机械有限责任公司
	南宁产投创新产业园三期项目	49000	引进新能源汽车产业链生产产业，建设标准厂房、综合动力站等设施，总建筑面积约 20 万平方米	5000	广西白马新能源汽车配件有限公司
	产投五象振邦产业园	32729	引进元器件、半导体、电子制造产业，建设标准厂房、仓库、中试研发等配套设施，总建筑面积约 11 万平方米	4000	南宁产投智创五象投资开发有限责任公司
	产投经开海城产业园项目	100600	引进生物医药、医疗器械产业。建设标准车间、中试车间、研发中心等配套设施。总建筑面积约 25 万平方米	8000	南宁产投智创经开投资开发有限责任公司
	南宁市武鸣区第一人民医院新建项目	44864	建设规模为 499 张床位，建设门急诊综合楼、医技楼、住院综合楼，总建筑面积 7 万平方米	10000	南宁市武鸣区第一人民医院
	调味品产业园·华强聚源标准厂房(25 号地块)项目	21264	建设 7 栋单层厂房、4 栋综合楼，总建筑面积约 5 万平方米	1500	南宁华强产业投资有限公司
竣 工	南宁轨道交通 5 号线一期工程	1649906	线路全长 20.38 千米，设车站 17 座，设综合基地 1 座，主变 3 座	280000	南宁轨道交通集团有限责任公司
	柳州至南宁高速公路长塘互通式立交项目	15090	增设互通式立交，路长 1060 米，宽 42 米	8000	广西桂海高速公路有限公司
	南宁市亭子冲流域治理工程(一期)	75009	4.5 千米河道两岸截污、雨污分流改造、雨污水管清淤、内源治理、生态修复、河道补水等	5000	南宁建宁水务投资集团有限责任公司(排水公司)
	南宁市朝阳溪河道综合整治工程(秀厢大道—罗伞岭水库)	255810	5 千米河道综合整治、控源截污、河道清淤、生态修复等	3000	南宁建宁水务投资集团有限责任公司(排水公司)
	南宁市那平江流域治理工程(一期)	221758	80 千米长河道清淤、62 千米两岸截污、生态修复等	5000	南宁建宁水务投资集团有限责任公司(排水公司)
	南宁市朝阳溪暗涵(十三中—二十八中)改造工程	166802	2.8 千米暗涵改造、实施清污分流	10000	南宁建宁水务投资集团有限责任公司(排水公司)
	宾阳县城东环路改扩建工程(美食街至宾州镇政府)改扩建工程	58534	建设道路长约 5770 米，道路红线宽度为 60 米	1500	宾阳县住房和城乡建设局
	南宁综保区汇通产业园项目	28705	建设厂房、技术服务中心，总建筑面积 9.80 万平方米	1000	南宁市相思湖新区投资建设发展有限公司
	京东南宁电子商务产业园及运营结算中心项目(一期)	27000	建设 3 栋单层仓库及 1 栋附属用房，总建筑面积 6.8 万平方米	5000	北京京东世纪贸易有限公司
	南宁首创奥特莱斯项目	120000	建设商业综合体，总建筑面积 15.29 万平方米	30000	南宁首创钜大奥特莱斯置业有限公司
	宾阳县亿联建材家居五金城项目	120000	建设建材家居五金市场，休闲美食街区等，总建筑面积 15 万平方米	10000	宾阳县亿联建材家居五金城有限公司
	广西拓康医疗用品物流中心	20160	建设现代化、智能化的一栋医疗用品物流商务综合大楼、药品物流仓库，建设规模 5.47 万平方米	5000	广西英特康药业有限公司
	那平江污水处理厂	67576	建设污水处理厂 1 座，规模 10 万立方米/天	5000	广西绿城水务股份有限公司

续表 48

建设阶段	名 称	总投资（万元）	建设规模和内容	年计划投资（万元）	项目业主
竣 工	南宁市茅桥水质净化厂	69800	建设污水处理厂 1 座，规模 10 万立方米/天	4000	广西绿城水务股份有限公司
	朝阳溪污水处理厂一期工程	67819	建设污水处理厂 1 座，规模 10 万立方米/天	1000	广西绿城水务股份有限公司
	绿色智能制造环保设备生产项目	29450	建设 5# 车间、6# 车间、7# 车间、8# 车间、9# 仓库、综合楼及附属配套设施生产线规模：MCO 净化模块智能化生产线 2 条，新增 MCO 净化槽产能 1.80 万套，总建筑面积 6.91 万平方米	3000	广西博世科环保科技股份有限公司
	良庆墰清岭风电场工程	52600	建设 15 台单机容量 3.2 兆瓦和 4 台单机容量 3 兆瓦风电机组，一座 110 千伏升压站，总装机容量 60 兆瓦，新建场内道路约 15 千米；配套建设一条 110 千伏送出线路 42 千米	10000	南宁华电福新风力发电有限公司
	广西宾阳双桥门头岭风电场工程	41990	安装 25 台单机容量 2000 千瓦风电机组，装机容量 50 兆瓦，年上网发电量 1.06 亿千瓦时	2000	国家电投广西宾阳新能源发电有限责任公司
续 建	农利来绿色农业科教产学研用一体化项目	18000	建设产蛋鸡舍 27 栋、配套育雏鸡舍 5 栋、育成鸡舍 8 栋、2 个标准化孵化厂房	8000	南宁农利来种禽科技有限公司
	新希望南宁市生猪养殖聚落全产业链生态循环农业投资项目	500000	建设种猪场 5 个、育肥场 8 个、饲料厂 2 个、屠宰场和食品深加工厂 1 个	50000	新希望六和股份有限公司
	温氏股份宾阳肉鸡全产业链项目	80000	新建饲料厂、销售中心、技术检测中心和配套用房及配套辅助工程等。总建筑面积 18.17 万平方米	10000	宾阳温氏畜牧有限公司
	南宁市青秀区生态养殖示范基地建设项目	70720	建设肉牛标准化生态养殖基地、刘圩镇谭村标准化养殖小区等，总建筑面积约 10 万平方米	6000	广西四野牧业有限公司
	广西正邦存栏 4.8 万头母猪繁殖场“种养结合”基地建设项目（宾阳）	78254	建设各类猪舍 33 栋、总场综合楼等附属用房，总建筑面积 30.76 万平方米	5000	广西正邦畜牧发展有限公司
	南宁农工商集团生态农业养殖项目	50000	建设饲养 5 万头能繁母猪、年出栏断奶仔猪超过 100 万头标准化生态繁育基地	20000	南宁市罗文实业有限责任公司
	南宁市伶俐大桥	66204	总长 1.969 千米，其中大桥总长 1696 米，引道长 273 米，宽 30.5 米	15000	南宁市青秀区交通运输局
	南宁空港经济区现代服务业配套基础设施工程项目	36226	建设吴圩镇 7 号路北段、10 号路、23 号路、28 号路、32 号路、35 号路、36 号路、39 号路。道路总长 8278 米	2000	广西航港投资集团有限公司
	亭洪路延长线（规划一路—规划四路）	63396	道路全长 1470 米，红线宽度 50 米，包含道路、桥梁、电力管沟等工程	10000	南宁市万町工程项目管理有限责任公司
	洪运路（海城路—国凯大道）工程	65533	道路长度 1050 米，红线宽度 40 米，实施道路、排水、交通、照明及绿化工程	15000	南宁市万町工程项目管理有限责任公司
	空港科技产业园开发建设工程	277105	建设 8 栋 5 层标准厂房、1 栋 11 层倒班楼，以及吴圩镇光明路、光明路南段等道路总长 24673 米	1000	南宁绿港建设投资集团有限公司
	南宁市长堽路延长线工程（高环至新外高环）	248421	城市主干道，长 13.2 千米，路基宽 60 米	12000	南宁城投集团（南宁纵横时代建设投资有限公司）
	南宁市现有高速公路东环改快速路一期工程	513249	路面维修，道路全长约 45 千米；建设安吉大道连接线 1.8 千米、8 座立交桥及相关配套工程等	12000	南宁城投集团（南宁纵横时代建设投资有限公司）

续表 48

建设阶段	名 称	总投资（万元）	建设规模和内容	年计划投资（万元）	项目业主
续 建	宾阳县黎塘工业园区石鼓岭新型建材产业园建设项目	12391	道路总长 1417 米，道路工程、涵洞工程、给水工程、排水工程、交通工程等	6000	宾阳县黎塘工业园区管理委员会
	上林县畅通高速公路进城大道工程	84000	新柳南高速上林东收费站至大丰进城道路，宽 60 米，全长 6.61 千米；上林县北归大道三期改扩建工程宽 40 米，长 1700 米	20000	上林县住房和城乡建设局
	瑞声科技南宁产业园项目	1200000	12 万平方米标准厂房进行生产扬声器、受话器、精密结构件的生产；7 万平方米厂房进行光学模组生产	20000	瑞泰精密（南宁）科技有限公司、瑞声光学（南宁）科技有限公司、瑞声科技（南宁）有限公司
	南宁中关村电子信息产业园	170000	新建标准厂房、倒班宿舍楼及相关配套设施等，一期建筑面积 30.46 万平方米，二期建筑面积 12.87 万平方米	25000	广西南宁当代丰耘投资管理公司
	广西主要支流郁江南宁市那平江堤工程	50405	新建堤防长度 2.483 千米，新建护岸 0.307 千米，连通渠 1.025 千米，排涝泵站 1 座，总装机规模 9600 千瓦，防洪排涝闸 2 座	3000	南宁交通投资集团（南宁高速公路建设发展有限公司）
	桂林至钦州港公路（南宁六景至宾阳段）	756000	全长 43.3 千米，宽 26.5 米	100000	广西六宾高速公路建设发展有限公司
	广西南宁市宾阳县武陵镇、大桥镇、中华镇、古辣镇及王灵镇农村饮水安全巩固提升集中连片供水工程	23420	新建 1 座供水处理厂，敷设输水管线 1.86 千米、配水管线 37.28 千米、管线维修改造 40.21 千米、管网延伸工程 89.41 千米	10000	宾阳县水利局
	武鸣区流域水环境综合整治项目	263186	新建宁武镇等 9 个乡镇污水处理厂，管网长度 67.04 千米	15000	武鸣区住建局（PPP 业主待定）
	美斯达数字化智能工厂项目	60000	规划总建设面积 8.20 万平方米，主要建设生产车间、展示中心等室外附属工程等	4000	广西美斯达工程机械设备有限公司
	南宁华润水泥投资有限公司装配式建筑构件厂项目	106000	新建预制混凝土构件生产线六条；配套建设商品混凝土搅拌站、研发楼等。总建筑面积 6.34 万平方米	15000	华润水泥投资有限公司
	欣阳玻璃精深加工项目	42900	总建筑面积 4.95 万平方米，项目计划安装 56 台套设备	10000	广西欣阳玻璃科技有限公司
	南宁万有国际旅游度假区项目	5000000	建设狂野世界、山海奇幻等大文化特色景区	100000	万有（南宁）文化旅游有限公司
	南宁水锦·顺庄旅游综合开发项目	31000	建设水锦度假庄园及酒店、现代休闲农业开发示范区及观光栈道等商业服务设施，总建筑面积 18.56 万平方米	3000	广西顺庄房地产开发有限责任公司
	上林县大庙江生态旅游景区项目	76100	建设张鹏展"忠孝廉节"文化园、峡谷漂流和现代农业观光体验区等，总建筑面积 40 万平方米	2000	广西上林县大庙江旅游投资有限公司
	广西壮乡美境文旅项目（一期）	180000	建设民族农业休闲观光度假区、骆越文化展示区等，总建筑面积 52 万平方米	3000	南宁市千艺大观投资有限责任公司
	南国乡村·农村综合旅游景区项目（一期）	60000	建设农村建筑科技博览、现代农业观光、生态养老等设施，总建筑面积 28 万平方米	8000	广西那园旅游投资有限公司
	中国—东盟国际生命科学城项目（一期）	140500	总建筑面积 12.6 万平方米，主要建设科研试验基地、农业技术应用基地等项目基地	8000	广西南宁逸合旅游投资有限责任公司
	南宁屯里油库整体搬迁及配套项目	120000	新建油罐 27 座，总库容 28.2 万立方米；铁路专用线 2.5 千米；新建管输站场及配套设备设施	24000	中国石化销售有限公司广西南宁石油分公司

续表 48

建设阶段	名 称	总投资(万元)	建设规模和内容	年计划投资(万元)	项目业主
续 建	南宁启迪东盟科技城—科技研孵中心、高科技企业总部	230000	建设科技总部港、科技研孵中心;总建筑面积约35万平方米	10000	南宁启迪创新科技投资有限公司
	桂民投总部基地	150000	建设3栋商业办公楼及1栋酒店,总建筑面积368.23万平方米	20000	广西桂民投新材料科技有限公司
	威宁青运村	598170	总建筑面积约68万平方米,规划建设包括抵离中心、运动员公寓等配套功能设施。	50000	南宁市国立房地产开发有限公司
	G322/358南宁至宾阳至黎塘公路	705000	一级公路,总长约89千米	50000	南宁交通投资集团(南宁高速公路建设发展有限公司)
	张村至六景公路(一期)	48845	二级公路,全长24.6千米,路基宽度12米	14000	南宁交通投资集团(南宁高速公路建设发展有限公司)
	G324横县南绕城线(含横州大桥)	117000	一级公路,全长20.3千米	10000	横县交通运输局
	南宁新江镇至崇左扶绥县一级公路(南宁段)	208373	一级公路,全长47.6千米,路基宽24.5米	40000	葛洲坝新扶(南宁)公路建设投资有限公司
	南宁市邕宁区蒲庙经新江至百济二级公路	72095	二级公路,全长37.2千米,路基宽12米,路面宽7.5米	15000	邕宁区交通运输局
	青秀兴宁区长堽片区棚户区改造项目(煤矿社区棚户区住户安置房项目)	40700	实施棚户区改造,总建筑面积12.49万平方米	8000	南宁市东沟岭经济发展有限责任公司
	横县健康特色农产品加工产业园基础设施项目(一期)	77500	建设园区道路、污水处理厂等基础设施,建设标准厂房及配套附属设施30万平方米	8000	广西横县华鑫基础设施投资发展有限公司
	南宁教育园区基础设施建设项目(三期)	216375	东片区市政道路共7条,全长14.3千米;西片区市政道路6条,全长11.5千米	6500	广西武鸣东翰投资发展有限责任公司 广西武鸣乾鸣投资发展有限责任公司 南宁华强产业投资有限公司
	五塘工业集中区基础设施项目	72000	建设7条道路,道路总长约15千米,红线宽15米~36米;15个地块的土地平整	10000	南宁市兴工基础设施开发管理有限公司
	南宁空港经济区产业配套基础设施工程	58800	建设7条道路以及空港物流园管线迁改工程,道路总长约9830米,宽24米~50米	2000	广西航港投资集团有限公司
	仙葫大道(蓉茉大道以东)、五合大道污水管工程	50266	仙葫大道(蓉茉大道以东)、五合大道、长福路(仙葫大道至那平江段)以及彩虹路的污水管道建设,管径为d400~d1500,管道总长度2.75万米	15000	广西绿城水务股份有限公司
	南宁六景工业园区景州产城开发及配套建设项目	45390	建设园区道路建设工程,纬四路,纬五路,商住服务用地平整,综合型科技企业孵化基地,道路总长3.57千米	5000	南宁交投六景园区开发有限责任公司
	瑞声科技精密制造项目一期厂区建设	71000	总建筑面积4.92万平方米,项目主要建设厂房以及配套10千瓦变电站、地下消防水池、厂区道路等配套设施	10000	南宁交投六景园区开发有限责任公司
	邕宁老城区控源截污改造工程	20596	主要建设内容包括新建邕高污水提升泵站1座,在浦津路、彩虹路等6条道路新建污水管道,总长13013米	1500	南宁市排水有限责任公司

续表 48

建设阶段	名 称	总投资（万元）	建设规模和内容	年计划投资（万元）	项目业主
续 建	中新南宁国际物流园(二期)	120000	建设综合办公楼、科研大楼等，总建筑面积约58万平方米	30000	广西新中产业投资有限公司
	南宁国际铁路港二期	250000	南宁国际铁路港二期农产品物流区位于港区公路港北侧，建筑面积17万平方米	40000	广西宁铁国际物流有限公司
	马山县易地扶贫搬迁后续产业农产品交易中心	71600	建设农产品展示、农产品交易等配套产业等一体化的产业园区，总建筑面积19.8万平方米	20000	南宁交投凯达投资有限公司
	南宁公路枢纽物流基地牛湾物流园区(一期)	180000	建设物流信息交易、城际快运等设施，总建筑面积30万平方米	8000	南宁港开发投资有限公司
	苏宁广西智慧电商产业园(一期)	130000	建成集电商结算、智慧云仓示范、产业与扶贫于一体的智慧电商物流产业园区，建筑面积约30万平方米	5000	广西苏宁易达物流投资有限公司
	南宁综合保税区商务中心	64600	总建筑面积9.06万平方米，新建研发楼及配套设施	5500	广西南宁当代丰耘投资管理有限公司
	钜荣汽车园	22000	汽车展示、销售、仓储、物流和检测维修等，总建筑面积7.56万平方米	3000	广西钜荣投资有限公司
	南宁红星美凯龙家居博览中心	100000	拟建设16万平方米家居博览中心及配套仓储物流	30000	南宁红星美凯龙环球家居博览中心有限责任公司
	东盟国际生物科技谷	81000	建设全细胞储存库、基因数据库、生物样本库、科研中心等产业中心，总建筑面积10.2万平方米	5000	广西康久生物科技有限公司
	南宁市体育运动学校建设工程	109203	建设中等专科学校、小学班级和幼儿园班级以及公共健身活动中心，总建筑面积13.8万平方米	8000	南宁市体育局
	广西路远智能自动装备项目	120000	建设自动化生产车间、外协生产车间、技术研发中心等相关产业配套中心，总建筑面积20.91万平方米	20000	广西路远智能科技有限公司
	南宁产投创新产业园	53304	总建筑面积9.81万平方米，建设厂房、办公及生活服务楼等	10000	南宁产投工业园区开发有限责任公司
	南南电子汽车新材料精深加工技术改造项目	214180	一期建设智能制造精深加工中心；二期建设汽车新材料制造中心；三期建设电子新材料制造中心	1500	南南铝业股份有限公司
	宾阳马王风电场二期工程	82572	安装40台单机容量2.5兆瓦风力发电机组，总装机容量100兆瓦	20000	广西大唐桂冠新能源有限公司
	宾阳县古辣100兆瓦渔光互补光伏发电综合利用项目	50000	装机容量100兆瓦，主要建设内容包括光伏组件、汇流箱、升压站、运行管理中心及相关配套	4000	宾阳县天晴新能源科技有限公司
	合众新能源汽车年产能10万辆新能源乘用车项目	350000	建设冲压、焊装等大工艺厂房，总建筑面积24.5万平方米	20000	南宁产投新能源汽车园区建设开发有限责任公司、浙江合众新能源汽车有限公司
	天际新能源汽车年产10万辆新能源乘用车项目	580000	建设冲压、焊装等大工艺工厂，总建筑面积约20万平方米	50000	南宁产投汽车园区开发有限责任公司、天际汽车科技集团有限公司
	恒大新能源汽车广西基地项目(一期)	500000	新建车间、附属用房及相关辅助生产设施，总建筑面积48万平方米	10000	恒大新能源汽车投资控股集团有限公司
	广西申龙汽车制造有限公司新能源客车及物流车生产项目	295507	年产1万辆新能源客车、3万辆新能源物流车	20000	广西申龙汽车制造有限公司

续表 48

建设阶段	名 称	总投资（万元）	建设规模和内容	年计划投资（万元）	项目业主
续 建	五象云谷云计算中心	109810	建设数据中心楼、动力中心楼、其他生产厂房及生产配套楼，总建筑面积 14.99 万平方米	10000	五象云谷有限公司
	宾阳县黎塘工业园区宾州电子信息产业园项目	113778	标准厂房建设项目建筑面积 10.8 万平方米，道路总长 1276 米，建设标准厂房、道路等内容	5000	广西宾阳县兴园投资发展有限公司
	五象投资创新型信息产业基地一期	107176	总建筑面积 21.69 万平方米。建设信息网络、信息技术、人工智能等产业领域相关产品厂房 10 栋	6000	南宁五象新区建设投资有限责任公司
	浪潮集团东盟运营总部（云创谷）	75000	建设大数据产业园，项目总建筑面积 12.06 万平方米	15000	南宁市恒汇科技有限公司
	中国电信东盟国际信息园(一期)	30000	建设 1 栋动力中心，2 栋综合运营基地，4 栋数据中心。总建筑面积约 16 万平方米	5000	中国电信股份有限公司南宁分公司
	中国—东盟信息港南宁五象远洋大数据产业园	250000	建设 IDC 大数据中心，总建筑面积 29.8 万平方米	5000	广西远洋全象大数据有限公司
	中国移动(广西)数据中心项目(一期)	26000	总建筑面积 10.6 万平方米，包括 2 栋数据中心、1 栋动力中心、1 栋维护支撑用房	3000	中国移动通信集团广西有限公司
	南宁市测绘地理信息科技研发及展示中心	56900	建设地理信息产业办公楼、测绘技术研发与培训中心等，总建筑面积 8.65 万平方米	5000	南宁市勘察测绘地理信息院
	南宁市双定循环经济产业园污泥处置厂工程	17547	日处理脱水污泥 500 吨，另接纳园区脱水沼渣 50 吨/日，以及园区污水处理厂产生的脱水污泥 70 吨/日	5000	南宁建宁康恒环保科技有限责任公司
	南宁市双定循环经济产业园生活垃圾清洁焚烧发电厂工程	177300	建设一座总处理规模为 3000 吨/日的生活垃圾清洁焚烧发电厂；配套应急填埋处置场，总库容约 500 万立方	30000	南宁建宁康恒环保科技有限责任公司
	南宁市双定循环经济产业园有机垃圾处理厂工程	40346	总建设规模为 1200 吨/天，分两期实施：一期建设规模为 600 吨/天；二期建设规模为 600 吨/天及其配套设施	12000	南宁建宁康恒环保科技有限责任公司
	泰康之家桂园养老社区（原名：泰康医养综合社区项目）	250000	总建筑面积 30.13 万平方米，建设医养结合养老社区	14000	泰康之家桂园(南宁)置业有限公司
	南宁市铝合金整体挤压壁板展平关键技术研究及产业化能力建设项目	13125	新增粗整型、预整型、精整型等一整套展平设备，形成年产 3000 吨铝合金整体挤压壁板的规模	1000	广西南南铝加工有限公司
	高端高精铝材首台套重大短板装备及配套建设项目	64226	新增气垫炉、辊底式淬火炉等重大短板装备，形成年产 8 万吨铝合金热处理产品	14000	广西南南铝加工有限公司
	中国—东盟信息港南宁核心基地五象新区地理信息小镇(一期)	143427	总建筑面积 22.3 万平方米，建设以卫星导航与位置服务产业等为主导产业的信息产业园区	5000	南宁欣鑫产城投资有限责任公司
	南宁市水塘江综合整治工程 PPP 项目	146600	全长 4.43 千米，建设黑臭水体整治应急、生态修复、海绵城市等工程	15000	光大水务(南宁)有限公司
	南宁市心圩江环境综合整治工程 PPP 项目	279331	建设污水处理厂建设、明月湖水质提升等工程	15000	广西南宁北投心圩江环境治理有限公司
	大王滩国家湿地公园及水环境工程	72065	建设湿地公园、水环境工程等配套工程	14000	南宁市大王滩水库管理处
	马巢河流域治理工程	167554	对 12 千米全流域进行河道整治、控源截污等工程	30000	南宁市排水有限责任公司

续表 48

建设阶段	名 称	总投资（万元）	建设规模和内容	年计划投资（万元）	项目业主
续 建	南宁市儿童医院(二期)	74756	建设500张床位的三级儿童专科医院，总建筑面积6.09万平方米，建设门诊楼、住院楼等设施	5000	南宁市儿童医院建设运营管理有限公司
	南宁市第四人民医院综合传染病门诊住院楼项目	19551	建设330张床位的综合传染病门诊住院楼等设施，总建筑面积3.9万平方米	5000	南宁市第四人民医院
	前海人寿南宁医院项目	143954	总建筑面积25万平方米，拟设置1000张床位	20000	前海人寿医院投资南宁有限公司
	快环综合整治项目(邕宾立交)改造工程	56000	立交工程，含宝兴路下穿通道框架桥、电力管道工程	10000	南宁市城市建设投资发展有限责任公司
	机场高速公路T2航站楼收费站工程	52000	建设6入14出收费站一座、G7211机场路段分中心等设施	8000	南宁城市路桥投资管理有限责任公司
	南宁高新区武鸣产业园技术服务中心及配套道路项目	69255	总建筑面积14.4万平方米，主要建设厂房、技术服务中心等	10000	南宁市相思湖新区投资建设发展有限责任公司
	南宁市核心城区户均年停电时间小于1小时电力管线建设工程(一期)	27909	对南宁市快环以内中心城区等区域进行电力管线加埋及改造	5000	南宁城建管廊建设投资有限公司
	南宁宜家家居商场	111000	总建筑面积约12万平方米，建设广场、水电等配套设施工程	10000	南宁宜家家居有限公司
	广西(中国—东盟)粮食物流产业园区Ⅰ期	79000	总建筑面积约20万平方米，建设东盟国际粮食交易中心等项目共17栋单体建筑	10000	广西粮食物流产业园区有限公司
	南宁·中关村科技广场	50000	建设邻里中心及相关配套设施等，总建筑面积7.3万平方米	10000	广西南宁当代丰耘投资管理公司
	南宁市“三街两巷”项目金狮巷银狮巷保护整治改造(二期)新建工程	36200	拟建地块的新建建筑(包括地上、地下建筑)4.7万平方米	5000	南宁兴威投资管理有限公司
	南宁市第四职业技术学校邕宁校区建设项目	25648	总建筑面积8.7万平方米，建设综合图书楼、文化馆等设施	2500	南宁市第四职业技术学校
	南宁大参林中心项目	20000	总建筑面积8.2万平方米，建设1栋配套服务楼、1栋丙类厂房、一个丙类仓库	3000	广西南宁市大参林药业有限公司
	广西海吉星农产品国际物流中心	250000	总建筑面积55万平方米，建设农产品物流仓储区、农产品配送区、农产品交易区、电子商务大厦等工程	2000	广西海吉星农产品国际物流有限公司
	中通快递南宁转运中心项目	24000	总建筑面积7.5万平方米，建设智能化快运车间、智能化分拣车间、电子商务办公楼及配套设备设施等	2000	广西中通吉供应链管理有限公司
	广西九州通大健康产业总部基地项目暨西南现代中药生产基地项目	25000	总建筑面积10万平方米，建设办公研发楼及生产厂房、大健康产业总部	1500	广西九州通医药有限公司
	建兴路北延长线工程	102430	道路全长3194米，宽40米，一期建设高改快—建兴路立交段，路线长1339米，二期建设建兴路北延长线北段，路线长1855米	1000	南宁纵横时代建设投资有限公司
	南宁市红光路(蓉茉大道延长线—长堽路)工程	148352	道路长4431米，红线宽度60米，含合坡路—蓉茉大道段综合管廊2600米	4200	南宁市城市建设投资发展有限责任公司
	牧原食品股份有限公司武鸣生猪产业园建设项目	46480	建设猪舍10万平方米，以及配套的生活区、附属设施。建成年出栏40万头生猪规模化、标准化养殖场	2500	牧原食品股份有限公司

续表 48

建设阶段	名 称	总投资(万元)	建设规模和内容	年计划投资(万元)	项目业主
预 备	宾阳县露圩经泉南高速甘棠互通至石塘公路工程项目	26893	建设全长19.11千米(其中主干道17.48千米,甘棠支线1.63千米)二级公路,路基宽12米,水泥混凝土路面宽10.5米		宾阳县交通运输局
	东盟—李宁中心	150000	建设生产厂房、行政综合楼、研发中心及其他行政配套建筑,购置智能裁切机器人、裁断机等设备,总建筑面积约40万平方米		李宁体育(广西)有限公司
	广西民族大学相思湖学院转设投资项目	500000	首期15000人规模、建筑面积约50万平方米,二期5000人规模、建筑面积约15万平方米,三期10000人规模、建筑面积约35万平方米		吉利人才发展集团有限公司
	柳州至南宁高速公路甘棠互通式立交项目	19000	建设柳州至南宁高速公路与宾阳县甘棠镇周边片区地方公路网互通式立交		广西桂海高速公路有限责任公司
	上林至横县公路一期工程	1206250	项目主线全长118.46千米		南宁高速公路建设发展有限公司
	上林县城乡一体化供水网工程	58000	建设上林县巷贤镇明亮镇集中连片供水工程、上林县白圩镇集中连片供水工程、西燕镇镇圩乡集中连片供水工程		上林县水利局
	广西桂台现代农机产业服务园(广西农业机械研究院有限公司高新技术产业化基地)	31700	建设厂房、科研大楼、职工食堂和宿舍等工程的现代农机产业服务园,总建筑面积11.40平方米		广西农业机械研究院有限公司
	华润南宁年产千万吨级新型优质建筑骨料与30万吨干混砂浆项目(一期)	17000	建设石灰石原料矿山开采,建筑骨料、人工机制砂及干混砂浆产品加工厂,装船码头等。建设350万吨/年建筑骨料和30万吨干混砂浆生产线		华润水泥(南宁)有限公司
	上林县南丹卫城文旅项目	59300	建设核心区古城公共基础设施建设工程、南丹卫遗址公园、文体(市民)中心以及配套公共服务设施等		上林卫城建设投资有限公司
	武鸣灵水国际青年新创客公社一期项目	100000	建设国际人工智能研发交流中心、孵化中心办公楼、路德体育中心等,总建筑面积112.87万平方米		广西青年创客产业有限公司
	南宁刘圩市民农庄项目(一期)	55000	建设市民体验农场、鲜美稀特果林、庭院共享果林、农业博物馆、水稻主题乐园等,总建筑面积约6万平方米		广西邻里乡村投资有限公司
	武鸣·禅茶谷健康颐养文旅项目(一期)	90000	建设健康养生、智慧颐养社区、智慧田园生活区、配套教育及文化中心等,建筑面积46.54万平方米		南宁电建兴国旅游发展文化有限公司
	广西金陵右江康养小镇项目	150000	建设休闲商旅民宿区、金陵旧街文化商旅区、古街生态民宿区、乡村生态农业综合产业休闲旅游示范区。总建筑面积45.5万平方米		广西金陵河岸树香园投资有限公司
	广西鼎诚汇顺投资有限公司茉莉花国际文化旅游康养特色小镇项目(一期)	100700	建设壮乡文化中心广场0.6万平方米,停车场0.12万平方米,康养酒店60万平方米,老年活动中心0.3万平方米等		广西鼎诚汇顺投资有限公司
	武鸣骆越文化园项目(一期)工程	228900	建设文旅工程、配套设施、艺术社区等三大功能区和市政配套工程,总建筑面积83.7941万平方米		南宁天誉新景置业有限公司
	南宁牛湾文化旅游岛	3500000	建设定位以中华玉文化为主题,融合海丝文化、养生文化等功能于一体的文化休闲岛,总体建设规模约200万平方米		青秀区土储分中心
	马山县龙河沐心谷康养旅游项目	42960	建设生态康养、民俗民居集市、汽车营地3个板块及相应道路、停车场、绿化等配套工程。建筑总面积15.17万平方米		广西马山县龙之河旅游开发有限公司
	南宁右江湾水乡康养旅游项目	323236	建设巴马长寿康养综合体、温泉度假酒店、东南亚特色文化酒店、商务会议会展中心、滨湖光影艺术街区等,总建筑面积约100万平方米		广西汉恒文化旅游投资有限公司(意向业主)

续表 48

建设阶段	名 称	总投资（万元）	建设规模和内容	年计划投资（万元）	项目业主
预 备	南宁蓝地球田园文旅项目	400000	建设周边新农村改造、艺术田园、亲子营地、温顺动物萌宠乐园、农耕体验区、农业科普设施等，建筑面积约115万平方米		广西蓝地球文化旅游开发有限公司
	南宁丽山丽水文旅项目	80000	建设美梦田园休闲观光度假区、观光生态农业园、民俗手作街区、民族文化彩绘园、游客综合接待中心等，总建筑面积24万平方米		南宁市千艺大观投资有限责任公司
	南宁·祜花湾	120000	建设健康养生、智慧颐养社区、养生颐养公寓等宜居社区、商业街区、商务特色酒店及国际学校等，建筑面积52.23万平方米		南宁电建兴国旅游文化发展有限公司
	上林县振林(粤桂)扶贫庄园	34900	建设现代特色农业示范基地其中包括：彩韵迎宾服务区、稻香花海旅游区等，规划用地面积537.2万平方米		上林县振林农村投资发展有限公司
	南宁“花花大世界”生态度假区项目	2000000	建设大型综合型旅游度假区		广西地产集团有限公司
	南宁抽水蓄能电站	720000	建设规划装机容量120万千瓦电站，安装4台30万千瓦水泵水轮机组		南方电网调峰调频发电有限公司
	南宁三燃液化气有限公司储灌容检厂搬迁项目	15000	建设储存、灌装、运输配送、钢瓶检测等功能为一体的液化气综合气库，厂区液化气储灌容量总量2400立方米，周转液化气7.5万吨/年		南宁三燃液化气有限公司
	空港经济区重点产业发展区域(C区)水系改造工程	12000	总长约1850米，宽约15米～30米，主要建设内容包括土方开挖、植被改造、配套服务设施等相关配套工程		广西航港投资集团有限公司
	横县健康特色农产品加工产业园(二期)工程项目	214617	建设排水渠工程，市政道路工程(含道路、标准厂房建设工程等)		广西横县华鑫基础设施投资发展有限公司
	江南40号路(江南6号路—9号路)	17500	建设道路工程、排水工程、路灯工程、绿化工程、海绵工程、交通工程，道路宽约40米，长约1749米		南宁仙葫经济开发区工业园区管理办公室
	江南7号路南段(二期)(江南39号路—45号路)	11200	主要建设道路工程、排水工程、路灯工程、绿化工程、海绵工程、交通工程，道路宽约30米，长约1488米		南宁仙葫经济开发区工业园区管理办公室
	江南37号路二期(江南9号路—14号路)	27300	建设道路工程、排水工程、路灯工程、绿化工程、海绵工程、交通工程等，道路宽约40米，长约2733米		南宁仙葫经济开发区工业园区管理办公室
	佳园小区旁道路(原五合片区25号路)	22984	建设包括道路、排水、照明、交通、绿化、电力管道等城市道路，道路长1540米、宽20米		广西南宁晟宁资产经营投资有限公司
	南宁农产品交易中心(二期)	100000	建设仓储交易区、仓储分拣区、仓储加工配送区等，总建筑面积约27万平方米		南宁农产品交易中心有限责任公司
	南宁西乡塘区坛洛镇智慧物流园(B区)	120000	建设国际物流作业区、电商物流作业区、智能仓储区、供应链金融服务中心等		南宁宝湾智慧物流发展有限公司(意向业主)
	南宁西乡塘区坛洛镇智慧物流园(A区)	105000	建设大型现代化物流分拨中心、现代化恒温仓储分拨中心、电子商务与物流网平台设备		上海宇培(集团)有限公司(意向业主)
	广西浩源再生资源利用有限公司废钢铁加工仓储配送中心项目	180000	建设废钢回收区、分拣区、仓储配送区、交易中心、办公楼等配套设施，年回收分拣处理各类废钢铁800万吨		广西浩源再生资源利用有限公司
	东南智慧电商产业园B地块	115000	建设智慧仓储物流示范中心、智能快递示范中心、冷链物流中心、数据管理及控制中心，总建筑面积约34万平方米		苏宁易购集团有限公司

续表 48

建设阶段	名　称	总投资（万元）	建设规模和内容	年计划投资（万元）	项目业主
预　备	南宁都市里	1500000	建设医院、商业古镇、购物中心、度假型酒店、康养小镇、大马戏多功能剧院、游乐设施等板块项目		广西东方航洋实业集团有限公司
	南宁大健康特色小镇	1300000	建设医药、医疗器械及健康食品科研孵化中心、综合性康复医院、睡眠中心以及相关产业配套等，总建筑面积209.5万平方米		广西达和投资有限公司
	中欧一带一路广西蓝莓加工产业园项目	95000	建设生产车间、仓库、办公生活区等，总建筑面积13.3万平方米		广西一号线食品科技有限公司
	广西南宁市桂牧食品有限公司年屠宰200万头生猪及精深加工项目	52000	建设屠宰分割车间、高温肉制品车间、低温肉制品车间、万吨冷库以及辅助配套工程等，厂房总建筑面积9万平方米		广西南宁市桂牧食品有限公司
	宾阳县芳雷水库工程	63645	建设水库总库容2336万立方米，最大坝高30米，坝顶长438米		宾阳县水利局
	上林国际马术运动康养基地项目	340000	建设国家马术队冬训、比赛、马术教育培训基地、国际学校、五星级度假酒店、康养小镇等		广西骏琦体育文化有限公司
	南宁市市郊铁路机场线	1026811	建设南宁市市郊铁路机场线连接吴圩机场至市区线路、车站、场段、主变电站等		南宁轨道交通集团有限责任公司
	南宁市市郊铁路武鸣线	1650000	建设南宁市市郊铁路武鸣线连武鸣线，包括区间、车站、车辆段、主变电站等		南宁轨道交通集团有限责任公司
	中国东盟金属材料产业园	260000	建设金属材料研发中心、国际贸易、金属循环利用、钢材贸易、金融结算、智能制造、酒店商贸等为一体的产业园，总建筑面积约22万平方米		广西柳州钢铁集团有限公司
	金蓉颗粒生产基地项目	50000	建设符合GMP标准的创新药大生产基地、饮片加工基地、新药研发中心、乳腺肿瘤研究院等，建筑面积约10万平方米		广州奇绩医药科技有限公司
	南向智能制造科技园项目	51480	建设厂房、科技楼及配套设施等，总建筑面积12.6万平方米		广西庆海建设发展有限公司
	联纲光通信类、声学信号类及电源传输类产品生产项目	105000	建设研发及实验中心及其他基础配套设施等，生产光通信类、声学信号类及电源传输类产品，总建筑面积约8万平方米		联纲光电科技股份有限公司
	智能家居项目	20000	建设Wi-Fi模块全自动组装生产线8条、SMT全自动贴片线12条等生产线		广西陆洲电子科技有限公司
	显示屏模组生产基地	30000	建筑面积1.9万平方米，建设显示屏模组组装厂，投入整机生产线约16条		南宁市邦莱智能科技有限公司
	马山县周鹿三星100兆瓦农业光伏项目	47600	建设规模为100兆瓦，建设32个3.92兆瓦光伏发电单元，配置32台3125千瓦集中式逆变器		马山中核新能源有限公司
	马山县周鹿武平100兆瓦农业光伏项目	47600	建设规模为100兆瓦，共设32个3.92兆瓦光伏发电单元，配置32台3125千瓦集中式逆变器		马山中核新能源有限公司
	马山协合周鹿风电场工程	38500	总装机容量为48兆瓦		马山县协合周鹿风力发电有限公司
	轨道交通4号线沿线道路维修整治工程	89828	全长20千米，建设道路、排水等工程		南宁五象新区建设投资有限责任公司
	南宁产投创新产业园二期项目	52626	建设标准厂房、综合动力站等，总建筑面积22.4万平方米		南宁产投工业园区开发有限责任公司
	马山县乐圩至周鹿二级公路项目	39533	路线全长40.01千米，路基宽度10米，二级公路		马山县交通运输局
	南宁市核心城区缆线管廊工程	26446	建设缆线管廊，线路长8.3千米		市城市内河管理处（前期业主）

续表 48

建设阶段	名 称	总投资（万元）	建设规模和内容	年计划投资（万元）	项目业主
预 备	中新南宁国际物流园(三期)	300000	建设中国—东盟多式联运联盟发展基地及配套的仓储物流产业仓库,总建筑面积约102万平方米		广西新中产业投资有限公司
	南宁市武鸣沃柑交易中心项目	150000	建设冷链物流仓储、农贸市场等工程,总建筑面积约37万平方米		广西富鸣城市投资发展集团有限责任公司
	丰树南宁西乡塘智慧物流项目	52716	总建设面积约8万平方米,建设高标准工厂及中转配送中心		上海丰树管理有限公司
	年出栏30万头商品猪产业化养殖及其配套设施建设项目	70000	建设6栋养殖楼房、饲料厂,年出栏商品猪30万头		南宁双汇牧业有限公司
	广西正邦广联农牧有限公司良庆区南晓镇生态养殖项目	100000	建设年出栏60万头生猪育肥基地,建筑面积35万平方米		广西正邦广联农牧发展有限公司
	4万头生猪种养循环养殖小区项目	10000	建设育肥猪场4个、厂区道路等附属工程设施,总建筑面积1.9万平方米		广西众大成农牧有限公司
	石埠水厂一期工程	260526	一期工程建设规模每天70万立方米,建设出厂主干管道;远期总规模每天140万立方米		广西绿城水务股份有限公司
	南宁市仙葫水质净化厂一期工程	74278	新建处理能力每天5万立方米水质净化厂一座		广西绿城水务股份有限公司
	广西武鸣伊岭岩景升级改造项目	120000	建设壮文化展示长廊、骆越文化博物馆等配套设施,总建筑面积16.1万平方米		南宁市达观樱园旅游服务有限公司
	中林生态城·南宁项目	1050000	建设森林保育、林业总部、森林旅游等设施		广西中林生态城投资有限公司
	广西南宁新西湖健康科技生态城	925000	建设森林智慧核心片区及其配套设施建设,总建筑面积126.4万平方米		广西东妙健康科技有限公司
	中国银行广西区分行与中银香港东南亚营运中心营业用房项目	90000	建设西侧塔楼145米、东侧塔楼100米,建筑面积13.6万平方米		广西东新发展有限公司
	南宁中关村信息谷科技园	37000	建设生产车间、研发中心、中试基地等,总建筑面积8.4万平方米		南宁中关村信息谷中交科技发展有限责任公司
	南宁产投汽车青秀产业园生产配套园区项目	54200	建设多栋标准厂房及其相关配套建筑,总建筑面积8.7平方米		南宁产投新能源汽车园区建设开发有限责任公司
	南宁·中关村机械制造厂房二期工程	19200	新建1栋厂房及相关配套设施等,总建筑面积4.1万平方米		南宁新技术产业建设开发总公司
	银圭·产品生产和研发基地	43500	建设无机高分子新材料生产基地和研发中心,总建筑面积10.5万平方米		广西银瓷圭新材料科技有限公司
	年生产万吨深加工肉鸭食品项目	12057	总建筑面积5.5万平方米,购置鸭苗孵化设备、鸭肉制品深加工生产线设备及仪器		广西华兴食品集团有限公司
	龙光东盟生鲜食品智慧港项目	220000	规划建设生鲜集成加工区、城市中央厨房、科创研发中心、5G物联中心及配套设施等		南宁市龙光生鲜食品科技有限公司
	广西欣阳年生产及修复建筑铝合金模板48万平方米生产项目	34400	总建筑面积3.4万平方米,建设生产车间、辅助车间、仓储设施等配套工程		广西欣阳新材料科技有限公司

续表 48

建设阶段	名　称	总投资(万元)	建设规模和内容	年计划投资(万元)	项目业主
预　备	广西东妙健康科技产业园项目	385872	总建筑面积61.56万平方米，建设健康食品生产加工基地12.7万平方米、仓储物流基地8.2万平方米、健康会展中心4.02万平方米、健康科创中心1.8万平方米等，以及配套道路等设施		广西东妙健康科技有限公司
	南宁南过境线(吴圩机场至隆安延长线段)公路	264726	主线全长14.367千米，双向四车道，路基宽度28米。二级公路连接线17千米，设置2处枢纽立交、1处一般立交		南宁高速公路建设发展有限公司
	南宁南过境线(六景至大塘段)公路	738975	主线全长53.349千米，双向四车道，路基宽度26.5米，二级公路连接线0.948千米，共建设5个互通		南宁高速公路建设发展有限公司
	宾阳马王风电场三期工程	79510	总装机容量100兆瓦，安装14台单机容量为5.0兆瓦和8台装机容量3.85兆瓦的风力发电机组，新建一座220千伏送出线路接入智诚站		广西大唐桂冠新能源有限公司
	邕宁吉电百济新平农光互补发电项目	130000	建设300兆瓦农光互补光伏电站，项目分两期建设，一期、二期分别建设150兆瓦		南宁吉昇新能源有限公司
	20GWh锂电池项目	1016090	拟建设厂房面积32万平方米，建设年产20亿瓦时锂离子电池生产线		广西宁福新能源科技有限公司、广西南宁昇氟建设投资有限公司
	南宁市第一人民医院肿瘤大楼项目	25605	总建筑面积3.9万平方米，共设床位450张		南宁市第一人民医院
	产投江南产业园项目	56542	总建筑面积约9万平方米，建设标准厂房、宿舍与食堂等配套设施，主要引进电子信息、医疗器械上下游企业入驻		南宁产投智创江南投资开发有限责任公司
	南宁奥特莱斯购物广场	200000	总建筑面积15.6万平方米，建设12栋3层购物综合体，打造集吃喝玩乐购为一体的精品高端旅游购物综合体		南宁杉杉奥特莱斯商业广场有限公司
	南宁国际铁路港城市配送区城市配送仓库	16432	总建筑面积5万平方米，建设200米×60米仓库4座，南侧预留贯通式货物线1条、走行线1条		南宁国际铁路港投资发展有限公司
	广西南宁市五化灌区续建配套与现代化改造工程	45996	总干渠0+000—149.232段改造、六卡结瓜塘和塘昶结瓜塘整治，总干渠土方清理，完成总干668座附属建筑物维修改造，量水堰223座，新建总干渠渠顶混凝土道路		南宁市灌区管理中心
	南宁港隆安港区宝塔作业区码头工程	41000	新建7个1000吨级散货泊位，其中进口泊位2个、出口泊位5个，设计年通过能力为367万吨，主要货种为煤炭、砂石料、水泥和建筑骨料等		隆安县和泰港口服务有限公司
	马山县苏博工业园区农民工创业园创业基地建设项目(一期)	16853	总建筑面积7万平方米，建设6栋标准厂房、产业服务中心、一号宿舍楼、食堂、设备用房等配套设施		马山县苏博工业园区管理委员会
	蓉茉大道(龙岗大桥—柳南高速)扩建工程	24177	道路长2600米，路宽50米，扩建为双向6车道		南宁市富申建设投资有限责任公司
	轨道交通5号线沿线道路整治工程(邕宾立交—那洪收费站)	68894	全长13千米，路幅宽度30米~60米，恢复道路沿线景观效果，建设道路、排水、交通、照明、绿化等附属工程		南宁纵横时代建设投资有限公司
	南宁市塘根路(昆仑大道—高环)工程	62695	道路全长2599米，红线宽40米，设计时速50千米		南宁纵横时代建设投资有限公司
	农工商集团智慧牛业及乡村振兴产业园项目	89810	分三期实施，其中一期规划肉牛养殖区，二期规划为屠宰和冷链加工区、文化旅游区，三期规划为康养度假区		广西中投沃牛发展有限公司
	新建兴南宁市江南区苏圩镇12PS+1800头种猪场项目	55000	分两期建设，第一期存栏母猪14400头，建筑及配套设施7万平方米，第二期存栏母猪14400头		广西新建兴农牧有限责任公司
	南宁市巧红路道路工程项目	42957	道路长2403米，红线宽40米，城市次干路，双向6车道		南宁交通资产管理有限责任公司

表49 2021年南宁市市区道路命名情况表

序 号	标准名称	起 止	走 向	长(米)	宽(米)	城 区
1	民族大道(新命名段)	西起泉南高速路原埌东收费站,东至南宁东收费站	东西	14000	60	青秀区
2	庆玉快速路	西起绕城高速路玉洞西收费站,东至那安快速路	东西	9500	30	良庆区

表50 2021年南宁市文物保护单位名录

级 别	名 称	类 别	时间(年代、时期)	地 点
国家级	昆仑关战役旧址	近现代重要史迹及代表性建筑	中华民国	兴宁区昆仑镇九塘社区欧廖村的昆仑山和领兵山之间的山隘中
	南宁育才学校旧址	近现代重要史迹及代表性建筑	中华人民共和国	西乡塘区心圩镇和德村九冬坡
	顶蛳山遗址	古遗址	新石器时代	邕宁区蒲庙镇新新村九碗坡东面
	伏波庙	古建筑	东汉	横州市云表镇六河村委龙门塘村西南郁江乌蛮滩北岸
	智城城址	古遗址	唐	上林县覃排乡爱长村下石检屯西北450米处
	娅怀洞遗址	古遗址	旧石器时代	隆安县乔建镇博浪村大苍头山
自治区级	南宁会议旧址	近现代重要史迹及代表性建筑	中华人民共和国	兴宁区新民路38号明园饭店内
	共青团南宁地委旧址	近现代重要史迹及代表性建筑	中华民国	兴宁区北宁街47号
	革命烈士纪念碑	近现代重要史迹及代表性建筑	中华人民共和国	兴宁区人民公园内
	新会书院	古建筑	清	兴宁区解放路42号
	镇宁炮台	近现代重要史迹及代表性建筑	中华民国	兴宁区公园路人民公园望仙坡西南
	广西高等法院办公楼旧址	近现代重要史迹及代表性建筑	中华民国	兴宁区朝阳路3—5号
	邕州知州苏缄殉难遗址	古遗址	北宋	兴宁区民生街道兴宁社区兴宁路西一里
	广西民族大学礼堂	近现代重要史迹及代表性建筑	中华人民共和国	西乡塘区大学东路118号广西民族大学校园内
	梁烈亚故居	近现代重要史迹及代表性建筑	清	江南区江西镇扬美村解放路35号
	南宁魁星楼	古建筑	清	江南区江西镇扬美村希望小学内
	广西省土改工作团第二团团部旧址	近现代重要史迹及代表性建筑	中华人民共和国	江南区江西镇锦江村麻子畲坡
	三江坡汉城址	古遗址	汉	江南区江西镇同江村三江坡东面约200米那城顶上
	桂南战役阵亡将士纪念亭	近现代重要史迹及代表性建筑	中华民国	青秀区植物路区第一幼儿院内(原中山公园旧址)
	冬泳亭	近现代重要史迹及代表性建筑	中华人民共和国	青秀区邕江一桥北端西侧
	南宁古城墙	古建筑	清	青秀区邕江一桥北端东段
	斑峰书院	古建筑	清	青秀区刘圩镇新兴社区刘圩街
	邕江防洪古堤	古建筑	清	青秀区邕江北岸距邕江大桥以东约300米处
	豹子头遗址	古遗址	新石器时代	青秀区柳沙园艺场内那贝村西南约2000米的邕江北岸河流拐弯处的一级台地上
	灰窑田遗址	古遗址	新石器时代	青秀区长塘镇金湖社区邕江北岸的灰窑田岭上

续表 50

级 别	名 称	类 别	时间(年代、时期)	地 点
自治区级	中共广西省第二次代表大会旧址	近现代重要史迹及代表性建筑	中华民国	青秀区河堤路雷屋 77—1 号
	青龙江口遗址	古遗址	新石器时代	青秀区长塘镇定西村北面的青龙江口
	天窝遗址	古遗址	新石器时代	青秀区长塘镇天窝村东面的邕江南岸
	徐汉林烈士陵园	近现代重要史迹及代表性建筑	中华人民共和国	邕宁区新江镇汉林村西南约 400 米的盘古山顶
	雷婆岭摩崖石刻	石窟寺及石刻	清	邕宁区那楼镇那蒙村雷婆岭
	新江桥(皇赐桥)	古建筑	清	邕宁区新江镇新江街北端
	邕宁五圣宫	古建筑	清	邕宁区蒲庙镇蒲津路 63 号
	石船头遗址	古遗址	新石器时代	良庆区良庆镇那黄村北面邕江南岸
	元龙坡、安等秧坡古墓群	古墓葬	西周、战国	武鸣区马头镇马头社区木托屯东南面 100 米处
	明秀园	近现代重要史迹及代表性建筑	中华民国	武鸣区城西郊蒙村附近
	思恩府试院	古建筑	清	宾阳县卢圩镇宾阳职业中专内
	宾州南桥	古建筑	明	宾阳县宾州镇南街与三联街交接处
	蔡氏古宅	古建筑	清	宾阳县古辣镇蔡村
	施恒益大院	近现代重要史迹及代表性建筑	中华民国	横州市横州镇城司街东二巷 394 号
	笔山花屋	古建筑	清	横州市平朗乡笔山村委笔山村
	承露塔	古建筑	清	横州市栾城镇高村村委高村东北 500 米金龟岭
	翰桥三昆堂	古建筑	清—中华民国	横州市马山乡翰桥村中
	鲤鱼坡遗址	古遗址	新石器时代	隆安县丁当镇俭安村更也屯鲤鱼坡
	惠迪公祠	古建筑	清	隆安县南圩镇发立村积发屯
	大龙潭遗址	古遗址	新石器时代	隆安县乔建镇博浪村大龙潭
	石塘北帝庙	古建筑	清	马山县周鹿镇石塘村北侧
	汇水桥畔碑林	石窟寺及石刻	明—清	上林县三里镇三里街南汇水桥畔船山
	南陔革命旧址	近现代重要史迹及代表性建筑	中华民国	上林县巷贤镇卢柱村大卢屯
市 级	新华路水塔	近现代重要史迹及代表性建筑	中华民国	兴宁区新华路南段
	望火楼	近现代重要史迹及代表性建筑	中华人民共和国	兴宁区新华路 1 号
	西关路铁桥	近现代重要史迹及代表性建筑	中华民国	兴宁区西关路北段
	两湖会馆	古建筑	清	兴宁区解放路 38—40 号
	南宁商会旧址	古建筑	清	兴宁区解放路 54 号
	金狮巷民居群	古建筑	清—中华民国	兴宁路西二里 50、52、54、56、58、60、62、64、66、68 号
	滕甫墓	古墓葬	宋	兴宁区五塘镇沙平村
	广西壮族自治区展览馆	近现代重要史迹及代表性建筑	中华人民共和国	兴宁区民主路 12 号
	五塘耕读大学旧址	近现代重要史迹及代表性建筑	中华人民共和国	兴宁区五塘镇
	烽火台	古遗址	明	江南区烟墩烟脚村墩岭烽
	千人坟	近现代重要史迹及代表性建筑	中华民国	江南区沙井乡金鸡村马草坪坡黄章岭北面
	周家坡古建筑群	古建筑	清—中华民国	江南区江南街道东南村周家坡

续表 50

级　别	名　称	类　别	时间(年代、时期)	地　点
市　级	莫文骅故居	近现代重要史迹及代表性建筑	清	江南区亭子莫屋角 12 号
	皇姑坟	古墓葬	明	江南区江西镇同江村三江坡
	苏氏宗祠	古建筑	清	江南区苏圩镇苏保村
	扬美五叠堂	古建筑	清	江南区江西镇扬美村解放街西端
	扬美黄氏庄园	古建筑	清	江南区江西镇扬美村
	扬美举人屋	古建筑	清	江南区江西镇扬美村临江街 13 号
	扬美临江街明代民居	古建筑	明	江南区江西镇扬美村临江街 20 号
	扬美慕义门	古建筑	清	江南区江西镇扬美村中山街 40 号
	王氏祖祠	古建筑	清	江南区江西镇智信村坛仓坡
	镇海祠	古建筑	明	江南区五一路新屋三里
	慕村小学旧址	近现代重要史迹及代表性建筑 文化教育建筑及附属物	中华民国	江南区苏圩镇慕村小学
	黄旭初旧居	近现代重要史迹及代表性建筑 名人故、旧居	中华民国	青秀区中山街道中山社区明德街 53 号
	邕宁电报局旧址	近现代重要史迹及代表性建筑	中华民国	青秀区中山街道中山社区明德街 55 号
	雷沛鸿故居	近现代重要史迹及代表性建筑	清	青秀区中山街道津头社区河堤路雷屋 16 号
	中共广西省委机关秘书处旧址(雷经天故居)	近现代重要史迹及代表性建筑	中华民国	青秀区中山街道津头社区河堤路雷屋 17 号
	广西省体育场门楼	近现代重要史迹及代表性建筑	中华人民共和国	青秀区桃源路 62 号
	陶公馆	近现代重要史迹及代表性建筑	中华民国	青秀区中山街道河堤新街社区河堤一街 37 号
	那北咀贝丘遗址	古遗址	新石器时代	青秀区长塘镇五合村那窝坡南约 2 公里的邕江北岸
	凌屋贝丘遗址	古遗址	新石器时代	青秀区长塘镇五合村那窝坡南面邕江边
	青秀山摩崖石刻	石窟寺及石刻	明	青秀山管委会青秀山风景名胜旅游区内
	董　泉	古建筑	明	青秀山管委会青秀山风景名胜旅游区内
	凌铁水塔	近现代重要史迹及代表性建筑	中华民国	青秀区植物路 53 号凌铁水厂内
	刘圩大寨屋	近现代重要史迹及代表性建筑	中华人民共和国	青秀区刘圩镇麓阳村的新阳坡和启蒙坡
	宗圣源祠	古建筑	明	青秀区七星路一巷 25 号
	南宁孔庙	近现代重要史迹及代表性建筑	明清—现代	青秀区青环路 9 号
	钟德祥墓	古墓葬	清	青秀区刘圩镇东北的斑山脚下
	北府庙	古建筑	明—清	青秀区柳沙园艺场滕村
	林氏民居	近现代重要史迹及代表性建筑	中华民国	青秀区七星路 97 号
	三岸园艺场明清窑址群	古遗址	明—清	青秀区津头街道办三岸园艺场三队及五队
	广西学生军抗日烈士纪念碑	近现代重要史迹及代表性建筑	中华人民共和国	青秀区青秀山公园
	粤东会馆	古建筑	清	西乡塘区壮志路 22 号
	恐龙化石出土点	其他	中生代白垩纪	西乡塘区金陵镇大石村石火岭
	董达庭商住楼	古建筑	民国	西乡塘区解放路 35-1 号、37 号

续表 50

级 别	名 称	类 别	时间(年代、时期)	地 点
市 级	安徽会馆	古建筑	清	西乡塘区石巷口 12 号
	黄氏家族民居	古建筑	清	西乡塘区中尧南路东三里 88 号
	林氏祖屋	古建筑	明—清	西乡塘区心圩街道四联村林屋
	罗文村韦氏祖屋	古建筑	明—清	西乡塘区罗文村
	铜鼓陂水利	古建筑	清	西乡塘区安宁街道永宁村东北面
	老口村覃氏民居和宗祠	古建筑	清	西乡塘区石埠街道老口村那告坡
	老口村李氏民居	古建筑	清	西乡塘区石埠街道老口村建宁坡
	驮罕码头	近现代重要史迹及代表性建筑	中华民国	西乡塘区金陵镇龙达村龙江街
	驮罕炮楼	近现代重要史迹及代表性建筑	中华民国	西乡塘区金陵镇龙达村龙江街
	邕宁县第十三区人民政府旧址	近现代重要史迹及代表性建筑	中华人民共和国	西乡塘区石埠街道老口村贤湾街 19 号
	老口村黄氏宗祠	古建筑	清	西乡塘区石埠街道老口村三民坡
	刚德村卢氏民居	古建筑	清	西乡塘区金陵镇刚德村大石坡 154 号
	义利酱园坊	近现代重要史迹及代表性建筑	中华民国—中华人民共和国	西乡塘区金陵镇邓圩村农乐坡
	潘氏宗祠	古建筑	清	西乡塘区安吉街道大塘村东坡
	周都和烈士纪念塔	近现代重要史迹及代表性建筑	中华人民共和国	西乡塘区双定镇兴平村兴隆街
	华强坡美伦四方井	古建筑	清	西乡塘区双定镇和强村华强坡
	定内坡定内宗祠	古建筑	清	西乡塘区坛洛镇朱湖村定内坡
	稔生坡九龙石桥	古建筑	清	西乡塘区坛洛镇合志村稔生坡
	楞增渡槽	近现代重要史迹及代表性建筑	中华人民共和国	西乡塘区坛洛镇中北村楞丁坡
	陈东村陈氏宗祠	古建筑	清	西乡塘区陈东村岭头坡 1 号
	陈东村陈氏祖屋	古建筑	清	西乡塘区陈东村
	陈东村陈氏老宅	古建筑	清	西乡塘区陈东村
	广西机电职业技术学院苏式建筑群	近现代重要史迹及代表性建筑	中华人民共和国	西乡塘区大学东路 101 号广西机电技术学院
	那莲戏台	古建筑	清	邕宁区蒲庙镇孟莲村那莲街北端
	北帝庙	古建筑	清	邕宁区蒲庙镇孟莲村那莲街北端的孟莲小学后
	团阳杨宅	古建筑	清	邕宁区新江镇团阳村团阳坡 160 号
	康浪平烈士纪念碑	近现代重要史迹及代表性建筑	中华人民共和国	邕宁区蒲庙镇孟莲村村西面约 200 米的村级道路旁
	那连正码头	古建筑	清	邕宁区蒲庙镇孟莲村那莲街北端
	北觥古民居	古建筑	清	邕宁区蒲庙镇仁福村北觥坡
	蕾帽岭摩崖石刻	石窟寺及石刻	清	良庆区那陈镇那徐村平丙坡
	良庆五帝庙	古建筑	清	良庆区良庆镇良庆街西二巷
	孔总桥	近现代重要史迹及代表性建筑	中华人民共和国	良庆区南晓镇平朗村
	雷般故居	近现代重要史迹及代表性建筑	清	良庆区南晓镇晓元村达庄坡

续表 50

级 别	名 称	类 别	时间(年代、时期)	地 点
市 级	陵桂村钟氏民居	古建筑	清	良庆区南晓镇陵桂村大陵坡
	林景云烈士故居	近现代重要史迹及代表性建筑	中华人民共和国	良庆区良庆镇良庆社区缸瓦窑村
	黄氏炮楼	古建筑	明—清	良庆区那马镇那僚村天龙坡
	良庆粮仓群	近现代重要史迹及代表性建筑	中华人民共和国	良庆区良庆镇良庆社区
	水月庵塔林	古建筑	明—清	青龙岗墓园东侧五象岭
	刺勒圳桥	古建筑	清	高新区滨河路心圩公园内

表 51 2021 年南宁市非物质文化遗产代表性项目名录

项目分类(代码)	名 称	保护单位	批 次	获得时间
民间文学(Ⅰ)	宾阳“老穷”故事	宾阳县文化馆	第三批自治区级名录	2010 年
	上林四六联民歌	上林县文化馆	第四批自治区级名录	2012 年
	隆安壮族排歌	隆安县文化馆	第四批自治区级名录	2012 年
	上林瑶族山歌	上林县文化馆	第四批自治区级名录	2012 年
	壮族百鸟衣故事	横州市文化馆	第四批国家级名录	2014 年
	妈勒访天边传说	南宁市民族文化艺术研究院(市非遗保护中心)	第五批自治区级名录	2014 年
	壮族信歌	南宁市民族文化艺术研究院(市非遗保护中心)	第五批自治区级名录	2014 年
	南宁五象传说	南宁市民族文化艺术研究院(市非遗保护中心)	第五批自治区级名录	2014 年
	白话童谣	南宁市民族文化艺术研究院(市非遗保护中心)	第五批自治区级名录	2014 年
	南宁民谣	兴宁区文化馆	第五批自治区级名录	2014 年
	良庆壮族嘹啰山歌	良庆区文化馆	第五批自治区级名录	2014 年
	壮族传扬歌	马山县文化馆	第五批自治区级名录	2014 年
	起凤山传说	武鸣区文化馆	第六批自治区级名录	2016 年
	青秀山传说(青秀流米洞传说、青秀龙象塔传说)	青秀区文化馆	第七批自治区级名录	2018 年
	壮族特掘传说	武鸣区文化馆	第七批自治区级名录	2018 年
	影容山故事	隆安县文化馆	第八批市级名录	2019 年
	横县壮族民间故事“灵竹一枝花”	横州市文化馆	第八批自治区级名录	2020 年
	马山瑶族酒壶歌	马山县文化馆	第八批自治区级名录	2020 年
	南山白毛茶的传说	横州市文化馆	第九批市级名录	2021 年
	苏缄故事	兴宁区文化馆	第九批市级名录	2021 年
	武鸣壮族童谣	武鸣区文化馆	第九批市级名录	2021 年
传统音乐(Ⅱ)	广西八音	邕宁区文化馆	第一批自治区级名录	2007 年
	壮族嘹啰山歌(扩展项目)	邕宁区文化馆	第二批自治区级名录	2008 年
	壮族三声部民歌	马山县文化馆	第二批国家级名录	2008 年
	松柏汉族多声部平话山歌	兴宁区文化馆	第二批自治区级名录	2008 年

续表 51

项目分类(代码)	名　称	保护单位	批　次	获得时间
传统音乐(Ⅱ)	南宁多声部民歌	南宁市民族文化艺术研究院(市非遗保护中心)	第三批自治区级名录	2010 年
	南宁平话民歌	南宁市民族文化艺术研究院(市非遗保护中心)	第三批自治区级名录	2010 年
	武鸣壮族山歌	武鸣区文化馆	第四批自治区级名录	2012 年
	南宁壮族哭嫁歌	兴宁区文化馆	第四批自治区级名录	2012 年
	上林壮族八音	上林县文化馆	第四批自治区级名录	2012 年
	三津八音	江南区文化馆	第六批市级名录	2015 年
	上林瑶族鼓乐	上林县文化馆	第六批市级名录	2015 年
	南宁壮族高腔民歌	南宁市民族文化艺术研究院(市非遗保护中心)	第六批自治区级名录	2016 年
	南宁江南平话民歌	江南区文化馆	第六批自治区级名录	2016 年
	瑶族剪刀歌	马山县文化馆	第七批自治区级名录	2018 年
	宾阳八音	宾阳县文化馆	第八批自治区级名录	2020 年
	武鸣壮族八音	武鸣区文化馆	第九批市级名录	2021 年
传统舞蹈(Ⅲ)	壮族骆垌舞	武鸣区文化馆	第三批自治区级名录	2010 年
	南宁香火龙舞(青秀区壮族芭蕉香火龙舞)	青秀区文化馆	第三批自治区级名录	2010 年
	南宁壮族春牛舞	江南区文化馆	第三批自治区级名录	2010 年
	良庆区香火龙舞	良庆区文化馆	第三批自治区级名录	2010 年
	壮族打扁担	马山县文化馆	第三批自治区级名录	2010 年
	壮族九莲灯	隆安县文化馆	第三批自治区级名录	2010 年
	壮族打砻(榔)舞	马山县文化馆	第三批自治区级名录	2010 年
	南宁傩舞	西乡塘区文化馆	第四批自治区级名录	2012 年
	壮族麒麟舞	青秀区文化馆	第四批自治区级名录	2012 年
	马山壮族踩花灯	马山县文化馆	第四批自治区级名录	2012 年
	上林壮族师公舞	上林县文化馆	第四批自治区级名录	2012 年
	上林瑶族猴鼓舞	上林县文化馆	第四批自治区级名录	2012 年
	横县百合茅山舞	横州市文化馆	第五批自治区级名录	2014 年
	瑶族蚩尤舞	马山县文化馆	第五批自治区级名录	2014 年
	壮族竹竿舞	武鸣区文化馆	第六批市级名录	2015 年
	隆安壮族狮舞	隆安县文化馆	第七批自治区级名录	2018 年
	邕州狮舞	西乡塘区文化馆	第八批市级名录	2019 年
	横县壮族凤凰麒麟舞	横州市文化馆	第八批自治区级名录	2020 年
	南晓钱鞭舞	良庆区文化馆	第八批自治区级名录	2020 年
	古零草凳龙舞	马山县文化馆	第八批自治区级名录	2020 年
	南晓壮族斑鸠舞	良庆区文化馆	第九批市级名录	2021 年
传统戏剧(Ⅳ)	邕　剧	南宁市民族文化艺术研究院(市非遗保护中心)	第二批国家级名录	2008 年
	丝弦戏	宾阳县文化馆	第二批自治区级名录	2008 年

续表 51

项目分类(代码)	名 称	保护单位	批 次	获得时间
传统戏剧(Ⅳ)	宾阳师公戏	宾阳县文化馆	第三批自治区级名录	2010 年
	壮族采茶戏	横州市文化馆	第三批自治区级名录	2010 年
	采茶戏	邕宁区文化馆	第三批自治区级名录	2010 年
	上林壮族师公戏	上林县文化馆	第四批自治区级名录	2012 年
	粤 剧	南宁市民族文化艺术研究院(市非遗保护中心)	第四批国家级名录	2014 年
	南宁平话师公戏	高新区文体局	第五批自治区级名录	2014 年
	古潭邕剧	隆安县文化馆	第六批自治区级名录	2016 年
	马山丝弦戏	马山县文化馆	第六批自治区级名录	2016 年
	上林傩戏	上林县文化馆	第七批自治区级名录	2018 年
曲艺(Ⅴ)	南宁粤曲	西乡塘区文化馆	第八批市级名录	2019 年
	校椅临江壮歌剧	横州市文化馆	第八批自治区级名录	2020 年
传统体育、游艺与杂技(Ⅵ)	壮族香火球	良庆区文化馆	第二批自治区级名录	2008 年
	壮族斗竹马	青秀区文化馆	第三批自治区级名录	2010 年
	壮族迪尺	南宁市民族文化艺术研究院(市非遗保护中心)	第五批自治区级名录	2014 年
	壮族功夫	南宁市民族文化艺术研究院(市非遗保护中心)	第六批市级名录	2015 年
	马山加方上刀山下火海	马山县文化馆	第七批自治区级名录	2018 年
	宾阳露圩传统武术	露圩镇文化体育和广播影视站	第七批自治区级名录	2018 年
	壮族手镖技艺	西乡塘区文化馆	第八批市级名录	2019 年
	武鸣壮族抛绣球	武鸣区文化馆	第八批自治区级名录	2020 年
	武鸣壮族抢花炮	武鸣区文化馆	第八批自治区级名录	2020 年
	壮族抢花炮	邕宁区文化馆	第五批国家级名录	2021 年
	白氏十八械武术	横州市文化馆	第九批市级名录	2021 年
	宾阳踩高跷	宾阳县文化馆	第九批市级名录	2021 年
	武鸣壮族舞龙狮	武鸣区文化馆	第九批市级名录	2021 年
	壮族打陀螺	武鸣区文化馆	第九批市级名录	2021 年
传统美术(Ⅶ)	点米成画	邕宁区文化馆	第六批自治区级名录	2016 年
	壮族刺绣	马山县文化馆	第六批自治区级名录	2016 年
	南宁传统插花	兴宁区文化馆	第九批市级名录	2021 年
传统技艺(Ⅷ)	南宁老友粉	南宁市民族文化艺术研究院(市非遗保护中心)	第二批自治区级名录	2008 年
	壮族五色糯米饭制作技艺	武鸣区文化馆	第三批自治区级名录	2010 年
	红良打铁技艺	隆安县文化馆	第三批自治区级名录	2010 年
	扬美豆豉制作技艺	江南区文化馆	第三批自治区级名录	2010 年
	宾阳织锦技艺	宾阳县文化馆	第三批自治区级名录	2010 年
	宾阳酸粉制作技艺	宾阳县文化馆	第三批自治区级名录	2010 年
	横县鱼生制作技艺	横州市文化馆	第三批自治区级名录	2010 年
	横县大粽制作技艺	横州市文化馆	第三批自治区级名录	2010 年

续表 51

项目分类(代码)	名　称	保护单位	批　次	获得时间
传统技艺(Ⅷ)	扬美梅菜制作技艺	江南区文化馆	第四批市级名录	2011 年
	扬美沙糕制作技艺	江南区文化馆	第四批自治区级名录	2012 年
	横县茉莉花茶制作技艺	横州市文化馆	第四批自治区级名录	2012 年
	横县南山白毛茶制作技艺	横州市文化馆	第四批自治区级名录	2012 年
	南宁铁鸟酱料制作技艺	兴宁区文化馆	第四批自治区级名录	2012 年
	雁江粉利制作技艺	隆安县文化馆	第五批市级名录	2013 年
	灵马鲶鱼制作技艺	武鸣区文化馆	第五批市级名录	2013 年
	隆安构树造纸技艺	隆安县文化馆	第五批自治区级名录	2014 年
	宾阳油纸伞制作技艺	宾阳县文化馆	第五批自治区级名录	2014 年
	大罗毛笔制作技艺	宾阳县文化馆	第五批自治区级名录	2014 年
	横县鱼宴制作技艺	横州市文化馆	第五批自治区级名录	2014 年
	壮族服饰制作技艺	南宁市民族文化艺术研究院(市非遗保护中心)	第五批自治区级名录	2014 年
	南宁壮族干栏建筑营造技艺	南宁市民族文化艺术研究院(市非遗保护中心)	第六批市级名录	2015 年
	化皮猪脚制作技艺	西乡塘区文化馆	第六批市级名录	2015 年
	武鸣壮酒制作技艺	武鸣区文化馆	第六批市级名录	2015 年
	宋家米酒酿造技艺	江南区文化馆	第六批市级名录	2015 年
	都结豆腐制作技艺	隆安县文化馆	第六批市级名录	2015 年
	南宁生榨米粉制作技艺	西乡塘区文化馆	第六批自治区级名录	2016 年
	宾阳邹圩陶器制作技艺	宾阳县文化馆	第六批自治区级名录	2016 年
	永州米酒制作技艺	马山县文化馆	第七批市级名录	2017 年
	永州鱼片制作技艺	马山县文化馆	第七批市级名录	2017 年
	永州豆腐制作技艺	马山县文化馆	第七批市级名录	2017 年
	横县红枣马蹄糕制作技艺	横州市文化馆	第七批市级名录	2017 年
	横县青桐壮族织锦技艺	横州市文化馆	第七批市级名录	2017 年
	武鸣柠檬鸭制作技艺	武鸣区文化馆	第七批自治区级名录	2018 年
	武鸣生榨米粉制作技艺	武鸣区文化馆	第七批自治区级名录	2018 年
	横县替僧簸箕粉制作技艺	横州市文化馆	第七批自治区级名录	2018 年
	武鸣灵马旱藕粉制作技艺	武鸣区文化馆	第七批自治区级名录	2018 年
	武鸣府城红糖制作技艺	武鸣区文化馆	第七批自治区级名录	2018 年
	横县芝麻饼制作技艺	横州市文化馆	第七批自治区级名录	2018 年
	隆安布泉壮族酸鱼制作技艺	隆安县文化馆	第七批自治区级名录	2018 年
	宾阳竹编技艺	宾阳县文化馆	第七批自治区级名录	2018 年
	宾阳草席制作技艺	宾阳县文化馆	第七批自治区级名录	2018 年
	南宁制陶技艺	南宁市民族文化艺术研究院(市非遗保护中心)	第七批自治区级名录	2018 年
	上林糯米酒酿造技艺	上林县文化馆	第八批市级名录	2019 年
	隆安壮族织锦技艺	隆安县文化馆	第八批市级名录	2019 年

续表 51

项目分类(代码)	名 称	保护单位	批 次	获得时间
传统技艺(Ⅷ)	武鸣艾馍制作技艺	武鸣区文化馆	第八批市级名录	2019 年
	武鸣糯米甜酒酵酿技艺	武鸣区文化馆	第八批市级名录	2019 年
	武鸣壮族枱木舂粑制作技艺	武鸣区文化馆	第八批市级名录	2019 年
	宾阳榫卯木工技艺	宾阳县文化馆	第八批市级名录	2019 年
	刘记石雕制作技艺	广西南宁市刘雪山影雕艺术有限公司	第八批市级名录	2019 年
	南宁竹刻制作技艺	西乡塘区文化馆	第八批市级名录	2019 年
	壮刀制作技艺	西乡塘区文化馆	第八批市级名录	2019 年
	南宁剪纸	西乡塘区文化馆	第八批市级名录	2019 年
	南宁米粉制作技艺	南宁市民族文化艺术研究院(市非遗保护中心)	第八批市级名录	2019 年
	南宁硬木制作技艺	南宁市凌铁王工艺雕刻有限公司	第八批市级名录	2019 年
	南宁木家具制作技艺	广西桂作家具有限公司	第八批市级名录	2019 年
	宾阳武陵牛角制品制作技艺	宾阳县文化馆	第八批自治区级名录	2020 年
	上林壮族古香制作技艺	上林县文化馆	第八批自治区级名录	2020 年
	金狮巷传统打金技艺	兴宁区文化馆	第八批自治区级名录	2020 年
	武鸣灵马草席编织技艺	武鸣区文化馆	第八批自治区级名录	2020 年
	大明山茶制作技艺	武鸣区文化馆	第八批自治区级名录	2020 年
	武鸣灰水粽制作技艺	武鸣区文化馆	第八批自治区级名录	2020 年
	武鸣壮族刘氏“药仙翁”药茶制作技艺	武鸣区文化馆	第八批自治区级名录	2020 年
	横州铜器制作技艺	横州市文化馆	第九批市级名录	2021 年
	六堡茶四金钱冷发酵技艺	横州市文化馆	第九批市级名录	2021 年
	宾阳瓷器制作技艺	宾阳县文化馆	第九批市级名录	2021 年
	上林淘金技艺	上林县文化馆	第九批市级名录	2021 年
	马山黑山羊全羊宴制作技艺	马山县文化馆	第九批市级名录	2021 年
	隆安壮族稻作生产技艺	隆安县文化馆	第九批市级名录	2021 年
	壮族姜黄鸡制作技艺	隆安县文化馆	第九批市级名录	2021 年
	万国传统菜肴制作技艺	兴宁区文化馆	第九批市级名录	2021 年
	万国传统糕点制作技艺	兴宁区文化馆	第九批市级名录	2021 年
	南宁酸嘢制作技艺	江南区文化馆	第九批市级名录	2021 年
	鸡茸燕制作技艺	青秀区文化馆、广西华枫酒店管理有限公司	第九批市级名录	2021 年
	南宁古建筑营造技艺	西乡塘区文化馆、广西榜样装饰工程有限公司	第九批市级名录	2021 年
	南宁八珍粉制作技艺	西乡塘区文化馆、南宁市仙一池餐饮店	第九批市级名录	2021 年
	邕宁生榨米粉制作技艺	邕宁区文化馆	第九批市级名录	2021 年
	那陈美昌豉油	良庆区文化馆	第九批市级名录	2021 年
	两江八宝鱼生制作技艺	武鸣区文化馆	第九批市级名录	2021 年
	武鸣米花糖制作技艺	武鸣区文化馆	第九批市级名录	2021 年
	武鸣壮族岳鼓制作技艺	武鸣区文化馆	第九批市级名录	2021 年

续表 51

项目分类(代码)	名　称	保护单位	批　次	获得时间
传统技艺(Ⅷ)	壮族漏卜酒制作技艺	武鸣区文化馆	第九批市级名录	2021 年
	里建糕点制作技艺	广西—东盟经济技术开发区管理委员会	第九批市级名录	2021 年
传统医药(Ⅸ)	龚氏痛症疗法	江南区文化馆	第五批市级名录	2013 年
	宾阳封氏烧伤创疡治疗术	宾阳县文化馆	第五批自治区级名录	2014 年
	壮族谭氏草药疗骨法	隆安县文化馆	第五批自治区级名录	2014 年
	壮医经筋疗法	南宁市民族文化艺术研究院(市非遗保护中心)	第六批自治区级名录	2016 年
	壮医药物竹罐疗法	南宁市民族文化艺术研究院(市非遗保护中心)	第六批自治区级名录	2016 年
	壮医目诊	南宁市民族文化艺术研究院(市非遗保护中心)	第七批自治区级名录	2018 年
	上林壮医针挑	上林县文化馆	第八批市级名录	2019 年
	壮医香疗	南宁壮医草药堂	第八批市级名录	2019 年
	瑶族壁和骨伤疗法	江南区文化馆	第八批自治区级名录	2020 年
	滴水观音艾灸疗法	西乡塘区文化馆	第八批自治区级名录	2020 年
	马山何氏三部灸	马山县文化馆	第九批市级名录	2021 年
	瑶医眼疾疗法	马山县文化馆	第九批市级名录	2021 年
	潘氏藤蔓骨伤疗法	马山县文化馆	第九批市级名录	2021 年
	黄氏跌打内伤疗法	马山县文化馆	第九批市级名录	2021 年
	蒙氏正骨疗法	横州市文化馆	第九批市级名录	2021 年
	黄何益寿汤制作技艺	广西壮族自治区药物研究所有限公司	第九批市级名录	2021 年
民俗(X)	壮族歌圩	南宁市民族文化艺术研究院(市非遗保护中心)	第一批国家级名录	2006 年
	壮族伏波庙会	横州市文化馆	第一批自治区级名录	2007 年
	那马龙狮	良庆区文化馆	第一批市级名录	2007 年
	宾阳炮龙节	宾阳县文化馆	第二批国家级名录	2008 年
	上林县渡河公	上林县文化馆	第二批自治区级名录	2008 年
	疍家婚礼	江南区文化馆	第二批自治区级名录	2008 年
	游彩架	宾阳县文化馆	第二批自治区级名录	2008 年
	甘棠彩凤	宾阳县文化馆	第二批市级名录	2009 年
	宾阳关公诞	宾阳县文化馆	第二批市级名录	2009 年
	横县炮会	横州市文化馆	第三批自治区级名录	2010 年
	那桐农具节	隆安县文化馆	第三批自治区级名录	2010 年
	壮族亥日	隆安县文化馆	第三批自治区级名录	2010 年
	上林壮族灯酒节	上林县文化馆	第三批自治区级名录	2010 年
	壮族芒那节	隆安县文化馆	第三批自治区级名录	2010 年
	上林壮族万寿节	上林县文化馆	第四批自治区级名录	2012 年
	军山庙会	青秀区文化馆	第四批自治区级名录	2012 年
	横县云表壮族歌圩	横州市文化馆	第四批自治区级名录	2012 年
	宾阳三娘乖习俗	宾阳县文化馆	第四批自治区级名录	2012 年
	壮族婚俗	隆安县文化馆	第五批市级名录	2013 年

续表 51

项目分类(代码)	名 称	保护单位	批 次	获得时间
民俗(X)	壮族三月三	武鸣区文化馆	第四批国家级名录	2014 年
	南宁花婆节	南宁市民族文化艺术研究院(市非遗保护中心)	第五批自治区级名录	2014 年
	南宁土地诞	南宁市民族文化艺术研究院(市非遗保护中心)	第五批自治区级名录	2014 年
	壮族毯丝歌会	良庆区文化馆	第五批自治区级名录	2014 年
	壮族罗波庙会	武鸣区文化馆	第五批自治区级名录	2014 年
	壮族"四月四"	武鸣区文化馆	第五批自治区级名录	2014 年
	横县壮族三相圩逢	横州市文化馆	第五批自治区级名录	2014 年
	露圩壮族圩逢	宾阳县文化馆	第五批自治区级名录	2014 年
	上林壮族龙母节	上林县文化馆	第五批自治区级名录	2014 年
	更望湖壮族歌圩	隆安县文化馆	第五批自治区级名录	2014 年
	扬美龙舟上水节	江南区文化馆	第五批自治区级名录	2014 年
	南宁元宵花灯节	江南区文化馆	第五批自治区级名录	2014 年
	斑山庙会	青秀区文化馆	第五批自治区级名录	2014 年
	壮族安龙歌会	西乡塘区文化馆	第五批自治区级名录	2014 年
	那莲赛巧节	邕宁区文化馆	第五批自治区级名录	2014 年
	横县笔山人生礼仪	横州市文化馆	第五批自治区级名录	2014 年
	武鸣壮族服饰	武鸣区文化馆	第六批市级名录	2015 年
	布泉天王庙会	隆安县文化馆	第六批市级名录	2015 年
	宾阳甘棠圩逢	宾阳县文化馆	第六批市级名录	2015 年
	吴门农氏婆祈福祭典	宾阳县文化馆	第六批市级名录	2015 年
	壮族添粮补寿习俗	兴宁区文化馆	第六批自治区级名录	2016 年
	南宁大王节	西乡塘区文化馆	第六批自治区级名录	2016 年
	南宁下楞龙舟节	西乡塘区文化馆	第六批自治区级名录	2016 年
	西乡塘歌圩	西乡塘区文化馆	第六批自治区级名录	2016 年
	灵水壮族歌圩	武鸣区文化馆	第六批自治区级名录	2016 年
	三里壮族歌圩	上林县文化馆	第六批自治区级名录	2016 年
	隆安稻草龙	隆安县文化馆	第六批自治区级名录	2016 年
	上林县祭冬民俗	上林县文化馆	第七批市级名录	2017 年
	南宁观音诞习俗	兴宁区文化馆	第七批市级名录	2017 年
	横县民间"无人售卖市场"习俗	横州市文化馆	第七批市级名录	2017 年
	蒲庙花婆节	邕宁区文化馆	第七批自治区级名录	2018 年
	横县青桐壮族圩逢	横州市文化馆	第七批自治区级名录	2018 年
	上林县二月二卢於春社	上林县文化馆	第七批自治区级名录	2018 年
	大明山歌圩	广西大明山国家级自然保护区管理局 南宁大明山风景旅游区管理委员会	第七批自治区级名录	2018 年
	南宁开年习俗	兴宁区文化馆	第七批自治区级名录	2018 年
	仙湖歌圩	武鸣区文化馆	第八批市级名录	2019 年

续表 51

项目分类(代码)	名称	保护单位	批次	获得时间
民俗(X)	二塘歌圩	武鸣区文化馆	第八批市级名录	2019 年
	南宁双忠节	西乡塘区文化馆	第八批市级名录	2019 年
	扬美老人节	江南区文化馆	第八批自治区级名录	2020 年
	那僚庙会	青秀区文化馆	第八批自治区级名录	2020 年
	壮族会鼓习俗	马山县文化馆	第五批国家级名录	2021 年
	横州市平朗镇三皇信俗	横州市文化馆	第九批市级名录	2021 年
	隆安社日	隆安县文化馆	第九批市级名录	2021 年
	茶　艺	青秀区文化馆	第九批市级名录	2021 年
	南宁陈东北帝诞	西乡塘区文化馆	第九批市级名录	2021 年
	石鉴祭拜习俗	西乡塘区文化馆	第九批市级名录	2021 年

表 52　2021 年南宁市非物质文化遗产代表性传承人名录

等级	项目名称	姓名	性别	出生(年)	保护单位	批次
国家级	壮族歌圩	刘正成	男	1935	南宁市民族文化艺术研究院(市非遗中心)	2008 年第二批
	邕　剧	洪　琪	女	1944	南宁市民族文化艺术研究院(市非遗中心)	2009 年第三批
	粤　剧	冯杏元	男	1945	南宁市民族文化艺术研究院(市非遗中心)	2018 年第五批
	壮族三月三	卢超元	男	1948	武鸣区文化馆	2018 年第五批
自治区级	邕　剧	冯杏元	男	1945	南宁市民族文化艺术研究院(市非遗中心)	2008 年第一批
	丝弦戏	磨长永	男	1943	宾阳县文化馆	2009 年第二批
	丝弦戏	关　艳	女	1978	宾阳县文化馆	2009 年第二批
	宾阳炮龙节	伍学规	男	1949	宾阳县文化馆	2009 年第二批
	宾阳炮龙节	邹玉特	男	1953	宾阳县文化馆	2009 年第二批
	壮族三声部民歌	莫花美	女	1957	马山县文化馆	2009 年第二批
	壮族会鼓	赖承辉	男	1949	马山县文化馆	2009 年第二批
	广西八音	黄才定	男	1954	邕宁区文化馆	2009 年第二批
	壮族采茶戏	甘美芬	女	1945	横州市文化馆	2011 年第三批
	宾阳师公戏	莫旭先	男	1951	宾阳县文化馆	2011 年第三批
	宾阳织锦技艺	谭湘光	女	1955	宾阳县文化馆	2011 年第三批
	上林县渡河公	黄福连	女	1946	上林县文化馆	2011 年第三批
	壮族“打扁担”	莫菊花	女	1954	马山县文化馆	2011 年第三批
	壮族会鼓	韦建廷	男	1953	马山县文化馆	2011 年第三批
	壮族九莲灯	何方仕	男	1948	隆安县文化馆	2011 年第三批
	扬美豆豉制作技艺	杜学芬	男	1969	江南区文化馆	2011 年第三批
	壮族采茶戏	滕思队	男	1962	邕宁区文化馆	2011 年第三批
	香火龙舞	罗新有	男	1966	良庆区文化馆	2011 年第三批
	广西粤剧	梁素梅	女	1963	南宁市民族文化艺术研究院(市非遗中心)	2015 年第四批

续表 52

等　级	项目名称	姓　名	性　别	出生(年)	保护单位	批　次
自治区级	南宁平话民歌	莫若珍	女	1965	南宁市民族文化艺术研究院(市非遗中心)	2015 年第四批
	横县炮会	黄道敬	男	1940	横州市文化馆	2015 年第四批
	横县大粽制作技艺	彭金妹	女	1952	横州市文化馆	2015 年第四批
	壮族打榔舞	蓝日志	男	1949	马山县文化馆	2015 年第四批
	红良打铁技艺	林仁超	男	1964	隆安县文化馆	2015 年第四批
	隆安壮族排歌	林　碧	男	1953	隆安县文化馆	2015 年第四批
	扬美沙糕制作技艺	杨文凯	男	1980	江南区文化馆	2015 年第四批
	邕　剧	宁　靖	男	1980	南宁市民族文化艺术研究院(市非遗中心)	2017 年第五批
	粤　剧	黄俊成	男	1975	南宁市民族文化艺术研究院(市非遗中心)	2017 年第五批
	壮族服饰制作技艺	蓝　轲	女	1978	南宁市民族文化艺术研究院(市非遗中心)	2017 年第五批
	壮医药物竹罐疗法	李凤珍	女	1967	南宁市民族文化艺术研究院(市非遗中心)	2017 年第五批
	大罗毛笔制作技艺	罗儒供	男	1952	宾阳县文化馆	2017 年第五批
	壮族刺绣	蓝　淋	女	1974	马山县文化馆	2017 年第五批
	壮族传扬歌	蓝日茂	男	1981	马山县文化馆	2017 年第五批
	壮族谭氏草药疗骨法	谭润丹	男	1976	隆安县文化馆	2017 年第五批
	南宁壮族哭嫁歌	黄翠荣	女	1951	兴宁区文化馆	2017 年第五批
	南宁元宵花灯节	黎炳生	男	1934	江南区文化馆	2017 年第五批
	那莲赛巧节	曹文碧	女	1964	邕宁区文化馆	2017 年第五批
	壮族抢花炮	孙子奇	男	1957	邕宁区文化馆	2017 年第五批
	武鸣壮族山歌	韦秋岑	女	1977	武鸣区文化馆	2017 年第五批
	壮族骆垌舞	潘家明	男	1948	武鸣区文化馆	2017 年第五批
	壮族罗波庙会	陆映春	男	1954	武鸣区文化馆	2017 年第五批
	壮族五色糯米饭制作技艺	黄硕英	女	1952	武鸣区文化馆	2017 年第五批
	粤　剧	钟晓俊	男	1971	南宁市民族文化艺术研究院(市非遗中心)	2019 年第六批
	邕　剧	张铁锋	男	1975	南宁市民族文化艺术研究院(市非遗中心)	2019 年第六批
	壮族迪尺	陆显通	男	1989	南宁市民族文化艺术研究院(市非遗中心)	2019 年第六批
	壮族百鸟衣故事	韦其本	男	1941	横州市文化馆	2019 年第六批
	横县茉莉花茶制作技艺	谢大高	男	1964	横州市文化馆	2019 年第六批
	横县鱼生制作技艺	余　富	男	1976	横州市文化馆	2019 年第六批
	宾阳邹圩陶器制作技艺	颜长希	男	1962	宾阳县邹圩镇文化体育和广播影视站	2019 年第六批
	上林四六联民歌	韦有创	男	1959	上林县文化馆	2019 年第六批
	上林瑶族山歌	卢　成	男	1967	上林县文化馆	2019 年第六批
	上林瑶族猴鼓舞	罗廷武	男	1961	上林县文化馆	2019 年第六批
	瑶族剪刀歌	陆建情	男	1969	马山县文化馆	2019 年第六批
	古潭邕剧	毕加良	男	1944	隆安县文化馆	2019 年第六批
	南宁民谣	谢桂友	男	1953	兴宁区文化馆	2019 年第六批

续表 52

等 级	项目名称	姓 名	性 别	出生(年)	保护单位	批 次
自治区级	南宁生榨米粉制作技艺	黄天玲	女	1967	西乡塘区文化馆	2019 年第六批
	南宁傩舞	陈亚弟	男	1966	西乡塘区文化馆	2019 年第六批
	壮族三声部民歌(壮族嘹啰山歌)	苏兰育	男	1949	邕宁区文化馆	2019 年第六批
	壮族香火球	班继联	男	1961	良庆区文化馆	2019 年第六批
	灵水壮族歌圩	潘宝山	男	1958	武鸣区文化馆	2019 年第六批
	壮族三月三	黄天恒	男	1952	武鸣区文化馆	2019 年第六批
	白话童谣	万立仁	男	1942	南宁市民族文化艺术研究院(市非遗中心)	2021 年第七批
	壮医经筋疗法	黄 艺	男	1968	南宁市民族文化艺术研究院(市非遗中心)	2021 年第七批
	横县云表壮族歌圩	李秀莲	女	1970	横州市文化馆	2021 年第七批
	横县壮族三相圩逢	梁肇儒	男	1955	横州市文化馆	2021 年第七批
	宾阳油纸伞制作技艺	陆云岗	男	1986	宾阳县文化馆	2021 年第七批
	上林壮族师公舞	雷桂丰	男	1956	上林县文化馆	2021 年第七批
	马山丝弦戏	廖玉兰	女	1968	马山县文化馆	2021 年第七批
	壮族会鼓	梁耀京	男	1967	马山县文化馆	2021 年第七批
	瑶族壁和骨伤疗法	李映浩	女	1978	江南区文化馆	2021 年第七批
	疍家婚礼	梁碧云	女	1956	江南区文化馆	2021 年第七批
	壮族芭蕉香火龙舞	周建孟	男	1960	青秀区文化馆	2021 年第七批
	蒲庙花婆节	张月珍	女	1964	邕宁区文化馆	2021 年第七批
	武鸣灵马旱藕粉制作技艺	何春连	女	1972	武鸣区文化馆	2021 年第七批
	武鸣榨粉制作技艺	罗启明	男	1952	武鸣区文化馆	2021 年第七批
	武鸣柠檬鸭制作技艺	甘保辉	男	1974	武鸣区文化馆	2021 年第七批
	武鸣府城土制红糖制作技艺	李桂青	女	1982	武鸣区文化馆	2021 年第七批
	五色糯米饭制作技艺	潘红华	女	1965	武鸣区文化馆	2021 年第七批
市 级	游彩架	周宏年	男	1946	宾阳县文化馆	2009 年第一批
	邕 剧	李传湘	女	1941	南宁市民族文化艺术研究院(市非遗中心)	2010 年第二批
	葛麻十六炮会	邓享朝	男	1959	横州市文化馆	2010 年第二批
	宾阳炮龙节	吴荣新	男	1956	宾阳县文化馆	2010 年第二批
	丝弦戏	熊兴亮	男	1949	宾阳县文化馆	2010 年第二批
	宾阳游彩架	何丹健	男	1953	宾阳县文化馆	2010 年第二批
	邕 剧	黄学超	男	1941	南宁市民族文化艺术研究院(市非遗中心)	2011 年第三批
	南宁平话民歌	梁世华	男	1931	南宁市民族文化艺术研究院(市非遗中心)	2011 年第三批
	百合茅山舞	李祖树	男	1950	横州市文化馆	2011 年第三批
	宾阳织锦技艺	黄其梅	女	1964	宾阳县文化馆	2011 年第三批
	壮族会鼓	王政勤	男	1954	马山县文化馆	2011 年第三批
	壮族打榔	陆荣艳	女	1965	马山县文化馆	2011 年第三批

续表 52

等　级	项目名称	姓　名	性　别	出生(年)	保护单位	批　次
市　级	壮族打扁担	蒙雪凤	女	1942	马山县文化馆	2011 年第三批
	邕　剧	梁素梅	女	1963	南宁市民族文化艺术研究院(市非遗中心)	2013 年第四批
	邕　剧	何惠临	男	1980	南宁市民族文化艺术研究院(市非遗中心)	2013 年第四批
	南宁平话民歌	赖钟林	男	1950	南宁市民族文化艺术研究院(市非遗中心)	2013 年第四批
	横县芝麻饼制作技艺	袁广武	男	1965	横州市文化馆	2013 年第四批
	上林壮族八音	王志新	男	1938	上林县文化馆	2013 年第四批
	壮族师公戏	周宗美	男	1960	上林县文化馆	2013 年第四批
	壮族三声部民歌	蓝海群	男	1972	马山县文化馆	2013 年第四批
	隆安壮族排歌	陆金席	男	1952	隆安县文化馆	2013 年第四批
	扬美梅菜制作技艺	梁彩丽	女	1963	江南区文化馆	2013 年第四批
	壮族芭蕉香火龙舞	李武康	男	1945	青秀区文化馆	2013 年第四批
	白话童谣	刘子林	男	1942	南宁市民族文化艺术研究院(市非遗中心)	2015 年第五批
	粤　剧	姚　艳	女	1975	南宁市民族文化艺术研究院(市非遗中心)	2015 年第五批
	壮医经筋疗法	韦英才	男	1966	南宁市民族文化艺术研究院(市非遗中心)	2015 年第五批
	壮医目诊	李　珪	女	1960	南宁市民族文化艺术研究院(市非遗中心)	2015 年第五批
	横县南山白毛茶制作技艺	陈　雄	男	1959	横州市文化馆	2015 年第五批
	横县茉莉花茶制作技艺	徐炳奇	男	1962	横州市文化馆	2015 年第五批
	宾阳封氏烧伤创疡治疗术	封大为	男	1976	宾阳县文化馆	2015 年第五批
	露圩壮族圩逢节	黄桂梅	女	1963	宾阳县文化馆	2015 年第五批
	上林壮族灯酒节	石二海	男	1978	上林县文化馆	2015 年第五批
	更望湖壮族歌圩	黄权海	男	1965	隆安县文化馆	2015 年第五批
	南宁铁鸟酱料制作技艺	杜瑜玲	女	1963	兴宁区文化馆	2015 年第五批
	龚氏痛症疗法	龚俭仪	男	1969	江南区文化馆	2015 年第五批
	灵马鲇鱼制作技艺	朱宝书	男	1974	武鸣区文化馆	2015 年第五批
	妈勒访天边传说	罗世周	男	1964	南宁市民族文化艺术研究院(市非遗中心)	2017 年第六批
	南宁五象传说	莫　炜	男	1974	南宁市民族文化艺术研究院(市非遗中心)	2017 年第六批
	南宁壮族高腔民歌	陆锦福	男	1962	南宁市民族文化艺术研究院(市非遗中心)	2017 年第六批
	邕　剧	郝　芸	女	1970	南宁市民族文化艺术研究院(市非遗中心)	2017 年第六批
	粤　剧	颜　怡	女	1942	南宁市民族文化艺术研究院(市非遗中心)	2017 年第六批
	南宁土地诞	黄焕金	男	1939	南宁市民族文化艺术研究院(市非遗中心)	2017 年第六批
	上林傩戏	谭少玉	女	1969	上林县文化馆	2017 年第六批
	三里壮族歌圩	韦家林	男	1953	上林县文化馆	2017 年第六批
	加方上刀山下火海	蒋智杰	男	1948	马山县文化馆	2017 年第六批
	都结豆腐制作技艺	梁丽卿	女	1972	隆安县文化馆	2017 年第六批
	松柏汉族多声部平话山歌	潘英雄	女	1937	兴宁区文化馆	2017 年第六批

续表 52

等　级	项目名称	姓　名	性　别	出生(年)	保护单位	批　次
市　级	三津八音	黄树华	男	1946	江南区文化馆	2017 年第六批
	化皮猪脚制作技艺	神华生	男	1966	西乡塘区文化馆	2017 年第六批
	起凤山传说	曾麒璋	男	1952	武鸣区文化馆	2017 年第六批
	壮族竹竿舞	何艺华	女	1973	武鸣区文化馆	2017 年第六批
	武鸣壮酒制作技艺	阮朝鑫	男	1972	武鸣区文化馆	2017 年第六批
	武鸣壮族刘氏“药仙翁”药茶制作技艺	刘力瑞	男	1977	武鸣区文化馆	2017 年第六批
	武鸣壮族服饰	陆兰珍	女	1952	武鸣区文化馆	2017 年第六批
	粤　剧	刘希瑛	女	1977	南宁市民族文化艺术研究院(市非遗中心)	2019 年第七批
	南宁制陶技艺	覃永宣	男	1966	南宁市民族文化艺术研究院(市非遗中心)	2019 年第七批
	南宁制陶技艺	胡可可	男	1959	南宁市民族文化艺术研究院(市非遗中心)	2019 年第七批
	妈勒访天边传说	孙红梅	女	1967	南宁市民族文化艺术研究院(市非遗中心)	2019 年第七批
	永州鱼片制作技艺	黄汉春	男	1965	马山县文化馆	2019 年第七批
	永州米酒制作技艺	韦明铭	男	1991	马山县文化馆	2019 年第七批
	永州豆腐制作技艺	徐宝青	男	1960	马山县文化馆	2019 年第七批
	布泉酸鱼制作技艺	李天纯	男	1962	隆安县文化馆	2019 年第七批
	隆安壮族排歌	林卓丽	男	1955	隆安县文化馆	2019 年第七批
	隆安壮族狮舞	苏庆安	男	1991	隆安县文化馆	2019 年第七批
	壮族“九莲灯”	林义文	男	1965	隆安县文化馆	2019 年第七批
	隆安稻草龙	陆礼兴	男	1951	隆安县文化馆	2019 年第七批
	青秀山传说	梁代竹	女	1945	青秀区文化馆	2019 年第七批
	壮族麒麟舞	谭景威	男	1968	青秀区文化馆	2019 年第七批
	壮族斗竹马	李青礼	男	1963	青秀区文化馆	2019 年第七批
	军山庙会	李春仪	男	1956	青秀区文化馆	2019 年第七批
	斑山庙会	李松伦	男	1956	青秀区文化馆	2019 年第七批
	广西八音	黄耀球	男	1949	邕宁区文化馆	2019 年第七批
	壮族特掘传说	陆祖汉	男	1943	武鸣区文化馆	2019 年第七批
	壮族三月三	黄　丽	女	1970	武鸣区文化馆	2019 年第七批
	壮族四月四	韦定邦	男	1947	武鸣区文化馆	2019 年第七批
	粤　剧	李金峰	男	1979	南宁市民族文化艺术研究院(市非遗中心)	2021 年第八批
	南宁市米粉制作技艺	刘霞林	男	1973	南宁市民族文化艺术研究院(市非遗中心)	2021 年第八批
	壮医经筋疗法	覃宝林	男	1967	南宁市民族文化艺术研究院(市非遗中心)	2021 年第八批
	横州市芝麻饼制作技艺	谢兴建	男	1975	横州市文化馆	2021 年第八批
	横州市替僧簸箕粉制作技艺	黄桂珍	女	1962	横州市文化馆	2021 年第八批
	校椅临江壮歌剧	黄家勤	男	1973	横州市文化馆	2021 年第八批
	横州市壮族民间故事“灵竹一枝花”	潘吉泰	男	1948	横州市文化馆	2021 年第八批

续表 52

等　级	项目名称	姓　名	性　别	出生(年)	保护单位	批　次
市　级	宾阳织锦技艺	黄爱群	女	1975	宾阳县文化馆	2021 年第八批
	宾阳八音	张万膛	男	1948	宾阳县文化馆	2021 年第八批
	宾阳八音	吴成昌	男	1941	宾阳县文化馆	2021 年第八批
	宾阳邹圩陶器制作技艺	沈建红	女	1971	宾阳县文化馆	2021 年第八批
	宾阳武陵牛角制品制作技艺	叶承舟	男	1977	宾阳县文化馆	2021 年第八批
	上林二月二卢於春社	罗坚生	男	1957	上林县文化馆	2021 年第八批
	上林渡河公	覃晓燕	女	1965	上林县文化馆	2021 年第八批
	上林壮族古香制作技艺	覃敏秀	女	1963	上林县文化馆	2021 年第八批
	上林壮医针挑技艺	覃华宁	男	1961	上林县文化馆	2021 年第八批
	上林糯米酒酿造技艺	蒙建才	男	1968	上林县文化馆	2021 年第八批
	壮族三声部民歌	温建业	男	1959	马山县文化馆	2021 年第八批
	壮族会鼓习俗	陈猛儒	男	1978	马山县文化馆	2021 年第八批
	壮族踩花灯	潘庆林	男	1967	马山县文化馆	2021 年第八批
	马山瑶族酒壶歌	潘立国	男	1956	马山县文化馆	2021 年第八批
	古零草凳龙舞	韦金荣	女	1963	马山县文化馆	2021 年第八批
	隆安壮族织锦技艺	黄英兰	女	1975	隆安县文化馆	2021 年第八批
	龚氏痛症疗法	龚滨智	男	1992	江南区文化馆	2021 年第八批
	江南平话山歌	张栋汉	男	1955	江南区文化馆	2021 年第八批
	南宁壮族春牛舞	奚钟宁	男	1951	江南区文化馆	2021 年第八批
	扬美老人节	梁　渊	男	1967	江南区文化馆	2021 年第八批
	扬美龙舟上水节	黄卫忠	男	1961	江南区文化馆	2021 年第八批
	南宁剪纸	钟昀睿	女	1982	西乡塘区文化馆	2021 年第八批
	邕州狮舞	苏荣森	男	1942	西乡塘区文化馆	2021 年第八批
	滴水观音艾灸疗法	宁善秀	女	1958	西乡塘区文化馆	2021 年第八批
	南宁粤曲	郑远杰	男	1973	西乡塘区文化馆	2021 年第八批
	南宁粤曲	黄翠芳	女	1972	西乡塘区文化馆	2021 年第八批
	南宁竹刻制作技艺	覃　岭	男	1973	西乡塘区文化馆	2021 年第八批
	壮刀制作技艺	黄冬鹏	男	1973	西乡塘区文化馆	2021 年第八批
	壮族手镖技艺	农俊宁	男	1972	西乡塘区文化馆	2021 年第八批
	南宁双忠节	梁维真	男	1972	西乡塘区文化馆	2021 年第八批
	广西八音	李秀娟	女	1962	邕宁区文化馆	2021 年第八批
	壮族嘹啰山歌	杨世强	男	1951	邕宁区文化馆	2021 年第八批
	壮族抢花炮	王永甫	男	1960	邕宁区文化馆	2021 年第八批
	壮族抢花炮	孙世雄	男	1963	邕宁区文化馆	2021 年第八批
	南晓钱鞭舞	张儒伶	男	1956	良庆区文化馆	2021 年第八批

续表 52

等　级	项目名称	姓　名	性　别	出生(年)	保护单位	批　次
市　级	武鸣灰水粽制作技艺	蓝冬玉	女	1986	武鸣区文化馆	2021 年第八批
	大明山茶制作技艺	韦淑萍	女	1972	武鸣区文化馆	2021 年第八批
	武鸣灵马草席编织技艺	卢菊英	女	1960	武鸣区文化馆	2021 年第八批
	武鸣艾馍制作技艺	陆爱兰	女	1978	武鸣区文化馆	2021 年第八批
	武鸣壮族柃木舂粑制作技艺	潘惠明	女	1976	武鸣区文化馆	2021 年第八批
	武鸣壮族抢花炮	苏立山	男	1986	武鸣区文化馆	2021 年第八批
	灵水壮族歌圩	潘龙海	男	1989	武鸣区文化馆	2021 年第八批
	仙湖歌圩	潘少香	女	1963	武鸣区文化馆	2021 年第八批
	二塘歌圩	黄雪梅	女	1944	武鸣区文化馆	2021 年第八批
	武鸣壮族山歌	梁　铭	男	1999	武鸣区文化馆	2021 年第八批
已故传承人						
国家级	壮族三声部民歌	温桂元	男	已故	马山县文化馆	2009 年第三批
自治区级	邕　剧	蒋耀鸣	男	已故	南宁市民族文化艺术研究院(市非遗中心)	2009 年第二批
	邕　剧	梁克俭	男	已故	南宁市民族文化艺术研究院(市非遗中心)	2009 年第二批
	游彩架	覃凤梧	男	已故	宾阳县文化馆	2009 年第二批
	壮族嘹啰山歌	李啟梧	男	已故	邕宁区文化馆	2009 年第二批
	广西八音	梁贵加	男	已故	邕宁区文化馆	2009 年第二批
	松柏汉族多声部平话山歌	潘兆君	男	已故	兴宁区文化馆	2009 年第二批
	松柏汉族多声部平话山歌	农凤英	女	已故	兴宁区文化馆	2009 年第二批
	疍家婚礼	张秀华	女	已故	江南区文化馆	2009 年第二批
	南宁壮族春牛舞	奚均仁	男	已故	江南区文化馆	2011 年第三批
	上林壮族灯酒节	石冠美	男	已故	上林县文化馆	2011 年第三批
	马山壮族踩花灯	潘庆福	男	已故	马山县文化馆	2015 年第四批
市　级	丝弦戏	陈光绍	男	已故	宾阳县文化馆	2009 年第一批
	邕　剧	杭　彪	男	已故	南宁市民族文化艺术研究院(市非遗中心)	2010 年第二批
	红良壮族打铁技艺	林乔万	男	已故	隆安县文化馆	2010 年第二批
	壮族骆垌舞	潘腾宗	男	已故	武鸣区文化馆	2010 年第二批
	宾阳“老穷”故事	黄红新	男	已故	宾阳县文化馆	2011 年第三批
	隆安构树造纸技艺	黄国佳	男	已故	隆安县文化馆	2013 年第四批
	上林傩戏	陈铭忠	男	已故	上林县文化馆	2013 年第四批
	上林壮族万寿节	何茂权	男	已故	上林县文化馆	2013 年第四批
	校椅临江壮歌剧	李建伟	男	已故	横州市文化馆	2013 年第四批
	壮族嘹啰山歌	刘正深	男	已故	邕宁区文化馆	2015 年第五批
	宾阳油纸伞制作技艺	陆玉贷	男	已故	宾阳县文化馆	2015 年第五批
	瑶族蚩尤舞	蓝秀神	男	已故	马山县文化馆	2015 年第五批
	横县云表壮族歌圩	蒙一文	女	已故	横州市文化馆	2015 年第五批

表 53　2021 年南宁市人民政府机构全称、简称表

全　称	简　称
(一)工作部门	
南宁市人民政府办公室	市政府办公室
南宁市发展和改革委员会	市发展改革委
南宁市教育局	市教育局
南宁市科学技术局	市科技局
南宁市工业和信息化局	市工信局
南宁市民族宗教事务委员会	市民宗委
南宁市公安局	市公安局
南宁市民政局	市民政局
南宁市司法局	市司法局
南宁市财政局	市财政局
南宁市人力资源和社会保障局	市人社局
南宁市自然资源局	市自然资源局
南宁市生态环境局	市生态环境局
南宁市住房和城乡建设局	市住建局
南宁市交通运输局	市交通运输局
南宁市水利局	市水利局
南宁市农业农村局	市农业农村局
南宁市商务局	市商务局
南宁市文化广电和旅游局	市文广旅局
南宁市卫生健康委员会	市卫健委
南宁市退役军人事务局	市退役军人局
南宁市应急管理局	市应急局
南宁市审计局	市审计局
南宁市外事办公室	市外事办
南宁市市场监督管理局	市市场监管局
南宁市体育局	市体育局
南宁市统计局	市统计局
南宁市林业局	市林业局
南宁市金融工作办公室	市金融办
南宁市人民防空办公室	市人防办
南宁市乡村振兴局	市乡村振兴局
南宁市医疗保障局	市医保局
南宁市市政和园林管理局	市市政园林局

续表 53

全 称	简 称
南宁市城市管理综合行政执法局	市城管综合执法局
南宁市投资促进局	市投促局
南宁市行政审批局	市行政审批局
南宁市北部湾经济区规划建设管理办公室	市北部湾办
南宁市粮食和物资储备局	市粮食和储备局
南宁市机关事务管理局	市机关事务管理局
南宁市大数据发展局	市大数据发展局
南宁市人民政府国有资产监督管理委员会	市国资委
(二)派出机构	
南宁高新技术产业开发区管理委员会	高新区管委会
南宁经济技术开发区管理委员会	经开区管委会
广西—东盟经济技术开发区管理委员会	广西—东盟经开区管委会
南宁青秀山风景名胜旅游区管理委员会	青秀山管委会
南宁龙象谷国际旅游度假区管理委员会	龙象谷管委会
南宁综合保税区管理委员会	南宁综保区管委会
(三)挂牌机构	
南宁市重点项目建设协调办公室	市重点办
南宁市外国专家局	市外国专家局
南宁市糖业发展局	市糖业发展局
南宁市少数民族语言文字工作委员会	市民语委
南宁市中医药管理局	市中医药局
南宁市港澳事务办公室	市港澳办
南宁市营商环境建设局	市营商环境建设局
南宁吴圩空港经济区管理委员会	南宁空港经济区管委会
南宁华侨投资区管理委员会	南宁华侨投资区管委会
(四)设在机构	
南宁市人民政府调解处理土地山林水利纠纷办公室	市调处办
南宁市交通战备办公室	市交战办
南宁市禁毒委员会办公室	市禁毒办
(五)与党委工作部门合署办公(或挂牌)的行政机构	
南宁市档案局(在市委办公室挂牌)	市档案局
南宁市公务员局(在市委组织部挂牌)	市公务员局
南宁市人民政府新闻办公室(在市委宣传部挂牌)	市政府新闻办

续表 53

全 称	简 称
南宁市新闻出版局(在市委宣传部挂牌)	市新闻出版局
南宁市人民政府台湾事务办公室(在市委统一战线工作部挂牌)	市台办
南宁市侨务办公室(在市委统一战线工作部挂牌)	市侨办
中共南宁市委员会南宁市人民政府信访局(列入市委工作机构序列)	市信访局
南宁市国家保密局(在市委机要保密办公室挂牌)	市保密局
南宁市国家密码管理局(在市委机要保密办公室挂牌)	市密码管理局
(六)直属事业单位	
南宁住房公积金管理中心	南宁公积金管理中心
南宁市人民政府地方志编纂办公室	市方志办
南宁市二轻集体工业联社	市二轻联社
南宁市社会科学院	市社科院
南宁昆仑关战役遗址保护管理委员会(南宁昆仑关旅游风景区管理委员会)	南宁昆仑关遗址保护管委会(南宁昆仑关管委会)
南宁市人民政府发展研究中心	市发展研究中心
南宁市公共资源交易中心(南宁市政府集中采购中心)	市公共资源交易中心(市政府采购中心)
南宁市城市管理监督评价中心(南宁市城市管理指挥中心)	市城管监督评价中心
南宁市社会保险事业中心	市社保中心
南宁广播电视台	南宁广播电视台
南宁市城市应急联动中心	市应急联动中心
南宁职业技术学院	南职院
广西大明山国家级自然保护区管理局(南宁大明山风景旅游区管理委员会)	广西大明山管理局(南宁大明山管委会)
南宁市供销合作联社	市供销社
(七)驻外办事机构	
南宁市人民政府驻北京联络处	市政府驻京处
(八)直属公司	
南宁城市建设投资集团有限责任公司	南宁城投集团
南宁威宁投资集团有限责任公司	南宁威宁集团
南宁建宁水务投资集团有限责任公司	南宁建宁水务集团
南宁交通投资集团有限责任公司	南宁交投集团
南宁轨道交通集团有限责任公司	南宁轨道交通集团
南宁产业投资集团有限责任公司	南宁产投集团
南宁农工商集团有限责任公司	南宁农工商集团
南宁金融投资集团有限责任公司	南宁金融集团

编辑 唐祯麟 李燕燕

索引

说明

一、本索引是《南宁年鉴（2022）》主题索引。正文（包括条目、文献、资料、图片和表格）中凡具有独立检索意义的完整资料，都可以通过本索引进行检索。

二、本索引按汉语拼音字母（同音字按声调）顺序排列。类目、分目、次分目作索引款目用黑体字排印，其余款目均用宋体字排印。表格、图片、小资料在其款目后分别注明“表”“图”或“小资料”。

三、索引款目后的数字表示内容所在的页码，数字后的拉丁字母（a、b、c）表示栏别（即版面的1、2、3栏）。空2字起排的款目为上一主题的“附见”。同一主题的“参见”，只标页码。内容有交叉的款目，为便于读者检索，在本索引中重复出现。

四、阿拉伯数字和英文字母开头的款目排在索引的末尾。

A

B

C

D

E

F

G

H

K

L

M

N

P

Q

R

S

T

W

X

Y